成都市志

1990—2005

成都市地方志编纂委员会 编

第三册

基础设施与城市建设

方志出版社
Publishing House of Local Records

图书在版编目（CIP）数据

成都市志. 基础设施与城市建设. 1990–2005 / 成都市地方志编纂委员会编. -- 北京：方志出版社，2020.9
ISBN 978-7-5144-4415-5

Ⅰ. ①成… Ⅱ. ①成… Ⅲ. ①成都 – 地方志②基础设施建设 – 概况 – 成都 – 1990–2005 Ⅳ. ①K297.11 ②F299.277.11

中国版本图书馆CIP数据核字(2020)第206612号

成都市志·基础设施与城市建设（1990—2005）

编　　者：成都市地方志编纂委员会
责任编辑：顾洁
出 版 者：方志出版社
地址　北京市朝阳区潘家园东里９号（国家方志馆4层）
邮编　100021
网址　http://www.fzph.org
发　　行：方志出版社图书经销中心
电话（010）67110500
经　　销：各地新华书店
排　　版：成都三五文化传播有限公司
印　　刷：成都三五文化传播有限公司
开　　本：889 × 1194　　1/16
印　　张：54
字　　数：1262千字
版　　次：2020年9月第1版　　2020年9月第1次印刷
印　　数：0001 ~ 2000册

ISBN 978-7-5144-4415-5　　定价：238.00元

目 录 / CONTENTS

交通

通信

城市建设

生态建设

能源

概　　述

成都市区域内能源资源主要有煤炭，累计探明储量1.32亿吨，分布在崇(州)大(邑)煤田区和彭(州)灌(灌县，今都江堰市)煤田区，煤质属低硫、低磷、低中灰的炼油焦配煤；天然气，已探明储量630亿立方米，可开采储量约354亿立方米，分布在白马庙、平落坝、洛带、新都、大兴西5个气田，潜在资源量可达3840亿立方米；水电，理论水能资源177.40万千瓦，可开发水能资源77.50万千瓦(不包括紫坪铺电站及杨柳湖电站的水能资源)；市域内探明石油资源贫乏，所消费各种石油制成品依靠外地调入。

成都市能源开发生产历史悠久，特别是临邛火井(位于成都邛崃市火井镇)天然气开发利用，开创世界历史最早纪录。清末民国初年，成都启明电气开始成都当地电力生产和供应。抗日战争时期，以都江煤矿为代表开始成都地区机器采煤。中华人民共和国成立前，成都地区工业基础薄弱，生产生活用能有限，地产煤、电可满足自给，石油制品需求不多，但均赖进口。中华人民共和国成立后，社会经济迅速发展，特别是东郊新兴工业区、青白江大弯工业区的先后兴起，能源需求快速增长。成都市因地制宜，以煤、火电、水电为主的能源生产获得快速发展。但地产能源存在结构性缺陷，长期没有石油和成规模的天然气生产。已有能源生产也限于规模、产量，能源自给率偏低，大宗能源煤、油、电、气需求缺口主要依靠国家计划配置保障，能源设施建设历史欠账严重。

1990年后，随着改革开放进程深化，国家能源管理体制几经变化，国内国际能源市场风云变幻。市委市政府自20世纪90年代初起即未雨绸缪，抓住机遇，立足资源优势，争取国家政策支持，加强电力为主的当地能源开发生产，不断提升能源自给能力；大力调整经济产业结构，开展企业节能降耗技术改造，不断适应性调整优化能源结构；大力完善城市功能，加强电、油、气输配管网基础设施配套建设，保障能源产业供销链条完整、渠道畅通。

1991—1995年，成都市能源消耗构成以煤炭居首，在煤、电、油、气四大宗能源中，煤消耗占52%。成都市地产能源以煤炭为主，能源自给率也以煤炭最高，1995年创下成都地区产煤量历史最纪录538.91万吨，但全市所需工业用煤特别是优质煤主要来自国内各产煤大区。成都市能源资源过度开发负面效应特别是环境生态影响也以煤炭工业为最。电力在全市能源消耗构成中仅次于煤居第二位，但需求增长速度最快，1990年全市用电量为35.61亿千瓦时，1995年即猛增至59.44亿千瓦时。同期地产电力虽有大幅增长，但相对于出现的电力需求高增长，自给比重不升反降，“电荒”成为困扰地方社会经济发展的突出问题。1990年起成都市实施天然气开发利用工程，至1995年年初见成效，将全市供气总量由1990年的10.4亿立方米提高到12.8亿立方米，除季节性出现“气紧”情况，常年可基本满足需求。同期石油能源实行“国家统配为主、自采为辅”，成都地区用油主要依靠铁路、公路从西北及省内川东北地区输入，但缺乏管道运输，成品油总量供应欠稳定、不充分，成为成都市产业支柱之一的汽车产业发展制约因素。

1996—2000年，全市以年均2.3%的能源增长支持了GDP年均10.8%的增长。至2000年，全市能源消耗总量达到1588万吨标准煤，人均能源消耗1.57吨标准煤，能源需求出现不同寻常的“结构之变”：长期占居首位的煤炭退居次位，电力上位居首；全市GDP单位产值能耗从1995年的1.98万吨标准煤降至2000年的1.21万吨标准煤。结构之变的背后，是因地产煤炭资源日渐枯竭、调整环境污染严重产业开始关井压产。电力作为清洁能源，得到电力生产国有企业和地方企业、国家和地方电网充分有力的保障支持，特别是随着1998年7月，500千伏龙王变电站建成投产，结束了成都市没有超高压电网的历史，随着1999年二滩电站建成投产，使长期制约成都市经济社会发展的电力“瓶颈”问题得以基本解决。全市通过产业结构调整、技术改造和发展新兴产业，在节能降耗方面取得明显成效。

2001—2005年，全市以能源消耗总量年均6.2%的增长支持了GDP年均13.2%的增长。至2005年，成都市能源消费总量达到2601万吨标准煤，能源需求出现意义非凡的“格局之变”：随着2001年年底成都城区电网改造全面完成，2002年年底全市农村电网改造实现“村村通电”，2005年，全市第二个500千伏变电站（华阳）建成投运，及装机容量达76万千瓦的紫坪铺水电站陆续并网发电，为成都地区社会经济发展提供了更坚实的电力能源支撑。2002年，随着全市首条过镜输油干管——兰（州）成（都）渝（重庆）管道全线贯通，进一步刷新了成都地区供油格局；继彭（州）成（都）、德（阳）成（都）一期后，德（阳）成（都）二期输气干线建成投运，进一步扩大了成都地区天然气供给总量。配合“五路一桥”建设和大规模旧城改造、新区建设，陆续新建和配套完善电、油、气配送管网和供应网点，使成都市能源配送与供应设施短板得以有效弥补。全市能源产业不仅作为地方国民经济的重要有机组成部分，在经营效益方面显著提高，而且作为“基础的基础”性产业，支撑并带动其他产业发展效应日益显现，特别是新能源产业的兴起，有力促进了成都市经济发展向高新技术、清洁型、低能耗产业的结构转型。

煤　炭

综　述

1990年以后，成都市坚持能源发展和生态环境保护相结合，能源生产和消费结构不断改善，煤炭生产在能源生产中的比重逐步降低，电力、天然气逐渐成为能源消费的主体。

成都煤炭资源储量少，地质构造复杂，开采难度大。20世纪90年代，成都市能源消费结构中，煤炭一直维持在60%左右，电力、天然气等优质能源为40%左右。至2005年，成都市煤炭自给率为40.4%。

1990年，成都全市共生产原煤329.68万吨，比1989年减少3.38%；其后几年煤炭总产量逐年增长。1995年达到438万吨。1997前后，顺应国家煤炭行业整改重组的大环境，成都煤炭挖掘处于低滞状态，产量有所下降。1995—2000年间，成都市煤炭年产量由438万吨下降到205.17万吨，年均递减14%，煤炭消费量年均递减0.13%，达到1164万吨，但在全市整个能源消费结构中，煤炭占52.3%。

与四川省、国家煤炭行业经济大环境一致，成都煤炭工业在经历1997年下半年至2000年三年多的特殊困难时期以后，2001年开始走出低谷，煤炭经济回升，经济运行质量有所提高。当年成都煤炭生产总量占能源生产总量的66.8%，煤炭消费总量占能源消费总量的47.4%。2005年，成都煤炭生产总量占能源生产总量的54.2%，比2001年降低了12.6个百分点；煤炭消费总量占能源消费总量的25.9%，比2001年降低了21.5个百分点，占能源消费总量的比重也让位于电力，退居第二位。

成都中心城区由于长期使用燃煤，形成煤烟型大气环境污染，被国家划入酸雨控制区范围之内。再加上能源生产规模结构不合理，成都市小煤矿、小火电、小水电占能源工业的主导地位，难以形成经济规模，市场竞争力弱。特别是小煤矿和小火电还造成资源浪费、环境污染。从90年代后期起，成都市开始整治煤矿，经过多年的优化改革与治理整顿，至2009年年底，成都全面退出产煤行业。成都市的煤炭挖掘业停止运行。

煤炭资源及发掘

【煤炭资源】

成都市属煤炭资源主要分布在西部山区前山地带的岩层内，煤田走向总长度为92千米，面积为498平方公里，累计探明在垂深300—500米以上有煤炭储量1.33亿吨，居全省13大煤田和含煤区的第九位。

成都煤炭开采分为两大煤田区，即崇（州）大（邑）煤田区、彭（州）灌县煤田区。区域内煤质属低硫、低磷、低中灰的良好炼油焦配煤，易洗选，煤质牌号多为肥煤和气煤。市境内的煤田多年来持续开采，年平均开采量250万吨左右，对成都市工业、商业、生活用煤起到重要的补充作用。

煤田成煤地质年代，主要在晚三叠纪和下侏罗纪。崇大煤田含可采和局部可采煤层17层，其中较为稳定的有5层，煤层厚度0.5—1.1米，煤质较好，发热量近7000千卡/千克，属低硫、低磷、中灰（局部富灰）的良好炼焦配煤，储量近9000万吨。彭灌煤田含可采和局部可采煤层20多层，煤层厚度一般为1米左右，发热量在5000千卡/千克左右，属富灰、低硫、低磷的炼焦配煤和动力用煤，储量近5000万吨。

已探明的煤炭资源储量占全省储量的1.5%，煤层极薄，构造复杂，开采困难，开发程度较高，后备资源不多，但由于所处位置紧靠四川省经济最发达的成都平原和中心城市，交通方便，运距很短，地理位置极其优越，是全省发展小型矿井的重要地区。

成都市煤炭储量统计表

表3-1　　单位：万吨

	勘探程度	总　计	炼焦用煤（气煤）	未分牌号可供炼焦用煤
累计探明储量	计	13310.1	4481.1	8829.0
	精　查	1819.6	1819.6	
	详　查	5437.1		5437.1
	普　查	6053.4	2661.5	3391.9
保有储量				
其中：				
1. 生产井和建井保有	计	12073.2	3883.0	8190.2
2. 尚未利用可供建井的	精　查	1656.1	1656.1	
	非精查	8988.4	1632.2	7356.2
3. 尚未利用可供进一步勘探的	详　查	564.1		564.1
	普　查	864.6	594.7	269.9

【煤炭生产】

中华人民共和国成立前夕，成都地区原煤年生产能力约7万吨，大多由一些十分简陋的小煤窑在浅部开采，只有都江煤矿有简单机器开采，年生产能力约3万吨。1956年，全市有国营和公私合营矿7个，年生产能力约13万吨。至1986年，全市先后建设一批新矿井，建成（包括对老矿井的扩建和改造）国营煤矿13个，共22对矿井，形成原煤年生产能力185万吨。乡镇小煤窑获得很大发展。乡镇煤矿发展到686处，从业人员1.89万人，年生产能力92万吨。其中，1万吨以上的矿井30个，总生产能力46万吨。

1990年，成都全市区域内有市属煤矿5个，分矿(厂、场)12个，县属煤矿5个，省司法局属煤矿2个，乡镇小煤矿(窑)200余个。总计年产原煤310.98万吨，其中焦炭18.7万吨。全市煤炭工业企业合计完成工业总产值2402.33万元。

1991—1995年，成都市煤炭挖掘增长平稳，煤矿数量亦有较大增长。1995年，煤矿增长到292个，但多规模小、质量低，产煤总量增长不大。1996—2000年，成都地区煤矿数量仍不断增长，1997年达到343个。但成都自1998年开始实施煤炭行业关井压产、秩序整顿、资源整合计划，对煤矿小型、分散、多头管理、无序竞争的局面进行整改，大批不合标准的煤矿尤其是中小型煤矿先后关闭，成都煤炭挖掘总产量逐年下降。1995—2000年间，成都市煤炭年产量年均递减14%。2000年，全市剩250对矿井，共完成原煤产量205万吨，工业总产值1.5亿元，工业增加值7960万元。

1990—2000年成都市煤炭采掘统计表

表3-2

年份	工业总产值(亿元)	原煤产量(万吨)	焦炭产量(万吨)	矿(场、厂、井、窑)数量
1990	0.24	310.98	18.70	224个
1991	1.70	312.98	15.75	286个
1992		148.46		
1993	2.7	430.00		187个
1994	6.27	519.09		198个
1995	7.60	438.91		292个
1996	4.73	346.85		321个
1997	3.30	312.30		343个
1998	4.25	315.00		366户
1999	3.06	280.52		311户
2000	1.50	205.00		250对(矿井)

2000年后，成都煤炭挖掘行业的整改持续进行，产量低下、资源枯竭、污染严重的煤矿被陆续整顿关闭。至2005年，成都煤炭生产总量占能源生产总量的54.2%，煤炭消费总量占能源消费总量的25.9%，占能源消费总量的比重让位于电力退居第二位。

煤炭经营管理

【煤矿技术改造】

20世纪50年代前期，成都市采掘技术落后煤矿基本上是手工操作，依靠笨重体力劳动，效率很低，劳动条件和抗灾能力很差，无法开发深部煤层，限制生产规模的扩大。20世纪50年代后期开始，各国营煤矿相继淘汰落后的残柱式采煤法。根据煤层特点，分别推广采用走向长壁、倒台阶、柔性掩护支架等采煤方法，提高开采技术和资源回收率。60年代，各矿生产用电相继得到解决，骨干矿井均有双回路电源，高压电直输井下，运输、排水、提升、通风均用电力。井下运输系统已普遍采用刮板机、电机车、离心式绞车、皮带机。部分矿采用电煤钻打眼放炮落煤或使用简易割煤机掏槽。经过30多年的建设和改造，至90年代，成都市国营煤矿的技术装备和技术面貌发生很大变化。除个别工种外，主要生产环节和主要工种均已实现机械化。同时，以专业院校毕业生为主的煤矿技术干部队伍和技工队伍也不断壮大。

【煤矿关闭】

1998年开始，全市实施煤炭生产行业整顿，2000年以后，成都煤炭挖掘行业的整改持续进行关井压产，产量低下、资源枯竭、污染严重的煤矿先后关闭。

至2005年，成都市陆续关闭了上百家小煤矿，仅保留年生产能力在5万吨以上的9家煤矿12对矿井。2009年12月12日，成都市县属最后一个煤矿——长源矿业有限责任公司全面完成关闭工作。与此同时，成都市市属企业——岀江煤矿也在15日前关闭。成都市彻底告别“产煤时代”。

【成都重点煤矿】

岀江煤矿。岀江煤矿位于大邑县花水湾镇天宫庙社区，是一矿多井的企业。距大邑县城39千米，距离成都市98千米，公路直通矿井，产品靠汽车外运。岀江煤矿始建于1958年，原名温江地区岀江钢铁厂，以冶炼钢铁为主。1970年，由成都市接管，作为成都市的燃料基地，以采掘煤炭为主。后相继更名为成都市岀江矿区指挥部、成都市岀江矿务局。1984年，更名为成都市岀江煤矿。1990—2005年，岀江煤矿关闭前主要生产经营煤炭、火电、水电、物业管理、建筑墙体材料、装修材料等。是成都市煤炭工业的支柱骨干企业。

跃进煤矿。跃进煤矿地处彭州市磁峰镇，距离彭州28千米，距灌县县城28千米，距成都市区68千米，彭灌公路从矿区通过；另有专用窄轨铁路10.5千米在彭州关口与彭白地方铁路接轨，交通方便。该矿主要开采彭灌煤田的白马庙井田的7个主要煤层。跃进煤矿始建于1958年，前身系“大跃进”中兴办的郫县宽河坝煤矿，隶属于郫县工业局。1965年，改属温江专区工业局，更名为温江专区跃进煤矿。1984年，更名为成都市跃进煤矿，隶属于成都市煤炭工业公司。90年代末经过整改，隶属于成都市中小企业局。设计产煤量30万吨/年，核定产煤量21万吨/年。2008年，受到汶川特大地震的破坏，跃进煤矿破产关闭。

石　油

综　述

1984年以前，成都市石油经营统一由商业部管理。1985年，根据国务院改革成品油经营管理体制要求，国家成品油经营统一划归中国石油化工总公司管理。1986年，市石油公司开始建立油品市场预测网点，分地区选择有代表性的单位，定期报送市场调查资料，分析研究市场变化，为制订计划和经营决策提供依据。1988年，国家将部分议价汽油纳入计划管理，由国家及地方主管部门制定下达平价油、高价油、议价油年度分配专项计划指标下达成都市。20世纪90年代，成都市执行石油商品批零差价，明确在同一市场、同一时间、同一油品批发价格和零售价格之间的价格差额。1992年，石油商品由计划供应转变为市场销售，由独家经营转变为多渠道经营；石油商品价格由限价的“单轨制”转变为平价、议价相结合的“双轨制”。1995年以后，取消平价，一律实行市场价。1994年，炼油企业生产的成品油以及油品销售企业经销的成品油一律纳入国家计划，均由国家计委进行总量平衡、统一分配，再由国家油品生产计划主管部门做出产品生产安排，各省油品销售主管部门与炼油企业衔接落实成品油资源品种、规格、数量。成都市成品油资源计划、调拨方案由成都市计划委员会编制，市石油公司根据省石油总公司成品油调拨方案向各销售企业下达流向计划。在资源配置的实现方式上进行适应性调整，采取配置计划与自采相结合的办法，以配置为主、自采为辅，改“统一调运、统一结算”为两级调运和直接结算的方法。1999年，全面推行成品油经营“资源统一配置、价格统一制定、运输统一管理、货款统一结算”（以下简称“四统一”）的运行模式。成都市石油公司系统整体上划，受省石油集团公司直接管理。主要负责四川省石油产品的计划分配、销售、经营政策制定，编制、审批、下达全省石油销售系统的商品流转计划。2003年起，南充炼油厂汽柴油资源除其加油站自销和自用部分外，全部纳入“四统一”管理，由四川销售公司就地收购，成都市的成品油供应渠道进一步稳定。

油品经营管理

【经营管理机构】

1952年8月，中国石油公司四川省公司成立，负责四川成品油供应和管理，业务隶属商业部中国石油公司。1958年以前，四川省石油储量、生产和加工量很少，成品油供应主要靠从省外调入，供应渠道主要为武汉石油采购供应站。

由于实行取货制，完全依靠中国石油公司从长江航道和公路调运入川。随着兰州炼油厂、南充炼油厂建成和宝成铁路通车，四川省成品油供应格局发生变化。四川东部、南部地区仍由武汉石油采购供应站供给，西部、北部地区及南部部分区域则主要由兰州石油采购供应站通过铁路供给，四川石油管理局南充炼油厂生产的少量成品油则销售到周边地区。至1959年，四川省成品油97%靠从省外调入。

1984年，国务院进行成品油经营管理体制改革，确定国家成品油经营统一划归中国石油化工总公司管理。1985年年初，商业部将其所属中国石油公司正式划入中国石油化工总公司，更名为中国石油化工总公司销售公司，中国石油公司四川省公司更名为四川省石油公司，中国石油公司四川省成都公司更名为四川省成都市石油公司，成都市辖各县公司更名为四川省××县石油公司。四川省人民政府转发四川省计划经济委员会《关于改革我省石油产品经营管理体制报告的通知》，确定从1985年1月1日起，除重庆市、甘孜州、阿坝州、凉山州外，全省石油产品经营系统的经营业务和人、财、物统一由四川省石油公司管理。各市、地、县石油公司连同所属企事业单位成建制划归四川省石油公司。至1988年年底，成都市及各县石油公司全部划归四川省石油公司并成为其直属企业。

1992年4月，四川省石油公司更名为四川省石油总公司。至1998年5月，国务院办公厅下发《关于组建中国石油天然气集团公司和中国石油化工集团公司有关石油公司划转问题的通知》，规定将各省、自治区、直辖市及计划单列市石油公司及其加油站，分别划归新组建的两大集团公司。27日，四川省人民政府与中国石油集团达成一致意见，四川省石油总公司及属下的20个市地州石油公司、93个县石油公司、1个直属油库，正式划入中国石油集团管理，成为其全资子公司，四川省石油总公司更名为中国石油天然气股份有限公司四川销售公司，同时国有资产无偿划转到中国石油集团，资产额以四川省财政厅批准或认可的1997年度企业决算数为准，不再进行资产评估和验资。划转基准时间为1997年12月31日，相应变更其财务隶属关系和产权关系。

1998年7月，四川省成都市石油公司整体上划，更名为“中国石油天然气股份有限公司四川成都销售分公司”。

1999年8月31日，按照中国石油集团《关于部分油田、炼化企业在川渝建设的经销成品油储运设施和加油站划转问题的通知》和中国石油炼油与销售分公司《关于划转部分西北油田、炼油厂在川建设的成品油储运设施和加油站的通知》要求，四川销售分公司接管西北地区的油田和炼油厂在四川省境内经营的油库9座、加油站30座及其经营设施和网点。2000年12月18日，中国石油在成都成立中国石油天然气股份有限公司西南润滑油销售分公司，开展润滑油销售经营业务，销售产品以“昆仑”牌为主，包括13个大类、300多个品种。

2001年7月，中国石化集团销售公司在成都成立四川新星石油分公司。8月28日，在中国石油集团核心和非核心企业进行重组中，销售系统非核心企业划转上市公司代管，同时在县域市场设立县级销售分公司。新设立的县级销售分公司继续使用原县石油公司持有的成品油批发、零售经营批准证书，开展成品油批发、零售经营业务，原县石油公司按规定办理注销登记。12月，中国石油西南润滑油销售中心建立。12月30日，中国石油天然气管道局成都输油管理处成立。随着中国石油集团承建的兰(州)—成(都)—渝(重庆)输油管道的建成,2002年8月,中国石油天然气股份有限责任公司西北销售分公司成都管输营运分公司在成都成立,从事兰(州)—成(都)—渝(重庆)管道四川省境内的油品分输业务。

2002年9月30日,中国石油集团与四川省人民政府签订《石油公司资产重组协议》,四川省石油集团有限公司及属下83个县公司重组并入四川销售分公司。在成都成立中国石油化工股份有限公司川渝销售分公司,开展汽油、煤油、柴油和润滑油经营业务。2003年6月18日,中国石油天然气管道局成都输油管理处更名为中国石油天然气股份有限公司管道兰成渝输油分公司。

【石油商品管理】

1986年,国内成品油市场出现供不应求局势,商业部调整高价油供应办法,由敞开供应改为控制供应。省石油公司开始建立油品市场预测网点,分地区选择有代表性的单位,定期报送市场调查资料,分析研究市场变化,为制订计划和经营决策提供依据。1988年,国家将部分议价汽油纳入计划管理,由国家及地方主管部门制定下达平价油、高价油、议价油年度分配专项计划指标。

1994年,成品油一律纳入国家计划,均由国家计委进行总量平衡、统一分配,再由国家油品生产计划主管部门做出产品生产安排,各省油品销售主管部门与炼油企业衔接落实成品油资源品种、规格、数量。成都市成品油供应纳入四川成品油资源计划,由省石油总公司按计划调拨。1995年后,成都市成品油需求以计划配置为主、自采为辅。

1999年3月,成都市按照四川省石油集团有限公司"资源统一配置、价格统一制定、运输统一管理、货款统一结算"的"四统一"运行模式保障成品油供应。2001年,四川销售公司与南充炼油厂、四川盛马化工股份有限公司达成成品油资源收购协议。2002年11月,中国石油明确规定南充炼油厂汽柴油资源除其加油站自销和自用部分外,全部纳入"四统一"管理,由四川销售公司就地收购,成都市成品油供应渠道进一步稳定。

【成品油行业管理】

成都市石油经营管理系统本着在发展自己的同时,切实履行行业管理的职责。1997年前,全市石油系统实行块块管理,市公司对区(市)县公司尽到服务和指导职能,切实搞好上传下达和信息反馈,系统地对业务、财务、统计工作给予指导;与区(市)县公司签订消防安全责任书,并进行监督检查;适时协调经营关系。随着经济的快速发展,石油成品油需求日益增加,石油市场也日臻活跃。成都市石油公司作为经营石油产品的主渠道,担负着供给全市工农业生产、交通运输和人民生活用油的职责。

1999年8月,成都市政府发出《关于清理整顿和规范原油成品油流通秩序的通知》(以下简称《通知》),认真贯彻国务院、省政府关于清理整顿小炼油厂和规范原油成品油流通秩序的指示精神。《通知》就清理整顿的对象、目的、任务、内容、领导等问题做出明确规定。清理整顿的对象是在成都境内从事汽油、煤油、柴油仓储和零售业务的批发企业、仓储企业和加油站(点)。清理整顿的任务是:全面清理整顿成品油批发企业,理顺批发经营渠道,规范经营行为,实现其汽油、柴油由有批发经营资格的成都市石油公司及其区（市）县石油公司集中批发；全面清理整顿加油站（点），规范成品油零售市场，推行成品油资源统一集中配送和实行连锁经营，提高成品油零售环节的组织化程度；在清理整顿的基础上，加强市场监督管理，建立和完善成品油市场规则，逐步把成品油流通纳入法制化轨道。清理整顿的满足从事成品油批发企业的基本条件：经省级或省级以上成品油市场主管部门批准，并依法注册；注册资本不低于500万元人民币；全资或控股拥有库容不低于4000立方米的成品油油库；油库建设经省人民政府或省政府指定的部门批准，符合《石油库设施规范》；具有成品油管输、铁路专用线或成品油水运码头等接卸条件；各项管理制度健全，有合格的石油检验、计量、储运、消防安全等专业技术人员。《通知》还明确了成品油零售企业的市场准入条件。

2000年以后，成都市石油公司按照成都市政府办公厅于1999年11月印发的《成都市清理整顿成品油经营单位验收标准及审批程序》通知要求，制定加油站（点）验收标准，对成品油经营企业审批程序做出明确规定。

【成品油安全管理】

1990—1998年，成都市石油公司及区（市）县公司对新建加油站，按照安全规范要求设计施工。购置消防器材等设施，为安全生产奠定可靠的物质基础。市、区（市）县石油公司严格规范储油、输油、发油设施设备的布局，堵住“跑、冒、滴、漏”和安全隐患因素。在“预防”和“消防”这两个方面投入大量的人力、物力和财力，领导以身作则，做到“三不放过、五同时”（“三不放过”是指在调查处理工伤事故时，事故原因不找出不放过，本人和职工没受到教育和处理不放过，整改措施不落实不放过；“五同时”是指在计划、布置、检查、总结、评比的同时，做好安全生产检查；也就是计划时要了解安全生产情况；布置、总结、评比、检查时也要做好对于安全生产的同时了解排查），把安全经营和政治稳定、确保一方平安当成大事抓紧抓好，营造安全的营销环境，确保无安全事故发生。

1998年7月，成都市石油公司及区（市）县公司整体上划中石油集团公司后，按照省公司的要求下大力气抓仓储安全管理。

2000年9月，根据省公司《关于开展“反违章、查隐患、强管理、无事故”安全月活动的通知》精神，全市石油系统扎实开展安全月行动，有效遏制事故苗头的滋生，及时整改安全隐患。

2000—2005年，全市石油储运安全工作取得新的进展，油库、加油站安全管理上台阶。通过调整充实安全组织人员，油库和加油站重新组建义务消防队，调整充实油库与毗邻单位、村社护库联防小组，充实油库专职消防队，完善安全管理制度。推行安全生产责任制等举措，有效遏制安全事故苗头的滋生。

销售网络建设

【油库建设】

1987年9月起，四川省石油公司先后6次对成都104油库进行改造，建成2万立方米内浮盘油罐4座、5000立方米油罐5座、3000立方米油罐2座。1988年年底，建成二级站和市级油库37座，总容积70.72万立方米。

1998年，成都犀浦等油库封存停用，同时对成都7005等油库进行改造。1999年，停用成都唐场、十里坝和城关等油库，完成对西北油田和有关炼化企业在四川经营的8座油库接收工作。2001年11月起，先后对兰（州）—成（都）—渝

（重庆）在川输油管道沿线的成都104等配套油库进行改造。2005年，关闭成都分公司普兴油库。

【加油站建设】

自20世纪80年代起，四川省石油公司规划加油站建设。至1988年年底，建成加油站240座，库容14万立方米，分布于四川省各地市州及大部分县城。1994年，四川省石油总公司新建加油站400多座，增加库容20万立方米。1999年，四川销售分公司新建加油站34座，接收西北油田及炼化企业在川经营的加油站30座，2000—2002年，该公司新建加油站601座。2002年中国石化销售川渝分公司成立后，接收三川石油公司、新星四川分公司在营加油站63座。2003—2005年，四川销售公司新建加油站426座，中国石化销售川渝分公司通过收购、参股、联营等多种方式，新增加油站252座，主要分布于四川省各市（地、州）和县（市、区）的城区，以及高速公路、国家级公路、省级公路线上。截至2005年，两大主要石油销售企业在四川省境内建有机动车加油站1702座，总库容73.04万立方米，初步形成以大中城市为主、控制重要经济区域和交通干道、覆盖城乡的零售网络体系。

【库站管理】

自20世纪90年代起，四川省石油总公司成都公司各级油库开始贯彻执行《石油库设备完好标准》，在各加油站推行《加油站管理规范》，其设备管理职责、设备技术档案、设备定期检修、设备报废制度等得到进一步完善，逐步实现规范化管理。1997年后，四川省石油集团有限公司成都公司在油库推行标准化管理，将油库管理制度、规定、办法等内容纳入《管理标准》，将油库各岗位操作规程纳入《工作标准》，在所属油库推行"看板"管理为特征的总调度制、安全目标责任制和A、B、C分类设备管理制度。2000—2001年，中石油有限公司四川成都销售分公司执行四川销售分公司下发《关于实行油库安全巡检看板制度有关问题的通知》《领导干部定点承包石油库要害部位管理办法（试行）》和《石油库要害部位安全管理办法（试行）》《加强监督管理暂行办法》和《健康安全环境（HSE）委员会安全责任单位管理办法》，库站安全生产得到全面强化。2002—2003年，该公司在所属二级公司、库站推广"加油站分类、市场分片、客户分群"管理方法，对所属加油站、零售市场和客户进行分类，实施差异化的营销策略，开展加油站小额配送业务。2004—2005年，四川成都销售分公司重点实行库站精细化、规范化管理。特别是在"花园式"油库、加油站建设方面取得成效，改善工作环境，稳定职工队伍，提高安全生产能力，扩大企业的知名度。

成品油经销

【油品统购统销】

20世纪60年代至90年代，国家对石油商品实行统购统销。成都市执行石油商品批零差价。石油商品批零差价是指在同一市场、同一时间、同一油品批发价格和零售价格之间的价格差额。批零差价主要是为基层单位经营石油商品弥补需支出的费用、造成的商品损耗、交纳零售税等。同时，还要零售企业取得一定的利润。至90年代初，辖区内石油商品批零差价为：煤油15%左右，汽油、柴油、润滑油、润滑脂10%～13%。批发起点按品种分为煤油30千克；汽油1大桶（200公升桶），柴油50千克桶；润滑油15千克；

润滑脂5千克。

【成品油多渠道经营】

1992年，国民经济由计划经济向市场经济转变，石油商品由计划供应转变为市场销售。由独家经营转变为多渠道经营。除石油部门经营以外，先是供销社经营煤油、农机部门经营柴油，逐步发展为农机、供销、交通运输部门以及个体户经营各类油品。至1999年年初，市、县加油网点（含门市部），有国有、集体、个体三类；从分布来看，有城镇、农村两类；从规模来看，有储油1000吨以上的油库，有10～100吨的加油站，也有夫妻店、父子店。1999年5月，成都市按照中央、省规定，清理整顿和取缔不合格的经营网点，石油市场秩序好转。在批发市场，石油系统占有率达90%以上；在零售市场，由于石油系统加油站主要集中在城市，市场占有率仅为50%，其他社会经营单位占有率占50%。石油商品价格由限价的"单轨制"转变为平价、议价相结合的"双轨制"。1995年以后，取消平价，一律实行市场价。

1996年年末，成都市出现汽、柴油资源紧缺、调运困难情况，市公司及时疏通渠道，保证油品不断档、不脱销，满足市场需求。1997年，石油市场萧条。由于厂家与商家库存积压量大，并竞相降价，成都成品油一度出现销售价格倒挂。

1998年7月，全市石油系统整体上划，实行垂直管理、集团经营。面临多渠道经营后出现的市场秩序问题，市石油公司充分发挥团营主渠道作用，自是年起，狠抓成品油市场规范，公司组织专人对区域内石油市场进行调查，形成调查报告；会同当地政府及有关部门加强对成品油市场的税控、质量监督检查和管理，要求社会加油站在本地区必须统一进货渠道，在当地石油系统进油。有效地纠正了社会加油站出售低劣油品冲击市场和偷漏税行为。成都市政府确定市石油公司为全市成品油批发企业，至2005年，将进货源头90%控制在市石油公司手中，灵活把握市场价格，扩大内外销售。

【成品油数量与质量控制】

1990年，经四川省质量技术监督局授权，成立四川省石油总公司中心计量室，成为依法设置的计量检定机构。1998年，四川销售分公司将其接管，更名为中国石油股份四川销售分公司计量检定站，城市地区的核心油库设有油品化验室，负责境内的汽车计量罐、油流量计、立式金属计量罐、卧式金属计量罐，测深钢卷尺、石油产品用温度计、石油密度计等计量器具。

2002年，西北销售成都管输营运分公司分别设立成都、重庆计量交接办公室，负责对兰成渝输油管道在川10个分输站库的成品油与经销企业进行数量、质量交接确认，协调处理数量质量纠纷及计量器具校验等事项。同年，中国石油化工销售有限公司于12月1日起实行全系统并表，在成都的中国石化所属企业市场、资源纳入统一管理，业务经营按资源统一配置、价格统一制定、运输统一管理、货款统一结算、销售统一组织的"五统一"模式运作。

2004—2005年，中石油有限公司四川成都销售分公司执行四川销售公司制定下发的《油品收存发管理程序》《油品数量管理程序》《油品损耗管理规定》和《成品油公路运输第三方承运数质量交接管理办法（试行）》等，加强对各环节的油品损耗管理。同时实行油品溢耗审批制度，对大溢大耗进行严格控制。管道兰成渝输油分公司发布《成品油运销计量管理手册》，对兰成渝输油管道所输油品质量流量、体积测定等运销过程管理做出规定。

【成品油购销调存】

1988—1992年,成都市经济增长较快,成品油需求量进一步增大,而石油商品分配计划比前期减少,库存薄弱,自采油难度大,供需矛盾比较突出。经省石油公司协调,国家计委、农业部和中国石油化工总公司给予成都市汽油、柴油支持,市场压力减轻。1993年,国家整顿金融秩序,调整经济结构,经济发展速度适度放慢,成品油社会需求相对减少,但油品产量持续增长,进口油大量增加,销售量下降,价格逐月下跌,市场竞争激烈。

1994年年初,新税制出台,5月油品顺价,8月炼油厂成品油降价,10月市场开始回升。当年国务院发文,实施原油成品油流通体制改革。四川省石油总公司根据国家统一配置要求,组建调运中心和结算中心,在全省范围内实行资源"统一配置、统一调运、统一结算"运营机制。1995年,对成品油资源配置实现方式进行适应性调整,以配置为主、自采为辅,改"统一调运"为两级调运,改"统一结算"为分公司及市地州公司直接与炼油厂结算。1997年年初,市场供不应求,油价高涨。进入第三季度,油品市场直转急下,出现供大于求、持续疲软的状况,油价一跌再跌,出现进价高于售价的倒挂现象。

1998年5月后,四川省石油集团有限公司把油品采购调运渠道规范到兰州、新疆等西部炼油厂,规定全系统不得擅自到南方炼油厂采调油品。受亚洲金融危机和特大洪涝灾害影响,进口油增加、炼油厂库存积压,油品资源通过各种渠道大量入川,造成省内油品资源严重过剩,市场竞争异常激烈。四川油品市场在供大于求、价格低迷、高库存、巨额亏损中运行。当年10月20日,省人民政府办公厅转发国务院办公厅《关于限期停止生产销售使用含铅汽油的通知》,规定从2000年1月1日起,所有汽油生产企业停止生产车用含铅汽油。1999年7月1日起,成都市油品销售企业停止销售车用含铅汽油,开始推行和销售无铅汽油。

2000年,受国际国内石油市场资源和价格等因素影响,成都成品油市场起伏变化大,上半年资源紧张,供需矛盾十分突出;进入7月后,资源紧张状况得到缓解,供需逐步趋于平衡。成都成品油市场资源多、秩序乱、销售价格一直不能到位,市场竞争激烈。2003年上半年,受美伊战争、"非典"疫情影响,石油市场需求、价格、销售出现较大波动,但整体呈上升走势。2004年,成都成品油市场出现购销两旺;2005年3月,国际油价大幅上涨,成都成品油市场需求持续旺盛,出现供给紧张,柴油资源偏紧,汽油供给也由松转紧。

【成品油价格走势】

1998年6月,国家原油成品油价格改革方案出台后,当年进行价格调整6次。四川省成品油价格实行全省一价、城乡一价。在同一销售区域内,中国石油、中国石化两大集团在规定幅度内允许实行不同价格;同一集团在同一销售区域内必须实行统一价格,两大集团以外的石油产销企业按所在区域,执行两大集团油品价格。当年中国石油集团在成都市的90号汽油每吨批发价为2746元,零售价为2866元,批零差率为4.37%;0号柴油每吨批发价为2475元,零售价为2585元,批零差率为4.44%。

自1999年起,四川销售公司成品油销售实行"资源统一配置、价格统一制定、运输统一管理、货款统一结算"管理模式,系统内部调拨价与出厂价由该公司统一制定。1999年油品销售价格调整17次。2000年,省物价局发布《关于贯彻〈国家计委关于调整成品油价格的通知〉的通知》，将成品油价区调整为3个。当年四川销售分公司对销售价格进行9次调整。

2001年，国家计委下发《关于完善石油价格接轨办法及调整成品油价格的通知》，明确成品油零售价由中国石油、中国石化两大集团在规定范围内，浮动幅度由上下5%扩大为上下8%。当年起，四川销售分公司实行差异性价格策略，按不同区域、不同品种、不同环节、不同时段制定价格标准。2002年，国内油价持续攀升，四川销售分公司34次调整成品油销售价格，90号汽油每吨批发价从年初2700元上调至年底的3550元，每吨零售价从年初3240元上调至年底3900元；0号柴油每吨批发价从年初2700元上调至年底3475元，每吨零售价从年初2880元上调至年底3677元。2003年，国内成品油市场价格水平明显升高，西南地区受资源制约影响，价格高居全国首位。四川销售分公司先后20次小幅调整汽油、柴油销售价格。2004年，国家先后三次上调国内成品油出厂中准价格和零售中准价格，四川销售分公司先后14次调整汽柴油批零销售价格。同年，制定《成品油价格管理办法》，从制度上界定价格管理权限，明确该公司价格领导小组为唯一拥有结算价、销售价制定权和调整权的机构，二级公司无权调整油品销售价格。2005年，国际油价持续走高，国家5次调整成品油零售中准价格。四川销售分公司根据中国石油成品油调拨价格或国家油价调整情况，11次对二级公司和联营单位的结算价格进行调整，并按照省物价局《关于成品油价格执行中的有关政策问题的回复》，对四川省润滑油销售价格做出规定。

成品油配送

【公路运输配送】

20世纪90年代前，四川东部、南部地区成品油主要依托公路运输入川。四川省内运往各市、地、州的成品油也主要通过公路运输。

1996—2000年，四川成品油营销体制发生变革，全面推行成品油配送制度，实行扁平化管理。以四川销售分公司为主体的销售企业，取消82个县级分公司物流主体和管理层次，划分并明确各配送中心的市场和公路运送范围。2003年，四川销售分公司试行油品按经济流向对加油站实行跨区配送；同时进行成品油公路运输专项整治工作，对公路运输实行专业化管理，建立公路运输管理体系。成都市及各区（市）县公司分级设立相应的公路运输管理机构。以油库为中心，打破行政区域，按照合理运输半径实行就近配送，二级公司交界区域的资产型加油站实行跨区就近配送，避免迂回运输。对运输车队实行独立考核，对车辆进行单车核算，将车辆运行成本细化。2004年，四川销售分公司对公路运输方式进行进一步改革，实行物流劳务的供方、需方以外的第三方承运，确定以中国石油天然气运输公司为承运商。从2005年1月1日起，进行成品油公路配送第三方承运试点。同时根据试点经验，制定《中油四川销售分公司公路运输第三方承运方案》，通过招标，中国石油天然气运输公司四川分公司等四个具有危险品运输资质的承运商中标，当年有14个二级公司完成公路运输第三方承运交接工作。截至2005年，中国石化销售川渝分公司拥有和租赁公路运输车辆105辆罐车，主要运输地域范围包括成都市等区域，公路运输总量达到106.17万吨。

【铁路运输配送】

20世纪80年代末，四川省内除重庆能从长江水路和铁路陆路两条线接卸散装运输油料外，成都等市只能接卸铁路油罐车散装油料，其中成都天回镇等油库还能接卸散装成龙列车的油料。1997年，四川主要成品油销售企业自有油品铁路专用线21.90千米，自备运油槽车450辆。至

1998年年底，有油罐车接卸点42个。铁路运输成为成品油运输的主要通道。

1998年，四川省石油集团有限公司划归中国石油集团后，四川省的油品来源主要以兰州炼厂、乌石化、玉门炼油厂、新疆石油管理局等西北炼油厂为主，南充炼油化工总厂为辅，以铁路运输运往四川各地。自2002年7月1日起，四川销售分公司全部接收南充炼油化工总厂生产的油品，达州、广安、南充和遂宁四市的油品供应实现以南充炼油化工总厂的油品为主。南充炼油化工总厂的油品也以铁路运输和公路运输方式运达上述地区。至2005年，四川成品油铁路专线达到23.53千米，成品油运输总量达到456.76万吨。

【管道运输配送】

2002年6月30日，经中国石油集团三年半建设，兰(州)—成(都)—渝(重庆)输油管道全线贯通。该管道首起兰州，途经成都，末至重庆，全长1249.90千米，沿途建有输油分支线15条，输油中继站16座。其中，四川省境内有输油主管道590.90千米，输油中继站9座，管道设计年输油能力500万吨。9月29日，中国石油兰成渝输油管道全线投油。10月18日，首批成品油由兰州经四川成都输达重庆。四川省成品油运输方式从以铁路运输为主转变为以管道运输为主，以西北铁路直发、天回镇铁路二次装运和南充炼油化工总厂供油为辅的新格局。成都市内彭州、天回镇等油库油品以兰(州)—成(都)—渝(重庆)管道运输为主。双流等9座油库油品从兰(州)—成(都)—渝(重庆)管道天回镇中继站进行二次装车通过铁路运达。四川销售分公司天回镇油库向省内各地中转油品比重达销售总量的46%。

截至2005年12月31日，西北销售成都管输营运分公司通过兰(州)—成(都)—渝(重庆)输油管道累计分输成品油1149.43万吨，其中柴油777.80万吨，90号汽油259.46万吨，93号汽油112.17万吨。

天然气与沼气

综　述

1990—2005年，成都天然气消费量与生产供应量均大幅增长。1990年，成都市共用气10.40亿立方米，日均供气285.01万立方米。到2000年，成都市用气量增加4.78亿立方米，达到15.18亿立方米，增长45.88%。尤其是1995—2000年，成都天然气消费量年均增长3.33%，全市气化率为49.6%，其中市区达98.5%。2000年以后，随着成都经济的发展，生产生活用气增长速度极快，2001年突破20亿立方米。2005年，全市总用气量达到27.39亿立方米，较1990年增加16.98亿立方米，是1990年的2.63倍。

20世纪90年代中前期，煤气公司所供应的天然气中有相当部分是工业用气。1990年，居民生活用气占33.85%；以后随城市的扩大和工厂的外迁，居民生活用气的比例加大，1995年达到51.98%。到2000年前后，成都煤气总公司所供应的天然气中，居民生活用气所占比例很大。2003年，居民生活用气占到成都城市燃气有限责任公司所供应天然气的92.99%；其余为餐饮业、公共服务业、CNG用气。这期间工业用气户需保持在100户左右，但生产规模已经很少。

1990年后，成都市天然气基础设施建设发展迅速。“九五”期间，在天然气管网建设方面，相继建成彭州—成都、唐家寺—成都、德阳—成都输气管线，共计163千米，新增日输气能力110万立方米；同时对市区和各区县输配气网络进行建设改造。2000年年末，全市天然气管网总长度2342千米，全市供气能力及可靠性大大提高。农村天然气气化工程和农网建设改造加快实施，对农村能源发展产生重大影响。2001—2005年，中心城区建成设计压力为4.0兆帕的长输管线70千米，初步形成辐射至外围各组团的高（1.6兆帕）、中（0.4兆帕）压天然气干管2500余千米，市域内建成CNG汽车加气站59座，天然气供气质量和可靠性明显改善。

从70年代起，成都市各区（市）县农村开始沼气建设。70年代末至80年代初，为能源需求型阶段，重点解决农村能源短缺问题；90年代为环保需求型阶段，把污水处理与沼气建设结合起来，沼气池容积由几立方米发展到几百立方米；2000年以后为能源、环保、生态相结合的生态家园建设阶段，沼气建设与改厨、改厕、改圈相结合，与高效生态农业相结合，改变农民生活方式，促进农村循环经济，推动新农村建设，全市农村沼气建设快速发展。

资源及开发利用

【天然气资源】

成都市天然气勘探工作开展较早，域内白马庙、平落坝、新都、洛带、大兴西5个气田的储量已基本探明,累计探明资源储量为 718.92 亿立方米,天然气品质优良,甲烷含量均在 95% 左右,不含硫化氢。1980 年起,西南石油管理局在彭州域内进行浅层天然气开发,20 世纪 90 年代初,基于碎屑岩类型天然气勘查取得突破性进展,成都市与西南石油地质局合作,以购买气权的方式,增大成都市区民用天然气的供应量,大大缓解了市内民用天然气紧张的状况。1997 年,彭州三界镇 7 号井(马井构造)日产气 1 万立方米,隆丰镇 189 号井日产气 5000 立方米,均输入附近天然气管道。原楠杨镇气井每日可产气 5000 立方米,不输入主管道,只用于罐装气和加气站汽车加气(两井属鸭子河构造)。至 2005 年,彭州域内天然气生产量 2 万立方米/天,全部输入天然气主管道,其中丽春镇塔子村日产气 1 万立方米。

【天然气开发】

1990 年,成都市日均计划供气 56.44 万立方米,不能满足成都经济发展与居民生活用气需要。是年起,成都市煤气公司与地矿部西南石油地质局签订联合开发成都浅层天然气协议,市煤气公司投资 300 万元,参加西南石油局在德阳市的新场气田开发。当年 7 月,签订首期供气协议,在 1991 年底向成都市区供气 5 万立方米/日。

1991 年 6 月,西南石油局通过彭成线向成都市区供气,年末达到供气 5 万立方米/日的协议要求。1991 年 12 月、1992 年 10 月、1993 年 5 月、1994 年 4 月,市煤气公司又与西南石油管理局签订二、三、四、五期供气协议。协议规定在 5 年内,煤气公司投入 8560 万元与西南石油地质局开发浅层天然气,西南石油局按 1992 年年底达到 10 万立方米/日、1993 年年底达到 23 万立方米/日、1994 年年底达到 30 万立方米/日、1995 年年底达到 50 万立方米/日的标准向成都市煤气公司供气。

1991 年 6 月,新场气田开始向成都市区供气,年底日供气 6 万立方米/日。至 1992 年,总投资 4.4 亿元的"成都市天然气开发利用工程"基本完工,供气紧张局面得到一定改善;但进入冬季后用气量明显增大,加之缺乏季节性调峰手段,用气紧张状况仍然未彻底解除。

按预定计划,1995 年,四川石油局日供气 56.88 万立方米;西南石油地质局日供气 50 万立方米;新场气田日供气 4 万立方米。但实际上四川石油局和西南石油地质局所供仅占计划的 66.68% 和 55.21%。当年,四川石油管理局和西南石油地质局共供气 105 万立方米/日,基本满足了成都市天然气需求。同时,为缓解成都冬夏季用气差别大的矛盾,西南石油地质局按 1995 年底供气 50 万立方米/日计算,夏秋季(5—10 月)用气低峰时减供 10%,冬春季(11 月至次年 4 月)用气高峰时增供 10%。与此同时,公司又投资 500 万元参加德阳新场气田的联合开发。

1996 年 7—9 月,赖家坡门站压力都在 0.12—0.24 兆帕之间;月高峰用气时段还有限量措施,即使在夏季,四川石油局实供气量也无法提高,供气状况长期不够理想。随后,市煤气公司与西南石油地质局签订联合开发天然气第六期协议。

1997 年年底,成都煤气总公司与西南石油地质局签订联合开发天然气第六期协议,在冬季用气高峰时,增供天然气 5 万立方米/日,缓解冬季用气高峰时供需矛盾。2000 年,开始实施"成都市天然气开发利用扩建工程",投资 8.18 亿元,包括开发天然气气源及建设三环路高压管线等。

2000 年后,成都城市建成区面积扩大,用气人口增长很快,城市公交、出租汽车按照市政府要求"油改气",全部改为 CNG 车,城区供气、用气缺口加大,成都市天然气总公司除积极争取中石油和中石化增加对成都计划外供气外,还积极加入天然气产业开发，多元化获取气源。

2001年起，成都市天然气出现较大的供需缺口。2003年，中国石油西南油气田分公司、中国石油化工西南分公司两家气源单位承诺供给成都市有效气源仅5亿立方米，实际要求将超过6亿立方米。于是市煤气公司积极介入天然气产业链上游，通过各种方式参与市域内天然气资源开发；加强与气源单位的协作配合，及时了解气源供应动态。

2004年，成都市人民政府与中石油西南分公司达成《成都市关于加强油气勘探开发工作的协议》，为新增气源奠定了基础。当年成都城市燃气有限责任公司与龙泉驿区龙星天然气有限责任公司合作，公司保证在市辖区内的气源优先供应成都使用。当年，市煤气公司与气源单位签订年供气合同量6.27亿立方米。中国石油又在2004年的基础上新增0.60亿立方米；为改善冬季用气情况，经政府协调，争取到超合同供气量0.98亿立方米。

2005年，城市燃气公司出资300万元建设管道，将中石化在城郊区的“龙遂18井”生产的浅表层天然气引入城区；次年建成投产，增加供气2万—3万立方米/日。2005年年底至2006年年初，签订合同供气总量7.35亿立方米，但因受2005年“12·23”等井喷事件的影响，气源单位不断进行脱硫厂检修和干管迁改，天然气生产减少300万—600万立方米/日，川渝大管网压力明显下降，成都市处于管网末端，所受影响较大，出现“夏季气荒”现象；又因油价急剧上涨、天然气气价偏低，使液化石油气（CNG）汽车数量上升过快，市内液化石油气用量从34.7万立方米/日增至41.5万立方米/日，并有持续增加的趋势。

【天然气开发利用工程】

1990年，成都市煤气公司共发展用户26.96万户，气化率为65%。由于气源紧张，按包干指标安排，仍有30万立方米/日的缺口，其中民用、公用户占60%；同时，工业生产要求也申请用气。居民、公共建筑、工业申请用气总量14.8万立方米/日，因受气源限制均无法充分满足。

1990年，成都市开始实施成都市天然气开发利用工程，并将其列入成都市“八五”计划城市建设重点项目。6月，成都市煤气公司与西南石油地质局合作开发，西南石油地质局负责钻井、测井、开采、集输。

1991年10月，国家计委批准立项。同年12月，中国市政工程西南设计院与成都市城市煤气规划设计院联合完成《成都市天然气开发利用工程可行性研究报告》，并上报建设部。

1992年3月，中国国际工程咨询公司受建设方委托对可行性报告进行评估，认为成都市建设日供50万立方米的天然气供气工程是完全必要的，鉴于已落实日供20万立方米的气源，建议一期工程按日供20万立方米的规模建设。5月，国家计划委员会批复，同意实施该工程。工程建设主要内容包括：气田开发、长输管线（全长36千米）、市区输配气管网建设、配套工程建设等，工程总投资预算2.90亿元，其中利用法国政府贷款1400万美元，其余由成都市自筹。在建设过程中，针对成都城市的发展，对建设项目和规模进行了适当调整。6月，最终确定供货范围，包括气田开发设备、天然气输配系统（含调压计量站、阴极保护系统、运行设备、天然气输配监控与数据采集系统即SCADA系统、配气管网所用燃气设备如调压箱、聚乙烯管施工焊接设备、加臭器、阀门、柜式调压计量站、调压器、煤气表等、压缩机与储气站）以及研究中心与实验室设备等。至1996年4月，13批价值1.2亿元的设备和物资，全部运送到位。随着市区道路新建、改造，天然气管线建设也配合进行。共计完成两条长输管线建设，其中成都—彭县两期工程管径为219毫米，全长43.5千米；唐家寺—成都三期工程管径为325、377、529毫米，全长36.72千米。新建配气站4座,共投资8602.32万元。市区输配工程中,建成二环路、府南河内外侧管线,管径分别为133、519、219、273、325、426毫米不等,全长51.78千米,共投资3343.74万元。改造管线管径分别为108、159、219、325、426毫米不等,全长11.12千米。同时对使用多年、不适应燃气设施要求的一站、二站站场进行改造;调压站也新建和改造26座。新建、改建管线共投资9158.32万元。

至1996年9月,市政府投资1.17亿元修建西郊球罐站,从法国引进3台高压储气球罐及相连的燃气引擎压缩机。1996年年初,为提高燃气管网管理水平,进行SCADA系统建设。整套系统采用法国技术和设备,对天然气管网进行遥测、遥信和部分遥调、遥控,共投资2.32亿元,共安装48座站点。系统调试分两个阶段:第一阶段为1996年9—10月,完成25个RTU子站和1个控制中心;第二阶段为1997年6月,完成23个RTU子站;所有站点都配备无线电通信。系统投入运行后,中心控制室即能监控各子站和管网的压力、流量和运行状况,发现问题及时处理。

成都市天然气开发利用工程于1998年上半年竣工并投入试运行;8月,通过成都市建委验收。竣工决算总投资为4.58亿元,其中西南石油地质局购置气田开发设备3178.4万元。成都市天然气开发利用工程完工后,成都市煤气总公司供气能力有很大提高。同年底,煤气总公司供气量达到3.04亿立方米,较1990年2.06亿立方米增加0.98亿立方米。

【天然气开发利用扩建工程】

1996年6月,国务院批准新的成都市总体规划,确定成都城区向东、向南发展,供气范围由300平方公里变化为523平方公里,供气人口由205万人增至250万人。加上成都周边浅层天然气储量勘探工作取得较大突破,利用前景良好,成都市人民政府决定实施天然气开发利用扩建工程。1996年11月,国家计划委员会批准成都市煤气总公司、西南石油地质局、中国市政工程西南设计研究院、成都市城市煤气规划设计院联合编制的项目建议书。1997年5月,计划由法国政府贷款1420万美元;同年8月,中国市政工程西南设计研究院与成都市城市煤气规划设计院联合编制扩建工程可行性研究报告。1998年6月,将原申请法国政府贷款改为荷兰政府贷款。1999年6月,国务院批准成都市总体规划,供气范围由300平方公里增加为523平方公里,供气人口由205万人增加为250万人,因此天然气管网系统也须相应调整。此外,城区主干管300余千米使用期超过25年,占输配干管总长度的45%,需逐步进行改造,原可行性研究报告需进行补充,因此公司决定推迟地下储气库的建设,在完善SCADA系统的同时,增添部分管理系统及设施,以提高科学管理水平和应急抢险能力。1999年9月,委托中国市政工程西南设计研究院和成都市城市煤气规划设计院对可行性研究报告进行部分调整。2000年6月,成都市工程咨询公司对扩建工程进行评估,认为工程建设可行。同年12月,国家发展计划委员会原则同意扩建工程可行性研究报告,确定规模为日供天然气60万立方米,建设内容包括长输管线、储配气站(高压球罐)、输配管线、车用压缩天然气(CNG)工程、管网监控及其他配套设施。计划总投资8.19亿元,利用国内配套资金7.01亿元和荷兰政府贷款1420万美元。

成都市天然气扩建工程从1997年起陆续完成重要项目建设。其中,德阳—成都天然气输气干线分两期建设,全长76千米,包括成都—德阳天然气长输管线工程、德新首站土建安装工程、唐家寺站改造工程3个部分,由成都市煤气总公司规划设计院设计,成都市城市煤气工程公司施工,设计日输气能力为120万立方米,压力4.0

兆帕。一期工程于1997年9月开工,1999年1月通气,管线走向为德阳市旌阳区德新镇至唐家寺配气站,管径426毫米,长49千米,须跨越4条河流,穿越铁路7处,横穿公路24条,建阀井5座。二期工程于2000年12月开工,2002年1月建成,管线走向为新都县军屯镇至金牛区洞子口西金配气站,与三环路管网连通,长27千米,并在德阳市旌阳区德新镇新场村建德新首站1座,改造青白江区唐家寺配气站1座。网络工程共完成17项,其中燃气管网地理信息系统(GIS系统)2001年完成系统基本设计,并进行数据输入,2002年2月进行系统验收。综合信息管理、收费系统于2002年9月开工,2004年12月建成,2005年1月通过对银行收费统计、科目管理、手工凭证管理、气费审核、凭证审核、机制凭证、各类报表等项目的测试,通过验收。2003年9月,委托北京航天拓扑高科技有限责任公司实施SCADA系统,包括调度中心、通信系统和120个终端站。建设中实际安装了调度中心、通信系统和84个终端站,并采购13个终端站设备,2005年12月通过验收。成都九眼桥压缩天然气(CNG)站于2004年4月开工,2005年4月建成,设计规模为日充装天然气1.5万立方米,由中国市政工程西南设计研究院设计,管道设备由中国化工七建公司施工安装。九眼桥压缩天然气站2005年5月开始试运行,并达设计规模。截至2006年6月,调压站工程、供气营运中心及服务站均建成投运。双楠综合楼抢险中心、草金站、新北、和平高中压调压站完工并投入使用。共建成输气干管1800千米,拥有居民用户112万户,公共、商业用户9000多家,工业用户99家,压缩天然气站用户32家,基本达到项目要求的供气水平。

【区(市)县天然气开发利用工程举要】

邛崃市于2005年,查明境内天然气储量约500亿立方米,主要有平乐气田、白马松华气田、邛西气田。1990年,成立邛崃市天然气有限公司,为地方公用系统事业单位,2002年,改制为联营公司。建有输气管网250千米、门站2个、调压站12个。供气范围含临邛、桑园、平乐、卧龙、高埂、道佐等乡镇,用户2万多户,2005年全市供气量达1000万立方米。

自20世纪70年代起,青白江区即以天然气作为加热能源及工业原料,系省内较早使用天然气的地区,用气量居全省首位。来自川东南、川西北的7条天然气输气干管在此汇合,区内建成连接弥牟、大同、祥福、城厢、清泉、龙王、福洪等乡镇的环形输气干管70余千米、支管300余千米、调压站8个、配气站6座、压缩天然气加气站1座。四川化工厂以及钢铁、氮肥、机械、锅炉等15家大型工业企业全部使用天然气,家庭用户3万余户14万人,商业用户560余户。1990年,全区供气量为6.97亿立方米,2005年达10.07亿立方米。

金堂县利用天然气始于1991年,铺设天然气主管网20千米,县城赵镇2751户民用气安装完成。此后,经几次扩建,至2005年年底,全县共建成天然气管网295千米、配气站6座,供气范围扩展至三星、栖贤、清江、官仓、淮口、福兴、赵家等乡镇以及杨柳工业开发区、韩滩开发区、金堂氮肥厂。用户总数2.07万户,年供气量1050万立方米。

郫县最早使用天然气的时间为1978年,使用单位为郫县氮肥厂,用作工业原料。1994年起,用于家庭炊用燃料。截至2008年,全县建成天然气管道386.5千米、配气站8座,供气范围覆盖全县14个乡镇,用户8.11万户。其中,居民用户8.04万户、工业用户79户、商业用户407户、公共用户178户。气源主要由中石化新星公司西南分公司和中石油西南油气田公司的管网供给,日供气能力为50万立方米。

【农村沼气建设】

成都市农村沼气建设始于20世纪70年代。经历三个发展阶段。70年代末至80年代初，为能源需求型阶段，重点解决农村能源短缺问题。90年代为环保需求型阶段，把污水处理与沼气建设结合起来，沼气池容积由几立方米发展到几百立方米。2000年以后为能源、环保、生态相结合的生态家园建设阶段，沼气建设与改厨、改厕、改圈相结合，与高效生态农业相结合，改变农民生活方式，促进农村循环经济，推动新农村建设，全市农村沼气建设进入快速发展阶段。

至2001年，新建农村户用沼气池3424口，其中龙泉驿区、蒲江县、双流县新建400口以上；新建城镇净化沼气池442处，容积约3.58万立方米；生活污水净化沼气池442座，金堂、新都、青白江、大邑、都江堰、龙泉驿等地城镇沼气净化池均在30处以上。同时，大邑、郫县、新都、青白江、龙泉驿、温江、彭州等地开展沼气综合利用，进行沼液浸种，沼渣种菇的试点和推广运用，计沼液浸种4670亩，沼渣种菇50亩。2002年，又新建农村沼气池5527口，新建污水净化池464座，容量计4.43万立方米，新增省柴节煤灶3.62万个。

2003年，成都市政府制定《关于加强全市沼气建设和管理的意见》，各区（市）县拟订并贯彻实施方案，编制农村沼气建设发展规划，申报项目，争取资金。当年，开始中央财政对农村户用沼气建设给予补助。金堂县列为农村沼气建设国债项目县，安排资金140万元，建设沼气池1400口。2004年，蒲江县列为农村建设国债项目县，安排资金165万元，建设沼气池1650口。2005年成都市除中心城区以外的全部区（市）县均列为农村沼气建设国债项目县，或者省级项目县。2005年，新建农村沼气池13.96万口。

天然气设施建设

【主干管网建设】

1989年起，成都市新建赖家坡至塔子山门站和高压球罐站的两条高压管线，直径分别为426毫米和159毫米。1991年6月，又建成彭县利安乡隆兴村至成都西金站36.5千米的直径219毫米输气管线（彭成输气干线一期工程），总投资1340万元，初期日供气3万立方米，至1991、1992年年底先后达到5万和10万立方米。1992年3月，西金站至茶店子7.47千米的直径219毫米输气管线（彭成输气干线二期工程）建成；使成都市形成4条气源管线和以一环路直径325毫米高压环管为骨干的城区天然气输配体系，日供气能力达200万立方米以上（实供60万立方米/日左右）。随后又建设二环路直径219毫米中压环网。

成都市长输管线主要有青白江唐家寺至成都西郊储罐站输气干线（唐成干线），总长35.05千米。工程投资3000万元，分三期建成：1994年9月，一期工程自唐家寺至三河镇站直径377毫米输气干线17.03千米建成；1994年12月，二期工程自三河场至红柴站直径325毫米输气干线9.28千米建成；1996年9月，三期工程自红柴站至西郊储罐站直径529毫米输气干线7.48千米及直径273毫米管线1.26千米建成，主要解决储气调峰问题。同时新建唐家寺、三河场两座配气站，改造天回镇站、红柴站。

1994年10月至1997年12月，进行石人、五块石、百花、肖家河、莲新、双楠、光华等20多个新建小区天然气干管建设，建成中压外管（直径89—219毫米）38条，总长31.51千米。1997年，完成府南河内外环路等干管建设15.73千米；以及肖家河、八里小区、长寿村等输气干管21条，全长21.08千米，使2万多户受益。新建、改建管线27.7千米,为3万户、近10万人供气。至1998年,成都天然气输配干管共770千米。当年,储气18万立方米的西郊储配站建成后,又建成彭州至成都、唐家寺至成都的输气干线;并配合城市建设完成一环路、二环路、内环路等供气环管。

德阳—成都输气工程包括德成长输干线、德新首站土建安装、唐家寺站改造三项。其中德成干线全长76千米,设计压力4兆帕,日输气能力120万立方米。1999年1月,德成干线一期工程自德阳市德新镇新场气田至青白江弥牟镇唐家寺站49千米的直径426毫米干线建成;2002年4月,德成二期工程自新都县军屯镇至成都西金站干线建成,其中直径426、529、219毫米管线分别长21.4、5.88、1.21千米,与成都三环路管网连通;并建造毗河管线桥1座、大丰门站1座。

2000年,配合成都市"五路一桥"(三环路、人民南路南沿线、老成渝路、成龙路、成洛路、人南立交桥)建设,敷设城区输气干管,其中直径529毫米和直径219、159、108毫米管道为24和38千米,投资1.30亿元。其中三环路高压管线作为输气与储气,气源点有唐成线、洛成线、彭成线及赖家坡4处;三环路内供气区域则由中压管网解决,三环路外采取辐射供气方式,经调压后连通邻近中压干管进入城区管网。2001年,建成三环路直径529毫米主管7.74千米、支管9.27千米;人民南路南延线直径159毫米主管网16千米;成龙路直径219毫米管线6千米;并配合市政工程新建干管88千米。2002年,配合三环路27座立交桥的天然气管线建设;又完成武侯大道、黄忠大道西延线、牛龙公路、高新西区等管线工程共150千米。2003年,完成川陕路、牛龙路、东大街、东城根街、同仁路、三官堂街等60余条管线建设。2004年,新建成温邛路、老成灌路、光华大道、沙西线北延线、解放路、站华路、元华路等管线91条88.7千米;配合畅通工程、水环境综合治理、城区道路改造,改造管线39.2千米;并完成中医学院下穿隧道、天府广场隧道、新华大道等60余条管线改造。2005年5月,又完成九眼桥液化石油气站建设,市区管网已形成向外辐射态势。

【输气干线管道迁建】

威远至青白江和成都两条高压输气干管是中国石油西南油气田分公司输气环形管网中的主力输气干线,建于20世纪六七十年代。随着城市范围扩大,三环路与外环路之间100多平方公里资源无法集约利用,于是决定对干管进行迁建。迁建工程由成都市兴东投资有限公司负责,任务是将位于绕城高速公路与三环路之间、从双流中和镇至新都木兰乡总长71.2千米的威青、威成高压输气干管,改至距绕城高速路外侧300~400米左右的绿化带内。其中,威青线直径720毫米管道24.1千米,威成线直径630毫米管道13.8千米,平桥分输站至成都输气站直径508毫米连接管道、输气管道各6.2千米,平桥分输站至新都县木兰乡直径426毫米的成德输气管道13.4千米,威青线龙潭分输阀室至三环路龙潭乡立交桥直径508毫米的龙东输气管道7.5千米。同时,新建平桥分输站1座、分输调压阀室3座,并改造成都输气站和洪河、石灵配气站。计划投资1.7亿元,资金由兴东公司自筹解决。工程由中国石油西南油气田分公司担任建设管理,中国石油集团工程设计有限责任公司设计,四川华成油气工程建设监理有限公司担任监理,四川石油天然气建设工程有限责任公司和重庆市顺源市政工程有限公司承担施工。2004年3—9月,主体工程完成。管道纵跨双流县中和镇、新兴镇,锦江区琉璃乡、三圣乡,龙泉驿区大面镇、洪河镇、十陵镇、西河镇,成华区龙潭乡,新都县木兰乡,穿越成南、成渝高速公路,成昆、成渝铁路,成龙、成洛公路,以及东风渠和二级公路、机耕道100余处。

至2005年年底,威青、威成高压输气干管迁改工程完成投资1.58亿元。工程特点是开创与国有大型企业合作的局面;落实政府投资项目"投、建、管"三分离的要求;通过公开招标确定材料供应商和施工单位,在钢材等原材料大幅涨价的情况下,节约投资20%以上。

附:主要干线简介

彭成输气干线。天然气开发利用工程,全长43.97千米。分两期建设。一期由彭县利安乡隆兴村到西金站,直径219毫米,长36.5千米。1991年6月完工。二期由西金站到西郊储罐站,直径219毫米,长7.47千米,1992年3月完工。

德成输气干线唐家寺到西郊储罐站段。天然气开发利用工程,全长36.7千米(含部分复线),设计压力均为1.6兆帕。工程分三期进行。一期由唐家寺到三河镇,直径377毫米,主线17.03千米,1994年9月完工。二期由三河镇至红柴站,直径325毫米,主线9.28千米。1994年12月,完工。三期由红柴站到西郊储罐站,主线8.74千米,其中直径529毫米,7.48千米,直径273毫米,1.26千米,1996年9月完工。

德成输气干线德新镇新场气田到西金站段。天然气开发利用扩建工程,全长77.4千米(含部分复线)。分两期建设。一期由新场气田到唐家寺,直径426毫米,长49千米,设计压力4.0兆帕,输气能力为120万立方米/日,1997年9月开工,1999年1月竣工,工程投资8000万元。二期由新都县军屯镇到西金站,长28.4千米,其中直径529毫米、5.8千米,直径426毫米、21.4千米,直径219毫米、1.2千米,设计压力4.0兆帕,输气能力为120万立方米/日,配合干线建设,在新场气田建德新首站,改造唐家寺配气站。2000年12月开工,2002年1月竣工。

三环路高中压环线。2000年,配合三环路建设,开工建设三环路高中压环线。管线全长121千米,其中高压管线51千米,设计压力1.6兆帕,2003年竣工。配合干线建设,新建大丰门站、十陵门站等一批配气站和调压站。

【市区输配管网建设】

1990年,成都市区天然气输气干管531千米。随着城市对天然气需求量的扩大,成都市加快城区管网建设。1991年,在实施天然气开发利用工程——市区输配管网建设中,配合城区道路改造和二环路建设、府南河工程同时进行,投资9158.32万元,新建133、219、273、325、426、519毫米等管线共计51.8千米和改造直径108、159、219、325、426毫米等管线11.1千米。此期间,对20世纪60年代建成的两个储配站进行全面改造,新建和改建调压站26座。

1992年,形成以一环路直径325毫米高压环管为骨干的城区天然气输配系统,管网供气能力200万立方米/日。1992年后,结合府南河综合治理工程和市区道路建设,新建和改造市区管网,1993年,完成改建管线27.7千米,1995年,基本完成内环路内市区管网改建。1994—1997年,完成一环路外新建化成、石人、百花、肖家河、莲新、双楠等小区的直径89—219毫米中压外管建设。此后,小区建设到哪里,煤气管道就铺设到哪里。1998年,建成二环路直径219毫米中压环网。到2000年,全市天然气管道长1606千米,是1990年的3.02倍。

2000—2002年,配合"五路一桥"建设和旧城改造,陆续新建和改造市区输配管网中压管线500多千米,新建和改造了一批常压输气干管,调压站、调压柜,全市管网布局更加合理,输配体系更加完善。其中,建成三环路直径529毫米高中压干管51千米,人民南路南延线(天府大道)主管网直径159毫米管线16千米,成龙路直径

219 毫米管线 6 千米。此期间配合市政道路建设和街道整治，完成武侯大道、黄忠大道西延线、牛龙公路，高新西区等煤气直径 219、159、108 毫米干线 60 余条，150 千米。

2003 年，完成川陕路管线新建及东大街、东城根街、同仁路等旧城管网改建。2004 年，新建成温路、光华大道、站华路、元华路、沙西线北延线等管线 91 条，88.7 千米，配合市区水环境治理工程，改造管线 39.2 千米，改造旧城区 60 余条改造改造。从 2003 年到 2005 年，新建管线 240 千米，改造 60 千米。2005 年，全市天然气管道长 2984 千米，是 1990 年的 5.62 倍。

此外，为城市公交车辆配套的压缩天然气（CNG）站建设也是扩建工程的重点项目之一。九眼桥 CNG 站设计规模充装天然气 1.5 万立方米/日。2004 年 4 月开工，2005 年 4 月竣工，5 月试运行并达到设计规模。

1989—2005 年成都市天然气管道长度统计表

表 3-3　　单位：千米

年　份	管道长度	
	总长度	其中：燃气公司干管长度
1989	514	
1990	531	531
1991	544	
1992	594	594
1993	603	603
1994	624	619
1995	902	647
1996	1237	682
1997	1283	720
1998	1465	873
1999	1520	889
2000	1606	915
2001	1669	925
2002	2195	1043
2003	2521	1282
2004	2572	1418
2005	2984	1480

说明：总长度数据来自成都市统计局；燃气公司干管长度数据取自成都城市燃气有限责任公司

成都市燃气高压管线长度统计表

表 3-4

线路名称	管径（毫米）	长度（米）
唐成线	直径 529	7479
德成线	直径 426	75452
三环路	直径 529	51000

说明：数据取自成都城市燃气有限责任公司

【天然气管网监控系统建设】

1995 年，成都市在实施天然气开发利用扩建工程中，涉及天然气管网监控系统的建设子项目共 17 项，其中以燃气管网地理信息系统（GIS 系统）、综合信息管理及收费系统及 SCADA 系统为主。SCADA 系统是对天然气管网系统进行综合调度、遥测、遥控的系统。从法国引进。安装和调试都是在法国专家指导下进行。总投资 2.32 亿元。第一阶段安装 25 个站点和 1 个控制中心，1996 年 9 月动工，10 月完工。第二阶段安装 23 个站点，1997 年 6 月 11 日动工，同月 26 日完工。所有站点均配置无线电通信。系统投入使用后。在控制中心能够全面监控各站点和管网压力、流量和运行情况。

2001年,扩建工程燃气管网地理信息系统(GIS系统)于完成设计并开始数据录入。2002年2月,通过验收并投入使用,成都市所有管网及设备的历史情况及当前运行状态可实现实时查询。同年9月,综合信息管理及收费系统开始建设,2004年12月,投入使用,可完成综合统计、会计、计费、审核、出票等功能。

2003年9月,成都煤气总公司委托北京航天拓扑高科技有限责任公司,在原SCADA系统的基础上完善和增加新的系统功能,包括建立和完善调度中心、通信系统及建设120个终端站。2005年,完成调度中心、通信系统和84个终端站建设。

【储气站建设】

1968年9月,塔子山建有输气门站(市配气一站)1座,占地5亩(2001年,日供气能力160万立方米);高压球罐站一座(第二储配站,简称“二储”),占地15亩,拥有几何容积1000立方米的高压球罐8个;低压储罐1座(第一储配站,简称“一储”),占地23亩,拥有几何容积5.4万立方米的低压储罐1个。并建有配套的高压输气干管33.10千米,经30余年建设,塔子山已成为成都市天然气建设基地。

1995年12月,建设西郊储配站(第三储配站,简称“三储”),引进法造几何容积5000立方米球罐3台及连带的燃气引擎压缩机,设计储气规模20万立方米,日最大输气量120万立方米,具有燃气输配、压力调节、增压储气、用气调峰等功能。球罐由法国CMP公司设计,在设计工作压力为0.12兆帕的条件下,每台储气量为6万立方米,球罐选用当时国内无法生产的宽板压制大型球片,大大减少球体安装、焊接和无损探伤工作量。球罐水压试验改为气压试验,并由中方独立承担,全部一次试验合格;安装工程质量为优等。1996年9月建成,投资1.17亿元,被四川省劳动厅评为样板工程。1997年,投入使用,平均日输气量60万立方米,缓解了市区高峰用气紧张状况。

至2005年,一储、二储、三储3个储配站调峰能力达20万立方米,冬季满负荷运行,起到削峰平谷作用。储罐储气和高压管网储气两类有效储气能力为61.10万立方米,完全满足日调峰的需要。高压管网储气是国内普遍采用的方式,成都因三环路直径529毫米干管的运行压力不足0.3兆帕,冬季用气高峰时仅0.1兆帕左右,尚未充分发挥其储气功能。

【配气站建设】

成都市区天然气由西南石油地质局通过德阳、彭县、唐家寺、十陵4座门站,再由四川省石油局通过位于塔子山的市一站和市二站供给,经过一环、二环、三环管网将各气源点连通,形成多个不同压力级制的完全供气网络。1995—2000年间,日供气177万立方米。其中,西南石油地质局110万立方米,四川省石油局57万立方米,成都市煤气总公司联合开发天然气(股份参与)10万立方米。

1998年12月,由西南石油地质局供气的德新首站建成,成为德成线输气咽喉,气源进站压力1.6兆帕至4.0兆帕。同时又完成唐家寺站改造,新增输气能力70万立方米/日。2002年10月,完成大丰、十陵门站新建;西金站、红柴站改造为高中压调压站。

2005年,成都市区共有输气管线3821.53千米,配气站14座,调压站222座,调压柜606台,调压箱6607个,储气站3座。计有市一站、市二站、十陵站、德阳站、彭县站5个门站。其中，市一站、市二站接受中国石油供气，占供气总量的72%；十陵站、德阳站、彭县站接受中国石化供气，占供气总量的28%。市一站、市二站和十陵站位于城区东部，三站占供气总量的90%；德阳站、彭县站位于城区北部，两站占供气总量的10%；城南则处于供气末端。供气压力“东高西低”，不够均衡。

【储配气设施建设】

2005年，成都城市燃气有限责任公司储气罐与高压管线有储气能力61.1万立方米。

储气罐储气。1989年，市煤气公司天然气储配站2个，第一储配站占地23亩，有5.4万立方米低压储气罐1个。第二储配站占地15亩，有容积0.1万立方米、0.8兆帕高压储气罐8个。两站配套高压输气管线33.10千米。1995年12月开工建设第三储配站，工程总投资1.17亿元，于1996年6月完工，1997年投入使用，有容积0.5万立方米、1.2兆帕高压储气罐3个，该球罐由法国CMP公司设计，具有燃气输配、压力调节、增压储气、用气调峰等功能。

2005年，三个储配站理论储气量29.8万立方米，有效储气量27.8万立方米，调峰能力20万立方米。

2005年成都城市燃气有限责任公司储气站储气参数表

表3-5

储配站	容积（立方米）	数量（个）	压力（兆帕）	理论储气量（立方米	有效储气量（立方米）
第一储配站	54000	1	常压	54000	50000×2
第二储配站	1000	8	0.8	64000	50000
第三储配站	5000	3	1.2	180000	128000
合计				298000	278000

高压管网储气。高压管网储气是目前国内燃气行业普遍采用的储气方式之一。成都城市燃气有限责任公司高压储气管线为唐成线、德成线和三环路线。2005年，有效储气量为33.3万立方米。2003年，三环路高压管线建成并投入使用，但受气源影响，压力一直偏低，全年平均运行压力不足0.3兆帕，远低于设计压力1.23兆帕，冬季用气高峰时仅0.13兆帕。未发挥高压值储气功能，只作为输气干管使用。

2005 年成都城市燃气有限责任公司高压管线储气参数表

表 3-6

管线名称	管径(毫米)	长度(米)	设计压力(兆帕)	有效储气量(立方米)	备　注
唐成线	直径 529	7479	1.6	13000	
德成线	直径 426	75425	4.0	120000	按 1.6 兆帕计算
三环路	直径 529	51000	1.6	179000	

配气及调压设施。1993 年,成都煤气总公司有配气站 19 座,调压站 108 个, 1997 年,配气站增至 22 个,调压站增至 116 个。西郊储气罐建成以后,储气罐配气调压功能增强,新建配气站功能更为完备,站数有所减少。2001 年,配气站数减至 17 个,2002 年 14 个。西金站、红柴站等一批老配气站改为调压站。2005 年,随着与三环路环线、德成线、城市燃气管网得到完善,成都市有配气站 14 座,调压站 222 座、调压柜 606 台,调压箱 6607 个。

2006 年,成都城市燃气有限责任公司的市一站、市二站两个门站接受中石油供气,占公司供气量的 72%,十陵站、德阳站、彭州站接受中石化供气,占公司供气量的 28%。

1993—2005 年成都城市燃气有限责任公司配气调压设施统计表

表 3-7　　单位:座、个

年　份	配气站	调压站	调压箱
1993	19	108	917
1994	20	110	1141
1995	21	113	1744
1996	22	115	2159
1997	22	116	2478
1998	22	122	2976

续表

年　份	配气站	调压站	调压箱
1999	18	105	3126
2000	22	105	3261
2001	17	260	4152
2002	14	237	4378
2003	14	240	4788
2004	14	240	5281
2005	14	222	6607

燃气供应

【供气规模】

1990 年,成都市共用气 10.4 亿立方米,日均用气 285.01 万立方米。从 1990 年到 2000 年,成都市用气用量增加 4.77 亿立方米,达到 15.18 亿立方米,增长 45.88%。2000 年后,随着成都经济的发展,生产生活用气增加很快,2001 年,突破 20 亿立方米。2005 年,全市总用气量达到 27.39 亿立方米,较 1990 年增加 16.98 亿立方米,是 1990 年的 2.63 倍。

成都市内大型化工、化肥等行业以天然气为原料,冶金、玻璃等行业以天然气为燃料,所需天然气由中石油、中石化按计划供应。

成都煤气公司(总公司、城市燃气有限责任公司)担负成都城区天然气供应。1990 年,销售量

2.06亿立方米，日均供气56.43万立方米。随着城区的扩大和用气人口的增加，天然气销售量逐年增加。2000年，煤气总公司天然气销售量3.65亿立方米，较1990年增加1.59亿立方米，增长77.38%。进入21世纪后，随着成都城市建设步伐加快，城区面积延至外环路以内，用气人口大量增加，加上城市餐饮业“改煤为气”和公共汽车、出租车及部分私家轿车“油改气”的实施，天然气销售量增加很快。2005年，成都城市燃气有限责任公司天然气销售量6.63亿立方米，较2000年增加2.98亿立方米，增长81.53%。

成都城市燃气有限责任公司供应对象是城区居民生活用气、部分工业用气和公共、商业单位用气。1990年，在总用气量中家庭生活用气6974万立方米，占6.37%。2000年，家庭生活用气为3.72亿立方米，较1990年增加3.03亿立方米，增长4.34倍。2005年，家庭生活用气6.56亿立方米，较1990年增加5.86亿立方米，是1990年的9.41倍。

在20世纪90年代中前期，煤气公司所供应的天然气中有相当部分是工业用气。1990年，居民生活用气占33.85%。以后随城市的扩大和工厂的外迁，居民生活用气的比例加大，1995年达到51.98%。到2000年前后，成都煤气总公司所供应的天然气中，居民生活用气所占比例很大，2003年，居民生活用气占到成都城市燃气有限责任公司所供应天然气的92.99%，其余为餐饮业、公共服务业、CNG用气。此期间工业用气户需保持在100户左右，但生产规模已经很小。

1990—2005年成都市天然气用气统计表

表3-8　　单位：万立方米、户

年份	用气		其中：成都城市燃气有限责任公司供应量				
	用气总量	家庭用量	销售量	日均量	总用户数	工业用户	公共商业用户
1990	104030	6974	20600	56.43	269632	100	187
1991	104456	8814	20700	56.71	288123	100	
1992	104401	9708	21720	59.51	304590	102	
1993	109994	10982	22870	62.66	329505	104	275
1994	111586	12260	24350	66.71	365145	105	327
1995	128342	13442	25860	70.44	427552	106	
1996	119243	15176	28630	78.44	486846	105	496
1997	133240	17522	29310	80.30	536256	105	614
1998	135522	18733	30370	83.21	586817	105	773
1999	140024	28947	33390	91.47	639222	97	969
2000	151756	37228	36540	99.84	687053	101	1172
2001	183218	39822	44190	121.08	750149	86	1434

续表

年份	用气		其中:成都城市燃气有限责任公司供应量				
	用气总量	家庭用量	销售量	日均量	总用户数	工业用户	公共商业用户
2002	230730	53595	51920	142.26	814096	80	1807
2003	251627	54007	58080	159.12	889652	105	2277
2004	259529	62183	61720	168.64	998117	113	8414
2005	273865	65609	66330	184.76	1090000	99	9403

说明:1. 成都用气总量取自成都市统计局数据;2. 成都城市燃气有限责任公司公司数据由该公司提供

【气源调度】

成都煤气公司(总公司、城市燃气有限责任公司)以加强储气罐、高压管线建设作为日常调节用气,削峰平谷的重要手段,至2005年,城市燃气有限责任公司有3个储气配气站和160千米高压储气管线,有效储气量61.6万立方米。同时,新、改建一批输、配气站,更新了计量设备,按照输配管网、进气门站、储气设施的气源、压力,科学安排运行,确保供气动态平衡。

对季节性用气变化,通过与气源单位密切配合,合理设置不同季节的供气量,要求供气单位均衡供气。

2000年后,煤气总公司及城市燃气公司引进SCADA远程信息自动传输系统,引进GPS卫星定位系统、LCD大屏显示系统。使气源调度更加科学,能力得以强化。2005年,城市燃气公司建立调度中心,将原来设在各分公司(所)的调度职能集中,提高监控、调度指挥能力。

每日天然气供应受用户用气情况影响很大,2000年后,日用气高峰与低谷时相差达10多万立方米。为保证高峰时用气,煤气公司通过建设储气设施和完善调度制度应对。1989年,已经建成第一、第二储配站,有效储气量15万立方米。1996年9月,建成第三储配站,有效储气量12.8万立方米。20世纪90年代建成的德成线、1996年9月,建成唐成高压输气线,2002年11月,建成德成高压输气管线,2003年,建成三环路高压输气管线,有效储气量为33.3万立方米。至2005年,城市燃气公司具有61.1万立方米有效储气能力。

各储配站通过每日夜间用气低谷时大量储气,第一储配站还增加下午储气。2005年,各储配站共有调峰能力20万立方米/日。在夏秋季,调峰在15万立方米/日,冬春季时均为满负荷进行。高压管线因为气源不足,达不到设定压力,还未起到储气调峰作用。

天然气供应受季节影响很大,一年内供气最高日与最低日相差很大,2004年达到130.9万立方米。每年冬季是用气高峰季节,一般情况下高于夏季50%左右。

2003年,中石油西南油气田分公司与中石化西南分公司新增计划外供气8000多万立方米。2004年,中石油西南油气田分公司在2003年供气合同的基础上增加6000万立方米供气,为保证冬季用气,还超合同供气9800万立方米。基本满足成都冬季用气需求。

2000—2005 年冬季成都市天然气供气及年供气峰谷差统计表

表 3-9

年份	冬季供气量（万立方米）	日最高供气量(立方米)		日最低供气量（立方米）	峰谷差
		时间	数量		
2000	14781.78	12 月 24 日	1447021		
2001	17422.47	12 月 16 日	1912222		
2002	21246.64	12 月 29 日	2210858		
2003	21738.97	01 月 08 日	2275406	1297000	978406
2004	23888.57	12 月 31 日	2623067	1314000	1309067
2005	24567.73	01 月 09 日	2579845	1553000	1026845

说明:冬季供气时间指当年 11 月至次年 2 月,共 4 个月

【用气价格】

成都市自 20 世纪 70 年代开始使用天然气后,一直实行低价位销售,并将居民生活用气价格定得更低。1994 年,居民生活用气与公共集体单位用气均为 0.60 元/立方米,工业用气 0.77 元/立方米,商业单位用气 1.20 元/立方米。但随着基础设施建设的大量投入和天然气出厂价格上涨,煤气总公司一直处于亏损经营。1996 年亏损 1471 万元,1997 年亏损 2658 万元。

1994 年开始,成都市人民政府针对天然气销售价格与生产成本背离情况,确定采取“小步快跑,逐步理顺”的原则调整天然气价格。1994—2005 年,除个别年份外,大多数年份都对天然气销售价格进行小步调升。调整幅度一般在 10% 以下。以居民生活用气为例,其中调价幅度最小的 2001 年,从 1999 年的 1.09 元/立方米调升到 1.12 元/立方米,涨价 0.03 元,涨价指数 2.75% 。调价幅度最大的是 1995 年,从 1994 年的 0.60 元/立方米调升到 0.80 元/立方米。涨价 0.20 元,涨价指数 33.3% 。

2005 年年底,成都市人民政府决定城市天然气价格随上游天然气结算价格(天然气出厂价格+管道输送费)同步,并考虑城市燃气正常经营等多种因素同步上浮或下降。并对城市低保户采取补助的方式。

1994—2006 年成都市天然气销售价格统计表

表 3-10

单位:元/立方米

年　份	民用气	公共用气	工业用气	商业用气	CNG
1994	0.60	0.60	0.77	1.20	
1995	0.80	1.00	0.77	1.20	
1996	0.845	1.045	0.815	1.245	

续表

年　份	民用气	公共用气	工业用气	商业用气	CNG
1997	0.975	1.21	0.98	1.51	
1999	1.09	1.35	0.98	1.70	
2001	1.12	1.38	1.01	1.73	0.83
2002	1.12	1.38	1.01	1.73	0.89
2003	1.18	1.44	1.07	1.79	0.89
2005	1.28	1.54	1.07	1.89	0.89
2006	1.43	1.72	1.23	2.08	1.23

1990—2005 年成都城市燃气公司经营收入、税金统计表

表 3-11　　单位:万元

年份	销售收入	实现税金
1990	5009	256
1991	6106	302
1992	8562	349
1993	11010	455
1994	10093	540
1995	15296	418
1996	19046	1390
1997	22535	1356
1998	24471	1456
1999	28259	1701
2000	33113	2184
2001	39529	2277
2002	46573	2366
2003	58389	2833
2004	66168	3428
2005	66364	3814

说明:1990—1993 年,实行全额销售收入征收营业税,主营收入是含税收入;1994 年后,执行增值税,主营收入不含税收入

【液化气经营】

成都市居民使用液化气为燃料始自 20 世纪 70 年代末。实行有条件的分配使用。80 年代中前期开始市场化经营,由西南石油管理局所属企业经营,使用对象逐步扩大为未安装管道天然气的普通市民。1986 年,全市供应液化气 972 吨,全为家庭生活用气。80 年代后期,部分商业行业在经营中开始使用液化气。1989 年,全市供应液化气 1806 吨,其中家庭用气 1783 吨,占 98.72%。

1990 年前后,城区管道天然气供应范围主要在一环路以内。一环路外新建小区居民多使用液化气,供气总量增加很快,1992 年达 4500 吨,是 1989 年供气总量的 2.49 倍。1994 年 1 月,成都煤气总公司组建液化石油气分公司,供气规模成倍扩大,1996 年达到 2.55 万吨,是 1993 年的 5.67 倍。1996 年后,液化气用户稳定在 2.5 万~3 万吨。2000 年后,随着郊县城区和场镇建设,液化气供应重点转向周边城镇及城镇商业用气,且增长很快。2003 年达到 8.08 万吨,是 2000 年 4.02 万吨的 2.01 倍,2005 年达到 9.17 万吨,是 2000 年的 2.28 倍。

1990—2005 年成都市液化气供应统计表

表 3-12　　　　单位：吨

年　份	供气总量	其中：家庭用气量
1990	2844	2761
1991	4400	4250
1992	4500	4500
1993	6700	6700
1994	11700	11400
1995	15200	14300
1996	25500	24800
1997	25000	24400
1998	29783	29726
1999	39422	31085
2000	40223	22900
2001	73645	73443
2002	78587	76758
2003	80780	74776
2004	83885	39895
2005	91720	15530

生产经营企业

【成都城市燃气有限责任公司】

成都城市燃气有限责任公司位于双楠小区少陵路 10 号。1967 年 3 月，成立成都市天然气公司生产办公室。1977 年，成都市煤气建设筹建处成立。1980 年，天然气公司与煤气建设筹建处合并，成立成都市煤气公司。1993 年，更名为成都市煤气总公司。2004 年 6 月，改制为成都城市燃气有限责任公司，股本设置总额 8 亿元。2004 年 10—11 月，进行股权转让。2005 年 3 月，与港资合资的成都城市燃气有限责任公司成立。各方所占股金为：成都市城建投资管理集团有限责任公司占 41%，中国香港华润石化有限公司占 36%，中国香港百江燃气占 13%，原成都煤气公司工会（10%）。公司业务范围为天然气输配、应用、管理、工程规划、设计、安装、燃气技术开发、燃气专用设备与压力容器检测等。

1993 年，成都市煤气总公司被国家统计局评为“全国 50 家最大炼焦煤气企业”，1994 年，被省经委评为“四川省生产和供应行业最大经营规模 10 强企业”。1996 年 1 月，公司被国家经贸委、国家计委、国家统计局定为全国大型一类企业。

1994 年，成都煤气总公司下设城市煤气规划设计院、煤气工程公司、配料设备供应公司、煤气管网管理所、管道煤气营业所、燃气技术开发公司等分公司，有公司控股的液化气公司、胜多燃具制造公司、燃气发展实业公司等企业，参股了新繁、大丰、公平、金雁、温江台商开发区 5 个郊县煤气公司。

1998 年 2 月，撤销下属煤气管网管理所，组建管线管理所和供气管理所。2001 年 11 月，撤销因液化气市场萎缩而连年亏损的液化气公司。2002 年，撤销公司质量管理处，组建由总公司控股的成都康多工程监理公司。

2004 年，公司改制，设城北供气、城南供气、管线、输配、工程、技术开发、九眼桥压缩天然气（CNG）7 个分公司。另有 13 个全资子公司和参（控）股公司。

【成都龙星天然气有限责任公司】

成都龙星天然气有限责任公司成立于 1998 年 8 月 23 日，地址在龙泉驿区滨河北街。是由中石化西南油气分公司和龙泉驿区人民政府联合组建的集天然气勘探、开发和利用为一体的国有股份制企业，是中石化西南油气分公司的控股公司，也是龙泉驿区新兴的重点企业。公司注册资金6000万人民币。

公司成立前就开始对龙泉驿区内的洛带构造进行天然气勘探工作，取得成功。至2005年，公司所属洛带气田，区带面积530.79平方公里，位于成都市东郊，跨成都市城区、双流、龙泉驿、青白江及金堂县，长约35千米，宽6—10千米，探明天然气储量达307亿立方米，是一个多气藏组合的中型气田。气田主体部位在龙泉驿区境内，主要集中在西河镇、洛带镇、黄土镇、洪安镇和同安街道、龙泉街道等街镇，是世界为数不多、全国唯一的城市气田。截至2006年年底，公司完成对洛带气田8.3亿元的投资，其中钻井215口，敷设各类输气管线300多千米，建有各型输配气站58座。

2002年，公司生产天然气1.28亿立方米。2003年，生产天然气1.72亿立方米。2000年后，公司部分气源向成都市区供应。

电　　力

综　述

1990—1995 年，成都市能源消耗结构中，电力仅次于煤炭居第二位，但需求增长速度居首位。1990 年，全市全社会用电量为 35.61 亿千瓦时，人均用电量 387 千瓦时。至 1995 年，全市用电量增至 59.44 亿千瓦时，人均增至 612 千瓦时。同期，成都地区电力生产稳步增长，1990 年全市发电设备装机容量为 1068 兆瓦，总发电量 23.6 亿千瓦时。1995 年全市全年发电设备装机容量为 1212.75 兆瓦，总发电量达到 44 亿千瓦时。但相对于电力需求的高增长，地产电力供应缺口还有所扩大。四川主力电网建设与成都地方电网建设加快发展，但架构基础薄弱，长期网荷超负影响供给，在全市生产生活用电高峰期常受“电荒”问题困扰。

1996—2000 年，成都市电力生产获得较快发展。1996 年，全市发电设备总装机容量为 1280.58 兆瓦，发电量为 45.6 亿千瓦时，至 2000 年全市发电设备总装机容量增至 1278.2 兆瓦，发电量达 53.13 亿千瓦时。电力消耗能源占比、电力需求结构均出现不同寻常变化。一是电力消耗总量快速增长，1996 年全市全社会用电总量为 64.7 亿千瓦时，至 2000 年全市全社会用电量增至 82.1 亿千瓦时。当年全市能源消耗构成中，电力首次取代煤炭居首位；二是工业用电占比出现持续下降，而民居生活用电出现稳步增长。1996 年全市工业用电 42.47 亿千瓦时，总用量占比为 65.6%，居民生活用电 9.33 亿千瓦时，占总用量的 14.4%。至 2000 年，全市工业用电 45.36 亿千瓦时，总用量占比降至 55.25%，较 1996 年下降 10 个百分点，居民生活用电 19.1 亿千瓦时，占总用量的 23.27，较 1996 年增长 9 个百分点。其间，成都地区电网建设进入高峰期，特别是随着 1998 年 7 月，500 千伏龙王变电站建成投产，结束成都市没有超高压电网的历史，随着 1999 年二滩电站建成投产，长期制约成都市经济社会发展的电力“瓶颈”问题基本解决。

2001-2005 年，成都市电力生产持续发展，电网建设持续发力、成效初现。分别于 2001 年底全面完成城区电网改造，于 2002 年年底全市农村电网改造实现“村村通电”，于 2005 年，全市第二个 500 千伏变电站（华阳）建成投运，装机容量达 76 万千瓦的紫坪铺水电站开始陆续并网发电。配合“五路一桥”建设和大规模旧城改造、新区建设，陆续新建和配套完善电力配送管网和供应网点。同期，成都市全社会用电量激增：2001 年，突破 90 亿千瓦时，2002 年猛增至 111.6 亿千瓦时，至 2005 年达到 146.58 亿千瓦时，期间,全市用电保持着年均10亿千瓦时的递增长量。

1990—2005年16年间,成都市电力生产大幅增长,至2005年,全市电力企业发电量达56.55亿千瓦时,较1990年的23.6亿千瓦时增长2.4倍。全市全社会用电总量实现大幅增长同时,出现生产生活用电结构深刻变化,2005年,全市全社会用电总量达到146.58亿千瓦时,较1990年的35.61千瓦时增长4.12倍。其中,全市工业用电增长稳定,2005年为76.05亿千瓦时,较1990年的26.9亿千瓦时增长2.82倍。城乡居民用电实现突飞猛进增长,2005年达到33.47亿千瓦时,较1990年的4.12亿千瓦时增长8.12倍。16年间,全市城乡供电基础设施建设不断加强和完善,国家、地方两级电网建设取得显著成效,为成都社会经济发展提供更坚实有力的电力能源支撑。

电力生产

【电力设施建设】

成都市电力设施建设始于20世纪初期。清光绪三十一年(1905),四川总督锡良在成都银圆局内安装发电机,用蒸汽机带动,所发之电专供总督衙门照明,是为成都火力发电之始。市域内最早建成的水力发电站位于老南门外洗面桥,兴建于民国15年(1926),是为成都水力发电之始。虽然成都市电力建设起步早,发展却缓慢。至1949年年底,市域内仅有小水电站5处、小火电站3处,总容量288千瓦。

从1953年起,成都开始有计划的兴建电厂、电路。当年国家在东郊跳蹬河兴建成都发电厂,后更名为成都热电厂。1955年,一期工程投产,装机容量5000千瓦。到1966年,先后安装6台机组,总规模13万千瓦,属"一五"时期156项重点工程之一。1966—1975年,相继建成映秀湾电站装机13.5万千瓦(3×4.5万千瓦),渔子溪二级装机16万千瓦(4×4万千瓦)。1976年,动工兴建渔子溪二级电站(后称耿达电站),总装机16万千瓦(4×4万千瓦),1986年,投入两台机组。到1986年年末,水电部直属企业新增装机共计50.5万千瓦,其中水电机组37.5万千瓦,火电机组13万千瓦。

地方电力工业从无到有,从小到大,发展迅速。到1986年,建成地方电站441座、729台发电机组,装机容量12.90万千瓦。其中并入国家电网5.09万千瓦。地方电力成为国家电网的补充力量。

1986年起,随着"大中小并举""国家、集体、个人一起上"的方针政策的落实,进一步调动各级办电的积极性,特别是户办电站有较大发展。

20世纪80年代中期,国家又在成都市南郊兴建装机容量5万千瓦的三瓦窑热电厂。

1990—2005年,成都市全面加强电力设施建设。国家电力工程与地方电力工程齐头并进。成都热电厂继续扩建,装机容量达25万千瓦,同时,新建装机容量为20万千瓦的华能电厂及装机容量为21.9万千瓦的嘉陵电厂。2002年,以上三厂归并为"国电成都热电厂"。至2005年年底,成都市有国家电力火电厂共4处,总容量71.9万千瓦。全市共有地方电站373座,容量64.6万千瓦。市域内国家电站与地方电站总装机容量达136.5万千瓦。

2005 年年底成都市地方电站分布情况表

表 3-13

行政区名	电厂座数(座)			装机容量(千瓦)		
	小计	水电	火电	小计	水电	火电
彭州市	61	58	3	219325	116825	102500
都江堰市	43	43		142630	142630	
大邑县	67	63	4	78828	55328	23500
崇州市	75	74	1	76248	64248	12000
邛崃市	45	44	1	46500	34500	12000
郫县	15	15		36100	36100	
金堂县	3	3		17300	17300	
温江区	7	7		10630	10630	
蒲江县	23	23		7425	7425	
新津县	18	18		3917	3917	
双流县	5	5		3160	3160	
新都区	6	6		2110	2110	
青白江区	5	5		1705	1705	
合计	373	364	9	645948	495948	150000

【农村初级电气化县建设】

1983 年，国务院确定在全国建设 100 个农村初级电气化县。成都市所辖大邑县、都江堰市、彭州市被列为试点，分别于 1987 年 2 月、1988 年 1 月、1990 年 1 月经省政府验收合格，成为全国第一批农村电气化县（市）。

1991 年，国务院确定在全国再建设 200 个农村初级电气化县。邛崃市、崇州市、郫县列为第二批试点。三县（市）分别成立电气化领导小组，由县（市）长担任组长，下设电气化办公室，承担日常工作。与此同时，各电气化试点县都建立健全县（市）、乡（镇）、村三级管电机构，确保电气化县建设的顺利进行。

第二批试点县（市）在电气化建设期间，共投入资金 4.16 亿元，其中邛崃市 9887 万元、崇州市 1.41 亿元、郫县 1.76 亿元，用于兴建一批电源工程、配电工程和输电工程。其中建成或在建的较大电源工程有：邛崃市的宝珠山电站（3×6300 千瓦）、西郊热电厂（2×3000+1×6000 千瓦）；崇州市的柏木沟电站（3×2000 千瓦）、万煤电站（3×2000 千瓦）、崇州火电厂（2×6000 千瓦）；郫县的罗家桥电站（3×1250 千瓦）、留驾电站（2×1600 千瓦）、伍林电站（3×2000 千瓦）。较大的 110 千伏变电站有郫县新津城关变电站（1.26 万千伏安）；新建或扩建的 35 千伏变电站有：邛崃市平落变电站（6300 千伏安）、高埂变电站（5000 千伏安）、羊安变电站（1.26 万千伏安）、东郊变电站（1 万千伏安）；崇州市南郊变电站(6300千伏安)、元通变电站(3150千伏安)、大划变电站(3200千伏安)、怀远变电站(6400千伏安)、三江变电站(1.6万千伏安);郫县城关变电站(1.26万千伏安)、犀浦变电站(2500千伏安)、安德变电站(6300千伏安)。架设或改造的110千伏输电线路共2条,长16.3千米,均在郫县;35千伏输电线路共12条,总长165千米,其中:邛崃3条、79千米,崇州5条、64千米,郫县4条、22千米。

邛崃、崇州、郫县三县(市)的农村电气化县建设,以1989年为基准年,1994年为达标年。至1994年年底,3个市(县)在设备完好率、综合网损率、电压合格率、发电设备事故率、变电设备事故率等方面均达到国家验收标准,在居民用电户数、通电户率、合格通电户率等方面均符合验收标准。三县(市)分别于1994年12月、1995年6月、1998年3月经省政府验收组验收合格,成为全国第二批农村初级电气化县(市)。电气化建设使三县(市)发电能力、输电能力、配电能力发生较大改观,形成较为完备的发、供、用网络。

邛崃市基准年拥有发电装机容量1.22万千瓦、35千伏输电线路131千米、35千伏变电站容量1.94万千伏安;达标年拥有发电装机容量1.97万千瓦、35千伏输电线路172千米、35千伏变电站容量3.95万千伏安。

崇州市基准年拥有发电装机容量2.58万千瓦、35千伏输电线路68.8千米、35千伏变电站容量3.01万千伏安,达标年拥有发电机装容量4.07万千瓦、35千伏输电线路141.2千米、35千伏变电站5.08万千伏安。

郫县基准年拥有发电装机容量9265千瓦、35千伏输电线路27.7千米、35千伏变电站容量5000千伏安,达标年拥有发电装机容量1.68万千瓦、110千伏输电线路16.3千米、35千伏输电线路50千米、110千伏变电站12.6万千伏安、35千伏变电站1.47万千伏安。

2000年后,随着大电网建设,成都市辖区内区(市)县都达到电气化县的目标。

1994年成都市电气化县(市)达标年情况表

表3-14

验收指标	邛崃	崇州	郫县	验收标准
通电户(户)	170828	178830	139148	
通电户率(%)	98.8	99.8	98.8	>90
合格通电户率(%)	94.0	96.5	98.8	
人均用电量(千瓦时)	241	346	342	≥200
户均生活用电量(千瓦时)	268	226	208	≥200
发供电设备完好率(%)	100	100	99.5	>95
综合网损率(%)	10.8	9.7	8.6	<11
电压合格率(%)	93.8	95.5	96.5	>90
发电设备事故率(次/台·年)	0.03	0	0.4	<0.6
输变电设备事故率(次/台·年)	0.2	0	0.4	<0.6

【装机容量】

成都地区发电设备分属国家电网、地方电网及企业自办电厂。1986年末，成都地区发供电设备固定资产原值累计9.25亿元。拥有发电设备容量64.45万千瓦，比1949年增长116倍，年平均递增13.7%。其中水电设备51万千瓦，火电设备13.45万千瓦。拥有35千伏及以上送电线路2174千米，比1949年增长37倍，35千伏以上变电容量152.88万千伏安，比1949年增长610倍。1986年成都地区电、热产量持续增长，均创历史最高水平。发电量：1986年33.92亿千瓦时，比1949年增长183倍，年平均递增15.1%。售电量：1986年31.91亿千瓦时，比1949年增长312倍，年平均递增16.8%。供热量：1986年供热88.98万百万大卡，比1985年增长5.25%。

1989年，成都地区发电设备总容量837.16兆瓦。其中，水电设备658.41兆瓦（含映秀湾电厂），占78.65%，火电178.75兆瓦，占21.35%。

1990年8月5日，华能成都电厂1×200兆瓦燃煤机组建成投运发电，成都地区发电设备装机总容量超过1000兆瓦。当年成都地区装机总容量1068.51兆瓦，国家电网装机容量780兆瓦，地方电网229兆瓦，企业自办电厂59.51兆瓦；水电占63.76%，火电占36.24%。

1991年以后，新增装机容量多为地方电网电厂，每年增加10兆—60兆瓦容量。1992年，罗家桥、千家湾、邛崃火电厂等10处、27台20.06兆瓦机组投产。1993年，关口火电厂1×12兆瓦机组投运，官仓电厂1×2.35兆瓦机组投运。1994年，九龙电力股份公司彭州蜀湔公司1×6兆瓦和崇庆火电厂1×6兆瓦火电机组投运。

1995年，彭州草坝坑口火电厂1×13.5兆瓦，成都南郊热电厂2×6兆瓦，彭州蜀湔电厂1×13.5兆瓦机组相继投运。至年底，成都地区地方电网新增100.53兆瓦，达到329.53兆瓦；全市全年发电设备总容量1212.75兆瓦，较1990年增加144.24兆瓦，其中地方电网新增装机容量占装机总容量的69.70%。

1998年，二滩电站、四川嘉陵电力有限公司2×142兆瓦热电机组相继投运发电，成都严重缺电的局面结束。当年国家开始限制小水电、小火电的发展，地方电站建设减缓，一些效益差、污染严重的小水电、小火电相继停产。1999年，实行供电部门择优购电，地方小水电、小火电由于发电量小、供电质量难以保证，基本不能进入国家电网，基本停止发展，部分企业自办电站也陆续停产。全年成都地区总装机容量比1998年下降28.38兆瓦，其中水电设备总容量为534.90兆瓦，较1998年821.00兆瓦减少286.10兆瓦。同年，嘉陵成都热电厂2×142兆瓦热电机组投运，成都地区发电设备火电装机容量首次超过水电。火电装机总容量比例达到59.24%。

2002年，成都地区拥有发电设备容量148.43万千瓦。其中，水电设备63.67万千瓦（不含映秀湾水电厂），占总装机容量的42.9%；火能发电设备容量84.76万千瓦，占总装机容量的57.1%。2003年，火能发电设备容量达到总装机容量的60.63%。

2005年，紫坪铺水电站投运发电，成都地区发电设备装机总容量超过2000兆瓦，达到2005.20兆瓦，较2004年增加366.20兆瓦。水电比例超过火电，为50.48%。

拥有35千伏及以上送电线路2174千米，比1949年增长37倍，35千伏以上变电容量152.88万千伏安，比1949年增长610倍。

1986 年成都地区发电设备容量统计表

表 3-15　　单位:万千瓦

隶属关系	合计	水电	火电
水电部直属企业	50.00	37.50	12.50
地方电厂	12.93	12.78	0.15
自备及其他	1.575	0.775	0.80
小　计	64.505	51.055	13.45

1986 年成都地区送变电设施统计表

表 3-16

隶属关系	送电线路(千米)			变电容量(万千伏安)		
	合计	其中		合计	其中	
		110 伏	220 伏		110 伏	220 伏
水电部直属企业	1650	616	527	136.22	44.7	57
地方电厂	524	—	—	16.66	—	—
小　计	2174	616	527	152.88	44.7	57

1989—2005 年成都市发电设备装机容量统计表

表 3-17　　单位:兆瓦

年份	合计	水电	所占比例(%)	火电	所占比例(%)
1989	837.16	658.41	78.65	178.75	21.35
1990	1068.51	681.26	63.76	387.25	36.24
1991	1091.19	696.69	63.85	394.50	36.15
1992	1131.08	719.33	63.60	411.75	36.40
1993	1146.53	734.15	64.03	412.38	35.97
1994	1162.89	744.52	64.02	418.37	35.98
1995	1212.75	757.87	62.49	454.88	37.51
1996	1280.58	785.21	61.32	495.37	38.68
1997	1286.78	785.20	61.02	501.58	38.98
1998	1340.58	821.00	61.24	519.58	38.76
1999	1312.20	534.90	40.76	777.30	59.24
2000	1278.20	550.90	43.10	727.30	56.90
2001	1297.30	576.40	44.43	720.90	55.57
2002	1484.30	636.70	42.90	847.60	57.10
2003	1523.90	599.90	39.37	924.00	60.63
2004	1639.00	649.80	39.65	989.20	60.35
2005	2005.20	1012.20	50.48	993.00	49.52

2005年成都市地方电站装机容量分区统计表

表3-18

单位:座、台、千瓦

区(县)	电站总数	机组台数	装机总容量	火电站容量	水电站开发量				
					理论蕴藏量	可开发容量	已装机容量	待开发容量	水电站数
龙泉驿					2900	2870	0	0	0
金牛					5529	1650	0	1650	0
青白江	5	12	1705		10612	9000	1705	7295	5
金堂	3	11	17370		59100	40000	17370	22630	3
新都	6	14	2110		47240	14605	2110	12495	6
彭州	61	158	219325	102500	333799	130000	116825	13175	58
都江堰	43	138	142630	0	581888	235700	142630	93070	43
崇州	75	138	76248	12000	110900	68974	64248	4726	74
大邑	67	129	78828	23500	204400	146000	55328	90672	63
邛崃	45	77	46500	12000	75911	42900	34500	8400	44
蒲江	23	36	7425	0	12191	8613	7425	1188	23
新津	18	35	3917	0	106500	7359	3917	3442	18
双流	5	18	3160	0	77138	13207	3160	10047	5
温江	7	28	10630	0	28000	13640	10630	3010	7
郫县	15	49	36100	0	117600	40000	36100	3900	15
合计	373	843	645948	150000		774518	495948	278570	364

【发电量】

1989年,成都地区电力企业发电量20.83亿千瓦时。1990年发电量为23.60亿千瓦时(不含企业自备柴油发电机组发电量),比上年增长13.3%。1991年增至37.93亿千瓦时,是1989年的1.82倍。

1995年,成都地区发电量为44.02亿千瓦时(含映秀湾水电厂,不含企业自备柴油发电机组发电量),比1994年增长1.04%。当年全市火力发电量增长幅度较大,主要是地区电力发展加快,新的火电机组投运。1997年,成都地区电力企业发电量达50.11亿千瓦时。

1998年,二滩电站开始向成都送电;同时供电部门开始实行择优购电,成都地区发电企业发电量下降。1999年为39.08亿千瓦时,为1997年的77.99%。1999年,四川嘉陵电力有限公司2×142兆瓦热电机组投运,成都地区电力企业发电量上升,2000年达到53.13亿千瓦时。随着二滩电站、宝珠寺等主力电厂机组全发,全市70家小型电厂停产或限产,2001年全市74家小型发电厂的利用时间由1998年的4500小时/年降为2600小时/年,当年发电48.53亿千瓦时。全年全市按供电口径统计共完成工业总产值1790.34亿元,比上年同期增长13.36%。每亿元工业总产值耗用电631.27万千瓦时;每千瓦时电力创造工业总产值为15.84元。通过节电新技术、新产品的推广应用,加强电力能源消耗定额考核,全市共节约电力1.35亿千瓦时。

2003年,二滩电站外销量加大,成都供、用电间缺口加大,特别是随着市政生活及商业用电的增加,用电峰谷差加大。在保证主网供电情况下,地方自组电力发挥了用电高峰的补充作用,全市77家小型电厂逐步恢复到20世纪90年代后期的利用时间。是年,全市电力企业发电量达63.15亿千瓦时,比2002年增加14亿千瓦时。此后,随国家骨干电网的完善和对成都地区供电的保证,地方电力企业加快技术改造,保证上网电力质量,争取供电部门优先购买。同时充分利用水电企业调峰作用强的特点、发挥在用电高峰时期骨干电网的补充作用。2003—2005年,全市地方电力企业发电量维持在60亿千瓦时左右。

1986年成都地区发电量统计表

表3-19　　单位:亿千瓦时

隶属关系	合计	水电	火电
部直属企业	27.63	16.91	10.72
地方电厂	5.72	5.70	0.02
自备及其他	0.57	0.36	0.21
小　计	33.92	22.97	10.95

1989—2005年成都市电力企业发电量统计表

表3-20　　单位:万千瓦时

年　份	发电量	年　份	发电量	年　份	发电量
1989	208310	1995	440200	2001	485258
1990	235977	1996	456060	2002	492120
1991	379300	1997	501146	2003	631511
1992	390100	1998	457098	2004	623595
1993	406000	1999	390800	2005	565513
1994	435600	2000	531300		

电厂(站)介绍

【国电成都热电厂】

2002年12月,成都热电厂划归中国国电集团公司,更名为"国电成都热电厂"。国电成都热电厂包括三部分,即原成都热电厂,又称老厂,装机容量25万千瓦,属中国国电集团公司;华能成都电厂,装机容量20万千瓦,系代管;嘉陵发电分公司,装机容量21.9万千瓦,也系代管。实行"一厂三制"的管理模式,总装机容量为65.9万千瓦,年均发电量约33亿千瓦时,供热量约

120万百万千焦。

成都热电厂（老厂）位于成都市东郊跳蹬河，是西南地区第一座高温高压热电厂，又是川西地区重要电源支撑点。2005年总装机容量为25万千瓦。

老厂一期工程于1953年动工，1955年5月建成，主要工程项目有汽机间、除氧间、锅炉间、煤斗间、主控室等，建筑面积2.21万平方米，砖混结构。装机1台，容量5000千瓦。该厂自1955年1号机组并网发电之后，曾多次扩建：1956年4月进行扩建，1966年7月完工，增加装机5台，单机容量2.5万千瓦，使全厂总容量达12.5万千瓦（一期工程安装的5000千瓦发电机组停运，1976年调出），另建高80米砖砌烟囱1座，成为当时成都东郊最高烟囱。

1988年2月，老厂再次扩建，总容量增至20万千瓦。新建发电主厂房，新建钢筋混凝土烟囱1座，高210米，居全市烟囱之最。另建双曲冷却塔一座，高105米。高烟囱和高水塔成为成都市东郊标志性建筑。扩建工程于1990年3月并网发电。此后又扩容为25万千瓦。

2003年6月，全面展开机组的恢复性改造工作。同年9月，完成2号锅炉、2号汽轮发电机组、电气主要辅助发电设备以及输灰设备等公用系统的改造。2004年2月，完成3号、6号锅炉及3号、4号、6号汽轮发电机和化学水处理系统、燃料运输系统的改造。基本消除机外、炉外爆管，烟道、风道垮塌，设备受损的隐患。

华能成都电厂筹建于20世纪80年代中期，1990年8月投产，装机1台、容量20万千瓦，以集资办电方式筹集资金。

嘉陵发电分公司于20世纪90年代中期开始筹建，装机3台，总容量21.9万千瓦（0.2+14.2+7.5万千瓦）。由美国安然公司控股（后转让给林凤集团），四川省电力公司统一负责。第一台机组于1999年9月投产；2001年10月全面建成投产。

2001年，成都市委、市政府做出实施东郊工业区产业结构大调整的重要决策，将东郊160家企业纳入调整之列。成都热电厂曾是成都市主要电能热能基地，又是东郊的最大污染源，按照国家“节能减排，上大压小”的能源政策，2006年4月28日，成都热电厂（老厂）关停，该厂在长达半世纪的岁月里，累计发电354亿千瓦时。2007年，对主厂房实施爆破；当年6月16日，华能成都电厂关停。两厂相继关停后，大量削减了烟尘、二氧化硫、粉煤灰及废水排放量，显著改善了东郊的大气环境及沙河的水环境。与此同时，对嘉陵热电厂进行停产整治，限期完成脱硫设施建设。

【三瓦窑热电厂】

20世纪80年代，成都市缺电严重。在城南修建三瓦窑热电厂，装机2台，容量5万千瓦，在一定程度上缓解了成都市严重缺电的局面。随着成都市向东向南发展战略的实施，运转近20年的三瓦窑热电厂于2005年3月31日停产。

三瓦窑热电厂后迁至大邑县工业园区，新厂装机3台，总容量5.5万千瓦（2×1.5+1×2.5万千瓦）。经11.4千米长的输电线，将电能送至220千伏隆兴变电站，进入四川电网。新厂采用脱硫设施，使排放的烟气中减少20%的二氧化硫，电厂150米高的大烟囱排放的不再是黑烟，而变成几乎透明的白烟。

大邑经济园区有20多家用热企业，都建有直排式小锅炉，对环境污染较严重。热电厂建成后，由热电厂统一供热，减少了环境污染。大邑县是成都市主要煤矿所在地，煤矸石堆积成患，热电厂以此为燃料，“变废为宝”；燃烧后的煤粉煤渣将密闭传送到邻近的水泥厂，作为水泥的添加剂，再次废物利用，是全省循环经济的示范项目。

【紫坪铺水利枢纽电厂】

紫坪铺水利枢纽位于都江堰市紫坪铺镇，系综合利用岷江水资源的大型水利枢纽工程，是国家西部大开发标志性工程之一。紫坪铺水利枢纽工程是兼具灌溉、供水、发电、防洪、环境保护等综合效益的大型水利工程。规模为：正常蓄水位877米，总库容11.12亿立方米，其中调节库容7.74亿立方米。是国家“十五”时期水利基础设施的建设重点，是四川省最大的水利枢纽。

紫坪铺水利枢纽工程于1958年8月开工建设，1960年2月29日停工。20世纪80年代末，四川省政府重新启动岷江上游水利开发工程。2001年3月29日，紫坪铺水利枢纽工程开工。2005年9月30日下闸蓄水，11月13日首批2台机组发电。

枢纽工程包括大坝、溢洪道、发电隧洞、电站厂房、泄洪排砂洞、冲砂放空洞。大坝坝型为混凝土面板堆石坝，最大坝高156米，坝顶宽度12米、坝顶长度663.77米，坝顶高程884米；溢洪道为开敞式，堰顶高程860米，堰顶宽度12米，最大下泄流量2445立方米/秒；发电引水洞为有压隧洞，洞径8米，压力钢管直径7米，进口底板高程800米，设计水头100米，单机引用流量214立方米/秒；发电厂房为坝后式，长125米、宽38.5米，装机4台，容量4×190兆瓦，多年平均发电量34.17亿千瓦时，为川西电网承担调峰作用。

紫坪铺水利枢纽控制岷江流域面积22662平方公里，多年平均来水量148亿立方米，年平均悬移质输沙量792万吨，推移质输沙量70万吨。枢纽工程由大坝、右岸引水式厂房、右坝端开敞式溢洪道、4条引水发电隧洞、1条泄洪排砂隧洞组成。水电厂装机4台，单机容量19万千瓦，总装机容量76万千瓦，年平均发电量34.17亿千瓦时。电厂规模仅次于二滩电站居省内已建发电厂第二。2001年1月导流洞动工；3月枢纽工程正式开工。2002年11月实现大江截流。2005年12月土建工程完工，枢纽下闸蓄水。2006年5月4台机组全部投产发电。

紫坪铺电厂距成都负荷中心仅60千米，且具备调峰能力，是成都市电网最理想的电源点；但是紫坪铺水利枢纽的反调节水库杨柳湖未能实施，电厂调峰运行常与下游供水形成矛盾，尚待妥善解决。

【映秀湾水电站】

映秀湾水电站位于阿坝藏族自治州汶川县岷江上游，中型径流引水式电站。竣工时间为1972年8月，20世纪80年代、90年代中前期是当时成都电网主力电源厂之一。总装机容量135兆瓦（3×45兆瓦），年发电量7亿千瓦时左右。

【凤鸣桥水电站】

凤鸣桥水电站是全市最大的水电企业，位于彭州市，辖一级站和二级站，一级站在龙门山镇，二级站在通济镇。一级站装机（2×10兆瓦），二级站装机（2×5兆瓦），总装机容量30兆瓦，是市域内总装机容量最大的水电站。

【红石桥水电站】

红石桥水电站位于彭州市，距彭州市区20千米，属岷江下游蒲阳河第七梯级水力发电站，系混流水力发电站，是市域内总装机容量第二大水电站，是域内单机装机容量最大的水电站。1987年，被列入省基本建设开工建设，1988年被列入成都市重点建设项目，1992 年建成投产。装机总容量 22 兆瓦。年均发电量 1 亿千瓦时左右。从 20 世纪后期起，由于主电网面向成都电网供电能力持续提高，地方自组电力上网电量大幅减少，水电站发电时间持续减少。

【地方火电厂】

截至 1989 年年底，全市有 3 座火电厂，均在大邑县，装机 5 台，总容量 1.35 万千瓦。即：栗子坪火电厂（1×1500 千瓦）；张家山火电厂（2×3000 千瓦）；邮江煤矿火电厂（2×3000 千瓦）。1990—2005 年，煤炭资源比较丰富的彭州、崇州、邛崃、大邑等四县（市）建设了 6 座地方火电厂，即：彭州市的关口火电厂、草坝火电厂、彭西火电厂，崇州市的崇州火电厂，邛崃市的邛崃热电厂，大邑县的新源火电厂。6 座火电厂共装机 17 台、总容量 13.65 万千瓦。至 2005 年年底，全市地方火电厂共 9 座，装机 22 台，总容量 15.0 万千瓦。为 1989 年年底地方火电厂装机容量的 11 倍。这批地方火电厂，在电力紧缺的年代，曾为补充地方用电、发展地方经济做出贡献，随着国家“节能减排，上大压下”能源政策的实施，于 2007—2008 年相继关停。

关口火电厂。关口火电厂位于彭州市丹景山镇，是在成都市电力严重不足时，1985 年由 6 家联办单位共同筹建，1987 年动工，1989 年 8 月基本竣工，1990 年 3 月投产运行，装机容量 2×1.2 万千瓦。1993 年扩建 1 台 1.2 万千瓦机组后又增加 1 台 2000 千瓦机组，总容量 3.8 万千瓦。关口火电厂建成后为成都市直属企业，后改制为成都市国营股份制试点企业。

草坝火电厂。草坝火电厂位于彭州市新兴镇，装机容量 3×1.35 万千瓦，总容量 4.05 万千瓦，系成都市装机容量最大的地方火电厂，1990 年动工兴建，1993 年建成。

彭西火电厂。位于彭州市天彭镇，装机 2×6000+1×12000 千瓦，总容量 2.4 万千瓦，1996 年建成。

崇州火电厂。崇州火电厂位于崇州市怀远镇红星村马家埂，装机容量 2×6000 千瓦，分两期修建，每期各装机 1 台。第一期工程于 1989 年 12 月动工，1990 年 12 月建成；第二期工程于 1992 年 10 月动工，1994 年 6 月建成。

邛崃热电厂。邛崃热电厂位于邛崃市临邛镇西郊，1987 年 10 月开始筹建，1989 年 12 月动工，1992 年 3 月建成投产，并网发电，装机容量 2×3000 千瓦。1991 年，邛崃被列为全国第二批农村初级电气化试点县后，1992 年 9 月批准立项，动工扩容，增加 1 台 6000 千瓦的发电机组，1993 年建成投产，邛崃热电厂总容量达 1.2 万千瓦。

大邑新源火电厂。大邑新源火电厂位于大邑县晋原镇，装机 2×5000 千瓦，于 1999 年建成。

【地方水电厂】

成都市最早建成的水电站是城区老南门外的洗面桥水电站，装机 10 千瓦，于民国 15 年（1926）建成。随后，装机容量为 100 千瓦的东门外猛追湾水电站于民国 19 年（1930）建成；装机容量为 40 千瓦的金堂县城厢（现属青白江区）玉虹桥水电站，于民国 20 年（1931）建成。这 3 座水电站与云南省昆明市郊的石龙坝水电站、四川省泸县的洞窝电站、西藏自治区拉萨市郊的夺底水电站并称为全国早期的 6 座水电站。成都市水电开发虽然历史久远，但发展速度却很缓慢，至 1949 年年底，全市只有 5 座小水电站。中华人民共和国成立以后，特别是改革开放以后，成都市水电站的开发进度加快。至 1989 年年底，全市共有水电厂 424 座，装机 754 台，总容量 18.12 万千瓦。

1990—2005 年，成都市地方水电站建设高速发展。先后淘汰了一批工程简陋、设备陈旧的小水电站，建成一批装机容量大的骨干水电站。至2005年年底，全市共有水电厂364座，装机832台，总容量49.60万千瓦，为1989年底地方水电站装机容量的2.74倍。与1989年相比，水电厂处数虽然减少了60座，总容量却增加了31.48万千瓦。

建成的地方水电厂中，装机容量在1000千瓦以上（含1000千瓦）的共46座，总容量22.70万千瓦，占新增容量31.48万千瓦的72.1%。其中，装机容量在10000千瓦以上（含10000千瓦）的共8座，即：彭州市红石桥电站（2×11000千瓦）、凤鸣桥一级电站（2×10000千瓦）、凤鸣桥二级电站（2×10000千瓦）、都江堰市白果岗一级电站（2×6300千瓦）、驾红电站（2×5000+1×2500千瓦）、崇州市岩峰电站（2×5500千瓦），鞍子河电站（2×6000千瓦）、邛崃市宝珠山电站（3×6300千瓦）。这8座电站的总容量为12.9万千瓦。1990年建成的红石桥电站位于蒲阳河上，为市域内装机容量最大的地方水电厂。

这一阶段建成的地方电厂中，既有国营、集体（乡镇）企业，也有个体、股份、民营企业；既有本地业主，也有外地业主。如国营电站有白果岗电站；乡镇电站有土桥新电站；股份制电站有鲁家湾电站；民营电站有岩峰电站；上市公司电站有凤鸣桥电站；外资电站有新天师电站；联办电站有罗家桥电站。西河上游文井江，南河支流出邛江以及都江堰渠系都进行了梯级开发。

1990—2005年成都市水电站（装机1000千瓦以上）建成情况统计表

表3-21

序号	电站名称	建设地点	所在河流	设计水头（米）	设计流量（立方米/秒）	装机容量（千瓦）
	合　计					226960
1	红石桥电站	彭州市桂花镇	蒲阳河	19.3	120	22000
2	龙头电站	彭州市大宝镇	龙槽沟	405	0.4	1500
3	洛河桥电站	彭州市大宝镇	湔江	93	4.8	3200
4	燕子洞电站	彭州市大宝镇	牛圈沟	205	0.68	1000
5	半节河电站	彭州市大宝镇	牛圈沟	158	1.8	2800
6	凤鸣湖电站	彭州市大宝镇	牛圈沟	4.7	5.2	1890
7	凤鸣桥一级电站	彭州市通济镇	湔江	127	16.8	20000
8	凤鸣桥二级电站	彭州市通济镇	湔江	74	16	10000
9	三岔河电站	彭州市大宝镇	牛圈沟	305	2	5000
10	白果岗一级	都江堰市金凤乡	白沙河	91	16.2	12600
11	白果岗二级	都江堰市金凤乡	白沙河	24	16.2	3200
12	千家湾电厂	都江堰市灌口镇	蒲阳河	8	84	6000
13	土桥新电站	都江堰市土桥乡	江安河	8	42.6	2400
14	龙溪电站	都江堰市龙池镇	龙溪河	70.2	2.3	1200

续表

序号	电站名称	建设地点	所在河流	设计水头(米)	设计流量(立方米/秒)	装机容量(千瓦)
15	南岳庙电站	都江堰市龙池镇	龙溪河	218	1.5	2500
16	大兴电站	都江堰市民兴乡	黑石河	10.8	34.6	2630
17	双合电厂	都江堰市聚源镇	江安河	9	45.9	3000
18	万安电厂	都江堰市青城乡	沙沟河	8	39.6	2400
19	元定桥电厂	都江堰市大乐乡	沙沟河	8	39.6	2400
20	飞罗电厂	都江堰市崇义镇	徐堰河	9.5	46	3200
21	导江电站	都江堰市聚源镇	徐堰河	8	48.2	3750
22	驾虹电厂	都江堰市驾虹乡	蒲阳河	11.2	130	12500
23	岩堰电厂	都江堰市玉堂镇	沙沟河	10	42	3000
24	梅花电厂	都江堰市中兴镇	沙沟河	10	42	3000
25	陈家沱电厂	都江堰市聚源镇	走马河	9	31	2000
26	岩峰电站	崇州市苟家乡	文锦江	176	7.5	11000
27	柏木沟电站	崇州市万家镇	文锦江	54	14.2	6000
28	三合堰 二级	崇州市公议乡	三合堰	5	24	1000
29	鞍子河电站	崇州市苟家乡	文锦江	177.6	8.1	12000
30	双龙电站	崇州市上元乡	沙沟河	4.7	50	1600
31	上元扩容电站	崇州市街子镇	沙沟河	5.3	40	1600
32	春坪电站	大邑县西岭镇	出江河	90	3.5	2500
33	双河电站	大邑县西岭镇	出江河	113	5.5	3750
34	鲁家湾电站	大邑县天宫镇	出江河	49	9	3750
35	长青电站	大邑县西岭镇	小河子	65	4	1890
36	梅子坪电站	大邑县西岭镇	小河子	125	2.8	2500
37	宝珠山电站	邛崃市南宝乡	玉溪河	72	33	18900
38	茅草埂电站	蒲江县长滩湖	蒲江河	71	4.7	2500
39	新天师电站	温江区玉石乡	江安河	12	36	3750
40	花园水电厂	郫县花园镇	走马河	7.9	45	2400
41	罗家桥电站	郫县三道堰镇	徐堰河	10	51	3750
42	罗汉桥电站	郫县新胜镇	徐堰河	4.5	55	2500
43	留驾电站	郫县唐昌镇	徐堰河	8	50	3200
44	先锋电站	郫县唐昌镇	徐堰河	8	60	4000
45	伍林电站	郫县新民镇	徐堰河	13	57	2000

续表

序号	电站名称	建设地点	所在河流	设计水头(米)	设计流量(立方米/秒)	装机容量(千瓦)
46	张家桥电站	郫县安靖镇	东风渠	5.5	74	3200

【地方电站】

成都市地方电站多分布于在水能资源和煤炭资源较丰富、远离中心城区的都江堰市、彭州市、崇州市和大邑县。成都地方电站建设始自1905年。至1949年年末,市域内有电厂8处,装机总容量287.50千瓦。

20世纪80年代中后期,成都市经济发展很快,电力供应缺口很大,成都市人民政府将发展地方电力建设作为一项重要工作。1989年,全市有地方自组电网电站426处,装机756台,总容量19.47万千瓦。其中,水电424处18.12万千瓦。大多为两三千瓦小型电站。

1990年,成都市地方电力建设以发展单机大容量机组,多机组电站为主,全市有地方电站410座、761台机组、装机总容量22.95万千瓦,平均每座电站1.86台机组、装机容量559.77千瓦。

1995年,成都市新投入运行的发电机组有成都南星热电股份公司南郊热电厂2×6兆瓦火电机组,彭州市草坝坑口火电厂1×13.5兆瓦火电机组。彭州蜀湔火电厂(九龙电力股份公司同湔江水泥厂联营1×6兆瓦火电机组,大邑三坝水电站1×5兆瓦水力发电机组。

1998年后,由于二滩、宝珠寺等国家主力电站陆续建成并向成都供电,地方电站建设趋缓。1999年,四川嘉陵电力有限公司2×142兆瓦热电机组分别投运,同期还大力发展地方电力建设。此期,国家在发展电力上鼓励投资主体多元化,实行“谁建设、谁所有、谁管理、谁受益”的方针,调动了各行各业办电积极性,形成国有资本和乡镇、企业、个体、股份公司一起办电的局面。年内,建成装机容量1.58万千瓦国有资本的白果岗电站、2400千瓦乡镇集体资本的土桥新电站、3750千瓦股份制资本的鲁家湾电站、3750千瓦的外资新天师电站、1.1万千瓦的民营岩峰电站。

1989—2005年成都市地方电站统计表

表3-22

年份	电站数(座)	机组(台)	装机容量(千瓦)
1989	426	756	194652
1990	410	761	229504
1991	406	769	253396
1992	404	773	273543
1993	407	797	287820
1994	414	821	310180
1995	418	834	329525
1996	411	841	351658
1997	401	859	392450
1998	401	859	392450
1999	401	859	393410
2000	404	867	426410
2001	363	822	561999
2002	363	822	561999
2003	371	846	643234
2004	371	746	643234
2005	373	854	645948

2000年，装机容量3300兆瓦的二滩电站全面竣工投产。至年底，全市地方电站404座、867台机组，装机总容量42.64万千瓦，平均每座电站2.15台机组，装机容量1055.47千瓦。

2003年，三峡电厂首台700兆瓦机组发电。至年底全市13座装机容量在1万千瓦以上的地方电站11座、共31台机组，总装机容量21.75万千瓦。其中，水电站有8座、18台机组、12.9万千瓦，火电站5座、13台机组、9.85万千瓦。水电站以彭州市红石桥电站最大，装机2.2万千瓦，火电站以彭州草坝火电厂最大，装机4.05万千瓦。

2005年，全市淘汰设备陈旧、污染严重、效益不高的小电站60座，新建一批设备较先进、污染低的大容量电站。全市地方电站373座、854台机组，装机总容量64.59万千瓦，平均每座电站2.29台机组，装机容量1731.76千瓦。其中，都江堰市、彭州市、崇州市和大邑县总装机容量51.43万千瓦，约占成都市地方电站总装机容量的79.62%。至2005年年底，成都市可开发利用水能资源为77.45万千瓦，实际已开发利用49.59万千瓦，达到64.03%。未开发的多在各类自然保护区内。

2005年成都市装机10000千瓦以上地方火电站统计表

表3-23　　单位：千瓦

电站名称	地 点	装机容量	投产时间
草坝火电厂	彭州市草坝	40500	
彭西火电厂	彭州市	24000	1997年
崇州火电厂	崇州市	12000	
新源火电厂	大邑县	10000	
邛崃热电厂	邛崃市西郊工业区	12000	1993年

2005 年成都市装机 10000 千瓦以上地方水电站统计表

表 3-24

电站名称	地 点	河 流	设计水头（米）	设计流量（立方米/秒）	装机容量（千瓦）	投产时间	工程投资（万元）
红石桥电站	桂花镇	蒲阳河	19.3	120.0	22000	1991	8017
白果岗一级电站	金凤乡	白沙河	91.0	16.2	12600	1994	8820
白果岗二级电站	金凤乡	白沙河	24.0	16.2	3200	1994	2240
驾虹电厂	驾虹乡	蒲阳河	11.2	130.0	12500	1995	9800
宝珠山电站	南宝乡	玉溪河	72.0	33.0	18900	1997	21700
凤鸣桥一级电站	通济镇	湔江	127.0	16.8	20000	1998	16857
凤鸣桥二级电站	通济镇	湔江	74.0	16.0	10000	1999	7195
岩峰电站	苟家乡	文锦江	176.0	7.5	11000	1999	5900
鞍子河电站	苟家乡	文锦江	177.6	8.1	12000	2005	7800

电网建设

【国家电网建设】

1964 年，四川定为“大三线”建设战略后方，成都地区电网建设开始提速。1965 年，即扩建、新建输电线路 39 条（其中 35 千伏线路 26 条，110 千伏线路 13 条），长 582.30 千米。1980—1984 年，继续建成 110 千伏以上线路 11 条、235.5 千米（其中 220 千伏线路 2 条，123.2 千米）；主变压器 8 台、容量 6.92 万千伏安；农排变电站 4 座，户内式 110 千伏变电站 1 座；并为变电站增装变压器 4800 千瓦。1986 年，除新建 110 千伏西一环变电站外，还对驷马桥、龙泉驿等 6 个变电站进行增容，累计增加主变容量 6.79 万千伏安；并新建 35 千伏线路 8 千米、10 千伏线路 12.1 千米；1987 年，又新建 110 千伏荔枝巷变电站、35 千伏洛带变电站。1988 年，建成 110 千伏玉林变电站。1989 年，完成沙河（府青路）110 千伏送变电工程，新都桂湖 110 千伏送变电集资工程，双流牧马山 110 千伏变电站；同时进行电网改造，基本上消除“卡脖子”状况，使城市电网达到一定规模。

1991 年，在城网改造中首次使用架空绝缘线，环绕成都市区的 220 千伏环网、110 千伏双环网建成；形成扇形供电格局，缩短了供电半径。为适应建设“国际大都市”目标，加快电网建设步伐，1993 年开展 15 个项目建设：即石板滩、五凤溪、河屯、张家湾、磁丰 35 千伏变电站和望江楼、高新区、郫县、赵镇、彭县三邑、三河 110 千伏变电站的新建；洛带 35 千伏变电站和王场、羊风线、玉林 110 千伏变电站的扩建。1995 年结合府南河治理，实施内环 110 千伏电力隧道工程；建成 6 座 110 千伏变电站、2 座 35 千伏变电站，架设 35—220 千伏输电线路 12 条、698.89 千米。

1996 年，是成都地区电网建设的高峰年，共建成 220 千伏变电站 1 座、110 千伏变电站 6 座、35 千伏变电站 2 座；基本形成以二环路外侧蓉东、石羊、太和、昭觉寺变电站为支撑的 220 千伏外环网，以及沿一环路外侧的 110 千伏内环网，并以220千伏环网为骨架向外辐射。

1997年，累计建成投运下涧漕、九里堤、金江、邛崃、文庙街5座110千伏变电站，建成牟池、翠月湖两座35千伏变电站，同时停运了3座老变电站，并完成8座110千伏变电站的自动化改造，使市区所有35千伏、110千伏变电站均实现无人值班。

1998年，成都被列为全国首批启动城网改造的城市，投入资金超过45亿元，建成500千伏变电站1座、110千伏变电站3座、35千伏变电站4座，净增变电容量113万千伏安。至1999年，“两网”建设改造初见成效。先后建成投运220千伏新二村变电站1座、110千伏变电站2座、35千伏变电站6座；新建、改造10千伏线路570千米，低压线路390千米。2000年，建成220千伏普兴变电站和110千伏槐树店、和平街、金华街、胥家输变电项目；以及220千伏变电站出线工程，新增变电容量50万千伏安。通过三年城网改造，累计投资33.6亿元（含电源和电铁配套费用），共新建、扩建220千伏变电站10座、新建110千伏变电站21座；增建110千伏以上输电电路674千米、10千伏配电线路1110千米、电缆149千米。截至2000年底，成都电网共有变电站150座（其中500千伏1座、220千伏10座、110千伏47座、35千伏92座），主变247台，容量767.505万千伏安；输电线路266条（其中500千伏2条、220千伏38条、110千伏87条、35千伏78条），线路总长3762千米。

2001年，继续进行城网改造，至2002年底，城网改造工程全面竣工。新建220千伏变电站8座，改、扩建220千伏变电站2座；新建110千伏变电站21座，新增110千伏以上输电线路674千米。同时结合市政畅通工程，优化网络结构，实施电缆化供电，以提高电网的可靠性。

2005年，完成220千伏崇义、马家、隆兴3个续建项目以及8个110千伏新建、扩建变电项目，全年新增变电容量170万千伏安；使电网结构进一步改善，供电能力进一步增强。

成都市代表年份电网设施汇总表

表3-25　　　　单位:万千伏安、千米

项　目			1990年	2005年	新　增
变电站	500千伏变电站	座数	0	2	2
		台数	0	3	3
		容量	0	225	225
	220千伏变电站	座数	4	16	12
		台数	8	27	19
		容量	99	393	294
	110千伏变电站	座数	14	71	57
		台数	26	140	114
		容量	83.9	520.15	436.25
	35千伏变电站	座数	23	51	28
		台数	42	72	30
		容量	33.85	59.025	25.175
	合　计	座数	41	140	99
		台数	76	242	166
		容量	216.75	1197.175	980.425
架空线路	500千伏变电站	条数	0	6	6
		长度	0	300.772	300.772
	220千伏变电站	条数	9	60	51
		长度	565.267	1504.922	939.655
	110千伏变电站	条数	24	117	93
		长度	547.71	1389.695	841.985
	35千伏变电站	条数	32	86	54
		长度	583.613	841.941	258.328
	合计	条数	65	269	204
		长度	1696.59	4037.33	2340.74

续表

项目			1990 年	2005 年	新增
电缆	220 千伏变电站	条数	0	5	5
		长度	0	21.71	21.71
	110 千伏变电站	条数	0	49	49
		长度	0	108	108
	35 千伏变电站	条数	0	1	1
		长度	0	7.93	7.93
	合计	条数	0	55	55
		长度	0	137.64	137.64

【送变电设施】

1982 年，川黔电网联网。1987 年，攀枝花电网与省主网实现联结，形成四川主力电网。1990 年，成都新投入的大型变电设施有 220 千伏、2×150 兆伏安石羊变电站，110 千伏、2×31.5 兆伏安牧马山变电站，使成都热电厂及华能成都电厂增大了送出能力。为了满足地处彭县九陇镇的关口火电厂电力上网的需要，成都供电局抢建了 I10 千伏、16 千米太清线，使 110 千伏、1×16 兆伏安太清站联网。当年年末，成都地区拥有 35 千伏以上送电线路 2592.6 千米，比上年增长 3.4%；35 千伏以上变电设施容量 2586.3 兆伏安，比上年增长 19.1%。

1999 年，成都地区主电网有 35 千伏及以上等级的变电站 80 座其中 500 千伏变电站 1 座，220 千伏变电站 6 座，主变压器 145 台，变电容量 530.36 万千伏安，拥有 35 千伏以上的输电线路 165 条，线路长度 2695.5 千米。当年，全市主网最高负荷 163.50 万千瓦，全年平均最高负荷 117.61 万千瓦。2002 年，主网供成都电网的电量为 110.75 亿千瓦时（含部分区外地方代购代销电量及线损），增加 15.46 亿千瓦时，增长 16.22%；全年主网最高负荷 230.08 万千瓦，增加了 25.38 万千瓦，增长 12.4%，主网最高负荷再创新高。成都市主网计划外拉闸限电共计 532 条次，主要原因是夏季和枯水期网架结构较薄弱。全市地方组织电力上网电量为 22.09 亿千瓦时，增长 2.25 亿千瓦时，增幅为 11.34%。

2005 年，四川主网供成都电网电量 146.58 亿千瓦时，全年主网最高负荷 318.50 万千瓦，全年平均最高负荷 231.46 万千瓦。

【地方电网变迁】

“一五”期间，成都市对城区配电网络进行改造，将 3.3 千伏高压线路改造为 6 千伏，1956 年又升压为 10 千伏。“二五”期间，重点建设长达 227.5 千米的成（都）—青（白江）—德（阳）—绵（阳）—江（油）—马（角坝）110 千伏线路和沿线 4 个 110 千伏变电站，建成川化、成蓉、蓉南等 110 千伏输变电工程，把成都地区电网和绵阳地区电网连接起来。于 20 世纪 50 年代末期，建成一批环绕市区的 35 千伏送变电工程，形成城区 35 千伏环网。随着地区用电负荷迅速发展，以及成都、江油、映秀、渔子溪、龚咀等电站相继发电，于 60 年代初期，逐步形成地区 110 千伏网络。70 年代中期，建成 220 千伏骨干网架，并与绵阳、乐山、川南、川东等地区联结成统一的四川电网。80 年代，随着国民经济发展，各部门用电急剧增长。为了进一步增大城市电网的供电能力，提高城市电网的供电可靠性，开始对城市电网进行全面技术改造。在发展220千伏和110千伏网络建设的同时，重点对城区35千伏网络进行升压改造。1980年以后，主要建设映秀湾—太和—蓉东220千伏输电线路，蓉东、太和2个220千伏变电站，以及王场、洞子口、黄田坝、驷马桥、淮口、石板滩电铁、养马河电铁、西一环等8个110千伏变电站，共计投产变电容量75万千伏安。

1990年以后，成都市地方电网建设与地方电厂建设基本同步，特别是两批电气化县的建设中，对地方电网发展有很大促进，使之从小到大，由弱变强。到1989年年底，全市地方电网共拥有高压线路6143千米，其中35千伏线路653千米，6～10千伏线路5490千米；低压线路1.82万千米；供电35千伏变压器19.85万千伏安，配电变压器48.17万千伏安。地方电网与国家电网联网运行，互调余缺，1990年以后，随着地方经济的发展，用电负荷的急增，地方电力难以满足用电需求，从而导致地方电力管理体制大变化，各县（市）电力公司相继交国家电网代管，地方电网也大多由国家电网统一管理，已难准确界定成都市地方电网的范围。至2005年年底，各区（市）县电网共拥有高压线路1.77万千米，低压线路8.80万千米，供电变压器456.27万千伏安，配电变压器401.25万千伏安。

至1998年，地方供电企业仅余彭州市官仓电力有限责任公司、彭州市牛心山电站、金堂电业股份公司等3家。其中官仓公司和牛心山电站供彭州市所属红岩、葛仙山、楠杨、敖平、军乐、九陇、通济、白鹿镇和什邡市隐丰、民主（部分村）等10个乡镇、91个行政村、840个社、4.01万户、14.8万人的用电；金堂电业股份公司供金堂县竹篙、高板、又新、转龙、土桥、隆盛、广新、云合8个乡镇、179个村、1651个社、7.23万户、30万人的用电。主要负荷是乡镇工业、农业提灌和农村生活用电。

【二滩电站高压输电工程】

二滩电站位于距攀枝花市46千米处，1991—1998年进行建设，建有高240米的双曲拱坝形成水库，总库容达58亿立方米。发电厂房处于地下100多米的大山深处，共安装水轮发电机组6台，单机容量55万千瓦，总装机容量330万千瓦；年发电量170亿千瓦时。

二滩电站通过三回500千伏高压输电线路，与川渝负荷中心相连，1998年8月建成并接入四川电网的220～500千伏系统。其引出线高差约180米，在国内已建电站中并不多见。1998年建设的500千伏高压输电线路，安装低密度聚乙烯（LDPE）绝缘电缆，共长2072千米；新建大型变电站5座，总容量525万千伏安；成为除三峡电网外国内规模最大的电网工程。

1998年内建成投产的有二滩至昭觉、再至自贡两回线和自贡至成都500千伏同塔双回线。二滩至自贡第三回500千伏线随后建成。输电线路全长465.73千米。从二滩穿越崇山峻岭，经过西昌、昭觉、屏山，抵达自贡500千伏变电站，共有大型铁塔988座。东路由自贡伸向重庆市陈家桥变电站，西路则延至成都市龙王变电站。自贡至重庆的500千伏第二回线，亦于1999年建成投入运行，以实现“西电东送”。

【500千伏输电线路】

截至2005年年底，成都地区共有500千伏输电线路6条。

洪龙二线。353号杆至龙王变电站，线路长度26.367千米，1998年8月投入运行。

山龙线。尖山变电站至龙王变电站，线路长度62.258千米，2005年8月投入运行。

洪山线。369号杆至尖山变电站，线路长度35.891千米，2005年8月投入运行。

谭龙线。84号杆至龙王变电站，线路长度

22.135千米，2005年8月投入运行。

紫山线。紫坪铺电站至尖山变电站，线路长度140.449千米，2005年1月投入运行。

坡山线。113号杆至尖山变电站，线路长度13.756千米，2005年12月投入运行。

【500千伏变电站】

截至2005年年底，成都地区共有龙王和尖山两座500千伏变电站，均系1990年后新建。

龙王变电站。龙王变电站位于青白江区，原为老站，经多次技术改造，成为川西地区重要的电源支撑，成都地区最大的变电站。于1998年7月投入运行时，拥有75万千伏安主变压器1台；1999年6月，又增设75万千伏安主变压器1台。至2005年，全站共有两台500千伏主变，总容量为150万千伏安；500千伏进线3条；220千伏出线14条。至2006年6月，全站累计安全运行2934天，送电总容量已突破380亿千瓦时，日负荷高达150多万千瓦。全站安装日产主变，俄罗斯产高抗，瑞士、法国所产开关；继电保护系统比较复杂，仅继电保护屏就有100面，保护压板和各种切换开关数量高达1181个，切换开关、插件共88个。

尖山变电站。尖山变电站位于双流县，占地110亩，2005年6月投入运行。拥有75万千伏安主变压器1台；500千伏线路4回、220千伏线路2回。站长室所有计算机已实现联网，并逐步形成C/S结构网络。全站采取作业流程化、工作标准化、管理制度化、行为规范化管理方式，编制《尖山变电站工作流程汇编》等一系列制度和规范，维护电网安全。

【220千伏输电线路】

成都地区的220千伏输电线路，1990年前有9条，长565.27千米；1990—2005年期间，新建51条，长939.66千米。截至2005年，共有60条，长1504.92千米。新增的220千伏输电线路如下：

1. 回云三线。回龙变电站至49号线路长度16.20千米，2003年3月投入运行。

2. 成蓉东线。成都热电厂至蓉东变电站，线路长度5.23千米，1991年11月投入运行。

3. 成蓉西线。成都热电厂至蓉东变电站，线路长度4.82千米，1991年1月投入运行。

4. 成昭东线。成都热电厂至昭觉变电站，线路长度16.63千米，1998年12月投入运行。

5. 成昭西线。成都热电厂至昭觉变电站，线路长度16.64千米，1998年12月运行。

6. 大石南线。大面铺变电站至石羊变电站，线路长度17.34千米，2002年10月投入运行。

7. 大石北线。大面铺变电站至石羊变电站，线路长度17.34千米，2002年10月投入运行。

8. 锋渡线。先锋变电站至徐家渡变电站，线路长度19.16千米，2000年1月投入运行。

9. 兴侯南线。隆兴变电站至武侯祠变电站，线路长度34.04千米，2002年7月投入运行。

10. 兴侯北线。隆兴变电站至武侯祠变电站，线路长度34.27千米，2002年7月投入运行。

11. 兴渡线。隆兴变电站至徐家渡变电站，线路长度17.89千米，2000年1月投入运行。

12. 尖渡线。尖山变电站至徐家渡变电站，线路长度17.89千米，2000年1月投入运行。

13. 尖石二线。尖山变电站至石羊变电站，线路长度27.98千米，2001年投入运行。

14. 龙棉东线。龙王变电站至64号杆，线路长度24.81千米，1997年5月投入运行。

15. 龙棉西线。龙王变电站至114号杆，线路长度43.46千米，1997年5月投入运行。

16. 龙丰西线。龙王变电站至52号杆，线路长度21.77千米，1991年6月投入运行。

17. 龙丰东线。龙王变电站至62号杆，线路长度22.68千米，1998年投入运行。

18. 龙古东线。龙王变电站至52号杆,线路长度18.32千米,2002年5月投入运行。

19. 龙古西线。龙王变电站至44号杆,线路长度13.86千米,1997年11月投入运行。

20. 龙大东线。龙王变电站至大面铺变电站,线路长度24.47千米,2000年8月投入运行。

21. 龙大西线。龙王变电站至大面铺变电站,线路长度25.58千米,2001年7月投入运行。

22. 龙青西线。龙王变电站至青白江变电站,线路长度15.37千米,1993年投入运行。

23. 龙昭一线。龙王变电站至昭觉寺变电站,线路长度18.55千米,2005年11月投入运行。

24. 龙昭二线。龙王变电站至昭觉寺变电站,线路长度18.90千米,2005年11月投入运行。

25. 龙马一线。龙王变电站至马家变电站,线路长度18.55千米,2005年11月投入运行。

26. 龙马二线。龙王变电站至马家变电站,线路长度18.90千米,2005年11月投入运行。

27. 马村西线。马家变电站至113号杆,线路长度33.10千米,2001年9月投入运行。

28. 马太南线。马家变电站至太和变电站,线路长度17.78千米,2001年9月投入运行。

29. 马太北线。马家变电站至太和变电站,线路长度18.03千米,2001年7月投入运行。

30. 蓉大南线。蓉东变电站至大面铺变电站,线路长度10.49千米,2001年7月投入运行。

31. 昭村线。昭觉变电站至新二村变电站,线路长度41.05千米,2001年9月投入运行。

32. 蓉大北线。蓉东变电站至大面铺变电站,线路长度10.13千米,1996年7月投入运行。

33. 侯石东线。武侯祠变电站至石羊变电站,线路长度14.98千米,2002年7月投入运行。

34. 侯石西线。武侯祠变电站至石羊变电站,线路长度14.98千米,2002年7月投入运行。

35. 侯太东线。武侯祠变电站至太和变电站,线路长度21.77千米,2002年7月投入运行。

36. 侯太西线。武侯祠变电站至太和变电站,线路长度22.39千米,2002年7月投入运行。

37. 侯塘线。武侯祠变电站至27号杆,线路长度5.07千米,2003年3月投入运行。

38. 石安一线。石羊变电站至27号杆,线路长度5.07千米,2003年8月投入运行。

39. 石安二线。石羊变电站至26号杆,线路长度4.99千米,2002年12月投入运行。

40. 临兴线。临邛变电站至兴隆变电站,线路长度32.509千米,2000年11月投入运行。

41. 福回一线。福堂变电站至回龙变电站,线路长度61.91千米,2003年1月投入运行。

42. 福回二线。福堂变电站至回龙变电站,线路长度61.91千米,2003年1月投入运行。

43. 源太南线。聚源变电站至太和变电站,线路长度34.43千米,2005年12月投入运行。

44. 源太北线。聚源变电站至太和变电站,线路长度39.34千米,2005年12月投入运行。

45. 源山南线。聚源变电站至二台山升压站,线路长度30.46千米,2005年12月投入运行。

46. 源山北线。聚源变电站至二台山升压站,线路长度30.08千米,2005年12月投入运行。

47. 平山线。太平驿升压站至二台山升压站,线路长度9.17千米,1995年投入运行。

48. 平回线。太平驿升压站至回龙变电站,线路长度48.31千米,1995年投入运行。

49. 回云一线。回龙变电站至67号杆,线路长度26.27千米,1995年投入运行。

50. 雨大线。雨城变电站至大面铺变电站,线路长度146.04千米,1996年6月投入运行。

51. 平石线。291号杆至石羊变电站,线路长度43.07千米,1991年投入运行。

另外,代管华能线路冷临线、小临线,共955.75千米。

【220 千伏变电站】

1990 年以后，成都地区 220 千伏变电站建设有很大发展。至 2005 年，成都电网共有 220 千伏变电站 16 座、主变压器 27 台、容量 393 万千伏安。其中，原有变电站 4 座，拥有主变压器 8 台，容量 99 万千伏安；新增变电站 12 座，新增主变压器 19 台、容量 294 万千伏安。同时对 2 座原有变电站进行改造增容，3 座变电站实现无人值班。新增的 220 千伏变电站有：

1. 昭觉寺变电站。1994 年 5 月投入运行。有 15 万千伏安主变压器两台。

2. 大面铺变电站。1996 年 6 月投入运行。原有 15 万千伏安主变压器 1 台；2001 年 2 月新增 15 万千伏安主变压器 1 台。

3. 新二村变电站。1999 年 9 月投入运行。有 15 万千伏安变压器两台，系无人值班变电站。

4. 徐家渡变电站。2000 年 5 月日投入运行。有 15 万千伏安主变压器 1 台。

5. 隆兴变电站。2000 年 9 月投入运行。原有 12 万千伏安主变压器 1 台；2005 年 4 月新增 15 万千伏安主变压器 1 台。

6. 临邛变电站。2001 年 3 月投入运行。有 15 万千伏安主变压器 1 台。

7. 马家变电站。2001 年 7 月投入运行。原有 15 万千伏安主变压器 1 台。2005 年 5 月新增 12 万千伏安主变压器 1 台。

8. 武侯变电站。2002 年 7 月升压 220 千伏投入运行。原有 15 万千伏安主变压器 1 台。2003 年 12 月新增 15 万千伏安主变压器 1 台。

9. 安顺桥变电站。2002 年 12 月投入运行。有 15 万千伏安主变压器 1 台，系无人值班变电站。

10. 塘坎街变电站。2003 年 2 月投入运行。有 18 万千伏安主变压器 1 台，系无人值班变电站。

11. 回龙变电站。2003 年 12 月投入运行。有 15 万千伏安主变压器 1 台。

12. 聚源变电站。2005 年 12 月投入运行，有 15 万千伏安主变压器 1 台。

此外，青白江变电站为原有 220 千伏变电站，原设两台总容量共 21 万千伏安的主变压器，分别于 1999 年 9 月、2000 年 6 月先后更换为两台 15 万千伏安主变压器。蓉东变电站原于 1980 年 7 月投入运行，设 12 万千伏安主变压器 1 台，2005 年 5 月更换为 15 万千伏安主变压器。

【110 千伏输电线路】

至 2005 年，成都电网共拥有 110 千伏输电线路 117 条、长 1389.69 千米。其中，1990 年以前有 24 条、长 547.71 千米；1990 年以后新增 93 条、长 841.99 千米。新增的线路如下：

1. 隆王线。隆兴变电站至王场变电站，线路长度 9.14 千米，2000 年 9 月投入运行。

2. 隆崇线。隆兴变电站至崇州变电站，线路长度 17.31 千米，2000 年 9 月投入运行。

3. 柳崇线。柳城变电站至崇州变电站，线路长度 17.46 千米，1998 年 5 月投入运行。

4. 清柳线。太清变电站至柳城变电站，线路长度 28.12 千米，1991 年 5 月投入运行。

5. 筒柳线。郫筒变电站至柳城变电站，线路长度 14.08 千米，1995 年 3 月投入运行。

6. 田柳线。大田变电站至柳城变电站，线路长度 11.50 千米，1999 年 9 月投入运行。

7. 隆田线。隆兴变电站至大田变电站，线路长度 25.89 千米，2004 年 4 月投入运行。

8. 蓉河线。蓉东变电站至洪河变电站，线路长度 2.12 千米，1998 年 12 月投入运行。

9. 面河线。大面铺变电站至洪河变电站，线路长度 9.57 千米，1998 年 11 月投入运行。

10. 面泉线。大面铺变电站至龙泉变电站，线路长度 8.30 千米，1993 年 9 月投入运行。

11. 面光线。大面铺变电站至阳光变电站，线路长度 9.37 千米，2002 年 7 月投入运行。

12. 面界线。大面铺变电站至界牌变电站，线路长度6.01千米，2003年9月投入运行。

13. 泉界线。龙泉变电站至界牌变电站，线路长度2.56千米，2003年9月投入运行。

14. 盘泉线。石盘变电站至龙泉变电站，线路长度1.84千米，1993年10月投入运行。

15. 王官线。王场变电站至官渡变电站，线路长度10.686千米，1995年10月投入运行。

16. 回明线。回龙变电站至光明变电站，线路长度3千米，2004年4月投入运行。

17. 江光线。繁江变电站至光明变电站，线路长度15.60千米，1995年10月投入运行。

18. 回联线。回龙变电站至联邦制药站，线路长度14.87千米，2005年2月投入运行。

19. 江光联支线。繁江变电站至光明变电站，线路长度7.20千米，2004年11月投入运行。

20. 青金线。青白江变电站至金堂变电站，线路长度20.90千米，1998年2月投入运行。

21. 淮金线。金堂变电站至淮口变电站，线路长度31.12千米，1998年2月投入运行。

22. 成槐线。成都热电厂至槐树店变电站，线路长度6.84千米，2000年1月投入运行。

23. 成青昭支线。1号杆至昭觉变电站，线路长度7.22千米，1994年5月投入运行。

24. 成下线。成都热电厂至下涧槽变电站，线路长度5.18千米，2001年4月投入运行。

25. 洞红线。洞子口变电站至40号杆，线路长度7.95千米，2003年6月投入运行。

26. 侯黄线。武侯祠变电站至黄天坝变电站，线路长度7.14千米，2003年3月投入运行。

27. 侯黄苏支线。1号杆至苏坡变电站，线路长度0.48千米，1996年12月投入运行。

28. 侯南线。1号杆至南郊变电站，线路长度6.55千米，2003年3月投入运行。

29. 侯南佛支线。1号杆至17号杆，线路长度3.38千米，2003年3月投入运行。

30. 侯红线。武侯寺变电站至51号杆，线路长度8.64千米。

31. 侯双线。1号杆至11号杆，线路长度2.68千米，2003年3月投入运行。

32. 侯西一线。1号杆至西一环变电站，线路长度9.12千米，2003年3月投入运行。

33. 侯西二线。武侯祠变电站至西一环变电站，线路长度11.89千米，2002年7月投入运行。

34. 侯佛线。武侯祠变电站至17号杆，线路长度3.38千米，2002年8月投入运行。

35. 马三线。马家变电站至三河变电站，线路长度11.93千米，2002年8月投入运行。

36. 马潭线。马家变电站至龙潭寺变电站，线路长度29.13千米，2004年12月投入运行。

37. 面华线。大面铺变电站至华阳变电站，线路长度18.33千米，1997年6月投入运行。

38. 面风线。大面铺变电站至113号杆，线路长度21.21千米，2002年7月投入运行。

39. 面桂线。大面铺变电站至桂溪变电站，线路长度16.16千米，2002年7月投入运行。

40. 面胜线。大面铺变电站至胜利变电站，线路长度13.58千米，2002年9月投入运行。

41. 面望胜支线。0号杆至胜利变电站，线路长度0.33千米，2002年9月投入运行。

42. 面望线。大面铺变电站至89号杆，线路长度17.10千米，2002年7月投入运行。

43. 华大线。华阳变电站至109号杆，线路长度30.20千米，1996年1月投入运行。

44. 蓉槐线。蓉东变电站至槐树店变电站，线路长度4.15千米，1996年1月投入运行。

45. 蓉华线。蓉东变电站至华阳变电站，线路长度17.48千米，1996年1月投入运行。

46. 蓉望线。蓉东变电站至14号杆，线路长度2.35千米，1991年1月投入运行。

47. 蓉风线。蓉东变电站至35号杆，线路长度5.41千米，1991年11月投入运行。

48. 五洞线。1号杆至洞子口变电站，线路长度3.49千米,2002年3月投入运行。

49. 犀太线。犀浦变电站至太和变电站,线路长度9.63千米,1996年8月投入运行。

50. 犀苏线。犀浦变电站至苏坡变电站,线路长度9.49千米,1998年9月投入运行。

51. 羊玉线。石羊变电站至玉林变电站,线路长度4.78千米,1993年投入运行。

52. 羊文线。石羊变电站至12号杆,线路长度2.71千米,1997年12月投入运行。

53. 羊铁线。石羊变电站至牵引站,线路长度2.48千米,1998年12月投入运行。

54. 羊桐线。石羊变电站至12号杆,线路长度2.71千米,1999年4月投入运行。

55. 羊浆线。石羊变电站至32号杆,线路长度4.78千米,2001年5月投入运行。

56. 羊桂线。石羊变电站至桂溪变电站,线路长度2.00千米,2002年7月投入运行。

57. 羊双线。石羊变电站至43号杆,线路长度9.11千米,2003年3月投入运行。

58. 羊双南支线。1号杆至南郊变电站,线路长度0.21千米,2003年3月投入运行。

59. 昭下线。昭觉变电站至下涧槽变电站,线路长度3.96千米,1997年1月投入运行。

60. 昭驷线。昭觉变电站至驷马桥变电站,线路长度6.52千米,1997年9月投入运行。

61. 昭三线。昭觉变电站至三河变电站,线路长度9.97千米,1997年5月投入运行。

62. 昭府线。昭觉变电站至府青路变电站,线路长度12.54千米,2001年4月投入运行。

63. 昭军线。昭觉变电站至7号杆,线路长度0.93千米,2002年3月投入运行。

64. 昭三军支线。1号杆至7号杆,线路长度0.87公时,2002年3月投入运行。

65. 昭潭线。昭觉变电站至龙潭寺变电站,线路长度10.357千米,2002年3月投入运行。

66. 昭五线。昭觉变电站至47号杆,线路长度8.94千米,2002年3月投入运行。

67. 江太线。太和变电站至繁江变电站,线路长度12.18千米,1993年6月投入运行。

68. 马江线。马家变电站至繁江变电站,线路长度9.10千米,2001年7月投入运行。

69. 马桥线。马家变电站至龙桥变电站,线路长度11.84千米,2003年8月投入运行。

70. 马万线。马家变电站至万和变电站,线路长度15.43千米,2004年11月投入运行。

71. 青桂湾支线。青白江变电站至大湾变电站,线路长度5.60千米,2002年6月投入运行。

72. 华板线。华阳变电站至板桥变电站,线路长度25.50千米,1996年3月投入运行。

73. 华牧线。华阳变电站至牧马山变电站,线路长度13.03千米,1991年8月投入运行。

74. 华大铁支线。华阳变电站至普兴电铁变电站,线路长度15.71千米,1998年10月投入运行。

75. 徐九线。徐家渡变电站至九江变电站,线路长度27.94千米,2005年投入运行。

76. 徐板线。徐家渡变电站至板桥变电站,线路长度14.90千米,2000年6月投入运行。

77. 胥金线。胥家变电站至金江变电站,线路长度9.41千米,2000年12月投入运行。

78. 胥灌线。胥家变电站至灌县变电站,线路长度4.18千米,2000年12月投入运行。

79. 灌青线。灌青变电站至太清变电站,线路长度29.75千米,1991年投入运行。

80. 徐国线。徐家渡变电站至国玻变电站,线路长度16.60千米,2005年投入运行。

81. 华板国支线。华阳变电站至国玻变电站,线路长度3.94千米,2005年投入运行。

82. 田公线。大田变电站至公兴变电站,线路长度9.58千米,2005年8月投入运行。

83. 九公线。九江变电站至公兴变电站,线路长度10.88千米,2005年8月投入运行。

84. 东金线。眉山东馆站至金马变电站,线路长度22.03千米,1994年10月投入运行。

85. 临金线。临邛变电站至金马变电站,线路长度22.55千米,1998年1月投入运行。

86. 筒太线。郫筒变电站至太和变电站,线路长度9.29千米,1997年1月投入运行。

87. 官邛线。官渡变电站至邛崃变电站,线路长度19.8千米,1997年1月投入运行。

88. 临崃线。临邛变电站至邛崃变电站线路长度10.60千米,2003年3月投入运行。

89. 青新线。青新线19号杆至新津变电站,线路长度6.48千米,1998年1月投入运行。

90. 青新马支线。青新线41号杆至金马变电站,线路长度44.96千米,1998年1月投入运行。

91. 徐新线。徐家渡变电站至新津变电站,线路长度12.65千米,2000年5月投入运行。

92. 徐花线。徐家渡变电站至花桥变电站,线路长度12.65千米,2000年5月投入运行。

93. 徐铁线。徐家渡变电站至铁路牵引站,线路长度5.57千米,2005年5月投入运行。

【110千伏变电站】

至2005年,成都电网有110千伏变电站71座,主变电器140台、容量520.15万千伏安。其中,原有14座,拥有主变压器26台、容量83.9万千伏安;新增57座,新增主变压器106台、容量409.45万千伏安。增容变电站8座,新增主变压器8台,换大主变压器1台,增加主变压器容量26.8万千伏安。新增的57座变电站如下:

1. 牧马山变电站。1991年1月从35千伏升压110千伏投入运行。有3.15万千伏安主变压器1台,同年增加3.15万千伏安主变压器1台,系无人值班变电站。

2. 柳城变电站。1992年5月投入运行。有3.15万千伏安主变压器1台,1995年5月增加3.15万千伏安主变压器1台,系无人值班变电站。

3. 龙泉变电站。1992年8月从35千伏升压110千伏投入运行。有3.15万千伏安主变压器两台,系无人值班变电站。

4. 望江楼变电站。1993年12月从35千伏升压110千伏投入运行。有3.15万千伏安主变压器1台,同年增加3.15万千伏安主变压器1台,1995年实现无人值班变电站。

5. 金马变电站。1994年10月投入运行。有3.15万千伏安主变压器1台,2001年12月增加3.15万千伏安主变压器1台。

6. 金堂变电站。1995年1月投入运行。有3.15万千伏安主变压器1台,1998年6月增加3.15万千伏安主变压器1台。1995年,实现无人值班变电站。

7. 郫筒变电站。1995年3月投入运行。迄至2005年,具有1995年3月15日投入运行3.15万千伏安主变压器两台。1995年,实现无人值班变电站。

8. 三河变电站。1995年7月投入运行。有3.15万千伏安主变压器两台。1995年,实现无人值班变电站。

9. 华阳变电站。1995年9月投入运行。有4万千伏安主变压器两台。1995年,实现无人值班变电站。

10. 南郊变电站。1994年12月投入运行。有3.15万千伏安主变压器1台,1996年11月增加4万千伏安主变压器1台,1997年11月又增4万千伏安主变压器1台。1994年12月,实现无人值班变电站。

11. 光明变电站。1995年10月投入运行。有3.15万千伏安主变压器两台。

12. 板桥变电站。1996年3月投入运行。有3.15万千伏安主变压器两台。1996年,实现无人值班变电站。

13. 正府街变电站。1996年6月投入运行。有4万千伏安主变压器两台,系无人值班变电站。

14. 犀浦变电站。1996年7月投入运行。有3.15万千伏安主变压器两台。1996年实现无人值班变电站。

15. 苏坡变电站。1996年12月投入运行。有4万千伏安主变压器两台，系无人值班变电站。

16. 繁江变电站。1996年12月投入运行。有4万千伏安主变压器两台，系无人值班变电站。

17. 下涧槽变电站。1997年1月从35千伏升压110千伏投入运行。有4万千伏安主变压器两台，系无人值班变电站。

18. 九里堤变电站。1997年9月投入运行。有4万千伏安主变压器两台，系无人值班变电站。

19. 金江变电站。1997年12月投入运行。有3.15万千伏安主变压器1台，2001年12月增加3.15万千伏安主变压器1台。

20. 邛崃变电站。1997年12月投入运行。有3.15万千伏安主变压器1台，2001年增加3.15万千伏安主变压器1台。

21. 文庙街变电站。1997年12月投入运行。有4万千伏安主变压器两台。

22. 崇州变电站。1998年6月投入运行。有3.15万千伏安主变压器1台，2001年6月增加3.15万千伏安主变压器1台，系无人值班变电站。

23. 指挥街变电站。1998年10月投入运行。有4万千伏安主变压器两台，系无人值班变电站。

24. 洪河变电站。1998年12月投入运行。有4万千伏安主变压器两台，系无人值班变电站。

25. 桐梓林变电站。1999年4月投入运行。有4万千伏安主变压器两台。

26. 大田变电站。1999年9月投入运行。有4万千伏安主变压器1台，2005年4月增加4万千伏安主变压器1台，系无人值班变电站。

27. 槐树店变电站。2000年1月投入运行。有4万千伏安主变压器两台，系无人值班变电站。

28. 和平街变电站。2000年4月投入运行。有5万千伏安主变压器两台，系无人值班变电站。

29. 金华街变电站。2000年8月投入运行。有5万千伏安主变压器两台，系无人值班变电站。

30. 浆洗街变电站。2001年5月投入运行。有4万千伏安主变压器两台，系无人值班变电站。

31. 官渡变电站。2001年6月投入运行。有4万千伏安主变压器1台，2004年9月增加4万千伏安主变压器1台。

32. 桂溪变电站。2001年12月投入运行。有4万千伏安主变压器1台，2005年12增加4万千伏安主变压器1台，系无人值班变电站。

33. 阳光变电站。2001年12月投入运行。有4万千伏安主变压器1台，系无人值班变电站。

34. 吉祥街变电站。2002年2月投入运行。有4万千伏安主变压器两台，系无人值班变电站。

35. 龙潭寺变电站。2002年3月投入运行。有4万千伏安主变压器1台，系无人值班变电站。

36. 棕树桥变电站。2002年3月投入运行。有4万千伏安主变压器两台，系无人值班变电站。

37. 五块石变电站。2002年3月投入运行。有4万千伏安主变压器两台，系无人值班变电站。

38. 将军碑变电站。2002年3月投入运行。有4万千伏安主变压器两台，系无人值班变电站。

39. 草堂变电站。2002 年 4 月投入运行。有 4 万千伏安主变压器两台,系无人值班变电站。

40. 猛追湾变电站。2002 年 4 月投入运行。有 4 万千伏安主变压器两台,系无人值班变电站。

41. 大湾变电站。2002 年 6 月投入运行。有 4 万千伏安主变压器两台,系无人值班变电站。

42. 铁佛变电站。2002 年 7 月投入运行。有 4 万千伏安主变压器 1 台,2005 年 11 月增加 4 万千伏安主变压器 1 台,系无人值班变电站。

43. 白丝街变电站。2002 年 7 月投入运行。有 4 万千伏安主变压器两台,系无人值班变电站。

44. 圣灯变电站。2002 年 8 月投入运行。有 5 万千伏安主变压器两台,系无人值班变电站。

45. 胜利变电站。2002 年 9 月投入运行。有 4 万千伏安主变压器 1 台,2005 年 11 月增加 4 万千伏安主变压器 1 台,系无人值班变电站。

46. 双楠变电站。2003 年 3 月投入运行。有 4 万千伏安主变压器两台,系无人值班变电站。

47. 界牌变电站。2003 年 7 月投入运行。有 4 万千伏安主变压器 1 台,同年 12 月增加 4 万千伏安主变压器 1 台,系无人值班变电站。

48. 红旗变电站。2003 年 7 月从 35 千伏升压 110 千伏投入运行。有 4 万千伏安主变压器 1 台,同年 8 月增加 4 万千伏安主变压器 1 台,系无人值班变电站。

49. 龙桥变电站。2003 年 9 月投入运行。有 4 万千伏安主变压器两台,系无人值班变电站。

50. 花桥变电站。2004 年 7 月投入运行。有 4 万千伏安主变压器 1 台。

51. 万和变电站。2004 年 11 月投入运行。有 4 万千伏安主变压器两台,系无人值班变电站。

52. 奔腾变电站。2004 年 12 月投入运行。有 4 万千伏安主变压器两台,系无人值班变电站。

53. 高店子变电站。2005 年 3 月投入运行。有 4 万千伏安主变压器 1 台,系无人值班变电站。

54. 公平变电站。2005 年 8 月投入运行。有 4 万千伏安主变压器 1 台,系无人值班变电站。

55. 九江变电站。2005 年 8 月投入运行。有 4 万千伏安主变压器两台,系无人值班变电站。

56. 国玻变电站。2005 年 10 月投入运行。有 5 万千伏安主变压器两台,系无人值班变电站。

57. 胥家变电站。2000 年 12 月投入运行。有 4 万千伏安主变压器 1 台,2005 年 7 月增加 4 万千伏安主变压器 1 台,系无人值班变电站。

增容的 8 座变电站如下:

1. 太清变电站。1991 年 7 月增加并投入运行 1.6 万千伏安主变压器 1 台。

2. 桂湖变电站。1992 年 4 月增加并投入运行 3.15 万千伏安主变压器 1 台,系无人值班变电站。

3. 王场变电站。1993 年 12 月增加并投入运行 3.15 万千伏安主变压器 1 台,2004 年 12 月更换原 1.5 万千伏安主变压器 1 台为 3.15 万千伏安,系无人值班变电站。

4. 黄田坝变电站。1993 年 12 月增加并投入运行 3.15 万千伏安主变压器 1 台,系无人值班变电站。

5. 新津变电站。1996 年 2 月增加并投入运行 3.15 万千伏安主变压器 1 台。

6. 灌县变电站。1996 年 7 月增加并投入运行 3.15 万千伏安主变压器 1 台,系无人值班变电站。

7. 淮口变电站。2005 年 2 月增加并投入运行3.15 万千伏安主变压器 1 台。

8. 蓉东变电站。2005 年 9 月增加并投入运行3.15 万千伏安主变压器 1 台。

【35 千伏输电线路】

至2005 年,成都电网拥有 35 千伏输电线路86 条,长 841.94 千米。其中,1990 年以前有 32条,长583.61 千米;1990 年以后,新增54 条、长258.328 千米。新增的线路如下:

1. 洪发线。线路长度 1.168 千米,1994 年11 月投入运行。

2. 黄胜线。黄田坝变电站至胜利变电站,线路长度21.16 千米,1994 年11 月投入运行。

3. 中胜线。中和变电站至胜利变电站,线路长度5.69 千米,2002 年6 月投入运行。

4. 下陵线。下涧槽变电站至十陵变电站,线路长度7.23 千米,1998 年7 月投入运行。

5. 三石线。三河变电站至石滩变电站,线路长度19.05 千米,1998 年3 月投入运行。

6. 江丰线。繁江变电站至大丰变电站,线路长度14.62 千米,1998 年7 月投入运行。

7. 江屯线。繁江变电站至河屯变电站,线路长度9.23 千米,1999 年1 月投入运行。

8. 万龙线。万和变电站至龙王变电站,线路长度13.10 千米,1991 年1 月投入运行。

9. 万龙石线。1 号杆至石板滩变电站,线路长度6.11 千米,1993 年4 月投入运行。

10. 桂河线。桂湖变电站至河屯变电站,线路长度11.53 千米,1994 年7 月投入运行。

11. 青唐线。青白江变电站至唐家寺变电站,线路长度4.06 千米,1992 年8 月投入运行。

12. 青厢祥支线。青白江变电站至祥福变电站,线路长度 4.11 千米,2000 年 3 月投入运行。

13. 映张线。映秀升压站至张家湾变电站,线路长度22.002 千米,1997 年投入运行。

14. 灌双线。灌县变电站至双柏电厂,线路长度5.39 千米,1991 年投入运行。

15. 映张白支线。映张 50 号杆至白沙变电站,线路长度0.31 千米,1997 年投入运行。

16. 青张线。青山变电站至张家湾变电站,线路长度6.7 千米,1998 年投入运行。

17. 青张翠支线。青张“T”接点至翠月湖变电站,线路长度7 千米,1998 年投入运行。

18. 映张田支线。映张线49 号杆至田专变电站,线路长度1.80 千米,2000 年投入运行。

19. 城果线。城关变电站至 11 号杆,线路长度1.155 千米,2004 年2 月投入运行。

20. 城谭线。城关变电站至 10 号杆,线路长度1.03 千米,2004 年3 月投入运行。

21. 金城线。金江变电站至城关变电站,线路长度3.92 千米,2004 年1 月投入运行。

22. 青公线。青山变电站至唐公变电站,线路长度16.30 千米,2000 年投入运行。

23. 青公街支线。青公线96 号杆至街子变电站,线路长度1.40 千米,2000 年投入运行。

24. 华中线。华阳变电站至中和变电站,线路长度7.51 千米,1998 年 12 月投入运行。

25. 华兴线。华阳变电站至兴隆变电站,线路长度10.95 千米,1998 年12 月投入运行。

26. 板双线。板桥变电站至双流变电站,线路长度3.48 千米,1996 年3 月投入运行。

27. 牧永线。牧马山变电站至永安变电站,线路长度19.89 千米,2000 年12 月投入运行。

28. 永山线。永安变电站至牧马山变电站,线路长度6.475 千米,2000 年 12 月投入运行。

29. 牧板线。牧马山变电站至板桥变电站,线路长度7.01 千米,1996 年3 月投入运行。

30. 黄双九 T 支线。黄双线 50+1 号塔九江变电站,线路长度 1.38 千米,2000 年 1 月投入运行。

31. 黄双金 T 支线。黄双线 63+1 号塔至金桥变电站线路长度5.46千米,2000年12月投入运行。

32. 柳温线。柳城变电站至温江变电站,线路长度4.13千米,1992年6月投入运行。

33. 黄温公支线。黄温线56号杆至公平变电站,线路长度2.14千米,1999年7月投入运行。

34. 柳团线。柳城变电站至团结变电站,线路长度10.92千米,1993年5月投入运行。

35. 团玉线。团结变电站至石变电站,线路长度7.33千米,1996年9月投入运行。

36. 驿光线。龙泉驿变电站至阳光变电站,线路长度8千米,1997年7月投入运行。

37. 光洛线。阳光变电站至洛带变电站,线路长度7.79千米,1997年7月投入运行。

38. 淮罗线。淮口变电站至罗坝变电站,线路长度16.48千米,1993年7月投入运行。

39. 淮兴线。淮口变电站至福兴变电站,线路长度11.02千米,1998年9月投入运行。

40. 金三南线。金堂变电站至三星变电站,线路长度4.29千米,1999年12月投入运行。

41. 金三北线。金堂变电站至三星变电站,线路长度4.285千米,1999年12月投入运行。

42. 淮罗高支线。淮罗线17号杆T接高板变电站,线路长度7千米,2000年7月投入运行。

43. 赵厢泉支线。赵厢线24号杆T接至清泉变电站,线路长度6.49千米,2000年11月投入运行。

44. 筒友线。郫筒变电站至友爱变电站,线路长度17.62千米,1991年投入运行。

45. 筒鹃线。郫筒变电站至鹃城变电站,线路长度4.43千米,1996年9月投入运行。

46. 筒鹃靖线。筒鹃线23号杆至安靖变电站,线路长度14.65千米,1996年9月投入运行。

47. 官安线。官渡变电站至安仁变电站,线路长度13.60千米,2000年12月投入运行。

48. 光九线。光明变电站至九尺变电站,线路长度6.69千米,2000年12月投入运行。

49. 新王线。新场变电站至王泗变电站,线路长度7.80千米,2000年12月投入运行。

50. 新太线。新津变电站至太平变电站,线路长度2.48千米,2000年6月投入运行。

51. 安蔡线。安仁变电站至蔡场变电站,线路长度8.23千米,2000年7月投入运行。

52. 新矿线。新津变电站至省硝矿变电站,线路长度11.24千米,2001年5月投入运行。

53. 新矿邓支线。新矿线13号杆至邓双变电站,线路长度1.14千米,2001年5月投入运行。

54. 崃羊线。邛崃变电站至羊安变电站,线路长度22.60千米,2003年3月投入运行。

【35千伏变电站】

1990年以前,原有的23座35千伏变电站中,有12座经改造后升压至110千伏运行,有1座被撤销,实际保留35千伏变电站10座。1990年以后,成都地区35千伏变电站建设成效显著。成都电网新增43座35千伏变电站。至2005年,共拥有35千伏变电站53座、主变压器72台、变压器总容量59.02万千伏安。其中,44座变电站已实现无人值班变电站。对保留的10座35千伏变电站,均增加了变压器容量。此外,至2005年年底,单列供电局新增35千伏变电站43座。成都电网新增35千伏变电站如下:

1. 唐家寺变电站。1992年7月投入运行。有1万千伏安主变压器两台,系无人值班变电站。

2. 石板滩变电站。1993年4月投入运行。有1万千伏安主变压器1台,1998年9月增加1万千伏安主变压器1台,系无人值班变电站。

3. 鹃城变电站。1993年7月投入运行。有5000千伏安主变压器1台,1998年10月增加8000千伏安主变压器1台,系无人值班变电站。

4. 罗坝变电站。1993年7月投入运行。有

7500 千伏安主变压器 1 台，系无人值班变电站，为淮口变电站控制。

5. 大丰变电站。1993 年 12 月投入运行。有 1 万千伏安主变压器 1 台，1999 年 8 月增加 1 万千伏安主变压器 1 台，系无人值班变电站。

6. 张家湾变电站。1994 年 6 月投入运行。有 1 万千伏安主变压器 1 台。

7. 河屯变电站。1994 年 7 月投入运行。有 1 万千伏安主变压器两台，系无人值班变电站。

8. 磁丰变电站。1995 年 11 月投入运行。有 8000 千伏安主变压器 1 台。

9. 胜利变电站。1995 年 11 月投入运行。有 1.6 千伏安主变压器 1 台，1997 年 9 月增加 1.6 万千伏安主变压器 1 台，系无人值班变电站。

10. 玉石变电站。1996 年 9 月投入运行。有 5600 千伏安主变压器、3200 千伏安主变压器各 1 台，系无人值班变电站。

11. 翠月湖变电站。1997 年 12 月投入运行。有 6300 千伏安主变压器 1 台。

12. 城厢变电站。1998 年 4 月投入运行。有 8000 千伏安主变压器 1 台，同年 7 月增加 8000 千伏安主变压器 1 台，系无人值班变电站。

13. 军乐变电站。1998 年 7 月投入运行。有 1 万千伏安主变压器 1 台。

14. 福兴变电站。1998 年 9 月投入运行。有 8000 千伏安主变压器 1 台，系无人值班变电站，为淮口变电站控制。

15. 兴隆变电站。1999 年 1 月投入运行。有 1 万千伏安主变压器两台，系无人值班变电站。

16. 新场变电站。1999 年 12 月投入运行，系小型化变电站。有 5000 千伏安主变压器 1 台，系无人值班变电站，为官渡变电站控制。

17. 友爱变电站。1999 年 12 月投入运行，系小型化变电站。有 5000 千伏安主变压器 1 台，系无人值班变电站。

18. 双玉变电站。1999 年 12 月投入运行，系小型化变电站。有 5000 千伏安主变压器 1 台，系无人值班变电站。

19. 三星变电站。1999 年 12 月投入运行。有 8000 千伏安主变压器 1 台，系无人值班变电站。

20. 田坝变电站。2000 年 2 月投入运行，系小型化变电站。有 5000 千伏安主变压器 1 台，系无人值班变电站。

21. 石牛变电站。2000 年 2 月投入运行，系小型化变电站。有 5000 千伏安主变压器 1 台，系无人值班变电站。

22. 唐公变电站。2000 年 5 月投入运行，系小型化变电站。有 5000 千伏安主变压器 1 台，系无人值班变电站。

23. 太平变电站。2000 年 7 月投入运行，系小型化变电站。有 5000 千伏安主变压器 1 台，系无人值班变电站，为新津变电站控制。

24. 天华变电站。2000 年 1 月投入运行，系小型化变电站。有 5000 千伏安主变压器 1 台，系无人值班变电站。

25. 三郎变电站。2000 年 3 月投入运行，系小型化变电站。有 5000 千伏安主变压器 1 台，系无人值班变电站。

26. 蔡场变电站。2000 年 6 月投入运行，系小型化变电站。有 6300 千伏安主变压器 1 台，系无人值班变电站，为官渡变电站控制。

27. 高板变电站。2000 年 7 月投入运行，系小型化变电站。有 5000 千伏安主变压器 1 台，系无人值班变电站，为淮口变电站控制。

28. 祥福变电站。2000 年 9 月投入运行，系小型化变电站。有 5000 千伏安主变压器 1 台，系无人值班变电站。

29. 清泉变电站。2000 年 11 月投入运行，系小型化变电站。有 6300 千伏安主变压器 1 台，系无人值班变电站。

30. 金桥变电站。2000 年 11 月投入运行，系小型化变电站。有6300千伏安主变压器1台,系无人值班变电站。

31. 永安变电站。2000年12月投入运行。有6300千伏安主变压器1台,系无人值班变电站。

32. 西崃变电站。2000年12月投入运行,系小型化变电站。有5000千伏安主变压器1台,系无人值班变电站。

33. 西河变电站。2000年12月投入运行。有1万千伏安主变压器1台,系无人值班变电站。

34. 九尺变电站。2000年12月投入运行,系小型化变电站。有6300千伏安主变压器1台,系无人值班变电站。

35. 大宝变电站。2000年12月投入运行,系小型化变电站。有5000千伏安主变压器1台,系无人值班变电站。

36. 安靖变电站。2001年4月投入运行,系小型化变电站。有6300千伏安主变压器1台,系无人值班变电站。

37. 邓双变电站。2001年5月投入运行,系小型化变电站。有6300千伏安主变压器1台,系无人值班变电站,为新津变电站控制。

38. 元兴变电站。2005年1月投入运行,系小型化变电站。有6300千伏安主变压器1台,系无人值班变电站,为官渡变电站控制。

39. 道明变电站。2005年8月投入运行,系小型化变电站。有6300千伏安主变压器1台,系无人值班变电站。

40. 桑园变电站。2005年11月投入运行,系小型化变电站。有6300千伏安主变压器1以中,系无人值班变电站。

41. 中和变电站。1998年10月投入运行。有1万千伏安主变压器两台,系无人值班变电站。

42. 牟池变电站。1997年11月投入运行。系无人值班变电站,为龙王变电站控制。

43. 青白江子站。1996年5月投入运行。有2万千伏安主变压器两台,系无人值班变电站,为青白江变电站控制。

增容变电站情况如下:

1. 双流变电站。1991年3月增加1万千伏安主变压器1台,同年12月将原7500千伏安主变压器1台,更换为1万千伏安;系无人值班变电站。

2. 团结变电站。1993年6月增加3.15万千伏安主变压器1台,系无人值班变电站。

3. 茶店变电站。1994年2月增加6300千伏安主变压器1台,系无人值班变电站。

4. 关口变电站。原两台3150千伏安主变压器,分别于1994年12月、1995年3月更换为8000千伏安主变压器两台。

5. 洛带变电站。原两台6300千伏安主变压器,于1995年7月更换为1万千伏安主变压器两台,系无人值班变电站。

6. 彭县变电站。原1800千伏安主变压器1台,于1995年8月更换为8000千伏安;原3200千伏安主变压器1台,于1999年11月更换为8000千伏安。

7. 幸福变电站。1997年2月增加8000千伏安主变压器1台。

8. 温江变电站。1998年5月增加1.6万千伏安主变压器1台,系无人值班变电站。

9. 青山变电站。原5600千伏安主变压器1台,于1999年4月更换为5000千伏安,系无人值班变电站。

10. 青白江变电站。1996年5月更换两台主变压器各2万千伏安。

单列供电局新增35千伏变电站23座:

1. 千家湾变电站。1991年12月投入运行,属都江堰电力公司。有8000千伏安主变压器1台,2002年9月增加5000千伏安主变压器1台。

2. 顺江变电站。1992年7月投入运行,属新津供电局。有6300千伏安主变压器1台,

1995 年 12 月增加 8000 千伏安主变压器 1 台。

3. 元通变电站。1992 年 7 月投入运行，属崇州供电局。有 6300 千伏安主变压器 1 台，1998 年 12 月增加 6300 千伏安主变压器 1 台。

4. 三江变电站。1992 年 10 月投入运行，属崇州供电局。有 8000 千伏安主变压器 1 台，1995 年 4 月增加 1.6 万千伏安主变压器 1 台。

5. 青城山变电站。1993 年 5 月投入运行，属都江堰电力公司。有 3150 千伏安主变压器 1 台。

6. 寿安变电站。1994 年 1 月投入运行，属蒲江供电局。有 4000 千伏安主变压器 1 台，2005 年 6 月增加 8000 千伏安主变压器 1 台。

7. 大划变电站。1994 年 4 月投入运行，属崇州供电局。有 3150 千伏安主变压器 1 台，2005 年 9 月增加 3150 千伏安主变压器 1 台。

8. 西郊变电站。1994 年 11 月投入运行，属彭州供电局。有 1.25 万千伏安主变压器 1 台，2000 年 12 月增加 1.25 万千伏安主变压器 1 台。

9. 南郊变电站。1995 年 3 月投入运行，属崇州供电局。有 8000 千伏安主变压器 1 台，2000 年 2 月增加 8000 千伏安主变压器 1 台。

10. 蒙阳变电站。1995 年 8 月投入运行，属彭州供电局。有 5000 千伏安、6300 千伏安主变压器各 1 台。

11. 天马变电站。1995 年 10 月投入运行，属都江堰电力公司。有 5000 千伏安主变压器 1 台，2000 年 12 月增加 4000 千伏安主变压器 1 台。

12. 羊马变电站。1995 年 11 月投入运行，属崇州供电局。有 6300 千伏安主变压器 1 台，2004 年 8 月增加 1 万千伏安主变压器 1 台。

13. 霖雨变电站。1999 年 6 月投入运行，属蒲江供电局。有 3150 千伏安主变压器 1 台，2005 年 9 月增加 3150 千伏安变压器 1 台。

14. 白沙变电站。2000 年 2 月投入运行，属都江堰电力公司。有 1 万千伏安主变压器 1 台，2001 年 8 月增加 8000 千伏安主变压器 1 台。

15. 崇义变电站。2000 年 7 月投入运行，属都江堰电力公司。有 5000 千伏安主变压器两台。

16. 蔡场变电站。2000 年 7 月投入运行，属大邑供电局。有 6300 千伏安主变压器 1 台。

17. 城北变电站。2000 年 9 月投入运行，属蒲江供电局。有 4000 千伏安主变压器两台。

18. 川溪口变电站。2000 年 9 月投入运行，属大邑供电局。有 5000 千伏安主变压器 1 台。

19. 新场变电站。2000 年 12 月投入运行，属大邑供电局。有 5000 千伏安主变压器 1 台。

20. 大塘变电站。2001 年 1 月投入运行，属蒲供电局。有 4000 千伏安主变压器 1 台。

21. 兴隆变电站。2001 年 12 月投入运行，属崇州供电局。有 6300 千伏安主变压器 1 台。

22. 庆兴变电站。2003 年 7 月投入运行，属彭州供电局。有 8000 千伏安主变压器 1 台，2004 年 1 月增加 8000 千伏安主变压器 1 台。

23. 青龙变电站。2004 年 7 月投入运行，属都江堰电力公司。有 1.25 万千伏安主变压器 1 台。

单列变电站增加容量 3 座：

1. 中兴变电站。属都江堰电力公司，1998 年 4 月增加 8000 千伏安主变压器 1 台。

2. 怀远变电站。属崇州供电局，2004 年 7 月增加 5000 千伏安主变压器 1 台。

3. 城并变电站。属都江堰电力公司，2005 年 10 月增加 8000 千伏安主变压器 1 台。

投入运行时间不详的 35 千伏变电站还有：

1. 西郊变电站。属都江堰电力公司。有 6300 千伏安主变压器 1 台、1 万千伏安主变压器 1 台。

2. 高埂变电站。属邛崃供电局。有 3150 千伏安主变压器 1 台、6300 千伏安主变压器 1 台。

3. 羊安变电站。属邛崃供电局。有 6300 千伏安主变压器 2 台。

4. 平乐变电站。属邛崃变电站。有1800千伏安主变压器2台。

5. 夹关变电站。属邛崃变电站。有1250千伏安主变压器1台。

6. 水口变电站。属邛崃变电站。有2500千伏安主变压器1台。

7. 悦来变电站。属大邑供电局。有3200千伏安主变压器1台。

8. 安德变电站。属郫县供电局。有6300千伏安主变压器2台。

【架空线下地工程】

成都城区的供电线路及通信线路，过去均为架空杆线，密集犹如蛛网，视觉形象极差，损坏事件亦时有发生。2004年11月，主干道电缆下地工程提上议事日程，计划将城区19条道路电力架空线下地，总长116.76千米，估算总投资为10.7亿元，由城建资金和向国家开发银行贷款解决。随即组建蓉城电力与信息管线投资有限公司（简称蓉城管线公司），负责投融资和建设管理。率先进行人民南路和一环路架空线下地改造。

人民南路改造总长5800米，电缆管道铺设在道路两侧，包括10千伏电缆、环网柜、分支箱和箱变等相应设备。管道基础设施分别由四川通信科研规划有限责任公司和成都市市政工程设计研究院设计，改造工程于2005年7月完成。人民南路自天府广场至锦江大桥1.5千米电力线、天府广场至火车南站4千米通信线路全部下地。

一环路改造总长为19.2千米，管道进行两侧铺设，土建包括钢筋混凝土U型槽，采用3排12孔排管。电力管道长36.8千米，通信管道460孔·千米。管道基础设施仍由前设计单位设计，人行道铺装则由西南建筑设计院进行设计。改造工程于2005年9月完成。

2005年，完成人民南路、商业街、实业街电力与通信线下地整治；人民北路、成灌路（一环路至迎宾大道）电力线下地整治；以及一环路、人民中路、人民北路、武侯祠大街、沙湾路、玉林街、草金路、红星路南延线、高攀河交叉口等77条道路的电力与通信线下地土建工程；猛追湾街、菊乐路、包家巷等75条道路33.17千米的通信线下地整治；五丁立交桥底层部分1.1千米的电力线下地整治。

【农村电网改造】

成都市农村电网大部分为20世纪60—70年代建成，线路和配电台区多由当地群众自发集资修建，普遍存在线路老化、设施陈旧、维护资金不足等问题，导致电能质量差、安全可靠性低，线损高达30%～40%。加之农村管电体制混乱，中间环节过多，“乱集资、乱加价、乱摊派”和“人情电、权力电、关系电”等情况普遍存在，农民电费负担较重，实际到户电价每千瓦时多在1元以上，最高可达2元多。

1998年，国务院办公厅发文批转国家计委关于改造农村电网，改革农电管理体制，实现城乡同网同价（简称“两改一同价”）的请示，指出“两改一同价”是降低农村电价、减轻农民负担的重要举措，要求各地改造电网、改革体制、同网同价三项工作结合进行，分步实施，在三年内基本完成。

成都市的农网建设与改造工作，分别在彭州市和金堂县电网供区实施。于1998年年底开始进行，至2003年1月全部完成。项目总投资7714.6万元，其中，金堂县3895.3万元，彭州市3819.3万元，共完成35千伏变电站4座，变电容量2.06万千伏安，35千伏线路95.7千米，10千伏线路472.3千米，低压线路3237.5千米；改造配电台区563个，容量3.20万千伏安，完成户表工程9.91万户。依据相关规定，四川省农村电网建设与改造工程竣工验收小组于2004年5月对彭州市和金堂县农网建设与改造工程进行竣工验收。

通过农网建设与改造，农村电网的高低压线路平均线损率由改造前的30%—40%下降为10%—15%。通过农村电力体制改革，实行“三公开”（电量公开、电价公开、电费公开）、“四到户”（销售到户、抄表到户、收费到户、服务到户）、“五统一”（统一电价、统一发票、统一抄表、统一核算、统一考核）的管理模式，基本规范了农村供用电市场，农户的到户电价比未改造前每千瓦时平均降低70%，大大减轻农民的电费负担。按照2004年用电水平估算，每年能为农户减轻电费负担近千万元。

通过农网建设与改造，电网结构和负荷能力有所改善，供电可靠性和电能质量有所提高。供电网络配套得到完善，电价有所下降，带动农村电力消费市场发展。

用　电

【全市用电水平及构成】

1986年，全市用电总量为32.58亿千瓦时。其中由成都供电局供电的28.43亿千瓦时，占87.3%。由乐山供电局及小水电自发自用的为4.15亿千瓦时，占12.7%。成都电网覆盖区域包括市区、双流全部，彭县、灌县、新都、金堂大部分以及温江、郫县、崇庆部分地区。乐山电网覆盖区域包括新津、蒲江及邛崃东部。大邑电网覆盖区域包括大邑全部以及崇庆、邛崃部分地区，该地区电源比较充足，可以自求平衡，并有少量电力上网。此外灌县、彭县、郫县、温江、崇庆、金堂等县有部分地方电站分散供电及少数电站自发自用。

按用电区域划分，成都城区用电量最多，其次为青白江，再次为灌县。

成都电网是本市供电的主体，所需电量大部分靠映秀湾发电厂、成都热电厂，其次为乐山的龚咀发电厂和雅安地区的南桠河发电厂供应。

从用电的产业结构分析，工业用电居主导地位。1986年成都供电局供电范围，实有用户为5.64万户，用电装接设备容量270.86万千瓦。全年总用电量30.19亿千瓦时。其中，工业用电23.36亿千瓦时，占77.40%。

【用电总量】

中华人民共和国成立以后，成都东郊工业区兴起，用电量急速增长。1978年，全市用电量19.7亿千瓦时，1988年突破30亿千瓦时，达到30.29亿千瓦时，10年时间增加10.59亿千瓦时。

随着城市化的发展，成都市在用电总量上发生结构性的变化。工业用电下降，居民生活用电量上升。1990年，全市用电量35.61亿千瓦时，人均用电量387千瓦时，其中工业用电26.93亿千瓦时，占用电总量75.61%，居民生活用电4.13亿千瓦时，占11.60%。

1991年，全市用电量40.57亿千瓦时，3年时间增加10.28亿千瓦时。1993年，全市用电量51.18亿千瓦时，2年时间增加10.60亿千瓦时。

1995年，全市用电量59.44亿千瓦时，人均用电量为612千瓦时。2000年，全市用电量82.10亿千瓦时，人均用电量为813千瓦时，其中工业用电占总用电量的56.01%。

随着工业生产向以电子产业和精密机械为代表低耗节能减排型方向发展和服务业、居民生活用电的增加，用电量上出现结构性变化。2000年，工业用电占总用电量的56.01%。2005年，工业用电占总用电量的51.87%，居民生活用电占22.83%。

从1999年起，多数年份与上一年相比，全市用电量增加量都在10亿千瓦时以上。其中增加最多的是2005年，与2004年相比，增加14.75亿千瓦时，达到146.58亿千瓦时。2005年，全市用电量146.58亿千瓦时，是1990年的4.12倍、

1995年的2.47倍、2000年的1.79倍。人均用电量为1354.7千瓦时，是1990年的3.50倍。工业用电占总用电量的51.87%，居民生活用电占22.83%。

1990—2005年成都市全社会用电总量表

表3-26　　单位：万千瓦时

年　份	全社会用电总量
1990	356117
1991	405748
1992	446621
1993	511759
1994	555674
1995	594427
1996	647423
1997	678070
1998	699964
1999	734982
2000	821001
2001	903557
2002	1115973
2003	1181635
2004	1318347
2005	1465839

【工业用电】

1990年，全市工业用电26.93亿千瓦时，占当年用电总量35.61亿千瓦时的75.61%。1991—1995年，全市工业生产有较大发展，用电量增加。其中1991年增长最快，达4.15亿千瓦时，工业用电占总用电量的比例较1990年增加0.98个百分点。此后十年间，全市工业用电以每年1~3亿千瓦时的速度增加。20世纪90代以后，市政府通过东郊工业区调整，通过环境治理，节能减排，降低能耗，淘汰高耗能、高污染的工业项目，并逐年关闭高耗能的小水泥厂、小炼钢厂等乡镇企业。工业用电占全市用电总量的比例以每年2 ~3个百分点下降。其中1996年较1995年，工业用电增加1.43亿千瓦时，占用电总量比例下降3.44个百分点。1999年较1998年，工业用电增加3479万千瓦时，占用电总量比例下降5.04个百分点。

2000年与1990年相比，全市用电量增加46.49亿千瓦时，涨幅为130.54%，工业用电增加18.44亿千瓦时，涨幅为68.46%。1990年，工业用电占用电总量的75.61%，2000年占55.25%，下降20.36个百分点。

2000年以后，一大批资源节约型，环境保护型的大型电子信息、精密机械、食品加工，建材企业陆续进入成都，工业用电量有很大增加。2005年，工业用电76.05亿千瓦时，较2000年增加30.68亿千瓦时，增幅为67.64%。其中以2002年增加最多，较2001年增加14.93亿千瓦时，增幅为31.36%。虽然工业用电绝对额连年有所增加，但占用电总量比例，只有2002年、2003年较2001年有所增加，其余的年份均小于上一年。2004年为51.88%，为15年最低。

2005年工业用电76.05亿千瓦时，分别较1990年、1995年、2000年增加49.12亿千瓦时、35.01亿千瓦时、30.68亿千瓦时。

1990—2005年成都市工业用电统计表

表3-27　　单位：万千瓦时

年　份	全社会用电总量	其中工业用电	所占比例
1990	356117	269271	75.61
1991	405748	310748	76.59
1992	446621	335390	75.09
1993	511759	374196	73.12
1994	555674	391665	70.48
1995	594427	410396	69.04

续表

年　份	全社会用电总量	其中工业用电	所占比例
1996	647423	424693	65.60
1997	678070	425725	62.78
1998	699964	427596	61.09
1999	734982	431075	56.65
2000	821001	453625	55.25
2001	903557	476157	52.70
2002	1015973	625479	61.56
2003	1181635	632120	53.50
2004	1318347	691741	52.47
2005	1465839	760470	51.88

20 世纪 80 年代，成都工业企业设施简陋、工艺落后、耗能高。1990 年、1991 年成都万元工业生产总值用电达 3964.44、3995.07 千瓦时/万元。80 年代后期起，成都开始进行工业布局和工业结构调整，对耗能高、技术落后的工厂进行关闭、停产。通过对东郊工业区的调整，促使技术升级，产品换代。1995 年为 1988.53 千瓦时/万元，2000 年为 1379.99 千瓦时/万元。2002 年，成都新上几家能耗高的建材和冶金企业，当年万元本地工业生产总值用电量略有增加，从 2001 年的 1259.33 千瓦时/万元增至 1475.64 千瓦时/万元。以后新增工业项目都是低耗能、高附加值的电子、精密机械等行业，万元本地工业生产总值用电量以每年 100～200 千瓦时/万元的幅度持续下降，2005 年为 1004.12 千瓦时/万元。2005 年万元本地工业生产总值用电比 1990 年下降了 2960.32 千瓦时/万元，是 1990 年用电量的 25.33%。

1990—2005 年成都市万元本地工业生产总值用电

表 3-28　　单位：万元、万千瓦时、千瓦时/万元

年　份	本地工业生产总值	工业用电量	万元本地工业生产总值用电量
1990	679216	269271	3964.44
1991	777829	310748	3995.07
1992	956795	335390	3505.35
1993	1297115	374196	2884.83
1994	1697523	391665	2307.27
1995	2063821	410396	1988.53
1996	2393144	424693	1774.62
1997	2632077	425725	1617.45
1998	2830872	427596	1510.47
1999	3028570	431075	1423.36
2000	3287170	453625	1379.99
2001	3781046	476157	1259.33
2002	4238688	625479	1475.64
2003	4926753	632120	1283.04
2004	6095983	691741	1134.75
2005	7573472	760470	1004.12

【交通运输业用电】

1990 年，全市交通运输业用电 7112 万千瓦时，占当年全社会用电总量的 2.00%。2005 年，交通运输业用电 2.43 亿千瓦时，占当年全社会用电总量的 1.66%。

1990—2000 年，全市交通运输用电随成渝铁路、宝成铁路的动量增加而增加，2000 年达 1.57 亿千瓦时，比 1990 年增加 8587 万千瓦时，是 1990 年的 2.21 倍。

1999 年 11 月，成昆铁路成都段电气化改造完成，2000 年 9 月，成昆铁路全线电气化。2001 年，全市交通运输用电为 2.32 亿千瓦时，比 2000 年增加 7548 万千瓦时，是 2000 年的 1.48 倍。

交通运输用电受运能、运量限制，2001—2005年，全市用电在2.3亿~4.7亿千瓦时左右。

1990—2000年，交通运输业用电在全社会用电总量中除个别年份外，在1%到2%之间。2000年后，随成昆铁路电气化扩能改造完工，用电量所占比例超过2%。

1990—2005年成都市交通运输业用电统计表

表3-29　　单位：万千瓦时

年　份	全社会用电总量	其中交通运输业用电	所占比例
1990	356117	7112	2.00
1991	405748	7139	1.76
1992	446621	9110	2.04
1993	511759	9526	1.66
1994	555674	10206	1.84
1995	594427	10415	1.75
1996	647423	11740	1.81
1997	678070	14004	2.07
1998	699964	11861	1.69
1999	734982	13570	1.85
2000	821001	15699	1.91
2001	903557	23247	2.57
2002	1115973	27461	2.46
2003	1181635	47087	3.98
2004	1318347	37818	2.87
2005	1465839	24318	1.66

说明：其中2003年、2004年铁路运输用电是采用成都铁路局数据，其余年份采用成都铁路分局数据

【商业、住宿及餐饮业用电】

1990年，全市商业、住宿及餐饮业（以下简称商业用电）用电3694万千瓦时，占当年用电总量的1.04%。2005年，商业用电14.12亿千瓦时，占当年用电总量的9.63%。2005年与1990年比较商业用电增加13.75亿千瓦时，2005年，商业用电是1990年的38.23倍。

1990年前后，成都商业、住宿及餐饮业除个别涉外星级饭店有中央空调，大堂、楼道实行人工采光外，绝大多数商场、商店、餐饮店硬件设施简陋，大多数依靠自然采光。一般商店夜间照明用电每平方米在5瓦左右，大型商场卖场不超过每平方米10瓦，珠宝专柜在50瓦以上，科甲巷、草市街一带个体高档时装店采用灯光突显商品，每平方米卖场用电50~80瓦。1993年，台资成都太平洋百货春熙店开业；1994年10月，德克士炸鸡店在太平洋百货二楼开业，给成都的商业、餐饮业带来全新的理念，大面积的封闭式卖场，全部依靠人工采光和通风，安装电梯和空调，此后各大商场纷纷进行硬件设施的改造。1995年，全市商业、餐饮业用电2.45亿千瓦时，比1990年增加2.09亿千瓦时，是1990年的6.64倍。当年商业用电占到全市总用电量的4.13%。

1997年11月，日资伊藤洋华堂春熙店开业，除照明、空调、电梯等用电外，加大商场宣传用电、商品装饰用电、展示用电、食品制冷保鲜用电、加工用电等，带来好的经营效果，同时也促进成都商业、餐饮、服务行业在经营形式上的升级。其间荷花池市场、青年路市场进行全方位改造，从大棚式、沿街式的市场发展成大型商厦，星级饭店安装中央空调，2000年，全市商业用电6.29亿千瓦时，比1995年增加3.84亿千瓦时，是1990年的17.03倍，1995年的2.56倍。当年商业用电占到全市总用电量的7.66%。

2000年后，成都商务服务业进入快速发展时期。这期间先后有蓝光·金荷花、荷花金池、九龙、万紫等百货服装市场、金府灯具城、量力钢材市场和改造后的八一家具城、太平园家具城等近百家大型市场建成经营，有的建筑面积在10万平方米以上。有太平洋、伊藤、好又多、家乐福、沃尔玛、易初莲花、人人乐、仁和春天、欧尚、

人民商场、华联等近百家大型零售商场投入经营，有百联天府、SM 广场、城市广场等一批集购物、休闲、娱乐的场所投入经营，这些地方都采用人工照明、人工通风、人工调温。餐饮业完成向高端和平民化方向的分化。高中档餐饮店、饮品店全部采用人工照明、人工通风、人工调风。2004 年，全市商业用电 14.19 亿千瓦时，占当年全社会总用电量的 10.77%。2005 年，全市商业用电为 14.12 亿千瓦时，占当年全社会总用电量的 9.63%，比 2000 年增加 7.83 亿千瓦时，是 2000 年的 2.24 倍。

2005 年，伊藤洋华堂双楠店设计空调冷负荷 150 瓦/平方米。设计包括照明、装饰、显示及保鲜制冷在内的用电为 20 瓦/平方米。玉双路餐饮一条街高档餐厅包间设计用电 200 瓦/平方米以上（含照明、空调、其他用电分摊），大厅设计用电 100—120 瓦/平方米。面向工薪阶层午餐的普通餐饮虽采用自然采光，但多数在店堂增设人工采光设备，多数约在 5 瓦/平方米左右。2000 年后，大量出现的各类专卖店，初期照明在 20 瓦以上/平方米，以后改用节能灯，照明用电在 5—10 瓦。美容美发店设计用电多在 40—60 瓦/平方米（含照明、空调和器具用电）。

1990—2005 年成都市商业用电统计表

表 3-30　　单位：万千瓦时

年　份	全社会用电总量	商业用电	所占比例（%）
1990	356117	3694	1.04
1991	405748	4990	1.22
1992	446621	7754	1.74
1993	511759	15275	2.98
1994	555674	19464	3.50
1995	594427	24546	4.13
1996	647423	32911	5.08
1997	678070	37295	5.50
1998	699964	41003	5.86
1999	734982	47199	6.42
2000	821001	62921	7.66
2001	903557	80014	8.86
2002	1115973	97456	8.73
2003	1181635	102474	8.67
2004	1318347	141926	10.77
2005	1465839	141204	9.63

【建筑业用电】

1990 年，全市建筑业用电 1212 万千瓦时，占当年全社会用电总量 35.61 亿千瓦时的 0.34%。

1991—2000 年，除 1998 年外，其余各年全市建筑业用电量占当年全社会用电总量的比例都在 1% 以下。1998 年，市政府发出《成都市人民政府关于进一步深化城镇住房制度改革加快住房建设的通知》，加快商品房开发力度。2000 年，全社会房屋建设施工面积 3627.93 万平方米，是 1990 年 1430.50 万平方米的 2.54 倍，竣工面积 2062.11 万平方米，是 1990 年 1031.50 万平方米的 2.00 倍，加上大型、先进建筑器具广泛使用，建筑业用电达到 7112 万千瓦时，比 1990 年增加 5900 万千瓦时，是 1990 年的 5.87 倍。2001 年，建筑业用电为 1.14 亿千瓦时，比 2000 年增加 4330 万千瓦时。

2000 年以后，成都市加快旧城改造和新区开发，建筑用电增加很快，同时建筑物的装修、装饰成为建筑业的重要内容，增加建筑用电总量。当年全市实有铺装道路长度为 1058 千米，道路面积 1559 万平方米；全市桥梁数为 244 座，其中立交桥为 13 座。2005 年，全社会房屋建设施工面积 7271.86 万平方米，竣工面积 2188.60 万平方米，分别是 2000 年 2 倍和 1.06 倍。

在建房屋、路桥、管道设施的建设使建筑业用电增加很快。2004 年与 2003 年比较，建筑业用电增加 4690 万千瓦时，2005 年与 2004 年比较增加 6904 万千瓦时。2005 年，建筑业用电是 2000 年的 3.60 倍。

1990—2005 年成都市建筑业用电统计表

表 3-31　　　　单位：万千瓦时

年　份	全社会用电总量	建筑业用电	所占比例
1990	356117	1212	0.34
1991	405748	993	0.25
1992	446621	1418	0.32
1993	511759	2392	0.47
1994	555674	4110	0.74
1995	594427	3614	0.61
1996	647423	5395	0.83
1997	678070	6089	0.90
1998	699964	7147	1.02
1999	734982	5157	0.70
2000	821001	7112	0.86
2001	903557	11442	1.27
2002	1115973	13980	1.25
2003	1181635	14027	1.19
2004	1318347	18717	1.42
2005	1465839	25621	1.75

每万元本地建筑业生产总值用电随建材价格及建筑成本变化而变化。总成本的增加使建筑业万元本地生产总值呈下降趋势。1990 年为 132.54 千瓦时/万元，1990—2000 年期间，以 1994 年最高，达 141.94 千瓦时/万元，1999 年前后，建材价格偏低，建筑业万元生产总值用电量也最低，为 63.72 千瓦时/万元。2000—2005 年，建材价格比较平稳，万元建筑业生产总值用电基本保持在 100 千瓦时/万元左右。

1990—2005 年成都市万元本地建筑业生产总值用电统计表

表 3-32　　　　单位：万元、万千瓦时、千瓦时/万元

年　份	本地工业生产总值	建筑业用电量	万元本地建筑业生产总值用电量
1990	91441	1212	132.54
1991	102862	993	96.53
1992	132392	1418	107.11
1993	203683	2392	117.44
1994	289553	4110	141.94
1995	398984	3614	90.58
1996	519970	5395	103.76
1997	616505	6089	98.77
1998	718223	7147	99.51
1999	809316	5157	63.72
2000	934105	7112	76.14
2001	1121925	11442	101.99
2002	1347218	13980	103.77
2003	1597785	14027	87.79
2004	1959903	18717	95.50
2005	2491573	25621	102.83

【农、林、牧、渔、水利业用电】

1990年，全市农、林、牧、渔、水利业用电（以下简称农业用电）9447万千瓦时，占当年全社会用电总量的2.65%。2005年，农业用电1.4亿千瓦时，占当年全社会用电总量的0.96%。

1990—2000年，农业用电逐年增长，种植业中大棚种菜、养花，养殖业中机械化养鸡、牛奶的机械化采集和保鲜等先进技术后，用电量加大。1995年，农业用电为1.73亿千瓦时，比1990年增加7871万千瓦时，是1990年的1.83倍。2000年，农业用电1.73亿千瓦时，比1990年增加7831万千瓦时，是1990年的1.83倍。

2000—2005年，农业用电基本保持在1.7亿千瓦时左右，其中2004年最高，达1.98亿千瓦。2005年，因为某些农副产品加工用电纳入工业用电统计，农业用电下降，为1.40亿千瓦时。

1990—2000年，农业用电占全社会用电总量比例一直保持在2%～3%，最高的1994年，达到3.07%，最低的是1999年，为2.05%。从20世纪90年代后期起，虽然农业用电基本上还是保持在1.6亿～1.9亿千瓦时左右，但其他行业用电量增加很快，农业生产用电在全社会用电总量的比例呈下降趋势，2001—2004年，保持在2%以内，2005年下降到0.96%。

1990—2005年农、林、牧、渔、水利业用电统计表

表3-33 单位：万千瓦时

年份	全社会用电总量	农、林、牧、渔、水利业用电	所占比例
1990	356117	9447	2.65
1991	405748	11726	2.88
1992	446621	11524	2.58
1993	511759	15432	3.02
1994	555674	17063	3.07

续表

年份	全社会用电总量	农、林、牧、渔、水利业用电	所占比例
1995	594427	17318	2.91
1996	647423	19273	2.98
1997	678070	17895	2.64
1998	699964	14757	2.11
1999	734982	15078	2.05
2000	821001	17278	2.10
2001	903557	16658	1.84
2002	1115973	15066	1.35
2003	1181635	17015	1.44
2004	1318347	19755	1.50
2005	1465839	14019	0.96

【城乡居民生活用电】

1990年，全市居民生活用电4.15亿千瓦时，占当年全社会用电总量的11.57%。1990—1995年，每年城乡居民生活用电逐年增加，绝对额在3000万千瓦时到1.1亿千瓦时，占当年全社会用电总量比例保持在11%左右。1996年后，随着房地产业的发展，城乡居民特别是城市居民的住房条件有很大改善，用电量逐步。1996—2000年，城乡居民生活用电以每年2亿千瓦时到3亿千瓦时逐年增加。1997年超过10亿千瓦时，达到11.57亿千瓦时。占当年全社会用电的比例从1995年的11.44%提高到2000年的23.27%。2001—2005年，随着城乡居民住房条件的进一步改善的家用电器的普及，城乡居民生活用电以每年3亿千瓦时到4亿千瓦时逐年增加。此段时间全市招商引资及城市建设发展很快，工业、建筑业、商业及市政用电都以较快速度增长，各方面用电量增加都很大，2002年，全社会用电总量超过100亿千瓦时，达到111.60亿千瓦时，居民生活用电绝对额占全社会用电总量的比例一直保持在22%左右。

1990—2005年，全市城乡居民户平用电、人平用电逐年增加。1990年，全市城乡居民户平用电156.86千瓦时，人平用电44.80千瓦时。2005年，户平用电912.66千瓦时，人平用电309.32千瓦时，分别是1990年的5.82倍和6.90倍，分别增加755.80千瓦时和264.52千瓦时。平均每年增加50.39千瓦时和17.63千瓦时。2001—2005年，户均用电量和人均用电量增加很快，2005年与2000年比较，户均用电量增加310.37千瓦时，人均用电量增加120.70千瓦时，平均每年增加62.07千瓦时和24.14千瓦时。

1990-2005成都市年居民生活用电统计表

表3-34　　单位：万千瓦时、%

年　份	全社会用电总量	城乡居民生活用电	占全社会用电比例
1990	356117	41195	11.57
1991	405748	44744	11.03
1992	446621	48353	10.83
1993	511759	51898	10.14
1994	555674	62895	11.32
1995	594427	74090	11.44
1996	647423	93250	14.40
1997	678070	115709	17.06
1998	699964	142355	20.33
1999	734982	161316	21.94
2000	821001	191046	23.27
2001	903557	209509	23.19
2002	1115973	236596	21.20
2003	1181635	256962	21.75
2004	1318347	292576	22.19
2005	1465839	334690	22.83

1990—2005年成都市户平、人平年用电量表

表3-35

年　份	城乡居民用电总量（万千瓦时）	户平年用电量		人平年用电量	
		户数（万户）	用电量（千瓦时）	人数（万人）	用电量（千瓦时）
1990	41195	262.61	156.86	919.50	44.80
1991	44744	268.15	166.86	927.73	48.23
1992	48353	274.56	176.11	936.86	51.61
1993	57898	278.42	207.95	947.30	61.12
1994	62895	285.05	220.65	960.39	65.49
1995	74090	289.51	255.92	971.60	76.26

续表

年　份	城乡居民用电总量（万千瓦时）	户平年用电量		人平年用电量	
		户数（万户）	用电量（千瓦时）	人数（万人）	用电量（千瓦时）
1996	93250	295.50	315.57	980.74	95.08
1997	115709	300.08	385.59	989.19	116.97
1998	142355	304.29	467.82	997.00	142.78
1999	161316	309.93	520.49	1003.56	160.74
2000	191046	317.20	602.29	1013.35	188.53
2001	209509	320.63	653.43	1019.90	205.42
2002	236596	325.35	727.20	1028.48	230.04
2003	256962	336.12	764.49	1044.31	246.06
2004	292576	350.53	834.67	1059.69	276.10
2005	334690	366.72	912.66	1082.03	309.32

【城乡居民生活分类用电】

1990年，全市城乡居民生活用电4.12亿千瓦时，其中城市居民用电3.44亿千瓦时，农村居民生活用电6842万千瓦时。2005年，全市城乡居民生活用电33.47亿千瓦时，其中城市居民用电24.07亿千瓦时，农村居民生活用电9.40亿千瓦时。

1990年与1991年，城市居民生活用电占全市城乡居民生活用电的80%以上；1992年降到80%以下；1995年、1996年下降到70%以下。1997年以后，城市居民生活用电一直在城乡居民生活用电的70%到80%之间。

1990—1995年，城市居民生活用电以每年500万千瓦时到7000万千瓦时的速度增加。这段时间，农村居民生活用电量增加较快，农村居民生活用电以每年1000万千瓦时到5000万千瓦时的速度增加。城市居民生活用电比例占城乡居民生活用电比例从83.39%下降到68.84%。

1995年后，随着城市房地产市场开发加快和府南河综合治理工程的进行，城市居民的居住条件得到较大改善，用电量有较大增加。2000年，城市居民中平均每百户有空调数从1995年末的3.0台增加到2000年年末的34.3台，电脑数17.7台。农村居民中平均每百户有彩色电视机从1990年年末的4.0台增加到69.1台，电冰箱从0.3台增加到16.9台，电风扇从32.2台增加到171.7台。家用电器的增加带来城乡居民生活用电的快速增加。城市居民生活用电以每年2亿千瓦时到3亿千瓦时的速度增加，2000年达到14.43亿千瓦时，是1990年的4.20倍。农村居民生活用电以每年4000万千瓦时到1亿千瓦时的速度增加，2000年达到4.67亿千瓦时，是1990年的8.83倍。

2000年后，城乡居民生活条件进一步改善，2005年末城市居民平均每百户有空调数103.8台，电炊具97.0台，电脑50.5台。农村居民平均每百户有电冰箱数31.8台，彩色电视机107.5

台,空调6.2台。城市居民生活用电以每年1.2亿千瓦时到2.5亿千瓦时的速度增加,2005年达到24.07亿千瓦时,是1990年的7.01倍,较2000年增加9.64亿千瓦时。农村居民生活用电以每年1000万千瓦时到1.8亿千瓦时的速度增加,2005年达到9.40亿千瓦时,是1990年的13.74倍,是2000年的2.01倍。

1990—2005年成都市居民生活分类用电统计表

表3-36　　单位:万千瓦时

年　份	城乡居民生活用电总量	分类用电			
		城市	比例(%)	农村	比例(%)
1990	41195	34353	83.39	6842	16.61
1991	44744	36917	82.51	7827	17.49
1992	48353	37334	77.21	11019	22.79
1993	51898	37730	72.70	14168	27.30
1994	62895	44712	71.09	18183	28.91
1995	74090	50854	68.64	23236	31.36
1996	93250	62317	66.83	30933	33.17
1997	115709	82217	71.05	33492	28.95
1998	142355	102465	71.98	39890	28.02
1999	161316	115526	71.61	45790	28.39
2000	191046	144338	75.55	46708	24.45
2001	209509	164765	78.64	44744	21.36
2002	236596	187977	79.45	48619	20.55
2003	256962	199506	77.64	57456	22.36
2004	292576	216871	74.12	75705	25.88
2005	334690	240692	71.94	93998	28.06

交通

概　述

成都市是四川省省会，是国务院确定的西南地区交通、通信枢纽城市。1989 年年底，全市公路总里程达 5180.2 千米，以成都为中心的国道、省道公路辐射四方，沟通省内外，县、乡公路纵横交错，四通八达。成渝、宝成、成昆三铁路干线在此交汇，支线铁路、专用铁路和地方铁路串联起域内工厂、矿山和农村。双流机场，作为国家一类口岸机场，旅客周吞吐量突破百万人大关，货邮周吞吐量约 3 万吨。

1990—2005 年，成都市交通建设全面推进，交通运输业全面发展。16 年间，公路建设成效明显。形成以国道、省道、高速公路、快速通道为主骨架，县、乡、村公路为辅的公路交通运输网络体系。截至 2005 年年底，全市有国道公路 9 条、省道公路 8 条、县道公路 150 条、乡村公路 750 条，公路总里程达 1.67 万千米，是 1989 年的 3.2 倍。特别是高速公路从无到有，发展迅速，自 1992 年 12 月 31 日成都市首条高速公路—成渝高速建成通车，至 2005 年年底，市域内高速公路已达 10 条，由“一环九射”（一环即绕城高速，“九射”包括成渝、成绵、成南、成雅、成乐、成灌、成彭、成温邛、机场高速）构成，总里程 437 千米，居西部城市之首，位列全国省会城市第二。不仅覆盖全域、实现所有区（市）县通高速公路，而且初步形成辐射全省、畅接西部、通达全国的高速公路网络；乡村公路密如蛛网，总计 750 条，总长 1.31 万千米，在全省率先实现乡乡通油路、村村通水泥路。

16 年间，铁路设施建设进入自中华人民共和国成立以来的第三次高潮。1997 年 11 月，达成铁路建成，1999 年 12 月，宝成铁路复线通车，2000 年，成昆铁路实现全线电气化开通，从而使宝成铁路、成昆铁路的运输能力得以大幅度提高。2002 年，成都铁路枢纽西环线工程竣工；2005 年，又全面启动达成铁路复线建设及电气化改造为主要内容的扩能改造工程。铁路运输形成以成都站、成都东站两处特等站为主轴，以宝成线、达成线、北环线、成昆线、成渝线、西环线构成的“8”字形环网格局；成渝北、沪汉蓉、蓉筑穗、西南出海和西北出境五大对外通道。

16 年间，航空设施建设不断加快。先后完成成都双流国际机场的第二次、第三次扩建工程，老航站楼改造工程等，使该机场成为全国第四大设备完善、功能齐备的现代化航空枢纽机场，飞行区等级达 4E 级，可起降包括 B747—400 型及以下的各型飞机。至 2005 年年底，成都双流国际机场通航内地城市 63 个及中国香港、中国澳门地区；开辟国际航线 21 条、通航国际城市

25个，其中由成都始发的定期国际航线7条和不定期国际航线3条；全年旅客吞吐量突破千万人大关，货邮吞吐量达25.1万吨。

16年间，城市交通建设突飞猛进。先后完成一环路、二环路、人民路、红星路、解放路、顺城大街、蜀都大道、新华大道等城市主干道、120条次干道和支路、284条中小街道的扩改建；新建青羊大道、武侯大道、光华大道、北新大道等交通主干道。共建成城市道路立交桥45座（含大型或特大型高架桥3座），公路铁路立交桥11座，下穿隧道12座，人行天桥30座，新建（含拆旧桥建新桥）跨河桥梁169座。特别是随着1998年启动的"五路一桥"工程全面告竣，进一步完善了成都城市现代化综合交通体系，提升了城市交通枢纽功能。随着城市化进程的加快，为适应日益增长的交通需求，20世纪90年代末，修建地铁工程、发展轨道交通正式提上成都市委市政府重要议事日程。2005年9月，国务院正式批复《成都市快速轨道近期建设规划》，12月28日，成都地铁1号线一期工程正式动工，标志着成都城市交通发展进入到一个新的历史时期。

16年间，成都市初步形成公路、铁路、航空、轨道等交通运输方式和邮政、通信枢纽组成的立体交通运输体系；外部大通道，贯南北、通东西、达江海、联世界。新修的城市环线、干道、立交桥隧，改扩建的中小街道，覆盖全域的城乡公交网络，正式动工兴建的地铁，不仅日新月异地改变着城市容颜、增添城市的现代化气息，而且还改变着市民的出行甚至生活方式。成都作为中国西南地区交通枢纽城市的作用日益凸显，作为综合交通枢纽的国家地位、国际影响力进一步巩固和提升。

总　况

全社会车辆拥有量

【概况】

1990年年底，全市有汽车、拖拉机、摩托车、汽货车挂车等机动车13万辆，其中载客和载货汽车共4.92万辆。在载客汽车中除去经营性客车1470辆外，其余1.80万辆非经营性客车绝大多数为党政机关、企事业单位公务用车，私人拥有载客汽车极少。全市有拖拉机4.40万台，其中小型（手扶）拖拉机4.26万台，总动力43.58万千瓦（59.27万马力），平均每台动力10.23千瓦（13.93马力）。全市有摩托车3.29万辆，辖区农村居民每百户拥有摩托车0.7辆。此后，随着经济的发展和人民生活水平的提高，党政机关、企事业单位配车面扩大，私人购车增多。拖拉机在农忙时进行田间作业，农闲时跑短途运输，因其安全性能差，经济效益低，加之多数拖拉机的噪声大、动力装置（柴油机）质量差，柴油燃烧不完全，尾气重，对环境污染大，速度慢，占用道路资源多，开始了限制拖拉机上国道、省道，从此只能在县、乡公路行驶，运载货物多为建筑材料、渣土等。

2000年，全市有汽车、拖拉机、摩托车、汽货车挂车等机动车达到72.70万辆，其中载客和载货汽车达到30.51万辆；全市有摩托车35.91万辆，10年间，增加32.62万辆，摩托车逐渐成为很多农家的出行和生产工具，是年达到每百户39.91辆。2000年以后，非经营性客车数量增长很快，拖拉机数量虽有增有减，但总体呈下降趋势，参与运输的拖拉机也日见减少。随着农业经济发展和农民生活水平的提高，全市摩托车拥有量逐年增加。

2005年，全市有汽车、拖拉机、摩托车、汽货车挂车等机动车达到153.42万辆，其中载客和载货汽车达到59.71万辆，其中增加最快的是载客汽车51.78万辆；全市非经营性客车达到49.91万辆，其中私人拥有汽车数达到46.22万辆（包括载客汽车和载货汽车），占当年全市汽车总量的77.41%；全市有拖拉机3.61万台，较1990年下降21.40%；全市摩托车88.46万辆，达到每百户67.1辆。2005年年底，成都市机动车拥有量分别是1990年、2000年的11.78倍和2.11倍。

1990—2005 年成都市主要机动车拥有量一览表

表 3-37　　单位:辆

年　度	总　数	其　中			
		载客、货汽车	农用汽车	拖拉机	摩托车
1990	130440	49208	4329	44000	32903
1991	138166	53837	4517	41311	38501
1992	149351	61524	4829	35511	47487
1993	178919	69787	4942	45104	59086
1994	205858	82901	5459	46068	71430
1995	256354	129727	6018	42356	78253
1996	335486	167385	6292	41055	120714
1997	433934	201681	6485	39598	186170
1998	500615	212512	6367	34000	247736
1999	607205	265622	6822	40245	294516
2000	705288	305106	7056	34000	359126
2001	804379	330973	6956	34000	432450
2002	1076387	400793	6831	40306	628457
2003	1274012	461376	6819	39364	766453
2004	1426914	526267	6905	39437	854305
2005	1507026	580247	6027	36108	884644

说明:上述汽车总数中不包括消防车、救护车、工程机械车和其他特种车辆;表中车辆总数由成都市车辆管理所审定

1990—2005 年成都市全社会机动车、自行车统计表

表 3-38　　单位:万辆

年　度	全社会机动车	载　货汽　车	载　客汽　车	其　他机动车	私人汽车	自行车	电动自行车
1990	13. 04	2. 98	1. 94	7. 88	3. 29	441. 78	—
1991	13. 84	3. 16	2. 22	8. 19	3. 85	486. 61	—
1992	15. 47	3. 51	2. 64	9. 05	4. 75	533. 66	—
1993	18. 29	3. 79	3. 18	10. 86	5. 91	579. 99	—
1994	20. 92	4. 14	4. 18	12. 30	7. 14	461. 23	—
1995	26. 64	4. 52	8. 45	13. 67	10. 77	496. 86	—
1996	25. 28	5. 48	11. 26	18. 54	11. 73	532. 00	—

续表

年　度	全社会机动车	载　货汽　车	载　客汽　车	其　他机动车	私人汽车	自行车	电动自行车
1997	45.22	6.34	13.82	25.06	18.47	545.00	—
1998	53.95	6.96	14.29	30.70	24.56	573.00	—
1999	64.78	7.77	18.79	38.22	29.20	600.00	—
2000	72.70	8.20	22.31	40.94	35.80	317.55	—
2001	82.09	8.43	24.60	48.46	43.53	361.10	—
2002	109.06	8.98	31.10	68.70	62.85	388.06	—
2003	124.92	9.21	36.93	78.45	34.52	415.23	17.80
2004	139.98	9.70	42.93	2.23	41.69	—	40.05
2005	148.13	7.93	50.10	1.64	46.22	—	62.03

说明：1. 2000 年自行车为年检正式数，口径不可比；自行车数据截至 2003 年 11 月 28 日；2004 年电动自行车上牌工作正式启动

2. 1994 年及以前“其他机动车”不包括特种车辆和专用车辆

【载客汽车】

20 世纪 80 年代末期，成都市载客汽车数量在汽车总数中所占比重小，1990 年底，全市有载客汽车 1.94 万辆，占全市汽车总数的 39.47%。此后，客车，特别是小型客车、商务车增长很快。1994 年，全市汽车拥有量中型载客汽车 4.18 万辆，所占比例首次突破 50%，达到 50.48%。

进入 21 世纪，小型载客汽车逐渐进入市民家庭。2000 年年底，全市载客汽车达到 22.31 万辆，占全市汽车总数的 73.13%，自 1990 年以来的 11 年间，载客汽车总数增加 20.55 万辆。从 2002 年起，全市载客汽车每年较上一年比较增长数都在 6 万辆以上。全市载客汽车拥有量呈大幅度增长趋势。2005 年年底，全市载客汽车达到 50.10 万辆，占全市汽车总数的 86.72%，5 年内净增 29.47 万辆。

【载货汽车】

1990 年年底，全市有载货汽车 2.98 万辆，占全市汽车总量的 60.53%。1997 年开始，营运性载货汽车数纳入统计范围，是年，全市有营运性载货汽车 5.03 万辆。2000 年，全市载货汽车 8.20 万辆，占全市汽车总量的 26.87%。2005 年年底，全市载货汽车 7.93 万辆，占当年全市汽车总量的 13.28%，全市载货汽车拥有量分别是 1990 年的 2.66 倍，2000 年的 96.73%。

16 年间，全市载货汽车的数量虽在增长，但在客、货车总量中所占比例却在下降。2005 年与 1990 年比较，载货汽车增加 4.95 万辆，但占客货车总量的百分比却下降 47.52 个百分点。

1997—2005 年成都市营运性载货汽车情况表

表 3-39

年　度	载货汽车总数（辆）	营运性货车（辆）	吨位数（吨）	占货车总数百分比(%)	比上一年增加（辆）
1997	63435	50275	117042	79.25	—
1998	69606	58171	127130	83.57	7896
1999	77745	62037	131641	79.80	3866
2000	81976	67487	138533	82.33	5450
2001	84940	65743	137237	77.40	-1744
2002	89754	66588	136797	74.19	845
2003	92093	64672	136469	70.22	-1845
2004	96950	67199	143237	69.31	2527
2005	79296	69349	150322	87.46	2150

【自行车】

20 世纪 70 年代以后，自行车是成都市民拥有的最普及的交通工具，被列入家庭生活要件“三转一响”（自行车、缝纫机、手表、收音机）中的首位，是城市上班族上下班及出行的主要交通工具，同时也是搭载小物件的运输工具。在农村中，自行车除了作为自己及家人出行的主要工具外（通常自行车后座搭载 1 人），还是 50 千克以内物体的运输工具。

1990 年，全市城乡居民拥有自行车 442 万辆，按全市 262.61 万户、668.51 万人口计算，每户平均 1.68 辆，每人平均 0.66 辆。其中，全市城市居民每百户拥有自行车 218.0 辆。此后，成都市自行车拥有量虽有增加，但已基本处于饱和，增加幅度较小，1995 年，全市城乡拥有自行车 496 万辆，按全市 289.51 万户、971.60 万人计算，每户平均 1.71 辆，每人平均 0.51 辆。1996 年，全市城市居民每百户拥有自行车达到 241.3 辆，为最多年度。

2000 年后，随着电动自行车和家用载客小汽车逐步进入家庭，全市自行车拥有量开始下降，2002 年，全市有自行车 388 万辆，按全市 323.35 户、1028.48 万人计算，每户平均 1.20 辆，每人平均 0.38 辆。2002 年与 1990 年比较，每户平均减少 0.48 辆，每人平均减少 0.28 辆。2002 年以后，统计部门不再将自行车纳入统计。

2005 年，全市城市居民每百户拥有自行车 145 辆，主要为少数短距离上班族的上下班代步工具，退休老人就近购买小件物件时作为运载工具；全市农村居民每百户拥有自行车为 115 辆。多用作中小学生上学的代步工具。

【电动自行车】

电动自行车虽以电为动力，但一直列入非机动车管理。20 世纪 80 年代末，成都开始使用电动自行车，由于蓄电池容量小，只能行驶 10 来千米就必须再次充电，实用价值不大，未能得到普及。

20 世纪 90 年代末，蓄电池技术取得突破，充电一次后能行驶四五十千米，小型电动自行车受到上下班在十多千米的上班族，特别是女性上班族的欢迎，而加重型得到需要载重几十千克的农村居民,城市中打工族的青睐,加之轻便型价格多在 1000 ~ 2000 元之间,加重型在 3000 ~ 4000 元,为广大城乡居民所能接受,在城市及广大农村需求量迅速增加。

2005 年,统计部门将电动自行车纳入统计范围。是年,全市有电动自行车 44.33 万辆。

道路交通形态

【公路通车里程与密度】

1990 年,全市公路通车总里程 5221 千米,公路密度 42.45 千米/百平方公里、5.68 千米/万人。1999 年底,全市公路总里程达到 1.02 万千米,等级公路达到 9525 千米。其中,高速公路 182 千米,一、二级公路 1205 千米,公路密度为 80.8 千米/百平方公里,全市实现乡乡通油路、村村通公路。公路密度和高等级公路比例在全国副省级中心城市中处于领先水平。2000 年,全市公路通车总里程 1.34 万千米,公路密度为 108.73 千米/百平方公里、13.19 千米/万人。

2004 年,成都市公路各项重要指标已进入全国重要城市先进水平行列,其中公路密度成都排名第一。在公路总里程指标方面,成都排名第 3 位(排名前 5 位的是重庆 3.1 万千米、哈尔滨 1.5 万千米、成都 1.48 万千米、天津 9695 千米、武汉 8500 千米);在高速公路里程指标方面,成都以 351 千米排名第 2 位,比排名第一的重庆少 48 千米;在二级以上高等级公路里程指标方面,成都以 2237 千米排在重庆、青岛、天津之后列第 4 位;在公路密度指标方面,成都以 119.6 千米/百平方公里排名第 1 位;在二级以上高等级公路密度指标方面,成都排在深圳、上海、青岛、广州、天津之后列第 6 位;在公路好路率指标方面,成都好路率为 85.5%,排名第 4 位。成都的公路整体水平排名仅次于天津,列第 2 位。

2005 年,全市公路通车总里程为 1.67 万千米,公路密度 134 千米/百平方公里,15.74 千米/万人,公路总里程和公路密度居全国省会城市之首,高速公路里程居西部第一、全国第二(济南第一)。成都是四川省公路网中横连东西、纵承南北的连接点,是西南地区客货运输的重要集散地,是全国 45 个公路主枢纽城市之一。

成都市部分年度公路通车里程统计表

表 3-40　　　　单　位:千米

里　程	1990 年	1995 年	2000 年	2005 年
通车里程	5221	5300	13374	16676
晴雨通车里程	4610	4749	13349	15810
有路面里程	4576	4734	13255	—
高级次高级里程	2603	3285	6739	11906
国家级干线	305	341	542	542
省级干线	493	494	355	353
县公路	1777	1774	2566	2673
乡公路	2311	2370	9869	8586
村道	—	—	956	4522
专用公路	335	321	—	—

【混行交通】

20 世纪 80 年代末，成都市域无汽车专用公路，所有公路交通都属混合交通，即机动车与非机动车混行、行人与车辆混行。除人车混行、机非混行外，非机动车无序行驶，行人挤占机动车道，场镇上占道经营，部分县道上经常出现占道装卸货物、堆放货物、晾晒粮食等现象，加上道路技术等级低，造成汽车行车速度低，公路通过能力低，国道、省道等干线公路，每昼夜折合成小客车通过能力 3000～4000 辆，县道、乡道行人多且交通意识差，由于道路技术等级低，众多自行车占用道路中央骑行，造成汽车通过能力很低，每昼夜折合成小客车通过能力只有三四百辆。在场镇街道与公路共用的路段，每遇逢场天，更成交通瓶项，1 小时内往往仅能通过汽车二三十辆车。

20 世纪 90 年代初期，对场镇街道与国道、省道干线公路共用道路进行改道，对转弯半径过小的瓶颈路段去弯取直，道路通过能力有所提高，每昼夜折合小客车通过能力达到 5000～6000 辆。国道、省道等干道公路小型客车行驶最高即时速度只能达到 60 千米/小时，旅行速度低于 40 千米/小时；载货汽车最高即时速度在 40～50 千米/小时左右，旅行速度低于 30 千米/小时。90 年代中期，开始对国道、省道按一级公路、二级公路技术标准改造后，道路通过能力达到 7000～8000 辆。对主要县道的路面等级进行升级，按照标美路的标准整治，对县道与城镇街道共用道路进行改线，严格禁止农民建房，占用公路红线，通过能力达到 1000 辆；对乡道进行沥青表处理或增大碎石处理化，拓宽场镇路口，整治场镇街道与乡道共用线两侧商家、住房占道，道路通过能力有较大提高。车速也有较大提高，小型客车在国道、省道部分路段，最高即时速度可达 80 千米/小时，旅行速度可达 50 千米/小时。中型载货汽车最高速度可达到 60 千米/小时，旅行速度达到 30～40 千米/小时。主要县道在路面等级升级，与城镇街道共用道路改线后，小型客车最高速度可达到 60 千米/小时，旅行速度可达 40 千米/小时；中型载货汽车最高速度可达到 50 千米/小时，旅行速度可达到 30 千米/小时。

2000 年后，随着多条高速公路建成通车，多数国道、省道车辆减少，一般小型客车最高即时速度可达 80～100 千米/小时，但随着时间推移，每年全社会车辆增加很快，特别是一些大型货运车辆，超重超长车辆逐年增多，行驶速度慢、转弯、调头不便，加之对道路损坏较大，对部分国道、省道的行驶速度影响很大，部分路段最高速度 50～60 千米/小时。

2005 年，全市绝大多数县道的汽车通过能力达到每昼夜折合小客车 3000 辆左右。乡道、村道达到 1000 辆以上。成都市平原地区多数县道、乡道的小型客车最高即时速度可达到 60～80 千米/小时，旅行速度可达到 40～50 千米/小时，丘陵及山岭地区最高即时速度可达到 50～60 千米/小时，旅行速度可达到 30～50 千米/小时。

【分行交通】

1994 年，成渝高速公路建成，成都始有汽车专用公路，开始实现人车分行，机非分行，高速车与低速车分行（车速 70 千米以下汽车、农用车、拖拉机等不能上高速公路行驶）的汽车专用交通形态。高速公路有效地解决混合交通带来的交通混乱状态，实现汽车专用通行，大大提高车辆通行能力和行车速度，承担长途运输的大部分车辆通行。

20 世纪 90 年代中后期，完善国道、省道路面标识，在道路中央划出行车方向分隔线，实行双向分道，对4车道国道、省道的同方向道路划出分车道，以后在改造县道和有条件的乡道时都完善路面标识，要求车辆分道行驶。

2003年，双流县交通局在改造"华大路"（华阳—大林）时，在部分公路外依地势另建人行小道，小道两侧遍置灌木、绿地，称作"观光步道"，以此实现"人车分道"，对解决乡村公路人车混行起到示范作用，得到省政府的高度评价，并要求在新建公路时，对交通繁忙且有条件的路段多采用此种模式，对既有公路有条件改造的路段，也要逐步按此模式改造。同年，西南交通大学等单位对成都交通状况调查表明，这些高速公路承担由成都出发的长途货物运输（跨省货物运输）的60%以上，春运期间公路旅客运输的70%以上，跨省长途旅客运输的全部。至2005年年底，全市有高速公路437千米，全部实现汽车专用通行。

【城区"井+环"路网形态】

2001年，成都市实施畅通工程，主要举措是"井+环"路网改造与建设。"井"字形路网以红星路、东城根街—浆洗街为东西二纵，以滨江路、新华大道为南北二横，共四条交通性主干道组成交通疏散系统；以一环路、二环路为主，构成环形快速交通转换系统。"井+环"路网在主城区路网结构中的作用是作为"环+放射状"形对外交通体系的重要补充，"井+环"路网在主城区路网层次中起主导交通的重要作用。

2002年，开始对"井"字形的四条主干道进行拓宽改造，对"井"字形上的四个节点以及"井"字形路网与其他主干道相交的节点进行处理，对环状路网因地制宜的拓宽改造部分路口，以求有效地提高路口的通行能力。与此同时，结合中心城区水环境综合整治的实施，改造城市次干道及中小街道。把出入城的道路分开，突出多出少进、快出慢进的交通理念，在放射状车道配置上，出城车道占55%，进城车车道占45%；在车辆行驶上，让出城车辆优于入城车辆；选择交通条件较好的道路作为出城快捷通道，选择交通条件相对较差的道路作为入城主通道，让入城通道有短距离绕行；并将中心城区分为城北、城东北、城东南、城南、城西、城西北等6个片区、分别配置出城入城通道。

2003—2005年，实施"井+环"交通性主干路疏解系统及转换系统建设，"井"字形四条道路为疏解系统；环形道路（一环路、二环路）为转换系统，一环路作为入城方向直行和左转的转换路，二环路作为出城方向直行和左转的转换路，并对内环路进行改造，增强其通行能力。与此同时，加强次干道和支路的建设，全力疏通作为城市交通"毛细血管"的中小街道，使之成为中心城区重要的交通集散系统，起到分流作用，发挥到达功能，提高城市道路总通行能力，缓解中心城区交通压力。

【城区道路人均拥有量】

1990年年底，成都市城区实有铺装道路长度423千米，实有铺装道路面积602万平方米，道路平均宽度14.23米（含人行道面积，下同）。按城区户籍人口计算，平均每人拥有道路面积1.61平方米。1995年，平均每人拥有城市道路面积2.6平方米。

2003年，全市城区每人平均拥有道路面积达到11.92平方米，首次超过全国大中城市平均每人拥有道路面积（当年，全国大中城市平均每人拥有道路面积9.4平方米）。

2005年，全市城区实有铺装道路长度2493

千米,实有铺装道路面积5320万平方米,道路平均宽度21.34米。按城区户籍人口计算,平均每人拥有道路面积12.80平方米。

1990—2005年成都市部分年度城区道路情况表

表3-41

年　度	城区建成面积(平方公里)	道路长度(千米)	道路面积(万平方米)	人均拥有道路面积(平方米)
1990	74.40	423	602	1.61
1995	698	890	2.60	—
2000	172.00	1058	1559	4.60
2001	196.30	1413	2941	8.04
2002	283.90	2229	4602	11.92
2003	283.90	2279	4780	12.70
2005	285.07	2493	5320	12.80

交通网络体系

【高级公路网络】

1990年,成都市公路通车里程5221千米,其中高级、次高级公路2603千米,占公路通车里程的49.86%。

1992年,成都市提出加快高级、次高级公路建设,保证国道、省道与通往各重要场镇的县道、乡道全部水泥(沥青)化。当年开工改建成—温—邛快速路,按照总宽度40米,主车道22.5米,人车分流六车道的平丘一级公路建设。1993年,成渝高速公路成都段动工兴建,1994年成都域内41.8千米建成通车,是全市第一条现代化高速公路。2000年,全市公路通车里程1.34万千米,其中高速公路202千米。

2004年10月1日,随着成彭高速公路和成温邛高速公路建成,成都市19个区(市)县均有高速公路相连。2005年,成都市公路通车里程1.67万千米。全市共有成渝、成绵、成南、成乐、成雅、成灌、成彭、成温邛高速公路及机场高速、绕城高速10条高速公路,共437千米,在全国副省级及省会城市中排名第二。

截至2005年年底,成都市实现所有区(市)县通高速公路、村村通水泥(沥青)公路,形成以国道、省道、高速公路、快速通道为主骨架,县、乡、村公路纵横交错、四通八达的公路网络体系。

【农村公路网络】

1986年,成都市实现415个乡镇乡乡通公路,但乡道公路技术等级低,一半以上道路为泥路、碎石路。1990年,成都市政府提出要有计划地对乡道进行改造,提高技术等级,加快油路、水泥路建设。1991年,新铺水泥路(沥青)路面155千米,整治整形762.9千米。1994年,新铺水泥路(沥青)路面195千米。1995年,市政府提出在有计划、有步骤地新建、改扩建快速通道、高速公路、重点公路的同时,积极发展县、乡、村公路,加快农村公路网建设。1996—2000年,乡道从2370千米增加到9869千米,增加7499千米、

3.16倍。1998年,实现村村通公路。2000年,市政府在全市快速公路主骨架基本形成的情况下,决定把公路建设重点放到农村水泥(沥青)道路建设上来。2004年,全市2288个行政村村通水泥(沥青)路,实现全市“县县通高速、村村通油路”。全市形成以高速公路、快速通道为主骨架,县、乡、村公路纵横交错,密如蛛网,四通八达的公路网络体系。

【高速公路入城连接段】

截至2005年年底,有9条高速路呈放射状通往成都市中心城区。从三环路成绵高速路开始,按顺时针方向依次为成绵、成南、成渝、成雅、成乐、机场、成温邛、成灌、成彭高速路,这9条高速公路与三环路环形快速通道组成成都市快速交通系统。

成绵高速公路入城连接段。位于市区北部成华区域内,起于青龙场立交桥北,至白鹤林与成绵高速路相接,长10.35千米,三块板断面形式,双向六车道,路面宽22.5米,沥青混凝土路面。于1997年4月动工,1998年11月建成。

成南高速公路入城连接段。位于市区东部成华区域内,起于青龙场立交桥,终点与牛龙公路相交,全长3.2千米,三块板断面形式,双向六车道,红线宽40米,其中快车道宽21米。于1999年11月动工,2000年建成。

成渝高速公路入城连接段。位于市区东部锦江区、龙泉驿区域内,西起五桂桥头,东抵三环路成渝立交桥,全长2.3千米,三块板断面形式,双向六车道,红线宽40米,其中快车道宽23.2米,2001年建成。

成雅、成乐高速公路入城连接段。位于市区东南部武侯区、高新技术开发区域内,起于二环路永丰立交桥,沿永丰路直线延伸,以高架桥连接至白家互通式立交桥,直线延伸经电缆厂升坡设高架桥跨西环铁路及神仙树仓库专用铁路,至马家湾收费站,全长5.98千米,三块板断面,双向六车道,红线宽40米,沥青混凝土路面,1998年建成。

机场高速公路连接段。位于市区西南,穿越武侯区、高新技术开发区,直抵双流县境,从火车南站起直达双流机场,全长11.98千米。

成温邛高速公路入城连接段。位于成都市西郊青羊区域内,起于武青路,东向西行,终点为外环路文家场立交桥,全长1.5千米,又称日月大道。三块板断面,双向八车道,路面宽50米,其中快车道宽40米,水泥混凝土路面,于1996年10月动工,1997年10月建成。

成灌高速公路入城连接段位于市区西北金牛区、高新西区域内,起于二环路西三段,沿羊市街西延线西行,止于绕城高速公路与羊西线交叉点犀浦立交桥,全长7.44千米。1998年建成。

成彭高速公路入城连接段。位于市区北部金牛区、新都区域内,起于大件路过境段洞子口镇路口,止于五月桥与新都区大丰镇交界处,全长3.42千米,三块板断面,双向六车道,红线宽40米,其中快车道宽15米,沥青混凝土路面,1992年10月动工,1994年10月建成。

【城区道路网络】

1984年,成都市城区建成东西向主城区干道—蜀都大道(时称东西干道),从五桂桥沙河大桥到一环路西一段,全长8.65千米,道路路面宽50米,三板块结构,其中机动车道为双向4车道,宽14米,水泥混凝土路面。此期间,还对南北向主城区干道—人民路(从火车北站到火车南站,包括人民北路、人民中路和人民南路段)进行改扩建,全长10.72千米。1987年,一环路在原有路段基础上全部改建竣工,形成城市一级道路网，至此，城市道路网络形成以蜀都大道、人民路为骨架、一环路为围环的“田”字形结构，与周边的中小街道相互连接，形成城市道路网络。同年，将红星路（青龙场至新南门）从新南路段口延到三瓦窑，以后对按城市一级道路对全路重要路段进行改扩建。至此，城市道路网络形成以一环路、二环路为围环，蜀都大道、新华大道、人民路、红星路为骨架的“环加井”结构，与周边的次干道、道路支线系统及中小街道形成城区道路网络。

1989年后，随着成都城市的扩大和功能的增加，交通压力越来越严重，一环路某些节点汽车日流量达到2万辆次，混合交通流量超过2.50万辆次。1990年，市政府决定拓宽二环路已有路段，原来没有道路的地方新建道路，1994年9月竣工，全长28.30千米，按城市一级道路建设。该路段为三板块结构，水泥混凝土路面，主车道为双向六车道。1995年，对新华大道进行全面改造，年内先后完成双林路口到多宝寺的东延线工程，玉沙路到三槐树街的改造及太升路到通锦桥段的改扩建工程。

1998年，市政府按照成都城市向东向南发展的决策，按照“交通先行”的思路，决定高标准、高质量在新建城区，特别是在工业集中发展区建设城市干道和配套的次干道；决定对旧城区的道路进行全面整治，通过改扩建，对原有道路提档升级，保证交通畅通。同时，作出修建“五路一桥”的决定。“五路一桥”指三环路、人民南路南延线（后改名天府大道）、成龙路（后改名成龙大道）、老成渝路成都城区到龙泉驿段（后改名驿都大道）、成洛路（后改名成洛大道）和人民南路火车南站立交桥。

2000年后，对全市旧城区的道路分期分批地进行改造，完善和优化城市道路及交通网络。工程分为旧城区主干道的全面改造、次干道的拓宽改造、支线道路系统的全面整治和中小街道的升级几个方面。主干道改造主要包括对东城根街、顺城街、东大街、南大街、西大街、北大街、武侯祠街、花牌坊街、营门口路、沙湾路、龙腾路、晋阳路、光华村街、青华路等城市主干道进行全面改造，改造的主要内容为拓宽道路、完善交通标识，提高路面等级等。对城市进出口通道进行整治，整治五桂桥成都汽车总站周边道路，形成进出汽车循环通道；整治成灌公路周边违章建筑，拓宽进出城道路，整治火车北站，荷花池周边道路，保证主干道道路畅通。

对次干道的拓宽改造主要有内环路、纱帽街、小天竺街、建设南新街、建设南二路、二仙桥西北路、海棠路、商贸大道北延线等23条，总长38千米的城区次干道进行改造，改造的内容主要有道路拓宽，拆除妨碍交通畅通的违章建筑，提高道路等级等。

对支线道路系统的全面整治，主要在于适应支线功能的转变，完善必要的设施，由于机动车的剧增，一些原来未具备交通功能的支线也逐步成为主要车辆通道。整治的内容主要有拓宽道口，整治妨碍车辆正常通行的下水道口、电线电缆、树枝等，提高车辆通过能力；整治的支线有走马街、督院街、金马街、西珠市街、福德街、琴台路、草堂东路、草堂东路沿线、建设南街、建设北街、经华北路、二仙桥西一巷、跳蹬河北路、吉福南路、吉福北路、九里堤中路、赛云台南路、晋康街等54条支路，总长33.5千米。

结合城市雨污分流工程进行对中小街道的升级改造，主要对中小街道路面进行升级，将沥青表处理跨页改造为沥青混凝土路面或水泥混凝土路面。对原来具备交通功能的中小街道，完善交通标识，拓宽道口，整治人行道，对因私家车增多而增加交通功能的中小街道则增设交通标识，划定限行、限速等范围，形成合理的交通流线。

截至2005年年底，成都市“五路一桥”工程先后竣工通车，道路全长117.07千米，均按城市一级道路标准修建，特别是三环路和天府大道，路面宽80米，三环路实行全立交、全封闭。三环路建成当年，日车辆通过量最高达7.5万辆。此期间，城区道路还新建北新大道、光华大道等城市道路主干道，新修武侯大道、青羊大道、货运大道、益州大道、剑南大道等城市次干道系统。

【城市快速轨道交通工程线网规划】

20世纪90年代开始，成都市快速轨道交通工程的前期工作全面开展。90年代初制定的线网规划是以人民路、蜀都大道、一环路为框架的“十字加环”的方案。1995年成都市城市总体规划修编时，提出的线网规划是4条市区线、3条郊区线、1条机场线组成的线网方案。1997年以后，多次对城市快速轨道交通线网规划进行调整。

2004年3月，成都市规划局和成都市地铁建设领导小组办公室共同委托北京中城捷工程咨询公司编制《成都市快速轨道交通线网规划》，《成都市快速轨道交通线网规划修编（最终报告）》于2005年3月完成，并通过中国国际工程咨询公司组织的专家评审，由成都市规划管理局、成都市地铁建设领导小组办公室联合上报成都市人民政府。7月，经成都市人民政府正式批准。新方案规划7条线路，含骨干线3条、辅助线4条，线路全长274千米，其中中心城区内线路长186千米，线网密度0.34千米/平方公里，全线网共设车站122座。

1号线位于城市南北向客流交通走廊，线路北端连接北三环路，穿越中心城区、城南副中心及华阳组团；2号线位于城市东西向客流交通走廊，穿越中心城区城东及城东副中心；3号线主要连接城市东南、西北向的两个重要出口，对城市南北向客流转换发挥补充作用；4号线主要对城市东部客流转换以及与双流国际机场的接驳发挥作用；5号线主要加强城市南北向与东西向的联系。

【城乡交通路网建设】

2003—2005年，成都市确定“围绕重点、调整规划、支撑产业、创新体制、配套政策、促农转变”为城乡交通路网建设工作思路，以科学规划为突破点，使交通建设由以通达为主的发展目标向服务城乡转移，让农村共享城市交通文明成果。结合新农村建设需求，先后编制完成“十一五”综合交通规划、县道公路网规划（修编）、中心城区及卫星城间多通道路网规划以及县镇客运汽车站建设实施规划等多个市级综合和专项规划，指导区（市）县编制完善地方公路网和地方旅游公路网建设规划。同时出台系列配套政策扶持重点镇交通建设，对过境路、对外连接道路、产业发展区外联路、农村新型社区外联路和车站建设给予资金补助。以示范建设为切入点，带动全市城乡路网建设的整体推进。以郫县为示范县试点，在公路建设与养护管理、运输发展、交通信息化建设及交通管理体制调整等方面给予全面支持，推动郫县统筹城乡交通、构建大交通综合管理体制，提升县域交通的服务和管理水平，试点工作取得阶段性成果。在锦江区开展“交通建设示范区”试点，以“五朵金花”配套路网建设为依托，积极探索城市新社区路网的建设理念和管理模式，为近郊农村公路建设管理提供了新模式；在邛崃市、新都区开展农村公路养护管理试点，分别运行“统一管理”和“分级管理”模式，以一县一镇、一县一路为示范，抓好责任主体、资金渠道、管养模式三个环节，建立完善农村公路长效管养机制。同时，以创新体制为着力点，增强城乡交通路网建设的推进动力，深入推进市级交通体制改革，打破中心城区与郊区的交通二元结构，积极构建大交通格局，为城乡交通路网建设提供体制保障。2003—2005 年，全市城乡路网建设取得突破，公路建设连续 3 年保持高投入，累计达 72 亿元，其中累计配套补助重点镇 2.75 亿元。全市公路密度达 146 千米／百平方公里，高级、次高级路面达 74.8%，率先在中西部实现“县县通高速”“村村通水泥（沥青）路”。

【铁路网络】

修筑铁路始自清末，但时至 1951 年都没有铁路通车。1952 年，成渝铁路建成通车，为成都第一条铁路。1958 年，宝成铁路通车。1970 年，成昆铁路建成通车，形成四川地区铁路网的基本骨架。至 1990 年，成渝铁路、宝成铁路、成昆铁路 3 大干线铁路在成都交汇。1997 年年底，达成铁路建成通车。此后，随着铁路运输量的增长，铁道部、成都铁路局又先后对成渝铁路、成昆铁路、达成铁路进行电气化改造，投资建设宝成铁路、达成铁路复线。截至 2005 年年底，成渝铁路、宝成铁路、成昆铁路、达成铁路等 4 条干线铁路构成成都出川大通道。通过连通襄渝铁路、川黔铁路、陇海铁路、贵昆铁路、湘黔铁路、南昆铁路等线路，形成连通全国的铁路网络，从根本上改变“蜀道难”的历史。

【航空航线】

1990—1995 年，成都航空事业发展很快。成都双流国际机场是西南地区最大的区域性航空枢纽机场，是中国国际航空公司西南分公司、四川航空公司的基地机场，国内四大航空港之一。设在成都的航空公司有 3 家。1995 年年底，成都航空航线发展到 204 条，航线长度达 23.14 万千米。其中，开通成都—中国香港、成都—新加坡、成都—拉萨—加德满都、成都—曼谷等 4 条地区和国际航线。

2005 年，成都双流国际机场通航城市共有 80 个，其中内地城市 63 个以及中国香港和中国澳门地区，国际城市 15 个。中国国际航空股份有限公司西南分公司拥有以波音和空客为主体的现代化先进客机 42 架，经营国内外航线 80 多条，其中包括成都—新加坡、成都—曼谷、成都—首尔、成都—东京、成都—上海—福冈、成都—拉萨—加德满都、成都—贵阳—曼谷等 7 条定期国际航线；成都始发经停北京前往法兰克福、洛杉矶等城市的 7 条欧美航线；成都—普吉、成都—吉隆坡、成都—槟城等 3 条不定期国际航线，通航的国内外大中城市达到 50 多个。四川航空公司机队规模达到 28 架，其中空客 A319 飞机 4 架，A320 飞机 2 架。开通有中国香港、拉萨等旅游航线及云南旅游环线，开通乌鲁木齐、沈阳、哈尔滨、银川、兰州、厦门等内地主要中心城市航线，使“旅游黄金圈”和“四环两线”的航线网络布局日趋优化。

【综合运输网络体系】

1990—2005 年，适应综合运输体系的构建，成都市委、市政府不断改革交通管理体制，推进城乡路网建设建设。16 年间，成都市公路、铁路、航空等主要交通方式的客货运业务增速明显，运输装备水平及基础设施技术含量日益提高。

截至2005年年底，成都公路、铁路、航空、水运、管道等运输方式和邮政、通信枢纽组成的四通八达、干支相连的综合运输体系正在形成。公路实现所有区（市）县通高速公路、村村通水泥（沥青）公路，形成以国道、省道、高速公路、快速通道为主骨架，县、乡、村公路四通八达的公路运输网络体系。铁路形成以成都客站、成都东站两大特等站为中轴，宝成线、北环线、达成线构成北环，成昆线、西环线、成渝线构成南环的“8”字形铁路环线运输网络格局。成都双流国际机场通航国内外80个主要大中城市，多个航班经过国内机场中转通往世界各地，2004年旅客吞吐量位居全国第六。管道运输以兰州—成都的500万吨年输油管线已建成投入使用。

【现代物流产业规划与建设】

成都市现代物流始于2001年。2004年，成都市出台《成都现代物流项目的用地实施意见》，解决物流用地成本偏高的问题。2005年，成都市人民政府制发《加快成都市现代物流业发展的意见》《成都市现代物流项目认定办法》，确立现代物流发展专项资金，制定扶持现代物流业发展的财税政策。同时，编制完成《成都市现代物流发展规划纲要》，规划明确到2020年现代物流业发展的总体目标。提出“一网二平台（物流网络、信息平台、交通运输平台），三园区四中心（三个国际性枢纽型的物流园区、四个区域性综合性的物流中心），若干个专业型的物流服务站”为内容的物流产业发展框架，即构筑物流快速网络，建设物流公共信息平台，推进物流交通运输设施平台的建设。年内，成都市启动构筑连接经济发达地区的物流快速通道，建立以成都为始发站的整车铁路货运班列5条，即成都至上海、广州、南京、徐州、兰州；开通连接国内主要城市的铁路货运集装箱五定班列4条，即成都至上海、深圳、广州、连云港；开通铁路货运行包专列3条；开通铁路货运循环班列1条，即“成都—天津—包头—成都”；开通成都至洛杉矶等24个主要城市的国际客运航线、至法兰克福的国际货运航班。

成都公路国际物流中心

2005年，成都市加快现代物流项目建设步伐。成都集装箱节点站选址最终落户青白江；成都铁路枢纽北编组站开工建设；成都机场第二跑道通过评审；成都保税物流中心等10个物流重点项目相继开工建设；宏盛国际物流等一批重点项目竣工投入营运；培育了IT等行业一批专业化的配送企业；美国联合包裹快递（UPS）等一批世界知名物流企业相继落户成都，使成都市传统的仓储运输正在向现代物流转变。同时，成都市积极支持有实力的运输企业、物流公司开通成都至周边城市的城际公路货运班车。11月10日，四川远成集团开通成都至绵阳、重庆、宜宾、乐山等城市的城际公路货运班车。

【交通信息化】

2000—2005年，成都交通信息化建设经历从探索到实践，并取得突破性进展的历程。成都交通信息化建设本着“立足交通需求，突出实际应用”的原则，以运输组织调度等7个信息平台为依托，建设电子办证等15个管理信息系统，整合交通行业内和行业间的各种信息资源，为政府、经营管理者、公众提供开放式管理和交通信息服务平台。成都市将交通信息化建设纳入交通基础设施建设范畴，开设专项计划资金，期间，市交通局用于信息化建设的资金达3200万元，区（市）县交通局和各交通企事业单位用于信息化建设的资金达7000万元。

成都交通信息监控机房

截至2005年年底，成都市已建成成都交通信息港中心机房和主要信息传输通道；建成交通远程电子办证系统、GPS安全监控调度系统、电子不停车收费系统、交通移动稽查系统、公路地理信息系统、运输企业二级信息平台、呼叫中心等。2000—2005年，全市共完成交通部信息化科研和新技术推广应用项目60项，其中部省级项目10项，首批争取到交通部信息化示范工程2项，获得各类科技进步奖5项。全系统交通信息化业务培训量达6万人（次），成都交通学校建成国家重点技工学校。

交通枢纽场站

【城区公路客运枢纽站】

1989年，成都市区有8个汽车客运站，分别是：九眼桥的东门客运站、新南门客运站、老西门的西门汽车站、梁家巷的北门汽车站、成北客运中心、高升桥汽车站、青羊宫汽车站、磨底河汽车站。

1994年，成都市区新建有双桥客运中心、荷花池客运站、宏济汽车站、高笋塘蓉北汽车站等4个客运站，成都市区共有12个客运站。1996年，磨底河车站撤销，五桂桥成都汽车总站建成，成都市区仍旧保持12个客运站。这12个客运站中，除新建的成都汽车总站、双桥客运中心、荷花池客运站、成北客运中心外，其余车站大多场地狭窄、房屋陈旧、设施简陋，如东门客运站占地面积仅600平方米，木结构平房337平方米；高升桥汽车站仅有简易站房，约500平方米；青羊宫汽车站占地面积5839平方米，建筑面积2243平方米，候车室只有576平方米，远不能适应旅客的需求。

1997—2004年，市区陆续新建7个主枢纽客运站，即五桂桥成都汽车客运总站、成都金沙客运站、成都昭觉寺汽车站、成都石羊客运中心、成都茶店子客运站、成都十陵客运站、成都五块石客运站；并将原有的3个汽车站，经扩建后改造成一级主枢纽客运站新南门成都旅游客运中心、成都市北门汽车站、成都城北客运中心；保留双桥、荷花池2个二级客运站，迁建1个二级客运站，即东门客运站。在新站陆续建成后，相继撤销原分布在城区繁华地段的磨底河、青羊宫、高升桥、红牌楼、高笋塘、宏济、老西门等7处老旧、简易汽车站。

截至2005年年底，成都市区共有13个长途汽车客运站，其中10个一级客运主枢纽站，3个二级枢纽站。城区先后新建7个、改扩建3个一级枢纽站，新建2个、迁建1个二级枢纽站，其中新建的7个一级主枢纽长途汽车站，全部选址在远离繁华闹市区的二、三环路之间或三环路外侧，减轻市区交通压力。在成都市一环路以内，只保留位于新南门的成都旅游客运中心，在一、二环路之间，只保留双桥汽车客运中心和城东客运中心（该中心已于2007年迁至三环路外的琉璃场附近）。虽然长途汽车客运站大多外迁，但新站多与公交车站配套建设，从繁华市区到各长途客运站，均有多条城市公交线路与之衔接，以方便旅客换乘。新建的成都市长途汽车客运站，布局合理、造型新颖、环境优美，服务和管理现代化、人性化，得到乘客的赞赏。

成都市区长途汽车客运站一览表

表3-42

序　号	站　名	所在方位	详细地址	车站级别	建设情况
1	成都汽车客运总站	城东	迎晖路194号	一级主枢纽	新建
2	成都十陵客运站	城东	龙泉驿区十陵街办	一级主枢纽	新建
3	成都城东客运中心	城东	二环路东五段368号	二级枢纽	迁建
4	成都双桥汽车客运中心	城东	经华北路19号	二级枢纽	新建
5	成都旅游客运中心	城南	临江路57号	一级主枢纽	改扩建
6	成都石羊客运中心	城南	高新区石羊乡三元村	一级主枢纽	新建
7	成都茶店子客运站	城西	外西三环路五段289号	一级主枢纽	新建
8	成都金沙客运站	城西	清江中路50号	一级主枢纽	新建
9	成都昭觉寺汽车站	城北	成华区青龙乡西林村	一级主枢纽	新建
10	成都五块石客运站	城北	火车站站北路157号	一级主枢纽	新建
11	成都城北客运中心	城北	二环路北二段91号	一级主枢纽	改扩建
12	成都北门汽车站	城北	一环路北四段197号	一级主枢纽	改扩建
13	成都荷花池客运汽车站	城北	二环路北三段301号	二级枢纽	新建

【城郊公路客运枢纽站】

1990—2005年的16年，是成都市长途汽车客运站点建设投资规模最大、建设速度最快的历史时期。

1990年，完成都江堰建司客运站建设。1992年，投资1278万元，完成青白江区汽车站、新都客运中心、蒲江汽车站、双流汽车站、郫县汽车站建设。1993年，投资1998万元，建成双流籍田汽车站、双桥客运中心、荷花池客运站建设。1994年，投资218万元，建成新津客运站。1995年，投资197万元，在金堂县域内建成淮口和福兴客运站。1996年，投资达1.02亿元，建成中外合资五桂桥成都汽车总站、龙泉客运站、长运司崇州汽车站、温江金马客运站、青白江清泉客运站、都江堰客运站以及成东客运中心迁建。1997年，投资202万元，建成长运司红牌楼汽车站、新都木兰汽车站、长运司白水河汽车站。1998年，投资750万元，建成大邑花水湾客运站、金堂火车站客货运输中心、龙泉驿阳光客货运输中心。1999年，投资6500万元，建成大邑客运中心、金沙客运站。2000年，投资6388万元，建成新津客运中心、崇州市兴达客运站、昭觉寺客运站。2001年，投资达1.06亿元，建成双流客运中心、彭州客运中心、石羊客运中心以及新南门旅游客运中心改扩建。2002年，投资8240万元，建成茶店子客运站、金堂客运站、邛崃客运中心以及梁家巷北门汽车站改扩建。2003年，投资8840元，建成十陵客运站、华阳客运站、温江客运中心、金堂城厢客运站。2004年，投资8160万元，建成五块石客运站、蒲江客运中心以及成城北客运中心改扩建。2005年，投资2000万元，建成郫县客运中心。

截至2005年年底，成都市郊的14个区（市）县，除都江堰市的客运站是按一级枢纽站建成外，其余13个区（市）县均按二级枢纽站建设。此外，在郊县重要的交通集结乡镇也都修建了客运站。14个郊区（市）县客运站（或称客运中心）除旅游城市都江堰的客运站处于城区外，其余13个站均选址于县城近郊，车站设有乡村客运停靠、发车点，以便与农村客运衔接中转。

【公路货运场站】

20世纪80年代，成都公路货物运输没有专门的场站，一些大型运输企业自建货运仓库，负责自己运输货物的装卸和转运。有的也对社会开放，存储其他单位的货物。货物运输主要是“一对一”的运输形式，运货汽车直接到货主处收货或直接送货到货主指定地方，不需要专门的货运场站；另一种形式是外地货车委托成都当地短途货运服务单位（户）转运到货主处，或由服务单位安排货主上门提货，这种转运方式多使用货运服务单位的场地。

20世纪90年代，一些较大的货运服务单位开始修建自己的专门货场，在为自己的客户提供货物转运场地的同时，也向社会一些不具备场地的服务单位（户）和外地货车开放，同时办理短期仓储。部分原来从事货运的企业全面向现代物流发展，发展货运服务，新建自己的货场，停放专业车辆，也向社会提供货场服务。

1991—1993年，成都交通部门根据货运市场的需要建成2个货运站，向社会提供货运服务。其中，1991年投资470万元，建成红花巷零担货物中转站，有货场5000平方米，仓储及办公用房6135平方米，主要承担外地车辆运到成都的货物分运和临时储放；1993年投资820万元，建成青龙场集装箱中转站，有货场1万平方米，主要承担通过铁路到成都的集装箱货物中转到货主单位、对集装箱货物解拆及临时储放。接收待运的集装箱。

1994年起，成都市放开货运场站建设准入条件，允许社会资本进行货运场站建设。投资3500万元，建成五桂桥成渝公路货运中心，货场面积4.5万平方米，站房建筑面积1.95万平方米。1998年，投资300万元，建成龙泉阳光客货运输中心，站房建筑面积4000平方米。同年，投资300万元，建成金堂火车站客货运输中心，站房4000平方米。1999年，交通部门投资3288万元，建成保和货运站，有货场1.95万平方米。

2000年后，按照现代物流业的理念，打造现代物流基础设施。2001年，社会资本投资950万元，建成成都物流中心堆场，货场面积2.7万平方米。2002年投资200万元，建成温江货运站，堆场面积5544平方米。2003年，交通部门投资4000万元，建成成都公路国际物流中心，其中仓库建筑面积7000平方米，联检大楼建筑面积3500平方米，是当时西南地区乃至西部地区第一流的现代物流基础设施，标志着成都现代物流业开始起步。2004年，社会资本投资450万元，建成邛崃货运站，货场6000平方米，站房建筑面积3600平方米。

【城区停车场】

20世纪80年代前期，成都市公路货物运输车辆停放在本单位，外地过往车辆夜间停车多停放在住宿的旅馆院子内，无专门的停车场。80年代中后期，在货车集中的川陕路沿线的一些农村社队利用紧靠公路和土地，开设货车停车场，但规模都较小。

20世纪90年代后，一些处于转型期的企业利用闲置的厂区房屋、土地办起停车场和停车旅馆。1993年，城区内有在交通部门登记的停车场53家，从业人员738人，开展接待外来货车司乘人员和守车、洗车业务。此后，一些在成都货运业务多的外地货运单位在停车旅馆租房开设办事处和业务代表机构，而一些停车场也逐步开设为外地货运单位提供食宿等生活保障及守车、洗车等业务。

2000年，成都城区内有在交通部门登记的停车场44家，从业人员251人。2003年，全市有停车场63家，从业人员336人。

【铁路枢纽规划与建设】

20世纪80年代建成的成都站候车大楼，是当时全国最先进的候车大楼。

20世纪90年代中期，四川省、成都市两级政府和成都铁路局都将成都铁路枢纽建设作为成都地区交通建设的重点来抓。

1993年，国务院确立成都为西南地区交通枢纽的城市定位后，省、市两级政府着手规划成都铁路货运枢纽的建设，在省、市政府的“九五计划”“十五计划”中都提出明确要求，成都铁路局根据铁道部和省、市两级政府的规划，委托铁道部第二勘测设计院、西南交通大学等单位对成都铁路枢纽的建设方案进行调研和规划。

20世纪90年代末期，完成成都铁路枢纽的初步规划。成都铁路枢纽分布在城区外围，其工程包括利用既有车站联络线、进站线，对其进行扩能改造，同时新建客运站，新建编组站、集装箱专用站，新修部分联络线线路等。

从区域范围看，整个枢纽呈环形，又分为北大环和南大环，北大环由青白江站、成都站、成都东站、龙潭寺站、石板滩站、洪安乡站、新都站、大弯镇站、成都北站、城厢镇站构成，联络成渝铁路、宝成铁路、达成铁路及一些工矿联络线，南大环由天回镇站、成都站、成都东站、成都南站、红牌楼站、花龙门站、成都西站、沙河堡站、郫县站、双流站构成，联络成昆线和成都铁路西环线。南大环的东环线为成都站—成都东站—成都南站上，利用成昆线的既有线路。南大环的西环线成都南站—成都西站—天回镇需要新建。1994年，南大环西环线动工，1998年建成。

2002年后，铁道部编制《中长期铁路网规划》。2003年3月，青成复线动工，9月，成都北编组站动工。2004年1月，《中长期铁路网规划》获国务院批准。“规划”提出：按照综合交通枢纽布局和城市发展规划，加强主要客货运枢纽建设，注重与城市轨道交通等公交系统及公路、民航和港口等其他交通方式衔接，实现旅客运输

“零距离换乘”、货物换装“无缝衔接和交通运输一体化”；以北京、上海、广州、武汉、成都、西安枢纽为重点，调整编组站，改造客运站、建设机车车辆检修基地、完善枢纽结构，使铁路点线能力协调提高。成都铁路局和省、市两级政府加快成都铁路枢纽建设，除总体方案外，加快各项目的设计和报批。确定首批重点建设成都北编组及其联络线，对成都东站功能调整，建设集装箱运输中心，接着建设新的客运站，对原有客运站扩能改建。2004 年 3 月，青成复线建成。2005 年，成都国际集装箱物流园区和大弯散装货物物流园区进行设计招标，成都铁路枢纽进入实质性建设阶段。

【铁路成都枢纽西环线】

成都枢纽为成渝、宝成、成昆、达成 4 条铁路干线交汇点。枢纽范围以成都市城区为中心，围绕北、东、南三面，北起宝成铁路的青白江站，东至成渝铁路的洪安乡站，南达成昆铁路的双流站。枢纽内有青白江、新都、天回镇、成都、成都东、龙潭寺、石板滩、洪安乡、沙河堡、成都南、双流等 11 个站，线路长 145 千米。其中，成都东站为编组站、货运站，成都站为主要客运站，习称火车北站，成都南站习称火车南站。成都枢纽是四川省和西南地区的重要铁路枢纽，是连接几条铁路的中枢，办理各线路客货列车的始发、终发、编组、中转，办理客货运输业务，办理机车、车辆检修、整备作业的基地。

成都枢纽围绕成都市城区北、东、南三面，为适应成都枢纽各项作业及业务的发展需要，确定在成都市西三环路与绕城高速公路之间修建一条连接成都站（火车北站）与成都南站（火车南站）的成都枢纽西环线。成都枢纽西环线工程由宝成铁路复线工程指挥部负责实施，1994 年动工，2002 年建成，2005 年 2 月 4 日通过竣工验收。

成都枢纽西环线南起成都南站成昆线 CK24+309.10，北止成都站宝成线 K668+198.24，线路全长 29.78 千米。另设成昆联络线，自红牌楼站起，经石羊线路所与成昆线相接，全长 3.7 千米；宝成联络线，自宝成线天回镇站 4 号岔起，与郫县站相接，全长 2.66 千米。西环线新建 3 个三等中间站，即红牌楼车站、成都西站、郫县车站，3 个车站规模均小，尚无客流。

西环线的建成使成都枢纽的运输组织更加快捷、更加灵活。

【机场规划与枢纽建设】

1990 年，成都双流国际机场旅客吞吐量 141.41 万人次，货邮吞吐量 3.42 万吨。1995 年，成都双流机场更名为“成都双流国际机场”。是国家民航总局确定的六大区域性航空枢纽之一。经过十多年的改扩建，至 2000 年，成都双流国际机场旅客吞吐量达到 552.47 万人次，货邮吞吐量 15.88 万吨。2001 年，成为 4E 级机场，是继北京首都国际机场、上海浦东机场后三家开放Ⅱ类盲降系统的机场，能满足世界上最大的飞机波音 747—400 型及空客 A—380 型全重起落。

2001 年后，民航总局、省政府将成都双流国际机场的总体规划提到议事日程，多次会商。2003 年 9 月 10 日，按照民航总局和省政府的授权，成都双流国际机场与澳大利亚 SKM 公司及上海民航新时代机场设计研究院有限公司签订设计咨询合同，成都双流国际机场总体规划编修工作正式启动。

2004 年初，澳大利亚 SKM 公司提交《成都双流国际机场总体规划方案草案》，同年 5 月 11 日，民航总局和省政府组织专家对“草案”进行初审。会后，设计单位进行修改和完善。同年12月17日，民航总局和省政府组织专家对修改后的方案进行再审，在再次修改和完善后，形成《成都双流国际机场总体规划报告》。

2005年1月18日，民航总局批准《成都双流国际机场总体规划报告》。“规划”对机场的基础设施、功能区域的划分、空域的安排、生态环境进行详细的分析研究，体现合理利用土地资源、保证机场可持续性发展和安全畅通地运行。

截至2005年年底，成都双流国际机场已成为中国国际航空公司西南分公司、四川航空公司、中国东方航空公司四川分公司、鹰联航空公司的基地机场，是中国民用航空西南管理局驻地。使用成都双流国际机场的航空公司，除内地所有航空公司外，地区航空公司有港龙航空公司、国泰航空公司、中国澳门航空公司等10多家，国外航空公司有KIM荷兰皇家航空公司、韩国韩亚航空公司、韩国大韩航空公司、泰国国际航空公司、泰国东方航空公司、新加坡航空公司、新加坡胜安航空公司、马来西亚航空公司、菲律宾航空公司。其中，部分地区航空公司及国外航空公司在成都双流国际机场设有驻场机构。机场有87个停机位和13.2万平方米的候机楼，能满足年1800万人次吞吐。2005年，旅客吞吐量、货邮吞吐量均在全国各大机场中排名第六。

公　路

国道公路

【概况】

截至2005年年底，成都市域内的国道公路共有9条，市域内总长度541千米。线路名称如下：

G108线　北京—成都—昆明。

G213线　兰州—成都—磨憨（云南老挝界）。

G317线　成都—昌都—那曲。

G318线　上海—成都—拉萨—聂拉木（西藏尼泊尔界）。

G319线　厦门—长沙—重庆—成都。

G321线　广州—贵阳—泸州—成都。

G040线　二连浩特—成都—河口（云南越南界）。

G055线　上海—武汉—成都。

G055A线　万县（现重庆万州区）—南充—成都。

【成仁公路（成都段）】

成仁公路为国道G213（兰州至磨憨）线一段，成都市域内路段起于二环路，经双流线中和镇、华阳镇、煎茶镇、籍田镇至仁寿县交界处，全长45.60千米。成仁公路是成都市南向出口的重要通道。

1991年9月—1995年7月，根据四川省交通厅批复，对成仁公路成都段进行加宽改建。

2002年3月，成都市计划委员会请示四川省计划委员会立项改建成仁公路。2003年2月，四川省发展计划委员会作出《四川省计委关于成（都）仁（寿）公路成都段改建工程可行性研究报告（代立项）的批复》。同年，四川省交通厅公路局作出《关于G213成（都）仁（寿）公路成都段改建工程初步设计的批复》。改建技术标准为二级公路，设计时速为80千米/小时；成都市二环路口至人民南路南延线终点路段，路面宽度30米，主车道16米，慢车道2×6米，绿化带2×1米；南延线终点至仁寿县交界处何店子路段，路面宽度17米。路面结构：成都市二环路口至人民南路南延线终点段，利用原水泥混凝土路面，仅对路面缺陷进行处治；南延线终点至仁寿县交界路段，为沥青混凝土路面。全线有中型桥梁2座、小型桥梁6座、涵洞118道。设计洪水标准中桥为百年一遇、小桥和涵洞为50年一遇，设计地震烈度为7度。

2003年12月1日，成仁公路改建工程正式开工，项目业主单位为成都成仁公路开发有限责任公司，施工单位有邛崃市公路桥梁工程有限责任公司、四川志德公路工程有限责任公司。监理单位为成都久久公路工程监理有限公司。

2005年12月25日，成仁公路改建工程全面竣工。总投资1.85亿元。

【成阿公路（成灌段）】

成阿公路成灌段是国道G317（成都至那曲）线的一段。成都市域内从成都西门车站起，经营门口、郫县犀浦镇、红光镇、郫筒镇、安德镇、都江堰市崇义镇、聚源镇接成灌高速公路。其中，成都市金牛区西门车站起，经营门口至金牛坝，路段长9.5千米，属城市一级道路。路基宽度40米，水泥混凝土路面，三板块结构。快车道14米，慢车道2×6米，快慢车道隔离带2×2米，人行道及绿化带2×5米。金牛坝至都江堰市聚源镇路段，为二级公路。该段于1986—1987年进行加宽及配套改建，路基宽16～18米，路面宽15～17米，双向4车道，沥青混凝土路面，厚4厘米。

2002年8月27日，四川省计委批复国道G317线成灌公路改造工程的可行性研究报告，批准该路段进行改建。2003年8月11日，四川省交通厅公路局批复国道317线成灌公路改建工程一阶段施工图设计。成都市交通部门批准成立“成灌公路改建工程建设指挥部”，并受业主“成都成灌高速公路有限责任公司”委托负责建设期间工程建设和管理。成灌公路改建工程委托华杰咨询有限公司作为招标代理，按公开、公平、公正的原则，进行工程、材料、监理的招投标。

2003年9月，成灌公路改造工程开工。改造工程金牛区域内路段，由成都市建委组织实施；自金牛支渠与郫县交界处至都江堰市聚源镇，总长39.56千米的路段，由成都市交通局组织实施。市交通局实施的路段，技术标准为二级公路，沥青混凝土路面，路面宽度18～20米，双向4车道，设计行车速度为80千米/小时。该工程施工单位为四川华西集团有限公司、四川省第四建筑工程公司、四川西都交通配套设施有限责任公司，监理单位为成都市公路工程监理事务所有限责任公司，设计单位为四川省交通厅勘测设计院、成都市市政设计院、成都市公路工程试验检测中心有限责任公司。

2004年12月27日，四川省交通厅公路局批复国道317线成灌公路改建工程设计变更方案。同年12月30日，成灌公路改建工程竣工。2005年2月5日通过验收，并评定为质量优良的改造工程。工程总投资1.69亿元。

【老成渝公路（龙简段）】

老成渝公路龙（泉）简（阳）段是国道G318线上海至聂拉木和G319线厦门至成都的共用段。G318线成都域内从简阳市贾家镇界起，经龙泉驿区龙泉镇、大面镇、绕城高速公路文家立交桥，进入成温邛高速公路至雅安名山县黑竹交界处止。

老成渝路龙（泉）简（阳）段，始建于20世纪30年代，后经过多次改弯、降坡、拓宽改建，但受到当时技术条件及经费条件的限制，其技术标准低，安全行车视距差，构筑物不齐全，排水系统不完善，道路通行能力受到极大限制。随着经济发展，尤其是龙泉湖、三岔湖、龙泉山旅游区的开发，该段路已远远不能满足交通需要。

2005年2月，四川省发展和改革委员会批准老成渝公路（龙简段）改造工程立项，并纳入国道G318线改建的重要组成部分。成都市交通局庚即成立指挥部，进行勘测、设计。老成渝公路（龙简段）改造工程起于龙泉驿区龙泉镇，途经山泉乡、石经寺，止于简阳界，全长20.5千米。设计技术标准为二级公路，路基宽8.5米，路面宽7.5米，2车道，沥青混凝土路面，沿线有桥梁3座，涵洞67座，设计行车时速40千米。2005年3月22日，老成渝公路（龙简段）改造工程开工。全段工程预算投资5500万元。

【老川陕路（驷三段）】

城北出口大件路即老川陕公路，驷三段指驷马桥至三河场之间的路段，系G108（北京至昆明）线的一段。后因绕城高速公路的建成，该段公路列为连接线公路，连接大件公路，是成都市区城北出口的一条重要通道，仍属交通部门管辖。

城北出口大件路的改造，按成都市的总体规划及成都市规划局的专项规划进行设计。道路改造起于成都市二环路高笋塘路口，止于绕城高速公路三河场立交桥，全长9.9千米。建设标准为城市主干道Ⅰ级技术标准，道路宽度由改建前的24米拓宽至40米，为双向6车道，设计行车速度60千米/小时，沥青混凝土路面。

改建工程包括主车道改造和市政配套工程改造两部分，主车道改造属公路工程，资金来源为成都城北出口高速公路有限公司出资1.27亿元；市政配套工程改造属市政工程，主要内容包括高压杆线迁改8.5千米、房屋拆迁2万余平方米；新建跨沙河的驷马桥及过境公路跨线立交桥，拓宽成渝铁路桥，其资金来源由成都市建委出资1.84亿元。2003年1月，改造工程开工，2004年9月竣工。总投资为3.11亿元。

【大件公路北段】

大件公路北段为国道G108线（北京至昆明）之一段，起于德阳市，经广汉市、成都市青白江区弥牟镇、新都区至金牛区天回镇，全长51.67千米。大件公路由四川省交通厅主持修建并直接管理。G108线经大件公路北段后，经成都绕城高速公路、成雅高速公路出成都境。

1985年7月，大件公路北段动工修建，1989年7月竣工通车。1999年3月至2000年12月，进行全面整修。大件公路北段是当时全国设计荷载最大的公路，也是当时全省标准最高的高等级公路。路面净空安全高度9米，全线设有反光交通标志和绿化分隔带。其中，成都域内从广汉界至天回镇，接川陕路，长18.2千米，有桥梁16座，最大纵坡4%，最小平曲线半径700米，路基宽度23米，路面宽度20米，为一级公路。广汉界至新都区为两板块沥青混凝土路面，新都区至天回镇为三板块水泥混凝土路面。

省道公路

【概况】

截至2005年年底，成都域内的省道公路共7条、长354千米。线路名称如下：

S101线　成都—南部—南江。

S102线　成都火车南站—成都双流机场。

S103线　成都—乐山—美姑。

S104线　成都—乐山—五通桥。

S105线　成都—彭州—安县—青川。

S106线　成都蒲江丹棱界—都江堰—彭州—什邡界。

S107线　成都—邛崃—雅安—攀枝花。

【成南公路（成都段）】

省道S101线，为成都至巴中市南江县公路。成都市域内一段又称唐巴路（唐家寺至巴中），自青白江区唐家寺（弥牟镇）起，经大弯镇、城厢镇、金堂县赵镇、栖贤镇,至中江县交界处止,全长44.63千米。

1989—1990年,唐巴路成都段进行路面加宽改建工程,技术等级为二级,枯井垭至交界处为三级,1991—1995年期间被列为成都市五条快速通道之一,加速其技术等级的提高。1992年起,成都市陆续对该路进行分段改造,至2000年年底完成。其中:

青白江区路段。由青白江区唐巴公路建设指挥部建设,成都市公路养护成西分段设计,郫县建筑工程公司、青白江区清泉建筑公司、四川省第一工业建筑工程公司路桥分公司施工,青白江区交通局监理。改建工程按平微二级公路技术标准设计,沥青混凝土路面。路基宽度15米,双向四车道。设计时速为80千米/小时。1993年2月开工,1994年5月8日竣工。

金堂县路段(止于东锅石门口)。由金堂县交通局建设,金堂县交通局公路勘察设计所设计,金堂县交通局路桥工程公司施工,金堂县交通局公路科监理。改建工程按平微二级公路技术标准设计,沥青混凝土路面。路基宽度除金堂十里坝开发区2.7千米一段为40米宽外,其余宽为15米,双向四车道。设计时速为80千米/小时。1992年11月6日开工,1993年10月30日竣工。

金堂县东锅石门口至中江县交界路段。全长17千米,分别按平微一级和山重区二级(指山区一段)技术标准设计,水泥混凝土路面。路面宽度15米,设计时速40千米/小时。由金堂县交通局公路规划设计所设计,金堂县交通局路桥公司、栖贤建筑公司、铁道工程承包公司施工。于1998年10月开工,2000年10月30日竣工。总投资1970万元。

金堂县赵镇绕城段。起于先锋村跨中河处,止于北河桥西端,全长4.16千米。设计技术标准为平原微丘一级。设计时速60千米/小时,水泥混凝土路面,路面宽度15米,由金堂县交通局公路规划设计所设计,成都市路桥公司施工,金堂县建设局监理。1999年5月开工,2001年6月30日竣工。总投资1350万元(含中河桥和拆迁)。

【成乐公路(成都段)】

省道S103线,为成都—乐山—美姑公路。该路亦称大件公路南段。成都市域内路段,自二环路神仙树起,经双流县白家镇、黄水镇、新津县花桥镇、五津镇、邓公场至彭山县交界处止,长45.8千米。1987—1990年兴建,2001年进行路面大修,为平微二级公路。设计荷载汽—20,挂—120,路基宽度12米,路面宽度9.5米,人行及非机动车道两侧各1.5米,沥青混凝土路面。交通安全标志设施和防护排水设施齐全,两侧边沟为卵石浆砌。该路在新津域内有两座大桥,分别为新津蔡湾岷江大桥、长475米,新津南河大桥、长295米。两座大桥均为钢筋混凝土简支梁桥。由铁道部铁二局第五工程局承建。大件公路南段由四川省交通厅主持修建,并直接管理。

【成青公路(成都段)】

省道S105线,为成都至青川公路。成都市域内段自成都绕城高速公路崇义立交桥中心线下起,经新都区大丰镇、龙桥镇、新繁镇、利济场、彭州市天彭镇、九尺镇、三界镇,至什邡市马井镇交界处,全长54.92千米。从成都至彭州市天彭镇一段,又称为成彭路。该段里程为36.22千米。1991—1995年期间成都市修建的五条快速通道之一。

成彭路金牛区域内里程为3.42千米,为城市一级道路，路宽30米，快车道15米，慢车道2×6米，绿化带2×1.5米，沥青混凝土路面。

成彭路新都区域内里程25.2千米，为平微二级公路，路基宽18米，路面宽15米，水泥混凝土路面。1992年11月开工修建，1994年10月竣工。2004年10月1日，新都区大丰镇至彭州市牡丹大桥南端起点一段，建成成彭高速公路。

成彭路彭州市域内里程为7.6千米，其中天彭镇过境段长2.2千米，为平微二级公路，路基宽19米，路面宽15米，水泥混凝土路面。1991年8月开工修建，1992年4月竣工。

成青公路从天彭镇过境段起，至什邡市马井镇交界处，里程为17.3千米。1993年，成都市计划委员会批准立项，由彭州市交通建设总公司垫资，将天彭镇至九尺镇9.6千米路段改建成二级公路，路基宽20米，路面宽15米，水泥混凝土路面。九尺镇至什邡市交界处7.7千米路段，其中5.1千米路段由彭州市交通局和三界镇政府出资160万元，改建成路基宽7米、路面宽6米的水泥混凝土路面公路，其余2.6千米路段仍为三级公路，沥青表处路面。改建工程由成彭公路改建指挥部建设，成都市公路勘察设计所设计，楠杨建筑公司、利安建筑公司、成铁分局等单位施工，彭州市交通局公路科负责监理。2000年1月30日竣工。

【成攀公路（成都段）】

省道S107线，即成都市至攀枝花市公路。成都市域内从绕城高速公路接待寺立交桥起，经双流县东升镇、黄水镇、新津县花源镇、花桥镇、五津镇、邛崃市高埂镇、前进镇、临邛镇、卧龙镇、蒲江县大塘镇、甘溪镇，至名山县交界处止，全长90千米。其中：

成都至新津县五津镇路段。长31.16千米，为原老川藏路。高升桥至绕城高速公路接待寺立交桥路段，已由武侯区人民政府于2002年改建成武侯大道，为一级公路标准的城市主干道。接待寺至五津镇路段为1985年改建成沥青路面的二级公路，路基宽15～18米，路面宽12～14米。

新津县五津镇至邛崃市临邛镇路段。长33.31千米，该路段又称新邛路。1998年10月至1999年9月，改建为平微一级线型公路，路基宽20米，双向4车道，水泥混凝土路面

邛崃市临邛镇至名山县界路段。长25.54千米，该路段又称邛名路，属国道G318线（上海至聂拉木）的一段，省道S107线在此与国道G318线共用。邛名路于1996年4月至1997年10月改建成平微二级汽车专用公路。邛崃市城边3.34千米路段路基路面宽均为39.5米，双向6车道，其余路段路基路面宽为17米，双车道，路面为振碾式水泥混凝土。距临邛镇3.34千米处跨南河，新建新南河桥一座。桥长229.7米，11孔，跨径20米，桥面宽20.5米，上部构造为混凝土预应力简支架，下部构造为柱式墩、混凝土桥台。该段路工程由成都高速公路开发有限公司建设。1996年4月动工，1997年10月竣工。

双流县东升镇至新津县五津镇路段。省道S107线。该路段在两头都相继改建的情况下，双流县东升镇至新津县五津镇路段，就成为该线的瓶颈，加之路面严重破损，行车困难，通行能力差，严重制约当地经济发展。2005年，四川省发展和改革委员会批复省道107线川藏公路双流至新津段改建工程的可行性研究报告，成都市交通局成立了改建指挥部全权负责改建。经招投标，四川南充交通建设有限公司、四川诚信公路工程有限责任公司负责施工，成都久久公路工程监理有限公司负责监理。该路段改建设计技术

标准为二级,路基宽 15 米,路面宽 13.5 米,沥青混凝土路面,设计时速为 60 千米/小时。2005 年 7 月 1 日开工,概算工程总投资 4300 万元。

【川西旅游环线(成都段)】

即省道 S106 线,为川西旅游环线。南接眉山市直通乐山、峨眉山风景区,中贯蒲江、邛崃、大邑、崇州、都江堰、彭州等县(市)的风景名胜旅游区,北接德阳市,直通绵阳、江油风景区。它既是一条旅游交通线,也是一条经济动脉。旅游环线成都市域内路段自蒲江县与丹棱县交界处起,经蒲江县鹤山镇、西来镇,邛崃市宝林镇、临邛镇、桑园镇,大邑县王泗镇、晋原镇、青霞镇,崇州市怀远镇、街子镇,都江堰市青城山镇、中兴镇、灌口镇、蒲阳镇,彭州市桂花镇、丹景山镇、敖平镇、红岩镇,止于与什邡市的交界处,全长 161.7 千米。其中:

蒲江县域内路段。长 29 千米。原为三、四级公路,弯多、路窄、技术等级低。1998 年 8 月,经四川省计经委批准进行改造,由成都市公路规划勘察设计院设计,成都市路桥股份有限公司、蒲江县交通工程有限公司、蒲江第三建筑工程公司施工,成都久久公路工程监理公司监理。蒲江县与丹棱县交界处至鹤山镇路段长 7.8 千米,为二级路,路基宽 12 米,路面宽 9 米,双车道,水泥混凝土路面,1998 年 11 月开工改建,2001 年 12 月竣工;蒲江县城区段长 6 千米,为二级路,路基宽 34 米,路面宽 15 米,4 车道,水泥混凝土路面。1998 年 11 月开工,2001 年 12 月竣工;蒲江县城鹤山镇至西来镇路段长 15.2 千米,为二级路,路基宽 12 米,路面宽 9 米,双车道,沥青混凝土路面,2003 年 5 月开工改建,2005 年 5 月竣工。蒲江县域内全部路段改建工程总投资 9540 万元。

邛崃市域内路段。自与蒲江县接界处起,经宝林镇、临邛镇,沿国道 G318 线(成温邛高速公路)至大邑县交界处止。2004 年经成都市计委批复对该段路进行改建。改建段全长 11 千米,改建为二级公路,基本按原路线路基进行拓宽,原路基、路面宽均为 5 米,改建后的路基宽 6.5 米,路面宽 6 米,沥青混凝土路面。其中,新建宝林大桥一座,桥长 270.6 米。2005 年 2 月动工改建,翌年年底竣工,路桥总投资 2400 万元。

邛崃市临邛镇至大邑县晋原镇路段。与国道 G318 线重复里程为 28.58 千米。自晋原镇至青霞镇路段即原大青路,于 1995 年秋至 1996 年春,以民办公助形式建成水泥路面二级公路。1998 年 10 月进行改建,将晋原镇域内 4 千米路段改道,自县城东铁合金厂起向北过三合堰,至晋王庙接原路,改建里程全长 14.2 千米。改建为二级公路,路基宽 12 米,路面宽 9 米,水泥混凝土路面,投资 3000 万元。该路段改建由大邑县交通局组织实施,1998 年开工,2001 年 12 月竣工。

大邑县花水湾旅游公路

崇州市域内路段。自大邑县青霞镇接界起,经怀远镇、街子镇,止于与都江堰市大观镇接界处,全长 16.4 千米。该路段改建按平微二级公路设计,路基宽 12 米,路面宽 9 米,水泥混凝土路面。该段有大桥一座、长 240 米,中桥两座、长

200 米。投资 7000 万元。该路段改建经四川省发展计划委员会批准，由崇州市路桥工程公司施工，1998 年 10 月动工，2002 年 5 月竣工。2003 年，经四川省发展计划委员会批准，新建街子镇绕场路段。该路段长 4 千米，设计技术等级二级，路基、路面宽度均为 12 米，水泥混凝土路面。由崇州市路桥工程公司施工，2004 年 6 月开工，2005 年 12 月竣工。总投资 1416 万元。

都江堰市域内路段。从大观镇接界起，经大观镇、青城山镇、中兴镇、灌口镇、蒲阳镇，至彭州市桂花镇交界处止，全长 37.9 千米。大观镇至青城小学路段长 7 千米，1985 年秋进行加宽改造，按二级公路标准设计，民工建勤完成路基加宽改造。1992 年 3 月，对该段加宽的路基进行整治，加铺路面基层。1993 年 6 月，加铺沥青混合料路面，投资 272 万元；青城小学至青城大桥桥头路段长 12.6 千米，1985 年 10 月至 1986 年 12 月，按二级公路标准进行加宽改建。1990 年 3—7 月，对该段加铺沥青混凝土路面。投资 160 万元；青城桥至蒲阳镇路段长 9.9 千米，为城区干道，属改建工程，1991 年 10 月开工，1994 年 12 月竣工。该段按平微一级公路技术标准设计，路基宽 40 米，路面宽 40 米，机动车道 15 米，非机动车道 2×6 米，绿化带 2×1.5 米，人行道 2×5 米，水泥混凝土路面，投资 2197 万元。

2001—2004 年，对都江堰市域内的路段再次进行改建，改建的两段路是：崇州市街子镇至青城山口路段进行油路中修罩面工程，投资 160 万元，同时新建驾虹绕场路段及驾虹桥，投资 525 万元，于 2001 年 3 月开工，2002 年 12 月竣工；青城山路口至玉堂镇建兴路口路段，总长 14.3 千米，设计技术等级为超二级，路面宽度为 35 米，沥青混凝土路面，于 2003 年 12 月开工，2004 年 10 月竣工，投资 1.55 亿元。

彭州市域内路段。全长 37 千米。原为四级公路，1995 年经成都市交通局批准改建敖平镇至红岩镇 7.3 千米路段为二级公路，路基宽 18 米，水泥混凝土路面，1998 年 10 月竣工。1998 年 10 月至 1999 年 5 月，改建丹景山镇至敖平镇路段，改建为二级水泥混凝土路面公路，路基宽 12 米，路面宽 9 米，投资 1500 万元。2000 年，经四川省计划委员批准，对桂花镇至丹景山镇路段进行改建。该路段全长 12.5 千米，路基宽 12 米，路面宽 9 米，公路技术等级二级，水泥混凝土路面。于 2001 年 5 月开工，2001 年 12 月竣工，投资 4500 万元。

彭州丹景山公路

县道公路

【概况】

截至 2005 年年底，成都市域内共有县道公路 150 条，总里程 2673 千米。1990—2005 年 16 年间新增 896 千米。150 条县道公路中，连接成都市与周边市（州）的跨地区县道公路 24 条，跨区（市）县的县道公路 39 条，区（市）县域内的县道公路 71 条，城区连接线 16 条。

【金乐路】

为跨地区县道公路，起于成都市金堂县，通往资阳市乐至县。金堂县域内里程71.1千米，起于金堂县赵镇，经淮口镇、高板镇、竹篙镇、土桥镇，止于乐至县交界处。赵镇至黄土店7千米为平微二级沥青路，其余为三级沥青路。曾进行多次改建。1996年，将赵镇至淮口镇路段改建为平微二级公路，路基宽12米，路面宽9米，水泥混凝土路面。由金堂县两路一桥指挥部建设，金堂县交通局设计，金堂县路桥公司、德阳市公路工程总公司施工，金堂县公路建设指挥部监理，总投资4360万元，于1996年5月动工，1997年10月竣工。1998年，将淮口镇至高板镇路段改建为山重区二级公路，路基宽8.5米，路面宽7.5米，水泥混凝土路面。由金堂县交通局公路规划设计所设计，金堂县路桥公司施工，金堂县交通局质监站监理，投资1500万元，于1998年4月开工，1999年12月竣工。1996年、1998年、2000年6—9月，由金堂县投资，金堂县公路管理所施工，先后改建竹篙镇路段、石龙村路段、土桥镇至螺丝垭路段公路，总投资200万余元。2004年，金堂县交通局根据金堂县人民政府立项批复，对赵镇至淮口镇路段、竹篙镇至土桥镇路段再次进行改建。此次改建按二级公路技术标准，路面结构为水泥混凝土路面，于2005年7月开工，2006年5月竣工，总投资3900余万元。

【华彭路】

为跨地区县道公路，起于双流县华阳镇经黄龙溪通往眉山市彭山县。双流县域内从华阳镇起，经公兴镇、永安镇、黄龙溪镇，至彭山县界止，全长32.3千米。

黄龙溪镇是国家级历史文化名镇，随着旅游事业的发展，到黄龙溪参观游览的游客日益增多。1997年年初，经双流县计委立项批复，决定新建华阳至黄龙溪公路，黄龙溪至彭山界在原路基础上进行改建。

新线从双(流)华(阳)路8千米处起，经公兴镇、永安镇，至黄龙溪镇，全长24.5千米。新建公路按平微二级公路技术标准设计，路基宽18米，路面宽15米，沥青混凝土路面。由双流县交通局负责测设、监理，成都市路桥公司、四川省路桥公司机械化分公司负责施工。工程总投资6722万元，于1997年9月开工，1999年12月竣工。

华彭路一段

【小夫路】

为跨地区县道公路，起于成都市辖彭州市新兴镇，经通济镇、白鹿镇，通往德阳市辖什邡市八角镇和红白镇旅游重地。此条公路的建设，有利于开发成都、德阳两地旅游资源、矿产资源、蔬菜资源、药材资源和国防建设。

小夫公路在成都域内全长23.2千米。1992年3月，经彭县人民政府批准立项、出资，成都市交通局补贴部分资金，由彭县交通局设计、监理，楠杨建筑工程公司施工，将全线改建成路基宽9米、路面宽7米的水泥混凝土路面公路。

【华清路】

为跨地区县道公路，起于成都市双流县华阳镇，途经兴隆镇、永兴镇、大林镇，通往眉山市仁寿县清水镇。成都域内路段长35.46千米。2003年5月，经双流县人民政府批准立项对该路进行改建，按二级公路技术标准设计，总长度不变，路基、路面宽均为18米，沥青混凝土路面，2003年6月动工，预算总投资1.8亿元。

【邛芦路】

为跨地区的重要县道公路，自邛崃市通往天台山旅游区并出成都市境通往雅安市芦山县。邛崃市域内从邛崃西门起，经马湖、水口镇、火井镇、油榨乡、高何镇、红军亭，至芦山县交界处，全长54.01千米。

1988—1990年，邛崃县政府组织人力，采取专业施工、民办公助，民工建勤等方式，建成邛崃西门至高何镇路段48千米的沥青混凝土路面和500米水泥混凝土路面试验段。1998年，由火井、油榨、水口三镇政府负责组织实施，邛崃市交通局负责技术指导和监督，邛崃市政府筹资535万元，成都市交通局补助165万元，将各自场镇的路段改建成水泥路。

1999—2003年，经四川省计划委员会批准，邛崃市政府投资900余万元，将邛崃西桥至马湖段为改建为水泥路面，将邛芦路与寿（安）高（何）路连接，形成一条“天台山风景区旅游环线”公路。由邛崃市政府建设，邛崃市公路桥梁公司施工，成都久久公路工程监理公司监理。将西门桥至白鹤、马湖、高何大窑段改建成山岭重丘二级收费公路，路基宽7.5～17.9米，路面宽7～14米。

邛芦路一段

【成环路】

为连接成都市周边区（市）县十分重要的经济干线，为跨区（市）县的县道公路。起于成都市龙泉驿区洛带镇，经龙泉驿区龙泉镇、柏合镇、双流县白沙镇、万安镇、华阳镇、东升镇、九江镇、温江区柳城镇、万春镇、郫县德源镇、郫筒镇、三道堰镇、古城镇、新都区新繁镇、新民镇、军屯镇、青白江区弥牟镇、大同镇、城厢镇、金堂县赵镇、青白江区清泉镇，再回到龙泉驿区洛带镇。全长171.2千米。其中：

洛带镇—龙泉镇—柏合镇路段。长18.5千米。1997—1999年，改建成二级公路，路面宽15米，水泥混凝土路面，由龙泉驿区交通局设计、施工、监理。投资5329万元。

柏合镇—白沙镇—万安镇—华阳镇路段。长13.8千米。于1998年6月至2000年8月，建成一级公路，路基宽24.5米，路面宽16米，沥青混凝土路面。

华阳镇—双流县东升镇路段。长11千米。于1994年12月至1996年12月建成平微一级公路，路基宽24米，路面宽15米，沥青混凝土路面。

双流县东升镇—温江区柳城镇路段。长16.8千米，于1996年7月至1997年10月改建为二级公路。路基宽18米，路面宽15米，沥青混凝土路面。

温江区柳城镇—郫县郫筒镇路段。长13.07千米。于1995年5月至1999年5月改建为二级公路，路基宽20.6米，路面宽15.6米，水泥混凝土路面。

郫县郫筒镇—青白江区弥牟镇路段。长36.7千米。郫县域内由郫县人民政府于1996年5月至1999年12月改建成二级公路。路基、路面宽均为15.6米，沥青混凝土路面。

青白江区弥牟镇—金堂县赵镇路段。为唐巴公路（省道S101线）重复里程段，于1992—

1994年改造为二级公路。

金堂县赵镇—龙泉驿区洛带镇路段。长24.5千米，分别由金堂县交通局和龙泉驿区交通局，于1999年、2000年10月改建成平微一级公路。路基宽17米，路面宽15米，水泥混凝土路面。

成环路之一

成环路之二

【寿高路】

为跨县(市)的县道公路，起于蒲江县寿安镇，经西来镇、复兴乡，入邛崃市境，经卧龙镇、平落镇、道佐乡、夹关镇、天台山镇，至高何镇止。寿高路全长65.7千米，其中蒲江县域内长26.3千米，邛崃市域内长39.4千米。其中：

蒲江县域内路段。自寿安镇起，经西来镇、复兴乡，止于复兴半边街，与国道318线相接。1996年，该段经成都市计委批准加宽改建，路基宽15米，路面宽9米，控制红线40米，水泥混凝土路面，二级公路。除在西来镇改线3千米外，其余沿旧路加宽改建。工程于1996年11月动工，1998年8月竣工。占用土地561亩，拆迁房屋1.24万平方米；工程挖填方37.9万立方米，浆砌边坡边沟4.82万立方米，改扩建涵洞111座、小桥8座，二灰补强层23万平方米，路面混凝土23万平方米。总投资4214万元。工程由川西北石油公司建筑工程队、蒲江县三建司、蒲江县交通路桥有限公司、蒲江县交通工程公司施工。蒲江县交通局监理。

邛崃市域内路段。自卧龙镇国道318线连接起，至高何镇止，1986年开始实施油路改造，至1994年，卧龙镇至夹关镇26千米路段建成沥青路面，1996年夹关镇至高何镇10.6千米路段建成沥青路面，实现全线路路面黑色化。1998年，为配合成都市1000千米的水泥路网化工程，卧龙镇、夹关镇负责修建了场镇段计3.5千米的水泥混凝土路面。2000年，邛崃市将该段路与邛芦路连接成“天台山风景旅游环线”，申报收费路，用3年时间完成该段平微二级水泥路的改建。

【大新路】

为大邑县至新津县的跨县县道公路，自大邑县城晋原镇南门起，经苏家镇、安仁镇、韩场镇，至新津县刘家碾接新邛路，全长34.4千米。其中，大邑县域内路段长26.6千米，新津县域内路段长7.8千米。1996年前大新路为四级公路、路基宽度7.5—8米，沥青表处路面。其中：

大邑县域内路段。1996年3月至12月，改建大邑域内安仁镇至新津县路段。1997年3月至1998年4月，改建安仁镇苏家镇路段。1999年3—6月，改建苏家镇至大邑县城路段。大邑县域内按二级公路改建，路基宽12米，路面宽9米，水泥混凝土路面，总投资1800万元。

新津县域内路段。1996年按三级公路进行改建。路基宽7.6米，路面宽7米，水泥混凝土路面，投资600万元。2000年9月，对黄土堰桥、董场大桥重新选址进行改建，并加宽与新邛路交接口路段，投资230万元。

【华怀路】

为跨县（市）的县道公路，是成都市1999年新规划的郊县快速通道，是成都市一条重要经济干线。华怀路起于双流县华阳镇，经东升镇、彭镇、金桥镇，过擦耳大桥，入崇州市境，经江源镇、大划镇、崇阳镇、锦江乡、元通镇，止于崇州市怀远镇，全长77.96千米，其中双流县域内路段长26.5千米，崇州市域内路段长51.46千米。其中：

双流县域内路段。计有两段。华阳镇至东升镇路段，1995年3月，双流县人民政府批准并投资8000万元，改建成一级公路，路基、路面宽度均为24.5米，双向4车道，沥青混凝土路面。1996年12月竣工。东升镇至擦耳大桥路段，经双流县计经委立项批准，1994年11月开工，1995年7月竣工，改建成二级公路，路基宽24米，路面宽15米，4车道，沥青混凝土路面。

崇州市域内路段。计有两段。擦耳大桥至崇阳镇路段，由崇州市交通局于1992年改造成标美路。技术等级三级，路基宽9.5米，路面宽8米，沥青路面。崇阳镇至怀远镇路段，1996年8月，由省道调整为县道。1998年3月至2000年9月，由成都市交通局投资改建成二级公路，路基宽24米，路面宽23米，（崇州市城郊3千米路段，路基宽36米，路面宽22.5米）双向4车道，水泥混凝土路面。

华怀路一段

【彭温路】

为跨区（市）县的县道公路，起于彭州市天彭镇，经丽春镇、郫县唐昌镇、安德镇、友爱镇，过普兴桥、温江区踏水桥，至温江区柳城镇止，全长48.9千米，其中彭州市域内路段长15.2千米，郫县域内路段长16千米，温江区域内路段长17.7千米。

彭州市域内路段。自天彭镇起，经丽春镇，至郫县唐昌镇界止，由彭州市交通局报省、市批准改建成平微二级公路，路基宽16米，路面宽15米，水泥混凝土路面。1994年年初动工，后因资金不足暂停施工，1999年5月再次动工，2000年4月竣工。

郫县域内路段。自唐昌镇界起，经安德镇，跨成灌高速公路（安德立交桥），止于友爱镇普兴桥。由郫县交通局改建成平微二级公路，路基、路面宽均为15.6米，沥青混凝土路面。1998年6月动工，2000年12月竣工。

温江区域内路段。从普兴桥起，至寿安镇接灌（县）温（江）公路，经踏水桥至柳城镇，由温江交通局改建成平微二级公路，路基、路面宽均为15.6米，沥青混凝土路面。1999年11月动工，2000年10月竣工。

彭温路一段

【新蒲路】

为跨县(市)的县道公路,起于新津县武津镇,经新津县永商镇、邛崃市回龙镇、蒲江县寿安镇,止于蒲江县城鹤山镇,是成都市"八五"期间修建的五条快速通道之一,也是川藏公路的辅助通道。新蒲路全长41.17千米,其中新津县域内路段长12千米,邛崃市域内路段长7.6千米,蒲江县域内路段长21.57千米。其中:

新津县域内路段。路基宽15.6米,路面宽15米,沥青混凝土路面。1994年10月动工。1996年竣工。

新蒲路新津段一段

邛市崃域内路段。路基宽18米,路面宽15米,沥青混凝土路面。1994年9月进行整治和局部改线,1996年铺筑沥青混凝土路面。改建工程投资1100万元。

蒲江县域内路段。路基宽16米,路面宽15米,沥青表处路面。1992年10月动工,完成道路铺筑工程及中型桥梁1座、涵洞141道,1995年底至1996年底,完成沥青表处路面工程。该路段总投资4442万元。

新蒲路蒲江段一段

【大西路】

为原大双路(大邑县城晋原镇至双河乡)的大部分路段。自大邑县晋原镇起,经悦来镇、半边街、斜源镇、出江镇、花水湾镇,至西岭镇,全长43.24千米。

1990年以前,大双路为三级公路,沥青表处路面。1991年1月至1992年5月,大邑县交通局贷款700万元,将大邑县城至半边街14千米路段,改建为二级公路,路基宽12米,路面宽9米,水泥混凝土路面。经四川省财政厅、交通厅、物价局批准,此段路收取机动车过路费,用于还贷。该路为大邑县第一条收费公路,也是成都市县道收费公路首例。大双路其余路段为三级公路。

20世纪90年代后期,大邑县的旅游业已突显优势,经济建设以发展旅游业为龙头。为适应这一发展趋势,成都市人民政府决定将大双路改建为旅游快速通道。1998年,由成都高速公路开发公司和大邑县路桥公司组成成都大双路有限责任公司，由该公司投资修建并经营管理。按二级公路标准设计，全线均为水泥混凝土路面。从大邑县城晋原镇至斜源镇20千米路段为超二级路段，路基宽18米，路面宽14米；从斜源镇至双河23.24千米路段为二级公路，路基宽12米，路面宽9米。全线改线三处：即由官渡桥北头接成温邛公路过斜江河经莲花墩至梁坪改线3千米；悦来镇绕场镇改线2千米；斜源镇改线6千米。并于孙家坡新建隧道一座，长1020米，彻底改变了过去大双路孙家坡路段坡陡、弯多、路窄、安全事故多发的状况。该工程由大邑县路桥公司、都江堰养路分段、崇州养路分段、铁二局三处施工。1998年9月开工，2000年6月竣工，投资1.5亿元。

该路改建后，提高了技术等级，并直接与西岭雪山风景区相连。2000年，成都市交通局决定将大（邑）双（河）路更名为大（邑）西（岭雪山）路。

【彭白路】

是彭州市域内重要的经济、旅游干线，是通往省级风景区银厂沟的唯一通道。自彭州市天彭镇起，经隆丰镇、丹景山镇、新兴镇、通济镇、小渔洞镇，至大宝镇（白水河）止。全长41.2千米。

1992年前，彭白路为三级公路，其中从彭州市九隆一段15.9千米为平微三级公路，路基宽8.5米，路面宽7米，沥青表处路面；九隆至白水河一段为山重区三级公路，路基宽8.5米，路面宽7米，沥青表处路面，长25.3千米。由于道路技术等级低，尤其是山区段，弯多、路窄、坡陡，已远不能适应经济发展和旅游开发的需要。

1992年10月至1993年9月，改造彭州至九隆镇（现名丹景山镇）关口15.9千米路段。按平微二级公路技术标准设计，路基宽20米，路面宽18米，水泥混凝土路面，4车道，设计时速100千米/小时，设计荷载汽—20，挂—100。改造工程由彭州市交通建设总公司、彭州市第八建筑工程公司、彭州市九隆镇建筑工程公司施工，投资7084万元。

成彭公路彭州段一段

1998年，四川省计委同意彭白公路关口至白水河段25.3千米的改扩建工程立项，由成都高速公路开发有限公司和彭州市正通道桥建设有限公司出资，组成彭白公路有限责任公司负责该路的建设和竣工后的养护和管理，成立“彭白公路关白段工程建设指挥部”负责工程实施。改建工程按平微二级公路标准设计，路基宽12米，路面宽11米，水泥混凝土路面，设计时速80千米/小时，设计荷载汽—20，挂—100。工程建设实行项目业主制、工程招标制、合同管理制、工程监理制等基本建设制度。共计完成路基土石方67万立方米，新建小渔洞大桥一座（长187米），改建通济大桥1座（长316米），完成中小桥21座，涵洞115道、1265延长米，挡护工程圬工8.9万立方米。征地398亩，拆迁建筑物1.2万平方米、拆迁管线5000余米。该工程由成都市路桥公司、彭州市楠杨建筑工程公司八处、金堂路桥公司、铁二局第五工程处、彭州隆丰东林建筑公司二处、彭州市宝山建筑有限责任公司施工。由成都市万安建筑监理公司、成都市公路工程监理事务所监理。关白段改建工程于1998年12月6日正式开工,1999年12月竣工,总投资9200万元。至此,彭白公路全线为二级公路,水泥混凝土路面。

乡村公路

【乡道公路】

截至2005年,全市乡道公路里程8586千米。

1989年年底,成都市有409个乡(镇),虽然全部通公路,但通水泥(沥青)路的乡(镇)为零,全部为泥路或泥结碎石路,许多边远山区,黄泥土质的乡道公路雨天就会自行断道。全市2307.3千米长的乡道公路中,一级、二级公路为零,三级公路193.8千米,四级公路1372千米,等外公路741.5千米;按路面结构划分,高级路面13千米、次高级路面427千米、中级路面795.5千米、低级路面473.3千米、无路面公路598.5千米。1990—2005年,成都市乡道公路建设的主要任务是对乡道进行技术改造,提高公路等级,加快油路、水泥路的建设步伐。

对于乡道公路的建设,成都市一直坚持"统一规划、乡镇自筹资金、自主管理,上级适当奖补"的方针,充分发挥县、乡(镇)两级政府的主导作用,各级公路交通主管部门加大对乡道公路建设的支持力度,加强乡道施工过程的技术管理和指导监督。在乡道公路建设中,除省、市政府和交通部门奖励补助外,县级政府也出台多项优惠政策和奖补措施。郫县人民政府对改扩建水泥(沥青)公路工程的补助标准是:扩建路基工程每千米5000元,路面工程每千米1500元。温江县制定的奖补标准为:三级公路路面宽7米,路基宽8.5米,每千米奖补4万~5万元;四级公路上限路面宽6米,路基宽7米,每千米奖补3万~4万元;四级公路下限路面宽3.5~6米,路基宽4.5~7米,每千米奖补2万~2.5万元。大邑县政府决定,从1993年起,县道公路由交通局筹集建设资金,乡村公路由乡、村自筹资金,县财政适当补助。其他区(市)县也制定类似的政策。

1995年10月,金牛区、青羊区、武侯区、锦江区、成华区、温江县、郫县、大邑县、新津县、新都县等实现乡乡(镇)通水泥(沥青)路面公路。1998年11月,市域内所有区(市)县全部实现乡乡(镇)通水泥(沥青)路面公路。并为1999年开始实施的村村通水泥(沥青)路面公路工程建设奠定基础。

高等级乡道公路一段

中级乡道公路一段

截至2005年年底,成都市有乡(镇)341个,全部都通了水泥(沥青)公路,其中通水泥路的乡(镇)258 个,通沥青路的乡(镇)83 个。拥有乡道公路 821 条、长 8586 千米,为 1989 年年底的乡道长度的 3.72 倍。按公路级别划分:一级公路 49.7 千米、二级公路 270.5 千米、三级公路 511.2 千米,四级公路 7232.1 千米,等外公路 521.8 千米。按路面结构划分;高级公路 3727.1 千米、次高级公路 332.4 千米、中级公路 1890.1 千米、低级公路 2536.3 千米,无路面公路为零。

【通村公路】

通村公路是连接乡镇与村社、村社与村社、村社与农户、农户与农户的公路。1998 年,成都市实现乡乡通水泥(沥青)路、村村通公路的目标后,1999 年成都市交提出用 5 年时间实现村村通水泥(沥青)路的目标。

1999—2004 年,成都市在实施通村公路建设中,紧紧围绕“五个字”,一是财政“挤”,二是上级“补”,三是群众“筹”,四是部门“帮”,五是企业“助”,形成多元化、多渠道的投入机制。通村公路在路线布局上,不片面追求“平、宽、直”,尽可能利用现有道路并结合当地学校布局、集镇建设、资源开发等进行合理布线,尽量少占耕。地单车道路基宽度一般不低于 4.5 米,路面宽度一般不低于 3.5 米,对于交通量较大,且原有路基宽度较宽的村道改建时,适当提高路面宽度标准,但不超过 6.5 米。对于 3.5 米宽单车道的村道,在一定长度内的平坦开阔地方设置错车道。路面结构的采用立足于“耐久性”要求,尽可能采用高级路面结构形式(水泥混凝土、沥青混凝土),或采用次高级路面结构形式(沥青表处等)。5 年累计投资 18.5 亿元,其中成都市交通局“以奖代补”2 亿元,区(市)县财政投入 4 亿元,镇乡财政投入 5.6 亿元,农民以劳折资及自筹 5.7 亿元,其他部门帮扶、社会捐助 1.2 亿元。

2004 年 7 月末,成都市最后 26 个高山(特困)村全部修通水泥(沥青)路。至此,全市 341 个乡镇的 4543 个行政村实现村村通水泥(沥青)路的目标,其中 2582 个村通沥青路,1961 个村通水泥路。一个以镇(乡)为节点、通村连社、四通八达的乡村路网在成都市域内形成。截至 2005 年年底,全市村道公路里程达 4522 千米。

通村公路一段

重点旅游公路

【概况】

成都市是国家历史文化名城,有两千多年的悠久历史,人杰地灵,山川秀美。成都市所辖各区(市)县,自然景观、人文景观、名胜古迹比比皆是。随着人们生活水平的提高,游览大好河山,观赏风景名胜的人们日益增多。发展旅游业,加速旅游区的公路建设,已成为各级人民政府和公路交通部门的重要任务。

成都市的旅游公路很多,除省道公路川西旅游环线即(S106 线)外,重点旅游公路还有都江堰市的市郊旅游公路、青城山旅游公路、龙池森林公园旅游公路,彭州市的龙门山旅游公路,崇州市的九龙沟旅游公路、鸡冠山旅游公路,邛崃市的天台山旅游公路,蒲江县的旅游环线公路,大邑县的鸳鸯池旅游公路,双流县的黄龙溪旅游公路，龙泉驿区的龙泉湖旅游公路等。

【都江堰市市郊旅游公路】

都江堰市市郊旅游公路有多条，由成都市交通局补助，都江堰市政府和旅游部门出资，都江堰市交通局实施，先后改建多条旅游公路。其中，1999 年改建灵岩寺路（长 4.0 千米，路面宽 5 米），般若寺路（长 7.5 千米，路面宽 5 米），灌虹（口）路（长 19 千米，路面宽 8 米）；2000 年改建普照寺路（长 2.3 千米，路面宽 7 米）；2003 年改建二王庙路（长 6.2 千米，路面宽 9 米），市郊旅游公路路面结构均为水泥混凝土。

【青城山旅游公路】

青城山是四川省著名风景区。1989 年都江堰市政府决定改建青城山旅游公路，解决青城山旅游交通问题，打造青城山景区进口段景观，开发青城后山丰富的旅游资源。

青城山进山旅游公路。自前山青城小学起，至建福宫山门止，全长 2.4 千米。原路为四级泥碎路，路面宽 4～5 米，弯多坡陡。改建后为三级公路，路基宽 8 米，路面宽 7.5 米，水泥混凝土路面，并于建福宫脚下设立大型停车场。改造后的进山路，与沿途林立的宾馆、饭店、山庄融为一体，提升青城山进口景区的景观形象。

青城后山旅游公路。为新、改建公路。自建福宫山门起，至后山五龙沟止，全长 15.6 千米。该路利用了部分原泰青路、沙泰路路段改建，将青城后山景区内景点相连，沿途有李顺、王小波起义纪念馆等人文景观。该路为山重区四级公路，水泥混凝土路面。

【龙池森林公园旅游公路】

公路起于都江堰市麻溪楠木堰老成阿路接线处，经龙池镇，止于龙池国家森林公园，全长 34.7 千米。1998 年，为开发龙池国家森林公园旅游资源，将龙池公路列为成都市公路建设重点项目之一。该旅游路按四个不同技术等级设计，即 K0–K2 为山重区一级，路基宽 18 米，路面宽 18 米，水泥混凝土路面；K2–K3+700 为山重区二级，路基宽 9.8 米，路面宽 9 米，沥青路面；K3+700–K9 为山重区三级，路基宽 8.5 米，路面宽 6 米，水泥混凝土路面；K9–K34+675 为山重区四级，路基宽 6.5 米，路面宽 6 米，水泥混凝土路面。该路由都江堰市交通局建设，于 1988 年动工，2002 年 4 月竣工，总投资 1.14 亿元。

【龙门山景区公路】

又称银厂沟旅游公路。自彭州市白水河起，至银厂沟海汇桥止，全长 17.5 千米。其中，油路 4.3 千米、水泥路 0.5 千米、碎石路 12.7 千米，路宽仅 4 米。1989 年 10 月至 1990 年 7 月，由彭县交通局按山重区四级公路标准整修。由于到银厂沟旅游的人日益增多，1990 年 11 月至 1991 年 12 月，由彭县人民政府出资再次进行改建，路基宽 5～8 米，路面宽 5 米。1996 年，由成都市交通局出资 30 万元，成都市公安交通管理局施工，在全线不同地段设置各种标示、标志、警示、标线、监控等设施。1997 年，由彭州市交通局、风景区旅游局、大宝镇、凤鸣桥电站等单位共同集资 300 余万元，对该路再次进行改建。此次改建，除将全线建为水泥混凝土路面公路外，拓宽弯道，安置水泥安全桩，为公路畅通、行驶安全提供较好保障。

【九龙沟旅游公路】

公路起于 S106 川西旅游环线 K86 千米处，经三郎镇，止于九龙沟大门，全长 15 千米。

九龙沟公路原由乡道太和路、专用道和红路组成。1999年，成都市交通局对县道公路进行调整中，新规划为县道X404。太和路起于S106川西旅游环线86千米处，止于三郎镇（原和平乡），长2.8千米，1980年改造成四级油路。和红路起于三郎镇，止于红纸厂，全长7.7千米。1988年，改造成山岭重丘四级公路，并延伸3千米，使总长度达13.5千米。

九龙沟公路一段

随着九龙沟风景区的知名度和旅游级别的提高，原太和路、和红路已不能满足旅客的需要。1999年，崇州市交通局投资700万元，将其改建成山重区三级公路，并在原路的基础上延伸1.5千米，使总长达15千米。改建后的九龙沟旅游公路，路基宽7.5米，路面宽6米，水泥混凝土路面。该路精心设计，精心施工，配置路面标线等附属设施，加上沿线风景秀丽，是崇州市旅游公路建设的样板工程。

【鸡冠山旅游公路】

公路起于怀远镇新定江桥头，经怀远镇、万家镇（现已改称文井江镇）、苟家乡（现已改称鸡冠山乡）、鞍子河自然保护区，止于鸡冠山森林公园大门处，全长42.85千米。

鸡冠山旅游公路实际上是怀方路的一大部分路段。怀方路自怀远新定江桥头起，至鸡冠山巴栗坪止，全长51.8千米。原路的技术等级参差不齐，怀远镇至青峰岭4.2千米路段为平微二级，路基宽度12米，路面宽度9米，为沥青表处路面；青峰岭至苟家乡16.7千米为山重区三级，路基宽7.5—8米，路面宽6.5米，为沥青表处路面；苟家乡至岩峰9千米为山重区四级，路基宽6米，路面宽5米，水泥混凝土路面；岩峰至巴栗坪22.1千米为山重区四级，泥结碎石路面。

2000年，崇州市决定将怀方路的怀远镇至鸡冠山森林公园大门42.85千米路段改造为鸡冠山旅游公路。该路从K0+000-K4+000为技术等级平微二级，路基宽12米，路面宽9米；K4+000-K20+140为山重区二级，路基宽11米，路面宽9米；K20+140-K42+845为山重区三级，路基宽9米，路面宽7米。全程均为水泥混凝土路面。该工程于2000年5月动工，2003年12月全线竣工，总投资1.26亿元。

【天台山旅游公路】

公路起自邛崃市高何镇，至花石海止，全长18.2千米。1990年前，该路仅为3米宽的机耕道。为开发天台山旅游区，1990年，在成都市交通局支持下，邛崃市自筹资金100万元，向银行贷款170万元，成都市交通局补助65万元，实施高何镇至肖家湾8.5千米路段的改建。按山重区四级公路标准，路基宽6.5米，路面宽5米，水泥混凝土路面。由邛崃市交通局设计，于1990年10月动工，1992年5月竣工。建成邛崃市第一条高等级路面旅游公路。

1996年，将该路延伸至摩云山庄，长6.2千米。于1996年10月动工，1997年2月竣工。投资230万元，成都市交通局补助90万元，其余为邛崃市自筹。

1998 年，再次将该路延伸至花石海，长 3. 5 千米。于 1998 年 9 月动工，1999 年 1 月竣工。至此，由高何镇至花石海公路全程 18. 2 千米均为 5 米宽的水泥混凝土路面。

【其他县(区)旅游公路】

蒲江县旅游环线公路。起于蒲江县“秀甲蜀西”牌坊，经朝阳湖、长滩湖、成佳镇，至大兴镇止，全长 22 千米。该环线于 1998 年 12 月动工，1999 年 12 月竣工。路基宽 5. 5 ~7. 6 米，路面宽 5 ~7 米，水泥混凝土路面。总投资 2000 万元。

旅游环线公路一段

大邑县鸳鸯池旅游公路。鸳鸯池公路是大邑县域内旅游公路。从大西路西岭镇起，至鸳鸯池风景区及高山滑雪场止，全长 15 千米。由大邑县人民政府投资，成都市交通局补助，总投资 3000 万元，于 1998 年 6 月至 1999 年 9 月，将全线改建成路基宽 8. 5 米，路面宽 7 米的三级公路，水泥混凝土路面。

双流县黄龙溪古镇旅游公路。该路起于双(流)华(阳)路 8 千米处，经公兴镇、永安镇至黄龙溪镇，全长 24. 5 千米。为平微二级公路，路基宽 18 米，路面宽 15 米，沥青混凝土路面，1997 年 9 月动工，1999 年 12 月建成，见县道公路。

龙泉驿区龙泉湖旅游公路。龙泉湖位于龙泉驿区，距成都市城区 40 千米，景区内原有长 1. 2 千米、宽 7 米的泥结碎石路。成渝高速公路建成后，去龙泉湖的游客日益增加，原有公路已不适应要求，1993 年投资 114 万元，将该路改造为三级沥青表处路面公路。

高速公路

【概况】

1992 年以前，成都市尚无高速公路。1992 年 12 月 31 日，成渝高速公路建成通车，成都市有了首条高速公路。

1996—2005 年，成都市将高速公路建设作为构建成都公路网络体系的重中之重，多方筹集资金，高速度、高质量地建设高速公路。截至 2005 年年底，成都市已建成成渝高速公路、成绵高速公路、成南高速公路、成雅高速公路、成北出口高速公路、成灌高速公路、成彭高速公路、成温邛高速公路、机场高速公路、绕城高速公路 10 条，其中，成渝、成绵、成南、成雅 4 条高速公路为省管高速公路，由四川省交通厅主持修建；成北出口、成灌、成彭、成温邛、机场 5 条高速公路由成都市交通局主持修建；绕城高速公路由省、市共建，省交通厅主持东半环建设，市交通局主持西半环建设。市域内高速公路总里程达 437 千米，实现所有区(市)县通高速公路。

【成渝高速公路】

省管高速公路，也是四川省域内第一条高速公路。西起成都市五桂桥，东止重庆市陈家坪，途经简阳、资中、资阳、隆昌、荣昌、内江、永川，全长 340 千米。成都市域内从五桂桥起至简阳交界处止，计有里程 41. 8 千米。成渝高速公路为国道 G040(二连浩特至河口)和国道 G055(上海至成都)的共用线。

1990 年 9 月，由四川省交通厅主持开工修建，1992 年 12 月 31 日建成通车。成渝高速由四川省高速公路开发公司经营管理，成都市人民政府及成都市交通局负责成都市域内沿线的征地、拆迁、协调等项工作。成渝高速公路为全封闭、全立交公路，设中央分隔带，双向 8 车道，路基宽度 21.5 ~25 米。设计交通时速 100 千米/小时，设计交通流量每昼夜 4 万辆。主要建筑物有双洞隧道 5 座、互通式立交桥 20 座、各类型桥梁 316 座。

成渝高速公路

该路设计年昼夜平均流量 4 万辆次，但建成后很快就突破设计，1997 年春运和暑运期间，车辆流量都在 7 万辆左右，出行高峰时段常常会造成堵车，直到 2002 年 12 月，成南高速公路通车后，情况才有所减轻。

【成绵高速公路】

省管高速公路。起自成都绕城高速公路新都区白鹤林立交桥，止于绵阳市磨家镇。途经青白江区、广汉、什邡、德阳、黄许、罗江，全长 92.4 千米，1994 年 11 月开工建设，1998 年 12 月建成通车。

成绵高速公路按平原微丘地区高速公路技术标准设计，路基宽 24.5 米，双向 4 车道，沥青混凝土路面，设计时速 100 千米，荷载为汽—20，挂—100，其中成都域内段起自绕城高速公路新都区白鹤林立交桥。南端与城北出口高速公路相连接建造，经新都区、青白江区至与广汉市交界处，长 17 千米。成绵高速公路由四川省交通厅主持修建，四川省高速公路开发公司经营管理，成都市交通局负责成都域内沿线征地、拆迁、协调等项工作。

成绵高速公路是国道 G040 线（二连浩特至河口）一段，是省委、省政府规划实施的"一条龙"经济的交通干线，是连接成都、德阳、绵阳等省内经济最发达地区的成德绵经济带的运输大动脉。成绵高速公路北接绵广高速公路，是北出广元，连接陕西的重要通道，也是四川北向出川的主要通道。特别是 2000 年后，各类大货车涌入成绵高速公路，使道路负荷日益加重，至 2005 年，年均昼夜车流量超过 3.5 万辆次，长假日车流量达到 7 万辆次。2004 年 10 月，成彭高速公路建成通车，后续新建经彭州市、什邡市、绵竹市、安县到绵阳市的成绵高速公路（复线）后，拥堵现象可望得到好转。

成绵高速公路一段

【成雅高速公路】

省管高速公路。起自成都绕城高速公路白家立交桥，止于与雅安市雨城区对岩镇接国道老 108 线。途经双流县（东升镇）、新津县（五津镇）、眉山市彭山县青龙场、蒲江县（鹤山镇）、名山县，全长 141.2 千米，1996 年 12 月 6 日正式动工，2000 年 12 月 28 日全线竣工。成都市域内段起自二环路永丰立交桥，到绕城高速公路为城区连接线，长6千米，过白家立交桥后，经双流县黄甲镇、东升镇、新津县金华镇、五津镇、眉山市彭山县青龙场，再过蒲江县寿安镇、鹤山镇、朝阳湖镇至与名山县交界处。域内全长76.1千米。

成雅高速公路按地势采用不同的设计标准，成都市区连接线按城市快速路标准设计建造，设计时速80千米，路基宽度27.5～28.3米，双向6车道，沥青混凝土路面；白家立交桥到彭山县青龙场段按平原微丘地区高速公路标准设计建造，设计时速120千米，路基宽度34.5米，双向6车道，沥青混凝土路面；青龙场到金鸡关段按重丘地区高速公路标准设计建造，设计时速100千米。路基宽24.5米，双向4车道，沥青混凝土路面；金鸡关到对岩镇段按山岭地区高速公路标准设计建造，设计时速80千米，路基宽24.5米，双向4车道，沥青混凝土路面。

成雅高速公路是国道G108线（北京到昆明）的一段，是四川南向、西向通往云南、西藏的主要通道，是西部大开发的交通主干线之一，由成都经雅安、西昌、攀枝花入云南，古称川云西路，入云南后经大理、保山到缅甸、印度，即古代有名的“南方丝绸之路”；由雅安经甘孜州进入西藏，是有名的“茶马古道”，也是当今通往西藏的主要干道，具有重要的国防意义。自20世纪80年代改革开放以来，旅游热兴起，成雅高速公路又是由成都通往川南、川西旅游热线的主要通道，特别是成都到青龙场段是成雅高速公路与成乐高速公路的公用线，车辆流量很大，旅游黄金周时，日车辆流量曾达7万辆。

成雅高速公路由交通部批准修建，四川省交通厅公路勘察设计院设计，四川省交通厅主持修建，四川省高速公路开发公司经营管理，成都市交通局负责成都市域内沿线的征地、拆迁、协调等项工作。该工程由四川省路桥总公司二、三分公司、铁三局三处、铁五局一处、铁十一局五处、铁十七局四处、攀枝花路桥公司、乐山路桥公司、邛崃路桥公司、十九冶特种公路工程公司、武警部队交通一总队等施工，成雅高速公路指挥部监理部负责监理。

成雅高速公路

【成南高速公路】

省管高速公路。为国道G055A线万县（现重庆市万州区）至成都的一段（成都至南充段）。起于成都绕城高速公路螺蛳坝立交桥，经成都市成华区、青白江区清泉镇、金堂县淮口镇、高板镇、竹篙镇、广兴镇，入德阳市境，经中江县冯店镇、太安镇，入遂宁市境，经大英县玉峰镇、蓬莱镇、隆盛镇、民主镇、船山区唐家镇、蓬溪县吉祥镇、大石镇、鸣凤镇，入南充市境，止于嘉陵区，全长214千米。成都市域内78.9千米。为成都东连川东地区的重要交通干线。

成南高速公路于1998年经国家发展计划委员会批准，由四川省交通厅主持修建。建设单位为成南高速公路有限责任公司，设计单位为四川省交通厅公路规划勘察设计院，施工单位为四川路桥集团、攀枝花公路桥梁总公司、铁道部第五工程局、铁道部第十八工程局等单位，监理单位为中交国际工程咨询有限公司、四川公路工程咨询有限公司、重庆中宇工程咨询监理有限公司。成都市交通局负责成都市域内沿线征地、拆迁、协调等项工作。成南高速公路于1999年11月1日开工，历时三年，于2002年12月1日竣工。

成南高速公路为国道G055A线（万县至成都）的一段，是连接川中、川东地区的大动脉，也是省内外物流干线公路。成南高速公路在遂宁市与遂渝高速公路相接，在南充市与南渝高速公路相接，形成由成都到重庆的第二通道和第三通道。成南高速公路的建成，大大缓解成渝高速公路的压力。成南高速公路途经成都及德阳、遂宁、南充3个地级市，直接受益人口达到2500万人。

成南高速公路一段

成南高速公路

【成北出口高速公路】

市管高速公路。是成绵高速公路在成都市区的北门出口连接线部分，并与成都绕城高速公路相连接，是成都市北门的重要交通要道。该工程是省、市重点建设项目之一，是成都市交通局主持修建的首条高速公路。1997年4月1日开工，1998年11月30日竣工。1998年12月7日验收，总投资4亿元。

成北出口高速公路起于成都市北门的青龙立交桥，经三环路成绵立交桥、绕城高速路白鹤林立交桥，止于新都区白鹤林连接成绵高速公路，全长11.2千米。全线采用平原微丘高速公路技术标准设计，双向6车道，设计时速100千米/小时。路基宽度34.5米，沥青混凝土路面。有特大桥1座、大桥3座、匝道大桥2座、中桥4座、小桥5座、涵洞54道、人行涵道23道。路基土石方工程127万立方米，防护工程4.2万立方米。征用土地1165亩，拆迁建筑物6.7万平方米，管线工程55.3千米。

成北出口高速公路经交通部批准，由成都市交通局主持修建。建设单位为成北出口高速公路建设指挥部，设计单位为四川省交通厅公路勘察设计院、铁道部第二勘察设计院、成都市公路勘察设计院，施工单位为四川省川交桥梁工程公司六处、铁道部第二工程局第五工程处、铁道部第十九工程局第三工程处、铁道部第十五工程局第二工程处、铁道部第二十工程局第二工程处、铁道部第十二工程局第三工程处、成都市公路工程有限责任公司、成都市路桥工程公司、四川省建筑机械化公司、新都县交通局、四川省通利达交通建设有限公司、邛崃市路桥公司，监理单位为四川公路工程监理事务所、成都市公路工程监理事务所、四川省公路工程咨询监理事务所。

成都成北高速公路收费站

【机场高速公路】

市管高速公路。又名成双机场路，为省道S102线。原成双机场路于1958年由民航成都管理局第二工程处施工修建，1959年正式通车，路基宽度10~11米，路面宽度7米，泥结碎石路面。1964年、1974年、1980年经三次改造，至1989年底机场路为二级公路，沥青混凝土路面，宽9米。1991年，由成都市交通局组建的机场路建设指挥部主持修建，川交三处、成都市公路养护管理总段、成都市市政公司等三家单位具体施工，将原机场路改建为一级汽车专用公路。路基宽23米，断面为三板块结构，水泥混凝土路面，于1992年建成通车，同年建成标美路，工程总投资4320万元。

机场路是四川省、成都市改革开放的窗口，随着国民经济的发展，四川省、成都市改革开放的需要，机场路改建为高速公路势在必行。1997年，经交通部批准，修建机场高速公路。机场高速公路，起于火车南站，止于双流国际机场，全长11.98千米，其中高架桥长6.9千米。为成都市第一座高架桥、第一条高架路，桥下可通行车辆和行人。路面宽度26米，高架桥与路面同宽。双向4车道，沥青混凝土路面。设计时速100千米/小时。

机场高速路建设单位为机场高速公路建设指挥部，设计单位为四川省交通厅公路勘察设计院、铁道部第二勘察设计院、成都市公路规划勘察设计院，施工单位为铁道部第二工程局第三工程处、铁道部第十二工程局第三工程处、铁道部第三工程局第六工程处、铁道部第二工程局、铁道部新都桥梁厂、成都路桥集团通利达公司、成都路桥集团邛崃路桥公司、成都路桥集团成都市公路工程有限责任公司、成都路桥集团成都路桥公司、四川省公路桥梁总公司三分公司、四川省川交桥梁工程有限公司、成铁总公司。机场高速公路于1997年12月动工，1999年6月28日竣工，2000年11月29日验收。

机场高速公路一段

机场高速公路被誉为“天府第一路”。全线设置现代化的交通工程设施、交通安全系统及监控、遥控系统设施，设置高亮度的灯光照明及沿线两侧各15米宽的绿化带，为机场路带来浓厚的现代化气息。从市区至双流国际机场仅需10分钟左右，其社会效益、经济效益十分显著。

【成灌高速公路】

市管高速公路。是国道G213（兰州至磨憨）线的一段，也是国道G317（成都至那曲）线的共用段，是成都北接阿坝藏族羌族自治州，西北延至青海和甘肃两省的干线公路，是成都市和四川省西向的一条重要经济、旅游公路。成灌高速公路于1998年10月12日开工，2000年6月30日竣工，2000年7月20日验收，评定为优良工程。工程总投资9.39亿元。

成灌高速公路起于绕城高速公路与羊西线的交叉点犀浦镇立交桥，经郫县合作镇、安德镇、都江堰市崇义镇、聚源镇，止于都江堰市幸福镇成灌公路与都江堰市二环路的交叉点，全长39.52千米。其中，从起点至郫县路段，利用羊犀线郫县域内段，郫县至都江堰市聚源镇路段为新建，聚源镇至幸福镇路段利用原成灌公路改建而成。

成灌高速公路是成都市自行筹资、自行设计、自行建设的里程最长的高速公路，也是四川省第一条设计时速达120千米/小时的高速公路。该路采用平原微丘高速公路技术标准，双向6车道，路基宽34.5米，沥青混凝土路面。全线主要建筑物有互通式立交桥6座、分离式立交桥9座、大型中型桥梁4座、小型桥梁29座、人行天桥16座、涵洞85道、涵道14道。土石方工程量达320万立方米。

成灌高速公路被誉为与国际先进水平接轨的公路。该路具有先进的现代化通信、监控、收费系统，现代化的交通工程设施和交通安全设施，沿线两侧各12.5米范围的绿化林地及中央高档次的绿化分割带，栽植各种树木42万株，种植草坪83万平方米，形成具有川西特色的生态长廊。

成灌高速路由四川省交通厅批准修建，建设单位为成灌高速公路建设指挥部，设计单位为成都市公路规划勘察设计院、铁道部第二勘察设计院，施工单位为成都市路桥工程公司、四川华西集团有限公司、成都市公路工程有限责任公司、四川省桥梁建设集团有限公司公路一分公司及公路二分公司、邛崃市公路桥梁工程公司、铁道部第十八工程局第四工程处、交通部桥梁总公司、成都建筑工程总公司、中国葛洲坝水利水电工程集团公司、成都路桥集团通利达公司、中国建设总公司第三工程局，监理单位为四川省公路工程监理事务所、成都大西南铁路监理有限公司、四川省公路工程咨询监理事务所。

成灌高速公路一段

【成温邛高速公路】

市管高速公路。其前身为成温邛公路，系国道G318（上海至聂拉木）线成都市域内一段。起于成都金沙车站，经温江区、崇州市、大邑县至邛崃市，全长76.74千米。成温邛高速公路于2002年11月1日开工，2004年10月1日竣工，总投资17.12亿元。

成温邛公路是成都市西向的重要通道，既与国道G108（北京至昆明）线相连，又与川西旅游环线相通,该路地处成都平原腹心地带,沿线场镇密集,平交道口众多,综合交通量大,经常造成堵车。行驶全程一般需要4小时,给交通运输带来诸多不便。该路虽经1984年及1988年两次加宽改造,仍不能适应经济发展之需要,原路的通行条件已制约沿线各区(市)县经济的发展。

1992年,成都市政府将成温邛公路的改扩建工程作为1991—1995年期间重点公路建设项目之一,对其进行改扩建。线路按平微一级公路线型设计,路基宽度39.5米,双向6车道,两侧各设非机动车道一条,设计行车速度100千米/小时,路面为沥青混凝土路面和水泥混凝土路面两种,沥青混凝土路面43.35千米,水泥混凝土路面33.39千米。全线有大桥3座、中桥5座、小桥8座、涵洞438道。改建工程经成都市经委批准,由成都蓉港成温邛公路有限公司建设,沿线各区(市)县交通局设计并组织施工。总投资4.5亿元。

2001年10月,四川省发展计划委员会批准修建成温邛高速公路。该路起点为成都绕城高速公路与成温邛高速公路相交的文家立交桥,终点为邛崃市的邛(崃)名(山)路路口,总里程65.1千米。全线均为沥青混凝土路面,两板块断面,双向4车道。成都绕城高速公路文家场立交桥至崇州立交桥路段路基宽度33米,路面宽度28.5米;崇州立交桥至终点路段路基宽度25米,路面宽度21米。公路两侧绿化带各4米,中间分隔带2米;全线新建特大桥及大桥7座、中桥13座、小桥57座、涵洞及通道330道。

成温邛高速公路由北京中旭公司和成都高速公路建设开发有限公司共同出资组建的成都成温邛高速公路有限公司作为项目业主。施工单位为中国铁路第十二局集团第二工程有限公司、四川公路桥梁建设集团有限公司、邛崃市公路桥梁建设有限公司、成都市路桥工程公司、成都华川公路建设有限公司、中国路桥集团第二工程局第一工程处及第四工程处、中国铁路第十八局集团第五工程有限公司。监理单位为西安方舟工程咨询监理有限公司、成都久久公路工程监理有限公司、成都市公路工程监理事务所有限公司、重庆育才工程咨询监理有限公司、中国铁路勘测设计二院咨询监理公司。

成温邛高速公路温江段

【成彭高速公路】

市管高速公路。是四川省、成都市交通基础设施重点建设项目,成都市交通局规划放射状路网主骨架公路。是省道S105(成都—青川)的重要组成部分。

2002年4月,四川省计划发展委员会批准成彭高速公路立项,同年7月批复《成彭高速公路工程可行性研究报告》,同年8月批复《成彭高速公路工程招标事项》。11月,四川省交通厅批准《成彭高速公路两阶段初步设计》方案,12月16日,举行成彭高速公路开工典礼,2003年1月1日,正式动工修建,2004年10月1日,竣工通车。总投资4.69亿元,资金来源于业主自筹和银行贷款。建成后以收取的通行费偿还贷款、并作为经营费用开支和业主投资回报。

成彭高速公路起于绕城高速公路大丰立交桥,向西北方向经新都区大丰镇、郫县团结镇、新都区龙桥镇、新繁镇、利济镇、彭州市致和镇,止于成(都)青(川)公路彭州市绕城段的牡丹大道。其间,先后跨毗河、锦水河及青白江。成彭高速公路全长21.3千米,双向4车道,两板块断面,中央绿化分隔带宽1.5米,路面宽2×10.5米,两侧边沟外绿化带宽2×3米。设计行车速度100千米/小时,沥青混凝土路面,沿线主要建筑物有跨线式立交桥1座、即新繁立交桥,全长98米。跨河大桥3座(毗河大桥长112.4米,锦水河大桥长135.4米,青白江大桥长293米)、中桥11座、小桥20座、涵洞及通道143道、人行天桥2座。共征地2231.5亩,拆迁杆管线总计264条、总长度29.8千米。

成彭高速公路建设单位为成彭高速公路有限责任公司;施工单位为中国铁路十六局集团第四工程有限公司、中国铁路一局集团第一工程有限公司、邛崃市公路桥梁工程有限公司、成都市路桥工程公司、四川省燎原草业科技有限公司(负责绿化带施工)、四川省汾阳建筑金属结构有限公司(负责收费站棚建设);监理单位为四川合石工程咨询监理有限公司、成都久久公路工程监理有限公司、西安方舟工程咨询监理有限责任公司。

成彭高速公路一段

【成都绕城高速公路】

成都绕城高速公路是交通部规划的国道主干线"五纵七横"中二连浩特—河口,上海—成都这"一纵一横"在成都的交汇过境线,是连接成都外向辐射的成都机场高速公路、成雅高速公路、成温邛高速公路、成灌高速公路、成彭高速公路、成绵高速公路、成南高速公路、成渝高速公路的绕城环线高速公路。全长84.92千米。

绕城高速公路采用平原微丘高速公路技术标准设计,路基宽度34.5米,双向6车道,设计时速100千米,沥青混凝土路面。全路共有互通式立交桥11座,即三河场立交桥、白鹤林立交桥、螺蛳坝立交桥、狮子桥立交桥、濯锦立交桥、白家场立交桥、机场路立交桥、接待寺立交桥、文家镇立交桥、犀浦镇立交桥、大丰镇立交桥。有分离式立交桥30座、特大型桥梁2座、大型中型桥梁107座、小桥32座、涵洞683道。绕城高速公路由四川省交通厅公路勘测设计研究院设计,分东、西半环建设施工。

绕城高速公路东半环属省管高速公路。起于三河场立交桥,顺时针方向,止于双流县白家场马家立交桥,长43.09千米。工程于1996年经交通部批准建设,批准概算总投资22.57亿元。1999年5月5日开工,2001年12月28日建成通车。由四川省公路桥梁建设集团有限公司、广元路桥工程有限公司、中铁二局、中铁三局、中铁五局、中铁十六局、攀枝花公路建设公司、成都市公路工程有限责任公司、四川路桥川交有限责任公司等26家单位按合同分段施工,四川铁科建设监理公司、四川国际工程监理公司、重庆中宇监理公司、中川国际监理公司等负责监理。建成后由四川省成(都)绵(阳)乐(山)高速公路公司负责经营管理。

绕城高速公路西半环属市管高速公路。自双流县白家场马家立交桥起,顺时针方向,止于三河场立交桥,长41.83千米。工程于1998年经成都市交通局批准修建,1998年11月26日开工,2001年6月30日建成通车。由成都双流高频焊管集团、成都高速公路建设开发有限公司、四川高速公路建设开发总公司共同组建的“成都绕城高速公路(西段)有限责任公司”负责项目的建设及经营管理,总投资20.6亿元。三家单位按51%、35%、14%出资。

绕城高速公路是成都“环状+放射形”公路网络的重要组成部分,与成都各条高速公路互通,过境车辆不再经过城区,大大减轻了城市交通压力。

成都绕成高速公路

公路桥梁

【概况】

成都市域内河流纵横交错,沟渠密如蛛网,公路跨河桥梁极多。1989年,市域内共有公路桥梁1107座,总长38.7千米,其中大型桥梁56座、中型桥梁221座、小型桥梁830座。全市无特大型桥梁。

1990—2005年的16年间,公路桥梁不仅座数增多,而且桥梁的跨度日益加大,桥面日益加宽,结构多样,造型美观。截至2005年年底,市域内共有公路桥梁2496座,总长142.6千米,分别为1989年年底的2.25倍、4.23倍,其中特大型桥梁14座、大型桥梁220座、中型桥梁542座、小型桥梁1720座。

【青城大桥】

位于国道213线与省道106线两条干线公路交汇处,横跨岷江,距都江堰市区约1千米。该桥是成都通往阿坝藏族羌族自治州的咽喉要冲,又是连接都江堰市河东、河西两大片区所必经的枢纽要道,对发展地方经济、开发旅游产业和加强国防建设都具有十分重要的作用。

1965年,经四川省人民政府批准,青城大桥改建为钢筋混凝土桥梁,桥面宽9米,其中车行道7米,人行道2×1米。改革开放以来,随着经济建设及旅游事业的发展,青城大桥的交通流量迅速增长。1992年,都江堰市委、市政府决定对青城大桥进行拓宽改建,青城大桥全长1517米,由1号桥、2号桥、3号桥、4号桥等4座桥组成。4座桥净长563.22米,桥间路堤及桥头引道长954米,属特大型桥梁。桥面宽32米,其中车行道26.6米,人行道2.7米,机动车、非机动车、人流分道通行。上部结构为钢筋混凝土T型简支梁,下部构造为双柱式盖梁墩、U型桥台。全桥每跨有35片T型梁,采用了部分预应力后张法施工。

青城大桥于1992年10月10日开工,1995年5月1日竣工。该桥由四川省公路工程设计院设计,1号、2号桥由雅安交通开发公司承建,3号、4号桥由成都市路桥公司承建,成都市交通局公路工程质量监督站监理。工程总投资2487.5万元。

【毗河大桥】

位于金堂县新城区四横道与成环路共用段,横跨毗河。1996年3月动工修建,1997年6月建成通车。总投资2277万元。

毗河大桥全长510米。属特大型桥梁。由8孔×20米+4孔×20米的两座桥及中间的路堤连接而成。两座桥长273米，中间路堤长237米。桥面宽度40米，其中机动车道15米，机动车与非机动车分隔带2×2米，非机动车道2×7米，人行道2×3.5米。上部构造为无黏结预应力空心板梁，下部构造为钢筋混凝土柱式墩，石砌U型桥台。该桥经成都市经委批准建设，由成都市交通局公路勘察规划设计院设计，四川省路桥工程公司施工。

【三渡水大桥】

位于成温邛公路26千米500米处，横跨金马河（岷江干流）。原桥为钢筋混凝土双曲拱桥，全长483.16米，17孔，每孔跨径25米，桥面净宽7米。修建于1966—1969年。

1992年，成温邛公路改建成路基宽为39.5米的快速通道，成都市交通局决定一并改建该桥。改扩建工程分两期进行，其中1992年11月第一期工程动工，在原桥上游建设一座新桥，桥型为轻型钢架拱结构，桥宽14米，设计洪水频率为1/100，于1994年竣工，投资1250万元；1995年1月，第二期工程动工，对原桥进行加宽改造，利用旧墩及旧桥，在原墩身两端从基础以上各加一“牛腿”和盖梁，在原双曲桥拱两侧各新浇注二片拱肋，加宽部分宽度为2×2.75米，加上旧桥宽7米，改建后桥梁总宽度为12.5米。第二期工程于1995年10月竣工，使三渡水大桥形成宽度为26.5米的完整桥梁。

2004年9月7日，因洪水致使三渡水大桥垮塌，由于发现及时，措施果断，未造成人员、车辆损害。事后，经专家鉴定，桥梁垮塌是多种原因综合作用的结果，一是河床变迁，二是上下游开挖砂石对桥墩周围带来影响，三是桥墩埋置深度不足，四是洪水分布不均，过于集中。原桥垮塌后，成都市人民政府决定在原址拆除后重建新三渡水大桥。同年10月，成都市发展计划委员会作出《关于老成温邛公路三渡水大桥重建工程立项的批复》，新桥施工单位为四川省路桥集团第一公路工程局，监理单位为成都市公路工程监理事务所有限公司。2004年12月15日，开工修建，2005年9月30日，建成通车。总投资2300万元。

三渡水大桥新桥全长453.525米，属大型桥梁，桥宽18米；设计荷载公路-I级，设计洪水频率1/100，地震动峰值加速度系数0.108。

【擦耳大桥】

位于崇（州市）双（流县）公路22千米623米处，横跨金马河，属大型桥梁。擦耳大桥全长363米，孔径为2×50+5×40米，桥面宽净-9+2×0.5米，设计荷载为汽-20，挂-100。上部构造为钢筋混凝土刚架拱，下部构造为双柱式墩（制动墩为四柱式），双柱式及U型组合桥台。崇州市交通局负责建设、施工，成都市交通局公路工程质量监督站负责监理。工程于1990年11月开工，1992年5月竣工。由崇州市交通局贷款450万元修建，后收费还贷。

该桥建成后，由于当地人员在大桥附近肆意开采砂石，致使桥基受到过度冲刷，基础外露，桥梁变形，经桥梁专家鉴定为危桥，于2000年4月禁止2吨以上货车通行；同年7月，禁止一切车辆通行，12月炸掉旧桥。

2002年9月，经成都市计委批准，决定重建新桥。新桥全长372米，桥宽净18米，跨度1-20米+13-25米+1-20米，为钢筋混凝土刚架拱桥。建设单位为成都市交通局，由成都市路桥公司施工，四川合石工程监理公司监理。2003 年 2 月 12 日开工修建，2004 年 1 月 20 日建成通车。总投资 1362 万元。

【蔡湾大桥】

位于大件公路南段新津县蔡湾，距新津县城 2 千米处，横跨岷江，为大型桥梁。1987 年 10 月，开工修建；1991 年 2 月，竣工通车。桥长 475 米，23 孔，每孔跨径 20 米。桥面宽净-9+2×1.8 米。上部构造为钢筋混凝土 T 型简支架，下部构造为 II 型双柱式钢筋混凝土桥墩、U 型混凝土桥台。

该桥是由四川省重点公路建设指挥部（后更名为四川省高速公路开发公司）为修建德阳市至乐山五通桥大件运输公路而修建。该桥由铁道部三局设计，铁三局第五工程处承建施工，四川省重点公路建设指挥部大件公路建设指挥部监理。

【邛崃新南河大桥】

位于国道 318 线上，距邛崃市临邛镇 2 千米处，横跨南河，为大型桥梁。1996 年 2 月，开工修建；1997 年 1 月，竣工通车。桥长 229.7 米，11 孔，每跨 20 米，桥面宽净-17.5+2×1.5 米。上部构造为钢筋混凝土预应力简支架，下部构造为柱式墩、混凝土桥台。

新南河大桥由成都市交通局公路勘察设计院设计，邛崃市公路桥梁工程公司承建，成都市交通局公路工程质量监督站监理。

【通济大桥】

位于彭（州）白（水河）公路 25 千米 470 米处，横跨湔江，是通往旅游区银厂沟的交通要道。属大型桥梁。

该桥原名群众大桥，又称通济大桥。原桥长 316 米，9 孔，每跨 30 米，桥面净宽 6.8 米。为实腹式混凝土卵石拱桥，拱圈为两层大卵石砌筑，厚 1.2 米。是成都市 1998 年前的跨径最大的卵石拱桥，由四川省交通厅公路工程设计院设计。1999 年，彭白公路进行改扩建，该桥同时进行加宽改建。改建后统称通济大桥，桥长 316 米，9 孔，每跨 30 米，桥面宽 13 米。上部构造为无黏结预应力悬臂板，桥面铺装 C30 防水混凝土。下部构造为重力式墩台。1999 年 12 月 5 日竣工通车。

该桥由西南交通大学建筑勘察设计院设计，金堂县路桥公司施工，成都万安建设监理有限公司监理，彭白公路建设指挥部建设，所需资金，与公路改建一并贷款，收费还贷。

【川西大桥】

位于彭（州市）什（邡）公路 9 千米处，横跨小石河，是通往什邡市的交通要道。该桥的前身为人民大桥，人民大桥的前身为长 133.5 丈的济生桥，桥上建有桥楼，有川西第一桥之称。

人民大桥是在济生桥旧址上动工，就地取材使用卵石建造，始建于 1966 年 9 月，1967 年 5 月突涨洪水，将 5 孔即将完工的工程全部冲毁。为加快工程进展，将原设计的卵石拱部分改为钢筋混凝土双曲拱，于 1967 年 7 月竣工，定名人民大桥。大桥全长 416.2 米，18 孔，每孔跨径 20 米，桥面净宽 6.5 米。此桥在 1978 年被收进人民交通出版社出版的《中华人民共和国公路桥梁画册》。

1997 年 7 月，洪水超过桥面 2 米，人民大桥毁于洪灾之中。同年，彭州市人民政府决定重新建桥。新桥选址于旧桥下游 140 米处，更名为川西大桥。1997 年 11 月开工修建，1998 年 4 月竣工通车。总投资1255万元。大桥全长401米，8孔，每跨45米。桥面宽净-18+2×0.5米。上部构造为钢筋混凝土刚架拱，下部结构为单排四柱式墩（制动墩为双排四柱式），重力式组合混凝土桥台。桥面铺装为C30钢筋混凝土。

该桥由邛崃市公路桥梁工程公司设计、施工，小石河川西大桥建设工程指挥部建设，大桥工程建设指挥部负责监理。

【九龙沱江大桥】

位于金堂县九龙镇，金（堂）乐（至）公路23千米500米处，横跨沱江，是避开淮口镇闹市街区，开发九龙、淮口两镇工业区，新建的一座大型桥梁。2005年，该桥经金堂县人民政府立项、批准建设，计划总投资2700万元，主要由县财政自筹资金，成都市交通局补助部分资金。

九龙沱江大桥设计桥梁全长432米，引道273.63米，桥面净宽18米，设计荷载公路-I级；桥梁主跨为2×50米，引桥跨度为13×25米。上部结构为预应力混凝土连接组合梁，起点引桥为4×25米+4×25米预制箱梁，终点引桥为5×25米预制箱梁，河道中间主跨为2×50米T型梁。下部结构为钢筋混凝土柱式结构，桩均为嵌岩桩，桥台为肋式台，嵌岩桩基础。

该桥由交通部通力公路勘察设计工程有限公司设计，中国第四冶金建设公司施工承建，成都市公路工程监理事务所有限公司监理。2005年12月18日开工修建。

公路隧道

【概况】

1990—2005年的16年间，成都市域内计建有公路隧道6处，其中大邑县域内有大双路的孙家坡隧道，大西路的西岭雪山隧道；崇州市域内有鸡关山路的鸡关山隧道，斜阳路的娘娘岗隧道；龙泉驿区域内有成渝高速公路龙泉山隧道，都江堰域内有位于G213国道都（江堰）汶（川）段的马鞍石隧道。

【龙泉山隧道】

位于成渝高速公路龙泉驿区域内，横穿龙泉山，双洞全长1519米，其中1号洞长739米，2号洞长780米；隧道采用分离式双洞隧道穿越龙泉山，单洞双车道。隧道净空高6.5米，行车道宽7.5米，单向双车道。1989年5月开工，1990年9月30日和1991年3月19日两洞先后贯通。1992年4月30日，隧道主体工程全部完工。

该隧道由四川省交通厅公路设计院设计，铁道部铁二局五处承担施工，采用“新奥法”技术，在东口和西口四个掌面实行全断面开挖。由于地质属软弱泥质砂岩层，经常出现大量涌水，给施工带来严重困难。1990年6月28日至7月10日，遭遇两次特大暴雨袭击，山洪倒灌隧道内，洞内积水达1米多深，施工人员连续昼夜加班排除积水，清除淤泥，修复便道，砌筑水沟，尽力挽回被洪水造成的损失，同年8月5日恢复正常生产。1991年7月25日，已经贯通的二号洞，发生罕见特大坍方，坍体高25米，宽13米，长48米，岩石3000余立方米，拱顶坍高达18米，成为成渝高速公路西段通车的“拦路虎”。承担建设施工任务的铁二局迅速派出工作组到达现场，经详细勘察论证，决定采取地表锚固，利用落石间隙进行微爆破、短衬砌的“地锚法”新工艺，进行彻底治理；并从广西调来两台地质钻机，加强地质钻探，提前采取防坍措施，在东西口砌筑拱墙62米，从1991年11月26日，组织突击队治理特大坍方，历经3个月，终于锁住山体，巩固地层、封住坍方。

龙泉山隧道的监控设备从德国进口，监控管理及操作人员，接受德国 SBH 公司专家比尼等人的技术培训，培训内容包括监测、控制、隧道通风、照明、交通信号、计算机管理及其操作等。1993 年 12 月，龙泉山隧道监控系统安装调试顺利结束，正式投入使用。

【孙家坡隧道】

位于大邑县域内大(邑)西(岭镇)公路上一段坡陡弯急的路段。大西路原名大双路，因西岭雪山风景旅游区建成，该道路由双河延至西岭镇，故更名为大西公路，该路段每临雨季经常塌方堵车，是大西公路行车难和事故多发地段。

1998 年，大双路进行改建，由三级公路改建为二级水泥混凝土路面，为彻底改变孙家坡路段的状况，成都市、大邑县两级交通主管部门决定修建孙家坡隧道。隧道全长 1145 米，洞净高 5 米，洞宽 9.5 米，双向 2 车道。隧道东口位于大邑县斜源镇境，西口位于大邑县出江镇境，穿越孙家坡山。

隧道工程由四川省公路勘察设计院设计，中国铁路第二工程局第三工程处采用新奥法工艺施工，西南交通大学监理公司监理。由成都市高速公路开发有限公司出资，纳入已批准该路收费的股份分红运作机制中。1999 年 3 月 5 日，工程开工，2000 年 12 月 30 日竣工。工程总投资 3000 万元。

该隧道的建成及大西路的改建从根本上改变了该路通往花水湾温泉景区和西岭雪山旅游区的交通条件，对开发成都市的旅游业，促进大邑县经济的发展，发挥重大作用。

【马鞍石隧道】

位于 G213 国道都(江堰)汶(川)段内，因紫坪铺水利枢纽工程建设，绕道修建的隧道。马鞍石隧道为单洞双向设置。隧道总长度为 482 米，平面位于直线上，纵坡为 2.15%。隧道内轮廓按建筑界限宽 8.5 米，行车道 7 米，两侧人行道各 0.64 米，净高 4.5 米。隧道采用三心圆断面，为曲墙半月拱，曲墙半径 4.55 米。采用复合式衬砌，即 SIII 型、RIII 型、III 型，衬砌厚度 30 ~ 50 厘米，全隧道均设仰拱，采用新奥法施工，锚喷支护，机械开挖。

该隧道建设单位为四川省交通厅紫坪铺绕坝公路项目办公室(后更名都汶路改建指挥部)。施工单位为中国铁路第十四局一处。监理单位为紫坪铺绕坝公路工程监理部。中国铁路第二勘察设计院咨询监理公司。2000 年 12 月工程开工，2001 年 10 月 31 日竣工。整个工程(包括绕坝公路)投资，均由紫坪铺水利枢纽工程概算中列支。

公路建设与经营

【概况】

中华人民共和国成立以后，特别是中共十一届三中全会以后，成都市公路建设进入一个新时期。1989 年年底，全市公路总里程达 5180.2 千米，为 1949 年的 10.4 倍，不但长度增加，而且质量提高。全市 397 个乡实现乡乡通公路，形成以市区为中心的公路交通网。但是公路建设因陋就简的局面依然存在，普遍存在道路技术等级低、路面等级低、道路弯道多、穿越场镇多、路面狭窄、坡陡路险等问题。

1990—1995 年期间，全市公路建设步伐加快，成效显著。全市新铺油路 276.4 千米，新修水泥路 458 千米，完成公路加宽配套改造 961.92 千米。协助配合完成成渝高速公路成都段 35.8

千米、大件公路37.6千米的建设任务。完成总投资6.9亿元、总长220千米的成仁、成温邛、唐巴、成白、新浦等5条快速通道新改建任务。全市294个乡镇全部通公路，4605个村基本实现村村通公路。1999年年底，全市公路总里程达到1.02万千米，等级公路达到9525千米，其中高速公路182千米。一、二级公路1205千米，公路密度为80.8千米/百平方公里，全市实现乡乡通油路、村村通公路。

截至2005年年底，成都市公路总里程达1.67万千米，其中国道公路9条、长541千米，省道公路8条、长354千米，县道公路150条、长2673千米，乡村公路750条、长1.31万千米（乡道公路8586千米，村道公路4522千米）。其中，按公路技术等级划分的一级公路424千米，二级公路1583千米，三级公路1413千米，四级公路1.05万千米，等外级公路2304千米；按公路路面等级划分，高级、次高级路面1.19万千米，中级路面3255千米，低级路面4769千米。

1990—2005年的16年间，成都市公路建设突飞猛进，共投入资金300多亿元，促进公路建设的跨越式发展。公路由弯窄变宽直，由拥堵变通畅，由低级变高级，由落后变先进，“快、通、畅”的目标，基本实现。

成都市域内公路等级对照表

表3-43

项目		1989年	2000年	2005年
管辖等级	公路总里程（千米）	5180.2	12198	16676
	其中高速公路	0	197.7	437
	国道公路	323.2	468	541
	省道公路	435	335	354
	县道公路	1776.8	2621	2673
	乡村公路	2307.3	8774	13108
	专用公路	337.9	—	—
技术等级	一级公路	46.2	276	424
	二级公路	223.6	1637	1583
	三级公路	1049.1	1759	1413
	四级公路	2929.8	8898	10515
	等外公路	931.5	602	2304
桥梁级别	桥梁总座数（座）	1107	2129	2496
	桥梁总长度（延长米）	33952	43170	142593
	特大型桥梁	0	12	14
	大型桥梁	56	124	220
	中型桥梁	221	407	542
	小型桥梁	830	1586	1720

说明：该表桥梁等级划分，系按2003年以前的部颁标准

公路建设现场

【重点项目与投资】

1990年，成都市固定资产投资在国家计划中实行计划单列。根据国务院统一部署，全市清理固定资产投资项目，按照清理压缩、调整结构、提高效益的规定和国家的产业政策，增加能源、交通邮电、城市基础设施建设等方面的投入。在市属28个重点建设项目中，交通基础设施项目3个。年内，交付使用的重点项目有过境路（二环路）北一段、北二段3.79千米。

1991—1995年，新建改建二环路、顺城街、羊市街西延线、东城根街北延线等50多条道路及一批立交、半立交桥；整治一批城区的中小街道，初步形成放射状加环状的道路网络。新建改建了成都—重庆、机场路、成都—温江—邛崃、成都—彭州、唐巴路等高等级公路。农村实现村村通公路。

1996—2000年，成都市加大“五路一桥”等交通工程建设的投资力度。1998年，市委、市政府把加快基础设施建设放在一切工作的首位。全市基础设施建设投资突破100亿元，达120.2亿元，占全市基本建设投资的71.0%。2000年，成都市基础设施建设投资达143.8亿元，其中“五路一桥”工程全年共完成投资22.8亿元。

2001—2005年，成都市进一步加大城乡基础设施建设投资，初步形成城乡同发展共繁荣的格局。2001年，人民南路南延线实现初通，人南立交桥正式通车；成都市绕城西半环实现全线建成通车。2002年，“五路一桥”完成投资6.1亿元。2003年，光华大道西延线温江段工程竣工，成都市中心城区畅通工程完成投资6.58亿元。2004年，成温邛高速公路、成彭高速公路竣工建成。2005年，交通重点项目完成投资31.3亿元，完成了成灌公路、老成仁路改扩建工程。年底，成都市城乡交通通车总里程由2000年的1.34万千米增加到1.67万千米，新增高速公路235千米；率先在西部地区实现县县通高速路、村村通水泥或沥青路；中心城区与周边组团形成多通道贯通。

【城区畅通工程建设】

2000年，成都市人口达1060万人，全市道路面积率仅为6.89%，中心城区仅为6.83%，低于国家标准15%—20%；道路网密度5.7千米/平方公里，未达到国家标准7千米/平方公里。城市交通设施资源有限，干道不畅，支路不通，交通拥堵严重，影响人民生活。

2001—2005年，成都市实施畅通工程，构建“井+环”路网体系，实施主要道路平交口拓宽改造、上跨立交、下穿隧道、道路改扩建及内环路以内相应的交通集散系统工程。5年中，成都市道路基础设施共投资222亿元，完成41条主要道路的拓宽改造、284条中小街道的综合整治、35座各类桥梁及11座下穿隧道的建设；新增道路及桥梁面积3221万平方米；设置公交优先车道或专用车道216段、公交港湾停靠站365个。至2004年年底，成都市道路覆盖状况达到国家一级水平，路网密度提高到8.8千米/平方公里，人均道路面积约为15平方米，道路面积率达

20.3%，支路利用率达99.7%，均达到或超过国家规定的标准。交通状况比实施畅通工程前有明显改善。主干道平均车速由22.9千米/小时，提高到28.3千米/小时，提高26%；车辆平均延误由68秒，下降到38秒，减少44.1%；公共交通出行率由16.8%，上升到23.2%，增长38.1%。

2005年5月16日，公安部、建设部在大连市召开全国畅通工程表彰大会，成都市从全国700多个城市中脱颖而出，荣获实施畅通工程“模范管理城市”称号。

【公路建设科技创新】

1990—2005年期间，成都市在公路建设中推广应用的科技成果主要有5项。

无黏结预应力钢筋混凝土的推广应用。1992年，四川省交通厅公路科技研究所与成都市交通局数名专家在成都市蒲江县雷河桥，首次采用无黏结预应力钢筋混凝土工艺施工改建原雷河桥。通过一年的实验和桥梁专家鉴定，完全达到标准，四川省第一座无黏结预应力钢筋混凝土桥梁改建成功。无黏结预应力钢筋混凝土与一般的预应力钢筋混凝土相比，具有预应力损失较小、操作简便、进度较快、节约资金、易于推广等优点，1993年以后，在驭仙桥、团结桥、清江桥、罗家桥、张庵大桥、通济大桥等多座大、中型桥梁建设中，推广应用这一科研成果，取得显著的经济效益。

刚架拱桥的推广应用。刚架拱具有跨度大、自重轻、变形小、施工易等优点。在擦耳大桥、崇州大桥、小渔洞大桥、羊安大桥、川西大桥等多座大、中型桥梁建设中刚架拱桥得到广泛的推广运用。

空心土牛拱胎的应用。修建拱桥，采用钢木拱架，投资较大，成本较高。一般采用实心土牛拱胎作拱架，但用土量大、用工也多。参照农村土炮楼结构原理，采用空心土牛拱胎，比常规实心土牛拱胎用土量少60%左右，用工、用料大大减少，从而降低工程成本。

铅丝笼挡土墙科研成果应用。在路基施工中，高挖地段边坡或半填地段的支挡、防护工程，大多采用浆砌石结构。成都市蒲江县交通局在川西旅游环线蒲（江）丹（棱）路施工中，对高挖地段防护结构采用铅丝笼挡土墙这一科研成果。铅丝笼挡土墙是一种柔性结构，具有滤水性强、稳定性好，施工工艺简单，易于掌握等优点，且挡土墙除去基础外，不用水泥、砂浆，节约资金。

薄层水泥混凝土复合式路面研究与应用。由于路用沥青价格不断上涨，沥青材料货源紧缺，1990年，成都市交通局在四川省交通厅支持下，由四川省交通科研所、成都市交通局公路管理处、金堂县交通局共同组成科研组，试验研究“薄层水泥混凝土复合式路面”。从不同的基层材料、不同的路面厚度、单层式和双层式几个方面进行路面试验和施工方法的研究，经过一年努力，取得科研成果。这一成果已得到广泛应用，修建了大量县道及乡道水泥混凝土复合式路面公路，经济效益显著。

【公路投资体制改革】

1989年及以前，公路建设资金全部由国家投入。20世纪90年代，成都公路面临着尽快适应社会经济发展，兴建多条高速公路及快速通道；提高改善原有国道、省道干线公路技术标准；大量改扩建县级重点公路，形成县县之间的快速通道；加快乡村公路发展，解决广大农民出行难问题；修建旅游公路，发展旅游经济等五大任务。浩大的公路工程，不仅需要投入大量人力、物力，而且需要投入巨额的公路建设资金，公路建设投资单一的矛盾日益显现，严重制约着公路建设的发展，引入市场机制，实行多元化办交通已势在必行。

成都市人民政府及时推出了公路建设投资体制改革重大举措，逐步形成多方筹资、多元化投资的新格局：一是有限转让公路经营权换取投资。即把公路一定期限内的经营权转让给投资商，投资商一次性投入大额度资金，将经营权转化为公路建设资金。成都市转让公路经营权首条线路为省道105线新都段，即县道新（繁）石（板滩）公路，原属三级公路，新都县将原公路折成有价入股为51%，中国香港、新加坡外商投入现金占股49%，建成二级收费公路，收费期限为15年。1996年建成通车的华擦路，是双流金花桥至华阳的快速通道，总投资5900万元。全长25.3千米，1998年年底，双流县委、县政府将该路收费经营权转让给双流县长城冶金企业公司经营。将收费路经营权转让筹集的3000万元，用于该县基础设施建设“六大工程”之一的双黄路超二级公路建设，并于1999年年底通车；二是按国际通行的“BOT”模式融资，实行“一路一公司”，广泛吸纳社会资金、企业资金，建设高速公路和二级以上的高等级公路；三是实行路桥收费转入公路建设投资。

【BOT与“一路一公司”】

1996年以前，成都市域内公路、城区道路都是由政府组织建设、管理，以建立“指挥部”作为工作机构负责实施。1996年，市政府决定实行“一路一公司”的模式进行高速公路、重点公路的修建与经营，即将一条公路的建设、管理、经营、收费、还贷，本着“谁投资，谁受益”的原则，交由一个独资或以股份制形式组建的公司为来运作。6月，市政府正式批准成立成都市高速公路建设开发有限公司，注册资本金5000万元人民币。该公司是具有一定政府行为的公路建设与开发企业，作为投资主体引进外资、社会资金及企业资金，向金融机构贷款，并向各重点公路建设项目进行投资，组建“一路一公司”，按“谁投资、谁受益”原则，在经营公路、大型桥梁、隧道中通过收取车辆通行费而取得收益，用以还贷和增加积累，扩大投资规模，促进公路建设。公司成立以后，先后独资或参股成都城北出口高速公路、成灌高速公路等高速公路和成温邛快速通道、邛名路等快速道路及金沙客运站、茶店子客运站等一级旅客运输主枢纽站建设。

截至2005年年底，成都市按“一路一公司”共组建公路有限公司13家，即成都机场高速公路有限公司、成都城北出口高速公路有限公司、成都成灌高速公路有限公司、成都绕城高速公路（西段）有限公司、成都蓉港成温邛高速公路有限公司、成都邛名公路有限公司、成都新邛高等级公路有限公司、成都彭白公路有限责任公司、成都成仁公路有限责任公司、成都成彭高速公路有限公司、成都青云唐巴公路有限责任公司、成都大双公路有限责任公司、成都华怀公路有限责任公司，分别承担着上述公路项目的投资建设和经营。

【公路建设扶持】

1990—2005年的16期间，成都市不断深化公路体制改革，公路建设实现统一管理、统一规划、统一建设、统一指挥，并相继出台相关的政策，由公路部门单一建设转变为全社会共同建设，由政府单一投资转变为多元化投资。实行公路投资股份制和公路建设招投标制，保障公路建设的资金，加快公路建设的速度。

1993年2月4日，成都市人民政府办公厅对成都市交通局关于全市公路再上新台阶几个扶持政策的请示作出批复，其主要内容有：新建、改扩建二级以上公路时，对公路两旁各100米范围内的土地，国土部门根据规划定点，可优先按项目划拨部分土地给交通公路部门使用；为提高车辆通行能力，适当控制在公路沿线开口接线，提高开口接线、挖掘公路、临时占用公路路肩的收费标准；新建、改建、扩建三级以上公路及附属设施建设，均可申请减、缓、免税费。

各区（市）县政府在贯彻执行的同时，结合本地实际情况，纷纷出台扶持政策。各地制定的文件内容、标准虽不尽相同，但目标却完全一致，即占用土地优惠，拆迁补偿优惠，征收域内机动车辆公路建设费，征收公路沿线商业门户公路建设费，规定党政机关、事业单位干部职工捐资修路，鼓励和组织乡村人民群众集资修建乡村公路。

成都市还制定"以奖代补"政策促进乡村公路建设。即"补助+奖励"的办法，凡每建设一千米水泥混凝土公路补助20万元，同步建成标美路的每千米再奖励2万元；乡村水泥混凝土公路建设，每千米补助2万元；对完成村村通水泥路的乡镇，一次性奖励10万元；对完成村村通水泥沥青路的区（市）县，经验收合格后，一次性奖励200万元。

【公路建设招投标】

随着成都市公路建设市场形成、行业开放、市场准入，越来越多具备相应资质的省内外公路勘测设计单位、施工企业、监理公司参与对成都的公路建设。成都公路建设主管部门按照市场规律，把公路建设全面纳入市场化竞争机制，实行招投标。在众多报名单位中，以5:1至10:1的比例，选定中标单位。

在公路建设的招投标过程中，公路建设主管部门，始终坚持公开、公平、公正的原则。对于成都市交通部门归口管理的企业，主管部门一视同仁，不实行"政策保护"，仅按照"同等条件下优先考虑"的做法。这就彻底消除以前那种计划安排、内部议标等不符合招标程序的做法，从而激活成都的公路建设市场。成都市公路交通系统，严格按照国家建设部、交通部以及四川省政府、成都市政府的相关规定，凡是投资达30万元以上的公路建设工程、养护工程、专项工程，全部实行招投标制。实践证明，引入市场竞争机制建设的高速公路、快速通道、大中型桥梁，全部被评为优良工程。

【路、站经营】

成都汽车客运总站经营改革。1995年8月建成的成都汽车客运总站，隶属于中韩合资成都成宇运业有限公司，是一座功能齐全、设施配套，融行、食、住、购物、娱乐等对外开放的综合性一级大型车站。成都汽车客运站是20世纪90年代中期成都对外开放、招商引资的又一成果，也是成都汽车客运车站经营改革的进一步深化，拉开了经营成渝高速公路客运改革的序幕。车站面向社会市场开放，实行统一调度、统一结算。为参营单位提供优质、高效、公平、公正、互利服务。截至2005年年底，总站有参营企业62家、参营客车600辆，经营客运线路39条，其中跨省线路21条、跨区线路14条、区域内线路3条、旅游线路1条。

省汽车运输成都公司改制。1999年2月10日,全国公路运输企业60强之一的四川省汽车运输成都公司正式改组为股份合作制企业。始建于1950年7月的成都公司,截至1998年年底,拥有职工3646人,资本总额近2亿元,净资产8251万元,资产负债率61.33%,国有总资产利润率0.93%;拥有客货车965辆,其中高档豪华车198辆、经营省内及跨省超长客运线路370余条。年运输生产能力1.19亿吨千米,拥有子公司和非独立核算的单位30余家,上缴国家各种利费3亿多元。成都公司经过改制动员、清产核资、国有资产评估确认、职工安置费和离退休人员社会保险确认、国有土地评估确认和出让金确认等工作后,制定改制实施方案,开始向建立产权清晰、权责明确、政企分开、管理科学的现代企业制度迈进。

路桥收费。成都市的收费路(桥)管理机构是成都市人民政府(特许)批准成立的成都市高速公路开发有限公司,成都市交通局实行行业管理。1987年5月建成的起于新都县三河场镇、止于德阳市的"大件路",是成都市域内的第一条收费公路;唐巴公路(省道A101)是成都市直接管辖的第一条省道收费公路;大(邑)双(河)公路是成都市第一条县道收费公路。至2005年年底,成都市建成的收费公路共25条,其中高速公路5条,即机场高速公路、城北出口高速公路、成灌高速公路、绕城高速公路(西段)、成温邛高速公路、成彭高速公路;国道公路4条,即成仁公路(国道G213)、成温邛公路(国道G318)、邛(崃)名(山)公路(国道G318)、老成灌公路(国道G317);省道公路5条,即唐巴公路(省道A101)、成彭公路(省道A105)、新邛公路(省道A107)、汉(广汉)彭(彭州)什(什邡)公路(省道A105)、川西旅游环线(省道A106)的蒲江段、大(邑)崇(州)段、彭州段;县道公路11条,即大(邑)花(水湾)路、广(汉)金(堂)路、华(阳)擦(耳)路、新(繁)石(板滩)路、广(汉)乐(至)路、华(阳)怀(远)路崇州段、成环路龙(泉)赵(镇)段、温(江)郫(县)彭(州)路、彭(州)白(水河)路、天台山旅游环路、城北出口老川陕路。收费的特大型桥梁共3座,即青城大桥、青龙场立交桥、金堂县毗河大桥。

公路养护

【概况】

公路养护工程分为"维护工程""维修工程""专项工程"三类。其中的"专项工程"包括交通部颁规范中的大修、中修,特大型及大型桥梁、特长及长隧道、特殊结构桥(高架桥)的养护。成都市的公路养护重点是实施"GBM工程"即标美路建设。

1990年,交通部、四川省交通厅将成都市作为标美路建设试点市。同年底,全市公路总里程为5221.6千米,其中标美路里程为113.25千米,占公路总里程的2.2%。

进入21世纪,全市广大公路养护职工,在车辆剧增、养护材料涨价、养路资金短缺情况下,努力工作,好路率连年上升,取得显著成效,至2000年的十年间,新增标美路1431.28千米。全市公路总里程为1.22万千米,其中标美路里程1544.53千米,占公路总里程的12.7%。

2001年,随着高速公路、一、二级公路的大量修建和改建,其他公路等级也迅速提高,标美路建设不再单列项目。根据交通部年内修订的《公路养护技术规范》,将标美路建设纳入公路养护工程的"专项工程""大修工程"中一并完成。截至 2005 年年底，成都市公路养护里程 1.62 万千米，好路率达 89.9%。

成都市部分年度好路率、综合值对照表

表 3-44

年　度	养护里程（千米）	总里程（千米）	好路率（%）	综合值
1990	5165	5221.6	68.1	71.7
1995	5208.1	5300	85.6	80.8
2000	11826	12198	83.9	83.5
2005	16170.4	16676	89.9	88.3

公路养护现场

【公路养护体制、方式】

1989 年，原成都市公路养护总段更名为成都市公路工程公司，所辖各分段及道班并入原温江公路养护段，新成立成都市公路养护管理总段，共计管养市域内的国道、省道及重要非干线公路 759 千米，下属五个养路分段，即新津分段、崇州分段、都江堰分段、城东分段、城西分段，共 67 个养护道班，有职工 1682 人。1996 年 10 月 11 日，成都市公路养护管理总段管养的国道、省道及非干线公路 759 千米中的非干线公路 367 千米，按行政区划分别下放给各区（市）县养护、管理，随路下放路权、事权和财权，按“一人一千米”的方案，成市公路养护管理总段随路向各区（市）县同步移交 367 名养路工人，总段管养的 392 千米国道、省道公路，作为保留公路交由成都市交通局公路处，引入招投标机制进行养护，成都市公路养护总段不再行使管养职能，转为以公路建设为主的经济实体。

养护体制改革的同时，养护方式也随之变化：成都高速公路开发有限公司管辖的收费公路、桥梁，由收费的路桥公司采取招投标方式竞标，承包给中标专业队伍养护，养护费进入成本；区（市）县公路由区（市）县负责养护，实行群养、群专共养相结合与季节性养护的办法进行养护作业；按照公路网络规划，成都市交通局直接管养的国道、省道主干线公路的加宽配套改建，由成都市交通局负责；区（市）县管养的县、乡、村道公路的配套、改扩建，由区（市）县公路交通主管部门负责，省、市交通部门给予经费补助。

县道、乡道、村道农村公路管养实行“建管并重”方针，成都市交通局于 2004 年选择新都区、邛崃市率先开展乡、村公路养护试点，先后总结了划段包干养护，即村划到社、社划到户、户包干到路段；通过“一事一议”方式，由集体出资聘专人养护；统一时间、共同养护，即由村民在规定的时间内共同出义务工养护；用客运线路优先经营权换取养护资金聘人养护等多种各具特色的方式，并被推广到全省。2005年9月29日，成都市按照国务院颁布《关于印发农村公路管理养护体制改革方案的通知》要求，明确农村公路养护工程的资金水平不得低于县道每年每千米7000元，乡道每年每千米3500元，村道每年每千米1000元。明确将市、县交通主管部门征收的拖拉机养路费、摩托车养路费全部用于农村公路养护，对等级较低、自然条件特殊等难以通过市场化运作进行养护作业的农村公路，可实行干线支线搭配，建设、改造和养护一体化招标。

【公路绿化】

1989年，全市公路里程5180.2千米，可绿化公路里程（又称宜绿化里程）4203千米，实际绿化里程2495千米，绿化率为59.4%，接近全国平均水平。1991年，成都市交通局根据四川省委、省政府"绿化全川"的战略部署，制定《成都市公路绿化十年规划（1991—2000）》和《成都市公路绿化质量考评办法》等公路绿化的指导性和操作性文件。

1994年，建成以成温邛路、成仁路、唐巴路、成彭路、新蒲路5条国、省、县主干线市级绿化示范路。1995年，每个区（市）县各自完成2条绿化示范路，共计38条。

1996年和1997年，四川省人民政府全面绿化验收组对成都市公路绿化进行验收。1996年验收合格并正式授牌的有都江堰市、龙泉驿区、新津县、彭州市、青白江区、郫县，其余13个区（市）县于1997年全部验收合格，1998年授牌。

1998年，成都市国、省、县道公路平均绿化率达95%，国道公路绿化率99%，县道公路绿化率93.6%，均超过四川省政府规定的全面绿化标准。

1998年，成都市交通局制定1998—2010年《成都市公路绿化发展规划纲要》（以下简称《纲要》）。《纲要》首次提出成都公路绿化的"绿化、美化、香化"标准，公路绿化不再是单一的种树，而是乔、灌、花、草相结合，常绿、落叶搭配，立体绿化、四季常青。

按《纲要》的要求，高速公路和设有中间绿化带的公路，绿化要起到防眩和安全行车作用，选择树种为塔柏、天竺桂；每隔160—180米设计一个调色块，调色块的树种为黄花槐、紫薇、红叶李、小叶女贞球、美人蕉等；路肩绿化带，以种三叶草、美人蕉、银边草、木芙蓉、梅花、杜鹃及部分乔、灌珍贵树木；边坡绿化带，主要种植三叶草、蔷薇、铁篱，边坡调色块与中央绿化带相对应；公路边沟以外的绿化带主要种植香樟、水杉，间种木芙蓉、天竺桂、黑壳楠、女桢、蔷薇等；站房、立交区绿化，主要种植银杏、大叶榕、小叶榕、乐昌含笑、三叶草、二叶楠、杜英、桂花、雪松、罗汉松、黄花槐、红叶李、白玉兰、铁脚海棠、红继才、铁树、金叶女贞、斑竹、马蹄金、南天竹、八角金盘、红枫等树种。

1990—2000年的11年间，全市共投入资金6000余万元，用于公路绿化。2000年，全市公路可绿化里程为4915千米，绿化里程为4145千米，绿化率达84.5%。与1989年相比，绿化里程增加1650千米，绿化率大幅度提高。2001年后，公路绿化经费在公路的修建、改建、大修工程中一并列资。2005年，全市公路绿化里程为1.42万千米，绿化里程为1.18万千米，绿化率83%，与2000年相比，5年间绿化里程增加7702.2千米，增长幅度很大，绿化率基本稳定。

市域公路绿化缩影

路政管理

【公路“三乱”治理】

20世纪80年代中后期，公路“三乱”现象开始出现与蔓延，到90年代初期已成为一种较为普遍现象。1990年后，成都市公路“三乱”现象主要表现在一些部门未经省政府批准，私自设立收费站、检查站，甚至抱有“要发财、上公路”的错误思想，私自设卡，收取违章罚款。

1993年，交通部遵照国务院指示，发出《关于近期治理公路乱设卡、乱罚款、乱收费的紧急通知》，部署在全国治理公路“三乱”现象。省政府根据国务院指示，发出一系列文件，对治理公路“三乱”现象提出明确要求和具体做法。1993年年底，全市有公路站卡140处，其中收费站70处，能产生罚款的检查站70处。按设置站卡的部门分，交通部门设置的公路收费站27处，占总数的19.29%，林业部门设置的检查站25处，占总数的17.86%，公安部门设置的检查站9处，占总数的6.43%，工商、税务、水电、城建、乡镇政府设置的检查共36处，占总数的25.71%，其余的为村所设的收费站共43处，占总数的30.71%。

1994年，成都市政府成立由分管副市长为组长的治理公路“三乱”领导小组，市交通局牵头，公安、城管、林业、城建、工商、税务、物价、法制部门共同组成的治理公路“三乱”现象指挥部，排出治理时间表和各单位的责任。市政府确立的治理任务为，依照国务院和省政府的规定，对现有的140处收费站、检查站分类处理。其中，对10处经省政府批准的收费站，予以保留；对12处贷额大的收费站(共贷款7318万元)，报省政府审批，完善手续；对其余48处收费站，全部取消，站房予以拆除；对19处经省政府批准的林业检查站，予以保留，对其余6处林业站保留房屋，拆除栏杆；由各部门设置的45处检查站全部撤销，房屋予以拆除。市交通局加强对经省政府批准的收费站管理，实行“统一管理、一票到底”；在设置收费站处，必须“采取扩道，停止路检”，使道路保持畅通，要求在原基础上提高15%的通过能力。由于公路收费站、检查站形成的原因多种多样，涉及多方、复杂的利益关系。市政府要求市级各部门坚持做到：在治理中，凡不符合国务院文件规定条件所设置的路卡，不讲任何条件，都要坚决取缔或拆除；在拆除的同时，要充分考虑投资方和广大群众利益，保持社会稳定；市政府将治理公路“三乱”列入目标管理，与有治理任务的各部门、各区(市)县签订目标责任书，将责任直接落实到各单位、各地区“一把手”，列入年终业绩考核。经过广泛的宣传和强有力的检查督办，公安部门拆除固定的检查站，将必要的检查改为巡回流动检查；水电部门将砂石采集检查设到采砂现场（河坝），林业部门的护林站不再设拦车杆，工商、税务拆除全部设在公路上的检查站，将其直接设到市场内；城建部门设置在进城主要道路上的洗车场全部拆除。到1994年年底，全市基本上实现国道、省道、县道公路无“三乱”现象。至1997年，全市所有公路无“三乱”现象。

2000年9月，经省、市政府联合组团检查，全市公路已不存在“三乱”现象。此后，市政府交通主管部门将治理公路“三乱”现象列入日常工作，至2005年年底，全市公路无一例乱设卡、乱罚款、乱收费现象发生。

【公路路权保护】

1990—2005年，成都市公路管理部门，依法行政，确保公路路权，在执法中坚持“两公开一监督”原则，即执法单位、执法人员姓名、职务公开；法律法规规定的处罚条款及收费标准公开，接受上级领导部门和广大人民群众监督，公开、公正执法。

控制公路两侧违章建筑。1993年，市交通局、市规划局、市国土局联合发出通知，规定“禁止在距干道公路中心线32米以内的公路两侧修建永久性建筑、任何单位和个人，今后凡需在公路两侧征地建房，必须符合本通知规定，经规划部门办理定点手续方能进行建设。”

1999年7月，市人大常委会通过《成都市公路两侧路政管理规定》（以下简称《规定》），同年10月，经省人大常委会批准施行。《规定》明确了“公路两侧用地是指国道、省道两侧边沟上缘起2米内，县道、乡道两侧边沟上缘起1米内的土地范围；公路两侧建筑控制区域是指公路两侧用地外缘起，国道30米内，省道20米内，县道15米内，乡道5米内的土地范围”。《规定》还明确：“公路两侧已经形成的场镇，禁止再沿公路发展，公路改线绕过场镇的，不得再夹道建筑形成新的集市，规划和新建村镇、开发区和市场，应当与公路保持距离并避免在公路两侧对应进行建设。”同时，还对在公路两侧设置棚屋、摊点、市场、维修厂、停车场、洗车场、加油站、广告牌、排污、倾倒废弃物、堆放物品、取土、挖砂、抠肥、挖沟引水、填塞、损坏边沟及设施都作了明确的规定。

控制在公路上搭接道口。因成都地区公路密度大，人口多、商贸繁荣、经济发达，公路两侧店铺密集，一度出现厂家、店铺纷纷搭接公路道口的乱象，在川陕公路驷马桥至天回镇段、站北路段、成温邛路成温段曾出现1千米路段上搭接70多处道口，宽的道口有5米宽，这些道口大大降低车辆通过能力，堵车严重、事故频发。1993年2月，市政府办公厅发出通知，明确规定，对经考察确有必要搭接的征收搭接道口费，以经济的手法限制搭接道口及搭接宽度，规定搭接国道的每米交搭接道口费5万元，省道3万元、县道1.5万元。随即市交通局发出《关于设置公路平交道口有关事项的规定》，要求两个道口之间的距离不低于200米，公路两侧不准对应搭接，数家联合搭接不准单家搭接，更不准一家搭几处，加油站可搭接一进一出两个道口，搭接道口宜窄不宜宽，搭接道口不应与公路垂直，所接道口应通过辅道与公路搭接，道口标高必须低于公路，受地形限制的不得高于公路或设置引水槽、引水栅，使地表水排入公路边沟，所接道口的涵洞必须是箱涵，过水量不得小于原设计，接道方必须先交纳保证金，工程完工后通过路政管理部门验收达到规定的要求为止。

控制在公路上违章占道和埋设。20 世纪 80 年代至 90 年代，违章占道一直是公路路政管理上的一大难点，全市路政管理部门开展宣传，讲清违章占道的危害性，同时对该取缔的坚决取缔，该严处的坚决严处，对极个别的因为特殊情况必须临时占用道路的，需经当事人申请，路政管理部门审核，严格按照批准的路段、位置、面积，时限，在不影响通行和安全的情况下临时占道。

进入 21 世纪后，很多农民购买家用汽车，认识到违章占用公路确实影响到自己的利益，在公路上乱堆放物品、摆摊设点，以街为市及在公路上打场晒粮的情况有所减少，但车辆乱停乱放现象日见突出。在公路两侧用地和控制用地里乱埋设各种管道、电缆、广告牌等设施，需要埋设的必须经过公路管理部门审批。

【违法违规案件查处】

1990—2000 年，市交通管理部门查处违法违规造成公路及设施损毁案件共计 9.88 万件，收缴公路赔偿金 1.33 亿元。其中，1999 年全市查处路政案件 1.37 万起，查处率达 99% 以上，路政人员无违纪率达 100%。

1990—2000 年成都市交通部门查处损坏公路及设施案件情况表

表 3-45

年　度	查处案件数(件)	结案率(%)	收取赔偿金(万元)
1990	4000	94.00	100.00
1991	4300	93.00	115.00
1992	6340	95.00	230.00
1993	10140	97.00	1209.00
1994	10750	99.00	1360.00
1995	9810	99.00	1260.00
1996	9840	98.00	1230.00
1997	10036	99.00	1480.00
1998	10240	99.00	2450.00
1999	13670	99.00	2083.00
2000	9716	100.00	1741.00
合　计	98842	—	13268.00

公路货运

【货运单位及车辆】

20世纪80年代以后，货物运输市场逐步放开，形成国有、集体运输企业和私营运输企业、个体(联户)运输专业户共同发展货运市场的格局。至1990年，全市经营货运的国有企业22家，集体企业39家，共有货车2500辆、1.34万吨位，从业人员2.54万人。同期私营及个体(联户)运输户3.73万户，其中汽车运输专业户3949户，有货车4163辆、1.39万吨位，拖拉机2.44万台、3.25万吨位，其他机动车运输户850户，有车870辆、867吨位。另有人畜力车运输户8430户。

1992年，成都市公路货运业发展迅速。此期间市场准入门槛低，出现大量私营和个体(联户)运输专业户。1995年，全市经营货运的国有、集体运输企业有55家，货车1244辆、7470吨位，从业人员2.04万人。私营及个体(联户)运输户6.86万户，货车1.69万辆，拖拉机1.50万台，其他机动车1304辆，从业人员13.33万人。与1990年比较，国有、集体货运企业减少6家，货车1256辆、人员5062人。同时私营和个体货运运输户增加3.13万户，增长率达83.87%。货车1.27万辆，其他机动车434辆，拖拉机减少9381台。

1996年后，针对货运市场经营主体多、小、散、弱情况，成都市人民政府提出了道路货运业向产权多元化，经营管理一体化方向发展的思路。经过整顿，货物运输市场得到较为规范的发展。同时，随着公路等级的提高和安全性能差等因素，拖拉机逐步淡出货运市场。

1999年，全市货运经营单位达到7.81万户。此后，通过合并、联营等形式及拖拉机淡出运输市场等因素，到2000年全市货运经营单位5.49万户，减少2.32万户。2005年，全市货运经营单位为5.28万户。全市拥有营运汽车8.81万辆，其中客车1.87万辆、23.40万座，货车6.93万辆、15.03万吨位。

【营运性载货汽车】

1990年，全市有营运性载货汽车2.25万辆，其中交通部门所属汽车运输公司有1244辆，企事业单位担负本单位经营货物运输的货运车辆有1.58万辆，私营企业、个体(联营)户有4163辆。1995年底，全市有营运性载货汽车3.87万辆，其中交通部门所属汽车运输公司1244辆，私营企业、个体(联营)户3.75万辆。1997年，全市有营运性载货汽车5.03万辆，占年底载货汽车总数的79.25%。2000年，全市有营运性载货汽车6.75万辆，占年底载货汽车总数的82.33%。至2005年年底，全市有营运性载货汽车6.94万辆，占年底载货汽车总数的87.46%。

吨位。1990年，全市营运性载货汽车总吨位为8.32万吨，其中交通部门所属汽车运输公司1.34万吨，企事业单位担负本单位经营货物运输的5.59万吨，个体(联营)户、私营企业1.39万吨。全市平均每辆营运性载货汽车的吨位为3.70吨。1997年，全市营运性载货汽车总吨位为11.70万吨，平均每辆营运性载货汽车的吨位为2.32吨。2000年，全市营运性载货汽车总吨位为13.85万吨，平均每辆营运性载货汽车的吨位为2.05吨。2005年，全市营运性载货汽车总吨位为15.03万吨，平均每辆营运性载货汽车的吨位为2.16吨。

车型。20世纪中前期，货运汽车多为老式解放、东风、黄河牌等普通型货车，而且专业货运部门的多数货车都带挂车。1990 年，国有、集体 61 家货运企业 2500 辆货车有 1559 辆挂车，拖挂率达 62.4%。20 世纪 90 年代中期以后，三轮货车被淘汰，老式解放、黄河、东风、南京、成都 130 等车型逐步淡出货运市场。此后，全市载货汽车沿着小型化、重载化和专业化三个方向发展。小型化是指适应城区或短途、小批量运输使用的 0.5～2 吨的载货汽车，常用品牌有长安微货车、王牌农用车等；重载化是指适应长途、大批量货物运输的 8～15 吨以上的货车，其加长加高型、双桥驱动的新型东风、华山、神鹰、神风等品牌最受欢迎；专用货车是指运输特种物资是危化品、冷藏品、水泥搅拌运输车等。进入 21 世纪后，成都公路货运车型向大型化，小型化两极及专用化方向发展。2005 年，全市经营性普通货车 6.18 万辆、12.85 万吨位，其中载重 0.5～2 吨的长安、王牌、昌河等小型车有 4.97 万辆、6.45 万吨位，占货运车辆总数的 80.5% 和总吨位的 50.2%。有华山、神鹰、神风、新型东风等加长型、双桥驱动的大型车 9021 辆、6.40 万吨位，占总辆数的 19.5% 和总吨位 49.8%。有专用货车 7558 辆，其中有集装箱车 362 辆，冷藏保温车 25 辆、罐车 412 辆，危险货物运输车 1162 辆，箱式货车 4975 辆。

1997—2005 年成都市营运性载货汽车情况表

表 3-46

年　度	载货汽车总数（辆）	其中营运性货车（辆）	吨位数（吨）	占货车总数百分比（%）	比上一年增加（辆）
1997	63435	50275	117042	79.25	—
1998	69606	58171	127130	83.57	7896
1999	77745	62037	131641	79.80	3866
2000	81976	67487	138533	82.33	5450
2001	84940	65743	137237	77.40	-1744
2002	89754	66588	136797	74.19	845
2003	92093	64672	136469	70.22	-1845
2004	96950	67199	143237	69.31	2527
2005	79296	69349	150322	87.46	2150

【货物搬运装卸】

20 世纪 80 年代，运输体制改革不断深入，货物运输市场逐步放开，货物运输量逐年加大，为之服务的货物搬运装卸业也得到较快发展。一些大型国有运输企业将装卸业务分出，成立专业装卸公司，利用自身的机械优势，承担大件、大批量货物和集装箱的装卸。出现一批民营、小型的货物装卸公司、专业户，承担大量零担货物、散件货物的装卸。随着市场发育，这些公司中有的逐步扩大规模，形成大中型装卸企业。到 1990

年前后，成都货物搬运装卸服务业内已形成大、中、小型配套、分工不同、装备各异的体系。

1993 年，成都市在交通主管部门登记的搬运装卸企业有 452 家，从业人员 1.36 万人。其中，市属交通部门的国有企业有“成都汽车第二运输公司”，其专业的装卸队、组分散在成都各大货场开展作业。各区（市）县交通部门都有专业搬运装卸队伍，但其规模、装备各不相同，有的是交通部门的直属企业，有的是按行业归口管理的集体企业。以后由于搬运和装卸逐步实现机械化，搬运从业人员减少，而装卸量确有较大提高。1994 年，在交通系统的搬运装卸尚在人力车（俗称板板车或架架车）59 辆全部淘汰。社会拥有的 8000 多辆人力车在 1997 年全部淘汰。

1999 年，装卸用吊车、叉车及各种短途运输车辆陆续在搬运装卸业内出现。2004 年，全市交通系统所属搬运装卸单位有传送装置 12 台（套），各式吊车 42 辆，560.6 吨位，铲车 3 辆 5.3 吨位，叉车 68 辆 150 吨位，搬装汽车 432 辆 1110.3 吨位，其他机动车 26 辆 22 吨位。同年，在市（区）、县交通部门登记的搬运企业减至 174 家，人员减至 5535 人，但货物搬运装卸量增至 1681.4 万吨。

1990—2005 年成都市货物运输搬运装卸业统计表

表 3-47

年　度	经营单位（个）	从业人数（人）	装卸量（万吨）	总收入（万元）
1990	—	11259	1127.5	1966.7
1991	—	17136	1195.7	1989.0
1992	—	19023	1089.2	2077.5
1993	452	13603	1400.3	1210.8
1994	288	19766	2388.3	1042.9
1995	274	17706	3168.8	2455.1
1996	269	12359	1743.2	1989.5
1997	236	11121	2550.3	1981.0
1998	285	8983	3400.0	1929.3
1999	203	8875	2159.6	984.0
2000	190	6821	2307.3	1012.5
2001	159	4944	1973.1	4932.8
2002	163	4935	2290.7	5726.8
2003	186	5827	1718.9	4402.6
2004	174	5635	1681.4	6080.3
2005	未统计			

【货物运输】

货物运输总量。公路货物运输在成都货物运输总量中比例很大，一直维持在 80% 左右。1989 年，成都市公路货物运输总量为 8290 万吨，占当年货物运输总量1亿吨的82.85%。1995年，成渝高速公路开通，以后陆续有成绵、成雅、成乐、成南及省内的内宜（内江—宜宾）的高速公路相继开通，公路货运得到迅速发展。1995年与1990年相比，五年间公路货运总量增加1393万吨，2000年与1995年相比，五年间增加7486万吨。其间最高的为1998年，达到88.22%。进入21世纪后，全国开通的高速公路增多，逐步形成全国高等级公路网，成都公路运输部门开通一些跨省超长货运线路。2002年起，交通部门对货物运输量统计口径作调整，不含人力车、出租车和私家车数据，2002—2003年为70%左右。2004年11月10日，四川远大集团开通成都至重庆、绵阳、宜宾、乐山等周边城市的城际货运班车，改变公路货运无班车的历史。同时，随着成都经济发展，以小型货车为运输工具的区内短途运输大大增加。2004年公路货物运输总量较2003年增加494万吨，2005年较2004年增加1344.5万吨，但公路运量却只占到总运量的48.81%和49.88%。2005年，成都市货运量26792.5万吨，与2000年比较货运总量增加9413.5万吨。

货物运输周转量。公路货物运输多系短途运输，公路货物运输量在运输总量中所占比例较高，但公路运输周转量在运输周转总量中所占比例并不高。1989年，成都公路货运周转量30.99万吨千米，占当年运输总周转量156.27亿吨千米的19.83%，平均每吨货物运输里程为37.38千米。2001年，公路货运周转量78.38亿吨千米，占当年运输总周转量414.03亿吨千米的18.93%，平均每吨货物运输里程为40.81千米。2002年和2004年两次调整统计口径，其2002年、2004年公路货物运输周转量分别占运输周转总量的9.47%和4.08%。平均每吨货物运输里程为37.80千米和37.87千米。2005年，全市公路货物周转量118.7亿吨千米。

1989—2005年成都市货物运输总量统计表

表3-48

年　度	总　计(万吨)	公　路(万吨)	公路运输占运输总量百分比(%)
1989	10006.0	8290.0	82.85
1990	10139.0	8500.0	83.83
1991	10719.0	9066.0	84.58
1992	10505.2	8744.0	83.23
1993	11073.8	9225.0	83.30
1994	11191.5	9378.0	83.80
1995	11659.3	9893.0	84.85
1996	13073.9	11133.0	85.15
1997	14341.9	12551.0	87.51
1998	16409.4	14477.0	88.22
1999	19633.7	15693.2	79.93

续表

年　度	总　计(万吨)	公　路(万吨)	公路运输占运输总量百分比(%)
2000	21489.2	17379.0	80.87
2001	23718.5	19204.0	80.97
2002	15309.5	10680.0	69.76
2003	17117.9	12044.0	70.36
2004	25686.0	12538.0	48.81
2005	26696.0	13315.5	49.88

1989—2005 年成都市货物运输周转量统计表

表 3-49

年　度	总计(万吨千米)	公路(万吨千米)	公路运输占运输总量百分比(%)
1989	1562690	309888	19.83
1990	1478332	288574	19.52
1991	1579549	332630	21.06
1992	1616289	352355	21.80
1993	1690540	362235	21.43
1994	1815262	407550	22.45
1995	1824422	430705	23.61
1996	1918702	440181	22.94
1997	1993532	499770	25.07
1998	3398369	585518	17.23
1999	3405441	646991	19.00
2000	3626456	712243	19.64
2001	4140255	783752	18.93
2002	4264690	403730	9.47
2003	4459619	445035	9.98
2004	11619900	474400	4.08
2005	11869780	509000	4.29

公路客运

【客运车辆】

1990年，全市经营性公路客运车辆1689辆有座位7.99万座。1992年后，允许私营企业经营公路客运，也允许私人以挂靠公司的形式进入客运市场，成都市客运车辆得到较快增长。1994年，大量中、小巴车投入短途公路客运，平均每车座位数有所下降，当年有经营性客车7712辆，共11.30万座，平均每车14.66座。1995年，全市经营性公路客运车辆9761辆，2000年为1.60万辆、17.02万座。2002年，全市经营性公路客运车辆达到1.93万辆。2005年，全市经营性公路客运车辆1.87万辆、23.40万座。

1990—2005年成都市营运性载客汽车拥有情况表

表3-50

年　度	载客汽车总数（辆）	其中营运性客车（辆）	座位数（座）	占客车总数百分比（%）	比上年增加（辆）
1990	19424	1689	79932	8.70	—
1991	22203	2513	98194	11.32	824
1992	26423	3109	100218	11.77	596
1993	31838	3141	98133	9.87	32
1994	41845	7712	113031	18.43	4571
1995	84505	9761	132569	11.55	2049
1996	112606	10492	114064	9.32	731
1997	138246	11902	136906	8.61	1410
1998	162906	13183	139727	8.09	1281
1999	187877	15141	162567	8.06	1958
2000	223130	16010	170204	7.18	859
2001	246033	17311	184133	7.04	1301
2002	311039	19257	229264	6.19	1946
2003	384434	18713	227686	4.87	-544
2004	445983	18787	223073	4.21	74
2005	517783	18724	234011	3.62	-63

说明：该表所指营运性载客汽车不包含城市公共汽车和出租车

客运车辆

【汽车客运枢纽站】

成都汽车客运总站，即五桂桥客运站。1996年建成，系成都市最早建成的长途汽车一级主枢纽客运站。该站位于城东五桂桥，地处成渝高速公路起点附近，习称“五桂桥成渝总站”，详细地址为成都市迎晖路194号。该站占地面积3.47万平方米，建筑总面积1.82万平方米，候车厅面积2850平方米，可容纳8000人候车。停车场面积2.36万平方米，可停放大型客车200多辆。车站设有14个售票窗口，售票厅设有6平方米大型电子显示屏1面、6米×0.3米条型滚动电子显示屏1面作购票提示。候车大厅楼上楼下分设两个、设有X光机物品安检系统2套，进站检票口设有10面1米×0.3米滚动电子显示屏提示检票。后院停车场有发车位20个，每轮可发车20辆，车站安装有34个探头的电子监控系统。车站驾乘公寓设有100张床位。该站与五桂桥公交站连通，有多条公交线路在此到发或途经此站，旅客换乘十分便利。成都汽车客运总站为中外合资的客运企业，隶属中韩合资成都成宇运业有限公司经营管理。该车站建设总投资6253万元。初步建成后，又陆续投资近千万元，对车站内外进行全面装修、改造。作为成渝高速公路的配套车站，该站设计日发车能力为800班次以上、日输送旅客能力4万人次。2005年，有参营企业62家、参营客车600辆，其中中高级客车575辆、普通客车25辆；有客运线路39条，其中跨省线路21条、跨区线路14条、区域内线路3条；有蜀南竹海旅游线路1条。该车站日发车300班次、日均运送旅客6500人次，节假日最高运客量达2万人次。该站主要开行重庆方向沿成渝高速路的市县以及重庆市域内的区县，跨省客运远到惠州、莆田、桂林、南宁等城市，最远运行的超长线路达2500千米。

成都十陵汽车站。是成南高速公路客运相配套的长途汽车一级主枢纽客运站。位于三环路成南高速公路立交桥附近、龙泉驿区十陵街办农家村。由成都市计划委员会于2000年5月9日批准立项，2001年12月破土动工、2003年1月建成营运，总投资约6000万元。该站按部颁一级客运站标准进行规划、设计、建设，是成都市城区新建长途客运站中竣工较晚的车站，是设施先进、功能完备、布局合理的现代化客运站，花园式车站。该站由成南运业有限公司经营管理，属股份制企业。占地6.27万平方米，其中1.57万平方米为代征地，实际占地面积4.69万平方米。建筑总面积1.85万平方米，其中候车厅面积3412平方米，分楼上楼下双层。车站分为前广场、中部站房、后院停车场三大部分，前广场面积1.54万平方米，有生态绿廊、喷水池、草坪、绿树，是休闲广场，也是小车、出租车停靠区域。中部主楼两侧为五层办公楼，中间为可容纳1.3万人候车的候车厅；内设餐馆、超市、小卖部、娱乐设施等；候车厅内售票处设8个售票窗口，上方设5米×0.3米滚动电子显示屏2面，有X光机物品安检系统1套，配备有中央空调、自动扶梯，设有电视监控系统、自动消防喷淋系统、电子查询系统、有线电视网络等设施，从站务、售票、验票、车辆进站安检、报班到出站安检，全面实行计算机管理。该车站招待所有23张床位供乘客住宿。后院停车场面积1.6万平方米，可停大型客车250辆，有发车位18个，进站口上方设有10面1米×0.3米滚动电子显示屏提示检票。该站集城市公交、汽车维修检测中心、CNG加气站于一体，十陵公交站与之紧邻，有多条公交线路到发于此。截至2005年年底，车站有参营企业26家、参营客车108辆，其中有中高级客车75辆，普通客车33辆；有客运线路18条，均属跨区线路，主要开行广安、南充、遂宁、大竹、邻水、营山、巧店等川北市县及其支线客运；日均发班132班次，日均运送旅客2990人次，节假日最高客运量达1.65万人次。因营运时间仅只3年，客运量远未达到日发班800班次、日输送旅客2万人次以上的设计能力。

十陵客运站

城东客运中心。前身是位于原九眼桥西头东顺江路49号的东门客运站。1990年，该站原址占地面积6000平方米（约9亩），房屋为木结构平房，用作售票、候车、办公，面积仅337平方米，旅客只有在露天坝里上下车。该站有客运线路32条、日发80班次、日均客运量1100人次、节假日达3000多人次，参营企业有26家。1996年10月16日，因城市建设需要，该站搬迁至成都市二环路东五段内侧368号，并由原东门客运站、宏济路汽车站合并成立城东客运中心。该中心为长途客运二级枢纽站，由四川省汽车运输成都公司经营管理，属股份合作制企业。占地1万平方米（约15亩），系租赁成都今朝集团公司土地，建筑总面积2000多平方米，其中候车室面积约300平方米，设售票窗口6个，可容纳400人候车。停车场面积约6000平方米，可停客车150辆；有发车位15个。城东客运中心附近有公交车站。1998年12月，城东客运中心随主管企业改制，并加大软硬件设施投入力度。2001年起，车站扩大租赁场地铺筑车场水泥混凝土4000多平方米，增设了候车室空调、新式座椅、候车棚、站场隔离栏等设施，实现微机售票，均达到部颁二级客运站标准。建于1988年4月的原高升桥汽车站在2003年撤销后，有部分客运班线迁入该中心营运。该车站搬迁现址后，客运量人幅度上升。截至2005年年底，该站参营企业27家，参营客车305辆，其中有中高级客车230辆，普通客车75辆；有客运线路64条，其中有跨区线路62条、区内线路2条；日均发班300多班次、日均运送旅客4000多人次，节假日最高客运量达1.64万余人次；主要开行仁寿县、井研县、龙泉驿区、简阳市方向及沿途乡镇班车。

成都双桥汽车客运中心。位于成渝高速公路起点处双桥子经华北路19号。车站属二级枢纽站，1993年5月建站，系成都市首家由社会出资组建的全民联营制公路运输企业。由成都发动机（集团）有限公司、世纪光华科技股份有限公司、四川飞龙运输实业有限公司3家发起，按5∶3∶2比例筹资300万元建成。该车站场地，系原发动机公司厂办职业高中学校原址，3家公司按客运站经营管理需要，对其进行整治改建，1994年正式建成开放型客运站并投入营运。双桥客运中心占地面积6600多平方米（约10亩），建筑总面积3500平方米。其中，候车室面积仅有260平方米，最多可容纳180人候车，乘客还可在房廊等候。停车场面积约4000平方米，可停大型客车55辆。车站设有售票窗口2个、发车位5个，进站口设X光机物品安检系统1套。车站宾馆有60张床位供旅客食宿，有途经经华北路、蜀都大道双桥子站的公交车可供转乘。1995年以后，按照客运站评定等级的要求，改善软硬件设施。是年添置微机管理系统，全面实现微机管理。2002年，整治门面，拆除临街店铺15间；2004年，扩充候车室面积100平方米、增添新型座椅80座、安装空调、修建候车大棚140平方米；2005年，安装了具有5个摄像头的监控系统等，成为二级枢纽站。截至2005年年底，有参营企业57家、参营客车338辆，其中中高级客车238辆、普通客车100辆。开通客运线路58条，其中跨省线路6条、跨区线路52条。日均发车440多班次，日均运送旅客8500多人次，节假日最高客运量达2万多人次。主要开行资阳、泸州、简阳、资中、乐至、内江及重庆市所辖县（市）方向40多个乡镇的客运班车。

成都旅游客运中心。即原新南门客运站。位于新南门大桥南端锦江右岸的临江路57号。1998年8月28日，经成都市交通局批准更名为现称。车站始建于1970年，1975年11月竣工，12月1日正式营运。1990年，车站占地面积1.36万平方米（约20亩）、停车场坝9313平方米，是当年成都市最大的长途汽车客运站。2001年10月，该车站主营企业四川省汽车运输成都公司投资3700万元，历时10个月，改扩建成为长途汽车一级主枢纽站。该中心占地1.82万平方米（约27亩），建筑总面积8800平方米，其中候车厅面积4600平方米，另有餐饮、娱乐、购物服务区4200平方米，车站可容纳1.1万人候车；后院停车场面积1.17万平方米，可停放大型客车140辆；候车厅设10个售票窗口，上方设有8米×0.6米滚动电子显示屏1面，设有X光机物品安检系统1套；停车场设有22个发车位。该站是成都市现今保留在一环路以内的唯一的公路客运车站，有多条公交车在站到发，并有多条公交线路行经新南门。截至2005年年底，客运站有参营企业63家，参营客车515辆，其中中高级客车500辆，普通客车15辆；有客运线路52条，其中区内线路11条、跨区线路38条、跨省线路3条；有旅游线路30余条。客运站日均发班800次，日均运送旅客1.5万多人次，节假日最高客运量2.1万人次，基本上发挥了日发800班次、日运旅客2万人次以上的设计功能。该站主要开行省内南充、遂宁、乐山等省内13个市（地）

州63个县(市)以及成渝线、成鄂线沿线班车,30余条旅游专线,把成都与九寨沟、稻城亚丁、四姑娘山、桂林、南宁等省内外旅游胜地紧密相连。

成都旅游客运中心

石羊客运站。位于成都三环路外南成雅高速公路起点处,地址高新区石羊街道办三元村。根据1996年成都市制定的《成都公路主枢纽总体布局规划》,该车站的规划建设,利用成雅高速公路匝道与大件公路的衔接处,进行合理布局,站前广场与大件路相连,背靠成雅高速公路匝道,方便车辆进出站及公交车到发。该站按部颁一级客运站设计、施工,是成雅、成乐两条高速公路的配套车站。该车站由成都石羊运业有限责任公司经营管理,属股份制运输企业,建设总投资4400万元,设计运输能力日发500班次、日旅客发运量1.5万人次以上。1998年12月,该客运站开工建设,2001年10月,客运大楼全面竣工投入营运。车站占地面积3.54万平方米(约53亩),可容纳5000多人候车。配备有中央空调、班线触摸查询系统、电视监控系统、计算机售票、报班系统、自动消防喷淋系统。候车厅设10个售票窗口及餐饮、娱乐、咨询等设施,有X光机物品安检系统1套,售票口、检票口设有1米×0.3米滚动电子显示屏21面提示购票、检票。停车场面积2.2万平方米,可停放大型客车300多辆。该站紧邻石羊公交站,有多路公交车到发于此。截至2005年年底,有参营企业41家、参营客车320辆,其中高级客车191辆,普通客车129辆;有客运线路32条,其中区域内线路10条,跨区线路21条,跨省线路1条。车站设有18个发车位,日发班次461班、日均运送旅客8500人次,节假日最高客运量为1.3万人次;主要开行雅安、乐山、西昌方向沿线及惠州、玉树等省外城市。

石羊客运站

茶店子客运站。是经交通部、四川省人民政府批准建设的成都十大主枢纽车站之一。茶店子客运站的前身是原地处一环路西三段外侧、老西门外乡农寺街的西门车站。1990年,西门车站占地1.02万平方米(约15亩),建筑面积4373平方米。2001年,西门车站撤销。2002年9月,将所经营的客运线路,全部迁移至新落成的茶店子客运站经营。该站于1999年经成都市计划委员会批准建设立项,2001年10月破土动工,2002年9月22日竣工投入营运。该车站位于老成灌路与成灌高速公路之间的金牛乡郎家村、跃进村域内,地址成都外西三环路五段外侧289号。该车站是成灌高速公路的配套车站,与茶店子公交站、加油站、加气站"四站一体"规划设计。新站由原西门站的两家主营企业四川省汽车运输成都公司和阿坝州第一汽车运输公司与另5家公司合资组建的成都金牛运业有限公司经营,属股份制企业,总投资5600万元,设计运输能力为日发车1000班次、日输送旅客1.5万人次以上。该站按前广场、中主楼、后场院布局,批准用地5.05万平方米,实际占地3.94万平方米(约59亩),另有1.1万平方米为代征地。建筑总面积5354平方米,其中候车厅面积2500平方米,分上下两层,车站可容纳6500多人候车。站前广场面向三环路,面积1万平方米。后院停车场面积1.7万多平方米,可停放大型客车350辆。该站是典型花园式车站,其站前广场、停车场加上楼顶共2万多平方米,均按庭院式绿化,绿化覆盖率达30%以上,并以绿化隔离带分隔车辆通道。车站主楼设置有中央空调、广播系统、电视监控系统、自动喷淋消防系统、电子查询系统等,候车大厅售票处设有9个售票窗口。后院停车场有发车位20个,售票口及检票口均设有1米×0.3米滚动电子显示屏提示,车站招待所设34张床位供乘客住宿,站前广场与公交站口相连通,有14条公交线路到发。截至2005年年底,该客运站有参营企业17家,参营客车450辆,其中中高级客车382辆,普通客车68辆。有客运线路30条,其中跨区线路27条、区内线路3条,节假日期间另开行旅游线路10条。主要开行阿坝州13个县及甘孜州丹巴、色达、康定方向和沿线站点班车,此外,还有南部、安岳、乐至、遂宁、资阳等省内市(县)的配载补充班车。

茶店子客运站

金沙客运站。位于成都西郊成温邛高速公路起点,与闻名遐迩的金沙遗址毗邻,地址清江中路50号。1996年7月,经交通部、四川省政府批准,成都市计委立项建设,批准用地5.14平方米,实际占地2.87万平方米(约43亩),另有2.27万平方米为代征地。金沙客运站采用前广场、中主楼、后场院式布局,建筑总面积6000平方米。其中,候车厅面积1900平方米,车站可容纳5000多人候车;站前广场面临清江路,面积1万平方米、园林绿化面积4000平方米;后院停车场面积1.09万平方米,可停大型客车250辆。主楼底层为候车厅,售票处设售票窗口9个,上方设6米×0.3米滚动电子显示屏1面提示购票,停车场有发车位35个,设有X射线行包安检系统1套,进站口均有1米×0.3米滚动电子显示屏提示。设有中央空调、电视监控系统、自动喷淋报警消防系统等现代化营运、服务设施。该站由成都金沙运业有限责任公司经营管理,属股份制企业,建设投资6000万元,于1997年8月动工修建，1999 年 2 月投入营运。是 1995 年交通部颁布汽车客运站级别划分后，成都市按一级标准建设的第一个长途汽车客运站，也是成都市交通局确定的示范站、试点站。该站按“四站联动”方案规划，与车站、公交站、CNG 加气站、加油站一体布局，同步建设。金沙客运站与金沙公交站无缝衔接，有 10 多条公交线路直通该站。截至 2005 年年底，车站有参营企业 51 家、参营客车 450 辆，其中中高级客车 435 辆，普通客车 15 辆。有客运线路 123 条，其中区内线路 19 条，跨区线路 103 条，跨省线路 1 条。车站日均发班 1300 余班次，日均运送旅客 1.4 万多人次，节假日客运量高达 2.8 万人次，最高峰日运送旅客 3.5 万多人次，成为成都市客流量最大的车站之一。主要开行大邑、崇州、温江、郫县等郊县乡、镇以及川中地区县（市）的班车。

成都市金沙客运站

昭觉寺汽车站。是成都市十大一级主枢组长途客运站之一。坐落于市区北面，与昭觉寺毗邻，地址成华区青龙乡西林村 4 组域内。于 1996 年经四川省政府批准建设立项，1998 年 7 月动工，2000 年 7 月竣工。该车站属股份制企业。由成都市 5 家企业共同投资组建的成都昭觉寺运业有限公司建设、经营，总投资 4778 万元。设计运输能力日发 900～1000 班次、日运送旅客 2 万人次；批准用地 3.56 万平方米、实际占地 2.79 万平方米（约 42 亩），代征地 7932 平方米。作为与成（都）绵（阳）高速公路配套的客运站，该站在规划、设计时，合理利用了成绵高速公路在成都城北起点处的上下行匝道，并按前广场、中主楼、后场院进行布局。其站前广场 4000 平方米；客运大楼建筑面积 5187 平方米，内外均按三星级标准装修，一层二层作旅客候车，整个候车厅面积达 4000 多平方米，可容纳 1 万多人候车；后院停车场面积 1.8 万平方米，可停放大型客车 220 多辆，有 24 个发车位。站前广场、后院场均作园林式绿化，绿化面积达 6154 平方米。候车厅楼上楼下共设 15 个售票窗口，设有 6 平方米大型电子显示屏 1 面，物品安检系统 1 套，售票口、检票口均有 1 米×0.3 米小型滚动电子显示屏提示。该车站招待所设有 34 张床位供旅客住宿。有中央空调、触摸式电子显示器、电视监控系统、自动喷淋报警器、气体灭火消防系统、自动扶梯、快餐、超市等设施，并全面实行微机售票、微机站务管理。2005 年，又投入 120 多万元改造客运大楼、增加候车厅面积和添置设备。该站紧邻青龙场公交中心站，有多条公交线路到发于此。截至 2005 年年底，有参营企业 38 家，参营客车 332 辆，其中高级客车 262 辆，普通客车 70 辆；有客运线路 49 条，其中区内线路 23 条，跨区线路 26 条。车站日均发班 440 多班次，日均运送旅客 1 万多人次，节假日最高客运量达 2.5 万余人次。主要开行广元、绵阳、德阳、广汉、青川、射洪、平武方向及其沿线、支线班车。

成都市昭觉寺汽车站

五块石客运站。位于成都市站北路157号，是火车北站、北门商贸区的配套车站。东接成彭公路，西连商贸大道。1996年，经交通部、四川省政府批准建设立项，2003年3月动工兴建，2004年1月建成投入营运。该站按部颁一级客运站规划、设计，设计运输能力日发800～1000班次，日输送旅客1万人次以上。该客运站属股份制企业。由成都站北运业有限责任公司建设、经营，总投资6360万元。车站按前广场、中主楼、后场院布局，批准用地3.45万平方米，实际占地2.85万平方米（约43亩），另有代征地5978平方米。站前广场面积8000多平方米，除庭院式绿化外，加上办公楼顶、后院场绿化，总绿化面积达5500平方米；主楼建筑总面积6407平方米，分楼上楼下两层，总候车厅面积3200平方米，可容纳近万人候车，共设售票窗口18个，两层窗口上方各有5×0.3米滚动电子显示屏1面提示购票。后场院面积2.8万平方米，可停放大中型客车约500辆，设有X射线物品安检系统一套，有发车位27个，检票口设有1米×0.3米滚动电子显示屏，共18面提示检票。该车站招待所有98张床位供旅客住宿。该站与公交站连通，现有多条线路公交车到发或过往。截至2005年年底，该站有参营企业50家，参营客车476辆，全部为中高级客车；有145条客运线路，其中区内线路14条，跨区线路114条，跨省线路17条；日均发班420多班，日均运送旅客8600多人次，节假日最高客运量达2.3万人次。主要开行彭州、新繁、华阳等区内滚动班线，资阳、内江、遂宁、简阳、金堂等地区间班线，还有发往重庆、西藏、甘肃、云南、浙江、青岛等地的跨省超长线班车。

城北客运中心。位于成都火车北站西侧，地址二环路北二段外侧91号。始建于1986年3月，由成都市联营总公司建设、经营，占地面积2万平方米（约30亩），1989年投入营运，总投资1000多万元，是当年西南地区最大的客运站。2004年，市联营总公司又投入资金800万元，按交通部颁布的长途汽车一级客运站标准，改善车站软硬件设施，扩建一栋候车厅并内外装修，添置中央空调，增加一套X光机物品安检系统，安装IC卡报班系统等，成为长途汽车一级主枢纽站。该车站建筑总面积2.05万平方米，其中两个候车厅互相连通，面积3120平方米，可容纳近万人候车。候车厅共设售票窗口16个，上方设6米×0.3米滚动电子显示屏2面作购票提示，共设有X光机物品安检系统2套。停车场面积14000平方米，可停大型客车250辆，设发车位60个，检票口均有1米×0.3米滚动电子显示屏提示。城北客运中心与北站公交站紧邻，有20余条公交线路与之接转。截至2005年年底，车站有参营企业101家，参营客车775辆，其中中高级客车695辆，普通客车80辆。有客运线路108条，其中跨省线路41条，跨区线路55条，区内线路12条。车站日发客车670多班次，日均运送旅客 1.16 万人次，节假日最高客运量 2.5 万多人次。主要开行省内各市(州)、县、镇，重庆地区 12 个市(县)以及陕西、湖北、福建、山西、贵州、广东、江苏、河南、云南等省部分城市的班车。

成都市城北客运中心

成都北门汽车站。位于成都北大门、川陕国道公路起点处外北梁家巷口，地址一环路北四段外侧 197 号。1990 年，经成都市交通局批准，将原李家巷客运站更名为北门汽车站(1981 年 5 月开始建设，是年 10 月投产营运)。该站是在成都市汽车运输总公司汽车一队地址上新建的车站，建筑面积 6100 平方米，其中售票、候车厅面积 1265 平方米。2001—2005 年间，该站共投资 8200 万元，对候车大厅、售票厅、车站场及附属的白云宾馆、白云餐厅等进行全面改扩建和装修，经营规模、服务档次得到很大提升。2005 年，该站已成为成都市十大长途汽车一级主枢纽客运站之一，占地面积 2 万平方米，建筑总面积 6200 平方米。其中，候车厅面积 1265 平方米，可容纳 4500 多人候车；车场面积 1.6 万平方米，可停放大型客车 200 辆。车站设主楼售票、候车厅，另有宜宾、自贡方向专线售票、候车厅一个，新都、青白江方向专线售票、候车厅一个，共有发车位 20 个、售票窗口 9 个，均有滚动电子显示屏提示。车站候车大厅设中央空调、配备微机售票系统、电子监控系统，设有 2 套 X 光机物品安检系统。有多条公交线路可供乘客换乘。此外，新建驾乘人员休闲花园 600 多平方米，总绿化面积 1800 多平方米。该车站还投资几十万元建立隔音墙，墙后 3 米通栽防噪、吸废气的三叶榕，截至 2005 年年底，该车站有参营企业 34 家，参营客车 528 辆，其中中高级客车 503 辆，普通客车 25 辆；有客运线路 49 条，其中跨省线路 2 条，跨区线路 44 条，区域内线路 3 条；日均发班 500 多班次、日均运送旅客 1.06 万人次，节假日最高客运量达 3.05 万人次。主要开行巴中、南充、绵阳、遂宁、自贡、广元等市方向的客运班车。

荷花池客运汽车站。是成都吸纳社会资金修建的又一家民营汽车客运站。由成都市旅游汽车有限责任公司管理、经营，属股份制企业。该站位于成都荷花池商圈、火车北站地区，地址为二环路北三段外侧 301 号。1993 年 4 月初步建成，6 月 8 日投入营运，初期面积仅有 3300 平方米，候车室和办公区域合起来也只有 500 平方米，不能满足荷花池地区商贸经济快速增长的需求后，经 7 次改扩建，累计投资 1600 多万元，增设微机售票系统、微机扫描检票系统、安装电视监控系统等服务设施，2005 年为二级枢纽站。截至 2005 年年底，该站占地面积 1.5 万平方米，建筑总面积 2500 平方米，其中候车厅面积 1000 平方米，可容纳 2000 多人候车；停车场面积 1.2 万平方米，可停放大型客车 120 多辆，设有 18 个发车位。候车厅设售票窗口 12 个，有 6 米×0.3 米滚动电子显示屏提示，检票口设有 8 面 1 米×0.3 米滚动电子显示屏，有 X 光机物品安检系统

1套。附近有27条公交线路可供旅客换乘。该车站有参营企业85家,参营客车604辆,其中中高级客车521辆,普通客车83辆;有客运线路184条,其中区内线路27条,跨区线路134条,跨省线路23条;日均发班460多班次,日均运送旅客7000多人次,节假日最高客运送游客达1.58万多人次。

【营运线路】

1990—2005年,市区内客运站开通的线路主要是发往省内各市、县及部分中心场镇,省内主要风景名胜旅游区。区(市)县客运站开通的线路主要发往邻近区(市)县,该辖区内的场镇乡村。

1992年,成都市52个客运场站共开通661条客运线路。其中,市区8个客运站共开通409条线路,占全市线路的61.88%,区(市)县44个客运站共开通252条线路。

1996年,成都市79个客运场站共开通969条线路,其中市区18个客运站共开通452条线路,区(市)县61个客运站共开通517条线路。2001年,全市64个四级以上的客运站共开通1239条客运线路,其中跨省线路61条,跨市(省内)线路586条,市内线路592条。

2005年,成都市64个四级以上的客运站共开通1577条客运线路,其中跨省线路104条,跨市线路730条,市内线路743条。与2001年比较,开通线路总条数增加27.28%,跨省线路增加70.49%,跨市线路增加24.57%,市内线路增加14.51%。

长途跨省线路。汽车长途跨省线路开行始自20世纪80年代后期,主要为解决外出打工民工春节返家后再回工作地乘车难问题。至1990年,已陆续开通成都至广州、深圳、福州、温州等沿海地区城市的线路。1992年,开通成都至西安、西宁、兰州等西部地区城市的线路。1993年,市交通主管部门在总结春运工作中出现的民返回工作地方"乘车难"问题,提出线路设置要长(跨省超长线路)短(乡村客运)一起抓。1994年,开通成都至郑州、贵阳等省会城市及广东湛江、江门、广西北海、防城等用工比较多的二线城市;以后又陆续开通成都至乌鲁木齐、呼和浩特、拉萨等城市的线路。至1997年,全市开通跨省线路52条,通达广东、广西、浙江、福建、新疆、西藏等13个省、市、自治区。2001年,有成都出发的长途跨省线路61条。2005年达到104条,通达全国20多个省、市、自治区。

成都—拉萨的客运大巴车

乡村线路。乡村线路是1990—2005年成都市公路客运线路设置和优化的重点。1993年,市交通部门提出长(跨省超长线路)短(乡村线路)线路一起抓。1993年,区(县)共有客运线路201条,1994年达503条,增加302条,增长1.50倍。从各县主要场镇通客运发展到沿公路场镇都通客运。1998年,全市实现村村通公路,所有乡级政府所在地都有经营性线路通往。2002

年，全市实现村村通油（水泥）路，交通部门抓紧新线路的开通和原有线路的优化。2004 年，市内线路达到 737 条，实现 90% 以上的村都有经营性客运线路通过。随着车辆的增加和路况改善、行驶速度加快等因素，每条线路车辆密度逐步加大。

【营运班次】

1992 年，成都市 52 个客运场站平均每日发班 5243 班。其中，成都市区 8 个客运站平均每日发班 2392 班，占全市总发班数的 44.03%。区（市）县 44 个客运站平均每日发班 2851 班。此后，由市区内客运站始发的长途线路增多（包括跨省线路和省内长途线路），开行班次也相应增多，市区各客运站始发车班次比例逐渐加大。

1995 年，成都市 79 个客运场站平均每日发班 8186 班，其中市区 18 个客运站平均每日发班 4488 班，占全市总发班数的 54.83%，区（市）县 61 个客运站平均每日发班 3698 班。

2001 年，成都市 64 个四级以上的客运站平均每日发班 2 万班。2005 年，全市 64 个四级以上的客运站平均每日发班 2.18 万班，较 2001 年总发班次数增加 9.25%。

1992—1997 年成都市公路旅客运输线路、班次情况表

表 3-51

年　度	线路条数（条）	日均班次（班）	其中市区		其中区（市）县	
			线路条数	日均班次	线路条数	日均班次
1992	661	5243	409	2392	252	2851
1993	691	5398	490	2656	201	2742
1994	833	7407	330	3909	503	3498
1995	969	8186	452	4488	517	3698
1996	1187	9095	666	4588	521	4507
1997	1168	10500	657	4596	511	5904

2001—2005 年成都市公路客运线路统计表

表 3-52

年　度	客运线路（条）				年平均日发班数	年均日旅客量
	合计	跨省	跨区	区内		
2001	1239	61	586	592	19976	259377
2002	1332	71	618	643	19640	281055
2003	1347	75	620	652	18466	240526
2004	1513	89	687	737	22195	233042
2005	1577	104	730	743	21824	216427

【旅客运输】

旅客运输量。公路旅客运输量在成都旅客运输总量中占比很大，一直维持在80%左右。1989年，成都市公路旅客运输量为1.02亿人次，占当年旅客运输总量1.25亿人次的81.47%，1990年为1.1亿人次，占85.68%。1995年，成渝高速公路开通，以后成绵、成雅、成乐、成南及省内的内宜（内江—宜宾）等高速公路相继开通，公路旅客运输得到迅速发展。1995年与1990年相比，公路旅客运量增加6920万人次。进入21世纪后，随着高速公路网的形成和私家车的增多，经营性旅客运输量虽逐年有所增加，但增加的绝对数减缓。2000年与1995年相比，增加2.55亿人次。2001年，公路旅客运输量在成都旅客运输总量中比例达到93.64%。2002年起，交通部门对旅客运输量统计口径作出调整，不含人力车、出租车和私家车数据，2002—2003年为88%。2003—2005年，成都市经营性旅客运输量以每年2000万人次的速度上升，其中2004年公路旅客运输量较2003年增加2381万人次，2005年较2004年增加1893万人次，但公路旅客运量在总客运量的比例却降至77.29%和77.03%。

旅客运输周转量。公路旅客运输多系短途运输，公路旅客运输量在运输总量中所占比例较高，但公路旅客运输周转量在运输周转总量中所占比例并不高。1989年，成都公路旅客运输周转量37.01亿千米，占当年旅客运输总周转量104.11亿千米的35.55%，平均每人旅行路程36.39千米，1990年为38.02%、33.87千米，1995年为27.15%、28.31千米，2001年为34.63%、26.34千米。2002年和2004年两次调整统计口径，其中2002年、2004年公路旅客运输周转量分别占运输周转总量的30.48%和17.88%，平均每人旅行路程为34.93千米和36.86千米。

1989—2005年成都市旅客运输量统计表

表3-53

年 度	总计（万人次）	公路（万人次）	公路运输占运输总量百分比（%）
1989	12484.0	10171.0	81.47
1990	12894.0	11048.0	85.68
1991	14003.0	12020.0	85.84
1992	14728.0	12600.0	85.55
1993	13942.0	11724.0	84.09
1994	14769.0	12545.0	84.94
1995	19931.0	17968.0	90.15
1996	24668.0	23000.0	92.24
1997	29092.0	27261.0	93.71
1998	36248.1	33752.0	93.11
1999	40140.4	37465.0	93.33

续表

年　度	总计(万人次)	公路(万人次)	公路运输占运输总量百分比(%)
2000	46459.0	43481.0	93.59
2001	52432.7	49100.0	93.64
2002	28884.6	25467.0	88.17
2003	28234.4	25065.0	88.77
2004	35511.0	27446.0	77.29
2005	38086.0	29339.0	77.03

1989—2005 年成都市旅客运输周转量统计表

表 3-54

年　度	总计(万人千米)	公路(万人千米)	公路运输占运输总量百分比(%)
1989	1041080	370125	35.55
1990	984166	374192	38.02
1991	1180397	418797	35.48
1992	1318135	432058	32.78
1993	1485535	395416	26.62
1994	1688276	435238	25.78
1995	1874098	508752	27.15
1996	1981118	635112	—
1997	1946330	757590	—
1998	2465278	928067	—
1999	2703787	1033464	—
2000	2889525	1148128	—
2001	3156153	1293121	—
2002	2918837	889564	—
2003	2686781	813656	—
2004	5343000	1004900	—
2005	6049029	1081300	—

【乡村客运】

成都乡村客运分两步走:第一步实现镇、乡通客运,第二步实现村村通客运。20 世纪 90 年代后期,各区(市)县的中心客运站里陆续建立乡村客运发车点,方便农村群众换乘,锦江、青羊、金牛、武侯、成华、温江、新都、郫县等地,在镇、乡一般都修建客运站,而且在道路沿途设立旅客候车点和招呼站牌。成都乡村客运投放车辆,在有国道、省道、县道贯通,经济比较活跃的乡、镇一般使用中型客车(中巴),对不靠县以上道路,仅有村道相通、客流量较小的村,多数使用小型面包车,一般都漆为黄色,俗称"黄巴",招手即停,随到随乘。中巴车实行定班发车,黄巴车满座即走,不严格定时,两种车均按照"一车一牌一证一线"管理,做到车身颜色、车辆标志、票据使用、收费标准"四统一"。单车必须挂靠有营运资格的运输企业,在分散经营的情况下由该企业进行日常管理。

乡镇客运站

1999 年,成都市实现全部镇、乡及 80% 的行政村通客车,在此基础上,市政府要求在 2005 年实现全市所有行政村通客运。1999 年 12 月,市交通局完成全市农村客运发展规划的编制,对发展乡村客运提出 4 条指导性意见,并线路走向、实际序列、申报程序、管理规定等提出具体办法。按照"谁投资、谁受益、多元化"的建站原则,推进乡村客运基础设施建设;适时投放乡村客运线路。1999 年底,全市 333 个乡、镇全部通客运。

2000 年后,全市各区(市)县乡村客运都做到大的镇、乡建立客运站,线路沿途的规范站牌。由于投资多元化,社会建站热情高,仅 2001 年 1—6 月,就完成场站建设 80 处。在旅游旺季,都江堰、青城山、龙池、九龙沟、鸡冠山、天台山、花水湾、西岭雪山,银厂沟、石象湖,龙泉山等旅游区,聚集大批的乡村客运车辆,与市内公共汽车一样方便。居住在各农家乐的旅客可预约"黄巴"前往各个景点。

截至 2005 年年底,成都市共有乡村客运线路 456 条,投放乡村客运班车 2191 辆,日均发班 1. 09 万班。全市 2288 个行政村全部通客运。

运政管理

【客运市场治理】

20 世纪 80 年代中期,放开客运市场后,一些社会运输力量加入客运队伍,带来客运市场的繁荣,但是也带来新的问题,主要表现在抢客源、沿街上下乘客,串线行驶、超载、票价混乱等,一些个人承包车、自营车车况差,安全隐患突出。

1994 年,成都市加大治理公路"三乱"力度。成立治理公路"三乱"工作领导小组,召开全市治理公路"三乱"工作会,和各区(市)县交通局签订《成都市治理公路"三乱"责任书》,落实工作职责和任务。公路"三乱"治理前,全市有公路收费站 70 处,各类公路检查站 70 处。治理后,公路收费站除经省批准的 10 处保留,12 处贷款额度大的已报省审批、完善手续外,其余 48 处已拆除;公路检查站除经省批准的 19 处林业检查站、6 处护林检查站保留外,其余 45 处已拆除。2000 年经省、市检查验收,全市国、省、县道公路无“三乱”，乡村公路基本无“三乱”。

1997年5月20日到12月31日，针对九眼桥地区是自发的劳动力市场，流动人口多，客运站远不能满足的混乱状况，市运管部门进行为期半年的专项整治，将两个车站的400多个班次的车辆全部迁入城东客运中心，对九眼桥地区实行“封闭式”管理，组成60多人的执法队伍，加强对龙舟路口、磨子桥等8个路口的管理，严禁在这些路段（口）招揽乘客。通过整治，两个地段的交通秩序得以好转。

【车辆超限超载治理】

20世纪90年代后期起，载重汽车超限超载情况出现。1994年6月20日到11月18日，全市共派出交通执法人员4.32万人次，检查车辆26.46万辆，其中省内超限超载车辆3.37万辆，卸载吨位7.99万吨，跨省卸载461辆，卸载吨位3393吨，罚款2.15万元。经过治超后，超限超载车辆大为减少，治超前川陕路超限超载率最高时达到90%，治超后降至3%，道路通过率显著提高，从成温邛公路货车观测点6月20日（治超前）交通流量2223辆，11月18日（治超后）为4516辆，上升103.15%。

2000年后，载重汽车超限超载情况逐步严重。超限超载车辆的大量出现不仅对人民群众和司乘人员生命财产安全带来极大隐患，而且对公路造成严重破坏。2004年，市政府启动对车辆超限超载专项整治工作。市政府下发《关于开展治理车辆超限超载工作的紧急通知》，成立由分管副市长任组长的“治超”工作领导小组。全市治理超限超载工作大体分为宣传阶段；执法人员上岗培训及现场调查阶段；全面铺开治理阶段。宣传阶段从当年6月20日起，仅市交通管理部门就在《成都日报》上刊发专版2次；在成都电视台滚动播出“治超”专题片；在全市散发各类宣传资料30万份，张贴宣传公告5万份，制作宣传手册2万份，悬挂宣传标语2300条，在高速公路的电子显示屏上24小时不间断播出“治超”内容，造成声势浩大的宣传和人在舆论力量。在开展宣传工作的同时，市交通、公安部门组织对执法人员的培训，仅市交通局就组织了150多名执法人员进行上岗培训，组织全市对与“治超”工作的人员参加“治超杯”知识竞赛。在培训工作结束后，市“治超”办根据群众反映“近段时间由广汉进成都双超车增多”的情况，组织相关人员到超限超载突出的青白江区、新都区川陕路沿线和彭州市进行调研，制订片区联动治超方案，市交通局也组织机动分队投入北片区整治行动。

2005年起，全市将整治超限超载工作转为各级交通管理部门的日常工作，超限超载情况得到有效遏制。

【客运经营权有偿使用】

1996年8月，成都市开始客运经营权的有偿转让，其基本做法是：从1996年8月19日起，全市所有经营道路客运的企业和个体，必须购买客运经营权后，才能从事客运经营业务；客运经营权有偿使用采取定价出售和公开拍卖方式进行；已有营运车超标线路牌一律按规定缴纳有偿使用费；所收费用专款用于交通基础设施建设。此后，凡成都市的新开公路客运线路，均实行公开竞拍的形式进行有偿转让。年内，双流县5个企业的15辆客车以每车10万元的价格取得5年的经营权。

公路运输主要企业

【概况】

中共十一届三中会以后，交通运输部门坚持

改革开放,1982 年,金堂县云绣乡谢传智利用 1 辆旧汽车开始商业性货物运输,是全省第一个个体运输户。1983 年,运输市场全面放开,个体(联营)运输户大量增加,至 1989 年底,包括汽车运输户、拖拉机运输户、人畜力车运输户在内的从事公路运输的个体(联营)户达到 3.58 万多户。

1990 年初,纳入市和区(市)县交通管理部门管理、考核的市属、区(市)县属运输企业共 60 余家,绝大多数为国有企业,个别为交通运输部门管理的企业与其他国有单位的联营企业。1990 年后,随着四川经济的发展,全市公路建设和交通运输进入一个新的历史阶段。

20 世纪 90 年代中期,国有运输企业全部按照现代企业制度。完成改制转型,组合成股份有限责任公司,原四川省汽车运输成都公司、四川省成都长途汽车运输公司、成都市汽车运输总公司通过改革,吸收社会资金,重头组合,同时进行企业经营机制转变,使三家老牌国有企业重新焕发青春,集约化的生产使公司继续保持成都客货运输市场中的主力军作用。1995 年,由中韩合资建设的成都汽车总站开始,全市 29 个一级、二级客运枢纽站全部与原有企业分割,成为独立经营的经济实体。而一批私营运输企业面对激烈的市场竞争,大浪淘沙,一些经营理念先进、重信用、善管理的企业脱颖而出。

进入 21 世纪,成都市部分运输企业通过改革做大做强的同时,一些货运企业向现代物流方向转变,将业务范围拓展到信息咨询、仓储、库存、装卸搬运及包装等方面,为企业提供全方位服务。同时,个体运输户、私营运输企业大批出现,他们多从事运输生产中的一个或几个方面,众多的企业和经营户共同组成开放、活跃、竞争的交通运输市场。

截至 2005 年年底,全市有规模以上公路交通运输企业 100 多家,其中客运企业 60 家,货运企业 20 多家,货运服务等企业 50 多家。与此同时,从事公路货物运输的个体户或联营户达到 5.2 万多户,从业人员达到 9.4 万余人。

【四川省汽车运输成都公司】

1950 年始建,位于彭楼南街 122 号。1998 年 12 月前,为国有企业。此后,经过企业改制,转变为股份制企业。2001 年,获交通部批准,取得二级道路旅客运输企业资质。2005 年,该公司注册资本 5138.36 万元,资产总额 4.17 亿元。该公司有分公司 8 个,全资子公司 10 个,参控股公司 13 个,有汽车站 4 个,车辆维修中心 3 个,出租汽车公司 2 个,房地产开发公司 2 个,此外还有涉外饭店、旅行社、商贸公司、油品销售公司、驾校等经营实体。

1990 年,该公司主营旅客运输和货物运输,兼营项目少。有营运车辆 728 辆,其中客运车辆 442 辆,货运车辆 286 辆。全年运送旅客 1920 万余人次,运送货物 21.7 万吨,

20 世纪 90 年代中期,该公司作出“以运业为主,多种经营”的战略调整,实施“巩固客运,发展物流,多元化经营;调整企业结构、经营结构、人员结构、车辆结构”的发展方针,围绕公路运输扩大经营范围,向旅客及货物服务业全面拓展,同时涉及关联产业。1994 年,该公司跻身“中国公路运输 60 强企业”,先后获得“四川省交通运输系统先进单位”称号,“全国交通系统先进单位”称号。1995 年,与韩国大宇株式会社合作,引进外资 500 多万美元,成立“中韩合资成宇运业有限公司”,建成全市第一家汽车客运一级主枢纽站。1998 年年底,该公司拥有职工 3646 人,资本总额近 2 亿元,净资产 8251 万元,

资产负债率 61.33%，国有总资产利润率 0.93%；拥有客货车 965 辆，其中高档豪华车 198 辆、经营省内及跨省超长客运线路 370 余条。年运输生产能力 1.19 亿吨千米，拥有子公司和非独立核算的单位 30 余家，上缴国家各种利费 3 亿多元。1999 年 2 月 10 日，四川省汽车运输成都公司正式改组为股份合作制企业。经过清产核资、国有资产评估确认、职工安置费和离退休人员社会保险确认、国有土地评估确认和出让金确认等工作后，该公司成为产权清晰、权责明确、政企分开、管理科学的现代化企业。

2005 年，该公司主营公路汽车客货运输、客货运车站经营、城市公交客运、出租汽车客运、普通货物运输、危险货物运输、大型物件运输。兼营货物专用运输，汽车及汽车配件销售，链条生产及销售，货运场经营，机动车驾驶培训，机动车维修，停车场服务，货运代理，货运配载。商务服务，货物运输保险、机动车辆保险、旅客平安险。国际国内旅游服务，石油成品油销售、房地产等。该公司有运营车辆 1541 辆，其中客运车辆 904 辆，货运车辆 637 辆，客车总量中，有高级客车 240 辆，中级客车 365 辆。该公司有长途客运线路 200 多条，全年共运送旅客 1622.0 万人次，运送货物 80.5 万吨。

四川省汽车运输成都公司部分年度车辆及运输生产经营情况表

表 3-55

年度	车辆总数	旅客运输			货物运输			总收入（万元）	利润（万元）
		车辆数（辆）	座位数（座）	客运量（万人）	车辆数（辆）	吨位数（吨）	货运量（万吨）		
1990	728	442	19716	1920.2	286	1457	21.7	4099.3	—
2000	1362	1111	25534	2204.0	251	1147	15.9	8283.0	—
2005	1541	904	25445	1622.0	637	3194	80.5	22800.0	506.0

【四川省成都长途汽车运输（集团）公司】

1958 年 7 月始建，时为“地方国营四川省温江专区运输公司”，后因主管部门变动而改名“四川省汽车运输公司温江公司”“四川省汽车运输公司成都第二公司”“四川省成都长途汽车运输公司”等，地址成都市青羊正街 229 号。1998 年，企业改制，由国有企业改组为股份制企业。2001 年 9 月，成立四川省成都长途汽车运输（集团）公司。同年，获交通部批准，取得二级道路旅客运输企业资质。2005 年，长运集团公司获交通部批准，取得一级道路旅客运输企业资质，是交通部确定的重点联系道路运输企业。2005 年年底，该公司在岗职工 1619 人，其中具有大专及以上学历的 295 人，各级管理人员 383 人。该公司总资产达 3.51 亿人民币，净资产 1.76 亿人民币。

1990 年，该公司主营旅客运输和货物运输。公司有运营车辆 697 辆，其中客运车辆 393 辆，货运车辆 304 辆。全年运送旅客 1606 万余人次，运输货物 63.3 万吨。同年 5 月，获省政府颁发的“省级文明单位”称号。20 世纪 90 年代中期，该公司围绕公路运输扩大经营范围，向旅客及货物服务业全面拓展，同时涉及关联产业。1998 年 5 月，该公司获交通部、人事部颁发的

“全国交通系统先进集体”。2001年，该公司分别获得中华全国总工会颁发的“全国五一劳动奖状”，交通部授予的“安康杯竞赛优秀企业”称号。

2005年，该公司有新都、彭州、金堂、崇州、温江、大邑、青白江、什邡、广汉等12个分公司，并投资或参股34个合资公司。主要经营公路客运、货运及危险货物运输，兼营信息配载、客运站经营、城市公交运输、车辆维修、车用燃料销售、驾驶培训、房地产开发、广告代理等。该公司有运营车辆739辆，其中客运车辆713辆，货运车辆26辆，在货运车辆中，有危险品专用运输车10辆。拥有西南地区最大的零担货运基地“五块石零担货运基地”及川陕路停车场、红牌楼货运站、高笋塘货运交易中心等18个货运场站。该公司下辖的货运分公司，以挂靠、业务合作等形式吸纳社会车辆300余辆加入运营，其中有10吨以上的货车50辆，各类厢式货车40辆。2005年，运送旅客2230.0万人次，运输货物4.7万吨。

成都长途汽车运输(集团)公司部分年度车辆及运输生产经营情况表

表3-56

年度	车辆总数	旅客运输			货物运输			总收入（万元）	利润（万元）
		车辆数（辆）	座位数（座）	客运量（万人）	车辆数（辆）	吨位数（吨）	货运量（万吨）		
1990	697	393	17488	1606.0	304	1534.5	63.3	4163.1	210.1
1995	950	882	22390	2004.8	68	318.5	34.9	5464.0	452.0
2000	1001	982	23344	2467.3	19	69.5	20.9	6972.0	702.0
2005	739	713	20668	2230.0	26	69.7	4.7	16109.0	1139.0

【成都市汽车运输总公司】

1992年3月始建，由成都汽车运输公司和成都第二汽车运输公司合并重组而成，国有企业。2001年，企业改制为股份制企业，改制后仍沿用原来名称，地址在过街楼街122号，2001年，该公司获交通部批准，取得二级道路旅客运输企业资质。2002年，获交通部批准，取得二级道路货物运输企业资质。2005年，该公司拥有17家分公司、子公司，在城区有1个全资一级主枢纽客运站和多个加气站，投资控股了全省唯一的国家级危化品物流项目“成都安利通危险货物物流中心”。该公司总资产3.5亿元，经营用地10万多平方米。

1992年，该公司主要经营旅客运输、货物运输和搬运装卸，职工人数达到4919人。1993—2000年间，除1996年略有盈余外，其余7年一直处于亏损状态。2001年改制后，有客货车1505辆，完成旅客运送266.7万人次，货物运输275.9万吨。该公司提出“完善配套改革，健全管理机制，坚持结构调整，强化资本动作，扩大经营规模，拓展运输市场，增强企业实力，提高经济效益”的经营方针，当年实现扭亏为盈。在大力拓展客货运输业务的同时，积极发展兼营业务，2002年后，在长途客货运输外，重点发展国内集装箱运输，危险货物运输、铁路公路联营、零担货物运输，同时开展仓储、物流配送、短途搬运装卸、汽车维修、燃润料及汽配零件销售，餐饮等。添置了200多辆集装箱车、厢式车辆和各种专用车辆。

2005 年，该公司有客货车 1501 辆，载客汽车与载货汽车间的比例为 1 ：2.79。全年完成旅客运送 411 万人次，货物运输 429.80 万吨。与 2001 年比较，货车数量减少 8 辆，但车辆总吨位却增加 4019 吨。

成都汽车总公司部分年度车辆及运输生产经营情况表

表 3-57

年度	车辆总数	其中旅客运输			其中货物运输			总收入（万元）	利润（万元）
		车辆数（辆）	座位数（座）	客运量（万人）	车辆数（辆）	吨位数（吨）	货运量（万吨）		
2001	1505	392	9720	266.7	1113	5200	275.9	12004.0	158.0
2005	1501	396	10604	411.0	1105	9219	429.8	19520.0	959.0

【成都灰狗运业（集团）有限公司】

1993 年 5 月始建，是最早进入成都市公路运输市场的民营股份制企业之一。2001 年，灰狗运业公司获交通部批准，取得二级道路旅客运输企业资质，是交通部确定的重点联系道路运输企业。2004 年，灰狗运业公司开始导入 ISO 9000 国际质量管理体系和 OHSMS 18000 职业健康安全管理体系标准。先后获得 ISO 9001 ：2000 质量管理体系认证证书和 GB/T 28001—2001 职业健康安全管理体系认证证书。2005 年年底，该公司有职工 800 余人，注册资本 6060 万元，地址三洞桥路 20 号。该公司辖有符合部颁标准的一类汽车修理厂 1 个，配备 15 吨级的汽车二级维护自动检测线，同时开展运输服务工作。

1993 年，成都灰狗运输公司开始从事公路旅客运输。至 2005 年，经营省际、市际、县际班车客运和包车客运，以及省内外道路旅游客运；批发、零售、代购、代销汽车零部件、摩托车配件；汽车维修。拥有运营客车 400 余辆，新车率为 80%，其中高级客车 180 余辆，中级客车 150 余辆，旅游客车 80 余辆。拥有客运线路 160 余条，其中跨区线路 155 条，跨省线路 7 条。月平均发班 2 万班，月平均运送旅客 50 万余人次。

【成都锦湖长运运输有限公司】

1995 年始建，由四川省成都长途汽车运输（集团）公司与韩国（株）锦湖集团共同投资兴办，中外合资股份制企业。该公司注册资金 7700 万元，是全省第一家经营高速公路旅客运输的企业。2002 年 12 月，通过 ISO 9001 ：2000 质量管理体系认证。2003 年 2 月，获成都市安全生产先进单位称号。成立时，该公司名称“四川成锦运输有限公司”，2003 年 4 月 4 日改为现名。地址在成都市五桂桥迎晖路 194 号。

1995 年，该公司开通成渝高速公路旅客运输时，投入 10 台价值上百万元的瑞典 VOLVO（沃尔沃）、凯斯鲍尔等豪华、超豪华型客车运营，实行滚动发班，航空式服务，从经营理念、服务方式等方面对传统公路旅客运输理念带来巨大冲击，特别是在成渝高速公路沿线生活服务区还未全部配套的情况下，使用带卫生间的超豪华客车运营，在业界产生很大影响。此后，随着省内多条高速公路的建成，将客运业务扩大到全省高速公路。到 2004 年，该公司总计投资 1.3 亿元，先后购入40辆瑞典VOLVO（沃尔沃）、12辆德国MAN（金龙），8辆欧洲之星、16辆凯斯鲍尔、12辆北方尼奥普兰和6辆韩国大宇双空调豪华大巴车，成为四川省拥有豪华大客车最多的高速公路运输企业之一。

2005年，该公司经营客运线路有成渝（成都—重庆）线、成广线（成都—广元）、成绵线（成都—绵阳）等10条高速公路线路。拥有各型高档、豪华客车90台。其中，成渝线投入车辆42台，占整个成渝线旅客车辆的四分之一。

2005年成都锦湖长运运输有限公司直达班车发车时刻表

表3-58

线　路	起讫站点	车辆数	车辆品牌	发车时刻
成都—重庆	五桂桥—蔡家坝	42	凯斯鲍尔、尼奥普兰	07：00—21：30（滚动发班）
成都—广元	昭觉寺—南河站	5	欧洲之星	07：40—20：00（40分钟一班）
成都—宜宾	五桂桥—北门站	5	欧洲之星	08：00—19：00（滚动发班）
成都—自贡	北门站—自贡总站	7	凯斯鲍尔、尼奥普兰	07：00—20：00（滚动发班）
成都—泸州	五桂桥—泸州总站	9	金龙	07：00—21：00（滚动发班）
成都—达州	五块石—达州南站	4	欧洲之星	08：30—18：10（滚动发班）
成都—岳池	十陵站—岳池站	1	尼奥普兰	08：40—16：30（1日二班）
成都—绵阳	昭觉寺—绵阳总站	10	凯斯鲍尔、大宇	07：00—20：30（每15分钟一班）
成都—乐山	石羊场—中心站	5	凯斯鲍尔	07：30—19：00（滚动发班）
成都—雅安	石羊场—雅安西站	2	凯斯鲍尔	07：45—19：00（滚动发班）

【四川省旅游汽车公司】

1978年始建，成立时名“四川省外事办公室车队”，属事业单位，企业管理。1984年，改制为具有独立法人地位的企业单位，并更名为“四川省旅游汽车公司”，归属四川省旅游局管理。2000年，该公司与省旅游局脱钩，同原省旅游局所属改制单位合并组建成立四川旅游集团有限公司，成为集团公司下属全资子公司。2001年8月，旅游集团公司撤销，旅游汽车公司划归岷山饭店管理。2005年1月1日，改为省国资委国有资产投资管理有限公司管理。2005年，该公司主营旅客运输、汽车小修，一、二级保养，注册资本1296万元。地址人民南路二段72号。

该公司主要从事旅游客运，旅游包车及政务用车、商务用车、会议用车的服务工作，配备旅游市场的主导品牌车型宇通（39—49座）、金龙（30—47座）、金旅（30—39座）等高一、高二级别旅游空调客车120多辆。根据省内旅游资源地分布和开发情况，主要运营阿坝州、甘孜州、乐山、峨眉等旅游线路 20 多条。2001 年，四川省旅游汽车公司经交通部批准，获道路旅客运输二级企业资质，是全省"旅游标准化示范单位。"2003 年，该公司获中国旅游车船协会"全国旅游车船行业诚信单位"称号；2004 年 9 月，获四川省旅游产业发展领导小组"全省旅游工作先进集体"称号；2005 年 1 月，获市交通局"交通安全生产达标单位"称号。

铁　路

干线铁路

【成渝铁路】

1952年7月1日建成通车，西起成都市，经金堂县五凤溪出市境，经简阳、资阳、资中、内江、隆昌、荣昌、永川、江津等市县至重庆市，初建成时全长505.06千米，设车站65个。设计运力为年运货物220万吨，日均旅客运量8800人。

成渝铁路建成后通过历年的挖潜改革，运力虽有增加，但终因原设计标准过低，增运困难。遂于1978年3月进行电气化改造，1984年，全线完成电气化改造。至1989年年底，全线通过能力达到45对列车，年运输能力为1490万吨。

20世纪90年代以来，在全国铁路几次大提速中，对成渝铁路进行了大量的改造。1998年，全路运输能力达到2876万吨，是成渝铁路初建时期的13倍，是1989年的1.93倍。此段时间，随着成渝高速公路的建成通车，带走成渝间大量的旅客和货物运输，成渝铁路的运输量减少，成都到重庆之间的旅客列车逐步减少，多次旅客列车停开。

2001年9月，内六铁路建成通车。该铁路北在内江与成渝铁路相接，连通宝成铁路、成昆铁路、达成铁路、襄渝铁路，南在贵州省六盘水市梅花山站与贵昆铁路相接，连通湘黔铁路、南昆铁路、是沟通云、贵、川、渝三省一市的又一条主要交通干线。此后，由成渝铁路经内六铁路南下出川的旅客运输和货物运输量显著增大。

成渝铁路

王二溪铁路石拱桥

【宝成铁路】

1952年7月动工修建，1958年7月建成通车。北起陕西省宝鸡市，路经陕西、甘肃、四川三省，宝成铁路北接陇海铁路，南连成昆铁路、东接成渝铁路、达成铁路，是国家Ⅰ类干线。宝成铁路经秦岭、凤州、略阳、阳平关、广元、江油、绵阳、德阳、广汉，在青白江入市境，全长668.20千米，其中四川域内323.31千米、44个车站。宝成铁路全线有隧道304座，桥梁1001座，隧道桥梁占线路总长度的17%。

宝成铁路设计运输能力为：四川段上行240万吨，下行102万吨。通车后不久，即大大突破设计能力。由于整条线路坡度大，隧道多，为缓解运量与运能之间的矛盾，从1958年6月开始进行电气化改造，1961年，完成宝鸡至凤州段91千米，改造后，列车区间运行速度提高27%，机车牵引重量提高30%。1975年7月，完成全路段电气化改造，是中国第一条电气化铁路。经电气化改造的宝成铁路，成都东站至广元区间，牵引定数上行2100吨，下行2400吨。年运输能力从750万吨提高到1500万吨。

20世纪80年代后期，随着改革开放的进一步发展，西南地区经济持续稳定发展，宝成铁路作为单线电气化铁路，长期超负荷运行，运量与运能之间的矛盾十分突出。

1994年，铁道部决定投资57亿元，对宝成铁路进行复线电气化建设和既有线路电气化改造，并将其列为"九五"计划期间重点项目。复线建设和既有线路改造区段为阳平关站到成都站，全长396千米。其中，阳平关站到广元站73千米由西安铁路局负责建设，广元站至成都站323千米，由成都铁路局负责建设。

经过近5年建设，1999年12月，宝成铁路复线电气化建设竣工通车。宝成铁路复线建成后，客车通过能力从通车前的每天43对增加到78对，2005年达到112对；货运能力从通车前的一年1158万吨增加到5000万吨。

宝成铁路一段

【成昆铁路】

1970年7月建成通车。铁路北起成都市，经双流县、在新津县普兴镇出市境，经眉山、夹江、峨眉、峨边、甘洛、越西、西昌、攀枝花、元谋、广通到昆明，全长1054千米，设122个车站，其中四川域内长751千米，设83个车站。

成昆铁路纵贯四川、云南两省，北接宝成铁路、成渝铁路、达成铁路，南接贵昆铁路、南昆铁路及与越南接轨的昆河铁路。沿途资源十分丰富，有丰富的木材、水力资源和旅游资源。分布着攀枝花钢铁公司、二滩电站等我国重要的冶金、能源基地。同时川滇两省又是多民族聚居地区，云南又是沿边省份，与越南、老挝、缅甸接壤。成昆铁路的建成与开通，对构建西部交通大动脉，发展西部经济，加快对外开放具有十分重要的意义。成昆铁路通车以来，旅客运输、货物运输运量增长很快，年均递增4.4%，货物到、发量年均递增7.5%，很多区段的实际运量超过设计能力。长期处于超负荷运转状态。云南省运往成都及西北地区的磷矿石不得不绕道贵昆铁路，特别是随着攀钢二期工程的建成投产，仅铁矿石一年就增加600万吨的运量，成昆铁路的运能不足已成为制约西南地区经济发展的重要因素。

1992年，国家计委批准成昆铁路进行电气化改造，并列入国家“九五”期间重点建设项目，西部大开发的重点工程。整个工程按国家Ⅰ级干线铁路进行电气化改造，成昆铁路全长1054千米，此项工程电气化长度1656千米，铺轨长度240千米。新建大中桥梁4座，总长度1052延长米，隧道3座，总长度2276延长米，并对既有的桥梁、隧道进行技术改造。工程由铁道部第二勘测设计院设计，中铁二局、五局、八局、十二局、成都铁路局工程总公司等单位施工建设。

1993年3月18日，成昆铁路电气化改造工程开工。主要建设单位为成都铁路局、昆明铁路局，工程概算总投资30亿元。其中，工程北段(成都到攀枝花段)765千米，由成都铁路局为建设单位，主要工程包括新建车站6个，对沿线所有车站进行技术改造，技术改造桥梁10座，折铺线路110千米，新建牵引变电所和开闭所共20个，架设接触网1301条千米，铺设综合光缆747千米，新建长达1176米的关村坝双向隧道1座。隧道渗漏整治269座，站场土石方290余万立方米。成昆铁路北段电气化改造工程实行分段开通、全面推进的建设方案。

1998年12月20日，开通成都至燕岗区段，长159千米。1999年11月28日，开通普雄到西昌南区段，长168千米；12月28日，开通燕岗到普雄区段，长234千米。2000年，开通西昌南到攀枝花区段，长204千米；同年12月30日，在成都站举行成昆铁路北段电气化改造工程开通典礼。至此，成昆铁路北段电气化改造工程全部建成并投入运营。工程决算总投资41.116亿元。

成昆铁路电气化改造竣工并全面投入运营后。采用SS3B型电力机车牵引，牵引定数由原来的内燃机车双机牵引2800吨提高到单机牵引4000吨，时速也从原来的双机牵引60千米提高到单机牵引80千米。其运输能力比改造前提高一倍，相当于重建一条成昆铁路。

成昆铁路一段

成昆铁路

【达成铁路】

国家Ⅰ级干线。铁路东起四川省达州市，西至成都市，线路全长403千米，共设车站46个。

达成铁路正线东在达州市渠县三汇镇接入襄渝铁路，西在成都市龙潭寺接入成渝铁路，全长386千米，设车站39个。经过南充市的营山县、蓬安县，南充市高坪区、顺庆区、嘉陵区，遂宁市的船山区、大英县、蓬溪县，德阳市的中江县，成都市的金堂县、新都区11个区、县。

达成铁路穿越四川盆地中部，东部，为襄渝铁路、宝成铁路、成昆铁路、遂渝铁路及规划中的兰渝铁路5大铁路干线的一条重要联络线，是横跨川中、川东地区的交通大动脉。

1958年，铁道部规划修建从成都经南充、达县（后改为达州）、襄樊到武汉的川鄂铁路，并于1960年前后逐步动工，后因国家财力十分困难而停建。1965年，川鄂铁路建设恢复动工，但紧接着从备战需要出发，决定先修建襄渝铁路，川鄂铁路建设再次停工。1986年，邓小平来川视察，在听取四川省委汇报后指示铁道部抓紧安排达成铁路建设。1988年8月，铁道部、四川省政府向国务院报送达成铁路项目建设书。同年，铁道部第二勘测设计院开始实地设计。

1990年7月，国务院批准项目建议书，并确定达成铁路由铁道部和四川省政府合资建设，这种投资模式突破了中国铁路建设由铁道部独家投资，是全国“省部共建”的第一条铁路，铁道部为此确定了“统筹规划、条块结合、分层负担，联合建路”的总方针，铁道部与四川省政府实行七三投资，即铁道部投资70%，四川省政府投资30%。而四川省政府投资的份额，省政府又与铁路经过的5个地市政府地方实行七三投资，即省政府投资70%，各地方政府共同投资30%。1991年4月完成达成铁路设计。此后，铁道部和四川省政府分别完成从批准立项到开工建设的前期准备工作。

1992年6月29日，达成铁路建设全线开工。铁路建设实行风险抵押总承包建设模式，在全国铁路建设上尚属首次，分东西两段实行招投标，东段从襄渝线上的渠县三汇镇到南充的万山寺隧道，全长144千米，由成都铁路局实行风险总承包；西段从南充县万山寺隧道到成渝线上的成都龙潭寺，全长204千米，由铁二院实行风险总承包。两家单位共交风险总承包金1000万元。此后，两家总承包单位再次分段进行施工招投标，经中标参与施工单位的单位有铁道部第二工程局、第五工程局、第十二工程局、第十三工程局、第十五工程局、第十七工程局、第十九工程局、隧道工程总公司、成都铁路局工程总公司、四川省地方铁路局工程建设总公司等。

1993年3月，全路施工全面展开，沿途各地市组织上百家企业参与修建。1994 年 4 月和 9 月，全路控制工程嘉陵江大桥和涪江特大桥完工。1995 年年底，东段实现轨通，1996 年西段实现轨通，在南充万山寺隧道接轨，全线贯通。

1997 年上半年，试运营山一南充间客运列车。同年 12 月 8 月，成立达成铁路有限责任公司，负责达成铁路土溪站到成都站间的运营管理，是中国首家“公司化运作的铁路”，同月 25 日，达成铁路全线开通运营，并与全国铁路办理直通运输。1998 年 1 月 1 日，首列跨局长途列车 T125/T126 在成都站与东莞东站发车，达成铁路正式开通运营。

达成铁路全路工程为路基土石方 3731 万立方米，圬工 134 万立方米，桥梁 140 座，3. 24 延长米，隧道 88 座，24271 延长米，敷设通信光缆 426 千米，架设 10 千伏电力线 392 千米，变电配电所 15 个，生产、生活用房 29. 22 万平方米。全路重点工程和控制工程有渠江大桥、嘉陵江大桥、涪江大桥、沱江大桥、龙潭寺大桥、漏米垭隧道、万山寺隧道、炮台山隧道、荀家沟遂道等。全路征地 2. 62 万亩。

达成铁路建成初期使用蒸汽机车牵引，1999 年下半年改为东风 4DFGAJF 内燃机车牵引。开通第一年（1997 年 12 月 15 日到 1998 年 12 月 15 日）共完成货物运输 240 万吨，旅客运输 160 万人次。开通时，旅客从达州市到成都需要 11 多个小时，旅行速度为不足 40 千米/小时。以后经过几次提速，到 2001 年年底，只需要 6 小时 51 分，旅行速度提高到近 58 千米/小时。

达成铁路一段

【宝成铁路青成段复线】

北起青白江，途经新都、天回镇至成都站，全线与既有宝成线并行，全长 24. 48 千米（33. 33 铺轨千米）。

2003 年 3 月 23 日，青成复线开工建设，资金概算为 3.28 亿元（铁路建设基金 1.28 亿元，国家开发银行贷款 2 亿元）。复线建设技术标准为国家Ⅰ级电气化铁路，正线数目为双线，限制坡度 6‰，双机 13‰，最小曲线半径 800 米，电力牵引，实行全立交、全封闭。工程由铁道部第二设计院设计，成都铁路局工程管理中心直接建设管理。其中，站前、站后工程施工分别由中铁八局、中铁电气化工程局承担，线下工程由成铁工程集团承担。甘肃铁一院监理公司担任工程监理。铁道部工程质量安全监督总站成都监督站担任质量监督。工程完成路基土石方 52.13 万立方米，附属圬工方 8.05 万立方米，桥梁 28 座 980.96 延长米，涵渠 84 座 532.29 延长米。正线铺轨 33.51 千米，站线铺轨 2.52 千米。通信干线光缆 29.38 千米，信号连锁 56 组道岔。电力线路 57.33 千米，接触网 45.69 条千米。牵引变电所 2 处，分区所 1 处，生产房屋 3475 平方米。

2004 年 4 月 15 日，青成复线建成投产，是日 17 时第一趟客车成都至上海 K292 次列车顺利通过。青成复线路基全部采用渗水土添料，将普通 25 米钢轨变更为一次铺设无缝线路，全部采用Ⅲ型轨枕，一级道砟和钢筋混凝土岔枕。线路技术条件较好，行车时速达 120 千米。为提高路基现代化水平和保证行车安全，青成复线土质路堤及路堑边坡采用骨架内液喷播植草护坡，新都、天回镇两站采用了计算机联锁系统及智能电源屏。

【达成铁路复线】

20 世纪末，国家在规划全国铁路客运骨干网时，沪汉蓉大通道（上海—南京—武汉—成都）列入全国东西大干线，达成铁路成为其中一段。由于达成铁路设计修筑于 20 世纪 90 年代初，技术标准偏低，弯道多，被称作“正弦铁路”，其通过能力不能满足骨干线路的要求。

达成铁路复线东起襄渝铁路达州站，于襄渝铁路三汇镇接轨，向西经南充、遂宁等市，西在成都市新都区石板滩接入成渝铁路，全路运营长度 368 千米，与达成铁路既存线相比，全路弯道减少，桥梁隧道增多。工程总投资 110 亿元。按行车速度，以遂宁为界将新路分为东段和西段，东段从三汇镇到遂宁，新增二线 181 千米，设计时速 160 千米；西段从遂宁到石板滩，增建双线 119.71 千米，设计时速为 200 千米。同时保留既有单线，石板滩站至龙潭寺站间增建二线，利用既有线引入既有成都站，另配套新建石板滩到规划建设中的东客站双线 16.95 千米（时速 200 千米。西段工程主要技术指标为：客货混跑，最小曲线半径一般 3500 米，个别 2800 米，限制坡度 6‰，到发线有效长度 850 米，牵引质量 4000 吨。重点控制工程有金堂沱江双线特大桥，云顶隧道 7.85 千米，天台寺隧道 3.01 千米，西段项目总投资预算 55.20 亿元。达成铁路复线由铁道部第二勘测设计院设计。

2004 年 11 月 27 日，复线开工建设。达成铁路复线设计能力为近期日通过客车 33 对，远期 38 对，货物 700 万～800 万吨/年。达成铁路复线建成后，成都到重庆客车将改走复线，全程理论上约需 2 小时。达成铁路复线是一条高等级的电气化铁路，被称作西南铁路第一线。

达成铁路一段

地方铁路

【概况】

1958 年后，由四川省政府投资、或由省政府与铁道部、成都铁路局共同投资，修筑 6 条支线铁路，分别为广旺铁路、德天铁路、岳广铁路、成汶铁路、资威铁路、渡口铁路，为开发当地资源，繁荣当地经济起到重要作用。这些铁路建筑时间早，普遍技术等级低，同时由于沿途旅客少，有的支线铁路运输每天开行旅客列车仅 1 对，有的只有客货混开列车。20 世纪 90 年代后，随着资源的减少和公路的兴建，这些支线铁路的作用越来越小。

地方铁路，由地方自行投资修建，担负地方客、货短途运输。有准轨（1435 毫米）和窄轨（762 毫米）两种轨距。成都市域内有 3 条地方铁路：即彭白铁路、成汶铁路、青温铁路。

【成汶铁路】

地方铁路。是原规划的成兰（成都—兰州）干线铁路的一段，自宝成铁路青白江站引出，至都江堰市（灌县）蒲阳站止，全长 50.51 千米。由省政府投资修建的彭白铁路（窄轨铁路）在彭州市（彭县）车站接入成汶铁路。成汶铁路按国家Ⅰ级干线标准设计首期工程为青白江站到都江堰市朱罗坝，1959 年全面开工建设，1960 年 10 月铺轨至都江堰市后停工，交由成都铁路局运营。成汶铁路建成青白江至都江堰后因未能继续往前修建，原来为沟通西南、西北间交通，开发岷江上游水利、森林资源的设想未能实现，预期的运输效果得不到实现，加之都江堰市到成都的交通便捷，铁路沿线公路发达，铁路运输量不大，20 世纪 80 年代末，成汶铁路运输量只及设计能力的 10%。进入 90 年代后，随着成灌公路的改扩建和成都平原公路网的新建、扩建，成汶铁路的运输量进一步下降。

【彭白铁路】

地方铁路。起自彭州市城西花盆村，到白水河镇止。全长 39 千米（不包括支线），762 毫米窄轨铁路，使用 15 千克/米轻轨，为开发彭州市西北山区丰富的蛇纹石、石灰石、煤炭等地下资源而建设。1959 年动工，初建时正处在“大跃进”时期，线路及设备多不符合技术要求，以后经多次改建，至 1962 年 1 月交付使用。通车一个月后，即发生桥塌事件，造成机车、车辆坠毁事故。彭白铁路通车时，曾使用过 25 马力拖拉机为牵引动力车，后改用省内制造的“新建”和“蓉建”蒸汽机车。1963 年后，开始陆续修建站房。同时，改用石家庄生产的 2M16-2 型过热蒸汽机车，1965 年后全部改用 2M16-2 型过热蒸汽机车。1986 年后，将全部钢轨更换为 38 千克/米和 43 千克/米重轨。1995 年，开始使用内燃机车，由蒸汽机车和内燃机车共同担负全路牵引。

彭白铁路主要运送货物，通过在货物列车上加挂客车兼营旅客运输，自 1965 年铁路正常运营到 20 世纪 90 年代初，年货运量从 20 万吨左右增至 50 万吨左右，其中 1987 年最高，达到 60 万吨。旅客运送量从 30 万人次增至 60 万人次左右，其中 1973 年最高，达到 90 万人次。90 年代后期，随着彭白公路的改扩建，乡村客运的发展和大型货运车辆的投入，公路运输灵活、方便的优点突出，彭白铁路速度慢、运量低成为进一步发展的障碍，运力不足造成企业连年亏损，列车班次减少，只能艰难维持生产。2005 年年底，彭白铁路基本处于停运状态。

【青温铁路】

地方铁路。位于成都市青白江区、金堂县域内，1985年批准修建为成都市总体规划的组成部分，系成都铁路枢纽北环线一段，线路等级为Ⅲ级准轨铁路，线路在宝成铁路青白江站出岔向东，通过四川化工厂5千米的铁路专用线，经川化、城厢、金堂抵达温家店，全长33千米。1989年，青白江至金堂通车运营。至1997年，共完成货运量11.00万吨，货运周转量226.70万吨千米，运输收入62.64万元。1997年12月，移交达成铁路有限公司后停运。

机车、车辆

【机车】

1990年，成都铁路分局配属机车中有电力机车、内燃机车和蒸汽机车三种类型。电力机车承担宝成铁路、成渝铁路电气化铁路的牵引作业；内燃机车承担成昆铁路、部分支线铁路的牵引作业及成都枢纽的调车、编组等作业，蒸汽机车承担部分支线及专用铁路的牵引作业。1991年，成都铁路分局配属机车149台，其中电力机车93台，内燃机车45台，蒸汽机车11台。

1993年，成都铁路分局蒸汽机车退出运营，不再服役。

1995年，成都铁路分局配属机车155台，其中电力机车99台，内燃机车56台，电力机车检修台位8个，（其中架修台位6个，定修台位2个），内燃机车小定位台位2个，蒸汽机车架修台位2个。

1999年，西昌铁路分局撤销，其管辖的线路及机车划归成都铁路分局。是年，成都铁路分局配属机车总数倍增，从171台增至363台。同年，成昆铁路完成电气化改造，全路段牵引机车均使用电气机车，当年，成都铁路分局配属的电力机车达到259台。

2000年，成都铁路分局配属机车328台。其中，电力机车243台，内燃机车85台。电力机车检修台位8个（架修台位2个，定修台位6个），内燃机车检修台位7个（架修台位2个，定修台位5个）。

2003年，成都铁路分局配属机车373台，其中电力机车284台，内燃机车89台。

2004年，成都铁路分局配属机车406台。其中，电力机车307台，内燃机车99台。电力机车检修台位9个（架修台位2个，定修台位7个），内燃机车检修台位8个（架修台位2个，定修台位6个）。

1990—2004 年成都铁路局成都分局配属机车情况表

表 3-59　　　　单位:台

年份	机车总数	其中				其中
		电力机车	所占比例	内燃机车	所占比例	蒸汽机车
1990		85				
1991	149	93	63.40	45	30.20	11
1992	146	93	63.70	49	33.56	4
1993	155	105	67.74	50	32.26	0
1994	156	102	65.38	54	34.62	0
1995	155	99	63.87	56	36.13	0
1996	156	100	64.10	56	35.90	0
1997	156	104	66.67	52	33.33	0
1998	171	109	63.74	62	36.26	0
1999	363	259	71.35	104	28.65	0
2000	328	243	74.09	85	25.91	0
2001	346	268	77.46	78	22.54	0
2002	361	282	78.12	79	21.88	0
2003	373	284	76.14	89	23.86	0
2004	406	307	75.62	99	24.38	0

【车辆】

1995 年,成都铁路分局配属客车车辆 846 辆,其中硬座车 419 辆,软座车 15 辆,硬卧车 240 辆,餐车 48 辆,行李车 43 辆,邮政车(代管)15 辆,公务车 1 辆,试验车 10 辆,发电车 5 辆,配属客车中有空调设备的 171 辆,其中集中式供电空调客车 91 辆,单车空调客车 80 辆。

2000 年,成都铁路分局配属客车车辆 1249 辆。其中,硬座车 602 辆,软座车 14 辆,硬卧车 388 辆,软卧车 61 辆,餐车 59 辆,行李车 67 辆,邮政车(代管)15 辆,试验车 11 辆,特种车 3 辆,发电车 29 辆。配属的客车中有空调设备的 525 辆。其中,集中式供电空调客车 445 辆,单辆空调客车 80 辆。2003 年,成都铁路分局配属客车 1294 辆,其中硬座 594 辆,软座 11 辆,硬卧 440 辆,软卧 38 辆,空调车 649 辆。

2004 年,成都铁路分局配属客车车辆 1282 辆。其中,硬座车 625 辆,软座车 11 辆,硬卧车 455 辆,软卧车 72 辆,餐车 69 辆,行李车 67 辆(代管),邮政车(代管)13 辆,路用车 11 辆,发电车 43 辆。配属的客车中有空调设备的 738 辆。其中,集中式供电空调客车 575 辆,单辆空调客车 74 辆。

1990—2004 年成都铁路局成都分局配属车辆部分情况表

表 3-60 单位:辆

年份	车辆总数	其中				其中空调车
		硬座车	软座车	硬卧车	软卧车	
1990	771	—	—	—	—	—
1991	759	446	12	154	34	—
1992	739	410	14	167	36	—
1993	740	410	15	170	38	—
1994	794	400	15	211	47	—
1995	846	419	15	240	48	171
1996	932	450	15	272	58	292
1997	888	413	15	280	48	270
1998	795	357	11	264	42	265
1999	1141	541	11	370	60	382
2000	1249	602	14	388	61	455
2001	1248	620	11	392	56	505
2002	—	—	—	—	—	—
2003	1294	594	11	440	58	649
2004	1282	625	11	455	72	738

铁路经营管理

【成都铁路局】

1952 年 7 月 1 日成立,时为西南铁路工程局重庆分局,后改为重庆铁路管理局。1957 年 5 月,重庆铁路管理局迁成都,更名为成都铁路管理局,1958 年 10 月 5 日,更名为成都铁路局。局机关位于成都市一环路北二段 11 号。是铁道部 18 个直属路局之一,管理四川省、贵州省、重庆市及云南省昭通市以及湖北省恩施土家族苗族自治州国家铁路干线以及合资铁路。

2004 年以前,成都铁路局不直管站段,站段的运营和管理工作分别由成都铁路分局、重庆铁路分局和贵阳铁路分局负责。

2004 年,铁道部实行撤销各铁路分局实施,由路局直管站段的重大改革,2005 年,成都铁路局积极稳妥推进直管站段体制改革,撤销成都、重庆、贵阳分局,完成路局、站段两级机关机构和人员的优化工作,理顺干部管理关系,明确干部管理权限。路局机关及附属机构实现减员1382人,减幅41.8%,站段机关减少内设机构162个,减幅25.2%,生产车间减少145个,减幅17.24%。全局调度台由改革前的81个优化整合为42个,减幅达48.1%。同时,实行主辅分离推进辅业改制工作,发布《关于作好主业业务回归工作的通知》,使主辅分离、辅业重组改制按政策要求规范有序推进。牵头组织对华恒物资设备供应公司改制的审核批复;协助完成冷藏运输公司、工程承发包公司、广告公司、旅游公司的重组整合;完成了铁旅大厦、青城山庄与中铁八局的重组改制;完成全局社会职能单位移交,将38所中小学、25所幼儿园、19所医院、6所职业学校计9864名在册职工和923名离退休职工移交地方政府管理。

2005年,成都铁路局管辖干线铁路有成渝、宝成铁路等9条干线铁路,管辖渝怀、遂渝铁路2条其他线路,达成、达万铁路2条合资线路及部分地方铁路。成都铁路局下设局属单位111个,其中多元经营(集团)公司1个,运输站段68个。全局职工总数13.26万人,固定资产791.57亿元,其中运营单位固定资产783.47亿元。主要设备有机车配属1166台,其中电力机车841台,内燃机车325台;客车配属3049辆,其中空调客车1703辆。运营里程5022.70千米,其中双线铁路900.40千米;电气化铁路4248千米,占84.58%;内燃化铁路774.7千米,占15.42%。营业车站481个。桥梁3384座,31.73万延长米;隧道及明洞1504座,84.64万延长米。信号设备的自动闭塞里程1243.20千米,半自动闭塞里程3273千米,电气集中车站448个。是年,成都铁路局实现旅客运输量7931.0万人次,货物运输量1.33亿吨。当年全局实现运输收入136.55亿元,较2004年增加11.20亿元,增长11.0%,创路局历史新高。其中,客运收入59.69亿元,较2004年增加5.91亿元,增长11.0%。

2005 年成都铁路局所辖主要铁路干线一览表

表 3-61

线路名称	线路起点	线路终点	营业里程(千米)
宝成线	广　元	成　都	317.80
成渝线	成　都	重　庆	504.60
成昆线	成　都	攀枝花	751.70
襄渝线	达　州	重庆西	256.10
湘黔线	大　龙	贵　定	262.80
黔桂线	麻　尾	贵　阳	295.90
内六线	内　江	梅花山	503.20
川黔线	小南海	贵　阳	423.50
贵昆线	贵阳南	凤凰山	367.50
达成线(合资)	龙潭寺	三汇镇	347.00
达万线(合资)	达　州	万　州	157.00

成都铁路局

【成都铁路局成都分局】

1965 年 1 月 1 日成立，位于二环路北三段 394 号。成都铁路分局成立时，管辖正线 545.53 千米，辖有成都站、成都东站、成都车务段、成都客运段、成都机务段、成都车辆段、成都工务段、成都电务段等 29 个生产经营和生活单位。

1989 年，成都铁路分局管内有成渝铁路成都站至史家乡段，宝成铁路上西坝至成都段，成昆铁路成都到双流（白家）段，以及广旺铁路广元到普济段，德天铁路德阳至汉旺段，广岳铁路广汉至岳家山段，成汶铁路青白江至都江堰段，资威铁路资中到威远段。管内线路总延展长度 1344.74 千米，其中正线 851.46 千米，站线长

408.47 千米，电气化铁路 539.8 千米，桥梁 502 座，总延长 29.11 千米，隧道 123 座，总延长 28.55 千米。有车站 96 个。其中，一等站 3 个，二等站 1 个，三等站 11 个，四等站 81 个。

1990 年，成都铁路分局管辖成渝铁路成都站到史家乡站区段，管辖宝成铁路上西坝站到成都站区段，管辖成昆铁路成都站到双流（白家）区段。1992 年管辖铁路跨及广元、绵阳、成都、内江 8 市 9 县。在成渝铁路史家乡车站至内江站间 216.5 千米处与重庆分局分界，在成昆铁路 3 成都南站至双流（白家）车站间 30.3 千米与西昌铁路分局分界，在宝成铁路上西坝至冉家河车站间 346.8 千米处与西安铁路分局分界。下设广元、绵阳、成都东站三个办事处，辖 31 个基层单位，96 个车站、5 个线路所，有职工 3.33 万余人，拥有固定资产原值 14.38 亿元。另外资威支线（29.29 千米）、广旺支线（82.34 千米）、德天支线（41.95 千米）、广岳支线（64.91 千米）、成汶支线（59.51 千米），成昆铁路引入线成都东至沙河堡 3.35 千米，专用线 102.2 千米。1998 年，达成铁路建成运营，由达成铁路有限责任公司管辖三汇镇站到龙潭寺站区段。

1999 年，西昌铁路分局撤销，其所辖大部分线路、车站并入成都铁路分局，成都铁路分局增加管辖成都站到攀枝花车站区段。至年底，成都铁路分局管辖线路总延长 2977.23 千米，运营总里程 1968.37 千米，有车站 185 个和 1 个线路所。共有 59 个下属生产经营和生活单位。

2004 年年底，成都铁路分局管内有成渝铁路（西段）、宝成铁路（南段）、成昆铁路（北段）、达成铁路（西段）干线铁路 4 条，有广旺铁路、德天铁路、广岳铁路、成汶铁路、资威铁路、渡口铁路共 6 条支线铁路，还有成渝铁路引入线、成昆铁路引入线、成都北环线、成都西环线、渡口联络结共 5 条，管辖线路总延长 2024.78 千米（含临管线、开通的复线）。其中，正线 1998.37 千米，管辖运营线路总里程 1706.9 千米，车站 189 个，其中特等站 2 个、一等站 2 个、二等站 3 个、三等站 19 个、四等站 153 个、五等站 6 个、线路所 4 个。由于 4 大干线在此交汇，构成西南地区最大的铁路枢纽，成都东站是西南地区最大的编组站、是全路七大货场之一，年集装箱办理量一直居于全路第一。成都站（习称火车北站）是西南地区最大的客运站和成都铁路局唯一的客运站特等站。2004 年，成都铁路分局实现旅客发运量 3048.80 万人次，实现货物发运量 5538.50 万吨，全年实现运输收入 60.35 亿元。

2005 年 3 月，根据铁道部管理体制由四级（铁道部—铁路局—铁路分局—站段）改为三级（铁道部—铁路局—站段）的决定，成都铁路局成都分局撤销。

2004 年成都铁路局成都分局主要经济指标完成情况表

表 3-62

指标名称	单　位	实际完成	比上一年增长(%)
换算周转量	亿换算吨千米	536.66	11.3
旅客周转量	亿人千米	100.95	21.5
货物周转量	亿吨千米	435.71	9.1
旅客发送量	万人次	3048.80	17.2
货物发送量	万吨	5538.50	11.3
平均一日装车量	辆	3636.00	51.6
平均一日卸车量	辆	3097.00	3.2
货车静载量	吨	57.10	0.7
货车周转时间	天	2.29	0.0
货车停时	小时	16.30	压缩 2.5 小时
货车中时	小时	4.90	压缩 0.1 小时
货车旅行速度	千米每小时	26.90	-0.4
货运机车日产量	万吨千米	81.30	0.7
行车大事故	百万机车走行千米事故率/件	0.00	—
运输收入	亿元	60.35	25.4
实现利润	万元	-6549.00	-129.7
运输全员劳动生产率	亿换算吨千米/人年	139.19	-71.2
运输成本	元/万换算吨千米	1078.10	54.5

【四川省地方铁路局】

1992 年 8 月 1 日成立，位于成都市金仙桥路 15 号。为省级国有预算内大型企业，负责全省地方铁路及企业的管理，统一组织全省地方铁路的建设及运营，代表四川省参加合资铁路建设与管理，并对国家、地方铁路联营实行行业管理。2004 年年底，有运营铁路 275 千米，其中自营地方铁路 118 千米，联营铁路 87 千米，合资铁路 70

千米。局机关设有办公室、人事处、计财处、审计处、运输处、基建处、物资处等11个处室。下辖普乐、彭州2个运输分局,3个直属公司,1个勘测设计所,1个枕梁构件厂,1个控股公司,5个参股公司,1个联营公司。全局共有职工1529人。是年完成货运量391万吨,客运量1.7万人次;货物周转量1.34亿吨千米,客运周转量21.5万人千米。亏损1155.7万元。

【客服运务管理】

成都客运段。1958年建段,段址在成都市人民北路北端,与成都站相邻。主要负责旅客列车工作人员的管理工作,承担成都铁路局管内旅客列车的服务(包括旅客列车乘务工作和餐饮服务)。

1990年,成都客运段担负15.5对旅客列车的乘务工作和餐饮服务工作。其中,跨路局列车5.5对、管内列车10对。管网列车中有支线旅客列车1对,支线混列3对。日乘务路线1.39万千米。

1995年,成都客运段运送旅客1178.4万人次,运送行包186.6万件,信件33.5万件,加挂回转车735辆,完成工作量4328.7万辆千米,全员人均劳动生产率4.51万辆千米。

2004年,成都客运段运营总里程达到1.83万千米,担当10.5对列车,其中跨路局列车8.5对,管内列车2对,运营里程959千米。全年运送旅客1363.01万人次,行包310.42万件。加挂回转车2540辆。

至2005年年底,成都客运段有职工4936人,固定资产5982.2万元,设置14个职能部门,管辖10个车队及餐饮公司等段属企业。下辖66个乘务组。是年,成都客运段增开成都至泰州跨局旅客列车1对,成都客运段担当的旅客列车增至11.5对,分别开往北京、上海、广州等11个方向。其中,跨路局列车9.5对,管内列车2对,日运行里程41012千米。全年运送旅客1534.4万人次。其中,直通1164.1万人次,管内370.4万人次;运送行包353.7万件。开行临时旅游专列5列,加挂回转车2810辆,实现运输收入1.25亿元。

截至2005年年底,成都客运段T7/8次旅客列车(成都到北京)连续19年保持铁道部红旗列车称号,K192/191次旅客列车(成都到广州)连续3年保持铁道部红旗列车称号,K292/291次旅客列车(成都到上海)获得铁道部红旗列车称号,全年共获得旅客表扬50余万条。

春运期间,成都站开展返程票预订业务

成都铁路局医疗列车

铁路轨道检修现场

【铁路经营管理体制改革】

2004年，按照铁道部的有关要求，铁路主辅分离、辅业重组改制工作正式开始。2005年，成都铁路局制发《成都铁路局2005年主辅分离辅业改制工作重点》《关于成都、重庆、贵阳车站托管多经企业脱钩工作的实施意见》《关于作好主业业务回归工作的通知》，在创新管理机制、提高经济运行质量、谋求经济效益最大化的前提下，指导主辅分离、辅业重组改制工作规范操作，牵头组织对华恒物资设备供应公司改制的审核批复；协助完成冷藏运输公司、工程承发包公司、广告公司、旅游公司的重组整合；完成了铁旅大厦、青城山庄与中铁八局的重组改制；及时调查了解路局主辅分离辅业改制工作进展及相关部门责任落实情况。

在2004年完成社会职能单位移交、继续做好后续工作的基础上，积极推进社会职能单位离退休人员的移交。2005年年内，完成管内部分医院、学校离退休人员、内退人员移交地方政府管理工作，共移交在册职工9864人，离退休人员678人。同年，成都铁路局积极稳妥推进直管站段体制改革，撤销成都、重庆、贵阳分局，完成路局、站段两级机关机构和人员的优化工作，理顺干部管理关系，明确干部管理权限。路局机关及附属机构实现减员1382人，减幅41.8%，站段机关减少内设机构162个，减幅25.2%，生产车间减少145个，减幅17.24%，实现局机关限额内、限额外、各办事处、站段领导班子定编不超，站段管理干部定编总体不超。全局调度台由集中后的81个优化整合为42个，减幅达48.1%。2001—2005年期间完成全局38所中小学、25所幼儿园、19所医院、6所职业学校计9864名在册职工和923名离退休职工移交地方政府管理工作。

铁路运输

【概况】

1990年，成都铁路分局货物发送约1亿吨，较上年增长0.8%，装卸作业约1.2亿吨，货物运输总收入21.11亿元。1995年，成都铁路分局货物发送量1.2亿吨，装卸作业量1.5亿吨，货物运输总收入38.20亿元。

1996年，成都铁路分局管内配属客车车辆932辆，其中硬座车450辆，软座车15辆，硬卧车272辆，软卧车56辆，餐车51辆，行李车49辆。配属客车中有空调设备的292辆。全年旅客发送1407.93万人次。旅客周转量45.99亿人千米。1997年，铁路运输市场竞争加剧，货源下滑。是年，货物发送量9247.70万吨，较上年下降200.3%，装卸作业量1.2亿吨，货物运输总收入32.20亿元。1999年，成都铁路分局货物发送量3862.83万吨；货运收入1.7亿元。

2000年，成都铁路分局管内办理客运业务的车站有81个，有旅客站舍81处、总面积17万平方米。全年发送旅客2685.8万人次，旅客周转量85.89亿人千米。2001年，成都铁路分局货物发送4081.7万吨，货物周转量289.30亿吨千米。平均一日装车数1970辆，平均一日卸车数

2635 辆。2002 年，成都铁路分局货物发送量4728.20 万吨，货物周转量 383.58 亿人千米。平均一日装车数 2274 辆，平均一日卸车数3036 辆。

2003 年，成都铁路分局配属客车车辆 1294 辆，其中硬座车 594 辆，软座车 11 辆，硬卧车 440 辆，软卧车 58 辆。全年成都铁路局发送旅客 6159 万人次，旅客周转量 235 亿人千米，其中成都铁路分局发送旅客 2601 万人次，旅客周专量 83 亿人千米。2004 年，成都铁路分局货物发送量 5538.50 万吨，货物周转量 435.71 亿吨千米，平均一日装车 3636 辆，平均一日卸车 3097 辆。2005 年，成都铁路分局撤销，成都铁路局直接管理站段。是年，成都铁路局旅客发送量 7614 万人次，客车始发正点率 99.6%，客车运行正点率 99.3%。

截至 2005 年年底，成都铁路局下设局属单位 111 个。其中，多元经营(集团)公司 1 个，运输站段 68 个。全局职工总数 13.26 万人，固定资产 791.57 亿元，其中运营单位固定资产783.47 亿元。主要设备有机车配属 1166 台，其中电力机车 841 台，内燃机车 325 台；客车配属3049 辆，其中空调客车 1703 辆。运营里程5022.70 千米，其中双线铁路 900.40 千米；电气化铁路 4248 千米，占 84.58%；内燃化铁路774.7 千米，占 15.42%；营业车站 481 个；桥梁3384 座、31.73 万延长米；隧道及明洞 1504 座、84.64 万延长米；信号设备的自动闭塞里程1243.20 千米，半自动闭塞里程 3273 千米，电气集中车站 448 个。成都铁路局实现全年旅客运输量 7931.0 万人次，实现旅客运输周转量 323.9 亿人千米；实现货物运输量 1.3 亿吨，装卸作业量 1.76 亿吨，货物运输总收入 77.28 亿元。

【管内场站】

1990 年，成都铁路分局管内有车站96 个，其中有 94 个车站办理客运业务。在 96 个车站中，除成都站和成都东站外，成渝铁路、宝成铁路、成昆铁路 3 条干线铁路上计有车站 64 个。其中，成渝铁路上有车站 24 个，宝成铁路上有车站 38 个，成昆铁路上有车站 2 个。成汶铁路等 6 条支线铁路上有车站 30 个。成都铁路分局所辖 96 个车站中，其中成都站、成都东站、广元站 3 个车站为一等站；绵阳站 1 个车站为二等站；成都南站、马角坝站等 11 个车站为三等站；龙潭寺、石板滩、天回镇、新都等 81 个车站为四等站。96 个车站中有 94 个开通旅客运输业务。在此以后，随着运输情况的变化和对线路的改造，对既有车站进行调整，有的撤销、有的新建，有的按照当地政区变化重新命名。

1998 年，成都铁路分局管内有车站 94 个。同年，达成铁路正式运营，由达成铁路有限责任公司经营，全路共设车站 22 个，其中 19 个车站办理客运业务。

1999 年，西昌铁路分局撤销，所辖部分线路并入成都铁路分局。是年，成都铁路分局管内车站达到 185 个，其中有成都站、成都东站 2 个车站为特等站、广元南 1 个车站为一等站，绵阳、燕岗、西昌南、攀枝花 4 个车站为二等站，昭化、马角坝、德阳、简阳、资阳、乐山、西昌等 19 个车站为三等站，龙潭寺、石板滩、天回镇、新都、双流、新津等 146 个为四等站，另有 7 个五等站。同年，成都铁路分局办理货运业务的车站有特等站 2 个，一等站 2 个，二等站 3 个，三等站 19 个，四等站 103 个。

2000 年，成都铁路分局管内有车站 179 个，不计成都站和成都东站，成渝铁路、宝成铁路和成昆铁路 3 条铁路干线有车站 142 个。其中，成渝铁路有车站24个，宝成铁路有车站29个，成昆铁路有车站89个。成汶铁路等6条支线铁路有车站33个，成都枢纽有车站2个。另有达成铁路有限责任公司管理的车站20个。2001年，成都铁路分局办理货运业务的车站共有128个，2002年有131个。

2004年，成都铁路分局管内有车站185个，线路所4个。不计成都站和成都东站，成渝铁路、宝成铁路、成昆铁路3条干线铁路上及成都枢纽有车站150个，其中成都枢纽有车站8个，成渝铁路有车站24个，宝成铁路有车站30个，成昆铁路有车站88个。成汶铁路等6条支线铁路共有车站33个。在185个车站中有特等站2个，一等站2个，二等站3个，三等站19个，四等站153个，五等站6个。其中，办理货运业务的车站共124个。2005年，成都铁路分局撤销，原分局管内站全部归成都铁路局直管。

【管内设施】

1995年，成都铁路分局管内车站98个，其中办理客运的车站94个，站台总面积10.42万平方米，站台雨棚13座，总长度5306米，地道3座，延长88米，天桥2座，延长158米；办理货运的车站88个，货场面积127.76万平方米，货物装卸线122条，延长34392米，货物仓库129座，计9.19万平方米，货物站台32座，计17.39万平方米，货物围墙9443米，硬化地面3229万平方米，一次堆货能力21.43万吨。

2000年，成都铁路分局管内有旅客站舍81处，站舍总面积17.08平方米。办理货运业务的货场总面积159.37万平方米，货物装卸线201条，有效长43774米。

2001年，成都铁路分局办理货运业务的货场总面积159.37万平方米；货物装卸线201条，装卸有效长43774米。货物发送4081.70万吨，货物周转量289.30亿吨千米。平均一日装车数1970辆，平均一日卸车数2635辆。

2002年，成都铁路分局办理货物运输业务的货场总面积160.60万平方米；货物装卸线206条，装卸有效长59894米，露天站台109座，使用面积11.95万平方米；露天货区使用面积21.20万平方米；货物仓库175座11.52万平方米；货物雨棚18座2.24万平方米；装卸机械133台；货场围墙15997米，硬化面积47.10万平方米，年办理量3558.86万吨。平均一日装车数2274辆，平均一日卸车数3036辆。

2004年，成都铁路分局管内共辖车站185个，其中办理客运业务的三等以上车站有20个（四级以下车站未统计，下同），有旅客站舍20处，站台总面积5.89万平方米；站台雨棚34座，总长度14千米；地道18座，总长度676米；天桥5座，总长度258.50米。办理货运业务的货场总面积183万平方米，货场装卸线209条，有效长43865米；露天站台126座，使用面积16.37万平方米；露天货区218座，使用面积30.52万平方米；货物仓库205座，建筑面积16.24万平方米；货物雨棚27座，建筑面积3.84万平方米；装卸机械136台，最大起重量40吨；货场围墙23907米，道路硬化面积42.10万平方米，年办理能力5553.10万件。平均一日装车3636辆，平均一日卸车3097辆。

2005年，成都铁路局投入资金9177.82万元。用于保价2777.82万元，用于货场扩能方面522万元，其他项目2255.82万元，使部分车站货场能力得到改善和提高。投资6400万元改造装卸设施设备。在货运安全设备上投入845万元对成都东站货场的电视监控系统进行全面升级改造。

【成都站】

1952 年 7 月 1 日,成都站建成并交付运营,站址在成都市人民北路一段北端尽头,为客货一等站。1961 年 4 月 1 日,将货运业务划出另成立成都东站。

1990 年,上调为客货特等站,同时核定车站性质为区间站、技检站;核定车站客运业务为旅客乘降、行李托运、包裹托运;核定车站货运业务为专用线路整车货物发运。车站有站线 15 股,其中到发线 11 股,总延长 8145 米;公务车、发电车、机车整备停留线 4 条,总延长 643 米;电动道岔 53 组。站区建筑面积 2. 92 万平方米,设有旅客站台 4 个,专用站台 1 个,总长 2218 米,风雨棚 4 个,总面积 1. 98 万平方米。站房为特大型站房,候车大楼长 167. 5 米,宽 35 米,高 24 米,采用线上式布局,分上下两层,左右分设 2 个候车大厅,总面积 1. 48 万平方米,可容 7000 人同时候车。一楼候车厅与第一站台相连,设有软席车候车室、贵宾候车室及旅客服务中心等。楼上两个站台通过天桥与站台相连。是年,成都站完成旅客发送 1008. 73 万人次。

1994 年,新建成都站行李、包裹大楼,建筑面积 7387 平方米,全框架结构,总投资 1300 万元。1995 年,成都站完成旅客发送 903 万人次,货物发运 5. 58 万吨,装车 1056 辆,卸车 5296 辆,运输收入 5. 35 亿元。

1998 年,成都站与路局票务中心联网售票,并从 9 月 1 日起,在成都站与绵阳、广元、资阳、简阳、资中等站实行联程售票。2000 年,成都站完成旅客发送 1041 万人次,与 1995 年比较,增加 138. 70 万人次,增长 15. 36% 。运输收入为 9. 79 亿元,与 1995 年比较,增加 4. 43 亿元,增长 82. 77% 。

2003 年,对成都站站台及候车大厅进行综合改造,2005 年春运前全部改造工程竣工。总投资 1. 40 亿元。改造后的售票大厅常年开设 36 个售票窗口,高峰时段开设 67 个。经过改造的候车大厅可容 1. 1 万人同时候车,同时新建多功能候车区,增设咖啡厅、茶厅及按摩椅等,可满足不同旅客的需求。同年 9 月,投资 2400 万元,新建立体多层综合停车楼投入使用,可停放 400 多辆汽车。

2005 年,成都站旅客发送量增加至 1415 万人次,较 2003 年增长 27. 82% ,货物发运量增加 4. 57 万吨,增长 173. 76% 。

成都站部分年度运输生产及收入情况表

表 3-63

年 度	固定资产（万元）	旅客发送量（万人次）	货物发运量（万吨）	运输收入（万元）	正点率（%）
1990	—	1008.73	—	—	97.10
1995	—	903.00	5.68	53540.10	98.70
2000	5397.20	1041.70	3.06	97853.60	—
2001	5637.94	1138.00	2.90	122473.63	99.40
2002	5809.00	1275.12	3.18	116120.00	99.60
2003	9832.00	1107.00	2.63	113828.80	99.50
2004	14282.00	1344.25	7.04	143377.50	99.30
2005	6248.00	1415.00	7.20	150815.00	99.20

说明：数据以成都铁路局核实的为准

铁路成都站夜景

铁路成都站站前广场

【成都东站】

1961 年建站，站址成都东郊八里庄，是成都铁路局的货运枢纽站，西南地区最大的货运编组站，担负成渝铁路、宝成铁路、成昆铁路和达成铁路 4 个方向货物列车的解体、编组技术作业。同时办理整车、零担、集装箱货物的到发和零担货物的中转组织业务。1989 年，成都东站有站线 61 股，其中南北到场各 7 股，编组场 18 股，货物线 24 股，牵出线 5 股，总有效长度 67.7 千米。有 32 吨龙门吊 1 台，用于集装箱吊装，以叉车为主的装卸设备 112 台，各种运输车辆 29 辆。日均接发货车 60 对，日均解编 118.4 列，办理车辆 3997.8 辆，日均装车 93 辆，卸车 344.8 辆，日均发送集装箱 80.21 个 CTU，到达 93.95 个 CTU。全年吞吐货物总量 700 万吨左右，其中发送货物 171.70 万吨。

1994 年起，成都东站进行大规模扩能改造，同时以强化运输组织，整顿路风为中心，开展延伸服务，由传统的货运企业向货运、货运服务的现代物流企业发展。1995 年，组建集装箱运输中心,1998 年建成制冰厂,提高冷藏货物运输能力。至 1999 年,成都东站扩能改造完成,全站占地面积 80 万平方米,其中货场面积 32 万平方米,有专用线 29 条,货场线 23 条,货物仓库 16 个,面积 2.61 万平方米,装卸作业线 16 条,有 16 吨、25 吨汽轮吊各 1 台,集装箱正面吊等大型装卸机械和冷冻机、制冰机等特种设备。是年实现货物发运 208.20 万吨,日均装车 128.9 辆,卸车 377.9 辆。同年,东站以完善经营机制为手段,克服铁路货物运输市场相对减小的困难,成立营销中心,按照“人在家中坐,收发全国货”的要求,开展“门到门服务”,多方组织货源,向广大货主提供物流信息,安排运输生产,代办进出口货物相关报关手续。

2005 年,成都东站加强基础管理,以“畅通、安全和增运增收”为重点,设营销中心、运输调度中心、货运车间、装卸车间和集体性质的东站运输服务公司、股份制性质的东站集装箱公司,另在温江设有货场,从而实现接货进站、送货上门、全程运输服务。货运车间负责货场及 58 家专用线的货运组织和装卸组织、监督货物装卸加固作业、货物的仓储保管、货运事故的受理、调查、赔付;装卸车间负责货物装卸;集装箱公司是成都东站控股的股份制公司,主营 1~40 吨集装箱发送、到达运输服务。年内日均装车 204.5 辆,卸车 574.3 辆,办理车辆 8005.4 辆,其中 11 月 27 日,创下日均办理 9359 辆的历史纪录。全年全站共完成货物发运 349.3 万吨。

1999—2005 年成都东站部分年度运输生产及收入情况表

表 3-64

年　度	固定资产（万元）	货运量（万吨）	运输收入（万元）	日均装车（辆）	日均卸车（辆）	办理车辆（辆）
1999	—	208.20	17216.00	128.90	377.90	4719.60
2000	4945.40	279.74	34498.50	—	—	—
2001	6243.50	891.80	32400.00	—	—	—
2002	8907.87	—	31906.40	163.60	598.90	7504.00
2003	7226.00	315.70	35234.20	162.60	602.40	7563.70
2004	7569.00	346.89	42601.00	178.20	572.10	7668.70
2005	—	349.50	42626.60	204.50	574.30	8005.40

【成都北编组站】

位于新都区泰兴镇与木兰镇之间,为货运编组站。离达州站 375 千米,离成都站 14.5 千米,车站规模为双向三级六场编组站。作为路网性编组站,其主要功能为承担成都枢纽内货物列车的解编作业,编组大量超远程列车、承担原成都东站的货物列车解编作业的各区编站编组通过成都枢纽的作业。

根据 2002 年铁道部编制的《中长期铁路规划》,成都铁路局于 2003 年 9 月正式开工建设北编组站建设,预算总投资 17 亿元,业主单位为成都铁路局,由铁道部第二勘测设计院、铁道部工程鉴定中心、北京全路通信信号天空设计院等单位设计,中铁八局集团有限公司施工。成都北编组站北起宝成铁路青白江站,南至成昆铁路沙河堡站、东起成渝铁路石板滩站、西至成渝铁路龙潭寺站，占地约5000亩，整个工程建筑长度28.45千米，其中编组场11.27千米，新建成都北编组站到沙河堡站联络线11.27千米，新建成都北站至成渝铁路联络线1.01千米。建设大中型桥梁27座、8556.97延长米，建设涵洞165座、1.14万延长米。工程决算总投资20.08亿元。建成后的编组站有100多条股道，设计近期总运量为8300万吨，远期为9600万吨，设计近期作业量日均9732辆，远期作业量日均1.1万辆，设计近期列车通过能力为货车56列/日，客车16列/日。因拆迁问题一度停工，至2005年年底，该站尚在建设中，按设计能力，是当时亚洲最大的货运编组站，也是国内第一座采用综合集成自动化（CIPS）系统的编组站，该系统以集成控制系统为基础，实现调度计划自动生成及执行，信息系统与车流同步，实现编组站决策、优化、管理、调度、控制一体化和整个枢纽调度工作的统一管理，成为全国首家改变"条块分割"，管控脱节、各系统间信息封闭、分散作业格局的铁路编组站。

【货运场站及园区】

1980年前，成都铁路货运站仅有成都东站，20世纪90年代逐步扩建成都南站、青白江大弯站为货运站场。1990年，成都铁路货运场站有成都东站和洪安乡站，成都东站除开展货运业务外，还担负列车编组任务，洪安乡站为危险品货场，此外，成都站接受旅客行李和邮件的运输。由于成都铁路货运需求的持续增长，成都东站受地理位置和场地的限制，不具备发展的空间，是年后，对成都东站进行多次扩能改建，并陆续设立了南郊货场、西郊货场，一些大型货运仓储企业也建立自己的货场。但远远跟不上货运需求。

2000年后，扩大成都西站为货运站场。其中，成都东站是西南地区最大的货运站，成都西站是货运行包专列装卸站。2002年，铁道部编制《中长期铁路规划》，提出在全国建设18个集装箱中心站，成都列入其中。省、市政府和成都铁路局组成协调机构，按照规划要求，加快货运枢纽的规划建设。年内，启动全分局所属货运场站的改扩建工程。

2003年，成都铁路局完成成都货运枢纽的初步规划，规划中的成都铁路货运枢纽分为北枢纽和南枢纽两部分。北枢纽又称"成都青白江物流园区"，主要由"两站两园"构成，两站指成都铁路集装箱中心站和大弯货站，两园指成都国际集装箱物流园区和成都铁路散装货物国际物流园区（又称大弯散装货物物流园区）。规划对两站两园的功能定位为：两站主要承担运输功能，两园主要提供集装箱增值服务，两站两园将形成以集装箱多式联运和集装箱增值服务为基础，以工商业配送、国际物流、物流装备制造、国家采购与展示、冷链物流为重点的集装箱物流基地，构筑起中西部地区规模最大、海铁联运、通达全球的内陆港。南枢纽以成都西站货场、南郊货场、十陵站货场及既有的成都东站构成，发运货物主要以钢铁及钢铁制品为主，到达货物主要以煤炭、粮食为主。新建面郊货场以双流站为中心，近期规划规模为300万吨，预留货场最终规模为500万吨。

2004年，成都国际集装箱物流园区和大弯散装货物物流园区总体设想方案获铁道部批准。年底，分局新建、改扩建40多个货场的计划全部完成，日均增加卸车近2000辆。仅2004年成都铁路分局就安排资金2848.50万元，完成乐山、普济、沙溪坝、新津、攀枝花、竹园坝、双流等站的货场和绵阳站的仓库的改造。

国际集装箱堆场

2005年，成都铁路集装箱中心站获国家计委批准。同年，成都铁路局和省政府共同组织设计招标，成都铁路货运枢纽进入建设阶段。

【成都青白江物流园区】

20世纪90年代中期，根据成都市的城市定位和铁路货物运输的实际，省政府和成都铁路局决定新建成都铁路货运站，经过反复论证，决定在青白江区择址建设新的货运场站。此后，随着全国铁路路网规划和现代物流理念的日益深入人心，将货运场站的理念重新定位于大型铁公联营的物流园区，功能也从单纯的货物运输场站发展到工商业配送、国际物流等全方位服务的物流园区。

2004年，由成都铁路局和四川省政府主持制定的青白江物流园区总体设想方案获铁道部批准。总体设想提出，成都青白江物流园区分两期建设，第一期为大型集装箱物流园区，由成都铁路集装箱中心站及配套的联络线、站点组成，第二期为散货物流中心，对外名称为“成都铁路散货国际物流中心”。总体规划的成都铁路集装箱中心站总投资约10亿元，规划以既有城厢车站为中心，共占地2140亩，加上预留土地至3000亩。东西长8.4千米，南北最宽处达850米，主要工程包括城厢车站的改扩建，新建城厢站至大弯站的联络线及货运设施。需要新建中桥22.36延长米，道岔56组。正线铺轨7.77千米，站线铺轨长度22.36千米，总铺轨长度30.13千米，新建房屋约5500平方米，集装箱铺面约15万平方米，集装箱道路约9.70万平方米，中心站内设保税货品物流区，设计能力为年货物吞吐量220万到250万标准箱，形成近期1367万吨，远期2626万吨的运力，每日开行列车近期12.5对，远期33对以上。

总体规划中的第二期工程，即成都铁路散装物流中心，与大弯集装箱货场相邻，依托既有的大弯车站，近期占地2200亩，远期规划4600亩，以处理工业原料、机电设备、长大笨重货物为主，是枢纽内的工业站，同时处理鲜活食品等大宗散货业务为主。主要工程包括改扩建既有的大弯车站、货运设施及周边配套的功能园区。整个货场近期总运量为1484万吨，其中大弯车站近期规模为250万吨，最终规模为500万吨。

2005年，成都铁路集装箱中心站第一期工程启动，由省政府和成都铁路局共同主持工程招标。

【旅客列车】

1990年，由成都铁路分局执行跨路局旅客列车有成都至北京、成都至上海、成都至贵阳、成都至兰州、成都至昆明、成都至武昌、成都至浦口、成都至合肥（隔日运行）、成都至广州各1对。管内旅客列车有成都到重庆、宜宾、西昌、金江（后改名为攀枝花）珙县、普济、普雄、绵阳、资阳等线路，混合列车有青白江到灌县（后改名为都江堰市）、德阳到汉旺、资阳到威远、广汉到岳家山等线路。是年，每日由成都站始发和终到的列车有30对，其中特快8对，快速6对，普快3对、直客1对、普客6对。外局通过成都站的1对。

是年，成都有直通北京、上海、广州、乌鲁木齐、兰州、武昌、西安、昆明、贵阳、合肥、太原、浦口、重庆 13 个大中城市的旅客列车。

1998 年，达成铁路建成运营，增开成都至南充、达州的旅客列车。2000 年，由成都铁路分局开行的成都至北京的 K117/118 次旅客列车、成都至昆明的 K113/114 次旅客列车、成都至上海的 K291/292 次旅客列车使用集中式供电空调客车。是年 7 月 1 日起，成都铁路分局先后开行的成都到广元、成都至宜宾，达成铁路公司开行的成都到南充等线路均使用双层空调旅客列车。当年全分局配备空调客车车辆 525 辆，占当年全分局配属的客车车辆总数的 42.03%。

2005 年 7 月，由成都铁路局成都客运段执行的旅客列车共 11.5 对，其中跨局列车 9.5 对，管内列车发 2 对。

2005 年成都站部分始发列车情况表

表 3-65

车　次	车　种	到达站	车　次	车　种	到达站
T8	特快	北京西	1364	普快	北京西
K118	快速	北京西	1216	普快	上海西
K292	快速	上　海	1354	普快	上　海
K284	快速	上　海	K923	快速	重　庆
2119	普快	重　庆	K927	快速	重　庆
2098	普快	郑　州	K206	快速	青　岛
1486	普快	太　原	K346	快速	兰　州
K166	快速	西　安	2120	普快	西　安
1012	普快	乌鲁木齐	K139	快速	南　宁
T248	特快	武　昌	K191	快速	广　州
T126	特快	东莞东	1434	普快	南京西/合肥
K113	快速	昆　明	K165	快速	昆　明
2511	普快	昆　明	K921	快速	贵　阳
K245	快速	泰州	K925	快速	攀枝花
K117	快速	攀枝花	5642	普快	达　县
K941	快速	攀枝花	5628	普快	达　县
K948	快速	达　县	5648	普快	南　充
K940	快速	达　县	5634	普快	南　充
K930	快速	南　充	K933	快速	宜　宾
5630	普快	南　充	K936	快速	广　元
5638	普快	南　充	5611	普快	西昌南

续表

车 次	车 种	到达站	车 次	车 种	到达站
5605	普快	宜 宾	8615	普客	资 中
K932	快速	广 元	8604	普客	普 济
K938	快速	江 油			

说明:1434 次南京西、合肥隔日运行

【铁路旅客运输】

1990 年,随着国家经济政策调整,四川农民外出务工、经商人员增加,加之公路分流亦影响铁路短途客流。是年,成都铁路局发送旅客 6282 万人次,日均 17.20 万人次,客运周转量完成 172.22 亿人千米。成都铁路分局配属客车 771 辆,其中硬座车 521 辆,软座车 10 辆,硬卧车 155 辆,软卧车 33 辆,餐车 48 辆,行李车 45 辆,旅客发送 1685.90 万人次,旅客周转量 43.57 亿人千米。

1991 年 4 月 21 日起,按照铁道部的统一安排,成都铁路局调整旅客列车运行图,增加客车对数,提高牵引重量和速度,合理调整列车编组,对重点客车兼顾两头始发、终到时间,方便旅客有计划的乘车。新运行图共开行旅客列车 89 对,比 1987 年运行图增加 7.5 对。新图实行后,由于各次列车的时间点较适应旅客需要,受到旅客和职工的欢迎。是年,成都铁路局发送旅客 6469 万人次,较上年增长 2.8%。其中,成都铁路分局发送旅客 1793.47 万人次,旅客周转量 47.21 亿人千米。

1996 年,部分列车客运量锐减,其中成绵、成渝等地区短途客流减幅较大。成都铁路局根据客流变化和淡、旺季变化,实行灵活票价浮动,开展多渠道售票。是年旅客发送 6312.90 万人次,旅客周转量 227.82 亿人千米。成都铁路分局管内办理客运业务的车站有 18 个,有旅客站舍 94 处(含已停办客运业务的车站),站舍总面积 11.28 万平方米;站台雨棚 18 座,总长度 8733 米;地道 3 座,延长 68 米。天桥 2 座,延长 158 米。配属客车车辆 932 辆,其中硬座车 450 辆,软座车 15 辆,硬卧车 272 辆,软卧车 58 辆,餐车 51 辆,行李车 49 辆,配属客车中有空调设备的 292 辆。全年分局旅客发送 1407.93 万人次,旅客周转量 45.99 亿人千米。

1998 年,成都铁路局为吸引客流,及时增开民工专列、学生专列、假日专列、旅游专列等,是年旅客发送量 5932.60 万人比上年增长 3.34%。成都铁路分局管内办理客运业务的车站有 19 个,旅客站舍 94 处,总面积 12 万平方米;站台雨棚 21 座,总长度 10.2 千米;地道 4 座,总长度 280.8 米;天桥 3 座,总长度 226.5 米。全年分局旅客发送量 1544.92 万人次,管内 876.86 万人次,直通 668.06 万人次。

1999 年,成都铁路局对列车运行图进行微调,由 1998 年的开行对数 89 对增加到 95 对,在 50 个车站实现计算机售票。成都、重庆、贵阳、广元、江油、绵阳、德阳、内江、达县 9 个车站联网售票。12 月 6 日,成都铁路局票务中心与铁道部客票中心实现联网,并完成 3.0 版本应用程序的升级。联网售票办理发售异地票、往返票、联程票业务,方便旅客购票,同时带动短途客流的增长。是年，成都铁路局发送旅客6750.65万人次，旅客周转量264.19亿人千米。是年，成都铁路分局管内办理客运业务的车站有86个。有旅客站舍161处，总面积17.13万平方米；站台雨棚31座，总长度12.6千米；地道8座，总长度445米；天桥4座，总长度247.5米。配属客车1141辆，其中硬座车541辆，软座车11辆，硬卧车370辆，软卧车60辆，餐车53辆，行李车64辆。配属客车中有空调设备的382量。是年，分局发送旅客2211.22万人次，旅客周转量84.77亿人千米。

2000年，铁路客货运量不断增长，旅客列车不断增加，根据铁道部要求，成都铁路局规范管理将旅客列车分为3个等级，即特快旅客列车、快速旅客列车、普通旅客列车，同年10月21日实行新的提速运行图，成都铁路局旅客列车110.5对，其中直通客车50对，管内60.5对。对客票实施“四落实、三加强”，加快计算机售票联网、畅通客票发售渠道，全局电子客票发售量占车票发售总量的90%。全局计算机售票车站到达77个，联网售票车站到达38个。成都铁路局实现了与铁道部客票中心和其他13个铁路局票务中心的联网。是年，旅客发送6922.7万人次，旅客周转量269亿人千米。成都铁路分局管内办理客运业务的车站有81个，有旅客站舍81处，总面积17.08万平方米。全年分局发送旅客2685.80万人次，旅客周转量85.89亿人千米。

2002年8月28日，成都铁路局客运公司成立，是成都铁路局出资组建的从事旅客运输的经营责任主体，享有客运经营自主权。公司有职工18000余人，固定资产达30余亿元，拥有各种类型的中高档客车车辆3000余辆，开行北京、上海、广州等国内主要城市的旅客列车86对，年发送旅客能力7000万人次。是年发送旅客6821.3万人次，旅客周转量266.4亿人千米。成都铁路分局管内办理客运业务的车站共39个。有旅客站舍39处，总面积10.1万平方米；站台雨棚32座，总长度12.8千米；地道15座，总长度580米；天桥5座，总长度298米。是年分局发送旅客2896万人次，旅客周转量93.60亿人千米。

2003年，成都铁路局投入2.5亿元新购136辆客车，投入2.5亿元用于客车的改造和整修，投入6000万元对成都等车站进行站改，客运设施明显改善。成都铁路分局管内办理客运业务的三等以上车站20个，有旅客站舍20处，站舍总面积5.89万平方米；站台雨棚34座，总长度14千米；地道18座，总长度676米；天桥5座，总长度258.5米。配属客车车辆1294辆，其中硬座车594辆，软座车11辆，硬卧车440辆，软卧车58辆，餐车67辆，行李车67辆。客车车辆中有空调客车649辆。全年，成都铁路局发送旅客6159万人次，旅客周转量235亿人千米；成都铁路分局发送旅客2601万人次，旅客周转量83亿人千米。

2005年，成都铁路分局撤销，成都铁路局直接管理站段，按照铁道部《加强运输专业管理的指导意见》明确划分客运处、客运段、车务段之间的专业管理职责，并制定客运处专业管理职责16项，客运段、车务段客运专业管理职责各9项。是年成都铁路局旅客发送量7931万人次，客车始发正点率99.6%，客车运行正点率99.3%。

成都站客运职工接送重点进京列车

【铁路客运量】

1990年，成都铁路局成都分局发运旅客1729万人次。以后三年，随着出川民工的增加，铁路客运量逐年增加，1993年达到2028万人次，较1990年增加299万人次，增长17.29%。

1994年后，随着成渝高速公路的部分建成区段的临时运营，短途旅客减少。1996年，成渝高速公路全线通车后，对铁路短途旅客分流很大，当年成都铁路分局旅客运输量1408万人次，是1993年的69.43%。

1997年底，达成铁路通车，旅客运输量显著上升，1998年成都铁路分局旅客运输总量2126万人次，与前一年比较，增加653万人次，增长44.33%。

2000年后，航空客运业的快速发展，给铁路长途客运带来一定影响，同时家用轿车的增加，也影响到铁路短途客运。针对铁路客运的一些不利因素，成都铁路局瞄准旅游市场，开发出了旅游专列、会议专列、西南环行旅游车组等铁路客运新产品。开发出“太白号”成都到江油旅游列车，“五粮液”号成都到宜宾旅游列车。利用“五一”“十一”旅游黄金周开行旅游专列、假日临客。当年“五一”期间，分局组织开行旅游专列6列、假日临客46列、加挂（扩编）软（硬）卧278辆次。2001年旅客运输量达到2925万人次，是1996年旅客运量的2.08倍。此后，成都铁路局陆续停开一些管内普通客车。

1990—2005 年成都市旅客运输总量和铁路旅客运输量情况表

表 3-66

年　度	旅客运输总量（万人次）	其中铁路运输（万人次）	铁路运输旅客量占旅客运输总量百分比(%)
1990	12894.0	1729.0	13.41
1991	14003.0	1838.0	13.13
1992	14728.0	1968.0	13.36
1993	13942.0	2028.0	14.55
1994	14769.0	1998.0	13.53
1995	19931.0	1703.0	8.54
1996	24668.0	1408.0	5.71
1997	29092.0	1473.0	5.06
1998	36248.1	2126.0	5.87
1999	40140.4	2423.0	6.04
2000	46459.0	2685.8	5.78
2001	52432.7	2925.0	5.58
2002	28884.6	2896.0	10.03
2003	28234.4	2601.0	9.21
2004	35511.0	7323.0	20.62
2005	38086.0	7931.0	20.82

说明:2004 年前为成都铁路局成都分局数据,2004 年后(含 2004 年)为成都铁路局数据

【铁路客运周转量】

1990 年,成都铁路局成都分局实现旅客运输周转量约 4.4 亿人千米,占当年成都交通运输系统实现旅客运输周转总量的 44.34%,人均旅行 252.41 千米。此后几年,随着出川农民工的增加和省内短途旅客的增多,铁路旅客运输周转量呈上升趋势,至 1994 年达到最高,为 5.7 亿人千米,比 1990 年增加 1.3 亿人千米,增长 30.49%。此后几年,由于高速公路开通和私家汽车的增多,短途铁路旅客减少很多,至 1997 年达到最低,为 4.3 亿人千米,占当年成都交通运输系统实现旅客周转量的 22.25%,人均旅行 293.96 千米。

1998 年,达成铁路全线通车后,铁路旅客逐年回升,当年实现旅客运输周转量 7.9 亿人千米,占当年成都运输系统实现旅客周转量的 32.17%,人均旅行 373.09 千米。以后几年,均保持在 8.5 亿人千米左右。2003 年,为 8.3 亿人千米,占当年成都交通运输系统实现旅客周转量的 30.93%,人均旅行 319.54 千米。2004 年,成都铁路分局撤销,开始使用成都铁路局统计数据。

2005年,成都铁路局旅客运输周转量占当年成都运输系统旅客周转量的53.55%,人均旅行408.44千米。

1990—2005年成都市旅客运输总量和铁路旅客运输周转量情况表

表3-67

年　度	旅客运输周转总量（万人千米）	其中铁路运输（万人千米）	铁路旅客周转量占旅客周转总量百分比(%)
1990	984166	436419	44.34
1991	1180397	472902	40.06
1992	1318135	506818	38.45
1993	1485535	544638	36.66
1994	1688276	569102	33.71
1995	1874098	530012	28.28
1996	1981118	460279	23.23
1997	1946330	433000	22.25
1998	2465278	793188	32.17
1999	2703787	848100	31.37
2000	2889525	858900	29.72
2001	3156153	898900	28.48
2002	2918837	884000	30.29
2003	2686781	831139	30.93
2004	5543000	2909200	52.48
2005	6049029	3239300	53.55

说明:2004年前为成都铁路局成都分局数据,2004年后(含2004年)为成都铁路局数据。成都统计局提供数据与成都铁路局提供数据略有出入,以成都铁路局核实的为准,下同

1990—2005年成都市铁路旅客运输统计表

表3-68

年　度	旅客运输量(万人次)	旅客周转量(万人千米)
1990	1729.0	436419
1991	1838.0	472902
1992	1968.0	506818
1993	2028.0	544638

续表

年　度	旅客运输量(万人次)	旅客周转量(万人千米)
1994	1998.0	569102
1995	1703.0	530012
1996	1408.0	460279
1997	1473.0	433000
1998	2126.0	793188
1999	2423.0	848100
2000	2685.8	858900
2001	2925.0	898900
2002	2896.0	884000
2003	2601.0	831139
2004	7323.0	2909200
2005	7931.0	3239300

说明:2004 年前为成都铁路局成都分局数据,2004 年后(含 2004 年)为成都铁路局数据

【春节铁路客运】

四川是劳动力输出大省,每年春运期间,大批民工以乘坐火车为主。

20 世纪 80 年代中期开始,随着改革开放的进程,省内大批农民外出打工,在春节前纷纷返家,而节后又再次外出,在节前十多天至节后二十多天里形成旅客运输高峰。80 年代末至 90 年代初期,以南下到广东旅客流为主,以后,陆续发展到全国各地。针对春运旅客高峰,成都铁路局、成都分局、成都站及相关部门都要层层制订基本方案、预备方案和应急方案三套方案,分别应对正常客流、高峰客流和突发客流。通过科学编制春运方案和春运期间列车运行图,采取停短保长,合理安排运能等方式,确保最大限度的运用现有车辆,增开临时客车,同时适度屯集车底,以应对突发客流。春运期间集中的客流实行特殊运营管理,以增开临时列车的方式疏导客流,同时增开售票网点、窗口,在行包托运、旅客问讯、候车环境上加强力量,安排公安、武警、保安等力量维持车站秩序,保证旅客人身及财产安全。

1990 年春运期间,成都铁路局开行临时客车 291 列,其中直通临客 90 列,加挂客车 902 辆。共发送旅客 894.8 万人次,节前发送旅客最高的一天达 23.6 万人次,节后,最高一天发送 29 万人次。1993 年春运期间,成都铁路局通过挖潜扩能,合理安排运力,增开临时客车 133 列,加挂扩编 313 辆,以棚车代替客车 80 辆,当年春运共发送旅客 988.48 万人次。

1995 年,成都铁路分局确定“疏导民工,优先学生”的春运保证原则,同时制定《成都铁路分局民工有序运输暂行办法》,设立民工疏导办公室。成都站采取召开校站座谈会,卜校售票,在成都站开设学生售票窗口,按照优先购票、优先候车、优先进站、优先上车的办法,保证学生流的快速、优质运送。成都站通过当地车站在 20

多个劳务输出大县(市)设售票点,方便民工购票,在成都站设立民工售票窗口、民工候车厅、提前预检票,专人带队、分批进站等措施,保证春运工作有序进行。是年,春运时间延长到50天,成都铁路局共发送旅客1230.40万人次,其中直通旅客发送322.30万人次,管内旅客发送908.10万人次,发送旅客最高的一天为2月6日(正月初七),达到28.10万人次。1999年正月初一,为当年知识青年重返曾经上山下乡的地方开行"阳光之旅"和"知青返乡"专列。

进入21世纪,成都铁路局春运列车开行终到地逐步由南方的广东地区逐步发展到以北京为中心的华北地区、以上海为中心的华东地区和乌鲁木齐为中心的西北地区,成都铁路局按照旅客流向的实际,加开了通往这些地区的旅客列车,2001年春运期间,成都铁路局共发送旅客1013万人次,其中直通旅客366万人次。同年,成都站通过计算机联网售票,仅在城区内就设置计算机代售点73个,方便旅客购票。

2004年,成都铁路局加开开往北京、上海、广州、乌鲁木齐的临时客车38.5对,从全分局抽调6400人次增强车站服务和值乘能力,从分局6所医院抽调了38名医生跟乘长途热线车。是年春运期间,成都站新增16个售票窗口,使售票窗口达51个,24小时售票。加上市内121个联网售票点,全市共有172个售票窗口。同时,推出邮政快递送票业务,网上订票业务。车站斥资34万元,搭建3000平方米,可容4000人的临时候车区,设有简易座凳、服务台、食品部、保温桶、报警点等配套服务项目。

2005年春运期间,成都铁路局所有能上线的客车全部投入春运,利用各方向客流集结的高峰差,采用梯形开进方式,集中车辆逐一突击高峰方向客流,节前组织临时担当的客车20对,车辆65组、1105辆次,节后组织33.5对,车辆99组、1683辆次,首次开行民工专列7对119列,当年共发运旅客1080万人次。

成都铁路局部分年度春节旅客运输发送旅客情况表

表3-69

年　度	旅客发送量(万人次)	春运天数(天)
1990	894.80	40
1991	961.93	40
1992	989.33	40
1993	988.48	40
1994	1230.40	60
1995	1230.40	50
1996	1143.77	50

续表

年　度	旅客发送量(万人次)	春运天数(天)
1997	1113.94	50
1998	950.10	50
1999	897.40	40
2000	951.50	40
2001	1013.00	40
2002	1043.20	40
2003	1016.00	40
2004	1000.70	40
2005	1080.00	40

春运期间，民工临时候车大棚为旅客提供挡风避雨的场所

【暑假铁路客运】

20世纪80年代，随着高等教育的发展，大批学生离家外出求学而产生暑运。一般有两个高潮：即7月上旬，以学生离校返家为主；8月下旬到9月上旬，以学生离家返校为主。90年代以后，旅游热兴起，利用假期外出旅游的学生增多，旅游热线的旅客量逐年增多。

1990年暑运期间，成都铁路局增开成都—天津直通临时旅客列车，减轻T8次特快列车压力。当年暑运，成都铁路局共发送旅客1558.60万人次，平均每天25.10万人次，最高一天发送27.20万人次。其中，直通旅客177.50万人次。

1995年暑运期间，成都铁路局共发送旅客1270.96万人次，平均每天20.5万人次。其中，直通旅客218.71万人次，平均每天3.53万人次。

2003年，全局增开直通临客各种专列109列，其中成都局担当66列，组织开行旅游专列2列，学生专列3列，民工专列7列，管内临客10列。

2005年暑运期间，成都铁路局共组织开行临时旅客列车5.5对、14组、234辆，旅游专列6组、95辆，加挂车104辆，共计433辆。

1990—2002 年成都铁路局

暑假旅客运输发送旅客情况表

表 3-70

年 度	旅客发送量(万人次)
1990	1558.60
1991	1120.89
1992	1205.20
1993	1239.00
1994	1279.00
1995	1270.96
1996	1077.00
1997	979.40
1998	894.90
1999	1171.30
2000	1211.85
2001	1207.10
2002	1231.30
2003	—
2004	—
2005	—

说明:2002 年后,对暑运旅客数未作专门统计

站务人员帮乘客上车

【铁路货运量】

1989 年,成都市货运总量 1 亿吨,其中成都铁路局成都分局 1669 万吨,占全市交通运输货物总量的 16.69%。此后几年,成都分局每年货运量增加 100 万吨左右,占全市交通运输货物总量的比例一直保持在 15% 左右。1995 年后,随着省内公路建设的提速,特别是高速公路的建设,加之由成都始发的几条铁路运力已达饱和。1995—1997 年,成都分局铁路货物运输总量都较上一年铁路货运量总量有所减少,以 1995 年最低,仅 1714 万吨,占全市交通运输货物总量的比例下降,1997 年为最低,仅占 12.22%。

1997 年年底,达成铁路通车,成都分局运能扩大,1998 年,成都分局铁路货运总量达到 3906 万吨,比 1997 年增加 2153 万吨,增长 122.82%,铁路货运量占全市交通运输货物总量的比例上升到 21.00%。2000 年后,成都铁路枢纽工程部分陆续投入使用,在 3 年时间内,分别对成都南站、青白江货场、天回镇货场等 10 来个辅助编组站和货场进行改扩建,缓解成都东站的编组作业紧张状况,货物吞吐能力提高。2002 年,成都铁路分局货物运输量为 4565 万吨,较 2000 年增加 483.30 万吨,增长 11.86%。2003 年,成都铁路分局货物运输量达到 4977 万吨,较 2000 年增加 895.30 万吨,增长 21.93%。占全市交通运输货物总量的 29.07%。

2004 年,成都铁路局成都分局撤销,改用成都铁路局统计数据。2005 年,成都铁路局货物运输量达到 1.3 亿吨,占全市交通运输货物总量的 49.85%。

1990—2005 年成都市货物运输总量和铁路货物运输量情况表

表 3-71

年　度	货物运输总量（万吨）	其中铁路运输（万吨）	铁路运输货物量占货物运输总量百分比(%)
1990	10139.0	1594.0	15.72
1991	10719.0	1608.0	15,00
1992	10505.2	1715.0	16.33
1993	11073.8	1801.0	16,26
1994	11191.5	1764.0	15.76
1995	11659.3	1714.0	14.70
1996	13073.9	1861.0	14.23
1997	14341.9	1753.0	12.22
1998	18598.4	3906.0	21.00
1999	19633.0	3913.0	19.93
2000	21489.2	4081.7	19.00
2001	23718.5	4402.0	18.56
2002	15309.5	4565.0	29.81
2003	17117.9	4977.0	29.07
2004	25686.0	13050.0	50.81
2005	26696.0	13309.0	49.85

说明:2004 年前为成都铁路局成都分局数据,2004 年后(含 2004 年)为成都铁路局数据

【铁路货运周转量】

铁路货物运输运距长,周转量大。铁路货物运输量占运输总量的百分比不大,但铁路货物运输周转量占全市交通运输货物运输周量的比例相对大很多。

1990 年,成都铁路局成都分局实现货物运输周转量 118 亿吨千米,占当年全市交通运输实现货物运输周转总量的 80.03%,每吨货物平均运输 742.15 千米。以后几年,除个别年度外,铁路货运周转量均保持稳定上升,受线路的限制,平均每年增加 5 亿吨千米左右,增幅在 3% ~5% 上下。1997 年,达到 147 亿吨千米,较 1990 年增加 29 亿吨千米,增长 24.58%,每吨货物平均运输 840.84 千米。

1997 年年底,达成铁路全线通车,成都分局实现货物运输周转量增加,1998 年达到 279 亿吨千米,较上一年增加 132 亿吨千米,增长 89.55%,占到全市交通运输实现货物周转量的 82.21%,每吨货物平均运输 715.28 千米。此后几年,随着成都铁路货运枢纽部分项目建成并投入运营,成都分局货物发运周转量持续稳定增加,2000 年,达到 289 亿吨千米,占到全市交通运输实现货物周转量的 79.77%,每吨货物平均运输 708.77 千米。

2003 年,成都分局实现货物运输周转量 399 亿吨千米,占到 89.52%,比 1990 年增加 281 亿吨千米,增长 237.42%,每吨货物平均运输 802.13 千米。

2005 年,成都铁路局实现货物运输周转量 1132 亿吨千米,占当年全市交通运输实现货物周转量的 95.43%,每吨货物平均运输 851.14 千米。

1989—2005 年成都市铁路货运量及货物周转量统计表

表 3-72

年　度	运输总量(万吨)	铁路	百分比(%)	周转总量(万吨/千米)	铁路	百分比(%)
1989	10006.0	1669.0	16.68	1562690	1247164	79.81
1990	10139.0	1594.0	15.72	1478332	1183150	80.03
1991	10719.0	1608.0	15.00	1579549	1240720	78.55
1992	10505.2	1715.0	16.33	1616289	1256236	77.72
1993	11073.8	1801.0	16.26	1690540	1317584	77.94
1994	11191.5	1764.0	15.76	1815262	1394032	76.80
1995	11659.3	1714.0	14.70	1824422	1377400	75.50
1996	13073.9	1861.0	14.23	1918702	1459543	76.07
1997	14341.9	1753.0	12.22	1993532	1474000	73.94
1998	18598.4	3906.0	21.00	3398369	2793895	82.21
1999	19633.0	3913.0	19.93	3405441	2740700	80.48
2000	21489.2	4081.7	19.00	3626456	2893000	79.77
2001	23718.5	4402.0	18.56	4140255	3336200	80.58
2002	15309.5	4565.0	29.81	4264690	3835800	89.94
2003	17117.9	4977.0	29.07	4459619	3992220	89.52
2004	25686.0	13050.0	50.81	11619900	11118000	95.68
2005	26696.0	13309.0	49.85	11869780	11327800	95.43

说明:2004 年前为成都铁路局成都分局数据,2004 年后(含 2004 年)为成都铁路局数据

【集装箱运输】

成都集装箱货物运输始自 20 世纪 80 年代。1984 年,建成成都东站集装箱货场。1986 年,成都铁路分局成都东站集装箱货场发运和卸载、转运到站集装箱 3.68 箱、105 万吨。20 世纪 90 年代后,成都铁路分局将发展集装化运输作为建设现代物流业的重点工作来抓。1990 年,成都铁路分局集装箱发运 280 万吨。

1995 年,成都铁路分局在成都东站组建集装箱运输中心,扩大集装箱运输经营、租赁、代理、装卸、仓储等业务。并出台《成都铁路分局部分集装箱、零担货物实行议价运输的管理办法》,健全完善集装箱运输管理机构,同时在有条件的市县开办集装箱分场,开展集装箱运输。全年共

实现集装箱发运94万吨，发关换算箱13.3万个，集装化运量170万吨。1997年，对成都南、龙潭寺、简阳、广汉4站扩大办理集装箱业务，做到货物随到随受理。成都华铁国际储运有限公司开办铁路集装箱运输业务，6—12月办理866个标准箱。

1999年，成都铁路分局在有条件的市县车站开办集装箱运输分场，全局集装箱发送量加大。当年9月1日，实行集装箱运输全国统一运价，一票结清，成都铁路分局认真贯彻铁道部决定，制定细化措施，一切方便货主，顺利实现了新的结算方式。是年，通过自建或与其他大型货运联办、联运发展集装箱运输业务，全分局集装箱货物发运量达5.07万个标准箱、336万吨，占全年全分局货物发运量的8.58%。

2001年，为防止集装箱运输中超重超载，成都铁路分局为有集装箱货场的车站配置68台钩头电子秤和223台轮重测重仪，做到发箱必检，全年共查堵超重超载集装箱7682次。是年共发送集装箱46.20万个CTU（折算10吨箱），发运货物403.3万吨。

2002年，成都铁路分局发送集装箱49.23万个CTU（折算10吨箱），发运货物432万吨，其中发运国际箱4.41万个CTU。开行集装箱“五定班列”698列、2.69万车，其中重点开行四川长虹电器股份有限公司出口货物集装箱班列163列、8462车。

2004年，中铁集装箱运输有限责任公司成都分公司成立，统一安排调度成都铁路分局下属成都东站，重庆东站及42个办理集装箱货物运输场站的集装箱货物运输业务。公司达到1.97万个标准箱。全年共发运集装箱55.12万个CTU，发运货物506万吨。

2005年，成都铁路局全年发运集装箱55.2万个CTU，共发运货物568万吨。始发运集装箱五定班列499列。

【行包专列、五定班列】

20世纪90年代初，成都铁路分局行李包裹托运量较80年代末呈下降趋势。1994年，成都铁路分局贯彻《铁路行李包裹保价运输办法》，继续与国营大中企业加强联系，组织私营、个体户的产品运输。是年组织整车行李包裹运输13辆，运送行包177.2吨。发送行包212.56万件，到达行包188.9万件，中转行包72.42万件，完成行包收入5217万元。

1997年6月5日，成都首列“五定班列”（即以私营企业承包形式组织货源，铁路和承运者通过法律手续订立运输合同，确定全程运行时间、运行经路、列车车次、发到站，运输费用实行“一口价”）开行，上海—成都华铁国际集装箱“五定班列”抵达成都。6月26日，成都—上海华铁国际集装箱“五定班列”开行，是成都铁路局最早开行的“五定班列”，铁道部、海关总署主要负责人均到会祝贺。同年，确定成都东站、青白江站、天回镇站、成都南站为货物“五定班列”组织站，并开始对这些车站的货场实行内部企业化经营管理。是年，成都铁路局共发出“五定班列”26列、1063车，到达601列、2万车。

1998年，自4月1日起开行成都至杭州X217/218次和6月18日起开行成都东至广州X267/268次行包专列，取得良好效果。是年4—12月成都铁路局行包专列运输收入2116万元，其中成都铁路分局1506万元。

1999年6月，成都增开成都东至北京X287/288次行包专列。是年成都铁路局行包专列收入完成6047.7万元，比上年增加3931.7万元，增长185.8%。行包专列的开行成为成都铁路局客运收入新的增长点。成都分局管内行包发送18.71万件,重4865吨。行包直通286.1万件,重7.44万吨。行包到达414.04万件。同年,发出上海、广州、连云港方向的货物“五定班列”及中国香港的行包、集装箱专列447列、1.55万车。2000年,发出上海、广州、天津方向的集装箱“五定班列”558列,1.94万车。

2003年12月28日,中铁行包快递有限责任公司成都分公司成立,公司共有人员1117人,配属行李车166辆,固定资产净值1.07亿元。主营行李、包裹、邮件铁路运输;包裹快递;仓储、包装、搬运、配送等服务。年内,成都在原有班列基础上,增开成都到南京、成都到乌鲁木齐的五定班列达到5趟,集装箱班列达到7趟。全年共开行发往新港、徐州、上海、广州、南京、湛江的集装箱五定班列693列、2.89万辆。其中,成都铁路分局管内行包发送107.73万件、重3.09万吨。直通行包发送267.40万件、重6.57万吨,行包到达514.58万件。行包专列装车1.92万辆,行包运输收入9947万元。

2004年4月,开通成都—深圳的“五定班列”,运输路线较传统路线减少252千米,运输时间从原来的11天缩短到4天。同年,开行蓉深班列,开辟成都地区最经济的出海通道。年内,成都铁路局日均开行“五定班列”5列,年发运量达18万个标准箱,货运量达500多万吨。在货运列车中班列化率达到15%。到站有上海、青岛、徐州、连云港、广州、深圳、湛江、北海、中国香港等城市。其中,成都铁路分局行包专列装车20599辆,行包专列运输收入约1亿元。行包发送901.53万件、重20.90万吨。行包到达1214.48万件。行包收入7327万元。

2005年,成都铁路局共开通成都到上海、深圳、天津、南京、广州、徐州、连云港、兰州等城市“五定班列”线路。中铁集装箱运输有限责任公司成都分公司在成都东站、重庆南站、贵阳南站、福泉站可办理定点、定线路、定班次、定时间、定价格的“五定班列”业务。开行发往上海、青岛、徐州、连云港、江村(广州)、平湖南(深圳)、大龙、乐屯(湛江)、黎塘、北海、防城港等地区的集装箱“五定班列”。全年共始发行包专列1008列,装车3.79万车,终到行包专列1008列,卸车3.63万车,局间口接入行包专列1692列,局间口交出行包专列1692列,始发集装箱五定班列499列、2.01万车。行包专列和“五定班列”实现日均5对列车,年发送量达18万标准箱,货运量达500多万吨。在货运列车中班列化率达到15%。提供“门到门集装箱全程服务运输”,实现用户“省心、省时、省力”。

铁路运输管理

【易燃易爆及危险品查禁】

查缴旅客未经批准私自带上旅客列车的易燃品、易爆品及危险品(以下简称“三品”),是铁道部门为保证旅客运输安全所采取一项必要的强制措施。20世纪80年代后期起,就开始严厉禁止携带“三品”上车。并根据确保安全的需要而确定“三品”,包括自燃品黄磷、硝化纤维胶片、油布及其制品等,易燃固体硫磺、松香、铝粉、火柴(限自带安全火柴50小盒),易燃液体汽油、煤油、酒精、松节油、油漆、冷烫精、香蕉水等;遇水燃烧品金属钠、镁、电石等;爆炸品雷管、导火索、炸药、子弹、烟花、发令纸等;氧化剂氯酸钠、高锰酸钾、漂白粉、硝铵化肥等;压缩气体和液化气体,即液化石油气、煤气、氧气、氢气、打火机气体等;剧毒品砒霜、磷化锌、敌敌畏等;腐蚀性物品硝酸、盐酸、硫酸、烧碱等;放射性物品。此外,匕首、三棱刀、带有自锁装置的弹簧刀以及其他单、双刃刀具等都严禁带上火车。

1996 年，成都铁路分局查缴欲进站违禁品有炸药 37.87 千克，雷管 190 枚、导火索 512.50 米，鞭炮 26.60 万响，油类 175 千克，漆类 264.50 千克，化工类原料 226.50 千克，各种枪支 58 支，子弹 97 发，管制刀具 7620 把。

2000 年，成都铁路局查缴欲进站违禁品 647 起，有民用枪支 9 支，其他枪支 8 支，子弹 65 发，炸药 1179 千克，雷管 824 枚，导火索 366 米，收缴各种管制刀具 8074 把，

2003 年，成都铁路分局查缴欲进站违禁品有炸药 41 千克、雷管 2624 枚、导火索 1250 米，鞭炮 17980 响、油漆化工类物品 1036 千克，管制刀具 6499 把，剧毒品 18 克。

2004 年，成都铁路分局查缴欲进站违禁品 7009 起，有枪支 3 支，子弹 400 多发，炸药 1 千克，雷管 130 枚，导火索 16 米，管制刀具约 2 万把。

2005 年，成都铁路局查缴欲进站违禁品 5712 起，有民用枪支 3 支、自制枪支 2 支，其他枪支 2 支，子弹 48 发，鞭炮 19.50 万响，发令纸 10 张，油漆化工类产品 564 千克，管制刀具 1.31 万把。

【刑事、治安案件破获】

1996 年，成都铁路分局以 7/8、91/192、131/132、51/52 次旅客列车，成都站、成都东站、绵阳、广元车站，宝成铁路德阳马角坝区段等车、站、区段为重点，开展专项斗争，共破获刑事案件 1157 起，破获 78 个犯罪团伙，缴获价值 140 多万元的赃款赃物，破获毒品案 5 起，缴获海洛因 1375 克，制毒化学药品 700 千克。同时发挥站区、旅客列车护路治安联防的作用，清查、看管客货列车 243 万多辆次。防止破坏铅封和货物盗窃案 1157 起，挡获各类人员 8 万多人次。协助侦破刑事案件 524 件。

2000 年，成都铁路分局制定宝成、成渝、成昆线《反货盗考核办法》《破封车风险抵押办法》，加大反货盗责任和工作力度，全年共押运货物列车 4500 列，防止破封和被盗 3000 余起。全年内全分局共刑事立案 2441 件，破案 1751 件，抓获犯罪嫌疑人 1849 人，摧毁犯罪团伙 194 个、涉案 514 人，追缴赃物价值 170 万元。受理治安案件 1.18 万件，查处 1.17 万件；立货盗案件 620 件，破案 597 件。

2002 年，成都铁路分局公安处对各类刑事案件共立案 3697 件，其中特大、重大案件 1158 件；破案 2333 件，其中特大案件 677 件。抓获犯罪嫌疑人 1900 多人，摧毁各种犯罪团伙 149 个、涉案 455 人，其中抓获毒品犯罪案件犯罪嫌疑人 277 人，缴获海洛因 6091.18 克。同年，通过开展“反货盗、压货赔、保货安”专项活动，强化武装押运，堵口清查，在案件多发区段加强力量，破获盗货案件 761 起，抓获盗货犯罪嫌疑人 512 人，破获盗货团伙 73 个。

2004 年，成都铁路局公安处对各类刑事案件立案 2605 件，其中特大、重大案件 856 件；破获 1445 件，其中特大、重大案件 344 件。破获犯罪团伙 105 个、涉案成员 360 人，缴获海洛因 5677.22 克、吗啡 375 克、摇头丸 2000 粒。受理治安案件 1.1 万件，查处 1.08 万件。

2005 年，成都铁路局公安处对各类刑事案件立案 3394 件，其中特大、重大案件 986 件。破获 2281 件，其中特大、重大案件 566 件，抓获犯罪嫌疑人 1976 人，摧毁犯罪团伙 143 个、涉案成员 460 人，查获逃犯 120 人，破获涉毒案件 346 件，缴获海洛因 6874.6 克。

【票贩子查处专项行动】

2000 年,成都铁路局开展惩治票贩专项斗争 40 多次,抓获票贩子近 2000 人,收缴车票 484 张,票面价值 6 万余元。

2002 年春运和暑运期间,抓获票贩子 700 余人,摧毁倒票窝点 40 个、涉案 66 人,制售假票团伙 1 个,收缴有效车票 600 余张。

2003 年,实行持票倒查,开展"1·17""1·28"整治票贩子专项行动,抓获票贩子 879 人,打掉倒票团伙 9 个、涉案 26 人,端掉倒票窝点和取缔违规加价售票网点 37 个,缴获车票 2274 张,票面价值 44.4 万元。2004 年春运期间,成都铁路分局共挡获票贩子 1905 人,破获假票团伙 3 个、涉案 7 人,捣毁非法售票网点 24 个、涉案 36 人。刑事拘留 39 人,行政拘留 198 人,治安拘留 2 人,治安罚款 1385 人,行政警告 59 人,收缴车票 1549 张,票面价值 24 万余元,收缴假票 25 张,票面价值 3685 元。

2005 年,以成都、重庆、贵阳站为重点,在春运、暑运及旅游黄金周期间,重点开展惩治票贩子专项行动。采取异地用警、客票调查、路地联动等方式,破获"1·18"特大倒卖车票案等一大批有影响的倒票大案,全局共抓获票贩子 7192 人,其中刑事拘留 83 人,治安处理 5833 人,收缴车票 9224 张,票面价值 135 万元;查处非法倒票团伙、窝点 135 个 233 人;捣毁假票团伙 3 个、涉案 12 人,收缴假票 733 张。成都办事处经过 8 个月的案侦工作,破获以宋仕俊为主的犯罪团伙,收缴成品和半成品假票 835 张和大量的制假造假工具。

【行车安全管理】

1990 年,成都铁路局安全监察室定员 16 人,各分局也设有安全监察室,配备工作人员。全局共有行车安全监察队伍 130 余人。是年,发生行车事故 394 件,比上年减少 36 件,下降 8.4%。但行车重大、大事故增加了 5 件,直接经济损失严重,事故性质恶化。事故造成机车大破 1 台,小破 10 台;客车报废 2 辆,大破 1 辆,货车报废 4 辆,大破 12 辆。中断正线行车时间 286 小时零 4 分。

1991 年,成都铁路局完成《行车安全监察工作管理办法》《站段行车安全监察工作暂行规定》等 22 个标准的制定。是年行车重大、大事故明显减少。全年发生行车事故 361 件,比上年减少 33 件,其中重大事故 2 件。

1995 年,成都铁路局将原整顿安全基础领导小组转为安全基础建设领导小组,由局长担任组长,副组长由分管安全副局长担任,局机关 29 个部门领导为小组成员,领导小组下设办公室,为独立机构,分管副局长任主任,设专、兼职副主任各 1 名,工作人员 3 名。全年准轨发生各类行车事故 153 件,比上年减少 59 件。各类事故造成内燃机车报废 1 台、大破 1 台;客车中破 1 辆;货车报废 3 辆、大破 15 辆;发生路外伤亡事故 1288 件。

2000 年,成都铁路局制发《成都铁路局加强安全生产的决定》《安全管理逐层定期考核办法》《安全生产监督检查办法》等 9 个文件,明确安全指导思想、安全目标、工作重点、具体措施。全年发生各类行车事故 217 件,路外伤亡事故 1188 件,其中死亡 625 人,重伤 580 人;撞车 22 辆、拖拉机 5 台、其他车 2 辆。道口事故共发生 24 起,无人看守道口 23 起。路外伤亡事故造成中断正线行车 247 小时 41 分,比上年增加 30 小时 42 分。铁路支付金额 706.20 万元,比上年增加 246.71 万元。

2002 年,坚持以局安全委员会为基础的日常安全管理制度，以逐级负责制和“五定三率”为主的安全责任制，以逐层定期考核为主的安全监督评价考核机制三个基本制度。建立健全安全生产监督考核党政工团齐抓共管、事故责任追究等制度，建立《干部职工安全档案》《安全问题库》，修订和完善《安全效益工资考核管理办法》，提出“落实责任、突出重点、畅通信息、万无一失”的要求，强化安全监督检查，严格控制超员、查堵“三品”，加强车站治安秩序整顿。是年，发生各类行车事故117件，事故造成机车小破5台，货车大破3辆、中破9辆，中断正线行车57小时11分，直接经济损失203.75万元。

2004年，全年发生一般行车事故137件。各类行车事故造成机车小破9台，客车小破1辆，货车大破2辆，中破7辆。中断正线行车103小时43分，直接经济损失537.54万元。一般路外伤亡事故1435人，其中死亡743人，重伤692人；路外死亡事故中断行车307小时16分，铁路支付金额1099.12万元。

2005年，路局直管站段后，成都铁路局修订安全部门的工作职责和岗位责任制，制定《成都铁路局安全检查监督体系》，对安全监督检查内容、范围、方式、覆盖面、数量、问题处理、考核等作出规定。宣传贯彻实施《铁路运输安全保护条例》，发放宣传资料12万份，对运输岗位6万余职工进行培训考试。完善安全责任制，修订各类安全规章制度，将安全大检查活动作为日常工作，投入7000余万元对存在安全隐患问题进行专项整治。是年共发生行车事故292件，发生一般路伤事故1784件。行车设备故障仍然是安全生产事故发生的主要因素，全年共发生行车设备故障901件。

【铁路路风监督管理】

1990年，成都铁路局和分局均成立路风建设领导小组。全局有80个站段设置路风办事机构，配备专职人员，其他站段指定171人兼管路风工作，形成局、分局、主要窗口站段单位三级路风管理体系。对于铁路不正之风，成都铁路局、分局、窗口站段61个单位向社会公布路风监督举报电话。客、货运窗口单位实行路风监督举报箱制度，56个窗口单位设立站段长接待日；建立重大、一般路风事件、不良反映分类定性处理按月上报制度；路风状况按月评析制度；路风信息及时报送反馈。一些单位还制定征询旅客、货主意见卡，聘请路风监督员等制度。制定贯彻《铁道部关于严禁以车以票谋私的两个规定》的实施细则，完善修改防止以车以票谋私措施192条。开展“反违章违纪、反偷摸拿吃、反野蛮装卸”活动，惩治内盗，挖出16个内盗团伙。全年处理败坏路风路誉者400人次，公开处理违法贩烟职工150人。全年发生一般路风事件27件，其中违纪贩运11件，勒卡索要10件，乱涨价收费6件等；不良反映74件，其中客运54件、货运8件。

1991年，成都铁路局开展路风自纠自查，有3.51万人主动查摆出侵吞票款、勒卡索要、贩运和内盗等各类路风问题4.18万件，涉及违纪金额169.9万元。受理来信、来访、举报687件，查处646件，其中以车谋私27件，以票谋私105件，敲诈勒索23件，粗暴待客85件，乱收费罚款42件，违纪贩运63件等。查结率94%。

1993年，开展旅客列车班组整顿，建立健全班组各项制度，加强对乘务员日常教育。整顿期间共处理顶风作案103人，其中客运79人，车辆11人，乘警13人。是年共受理各类路风信访、举报403件，其中批评367件，表扬36件。批评涉及客运159件、货运23件、车辆部门21件、车站及车务系统87件、公安及治安执勤人员62件、其他部门15件。清理各种收费255项,取消112项,保留127项,需调整的16项。1999年,成都铁路局共受理来信来访186件,其中批评145件,表扬41件。批评投诉中乱收费加价58件,服务及管理质量差35件,以票谋利24件,野蛮待客22件,敲诈勒索2件,治安秩序2件,以车谋私1件,违纪贩运1件。

2000年,成都铁路局对客货运输主业收费、延伸服务收费、代地方政府收费和其他收费进行执法监察,共清理出未经国家计委和铁道部批准的收费项目54项,取消了35项不合理、不合法收费。是年共受理来信来访148件,其中批评114件,表扬34件。

2001年,按照铁道部要求,对"内外勾结、站车联手私带无票旅客"作专项检查,共检查列车191趟次,车站43个,查堵私带无票旅客5起,纠正路风问题23起,堵漏保收10余万元,私带无票旅客问题得到遏止。12月24日,四川省纠正行业不正之风办公室召开旅客、货主座谈会,在货主问卷调查7大项中,满意率有3项在80%以上,其余4项在64%~79%之间。

2004年,成都铁路局制发《关于开展客车路风专项整顿的通知》,重点解决列车乘务员私带无票旅客、长乘短补、敲诈勒索旅客等问题。全年共收到路风批评投诉103件,较上年同期119件下降13.4%。共有230人因路风问题受到行政和经济处罚。

2005年,成都铁路局制发贯彻铁道部《铁路路风管理办法》的实施意见,修订出台《成都铁路局路风风险保证金扣分细则》,路风考核规章制度更加配套。还针对性地制订内部用票管理办法、对订票单位、铁路内部职工订票、车站职工购票作出具体规定,并对职工内部订票数额进行限制。春运、暑运和黄金周期间,局成立路风检查组145个,共检查列车1848趟次,车站346个次,售票点616个次,查处各类路风问题285个。对紧俏列车票的发售、加价情况进行调查,检查票源3.35万张,发现一些车站车票管理上的漏洞,即交公安机关处理。全年共受理投诉128件,比上年同期103件上升21.9%。有186人因路风问题受到行政和经济处罚。

铁路运输主要企业

【达成铁路有限责任公司】

1997年12月8日在成都成立,同月25日挂牌并投入运营,地址成都市五丁路1号。注册资金30亿元人民币。2004年9月30日,达成、达万两家合资铁路公司实现资产重组,达万公司整体并入。重组后注册资金62.7亿元,其中成都铁路局42.80亿元,占68.26%;四川省投资集团有限责任公司13.98亿元,占22.30%;重庆市开发投资有限公司3.22亿元,占5.14%;四川省地方铁路局2.70亿元,占4.30%。

达成铁路有限责任公司是全国第一家从事铁路运营管理的合资铁路企业,由铁道部与四川省人民政府按7∶3的比例共同投资。该公司以达成铁路旅客运输、货物运输及与运输相关的服务为主,逐步向建筑材料制造、储运与销售,化工原料及制品的销售,工程勘测、设计、施工等方面发展。该公司主要运营和管理达成铁路土溪站至成都站间342千米的铁路的客货运输业务,管内有营山、蓬安、南充东、南充、蓬溪、遂宁、大英、仓山镇、金堂等20个车站。

截至2005年年底,该公司有职工2600多人,各种车辆300余台(辆),每日开行旅客列车14对。通过几次提速,列车时速达到110千米,2005年日均运送旅客2.4万人次，最高日达到4万人次。

【中铁集装箱运输有限责任公司成都分公司】

1995年成立成都铁路局成都分局集装箱运输中心。2004年4月，更名中铁集装箱运输有限责任公司成都分公司。地址位于星辉西路8号附1号，营业部在八里庄路61号。

集装箱运输中心成立时，依托成都东站、主要经营集装箱运输，开展物流配送及进出口集装箱报关、报检等综合功能，通过十来年发展成为西部地区铁路物流的主要力量。2004年，根据铁道部要求，改建为中铁集装箱运输有限责任公司成都分公司，负责经营和管理西南地区铁路集装箱运输、集装箱专用车辆及货场设施。

中铁集装箱有限责任公司成都分公司是中铁集装箱运输有限责任公司所属18个分公司之一。下设重庆、贵阳营运部。管辖成都东、重庆东两个直属站以及分布于宝成、成渝、成昆、达成、内六、川黔、贵昆、襄渝、黔桂、湘黔铁道干线上办理各种类型集装箱运输业务的42个车站，营业站点覆盖四川、重庆、贵州以及云南部分地区。其中，成都东站是中铁集装箱运输公司6个发运站之一。

成都分公司在成都东站建有的成都国际集装箱堆场、在青白江依托大弯车站建有华铁国际集装箱堆场，建成2万平方米的现代物流仓库，都是四川省政府批准设立的二类铁路口岸，并经海关总署批准为海关监管场，具有海关、进出口商品检验、进出口动植物检疫、卫生检查“一关三检”功能。

2005年，成都分公司在成都东站、重庆南站、贵阳南站、福泉站可办理定点、定线路、定班次、定时间、定价格的“五定班列”业务。开行发往上海、青岛、徐州、连云港、江村（广州）、平湖南（深圳）、大龙、乐屯（湛江）、黎塘、北海、防城港等地区的集装箱“五定班列”。其中，2004年开行蓉深班列，开辟成都地区最经济的出海通道；2005年集装箱“五定班列”实现日均5对列车，年发送量达18万个TEU（标准箱），货运量达500多万吨。在货运列车中班列化率达到15%。提供“门到门集装箱全程服务运输”，实现用户“省心、省时、省力”。

成都分公司成立后，充分利用中铁集装箱运输公司总体资源，积极发展货运代理服务。先后与丹麦马士基（MAERSK）航运公司、法国达飞轮船船务公司（CMA）、美国总统轮船公司（APL）、日本川崎汽船公司（KLINE）、中国香港东方海外货柜航运（OOCL）、铁行渣华（P&O）、COSCO、中海等中外知名船运公司建立长期稳定良好的合作关系，使西南地区，特别是四川地区物流网络与全国物流网络形成无缝对接。

【成都华铁国际储运有限公司】

1996年8月29日成立。地址位于青白江区大弯镇团结东路793号。成都华铁国际储运有限公司为股份制企业，由华铁置业公司与中铁八局成都桥梁工厂共同投资组建，注册资金600万元，投资双方各持股份50%。该公司主营国际集装箱多式联运。1998年12月，该公司注册资金增加到2200万元。1999年6月5日，铁道部决定华铁置业公司拥有的全部股份划归成都铁路局。2004年，铁道部资产重组，成都铁路局拥有的股份全部划归中铁集装箱运输有限公司。

1996年10月至1997年6月，该公司投资2000万元，完成一期建设工程，货场占地8万多平方米，有国际标准站台仓库5000多平方米。1997年6月16日，省政府批准在公司设立二类铁路口岸，是海关监管场。具有海关、进出口商品检验、进出口动植物检疫、卫生检查“一关三检”功能。6月26日,成都—上海华铁国际集装箱“五定班列”开行,是成都最早开行的“五定班列”。2002年8月到2003年5月,投资650万元,完成二期工程,新建、扩建物流仓库1.55万平方米。2004年4月27日,经商务部批准,取得承办海、陆、空进出口货物国际运输一级代理资格。2005年,该公司有集装箱堆场3万多平方米,容箱量5000标准箱。有铁路专用线3000多米。配有KALMAR正面吊、堆高机;LINDE叉车;STERY拖头、拖板等集装箱专用设备。

该公司与多家世界知名船运公司建立业务联系,实现铁路与船运对接。其中,世界著名公司有丹麦马士基(MAERSK)航运公司、铁行渣华(P&O)、美国总统轮船公司(APL)、日本川崎汽船公司(KLINE)、法国达飞轮船船务公司(CMA)、新加坡太平船务公司(PIL)、以色列以星综合航运公司(ZIM)、中国香港东方海外货柜航运(OOCL)等签订货运代理协议和箱管协议。开办上海、天津、青岛、连云港、广州等沿海港口的进出口业务。开发长江内河运输网络,开通经由重庆、泸州港的出海通道。

【四川远成投资发展有限公司】

1998年6月18日成立,2005年公司地址成都西站。公司成立时为广东远成储运贸易有限公司(国内最大铁路运输民营企业之一)成都分公司,主营铁路运输,货物储运代理。2001年5月18日,广东远成储运贸易有限公司在成都成立搬运配送公司,主营货物公路配送。同年7月28日,成都分公司与搬家配送分公司合并为四川远成投资发展有限公司。主营铁路运输、货物储运代理及铁路与公路、铁路与水路、铁路与航空联运。

1998年6月18日,广东远成储运贸易有限公司开通该公司第一条铁路行包快运专线,即成都—广州线,标志该公司业务由广东向全国拓展。10月18日,成都分公司开通成都—上海线(包括杭州、无锡)铁路行包快运专线,同年,开通成都—连云港、成都—新港、成都—广州的集装箱“五定班列”。1999年6月22日,开通成都—北京、成都—天津、成都—石家庄、成都—太原的铁路行包快运专线。2000年2月,开通成都东—郑州北货运专线。6月18日,开通成都—济南、成都—青岛、成都—烟台的行包专线。2002年7月1日,四川远成投资发展有限公司开通成都—杭州的“五定班列”,7月18日,开通成都—上海(南京)的“五定班列”。

2003年12月,四川远成投资有限公司成立西南汽车运输部,开展省际汽车长途运输,2004年11月,开通西南区域城际货运班车,加强铁路与公路的联运,全面实现“门对门”服务。12月,开通成都—广州、成都—乌鲁木齐集装箱“五定班列”。

【中国物流股份有限公司成都分公司】

1980年成立“中国集装箱公司成都办理站”。由国家物资部所属中国集装箱公司与成都市物资局所属成都市生产资料服务公司联合筹建,主营集装箱租售和代办发货、接箱以及掏、装箱、代储和送货业务。1984年,改名为“中国集装箱公司成都分公司”,由中国集装箱公司与成都市物资局联营,成为独立核算,自负盈亏的集装箱运输企业。1988年,改名为中国集装箱总公司成都分公司。2001年,按财政部决定,成都分公司与成都市物资局脱钩,划归中国集装箱控股集团公司(原中国集装箱总公司)管理。2004年,中国集装箱控股集团公司划归国资委监管的中国诚通集团公司，并更名为中国物流公司，成都分公司更名为中国物流股份有限公司成都分公司。此后，市政府确定为重点联系大型物流企业，赋予其在紧急状态下保障重要货物运输的职责。成都分公司充分利用中国物流公司网络开展国际集装箱、铁路集装箱、公路集装箱的全程门到门运输和代理、多式联运及公路运输、企业供应链管理等业务。公司地址位于府青路三段16号。

成都分公司成立初期，货场占地2666.8平方米，有1吨自备箱300只，主要接发1吨箱。1985年，开始与成铁分局成都东站进行铁路集装箱联营联运。1986年，与成都东站组建联营办公室，办理铁路超期交付的集装箱疏站工作，在东站建立联营疏站货场，业务量逐年扩大。同期进行货场等基础设施建设，至1989年，公司货场、仓库及办公场地占地1.73万平方米，有叉车11台，汽车9辆，10吨龙门吊1台。1992—1993年间，公司征地20亩，扩建大型箱货场，增加36吨、10吨龙门吊各1台，各型叉车设备15台，汽车28台。期间，为缓解成铁分局成都东站货场容量不足的问题，在二仙桥、青龙场等地租用场地堆存空箱。2000年后，根据货运市场发展变化，公司加强基础设施建设，同时从传统的运输企业向现代物流企业转变，先后开展海铁联运、仓储配送、公路干线（成渝）运输、铁路整车、零担和公、铁、水联运业务，扩大集装箱门对门服务的比例。

截至2005年年底，该公司占地4.1万平方米，其中有库房5000平方米，有36吨龙门吊1台，20吨龙门吊2台，叉车18台，运输车辆45台，固定资产达到5000余万元。可接发1吨、10吨、20英尺、40英尺集装箱。

航 空

成都双流国际机场

【概况】

成都双流国际机场始建于民国27年(1938年),地址双流县金花乡双桂村,故名双桂寺机场。初为抗日战争的空军教练机场,民国33年(1944年),扩建为盟军驱逐机场。1950年后,为中国人民解放军空军使用。1956年12月,军委总参谋部将其划归成都民航使用,列入民航机场序列,改名"成都双流机场"。经过简单扩建后,于1957年,成都民航执飞的民航飞机由凤凰山机场转至双流机场。此后,成都双流国际机场经过数次局部改扩建,逐步成为西南地区民用航空的枢纽机场。

1990年,为民航西南管理局驻地,中国西南航空公司、四川航空公司的基地机场。使用成都双流机场的全为国内航空公司,主要有中国国际航空公司、中国东方航空公司、中国南方航空公司、中国北方航空公司、四川航空公司及一些地方航空公司,无国外航空公司通航使用。1991年1月,成都双流机场获全国民航"十佳卫生机场"称号,1992年12月,获四川省人民政府授予的"文明单位"称号。

1993年,经国务院口岸办公室批准双流机场为国家口岸机场,是西南地区首家口岸机场。1995年11月30日,经民航总局批准更名为"成都双流国际机场"。2000年,成都双流国际机场获"落地免签权"。2002年9月,成都双流国际机场与美国凤凰城天堂港机场结为友好机场。2005年8月,与美国休斯敦机场结为友好机场。四川机场集团公司与美国休斯敦机场集团公司建立友好合作关系。

截至2005年年底,成都双流国际机场通航内地城市63个及中国香港、中国澳门地区,开辟国际航线21条、通航国际城市25个。成都双流国际机场客货运输量仅次于北京首都国际机场、上海浦东国际机场、上海虹桥国际机场、广州白云国际机场、深圳宝安国际机场,列全国第6位。同年,在全世界机场中排名第89位。

【飞行区建设】

民国27年(1938年)建成双桂寺机场时,有一条泥面跑道,民国33年(1944年)扩建跑道延至长1400米,宽45米,用石灰、卵石拌和碾压。可供15吨以下飞机起降。另有一条长1600米,宽12米的滑行道。

第一次扩建。1956年，成都双流机场划归民航后，在1958年进行第一次扩建，按一级机场设计，二级机场扩建，1960年完工。改为水泥跑道，长2200米，宽60米，厚0.27米，可供伊尔18型等100吨以下的飞机起降，1967年，将跑道延到2600米，1982年，按一级机场标准扩建跑道，跑道增至2800米，厚度增至0.48米，承受能力达到151.3吨，同时扩建了停机坪和滑行道。达到第一次扩建的设计要求。

第二次扩建。1987—1992年，成都双流机场对飞行区进行第二次扩建，由中国民航西南管理局组织实施。飞行区扩建工程分两个阶段进行，第一阶段于1988年12月动工，1990年3月竣工，增大停机坪面积1.12万平方米，2个4D类停机位。第二阶段于1990年动工，1992年7月竣工，增加图154型飞机停机坪4万平方米，建成储、供航空燃油、机油万吨的设施。对航行管制、通讯导航、气象预报、运输服务等设施进行了增添和升级，较西南地区各个机场更为完备。经过扩建后的双流机场飞行区等级指标达到4D。

第三次扩建。1991年，民航总局及西南管理局开始对双流机场扩建工程前期研究，确定双流机场改扩建工程在不停航、不转场、确保飞行安全的前提下进行。1992年2月18日和2月21日，民航西南管理局和四川省人民政府分别向民航总局和国家交通投资公司上报《关于成都双流机场扩建工程项目建议书的请示》，并着手前期准备工作；7月，民航总局及西南管理局召开工程建设现场会，确定先建设一条与原跑道平行的滑行道（八号滑行道）及相关配套设施作为在改扩建期间临时跑道的方案。1992年12月15日，民航总局、省政府联合向国家计委上报《成都双流机场扩建工程建议书》。1993年6月28日，国家计委向国务院上报《关于双流机场改扩建工程项目建议书的请示》；7月，由民航总局、省政府联合组成“成都双流机场扩建工程领导小组”，下设成都双流机场扩建指挥部。参与施工单位有中国人民解放军空军第九航空总队、四川省场道公司、四川省安装一公司等建筑安装单位共7700多人；11月，民航总局、四川省人民政府向国家计委上报《成都双流机场改扩建工程可行性研究报告》。1994年，民航总局批复民航西南管理局同意由民航设计院完成的《成都双流机场扩建工程总平面规划》，1月8日八号滑行道修建开工。同年11月28日，国家计委下达《关于成都双流机场扩建工程可行性研究报告的批复》，确定了成都双流机场的改扩建规模和28亿元的投资总额，其中飞行区扩建投资14.9亿元。扩建项目包括跑道、滑行道，停机坪及配套的导航、助航灯光，供电、供水、供气、供油等设施。1996年6月，机场八号滑行道通过验收，被评为优良工程。建成后的滑行道长3200米，宽45米，两侧道肩各7.5米。随即陆续开工停机坪、调度联络道、校验坪、加油管线、导航设施。1998年3月29日，民航总局批准八号滑行道作临时跑道使用，同时关闭原跑道。同月，开始对原跑道加厚延长工程及消防系统、助航灯光系统等配套工程进行招投标工作，同时进行场地打围、道面涂胶、刻槽等施工准备工作。4月，原跑道扩建正式开工。1999年7月29日，扩建后的跑道投入试使用。与此同时，总面积32万平方米的停机坪相继完工。扩建后的成都双流国际机场飞行区通过国家验收委员会验收，工程质量被评为优良，等级指标达到4E。

成都双流国际机场全景

【飞行区主要设施】

成都双流国际机场飞行区历经数次扩建，截至2005年年底，飞行区各主要设施均能满足各类大型飞机的起降。

跑道(02L/20R 跑道)。机场跑道长3600米，两侧各有一条宽7.5米的道肩，两端头安全区(PESA)长200米，可以起降包括B474-400型的各类大型飞机。并安装了Ⅱ类精密进近灯光系统。

滑行道。机场飞行区共有4条快速出口滑行道和3条垂直出口滑行道与3条平行的滑行道A、B、C相连。其中，B、C滑行道是停机坪边缘滑行道，滑行道宽23米，两边都有宽10.5米的道肩，另有一个围绕停机坪的滑行通道网络。

导航设备。机场配备有初级和二级雷达，在机场西端安装有多普勒WHF总定向测距系统(DVOR)和测距仪(DWE)。安装有Ⅱ类盲降系统，仪表着陆系统(ILS)，是全国第三个开通Ⅱ类盲降系统的机场。其中，跑道主降方向为Ⅱ类精密进近，次降方向为Ⅰ类精密进近。

停机坪。为混凝土停机坪，总面积70.3万平方米，分为远机位停机区和航站楼停机位。其中，远机位停机区有57个停机位，国内航站楼有20个停机位，国际航站楼有8个停机位，支线航站楼有2个停机位，每个停机区都有单独的滑行通道。

灯光及空中管制系统。2001年，机场安装了高强度的进近光和仰角的跑道、滑行道边缘灯光。在国内航站楼的南面建成新的控制塔，塔高60米，控制塔距地面的高度为55米。

成都双流国际机场停机坪

【国内航线航站区】

1960年4月，交通部批准成都双流机场新建候机楼、指挥调度楼(塔台)及其他地面设施，总投资2733万元。1961年完工。候机楼采用薄壳多拱结构并与塔台形成不对称结构，新颖壮观，富于动感，面积近千平方米。1983年，在候机楼进行扩建，在原有候机楼北侧新建候机大楼，当年8月完工，至此，成都双流机场候机楼面积达到5000平方米。1987—1992年，成都双流机场进行第二次扩建。由中国民航西南管理局实施。1987年完成设计，航站区扩建工程分两个阶段进行，第一阶段于1988年动工。1990年初竣工，增加候机楼面积8000平方米。此后，启动第二阶段工程，1992年7月竣工，新增航站楼内的营业大厅5065平方米，增加国际（含地区）航线营业大厅700平方米，国际（含地区）候机厅500平方米。至此，成都双流机场航站区内候机、营业及工作用房建筑总面积达到1.74万平方米。

【新航站楼建设】

新航站楼规划候机楼6.5万平方米，航管楼4000平方米，站坪15万平方米。按照国家计委下达的《关于成都双流机场扩建工程可行性研究报告的批复》，计划投资13亿元，新建成都双流国际机场新航站楼及配套设施。

1998年9月10日，新航站楼工程动工。在建设过程中由于中轴线放线工程出现偏差于1998年11月17日停工整顿。1999年4月，经民航总局批准，将候机楼面积增至7.52万平方米。9月初，新航站楼工程经整顿后全面复工，参加新航站楼施工的有四川华西集团省建十二公司、四川省安装公司、成都第四建筑工程公司及来自北京、上海、广州、深圳、沈阳等地的建筑装饰、幕墙公司等近20个单位，施工人员达5500多人。2001年6月21日，新航站楼竣工；同年10月26日，通过国家民航总局组织的验收并正式投入使用。相关通信导航、供电、供气、供水、供油等工程同步进行，同期完成。扩建后的候机楼总面积8.2万平方米。新航站楼采用平行三指廊布局（其中北指廊为国际及地区航线航站区），实行进出港分流，国内外旅客分流，高峰小时旅客容量3500人。航站楼前建有停车场7.4万平方米，站坪车道4.4万平方米。

2002年，机场投资1584万元，完成候机楼中央空调改造工程；投资600万元，完成航班信息显示系统建设。至2005年，连同2004年9月投入使用的北指廊，成都双流国际机场航站楼呈三指廊布局，总面积达13.8万平方米，设有登机廊桥28条，安全检查通道29条，值机柜台87个，其中国际值机柜台26个，7条行李转盘。每个指廊均由业务大厅、连廊及候机厅三部分组成，采用钢筋混凝土结构和钢结构，分为地下一层，地上两层（局部地方三层），地上第二层为出港层，地上第一层和夹层为到达层，实现了进出港完全分流，设有电梯、自动扶梯，自动步行道、登机桥、自动行李分拣系统、安全检查等设备及中央信息、航情显示、广播、火情报警及消防联动、结构化布线、楼宇自控、闭路电视监控等系统，同时配套建设各口岸单位的设备、设施。设有国际、国内中转服务处，设有贵宾休息室、银行、餐饮、购物、休闲等配套服务设施。

成都双流国际机场在航站缕北侧设有国内货物进出港货物仓库，其中进港货物仓库面积800平方米左右，有两个出货口，每日出货150吨左右。出港货物仓库面积1000平方米左右，有两个进货口，每日发出货物200吨左右，能处理各类特殊货物。

成都双流国际机场新航站楼外观

成都双流国际机场新航站楼

【国际及地区航线航站区】

国际及地区航线候机厅设在新航站楼北面指廊(简称北指廊)。承担进出成都双流国际机场的国际及地区航班。

2001 年年底,中国民航机场建设总公司完成《成都双流国际机场航站楼北指廊工程可行性研究报告》。2002 年 6 月,中国民航咨询公司接受国家计委委托,对报告进行评估,并获得通过。2002 年 10 月,国家计委下发《关于成都双流国际机场航站楼北指廊工程可行性报告的批复》,确定项目总投资 3.8 亿元,工程项目法人代表为成都双流国际机场。

2002 年 12 月,中国建筑西南设计院完成北指廊工程初步设计,并通过民航总局审查。2003 年 3 月,民航总局下达《关于成都双流国际机场航站楼北指廊工程初步设计及概算的批复》,确定北指廊规模为 3.92 万平方米,站坪 5.29 万平方米,服务车道 2.31 万平方米以及通风空调、给排水、强弱电、行李系统等。核定北指廊工程总概算 3.82 亿元,资金来源为四川省财政 2 亿元,民航总局专项资金 1 亿元,机场自筹 8203 万元。

2003 年 1 月 28 日,举行北指廊工程奠基仪式,同年 3 月正式开工。该工程施工单位有中国建筑第四工程局、四川省工业设备安装公司、中国建筑第二工程局安装公司、中铁十四局等 30 多家施工单位,监理单位为四川精正建设监理公司;质量监督单位为四川省建筑质量监督总站和民航西南地区建设工程质量监督站。北指廊的主要设备由荷兰荡德公司、中集天达公司、德国蒂森公司等提供。2004 年 8 月北指廊工程竣工,累计完成投资 3.79 亿元。同年 9 月 27 日,工程通过由民航总局和省政府共同组织的竣工验收,并被评为优良工程。次日,北指廊正式投入使用。

北指廊航站楼由业务大厅、连廊及候机厅三部分组成,建筑采用指廊式布局,南北向 251.45 米,东西向 275 米。整个建筑采用钢筋混凝土结构和钢结构,分为地下一层,地上两层(局部地方三层),地上第二层为出港层,地上第一层和夹层为到达层,实现了进出港完全分流,沿候机厅两侧设有 3E、4D、1C 共 8 个机位,设有电梯、自动扶梯,自动步行道、登机桥、自动行李分拣系统、安全检查等设备及中央信息、航情显示、广播、火情报警及消防联动、结构化布线、楼宇自控、闭路电视监控等系统,同时配套建设各口岸单位的设备、设施。在业务厅设有银行、餐饮等服务设施,在候机厅内设有贵宾厅、购物、休闲等服务设施。

成都双流国际机场在航站楼北侧设有货物仓库,其中国际货物仓库 200 平方米左右。

【老航站楼改造】

老航站楼是指 2001 年前使用的航站楼。老航站楼总面积 1.74 万平方米,除去工作用房外。可供旅客使用面积约 1 万平方米,其中用于国际及地区航线旅客候机的国际厅仅 500 平方米。2001 年 10 月 26 日,新航站投入使用,国内航线旅客改在新航站楼进出港,国际及地区航线旅客仍在老航站内进出港。

老航站楼距前次扩建已有10年，设备老化、流程设置也不尽合理，已不能适应国际及地区航线旅客进出港的需要，严重影响成都双流国际机场作为区域性中枢机场的形象。成都双流国际机场曾在2000年新航站楼建设期间，就提出了改造老航站楼的规划，将老航站楼改造成国际航线和地区航线旅客候机厅暂时使用，待新航站北指廊国际城竣工启用后，老航站楼改造成支线旅客候机厅。

2001年，成都双流国际机场分别向省政府和中国民航西南管理局提出改造老航站楼的报告，同年下半年，省政府和民航西南管理局分别批复同意立项。工程总预算850万元，由省政府在口岸建设费用中列支400万元，使用留存的机场建设费450万元。同年第4季度，上海现代设计院完成老航站楼改造工程设计，并通过审查。

2002年初，通过招标，确定上海蓝天房屋装饰公司为施工单位。同年1月15日，老候机楼改造工程开工，4月15日竣工。工程包括国际进出港厅的重新装修，值机厅、安检厅的重新设置，拆除部分工作用房，增高自动门，建设VIP候机厅，更换全厅的吊顶龙骨和面层。改造卫生间等。改造后的国际及地区航线出港厅面积增至2715平方米，进港厅面积增至1630平方米。

2004年9月28日，新的国际及地区航线候机厅（北指廊）建成并投入使用，此厅改作支线航线进出港航站。

改造后的航站楼

飞机及航线

【飞机】

此条目所记飞机数为担负客货运输的中国西南航空公司、四川航空公司及改制后的中国国际航空股份有限公司西南分公司、四川航空股份有限公司和鹰联航空有限公司的飞机数量，不包括其他通用航空机构的飞机数。

1956年，成都民航成立时，仅有6架苏制里二型飞机，旅客座位144个，业务载重16.33吨。以后陆续增加一些新飞机，淘汰一些老旧飞机。1990年初，中国西南航空公司有飞机21架，四川航空公司5架，共26架。其中，波音707型4架，波音737-300型4架，图154M型5架，安-24型3架，运-7型5架，运-12型5架。

1991年，西南航空公司新增波音737-200型、运-7型飞机各2架，四川航空公司新增图154M型飞机2架，两公司飞机总数增至32架。

1992年，西南航空公司利用国际市场疲软、价格下降的时机，引进波音757-200型、波音737-300型各5架，使飞机总数达到31架，其中波音系列飞机达到20架。四川航空公司新增图154M飞机2架，飞机总数达到9架。两公司飞机总数达到40架。

1995 年，四川航空公司引进空中客车 320－232 型飞机 1 架，是成都民航系统首次拥有空中客车机型。是年，两公司共有飞机 54 架。从机型上分，有波音 707 型 1 架，波音 737－300 型 20 架，波音 757－200 型 13 架，空客 320－232 型 1 架，图－154型 11 架，运－7 型 8 架。从所属公司分，西南航空公司 42 架，四川航空公司 12 架。

1996—1999 年，西南航空公司先后引进波音系列飞机，四川航空公司先后引进空中客车系列飞机，引进巴西 EMB－145 型飞机用于支线航线，逐步淘汰掉运量小、经济效益差的机型。波音 707 型飞机、运－7 型飞机分别在 1997 年和 2000 年退出成都民用航空市场，

2000 年，西南航空公司和四川航空公司共有飞机 53 架。从机型上分，波音 737－300 型 15 架，波音 737－800 型 3 架，波音 757－200 型 13 架，空客 320－232 型 5 架，空客 321－200 型 2 架，空客 340－300 型 3 架，图－154 型 8 架，EMB－145 型 3 架，MA－60 型 1 架。从所属公司分，西南航空公司 38 架，四川航空公司 15 架。2001 年，图－154 型飞机退出成都成都民用航空市场。

2004 年，中国航空股份有限公司西南分公司引进空客 319－115 型飞机 5 架，四川航空股份有限公司引进空客 A319－133 型飞机 2 架。该两种机型都是具有高原飞行性能的最先进机型，两航空公司用于执飞成都—拉萨、成都—昌都、成都—九黄、成都—丽江、成都—攀枝花等高原航线任务。同年，川航还引进空客 320－233 型飞机 3 架、空客 321－131 型飞机 1 架。是年，两公司共有飞机 59 架。其中，国航西南分公司有飞机 37 架，为波音 737/757 系列和空客 319/340 系列、四川航空公司有飞机 16 架，为空客 319/320/321 系列，另外 6 架飞机分别为 EMB－145 型和 MA－60 型。

2005 年，中国国际航空股份有限公司西南分公司引进空客 319 型飞机 6 架，公司机队规模达到 42 架，全为波音 737/757 系列和空客 319/340 系列飞机。是年，四川航空股份有限公司引进空客 319 型飞机 4 架，320 型飞机 2 架，使公司机队规模达到 28 架。其中，空客 A319/A320/321 型飞机 22 架。当年新成立的鹰联航空公司有空客 319/320 型飞机 4 架。三家公司共有各类飞机 74 架。

1990—2005 年西南航空、四川航空及鹰联航空公司拥有飞机架数情况表

表 3-73

年　度	总数(架)	其　中		
		西南航空	四川航空	鹰联航空
1990	26	21	5	
1991	32	25	7	—
1992	40	31	9	—
1993	45	35	10	—
1994	49	38	11	—
1995	54	42	12	—
1996	52	39	13	—
1997	52	41	11	—
1998	55	42	13	—
1999	54	41	13	—
2000	53	38	15	—
2001	50	37	13	—
2002	52	39	13	—
2003	50	33	17	—
2004	59	37	22	—
2005	74	42	28	4

四川航空

【飞机客座量】

1990 年，西南航空公司所拥有飞机共有座位 2236—2520 个，四川航空公司有 209—225 个，两公司共有 2445—2745 个。此后，随着安-24 型飞机的退出，运-7 型飞机的减少和波音系列飞机及图-154 飞机的引进，两航空公司所拥有的飞机座位数上升，1995 年，西南航空公司所拥有的飞机共有座位 6409—6491 个，四川航空公司有 1356—1376 个，两公司共有座位 7765—7867 个。

1996 年后，随着大批波音系列、空客系列飞机特别是空客 340-300 型客机的引进和运-7 型飞机的退出，两航空公司的座位数有大幅度增加，2000 年，西南航空公司所拥有的飞机有座位 6692—6737 个，四川航空有 2036 个，两航空公司共有 8728—8773 个。

2004年,中国国际航空股份有限公司西南分公司所拥有的飞机共有座位6554个,四川航空股份有限公司有2920个,两公司共有9474个。

【内地航线】

1950年8月1日,民航重庆办事处开辟重庆—成都航线,是中华人民共和国成立后,自成都的飞机场始飞的第一条航线。经过近40年的发展,到1990年初,由成都双流机场始发的航线共23条。

1990—1995年,中国西南航空公司和四川航空公司陆续开辟由成都双流机场始发到各省省会城市,计划单列城市航线。以后,陆续开通由成都双流机场始发各经济发达城市、旅游城市的航线。由于在实际中,不时对航线有所调整,国内通航城市亦随之增减。2005年,成都双流国际机场通航内地城市63个及中国香港、中国澳门地区。

西南航空公司航线。1990年4月,开辟成都—乌鲁木齐航线,成都—大连航线,11月,开辟成都—北京—长春航线。1991年4月,开辟成都—温州航线,成都—汕头航线,10月,开辟成都—青岛航线。1992年1月,开辟成都—深圳航线,成都—合肥航线;4月,开辟成都—南宁航线;6月,开辟成都—桂林—宁波航线;10月,开辟成都—哈尔滨航线;12月,开辟成都—北海航线。1993年3月,开辟成都—芒市航线;4月,开辟成都—西安—烟台航线、成都—济南—哈尔滨航线;6月,开辟成都—湛江航线;9月,开辟成都—郑州航线;11月,开辟成都—郑州—哈尔滨航线。1994年9月,开辟成都—南昌航线;11月,开辟成都—北海—三亚航线,成都—洛阳—大连航线。1995年3月,开辟成都—兰州航线;4月,开辟成都—宜宾—广州航线,开辟成都—昌都航线;5月,开辟成都—北京—丹东航线,开辟成都—西宁—乌鲁木齐航线;6月,开辟成都—珠海航线;7月,开辟成都—张家界航线;12月,开辟成都—石家庄航线。1996年1月,开辟成都—石家庄—沈阳航线,开辟成都—南昌航线;2月,开辟成都—洛阳—沈阳航线;4月,开辟成都—天津—长春航线;4月,开辟成都—西宁航线;5月,开辟成都—长沙—上海航线;6月,开辟成都—石家庄—哈尔滨航线;6月,开辟成都—宜宾—上海航线;12月,开辟成都—宜昌—上海航线。1997年3月,开辟成都—武汉—南通航线;4月,开辟成都—连云港—大连航线;5月,开辟成都—九江—上海航线;6月,开辟成都—武汉—黄山航线;10月,开辟成都—武汉—常州航线;11月,开辟成都—徐州—哈尔滨航线。1998年3月,开辟成都—兰州—乌鲁木齐航线,成都—南昌—福州航线;10月,开辟成都—长沙—宁波航线;10月,开辟成都—长沙—南京航线。1999年6月,开辟成都—张家界—上海航线;7月,开辟成都—武汉—徐州航线;11月,开辟成都—贵阳—厦门航线;12月,开辟成都—昌都—拉萨航线。2000年3月,开辟成都—武汉—温州航线;9月,开辟成都—广元—北京航线。2001年4月,开辟成都—昆明—迪庆—拉萨航线,成都—迪庆航线;10月,开辟成都—长沙—厦门航线,成都—重庆—合肥航线,成都—三亚航线,成都—武汉—杭州航线,成都—济南—哈尔滨航线。12月,开辟成都—昆明—丽江航线。2002年6月,开辟成都—大理航线。2003年4月,开辟成都—哈尔滨航线,7月,开辟成都—重庆—沈阳航线;7月,开辟成都—芒市航线;11月,开辟成都—昆明—芒市航线。

四川航空公司航线。1990年，开辟成都—西安航线，成都—武汉—温州，成都—武汉—襄樊，成都—重庆—襄樊航线。1991年，开辟成都—重庆—长沙航线，成都—万县—武汉航线。1992年，开辟成都—北京航线，成都—广州航线，成都—深圳航线，成都—温州航线，成都—北京—重庆航线，成都—广州—重庆航线，成都—西安—北京航线，成都—乌鲁木齐航线，成都—北京—汕头航线，成都—汕头航线，成都—贵阳—北海航线，成都—深圳—重庆航线，成都—上海航线，成都—万县—西安航线，成都—上海—重庆航线，成都—北京—兰州航线，成都—北京—哈尔滨航线，成都—沈阳航线，成都—厦门航线，成都—广州—兰州航线，成都—广州—济南航线，成都—海口航线，成都—哈尔滨航线。1994年，开辟成都—三亚航线。1996年，开辟成都—重庆—张家界航线，成都—长沙航线，成都—宁波航线，成都—温州航线。1997年，开辟成都—重庆—宜昌航线，成都—杭州航线，成都—张家界航线，成都—济南—威海航线。1998年，开辟成都—郑州航线，成都—达县—武汉航线，成都—杭州—上海航线，成都—青岛航线。1999年，开辟成都—长沙—福州航线，成都—郑州—宁波航线，成都—西安—呼和浩特航线。2000年，开辟成都—长沙—杭州航线，成都—天津—哈尔滨航线，成都—张家界—珠海航线，成都—济南—大连航线，成都—北京—丹东航线，成都—石家庄—沈阳航线，成都—南宁—广州航线，成都—黄山航线，成都—西宁航线，成都—襄樊航线，成都—福州航线，成都—珠海航线。2002年，开辟成都—银川航线，成都—重庆空中穿梭巴士。2003年，开辟成都—万州航线。2004年，开辟成都—徐州航线，成都—丽江航线。2005年，开辟成都—乌鲁木齐航线，成都—沈阳航线、成都—哈尔滨航线，成都—银川航线，成都—兰州航线，成都—厦门航线、成都—攀枝花航线。

【内地通航城市】

1990年，通达北京、上海、广州、深圳、武汉、西安、昆明、拉萨等城市和省内重庆、南充、达县、西昌、万县等城市。此后，随着多条航线的开通，通达城市逐年增多。2005年，成都双流国际机场通航内地城市63个，即北京、天津、上海、广州、长沙、贵阳、海口、昆明、南京、宁波、深圳、温州、库尔勒、乌鲁木齐、武汉、西安、厦门、郑州、珠海、南昌、昌都、北海、长春、大连、桂林、哈尔滨、济南、拉萨、兰州、襄樊、湛江、威海、银川、南宁、汕头、沈阳、太原、丹东、福州、杭州、合肥、洛阳、青岛、西宁、锦州、烟台、重庆、黄山、黄岩、呼和浩特、惠州、保山、宜昌、张家界、徐州、常州、连云港、西昌、广元、迪庆、三亚、大理、丽江、芒市、泸州、九寨沟、梁平、攀枝花、达县（达州）、南充、绵阳、大足、万县（万州）等。

【港澳地区航线】

由成都始飞的港澳地区航线始于1981年11月15日，由民航成都管理局使用民航沈阳管理局三叉戟型飞机开辟，执飞成都—中国香港包机航线。1996年，由成都双流机场始飞中国香港的地区航线正式成为定期正班航线。至2005年年底，分别有中国西南航空公司、四川航空股份有限公司、中国澳门航空公司执飞成都—中国香港、成都—中国澳门航线。

成都—中国香港航线。执飞航线，1981年11月15日，由中国民航成都管理局开辟，通航后不久即停航，1985年3月30日复航，使用波音707型飞机、波音737-300型飞机执飞。为包机航线。1996年10月28日，改为地区定期正班航线，使用波音757-300型飞机执飞，每周飞行5班，后改为每日1班。2005年，四川航空股份有限公司辟为旅游包机地区航线。

中国澳门—成都航线。中国澳门航空公司执飞航线，2002年8月1日开辟，使用空中客车320型或321型飞机执飞，每周1班。

【国际航线及通航城市】

1990年以前，成都没有通航的国外城市。此后，由中国西南航空公司陆续开辟一批由成都双流国际机场为始飞港的国际航线，同时国外航空公司也开辟了一批以成都为终到港的国际航线。到2000年，由成都双流国际机场起飞的国际航线主要是周边国家，执飞的是中国西南航空公司。

成都—伊尔库茨克航线。中国西南航空公司货运包机航线，1992年12月7日首航，使用波音707型飞机执飞。

成都—新加坡航线。中国西南航空公司执飞航线，1994年1月1日开辟，航程3474千米，使用波音757-200型飞机执飞。

成都—曼谷航线。中国西南航空公司执飞航线，1993年6月开辟，为货运包机航线，1996年10月28日，转为定期正班国际航班。使用波音737-300型或波音757-200型飞机执飞，航线开辟之初为每周2班，后改为每周飞行5班。

2001年，西南航空公司与中国国际航空公司在联合重组的框架下达成协议，国航3架空中客车340-300型飞机交由西南航空公司营运，使用国航代码，执飞国航北京—温哥华—北京航线，上海—巴黎—上海航线，北京—厦门—新加坡航线。同时，国航西南航空公司1架波音757—300型飞机，执飞国航成都—上海—仙台（往返）航线，北京—上海—福冈（往返）航线，北京—上海—大阪（往返）航线。

2002年10月，中国国际航空公司与中国西南航空公司重组，成立中国国际航空股份有限公司西南分公司，至2004年年底，成功开辟有多条国际航线。

曼谷—成都航线。泰国国际航空公司执飞航线，于2002年1月1日开辟，使用波音737-400型飞机执飞，每周3班。

成都—汉城航线。中国西南航空公司执飞航线，2001年4月16日开辟，航程2534千米，使用波音737-300型飞机执飞，每周飞行2班。

汉城—成都航线。韩国亚洲航空公司执飞航线，于2001年4月18日开辟，使用空中客车321型飞机执飞，每周3班。

成都—东京航线。中国西南航空公司执飞航线，2002年4月26日开辟，航程3799千米，使用波音757-200型飞机执飞，每周飞行4班，2004年3月26日停飞。

成都—大阪航线。中国西南航空公司执飞航线，2002年7月18日开辟，航程3193千米，使用波音757-200型飞机或波音737-600型飞机执飞，每周飞行2班。

新加坡—成都航线。新加坡胜安航空公司执飞航线，于2002年7月24日开辟，使用空中客车320型飞机执飞，每周2班。

成都—普吉航线。中国西南航空公司执飞航线，2002年12月29日开辟，为定期包机航线，使用波音737-300型飞机执飞，每周飞行1班。

成都—上海（浦东）—福冈航线。中国国际航空股份有限公司西南分公司执飞航线，2003年1月12日开辟，航程为成都—上海（浦东）1879千米，上海（浦东）—福冈998千米，使用波音757-200飞机执飞，每周飞行1班。

成都—北京—东京航线。中国国际航空股份有限公司西南分公司执飞航线，2004 年 3 月 26 日开辟，航程为北京—东京 2562 千米，使用波音 757-200 型飞机执飞，每日飞行 1 班。

成都—北京—巴黎航线。中国国际航空股份有限公司西南分公司执飞航线，2004 年 7 月 28 日开辟，航程为北京—巴黎 10253 千米，使用空中客车 340-300 型飞机执飞，每周飞行 2 班。

截至 2005 年年底，由国航西南分公司执飞的国航国际航线还有由成都始飞经北京前往纽约、旧金山、洛杉矶、温哥华、法兰克福、伦敦等地的 7 条欧美航线。由中国东方航空公司执飞的成都始飞，经上海到伦敦、悉尼、墨尔本、广岛、洛杉矶、东京等多条国际航线。

航空运输

【概况】

1989 年，成都双流机场有国航、南航、东航、北航、西北航、西南航等内地几大航空公司的航线、航班，有定期航班通航的内地城市 20 多个。成都双流国际机场飞机起落 1.31 万架次，旅客吞吐量 111.57 万人次，货邮吞吐量 3.38 万吨。西南航空公司、四川航空公司一直以成都双流机场为基地机场，有飞机 26 架，其中 13 架是载客 100 人以下的小型飞机。2005 年，成都双流国际机场有内地所有航空公司、港澳地区航空公司及国外 10 多家航空公司的航线、航班。与内地 60 多个城市及中国香港、中国澳门特别行政区通航，与欧、美、亚洲及大洋洲的 25 个城市通航，其中 21 个城市为定期客货班；飞机起落 13.29 万架次、旅客吞吐量 1389.99 万人次，货邮吞吐量 25.1 万吨，分别是 1989 年的 10.12 倍、12.46 倍、7.43 倍。2005 年年底，驻成都的中国国际航空股份公司西南分公司、四川航空股份有限公司、鹰联航空股份公司共有波音、空客及 EMB145 等型飞机 82 架。是年成立的鹰联航空公司，公司总部设成都，仍以成都双流国际机场为基地机场。

【起降架次】

成都双流机场起降架次。1990 年，成都双流机场安全飞行起降 1.65 万架次，平均每天安全起降 45.25 架次，2005 年，达到 13.30 万架次，平均每日安全起降 364.38 架次。2005 年与 1990 年比较，总架次增加 11.65 万架次，增长 581.52%。每天平均安全起降增加 310.91 架次，增长 581.47%。

中国西南航空公司起降架次。1990 年，中国西南航空公司安全飞行起降 1.73 万架次，平均每天安全起降 47.42 架次。2005 年，达到 6.34 万架次，平均每天安全起降 173.70 次，2005 年与 1990 年比较，总架次增加 4.61 万架次，增长 266.29%，平均每天安全起降架次增加 126.28 架次，增长 266.30%。

四川航空公司起降架次。1988 年 7 月 14 日，四川航空公司正式开航运营，当年安全起降 549 架次。1990 年，安全飞行起降 4300 架次，平均每天安全起降 11.78 架次。2005 年，达到 4.85 万架次，平均每天起降 132.98 架次。2005 年与 1990 年比较，增加总架次增加 4.42 万架次，增长 1028.79%。平均每天安全起降架次增加 121.20 架次，增长 1028.86%。

1990—2005 年成都双流国际机场及两航空公司飞机安全起降情况表

表 3-74 单位:%

年 度	成都双流国际机场		国航西南分公司		四川航空公司	
	架 次	较上一年	架 次	较上一年	架 次	较上一年
1990	16515	—	17309	—	4300	
1991	18264	10. 59	18755	8. 35	6085	41. 51
1992	24732	35. 41	19658	4. 81	5264	-13. 49
1993	27778	12. 32	28594	45. 45	8961	70. 23
1994	33044	18. 96	38544	34. 80	10320	15. 17
1995	39200	18. 63	45548	18. 17	11287	9. 37
1996	43191	10. 18	48847	8. 24	12433	10. 15
1997	46513	8. 69	47528	-2. 70	13270	6. 73
1998	49499	6. 42	46505	-2. 15	13687	3. 14
1999	53405	7. 90	46419	-0. 18	15266	11. 54
2000	58614	9. 75	46884	1. 00	15914	4. 24
2001	66539	13. 52	50206	7. 09	18470	15. 06
2002	77844	16. 99	42705	-14. 94	23510	27. 29
2003	83102	6. 75	50397	18. 01	28965	23. 20
2004	110186	32. 59	59733	18. 52	40587	40. 12
2005	132999	20. 62	63400	6. 14	48538	19. 59

【飞行距离】

西南航空公司飞行距离。1990 年,中国西南航空公司飞行距离 2187. 00 万千米,平均每天飞行距离 5. 99 万千米,2004 年,达到 7950. 20 万千米,平均每天飞行 21. 78 万千米。2004 的与 1990 年比较,总距离增加 5763. 20 万千米,增长 263. 52%。平均每天飞行距离增加 15. 79 千米,增长 263. 61%。

四川航空公司飞行距离。1988 年 7 月 14 日,四川航空公司正式开航运营,当年共飞行 23. 12 万千米,1990 年,飞行 195. 58 万千米,平均每天飞行 0. 54 万千米。2005 年,达到 5453. 40 万千米,平均每天飞行 14. 94 万千米。2005 年与 1990 年比较,总距离增加 5257. 82 万千米,增长 2688. 32%。平均每天飞行距离增加 14. 40 万千米,增长 2666. 67%。

1990—2005 年国航西南分公司、四川航空公司飞行距离情况表

表 3-75　　单位:万千米

年　度	国航西南分公司		四川航空公司	
	飞行距离	较上一年增减(%)	飞行距离	较上一年增减(%)
1990	2187.00	—	195.58	
1991	2369.00	8.32	587.89	200.59
1992	2646.00	11.69	495.23	-15.76
1993	3987.00	50.68	863.81	74.42
1994	5209.61	30.76	1051.87	21.77
1995	6078.00	16.67	1063.00	1.06
1996	6763.00	11.27	1321.00	24.27
1997	6857.41	1.40	1398.30	5.85
1998	6747.20	-0.17	1597.80	14.26
1999	6496.87	-0.04	1934.71	21.09
2000	6632.69	2.09	2174.78	12.41
2001	7211.87	8.73	2620.55	20.49
2002	6328.60	-12.25	3176.30	21.21
2003	6689.10	5.70	3020.00	-4.92
2004	7950.20	18.85	4259.00	41.03
2005	—	—	5453.40	28.04

【飞行时间】

西南航空飞机飞行时间。1990 年,中国西南航空公司飞机飞行时间为 3.44 万小时,平均每天飞行 94.28 小时。2005 年,达到 16.28 万小时,平均每天飞行 446.03 小时。2005 年与 1990 年比较,总飞行时间增加 12.84 万小时,增长 373.06%,平均每天飞行时间增加 351.75 小时,增长 373.09%。

川航飞机飞行时间。1988 年 7 月 14 日,四川航空公司正式开航运营,当年共飞行 680 小时,1990 年,飞行 5095 小时,平均每天飞行 13.95 小时。2005 年,达到 7.44 万小时,平均每天飞行 203.85 小时。2005 年与 1990 年比较,总飞行时间增加 6.93 万小时,增长 1360.35%。平均每天飞行时间增加 189.90 小时,增长 1361.29%。

1990—2005 年国航西南分公司、四川航空公司飞行时间情况表

表 3-76

年　度	国航西南分公司		四川航空公司	
	飞行时间(小时)	较上一年增加(%)	飞行时间(小时)	较上一年增加(%)
1990	34414	—	5095	
1991	40212	16.84	7864	54.35
1992	43335	7.76	8601	9.37
1993	59658	37.67	15091	75.45
1994	72251	21.11	16993	12.60
1995	84323	16.70	18052	6.23
1996	97473	15.59	21483	19.01
1997	99206	1.78	21731	1.15
1998	98898	-0.31	23172	6.63
1999	95702	-3.23	27303	17.83
2000	97425	1.80	29654	8.61
2001	104951	7.72	35279	18.97
2002	91069	-13.23	44351	25.72
2003	97456	7.01	43010	-3.02
2004	124411	27.66	57830	34.46
2005	162800	30.86	74405	28.66

【成都双流国际机场旅客吞吐量】

1990 年,成都双流机场旅客吞吐量 141.41 万人次,到 2000 年,超过 500 万人次,达到 552.47 万人次。2004 年 10 月 28 日,成都双流国际机场旅客吞吐量首次突破 1000 万人次大关,当年旅客吞吐量达 1168.56 万人次。2005 年,达到 1389.99 万人次,与 1990 年比较,增加 1248.58 万人次,增长 882.95%。

截至 2005 年年底,成都双流国际机场旅客吞吐量次于北京首都国际机场、上海浦东国际机场、上海虹桥国际机场、广州白云国际机场、深圳宝安国际机场,位居全国第六位。

1990—2005 年成都双流国际机场旅客吞吐量情况表

表 3-77

年　度	旅客吞吐量(人次)	较上一年增加(%)
1990	1414098	—
1991	1669747	18. 08
1992	2232857	33. 72
1993	2840049	27. 19
1994	3485757	22. 74
1995	4155243	19. 21
1996	4295283	3. 37
1997	4376255	1. 89
1998	4384842	0. 20
1999	4985883	13. 71
2000	5524707	10. 81
2001	6244726	13. 03
2002	7548680	20. 88
2003	8196742	8. 59
2004	11685643	42. 56
2005	13899929	18. 95

【航空公司旅客发运量】

1988 年 7 月，四川航空公司正式开航运营，当年发运旅客 2. 16 万人次。1990 年，中国西南航空公司发运旅客 170. 34 万人次，川航达到 17. 70 万人次。1995 年，中国西南航空公司发运旅客突破 500 万人次，达到 548. 77 万人次。1996 年，川航发运旅客突破 100 万人次，达到 104. 39 万人次。2002 年，川航突破 200 万人次，2004 年，突破 300 万人次。2005 年，中国国际航空公司西南分公司发运旅客 809. 73 万人次，较 1990 年增加 639. 39 万人次，增长 375. 36%；川航突破 400 万人次，达到 479. 00 万人次，较 1990 年增加 461. 30 万人次，增长 2606. 21%。

1990—2005 年国航西南分公司、四川航空公司旅客发运情况表

表 3-78

年　度	国航西南分公司		四川航空公司	
	发运量(万人次)	较上一年增加(%)	发运量(万人次)	较上一年增加(%)
1990	170.34	—	17.70	
1991	205.78	20.81	25.12	41.92
1992	237.10	15.22	42.17	67.87
1993	333.80	40.78	70.27	66.63
1994	437.76	31.14	84.98	20.93
1995	548.77	25.36	93.48	10.00
1996	565.10	2.98	104.39	11.67
1997	540.77	-4.31	108.62	4.05
1998	474.53	-12.25	117.97	8.61
1999	492.63	3.81	138.34	68.13
2000	505.44	2.60	154.42	11.62
2001	535.54	5.96	170.88	10.66
2002	486.66	-9.12	203.75	19.24
2003	535.38	10.14	222.19	9.05
2004	701.32	30.99	365.50	64.50
2005	809.73	15.46	479.00	31.05

【航空公司旅客周转量】

人次周转量。1988 年，四川航空公司实现旅客周转量961 万人千米。1990 年，中国西南航空公司实现旅客周转量 23.02 亿人千米，四川航空公司达到 7439 万人千米。2004 年，中国西南航空公司旅客周转量达到 100.16 亿人千米，较 1990 年旅客周转量增加 77.14 亿人千米，增长 335.02%。2005 年，四川航空公司旅客周转量达到 29.8 亿人千米，与 1990 年比较，增加 29.06 亿人千米，增长 3906.53%。

1990—2005 年国航西南分公司、四川航空公司旅客人次周转量情况表

表 3-79

年 度	国航西南分公司		四川航空公司	
	周转量(万人千米)	较上一年(%)	周转量(万人千米)	较上一年(%)
1990	230245	—	7439	
1991	277254	20. 42	11325	52. 24
1992	329238	18. 75	49887	340. 50
1993	462453	40. 46	82904	66. 18
1994	584808	26. 46	98987	19. 40
1995	726603	24. 25	108585	9. 70
1996	755375	3. 96	130218	19. 92
1997	725603	-3. 94	135425	4. 00
1998	630235	-13. 14	152905	12. 91
1999	640526	1. 63	181677	18. 82
2000	669143	4. 45	213298	17. 41
2001	718573	7. 39	245522	15. 11
2002	676162	-5. 90	284293	15. 79
2003	768450	13. 65	273007	-3. 97
2004	1001602	30. 34	426830	56. 34
2005	—	—	298046	-30. 17

重量周转量。1988 年，四川航空公司实现旅客周转量 61. 07 万吨千米。1990 年，中国西南航空公司实现旅客周转量 1. 66 亿吨千米，四川航空公司达到 529. 90 万吨千米。2004 年，中国西南航空公司达到 8. 94 亿吨千米，较 1990 年旅客周转量增加 7. 28 亿吨千米，增长 438. 78%。2005 年，四川航空公司旅客周转量达到 5. 16 亿吨千米，较 1990 年旅客周转量增加 5. 11 亿吨千米，增长 9635. 08%。

1990—2005 年国航西南分公司、四川航空公司旅客重量周转量情况表

表 3-80

年　度	国航西南分公司		四川航空公司	
	周转量(万吨千米)	较上一年增加(%)	周转量(万吨千米)	较上一年增加(%)
1990	16600	—	529.90	
1991	19985	20.39	815.34	54.06
1992	23606	18.12	3571.62	38.05
1993	33143	40.40	5922.00	65.80
1994	41909	26.50	7602.72	28.38
1995	52043	24.18	7744.00	1.85
1996	56180	7.95	9669.00	24.86
1997	53925	-4.01	10049.30	3.93
1998	45792	-15.08	11334.08	12.78
1999	47429	3.57	13424.31	18.44
2000	49547	4.47	15779.75	17.55
2001	63980	29.13	21931.49	38.99
2002	60252	-5.83	25388.19	15.76
2003	68529	13.74	24435.20	-3.75
2004	89437	30.51	38140.30	56.09
2005	—	—	51586.20	35.25

【双流国际机场货物、邮件吞吐量】

1990 年，成都双流国际机场货物、邮件吞吐量 3.46 万吨，到 1997 年，超过 10 万吨，达到 11.22 万吨。2004 年，突破 20 万吨，达到 21.3 万吨。2005 年，机场货物、邮件吞吐量 25.1 万吨，与 1990 年比较，增加 21.64 万吨，增长 625.40%。

1990—2005 年成都双流国际机场货物邮件吞吐量情况表

表 3-81　　单位:吨

年　度	合　计	其　中		
		行李	邮件	货物
1990	34604	12608	1161	20835
1991	38352	14846	756	22750
1992	45765	16517	1215	28033
1993	56442	19277	1436	35729
1994	72973	24429	2168	46376
1995	86008	27287	3917	54804
1996	99727	28305	4527	66895
1997	102231	29702	3863	68666
1998	110770	30740	3864	76165
1999	127934	29822	3419	94693
2000	158634	34213	4990	119131
2001	143489	—	5329	138160
2002	162391	—	6813	155578
2003	177311	—	7281	170030
2004	213039	—	8125	204914
2005	251018	—	8123	242895

说明:2001 年后,不再单独统计行李吞吐量

【航空公司货物、邮件发运量】

1988 年,四川航空公司实现货邮发运 107 吨。1990 年,中国西南航空公司发运货物、邮件 4.14 万吨,四川航空公司货邮发运量达到 631 吨。1996 年,中国西南航空公司发运货邮量突破 10 万吨,达到 10.88 万吨。2005 年,中国国际航空公司西南分公司发运货邮 12.26 万吨,较 1990 年货邮发运量增加 8.12 万吨,增长 196.32%;四川航空公司货邮发运量达到 9.54 万吨,较 1990 年货邮发运量增加 9.48 万吨,增长 15015.85%。

1990—2005 年国航西南分公司、四川航空公司货物、邮件发运情况表

表 3-82

年　度	国航西南分公司		四川航空公司	
	发运量(吨)	较上一年增加(%)	发运量(吨)	较上一年增加(%)
1990	41374	—	631	
1991	42636	3. 05	819	29. 79
1992	47940	12. 44	4289	423. 69
1993	63205	31. 84	9846	129. 56
1994	79780	26. 22	15248	54. 86
1995	95636	19. 87	17583	15. 31
1996	108846	13. 81	21579	22. 73
1997	107056	-1. 64	24848	15. 15
1998	103164	-3. 64	29961	20. 58
1999	108335	5. 03	42858	43. 05
2000	131046	20. 96	49027	14. 39
2001	104097	-20. 56	44695	-8. 84
2002	95912	-7. 86	49733	11. 27
2003	92802	-3. 24	54907	10. 40
2004	104602	12. 72	75423	37. 36
2005	122600	17. 21	95381	26. 46

【航空公司货物、邮件周转量】

1988 年,四川航空公司实现货邮周转量 12. 93 万吨千米。1990 年,中国西南航空公司实现货邮周转量 5922 万吨千米,四川航空公司货邮周转量达到 34. 10 万吨千米。1994 年,中国西南航空公司货邮周转量突破 1 亿吨千米,达到 1. 14 亿吨千米。2004 年,中国西南航空公司货邮周转量达到 1. 65 亿吨千米,较 1990 年货邮周转量增加 1. 06 亿吨千米,增长 178. 81%;四川航空公司实现货邮周转量达到 1. 3 亿吨千米,较 1990 年货邮周转量增加 1. 29 亿吨千米,是 1990 年货邮周转量的 380 倍。

1990—2005 年国航西南分公司、四川航空公司货物、邮件周转量情况表

表 3-83

年度	国航西南分公司		四川航空公司	
	周转量(万吨千米)	较上一年增加(%)	周转量(万吨千米)	较上一年增加(%)
1990	5922.00	—	34.10	
1991	6004.00	1.38	44.66	30.97
1992	6940.00	15.58	605.38	1354.93
1993	9146.00	31.79	1415.00	33.74
1994	11397.20	24.61	2120.28	49.84
1995	13702.00	20.22	2445.00	15.31
1996	15662.00	14.30	3085.00	26.18
1997	15252.00	-2.62	3527.24	14.34
1998	14582.52	-4.39	4233.67	20.03
1999	15237.86	4.49	6111.33	44.35
2000	18439.40	21.01	7220.54	18.15
2001	14726.89	-20.13	6795.81	-5.88
2002	16970.99	15.24	7589.70	11.63
2003	13991.20	-17.56	8220.80	8.32
2004	16510.90	18.01	10932.20	32.98
2005	—	—	12970.50	18.64

航空运输主要单位与企业

【概况】

1987 年，成都民航系统进行体制改革，政企分开，将中国民航成都管理局与从事经营的机场、航空企业、维修企业分开。1989 年，驻成都民航系统有 2 个管理部门、8 个企事业单位。其中，中国西南航空公司、成都双流机场、民航成都飞机维修工程公司（原中国民用航空一〇三厂）、四川航空公司、中国航空器材西南公司为企业单位，基本实现市场化经营。1995 年，成都双流机场更名为“成都双流国际机场”。1999 年 7 月 8 日，由西南航空公司、法国斯奈克玛公司、美国威利斯公司、北京凯兰公司共同合资组建的中国首家航空发动机维修合资公司——四川斯奈克玛航空发动机维修有限公司开业。12 月，西南航空公司与中国民航计算机信息中心、成都双

流机场、四川航空公司合资组建了成都民航西南凯亚有限责任公司。

2002年，按照中国民航改革发展战略，中国西南航空公司与中国国际航空公司合并重组为中国国际航空股份有限公司，成都为“中国国际航空股份有限公司西南分公司”总部。四川航空公司改制为四川航空集团公司，作为控股单位，以原四川航空公司的航空经营性净资产为基础，与中国南方航空公司等单位建立“四川航空股份有限公司”，主营航空运输服务。2004年，包括双流国际机场在内的省内5个民航机场由民航总局交四川省人民政府管理后，成立四川省机场集团有限公司。同年，以四川省机场集团有限公司为主，联合机场管理（中国香港）有限公司、深圳机场公司、成都华盛（集团）公司和大连周水子机场公司共同组建成都双流国际机场股份有限公司。

2005年，西部首家民营航空鹰联公司成立，总部设成都，并以成都双流国际机场为基地机场。截至2005年年底，驻成都的民航系统管理部门2个，企事业单位8个，其中中国国际航空股份有限公司西南分公司、四川航空集团公司、四川省机场集团有限公司、中国航空油料西南公司、中国民航物资设备公司西南公司、中国航空器材西南公司为一级企业法人单位，实行企业化经营。

【四川省机场集团有限公司】

2004年3月26日，民航总局与四川省人民政府签署《中国民用航空总局、四川省人民政府关于四川省民航机场移交书》，将四川域内的成都双流国际机场、西昌青山机场、达州河市机场、南充火花机场和九寨黄龙5个机场移交四川省人民政府管理。3月29日，四川省机场集团有限公司正式挂牌成立并开始营运。该公司主要经营范围为机场投资、机场运行管理、机场航空地面保障和地面运输服务。2004年，机场集团公司总资产36.82亿元，名列四川100强企业第78位。当年实现总收入5.8亿元，利润4921万元。

截至2005年年底，四川省机场集团有限公司总资产为40.3亿元，内设机构有总经理办公室、综合管理部、规划发展部、市场投资部、人力资源部、财务部、离退休人员管理部、航空安全运输监理部、党委工作部、纪委办公室（监察部）、工会办公室、机场管理部、扩建指挥部、机场公安分局等14个部门。下辖或控股的有成都双流国际机场股份有限公司、成都机场明捷航空服务有限公司、成都双流国际机场旅客服务有限责任公司、园林绿化有限责任公司、建筑安装有限责任公司、空港旅游运输有限责任公司、广告传媒有限公司、朝阳湖培训中心、西昌青山机场和达州河市机场等10个单位。

【成都双流国际机场股份有限公司】

2004年9月14日，商务部批准成立“中外合资成都双流国际机场股份有限公司”，10月28日，成都双流国际机场正式挂牌成立，属股份制企业。11月1日正式运行。

成都双流国际机场股份有限公司由四川机场集团有限公司等5家单位组成。其中，四川机场集团有限公司持股51%，机场管理（中国香港）有限公司持股25%，深圳市机场（集团）有限公司持股21%，成都市华盛（集团）实业投资有限公司持股2%，大连周水子国际机场集团公司持股1%。成立时，注册资金7.57亿元。

该公司主要业务包括：民用航空器起降现场安全运行管理、安全检查、消防、应急救援、医疗救援、旅客过港服务、地面运输服务、VIP 服务、候机楼运行管理、候机楼物业租赁及商贸经营管理，机场通信及 IT 网络服务等。

【中国西南航空公司】

1987 年 10 月 15 日成立，在成立民航管理局的基础上按照政企分离的原则组建，是中国民航系统第一家政企分开的国家大型民用航空骨干企业，是当时全国六大骨干航空公司之一，总部驻成都，基地设在成都双流机场。

1990 年，中国西南航空公司机关内设办公室、劳动人事处、计划财务处、飞行安全技术处、航务处、生产调度室、商务处、机上服务部、运输服务部、供应处、航材处、保卫处、党委组织处、党委宣传处、纪委、团委、工会等机构及组织。基层单位有成都、重庆两个飞行大队、飞机维修厂、培训中心（技工学校）。后经多次机构改革，内设机构相应调整。是年，中国西南航空公司设立重庆分公司，驻地在重庆江北机场，在北京设营业部。此后，陆续在上海、广州、海口等国内城市及尼泊尔加德满都、新加坡、曼谷、东京等国际城市设立营业部。1998 年 6 月 23 日，设立贵州分公司，驻地为贵阳龙洞堡机场。除在分公司所在地停置过夜飞机外。至 2002 年，还在北海、烟台、湛江设有飞机停场过夜基地。

中国西南航空公司成立时共有飞机 20 架，除 2 架波音 707 型、2 架波音 737-300 型飞机外，其余都是伊尔 18 型、安 24 型、运五型等老、旧、小飞机。经过 10 多年努力，至 2005 年拥有波音、空客各型飞机 42 架的现代化机群。拥有自己的维修力量，下属成都飞机维修工程公司（一〇三厂）和西南航空飞机维修公司，1997 年，建成可同时容纳 3 架大型飞机检修的检修机库。成都飞机维修工程公司创造连续 314 天保证 6 架波音 757-200 飞机无机务原因延误航班的辉煌业绩，赢得波音公司颁发的该机型维护全世界第一块奖牌。西南航空飞机维修公司，是中国唯一能同时承修苏制和英制飞机、发动机及其附件的综合维修基地。2001 年在维修厂的基础上，组建成都飞机维修基地。

中国西南航空公司国内营业部情况表

表 3-84

名　称	开业时间	名称变更
北京营业部	1990. 01. 18	1998. 04. 19 前称办事处
广州营业部	1990. 04. 12	1998. 04. 19 前称办事处
海口营业部	1990. 10. 31	1998. 04. 19 前称办事处
上海营业部	1992. 07. 01	—
厦门营业部	1993. 04. 29	1998. 04. 19 前称办事处
深圳营业部	1994. 03. 28	—
贵阳营业部	1994. 03. 28	—
昆明营业部	1994. 09. 16	—
武汉营业部	1994. 12. 06	—
北海营业部	1995. 04. 19	—

续表

名　称	开业时间	名称变更
烟台营业部	1995. 04. 27	—
长沙营业部	1995. 05. 18	—
三亚营业部	1995. 07. 05	—
哈尔滨营业部	1996. 01. 19	—
桂林营业部	1999. 04. 09	—
乌鲁木齐营业部	1999. 05. 15	—
青岛营业部	1999. 05. 28	—
拉萨营业部	2000. 07. 21	—

中国西南航空公司国外办事处情况表

表 3-85

名　称	开业时间	名称变更
加德满都营业部	1988	—
新加坡办事处	1995. 03. 21	—
名古屋办事处	1998. 08. 18	—
曼谷办事处	1999. 11. 01	—
汉城(现首尔)办事处	2001. 01. 10	—
东京办事处	2002. 03. 26	—
大阪办事处	2002. 06. 18	—

中国西南航空公司

【中国国际航空西南公司】

1996 年 4 月,中国西南航空公司加入国际航空运输协会(IATA)。1997 年 3 月 3 日,公司正式成为国际航协多边联运协议(MITA)成员。2002 年,根据国务院关于中国民航改革发展战略统一部署,中国西南航空公司与中国国际航空公司合并重组,重组后的新公司使用“中国国际航空公司”名称,10 月 28 日,在北京成立;原中国西南航空公司改组为中国国际航空西南公司,10 月 30 日,在成都成立,正式启用“中国国际航空西南公司”名称,西南公司总部仍设立在成都。至 2002 年年底,中国西南航空公司与美国、德国、瑞士、日本、巴西等国家的 40 多家航空公司建立了联运关系。逐步建立起面向东南亚,辐射全世界的联动体系。

【四川航空公司】

1986 年 9 月 19 日成立，1988 年 7 月 14 日正式开航运营。该公司总部和飞行基地驻成都双流国际机场。国际空运协会代码（IATA 代码）：3U。国际民航组织代码（ICAO 代码）：CSC。

四川航空公司成立之初，有运七型飞机 4 架，运十二型飞机 1 架。1992 年到 1994 年引进 4 架图—154 型飞机。1995 年引进空客 A—320 型飞机，是国内第一家引进此机型的航空公司。1998 年引进空客—321 型飞机。以后引进以空客机型为主。1999 年，拥有飞机 13 架，其中空客 A320、A321 型 6 架、图—154 型 2 架及运 7 型 5 架。2000 年引进新舟 60 及 EMB145 型飞机各 5 架，投入以西部地区为重点的支线运输。有航线 50 多条，航线总长度近 10 万千米。通达全国 40 多个城市。2002 年，四川航空公司在北京、上海、广州、深圳、重庆、昆明、海口、济南 8 个城市设有营业部。

1997 年以后，该公司的空客 A320 型飞机在日利用率、签派可靠率、航班正点率等多项指标上，达到或超过世界著名航空公司该机经营水平，被欧洲空中客车公司授予“全球 A320 飞机杰出营运奖”。机务部 A320 中队和黄蓉萍乘务组被民航总局、共青团中央联合授予“全国青年文明号”称号。成都—上海、成都—深圳航班被民航总局授予“精品服务样板”。乘务队被全国妇联授予全国“三八红旗集体”称号。

1988—2002 年四川航空公司经营统计表（一）

表 3-86

年　度	飞行班次	飞行距离（万千米）	飞行时间（小时）	正班率（%）
1988	549	23. 12	680	53. 8
1989	2180	94. 22	2605	69. 5
1990	4300	195. 58	5095	59. 5
1991	6085	587. 89	7864	62. 5
1992	5264	495. 23	8601	59. 8
1993	8961	863. 81	15091	57. 6
1994	10320	1031. 87	16993	56. 7
1995	11287	1063. 00	18052	61. 9
1996	12433	1321. 00	21483	58. 3
1997	13270	1398. 30	21737	59. 0
1998	13687	1597. 80	23172	59. 4
1999	15266	1934. 71	27303	56. 7
2000	15914	2174. 78	29654	61. 4
2001	18470	2620. 55	35279	67. 3
2002	23510	3176. 30	44351	71. 4

1988—2002 年四川航空公司经营统计表(二)

表 3-87

年　度	旅客运输量（万人次）	货邮运输量（吨）	总周转量（万吨千米）	旅客周转量（万人千米）	旅客周转量（万吨千米）	货邮周转量（万吨千米）
1988	2.16	107	74	961	61.07	12.93
1989	8.19	364	254	3290	236.86	16.88
1990	17.70	631	564	7439	529.90	34.10
1991	25.12	819	860	11325	815.34	44.66
1992	42.17	4289	4177	49887	3571.62	605.38
1993	70.27	9846	7337	82904	5922.00	1415.00
1994	84.98	15248	9183	98987	7602.72	2120.28
1995	93.48	17583	10189	108585	7744.00	2445.00
1996	104.39	21579	12754	130218	9669.00	3085.00
1997	108.62	24847	13577	135425	10049.30	3527.24
1998	117.97	29961	15567	152905	11334.08	4233.67
1999	138.34	42858	19535	181677	13424.31	6111.33
2000	154.42	49027	23020	213298	15779.75	7220.54
2001	170.88	44695	28727	245521	21931.49	6795.81
2002	203.75	49733	32978	284292	25388.19	7589.70

【四川航空集团公司】

2002 年 8 月 28 日成立，注册地址二环路南四段 6 号，办公地点在成都双流国际机场四川航空大厦，注册资本为 1.25 亿元人民币。2005 年，四川航空集团公司的主营业务为国内航空运输及航空服务，经营该企业自产的航空器材及相关技术的出口业务（国家组织统一联合经营的出口商品除外），经营本企业生产、科研所需的原辅材料、机械设备、仪器仪表、零配件及相关的技术进口业务（国家实行核定公司经营的进口商品除外），经营本企业的进料加工和“三来一补”业务，经营本企业自有飞机的对外租赁业务。

四川航空集团公司

2005 年，四川航空集团公司除以大股东参股四川航空股份有限公司外，其全资子公司有四川航空房地产开发公司，控股公司有四川航空汉莎食品有限公司、四川航空重庆空港配餐服务有限公司、四川航空商务旅游发展有限责任公司、四川航空科瑞特工程技术有限公司、四川航空文化传媒广告有限公司、四川航空模拟机培训中心。参股公司有中国民航信息网络股份有限公司等4家公司。

【四川航空股份有限公司】

2002年8月29日成立，是以四川航空公司为主联合中国南方航空股份有限公司、上海航空股份有限公司、山东航空股份有限公司、成都银杏餐饮有限公司共同发起设立的股份制航空公司，总部及第一飞行基地设在成都双流国际机场，国际空运协会代码（IATA代码）：3U，国际民航组织代码（ICAO代码）：CSC。

四川航空股份有限公司成立时有国内航线近百条，通往内地40多个城市。2004年，开通攀枝花、丽江等高原航线。同年8月，成立重庆分公司，在重庆江北机场设第二飞行基地。以后陆续开通乌鲁木齐、沈阳、哈尔滨、兰州、厦门等城市航线，2005年5月12日开通重庆—中国香港地区航线。

截至2005年年底，该公司拥有飞机28架，其中空客A—319型、空客A—320型、空客A—321型飞机共23架，巴西EMB145型飞机5架，是国内航空公司中最大的空客机群。先后获得民航总局航空安全最高奖项“金雁杯”，飞行部被民航总局授予“安全先进集体”称号。

四川航空股份有限公司经营统计表（一）

表3-88

年　度	飞行班次	飞行距离（万千米）	飞行时间（小时）	正班率（%）
2003	28965	3020.0	43010	74.4
2004	40587	4259.0	57830	62.4
2005	48538	5453.4	74405	63.2

四川航空股份有限公司经营统计表（二）

表3-89

年　度	旅客运输量（万人次）	货邮运输量（吨）	总周转量（万吨千米）	旅客周转量（万人千米）	旅客周转量（万吨千米）	货邮周转量（万吨千米）
2003	222.19	54907	32656.2	273006.5	24435.2	8220.8
2004	365.50	75423	49072.5	426829.5	38140.3	10932.2
2005	479.00	95381	64756.7	298045.7	51186.2	77981.0

【鹰联航空有限公司】

2004年2月开始筹建,5月,获中国民用航空总局批准,6月17日,正式注册,注册资金1亿元人民币,股东为广东鹰联投资有限公司,占有78%的股份;国安文化传媒投资有限公司,占有22%的股份,2005年7月26日成立并正式开航。

该公司是中国第一家民营资本投资的航空运输企业,英文名称United Eagle Airlines。总部设在成都,基地机场为成都双流国际机场,在北京、广州设有办事处。截至2005年年底,鹰联航空有限公司有飞机4架,其中空中客车A319-100型3架,空中客车A320-200型1架。通航内地17座城市。

鹰联航空有限公司机组

水　路

航　道

【概况】

成都市地处岷江、沱江流域，两江上达岷山山区，下通万里长江，域内河渠纵横水网密布，水运资源丰富，水运历史悠久，拥有16条通航河道，其中岷江水系11条航道，沱江水系5条航道，1952年航道里程长达998千米。

中华人民共和国成立后，随着公路及铁路建设的突飞猛进、陆运及空运的快速发展，20世纪60年代后期开始，水上运输日趋衰退，且出现无复局面。通航河道越来越少，航道里程越来越短，1963年减至371千米，1985年降为243千米，1987年仅余197千米。2005年，全市航道里程减少至176.85千米。

【通航河道与水道】

2005年，成都市通航河道5条，航道里程130.75千米；通航水库5座，航道里程20.03千米；漂流河道5条，航道里程26.07千米。

通航河道。共五段。即岷江（府河）自九眼桥起至黄龙溪夏家沱止，航道里程59.98千米；沱江干流自中华民族园起至灵阴寺止，航道里程45.88千米；沱江支流北河自易家渡起至中华民族园止，航道里程14.06千米；沱江支流中河（即青白江金堂河段）自云峰电厂起至韩滩桥止，航道里程8.13千米；府河支流鹿溪河自河口起至龙树码头止，航道里程2.7千米。

水库水道。共五处。即张家岩水库（龙泉湖）航道长度3.4千米；石象水库（石象湖）航道长度2.33千米；朝阳水库（朝阳湖）航道长度5.3千米；长滩水库（长滩湖）航道长度4.6千米；莲花洞水库，航道长度4.4千米。

漂流河道。共五处。即府河石堤堰至竹堰码头河段，航道长度3.38千米；柏条河鸣凤码头至战旗码头河段，航道长度5.0千米；白沙河九虹码头至罗家坝码头河段，航道长度9.28千米；味江河灯盏窝码头至杨家沱码头河段，航道长度4.71千米；出邛江长青码头至梅子坪河段，航道长度3.7千米。

【航道整治】

1990—2005年，市域内重点整治的航道有岷江（府河）航道及沱江干流航道。

1998年，为打通成都至乐山的岷江航道，四川省计划委员会将此立项。1999年，报经交通部批准。2000年，由成都市交通局、眉山市交通局、乐山市交通局共同完成航道建设施工图，按六级航道标准设计，并同步进行航道整治。成都市整治府南河航道56千米，整治险滩41处，建设船闸1座，配备沿途助航设施及标志，拆除沿河开采砂石船舶，于2002年6月28日试航成功。结束府河断航半个世纪的历史，整治后的航道可通行100吨级驳船和100客座客轮。此次整治共投资1.5亿元，其中交通部补助3160万元。

2003—2005年，成都市交通局自筹资金对该航道进行完善整治及维修，使河道通航能力进一步提高。2002—2004年，提高沱江金堂峡的行洪能力，实施"拓峡工程"，整治、维修成都市第二条主干航道。同时，北河、中河、毗河的综合整治也先后进行，形成自赵镇至淮口九龙滩电站之间的航道，宽度为90～360米，水深为0.9～18米，成为赵镇至云顶石城风景区的水上旅游通道。

津　渡

【府河成都港】

位于双流县华阳镇广福村和绿叶村，地处二江寺桥下游左岸。整个港区占地面积118亩，建筑部分面积8950平方米，计划总投资6685万元。港区建设分为岸上建筑和码头建筑两部分。2002年，为维护成都至黄龙溪、成都至乐山旅游线路正常秩序，保障沿线航道、航标、码头设施完好、航行畅通，成都市计划委员会批准修建成都中心客运港，简称"成都港"。成都港由成都市交通局和成都航运发展有限公司筹资，并由成都航运发展有限公司建设。

府河成都港

【乡镇客渡码头】

2000年，成都市域内有乡镇客渡码头68座，这类码头大多于自然状态，不便于船只停靠，存在着安全隐患。为妥善解决好群众的出行及安全问题，成都市交通局于2001年对市域内所有乡镇渡口和码头重新进行了规划设计，于2001—2005年，对重新规划的46座码头进行改建，总投资611万元，资金组成含交通部支持180万元、省交通厅支持122万元、市交通局投资151万元、乡镇自筹158万元。

2001年，改建客渡码头8座，投入资金64万元，计青白江区青儿渡、东方渡，金堂县清江渡、白果渡、鸣阳渡，双流县古佛渡，新津县余渡儿渡、商隆渡。2002年，改建客渡码头6座，投入资金46万元，计新都区泥巴沱渡，崇州市徐家渡，金堂县代坝渡、渣浮渡、罗巴渡、滴水岩渡；2003年，改建客渡码头12座，投入资金84万元，计龙泉驿区白石沟渡、严家沟渡、高垭白瓦渡，邛崃市陈船渡、奇口滩渡、曾渡、两河口渡，崇州市孙家渡、赵家滩渡，金堂县悦来渡、金牛渡，蒲江县朱豪渡。2004年，改建客渡码头7座，投入资金60万元，计龙泉驿区百工堰码头，邛崃市罗滩渡，崇州市晴霞渡，金堂县易家渡、云合码头，大邑县金阳渡、烟霞湖码头。2005年，改建客渡码头13座，投入资金345万元，计龙泉驿区长丰渡，温江区三义渡、岷江渡，都江堰市莲花码头，彭州市莲花码头，邛崃市莲花坝码头，崇州市滨河码头，金堂县长湖码头、五凤码头，双流县黄龙溪上码头、黄龙溪下码头，大邑县金洞子码头、陈家渡。

乡镇码头改建后，方便来往船舶停靠，保障了群众乘船安全，畅通城乡物资交流。

【公路渡口】

渣湖渡口。位于金堂县五凤镇柏木村与罗坝村之间的沱江上，渡口处河面宽260米，平均水深1.6米左右。渡口将被沱江分为两段的淮（口）洛（带）公路连接为整体。

1978年，金堂县交通局决定开通渣湖渡口，在两岸修建条石码头及渡工住房，将淮口镇原渡口（因1958年淮口大桥建成，渡口停渡）载重为40吨的木质汽车渡船调至渣湖渡口。

1987年，金堂县交通局决定将木质汽车渡船改为钢质汽车渡船。遂由绵阳市港监处设计，绵阳市港监处造船厂建造了吨位为40吨的两车位钢质汽车渡船，总投资40万元。为保证运渡安全，1995年由渡口经营人投资4万元，对该船进行加宽、加长，改造为准载吨位50吨的三车位的汽车渡船。

1978年至1995年5月，渣湖渡口由金堂县交通局渡口管理所直接管理和经营。1995年6月后，经金堂县交通局与五凤镇政府签订协议，将渡口转让给五凤镇政府经营和管理，产权仍属金堂县交通局。按照交通部《公路渡口管理暂行办法》第二条规定，收取过渡车辆0.9～5.4元的过渡费，年收费达6万余元。

1994年以后，从淮口镇经同兴镇红花桥至五凤火车站的公路建成，从渣湖渡口过渡的船只限于渡口附近的小四轮拖拉机和少量农用车，渣湖渡口基本失去公路渡口的功能，于2002年10月30日正式关闭。

黄龙溪渡口。位于双流县黄龙溪镇鹿溪河与府河交汇处，是华（阳）彭（山）公路通往彭山县的要津通道。河宽80～250米。1977年前，为人力木船渡行人。1977年，成都市交通局投资6.2万元，建造钢质汽车渡船一艘、水泥船只3艘。1990年有30吨铁壳机动船和80马力拖轮各1艘。

随着黄龙溪古镇游事业迅猛发展，黄龙溪渡口随之演变成以渡人参观旅游为主经营的旅游观光客运渡口码头。渡口原由双流县交通局管理，现由黄龙溪镇政府负责经营、安全管理，成都市及双流县交通主管部门负责航运安全监督和检查。汽车过渡迁至下游华（阳）彭（山）公路跨河处，由彭山县交通局主管、经营。

截至2005年年底，黄龙溪渡口拥有机动汽车渡船1艘、机动大游船6只、机动中游船16只、机动快艇20只、游览木船80只，从业人员150人，具有接待3000人旅游观光的能力，安全防范措施齐备。

水　运

【船舶】

1990年前，客船、渡船多为木质人力船，以后随着旅游业的发展和游人的增多，各旅游区的客船纷纷加上柴油机为动力，形成简易机动船，载客量较大且速度较快，能缓解船少游人多矛盾。1990年，成都市域内有各种类船舶近1000艘，绝大多数为乡镇和个人所有。其中，驳船、拖船200余艘，主要在沱江淘捞砂石和短途运输，在龙泉湖开展短途运输。有渡船近100艘，其余的基本是在旅游区供游人游览湖光山色的游览船、玻璃钢快艇和游艇、供游人自划的公园船等。20世纪90年代后期起，水运货运集中在金堂沱江航道。主要运输砂石，龙泉湖水运货运基本停止。

2000年，成都有68个渡口，近100艘渡船。当时渡口码头基本处于自然状态，且随着经济的发展和人员的流动，有的渡口废弃，也有新渡口出现。木质客船、玻璃钢船、游艇和公园船是旅游区船舶的主要形式。木质客船多为个体所有，在海事部门办理相关手续后即可经营，2000年后，实行公司经营，个体经营户必须加入相关水上旅游公司，接受规范管理。从2001年起，国家、省、市三级交通部门共投资611万元，对全市的渡口码头进行了重新规划，同时，各旅游区以柴油机为动力的简易机动船因污染大、噪声大，随着景区环境保护力度的加强和游人对旅游环境的要求，简易机动船很快退出，人力木船受到普遍欢迎。到2005年，共有46个码头，63艘渡船。全市有木质客船、玻璃钢船、游艇和公园船等船舶627艘，主要集中在龙泉驿区、双流县、蒲江县的水库航道。全市有漂流船243艘，分散在都江堰市、大邑县、郫县5条漂流航道。双流县、蒲江县有游览客船129艘，其中木船93艘，占72.09%。机动船普遍改用天然气这能源。金堂县有从事货运的驳船、拖船169艘，占全市拖驳船总数173艘的97.69%。

2005年成都市船舶统计表

表3-90 单位:艘

	总　数	客船（木船）	渡船（木船）	餐饮船	工程船	玻璃钢船	漂流船	驳船	拖轮	公园船
龙泉驿	198	5	7	—	—	86	—	—	—	100
青白江	2	—	2	—	—	—	—	—	—	—
彭州	31	—	—	—	—	9	—	4	—	18
新都	11	—	6	—	—	5	—	—	—	—
双流	175	69(50)	2	2	—	34	—	—	—	68
蒲江	159	60(43)	4(3)	—	—	27	—	—	—	68
崇州	28	—	4(2)	—	—	10	—	—	—	14
都江堰	129	—	8(6)	—	—	1	120	—	—	—
邛崃	27	2	9(4)	—	—	6	—	—	—	10
新津	11	1	9(8)	1	—	—	—	—	—	—
大邑	138	—	1(1)	—	—	15	110	—	—	12
温江	26	1	—	2	—	2	—	—	—	21
郫县	13	—	—	—	—	—	13	—	—	—

续表

	总　数	客船（木船）	渡船（木船）	餐饮船	工程船	玻璃钢船	漂流船	驳船	拖轮	公园船
金堂	216	9	11	1	—	26	—	143	26	—
市直属	50	9	—	—	34	7	—	—	—	—
合计	1214	156	63	6	34	228	243	147	26	311

2005 年成都市船舶情况表

表 3-91

	艘　数	总吨位（吨）	平均吨位（吨）	航速汇总（km/h）	平均航速（km/h）	船龄汇总（年）	平均船龄（年）
机动船	324	2650	8. 18	4250	13. 11	2145	6. 62
非机动船	890	5895	6. 62	6932	7. 79	—	—
合计	1214	8545	7. 40	11182	20. 90	—	—

说明：总吨位为各船额定吨位之和，平均吨位为总吨位除以艘数之商；航速汇总为各船最大航速之和，平均航速为航速汇总除以艘数之商

【**水运货物**】

成都水运货物集中在沱江航道金堂县水域内。水上货物运输量在成都市货物运输总量中所占比例很小，除 1998 年占到 1. 13% 外，其余年度都在 1% 以下，最小的是 2000 年，仅占 0. 096% 。由于水运路程短，货物运输周转量所占比例更低，最高的为 2000 年，为 0. 012% 。最小的是 2005 年，为 0. 00067% 。截至 2005 年年底，全市有专业货运拖轮 26 艘，全部在金堂县。有专业货运驳船 147 艘，其中 143 艘在金堂县，占到 97. 3% ，其余 4 艘在彭州市。成都市水运货物几乎全为砂石，沱江上游特别是金堂县河砂品质居全国前列，年积蓄量上亿立方米。

水运货物运量。1989 年成都市水运货物 45. 0 万吨。1997 年前，除 1996 年运量为 75 万吨外，其余各年都在 50 万吨以下，多数年度都在 40 多万吨。1998 年，水运货物运量达 210 万吨，是历年来最多的年度。1999 年，仅 20 万吨，是历年来最少的年度。

水运货物周转量。1989 年，成都市水运货物周转量 158 万吨千米。到 1995 年，每年水运货物周转量都在 150 万吨千米左右。1996 年后，变化很大。1996 年，全市水运货物周转量为 231 万吨千米，是历年来最多的一年。2000 年，全市仅 41 万吨千米，为历年来最少的一年。

成都市 1989—2005 年水运货物运输量及货物周转量统计表

表 3-92

年　度	运输总量（万吨）	水运（万吨）	百分比 %	周转总量（万吨千米）	水运（万吨千米）	百分比 %
1989	10006.0	45.0	0.45	1562690	158	0.010
1990	10139.0	43.0	0.42	1478332	149	0.010
1991	10719.0	43.0	0.40	1579549	150	0.009
1992	10505.2	44.0	0.42	1616289	153	0.009
1993	11073.8	45.0	0.41	1690540	160	0.009
1994	11191.5	46.0	0.41	1815262	162	0.009
1995	11659.3	48.0	0.41	1824422	170	0.009
1996	13073.9	75.0	0.57	1918702	231	0.012
1997	14341.9	32.0	0.22	1993532	64	0.003
1998	18598.4	210.0	1.13	3398369	140	0.004
1999	19633.0	20.0	0.10	3405441	50	0.001
2000	21489.2	20.7	0.10	3626456	41	0.001
2001	23718.5	103.0	0.43	4140255	103	0.002
2002	15309.5	54.0	0.35	4264690	60	0.001
2003	17117.9	84.7	0.38	4459619	164	0.004
2004	25686.0	82.7	0.32	11619900	100	0.001
2005	26696.0	54.0	0.20	11869780	80	0.001

【水运旅客】

成都水运旅客运输集中在风景区的水上观光旅游和江河渡口。20 世纪 90 年代后期开始，成都推行社会主义新农村建设，农村经济有较大发展，邻近区间物资交流和人员流动增加。在江河原有渡口的基础上，陆续形成一些新的渡口。但是，水运旅客运输量在全市旅客运输总量中所占比例很小，均在 1% 以下，其中 1997 年最高，为 0.56%，1999 年最低，为 0.02%。1997—1999 年市区的锦江，2000 年龙泉驿区的龙泉湖，成为水上观光旅游的主要水域。随着旅游项目大量增加，水上观光旅游除蒲江县石象湖生态风景区及双流县黄龙溪景区因为综合开发好，继续保持良好营运并增添水上观光线路外，其余地区水上观光旅游呈下降趋势。2000 年，全市有乡镇客运渡口 68 个，绝大多数为常年性渡口，过渡旅客逐年增加。由于水运路程短，旅客运输周转量所占比例更低，最高的是 2003 年，为 0.018%。2005 年，农村一体化建设加快，乡村公路建设取得很大成绩，一些渡口为公路桥梁所代替，过渡旅客下降。截至年底，全市有渡口 46 个，较 2000 年减少 22 个。蒲江、双流两县有水上观光旅游客船 129 艘，占全市 156 艘观光游船的 82.69%。全年水上旅客运输周转量为 0.001%。

水运旅客量。1989 年，成都市水运旅客量 44.0 万人。1990 年后，基本保持在 50 万人左右，其间最高的为1995年，达60万人。1997年，府南河航道开通，乘船游览两河风光的很多，当年旅客人数达151万人，次年更增至157万人。1999—2000年，因为统计口径调整，在风景区水上旅游未记入客运人数，客运人数减少到10万及23万人。2001年后，将水上旅游人数重新记入统计，旅客运量增至100万人以上，最多的为2004年，达161万人。

水运旅客周转量。1989年，成都市水运旅客周转量110万人千米。1997年前，每年水运旅客周转量都在110万～150万人千米左右。1997年，水运旅客周转量为254万人千米。2001—2004年，水运旅客周转量每年以100万人千米的速度增加。2004年，达600万人千米，为历年最高。2005年，水运旅客周转量降至329万人千米。

锦江上的游船

1989—2005年成都市水运旅客运输量及旅客周转量统计表

表3-93

年　度	运输总量（万人）	水运（万人）	百分比 %	周转总量（万人千米）	水运（万人千米）	百分比 %
1989	12484.0	44.0	0.35	1041080	110	0.011
1990	12894.0	46.0	0.36	984166	116	0.012
1991	14003.0	49.0	0.35	1180397	123	0.010
1992	14728.0	50.0	0.34	1318135	135	0.010
1993	13942.0	51.0	0.37	1485535	126	0.008
1994	14769.0	57.0	0.39	1688276	140	0.008
1995	19931.0	60.0	0.30	1874098	147	0.008
1996	24668.0	55.0	0.22	1981118	134	0.007
1997	29092.0	151.0	0.52	1946330	254	0.013
1998	36248.1	157.0	0.43	2465278	248	0.010
1999	40140.4	10.0	0.02	2703787	23	0.001
2000	46459.0	23.0	0.05	2889525	49	0.002
2001	52432.7	103.0	0.20	3156153	232	0.007
2002	28884.6	142.3	0.49	2918837	373	0.013
2003	28234.4	158.4	0.56	2686781	486	0.018
2004	35511.0	161.0	0.45	5343000	600	0.011

续表

年　度	运输总量（万人）	水运（万人）	百分比 %	周转总量（万人千米）	水运（万人千米）	百分比 %
2005	38086.0	123.0	0.32	6049029	329	0.005

水运主要企业

【概况】

20世纪50年代，随着成都水运的衰落，水运企业解散，至1990年，成都已没有专业的水运企业。沱江航道上的淘砂船、运砂船多为个体经营。20世纪80年代，旅游业兴起，龙泉湖、朝阳湖利用湖面、黄龙溪镇利用府南河航道开展旅游，船只多为个体所有，纳入景区统一管理。2002年，龙泉湖成功推行航运公司经营湖面船舶旅游，双流县华龙旅游开发有限公司成功收购个体户船舶，开展公司化经营。此后，各旅游景区均按此模式组建旅游公司对旅游船舶进行管理。2004年，彭州市属的莲花洞水库与上游都江堰市管流域的镇村共同组建航运公司，至2005年年底，全市有从事水路航运的企业9家。

【龙泉湖旅游有限责任公司】

2002年3月成立，地址在龙泉驿区茶店镇照壁村龙泉湖码头，2005年年底有营运船舶32艘。其中，游艇24艘，快艇8艘，共有客位675个。从事龙泉湖旅游客运。

【百工堰公园】

位于龙泉驿区北郊百工堰村，建于1982年。园内游船由公园管理。2005年年底，有营运船舶113艘，其中游艇3艘、巡逻艘1艘，游览船109艘，共有客位637个。从事百工堰旅游划船。

龙泉湖风光

【成都华龙旅游开发有限公司】

2003年12月16日成立，位于双流县黄龙溪镇正街62号，注册资金160万元。2005年年底，有营运船舶31艘，其中游艇13艘，人力船10艘，快艇8艘。从事府河、鹿溪河旅游航线游览。有古镇码头—金宇辰—瓦窑滩，古镇码头—王爷坎—铁河坎，古镇码头—大佛寺，古镇码头—陈家水碾等航线。2005年出航1.5万船次，接待游客20余万人。

【四川石象湖生态风景区发展有限公司】

2002年3月成立，位于蒲江县朝阳湖镇石象湖生态风景区内。除从事风景区的整体开发和管理、运营外，湖面水上旅游服务也是公司的一项业务。2005年年底，有船舶69艘，客位564个，从事娃娃沟—心谷航线水上旅游客运。

石象湖风景区

【成都航运发展有限公司】

1997年成立，位于三瓦窑正街，是成都市交通委员会领导下国有股份制航运企业。经营范围为旅游航运，港口经营及航道整治与维护，是成都港的业主单位。拥有岷江成都河段（成都—黄龙溪38千米）的直营经营权和成都—乐山186千米的成都唯一经营权。2005年年底，有客船和工程船5艘，主要从事府河航运和航道维护工作。因岷江上游来水减少且不均匀，公司经营困难。

【成都市府南河旅游航运公司】

1997年成立，府南河综合治理管理委员会下属国有企业，是适应府南河综合整治后发展水上旅游成立。1997年到2002年，有百花潭到九眼桥及活水公园到合江亭两条航线，初期有3艘专为府南河量身定做的50客位的浅水玻璃钢游轮，每天游人多达上千人。2002年后，因岷江上游来水减少且不均匀，加上游人减少，公司经营困难，于2003年停航。2005年，公司有船舶13艘，其中游船3艘，快艇7艘，乌篷船3艘。

物　流

物流经营

【概况】

20 世纪 80 年代,成都市的物流主要是货物运输受理服务,包括为货主代办运输手续、代提代送货物、为车主组织货源、代办运输等货物运输服务经营活动。此后,随着经济的快速发展,交通运输网络的日益建全,成都市除为各市场进货的中小客商服务的小门店物流业外,现代物流企业在发展中逐渐形成。

至 2005 年,成都市对全市物流业现状进行全面普查。从物流业经济规模分行业统计知,成都市道路运输企业和运输代理企业拥有较大的数量,仓储企业有一定的数量,其他行业的企业数量较少。其中,成都市金牛区和成华区拥有最大的企业数量,有 200 多家,武侯区和青羊区各有 100 多家和 50 多家企业,其他区域的企业数量较少,都不足 50 家。从各行业的从业人员数量来看,成都市铁路运输企业拥有最大的数量,有近 16 万人;道路运输企业和邮政有一定的数量,有近 1 万人;其他行业的企业数量相对较少,规模在 1000 人到 3000 人不等。

从各行业的资产数据和收入数据来看,成都市铁路运输拥有最大的行业资产,占有比例达到近 60%,行业收入占有比例达到了 86.7%;道路运输占有资产比例为 35%,行业收入占有比例为 6.3%;其他行业占有比例很少,其中装卸搬运只占到整个比例的 0.2%。从各区域的资产数据来看,金牛区拥有最大的资产占有比例,达到了 60%;武侯区其次,占有 31.8%;青羊区、双流县、成华区和温江区分别占有 3.9%、1.7%、1.3%、1.2%;其他区域占有比例较少。

从物流业从业人员分布区域看,成都市金牛区拥有最大的数量,有 16 万多人,成华区有近 1 万人的规模,武侯区、青羊区和双流县各有 2 千到 4 千人不等的规模,其他区域的从业人员数量都相对较少。从物流业从业人员结构看,研究生比例只在运输代理和仓储中占 0.76% 和 0.54%,在其他行业中所占比例更少;本科生所占比例在航空运输和邮政快递中达到 21.16% 和 20.20%,在其他行业中所占比例从大到小依次是运输代理、仓储、铁路运输、道路运输和装卸搬运,比例依次为 7.85%、6.44%、4.58%、3.04% 和 2.45%;而学历层次最低的初中学历在装卸搬运行业中所占比例最大,有 71.83% 之多,在邮政快递、航空运输、铁路运输、仓储、道路运输和运输代理中所占比例分别为48.89%、48.60%、33.59%、33.08%、31.18%和30.86%。

从物流业信息化水平看，铁路运输和邮政快递是两个主要使用计算机的行业，其中金牛区所占比例最大，达到了62.5%；青羊区占到27.5%，成华区、武侯区和双流县所占比例分别是4.3%、3.5%、1.4%，其他区域占有比例较少。

【运输货物受理服务】

成都的货物运输代理业务始自20世纪80年代，开始时从事的业务是为返空回外地的车主组织货源和替货主安排运输。地点多在荷花池市场附近、八里庄成都火车东站附近，由于市场的需求，这种中间服务渐成规模，不少中间人开店经营，在经营中逐渐形成运输线路相对集中，即不同的门店经营不同的线路。某地的客商在成都进货后，即将货物交与经营该线路的门店，而往返该线路的货车则到不同区域经营该线路的门店收货，安排运输。在发展中形成一些现代物流企业。与此同时，这种小门店因为特别适宜在成都各市场进货的中小客商，而有其广泛的生存空间。

20世纪90年代，成都货物运输受理服务逐步形成聚集区，在铁路成都站前西边形成全市最大的运输受理服务市场，相邻几条街上集聚了两三百家门店。分别办理省内各市县及邻近省市的货物运输受理业务。在白马市形成办理运往西藏自治区货物运输受理业务的集聚点，在八里庄及驷马桥地区形成承接铁路运输货物转接运输的受理服务集聚区，在簇桥地区形成承接航空运输货物转接运输的受理服务集聚区，

2000年后，在二、三环路之间陆续建成一批生产资料市场、农副产品市场，作为为市场服务的运输服务经营户也相对集聚。

至2005年年底，货物运输服务已发展到货运代理、信息配载、技术培训、汽车租赁等各方面。经市交通局批准的货物运输受理服务经营单位，全市共有1031户，从业人员1.54万人。其中，货物代理570户，物流辅助服务63户，信息配载125户，停车场经营43户，技术培训36户，车辆租赁8户、其他服务186户。

此外，据市交通局估算，在全市范围内，尚有近万户未登记的物流经营户从事货运受理服务。

成都市部分年度货物运输受理服务情况表

表3-94

年度	总数		其中（户）			
	户数（户）	人员（人）	受理	辅助	信息配载	其他
2000	332	2165	141	31	—	160
2003	894	7047	689	33	—	172
2005	1031	15426	570	63	125	273

【现代物流】

成都市公路现代物流是在货物运输市场不断发展过程中逐步形成的。一些原来的大型运输企业在其发展过程中将业务从单纯的货物运输逐步扩展到信息服务、仓储保管、装卸等领域，而一些经营货物受理的经营户也逐步向信息服

务、运输和仓储方面拓展，通过不断完善自身的服务领域向现代物流业方向发展。

2001 年，成都市公路现代物流建设正式启动。是年 6 月，成都市交通局局长办公会议纪要明确提出："现代物流货运服务在我市具有相当大的发展空间，拓展现代物流服务将极大地促进公路货运业的技术进步和现代化进程。"议定"对具备条件的申请应当予以支持，可按程序报批后，率先启动"。7 月 1 日，市交通局批准四川宏盛国际物流有限责任公司成立，是成都市首家现代物流企业。

2002 年 4 月，市交通局批准成都蚂蚁物流有限公司成立，这是一家以公路运输为主，定位于配送、仓储和快运服务的现代物流企业。当年，经市交通局批准的物流企业共 6 家，从业人员 219 人。

2003 年，市交通局批准金桥物流有限公司成立，是一家以公路运输为主，衔接铁路运输、航空运输的现代物流企业。当年，经交通局批准成立的物流企业共 18 家，从业人员 1038 人。2004 年，经市交通局批准成立的物流企业共 56 家。

2005 年，经市交通局批准成立的物流企业共 63 家。截至 2005 年年底，全市有经市交通局批准的纳入现代物流服务业统计的货物运输代理、货物信息配载的经营户（单位）695 户，全市物流服务企业达到 758 户（家）。

【物流快速通道建设】

2004—2005 年，成都市着力构筑连接经济发达地区的物流快速通道，建立了以成都为始发站的整车铁路货运班列 5 条，即成都至上海、广州、南京、徐州、兰州；开通连接国内主要城市的铁路货运集装箱五定班列 4 条，即成都至上海、深圳、广州、连云港；开通铁路货运行包专列 3 条，铁路货运循环班列 1 条，即成都—天津—包头—成都；开通成都至洛杉矶、巴黎、伦敦、悉尼、温哥华、墨尔本、德里等 24 个主要城市的计 7 条国际客运航线，成都至德国法兰克福的国际货运航班；开通至重庆等 8 个周边城市的城际货运班车。截至年底，成都国际航线新增 12 条，国际航班数量将由每周 160 次航班增加到 400 多个。成都市积极支持有实力的运输企业、物流公司开通成都至周边城市的城际公路货运班车。四川远成集团开通成都至绵阳、重庆、宜宾、乐山等城市的城际公路货运班车。

物流主要企业

【四川宏盛国际物流有限责任公司】

该公司是由四川宏盛集装箱联运有限责任公司、成都集装箱运业有限公司和四川华龙国际货运代理有限公司组成的股份制企业。公司占地面积 7.2 万平方米，建筑总面积 6.73 万平方米。其中，仓库 9400 平方米，货场 25 千米，集装箱监管货场 2.8 万平方米，容纳集装箱量 3000TEU，年吞吐量 5 万标准箱。2002 年 8 月，该公司 ISO 9001：2000 质量管理体系通过英业捷/贝尔国际认证机构审查，并获得"质量管理体系认证证书"。2005 年 7 月，经四川省现代物流协会、四川省宏观经济学会信用评价专委会评定为"2005 年度信用等级 AAA 级物流企业"。该公司注册资本 1576.1 万元，地址建材路 11 号。

该公司主营业务为陆路运输进出口货物的国际运输代理业务，包括揽运、托运、仓储、中转、集装箱拆箱拼箱和到门服务、多式联运、结算、报关、报检、报验、保险等相关的短途运输服务及咨询、物流策划等。2001 年 11 月，四川宏盛国际物流有限责任公司经交通部批准为"国际集装箱内陆中转站”；2002 年 4 月，经成都海关批准为“代理报关单位”；2003 年 4 月，经省政府批准为“四川成都公路口岸”，全面对外开放；同年 6 月，经海关总署同意在公司物流中心增设关区代码“7909”，成为国际物流监管场站。2005 年 6 月，经省商务厅确定为“四川省现代物流试点企业”。同时，该公司还是外经贸部批准的一级货运代理企业。

至 2005 年年底，该公司拥有集装箱拖车 25 辆、拖板 30 台，共计 700 吨位，42 吨正面吊车 1 台，8 吨叉车 1 台，3 吨叉车 2 台，库内环抱型叉车 4 台，实施集装箱公路运输车辆全程 GPS 跟踪监控，实现物流凭证、运费清单，报关报检报验单据的电子数据交换（EDI）一票通。是年，经营总收入 4100 万元。

【四川金桥物流有限公司】

2003 年成立，地址高新区桂溪乡五岔子村，注册资金 1000 万元。该公司前身是成立于 1993 年的成都市汽车运输总公司成南运输服务中心，1995 年，建立华东货运网络后，更名为成都汽车运输总公司长途货运总站。1998 年，经过资源整合，组建成都金桥运业有限公司，开始实施“金桥”品牌经营战略。2003 年，更名为四川金桥物流有限公司，品牌名称正式统一为“金桥物流”。2004 年，该公司开发出物流管理软件，实现了核心业务信息化管理。同年，通过中物联 ISO 9001：2000 认证，获得“质量管理体系认证证书”。2005 年，启动位于双流县成双大道的物流基地建设。新基地拥有物流仓储面积 7 万平方米。

1993 年，成南运输服务中心主要经营零货物担运输和货运信息中介服务，以后业务范围扩大。1995 年，该公司在上海建立第一个分支机构，逐步发展成为以上海为中心的华东运作网络；1996 年，在广州建立分支机构，逐步发展成为以广州为中心的华南运作网络，同年完成省内二级城市物流运作网络建设；1998 年，建立重庆分公司；1999 年，建立云南、贵州分公司，形成覆盖西南地区的货运网络；2000 年，在天津建立分支机构，建成以天津为中心的华北地区运作网络，同年注册金桥航务公司，开始向航空、铁路联运方面拓展业务；2001 年，建立武汉、西安、兰州、郑州分公司、办事处等分支机构，业务拓展到华中和西北地区，基本形成覆盖全国的物流运作网络。同年，建成集货、理货和仓储中心。

2003 年，成立“金桥物流”时，主营业务范围除货物运输外，扩大到国际货运代理，铁路、公路、航空运输代理，货物中转、仓储，物流咨询、方案策划、产品包装分拣等 10 多项综合性物流服务，并拓展到医药、日化、电子、通信、汽车（配件）、桥梁设备、化工、食品、印刷、服装、运动器械、建材等多个领域。

至 2005 年年底，该公司拥有各类型运输车 200 余辆，配送车 100 余辆。各型叉车 25 辆，8 吨吊车 1 台，另有合作及挂靠车辆 600 多辆。

【成都蚂蚁物流有限公司】

2002 年 4 月成立，地址高新区科园南二路 6 号。该公司前身“成都蚂蚁搬运有限公司”，成立于 1996 年 11 月 8 日，主营搬家业务。2002 年，成都蚂蚁物流有限公司将企业的发展方向定位于“配送、仓储和快运”。同年 6 月，该公司 1800 平方米的钢结构仓库建成投入使用。2004 年 5 月，该公司自营仓库增加到 5000 平方米，日配送量达到 1500 个客户。2005 年 12 月，该公司投资 1500 万元，建设 1 万平方米的现代化仓库进入地勘。

1997 年 11 月，该公司为省政府指定的第五届中国艺术节、四川省首届熊猫节唯一物流服务单位，免费为参展单位提供短途搬运服务，获省政府“服务先进单位”称号。1999年，全国家电零售巨头“国美电器”进入成都，该公司成为首选配送商。10月，该公司成立货运部，在做好电器配送的同时，也开始兼营货物运输，向第三方物流方向发展。

2005年，蚂蚁物流有限公司组建“快通物流有限公司”，实行随到随递，在深圳等地建立分公司，推出全国性的“门对门”快运服务，推出24小时上门取货、限时快运、整车长运、异地调运、代收货款等增值服务，将公司的业务范围扩大到物流、搬家搬运、快递、城市配送、仓储货运、多式联运、包装、流通加工、展览展示、信息处理等供应链（SCM）等方面。

城市公共交通

城市干环路

【内环路】

1997年10月形成。指沿锦江（府河、南河）内侧形成的环形通道。自猛追湾起，北向南行，经华星路、东安北路、东安南路、天仙桥北路、天仙桥南路至合江亭，以上为东段；复折向西行，经滨江东路、滨江中路、滨江西路、锦里东路、锦里中路、锦里西路至青羊宫，以上为南段；复折向北行，经琴台路，过十二桥，经西安南路、西安北路、三洞桥路、南巷子、北巷子、金仙桥路、西体路至甲府园，以上为西段；复折向西行，经武都路、大安西路、大安中路、大安东路，再回到猛追湾。内环路全长14.79千米，其南段属主干道系统，东段、西段、北段属次干道系统。

内环路沿线原有街道大都狭窄，路面破旧。20世纪90年代启动的府南河综合整治工程将沿河道路工程作为综合整治的一项内容。整治后路幅宽一般为25米，其中车行道宽14米，为双向2车道。车行道与河流之间为防洪通道、绿化带和人行道，防洪通道系供防汛抢险使用，平时供市民观光休闲。

【一环路】

绕行成都市旧城区的第一条闭合式环行干道，兴建于20世纪50年代。自府青路立交桥起，按顺时针方向依次分为东、南、西、北共16段，总长19.4千米。一环路对外连接国道、省道，对内沟通分区间交通，当时是川陕、川藏、成渝、成温、成彭、成仁等公路过境车辆不穿城区的唯一通道，是城市供水、供电、供气、排水、通讯等管线建设的重要走廊。后经逐步改造，至1989年扩建成城区环行干道，多数路段宽40米，部分路段宽50米。随着城市化的进程，各类车辆的增多，一环路交通流量经常处于饱和，必须进行全面改造。2002年，成都市对一环路上22个交叉路口先期进行拓宽处理，使通行能力有所提高。其中，一环路衣冠庙立交桥重建工程于2002年12月开工。2003年12月6日，一环路分四个标段进行全线改造。改三块版横断面为两块版结构，拆除两条1.5米宽的分车绿化带，增设3米宽的中央绿化带；改原有双向4车道为8车道，增设公交车专用车道，同步实施过街线路下地。2004年春节前，基本完成分车带维护改造，完成长度约12千米。同年4月20日至5月11日，完成一环路沥青罩面工程。5处立交工程于是年“5·1”前后陆续开工，年底全部结束。分别为一环路水碾河下穿隧道,隧道呈南北向穿蜀都大道,双向4车道,隧道长120米;一环路中医药大学下穿隧道,隧道呈南北向穿蜀都大道,双向4车道,隧道长160米;一环路沙湾路口跨线式立交桥,桥长209米,桥宽16米,两端引桥总长175米;一环路双林路立交桥,为跨线式立交,以4墩2台1联形式跨双林路;一环路磨子桥立交,为跨线式立交桥,位于一环路与新南路、科华北路交汇口。

【二环路】

系一环路外绕行成都城区的第二条闭合环道,是川陕、川藏、成渝、成灌、成彭、成温、成双、成仁等8条道路入城枢纽,也是连接各路过境成都的干道,故又称过境二环路。

20世纪50年代初期,二环路东三段、东四段已局部形成;50—80年代,二环路东段、北段又经历多次改造及拓展,火车北站至海椒市东半环大致形成。1990年,市政府决定全线拓建二环路,由市政工程设计院设计,二环路分东、南、西、北共16段,总长28.3千米,路宽40米,以三块板型断面为主,营门口至永丰路段因通大件车辆,为两块板型。全线修建交叉口45个、互通式立交桥5座、跨河桥45座、涵洞120座、人行天桥和地道15座。全路铺混凝土和沥青路面84万平方米,铺人行道方砖22万平方米,同步铺设供水、排水、供气、通信、电力等各类管线358千米。拆除房屋10余万平方米,新建安置房35万平方米。三块板型路面,快车道居中部,两侧为慢车道及人行道;两块板型路面,中部为隔离带,两侧为车行道及人行道。府青立交桥、双桥子立交桥、人南立交桥、永丰立交桥、营门口立交桥等五座立交桥,均为三层互通式立交桥。跨河桥梁中有河心村跨府河大桥、龙爪堰跨清水河大桥。1991年,二环路拓建工程全线动工,1992年底,10个路段及府青路立交桥形成通车能力。1993年底,全部路段及全部桥梁均形成通车能力。1994年9月29日,全线通过验收,正式通车。1997年,二环路新增2座立交工程:即青龙场立交桥为4层互通式立交桥,桥长4800米,主道双向6车道;新成温路立交桥为跨线桥,桥长685米,主道为4车道。

2005年,二环路改造工程正式开工,当年完成3座立交工程,即二环路武侯大道跨线桥、科华北路上跨二环路跨线桥、二环路与九三路交叉口下穿隧道,并完成二环路道路示范段(双桥子立交桥至龙舟路口路段)的改造。翌年,完成4座立交工程,即二环路与川藏路交叉口悬索桥、二环路跨交大路口跨线桥、二环路跨大石西路—清水河跨线桥、二环路与老成彭路—北新高架桥路口跨线桥。并对路段进行改造,改造后的二环路均为两块版断面,双向8车道,同时完善绿化景观、路灯及交通监控系统等附属设施。

二环路一段

【三环路】

三环路以及同期开工的人民南路南延线、成龙路、老成渝路、成洛路、人民南路南延线立交桥合称为“五路一桥”工程。是成都市按照国务院批准的《成都市城市总体规划（1995—2020）》，实施向东向南发展的重大举措，是城市建设重要的基础设施，是跨入新世纪的宏伟工程。1998年10月1日，三环路工程正式开工，2002年10月28日举行通车典礼，工期四年。

三环路起于成绵高速路交叉口，沿顺时针方向呈闭合状环绕市区一周，依次与放射状的牛龙路、成南高速路、成洛路、成渝高速路、老成渝路、成龙路、成仁路、红星路南延线、人民南路南延线、机场高速路、成雅高速路、大件路、川藏路、武侯大道、草金路、新、老成温路、羊西线、成灌路、沙湾路西延线、新、老成彭路、川陕路等29条道路相交，终点又回到成绵高速路口，合围面积为192.84平方公里。途经锦江区、成华区、龙泉驿区、金牛区、青羊区、武侯区、成都高新区7区、26乡镇、62村、187组。全长51.08千米，分为北三环、东三环、南三环、西三环，北与川陕立交、东与成南立交、南与天府立交、西与成温立交交汇。

三环路与18条主干道交汇，与9条入城高速公路连接，构成城市交通网络主骨架，具有集散、转换、分流、截流等交通功能，满足了中心城与主城区之间、中心城与卫星城之间的交通联系，为成都市21世纪现代化交通系统奠定基础。同时，三环路的建成带动城市向东、向南发展的步伐，推动城乡一体化的进程，提高城市的辐射能力，提升周边土地价值，促进周边房地产业和卫星城镇的发展。

道路。全线水泥混凝土刚性路面，地震烈度均按7度设防。道路最大纵坡小于3%，最小坡长150米，最大坡长700米。三环路为四块板型，幅宽80米，道面分划为中央绿化分隔带8米，主车道2×16米，为双向8车道，两侧设置辅道，辅道为双向4车道，辐宽为2×12米；辅道与主道之间分隔带2×4.5米，两侧人行道宽2×3.5米。主车道设计车速为80千米/小时，辅道设计车速为20—30千米/小时。全线建设大型桥梁34座，设立港湾公交站18对，天然气调压站9座，CNG站17座。安装高挑灯、单挑灯、戏码灯等3.5万余柱，灯杆均为金属杆，埋设电缆350千米。路口设中杆灯、高16米，快、慢车道间的绿化隔离带上的灯杆高12米，人行道和慢车道照明灯杆高8米，34座立交桥防撞墙上均安装35米高的高杆广场灯，快、慢车道路灯照明每排灯杆间的间距为40米左右，每排路灯都有接地干线。整个道路实施无障碍建设，对残疾人、车辆的通行和道路交叉口、桥梁和重要路段采用路灯亮化，全线采用中英文交通标志和路牌，无红绿灯设置。同步铺设供水、污水、雨水、燃气、电力、通信、路灯等管线7种。

桥梁。三环路与29条放射状道路相交，均采用立交分离。全线建设大型桥梁共计33座，其中全互通立交桥5座（成绵立交、成南立交、大观立交、天府立交、苏坡立交），部分互通立交桥8座（龙潭立交、成渝立交、娇子立交、武侯立交、蓝天立交、羊犀立交、成彭立交、川陕立交），分离式立交桥10座（十陵立交、琉璃立交、桂溪立交、南华立交、石羊立交、川藏立交、草金立交、金牛立交、沙西立交、凤凰立交），跨（穿）铁路桥5座（成渝线、成昆线、西环线、宝成线、丛树村铁路双线）、大型跨河桥5座（北府河、清水河、南府河各1座，东风渠2座）。另有中型跨河桥3座（磨底河、肖家河桥、洗瓦堰桥），小型跨河桥23座，人行天桥24座。这些桥梁与同标段道路同步施工建设。立交桥梁均为城-A级，设计荷载汽-超20、挂-120，时速80千米，机动车道最小净空5.0米，非机动车道最小净空3.5米，人行道最小净空2.5米。地震烈度均按7度设防，桥面加防水层，跨河桥防洪标准为200年一遇。各类桥梁概算投资20.03亿元,除拆迁、征地费用外,桥梁工程占三环路工程投资总量的一半以上。

城区主干道

【人民路】

人民路由人民北路、人民中路、人民南路组成。北起火车北站广场,经人民北路,跨锦江(府河)接人民中路,绕四川展览馆—天府广场,接人民南路,跨锦江(南河)达火车南站广场。人民路全长11千米,是纵贯城区南北主轴的主干道,是中华人民共和国成立后,成都开拓最早、路幅最宽、线路最长、形成最久的一条主干道。20世纪50—80年代,人民路曾多次整修、拓展和扩建。2004—2005年,再次对人民路进行改造。

人民南路。2004年5月,市人民政府作为实施“畅通工程”的重点项目进行改造。北起人民南路二段,止于火车南站前立交桥,全长4.8千米。道路改造以罩面为主,在原有路面上加铺沥青混凝土。与此同时,对损坏严重的路基进行翻修,以连槽石作下基层,以水泥稳定碎石作上基层,沥青混凝土作表面层。为保证雨水排放畅通,在人民南路三段西侧非机动车道增设了雨水管道。

人民中路。2005年9月30日改造竣工的人民中路,北起万福桥南侧桥头,止于西御河沿街路口,全长1.47千米。该段道路由原三块板型调整为一块板型,双向7车道,取消了两侧绿化带。万福桥头至新华路口路,车行道28米,人行道东侧宽6.5米、西侧宽5.5米;新华路口至羊市街口,车行道29米,人行道2×5.5米;羊市街口至西御河沿街口,车行道28米,人行道1~2米。路面以沥青混凝土罩面,基础以碎石、天然沙砾为材料。人行道下基层为天然连槽石,上基层为混凝土,面层为花岗石及青石板。万福桥头至西御河沿街口全路段管线工程同步进行,共铺设电信管3568米、电力排管及电力沟长3768米、污水管1368米。

人民北路。2005年9月27日改造竣工的人民北路,北起火车北站,止于万福桥,全长1.7千米。改造前为四块板型,通车能力低,路面坑洼,破损严重,经常堵车。改造后为三块板型,双向8车道,取消中央绿化带,将快车道宽度扩大至21米,4米分隔道外为7米宽的慢车道及快车辅道,再外为3.5米宽的人行道。路面以沥青罩面,路基结构为碎石及天然沙砾。人行道下基层为天然连槽石,上基层为混凝土,面层为花岗石及青石板。地下管线工程同步进行,雨水管道全部保留,铺设污水干管3802米、电信管4640米、电力排管及电力沟3668米。

【蜀都大道】

蜀都大道原名人民东路、人民西路。始建于1981年3月,1984年9月竣工,10月1日举行通车典礼,1987年人民东西路干道命名为蜀都大道。2004年,市政府将蜀都大道改建工程列入“畅通工程”项目。

蜀都大道西起一环路西二段与西三段交点,西接清河路连接成温公路,自起点东偏南行进,经十二桥路、通惠门路、金河路、少城路、人民西路、人民东路、总府路、大慈寺路、东风路、水碾河路、双桂路等11条街道,至五桂桥接成渝高速公路城内段。全长8.6千米,是横贯城区东西的主干道,与纵贯城区南北主轴的主干道人民南路交汇于天府广场。

改建后的蜀都大道为四块板断面,道路红线宽50米,双向6车道,自中央依次为3米中央分隔带、2×10.25米快车道、2×0.75米快、慢车道分隔带、2×3.5 米慢车道、2×9 米人行道（含 4 米绿化带）。车行道分 3 层以沥青混凝土罩面，人行道以水磨石罩面。与此同时，进行电力线路配套等工程施工。

【新华大道】

1990—2005 年，成都市对新华大道的扩改建主要有三次。2005 年扩改建的新华大道东起二环路东三段万年场，西止二环路北一段，由双林路、三槐树路、玉沙路、德盛路、文武路、江汉路、通锦桥路、马家花园路、沙湾路 9 条路段组成，全长 8.23 千米，是贯穿全城东西的城市交通主干道。三槐树路、玉沙路、德盛路、文武路原称新华东路一、二、三、四段，江汉路、通锦路、马家花园路原称新华西路一、二、三段。

新华大道是成都市城区“井加环”交通路网中连接东西、沟通南北的重要干线，经扩改建后，道路宽阔平整、配套设施齐全，绿化具有特色，使用功能大幅度提升。

双庆路（原名双林路东延线）。双林路为新华大道最东段。1996 年 3 月，改建竣工的双林路东延线自万年场起，至多宝寺路口止，全长 1.09 千米米，命名为双庆路。道路红线宽 40 米，三块板断面，中部快车道宽 14 米，快慢车道分隔带2×1.5 米，慢车道 2×6 米，人行道 2×5.5 米。

玉沙路至三槐树路段。改建工程东起新华大道跨府河桥（新华桥），西止新华大道与太升路交叉口，改建路段长 1.4 千米。道路红线宽 35 米，两块板断面，双向 8 车道，中间分隔带宽 3 米，车行道 2×14 米，人行道 2×2 米。供水、排水、燃气、通信、电力等管线工程同步进行。2002 年 8 月动工，2003 年 1 月竣工。

太升路至通锦桥路段。新华大道太升路口至通锦桥路段改扩建是 2003 年成都市第一批畅通工程项目，改造范围含新华大道的德盛路、文武路、江汉路、通锦路，总长 2.38 千米，道路红线宽 35 米，断面为两块板型，中央分隔带 3 米，车行道 2×14 米，人行道 2×2 米。改扩建路段与人民中路交叉口的道路宽度加至 40 米。供水、排水、燃气、通信、电力等管线工程与道路改扩建工程同步进行。

【顺城大街】

顺城街北接新华大道，南接蜀都大道，是中心城区南北主干道，含原玉带桥街、上西顺城街、中西顺城街、下西顺城街，全长 1.41 千米。顺城大街扩改建工程是 20 世纪 90 年代继蜀都大道之后，中心城区的重大市政工程项目。1992 年 9 月 25 日破土动工，1993 年 6 月 30 日竣工。

扩改建后的顺城大街自新华东路经人民东路延伸至盐市口，全长 1.7 千米。新华东路至玉带桥段为两块板断面，道路红线宽 40 米，其中中央分隔带 3 米，车行道 2×13 米（两侧各含 5.5 米宽慢车道），人行道 2×5.5 米。玉带桥以南为三块板断面，双向 6 车道，道路红线宽 48 米，其中快车道 21 米，快慢车道分隔带 2×3.5 米，慢车道 2×4.5 米，人行道 2×5.5 米。管线工程与道路工程同步进行，共埋设地下管线 9 条、长 26 千米，完成旧雨污水管线改造 1150 米，迁建供电线路 900 米、通信线路 610 米，拔除全线电车杆线。

【羊市街西延线】

简称羊西线，因该线路已延伸至郫县犀浦镇，故又称羊犀线。羊西线是成都市西大门出城的主要通道，于绕城高速公路犀浦立交桥接成灌高速公路，故又是成灌高速公路的入城连接段。

羊西线起于羊市街西端，由西向东横穿青羊区、金牛区、高新西区及郫县，止于郫县合作镇前锋村，全长 10.8 千米。包括一环路以内的东门街、槐树街、永陵路；一环路与二环路之间的抚琴西路；二环路与三环路之间的蜀汉路；三环路与金牛支渠之间的蜀汉西路，跨金牛支渠后进入郫县域内，称西芯大道。

羊西线扩改建分阶段实施。1993 年底形成通车能力的东门街至二环路路段，长约 1.35 千米，一块板断面，道路宽 25 米，其中车道宽 14 米，人行道宽 2×5.5 米。1996—1997 年，建成通车的蜀汉路与蜀汉西路段，全长 7.73 千米，为三块板断面，水泥混凝土路面，道路宽 40 米，其中蜀汉路长约 3.78 千米，快车道宽 21 米，快慢车道分隔道宽 2×1.5 米、慢车道宽 2×6 米、人行道宽 2×2 米。同期竣工的郫县域内路段，为两块板断面，路面宽 35.5 米，其中中央绿化带宽 3 米，快车道宽 2×11.25 米。

2001 年，羊市街西延线改造工程全面展开。金牛区确定"高起点、高标准，打造成都西部进出城黄金旅游通道"的改造方案。改造工程包括将原有 4 车道扩建为 6 车道，扩建面积 1.68 平方米；快慢车道修建绿化分隔带，宽 3 米；修建港湾式车站 12 座；安装路沿彩条石 20.2 千米，铺设人行道彩砖 2.6 万平方米；铺设草坪、种植灌木 5.6 万平方米；沿线安装草坪灯 264 盏、埋地光灯 622 套。

【红星路及其南延线】

红星路北起驷马桥路与八里庄路的交点青龙场立交桥，南至二环路南一段与南二段交点，其南延线延至三瓦窑。由府青路（原红星北路）、红星路（原红星中路）、新南路（原红星南路）及其南延线组成。起点临近成都火车东站，道路纵贯城区南北，是集散货物和疏散人流的城市主干道。

青龙场立交桥至锦江（府河）红星桥（原称一号桥）为府青路，长 3.15 千米；由红星桥至锦江（南河）新南门大桥（又称复兴桥）为红星路，长 3.04 千米；由新南门大桥至磨子桥一环路交叉口为新南路，长 1.36 千米，除书院正街、南打金街、北打金街、丝绵街、四维街、建国路系旧街拓展外，其余均为中华人民共和国成立后新辟街道。

红星路南延线，北接新南路，南达三瓦窑污水处理厂，已命名为科华路及濯锦路，始建于 1987 年。2005 年 8 月，红星路南延线整治工程按城市主干道设计，路幅宽 40～50 米。

【东城根街及其延长线】

东城根街北起八宝街，南接祠堂街，分东城根上街、中街、下街和南街，长 1.69 千米。北延线至新华大道通锦桥路，与长顺街北延线宁夏街汇合后，向北至五丁桥跨锦江（府河），经五丁路达一环路北二段，与火车北站西二路相接。南延线过人民公园后称文翁路，至南河桥（又称彩虹桥）跨锦江（南河）后，接武侯祠大街，于高升桥达一环路直通川藏公路。东城根街为西半城南北主干道。

1990—2005 年间，东城根街及其延长线扩改建工程主要有三次。

东城根街扩改建。2003 年 4 月至 2004 年 1 月，东城根街道路改造范围北起八宝街南至金盾路，长 2.2 千米，道路红线宽 34 米，两块板断面，中央分隔带宽 2 米，双向 6 车道或 8 车道，宽 2×13 米，人行道 2×3 米。供水、排水、燃气、供电、通讯等 13 条管线同步施工。下穿隧道共 2 处，穿羊市街隧道长 368 米，穿人民西路至金盾路东侧隧道长670米、西侧隧道长890米，宽8米，净高5米，双向4车道。

东城根街北延线。2004年扩改建的东城根街北延线，南起八宝街路口，北抵内环路五丁桥，长0.54千米，道路红线宽34米，下穿新华大道隧洞一座，全长480米，分东西两幅，每幅净宽7.74米，双向4车道。

东城根街南延线。1995年10月至1998年8月完成扩建的东城根街南延线，北起人民西路，南抵武侯祠大街，扩建工程还包括东城根街至红照壁路段及南河桥梁，道路全长1.57千米。道路红线宽度分别是人民西路至陕西街34米，陕西街至武侯祠大街30米。东城根街南延线北与蜀都大道、东城根街衔接，南与武侯祠大街、一环路相通，东经红照壁路与光华街相接，形成连接南北、沟通东西的重要交通干道，缓解了人民南路段交通拥堵状况。

【同仁路】

北起西大街，南止蜀都大道通惠门街。2002年11月改建前的同仁路全长1.54千米，分上同仁路、中同仁路、下同仁路。按城市规划，道路宽度为25米，实际宽度仅5~9米。2003年3月扩改建竣工的同仁路道路长1800米，宽25米，其中西大街至新华西路段约350米，为同仁路向北延伸的新建道路，蜀都大道金河路至实业街之间下同仁路段的道路红线宽20米，加宽了保护区一侧的绿化地带，形成道路与绿地各占一半的独特街区，有效地保护了历史文化保护区的周边环境及古树名木。

【东大街】

东大街是成都市有名的老街，位居繁华的城市中心，既是商贸大街，又是向东出行通往重庆的主要干道。东大街西起盐市口，东止锦江（府河）东门大桥，含西东大街、上东大街、城守城大街、中东大街、下东大街。东门大桥至二环路之间的路段可视为东大街延长线，含芷泉街、牛王庙街、一洞桥街、一心桥街、大田坎街、得胜（上、下）街。东大街及其延长线自盐市口至二环路全长3920米。

2003年3月，拓宽改造竣工的盐市口至春熙路口路段，为三块板断面，双向6车道，道路红线宽40米，快车道26米，快慢车道分隔带2×1米，慢车道2×3米，北侧人行道2米，南侧人行道4米。2003年9月，拓宽改造竣工的春熙路口至东门大桥段，为四块板断面，双向6车道，道路红线宽40米，中央分隔带2米，快车道2×13米，快慢车道隔离带2×1米，慢车道2×3米，人行道2×2米。

【南大街、浆洗街】

南大街古为成都市南门要道，分上南大街、中南大街、下南大街。南大街北起金盾路与红照壁街的交点，南止锦江（南河）的老南门大桥。过桥后为浆洗街、洗面桥街，至一环路衣冠庙立交桥，与永丰路相接。

1998年6月扩建竣工的浆洗街（含洗面桥街），道路全长1.29千米，道路宽40米，其中快车道宽21米、慢车道宽10米、人行道宽6米、绿化带宽3米。

2002年改造竣工的南大街，道路全长808米，两块板断面，道路红线宽34米，双向8车道，其中中央分隔带宽2米，车行道宽2×10.5米，人行道宽2×5.5米。供水、排水、燃气、通讯、电力等地下管线工程同步进行。改造后的南大街与浆洗街、洗面桥街相接，成为成都市向南出行的快速通道。

【西大街】

西大街历来是成都市西门户的通行大道，出西门后与成灌公路相接。西大街改建前车行道15米，两侧人行道各约4米，全长2.45千米，其中青龙街370米、八宝街460米、西大街450米、西月城街200米、石灰街220米、花牌坊街750米。2004年4月，完成改扩建的西大街，东起人民中路骡马寺，西止一环路，全长为2350米，另设240米支线。

骡马市至东城根街路段（即青龙街）为三块板断面，双向7车道，道路红线宽40米，其中快车道26米、快慢车道分隔带2×1.5米、慢车道2×3米、人行道2×2.5米。东城根街至一环路路段为四块板断面，双向6车道，道路红线宽40米，其中中央分隔带2米、快车道2×13米、快慢车道分隔带2×1米、慢车道2×2米、人行道2×3米。道路设计车速为40千米/小时。除道路工程外、供水、排水、燃气、通信、电力等管线工程同步进行。此外，还包括道路绿化、环卫设施、公交站点等市政公用设施。

西大街改扩建工程竣工后，形成一条由中心城区至西大门的快捷交通干线，道路设施完善、功能齐全，两旁建筑造型各异、面貌一新，对城市交通畅通、经济发展、文明建设发挥重要影响。

【北大街】

北大街自古为成都的北大门，是由北进入成都之要道。1949年12月27日，中国人民解放军由北门入城，所经之路，曾命名为解放路，全线北起驷马桥，南至武侯祠大街一环路止，长达9.31千米，现只有北门大桥以北的路段保留解放路之名。2004年5—12月，改造竣工的北大街，南起北大街与新华大道的交叉口，向北经草市街、北大街，跨锦江（府河）北门大桥经解放路，止于二环路。全长2.89千米，为交通性主干道，设计车速40千米/小时。道路为两板块断面，红线宽40米，其中中央分隔带3米，车行道2×15.5米，人行道2×3米。

【天府大道】

人民南路南延线建成后命名为天府大道。天府大道是成都市向南发展的主轴线，是城市Ⅰ级综合性交通主干道。该线以人民南路与机场路交点为起点，通过火车南站立交桥与人民南路四段相接，呈直线向南延伸，先后与三环路、武侯大道、绕城高速公路相交，跨越府河后进入双流县境，至华阳镇东，即为终点。道路全长13.33千米，道路红线宽80米，面积107.7万平方米，占地2064.5亩。1998年10月动工，2002年2月竣工。

天府大道道路宽80米，为四块板断面型，道面划分由中间至两侧依次为中央绿化带8米，快车道2×16米，快慢车道分隔带2×9.5米，慢车道为机动车与非机动车混合车道2×7米，人行道2×3.5米。快车道为双向8车道，设计车速60千米/小时，24厘米厚水泥混凝土路面，为重交通等级；慢车道20厘米厚水泥混凝土路面，为中等交通等级；人行道为混凝土方块砖路面。

天府大道与其他道路相交共21处，与火车南站相交处建有火车南站立交桥群，与三环路相交处建有天府立交桥，与绕城高速路相交处建有人南立交桥，跨锦江（府河）处建有华阳金龙桥，此外有小桥5座，平交路口15处，涵洞14座。

天府大道是成都至华阳的快速通道，既满足城市Ⅰ级综合交通主干道的交通功能需要，又兼及周边路网的分流与转换功能，为城市南部副中心经济社会持续发展创造了条件。

天府大道一段

【青羊大道】

位于成都市西部，南起武侯区晋阳路、龙腾东路交汇处；北至清江东路转东北至磨底河接同和路。1998 年 12 月动工修建，2001 年 1 月 18 日通车，历时两年，投资 1.6 亿元。大道全长 3.6 千米，宽 40 米。青羊大道全线路面采用刻纹技术，人行道彩色水磨方砖；全线选用优美乳白色路灯灯杆，种植高档树木作绿化带。

【金牛大道】

金牛大道是 1925 年建成的成灌路的一段，起于成都市二环路营门口立交桥，经茶店子路、金牛坝路、金泉路，止于郫县犀浦界，全长 6.2 千米。20 世纪 80—90 年代，金牛大道随老成灌路的改扩建经过多次拓宽改造。21 世纪初，二环路营门口立交桥至金牛宾馆路段属城市一级道路，水泥混凝土路面，三板块结构。红线宽 40 米，其中快车道 14 米，慢车道 2×6 米，人行道及绿化带 2×5 米，双向四车道；金牛宾馆至郫县界为二级公路，路面宽 17 米，沥青混凝土路面。

2003 年 9 月至 2004 年 12 月，改造竣工的成灌路金牛大道，其一环路至二环路段断面维持原状，二环路至三环路段，红线宽 40 米，其中快车道拓宽为 21 米，慢车道 2×3 米，绿化分隔带 2×1.5 米，人行道 2×5 米；三环路至托普路路段红线宽 40 米，其中道路中央绿化分隔带 3 米，车行道为 2×13.5 米，人行道 2×5 米；托普路到郫县路段红线宽 40 米，其中中央绿化分隔带 3 米，车行道 2×15 米，人行道 2×3.5 米。改造后的全路段均为沥青混凝土路面，设计行车速度 60 千米/小时。

【武侯大道】

武侯大道始建于 1992 年 8 月，由市交通局勘测设计所设计，成都市市政工程公司、成都市政路桥工程公司等 7 家企业中标承建。区建设、交通、国土、规划、房管等部门及沿线 4 个乡镇各司其责，积极参与工程建设工作。该道路顺江路、双楠路向东起自桂溪乡永安桥，向西经石羊公交站、机场路，穿川藏公路，沿簇桥场镇，跨三环路立交桥至二环路双楠路口，分为三河段、文昌段、铁佛段、顺江段、双楠段，全长 20.60 千米。该道路为城区二级公路，道路红线控制宽度 50 米，机动车双向 6 车道，非机动车 2 道，道路中央设绿化分离带，路面结构为水泥混凝土。1995 年 12 月全线竣工，1996 年 6 月成都市城区区划调整，武侯大道东段 9.20 千米（桂溪乡永安桥至簇桥乡三河村二组）划归高新区管理，该段道路也随之更名。

2001 年 3 月，武侯区投资 2600 万元，对武侯大道双楠路口至西区大道（武青南路）路口 3.61 千米路段进行改扩建，新扩建道路按城市主干道标准，配齐雨水、污水、供水、供气、电力、通讯等市政公用设施管线。改造后的路段路宽 50 米，机动车双向 8 车道，采用双层丁笨橡胶沥青混凝土路面。

【成华大道】

成华大道起于成都市二环路东三段,由西南向东北行进,止于东三环路龙潭寺场镇。1999年开工,2003年12月建成通车,全长7.8千米,共分三段。狮子楼至跳蹬河为一段,跳蹬河至十里店为二段,十里店至龙潭寺场镇为三段。

狮子楼至十里店路段道路宽40米,二板块断面,中央绿化宽5米、车行道2×14米宽、人行道宽2×3.5米,水泥混凝土路面;十里店至三环路龙潭立交桥路段道路宽50米,二板块断面,中央绿化带宽10米,车行道宽2×16.5米,人行道宽2×3.5米,路面结构三步两洞桥至东风渠桥为沥青路面,其余为水泥混凝土路面;龙潭立交桥至龙潭寺场镇路段道路宽40米,二块版断面,中央绿化带宽3米,车行道宽2×15米,人行道宽2×3.5米。

【武侯区高新大道】

即永丰路、创业路。大道北起衣冠庙立交桥,南止成雅高速路起点,全长2.68千米,是进出成都南大门的主要通道,也是前往峨眉山、乐山、雅安、康定等地的交通要道,被评为成都市绿色景观大道。2000年、2003年经过2次改造,形成双向4车道,宽40米,两侧绿化带宽12米的城市景观大道,绿地面积约2.1万平方米。

【北新大道】

北新大道又称人民北路北延线,南起一环路沙河排洪渠桥(二道桥),跨越二环路、沙河、三环路,经大丰片区至外环立交,全长11.63千米。北新大道高架桥于2005年1月通车。一期工程长1.58千米,于2005年10月初动工。

北新大道一环路至三环路段长4.73千米,以高架桥为主,桥长约4.1千米,南起一环路北段,跨二环路、成渝铁路、大件路,接三环路凤凰立交,为双幅上下行高架桥。高架桥成渝铁路以北为双向6车道,双幅分修,宽2×13.5米;成渝铁路桥以南为双向4车道,桥宽17.5~21米;跨东沙路以北为双向6车道合修段,宽25.5米。高架桥底层道路全长4.7千米,分一环—二环、二环—沙河公园、金府路—凤凰立交三部分,前两部分为河边通道,路宽不等,为城市支路。

北新大道三环路至绕城高速路立交段长3.55千米,道路红线宽60米,为城市交通性主干道,四块板断面,中央绿化分隔带宽6米,快车道为双向8车道、宽2×15米,快慢车道分隔带宽2×3米,两侧辅道宽2×5米,人行道宽2×4米。此外尚有东风渠跨河桥、宝成铁路立交桥、绕城高速公路立交桥等3座桥梁总长3.35千米。北新大道三环路至外环路之间的工程还包括管网工程、绿化工程、桥涵工程、照明工程等。

北部新大道是一环路至北部新区的快速通道,是北部新区的重要基础设施,建成后可显著改善火车北站片区的交通、商业和物流环境。

【光华大道】

光华大道是连接青羊区与温江区的城市综合性干道,是举办第六届中国花卉博览会主要通道之一。2001年10月,动工修建;2005年5月31日,全线通车。光华大道全长16.6千米,分城内段、青羊段、温江段。

城内段界于二环路与三环路之间,东接青华路,西连青羊段,长2.0千米,为交通性次干道。设计车速40千米/小时,道路红线宽30米,一块板断面,车行道为双向6车道、宽23米,人行道宽2×3.5米。

青羊段界于三环路与江安河之间,东接城内段,西连温江段,长8.8千米。为交通性主干道。

设计车速40—60千米/小时，分两种断面形式：三环路至武青路道路红线宽40米，两块板断面，双向8车道，宽2×14米，中央绿化隔离带宽5米，人行道2×3.5米，道路两侧绿化带各宽10米；武青路至江安河道路红线宽50米，四块板断面，中央绿化分隔带宽6米，快车道为双向8车道，宽2×14米，快慢车道分隔带宽2×1.5米，慢车道宽2×3.5米，人行道宽2×3米，道路两侧绿化带各宽20米。青羊段有跨线桥1座，连续跨越三环路、清水河、铁路西环和武青路，长达1.83千米。

温江段东与青羊段相接，西抵温江区柳城镇柳城大道柳宾路口，长5.8千米。按城市快速路设计，车速80千米/小时，道路红线宽50米，四块板断面，中央绿化分隔带宽5米，快车道为双向8车道，宽2×14米，快慢车道绿化分隔带宽2×1.5米，慢车道宽2×3.5米，人行道宽2×3.5米。人行道两侧为绿化景观带，各宽30～40米。

【黄忠大道】

又名一品天下大街，是金牛区域内重要城市主干道。黄忠大道南接青羊大道，起于羊市街西延线蜀汉路，止于交大路，横穿茶店子正街和成灌路，总长2.75千米，其中2004年5月至2005年10月建成蜀汉路至茶店子段，全长1.36千米。道路宽40米，双向6车道，4块板断面形式，中央分隔带宽4米，快车道2×10.5米，快慢车道分隔带2×1.5米，慢车道2×3.5米，人行道2×2.5米。车行道用青石板铺装，人行道用花岗石铺设，其间配有园林绿化小品及各种雕塑、牌坊，其建筑风格独具特色。2005年年底，茶店子至交大路之间长约1.39千米的路段仍在建设中。

【蓉北商贸大道】

大道起于老成(都)彭(县)路与二环路口交汇处，止于洞子口场镇接大件公路，全程5千米。1993年10月动工修建，1996年8月竣工通车。全线工程分两期完成。一期工程，起于五块石站北二路西口(立交桥北端)，止于洞子口场镇大件路，长3.5千米，按城市道路标准建设，分为南、北两段，南段从五块石立交桥北端的站北二路西口至宝成铁路桥涵止，道路宽30米，路面为一块板式混凝土结构，双向4车道，两侧人行道(含绿化带)各6米。北段从宝成铁路桥涵以北至大件公路止，路面为三块板式混凝土结构，道路宽40米，双向6车道，慢车道2×6米，人行道绿化带2×2米。

二期工程，从老成彭路与二环路口交汇处至五块石立交桥北端止，长1.5千米，该路段由市干道指挥部承建。蓉北商贸大道工程按规划设计要求同步设置和敷设雨水、污水、自来水、天然气、电力、通讯等管网以及绿化配套工程。主要附属工程有宝成铁路下穿桥涵及沙河大桥的配套工程。2005年，将蓉北商贸大道北延与三环路相接，北延线长约800米，路面宽30～40米，一块板断面，车道21～31米，人行道2×4.5米。蓉北商贸大道的建成，改善了火车北站以及成都北部地区的交通状况。

【驿都大道】

原称老成渝路(市辖段)。2003年10月，改扩建竣工后命名为驿都大道。

老成渝路成都市辖段自龙舟路口至龙泉镇全长18千米。为四级公路，路幅较窄，路面破损，路况低劣，难以满足货物集散、旅游观光和城市综合性主干道的交通功能，改扩建老成渝路(市辖段)是城市向东向南发展的主要基础性建设项目。1998年10月改扩建动工。

驿都大道起点为一环路九眼桥，在锦江区内，沿顺江路傍府河南行，至龙舟路折向东行，穿二环路，沿静居寺路，跨沙河，经沙河堡，穿成昆铁路、三环路、沿簧门铺至东洪路进入龙泉驿区，沿原有老成渝路部分路段至外环路，过大面镇至东风渠向阳桥，与已改建的老成渝路段相接，至老成渝路市辖段终点。设计线路总长15.9千米。道路为城市综合性Ⅰ级主干道，快车道为重型交通等级，慢车道为中型交通等级。道路横断面按四种形式设计：顺江路段为一块板断面，宽35米，机非混合双向6车道宽22米，邻府河内侧人行道宽2米、绿地宽8.5米，另一侧人行道宽2.5米；龙舟路段为三块板断面，宽35米，快车道为双向4车道宽15米，快慢车道分隔带宽2×1.5米，慢车道宽2×5米，人行道宽2×3.5米；静居寺路设为三块板断面，宽40米，快车道为双向6车道宽22米，快慢车分隔带宽2×1.5米，慢车道2×4米，人行道宽2×3.5米；成龙路口至东风渠向阳桥路段为三块板断面，宽50米，快车道为双向6车道宽23米，快慢车道分隔带宽2×4米，慢车道2×6米，人行道宽2×3.5米。人行道上均设置1.2×1.2米的正方形树池，全路段与道路河渠相交46处，其中立交桥2座，即三环路航天立交，为三层互通式立交桥，成昆铁路立交，为跨线式公铁立交桥；跨河桥3座，即东风渠桥、沙河桥、向阳桥；平交41处。全线共设置18座钢筋混凝土盖板预埋涵洞。

驿都大道使成都到龙泉驿区的里程由原来的18千米缩短为15.7千米，减少了行车里程，改善了交通条件，把东部地区与城市中心紧密联系起来。

【成龙大道】

成龙大道即成龙路，是成都市城市总体规划的城市交通性主干道，起于沙河西侧约100米处，接老成渝路，东南行经四川省农科院、四川师范大学，与机场路东延线相交，跨成昆铁路、三环路、下穿绕城高速路，继续东南行，跨东风渠南干渠及总干渠，延伸至国家级成都经济技术开发区，止于龙泉驿区龙环路，全长16.46千米。1998年12月开工修建，2003年3月竣工。

成龙路为城-A级交通主干道，设计车速60千米/小时，断面为三块板型，道路红线宽40米，快车道为双向6车道、宽22米，为重型交通等级，水泥混凝土路面；快、慢车道分隔带2×1.5米，慢车道2×4米，为中型交通等级，水泥混凝土路面；人行道2×3.5米，锦江区路段为混凝土方块砖砌面，龙泉驿区路段为彩色地砖砌面。

成龙路与其他道路、河渠相交31处，跨成昆铁路为跨线式立交桥，跨三环路为部分互通式立交桥即娇子立交桥，跨沙河为五跨简支板梁桥，跨东风渠桥为简支斜梁桥，此外，尚有跨老南干渠桥及3座跨河小桥，全线共修建涵洞69座。

成龙路建成后，把中心城区与龙泉驿区以及成都经济技术开发区直接连通，成为成都市向东发展的交通性干道。

【成洛大道】

成洛大道即成洛路。原成洛路路幅较窄，弯道较多，坡度较大，不能满足交通性主干道各种功能。规划的新线路除截弯取直段外，基本与旧路一致。西起成华区新华大道东延线双庆路，向南至多宝寺后，一直向东延伸，先后跨成昆铁路、三环路、东风渠，下穿绕城高速公路，止于龙泉驿区洛带镇龙环路，全长20.5千米。1999年11月开工改建，2003年3月竣工。

成洛路为交通型Ⅰ级城市主干道，设计车速60千米/小时，快车道为重型交通等级，慢车道为中型交通等级，均为水泥混凝土路面。道面为三块板断面型，红线宽40米，快车道为双向6车道，道面划分快车道22米，快、慢车道分隔带2×1.5米，慢车道2×4米，绿化分隔道2×1.2米，人行道2×2.3米。

成洛路与其他道路、河渠相交30处，有立交桥2座，即跨成昆铁路立交桥、跨三环路十陵立交桥，均为跨线式立交桥，并下穿绕城高速公路，有大中型跨河桥梁5座，先后跨沙河、东风渠、徐家河、西江河等河渠。其余22处为平交。

成洛路是成都市向东发展的又一条交通性主干道，将促进十陵历史文化景区的建设以及洛带客家文化古镇的发展，还为中心城区至万兴垃圾处理场提供了一条运输垃圾的快速通道。

次干道、支路、中小街道

【城区次干道】

成都市次干道系统可分为交通次干道和一般次干道。交通次干道以通过性交通为主，它是城市交通网络中的主要道路之一，交通次干道的道路条件和交通流量均比交通主干道低，但道路密度却比主干道高，是城市中最常见的道路。

一般次干道是兼有通过性和到达性功能的城市次干道，是城市干道网的组成道路，对主干道交通起集散和分流的辅助作用，其道路断面多为一块板型。次干道为城市二级集散系统，有力地支撑了主干道系统的集散、疏解、分流作用。次干道设计红线宽度一般为20～30米，少数为30～40米；设计车速30～40千米/小时；一般为双向2～4车道，少数为双向6～8车道；一般不设中央隔离带，横断面采用一块板、两块板、三块板型；地震烈度按7度设防。

16年间改造竣工的次干道有内环路、纱帽街、庆云街、簧门街及小天竺街、长顺街南延线（金河路）、建设南新街、建设南二路、建设西街、机场路东延线、吉福路、光华大道城内段、营康西路、二仙桥西北路、海棠路、百合路、武顺路、土龙路、商贸大道北延线、熊猫大道、天府科技园会展中心圆弧段及其北延线、黄河路、川大路东延线等，共23条，总长38千米。

【城区支路系统】

支路系统的基本特征是道路密度大，强调环境功能与交通服务功能，线路较短，均为车行道，对干道交通起分流集散作用，可分为重要支路和一般支路。

次干道及支路系统与一、二环路相交时采用平交，与三环路相交时采用辅通平交，市区内与交通性主干道平行的次干道和支路成为中心城区最重要的集散系统，起到分流和解决交通性主干道的集散作用。与交通性主干道相交的次干道和支路系统，其主要功能是满足交通性主干道的集散作用。实现区域内和区域间交通在交通性主干道上的较换，使中心城主干道、次干道和支路系统的交通通畅。

支路系统设计速度为30—40千米/小时，路面等级为高级路面，分沥青混凝土路面和水泥混凝土路面两种结构，道路红线宽度为7、9、10、12、16、24、25、28、30米不等，一般为单幅路面双向二车道，不设中央隔离带。

1990—2005年的16年间，拓宽改造的支路有正科甲巷、小科甲巷、燕鲁公所街、走马街（督院街）、宽巷子、窄巷子、井巷子、金马街、西珠市街、福德路、肥猪市街、琴台路、枣子巷东延线、草堂东路、草堂东路延线、南熏巷、王家巷、方子桥路、建设南街、建设北街、经华北路、文家后巷、田家巷、二仙桥西一巷、府青路一巷、圣灯路、跳蹬河北路、老成仁路(北起小沙河桥南至机场路东延线路段)、琉三路、吉福南路、吉福北路、胜利桥街、吉顺路、晋吉西三街、晋康街、晋平街、九里堤中路、赛云台南路、站西一路、站西一路支路、红旗巷、榔榆巷、紫杉路、玉兰路、枫香路、相思路、水仙花街、玫瑰花街、牡丹路、栀子花街、武侯科技园二期武兴三路、金科南二路西延线、珠江路、成白路等。共54条支路,总长33.5千米。

【城区中小街道】

成都市中小街道的道路,多数为城市次干道、支路和小区道路,少数为城市交通性主干道。为主干道的,设计车速50千米/小时,次干道设计车速40千米/小时,支路设计车速30千米/小时。路面为沥青混凝土,抗震烈度为7度。断面红线宽6~20米之间的中小街道,多为一块板断面;红线宽20~35米之间的中小街道,断面形式有一块板、两块板或三块板。道路宽6米、7米、8米、9米的为混合车道;道路宽12米的为6米(或7米)混合车道+2×3米(或2×2.5米)的人行道;道路宽16米的为10米混合车道+2×3米人行道;道路宽20米的为14米混合车道+2×3米人行道;道路宽25米的为18米混合车道+2×3.5米人行道;道路宽30米的为2×10米混合车道+2×3.5米人行道+3米的中央隔离带;道路宽34米的为2米中央隔离带+2×11米混合车道+2×5米人行道;道路宽35米的为3米中央隔离带+2×11米混合车道+2×5米人行道及绿化带。

城区步行街道

【春熙路步行街道】

春熙路始建于民国13年(1924年),因由当时的四川省督办杨森提议兴建,杨森下令把旧衙门全部拆除,在此修建了从南到北一条街,其后又修建了东西两条街,名叫春熙路东段、西段、南段和北段。最初根据他“森威将军”的头衔将其命名为“森威路”。后来人们取老子《道德经》中“众人熙熙,如登春台”的句子,改名为春熙路,以描述这里商业繁华、百姓熙来攘往、盛世升平的景象。据《春熙路创建纪念碑》所记,春熙路“路宽四十英尺(合12.2米),行人道宽八英尺(合2.4米)”。春熙路建成后,一直为成都市最繁华的商业区。

1978年中共十一届三中全会后,成都市对春熙路进行重点改造,成为成都市第一条商业步行街。随着城市建设的不断发展,春熙路已日显落后,2001年,市人民政府决定再次改造春熙路,工程内容含路面工程、地下管线工程、地下停车场工程。2001年5月8日动工,同年9月30日竣工,中心广场于同年11月30日竣工。

春熙路分东、西、南、北四段,通过中心广场相连。北段长120米,至伊腾洋华堂门前与科甲巷相通;西段长90米,至南新街口。东、西、南、北四段全长766米,规划红线宽20米。路面结构为铺石路面,基层为20厘米厚的二灰沙砾,中层基础为10厘米厚的水泥混凝土层,面层为4厘米厚的400×400毫米的花岗石板。地下管线工程含雨水管、污水管、给水管、煤气管、通信电缆通道。

为展现春熙路的历史,通道上镶嵌有16块正方形青铜浮雕,浮雕周边都刻有“春熙路老字号掠影”,雕刻有春熙老字商家、茶园、戏院、报馆,逼真地反映出春熙路的历史风貌。中山广场以淡雅的彩色砖铺砌,台基和基座用棕色抛光砖铺设,上置孙中山先生坐式铜像,系雕刻家刘开渠作品,铜像两侧为6个长方形花坛,“八”字形对称品排,内植苏铁、棕竹及时令花卉,铜像后为梯形喷水池，池的两侧为对称18根柱及13株高大银杏。

2002年2月15日，精心整治焕然一新的春熙路开街，10万游人蜂拥而至，重温昔日的记忆。

【红星路步行街道与广场】

红星路步行街道与广场地处成都市中心城区，位于春熙路以东，蜀都大道以南，东大街以北，紧邻佛教古刹大慈寺，坐落在红星路下穿隧道的顶面上。

红星路步行街道与广场，南北沿线星路三段长约570米，东西沿锦江街、江南馆街长约260米，规划范围5.2公顷，定位为商务广场、浏览观光、人流集散、景观塑造、文化延续等五大功能。地面资源配置，以步行为主导，交通功能上体现人车分流，公交优先的原则，利用红星路下穿隧道将南北向通过性交通分离出去，有利于地面上步行空间形成；将公交车列入步行区，方便到达交通；同时结合远期地铁出入口人流的换乘、集散，实现公交系统的疏解作用。

红星路步行街道路与广场工程，于2003年5月动工，同年8月1日投入使用，红星路广场将春熙路与大慈寺片区连成一片，成为成都市商务中心标志性街区，还为广大市民提供了一个环境优美的休闲场所。

【琴台路步行街道】

1989年更名为琴台路，以纪念西汉时期传奇人物司以相如与卓文君。原名西城边街，呈南北走向，为内环路西南段，全长576米，其北接蜀都大道通惠门路，其南与滨江西路相连。为浣花风景名胜区入口通道。

1996年11月，在两侧人行道上增加自行车道，使机动车与非机动车各行其道。1998年修建为成都市第一条彩色混凝土斜棱形花纹道路，红线宽24米，其中机非混合车道宽9米，人行道2×7.5米。2002年将琴台路改造为仿古一条街。

鉴于琴台路路面南北两端皆有城市主干道贯通，故道路结构以人行道景观为主，弱交通功能，南北干道相接处，进行重点装饰。改造后的琴台路道路红线宽24米，中央分隔带宽3米，车行道宽2×4.5米，人行道（含停车带）2×6米。车行道、人行道、停车带路面均用硬青石花岗石铺砌，厚10厘米。中央分隔带绿化花池每隔一段距离设置单杆双挑古典式吊灯，共320盏，每临夜晚，华灯齐放。

【大慈寺保护区道路】

大慈寺保护区是成都市历史上著名的繁华地带，是集寺院、市场、民居为一体的多功能混合区。按《成都市城市总体规划1995—2020》，大慈寺历史文化保护区范围界定为北起大慈寺路，南至糠市街，西至纱帽街以西35米，东至章华里以东30米，占地面积10公顷，环境协调区18公顷。2005年，成都市人民政府决定对大慈寺保护区与协调区进行重点保护，以形成成都古城传统商业历史文化集中展现中心。对纱帽街、糠市街、和尚街等城市课外作业干道及支路进行整治。

纱帽街位于大慈寺保护区界定范围，由北纱帽街、中纱帽街、南纱帽等组成，是一条南北向的次干道，南起东大街，北至蜀都大道，原路横断面为一块板，道路较窄，路面较差。整治后的纱帽街全长535米，道路规划红线宽20米，其中车行道14米，人行道2×3米，车行道沥青混凝土路面，人行道为彩色混凝土方块砖。雨水及污水管道各一条，雨水管道长498米，管径600～1000毫米；污水管道长495米，管径400毫米。

北糠市街、和尚街为城市支路,全长259米,一块板断面,路面为沥青混凝土。

【文殊院保护区道路】

文殊院保护区位于新华西路以北,内环路以南,北大街以西,人民中路以东,占地面积8.3公顷(未含文殊院),环境协调区3公顷。

文殊院保护区的道路改造基本保持道路的原有走向和宽度,重点将原属次要交通的福善巷、文殊院巷、金马河街、珠宝等改造为步行街。文殊院巷为南北走向,长150米,宽5米;福善巷为南北走向,长86米,宽5米;珠宝街为东西走向,长117米,宽7米。步行街路面均采用青条石铺砌。文殊院路为东西走向,连接人民中路与白云寺街长650.7米,宽12米,一块板断面,东行道宽8~9米,人行道宽2×2米(2×1.5米),兼具步行街功能。

保护区对外交通转换主通道有白云寺街、头福街、白空塘街、红石柱街、楞枷庵街、通顺桥街,组成区内交通主骨架,分别与内环路、新华路、人民中路、北大街等城市交通主干道连接,便于游人顺利到达保护区,其红线宽控制为16米。保护区内交通次能将有西珠市街、西马道街等。西珠市街西起头福街,东至北大街,长229米,宽9米,一块板断面,其中车行道宽5米,人行道宽2×2米;西马道街西起头福街,东至北大街,长229米,宽9~12米,一块板断面,9米宽路段,车行道宽5米,人行道宽2×2米;12米宽路段,车行道宽6米,人行道宽2×3米,次通道均为沥青混凝土路面。

【宽窄巷子保护区道路】

宽窄巷子历史文化保护区,位于同仁路和长顺街之间的宽、窄巷子两条街区,宽巷子以北约40米,窄巷子以南约25米范围,占地面积5公顷,环境协调区6.8公顷。宽窄巷子是保护和体现东南至西北走向。道路定性为城市支路,均为一块板断面形式,以步行为主,弱化机动车通行功能,突出旅游观光功能。并利用地形、地势进行排水管道设计,以减小埋深,节约投资。

宽窄巷子道路走向与原路不变,道路为一块板断面形式,车行道宽度4~4.5米,人行道宽度为7~9米,全长395米。窄巷子道路为一块板断面形式,通道宽3米,人行道宽1.5~7.5米,东西走向全长385米,人行道为向内单向坡。宽巷子与窄巷子均按雨污分流埋设排水管道,依地势污水分别排入已建的下同仁路及长顺上街污水管道;雨水分别排入已建的下同仁路及长顺上街雨水管道。以利于地下各种管线的布置,盖板采用雕花镂空青石板,使之与周边整个历史文化保护区风格保持一致,以体现古香古色的清代居民风貌。井巷子道路走向与原路一致,全长386米,通道宽7米,人行道宽3.8~5.2米,人行道为向内单向坡,道路两边每隔一定距离设置雨篦子,从北向南在道路下依次设置电力、通信、污水、雨水、给水、煤气管道。

城市道路立交桥

【概况】

1989年以前,成都市只有一环路上的3座立交桥。随着城市交通网络的形成以及车辆流量的增大,道路平交已严重妨碍交通畅通,道路立交应运而生。立交桥是最普遍采用的立交手段,根据其交通功能及可分为互通式立交桥、部分互通式立交桥、跨线式立交桥和高架桥。

1990—2005年,全市共新建或改建立交桥45座,其中一环路4座、二环路9座、三环路23

座、其他道路立交桥6座，其他道路高架桥3座。按交通功能划分，互通式和部分互通式立交桥19座，跨线式立交桥23座，大型或特大型高架桥3座。在此期间建成的立交桥结构多样，功能完备，布局合理，造型美观，充分展示出成都桥梁的特色，对改善交通状况及投资环境，提升成都市整体形象，起着极其重要的作用。

互通式立交桥。当环路与快速路（高速路）交叉口转向交通流量和周边路网交通转换能力较大的交通节点，采用全互通式立交；交叉口有的方向转向交通流量较小，或者相交道路通行能力不足，其周边路网具有转换能力的交通节点，则采用限制转向的部分互通式立交。结合桥位周围的用地条件与地物特点，布置桥梁的线型，使布置的桥型与周围环境相协调。成都市建成的互通式或部分互通式立交桥线型多样，有双桃型、双弓形、双层环型、双层半菱形、火炬型、螺旋型、苜蓿叶型、正苜蓿叶型、长条苜蓿叶型等。

跨线式立交。两条主要道路相交的节点，按跨线式立交设计桥型，以保证两条相交道路上的车辆直行通畅，互不干扰。高架桥的交通功能属跨线式立交，成都市已建成的跨线式立交桥中有沙湾路上跨一环路、科华北路上跨二环路、红星路上跨新华东路、南大街上跨锦里路等处高架桥外，还建有3座大型或特大型高架桥，机场高速路高架桥长达6.9千米，成雅高速公路高架桥长达4.8千米，北新大道高架桥长约4千米。

【一环路立交桥】

1989年，全市仅有的3座立交桥均在一环路上，即九眼桥立交桥、府青路立交桥、永丰路立交桥。1990—2005年期间，一环路上新建3座立交桥，即双林路立交桥、磨子桥立交桥、沙湾路立交桥，并对永丰路立交桥进行改建。

九眼桥立交桥。九眼桥半菱形立交桥位于一环路东五段和南一段之间，主桥跨府河，南北引桥跨道路，1986年年初建成。

府青路立交桥。位于一环路与府青路交叉口，为简易双层环形立交，桥全长263.9米，桥宽16米，1988年建成。

永丰路立交桥。位于一环路南四段与永丰路交叉口，原立交桥为三层环形加高架简易立交，1989年建成，2002年10月拆除。2003年另建新立交桥，为跨线式立交，又称衣冠庙立交桥。桥南引道与永丰路相接，桥北引道与洗面桥街相接，桥全长467.41米，桥宽16米，双向4车道。

双林路立交桥。位于一环路与新华大道双林路交叉口，为跨线式连续梁立交桥，以4墩2台1联形式跨双林路，2004年建成。

磨子桥立交桥。位于一环路与新南路、科华北路交汇处，科华北路于此处上跨一环路，桥型为一联三跨变截面异型连续箱梁，桥长200米，桥宽16.5米，车道总宽15米，中央及两侧均设有0.5米厚防撞桥。2004年建成。

沙湾路立交桥。位于一环路与沙湾路交汇处，为跨线式简支梁立交桥、桥长209米，两端引桥总长175米，桥宽16米，2005年建成。

【二环路立交桥】

1990—2005年期间，二环路上共建成9座立交桥，其中5座互通式立交桥，即府青路立交桥、双桥子立交桥、人南立交桥、永丰立交桥、营门口立交桥；4座跨线式立交桥，即科华路立交桥、武侯大道立交桥、老川藏路立交桥、新成温立交桥。

府青路立交桥。位于二环路北四段、东一段间与府青路交汇处，桥北900余米处为青龙场公路铁路立交桥，桥南1000米处为一环路府青路立交桥，3座立交桥同在府青路轴线上，组成大型立交桥群。二环路府青路立交桥桥型为3层互通式双桃型立交，构思独特，造型新颖。南北向为府青路方向，采用高架桥直道通行，桥长604米，设4车道，每车道宽3.57米；东西向为二环路方向，采用双桥双向分离行驶，辅以东西南北4向通道，实现全桥互通，桥长622米，设6车道，每车道宽3.75米。二环府青路立交桥由成都市市政工程设计研究院设计，天津市政一公司承建，1990年开工，1992年年底全部工程竣工，主体工程投资约1000万元（不包括征地拆迁费）。

双桥子立交桥。位于二环路与蜀都大道交叉口，西通中心城区，东连成渝高速公路，南北为二环路，是通往重庆的重要孔道，是成渝高速公路连通蜀都大道的高架桥和立交桥。由三部分组成。第一部分为交叉口蝶形3层互通式立交桥，第二部分为跨越钢管厂专用铁路、沙河、塔子山公园接成渝高架公路的高架桥，第三部分为互通式立交桥至成渝高速公路下层区间的交通道路。蝶形立交是立交工程的主体，由蜀都大道直通桥、二环路直通桥和左、右环行道组成。立交桥上、中层为机动车道，下层为非机动车环形道。为避免人车干扰，沿东西方向设人行天桥及地道桥各1座。二环路双桥子交桥桥由成都市市政工程设计研究院设计，川交一处承建，1991年开工，1993年竣工，工程投资约7000万元。

科华路跨二环路跨线桥。位于二环路与科华路交叉口，科华路在此上跨二环路，跨线桥北为科华北路，桥南为科华中路。跨线桥结构形式为变截面连续梁桥，桥长617.3米，桥宽17米，双向4车道，由成都市市政工程设计研究院设计。

人民南路立交桥。位于二环路与人民南路交叉口，北通市中区，南联火车南站及双流机场，是市中区通往火车南站及航空港的重要交通孔道。桥型为3层长条苜蓿叶型立交桥，上层为人民南路机动车直行主道桥，中层为二环路直行道桥，下层为人行和非机动车通行道，并利用4向对称匝道桥及引道与人民南路直通桥、二环路直通桥分别嵌接，实现互通功能。人民南路方向直通桥长436米，二环路方向直通桥长163米，桥宽均为22米。4向对称匝道桥长均为117.5米，桥宽均为13米。二环路人民南路立交桥由成都市市政工程设计研究院进行初步设计，由四川省交通厅公路规划勘测设计院完成施工图，天津市政工程局成都公司承建，与二环路南二、三段同期建设，1992年开工，1993年年底竣工。

永丰路立交桥。位于二环路南四段与永丰路交叉口，地处成都市高新技术开发区中心，桥北经一环路永丰路立交桥通市中心，桥南接大件路直通新津，是成都南门重要孔道。桥型为3层互通式部分苜蓿叶组合型，因交通流量不均衡，故平面线型采用不对称布置。上层为二环路方向直道桥，桥长308米；中层为永丰路方向直道桥，桥长880米，桥总长1.19千米，桥宽均为16米、4车道。下层为非机动车道与人行道合用，兼作大件路车道。中国市政工程西南市政设计院设计，成都市市政工程公司桥梁分公司承建，1992年开工，1993年竣工，工程投资约2248万元。

武侯大道跨二环路跨线桥。位于二环路与武侯大道交叉口，二环路以外为武侯大道，二环路以内为双楠路，结构形式为连续梁桥，桥长743.27米，高架桥为独立的两幅桥，中间为3米宽的绿化带，每幅桥宽13.75米，两侧为0.5米宽花池及0.5米宽防撞桥，中部为11.75米宽的车行道，为双向6车道。由成都市市政工程设计研究院设计，成都市市政工程（集团）有限公司承建,2005年建成通车,工程总投资约6000万元,其中桥梁主体工程投资约4000万元。

老川藏路跨二环路跨线桥。位于二环路与少陵路交叉口,老川藏路在此跨越龙爪堰清水河大桥。桥长594米,桥宽61米,双向6车道,悬索桥主塔顶最高60米,由铁道部第二勘察设计研究院设计。

新成温路跨二环路跨线桥。位于二环路与新成温路交叉口,结构形式为空心板连续梁桥,桥梁全长685.13米,桥梁净宽14.2米,双向4车道,桥梁面积1.03万平方米。底层道路以二环路为中心,四个方向均有130米道路拓宽段。成都市市政工程设计研究院设计,成都市市政工程公司桥梁分公司承建,1996年11月开工,1997年10月竣工,工程投资约2200万元。

营门口立交桥。位于二环路与营门口路交叉处,是成都西门连接国道成阿公路的重要孔道,两路交通繁忙。桥型为3层互通式苜蓿叶型,上层为二环路方向直道桥,中层为营门口路方向直道桥,桥全长1.88千米,均为4车道。平行于二环路方向设置4条双向匝道,为左右转弯车辆行进,以实现互通。中国市政工程西南市政设计院设计,铁道部第二工程局桥梁厂承建,1992年随二环路西三段拓建工程开工,1993年竣工,工程投资约1657万元。

【三环路立交桥】

三环路全线共有23座立交桥,其中互通式立交桥13座,即成绵立交桥、龙潭立交桥、成南立交桥、成渝立交桥、大观立交桥、娇子立交桥、天府立交桥、蓝天立交桥、武侯立交桥、苏坡立交桥、羊犀立交桥、成彭立交桥、川陕立交桥;跨线式立交桥10座,即十陵立交桥、琉璃立交桥、桂溪立交桥、南华立交桥、石羊立交桥、川藏立交桥、草金立交桥、金牛立交桥、沙西立交桥、凤凰立交桥。

成绵立交桥。位于三环路北四段东一段之间与成绵高速公路交叉处,为通往绵阳的主要进出口通道。桥型为3层互通式苜蓿叶型,桥长2千米,桥梁面积5.36万平方米,左右每幅桥为5联。由四川省交通厅公路规划勘测设计研究院设计,1999年11月动工,2001年11月竣工。

龙潭立交桥。位于三环路东一段与东二段之间与牛龙路交叉处,向东直达龙潭寺开发区,桥型为3层部分互通式,桥长1931.4米,桥梁面积3.05万平方米,由四川省交通厅公路规划勘测设计研究院设计,1999年12月动工,2001年竣工。

成南立交桥。位于三环路东二段与东三段之间,与成南高速公路交叉处,是成都通往南充的主要进出口通道。桥型为3层互通式半定向式,由四川省交通厅公路规划勘测设计研究院设计,2001年11月竣工。

十陵立交桥。位于二环路东三段东四段之间与成洛路交叉处,成洛路于此处跨三环路直通洛带。桥型为连续箱梁跨线桥,桥长325.4米,桥宽16米,桥梁面积5199平方米。由成都市市政工程设计研究院设计。

成渝立交桥。位于三环路东四段与东五段之间与成渝高速公路交叉处,是成都通往重庆的主要交通孔道。桥型为3层部分互通式,桥长931米,桥梁面积2.50万平方米,1999年动工,2000年竣工。

大观立交桥。位于三环路东五段南一段之间与老成渝路交叉处,东通龙泉驿区。桥型为3层互通式螺旋形,桥梁总长4.62千米,桥梁面积7.5万平方米,由上海城建设计院设计,1999年11月动工,2002年8月竣工。

娇子立交桥原称狮子山立交桥，位于三环路南一段南二段之间与成龙路交叉处，东南直通龙泉驿区。桥型为3层部分互通式，桥梁面积3.1万平方米，由西南交通大学土木工程设计院设计。

琉璃立交桥。位于三环路南二段南三段之间与成仁路交叉处，三环路于此跨越成仁路，桥址在琉璃镇域内，故名。成仁路北通九眼桥，南达仁寿县。桥型为连续箱梁跨线桥，桥梁面积1.44万平方米，由中国市政工程西南市政设计研究院设计。

桂溪立交桥。位于三环路南三段与红星路南延线交叉处，红星路南延线于此跨越三环路，桥址在桂溪乡境，故名。桥型为空心板连续梁桥，桥长519.2米，桥梁面积4001平方米，由西南交通大学建筑勘察设计研究院设计。

天府立交桥。位于三环路南三段南四段之间与天府大道（人民南路南延线）交叉处，是城市南郊重要交通枢纽。桥型为3层互通式苜蓿叶型，桥梁全长9.4千米，桥梁面积8.29万平方米，由成都市市政工程设计研究院设计，1999年11月动工，2002年10月竣工。

南华立交桥。位于三环路南四段与益州大道站华路交叉处，站华路在此上跨三环路。桥型为跨线式连续箱梁桥，桥长254米，桥梁面积4129平方米。由中国市政工程西南市政设计研究院设计。

石羊立交桥。位于三环路南四段与元华路交叉处，元华路在此上跨三环路，因桥址位于石羊场域内，故名。桥型为跨线式连续箱梁桥，桥长218米，桥梁面积3707平方米，由四川省林业勘测设计研究院设计。

蓝天立交桥。位于三环路南四段南五段之间与机场路交叉处，三环路在此跨越成都至双流国际机场的高速公路。桥型为3层部分互通式立交桥，全桥处于圆曲线和直线上，由铁道部第二勘测设计院设计。

川藏立交桥。位于三环路南五段西一段之间与老川藏路交叉处，三环路在此连续跨越老川藏路及101厂专用铁路。桥型为跨线式连续梁桥，桥长835米，每4孔为1联，全桥共8联，跨线桥为分离式两幅桥，每幅桥宽17米，中间相隔7.14米，由四川省交通厅公路规划勘测设计研究院设计。

武侯立交桥。位于三环路西一段西二段之间与武侯大道交叉处，武侯大道东通双楠，西达武侯科技园广场。桥型为3层部分互通式，桥梁面积4.88万平方米。由成都铁路局勘测设计院设计，1999年4月动工，2000年10月竣工。

草金立交桥。位于三环路西二段西三段之间与草金路交叉处，三环路于此跨越草堂寺至金花镇的公路，为跨线式连续箱梁桥，桥梁面积6155平方米，由省交通厅公路规划勘测设计研究院设计。

苏坡立交桥。位于三环路西三段西四段之间与新成温公路交叉处，因桥址位于苏坡乡域内，故名。立交桥东通蜀都大道，西达温江区。桥型为3层互通式，桥梁总面积5.73万平方米，由成都市市政工程设计研究院设计，2000年9月动工，2002年10月竣工。

羊犀立交桥。位于三环路西四段西五段之间与蜀汉路交叉处，西北方向通成灌高速公路。桥型为3层部分互通式立交，蜀汉路方向桥长987.6米，三环路方向桥长791.1米，桥梁面积3.6万平方米。由成都市市政工程设计研究院设计。1998年8月动工，2002年10月竣工。

金牛立交桥。位于三环路西五段北一段之间与金牛大道交叉处，西北方向连老成灌公路。

三环路于此处跨越金牛大道。桥型为跨线式空心板梁桥，由成都市市政工程设计研究院设计。

沙西立交桥。位于三环路与交大路交叉处，交大路于此上跨三环路，西北方向连接沙湾路西延线。桥长497米，由西南交通大学建筑勘察设计院设计，中铁十三局承建，于2003年1月开工，同年8月竣工。

成彭立交桥。位于三环路北一段北二段之间与新成彭路交叉处，是成都通往彭州的主要出入口，桥型为3层部分互通式立交，桥梁面积3.94万平方米，由四川省交通厅公路规划勘测设计研究院设计。

凤凰立交桥。位于三环路北二段北三段之间与老成彭路交叉处，因桥址位于凤凰山西麓，故名。三环路于此跨越老成彭路。桥型为跨线式连续箱梁桥，桥长235.2米，桥梁面积4248平方米，由中国市政工程西南市政设计研究院设计。

川陕立交桥。位于三环路北三段北四段之间与川陕路交叉处，是成都经德阳通往陕西的主要出入口。桥型为3层部分互通式定向匝道双弓形立交，桥长1.83千米，桥梁总面积2.74万平方米。由铁二院交通设计研究院设计，1999年12月动工，2002年竣工。

【内环及跨路立交桥】

顺城大街玉带立交桥。位于顺城大街与西玉龙街交叉处，桥址地处成都市闹市区，受地理位置及周边环境所限，桥型为双层环形简易立交桥，南北长260米，东西长237米，桥面宽12.5米，桥梁面积9110平方米。由成都市市政工程设计研究院设计，天津市市政工程一公司承建，1993年7月建成，2005年10月拆除。

红星路跨内环路立交桥。位于红星路与内环路交叉处，桥型为跨线式连续刚构桥，桥长257.5米，桥面宽40米，其中机动车道宽21米，由成都市市政工程设计研究院设计。

红星路跨新华大道立交桥。位于红星路与新华大道交叉处，桥型为跨线式空心板梁桥，桥长160米，由成都市市政工程设计研究院设计。

五丁桥路口跨内环路跨线桥。位于五丁桥路口，北较场西路于此上跨内环路，桥梁总长573.2米，其中桥长380米，引道长193.2米，桥面宽10米。2004年12月动工，2005年5月竣工。

解放路跨内环路、外环通道立交桥。位于解放路与北大街之间，该桥上跨内环路及外通道并跨越府河。桥型为实体板拱桥，南引桥宽29米，北引桥宽25米。由成都市市政工程设计研究院设计。

南大街跨锦里路与老南门大桥立交桥。系老南门大桥的桥上桥，位于南大街与浆洗街之间，南北走向，在老南门刚架拱桥上、下游设计为上、下行两座桥。桥结构为连续箱梁桥，全长772.3米，跨河河宽8.5米，合并段宽16米，双向4车道。由成都市市政工程设计研究院设计，2003年建成。

公路铁路立交桥

【概况】

成都市有成渝、宝成、成昆、达成等4条铁路相汇，公路铁路过去多为平交，自20世纪50年代末期起，逐步改平交为立交，至1989年年底全市共建成公路铁路立交桥7座，即驷马桥立交桥，川陕公路于此下穿成渝铁路；青龙场立交桥、昭觉寺路于此下穿成昆铁路；大观堰立交桥，沙河铺街于此下穿成昆铁路，成仁路立交桥，又名红专桥，成仁路于此下穿成昆铁路；杨柳店立交桥，东黉公路于此跨越成昆铁路；五块石立交桥，位于火车北站西二路与蓉北商贸大道之间，公路于此上跨宝成铁路；无缝钢管厂立交桥，东黉路于此下穿无缝钢管厂专用铁路。7 座立交桥中，仅 1989 年建成的五块石立交桥属大型立交桥，全长达 489.64 米，其余 6 座立交桥长度均较小，为小型立交桥。

1990—2005 年，全市共建成 11 座公路铁路立交桥，其中大型或特大型立交桥 4 座，即 1993 年建成的双桥子立交桥群，跨无缝钢管厂专用铁路及沙河；1998 年，建成的青龙场立交桥群，跨铁路枢纽编组站；2002 年，建成的火车南站立交桥群，系“五路一桥”工程中特指的“一桥”，跨越站前广场、车站平台及铁路 13 股道；此后建成的丛树村铁路双线特大立交桥，跨三环路。上述 4 座公路铁路立交桥气势宏伟、造型美观。此外，还有成龙路、成洛路、老成渝路跨成昆铁路立交桥。

【三环路及周边公路铁路立交桥】

三环路全线计有跨成渝铁路、宝成铁路、成昆铁路、西环铁路立交桥。其中，三环路跨成渝铁路立交桥，位于三环路东一段龙潭寺附近；跨成昆铁路立交桥，位于三环路南四段石羊场附近；跨西环线铁路立交桥，位于三环路西三段草金路与清水河之间；跨宝成铁路立交桥位于三环路北二段成彭立交桥与凤凰立交桥之间。上述 4 座立交桥设计时速均为 80 千米/小时，桥面宽与三环路路面宽一致，均为 80 米，桥下净空 7.5—8.0 米，与三环路同步建设同步竣工。

三环路丛树村铁路双线立交桥，位于丛树村附近，为石板滩至成都途经丛树村后自东向西横跨三环路东段的特大立交桥。与三环路斜交，上部结构为预应力混凝土系杆拱桥，上跨三环路，杆拱跨度 112 米，桥梁全长 1224 米。该桥由铁道部第二勘测设计研究院设计，2002 年 12 月开工，2006 年 5 月竣工。

除三环路外，成洛路跨成昆铁路立交桥，位于成华区保和场附近；老成渝路跨成昆铁路桥，位于锦江区大观堰附近；成龙路跨成昆铁路桥，位于锦江区四川师范大学附近。3 座立交桥均为上跨成昆铁路的跨线桥，设计时速 80 千米/小时，桥下净空 5 米，桥面宽与路面宽一致，桥梁与所在公路同步建设同步竣工。

【火车南站立交桥群】

火车南站立交桥群是成都市重大工程“五路一桥”中特指的“一桥”，包括火车南站站北立交桥及跨线斜拉桥，位于旧城与规划的城南副中心南北向中轴线中段，是城市南大门的重要交通枢纽。桥梁南北长 1.47 千米，东西长 1.02 千米，桥梁总面积 5.93 万平方米，其中站北立交桥面积 3.03 万平方米，跨线斜拉桥面积 2.9 万平方米，工程占地 13.83 公顷。

火车南站立交桥群平面总体设计为半定向式三层立交，由一条主线、八条匝道组成。其上层跨越盛丽大道（火车南站站前路）和火车南站，直通三环路天府立交，是南北干道的主线桥；中层为部分互通式火炬型立交桥，机场高速路通过立交桥连接人民南路南延线及机场路东延线直通科华中路；底层为人民南路南延线、机场路和机场路东延线混合交通的平面交叉，车辆行人通过平面交叉进出车站北广场。

跨越火车南站的跨线桥桥型选用跨线斜拉桥，充分考虑火车南站发展规划，斜拉桥跨径布置为 93+124+30 米的不等跨，桥梁跨径全长 247 米，桥宽 34.6 米，双向 8 车道。桥梁索塔外观呈

A 字形，塔高 78.3 米（自地面起算），箱形断面。

互通式立交桥向北直通市中心，距天府广场 5.5 千米，向南通过斜拉桥及高架桥连接三环路天府立交主线桥直抵华阳，向西接机场高速路通向西南航空港，向东通过机场路东延线直达科华中路，交通功能完善，通行能力大。是中心城区通向城南副中心及华阳卫星城的快速通道。

火车南站立交桥群工程浩大，布局合理，线路流畅，层次分明，结构合理，技术复杂。斜拉桥桥型新颖美观，A 型独塔巍巍壮观，塔顶悬挂桥徽为成都金沙遗址出土的太阳神鸟金箔文物，放大为直径 8 米，厚 1.2 米，底层为 0.3 米厚的不锈钢金属圆盘，喷上红色烤漆，上层图案镂空悬挂，外层纯金贴面。在白日阳光反射和夜晚灯光照射下，熠熠生辉。象征着成都历史源远流长、生生不息，为成都南大门的标志性建筑。

火车南站立交桥群于 1998 年 5 月 19 日，经省计委批准修建。业主为成都市干道建设指挥部，由成都市市政工程设计研究院、铁道部第二勘测设计院交通设计研究院承担设计，成铁工程总公司一公司和成都市市政工程公司路桥分公司承建，四川省国际监理公司和北京铁城建设监理。工程总投资 2.5 亿元。火车南站立交桥群站北立交桥于 1998 年 9 月开工，1999 年 6 月 30 日竣工，与机场高速路同步通行；跨铁路斜拉桥于 1998 年 8 月开工，2002 年 1 月 1 日竣工通车。2003 年，天府—南站城市立交桥群工程荣获中国建筑工程鲁班奖（国家质量工程奖）。

【双桥子立交桥群】

位于蜀都大道与二环路的交叉处。西通中心城区，东连成渝高速公路，南北为二环路。是成都通往重庆的重要孔道。

双桥子立交桥为三层互通式蝶形立交桥，由三部分组成：第一部分为交叉口处 3 层互通式蝶形立交桥，第二部分为跨越成都钢管厂、沙河、塔子山公园接成渝高速公路的高架桥，第三部分为互通式立交桥至成渝高速公路下层区间交通道路。双桥子立交桥总长 3700 米，上部构造建筑面积 4.22 万平方米，占地 14.53 公顷。设计车速为直通道 60 千米/小时，匝道 30 千米/小时。桥下净高为机动车道 5 米、跨专用铁路 6 米、非机动车道 2.5 米。

跨铁路与沙河部分为一座长 1.53 千米的高架桥，桥面宽 14 米，双向 4 车道。高架桥共 63 孔，跨无缝钢管厂的斜拉桥为 3 孔不等跨，其余 60 孔跨径均为 20 米。斜拉桥为长 138.42 米的钢筋混凝土塔柱斜拉刚构，东与成渝高速公路连接，为成渝高速公路起点标识。该斜拉桥造型新颖美观，结构经济合理，充分发挥材料强度特点，将主塔内的荷载传到支座上，起到提高结构整体刚度的作用。

双桥子立交桥由四川省公路规划勘测设计研究院设计，1991 年动工，1993 年竣工，总投资 7000 万元。

【青龙场立交桥群】

位于城区东北部青龙场与八里庄交汇处，地处成都火车东站及成绵高速公路附近。为四层互通式公铁立交桥群，由 1 条环道、3 条主道、8 条匝道组成。桥梁分配体系分直通与互通，车辆快速通行，互不干扰。

1976 年，成都市就筹划修建青龙立交桥，后因多种原因，未能付诸实施。1988 年由铁道部第二勘测设计研究院着手设计，1994 年完成设计，同年 10 月破土动工，1997 年 10 月竣工。由成都铁路局工程总公司、天津市第一市政工程公司成都分公司、四川省桥梁公司、成都市路桥公司承担施工任务。成都市市政质监分站、西南铁路监理公司负责监理。主要工程量含土方约40万立方米,混凝土9.5万立方米;主要建筑材料含水泥3.5万吨,钢材1.3万吨,木材3500立方米,总投工45万工日,总投资3.2亿元。

青龙场立交桥全长5.25千米,桥梁面积5.85万平方米,占地280亩,立交桥第四层高达24米。桥宽30.7米,为双向6车道,桥面最宽段宽35米,为双向8车道。

立交桥群第四层跨铁路枢纽编组站为一孔净跨132米的钢管混凝土系杆拱桥,为成都市首座钢管拱桥,气势宏伟,造型美观,自重轻,强度高,其拱顶距地面高达48米。桥梁下部结构埋入地下深达28.5米,其中7米穿过流沙层嵌入新鲜岩层内。

立交桥其余部分为现浇钢筋混凝连续空心板梁桥,全桥共计172孔梁,各种桥墩364个,桩1186根,累计桩长14.2千米。

青龙场立交桥建成后,有效地疏导成都市北大门进出口通道的交通流量,使北大门交通拥挤状况得到很大程度的缓解。

下穿隧道

【概况】

1990—2005年的16年间,成都市共建设下穿隧道12座。其中,长隧道1座,即天府广场下穿隧道;中隧道2座,即红星路下穿隧道,东城根街下穿蜀都大道(人民西路)隧道;短隧道9座,即东城根街下穿羊市街隧道及下穿新华大道(江汉路)隧道,滨江路下穿人民南路隧道及下穿新南路隧道,一环路下穿蜀都大道(水碾河路)隧道及下穿蜀都大道(十二桥路)隧道,红星路南延线下穿成昆铁路隧道及下穿府城大道隧道,九三路下穿二环路隧道。

【滨江路下穿隧道】

滨江路于锦江宾馆下穿人民南路,其滨江路红线宽35米,下穿隧道度14.2米,塔板长(隧道长)138米,双向4车道,设计时速40千米/小时。该隧道于2002年12月竣工通车,为成都市城市交通第1座下穿隧道。滨江路于新南门下穿红星路,其滨江路红线宽25米,下穿隧道宽14.2米,塔板长(即隧道长)92米,双向4车道,设计时速40千米/小时。

【一环路下穿隧道】

共2处。一处于水碾河路下穿蜀都大道,全长425米,其中盖板长120米、船槽长305米,隧道加中央隔墙,分上下两幅,净宽2×8米,双向4车道,设计时速40千米/小时,2004年8月通车;另一处于中医学院下穿蜀都大道,全长473米,隧道为双室,全宽18.5米,双向4车道,设计时速40千米/小时,两侧辅道宽12.45米和14.45米,人行道2×3米,2005年1月竣工。

【红星路南延线下穿隧道】

共2处。一处为下穿成昆铁路隧道,一处为下穿府城大道隧道,均为短隧道。框架全部采用钢筋混凝土现浇结构,船槽为重力式挡土墙及U型槽,隧道净宽2×9米,双向4车道,设计时速60千米/小时。两处隧道均于2005年建成。

【九三路下穿隧道】

位于东湖附近沿九三路方向下穿二环路。该下穿隧道充分利用二环路与九三路的高差,在该路口形成部分互通立交,总长394米,主体部分由框架、船槽、挡土墙三种结构组成。框架段为现浇预应力混凝土结构，长12米，无中隔墙，双向4车道，净宽15米（近期为9米）；U型船槽及船槽连接段为双车道，净宽9米；两侧设置为可上二环路的辅道和人行道，辅道宽7米，人行道宽3米。工程于2005年12月竣工。

【天府广场下穿隧道】

位于天府广场北侧，沿蜀都大道穿越天府广场，是成都市城市道路最长的下穿隧道。天府隧道西起东城根街与蜀都大道交汇口以东100米，东至顺城街与蜀都大道交汇口以东横九龙巷，全长1.42千米，其中洞身长1098米，两端引道长319米。按《公路隧道设计规范》的规定，天府隧道长度大于1000米，属长隧道。

天府广场下穿隧道的功能为交通性主干道，同时又是蜀都大道与西华门街、东华门街、顺城大街的立交工程。设计时速50千米/小时，双向四车道，隧道净宽2×8.8米，隧道净高≥4.5米，车道宽度为小车道3.5米、混合车道3.75米。隧道主体为框架结构，采用现浇混凝土。隧道内设置有两处车行横洞，每70米设有一个人行横洞，以便在紧急情况下车辆和行人疏散使用。另设有2处长10米、宽2米的紧急停车带。

隧道内设有先进的自动监控系统，包括交通、通风、照明、火灾报警、无线通信、紧急电话及信号转换等控制系统，并实现了系统联动。隧道排水系统按50年一遇暴雨重现期设计，通风系统采用机械通风模式，隧道两侧各有4组射流风机并带有能自动调节噪音的消音器。

天府广场下穿隧道由成都市市政工程设计研究院设计，由成都市市政工程集团公司、中国铁路工程建设总公司第四工程局、中国铁路工程建设总公司隧道集团公司等单位承担施工，西南交通大学监理公司负责工程监理。天府隧道地处城市中心最繁华地区，交通繁忙，人流众多，工程规模浩大，地下管网复杂，建设工期较短。施工过程中，克服了种种困难，保证了按期通车。

隧道工程于2004年3月动工，同年12月竣工，总投资约1.68亿元。天府隧道建成后，使天府南、北广场连成一体，改变了成都市核心地带的城市面貌和交通状况，为成都市中央商务区的形成发挥了重要作用。

【红星路下穿隧道】

红星路为毗邻春熙路的南北交通性主干道，红星路下穿隧洞北起于槐树街口，南至督院街口，下穿蜀都大道及东大街，全长1千米，其中洞身长662米，南北两端引道长338米。按《公路隧道设计规范》的规定，洞长在500～1000米之间，属中型隧道。

红星路下穿隧道的功能为交通性主干道，同时又是红星路与蜀都大道、东大街的立交工程。设计时速50～60千米/小时，双向4车道，隧道净宽2×9米，隧道净高5米，为单箱双室地道桥结构。隧道内设有满足交管、公安、消防需要的综合监控系统；隧道侧面安装有具有吸声、防渗、防眩光功能的外装饰面板；隧道两端照明设备能自动调节昼夜不同照度，以保证行车安全；采用大功能排水设备以确保雨季防洪安全；采用自然通风以节约运行成本。

隧道工程由铁道部第二勘察设计研究院设计，由中国铁路建设工程总公司成都铁路建设集团、中铁二局集团公司承担施工，由铁科监理公司负责工程监理。于2002年9月动工，2003年6月竣工，工程总投资1.42亿元。

红星路下穿隧道建成后，形成了青龙场立交桥—府青路跨线桥—红星路下穿隧道—新南门下穿隧道连成一体的立交转换体系，显著提高了红星路作为交通主干主管的通生能力，通行时间大大缩减，并有效地缓解了红星路跨蜀都大道和东大街的交通堵塞问题。

【东城根街下穿隧道】

东城根街为城市南北向交通性主干道，沿线共有3处下穿隧道，即东城根上街及其南延线下穿蜀都大道（人民西路）隧道，东城根下穿羊市街道，东城根街北延线下穿新华大道（江汉路）隧道。

东城根街下穿蜀都大道（人民西路）隧道。该隧道位于东城根上街南段与蜀都大道（人民西路交叉口，由北向南下穿人民西路、祠堂街、陕西街、金盾路口，分别在陕西街以北及省公安厅大门前出地面。该隧道由中央隔离墙分为东西两幅，每幅净宽8.25米，东侧隧道长688米，西侧隧道长891米，隧道高5米，机动车道净空7.5米，设计时速40千米/小时。该隧道长度在500~1000米之间，为中隧道。于2003年5月动工，同年12月竣工。

东城根街下穿羊市街隧道。该隧道位于东城根街与羊市街西延线交叉口，隧道全长386米，为短隧道。其中，洞身结构为短形框架、长72米，U形船槽长285米，挡上墙长29米。隧道净宽8米，隧道高5米，机动车道净空7.5米，设计时40千米/小时。2003年7月动工，同年11月竣工。

东城根街北延线下穿新华大道（江汉路）隧道。位于东城根街北延线、宁夏街、江汉路交汇处，下穿新华大道（江汉路）。隧道分上下两由，每幅净宽7.75米，双向4车道。隧道全长480米，为短隧道，其中盖板长138米、船槽长342米，设计时50千米/小时。2004年下半年动工，2005年1月建成。

人行天桥

【概况】

人行天桥是指为解决行人与车辆的相互干扰而修建的跨越道路的桥梁。截至1989年底，全市仅有3座人行天桥，即1986年兴建的蜀都大道商业场人行天桥，1987年，兴建的骡马市未来号人行天桥，1989年，兴建的四川食品公司洛阳路人行天桥。1990以后，随着城市人口与交通流量的增加，急需建设一批人行天桥，以疏导交通和保证行人安全。1990—2005年，市区内共建成人行天桥30座，其中蜀都大道3座（已拆除1座）、顺城街1座、一环路2座（已全部拆除）、二环路3座、三环路21座。

成都市建成的人行天桥，桥宽一般都在5米以内，川棉一厂玻璃钢人行天桥宽度为6米，桥下净空一般为5.5米。人行天桥的上部结构形式多样，有三维曲线提篮拱桥、钢筋混凝土板桥、空心板桥、连续板桥、简支板梁、X异型钢构桥、Z字形结构桥等。下部结构多为杯形基础、扩大基础或人工挖孔灌注桩基础等。建筑材料多为钢筋混凝土或钢结构。钢结构天桥造价较高，保养费用较大，但施工简便快捷。钢筋混凝土结构造价较低，保养费较小，但施工较复杂，工期较长。玻璃钢是一种新型建筑材料，具有抗拉强度高、绝缘性能好、比重小、耐腐蚀等优点。1992年，在二环路东三段建成的川棉一厂人行天桥，以玻璃钢为材料，桥型为三维曲线提篮拱桥，造型优美。2002—2004年，三环路上建成的21座人行天桥，其上部结构均为钢结构，下部结构为桩基础。人行天桥的栏杆一般选用钢栏杆，钢栏杆自重较轻，易于造型，人民商场的两座天桥均选用不锈钢栏杆，色彩明亮，轻盈美观。

【蜀都大道春熙路人行天桥】

位于成都市中心商贸繁华区春熙路口至商业场南口，跨蜀都大道总府路段，是成都市兴建的第一座人行天桥。桥型为单跨钢桥，箱形变截面无铰构造，用钢板拼装焊接成型，呈折线弓形。主桥净跨33米，宽4.5米，桥下净高5.5米。由成都市城建科研所设计，成都市市政工程公司修制厂施工，1986年7月1日开工，同年11月5日竣工。

2004年，蜀都大道改建工程列为成都市“畅通工程”的重点项目，原有天桥已不适应交通要求，经多方论证，慎重研究，予以拆除，重建新桥。新天桥桥型为不等跨变截面连续钢箱梁结构，平面线型为X型，人工挖孔桩基础，为成都市首座异型钢结构人行天桥，桥长132.6米，桥面宽5米，桥面铺装火烧面黄金麻花岗石和光面蓝花岗石。栏杆采用不锈钢板立柱，立柱之间安装夹胶玻璃钢。梯步坡率为1：2，采用现浇混凝土结构。共12个出入口，行人过往十分方便。桥面四端分别连通王府井、太平洋、东泰、爱心珠宝四大商场，均在商场二楼设连续平台，顾客可由天桥直接进入商场。被商家称为“黄金桥”。天桥中心部分，正对着繁华的春熙路，桥与路遥相呼应，和谐协调，成为中心城区一座独特的人行景观桥。

该天桥由成都市市政工程设计研究院、中国建筑西南设计研究院设计，成都市第六建筑工程公司承建，成都市市政建设监理有限公司监理。2004年11月开工，2005年5月竣工。

【未来号天桥】

位于羊市街、骡马市街、西玉龙街、后子门街4条街道交汇处，为成都市57万青少年参加收旧利废、修旧利废、义务劳动等集资捐献的31万元修建。在天桥中心圆环处，设象征青少年用双手创造蓉城未来的雕塑，故命名“未来号”天桥，桥台侧面镶嵌的铜板上镌刻有创建“未来号”天桥的事迹。

未来号天桥平面呈X型交叉，中心处为内径5米的空心圆环。桥梁结构为变截面无铰刚架，横剖面为箱形，全焊接钢板构成。主桥净跨东北—西南方位44.15米，西北—东南方位40.65米，桥面宽3米，桥孔中心净高5.5米，边部净高5米。东北、东南、西北、西南4角，设有上下天桥的8道阶梯，各宽3米，可全方位互通。桥面为细石混凝土，用美术洗石装饰，栏杆及扶手采用铝合金，表面经防腐处理，小平台及梯步为墨绿色水磨石面，立柱及梯步侧面镶贴乳白色瓷砖。

天桥由成都市城建科研所设计，成都市市政工程公司修制厂施工，1987年6月动工，同年9月竣工，实际造价73万元。未来号天桥地处骡马市商圈，由于交通流量进一步加大，该天桥已不适应城市交通需求，2003年9月6日晚被拆除。

【蜀都大道与顺城街交叉口人行天桥】

蜀都大道与顺城街交叉口共有3座人行天桥，其中人民商场天桥2座、红旗商场天桥1座。

人民商场天桥。也称“万众桥”。横跨蜀都大道，连接人民商场与四川航空大厦，为简支空心板桥，平面呈L型，桥长66.8米，桥宽5米，桥下净空5.2米。万众桥2号横跨顺城街，连接人民商场与西南影都，为预应力空心板桥，桥宽5米，桥下净空5.5米，桥的两端直接通往建筑物内部，转弯处均处理为圆弧形，使大桥与商场建筑风格一致、装饰色彩协调，又体现出钢筋混凝土人行天桥结构轻巧、造型美观、经济适用的特点。“万众桥”1 号天桥已拆除。

红旗商场与西南影都天桥。位于天府广场下穿隧道末端，横跨蜀都大道。原桥为装配式钢筋混凝土板桥，1993 年建成，2004 年拆除后另建新桥，桥型为连续箱梁桥，平面呈 I 字形，桥长 42 米，桥宽 5 米，桥下净空 5 米。

跨河桥梁

【概况】

成都市河渠纵横，水网密布，跨河桥梁众多。

20 世纪 60 年代末，成都城区跨河桥梁共 128 座。70 年代初，金河、御河相继改造为人防工程，金河、御河上的桥梁也随之消失。至 1989 年年底，城区跨河桥梁共 95 座，其中跨锦江（府河）16 座、跨锦江（南河）9 座、跨沙河 21 座、跨其他河渠 49 座。跨锦江（府河）上的 16 座桥梁自上游而下依次为洞子口高桥（金府路与大件路之间）、九里堤桥（二环路北二段）、西北桥（一环路北二段）、万福桥（人民北路）、北门大桥（北大街）、太升桥（太升路）、红星桥（红星路，原名一号桥）、猛追湾桥（猛追湾游泳场东大门）、新华桥（新华路，原名二号桥）、武城门桥（玉双路，又名新东门大桥）、东风大桥（蜀都大道）、东门大桥（东大街）、合江桥（内环路，府河与南河汇合口）、九眼桥（一环路东五段与南一段之间）、望江楼公园桥（望江公园与三官堂街之间，为人行便桥）、永安桥（永安路）。跨锦江（南河）上的 9 座桥梁自上游而下依次为百花潭大桥（一环路西二段）、百花廊桥（百花公园东北大门出口人行桥，又称沧浪桥）、长顺街南延线桥（大石东路与锦官桥路之间，又称锦官桥）、锦江吊桥（李冰所建七星桥之一“笮桥”附近）、南门大桥（南大街与浆洗街之间，又称万里桥）、锦江大桥（人民南路二段、三段之间）、新南门大桥（红星路与新南路之间，亦名复兴桥）、安顺桥（十二北街北口，现名兴安桥）、安顺人行桥（即古安顺桥，曾名长虹桥）。跨沙河上的 21 座桥梁自上游而下依次为沙河洞子口桥（金北公路）、八里桥（成彭公路）、双水碾上游桥及双水碾下游桥（均在双水碾附近）、驷马桥（解放路一段）、北二环沙河桥（二环路北四段，曾名跃进桥）、中三洞桥（北二环路沙河桥下游）、下三洞桥（府青路桥上游）、府青路桥（府青路二段）、电子科大桥（电子科技大学）、踏水桥（建设北路二段）、建设路桥（建设路）、麻石桥（二环路东二段）、杉板桥（杉板桥路）、跳蹬河桥（跳蹬河路）、多宝寺桥（多宝寺路与槐树店路之间）、上五桂桥（蜀都大道东端）、五福桥（下沙河铺街西端）、成渝公路沙河桥（静居寺路跨沙河处）、观音桥（成渝公路沙河桥下游）、五桂桥（成仁公路）。跨其他河流的桥梁共 49 座，其中南河上游浣花溪 4 座、南河上游干河 2 座、磨底河 2 座、西郊河 6 座、饮马河 3 座、二道河 1 座、桃花江 2 座、沙河排洪河 8 座、砖头堰低沟 5 座、绳溪河 1 座、秀水河 1 座、东风渠 3 座、农灌渠道 11 座。在上述桥梁中，除二环路跨府河的九里堤桥以及内环路跨府河的合江桥为大型跨河桥梁外，其余均为中、小型跨河桥梁。原有桥梁桥面狭窄，荷载等级低，通行能力小，桥墩基础浅。

1990—2005 年间，随着城市道路建设的突飞猛进，跨河桥梁建设同步发展。共新建（含拆旧桥建新桥）跨河桥梁 169 座，其中大型桥梁 17 座、中型桥梁 42 座、小型桥梁 110 座。新建的跨河桥梁，跨度加大，结构多样，造型美观。新建的 17 座大型跨河桥梁为锦江（府河）上的三环路北府河桥（长久府河桥）、五丁桥、星辉桥、北门大桥、新东门大桥、东门大桥、安顺古廊桥、二环路东五段府河桥、三环路南府河桥（三瓦窑桥）；锦江（南河）上的二环路清水河桥，611 所人行桥（虹桥）、南河桥（彩虹桥）、老南门大桥、新南门大桥；沙河上的五福桥、跳蹬河桥、成仁路沙河桥。截至 2005 年年底，中心城区共拥有跨河桥梁 186 座，约为 1989 年跨河桥梁的 2 倍。

【跨河桥梁结构型式】

成都市城区跨河桥梁有梁式桥、刚构桥和拱式桥三种类型。根据跨河桥梁所处位置、河道宽窄和两岸地形地貌特征，确定桥梁的长度、桥梁的宽度以及与规划道路相匹配。同时，根据设计洪水位确定桥梁的高度，并考虑城区主要河道锦江恢复通航的要求。

梁式桥。又分简支梁桥和连续梁桥。简支梁桥是最简单的梁式桥，具有构造简单、受力明确、施工程序少、架设方便和节省投资等特点，能适应成都市地基承载力较低的条件。简支梁桥常用于跨径 20 米以下的小跨桥，有时也用于中型和大型跨河桥，例如成华大道跨东风渠桥单孔跨径 40 米，是成都市跨径最大的简支梁桥。连续梁桥是指桥梁上部结构是一个连续通过桥墩顶的整体桥面结构，与同跨简支梁桥相比，连续梁桥具有降低梁体高度的优点，成都市的连续梁桥有长顺街南延线锦官桥、南府河大桥（三瓦窑桥）、三环路清水河桥（郎家桥）等。

刚构桥。又分门形刚构桥和斜腿刚构桥。刚构桥是指梁与立柱（墩柱）刚性连接的桥梁，其立柱主要特点是具有相当的抗弯刚度，可分担梁部跨中正弯矩，达到降低梁高，增大桥下净空的目的。对于建筑高度受到限制的成都平原城市桥梁尤其适宜。成都市第一座刚构桥是 1987 年修建的府河出口桥（合江桥），为 T 型刚构桥，二环路东五段府河大桥为三跨预应力混凝土连续刚构桥，成洛路沙河桥为变截面连续刚构桥，新东门大桥（武成门桥）为门式刚构桥，东城根街北延线府河桥（五丁桥）为三孔预应力混凝土刚构桥。二环路北一段的府河九里堤桥，是成都市第一座斜腿刚构桥，上部结构为部分预应力钢筋混凝土，下部结构为重力式混凝土桥台。

拱式桥。成都地区的拱桥形式有钢筋混凝土拱桥、刚架拱桥、肋形拱形和双曲拱桥。钢筋混凝土拱桥是指在混凝土中配置受力钢筋以减少拱的截面和重量的拱桥。其优点是承载能力高，建筑费用低，拱线造型美；其缺点是地基承受的推力大，拱脚建筑高度较高，影响排洪的漂浮物通过，拱桥施工周期较长。北门大桥和新南门大桥都是单孔上承式钢筋混凝土板拱桥。

刚架拱桥在结构上处于刚架和拱之间，是刚架与拱相结合的结构，具有跨中净空高，拱顶建筑高度小、桥型美观、线型流畅、与周围景观协调等特点。成都市第一座刚架拱桥为锦江（南河）上的老南门大桥。

肋形拱桥的荷载主要由拱承担，横梁主要起铺设桥面的作用。成都市第一座中承式肋形拱桥为 1993 年建成的二环路西二段清水河桥，为国内首次采用三片拱肋作为主要承载体系的桥梁，在成都地区得到广泛应用。

钢筋砼双曲拱桥兴起于 20 世纪 60 年代，成都市共建成 3 座，即望江楼公园跨府河的人行桥、建设北路二段跨沙河的踏水桥、611 所附近跨南河的人行桥。上述三座钢筋砼双曲拱桥造型美观，自重较轻，施工简便，投资较省，适宜成都地区较软地基。但由于钢筋砼双曲拱桥使用年限过长时拱顶会产生塌陷，影响桥梁的使用寿命，成为逐渐被淘汰的一种桥型，望江楼公园人行桥及沙河踏水桥已相继拆除。

【锦江(府河)改建桥】

1990—2005年期间,对锦江(府河)上的8座旧桥进行扩建与改建,自上游而下依次为洞子口桥、万福桥、北门大桥、红星桥、猛追湾桥、新华桥、武城门大桥、东门大桥。

洞子口桥。位于金府路与大件路之间,始建于1974年,桥型为钢桁架桥,砌石墩台,单孔,净跨33米,桥长40米,桥宽10米。2005年,进行改建,桥型为3跨简支梁桥,在原桥两侧各加宽8.5米。

万福桥。位于人民北路与人民中路之间,始建于清代,为木桥,1959年,改建为3孔钢筋混凝土梁式桥,每孔净跨15米,桥长82.8米,桥宽43.28米。1987年,进行加固,1996年,府南河综合整治期间改建上部结构,为3孔预制安装板梁桥,桥宽40米。

北门大桥。位于解放路与北大街之间,古名清远桥,清代重建为5孔石拱桥,长54米,宽10米,1952年、1966年两次改造加固。1996年,府南河综合整治期间拆除旧桥,重建新桥,桥型为单孔空腹式钢筋混凝土板拱桥,下部结构为重力式混凝土桥台,桥梁与府河斜交,跨径45.05米,桥宽40米。

红星桥。位于红星中路与府青路之间,原称一号桥,1954年,始建时为木桥。1960年,改建为3孔钢筋混凝土梁式桥,每孔净跨15米,桥长82.5米,桥宽41米。1988年,进行加固,1996年,府南河综合整治时改建上部结构,为3孔预制安装板梁桥,桥宽40米。

猛追湾桥。位于猛追湾游泳池与猛追湾路之间,始建于20世纪70年代,桥型为单孔钢筋混凝土桁架拱桥,净跨40米,桥长56米,桥宽7米。1996年府南河综合整治时,拆除旧桥,改建为3孔钢筋混凝土连续刚构桥,桥长44.43米,桥宽8.5米。

新华桥。位于新华大道三槐树路与双林路之间,原称二号桥。1954年,始建时为木桥,1960年,改建为3孔钢筋混凝土梁式桥,每孔净跨15米,桥长82.8米,上部结构只安装快车道桥面,宽16.95米,1989年曾进行加固。1966年,府南河综合整治时,改建上部结构,为3孔预制安装板梁桥,桥宽扩至40米。

武城门大桥。位于玉双路天祥寺街与东安街之间,又名新东门大桥,曾名顺江桥、东安桥。民国3年(1914年)新辟武城门,又称新东门,民国4年(1915年)建武城门大桥,至民国16年(1927年)始成,系砖石拱桥。民国36年(1947年)被洪水冲毁,1949年修复,1970年,于下游侧加宽6.4米,为非机动车与人行道。1996年,府南河综合整治期间,拆除旧桥,新建单孔门式刚构桥,跨径40.36米,桥长58.36米,桥宽25米。新桥工程于1994年11月动工,1995年12月竣工。

东门大桥。宋名濯锦桥,清名清远桥,位于东大街跨府河处,古为三孔砌石拱桥,中华人民共和国成立后多次补修和扩建。1996年,府南河综合整治期间,拆除旧桥,新建单孔预应力钢筋混凝土箱形梁式桥,净跨40.36米,桥长54.74米,桥宽40米。

【锦江(府河)新建桥】

1990—2005年期间,锦江(府河)上新建9座大、中型跨河桥梁。自上游而下依次为长久府河桥、五丁桥、星辉桥、安顺廊桥、异地重建仿古九眼桥、二环路东五段桥、河心村公园村、三瓦窑桥、华阳会龙桥。其中,安顺廊桥与异地重建仿古九眼桥为仿古桥梁。

长久府河桥。位于成都市西北角洞子口乡长久村六组，系三环路北一段跨府河桥，于三环路建设时所修，桥型为单孔预应力梁式桥，桥长51米，桥面宽80米。

五丁桥。位于东城根街北延线跨府河处，桥型为3孔预应力混凝土门形刚构桥，两边孔已被上下游两岸填土遮掩，故视觉上只有1孔的感觉，跨径50米，桥梁与河道成27°斜交，桥宽30米，于府南河综合整治期间兴建。

星辉桥。位于城隍庙电子市场头福巷跨府河处，桥型为单孔中承式钢筋混凝土肋形拱桥，拱轴曲线为二次抛物线，跨径42.22米，桥长43.22米，桥宽20米。因其造型与色彩与南河桥相似，民间习称南河桥为彩虹桥，称星辉桥为北彩虹桥，于府南河综合整治期间兴建。

安顺廊桥。古名安顺桥，旧名长虹桥。位于府河南河交汇口南河上游135米处，城东门外大佛寺前，跨南河而建，始建年月无考。清乾隆九年（1744年）成都特大洪水将长虹桥冲垮，乾隆十一年（1746年）华阳知县安洪德重新修建，易名安顺桥。桥面宽1丈、长20丈，条石桥墩，木质桥面，桥头供神像，两侧设摊点。两百年后，历史重演，民国三十六年（1947年），成都又遭特大洪水，安顺桥又被冲毁，仅余几座桥墩，上铺木板，仅供人行。20世纪70年代，于原桥址附近重建新桥，为钢筋混凝土桁架拱桥，1974年动工，1978年建成。三年后的1981年特大洪水再次将安顺桥冲垮，同年汛后重建新桥。桥型为3孔钢筋混凝土T型薄腹梁桥，桥长51米，桥宽16米，1982年建成，命名兴安桥。1996年，府南河综合整治后期，为传承古桥文化，成都市人民政府决定重建安顺廊桥。2000年5—11月，成都市市政工程设计院完成设计，2000年12月20日开工，2002年10月30日主体工程完工，2003年安顺廊桥全部建成。

新建安顺廊桥位于府河与南河交汇口下游210米处，全桥长102.2米，宽23.26米，桥梁面积4317.6平方米。为三孔钢筋混凝土板拱桥，中间主孔拱券高耸、净跨29.56米，两侧辅孔相对较低、净跨23.16米，形成阶梯式3孔仿古石拱桥。桥体外露面均镶嵌一层30厘米厚的天然青石，以体现古石拱桥的典雅稳重、巍峨壮丽；桥面通道、桥头平台所有室外栏杆均用全天然石料雕琢、艺术造型为清代流行式样。3个桥孔拱券的两侧顶，各设一个深浮雕吸水兽头，龇牙咧嘴，俯首河心，镇守河道。桥上廊房全长97.7米、宽22.2米，总建筑面积2566平方米。廊房建筑结构为钢筋混凝土全框架仿木结构，建筑风格为仿清代川西古建筑格调，总体造型中部为主体结构，左右两侧各设一个攒山顶牌坊入口。廊房左右两端设露天平台，平台中央置5.4×5.4米的方亭，供游人观光与休憩。整座廊桥，上下、左右结构对称，布局协调，并将亭与廊有机地融为一体，层次分明，气势宏伟。

安顺廊桥具有人行跨河交通、观景、休闲、商务等功能。

异地重建九眼桥。九眼桥又名洪济桥，始建于明万历二十一年（1593），因工程浩大，资金拮据，历经艰难，直至万历二十五年（1597）才最终建成。《四川通志·津梁》谓："桥成为洞者九，纵四十丈，横四十尺。远而望之，虹舒电驰，霞结云构。"桥南岸配建有回澜塔，与虹济桥遥相呼应，浑然一体，形成"桥似弯弓塔似箭"的成都东南形胜。明天启年间，虹济桥改名锁江桥。清乾隆五十三年（1788），四川总督李世杰主持补修后，取名九眼桥。20世纪50年代以来，成都市人民政府数次维修改造九眼桥，但因九眼桥正当一环路大道，始终不能满足日益增长的交通需求。1987年,在古桥上游44米处另建一座3孔钢筋混凝土肋拱桥,仍名九眼桥。旧桥依然保留至1992年,才被拆除。

1999年,为传承历史文脉,保存古桥风貌,成都市人民政府决定异地重建仿古九眼桥,桥址选在望江公园东南头,横跨府河。根据桥位地形环境及仿古要求,采用钢筋混凝土实腹式板拱桥,仍为9孔,桥孔跨径分别为4.9、5.9、6.9、7.9、9.9、7.9、6.9、5.9、4.9米。桥梁墩台均为混凝土重力式结构,基础为混凝土扩大基。桥墩及桥梁外露部分镶嵌天然石料,达到逼真的效果。全桥长72米,桥面宽20米,中部车行道宽14米,两侧人行道宽2×3米,桥梁面积1440平方米。桥梁防洪标准200年一遇,地震烈度按7度设防。

仿古九眼桥拱圈轴线采用尖拱形,拱圈截面为等截面,中间主孔拱圈厚度为40厘米,其余均为30厘米,与原九眼桥造型风格相似,又有别旧桥,有所创新。每个桥墩两端分水尖构造顶脊上配有青石圆雕水兽,在3、5、7桥孔拱圈两侧卷脸正中的龙门石上雕琢了形态凶猛、俯首向下的吸水兽。全桥栏杆为明代风格的柱板式结构,全用天然石料雕琢而成,全桥两端及中部栏板为龙及云纹浮雕,柱头圆雕刻有神态各异的石狮;其余大部分为光面栏板,相应栏杆柱头为大小金瓜形圆雕。

异地重建九眼桥工程于2000年10月30日动工,2001年11月建成。古色古香的九眼桥毗邻茂林修竹的望江楼,古桥、园林、环境三者自然和谐,融为一体,成为市区东南一道新的风景线。

二环路东五段桥。位于二环路东五段与南一段之间,桥型为3孔预应力混凝土连续刚构桥,中孔净跨62米,两边孔净跨26米,桥长130米,桥宽40米,于二环路拓建时兴建。

河心村公园桥。位于河心村公园,分内、外两座桥,桥型为板拱桥,内、外桥均为3孔,跨径8米,内、外桥连接段12米,全桥总长60米,桥宽40米,于1994年兴建。

三瓦窑桥。位于成都市东南角三瓦窑镇,系三环路南三段跨府河桥,桥型为单孔变截面连续箱梁桥,于三环路建设期间兴建。

华阳会龙桥。位于双流县华阳镇会龙村,系人民南路南延线跨府河桥,于人民南路南延线建设时所修,桥型为5孔预应力空心斜板桥,桥长156米,桥宽80米。

【锦江(南河)桥梁】

1993—1997年,府南河综合整治,锦江(南河)段改建3座旧桥,即锦绣桥、南门大桥、新南门大桥;新建桥梁2座,即南河桥、虹桥,拆除原有人行吊桥。

锦绣桥。位于成都市城区西南角,蜀锦厂南侧,横跨锦江(南河)上游干河,距干河出口约100米。锦绣桥始建于1964年,桥型为钢筋混凝土双悬臂梁桥,桥宽6.4米,旧桥与环境极不相称。府南河综合整治期间,决定重建新桥,1998年5月,由成都市市政设计研究院设计,1999年1月1日,动工兴建,同年12月28日竣工使用。

锦绣桥实为三座独立的桥组合而成。中部车行桥为一座预应力钢筋混凝土斜腿刚构平桥,为空心板式结构,跨径为11+23.86+11米,桥面纵向为1%的双向坡,横向坡度为1.5%,桥宽10.4米,其中车行道宽9.0米,两侧为0.7米的安全带。防洪设计标准为200年一遇,地震烈度按7度设防。车行桥两侧各为一座钢筋混凝土人行板拱桥,拱桥跨径为30米,宽3.45米。拱跨两端桥面上设置了对称反向曲线,使桥面线型柔美飘逸,高低错落起伏,取得桥梁空间有序变化的效果。全桥总宽度 17.5 米，最大桥长 46.66 米，桥梁面积 833.55 平方米。

锦绣桥的建成不仅满足了交通与防洪功能，且三桥造型新颖、结构匀称、端庄大方、与四周环境协调和谐，为浣花溪风景区增添了新景观。

南河桥（彩虹桥）。为东城根街南延线跨南河的桥梁，桥型为单孔中承式钢筋混凝土肋形拱桥，拱轴曲线为三次抛物线，跨径 50 米，桥长 65 米，桥宽 34 米。该桥与内环路、外环通道形成立体与平面交叉，桥梁与环境合为一体，线条刚柔相济，氛围动静相托，色彩层次分明，构思独具特色。彩色拱肋与白色吊索恰似一台倒置的竖琴，宛如五彩缤纷的彩虹，赋予行人美的享受，名为南河桥，习称彩虹桥。

老南门大桥（万里桥）。位于南大街与浆洗街之间，原为 7 孔砌石桥。府南河综合整治期间，拆除旧桥重建新桥，桥型为单孔钢筋混凝土刚架拱桥，跨径 53.02 米，桥长 75.34 米，桥宽 40 米，于 1995 年 3 月动工，1996 年 5 月竣工。

新南门大桥（复兴桥）。位于红星路与新南路之间。民国 26 年（1937 年），城南郊建设新村，辟新城门，意在复兴中华，因名复兴门，城门外跨南河建桥，亦名复兴桥。初建时分 5 孔，石桥墩、木桥面。1945 年，改建为钢筋混凝土桥面，为成都市第一座钢筋混凝土桥。1966 年，扩宽加固，府南河综合整治期间，拆除旧桥重建新桥，桥型为单孔空腹式钢筋混凝土板拱桥，净跨 40 米，桥长 50 米，桥宽 40 米。栏杆由端立柱、扶手、肋条、花饰组成，桥头莲花灯柱上刻有赵蕴玉书写的杜甫诗句“晓看红湿处，花重锦官城”。

虹桥。1995 年建成。为横跨锦江（南河）的人行桥，结构为单孔钢筋混凝土双曲拱桥，桥长 50.26 米，桥宽 6 米。桥梁造型美观，犹如一道长虹飞跨锦江，民间称为虹桥。该桥建成后，原有的锦江吊桥于 1996 年 6 月拆除。

【沙河桥梁】

1990—2005 年，沙河上新建和改建一批跨河桥梁。

新建桥梁。1994 年，新建商贸大道跨沙河桥，桥型为预应力混凝土简支梁桥，桥长 33 米，桥宽 40 米；1995 年，新建王贾大道跨沙河桥，桥型为 2 孔钢筋混凝土空心板桥，桥长 26 米，桥宽 20 米；2001 年，新建成洛路跨沙河桥，桥型为 3 孔预应力钢筋混凝土变截面连续刚构桥，桥长 48 米，桥宽 40 米；2002 年，新建成龙路跨沙河桥，桥型为 5 跨简支空心板梁桥，为 4 座独立的桥组成。

改建桥梁。1998 年，改建双水碾二组跨沙河桥，桥型为预应力空心板梁桥，桥宽 30 米；同年，改建三友路跨沙河桥（下三洞桥），桥型为 2 孔钢筋混凝土箱型梁桥，净跨 32 米，桥宽 20 米；2002 年，改建府青路跨沙河桥，桥型为 2 孔预应力简支板梁桥，桥长 38 米，桥宽 40 米；同年，改建五福桥，桥型为单孔钢筋混凝土空腹式板拱桥，桥长 56 米，桥宽 30 米；同年，改建老成渝路跨沙河桥，桥型为 3 孔预应力钢筋混凝土简支板梁桥，桥宽 50 米。

【其他河渠桥梁】

1990—2005 年，成都市区内其他河渠上陆续建成一批跨河桥梁，其中大中型桥梁 10 座。

清水河桥梁。清水河实为锦江（南河）的上游，上接走马河，下接浣花溪。跨清水河上的大中型桥梁有 3 座，即郎家桥，系三环路西三段跨清水河桥，桥型为 3 孔等截面连续梁空心板桥，总跨度 40 米，桥面宽 80 米；龙爪堰清水河大桥，系二环路西二段跨清水河桥，桥型为单孔钢筋混凝土中承式肋形拱桥，净跨径45米，桥宽40米，该桥建于1993年，2003年紧急加固；“翠堤春晓”花园城清水河桥，位于青羊区苏坡街道办西窑村，桥型为3孔预应力混凝土简支斜板桥，总长3×16.6米，桥宽40米。

浣花溪桥梁。浣花溪为锦江（南河）上游，上接清水河，下至送仙桥纳磨底河后称锦江（南河）。1990—2005年，浣花溪上新建或改建草堂和尚桥等4座跨河桥梁，均为小型桥梁。

干河桥梁。干河系浣花溪的分洪河，1990—2005年，新建干河浣花南路桥，桥型为单孔实腹式钢筋混凝土无铰板拱桥，净跨径25米；改建锦绣桥为仿古桥梁。

磨底河桥梁。磨底河历史上为走马河干渠的支渠，后为区间排洪河道，于送仙桥与浣花溪相汇后称南河。1990—2005年，磨底河上新建、改建桥梁较多，中型桥梁仅1座，即送仙桥，位于青羊正街西口，清代以来为砌石拱桥，1998年，改建为单孔板拱桥，净跨径20米。其余有三环路、二环路、青羊大道、清江西路、同善路、高新西区2线、高新西区3线等跨磨底河桥，均为小型桥梁。

饮马河桥梁。饮马河的前期为唐末开凿西濠的北段，1990—2005年，新建或改建的饮马河桥梁较多，如新二村桥、通锦桥、西月城街桥等，均为小型桥梁。

西郊河桥梁。西郊河即唐末开凿的西濠。1990—2005年，西郊河上改建中型跨河桥梁2座，即十二桥，位于蜀都大道十二桥路，民国2年（1913），辟通惠门，民国5年（1916）于城门外西郊河上建木桥，定名十二桥，20世纪40年代改为单孔砖拱桥，1966年，改建为钢筋混凝土双悬臂梁桥，1984年，建蜀都大道时，将该桥两侧加宽，2004年，改建为1跨简支先张空心板梁桥，净跨20米，桥宽54米。文化公园东大门西郊河桥，原为砌石拱桥，1996年，改建为2孔钢筋混凝土无铰拱桥，净跨20米，桥长22米，桥宽14米。其余尚有羊市街西延线桥、实业街西延线桥、二道桥、三洞桥、金沙桥等均为小型桥梁。

东风渠桥。东风渠系20世纪50年代开凿的人工灌溉渠道。1990—2005年，在东风渠上新建的大中型跨河桥梁有4座，即三环路来龙村东风渠桥，位于龙泉驿区十陵镇来龙村，桥型为3孔简支斜梁桥，桥长80.04米，桥宽82.1米；老成渝路东风渠向阳桥，位于龙泉驿区龙泉镇界牌村，桥型为2孔简支斜梁桥，桥长44.24米，桥宽54.32米；成龙路东风渠桥，桥型为简支斜梁桥，桥长46.94米，桥宽54.32米；成洛路东风渠桥，桥型为3孔斜交简支板梁桥。

公共汽车

【概况】

成都市城市公共交通以公共汽车为主，由市公交公司（后名总公司、集团公司，以下简称市公交公司）营运、经营。1989年，市公交公司有各型运营公共汽车自然台750辆，折合标准台967辆。2000年年底，达到自然台2021辆，折合标准台2130辆，扣除淘汰报废车辆外，全市运营公共汽车净增自然台1271辆，折合标准台1163辆。2001—2005年，在发展城市交通要以大力发展公共交通为主的思想指导下，全市以公共汽车为主的公共交通发展很快，截至2005年年底，全市营运公共汽车总数达到自然台3716辆，折合标准台4291辆。5年间，新增自然台1695辆，折合标准台2161辆。

1989—2005 年市公交公司营运车辆情况表

表 3-95

年　度	营运车辆数（自然台）	比上一年增加（%）	营运车辆数（折合标准台）	比上一年增加（%）
1989	750	—	967	—
1990	821	9.47	1071	10.75
1991	870	5.97	1112	3.83
1992	906	4.14	1136	2.16
1993	937	3.42	1137	0.09
1994	986	5.23	1158	1.85
1995	969	-1.72	1094	-3.11
1996	1014	4.64	1152	5.30
1997	1105	8.97	1309	13.63
1998	1200	8.58	1370	4.66
1999	1374	14.50	1504	9.78
2000	2021	47.09	2130	41.62
2001	2588	28.06	2776	30.33
2002	2953	14.10	3283	18.26
2003	3074	4.09	3443	4.87
2004	3546	15.35	4027	16.96
2005	3716	4.79	4291	6.56

【车辆车型】

1990—2005 年，市公交公司参与运营的公共汽车分为大客型公共汽车、中客型公共汽车、铰接型公共汽车、空调型公共汽车、双层公共汽车和铰接型电车。

大客型公共汽车。成都市公共交通的主力车型。1990 年年初，市公交公司有运营大客型公共汽车 424 辆（自然台），占公司运营车辆总数的 56.53%。2000 年，增至 1513 辆，增加 257.84%，是年，运营大客型公共汽车占到公司运营公共汽车总数的 74.86%。2005 年，市公交公司有运营大客型公共汽车 2469 辆，增加 63.18%。是年，运营大客型公共汽车占到集团公司运营公共汽车总数的 66.44%。大客型公共汽车承担城区主要线路的运营，运送乘客数占到全公司运送乘客数的 70% 以上。市公交公司参与运营的大客型公共汽车绝大多数为成都客车厂生产的“成都”牌客车（业内称为“城市之舟”），少部分为重庆客车厂生产的“宇通”牌客车。

中客型公共汽车。1989 年，成都城区仅有 15 辆（自然台），占当年市公交公司运营公共汽车总数的 2.00%，2005 年年底，有 109 辆，占当年市公交公司运营公共汽车总数的 2.93%。此类中客型公共汽车主要在城乡接合部及乡镇线路上运营，使用车辆多为成都客车厂生产的“成都”牌中型客车。

中客型公共汽车

空调型公共汽车。1994 年，市公交公司引进空调型公共汽车并投入运营。1995 年，市公交公司有空调型公共汽车 87 辆（自然台），占当年全公司运营总数的 8.98%，按照市政府关于坚持引进大容量、低污染、低耗能的公交车，淘汰高耗能、高污染、容量小的低档车的要求，从 1995 年起，在引进新车时，注重引进大容量、低污染的空调车（高档型）。2000 年前，购置的空调车以内部装饰较为普通的及国产发动机的为主，价格在 30 万元左右。2000 年后购置的多为高档空调车，单车价格均在 50 万元以上。2003 年购置的“申沃”SWB6155CQ-3 型车 17 辆，配置德国产环保型“奔驰”发动机，2004 年和 2005 年购置的 CDK6110HIR 车，配置法国环保型“雷诺”发动机。单车价格均在 60 万元以上。到 2005 年，高档空调车达到 721 辆，占当年市公交公司运营公共汽车总数的 19.40%，与 1995 年比较，增加 634 辆，增长 728.74%，是公司增长比例最高的车型。此类高档车在城区主要干线上运营。因其载人多，车速快，对减少乘客候车时间，缓解人多车少的矛盾起到很大作用。市公交公司投入运营的空调车品牌较多，达 20 来个，有上海客车厂生产的“申沃”牌、常州客车厂生产的“福莱西宝”牌、“依维柯”牌、“长江”牌（子弹头型），厦门客车厂生产的“金龙牌”，沈阳飞机公司生产的“沈飞”牌等。

绿色环保公交车

双层公共汽车。1988 年，市公交公司与中国香港必通达巴士公司合作，以车身广告作为车款补偿，从中国香港引进 6 辆英国“丹拿”牌双层公共汽车并投入运营，是成都有双层公共汽车之始。1994 年，以同样方式从中国香港新美景工程有限公司引进 8 辆双层公共汽车，同年，与中国香港通成推广有限公司合作，共同投资 2000 万元，（港方出资 2/3，市公交公司出资 1/3），购入 50 辆“金陵”牌国产双层公共汽车。以后，市公交公司陆续购入一批双层公共汽车。至 2005 年，有双层公共汽车 417 辆，占当年市公交公司运营公共汽车总数的 11.22%。双层公共汽车因其载客多，都安排在城区乘客流量多、道路状况较好的线路上运营，对缓解高峰期间乘客乘车难起到很好作用。成都公交投入运营的双层公交车主要有常州长江客车厂生产的“长江”牌双层公共汽车，南京金陵客车厂生产的“金陵”牌双层公共汽车。

双层公共汽车

铰接式公共汽车。铰接式公共汽车又称“通道式”公共汽车，在20世纪80年代一直是成都公共交通的主力车型之一，至1989年年底，仍有202辆在运营，占当年市公交公司运营公共汽车总数的26.93%。因其车身长，占用路面宽，对道路要求高，不适合中小街道，也易造成交通堵塞等原因，其数量逐年减少，2000年后全部停运，车辆报废。

成都市部分年度市公交公司营运车辆车型及数量情况表

表3-96　　单位:辆

车　型	1989	1990	1995	2000	2005
大客型公共汽车	424	451	592	1513	2469
中客型公共汽车	15	15	141	191	109
空调型公共汽车	0	0	87	162	721
双层公共汽车	6	6	43	147	417
铰接型公共汽车	202	236	36	8	0
铰接型电车	103	113	70	0	0
合计	750	821	969	2021	3716

【改汽（柴）油车为CNG双燃料车】

1994年前，市公交公司全部车辆以汽油或柴油为燃料。当时汽油标号低，柴油质量低，又常有燃烧不完全等问题，所产生的尾气对城市环境污染大，随着车辆的增多而成为社会问题。随着天然气脱硫、脱水和压缩技术的成熟，通过安装高压瓶和减压装置，使各种汽车都能使用天然气为燃料，而使用天然气为燃料的车辆不仅能大幅度降低生产成本，更重要的能大大减少有害气体和二氧化碳的排放，有利于净化空气，保护环境。1994年，市公交公司成功改装一台汽油车为汽油、天然气双燃料车，经过两年的试运行，针对发现的问题不断进行改进，获得大量技术参数，1997年，又改装2台，在试运行过程中，逐步形成较为规范和完整的改装技术指标。

1998年，市公交公司开始大量改装汽（柴）油车为汽（柴）油、CNG双燃料车。到1999年，共投入资金961.2万元，改装801辆，至此，双燃料车占到全公司运营公共汽车总数的58.30%。2000年，投入资金360万元，改装成汽（柴）油、CNG双燃料车300辆。2001年，投入资金762.9万元，改装成汽（柴）油、CNG双燃料车617辆。

2002 年到 2003 年，投入资金 782.71 万元，改装汽（柴）油、CNG 双燃料车 555 辆。至 2005 年，成都公交共投入资金 3527.4 万元，改成装汽（柴）油、CNG 双燃料车 2731 辆。其中，2004 年投入资金 409.25 万元，将 301 辆以柴油为燃料的公共汽车改装成柴油、CNG 双燃料车，2005 年投入资金 226.39 万元，将 157 辆以柴油为燃料的公共汽车改装成柴油、CNG 双燃料车。

截至 2005 年年底，市公交公司通过改装和新购进，使全公司汽（柴）油、CNG 双燃料车达到 2829 辆，占全部运营公共汽车总数的 76.13%。

城乡营运线路

【概况】

1989 年，市公交公司运营公交线路 74 条（不计旅游线路及专用线路，下同）。1995 年年底，有线路 88 条。6 年间，增加线路 15 条，增加线路总长度 205.32 千米。2000 年年底，有线路 116 条，5 年间，增加线路 28 条。2005 年年底，有线路 188 条，当年因城市道路建设等原因，停开 10 条线路及已获批准，但尚未开通的线路 3 条，实际开通 175 条。5 年间，增加线路 72 条。2005 年与 1990 年比较，增加线路 115 条，增加线路总长度 1921.70 千米。

【线路线网长度】

1989 年，市公交公司运营公交线路总长度 1576.90 千米，平均每条线路 21.60 千米，线网长度为 624.68 千米。1995 年年底，线路总长度 1782.22 千米，平均每条线路 20.25 千米，6 年间增加线路总长度 205.32 千米，增长 12.86%。2000 年，市公交公司运营公交线路总长度 2437.93 千米，平均每条线路 21.02 千米，5 年间增加线路长度 655.71 千米，增长 36.79%。2005 年年底，市公交公司运营公交线路总长度 3498.60 千米，平均每条线路 18.61 千米，线网长度达到 1001.95 千米。5 年间，增加线路总长度 1060.67 千米，增长 43.51%。2005 年年底与 1989 年年底比较，线路总长度增加 1902.22 千米，增长 119.16%；线网长度增加 377.27 千米，增长 60.39%。

1989—2005 年市公交公司运营线路及总长度情况表

表 3-97　　　　单位：条、千米

年　度	运营线路	运营线路长度	每条线路平均长度	线网长度
1989	73	1576.90	21.60	624.68
1990	74	1596.38	21.57	630.68
1991	75	1604.87	21.40	632.19
1992	77	1634.69	21.30	632.19
1993	85	1720.54	20.24	634.34
1994	86	1737.55	20.20	659.26
1995	88	1782.22	20.25	660.42
1996	92	1825.72	19.84	673.72
1997	96	2003.05	20.87	695.10

续表

年　度	运营线路	运营线路长度	每条线路平均长度	线网长度
1998	98	2087.67	21.30	735.50
1999	107	2227.68	20.82	759.30
2000	116	2437.93	21.02	762.70
2001	133	2813.10	21.15	814.50
2002	136	2970.86	21.84	820.10
2003	138	3111.85	22.55	821.30
2004	156	3470.00	22.24	882.50
2005	188	3498.60	18.61	1001.95

说明:2005 年 5 月,因道路建设停开了 10 条线路,有批文暂未开通的有 3 条线路,实际开通 175 条

【城区线路】

1989 年年底,成都公交运营线路以二环路内为城区线路。市公交公司在城区内有公交线路 30 条。线路总长度 265.20 千米,平均每条线路长 8.8 千米。按当时城区面积 74.4 平方公里计算,公交运营线路密度为 3.56 千米/平方公里。1990 年,根据市政府指令,市公交公司开通夜间线路,由火车北站至盐市口往返,因乘客极少,开通不久即停开。

20 世纪 90 年代后期,随着城区的扩大,公交总公司(集团公司)采取新开线路和调整、延伸、优化原有线路等方式,使城区公交线路条数及每条线路长度都有较大增加。2000 年后,随着三环路建设的推进和二环路与三环路之间大量商品楼盘的开发,入住人口增加,市公交公司延伸部分线路,城区道路的范围扩大到三环路。

2005 年年底,城区内有公交线路 132 条,线路总长度 2251.63 千米,平均每条线路长度为 17.06 千米。按当时城区面积 395.50 平方公里计算,公交运营线路密度为 5.69 千米/平方公里。2005 年年底与 1989 年年底比较,城区公交线路条数增加 102 条,增长 340.00%,线路总长度增加 1986.43 千米,增长 749.03%,平均每条线路长度增长 93.86%,线路密度增加 59.83%。城区线路一环路以内区域的线网密度为 3.67 千米/平方公里,三环路以内为 2.45 千米/平方公里。

【郊区线路】

1990 年年底,市公交公司有连接城区及郊区各乡镇的运营公交线路 28 条,线路总长度 391.04 千米,平均每条线路长度为 13.97 千米。此后,随着城市的扩大,原来的郊区已成为城区,郊区的范围也随之扩大,市公交公司对郊区线路进行调整,减少了因划入城区的线路,延伸了部分原有线路。2005 年年底,全市有郊区公交线路 18 条,线路总长度 493.45 千米,平均每条线路长度为 27.41 千米。2005 年与 1990 年底比较,线路减少 10 条,降低 35.71%,线路总长度增加 102.41 千米,增长 26.19%,平均每条线路长度增加 13.44 千米,增长 96.21%。

【区(市)县线路】

1990年,市公交公司有区(市)县公交线路16条,线路总长度940.20千米,平均每条线路长度为58.76千米。此后,随着县(区)经济的发展和人员交往的增多,市公交公司增开部分县(区)公交线路,由于主城区的扩大和到区(市)县公路的改扩建,到区(市)县的公交线路平均里程都有所减少,至2005年年底,市公交公司共有区(市)县公交线路25条,线路总长度753.57千米,平均每条线路长度为30.14千米。2005年年底与1990年底比较,线路条数增加9条,线路总长度减少186.63千米,平均长度每条减少28.72千米。

【旅游及专用线路】

旅游线路。1986年,市公交公司开通成都城区至省内旅游景区公交旅游线路2条,即城区至都江堰、青城山一日游线路,城区至峨眉山、乐山、眉山三日游线路,投入90多辆公交车运营。1989年,市公交公司有城区内旅游线路4条,分别由火车北站到动物园、梁家巷到动物园、武侯祠到草堂寺、火车北站到植物园,线路编号为302线、303线、304线、305线。开通初期,乘客较多。以后,随着城区公交线路的增多,经过主要旅游景点的线路增多,旅游线路的乘客下降而停运。20世纪90年代后期,市政府规范旅游市场,市公交公司运营车辆因达不到旅游车辆标准及城区公交运力紧张等原因,2000年,成都城区至省内旅游景区的2条公交旅游线路停运。

专用线路。1989年,市公交公司开通的专用线路有1条,即民航专线,由西南航空公司市内售票处(岷山饭店侧)至成都双流机场往返。至2005年,仍实行定时发车和乘客坐满即发车相结合的发车方式。

公交站点

【概况】

2002年以后,市公交公司多次会同日本国际协办集团、四川大学、西南交通大学共同对成都居民进行OD(出行)调查,2002年调查表明,以出门300米半径内有公交站点计算,在内环路内,覆盖率达到89.8%,在一环路内为88.3%,在二环路内为83.9%,在三环路内为53.7%,在绕城高速公路内为25.3%,以500米为半径计算,在内环路、一环路内,覆盖率都达到100.00%,在二环路内为99.02%,在三环路内为75.7%,在绕城高速公路内为39.3%,乘客到达目的地平均换乘率为1.321次,超出交通部《城市道路交通规划设计规范》的要求。2005年,全市有客运站788个,其中一级站11个、二级站16个,三级站18个、四级站19个、五级站4个、简易站60个、招呼站660个。

【公交枢纽站】

公交枢纽站是城市公交系统首末站中连接火车站、高速公路车站、长途汽车站的大型场站。1989年年底,市公交公司的枢纽站有火车北站、双桥子、高笋塘、百花中心站、动物园等处。1992年,建成五桂桥枢纽站,连接即将部分路段通车的成渝高速公路。2000年前后,由成都市政府出资,相继建成金沙、茶店子、青龙场、十陵等枢纽场站,由企业投资建成九里堤、石羊、桂溪等枢纽场站,撤销双桥子、高笋塘枢纽站。截至2005年年底,全市城区共设13个枢纽站,占地总面积19.82万平方米,平均每个枢纽站占地1.52万平方米,这些枢纽站连接火车站,高速公路汽车站,长途汽车站,实现无缝连接。

2005 年年底市公交公司枢纽站情况表

表 3-98

站　名	占地面积（平方米）	开始使用时间	总投资（万元）	资金来源	备注
火车北站	9826.00	1985	—	政府投资	连接火车北站
百花中心站	13227.00	1989	—	政府投资	连接一环路
五桂桥	9847.00	1992	—	政府投资	连接成渝高速
石羊	7760	2000.05	576.15	企业投资	连接成雅高速
青龙场（昭觉寺）	18615.97	2001.01	2376.29	政企投资	连接成绵高速
成仁路	14320.00	2001.01	1664.97	企业投资	连接成仁路
九里堤	32767	2001.01	3502.00	企业投资	连接成彭高速
桂溪	4916	2001.02	712.77	企业投资	连接红星路
茶店子	17946	2002.09	2700	政府投资	连接成灌高速
金沙	14666.67	2003.05	2140.72	政府投资	连接成温邛高速
十陵	25073	2004.08	3000.00	政府投资	连接成南高速
火车南站	7840	2005.12	125.17	政府租赁	连接火车南站
八里桥	23153	2005.12	3000.00	政府投资	连接成彭高速

【公交首末站】

公交首末站是指常规公交线路的起点和终点站，承担客流集散服务，公交车辆的始发终到服务，司乘人员的后勤服务，公交车辆的运营调度、检修清洗、夜间停车服务等功能场站。

1989 年年底，市公交公司在全市城区和部分郊区（县）共建有 13 个首末站。其中，由市政府投资修建的规范化枢纽性首末站有火车北站、双桥子、高笋塘、百花中心站 4 处。此后，随着公交车辆和线路的增加，原有的首末站已不适应。

1992 年，市公用局成立公交场站建设办公室，组建成都联程场站建设实业有限公司，从事占地 20 亩以上的公交场站建设，是年建成五桂桥场站和高升桥场站（南郊中心站）。2000 年前后，陆续建成石羊、青龙场、茶店子、九里堤、桂溪等 12 个城区首末场站和金堂、淮口、郫县友爱乡等 8 个郊县首末场站，租赁十里店、三圣乡红砂村、新国际会展中心等 11 个首末站。而 1989 年的 13 个首末站，因城市建设及场地等因素，多数已停用，仅有火车北站、高笋塘、百花中心站和动物园 4 个场站。

截至 2005 年年底，市公交公司共有首末站 32 个，其中枢纽站 13 个，一般首末站 19 个。首末站共占地 7.68 万平方米（合 115.07 亩），平均每个占地 4037.58 平方米（合 6.06 亩）。在 19 个一般首末站中，市公交公司企业自有的 8 个，租赁或社会提供的 11 个。

2005 年市公交公司首末站(除枢纽站)情况表

表 3-99

站名	占地面积(平方米)	经济所有权
金堂	1800	企业自有
金堂淮口	253	企业自有
新都新繁	1829	企业自有
成都动物园	1759	企业自有
郫县客运中心	8284	企业自有
郫县友爱村	8694	企业自有
成洛路	1547	企业自有
温江天府镇	7733	企业租赁
十里店	4333	企业租赁
中和金桂苑	1799	企业租赁
上东阳光	1000	企业租赁
三圣乡红砂村	4526	企业租赁
罗家	7540	企业租赁
郫县林湾	12000	企业租赁
火车北站东广场	1667	企业租赁
西南交大	4767	企业租赁
古柏村	2150	企业租赁
大源村	1800	企业租赁
新会展中心	3333	企业租赁

【综合场站与停车场】

1989 年,市公交公司在宏济路和高笋塘设有两处综合场站,安排车辆调度和运营等,1992 年建高升桥综合场站。2000 年后,市公交公司相继新建万兴等专用停车场,2005 年建大面综合场站。截至 2005 年年底,市公交公司有综合场站 4 处,有由政府和企业投资建设的专用停车场 5 处。

2005 年市公交公司综合场站及专用停车场情况表

表 3-100

场站名称		占地面积(平方米)	开始使用时间	资金来源
综合场站	宏济路	19253	1956	企业自建
综合场站	高笋塘	8543	1988	政府投资
综合场站	高升桥	9374.32	1992	政府投资
综合场站	大面铺	—	2006	政府投资
专用停车场	万兴镇	13333.34	2001	企业租地
专用停车场	五桂路(北)	11586	2002	政府投资
专用停车场	凤凰山	14667	2005	企业租地
专用停车场	黄田坝	800.00	2001	企业投资
专用停车场	黄土村	29437.00	2005	企业租赁

【公交中途站】

站桩站牌中途站。20 世纪 90 年代以前，成都公交中途站绝大多数为站桩站牌。1989 年底，全市有公交中途站 1690 个，其中站桩站牌站 1558 个，占 92.19%。站牌尺寸为 600 毫米×400 毫米。1990 年起，陆续改用钢管制作的国标站牌，尺寸为 628 毫米×382 毫米。2000 年，全市有公交中途站 3145 个，其中站桩站牌站 2617 个，占 83.21%。同年，为配合西部论坛在成都召开，制作尺寸大小为 1180 毫米×1530 毫米的大型灯箱站牌 42 个。2000 年后，对城区主要街道上的公交中途站多改作候车廊站，站桩站牌站减少，到 2005 年，全市有公交中途站 2862 个，其中站桩站牌站 1243 个，占 43.43%。

候车廊中途站。候车廊是公交中途站的重要标志，能为乘客提供较好的候车条件。初期的候车廊多数为钢架玻钢纤维顶棚结构，少数为水泥预制结构。1989 年，有候车廊站 132 个。1996 年，撤除水泥预制结构候车廊，随后撤除钢架玻钢纤维顶棚结构候车廊，此后新建的候车廊全部采用不锈钢结构。1999 年前，候车廊中途站站牌文字采用人工刻板或激光照相制版丝网印刷，2000 年 8 月后，采用电脑写真技术制作，规格为 1180×1530 毫米。2005 年，在开通光华大道公共线路时，修建了 22 个各具民族特色的木结构候车廊。成都公交中途站候车廊一般宽 1.2 米，长 12 米，按照站周条件和乘客流量有所调整，最短的 7 米，盐市口候车廊有 72 米，是全国当时最长的公交候车廊。截至 2005 年年底，全市有候车廊站达 1415 个，其中 1234 个配置灯箱站牌。

有避车道中途站（港湾式站）。有避车道的中途站是沿路边缘向人行道（慢车道）内侧呈凹状等腰梯形的一种中途站形式。能有效地避让主车道上车辆，故称为避车道站，又因凹进约 3 米避车道，形似港湾，又称港湾式站。成都公交避车道长度不小于 22 米。1997 年建成 52 个，2000 年有 106 个，2005 年达到 182 个。

成都市部分年度公交中途站情况表

表 3-101　　单位:个

中途站类型		1989 年	1990 年	1995 年	2000 年	2005 年
站桩站牌中途站		1558	1705	2183	2617	1243
有候车廊中途站	钢架玻纤结构	121	124	117	0	0
	水泥预制结构	11	16	24	0	0
	不锈钢结构	0	0	0	422	1415
	其中带灯箱	0	0	0	42	1234
	木结构	0	0	0	0	22
有避车道的中途站		0	0	0	106	182

【公交加油站】

20 世纪 70 年代,城区内社会加油站少,布局也不方便公交线路。1982 年,市公交公司陆续建起宏济路、犀角河和荷花池 3 座半地下式加油站,有油罐车 4 辆。1995 年,市公交公司投资 45 万元建成南郊加油站。此后,公司主要发展以天然气为燃料的 CNG 车或油、气共用的双燃料车,逐步减少以汽油或柴油为燃料的车辆。随着“油改气”的推进和 CNG 加气站的建成。2002 年,在新建九里堤枢纽站时,租用成都燃气总公司(原成都煤气总公司)的九里堤加油站,用于柴油机公交车加油。同年 6 月,关闭荷花池加油站。2003 年 3 月,关闭犀角河加油站,2005 年 12 月,关闭宏济路加油站。截至 2005 年年底,市公交公司仅余南郊加油站和九里堤加油站。部分仍使用柴油为燃料的公共汽车则在社会加油站加油。

1990—2005 年市公交公司加油站一览表

表 3-102

名　称	地　址	面积(平方米)	容量(立方米)	开始使用时间	关闭时间
宏济路加油站	宏济路 39 号	2000	55	1982	2005. 12
犀角河加油站	营门口路 186 号	1000	50	1982	2003. 03
荷花池加油站	火车北站东二路 2 号	1200	60	1982	2002. 06
南郊加油站	七里堰街 5 号	600	40	1995. 09	—
九里堤加油站	九里堤中路 123 号	200	40	2002. 05	

【CNG 公交加气站】

1995 年,市公交公司引进以天然气为燃料的公交车辆,利用社会上的加气站,但加气站的分布与公交车线路走向不完全一致,同时与社会车辆加气常有矛盾。同年,市公交公司与成都燃气总公司(原成都煤气总公司)等企业合资组建成都燃气发展实业有限公司，共同投资990万元（其中市公交公司投资250万元）建九里堤CNG加气站，当年12月底投入使用。

2000年，市公交公司与华油天燃气股份有限公司、华油实业开发总公司合资组建成都公交压缩天然气股份公司，共同投资3000万元，其中市公交公司投入500万元，新建昭觉寺加气站、石羊加气站、成仁加气站；与3家企业合资组建成都公集实业有限责任公司，共同投资500万元（市公交公司投入150万元），新建建材路CNG加气站；9月，市公交公司下属出租汽车公司在火车北站西二路公司院内建CNG加气站。2000年后，成都市在规划连接新建高速公路的长途汽车站及公交站合一的枢纽站时都将加油站、加气站纳入枢纽工程的总体规划一起建设、由石油部门负责建设，出入车站的长途客车、货车、私家车辆，城区公共汽车的加油、加气问题得到统一解决。此类加气站有十陵公交站、成仁公交站、茶店子公共站、桂溪公交站等。

截至2005年年底，市公交公司有自建、合资CNG加气站5个，总投资4490万元，其中市公交公司投资900万元，占总投资的20.04%（不含出租公司加气站）。

2005年市公交公司加气站一览表

表3-103

名　称	地　址	面积（平方米）	容量（立方米）	投资（万元）	开始使用时间
九里堤加气站	九里堤中路123号	6846.6	12.0	250	1995.12
建材路加气站	建材路12号	3512.9	15.7	150	2000.10
昭觉寺加气站	昭觉寺公交站内	1350.0	16.0		2000.07
石羊加气站	石羊公交站内	1250.0	12.0	500	2001.01
成仁加气站	三官堂街4号	1489.0	12.0		2001.04
出租公司加气站	人民北路西二路	2000.0	6.0	600	2000.12

说明：出租公司加气站为该公司自筹。昭觉寺、石羊、成仁三个加气站为三方共同投资3000万元，其中市公交公司投入500万元。

公交经营

【普通票票制票价】

城市公共交通具有公益性，长期以来由政府定价，实行低票价。1989年起，市政府批准公交部门对票价实行“小步快跑”的调价原则，即调价的频率可以快一些，但每次调价的幅度小一些。在调价过程中，公交部门简化票级，由多级制简化为少级制，最后实行一票制。

1989年，城区及近郊区多数公交线路实行1角钱起价，每3站递增5分钱的办法，即3站以内票价为1角钱，4~6站为1角5分钱，7~9站为2角钱，以此递增。1990年，票价调整为1角钱起价，每3站递增1角钱的办法。1992年，票价调整为2角起价，每3站递增1角钱的办法。1994年，票价调整为3角钱起价，每3站递增1角钱，最高不超过8角钱的办法。1995年，票价调整为4角钱起价，每3站递增1角钱，最高不超过9角钱的办法。1997年，票价调整为5角钱起价,6 站以上 1 元钱的两种票价的办法。

1999 年开始,在城区开行普通大客型公交的多条线路上实行全线 1 元钱票价的办法,对开行高档车(空调车)的线路,不开空调时票价 1 元,开空调时票价 2 元。

2000 年,对城区和近郊区全部公交线路执行全线路票价 1 元。2002 年,对高档车(空调车)统一为线路票价 2 元。对夜间(22：00 至次日 06：00)延时服务的线路在原票价上浮 1 元。

1989—2005 年市公交公司普通票票制、票价情况表

表 3-104

年　度	票制票价	开始执行时间
1989	1 角起价、5 分进制	1989. 03. 12
1990	1 角起价、1 角进制	1990. 09. 10
1992	2 角起价、1 角进制 民航专线 2 元,火车站—动物园、草堂寺—武侯祠、梁家巷—动物园 4 角一票制	1992. 01 1992. 12
1993	4、16 路 4 角一票制	1993. 03. 06
1994	3 角起价、1 角进制,最高 8 角; 302、303、304 线 4 角一票制, 306、307 大客 6 角,最高 1 元,中客 7 角、最高 1. 2 元, 民航专线大客 3 元、中客 4. 5 元; 16 路 5 角一票制	1994. 01. 20
1995	4 角起价、1 角进制,最高 9 角; 302、303、304 线 7 角一票制;306 线大客 7 角、最高 1 元、中客 8 角、最高 1. 3 元, 专线车均提价 1 角,大站车 7 角一票制, 民航专线豪华大客 10 元一票制	1995. 12. 22
1997	原实行多级票制线路全改为两级票制,五站内(含五站)0. 5 元,六站以上(含六站)1 元; 15 条线路实行 8 角一票制	1997. 10. 06
1999	原 15 条 8 角一票制线路实行 1 元一票制; 新增 20 条线路 1 元一票制; 双层车、无人售票车 1 元一票制,空调车开空调 2 元,不开 1 元	—
2000	市区内所有线路实行 1 元一票制; 301、302 旅游线路 2 元一票制	2000. 06. 01 2000. 10. 01
2002	夜间(22：00 至次日 06：00)上浮 1 元	2002. 06. 01
2003	刷电子钱包乘车优惠 10%	2004. 01. 01

【专用车票制票价】

专用票分专线票、月票和 IC 卡票。

专线票。有民航专线和旅游专线两种票。

民航专线。由西南航空公司市内售票处(岷山饭店)到成都双流机场,中途不设站点,实行一票制。1992 年,票价为 2 元。1994 年,调整为 3 元。1995 年,全部使用高档豪华车型,票价调整为 10 元。

旅游专线。1992年，对火车北站到动物园（302线）、梁家巷到动物园（303线）、武侯祠到草堂寺（304线）、火车北站到植物园（305线）4条旅游线路实行全线4角一票制。1994年，302线、303线、304线实行全线6角一票制，1995年调整为7角一票制。2000年，新开锦江观光旅游专线，实行2元一票制。

月票。始自1959年6月，1965年前分为城区月票和城区、郊区通用月票，两种月票又分为成人月票和学生月票两种，共4种。持票者能在一月内不限次数乘坐指定线路的公共汽车和电车。月票使用者需出示相关证明才能购买。1990年，成人市区月票价格为5.6元，通用月票8元，学生月票市区2.5元，通用4元。1995年，月票简化为成人和学生两种，乘坐办法不变。成人月票25元、学生月票15元。此种月票票价保持到2004年月票取消。

IC卡票。2004年1月开始使用。IC卡内票额以月为单位，当月有效，可随时充值，成人卡50元、学生卡30元。对使用IC卡的乘客实行票价优惠，成人卡为50%，学生卡为70%，即每月可乘普通车100次，高档车（空调车）50次，如超过优惠次数需另购票，为解决部分乘坐次数多于优惠次数乘客需要，在优惠卡增加“电子钱包”，充入一定票额，用于在优惠票额用完后的乘车费用，其原票价基础上优惠10%。

1989—2005年市公交公司部分年份专用票票制票价情况表

表3-105

年度	月票		开始执行时间
	成人	学生	
1990	市区5.6元 郊区8元	市区2.5元 郊区4元	1990.09.10
1992	市区12元 郊区16元	市区5元 郊区7元	1992.01
1995	市、郊通用25元	市、郊通用10元	1995.12.22
1999	市、郊通用35元	市、郊通用15元	—
2000	市、郊通用40元	市、郊通用20元	2000.06.01
2003	50元（优惠卡100次）	30元（优惠卡100次）	2004.01.01

【尾气治理】

20世纪90年代末，市公交公司运营公共汽车已有一半多改装为双燃料车，剩下的将近一半车多为柴油发动机汽车。这些车中相当部分是80年代末90年代初购进的，已到有效使用年限后期，在运行过程中尾气不达标，时常“冒黑烟”，而且日趋严重，群众反映强烈。

2001年下半年，市公交公司针对公交车尾气污染，特别是柴油车“冒黑烟”现象进行重点整治，在市政府支持下，请国内知名柴油机专家对尾气进行会诊，总结出成都公交的柴油车尾气污染严重的原因有：柴油发动机质量不过关，柴油质量差，驾驶员操作不当，维修上存在问题4方面原因。针对柴油质量差问题，市公交公司决定改变原来的柴油采购办法，实行全公司所用油料由下属物资公司统一采购和供应，保证使用优质柴油，对油库、油罐及车辆油箱坚持定期清洗。针对驾驶员操作和维修保养上的问题，市公交公司举办了柴油车司机培训班22期，2099人次接受培训；举办了车辆集中润滑维修培训班1期，102人接受培训。针对柴油机质量问题，市公交公司决定将部分柴油车改装为柴油、CNG双燃料车；对部分柴油车进行改造；制订“车辆尾气监督办法”，成立“车辆尾气监测队”，每天到线路和保修现场抽查。

2003—2004年，对使用大连柴油机厂生产的DC6110型增压柴油发动机、上海柴油机厂生产D6114型增压柴油发动机和杭州柴油机厂生产的X6130型增压柴油发动机的公交车改装成柴油、CNG双燃料车，对100辆双层车的D6114A型发动机改造成B型发动机。2004年改造车辆47辆，对4辆使用W-TECH发动机的柴油车进行了微隙配合高科技实验，取得成功。2005年，改造车辆19辆，引进法国“雷诺”大客62辆。

截至2005年年底，市公交公司汽车尾气排放均已达标，“冒黑烟”现象基本消除。其间的2002—2005年，尾气排放合格率为96.46%、98.62%、98.60%、99.30%。2004年4月，市公交公司16路等12条线路曾被市政府授予“绿色文明营运线路”称号，市公交公司主管技术的副总经理被授予“成都市环保卫士”称号。

【公交经营成效】

公交企业通过公共交通工具向乘客提供运送服务，以经营方式实现经济效益，同时通过政府投入向市民提供公众服务，体现公交运输的社会效益。

总行驶里程。1990年，市公交公司运营公交车辆总行驶里程3598.5万千米，1995年，达到4126.9万千米，2000年，达到8399.3万千米。此后5年内，由于线路、线路长度和开行班次的增加，总行驶里程亦大幅增加，2005年年底，市公交公司运营公交车辆总行驶里程达到2.27亿千米。总行驶里程与1990年比较，增加1.91亿千米，增长530.72%；与2000年比较，增加1.4亿千米，增长170.22%。

客运总量。1990年，市公交公司客运总量为3.1亿人次。1992年到1996年期间，市政府放宽城区公共交通准入条件，社会中巴车进入城区开展线路经营，发展很快，一些简易机动三轮车（火三轮）也参与公共交通运营，加上当时城区主要道路改扩建，线路受阻，1996年，市公交公司客运总量2.3亿人次，为1991年的71.81%。1996年后，随着城区道路改善，城市扩大，公交线路增加，一些服务差、安全性能不好的中巴车逐步退出公共交通，同时市公交公司加强服务意识，客运量从1997年起，逐年回升。2000年达到4.5亿人次。2001年，客运量突破6亿人次。2005年，客运量达到7.4亿人次，与1990年比较，增加4.3亿人次，增长138.78%。

客运总收入。1990年，市公交公司客运总收入5003.98万元。1994年突破1亿元。2000年，客运总收入达到3.3亿元。2005年，市公交公司客运总收入达到8.2亿元。客运总收入与1990年比较，增加7.7亿元，增长1545.40%；与2000年比较，增加4.9亿元，增长149.37%。

1990—2005 年市公交公司经营情况表

表 3-106

年　度	总行驶里程（万千米）	客运总量（万人次）	客运总收入（万元）
1990	3598.49	31119.90	5003.98
1991	3779.25	32501.44	6071.21
1992	3874.28	31112.68	7021.31
1993	3637.67	25801.11	8559.23
1994	3925.80	23556.60	10130.43
1995	4126.87	23633.27	10582.07
1996	4481.30	23411.88	12919.31
1997	4855.92	25695.17	15350.24
1998	5590.28	29408.23	19574.24
1999	6121.42	34595.50	24101.65
2000	8399.34	45409.76	33016.79
2001	13766.20	60559.93	51660.83
2002	15599.23	62902.00	56208.01
2003	17686.13	68289.35	59278.07
2004	19749.02	67033.24	71392.30
2005	22696.33	74182.93	82335.65

客运出租汽车

【概况】

成都客运出租汽车始于 1957 年。1988 年 7 月，市政府批准《成都市出租汽车发展规划》，开始对出租汽车实行准入制，规划控制，计划审批。1990 年后，成都市出租汽车行业步入规范化发展时期，通过严格准入制，实行经营权有偿使用、统一计价、统一车型、统一服务标准等方式，使全市出租汽车行业健康发展。1992 年下半年开始，对出租汽车实行营运指标有偿使用制。期间，成都出租汽车多为自选车型，不仅车型杂乱，且以奥拓为主，档次低。1996 年后，开始出租汽车的升级提档工作，1998 年要求更新的城市出租汽车，排气量必须在 1.0 升以上，并确定捷达、富康为主要车型。到 2001 年，成都市对城区出租汽车经营权共组织 9 次有偿转让。出让方式经历公开拍卖、公开招标、定价摇号等形式，规范市场转让行为，实现公开、公正和公平出让。

截至 2005 年年底，全市城区有出租汽车 8215 辆，是 1990 年 1242 辆的 6.61 倍。捷达、富康两款车型占到全市出租汽车总数的99%。

【出租车数量】

1990年,成都市城区共有出租汽车1242辆,以后逐年有所发展,到1995年,发展到4499辆,5年间增加3257辆。此后5年,又增加3200多辆,到2000年,全市城区共有出租汽车7715辆。2001—2005年,以提高车辆档次为主要工作。5年间,全市城区出租汽车一直保持在8215辆。

1990—1991年成都市部分年度出租汽车数量一览表

表3-107

年份	数量	年份	数量
1990	1242	2000	7715
1991	1489	2001	8215
1995	4499	2002	8215
1996	5126	2003	8215
1997	5790	2004	8215
1998	6280	2005	8215
1999	7215		

【出租车车型】

1990年,全市城区有出租车1242辆,车型由经营者自选,以低档车、低排量车辆为主,4人座奥拓及夏利为主打车型,占据城区全部出租汽车的95%以上,其余的为进口马自达、尼桑、波罗乃茨等。

1993年,城区"三星级"以上的宾馆、饭店引进125辆排量在2.0升以上的大宇、现代等高档出租汽车,为高级宾馆的配套服务,但因为上客率低,到1995年,有55辆退出市场经营,到2002年时,剩下不到10辆。

1997年年底,全市城区出租汽车5790辆,其中排量在1.0升以下的有5624辆,占到城区出租车总数的97.13%,其中奥拓车3394辆,夏利车2230辆,分别占城区出租汽车总数的58.62%和38.51%,而排量在1.0升以上的仅166辆,仅占2.87%。

1996年,市政府从提升城市形象考虑,要求城区出租汽车的档次应有提高,同年印发《关于加强我市出租汽车车型管理的通知》,要求凡是1992年以前批准经营的出租汽车公司(含个体),其经营权有偿使用费享受政府优惠价格1万元购得的,从1996年10月起原来车型是5座位轿车的,更新车辆时必须投放5座位型的轿车。1998年7月,市公用局印发《关于调整出租汽车租价和排气量规定车辆更新的通知》,要求今后发展、更新城市出租汽车,排气量必须在1.0升以上。此后,市客运部门将提高出租汽车档次和服务质量作为一段时间的重点工作。根据成都的实际,确定排量为1.6升(1600cc)的捷达、富康为成都市出租汽车的主打车型。

2001年5月,市政府办公厅印发《关于对城区出租汽车车型要求的批复》,对新增(更新)车型规定为排气量在1.3升以上,配备电喷及压缩天然气(CNG)装置，三厢轿车。至2002年7月统计，全市8215辆出租汽车中，排气量在1.3升以上，2.0升以下的标准车型的占到城区出租汽车总数的86%，排气量在2.0升以上的豪华车只占1%。其中，捷达、富康车分别为3497辆和3345辆，占到当年城区出租汽车总数的82.92%。

截至2005年年底，排量在1.0升以下的二厢奥拓、夏利全部淘汰。全市出租汽车中捷达、富康占到总数的99%。

2002年7月成都市出租汽车车型构成情况表

表3-108

车　型	数量(辆)	比例(%)
捷达	3467	42.20
富康	3345	40.72
夏利7110	987	12.02
夏利7130	139	1.69
普通桑塔拉	132	1.61
奥拓	57	0.70
羚羊	29	0.35
桑塔纳2000	29	0.35
太阳舞	9	0.11
大宇	6	0.07
美日	5	0.06
悦达	5	0.06
奇瑞	3	0.04
福特	1	0.01
雅阁	1	0.01
合　计	8215	100.00

成都客运出租车

【出租车标识】

1990年以前，成都市对城区出租汽车外观色彩无统一规定。1990年12月开始，实行统一顶灯、统一颜色、统一车门标志、统一编号、统一服务证放置位置，城区出租汽车统一为红色。

2002年5月，市政府决定对成都市出租汽车实行专用色彩图案管理，使用统一的标志。车身颜色改为绿底黄顶和蓝底黄顶两种，车身中上部加黄色线条。引擎盖上粘贴成都市出租汽车车徽，顶部黄色的含意为世界出租汽车通用色，底部绿色或蓝色寓意环境保护，腰部黄色线条前窄后宽，象征飞驰的箭，给人以努力奋进的动感，出租汽车车徽由生活在绿色大地中的大熊猫、英文“CHENGDU TAXI”和金色外观构成，绿色意为成都为天府之国，四季常绿，大熊猫为成都特有之动物，英文“CHENGDU TAXI”既有地域行业特色，又有改革开放，与世界接轨之意，金色在中华民族传统文化中有富丽堂皇、明亮光明之意，整个图案寓意历史悠久，繁荣昌盛和热情好客的成都的士欢迎世界朋友。专用的色彩图案获得国家知识产权局授予的外观设计专利。

成都客运出租车统一外观

【出租车油改气】

1998年前,成都市出租汽车均以汽油作为燃料。

1999年初,省人民政府印发《关于加快发展压缩天然气汽车产业的通知》,确定成都市为发展汽油、压缩天然气(以下简称CNG)双燃料汽车的示范城市之一。为此,市政府决定,当年尽快完成天然气加气站的建设工作,在2000年完成具备油改气条件的出租汽车的改装任务。

2000年,全市城区有出租汽车7715辆,其中5500辆夏利、捷达、富康车具有油改气的条件,其余2215辆车中,奥拓将全部淘汰出出租汽车领域,大宇、现代、福特、奥迪、桑塔纳2000等车型不具备油改气条件。当年初,市政府将在2000年底前,完成这5500辆具备油改气条件的出租汽车的改装任务作为市政府一级工作目标任务。7月,市公用局要求,城区出租汽车更新必须符合排气量在1300毫升以上(含),具备CNG装置及电喷装置的双燃料轿车。2000年下半年,确定市公交公司装修厂等几家单位为改装单位,11月,全面启动改装任务,至12月30日,全部完成城区5500辆出租汽车的CNG改装工作。

2001年7月,全市6323辆出租汽车为双燃料车,占城区全部出租汽车的76.9%。至2003年7月,成都城区出租汽车均为双燃料车。

【出租车加气站建设】

1999年,开始出租车加气站(CNG站)建设。按照统一规划、合理布点、方便加气的原则在城区不同位置选择50多个站位,按照市政府统一规定,享受城市公用设施用地优惠政策,免征建设投资方向调节税;免收供电贴费和水、电、气扩容费及其他所有行政事业收费;竣工验收后3年内所得税先征后返;在确保安全的前提下,加油站与加气站(CNG站)可合并建设等。至2002年12月,全市共建成加气站(CNG站)43座。

2005年,成都市技术质量监督局印发《关于进一步加强车用CNG气瓶安全管理的函》,规定车用气瓶及附件必须进行定期强制检查,对CNG车每次充气压力不超过20Mpa,同时各加气站严格执行对没有压力容器检验合格证的车辆不能加气。

【出租车客运价格】

1985年,出租汽车司机驻点待客,租价凭司机与乘客口头认定,没有统一标准。1987年年初,城区内出租汽车开始安装计价器,同年5月,安装完成并投入使用。

1991年8月,成都市物价局对城区出租汽车租价进行调整,按照出租汽车档次,确定基本租价(起步价),车千米租价。单程回空里程补贴等,租价为:

第一档次:具有高级空调、音响的进口或国产轿车,如皇冠、三菱、尼桑、马自达、桑塔纳、标致、北京吉普213。

第二档次:具有一般空调、音响的进口或国产轿车,如丰田、伏尔加、波罗乃茨。

第三档次:无空调或加装空调的进口或国产

轿车，如夏利、拉达、波罗乃茨、菲亚特 125P、伏尔加、上海、达契亚、南斯拉夫红旗。

第四档次：无空调两厢车，如奥拓。

第五档次：微型面包车、夜明珠牌小轿车、菲亚特 126P 及机动三轮客车。

1991 年 8 月成都市出租汽车开始执行的租价表

表 3-109

时　段	计算项目	计算单位	第一档次	第二档次	第三档次	第四档次	第五档次
白天用车	车千米租价	元/千米	1.80	1.60	1.40	1.20	1.00
	基价千米	千米	3	3	3	3	3
	基本租价	元	12.60	11.20	9.80	8.40	7.00
	单程回空里程补贴	元/千米	0.90	0.80	0.70	0.60	0.50
	免费等候时间	分钟	10	10	10	10	10
	等候费	元/5 分钟	1.80	1.60	1.40	1.20	1.00
夜间用车	车千米租价	元/千米	2.10	1.90	1.70	1.50	1.30
	等候费	元/5 分钟	2.10	1.90	1.70	1.50	1.30

此次调价后，市民反映起步价和部分档次车辆租价偏高。1992 年市物价局对成都市出租汽车租价作出调整。

1992 年 2 月成都市出租汽车开始执行的租价表

表 3-110

计算项目	第一档次	第二档次	第三档次	第四档次	第五档次
白天基本租价（元）	7.20	6.40	5.60	4.80	4.00
车千米租价（元）	1.80	1.60	1.40	1.20	1.00
夜间基本租价（元）	8.40	7.60	6.80	6.00	5.20

1998 年 7 月，随着物价水平上涨和人们对出租汽车舒适度的要求越来越高，第五档次的车辆淘汰，市物价局对出租汽车的租费再次进行调整，并对车辆档次重新作了划定。此次调价基价千米改为 1 千米起价，同时推行“四舍五入”的收费原则计算租费，同时采取国际通用的时距并行计费方式，即每等候 5 分钟按行进 1 千米计费，时速低于 12 千米/小时。按等候计费办法计费。

1998 年 7 月成都市出租汽车开始执行的租价表

表 3-111

计算项目	计算单位	第一档次	第二档次	第三档次	第四档次
车千米租价	元/千米	3.00	2.50	1.30	1.20
基本租价	元	12.00	10.00	5.00	4.80
单程回空里程补贴	元/千米	1.50	1.25	0.65	0.60
等候费	元/5 分钟	3.00	2.50	1.30	1.20

此次调价,对出租汽车档次进行重新划分,以出租汽车排气量为主要标准。

第一档次:排气量在 2.6 升以上,有前后空调、高级音响,如奔驰、凌志等。

第二档次:排气量在 1.7 升至 2.6 升,有空调、音响,如现代、大宇、桑塔纳 2000 型、奥迪等。

第三档次:排气量在 1.0 升至 1.6 升,有空调、音响,如富康、捷达、桑塔纳普通型、夏利等。

第四档次:排气量在 1.0 升以下,不要求一定有空调和音响,如奥拓、安驰等。

2000 年 10 月,由于燃油价格持续上涨,出租汽车经营成本增大,市物价局在召开听证后决定,对第三档次、第四档次的出租汽车每千米租价在原基础上调 0.10 元,其余不变。此价格一直维持到 2005 年年底。

【经营权有偿出让】

1992 年 8 月,市政府办公厅转发《成都市公用局关于在我市试行出租汽车经营权有偿使用制的请示》,决定在全市出租汽车行业试行经营权有偿使用。从 1992 年到 2001 年,市公用局共组织 9 次城区出租汽车经营权有偿出让,出让方式经历公开拍卖、公开招标、定价摇号等方式。

1992 年 10 月 10 日进行,采用公开拍卖方式。拍卖出租汽车经营权 510 个,其中企业 480 个,分为 16 组,每组 30 个,分组拍卖;个体 30 个,逐个拍卖。拍卖方式为现场竞买。通过拍卖大会,全部拍出。其中,企业组最高成交价 7.85 万元/个,最低成交价 7 万元/个;个体组最高成交价 6.5 万元/个,最低成交价 4 万元/个。

1993 年 7 月 20 日进行,采用公开拍卖方式,拍卖出租汽车经营权 400 个,其中企业组 360 个,个体组 40 个,基价都为 2 万元/个。企业组实际最高成交价 19.2 万元/个,最低成交价 14.1 万元/个,平均成交价 16.65 万元/个。个体组最高成交价 11.2 万元/个,最低成交价 9.8 万元/个,平均成交价 10.5 万元/个。

1995 年 3 月 18 日进行,采取公开拍卖方式,拍卖出租汽车经营权 559 个,其中企业组 480 个,个体组 79 个,有偿经营权 20 年,起拍基价都为 2 万元/个,通过拍卖,全部成交。企业组采取新申办企业 30 个/组、在营企业 10 个/组参拍,实际最高成交价 22.7 万元/个,最低成交价 19.9 万元/个,平均成交价 20.3 万元/个。个体组最高成交价 22.5 万元/个,最低成交价 17.8 万元/个,平均成交价 19.23 万元/个。

1996 年 3 月 18 日进行,采取公开拍卖方式,拍卖出租汽车经营权 500 个,其中企业组 430 个,个体组 70 个,有偿经营权 20 年,起拍基价都为 2 万元/个,通过拍卖,全部成交。企业组实际最高成交价 39 万元/个,最低成交价 26.8 万元/个,平均成交价 28.36 元/个。个体组最高成交价30.1万元/个，最低成交价27.4万元/个，平均成交价28.42万元/个。

1997年3月16日进行，采取无声应价拍卖方式，拍卖出租汽车经营权500个，其中企业组440个，个体组60个，有偿经营权20年，起拍基价都为2万元/个，通过拍卖，全部成交。企业组实际最高成交价42万元/个，最低成交价39万元/个，平均成交价41.01元/个。个体组最高成交价42.1万元/个，最低成交价38.8万元/个，平均成交价39.55万元/个。

1998年3月20日进行，采取公开招标的方式，招标出租汽车经营权500个，其中企业组440个，个体组60个，有偿经营权20年，标底为25万元/个，标顶为32万元/个，通过招投标，全部成交。企业组采取新申办企业40个/组、在营企业20个/组投标，企业组均经32万元/个中标。个体组最高中标价32万元/个，最低中标价29万元/个，平均中标价30.51万元/个。

1999年3月16日进行，采取公开招标并摇珠的方式，招标出租汽车经营权500个，其中企业组370个，个体组130个，有偿经营权20年，标顶为32万元/个。企业组有444家企业申购，申购数3.29万个；个体组申购数1.14万个，合计申购数4.44万个，采用公开摇珠的方式决出申购中标者。

2000年底进行，由于对城区小公共汽车（中巴车）进行调整，原中巴车在城区经营线路停驶，改为出租汽车经营，按每辆车27.9万元优惠价定价转让出租汽车经营使用权339个。

2001年3月16日进行，采取公开招标并摇珠的方式，定价招标出租汽车经营权500个，其中企业组390个，个体组110个，有偿经营权20年，标的为31万元/个。企业组有673家企业申购，申购数3.78万个；个体组申购数1.08万个，合计申购数4.86万个，采用公开摇珠的方式决出申购中标者。

城市快速轨道交通

【城市快速轨道交通筹备】

1992年起，成都市就着手地铁建设的筹备工作。1999年7月，中共成都市委正式下文成立成都市地铁建设领导小组，下设“成都市地铁建设领导小组办公室”，负责地铁前期和建设中重大问题的决策和协调工作。

2000年10月，经市政府同意成立“成都市城市轨道发展有限公司（筹备处）”，以业主身份，承担成都地铁一期工程的前期工作和试验段工程建设管理。公司内设综合管理部、计划发展部、技术管理部、工程管理部。

2001年4月17日，成立“成都市地铁建设工程办公室”与“成都市地铁建设领导小组办公室”合署办公，两块牌子，一套班子。

2004年10月，为适应地铁工程建设需要，经成都市工商行政管理部门登记注册，成立国有独资“成都地铁有限责任公司”，注册资本5061万元。成都地铁有限责任公司下设6部1室，即建设事业部、运营事业部、开发事业部、综合管理部、财务投资部、计划合约部、总工程师办公室。

地铁公司在修建地铁之前，承建红星路下穿隧道和天府广场下穿隧道两项工程，既为成都市城市交通建设做出了实绩，也成为地铁1号线动工之前的大练兵。

【地铁1号线一期工程设计】

地铁1号线北临新都区大丰镇，南抵双流县华阳镇，南北向穿越成都市中心城区，全长26.64千米，是纵贯南北的地铁骨干线路。一期工程是地铁1号线的中间区段主要工程，北起红花堰站，南达新会展站，全长18.5千米，沿途设16座车站，自北至南依次为红花堰站、火车北站站、人民北路站、文武路站、骡马寺站、天府广场站、锦江宾馆站、小天竺站、体育馆站、倪家桥站、桐梓林站、火车南站站、南三环路站、新益州广场站、孵化园站、新会展站。另设控制中心1座、车辆段1座、主变电站2座。

2005年10月中旬，四川省发展和改革委员会向国家发改委转报《成都市地铁1号线一期工程可行性研究报告》；国家环保总局于10月28日进行批复；国土资源部于10月31日出具预审意见；国家发改委于11月21日进行正式批复。

【地铁1号线一期工程建设】

一期工程北起红花堰站，南至孵化园站，长15.99千米，设车站15座，总投资69.87亿元。

2005年12月28日上午9时，成都地铁1号线一期工程开工仪式在南三环站隆重举行，四川省、成都市主要领导及特邀嘉宾共400多人参加开幕式，标志着成都市快速轨道交通建设揭开序幕。地铁1号线一期工程共有标段160多个，翌年共完成车站土建施工、盾构施工及天府广场景观工程等78个标段的招标工作，天府广场站、新益州站及相邻区间隧道已完成主体工程。

通信

概　述

一

清光绪二十七年（1901），大清邮政成都分局建立，位于成都市暑袜北一街25号。至20世纪90年代，成都市邮电局仍设址于此。

1990年，成都市邮电局分设成都市邮政局和成都市电信局。成都市邮政局为全国八大邮政通信枢纽局之一。担负成都市市区和14个区（市）县的邮政通信任务，负责各类邮件的收寄、分拣、分发、运输和投递。2月，成都市人民政府常务会议审议通过《成都市保护和发展邮电通信暂行规定》，为成都市第一个地方性邮电通信法规。是年，全市邮政业务总量为3757.20万元。

1992年，成都市邮政系统有职工6000余人，信筒信箱1127个，日接发火车、汽车、航空邮件56趟，派押火车邮路7条，共1.16万千米。日均处理邮件4.4万多袋，分拣平常信件72万多件，挂号信件8万多件，封发报刊360多万份。1993年，市邮政局经营发展QC小组，走出局门，上门揽收，创直接经济效益984万元，被评为国家级优秀QC小组。

1995年2月，市邮政系统进行管理机构改革，除设17个处室外，另设发行局、储汇局、速递局、邮票公司、机要局、邮运局等6个专业二级机构，同时设置邮政枢纽中心，负责全局邮件内部处理。同年，市邮政局实行全员劳动合同制。1996年，在全省邮电部门中率先实行邮电聘用工招聘制，规模性招收社会人员。在经营管理上实行处室、专业局承包制，对专业性强的专业局实行公司化经营，下放权力，责权统一。

同年，引进国外自动信函分拣机等，建成信函处理系统，实现信函分拣自动化；建成邮政储蓄计算机网（简称“绿卡”），实现邮政金融业务经营、管理和服务的实时处理。1997年，成都邮政枢纽计算机网络系统建成，并投资30多万元，安装包裹登单机。同年，ATM自动取款机（柜员机）进入成都邮政储蓄市场。

1998年，根据国家信息产业部下发的《邮电分营指导意见》及四川省邮电管理局下发的《关于印发“四川省市、地、州、县邮电局分营工作实施方案”的通知》，成都市邮政局对所属区（市）县邮电局基本情况进行摸底调查，指导修订分营方案，组织实施资金资产分割、人员划分等系列工作。10月1日，各区（市）县邮政局组建完成，并划归成都市邮政局管理。

1999年1月1日，成都市邮政、电信正式分开独立运营。3月8日，经成都市第十三届人大常委会第三次会议通过、四川省第九届人大常委会第七次会议批准的《成都市邮政通信条例》正式实施。

2000年10月，成都市制定《成都邮区中心局体制改革相关问题的初步意见和建议》。10月31日，成都市邮政局火车北站邮政枢纽与四川省邮车总站合并，成都邮区中心局挂牌运营。同年，成都市邮政局成立电子邮局和邮政速递局，用户足不出户即可办理报刊订阅、邮政汇款、鲜花礼仪等业务；邮政开始从单一的邮件投递网向实物传递网、营销网演变。全年全市邮政业务总量为1.87亿元。

2001—2005年，完成成都邮政指挥调度中心、成都第二邮政枢纽、邮政枢纽技术改造、成都邮运中心、成都航空邮件转运站等一大批重点邮政工程。新增生产（办公）场地86568平方米，全功能服务局、所达到305个，邮政储蓄网点达到213个。完成了“绿卡”主机应用软件升级，“绿卡”网与省中心并网，并实现与招商银行“一卡通”和建设银行“龙卡”联网运行。综合计算机网骨干局域网建设基本完成，代收付系统除实现电信、移动等商户的现金、卡、折缴费功能外，还为POS、ATM、TEL提交的代收付业务提供了交易接口。电子邮政185客户服务中心成功升级为“11185”客户服务中心。全局电子化网点改造完成，电子化营业厅达到230个，具备了收寄和投递信息上网功能，EMS大客户收寄系统、国际普邮作业系统等投入使用。大量引进信函自动分拣系统、红框理信机等机械设备，广泛运用监控设备，进行微机管理，生产自动化程度越来越高。国内函件、国际函件、包裹、汇兑、报刊发行、集邮等传统业务进一步发展。邮政储蓄、特快专递、代办、广告礼仪、电子商务、邮政物流、邮政邮购等新型业务从无到有、从小到大，发展迅速。其中邮政储蓄、特快专递、商业信函、邮政物流等业务发展为邮政支柱性产业。

2005年，成都市邮政员工（含区、市、县及离退休员工）共计5280人。在成都市行政区划内设有邮政分局8个、专业局7个、区（市）县邮政局14个；邮政营销网点666个（其中邮政储蓄联网网点213个）；邮政局（所）服务面积1.24万平方公里，服务人口1013万人（其中农业人口674.4万人）。全年全市邮政业务总量为4.49亿元，业务收入为4.19亿元。

截至2005年年末，成都邮区中心担负着西南片区邮件处理和传输任务，日均处理邮件量100万件，日均交换量6万袋；日接发运邮火车20趟次；所辖航空邮路连接北京、上海、广州等大中城市，日接发运邮航班95航次；开通干线汽车邮路30条，覆盖全省并通往西安、重庆等城市，日行程近3万千米；所担负的邮路单程总长度共计8.7万千米。成都邮政已发展成为西南地区的邮政通信枢纽，成都邮区处理中心是全国七大邮区处理中心之一。

二

1990年，成都市邮电局内分设的成都市电信局，全年电信业务总量为3904万元。市区市内电话交换机容量5.24万门（党政电话专用局未计算在内），长途业务电路1907条，其中国际电路28条，用户电报交换容量2000线；同时，开通无线移动电话系统、分组数据交换远程集中器等新型通信设备。

1991年12月，成都市龙泉驿、青白江区试实行邮、电业务分营，农村电话、市内电话合一管理。两区分设区邮政局、区电信局，分别归属成都市邮政局、成都市电信局领导，分别管理和经营全区（包括分支机构）的邮电业务。

1995年，成都电信市话用户为4.98万户，长期用户5.05万户，农话到达户数1.38万户；移动电话到达户数7939户，BP市话用户4.98万户。

1998年，实施邮电分营体制，成都市电信局指导各区市县邮电分营实施及电信业务管理。9月30日，成都14个郊县电信局正式挂牌。同年8月，无线寻呼分局从成都市电信局剥离，四川电信寻呼有限责任公司成都市分公司成立。是年，成都电信本地网交换机总容量为203.7万门，电话用户91万户，全市电话主线普及率为14.26部/百户。全年电信业务收入20.6亿元，通信业务收入28.2亿元。

1999年1月，成都电信开始独立经营。8月1日，成都市移动通信局从成都市电信局分离，成立四川移动通信公司成都分公司。

2000年11月15日，成都市电信局正式更名为中国电信集团四川省电信公司成都市分公司，并举行挂牌仪式。12月30日前，14个郊县电信局正式更名为区（市）县分公司并相继挂牌。成都电信完成公司化改革，从政企合一、垄断经营的官“商”身份转变成为面向市场的经济实体。2001年1月11日，四川电信实业集团成都电信实业有限责任公司挂牌成立。

2001—2005年，成都市电信通信能力持续增长，网络支撑能力不断增强，公用数据网等基础设施不断完善。建成以光缆为主体、数字微波和卫星通信为辅助手段的大容量干线传输网络。全市共有集约化信息管线560千米，光缆总长度达1.2万千米，城域网出口带宽12.5G。完成第二长途电信枢纽、PHS网络优化、交换网扩容改造、宽带数据网络建设、传输网络优化、增值业务平台完善等重点项目。成功研发全网交换、数据自动工单处理系统，实现全网管线和传输资源的动态管理，综合集中维护达到AA级。电信、移动、网通、联通、铁通等五大电信运营企业分别在成都建有通信服务网络，为用户提供数据、语音和互联网等服务。信息基础设施不断延伸至乡村，所有乡镇实现了光纤覆盖，全市固定电话村通率和移动信号覆盖率均达到100%，1440个行政村实现了通宽带。

2001年，成都市电话交换机总容量为310.31万门。全市居民固定电话用户220.09万户，移动电话用户230.08万户；城市居民电话普及率为91.3部/百户，农村居民电话普及率为40.3部/百户；其中移动电话平均电话拥有数城市为54.7部/百户，农村为17部/百户。全年全市长途电话通话27129万次。

2002年4月，成都市本地网电话成功升至8位，丰富了成都市本地网电话号码资源，巩固了成都市在西南通信中的枢纽地位。无线市话小灵通业务虽然进入市场时间较晚，但发展非常迅速，小灵通用户达到45万户。

2003年，成都电信市话交换机总容量为424万门。全市长途电话通话31697万次。全市居民固定电话用户366.5万户，移动电话用户441.94万户；城市居民电话普及率为92.1部/百户，农村居民电话普及率为55.6部/百户；其中移动电话平均电话拥有数城市为94.9部/百户，农村为55.1部/百户。移动电话用户数的增长幅度明显大于固定电话用户数的增长幅度。固定电话用户数逐渐趋于饱和。

2004年，成都城市居民电话普及率为94.5部/百户，农村居民电话普及率为58.1部/百户；其中移动电话平均电话拥有数城市为137.3部/百户，农村为69.7部/百户。

截至2005年年末，成都市无线通信基站数量为1.4万多个，移动信号覆盖率达到100%，G网无线交换容量达1000万户，C网无线交换容量达57万户，移动短消息中心容量达1000

万条以上。成都市无线市话网络建设、优化总投资17亿，无线交换容量达到180万户。无线局域网已在120多个重要场所和商务热点地区提供无线宽带接入服务，保证上述地区移动办公和高速上网的要求。

2005年，全市电话交换机总容量751.8万门，长途电话通话48584万次。成都市固定电话用户达428.4万户，移动电话用户数达到789.9万户。城市居民电话普及率提高到95部/百户，其中移动电话普及率为165.3部/百户；农村居民电话普及率提高到66.7部/百户，其中移动电话普及率为68.9部/百户。全市小灵通用户发展到137万户。

1990—2005年，从成都起止或途经成都的长途光缆传输网发展迅速，相继建成了成西、杭福贵成、西成渝、成昆、成渝、兰成、广昆成、西渝、汉渝成一级光缆干线，以及省内从成都到内江等地的24条二级光缆干线，基本形成成都连接全国和省内各地、市、州的长途光缆干线传输网。成都市电信局被选定为P3S长途实验局，成为全国八大中心局之一。作为中国电信网络八大汇接区之一，作为全国八纵八横和四川省三纵三横骨干通信光缆的重要交汇中心，成都西南地区的通信枢纽功能不断提升。

三

成都市信息化建设工作启动于20世纪90年代初。

1996年，中国公众互联网全面启动。同年3月，建立在国家公用电信网基础上的四川地区业务网络“天府热线”创立。一年后主页访问量超过120万人次，月访问量达到30万人次，成为全国最热门站点之一。

1997年，成都市金融区域网建成并投入运行，在西南财经大学建立了中国人民银行模拟银行实验中心。交通信号控制系统、交通管理信息系统、通信系统以及交通诱导系统等相继投入使用。成都连接重庆、绵阳、乐山等地的高速路收费、监控信息系统建设启动。

1998年，首届成都国际电脑节举办，参观者20万人次，电脑及相关产品销售额超过6000万元。同年，全市从事电脑及相关技术的企业约1500家，拥有行业应用、办公自动化、网络应用等品牌软件20余种，软件销售收入10亿多元。

1999年，成都市党政多媒体综合信息网络形成数字传输主干网、数字程控交换网、多媒体计算机局域网、信息安全保密网以及全网基础软件、操作平台、应用软件系统等五大骨干体系，微波网络覆盖全市19个区（市）县。“中国成都”政府网站注册。

1990—2000年，成都市实施金企、金贸、金税等信息化工程。成都大部分企业建立相应信息系统，企业计算机联网率为72.42%，其中有82.76%的企业与Internet（国际互联网）建立网络连接。“数字成都”城市信息化系统建设启动，公安、交管等部门基于地理信息系统建立相应的应用系统。全市拥有中国电信169成都中心网、中国金桥网成都中心网、高教网西南中心网、中国科技网成都中心网等四个连接全国和国际的计算机互联网。

2001年，《中共成都市委、成都市人民政府关于加快信息化建设和信息产业发展的意见》出台。同年7月，组建成都市信息化办公室，制定《成都市信息化建设与应用规划》。8月，成都市信息化工作和信息化产业发展领导小组成立。10月1日，成都公众信息网门户网站（www.chengdu.gov.cn）开通试运行。11月26日，国家软件产业基地（成都）管理委员会在成都高新西区创业中心挂牌成立。市信息化办公室分别与电子科技大学——国腾软件学院和成都信息工程学院联合成立软件产业基地人才培训中心。成都信息化建设提速。

是年，全国“八纵八横”和四川省内“三纵三横”的光纤干线网以成都市作为枢纽节点。光缆、数字微波和卫星通信等干线传输网络建成，市内光缆联到4个汇接局，140个市话局、模块局和部分用户，以及296个无线移动基站，光缆干线核心层、骨干层、配线层初步形成。数据通信网（分组交换、DDN）有节点69个、端口容量5800个，有用户3020户。全市建成11座广播电台和8座电视台，广播人口覆盖率达97.25%，电视人口覆盖率达94.51%，有线电视用户达60万户。人均信息消费支出1527元。

2002年，成都市着手构建以微电子为基础、软件为支撑、元器件为配套、网络产品为主体、安全产品为特色、信息家电为外延的产业发展体系。市内光纤物理网络形成覆盖成都市及各郊县的光纤自愈网，接入手段逐步向ADSL和宽带接入方向发展。广电网逐步向数字化、多功能化、网络化方向发展。全市已有80.8%的市级部门上网，65%区（市）县建立独立网站。全年完成信息化建设投资52.5亿多元，其中通信及网络方面投资27.6亿多元，R&D及技改性投资14.8亿多元，信息化应用及其他投资为10.1亿多元。全市软件企业3000余家，从业人员2万人左右（其中研发人员30.9%），产值达到55亿多元，托普、国腾、迈普等22家骨干软件企业发展迅速，年销售收入均上亿元。成都市家庭宽带接入比例比上年增加10.41%，每百户计算机拥有量增加41.48%，人均信息消费支出占消费总支出比例增加22.13%。

2003年2月，SK成都峰会举办，来自SK中国公司以及西门子、爱立信、思科等20家跨国公司的首脑代表，与四川省、成都市相关部门代表和20家高新区企业代表进行了交流。从2003年开始，成都市连续三年承办中国国际软件合作洽谈会。

2004年，成都市信息化建设带动社会投资超过40亿元，软件销售收入保持25%的增长幅度，实现销售收入100亿元（出口1000万美元）。完成46个部门的局域网建设，并改善部门服务后台。全市有241家龙头企业联网，国家、省、市一级的龙头企业联网率100%。农村经济信息网络联网乡（镇）和涉农街道办事处269个，联网率100%。

2001—2005年，成都市重点推进国家软件产业基地、西部光通信产品研发与生产基地、西部集成电路设计与生产基地、国家信息安全产品产业化基地、西部电子元器件与信息材料生产基地、信息家电与数字视听产品生产基地等六大基地建设；新建完成了政务服务中心信息系统、网上政务大厅工程、企业信用信息系统、企业基础信息共享和应用系统、市重大政务活动信息采集和发布系统、银税共享试点信息系统、城市应急联动地理信息系统、农村新型合作医疗信息系统、农村医疗卫生机构药品配送与管理信息系统、运用信息技术加快农村脱贫致富试点工程、成都市图书馆信息化系统一期工程等11项信息化重点工程；完善和推广应用了企业登记前置审批告知承诺系统、疫情及突发公共卫生信息系统、社会保险信息化应用系统、“城市通卡”工程、“数字成都”信息快速检索系统、社区宽带服务系统试点工程等6项信息化重点项目。

全市工业、商业企业大力推广信息技术应用，以改造企业生产、经营、管理和销售等环节。电子商务开始发展。电子政务应用持续深入，门户网站建设全国领先；成都市应急联动、城市内涝及防汛监测等信息系统的投入应用。工商、地税、国税、质量监督等部门企业基础信息实现共享与交换，初步建立起法人单位数据库和人口数据库。数字图书馆、移动数字电视等项目完成建设，数字文化资源和基层文化服务站建设启动。成都市有线电视用户达到160万户，14个郊区区（市）县兴建了21座广播电视台，211个乡（镇）、涉农街办实现县到乡（镇）的有线电视光缆联网。成都市教育信息城域网、校校通、教育电子政务等工程相继实施；现代远程教育发展迅速，基础教育信息系统全市全覆盖，建成农民网校50所。新型农村合作医疗信息管理系统覆盖全市所有区（市）县的500余家医院和500万参保农民；成都市疫情及突发公共卫生事件报送和处理分析系统以及成都市突发公共卫生事件应急指挥系统，形成覆盖市、区（市）县两级卫生局、疾病控制中心、卫生监督执法所和市120指挥中心的骨干网络体系。成都现代公众多媒体信息亭、城市通卡、数字社区便民信息服务系统等一批服务公众、市民的信息化特色项目建设完成。

至2005年年末，成都市构建以电子政务外网为主的骨干链路，并通过VPN技术有效传输到多个行业专网，通过发挥网络运营商的技术优势，以多种方式构成接入网，集约形成网络体系；建立全市统一的、链接800多个网站的政府门户网站，规划建设一批跨部门共享的应用系统；通过“成都通”信息亭、银行卡、城市通卡、“众通”社区便民查询显示屏、数字图书馆、移动数字电视等推动信息化在社会领域的广泛应用，基本建成适应成都市信息化发展的基础设施和统一的网络体系，初步形成信息资源开发、共享、应用体系，普及现代信息技术在经济、社会领域的应用，信息产品在生活领域得到普及，信息技术应用日益渗透到人民生活中。成都市年人均信息消费支出达到1790元，10个居民小区建成信息化进社区示范小区。在《中国城市发展报告》中，成都市信息化水平列全国第六。

邮　政

经营体制

【邮电分营】

1990年，市邮政局实行厂（局）长负责制的管理体制。

1991年12月，对成都市龙泉驿、青白江区邮电管理体制进行调整，实行邮政、电信业务分营的新体制。从1992年1月1日起，撤销原成都市龙泉驿区邮电局和成都市青白江区邮电局。设置成都市龙泉驿区邮政局、青白江区邮政局，负责经营和管理全区（含分支机构）的邮政业务。实行独立核算，由市邮政局管理。设置成都市龙泉驿区电信局、青白江区电信局，负责经营和管理全区（青白江区的农话纳入市话管理）的电信业务。实行独立核算，由市电信局管理。

1996年10月，成都邮政和电信管理体制进行调整，将属于市邮政局管辖的12个邮电局整体划归市电信局管辖，龙泉驿区、青白江区邮电管理工作保持原邮电分营的体制，电信通信仍由市电信局管辖，邮政通信由市邮政局管辖。

1998年，邮政和电信分开独立核算，各自独立经营。成都市郊各邮政局于1998年9月30日前全部组建完成，1998年10月15日，市邮政局成立“成都市邮政局郊区通信管理办公室”，履行对14个区（市）县邮政局的综合管理职能，截至1998年12月，成都市邮电分营工作完成，邮政和电信从1999年1月1日起开始独立运营。

2000年，根据国家邮政局《关于全国七个一级邮区中心局体制实施意见》《关于加快邮区中心局体制实施的通知》和四川省邮政局《成都邮区中心局体制实施方案》，市邮政局火车北站邮政枢纽全部与四川省邮车总站合并，组建成都邮区中心局。2000年10月31日成都邮区中心局正式挂牌成立。

2005年，成都邮区中心局实行机构改革，调整和精简后的职能机构有：综合办公室、党群工作部、网络运行部、计划财务部、人力资源部、安全保卫部、工会；二级生产单位有：邮政枢纽分局、报刊封发分局、邮件押运分局、汽车运输分局、车辆维护分局、机械设备分局、航空邮件处理分局。

【专业生产机构设置】

1994年，成立成都市邮政局储汇局。同时，根据成都市行政区划名称的变化，邛崃县、彭县、崇庆县、灌县邮电局正式更名为邛崃市、彭州市、崇州市、都江堰市邮电局。

1995年2月，市邮政系统专业生产机构分别设置：邮政枢纽中心，下设总调度室，负责全局邮件内部处理。内部生产机构设置：函件处、包裹处、刷印处、押运处、转运处、设备维护处、邮袋处。专业二级机构设置：发行局、储汇局、速递局、邮票公司、机要局、邮运局。

同年5月29日，四川省邮电管理局撤销四川省集邮公司和省局邮资票品室，成立四川省邮资票品局，原省集邮公司的集邮经营与市邮政局下属的成都市集邮公司合并，更名为四川成都集邮公司。隶属成都市邮政局领导。

1998年12月，成立“成都市邮政局报刊收投公司”。同时撤销原“成都市邮政局报刊收投委代办管理处”。

1999年10月，市邮政系统生产经营机构调整为5个专业公司、8个城区邮电局、8个生产处（中心）。

2000年6月，市邮政局组建邮政运递局，将市内8个分局的投递按区域组建5个运递分局。在14个区（市）县局组建运递分局。

2002年3月24日，市邮政局以投递促揽收，将投递的生产职能划归各分局，撤销运递局，组建“绿马甲”收投队伍，促进经营与投递的进一步结合；邮政速递增开特快“小夜班”，实现特快投递时限“提速”，减少快件经传环节，使进出口四川省的国际邮件寄递时间缩短。

2004年12月，进行政企分开和公司化制度的调整和精简，在原7大专业局的基础上组建速递、邮储、商函、广告、集邮、报刊发行、报刊零售、运递、电子邮局共9大经营性专业局。其中，速递局机构调整为分拣封发组、投递组、国际组、查询室、稽核组、物流组。国际组承担国际邮件互换局、交换站职能。

2005年12月13日，成立“成都市邮政局保险代理局”，负责全局保险代理业务的经营管理工作。

【经营管理制度】

市、区（市）县财务核算一体化。1996年5月21日，市邮政局制定《关于完善我局邮电通信企业经济核算办法》及《资金集中管理办法》两个管理办法，对经济核算办法和邮电建设资金集中管理办法进行修改和完善。

1998年7月6日，根据邮电部、四川省邮电管理局新的经济核算办法，制定《成都市邮政局所属邮电通信企业财务分配施行收支差额管理的办法》。

1999年5月11日，市邮政局对有业务收入的单位进行二级单位的核算工作，加强财务核算管理。从1999年8月至2000年1月1日先后对暑袜街、衣冠庙、草堂寺、火车站、猛追湾、沙湾、建设路、双桥子8个邮电局，以及速递公司、集邮公司、商函礼仪广告公司、报刊发行公司4个专业公司实行了二级核算。

2000年4月1日，市邮政局资金调度结算中心正式成立。5月，开始实行会计人员派驻制，市邮政局成为全省第一家实行会计派驻制的邮政企业。

2001年，制定《成都市邮政局（现业）成本费用评价标准》，对4个专业局和8个分局试行二级准独立核算制，并在全市邮政全面派驻财务人员，在郊区14个区（市）县局继续推行会计人员“巡视检查制”。同时，修改完善了《固定资产折旧留缴办法》，强化缴拨款管理办法，制定《成都市邮政局资金缴拨款管理办法》《成都市邮政局贷款管理办法》和《成都市邮政局收支差额包干管理办法》。

2002年3月，市邮政局开展“市县财务核算一体化”工作。具体办法是负责本地区的财务管理，统一组织会计核算，按四川省邮政局制定的经济核算办法集中进行本地区经营成果的核算。对下属区（市）县局实行“收支两条线”管理，取消区（市）县局的“收支差额调整”“所得税”的计算，作为局内的二级单位，不再作为利润核算中心。区（市）县局按照行业会计制度和“市县财务核算一体化”相关财务管理办法进行核算和财务管理工作，负责收入的核算，并按照市邮政局规定的范围和标准进行成本费用开支核算，现金收入及时全额上缴市局，现金支出由财务处按规定拨补。

2004年，市邮政局全面建立、健全“报账制”财务管理体系。

承包经营与绩效考核。1992年4月1日，制定《成都市邮政局第三轮承包经营责任制办法》《成都市邮政局第三轮承包经营核算制办法》《成都市邮政局企业产品目录、承包经营责任制指标考核办法（中央国营）》等经营管理办法，承包期为4年，每年将各项考核指标分解下达到各单位。

1997年6月16日，制定《成都市邮政局承包经营责任制考核办法》，进一步完善企业内部经营机制。

2000年，市邮政局根据《四川省邮政局对市地州邮政局、省局直附属单位经营责任制考核办法》和《关于下达我省邮政企业2000年经营责任制责任书的通知》，进一步修改和完善市局的经营承包责任制，强化内部管理工作。

2002—2005年，每年制定完善年度《成都市邮政局绩效考核办法》，将原来经营责任考核办法与绩效挂钩办法相结合，把对企业领导班子的考核和对企业职工的考核相结合，强调对企业全体员工与企业领导班子考核奖励的一致性。

内部营销。2000年4月17日，市邮政局制定《三级营销策划实施组织管理办法》。使全局的营销活动依托邮政网络整体优势、局域优势和企业资源，以业务的整体策划、综合决策为出发点，以三级营销策划实施责任制为手段，在一个较高的层次上组织实施。

2002年，制定《成都市邮政局大客户营销管理办法》，在全局推行客户经理制。

2003年8月29日，制定《成都市邮政局市场营销体系构建实施意见（试行）》，通过建立专职营销队伍、完善营销服务体系、调整激励机制、规范经营秩序，在市场营销过程中做到“四统一”，即统一营销品牌、统一营销资源、统一营销标准、统一营销激励，逐步实现对全局大客户资源的统一协调与管理。

邮政工程

【邮政枢纽改造工程】

成都市邮政枢纽工程（位于成都火车北站旁）1988年10月18日建成投产。到90年代，原有生产房屋已经不能适应成都邮政业务迅速增长的需求。

1991年开始枢纽工程技术设备改造。6月19日，完成成都邮政枢纽包裹分拣机技术改造，增装三台50格口直线型分拣机。同时，邮电部投资45万元，自筹11.6万元对原3台直接入袋分拣机进行改造；完成由贵阳通信机械厂制造的六台分拣机的安装，以统一机型。

1993年11月，完成调整枢纽工程配套厂房扩建改造方案，扩建厂房面积提高到8000平方米。

工程于1994年3月开工，于1995年12月各单项工程基本竣工并投入使用。1996年四川省邮电管理局和邮电部分别进行初步验收和竣工验收。该工程总投资为2858.48万元，包含邮运地道二至四层土建工程5700平方米，其他配套建筑工程814平方米，安装630千伏安及400千伏安变压器各一台，更新高低压配电设备和10千伏安高压输电线500米，安装两台288千瓦进口柴油发电机组和消噪设备；安装两套中央空调，总制冷量90万大卡；更新一台客梯、两台货梯，大修一台货梯；对原枢纽大楼各生产现场进行改造，更新各生产现场的消防报警系统，安装一套26头电视监控系统和9面2.7×1.2米电子显示系统。安装256门程控交换机及无线调度通信系统各一套；更新改造工艺设备55台及一批辅助装备，其中推式悬挂输送机三套，L型包裹初分机一台，环型包裹细分机一台，挂刷分拣机一台，皮带机十一台，开拆吸尘器十八台，集中开拆吸尘系统两套，挂函登单机两台，捆扎器十台，可编程实时控制系统六套。建筑安装工程达到设计要求，满足了邮政工艺的需要，经成都市质监部门检查验收，建筑安装工程被评为优良工程。

【邮政指挥调度中心】

自清光绪二十七年（1901）12 月 24 日，大清邮政成都分局建局起，成都邮政指挥中心一直设在署袜北一街口。

20 世纪 90 年代后期，市邮政局部分生产基础设施、开展新业务的场地，以及生产指挥调度的现有状况已不能满足成都邮政发展的需要，与成都作为中西部地区特大城市、西南地区通信枢纽的地位极不相符。

1999 年 12 月 27 日，“成都邮政通信指挥调度中心”举行奠基仪式，在署袜街原址上修建新的大楼。然而清代修建的所谓“新局房”作为成都市很少由外国人设计和修建的老式建筑，是有一定价值的历史建筑遗产。经反复考虑和征求建筑专家们的意见，决定保留老式楼房的风貌，在增加 200 多万元保护预算的情况下，实行“半拆除”的方案。即结构性的保留“新局房”临街部分整体外观，拆除后楼、辅助建筑和后来修建的“鸿雁楼”住宅。

成都邮政通信指挥调度中心工程由邮电部北京设计院负责设计，四川省邮政局和成都市邮政局负责建设。总建筑面积 4.25 万平方米，总建筑占地面积 4316.23 平方米，工程预算总投资 2.26 亿元。主楼地上 24 层，地下二层，建筑面积 2.97 万平方米。裙楼地上四层，地下一层，建筑面积 1.27 万平方米。该大楼全部采用新技术、新材料，全框架结构。

2005 年在成都市署袜北一街口建成的成都邮政通信指挥调度中心

2005 年年底，该工程完成 90% 的内部装修。集多功能为一体的现代化邮政指挥调度中心大楼，对外俗称“锦城绿洲”。新建的主体大楼与保留下来的临街部分融为一体。指挥调度中心具有邮政综合业务计算机管网指挥调度、商函广告、邮购、营业大厅、集邮、特快专递、报刊发行、邮政储蓄、指挥调度监控以及生产辅助和管理等功能。

【成都第二邮政枢纽】

20 世纪 90 年代后期，经原邮电部批准同意，成都市邮政局在双流航空港经济开发区机场路征地 97.13 亩，修建西南片区成都第二邮政枢纽。

成都第二邮政枢纽工程由信息产业部北京邮电设计院设计，北京煜金桥通信建设咨询公司监理，双流县建筑质量监督测试站负责质量监督，华兴建筑公司负责土建施工。工艺设备由邮政规划院优瑞公司、鸿渤嘉业公司、国家邮政局上海研究所、贵阳539厂、林德—厦门叉车有限公司、阿尔卡特公司、敬天数字网络有限责任公司、成都远望科技动力有限公司、四川蓝波电子有限公司、郑州蓝达邮通设备有限公司、长沙鸿雁机械厂、四川省邮政设备厂等单位提供。土建工程一期主楼于1997年10月12日开工建设，2000年12月15日通过当地质监部门竣工验收，被评为优良等级；辅助楼1998年4月15日开工建设，1999年6月通过当地质监部门竣工验收，被评为优良等级；土建工程二期主楼于1999年12月22日开工建设，2001年1月15日通过当地质监部门竣工验收，被评为优良工程。

成都第二邮政枢纽占地97.13亩，其中代征地10.06亩，可利用面积为87.07亩。一期工程建设生产主楼面积1.62万平方米，共计1.9万平方米；二期土建工程续建生产主楼面积2.63万平方米，两期工程建设总面积4.53万平方米。生产主楼长258米，宽72米，高14.40米（不含女儿墙），总面积4.23万平方米。生产车间为两层，局部辅助用房为四层，车间层高7.20米，为大跨度全现浇混凝土框架结构，楼层采用现浇井字梁楼盖，一柱一孔人工挖孔桩基础。主楼中部设3吨货梯4部。生产生活辅助楼面积2918平方米，一层为变配电室、柴油发电机房、锅炉房、水泵房、食堂初加工房和库房；二层为浴室和食堂厨房；三层为备餐室和大小餐厅。

从1994年1月开始筹备建设至2002年8月竣工，总投资1.69亿元。由成都市邮政局承担建设管理，2000年11月1日后交由新成立的成都邮区中心局管理。2002年5月中旬，国家局组织验收通过，2002年8月16日邮件处理中心由成都邮政枢纽（火车北站）迁入并进行试生产。2003年1月16、17日，国家邮政局组织南京邮政局、北京、西安、石家庄邮区中心局的专家和技术人员，对成都第二邮政枢纽工程进行技术测试。该工程顺利通过终验前的技术测试。

【成都邮政枢纽二期工程】

20世纪90年代初，成都担负着京成、沪成、成兰、成昆、成贵等十二条火车邮路，省内十八条汽车邮路以及航空邮路邮件的接发、中转和进出口邮件的分拣封发任务，每日接发各种车次航班达九十一次，邮政运输、分拣封发、中转在西南地区处于重要的位置。1981年的邮政业务总量为736.06万件，到1990年增加到2273.36万件，增幅为208.86%。在实施火车站成都邮政枢纽技术改造的同时，决定启动成都邮政枢纽二期工程。

邮政枢纽二期工程分为两大部分：一部分在火车北站枢纽院内修建邮运地道和地下室（第一期）；另一部分在沙湾路由市政府无偿提供的20亩土地上修建金牛邮政分局和汽车邮运生产楼，同时再自征土地8.9亩修建职工住宅1.3万平方米。成都邮运地道及沙湾配套工程列入成都市“八五”（1991—1995年，以下同）规划，作为重点建设项目和基础设施。成都市政府减免土地出让金；市建委减免市政设施配套费，减免小区配套费、土地开发费；市人防减免人防工程费。

成都邮政枢纽二期工程分别位于成都邮政枢纽（火车北站）院内和成都西门沙湾路两处，建筑面积为2.5万平方米。其中地下转运库及生产转运楼1.13万平方米，沙湾局汽车邮件转运楼4121.92平方米，金牛邮政分局综合楼7920.62平方米，生产生活附属楼1708平方米。工程由邮电部、四川省邮电管理局、成都市政府联合投资。1992年12月25日开工，1997年5月竣工，总工期为四年零五个月。邮电部投资2323.40万元，四川省邮电管理局投资592万元，市邮政局投资3694.49万元。工程由邮电部设计院和铁道部第二勘察设计院设计，四川省第三建筑工程公司和新兴建筑工程公司施工，市邮政局重点工程办负责建设。工程中枢纽院内的生产转运楼和沙湾局的汽车邮件转运楼被成都市工程质量监督站核定为优良工程。原计划实施的邮运地道工程，因邮电部和铁道部在同步实施成都火车北站东西地道的计划改变而未进行。

【汽车邮运中心】

成都汽车邮运中心位于双流县西南航空港开发区内的白家乡黄河路。该工程设计总建筑规模14546.01平方米，总投资4771万元。其中转运车间3210平方米，维修检测车间4200平方米，生产辅助楼5570平方米，车库、变配电室、门卫等用房1180平方米。实际完成建筑规模15383平方米。工程由邮电部北京设计院设计，北京煜金桥通信建设监理公司监理，成都市华兴建筑工程公司施工。

成都汽车邮运中心工程先由原邮电部邮政运输局西南分局组织实施，于1996年8月完成征地70亩，支付征地拆迁等费用1228.1万元，并办理开工前的各项手续，确定施工队伍，签订施工合同，完成投资1348.75万元。1997年3月1日以后委托成都市邮政局重点工程办组织实施，1997年6月全面开工，1998年10月竣工。该工程由市邮政局重点工程办、北京煜金桥通信建设监理公司、双流县质量监督站一起进行检测验收，包括工程的随工检验和最后检验，各项工作和资料均达到设计要求和施工规范，工程质量符合国家现行施工规范、标准。所有工程质量等级由双流县建设工程质量监督站评定为优良工程。

该工程由邮电部投资4771万元，后国家邮政局补助成都市邮政局409.47万元、成都邮区中心局117.6万元，实际完成投资5298.07万元。

【通信网络平台】

1997年11月20日，市邮政局“综合信息网络系统”建设方案出台。主要以现代化通信技术为依据，以市邮政局机关为中心，建设一个对上连接综合网，对内连接各部门的综合信息网络，逐步实现市邮政局内办公现代化、信息资源化、管理科学化和传输网络化。着眼未来发展和着重使用功能，建设统一标准、统一接口、统一管理的网络平台，并将市网并入省网。

1996年和1999年分别引进两套贝尔公司和一套阿尔卡特公司的自动信函分拣机，建成信函处理系统，采用先进的机械技术、电子技术、网络技术、光电识别技术和自动化技术，实现信函分拣自动化。采用计算机和通信技术，实现邮政金融业务的经营、管理和服务的实时处理，建成邮政储蓄计算机网（简称“绿卡”）。1999年底，市邮政局系统微型计算机有800余台，网络服务器100余台。

到2000年，“绿卡”在成都地区形成173个联网点和90台ATM机、发卡量达两万余张的规模，并和全国30个省（区）市的50余个城市中心主机系统联网运行，连接5000多个邮政储蓄营业窗口，1000余台自动取款机（ATM）。进网储户已达40万户，开办代发工资、代办养老保险、代收移动话费等新业务；在183个主要营业窗口实现电子化营业。同时建成成都地区报刊订销要数计算机系统、邮政枢纽生产数据综合处理计算机系统、特快专递综合信息系统、办公自动化计算机系统、集邮票品管理系统。另外，在邮政金融计算机网的基础上，开发出网上即时在线支付系统，实现在互联网上办理网上汇款、网上订阅报刊、网上“绿卡”支付功能的网上购物、网上缴费等电子商务。邮政ICP的开通使信息化步入新阶段。

2000年6月，与北京中邮绿卡金融网络有限责任公司签订成都市邮政局代收付综合平台系统工程合同书，分别于2000年10月和2001年开通代收移动和固定电话话费业务。2001年，市邮政局“绿卡”中心投资30万元，与省“绿卡”中心实现并网改造，9月建成前置机（小型）平台，将PC服务器平台移植到前置机（小型）平台上；对原有代收付系统进行改造，实现ATM电话银行终端代收付功能；进行平台化系统改造，建立开放的数据接口。

2000年7月至2002年8月，投资200万元建成成都市电子邮政平台和“185”客户服务中心及代收付综合平台。电子邮政网上购物系统于2000年9月开通，实现绿卡在线支付和招商银行在线支付；2000年10月，开通代收移动话费，2001年开通代收固定话费。

2001—2004年，引进信函自动分拣机、建设绿卡网，开发异地通存通兑、ATM、POS等功能，在此基础上逐步发展网上银行服务、代理业务服务等新功能。开通综合网的建设和电子汇兑，在对邮政金融网进行计算机化改造后，对“函包汇发”等传统邮政业务实施全面计算机化改造，实现报刊通订通投、计算机化联网办公，邮政汇款的速度也从过去的一周变为二到二十四小时。经过综合网二期、三期、电子汇兑建设，到2004年4月底，共安装服务器54台，投资259万；PC机279台，投资251万元；终端316台，投资111万。185客户服务中心共有PC机26台，投资23万，服务器4台，投资68万。

2005年，市邮政局综合网成都中心配置HP主机数据库系统，强大的处理能力确保网络正常运行。至此，综合网中心基本建成邮政生产经营管理信息中心，它集生产作业、电子汇兑、报刊收订、城市综合服务平台、集邮、办公系统等为一体，使邮政通信的生产作业进入网络信息传递时代。8个市区邮政分局和14个区（市）县邮政局、141个邮政所实现联网运行。

【邮政绿（银联）卡工程】

1994年4月6日，成立成都市邮政局储汇局。5月5日，成都市邮政储蓄计算机联网系统技术改造工程（一期）启动，改称“绿卡工程”。按照邮电部网络结构通信和入网要求等均应符合TZ014-93《邮政金融计算机网络技术体制》要求，“绿卡工程”利用市内X25公用分组交换网进行联网管理，建立城市集中式结构的邮政储蓄计算机网络系统。

邮政绿卡消费现场一景

1995年8月8日和8月31日市邮政局与法国BULL分别签订主机系统集成及ATM引进合同。9月工程正式开工，10月完成主机房的装修改造工程，11月底12月初，主机设备和ATM机相继运抵成都，12月份完成中心主机的硬件安装和系统软件的安装测试。ATM的安装工作也同步进行。1996年2月，完成2.0和2.1版应用软件的安装测试，按照邮电部的总体计划要求，1996年2月开通署袜街邮政一分局、衣冠庙邮政四分局和火车北站邮政八分局营业点和两台ATM，进行试运行。BULL公司分别于1996年7月、11月提供3.0、3.1.1版应用软件。1996年10月8日“绿卡工程”系统正式对外营业试运行。1997 年 7 月 8 日，“绿卡工程”在完成中心主机、41 个网点、28 台 ATM 机的安装调试和试运行后，通过了四川省邮电管理局组织的初步验收。

1998 年 5 月 25 日，开始实施系统扩容工程。新建市区联网网点 23 个，投资 200 万元。区（市）县新增联网点 111 个，投资 950 万元。新增 24 小时服务 ATM 机，其中市区 10 台，区（市）县 5 台，投资 550 万元。建设电子商务系统前置机，开通 POS 系统，实现 Internet 网上购物，开通电话银行等，投资 409 万元。中心主机通信系统改造，采用 DDN 节点机、接入路由器、数字中继 PSTE 接口，投资 116 万元。增加业务应用功能，以及市县局管理功能，投资 30 万元。建设事后监督和会计清算计算机系统，市区投入 60 万元，区（市）县 160 万元。与省中心联网，实现全省通存通取。

截至 1999 年 5 月，进网储户 28.1 万余户，实现了与全国 57 个大城市、700 余个中小城市联网，开办代发工资、ATM 交易、Internet 网上电子商务等新业务。发放 ATM 卡 7 万多张，月均交易 30 多万笔。联网点对外服务时间 08：00—21：00，最长 14 小时。工程总投资 3941 万元。其中，邮电部 1374 万元，省邮电管理局 2007 万元，市邮政局 560 万元。1999 年 6 月 19 日进行最新 4.0 版本的升级切换。

2000 年，邮政储蓄（绿卡）新增联网网点 33 个，其中市区 14 个，区（市）县 19 个，全市 173 个网点联网运行。

2001 年 11 月 6 日，成都市邮政局投资 430 万元进行绿卡网点的建设，加快邮政储蓄市场的竞争能力，扩大联网规模。

2002 年，成都综合前置机的应用软件与四川省同步实施改造，于 6 月改造测试完成。购置一台小型机（IBMH85）；开发前置机软件，连接 ATM、POS、电话银行等终端设备。将代支付系统从原来的 PC 服务器平台移植到前置机平台上，成为通用的代收付平台。技改项目共投资 280.2 万元。其应用软件功能有：ATM 机的存款、取款、改密、清钞等；POS 机的消费、撤销、预授权、自动冲正等；POS 既可实现单行 POS 交易，也可以实现成都市联网平台共享 POS 交易；电话银行的语音账号加办、代收付登记、185 查询余额、185 未登折明细查询、185 代缴电话费查询；代缴移动、电信话费的代收付空白凭证管理、查询移动电信话费、现金代缴移动电信话费和卡折代缴移动电信话费；以及 MONITOR 监控能够通过平台了解 ATM 钞箱、ATM 交易和 ATM 交易是否正常等。

2003 年 12 月 9 日，成都电子汇兑联网网点数量达到 142 个。同月，完成 35 个绿卡网点的终端合台改造。

2004 年 10 月 14 日，完成邮政储蓄“统一版本”系统切换工作。按照实现邮政储蓄系统与电子汇兑系统的互联互通和电子化支局系统统一版本工程安排，2005 年 6 月 24 日，电子化支局 70 个网点（不含大宗组）的统一版本上线分三批完成，实现了与四川省两网互通上线切换。同年 12 月，增加邮政储蓄后台业务处理终端 22 套，各分局与区（市）县局各 1 套。新增绿卡联网网点共计 19 个（26 个台席）。

1997—2005 年成都市邮政局银联卡（邮政绿卡）发放统计表

表 3-112

发卡时间	发放数量（个）			全市历年累计数（个）
	市区	县区	全市当年累计	
1997	6070	1300	7370	15963

续表

发卡时间	发放数量（个）			全市历年累计数（个）
	市区	县区	全市当年累计	
1998	19623	999	20622	36585
1999	65556	12581	78137	114722
2000	60703	36209	96912	211634
2001	71424	75644	147068	358702
2002	53773	88024	141797	500499
2003	102615	206128	308743	809242
2004	108827	140264	249091	1058333
2005	132068	225196	357264	1415597

基础设施

【报纸分发流水线】

1999 年 10 月，受国家邮政局的委托，信息产业部设计院编写《成都四川日报社发报点报纸自动分发设备引进工程初步设计》，2000 年 2 月，国家邮政局批复同意初步设计方案。核定该工程项目引进部分总概算 1844 万元，其中国家邮政局承担 1475 万元，四川省邮政局承担 369 万元。6 月，信息产业部编写《成都邮发报纸自动分发设备引进工程国内配套设备部分初步设计修改》，四川省邮政局于 9 月批复该工程国内配套部分初步设计，核定配套工程总投资 490 万元，其中省邮政局承担 439 万元，市邮政局自筹 51 万元。市邮政局报纸分发流水线引进工程，于 2000 年 9 月 15 日通过四川省邮政局组织的初验，投入生产试运行。

2001 年 4 月 2 日，通过省邮政局组织的引进设备的最终验收。

2002 年 4 月，完成国内配套部分的场地改造、控制机房装修、电力扩容、气源系统的安装调试，胶带机和无尘清扫车投产使用，以及转向装置的安装调试并投入生产。该流水线每分钟可处理 28 捆报纸，生产效率得到提高。

2005 年成都报刊分发流水线设备表

表 3-113

序号	设备名称	数量	单位	备注
1	改造计数堆积机	2	台	引进
2	放签机	8	台	引进
3	捆扎机	5	台	引进

续表

序号	设备名称	数量	单位	备注
4	包装机	5	台	引进
5	离线制签系统	1	套	引进
6	联机输送线	132	米	引进
7	报捆输送线	40	米	引进
8	报捆输送线	87	米	国产配套

【作业机具】

信函分拣机。1994 年，成都邮政局利用比利时政府 323.2 万美元的混合贷款，引进比利时 BOLL 公司的信函分拣机两台，1994 年 9 月完成安装调试，12 月 27 日投入试运行。1995 年 8 月正式投入生产。同年引进比利时 BOLL 公司两台红框理信机，于 11 月完成安装调试并投入生产。1997 年投资 1164.19 万元扩容，引进法国曼内斯曼 OVCS 信函自动分拣机和红框理信机各 1 台。1999 年 8 月正式投入生产。由于成都中心枢纽的邮件处理量不断加大，三台信函分拣机显得能力不足。2001 年 10 月，国家邮政局从河北沧州调入成都中心局法国曼内斯曼 OVCS 信函自动分拣机 1 台，提高了成都邮区中心的信函邮件处理能力。

2005 年成都邮区中心信函分拣机统计表

表 3-114

机械名称	品牌型号	处理能力（件/小时）	生产国家	制造厂家	投产年份	设备价值（万元）
信函分拣机	C-STAR16-160	32400	比利时	贝尔公司	1995	1063
信函分拣机	C-STAR16-160	32400	比利时	贝尔公司	1995	1063
信函分拣机	OVCS-160-20	32400	法国	曼内斯曼	1999	853
信函分拣机	OVCS-160-20	32400	法国	曼内斯曼	2001	904

印刷品分拣机。1996 年，在火车北站枢纽安装国内 539 厂生产、拥有 80 个格口、每小时处理 800 件邮件能力的印刷品分拣机。2003 年，引进法国索亚斯特公司生产的 TOP 印刷品分拣机，每小时处理能力达到 1.8 万件。

包裹分拣机。1990 年年底，在对 1988 年安装使用、由贵阳通信机械厂生产的 3 台 y-bt50-74-z 包裹分拣机进行局部改造的同时，投资 33 万元，新安装贵阳通信机械厂生产的 3 台 y-bt50-74-f 包裹分拣机。1997 年，在成都邮政枢纽计算机网络系统完成的同时，投资 30 多万元，安装包裹登单机。2002 年投资 1571 万元，引进丹麦斯普瑞克公司生产的 SCB-CPGCPA 型包裹分拣机，每小时处理能力为 1.08 万件。

邮资机。1991 年，引进 7 台德国产 F204B 型邮资机。2000—2003 年，国内外生产的邮资机开始大量使用。2005年，全市范围内共安装使用各类进口、国产邮资机84台。其中大型机有：进口美国必能宝公司产的U561型机11台，U571型机33台。中型机有：进口德国FP公司产的EFS3000/M型机4台。小型机有：进口美国必能宝公司产E511型机17台，DM300型机4台，进口法国NEOPOST产的5400X型机1台。

【商函广告设备】

成都市邮政系统商业广告设备从无到有。1997年年底，开始筹办邮政广告业务。到2005年，商函广告制作设备共有8台（国内制造2台，美国制造4台，荷兰制造2台），价值共计3860万元。

2005年成都市邮政局商业信函制作打印封装设备

表3-115

序号	设备名称	生产厂家	型号及规格	使用时间
1	封装机	美国必能宝公司	8系列（ser2800）	2000-5-30
2	封装机	美国必能宝公司	Ser（2805）	2000-5-30
3	封装机	美国必能宝公司	Ser（2862）	2004-12达州调
4	邮资机	美国必能宝公司	U561	2000-5-24
5	邮资机	美国必能宝公司	U571	2000-9-31
6	高速邮资机	国家邮政上海研究所	Ysz301-3（j0405）	2004-12-21
7	高速折纸机	美国必能宝公司	—	2005-1-15
8	压敏机	美国摩尔公司	Ps-4t	2000-5-30
9	断纸机	德国雷拉公司	Ft6k	2000-5-31
10	断纸机	美国摩尔公司	Moore325000	2000-5-31
11	一体化折纸机	杭州新力	Pss300c	2000-5-31
12	高速信封打印机	美国必能宝公司	W830（1010917）	2000-3-17
13	连续账单打印机	北京百星公司	Ps88	2000-3-17
14	信封打印机	亚邮	Da607	2001-1-17
15	信封打印机	亚邮	Da607	2004-12泸州调
16	高速单页打印机	美国施乐公司	4890（110646773）	2001-1-17
17	高速单页打印机	美国施乐公司	Dp180（110646773）	2001-1-17
18	高速单页打印机	美国施乐公司	Dp180（1107803544）	2004-12达州调
19	发票打印机	富士通公司	M3083bc	2005-2北站调
20	连续账单打印机	泰力格公司	Tg90	2004-12泸州调
21	内部处理PC机	IBM	Vic	2000-5-24
22	高速单页打印机工作站	IBM	Vic	2000-5-24

续表

序号	设备名称	生产厂家	型号及规格	使用时间
23	信封打印机工作站	IBM	Vic	2000-5-24
24	信封打印机工作站	IBM	Vic	2000-5-24
25	内部处理 PC 机	IBM	Vic	2000-5-24
26	服务器	HP	Vector vei 8pIII	2000-2-15
27	连续账单打印机工作站	联想	逐日 2000 6c/500	2000-3-16
28	高速信封打印机工作站	联想	Lx 开天 2200	2004-3-19
29	内部处理 PC 机	联想	Lx 开天 2200	2004-3-19
30	内部处理 PC 机	HP	Hp net server lh 3	2000-3-15
31	服务器	IBM	Bm netifinity 5500m26	2000-5-24
32	内部数据处理 PC 机	方正	E630 文祥	2004-12-6
33	内部数据处理 PC 机	方正	E630 文祥	2004-12-6
34	内部数据处理 PC 机	方正	E630 文祥	2004-12-6
35	内部数据处理 PC 机	方正	文博	2004-12-6
36	内部数据处理 PC 机	方正	文博	2004-12-6
37	内部数据处理 PC 机	方正	文博	2004-12-6
38	内部数据处理 PC 机	方正	文博	2004-12-6
39	内部数据处理 PC 机	方正	文博	2004-12-6
40	内部数据处理 PC 机	方正	文博	2004-12-6
41	内部数据处理 PC 机	方正	文博	2004-12-6
42	连续账单打印机工作站	联想	扬天 T4000	2005-3-9
43	连续账单打印机工作站	联想	扬天 T4000C	2005-11-30

2005 年成都市邮政局广告处理系统主要设备

表 3-116

设备名称及型号	数量		设备名称及型号	数量	
	全系统	第一期		全系统	第一期
系统服务器（小型）	1	—	英国 KAS C6 封装机	2	1
激光打印机 台风 60	1	—	英国 KAS C6 高速折纸机	2	1
激光打印机 EP32	2	2	英国 FT-6K 切纸机	2	1
国产邮简机 G330	1	1	信封打印机 DA608	2	1
进口邮简机 PS-4TURBO	1	—	大型邮资机	2	1
切纸机 3250	1	—	—	—	—

【计算机网络设备】

1990 年，市邮政系统共有计算机22 台，在市邮政通信中使用的只有 17 台，单机作简单数据处理，数据不能共享。到 2005 年，成都邮区中心拥有邮政生产用微型计算机 332 台，成都市邮政局拥有 649 台。同时拥有计算机网络平台。成都市邮政局计算机网络拥有各类网络服务器 29 台，网络交换机 24 台，局域网络路由器 24 台，成都市邮政局邮政储蓄拥有网络服务器 74 台，网络交换机 38 台，网络路由器 85 台。实现邮政通信信息的数据化处理，并融入全国邮政通信网，实现全国数据共享。

1990—2005 年成都市邮政局计算机设备统计表

表 3-117

年份	总数（台）	其中大、中型（台）	微型计算机（台）						
			累计	邮政生产	邮政内部生产	营业窗口	电信生产	综合管理	管理内统计用
1990	22	—	22	—	—	—	—	5	—
1991	32	—	32	—	—	—	—	11	
1992	89	—	89	50	—	—	1	38	
1993	143	—	143	80	—	—	9	54	
1994	170	—	170	95	—	—	14	61	
1995	296	—	296	136	—	—	71	89	
1996	459	2	457	248	—	—	90	119	
1997	338	2	336	267	—	—	26	43	
1998	726	2	724	639	—	—	26	59	
1999	1027	2	1025	—	336	523	—	166	14
2000	1101	2	1099	—	282	521	—	296	16
2001	1180	2	1178	—	348	538	—	292	16
2002	1131	5	1126	—	313	503	—	310	16
2003	915	—	915	—	184	396	—	335	16
2004	1032	—	1032	—	292	371	—	369	15
2005	649	—	649	—	193	184	—	272	15

【ATM 机】

ATM 自动取款机（柜员机），从 1997 年进入成都邮政储蓄市场，全市共安装 30 台，2001 年发展到 103 台，到 2005 年共有 111 台。其中成都市区 66 台，龙泉驿区 8 台，青白江区 2 台，金堂县 2 台，双流县 3 台，温江区 3 台，郫县 8 台，新都区 5 台，崇州市 3 台，大邑县 2 台，邛崃市 2 台，蒲江县 1 台，新津县 1 台，都江堰市 2 台，彭州市 3 台。

2005 年成都市邮政储蓄 ATM 柜员机分布表

表 3-118

序号	局名	安装地点	品牌型号	生产国家	制造厂家	投产年份	价值（万元）
1	成都市区	暑袜街	DIEBOLD1071（穿墙）	德国	DIEBOLD 公司	2000-12-31	22
2		德胜街	DIEBOLD1071（穿墙）	美国	DIEBOLD 公司	2000-12-31	22
3		盐市口	SIEMENS	德国	德国 SIEMENS 公司	2001-6-30	28
4		好又多府河店	NCR5884（穿墙）	美国	DIEBOLD 公司	2002-11-12	28
5		天福街	DIEBOLD1071（穿墙）	德国	DIEBOLD 公司	2000-12-31	22
6		猛追湾	御银（穿墙）	中国	御银公司	2005-12-1	
7		九眼桥	DIEBOLD1071（穿墙）	美国	DIEBOLD 公司	2000-12-31	22
8		川　大	DIEBOLD1071（穿墙）	美国	DIEBOLD 公司	2000-12-31	22
9		琉璃场	BULL1410	法国	BULL 公司	1997-6-7	31
10		电子科大	DIEBOLD1071（穿墙）	美国	DIEBOLD 公司	2000-12-31	22
11		东　光	NCR5884（穿墙）	法国	DIEBOLD 公司	2002-11-12	28
12		科华中路	NCR5884（穿墙）	美国	DIEBOLD 公司	2002-11-12	28
13		沙　湾	浪潮晓星	中国	DIEBOLD 公司	2000-1-1	14
14		茶店子	NCR5884（穿墙）	美国	DIEBOLD 公司	2002-11-12	28
15		石灰街	DIEBOLD1071（穿墙）	美国	DIEBOLD 公司	2000-12-31	22
16		金泉路	BULL1410	法国	BULL 公司	1997-6-7	31
17		通锦路	NCR5884（穿墙）	美国	DIEBOLD 公司	2002-11-12	28
18		万福桥	DIEBOLD1071（穿墙）	美国	DIEBOLD 公司	2000-12-31	22
19		八宝街	SIEMENS	德国	德国 SIEMENS 公司	2001-6-30	28
20		西南交大	DIEBOLD1071（穿墙）	美国	DIEBOLD 公司	2000-12-31	22
21		抚琴西路	DIEBOLD1071（穿墙）	美国	DIEBOLD 公司	2000-12-31	22
22		锦城苑	DIEBOLD1071（穿墙）	美国	DIEBOLD 公司	2000-12-31	22
23		土桥新村	NCR5884（穿墙）	美国	DIEBOLD 公司	2002-11-12	28
24		抚琴小区	NCR5884（穿墙）	美国	DIEBOLD 公司	2002-11-12	28
25		省局大楼	SIEMENS	德国	德国 SIEMENS 公司	2001-6-30	28
26		陕西街	DIEBOLD1071（穿墙）	美国	DIEBOLD 公司	2000-12-31	22
27		高升桥	DIEBOLD1071（穿墙）	美国	DIEBOLD 公司	2000-12-31	22
28		南大街	DIEBOLD1071（穿墙）	美国	DIEBOLD 公司	2000-12-31	22
29		簇　桥	BULL1410	法国	BULL 公司	1997-6-7	31
30		红牌楼	DIEBOLD1071（穿墙）	美国	DIEBOLD 公司	2000-12-31	22
31		地　矿	DIEBOLD1071（穿墙）	美国	DIEBOLD 公司	2000-12-31	22
32		机投镇	BULL1410	法国	BULL 公司	1997-6-7	31
33		省储汇局	NCR5884（穿墙）	美国	DIEBOLD 公司	2002-11-12	28

续表

序号	局名	安装地点	品牌型号	生产国家	制造厂家	投产年份	价值（万元）
34	成都市区	双　楠	DIEBOLD1071（穿墙）	美国	DIEBOLD 公司	2000-12-31	22
35		玉林小区	BULL1410	法国	BULL 公司	1997-6-7	31
36		新街口	NCR5884（穿墙）	美国	DIEBOLD 公司	2002-11-12	28
37		天府绿洲	SIEMENS	德国	德国 SIEMENS 公司	2001-6-30	28
38		建设路	DIEBOLD1071（穿墙）	美国	DIEBOLD 公司	2000-12-31	22
39		理工学院	DIEBOLD1071（穿墙）	美国	DIEBOLD 公司	2000-12-31	22
40		理工学院	运通（穿墙）	中国	运通公司	2005-12-1	
41		电子科大	运通（穿墙）	中国	运通公司	2005-12-1	
42		电子科大	SIEMENS	德国	德国 SIEMENS 公司	2001-6-30	28
43		联合小区	运通（穿墙）	中国	运通公司	2005-12-1	
44		龙潭寺	NCR5884（穿墙）	美国	DIEBOLD 公司	2002-11-12	28
45		桃蹊路	DIEBOLD1071（穿墙）	美国	DIEBOLD 公司	2000-12-31	22
46		新罗路	DIEBOLD1071（穿墙）	美国	DIEBOLD 公司	2000-12-31	22
47		将军衙门	DIEBOLD1071（穿墙）	美国	DIEBOLD 公司	2000-12-31	22
48		黄田坝	DIEBOLD1071（穿墙）	美国	DIEBOLD 公司	2000-12-31	22
49		光华村	DIEBOLD1071（穿墙）	美国	DIEBOLD 公司	2000-12-31	22
50		煤干院	NCR5884（穿墙）	美国	DIEBOLD 公司	2002-11-12	28
51		火车站	NCR5675	美国	美国 NCR 公司	1999-5-17	32
52		火车站	NCR5675	美国	美国 NCR 公司	1999-5-17	32
53		马鞍东路	运通（穿墙）	中国	运通公司	2005-12-1	
54		李家沱	DIEBOLD1071（穿墙）	美国	DIEBOLD 公司	2000-12-31	22
55		西一路	运通（穿墙）	中国	运通公司	2005-12-1	
56		中心局	SIEMENS	德国	德国 SIEMENS 公司	2001-6-30	28
57		天回镇	DIEBOLD1071（穿墙）	美国	DIEBOLD 公司	2000-12-31	22
58		簸箕街	NCR5884（穿墙）	美国	DIEBOLD 公司	2002-11-12	28
59		政法学院	NCR5884（穿墙）	美国	DIEBOLD 公司	2002-11-12	28
60		双桥子	BULL1410	法国	BULL 公司	1997-6-7	31
61		双桥子	运通（穿墙）	中国	运通公司	2005-12-1	
62		川　师	DIEBOLD1071（穿墙）	美国	DIEBOLD 公司	2000-12-31	22
63		川　师	运通（穿墙）	中国	运通公司	2005-12-1	
64		牛市口	DIEBOLD1071（穿墙）	美国	DIEBOLD 公司	2000-12-31	22
65		邮电校	SIEMENS	德国	德国 SIEMENS 公司	2001-6-30	28
66		邮电校	运通（穿墙）	中国	运通公司	2005-12-1	

续表

序号	局名	安装地点	品牌型号	生产国家	制造厂家	投产年份	价值（万元）
67	龙泉驿区	龙泉本部	NCR5670	美国	美国 NCR	1997-6-7	34
68		龙泉本部	御银（穿墙）	中国	御银公司	2005-12-1	
69		洪　河	DIEBOLD1071（穿墙）	美国	DIEBOLD 公司	2000-12-31	22
70		十　陵	SIEMENS	德国	德国 SIEMENS 公司	2001-6-30	28
71		成　大	NCR5884（穿墙）	美国	DIEBOLD 公司	2002-11-12	28
72		同　安	BULL1410	法国	BULL 公司	1997-6-7	31
73		同　安	DIEBOLD1071（穿墙）	美国	DIEBOLD 公司	2000-12-31	22
74		同　安	BULL1410	法国	BULL 公司	1997-6-7	31
75	青白江区	城　厢	BULL1410	法国	BULL 公司	1997-6-7	31
76		局本部	NCR5884	德国	NCR	2004-9-30	25
77	金堂县	园区	穿墙式	美国	NCR	2002-8-1	28
78		幸福路	大堂式	美国	NCR	99.5	32
79	双流县	双流	穿墙式	美国	迪宝公司	2001.07	22
80		华阳	穿墙式	美国	迪宝公司	2001.07	22
81		双流	大堂式	美国	NCR 公司	1999.07	31
82	温江区	东大街	BULL ulyssy	法国	BULL	1999	41
83		金　马	BULL1410	法国	BULL 公司	1997-6-7	31
84		向阳路	NCR5884（穿墙）	美国	DIEBOLD 公司	2002-11-12	28
85	郫县	犀浦支局	BU11CD1410	法国	法国 BULL	1997-6-7	31
86		西　街	NCR5884（穿墙）	美国	DIEBOLD 公司	2002-11-12	28
87		川　工	DIEBOLD1071（穿墙）	美国	DIEBOLD 公司	2000-12-31	22
88		川　工	运通（穿墙）	中国	运通公司	2005-12-1	
89		西南交大	运通（穿墙）	中国	运通公司	2005-12-1	
90		唐　昌	运通（穿墙）	中国	运通公司	2005-12-1	
91		托普园	SIEMENS	德国	德国 SIEMENS 公司	2001-6-30	28
92		成外分院	NCR5675	美国	美国 NCR 公司	1999-5-17	32
93	新都区	电子路	运通（穿墙）	中国	运通公司	2005-12-1	
94		新　繁	DIEBOLD1071（穿墙）	美国	DIEBOLD 公司	2000-12-31	22
95		石油学院	NCR5884（穿墙）	美国	DIEBOLD 公司	2002-11-12	28
96		石油学院	运通（穿墙）	中国	运通公司	2005-12-1	
97		西　街	运通（穿墙）	中国	运通公司	2005-12-1	
98	崇州市	蜀州北路	NCR5675	美国	美国 NCR 公司	1999-5-17	32
99		西　街	御银（穿墙）	中国	御银公司	2005-12-1	
100		昌明路	DIEBOLD1071（穿墙）	美国	DIEBOLD 公司	2000-12-31	22

续表

序号	局名	安装地点	品牌型号	生产国家	制造厂家	投产年份	价值（万元）
101	大邑县	西街邮政营业所	大堂式	美国	NCR 公司	1999	28
102		南街储蓄所	穿墙式	美国	迪宝公司	2001	22
103	邛崃市	南岳街储蓄所	107IX	美国	迪宝公司	2001. 6	24
104		南街储蓄所	NCR5884	美国	NCR	2001. 12	28
105	蒲江县	县城北街储蓄所	BUIIUSUIOUD4	法国	—	2000	42
106	新津县	县局第二储蓄所	迪宝 1071	美国	迪宝公司	2001	30
107	都江堰市	江安路	御银（穿墙）	中国	御银公司	2005-12-1	
108		轻工校	DIEBOLD1071（穿墙）	美国	DIEBOLD 公司	2000-12-31	22
109	彭州市	西干道	NCR5675	美国	美国 NCR 公司	1999-5-17	32
110		城　南	NCR5884（穿墙）	美国	DIEBOLD 公司	2002-11-12	28
111		北　街	SIEMENS	德国	德国 SIEMENS 公司	2001-6-30	28

遍布成都市城乡的邮政 ATM 自动取款机为客户取款提供便利

【信箱与信筒】

1990 年，市邮政局在全市邮政信箱（筒）共计 1128 个（处）。2005 年，共计 1257 个（处），其中成都市区内共设有邮政信箱 164 个，信筒 73 个。

2005 年成都市邮政局成都市区信箱与信筒分布表

表 3-119

序号	箱筒地址	箱筒	序号	箱筒地址	箱筒
1	商业街 16 号	箱	2	文惠路 85 号	筒
3	东城根南街 30 号	筒	4	实业街 32 号	箱
5	人民中路二段 51 号	筒	6	文武路 136 号	筒
7	马道街 75 号	筒	8	童子街口	筒
9	育婴堂街口	筒	10	帘官公所 46 号	箱

续表

序号	箱筒地址	箱筒	序号	箱筒地址	箱筒
11	青果街（现北大街）	筒	12	草市街口	筒
13	实业街30号	箱	14	德盛路	箱
15	正府街108号	筒	16	文武路136号	筒
17	顺城大道288	箱	18	上翔街24号	箱
19	人民东路62号	筒	20	羊市街19号	筒
21	鹦哥巷1号	箱	22	柿子巷11号	箱
23	金河路57号	箱	24	通惠门25号	筒
25	武警成都市支队门前	筒	26	人民中路一段20号	筒
27	人民中路	筒	28	体育场路1号	箱
29	督院街54号	筒	30	中新街21号	箱
31	上东大街101号	筒	32	鼓楼南街99号	箱
33	童子街29号	箱	34	人民东路	筒
35	商业场正门口	筒	36	华兴街15号	箱
37	华兴正街	筒	38	大业路1号	筒
39	人民南路二段20号	筒	40	学道街42号	箱
41	前卫街	箱	42	南府街55号	箱
43	盐道街3号	箱	44	新开街1号	箱
45	新南门省劳改局	箱	46	小关庙28号	箱
47	人民西路4号	筒	48	下南大街2号	筒
49	川大西区北园一舍	箱	50	望平街口	筒
51	五世同堂街	筒	52	三槐树路2号	箱
53	红星路一段100号	筒	54	庆云南街20号	筒
55	东风路26号水碾河	筒	56	观音桥45号	箱
57	静居寺1号	箱	58	外东静居寺	箱
59	东门大桥	筒	60	打金街	筒
61	北纱帽街街口	筒	62	滨江东路	箱
63	滨江路	箱	64	三圣街	筒
65	太平横街98号	箱	66	致民东路16号	箱

续表

序号	箱筒地址	箱筒	序号	箱筒地址	箱筒
67	龙江路26号	箱	68	市七医院	箱
69	郭家桥正街7号	箱	70	福字街88号	箱
71	双林路99号	箱	72	红星一段119号	箱
73	玉双路10号	箱	74	东风路18号	箱
75	老成仁路	箱	76	老成仁路	箱
77	工农院街1号	箱	78	宏济路51号	箱
79	九三公路郭正街	箱	80	商业街与长顺街口	筒
81	中同仁路220号	筒	82	槐树街40号	箱
83	永陵路33号	箱	84	永陵路3号	筒
85	永陵路18号	箱	86	永陵路9号	箱
87	长顺中街口	筒	88	长发街17号	箱
89	人民中路三段路口	筒	90	江汉路29号	箱
91	江汉路222号	箱	92	马家花园路11号	箱
93	一环路北一段113号	箱	94	一环路北一段63号	箱
95	文家巷18号	箱	96	一环路西门汽车站	筒
97	西月城街	筒	98	金仙桥路10号	箱
99	青龙街82号	箱	100	人民中段北较场口	筒
101	棕北小区中心花园	筒	102	领事馆路西口	筒
103	文庙西街106号	箱	104	陕西街130号	箱
105	文庙后街40号	箱	106	洗面桥横街10号	箱
107	中学路35号	箱	108	电信路19号	箱
109	新南路102号	箱	110	磨子桥	箱
111	天歌大厦门前	筒	112	武侯祠大街258号	筒
113	一环路南二段11号	箱	114	一环路南三段13号	箱
115	华西宾馆	箱	116	倪家桥西口	筒
117	人民南路四段8号	筒	118	人民南路三段22号	箱
119	锦江大桥	筒	120	石羊场	箱
121	九兴大道口	筒	122	芳草街	筒
123	双楠小区公交公司门口	筒	124	民航宿舍	箱

续表

序号	箱筒地址	箱筒	序号	箱筒地址	箱筒
125	一环路南三段16号	箱	126	国学巷37号	箱
127	省教委	箱	128	人民南路三段17号	筒
129	人民南路三段3号	箱	130	人民南路三段16号	筒
131	人民南路三段24号	箱	132	人民南路三段30号	箱
133	人民南路三段37号	箱	134	人民南路三段14号	箱
135	一环路西一段61号	箱	136	一环路西四段16号	箱
137	一环路西一段155号	箱	138	人民南路四段12号	箱
139	人民南路四段3号	箱	140	人民南路四段11号	箱
141	文庙西街80号	箱	142	下汪家拐16号	箱
143	武侯祠大街4号	箱	144	武侯祠大街87号	箱
145	武侯祠大街89号	箱	146	新南路87号	箱
147	磨子桥	箱	148	桐梓林中路1号	箱
149	人民南路四段34号	箱	150	人民南路三段17号	箱
151	七道堰路口	筒	152	武侯大道石羊段	箱
153	武侯祠门内	筒	154	南郊公园大门	筒
155	芳草东街80号	箱	156	人南四段44号	箱
157	建设北路三段324号	箱	158	建设北路三段1号	箱
159	建设北路三段276号	箱	160	二仙桥北路31号	箱
161	建设南路16号	箱	162	建设路2号	箱
163	建设路1号	箱	164	建设南支路6号	箱
165	建设北路二段4号	箱	166	二环路东一段28号	箱
167	府青路二段2号	箱	168	陶玻市场街口	筒
169	二仙桥西路5号	箱	170	二仙桥西路34号	箱
171	沙板桥路1号	箱	172	建设路14号	箱
173	石油路29号	箱	174	二仙桥北二路9号	箱
175	二仙桥北路3号	箱	176	二仙桥北一路6号	箱
177	牛市口路口	筒	178	双林中横路口	筒
179	成都第39中学	筒	180	牛沙北路15号	箱
181	中沙河铺街36号	箱	182	牛沙路5号	箱
183	一环路西二段路口	筒	184	十二桥路37号	箱

续表

序号	箱筒地址	箱筒	序号	箱筒地址	箱筒
185	一环路西二段17号	箱	186	一环路西二段32号	箱
187	枣子巷15号	箱	188	青羊东一路2号	箱
189	石人南路43号	箱	190	石人正街	箱
191	同善桥街8号	箱	192	金罗路、文化路交叉口	筒
193	百寿路8号	箱	194	文化路23号	箱
195	青华路34号	箱	196	青华路22号	箱
197	青华路20号	箱	198	青华路19号	箱
199	浣花北路1号	箱	200	清江东路39号	箱
201	清江东路65号	箱	202	清江东路360号	箱
203	一环路西一段155号	箱	204	一环路西一段路口	筒
205	一环路西一段123号	箱	206	西郊光华村	箱
207	光华村55号	箱	208	光华村6号	箱
209	光华村56号	箱	210	锦华南路	箱
211	清江中路57号	箱	212	战旗东路9号	箱
213	杜甫草堂公园正门	筒	214	杜甫草堂公园南门	箱
215	峨影厂门口	筒	216	大石西路	箱
217	解放路与二环路口	筒	218	内燃机总厂	箱
219	成都汽车配件厂	箱	220	博奇公司	箱
221	人民北路成都大酒店	筒	222	西北桥1号	箱
223	五丁路3号	箱	224	一环路北二段34号	箱
225	一环路北二段11号	箱	226	人民北路9号	箱
227	一环路、人民北路口	筒	228	人民北路一段14号	箱
229	人民北路一段10号	箱	230	星辉路口	筒
231	星辉西路8号	箱	232	二环路北三段	筒
233	一环路北三段新167号	箱	234	梁家巷街口	筒
235	一环路北三段2号	箱	236	一环路北四段102号	箱
237	一环路北四段108号	箱			

【信报箱群】

20世纪90年代后，成都城市住宅小区（花园）迅速发展。为规范化管理和方便群众用邮的需要，市邮政局从1995年起在双流县邮电局的一杆旗小区、衣冠庙邮电局的棕北小区、锦城苑小区建设信报箱群。至2005年年末，已发展到178个住宅小区（花园）和单位宿舍，受益户达8万户。

2005年成都市邮政局在成都市区城市住宅小区（花园）安装信报箱情况一览表

表3-120

序号	住宅（区）楼名称	详细地址	户数	类别	序号	住宅（区）楼名称	详细地址	户数	类别
1	长富公寓	小南街55号	96	单元式	2	川信大厦	人民南路二段18号	300	群箱
3	酱圆公所公寓	酱圆公所58号	180	单元式	4	文殊苑公寓	天福街1号	94	单元式
5	同仁居	中同仁路168号	150	单元式	6	福珠苑	西珠市街53号	6	单元式
7	市政府马道街公寓	马道街58号	161	单元式	8	翠凤苑一期（住宅）	望福街18号	172	单元式
9	锦江新园	致民路36号	210	单元式	10	雅典社区电梯公寓	致民路23号	660	群箱
11	猛追湾邮局宿舍	双林路332号	372	群箱	12	梅花庭院	四圣祠北街8号	168	群箱
13	启明公寓AB座	均隆街3号	210	群箱	14	富临花园	天祥街111号	196	单元式
15	南河苑	致民东路19号	128	内壁单元式	16	翠凤园公寓（泰和）	北顺城街39号	182	内壁单元式
17	川大教师楼	一环路南一段24号	2272	单体式	18	川大教师楼新北村	川大内	562	单体式
19	川大教师楼竹林村	川大内	1096	单体式	20	川大教师楼桃林村	川大内	378	单体式
21	川大教师楼向阳村	川大内	172	单体式	22	川大教师楼绿阳村	川大内	167	单体式
23	川大教师楼东风楼	川大内	282	单体式	24	川大教师楼东风铮楼	川大内	294	单体箱
25	川大教师楼东风铮楼	川大内	626	单体式	26	海德花园	郭家桥西街1号	218	单元式
27	江东名居	莲桂西路28号	182	集群式	28	川大、科大邮政所	—	98	集群式

续表

序号	住宅（区）楼名称	详细地址	户数	类别	序号	住宅（区）楼名称	详细地址	户数	类别
29	新鸿苑	新鸿路299号	153	集群式	30	怡心园	水碾河路16号	413	单元式
31	川师教师宿舍	狮子山	1000	单元式	32	抗生素研究所	沙板路9号	258	单元式
33	平景苑	泰宏路35号	560	单元式	34	省石油局B区宿舍	府青路1段19号	288	单元式
35	工具研究所宿舍	二环路东一段9号	674	单元式	36	鸿运公司宿舍	华油路175号新14号新16号	260	单元式
37	平景苑（西区）	华油路175号新13号	56	单元式	38	沙河庭院	三友路229-1号	110	集群式
39	南玻公寓住宅楼房	顺沙巷23号	578	单元式	40	平安苑	泰宏街8号	484	单元式
41	水晶花园（电梯公寓）	新辉西路	135	群箱	42	南波公寓商务楼	梁家巷	160	群箱
43	朝阳大厦	二环路北四段49号	20	群箱	44	朝阳新村	二环路北四段49-1号	70	单元式
45	玉林嘉苑	玉林南路3号	302	单元式	46	玉林苑	芳华街1号	368	单元式
47	长信公寓	芳华街24号	342	单元式	48	双楠华苑	双楠路	293	单元式
49	红运花园1—4期	机投镇晋阳村	2968	单元式	50	红运花园5期	机投镇晋阳村	448	单元式
51	白花顺和苑（移动）	双元街45号	204	单元式	52	省邮局宿舍（一期）	燃灯寺街1号	215	单元式
53	省邮局宿舍（二期）	燃灯寺街3号	98	单元式	54	科学路小区	科院街6号	700	单元式
55	忆发苑	芳草东街39号	211	单元式	56	交大庭院	机投吉福村	656	群箱
57	交大广厦小区	机投吉福村	1390	单元式	58	交大武侯小区	机投吉福村	1296	单元式
59	天府花园	玉林小区南天路38号	288	单元式	60	百花紫荆苑	燃灯寺西北街3号	177	单元式
61	玉林名苑	玉林南路118号（芳草街2号）	306	单元式	62	南苑	高升桥东路15号	122	单元式

续表

序号	住宅（区）楼名称	详细地址	户数	类别	序号	住宅（区）楼名称	详细地址	户数	类别
63	紫荆苑	紫荆北路8号	154	单元式	64	双楠邮局	双楠路	36	单元式
65	总装院	大石南路224号	196	群箱	66	总参院57所	大石西一街19号	144	群箱
67	西藏军区宿舍	大石南路39号	198	群箱	68	广福桥教师苑	广福桥街14号	95	单元式
69	交大花园清水河小区	机投沙堰村	980	单元式	70	中华园	桐梓林北路6号	628	单元式
71	银都花园	新光路8号	680	单元式	72	紫竹苑	紫荆东路96号	640	单元式
73	世纪锦苑	桐梓林东路1号	208	单元式	74	翡翠家园	芳华街51号	146	单元式
75	邮电建设工程局	利民巷	186	单元式	76	锦官新城	新希望路	304	单元式
77	锦绣花园	人民南路四段68号	580	单元式	78	丽都花园	丽都路	491	单元式
79	王府花园	芳草街6号	343	单元式	80	南苑	高升桥东路15号	122	单元式
81	紫荆苑	紫荆北路8号	154	单元式	82	双楠邮局	双楠路	36	单元式
83	总装院	大石南路224号	196	群箱	84	总参院57所	大石西一街19号	144	群箱
85	西藏军区宿舍	大石南路39号	198	群箱	86	广福桥教师苑	广福桥街14号	95	单元式
87	交大花园清水河小区	机投沙堰村	980	单元式	88	中华园	桐梓林北路6号	628	单元式
89	银都花园	新光路8号	680	单元式	90	紫竹苑	紫荆东路96号	640	单元式
91	世纪锦苑	桐梓林东路1号	208	单元式	92	翡翠家园	芳华街51号	146	单元式
93	邮电建设工程局	利民巷	186	单元式	94	锦官新城	新希望路	304	单元式
95	锦绣花园	人民南路四段68号	580	单元式	96	丽都花园	丽都路	491	单元式
97	王府花园	芳草街6号	343	单元式	98	百花庭园	双元街	126	单元式
99	芳草地1—5期	人民南路四段88号	742	单元式	100	四季家园	二环路南三段	796	单元式

续表

序号	住宅（区）楼名称	详细地址	户数	类别	序号	住宅（区）楼名称	详细地址	户数	类别
101	置信丽都	二环路南四段	558	单元式	102	天府南苑	玉林南街5号	500	单元式
103	棕北小区	科院街6号	880	箱群	104	科学路小区	科院街6号	700	单元式
105	谊园一期	置信北街1号	426	单元式	106	谊园二期	置信北街8号	200	单元式
107	园丁园	龙门巷6号	365	单元式	108	双楠华苑	双楠路291号	293	单元式
109	富港花园	置信北街3号	352	单元式	110	信苑	高升桥东路	120	单元式
111	锦江新园	致民路36号	210	单元式	112	新加坡花园	新光路8号	798	单元式
113	双楠谊苑二期	置信北路8号	198	单元式	114	如意人家	二环路南三段	308	单元式
115	城南世家	黉门后街2号	144	单元式	116	信都商厦	—	28	箱群
117	府河音乐花园	华阳	1002	单元式	118	名人苑	芳草西二街30号	250	单元式
119	小天公寓	小天西街69号	583	单元式	120	裕鑫花园	科华北路磨子巷8号	126	单元式
121	嘉信花园	二环路南三段15号	154	单元式	122	广福楼	广福桥18-23号	95	单元式
123	红星苑	新南路80号	213	单元式	124	中央花园	草金路	6767	单元式
125	华西坝干休所	中学路17、35号、电信路20号	177	箱群	126	西城家园	罗家碾街158号	650	单元式
127	锦桂苑	双清中路100号	580	单元式	128	锦花苑（一期）	锦翠南路1号	406	单元式
129	锦青苑	锦翠南路1号	444	单元式	130	锦翠苑	双清中路	200	单元式
131	锦欣苑	双清中路40号	882	单元式	132	杏园	双清中路95号	168	单元式
133	成空院百花干休所	大石西路7号	140	群箱	134	名景园	大石西路6号	154	单元式
135	外运局宿舍	大石西路20号	54	单体箱	136	欣苑居民楼第二期	摸底河横街8号10号	144	单元式

续表

序号	住宅（区）楼名称	详细地址	户数	类别	序号	住宅（区）楼名称	详细地址	户数	类别
137	豪斯花园	清溪西路8号	192	单元式	138	同乐苑	牧电路16号	112	单元式
139	锦西名宅	同盛路29号	532	群箱	140	九里堤教师苑	交大路182号	502	单元式
141	懋园	金沙路88号	714	单元式	142	城西公寓	一环路西三段200号	154	单元式 集群式
143	机要局宿舍	武都路6号	154	单元式	144	省邮运局黄忠宿舍	蜀汉中路253号	168	集群式
145	交大智能五期	新河路89号	720	集群式	146	金菊花园一期	交大路186号	436	集群式
147	金菊花园二期	交大路186号	456	集群式	148	佳美花园	星汉路56号	307	群箱
149	佳美榕园	星河路38号	325	群箱	150	沙湾邮局宿舍	沙湾路	182	集群式
151	市级机关黄忠宿舍	同善路22号	518	单元式	152	人和花园	交大路189号	55	内壁 单元式
153	交大智能小区（南）	交桂巷89号	769	集群式	154	交大智能小区（二期）	交桂巷88号	524	集群式
155	交大智能（二期）	交桂巷85号	1064	集群式	156	交大智能（三期）	交桂巷36号	360	集群式
157	交大智能（四期）	新河路89号	480	集群式	158	金都花园	羊西线	500	单元式
159	交大智能六期	群星路	750	集群	160	交大智能小区	新河路89号	1120	单元式
161	金菊花园	—	856	单元式	162	锦西雅苑	交大路191号	54	单元式
163	园林局安居园	圃园南1路2号	133	单元式	164	幸福春天	蜀汉路	174	单元式
165	锦城苑	蜀汉路259号	1064	单元、集群	166	锦汇花园	外化成小区蜀通路	256	集群
167	金色池塘	蜀汉路359号	273	单元式	168	东方苑	蜀汉西路	120	单元式
169	金房苑	金房苑西路8号、东路26号	459	单元式	170	21世纪花园1—2期	外西金沙村	1322	单元式
171	齐力花园	外西谢家祠	1176	单元式	172	新阳之健康家园	外西金沙村	200	单元式

续表

序号	住宅（区）楼名称	详细地址	户数	类别	序号	住宅（区）楼名称	详细地址	户数	类别
173	中鹏河景花园	外西苏坡桥	1064	单元式	174	21世纪花园3期	外西金沙村	622	单元式
175	中鹏花园A、B区	中鹏路1号	643	单元式	176	中鹏河景花园	外西苏坡桥	520	单元式
177	21世纪花园	外西金沙村七组	672	单元式	178	齐力花园	外西谢家祠	210	单元式
合计：楼房1740幢，5478个单元，79696户									

【其他设施】

1990年，市邮政局共有包件收寄机15台，邮件用传输机24台，报刊捆扎机20台，包件分拣机4台。从20世纪90年代中期开始，随着电子计量器具的出现和广泛运用，以及机械化水平不断提高，陈旧的机械设备逐步退出历史舞台。到2005年末，成都邮区中心局拥有包裹邮件登单机33台，信函过戳机3台，推式悬挂输送机2套，分类理信机4套。

邮政网点

【概况】

20世纪90年代初，市邮政部门提出“每年新、改、扩建邮电所3到5个”的发展目标。

1990—2005年，市邮政局先后在市区新、改、扩建邮政局所办公楼40余个。新、改、扩建的区（市）县邮政局所及乡镇邮政所30余个。2004年年初开始，成都市邮政局对全市666处营销网点进行统一店招、提升形象的改造装修，实现中国邮政在全市统一形象规范的要求。到2005年年底，成都邮政服务网点遍布城乡，局所网点的数量不断增加，环境质量不断提高，服务能力不断增强，服务功能不断完善。在成都市行政区划内设有邮政分局8个、专业局7个、区（市）县邮政局14个。全功能服务局所达到305个，电子化营业厅达到230个；邮政营销网点666个，邮政局所服务面积达1.24万平方公里（其中平原占36.4%，丘陵占30.4%，山区占33.2%），服务人口达1013.6万人（其中非农业人口339.2万人，农业人口674.4万人）。

1990—2005年成都市邮政局局所网点建设发展情况表

表3-121

项目 / 数量 / 年份	总数［处］			开办性质					功能性分布					
	城市	农村	合计	自办邮政	自办邮电	代办邮电	代办邮政	代办电信	全功能服务	邮储	邮储联网	邮储异地存取	联网电子汇兑	电子化支局所
	处	处	处	处	处	处	处	处	处	处	处	处	处	处
1990	92	337	429	—	230	71	127	1	—	140	—	—	—	—
1991	97	336	433	—	233	71	128	1	—	143	—	—	—	—

续表

项目/数量/年份	总数［处］			开办性质					功能性分布					
	城市	农村	合计	自办邮政	自办邮电	代办邮电	代办邮政	代办电信	全功能服务	邮储	邮储联网	邮储异地存取	联网电子汇兑	电子化支局所
	处	处	处	处	处	处	处	处	处	处	处	处	处	处
1992	102	336	438	—	233	71	133	1	—	147	—	—	—	—
1993	92	336	428	—	223	55	150	2	—	149	—	—	—	—
1994	96	336	432	—	221	55	150	7	—	158	—	—	—	—
1995	143	284	427	115	113	39	147	13	74	184	—	—	—	—
1996	195	294	489	141	111	43	181	13	81	204	—	—	—	—
1997	195	299	494	115	111	43	181	13	81	204	—	—	—	—
1998	160	320	480	191	68	42	179	—	136	257	—	—	—	124
1999	146	319	465	202	68	21	174	—	221	271	142	117	—	175
2000	158	329	487	198	68	—	223	—	315	265	182	175	—	192
2001	209	329	538	274	—	—	264	—	331	273	211	210	—	214
2002	250	341	591	285	—	—	306	—	352	265	212	202	—	211
2003	317	353	670	279	—	—	391	—	337	206	206	206	—	210
2004	250	442	692	282	—	—	410	—	305	226	215	201	199	234
2005	330	336	666	321	—	—	345	—	305	213	213	213	200	230

说明：1996 年底至 1998 年 11 月期间，各区（市）县邮政网点由电信管理，1998 年邮电分营后全部归属成都市邮政局

【营业服务点】

20 世纪 90 年代，市邮政局加强委（代）办服务网点建设，扩大邮政网络的覆盖面。2004 年 12 月，市邮政局规范邮政业务委（代）办点设置，对已有委（办）网点进行全面清理，并补办委（办）相关手续。

2005 年成都市邮政局营业服务网点分布情况表

表 3-122

项目/数量/单位	营销网点	局所总数	其中设在农村	全功能服务局所	电子化支局	联网电子化支局所	邮政支局	自办邮政所	代办邮政局所	邮政代办点	农村代办点
	处	处	处	处	处	处	处	处	处	处	处
青白江区	20	11	0	6	6	6	2	5	3	9	5
龙泉驿区	36	36	30	13	13	13	6	6	23	0	0
金堂县	39	37	22	15	12	11	7	4	25	2	2
双流县	54	54	45	15	28	22	8	21	24	0	0
温江区	20	20	15	19	6	6	3	2	14	0	0
郫县	21	21	20	4	5	5	3	4	13	0	0

续表

项目 数量 单位	营销网点	局所总数	其中设在农村	全功能服务局所	电子化支局	联网电子化支局所	邮政支局	自办邮政所	代办邮政局所	邮政代办点	农村代办点
	处	处	处	处	处	处	处	处	处	处	处
新都区	39	20	16	12	11	11	7	4	8	19	9
彭州市	30	30	25	30	10	3	7	5	17	0	0
都江堰市	28	28	18	25	20	17	2	14	11	0	0
崇州市	39	39	36	39	11	11	6	9	23	0	0
大邑县	25	25	21	7	8	8	5	3	16	0	0
邛崃市	47	47	42	46	13	13	5	41	0	0	0
蒲江县	11	11	8	4	6	6	1	4	5	0	0
新津县	15	15	13	13	8	8	2	8	4	0	0
成都市区	242	205	9	74	73	73	8	104	92	37	0
全市合计	666	599	320	322	230	213	72	234	278	67	16

说明：1. 营销网点含67个邮政代办点；2. 局所总数中含邮政局15处，邮政支局72处；3. 67处邮政代办点，其中设在农村的16处

2005年，市邮政局分布在城区的8个市内邮政分局，有邮政自（代）办所、点205个，分布在14个区（市）县邮政局的自（代）办邮政支局、所、点394个，全市累计为599个。加上全市的邮政代理点67个，邮政服务网点总共为666个。

【报刊销售点】

20世纪80年代末，市邮政局成立“通信服务公司”，后改为通信服务站，承包邮政报刊亭、负责邮袋的清洗、整理、修补以及一些车辆修理等，1990年全市通信服务公司共有151人。

1990年，市邮政局有报刊零售的支局、所11处（城市10处，农村1处），报刊零售门市部10个，报刊零售亭57个。

1999年，“成都通”取代街边邮政报刊亭，成都市区的58个报刊零售亭相继拆除。

2000年6月1日前，成都市邮政局全部拆除成都市区内最后的24个街边报刊零售亭。

至2005年年末，全市共有报刊零售门市部15处，零售亭194个。

从2001年开始，每年举办“党报党刊及邮发报刊宣传日”活动。图为报刊宣传日活动现场，工作人员正在为读者介绍报刊销售情况

【集邮品销售点】

1990—2005年，成都加强对集邮品销（代）售点的建设，促进集邮事业的发展。1990年，集邮品销（代）售点共有29处。2005年达到138处，其中专门从事集邮品销售的点29处。

2005 年成都市邮政局集邮品销售点

表 3-123

序号	销售点名称	序号	销售点名称	序号	销售点名称
1	暑袜北一街集邮门市部（25 号）	2	走马街集邮门市部	3	双林路集邮门市部（346 号）
4	天福街集邮门市部	5	沙湾路集邮门市部 71 号	6	永丰路集邮门市部（6 号）
7	建设北路集邮门市部（59 号）	8	水碾河路集邮门市部（21 号）	9	大石东路集邮门市部
10	黄田坝集邮门市部	11	草堂寺北路集邮门市部（2 号）	12	公交路集邮门市部（3 号）
13	龙泉驿区驿都东路集邮门市部（91 号）	14	青白江区政府中路集邮门市部（180 号）	15	金堂县滨江路集邮门市部（706 号）
16	双流县长顺路集邮门市部	17	双流县华阳镇集邮门市部	18	温江区东大街集邮门市部（12 号）
19	郫县郫筒镇西大街集邮门市部（45 号）	20	郫县犀浦镇集邮门市部	21	新都区电子路集邮门市部
22	新都新繁镇集邮门市部	23	崇州市西街集邮门市部（28 号）	24	大邑县甲子路东段 9 集邮门市部（8 号）
25	邛崃市东星大道集邮门市部	26	蒲江县驭虹路集邮门市部（76 号）	27	新津县五津东路集邮门市部（226 号）
28	都江堰走马河街集邮门市部	29	彭州市南大街集邮门市部（461 号）	—	—

邮政业务

【函　件】

1990 年，成都市经办国内邮政函件业务种类有：信函、明信片、印刷品、盲人读物、包裹（含商品包裹、纸质品包裹、大件商品包裹）、邮政快件、挂号邮件、保价邮件、特挂信函、航空邮件、存局候领邮件等以及代发广告业务，取消邮件回执、快递小包、代收货价、用户专用袋包裹以及收件人总付邮费业务。是年，成都市邮政局全年完成国内函件业务量 7421.85 万件，实现收入 1403.71 万元。其中邮政快件 383.95 万件，实现收入 260.92 万元。

1992 年 7 月 1 日，成都市邮政局开办国内邮政电子信函业务。

1994 年 12 月 27 日，从国外引进的信函自动分拣机开通运行，（人工分拣每小时 2000 ~ 3000 件，自动分拣机每小时在 30000 ~ 40000 件）成都邮政信函分拣落后面貌得到改变，信件处理能力提高，信件的传递速度加快。

1999 年 9 月 10 日，成都市推出“限时投送”“定时专送”业务。11 月 5 日，国家邮政局新编发 31 个省会城市之间信函和特快专递邮件全程时限标准，其中普通信函：成都至重庆、拉萨、西安为 3 天；成都至呼和浩特、广州、海口、福州、乌鲁木齐为 6 天；成都至其他省会城市为 4 ~5 天。

2000 年 9 月 1 日起，国家邮政局对邮件的传递时限规定进行调整后，成都市市区所辖支局所 11 点前收寄的信函，局内全部作业最大时限不超过 8 小时；20 点以前收寄的局内全部作业最大时限不超过 9 小时；8 点前到站的信函当天下午投递，24 点前到站的次日上午投递。是年市邮政局完成国内函件业务量 1.03 亿件，实现收入 5636.02 万元。

2001 年 11 月 1 日，成都市试开办邮政混合信函业务，该业务通达区域为已配备专用信函封装机的有北京、上海、天津、重庆、内蒙古、新疆、辽宁、河北、山东、河南、江苏、浙江、福建、湖南、湖北、广东、四川、陕西等 18 个省（市）、自治区；邮政混合信函业务起价 2.00 元（含一页信纸），每增加一页信纸增加 0.50 元，最多可增加三页纸，即一封混合信函（含四页信纸）最高资费 3.50 元。

2005 年，成都市邮政局函件总量 6877 万件。

【商业信函、广告礼仪】

1995 年 5 月 6 日，市邮政系统开办中国邮政礼仪信函业务，共包销发行 7.8 万张（套）“中国邮政礼仪（邮资）信函”。7 月 1 日，市邮政局实行邮政礼仪专递业务全国联网，正式开办同城礼仪专递业务和异地礼仪专递业务。

1998 年，联网运行的邮政业务有：商业信函、广告信函、广告印刷品、广告明信片、广告样品和便于全网运行的其他广告业务等。2 月 16 日，成立“成都市邮政邮购商函礼仪公司”，下设商函广告、邮购、礼仪三个分公司。12 月 18 日起在市内各局、所特快窗口试办特快礼仪卡业务，礼仪分生日卡、平安卡、友情卡和商务卡四种，每枚卡售价 20 元，用户交寄礼仪卡邮件时免收特快专递邮资费 20 元，并免费提供特快专递信封套和详情单。当年新开办礼仪门市部 21 个。

1995 年，成都邮政开办礼仪服务。图为工作人员手捧礼仪鲜花向客户走去

1999 年年底，市邮政系统已开通联通、平保、太平洋百货等几家集团用户的账单业务，寄递内容包括电话账单、保险兑账单、商品广告等内容。是年成都市邮政局共制作广告封片 9.42 万件，邮送广告 95.64 万件。

2000 年 1 月 11 日，四川省邮政局在成都市邮政局建立四川省商函制作中心，由商函制作中心负责全面信函的制作。7 月 5 日，“成都市邮政邮购商函礼仪公司”更名为“成都市邮政邮购广告局”。是年，市邮政局共收寄商业信函 1559.94 万件，制作广告封片 99.58 万件，邮送广告 881.8 万件，其中专送广告 109.14 万件，邮政礼仪 2288 件。

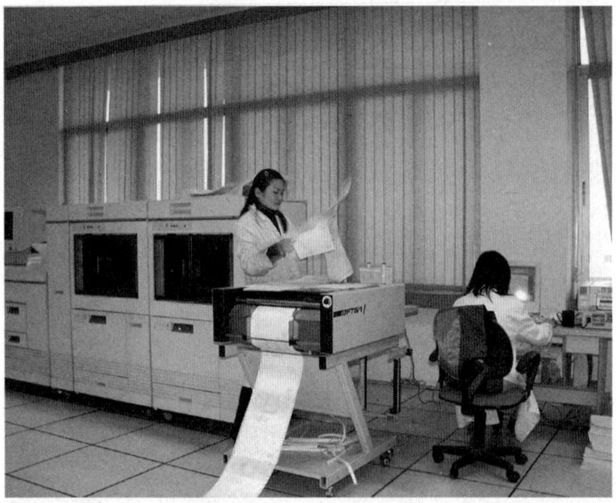

2000 年四川省邮政局建立的商业函件中心内景

2001 年 6 月 18 日，成都邮政礼仪鲜花中心开业。

2002 年，成都邮政共收寄商业信函 2645.63 万件，其中账单类 182.52 万件，制作广告封片 504.67 万件，邮送广告 1513.7 万件，其中专送广告 495.63 万件，邮政礼仪 4207 件。

2005 年，成都市开通“速递礼仪业务处理平台”，办理相互间国内异地特快礼仪业务和出口 146 个国家和地区的国际鲜花礼仪业务，是年，市邮政系统共收寄商业信函 1743.29 万件，其中账单类 570.67 万件，制作广告封片 738.32 万件，邮送广告 926.8 万件，其中专送广告 153.25 万件，邮政礼仪 8160 件。

【包　裹】

1990 年，成都开办包裹业务分为民用包裹、纸制品包裹和商品包裹（包括大件包裹）。是年，市邮政系统共收寄国内包裹 193.04 万件，其中商品包裹 36.72 万件，实现收入 517.42 万元。

1991 年 2 月 1 日，成都市停止收寄“用户专用袋”包裹。11 月，按照四川省邮电管理局要求，成都市开始使用标准化的包裹封装盒，提高邮件传递处理效率。

1992 年 5 月 26 日，根据修改后的《国内邮件处理规则》中“同批投交同一收件人或同一收件单位的快件每件重量超过 2 千克其总重量满 5 千克改为局内投交”规定，将此类快件改为局内投交，共在署袜街分局营业组、走马街分局营业组、八宝街分局营业组、茶店子邮电所、衣冠庙分局营业组、簇桥邮电所、建设路分局营业组、龙潭寺邮电所、天福街分局营业组、琉璃场邮电所、盐市口分局营业组、草堂邮电局、解放路邮电所营业组、天回镇邮电所、黄田坝分局营业组、双桥子分局营业组设置 16 个窗投点。

同城分拣

2000 年 6 月 1 日，在市区及区（市）县范围内开展普通包裹直投到户业务，并组建邮政运递局筹备办公室，于 7 月 1 日起对成都市城区范围内包裹实行按址投递到户；区（市）县邮政局于 10 月 1 日起对城区范围内邮购包裹按址投递到户。9 月 1 日起，成都市按国家邮政局规定，对邮件的传递时限规定进行调整，包裹传递时限规定为，一级邮区中心局（成都市邮政局为一级邮区中心局）出口包裹当天收寄的，次日 8 点以前全部处理完毕，赶发计划车次；进口包裹当日 20 点以前到站的，次日投递。是年市邮政局共收寄国内包裹 140.88 万件，实现收入 2252.12 万元。

2001年7月26日，将包裹直投集中处理调整为统一管理、分散作业，撤销原有的双楠包裹投递组，由各运递分局负责包裹直投，火车北站大宗邮件仍维持现状；包裹直投范围为成都市五城区及高新区。8月1日，国家邮政局在全国范围内开办快递包裹业务，市邮政局开办国内快递包裹的邮电局、所。市区为：暑袜街、德胜街、走马街、猛追湾、天福街、九眼桥、沙湾、八宝街、骡马市、石灰街、茶店子、衣冠庙、南大街、锦江大桥、建设路、桃蹊路、草堂、新罗路、少城路、火车北站、簸箕街、双桥子；区（市）县：龙泉、同安、洪河、十陵、西河、洛带、大面、青白江、崇州、都江堰、大邑、温江、新都、新繁、郫县、新津、金堂、彭州、双流、华阳、蒲江、邛崃。

2005年，成都共收寄国内包裹112.27万件，其中国内快包45.94万件，实现收入2148.08万元。

【汇　兑】

1990年，成都市开办国内邮政汇兑业务，分为普通汇款和电报汇款两种。是年，共办理国内汇票205.8万笔，实现汇兑收入313.73万元。

1991年，成都市自3月1日起开办“汇转储”业务，汇转储业务分为“委托汇转储”和“窗口汇转储”两种。

1996年5月1日，成都市停止办理邮政汇款直接转存邮政储蓄存款业务。

1999年1月20日，成都开办国内邮政入账汇款业务。开办入账汇款网点有业务的有暑袜街邮电局、沙湾邮电局、茶店子邮电所、衣冠庙邮电局、川师邮电所等20个网点。10月1日，国家邮政局对超限额汇款业务实行简化处理，超限额汇款是指用户一次交汇的款项在1万元（不含）至5万元（含）之间的汇款，超过5万元的汇款分开办理，超限额汇款适用于各类邮政汇款业务，超限额汇款以每一万元为一个计费单位，5万元以内实行累加计费，每一计费单位内汇款率及最低、最高收费标准维持现行办法不变，即每一次计费单位（一万元）内每汇款一元或其零数收取0.01元，最低收取2.00元，最高收取50.00元，超过一万元实行累加计费。

国内邮政汇兑资费表

表 3-124

（1999 年 3 月 1 日起实施）　　单位：（元）

邮件资费种类	计费标准	资费标准	
		本埠（县）	外埠
汇费	每汇 1 元（不足 1 元按 1 元计算）	0.01	
	每笔汇款最低汇费	2.00	
	每笔汇款最高汇费	50.00	
退汇、改汇费	每件	2.00	
撤汇汇款手续费	每件	2.00	
使用电报办理汇兑的电报费	每件	2.00	
电报汇款附言电报费	每字	0.13	
礼仪汇款吉祥卡服务费	每件	1.00	

2000 年 1 月 20 日，市邮政局正式开始办理特快汇款业务。是年，市邮政局共办理国内汇票 259.01 万笔，实现汇兑收入 1657.68 万元。

2001 年 7 月 1 日，市邮政局邮政电子汇兑业务正式对外试营业，至 9 月底，市区内已开通 20 个网点，与全国 180 个电子汇兑网点联网运行。是年，市邮政局共办理电子汇兑业务 2.11 万笔。

2005 年 7 月，成都市邮政局开办邮政账户汇款业务，成都市汇兑联网网点均办理所有账户汇款业务。8 月，成都市邮政局执行四川省邮政局调整全省自行通知汇款手续费标准：2 小时自行通知汇款手续费标准由每笔 5 元调整为每笔 3 元，实时自行通知汇款手续费标准由每笔 10 元调整为每笔 5 元。10 月，成都市内 70 个汇兑联网网点全面开通邮政网汇通业务。网汇通（卡）的面额为 10 元、50 元、100 元三种；汇款免费，安全快捷；无须银行卡，买即用；能充值，能转款，能取款，能消费。至 2005 年年底市邮政局共有 200 个联网网点开办了电子汇兑业务，其中成都市区 71 个，区（市）县 129 个。全年共办理国内汇票 155.78 万笔，实现汇兑收入 1128.55 万元。

【邮政储蓄】

1990 年，全市开办储蓄业务的局所 140 个，其中设在农村的 85 个。市邮政储蓄主要办理定期、活期两类业务。7 月 1 日，市邮政局在各支局邮政储蓄网点代办国库券兑付业务。是年市邮政局邮政储蓄平均余额达 1.67 亿元，期末余额达 2.1 亿元，邮政储蓄收入 999.87 万元。

1992 年，新增中南大街、草堂、牛市口、川大、琉璃场 5 个邮政储蓄网点。是年，成都市邮政储蓄平均余额 4.26 亿元。利差收入 930 万元。

1993 年 5 月 1 日，增设邮政“礼仪储蓄”业务，邮政“礼仪储蓄”定活两便，靠档计息，不记名，不挂失，通城通兑。是年邮政储蓄收入 1173.22 万元，邮储平均余额达 40475.15 万元。

1994年4月6日，市邮政局设立邮政储汇局。是年，邮政储蓄余额达5.86亿元。

1996年2月，引进开通署袜街、衣冠庙、火车北站三个分局营业点（“绿卡”工程系统）和两台ATM机，实施并行试运行。10月8日，市邮政局“绿卡”工程系统正式对外营业试运行。

1997年2月25日，开通全国范围的异地通存通取业务。同年，市邮政局共发放邮政储蓄卡7370张。继续发展邮储网点，市内ATM机开通数量增加。郊县邮储发展迅速，郊县邮储余额达到8.6亿元。是年成都邮政储蓄收入1712.48万元。

1998年，成都市成立邮政金融公司，实现专业化经营。开办“邮政入账汇款”和“礼仪汇款”新业务。是年邮政储蓄收入1532万元。邮政储蓄定活比例达到17∶8。成都邮政储蓄和全国31个省（市、区）的50多个城市的邮政储蓄中心系统联网运行，联结全国6000多个邮政储蓄网点。全市共有350个网点，遍布城乡，邮政金融从业人员达1053人，自有ATM机30台。拥有绿卡储户3.7万户。其中邮政汇兑金额逾60亿元

1999年，14个区（市）县共有83个邮政储蓄网点（其中乡镇网点45个）、14台ATM机联入全国邮政绿卡网，实现全国通存通取；当年成都市邮政绿卡有122个联网储蓄点、40台ATM机。

2001年9月28日，市邮政局正式推出邮储POS业务。截至12月末，全市邮储POS消费笔数达到830余笔，消费总额达14.89万元，手续费收入1400多元。是年，成都邮政储蓄收入7292万元，建成15个电子汇兑中心，259个绿卡网点，安装ATM机90台，邮政绿卡实现与招商银行“一卡通”和建设银行龙卡的联网运行，在成都市多家大型商场有了消费功能。

2002年，投资8000万元，对ATM机和网点终端设备的银联卡改造，实现与其他银行的跨行交易。全年新增绿卡联网网点11处。对全市70多家商户POS软件进行升级，邮政局POS中心软件同时改造。截至年底，成都市使用绿卡交易的商户有1238家，POS有2500多台。是年成都市区共发放邮政储蓄银联卡2.17万张，区（市）县发放8.28万张。市邮政局所属的14个区（市）县邮政局开办代发、代理、代收付三大类中间业务，累计代发养老金和工资2.3亿元，代收话费2880.9万元，代理保险583.4万元。

2003年，成都市邮政局金融网进一步丰富电子汇兑业务品种（现金对现金的24小时到账电子汇款、2小时到账加急汇款、回执汇款等）。市邮政局2003年共换（发）邮政储蓄银联卡30.87万张，其中成都市区换（发）10.26万张，区（市）县换（发）20.61万张。

2005年1月22日，市邮政局邮储余额首次突破50亿大关。2月22日起，市邮政局在全市范围内开通绿卡储蓄卡（“银联”标识卡）境外受理试运行业务，境外受理范围包括：新加坡、韩国和中国香港特别行政区、中国澳门特别行政区贴有“银联”标识的ATM机、POS机。6月30日，市邮政局完成第一批电子化支局（70个网点）的统一版本上线切换任务，实现全局两网互通。截至2005年年底，市邮政局共设立邮政储蓄联网网点213处，其中设在成都市区50处，其他区（市）县163处；邮政储蓄平均余额达5.78亿元，期末余额达6.75亿元，异地存取交易量76.24万笔，异地存取金额3.98亿元，实现收入0.14亿元。累计发放邮政储蓄绿卡：市区62.31万张，区（市）县85.42万张。

【集　邮】

集邮业务网点。1990年，成都市区共设立署袜街、骡马寺、走马街、南大街、建设路、天福街、盐市口、火车站、黄田坝、双桥子、茶店子等11个集邮门市部，14个区县均设有集邮门市部。集邮门市部主要出售记特邮票、集邮册、集邮书刊、首日封、明信片及集邮工具等。到2005年年底，全市共有集邮品销（代）售点138处，其中成都市区12处，专门从事集邮品销售的点29处。

集邮业务收入。1990年出售集邮邮票922.83万枚，收入383.12万元。1995年收入1772.2万元。2000年出售集邮邮票6507.41万枚，收入1.19亿元。2005年销售集邮邮票1011.91万枚，实现集邮收入2415.72万元，其中集邮品收入1629.15万元。

邮资票品封册开发。1990年开发“杜甫诗意画”邮品。1997年开发府南河、熊猫节、艺术节等自制邮品12种。1998年开发《中国桃乡——龙泉驿》桃花明信片、“九寨沟特种邮票”、具有成都特色的5种《三国演义》系列邮品、《四川风光》广告普通邮资明信片。1999年，开发出生肖系列6种、世界邮展品2种，制作发行“李冰掌上明珠、都江堰玉女峰”邮资明信片。2000年第六届大学生运动会在成都举办，市邮政局以纪念邮票、小型张邮票图案方式展现十二项体育项目，制作、发行了一本精美的邮折、两枚精美的纪念封，还根据本届运动会的十二所大专院校的场馆形象，制作发行了一套12枚的邮资明信片。2001年开发主题为“展望新世纪，献给祖国花朵”纪念邮品卡书一册。2002年开发制作《三环路全面通车》纪念邮册3000册和西南财经大学建校50周年纪念邮册8000册。2003年，开发《四川世界遗产之旅》《天下四川》纪念册邮品以及都江堰龙池风景区、青城山索道、朝阳湖等旅游景点门票型明信片。2004年开发《中国·成都》系列邮资封“杜甫草堂”邮资图案、“大慈寺恢复开放纪念封”2万枚、出版发行“成都——伊甸园”系列风光邮资明信片、制作“企业形象年册”1.38万册。2005年开发制作四川省第五届劳动模范表彰大会纪念册2000册，纪念封3000枚。制作中国电子科技集团公司第十研究所建所五十周年邮册4000册。为纪念西部大开发十大工程之一的都江堰紫坪浦水库截流，制作《岷江丰碑纪念册》2000册。2005年市邮政局共开发个性化邮票6.96万版，开发个性化邮折3.5万个。

集邮展览。1993年，成都市集邮公司组织的7部邮集参加北京“1993中华全国集邮展览”，4部获金奖，3部获得银奖，取得全国省会城市第一名。“1993中国四川成都国际熊猫节国际邮展暨邮资明信片首发式”在成都举行。来自中国、美国、日本、斯洛文尼亚的17部集邮精品，共1000多个标准贴片参加展出，为成都市邮政局举办规模最大、范围最广、档次最高的一次邮展。首发的成都国际熊猫节邮资明信片是邮电部第一次为地方性节日而发行的明信片。1990—2005年，成都市集邮协会参加全国、国际和世界邮展邮集共获各类奖牌90枚。

集邮协会。成都市集邮协会成立于1983年4月16日，有会员140余人。1990年年底会员发展到8736人，团体会员单位128个。1992年成都市集邮协会团体会员达到215个。1999年，为促进青少年集邮活动开展，成立成都市青少年集邮协会。2005年年底，成都市集邮协会会员15667人，团体会员单位255个。成都市集邮协会1990—2005年，成功举办13期“蓉城集邮日”活动。

2005年6月16日，成都市集邮协会在沙湾隆重召开了第七次会员代表大会。共220余名会员代表出席会议。选举出新的一届协会领导。

突击销售违规留存邮资票品事件。2001年3月下旬，国家邮政局接到举报，反映成都市邮政局所属市集邮公司向上海一邮商发寄大量邮票，国家邮政局立即派调查组进行严肃、认真的调查。经查，2000年3—5月，成都市集邮公司未执行国家邮政局关于销毁部分邮资票品有关文件的规定，采取少报库存、编造假明细账的办法，隐瞒部分应销毁的邮票。由于举报、查处及时，此批违规留存的邮票未流入市场。成都市集邮公司突击销售违规留存邮资票品事件发生后，四川省邮政局领导高度重视，两次召开党组扩大会，查找原因，吸取教训，对在突击销售违规留存邮资票品事件中的直接责任人成都市集邮公司经理给予解除职务、留用一年的处分，并对负有领导责任的成都市邮政局的主要领导及相关人员追究行政责任，分别给予严肃的组织处理。

【特快专递】

1990年4月11日，市邮政局设立成都市邮政局速递局。当年市邮政局共有4个局（所）开办特快专递业务，共办理国内特快专递邮件6.21万件，实现收入49.12万元。

1995年7月1日，市邮政局实行邮政礼仪专递业务全国联网，正式开办同城礼仪专递业务和异地礼仪专递业务。10月1日，市邮政局经中国速递局服务公司批准开办国际特快送款业务。

1997年1月，市邮政局对月交寄国内特快邮件邮费在5000元以上的大宗用户，实行20%以内的优惠；对月交寄邮费超过1万元的大宗用户，实行30%以内的优惠；一次性交寄邮费在1000元以上的给予20%以内的优惠。

1998年2月16日，市邮政局成立成都邮政速递公司，同时，撤销成都市邮政速递局。5月11日起，成都市五城区内互寄特快专递，每件重量200克以内，可享受5~10元优惠；每件重量200克以上和物品型特快专递按应收资费的50%优惠收取。7月23日起，成都市发往全省各地的大学、中专录取通知书，全部使用邮政特快专递邮件寄递。

1999年7月22日，开办“特快专递居民身份证业务”。市邮政局1999年度“大中专录取通知书”寄递业务量达到17.63万件。

2000年7月1日起，市邮政局试点开办邮政航空货运业务。7月21日，试开办区域性邮政特惠箱业务。9月1日，国家邮政局对邮件的传递时限规定进行调整，市邮政局出口特快专递邮件在局内的最大处理时限为4小时。12月1日，市邮政局采用邮政特快专递方式寄递“出国境证件”。2000年市邮政局共收寄国内特快专递邮件194.79万件，其中信件171.53万件，物品23.26万件，实现收入5278.98万元。

2001年3月14日，原成都市邮政速递公司更名为成都市邮政速递局。5—6月，市邮政局行业管理处开展全市特快专递信函业务的清理整顿工作，分别查处多家违规收寄信函的速递公司。

2002年5月13日，市邮政局首次利用邮政特快专递EMS信封发布广告。当年，署袜街邮政分局与省移动公司成功签订普通高考通知书广告制作业务，制作广告信封15万枚。9月，市邮政局推出限时快递业务，又称“精品快件”业务，最快的12小时可寄达收件人，寄递范围限于航班能通达的24个城市：北京、上海、珠海、宁波、福州、南京、南昌、烟台、广州、深圳、天津、贵阳、长沙、杭州、石家庄、青岛、西安、昆明、武汉、西昌、厦门、温州、济南、沈阳。

2003 年 5 月 13 日，开办特快专递“流动人口避孕节育情况”及“流动人口婚育证明”等相关证件的寄递业务。

2004 年 9 月 18 日，市邮政系统正式组织实施“全夜航”方案，加快特快专递传递速度。9 月 18 日至 12 月底，特快专递物品型和部分函件类组织专网投递，府河以内区域的函件类特快专网投递，其余的函件类特快专递同普邮一起混网投递；2005 年年初组织专网投递。2005 年，开办“EMS 限时专递——次晨达”业务，直投范围暂定为三环路以内，确保“门到门、桌到桌”的服务水平；开办成都至攀枝花、凉山及其部分市县间“EMS 限时专递——次日递”业务。4 月 21 日，市邮政局速递局更名为成都市邮政局速递物流局。6 月 26 日，四川省邮政局开办巴中、甘孜、阿坝及其相关县与省内成都、绵阳、宜宾、乐山、自贡、德阳、泸州、广元、南充、内江、遂宁、眉山、雅安、资阳、达州及其相关县间特快邮件省内“隔日递”业务。6 月 18 日，四川省邮政局依托成都大网物流有限责任公司运输力量在省内部分城市间开办“EMS 限时专递——当日递”业务；第一批开办城市共 10 个：成都至德阳、绵阳、资阳、内江、遂宁、南充、乐山、眉山、雅安等 9 城市及 9 城市至成都之间的双向寄递业务。7 月，开办“二代身份证”邮政特快专递服务。截至 12 月上旬，市邮政局第二代身份证邮政特快专递业务量达到 2.38 万件，其中市区 1977 件，区（市）县 2.18 万件，妥投率达到 100%。11 月 28 日，市邮政局与交通管理部门合作，首家启动了全市“交通违法行为处理通知书”寄递业务，至 12 月 8 日，全局共投递“交通违法行为处理通知书”约 4 万件。2005 年，市邮政局共收寄国内特快专递邮件 312.53 万件，其中同城信件 36.2 万件，同城物品 7828 件，实现收入 7780.48 万元。

【报刊发行】

1990 年，市邮政局既是报刊订销局，又是发报刊局；报刊发行的基本方式有订阅和零售，报刊的收订方式有窗口收订、上门收订、社会报刊发行站员收订。全市办理报刊零售的支局所 11 处，其中市区 10 处；报刊门市部 10 处，其中市区 2 处；报刊零售亭 57 个，其中市区 46 个。是年，市邮政局报纸期发数达 109.07 万份，杂志期发数达 132 万份，报刊流转额达 3606.18 万元，实现收入 1936.65 万元。

1992 年 1 月，暑袜街分局（机车专段）服务范围内的省委、省政府、省人大、省政协、直属厅局以及市委、市政府等 80 个单位实行早班投递《四川日报》《参考消息》，进一步加快党报党刊传递速度。是年，成都市订销杂志 1394.07 万份，报刊发行量仅次于京、沪，居全国第三位。

1993 年 7 月 17 日，市邮政局对暑袜街分局（机车专段）早报早投的范围、时限、报纸种类进行了扩大和调整，早报早投范围：成都市一环路以内的县（团）级以上党政机关、部队、企事业、科研单位，大专院校，较大的宾馆、饭店。是年，报刊流转额 5437.13 万元，

1998 年 2 月 16 日，成立成都市邮政报刊发行公司；同时，撤销原成都市报刊发行局。5 月 28 日，市邮政局通过零售渠道发行《成都晚报》。7 月 1 日，衣冠庙邮局在 26 个自行车段、7 个机车段上实行“早报早投试点”。为适应报刊市场发展与竞争的需要，加快报刊投递速度，市邮政局从 8 月 1 日起，在城区的八个分局九个投递点恢复出三班实行早报投递，早报投递

范围暂划定为二环路以内的居住户和单位以及二环路以外主要单位，大专院校及高新区为主要服务对象。12 月 1 日，市邮政局对 30 多种报纸实行早报发行，读者在早上 9：00 以前就能读到当天的报纸。

1999 年 1 月 1 日起，成都市增设《环球时报》《读者》分印点，撤销《民主与法制画报》分印点。4 月，《天府早报》创刊，市邮政局为《天府早报》的一个发行站，收订和投递《天府早报》。8 月 1 日，市邮政局决定当日 15 点前进局的《四川日报》按正常频次当日投递（成都市区的六个行政区应做到早报早投）；15 点至 17 点进局的《四川日报》确保当天投递给城区内的重点单位。8 月 16 日，市邮政局重新组开成都到邛崃、蒲江、都江堰、彭州、华阳共五条邮路，形成了加上已开通的成都到金堂、成都到洛带等七条覆盖十四区（市）县的区域邮路网，使成都与各区（市）县局间的特快和精品报刊投递时间提前一天时间。同年，成都市邮政局实行早报早投，《人民日报》《四川日报》《参考消息》《光明日报》以及邮政证券报等 20 余种报纸，在用户上班前就送到户。加大上门揽收和突出宣传，增加邮发报刊的种类，新增邮发报纸 14 种，新增分印点杂志 6 种。在邛崃、都江堰、彭州、金堂、蒲江、华阳、洛带等地开发精品报刊市场，成都邮政报刊市场占有率得到提高。是年，报刊发行收入 6047 万元。

2000 年 8 月，成立成都市邮政运递报刊投递中心。经成都市邮政局邮发的报纸达到 96 种，邮发期刊品种达到 138 种。是年，市邮政局共完成报纸期发数 82.03 万份，杂志期发数 173.02 万份，零售报纸累计 3821.27 万份，零售杂志累计 1576.03 万份；报刊流转额达 1.55 亿元；实现报刊发行收入 7351.26 万元。

2001 年 8 月 5 日，市邮政局报刊发行局正式在红旗连锁的 30 个网点设立报刊零售点。是年，报刊发行收入 8024 万元。

2004 年，成都市邮政局成立报刊零售局和报刊发行局。投递段总数由原 327 个增加为 392 个，其中市区段从 269 个增加为 328 个，郊区段从 55 个增加为 64 个，报段从 113 个增加为 157 个。

2005 年，成都市邮政局采取专人负责分发，保证第一时间配送、统一制作推介标牌，将《人民日报》《光明日报》《经济日报》和《四川日报》集中、统一进入城区 400 个报刊亭零售，方便了群众购报。是年，市邮政局共完成报纸期发数 99.02 万份，杂志期发数 268.47 万份；报刊流转额达 1.67 亿元；报刊发行及零售收入 6905.99 万元；共设置邮政报刊图书零售销售点 209 个，其中成都市区 19 个；零售报纸累计 5772.28 万份，零售杂志累计 2163.63 万份；零售报刊收入 2495.10 万元。

【代办业务】

1990 年，开办的代理业务有代办电报、长话、代发广告业务等。

1999 年，代办服务有代销、经销 BP 机、固定通信终端设备、IP、IC 电话卡业务；代办 BP 机、固定电话、移动电话放号业务；代收 BP 机、固定电话、移动电话服务费。

2000 年 3 月至 5 月，市邮政局邮政储汇局开始代售凭证式国债。

2001 年 1 月，成都郫县邮政局与中国联通四川分公司签订全面代理业务合同，主要业务种类有：销售 GSM130 卡、天府如意通号卡、充值卡、IP 卡、126 寻呼、193 长途卡、165 上网卡、中国电信上网卡及固定电话待装等业务。

2002 年 2 月 1 日，市邮政局开办航空机票邮政票务代理业务；7月11日，市邮政局全面推开代理保险业务，将“千里马”“鸿泰”“红利来”三种分红险作为主打产品；8月8日，市邮政局和成都艺术中心正式签订票务代理协议。

2003年，市邮政局代理销售2003年凭证式国债（一期）。利用分局投递网络，开办公交月票代换、雅芳邮政全配送，开发贝塔斯曼书友会“送货上门，代收货款”服务。与成都铁路分局合作推出火车票特快配送。与市电信分公司就市邮政局统包成都市县以下电信业务经营、电信设备代维，同时就代收郊县电话费及成都市区分局代理电信业务等开展合作。在12个邮政营业窗口开通代收电费业务，并分阶段在成都市区及14个区（市）县邮政储蓄网点实行。在火车北站营业厅建立起全局第一家IP电话超市。与成都市第36届灯会组委会达成门票设计、门票销售、中邮专送广告等6个方面合作协议。

2004年，市邮政局及中国人寿保险股份有限公司成都市分公司在全市邮政系统建立邮政代理保险专管员队伍。四川邮政与中国平安人寿保险股份有限公司成都分公司在房屋租赁、广告宣传、邮政代理平保业务、邮政业务方面全面进行合作。是年，市邮政局实现代理业务收入2117.81万元，其中代办中国电信业务就达255.59万元。

2005年，市邮政局与新华、太平人寿进行“邮保通”上线试点。12月13日，市邮政局成立成都市邮政局保险代理局，负责全局保险代理业务的经营管理工作，同时撤销市邮政局保险代理部。同年，成都市邮政局先后和海航、国航签订电子客票代理销售协议，顺应了客票电子化趋势，为旅客开辟了一条集订票、支付、登机为一体的快速、安全通道。是年，市邮政局实现代理业务收入837.79万元，其中代办电信业务5.2万元；代理中国联通、移动电话用户770户，代理CDMA注册用户300户；代销各类电信卡11.98万张。

【电子商务】

1998年10月18日，由市邮政局与四川省公用信息产业公司、市电信局联合协调研制的“天府热线电子商务应用系统”正式上网投入运行，首期提供网上“网络商厦购物和电话查询交费”两个功能供用户试用。

2000年5月，电子邮政正式在市邮政局官方网站开通，是继广州163电子邮政后成都邮政推出的国内又一大规模网上电子邮政业务。同时开办网上订阅报刊业务，列有6500余种邮发报刊供用户选择。6月19日，市邮政局与六家电子商务合作组建了西南地区规模最大、设备最全、档次最高、综合实力最强的电子商务体系和邮政物流配送中心。7月2日，市邮政局设电子邮政局，对外称“成都市邮政局电子邮政局”。

2001年2月9日，市邮政局推出“情人节”礼品套餐，同时推出三种预定方式，一是通过点击成都电子邮局网址进行网上订购；二是通过拨打订购服务热线“185”“4323060”进行电话预定；三是在市内各分局营业厅、各区（市）县邮政局、部分大的邮电局所和礼仪公司预定。8月17日，市邮政局成立185客户服务中心，并进行了新旧系统的切换工作，完成系统平台、应用系统、模拟中继向数字中继的切换，新的185客户服务中心是一个24小时全天候服务的、拥有60对电话数字中继及100个业务受理台席的电话服务中心，向社会提供邮政业务咨询、投诉受理、邮件查询、邮件揽收、电话订报、鲜花礼仪受理、电话销售、艺术票订购等一系列服务。12 月，与市邮政局合作的成都长城宽带网络有限公司在市区的 112 个邮政营业网点，开办长城宽带用户入网登记、月租收取、业务变更、商函递送等业务。

2002 年 5 月 27 日，市邮政系统充分利用 185 的资源，先后与成都外国语学校、成都实验外国语学校、成都三原外国语学校、成都磨石外国语学校签订合作协议，为其提供查分服务，10 天里接受 18 万多个电话查询。7 月 15 日，成都、德阳、泸州、绵阳、乐山、内江、南充、凉山八个市、州局首批正式开通个人电话银行。12 月 25 日，市邮政局获准经办经营性互联网信息服务业务。12 月，国家邮政局决定在 15 个电子邮政示范省（包括四川省）市开办网上商城业务，以代理销售知名品牌及名优土特产为主，同时做好各类票务、彩票代理等代售服务。成都电子邮局从 2002 年 5 月开始试办航空机票代理业务以来，至年底共计受理机票 869 张，业务流转额 64 万元，实现业务收入 1.6 万元。

2003 年 1 月，市邮政局电子邮局首次开通电脑票务系统和网上代收货款业务。3 月 21 日，借糖酒会召开，以物流、票务、商函广告等业务为突破口，成功切入成都会展经济市场。5 月 9 日，四川省邮政局将省邮政速递局“票务信息中心”相关职能移交市邮政局，并决定在全省各市、州邮政 185 正式开办邮政航空机票代理业务。

2004 年 6 月，市邮政局代行“四川省邮政客户服务中心”的管理职能，通过“一码通”方式，承担成都、自贡、攀枝花、广元、遂宁、宜宾、达州、巴中、广安、眉山、资阳、雅安、阿坝、甘孜等 14 个市州 11185 话务接入服务；7 月 3 日零时将“185”和“183”特服号分别调整为“11185”和“11183”。

2005 年年初，西岭雪山邮资明信片电子门票系统正式启用。5 月 16 日，市邮政局与成都花博会投资经营中心正式签订中国花博园景区邮资明信片电子门票系统合作协议。5 月，邮政短信业务“次日递”短信妥投通知、电子汇兑短信回执、电子汇兑信息查询正式上线运行。7 月 15 日，市邮政局电子邮局进驻国航成都营业部，正式启动航空客票配送业务。

【邮政邮购】

1997 年，成都市开始从事邮政邮购业务。该业务是包裹业务的延伸和拓展，凡是国家法律允许，质量有保证，市场有需求，邮政部门有能力经营的，均可以列入邮政邮购业务经营范围。

1998 年 2 月 16 日，成立“成都市邮政邮购商函礼仪公司”，下设商函广告、邮购、礼仪三个分公司。同时撤销原“成都市邮政广告公司”，城区各邮电局设“成都市邮政邮购商函礼仪分公司”。

2000 年 7 月，“成都市邮政局邮购商函礼仪公司”更名为“成都市邮政局邮购广告局”。市邮政局制定下发邮购礼仪业务的营销方案，推出网上礼仪业务、邮政礼仪套餐服务；增加邮政礼仪受理点、增加 185 电话邮购业务。加强企业内部专业化管理，市邮政局在所辖 14 个区（市）县邮政局成立邮政邮购分局。2000 年，市邮政局共办理邮政邮购业务 1.7 万件，实现邮购销售额 4.02 万元。

2001 年 2 月，市邮政局在成都市 19 个区（市）县邮政局开办邮购种子业务。陆续在市区及 14 个郊区（市）县局新增邮购网点 28 处，二级邮购配货中心 5 处。是年，市邮政局共办理邮政邮购业务 18.5 万件，实现邮购销售额 648.61 万元。

【邮政物流】

2002年9月25日，市邮政局成立物流分局。12月，市邮政局经与新亚通信公司达成建立14个区县通信产品配送分销平台合作协议。是年，市邮政局共完成一体化物流营销量756吨，物流运输量718吨，物流配送量472.72万件，共计2.66万吨。

2003年1月25日，市邮政局物流分局与新科公司的仓储物流配送合作协议正式启动。又先后为修正药业集团药品、广州知本贸易公司的体育器材、昌河铃木汽车公司的汽车开展物流配送。10月10日，按照国家邮政局网络运行部和中邮物流公司文件规定，参与为仙妮蕾德、网讯、江铃汽配、江西博莱药业物流项目运营工作。

2004年2月18日，市邮政局物流分局为双流县永安镇中心医院配送第一单药品，标志市邮政局农村药品配送业务启动。10月成立“四川中邮物流有限责任公司成都分公司”，成都邮区中心局成立“四川中邮物流有限责任公司储运分公司”。2004年，市邮政局共完成一体化物流营销量13.67万件，共计1315吨；物流配送量226.55万件，共计1.16万吨。

2005年1月5日，市邮政局物流分局合并至四川中邮物流有限责任公司，原分局的各项业务由四川中邮物流有限责任公司负责。5月19日，市邮政局成立“四川中邮物流有限责任公司成都二公司”，设在市邮政局速递物流局，与市邮政局速递物流局“两块牌子、一个机构”；同时撤销原“四川中邮物流有限责任公司成都分公司”。2005年，市邮政局设在农村的物流专门营销点共142处，完成物流配送量2.77万件。

【中国港澳台地区通邮】

1990年，市邮政局在市区的邮电局、所均收寄国际及中国港澳台地区平常函件，市内各分局、县（区）邮电局、邮电支局收寄中国港澳台地区挂号函件；暑袜街分局、盐市口分局、火车北站分局、锦江宾馆邮电所、岷山饭店邮电所、成都饭店邮电所办理中国港澳台地区包裹；暑袜北一街分局速递服务站办理中国港澳台地区特快专递业务。

1991年，中国速递服务公司和香港中国快递公司达成协议，香港中国快递公司作为中国速递服务公司在海外的业务代理，办理中国香港至内地间的快件业务，并中转大陆至中国台湾。市邮政局对中国台湾地区寄来的挂号函件，按照港澳地区的同类函件的现行有关规定进行接收、转发和投递工作。

1992年7月，成都市邮政局办理中国台湾地区包裹快件业务。

1997年1月1日起，成都国际邮件互换站向中国香港地区封发航空函件、航空包裹和特快专递邮件总包。6月16日至8月15日，市邮政局组织开展中国邮政特快专递“庆香港回归，创优质服务”活动。活动期间，对所有寄往中国香港的特快专递函件类邮件，文件型在500克以内按每件70元收费；对寄往中国香港的特快邮件由速递成都市邮政局物流局在封发时统一粘贴“迎香港回归”徽记的不干胶标签。自7月3日起，大陆与中国香港间互寄的特快专递邮件的最高限重提高至30千克，成都互换局在对中国香港直封EMS邮件总包时，每袋邮件连袋皮不得超过32千克。

2000年3月，国家邮政局与中国香港地区邮政开通邮政汇兑业务，国家邮政局与中国香港地区邮政间的邮政汇兑业务参照国际邮政汇兑业务有关规定办理。成都市暑袜北一街分局为直接通汇局。国家邮政局自2000年6月起，开办中国香港到内地的直接进入业务。此项业务是指符合寄达邮政国内函件规格要求的大宗函件，以总包形式寄达互换局，按寄达邮政国内函件资费标准计收处理费用，投交收件人的业务，成都市邮政局只承担此项业务的投递工作。

2003 年，市邮政局从 6 月 1 日起，对中国港澳台地区的小包和包裹，属窗投包裹的，由沙湾邮政分局窗投，其他由各分局组织按址投递；区（市）县由国际局封专袋发县局，城关以内实行按扯投递，其他由区（市）县局本部窗投。10 月 1 日起，国家邮政局在试点基础上，将中国台湾地区小包收寄范围扩大到全国。

2005 年 4 月 28 日，根据四川省邮政速递局通知，市邮政局试行开办“成都——中国香港限时专递次日递”，德阳、绵阳等 17 个城市试开办寄达中国香港的“隔日递”业务；资费标准暂定为，首重 40 元/千克，续重 20 元/千克。是年，市邮政局共办理到中国港澳台地区函件 2.98 万件、包裹 264 件。

中国内地至中国港澳台地区邮件资费表

（1990 年 2 月 1 日执行）　　（单位：元）

表 3-125

邮件种类	重量级别	资费
信函	20 克和 20 克以下	0.40
	20 克以上至 50 克	0.80
	50 克以上至 100 克	1.10
	100 克以上至 250 克	2.30
	250 克以上至 500 克	4.50
	500 克以上至 1000 克	8.50
	1000 克以上至 2000 克	12.40
明信片	每件	0.30
航空邮简	每件	0.40
印刷品	20 克和 20 克以下	0.20
	20 克以上至 50 克	0.40
	50 克以上至 100 克	0.60
	100 克以上至 250 克	1.00
	250 克以上至 500 克	2.00
	500 克以上至 1000 克	3.80
	1000 克以上至 2000 克	6.80
	2000 克以上每续重 1000 克或其零数	3.10

续表

邮件种类	重量级别	资费
盲人读物	—	免费
小包	100克和100克以下	1.50
	100克以上至250克	3.00
	250克以上至500克	5.40
	500克以上至1000克	9.00
印刷品专袋	每1000克或其零数	2.50

中国内地至中国香港特别行政区邮政汇兑业务资费表

（2000年3月27日起执行）（单位：元）

表3-126

项目		计费单位	资费标准（人民币）
一、汇款		汇款100美元及以下（含100美元）	40
		汇款100—300美元（含300美元）	55
		汇款300—600美元（含600美元）	70
		汇款600—1000美元（含1000美元）	85
二、特殊业务资费	1. 兑款回帖	每件	3.00
	2. 存局候领	每件	2.30
	3. 展期签证	每件	4.40
	4. 退汇、改汇	每件	4.40
	5. 撤回汇款	每件	4.40

中国内地至中国香港、中国澳门和中国台湾地区邮件资费表（基本资费）

（2005年）

（单位：元）

表3-127

	重量级别	资费
信函	20克及20克以下	1.50
	20克以上至50克	2.80
	50克以上至100克	4.00
	100克以上至250克	8.50
	250克以上至500克	16.70
	500克以上至1000克	31.70
	1000克以上至2000克	55.80
明信片	每件	1.00
航空邮简	每件	1.80
印刷品	20克及20克以下	0.80
	20克以上至50克	1.50
	50克以上至100克	2.30
	100克以上至250克	3.80
	250克以上至500克	7.50
	500克以上至1000克	14.30
	1000克以上至2000克	25.50
	2000克以上每续重1000克或其零数	11.50
盲人读物	—	免费
小包	100克及100克以内	4.40
	100克以上至250克	9.00
	250克以上至500克	16.20
	500克以上至1000克	27.00
	1000克以上至2000克	50.40
印刷品专袋	每重1000克或其零数	10.00
全球优先函件	小号信封（限重500克）	18.00
	大号信封（限重1000克）	30.00
包裹	见《国际及港澳包裹资费表》	—

说明：暂不收取寄往中国台湾的小包

【国际及中国港澳台地区函件】

1990年，成都市邮政局共办理出口国际函件57.92万件，进口国际函件51.65万件，实现邮政收入69.90万元。

1996年9月12日，市邮政局成立“成都国际邮件局兼交换站”。国际邮件局兼交换站以及成都海关驻成都办事处从12月1日起开始承担国际邮件互换兼交换工作。

1997年，中美之间开办国际直销广告函件业务和国际包裹托运业务，市邮政局仅开办国际直销广告函件业务，该类函件收寄资费同国际函件资费，大宗交寄的各类印刷品资费可下浮10%—20%。

1999年5月15日，成都开办全球优先函件业务；全球优先函件业务的通达范围包括瑞士、荷兰、瑞典、意大利、德国、英国、丹麦、法国、比利时、芬兰、加拿大、澳大利亚、日本、新加坡、泰国等国家。

2000年，经国家邮政局与TNT公司协商决定，自5月15日起TNT公司将其进口到中国的大宗印刷品交由邮政部门进行投递，市邮政局对该类邮件视同一般进口国际函件进行接收、批译、投递。

2005年10月20日，市邮政局作为西南地区最大的国际邮件互换局之一，正式启动国际普邮系统上线工程，结束长期以来国际邮件处理完全依赖手工操作的历史。2005年，国家邮政局对《国际及港澳邮件处理规则》进行全面修订，从2006年1月1日起执行。2005年，市邮政局共办理出口国际函件15.45万件，进口国际函件52.22万件，实现收入166.37万元。

中国国际函件资费表（航空函件）

（2004年1月1日起执行）　　（单位：元）

表3-128

函件种类	重量级别	第一组	第二组	第三组	第四组
信函	20克和20克以内	5.00	5.50	6.00	7.00
	20克以上每续重10克或其零数加收	1.00	1.50	1.80	2.30
明信片	每件	4.50			
航空邮简	每件	5.00			
印刷品	20克和20克以内	4.00	4.50	5.00	6.00
	20克以上每续重10克或其零数加收	0.90	1.20	1.50	1.80
盲人读物	（基本资费免收）每10克收取航空运费	0.60	0.80	1.00	1.20
小包	100克和100克以内	14.00	16.00	18.00	20.00
	100克以上每续重100克或其零数加收	9.00	12.00	15.00	18.00
印刷品专袋	5000克和5000克以内	325.00	425.00	475.00	550.00
	5000克以上每续重1000克或其零数加收	65.00	85.00	95.00	110.00

中国国际函件资费表（空运水陆函件）

（2004 年 1 月 1 日起执行）　　（单位：元）

表 3-129

函件种类	重量级别	第一组	第二组	第三组	第四组
信函	20 克和 20 克以内	4.50	5.00	5.50	6.50
	20 克以上每续重 10 克或其零数加收	0.50	0.60	0.70	0.80
明信片	每件	4.00			
印刷品	20 克和 20 克以内	3.50	4.00	4.50	5.00
	20 克以上每续重 10 克或其零数加收	0.50	0.60	0.70	0.80
盲人读物	（基本资费免收）每 10 克收取 SAL 运费	0.30	0.30	0.40	0.50
小包	100 克和 100 克以内	8.50	9.00	11.00	12.00
	100 克以上每续重 100 克或其零数加收	5.00	6.00	7.00	8.00
印刷品专袋	5000 克和 5000 克以内	200.00	225.00	250.00	275.00
	5000 克以上每续重 1000 克或其零数加收	40.00	45.00	50.00	55.00

中国国际函件资费表（水陆路函件）

（2004 年 1 月 1 日起执行）　　（单位：元）

表 3-130

函件种类	重量级别	普通国际资费	亚太地区减低资费
信函	20 克和 20 克以内	4.00	3.50
	20 克以上每续重 10 克或其零数加收	0.50	0.40
明信片	每件	3.00	—
印刷品	20 克和 20 克以内	3.00	—
	20 克以上每续重 10 克或其零数加收	0.40	
盲人读物	—	免费	—
小包	100 克和 100 克以内	7.00	—
	100 克以上每续重 100 克或其零数加收	4.50	
印刷品专袋	5000 克和 5000 克以内	100.00	—
	5000 克以上每续重 1000 克或其零数加收	20.00	

【国际及中国港澳台地区包裹】

1990 年，成都市开办国际包裹业务的有暑袜街分局（邮政速递服务站）、盐市口分局、火车北站分局、锦江宾馆邮电所、岷山饭店邮电所、成都饭店邮电所。是年，市邮政局共办理出口国际包裹 2389 件，进口国际包裹 4853

件，实现收入33.23万元。

1993年7月1日，市邮政局对部分欧洲国家开办海运包裹业务。

1995年5月15日，市邮政局恢复署袜街邮电局收寄国际包裹业务；新增衣冠庙邮电局、建设路邮电局、双桥子邮电局、川师大邮电所、科技大学邮电所收寄国际包裹业务；至此，市邮政局办理收寄国际包裹业务的局、所已达17个（包括龙泉、青白江邮政局）。9月1日起，根据邮电部通知，市邮政局开办寄往美国和澳大利亚的空运水陆路包裹业务。

2003年6月1日起，市邮政局根据国家邮政局试点要求，对从日本、韩国、美国和澳大利亚等国家进口的国际小包和包裹，以及从中国港澳台地区进口的小包和包裹，属窗投包裹的市内由沙湾邮政分局窗投，郊县由国际局封专袋发县局，城关以内实行按址投递，其他由区（市）县局本部窗投。市区内按址投递的包裹，纳入各分局投递，由各局组织投递；按址投递的包裹，不得收取邮政延伸服务费。

2005年8月15日，根据国家邮政局《关于国际函件和国际包裹资费优惠办法的通知》精神，四川省邮政局针对市州及以上国际业务协议大客户制定资费优惠办法：国际及中国港澳台地区航空包裹按照不同国家和地区，实行不同的资费优惠幅度。12月29日，国家邮政局对进口国际及中国港澳特别行政区包裹的作业及管理作相应调整，自2006年1月23日起，将进口国际及港澳包裹投递、签收及投递信息纳入速递邮件渠道处理。2005年市邮政局共办理出口国际包裹1.98万件，进口国际包裹2.64万件，实现收入660.69万元。

国际及中国香港业务协议大客户包裹资费优惠

表3-131

出口国家（地区）	最大优惠幅度	
	0—3千克	3千克以上
中国香港	40%	25%
韩国、美国	5%	无
日本	30%	
英国	15%	
德国、澳大利亚等其他国家	20%	

【国际汇兑】

1992年7月1日，市邮政局正式开办国际汇兑业务，成都市仅署袜街邮电局办理国际汇兑业务，并被指定为直接通汇局。

至1999年年底，成都邮政已开办与美国、日本、芬兰、瑞士、意大利、比利时、巴西、韩国、泰国、新加坡、罗马尼亚等11个国家的汇票互换业务。

2001年9月12日，成都市沙湾邮政分局开办西联汇款业务。2002年1月，新增盐市口邮电所、锦江大桥邮电所、猛追湾邮政分局、都江堰邮政局开办西联汇款业务。2004年11月16日至12月底，市邮政局陆续在21个网点开办国际电子汇兑业务，其中一类国际汇兑网点有双桥子、猛追湾、沙湾、衣冠庙、建设路、草堂、火车北站、都江堰；二类国际汇兑网点有龙泉驿、青白江、金堂、双流、温江、郫县、新都、彭州、崇州、大邑、邛崃、蒲江、新津。

2005年，市邮政局共办理出口国际汇票782张，出口国际汇票84.45万美元。

【成都国际邮件局（交换站）】

20世纪90年代初，成都邮件处理量仅次于北京、上海、沈阳等城市，处于全国4—5

位。随着经济改革不断深入和四川省的对外贸易、文化交流迅速发展，成都的进、出、转口邮件日益增多。1993 年，成都市出口验关国际邮件 4.8 万件，进口 2.5 万件，转口 1.75 万件，较 1992 年增加 40% 左右。1996 年 12 月 1 日，“成都国际邮件局兼交换站”正式成立，简称“国际邮件局”。同时，海关驻成都办事处进驻“成都国际邮件局兼交换站”，结束异地验关，使验关时间缩短 2—4 天。12 月 30 日，“成都沙湾快件监管中心”成立。国际邮件分普邮和国际特快专递两类，成都国际邮件局负责对指定关区内和相关互换局发寄的国际邮件进行接收、开拆、分拣、封发处理工作。

邮政运输

【汽车邮路】

汽车邮路主要包括自办国家级干线、省级干线、区内邮路和农村邮路四种。1990 年，成都市邮政系统有省内自办邮路 26 条，共 4420 千米；委办 1 条 64 千米。到 2005 年，自办国家级干线邮路 30 条，省级邮路 7 条，区内邮路 168 条，农村邮路 6 条。

2005 年成都邮区中心自办干线汽车邮路详情表

表 3-132

序号	起止地点	单程长度（千米）	班期	邮路等级	邮路交接点
1	成都—重庆（川 1）	410	间日夜班	省际	成都、重庆
2	成都—重庆（川 3）	410	逐日	省际	成都、内江、重庆
3	成都—南充—重庆	565	逐日	省际	成都、遂宁、蓬溪、南充、岳池、重庆
4	成都—广元	330	逐日	省内	成都、广元
5	成都—绵阳（早报）	160	逐日	省内	成都、德阳、绵阳
6	成都—绵阳（午报）	164	逐日	省内	成都、德阳、绵阳
7	成都—绵阳（重）	159	逐日	省内	成都、绵阳
8	成都—德阳—罗江	125	逐日	省内	成都、广汉、德阳、黄许、罗江
9	成都—南充（重）	325	逐日	省内	成都、遂宁、蓬溪、南充
10	成都—广安	360	逐日	省内	成都、广安
11	成都—巴中	470	逐日	省内	成都、巴中
12	成都—遂宁	195	逐日	省内	成都、遂宁
13	成都—内江（快 2）	225	逐日	省内	成都、资阳、内江
14	成都—内江（快 1）	210	逐日	省内	成都、简阳、资阳、资中、内江
15	成都—资阳	140	逐日	省内	成都、简阳、资阳
16	成都—宜宾（快 2）	327	逐日	省内	成都、自贡、宜宾
17	成都—宜宾（快 1）	327	逐日	省内	成都、自贡、宜宾

续表

序号	起止地点	单程长度（千米）	班期	邮路等级	邮路交接点
18	成都—泸州（快2）	310	逐日	省内	成都、泸州
19	成都—泸州（快1）	310	逐日	省内	成都、泸州
20	成都—仁寿	全程236	逐日	省内	成都、眉山、龙正、清水、文宫、仁寿
21	成都—乐山（快）	195	逐日	省内	成都、彭山、眉山、夹江、甘江、乐山
22	成都—乐山	195	逐日	省内	成都、眉山、夹江、甘江、乐山
23	成都—洪雅	154	逐日	省内	成都、彭山、眉山、丹棱、洪雅
24	成都—马尔康	398	逐日	省内	成都、漩口、映秀、绵篪、棋盘沟、汶川、通化、薛城、理县、沙坝、米亚罗、梭磨、卓克基、马尔康
25	成都—黑水	350	间日	省内	成都、汶川、南新、茂汶、沙坝、赤不苏、色尔古、西尔、黑水
26	成都—九寨沟	521	间日	省内	成都、汶川、茂汶、校场、镇江、松潘、川主寺、塔藏、九寨沟
27	成都—西安	1120	逐日双班	省际	成都、西安
28	成都—兰州	1532	两日三班	省际	成都、兰州
29	成都—宝鸡	930	两日三班	省际	成都、宝鸡
30	成都—贵阳	1000	不定期班	省际	成都、贵阳

2005年成都市邮政局自办省级干线邮路表

表3-133

邮路起点	邮路终点	交通工具	单程长度（千米）	其中快速邮路长度（千米）	班期	交换邮件的县（市）局名
火车北站枢纽	金堂	自办汽车	181	181	逐日	新都、青白江、金堂
火车北站枢纽	龙泉驿	自办汽车	114	114	逐日	龙泉驿
火车北站枢纽	邛崃	自办汽车	212	212	逐日	邛崃、温江、崇州、大邑
火车北站枢纽	蒲江	自办汽车	193	193	逐日	蒲江、双流、新津
火车北站枢纽	华阳	自办汽车	59	59	逐日	华阳
火车北站枢纽	彭州	自办汽车	133	133	逐日	彭州
火车北站枢纽	都江堰	自办汽车	160	160	逐日	郫县、都江堰
合计			1052	1052	—	—

2005 年成都市邮政局区内邮路表

表 3-134

序号	邮路起始点	交通工具	单程（千米）	序号	邮路起始点	交通工具	单程（千米）
1	枢纽—建设路（早报一班）	自办汽车	23	2	枢纽—火车北站（早报二班）	自办汽车	54
3	枢纽—沙湾（早报三班）	自办汽车	24	4	枢纽—龙潭寺（早班）	自办汽车	43
5	枢纽—暑袜街（早班）	自办汽车	31	6	枢纽—草堂（早班）	自办汽车	63
7	枢纽—白家（专一）	自办汽车	80	8	枢纽—白家（专二）	自办汽车	96
9	枢纽—白家（专三）	自办汽车	40	10	枢纽—白家（专四）	自办汽车	40
11	枢纽—白家（专五）	自办汽车	40	12	枢纽—快件 1	自办汽车	59
13	枢纽—快件 2	自办汽车	46	14	枢纽—快件 3	自办汽车	57
15	枢纽—轻件 1	自办汽车	61	16	枢纽—轻件 2	自办汽车	67
17	枢纽—轻件 3	自办汽车	83	18	枢纽—轻件 4	自办汽车	52
19	枢纽—地院	自办汽车	41	20	枢纽—天福街	自办汽车	24
21	枢纽—棕树	自办汽车	36	22	枢纽—联大	自办汽车	44
23	枢纽—储汇局	自办汽车	43	24	枢纽—沙湾	自办汽车	18
25	枢纽—黄田坝	自办汽车	37	26	枢纽—草堂	自办汽车	26
27	枢纽—暑袜街	自办汽车	13	28	枢纽—八里庄	自办汽车	27
29	枢纽—特快专一	自办汽车	24	30	枢纽—特快专二	自办汽车	18
31	枢纽—锦城苑	自办汽车	35	32	枢纽—晚东	自办汽车	61
33	枢纽—晚西	自办汽车	57	34	枢纽—8 分局	自办汽车	1
35	枢纽—科汛物流	自办汽车	5	36	枢纽—白家专六	自办汽车	40
37	枢纽—白家专七	自办汽车	40	38	枢纽—商包专一	自办汽车	40
39	枢纽—商包专二	自办汽车	40	40	枢纽—商包专三	自办汽车	40
41	枢纽—轻件五	自办汽车	63	42	枢纽—轻件六	自办汽车	70
43	枢纽—科汛物流专线	自办汽车	61	44	龙泉—柏合	自办汽车	70
45	龙泉—成都（非邮发报刊）	自办汽车	61	46	龙泉洛带—清水	自办汽车	140
47	青白江—太平	自办汽车	70	48	金堂—土桥	自办汽车	85
49	金堂—土桥	自办汽车	105	50	金堂—土桥	自办汽车	218
51	双流—县内转趟	自办汽车	218	52	双流—航空港	自办汽车	218

续表

序号	邮路起始点	交通工具	单程（千米）	序号	邮路起始点	交通工具	单程（千米）
53	双流—彭镇	自办汽车	16	54	双流—籍田	自办汽车	71
55	双流—太平	自办汽车	61	56	双流华阳—中和	自办汽车	103
57	双流籍田—大林	自办汽车	108	58	温江—柳林	自办汽车	72
59	温江—和盛	自办汽车	80	60	郫县—犀浦	自办汽车	47
61	郫县—团结	自办汽车	39	62	郫县—安德	自办汽车	55
63	新都—石板滩	自办汽车	79	64	新都新繁—清流	自办汽车	51
65	崇州—隆兴	自办汽车	105	66	崇州—三江	自办汽车	60
67	崇州—怀远	自办汽车	157	68	崇州—工地	自办汽车	165
69	大邑—双河	汽车	155	70	大邑—沙渠	汽车	81
71	邛崃—羊马	自办汽车	125	72	邛崃—夹关	自办汽车	105
73	邛崃—火井	自办汽车	99	74	蒲江—五星	自办汽车	103
75	蒲江—大塘	自办汽车	118	76	新津—兴义	自办汽车	20
77	新津—永兴	自办汽车	118	78	都江堰—河东	自办汽车	99
79	都江堰—河东二	自办汽车	61	80	都江堰—河西	自办汽车	138
81	彭州—庆兴	自办汽车	78	82	彭州—白水河	自办汽车	111
83	彭州—敖平	自办汽车	42	84	彭州—蒙阳	自办汽车	86
85	枢纽—建设路（早报一班）	自办汽车	23	86	枢纽—火车北站（早报二班）	自办汽车	54
87	枢纽—沙湾（早报三班）	自办汽车	24	88	枢纽—龙潭寺（早班）	自办汽车	43
89	枢纽—暑袜街（早班）	自办汽车	31	90	枢纽—草堂（早班）	自办汽车	63
91	枢纽—白家（专一）	自办汽车	80	92	枢纽—白家（专二）	自办汽车	96
93	枢纽—白家（专三）	自办汽车	40	94	枢纽—白家（专四）	自办汽车	40
95	枢纽—白家（专五）	自办汽车	40	96	枢纽—快件1	自办汽车	59
97	枢纽—快件2	自办汽车	46	98	枢纽—快件3	自办汽车	57
99	枢纽—轻件1	自办汽车	61	100	枢纽—轻件2	自办汽车	67
101	枢纽—轻件3	自办汽车	83	102	枢纽—轻件4	自办汽车	52
103	枢纽—地院	自办汽车	41	104	枢纽—天福街	自办汽车	24
105	枢纽—棕树	自办汽车	36	106	枢纽—联大	自办汽车	44
107	枢纽—储汇局	自办汽车	43	108	枢纽—沙湾	自办汽车	18
109	枢纽—黄田坝	自办汽车	37	110	枢纽—草堂	自办汽车	26

续表

序号	邮路起始点	交通工具	单程（千米）	序号	邮路起始点	交通工具	单程（千米）
111	枢纽—暑袜街	自办汽车	13	112	枢纽—八里庄	自办汽车	27
113	枢纽—特快专一	自办汽车	24	114	枢纽—特快专二	自办汽车	18
115	枢纽—锦城苑	自办汽车	35	116	枢纽—晚东	自办汽车	61
117	枢纽—晚西	自办汽车	57	118	枢纽—8分局	自办汽车	1
119	枢纽—科汛物流	自办汽车	5	120	枢纽—白家专六	自办汽车	40
121	枢纽—白家专七	自办汽车	40	122	枢纽—商包专一	自办汽车	40
123	枢纽—商包专二	自办汽车	40	124	枢纽—商包专三	自办汽车	40
125	枢纽—轻件五	自办汽车	63	126	枢纽—轻件六	自办汽车	70
127	枢纽—科汛物流专线	自办汽车	61	128	龙泉—柏合	自办汽车	70
129	龙泉—成都（非邮发报刊）	自办汽车	61	130	龙泉洛带—清水	自办汽车	140
131	青白江—太平	自办汽车	70	132	金堂—土桥	自办汽车	85
133	金堂—土桥	自办汽车	105	134	金堂—土桥	自办汽车	218
135	双流—县内转趟	自办汽车	218	136	双流—航空港	自办汽车	218
137	双流—彭镇	自办汽车	16	138	双流—籍田	自办汽车	71
139	双流—太平	自办汽车	61	140	双流华阳—中和	自办汽车	103
141	双流籍田—大林	自办汽车	108	142	温江—柳林	自办汽车	72
143	温江—和盛	自办汽车	80	144	郫县—犀浦	自办汽车	47
145	郫县—团结	自办汽车	39	146	郫县—安德	自办汽车	55
147	新都—石板滩	自办汽车	79	148	新都新繁—清流	自办汽车	51
149	崇州—隆兴	自办汽车	105	150	崇州—三江	自办汽车	60
151	崇州—怀远	自办汽车	157	152	崇州—工地	自办汽车	165
153	大邑—双河	汽车	155	154	大邑—沙渠	汽车	81
155	邛崃—羊马	自办汽车	125	156	邛崃—夹关	自办汽车	105
157	邛崃—火井	自办汽车	99	158	蒲江—五星	自办汽车	103
159	蒲江—大塘	自办汽车	118	160	新津—兴义	自办汽车	20
161	新津—永兴	自办汽车	118	162	都江堰—河东	自办汽车	99
163	都江堰—河东二	自办汽车	61	164	都江堰—河西	自办汽车	138
165	彭州—庆兴	自办汽车	78	166	彭州—白水河	自办汽车	111
167	彭州—敖平	自办汽车	42	168	彭州—蒙阳	自办汽车	86
合　计							11712

2005年成都市邮政局自办农村汽车邮路表

表3-135

序号	邮路起止点	交通工具	邮路单程长度（千米）
1	火车北站—琉璃乡	汽车	60
2	赵镇—土桥	汽车	180
3	赵镇—清江	汽车	65
4	郫县—交大	汽车	80
5	郫县—唐元	汽车	51
6	郫县—科大	汽车	54
合计			490

【航空邮路】

航空邮路主要利用民航和邮航飞机，实现国际国内邮件的快速传递。1990年，成都到全国各地的民航邮路共35条，邮路长度6.05万千米。2005年发展到46条，邮路总长度7.74万千米。

2004年8月，邮政航空实施“全夜航”运输，邮政航空公司成都—上海，航班号8Y9039，属全国干线邮路。每周6个班期，起飞时间凌晨1：00，到达时间凌晨4：30，单程长1782千米。

1990年成都市邮政局航空邮路表

表3-136

序号	邮路起止点	单程长度（千米）	班期	序号	邮路起止点	单程长度（千米）	班期
1	成都—北京	1700	6/周	19	成都—广州—南宁	1887	4/周
2	成都—拉萨	1307	7/周	20	成都—桂林—南宁	1350	3/周
3	成都—上海	1782	5/周	21	成都—北京—青岛	2346	5/周
4	成都—广州	1344	7/周	22	成都—西安—青岛	2121	1/周
5	成都—长沙	940	7/周	23	成都—上海—青岛	2475	1/周
6	成都—重庆	313	4/周	24	成都—北京—大连	2275	3/周
7	成都—昆明	711	4/周	25	成都—沈阳—大连	2609	1/周
8	成都—西安	647	4/周	26	成都—上海—大连	2833	2/周
9	成都—南京	1506	5/周	27	成都—广州—南昌	1991	6/周
10	成都—沈阳	2293	6/周	28	成都—上海—南昌	2426	1/周
11	成都—武汉	1041	6/周	29	成都—乌鲁木齐	2258	5/周
12	成都—贵阳	531	2/周	30	成都—海口	1673	7/周

续表

序号	邮路起止点	单程长度（千米）	班期	序号	邮路起止点	单程长度（千米）	班期
13	成都—长春	2489	6/周	31	成都—太原	1173	2/周
14	成都—杭州	1697	5/周	32	成都—厦门	1717	7/周
15	成都—呼和浩特	2144	6/周	33	成都—北京—哈尔滨	2710	7/周
16	成都—贵阳—桂林	951	6/周	34	成都—上海—福州	2390	5/周
17	成都—西安—兰州	1197	2/周	35	成都—广州—福州	2284	1/周
18	成都—武汉—合肥	1352	7/周	—	—	—	—
一级航空邮路合计：60463 千米							

2005 年成都邮区中心国内航空邮路详情表

表 3-137

序号	起止地点	单程长度（千米）	班期	邮路等级	航空公司	序号	起止地点	单程长度（千米）	班期	邮路等级	航空公司
1	成都—北京	1697	7	全国干线	西航	2	成都—天津	1640	3	全国干线	西航
3	成都—济南	1419	3	全国干线	西航	4	成都—青岛	1705	3	全国干线	西航
5	成都—烟台	1882	3	全国干线	西航	6	成都—太原	1173	4	全国干线	西航
7	成都—郑州	1039	3	全国干线	西航	8	成都—沈阳	2346	4	全国干线	西航
9	成都—大连	1989	5	全国干线	西航	10	成都—长春	2630	4	全国干线	西航
11	成都—哈尔滨	2710	4	全国干线	西航	12	成都—上海	1782	7	全国干线	西航
13	成都—南京	1618	7	全国干线	西航	14	成都—合肥	1392	3	全国干线	西航
15	成都—杭州	1699	3	全国干线	西航	16	成都—温州	1797	5	全国干线	西航
17	成都—宁波	1803	4	全国干线	西航	18	成都—福州	1771	6	全国干线	西航
19	成都—厦门	1911	4	全国干线	西航	20	成都—南昌	1240	6	全国干线	西航
21	成都—广州	1344	7	全国干线	西航	22	成都—深圳	1446	7	全国干线	西航
23	成都—汕头	1700	4	全国干线	西航	24	成都—海口	1757	5	全国干线	西航
25	成都—南宁	1014	7	全国干线	西航	26	成都—桂林	975	7	全国干线	西航
27	成都—长沙	940	7	全国干线	西航	28	成都—武汉	1047	7	全国干线	西航
29	成都—西安	647	7	全国干线	西航	30	成都—兰州	940	3	全国干线	西航
31	成都—西宁	1124	3	全国干线	西航	32	成都—银川	1207	2	全国干线	西航

续表

序号	起止地点	单程长度（千米）	班期	邮路等级	航空公司	序号	起止地点	单程长度（千米）	班期	邮路等级	航空公司
33	成都—乌鲁木齐	2258	5	全国干线	西航	34	成都—拉萨	1307	7	全国干线	西航
35	成都—贵阳	531	7	全国干线	西航	36	成都—昆明	711	7	全国干线	西航
37	成都—福州	2460	—	全国干线	沪联航	38	成都—合肥	2194	—	全国干线	沪联航
39	成都—济南	2634	—	全国干线	沪联航	40	成都—南昌	2426	—	全国干线	沪联航
41	成都—厦门	2660	—	全国干线	沪联航	42	成都—南京	1946	—	全国干线	沪联航
43	成都—兰州	1197	—	全国干线	陕联航	44	成都—青岛	2475	—	全国干线	沪联航
45	成都—烟台	2628	—	全国干线	沪联航	46	成都—呼和浩特	1350	—	全国干线	—
47	成都—银川	1207	—	全国干线	陕联航	—	—	—	—	—	—

【火车邮路】

1990年，成都到北京、昆明和贵阳的火车邮路一级干线运输共3条，邮路长度共计4115千米，到珙县和广元的二级干线运输两条，共计720千米。至2005年年末，一级干线增加到4条，邮路长度为1.25万千米（双程），二级干线运输1条，邮路长度1588千米（双程）。

2005年成都邮区中心火车邮路详情表

表3-138

序号	起止地点	单程长度（千米）	班期	邮路等级	邮件交接点	派押局
1	成都—北京	2042	每日班	一级干线	成都、绵阳、广元、宝鸡、西安、洛阳、石市、保定、北京	成都
2	北京—成都	2042	每日班	一级干线	北京、保定、石市、洛阳、西安、宝鸡、广元、绵阳、成都	成都
3	成都—贵阳	967	每日班	一级干线	成都、内江、遵义、贵阳	成都
4	贵阳—成都	967	每日班	一级干线	贵阳、遵义、内江、成都	成都
5	成都—昆明	1100	每日班	一级干线	成都、西昌、攀枝花、昆明	成都
6	昆明—成都	1100	每日班	一级干线	昆明、攀枝花、西昌、成都	成都
7	成都—攀枝花	794	每日班	二级干线	成都、峨眉、甘洛、越西、下普雄、普雄、西昌、金江	成都
8	攀枝花—成都	794	每日班	二级干线	金江、西昌、普雄、下普雄、越西、甘洛、峨眉、成都	成都

续表

序号	起止地点	单程长度（千米）	班期	邮路等级	邮件交接点	派押局
9	成都—南京	2133	隔日班	一级干线	成都、南京	成都
10	南京—成都	2133	隔日班	一级干线	南京、成都	成都

【乡村邮路】

1990 年，成都市辖郊县共有乡（镇）402 个，行政村 4624 个。至 2005 年年末，共有乡（镇）289 个，行政村 4140 个，邮政服务均实现完全覆盖。2005 年共有农村邮路 345 条，日单程总长为 1.98 万千米。其中汽车邮路 6 条，日单程总长为 410 千米；摩托车邮路 94 条，日单程总长为 3461 千米；步行邮路 3 条，日单程总长为 37 千米；自行车邮路 242 条，日单程总长为 1.59 万千米。

【邮运车辆】

1990 年，市邮政系统共有各类汽车、摩托车 171 辆。1996 年，共投入资金 1600 余万元，增加新型 25 型火车邮箱 4 节，更新邮运汽车 30 辆，新增邮运汽车 28 辆，火车站台拖车 40 辆。邮政通信用自备火车厢，是按照规定的路线准备和根据邮件量大小确定加挂的数量。装卸邮件使用的牵引车辆，主要用于火车、飞机上下装卸邮件时对拖排进行牵引。

到 2005 年年末，全市邮政系统省汽车数量达到 574 辆，摩托车只有 2 辆。

1990—2005 年成都市邮政局主要车辆统计表

表 3-139

区分/数量/年份	市邮政局				邮区中心局				备注
	汽车		摩托车		汽车		摩托车		
	合计	其中邮运	合计	其中邮运	合计	其中邮运	合计	其中邮运	
	辆	辆	辆	辆	辆	辆	辆	辆	
1990	171	116	149	103	—	—	—	—	—
1991	142	111	62	39	—	—	—	—	—
1992	166	110	36	13	—	—	—	—	—
1993	281	182	54	33	—	—	—	—	—
1994	204	136	14	7	—	—	—	—	—
1995	361	228	19	16	—	—	—	—	—
1996	271	184	19	3	—	—	—	—	—
1997	340	241	19	4	—	—	—	—	—
1998	540	361	8	8	—	—	—	—	邮电分营
1999	502	396	14	14	260	195	1	—	中心局单立
2000	501	394	14	14	285	240	1	—	—

续表

年份	市邮政局 汽车 合计	其中邮运	市邮政局 摩托车 合计	其中邮运	邮区中心局 汽车 合计	其中邮运	邮区中心局 摩托车 合计	其中邮运	备注
	辆	辆	辆	辆	辆	辆	辆	辆	
2001	549	419	8	8	297	204	1	—	—
2002	557	424	6	6	337	239	1	—	—
2003	553	422	1	1	285	169	1	—	—
2004	557	445	—	—	299	168	—	—	—
2005	574	489	2	2	264	154	—	—	—

说明：1. 1996、1997 年的统计数不含电管邮部分；2. 1999 年中心局正式挂牌，统计数含原省运输局

2005 年四川省二级以上公路邮运汽车免费通行路线表

表 3-140

序号	路线编号	路线所经地点	路线所经高速公路
一、国道部分线路			
1	国道 108 线	陕西—广元—绵阳—成都—雅安—汉源—西昌—攀枝花—云南界	绵广高速、成绵高速、成都绕城高速、成雅高速、泸沽至黄联关高速
2	国道 318 线	南充—遂宁—乐至—简阳—成都—雅安—康定	遂回高速、成渝高速、成都绕城高速、成雅高速、成南高速、成温邛高速
3	国道 319 线	重庆界—安岳—乐至—简阳	—
4	国道 317 线	重庆界—都江堰—汶川—马尔康	成都绕城高速、成灌高速
5	国道 321 线	贵州界—泸州—隆昌—内江—资阳—简阳	隆纳高速、成渝高速
6	国道 213 线	甘肃界—松潘—茂县—汶川—都江堰—成都—仁寿—犍为—沐川	成都绕城高速、成灌高速
7	国道 212 线	南部—南充—重庆界	南广高速
8	国道 210 线	达州市—大竹—邻水—重庆界	达渝高速
二、省道部分线路			
1	省道 101 线	成都—中江—盐亭—南部—仪陇—巴中	成都绕城高速、成绵高速
2	省道 202 线	广元—旺苍—巴中	—
3	省道 203 线	仪陇—南充—广安—邻水	广邻高速
4	省道 104 线	成都—眉山—夹江—乐山—五通	成都绕城高速、成乐高速

续表

序号	路线编号	路线所经地点	路线所经高速公路
5	省道302线	茂县—北川—安县—绵阳	—
6	省道106线	仁寿—眉山—洪雅	—
7	省道206线	内江—自贡—宜宾—云南界	内自宜高速
8	省道307线	宜宾—屏山	—
9	省道102线	成都—双流机场	成都绕城高速、机场高速

1990—2005年成都市邮政局自备火车厢发展情况表

表3-141

年份	节	年份	节	年份	节	年份	节
1990	21	1994	17	1998	13	2002	14
1991	22	1995	17	1999	13	2003	16
1992	25	1996	17	2000	13	2004	16
1993	21	1997	20	2001	16	2005	16

1990—2005年成都市邮政局装卸用牵引车发展情况表

表3-142

年份	辆	年份	辆	年份	辆	年份	辆
1990	7	1994	14	1998	14	2002	10
1991	7	1995	14	1999	12	2003	10
1992	7	1996	14	2000	12	2004	15
1993	4	1997	14	2001	12	2005	15

邮件投递

【城市投递】

成都市邮政局从2001年开始实施“社区邮政服务站”（以下简称服务站）建设工程，2002年在此基础上根据服务范围大小，发展成为“社区邮政服务中心”，下辖若干服务站。

2003年，市邮政局重新编制成都投递段道分拣手册，解决邮政分局之间、投递段道之间界面不清和城市延伸投递中出现“非地”和“空白”的问题。除上门投递到户和单位收发室外，全市8个邮政分局和14个区（市）县邮政局，利用邮政局（所）场地建设邮件、报刊的专用信报箱，采取租赁方式提供给上门领取邮件、报刊的用户。用户在租用“信报箱”时与相关邮政局办理租用手续，填写“使用邮政用户专用信报箱申请书”“使用邮政专用信报箱协议”。“邮政用户专用信报箱”使用期为一年，一年一签。用户属单位的，申请时必须要有单位介绍信或公函，并加盖单位公章。对特殊单位还应出具合法的相关证明和手续；用户属个人的，申请时必须要有本人身份证原件，并复印留底备查。

截至2005年年底，全市共建成服务站、邮件接转点770个，其中投递型141个，物业型629个。通过建立服务站，使营业柜台前移，改变原有的报刊邮件只投递到收发室或接转点的方式，较好解决了投递最后100米问题。通过自投与服务站助投，直投与收发室代投相结合的方式，最终实现报刊邮件与用户“零距离接触”。

成都市邮政投递员整装待发

2004年成都市邮政局成都市区投递段道汇总表

表3-143　　　　单位：个

项目/数量/单位	调整前投递段					调整后投递段						
	投递段	其中		收投公司	合计	信	报	机车	包裹直投	郊区段		合计
		自行车	机车							机车	自行车	
署袜街分局投递组	39	27	12	17	56	22	25	10	1	—	—	58
猛追湾分局投递组	19	14	5	9	28	13	14	5	1	—	—	33
琉璃场投递组	4	3	1	—	4	—	—	—	—	1	4	5
沙湾分局投递组	21	19	2	9	30	22	22	2	3	—	—	49
茶店子投递组	7	7	—	—	7	—	—	—	—	—	8	8
衣冠庙分局投递组	28	21	7	15	43	12	25	8	2	—	5	52
紫荆投递组	—	—	—	—	—	3	3	—	—	—	—	6
簇桥投递组	5	5	—	—	5	—	—	—	—	—	5	5
机投投递组	2	2	—	—	2	—	—	—	—	—	4	4
金花投递组	—	—	—	—	—	—	—	—	—	—	2	2
建设路分局投递组	14	6	8	—	14	9	9	4	1	—	—	23
龙潭寺投递组	3	3	—	—	3	—	—	—	—	—	3	3
草堂分局投递组	11	7	4	4	15	7	7	4	1	—	—	19

续表

数量/项目/单位	调整前投递段					调整后投递段						
	投递段	其中		收投公司	合计	信	报	机车	包裹直投	郊区段		合计
		自行车	机车							机车	自行车	
黄田坝投递组	7	6	1	—	7	—	—	—	—	2	10	12
火车站分局投递组	22	18	4	10	32	11	11	4	2	—	6	34
天回镇投递组	3	3	—	—	3	—	—	—	—	—	3	3
双桥子分局投递组	10	7	3	3	13	6	5	3	1	—	—	15
合计	195	148	47	67	262	105	121	40	12	3	50	331

2005 年成都市邮政局市内五城区及成都高新区小区（花园）投递总数

表 3-144

序号	投递局名称	小区总数（个）	楼房数（栋）
1	暑袜街邮政分局	19	49
2	猛追湾邮政分局	101	475
3	沙湾邮政分局	195	1085
4	衣冠庙邮政分局	181	1084
5	建设路邮政分局	225	1493
6	双桥子邮政分局	12	368
7	草堂寺邮政分局	117	1623
8	火车北站邮政分局	144	921
合计	—	994	7098

【农村投递】

2000 年，成都市在区（市）县局有条件的乡镇启动服务广大农村的“村邮工程”，到年底发展到 200 余个“村邮工程”点。

2005 年，成都市共有农村邮摩托车、自行车段道 690 个，覆盖 298 个乡（镇）的 4140 个行政村。

1990—2005年成都市邮政局农村通信发展情况表

表3-145

项目 数量 年份	乡（镇）（个）				行政村（个）		
	总数	设有局所	开办邮储业务	固班投递	总数	通邮固投	邮件稍转
1990	402	324	96	402	4624	4029	595
1991	402	324	96	402	4629	4184	445
1992	332	297	96	332	4618	4187	431
1993	298	270	96	298	4647	4216	431
1994	298	270	96	298	4647	4216	431
1995	298	278	96	295	4647	4216	431
1996	298	281	117	308	4647	4216	431
1997	298	281	117	308	4647	4216	431
1998	320	249	147	283	4613	4182	431
1999	330	289	168	312	4581	4150	431
2000	334	302	165	319	4596	4150	446
2001	334	302	165	319	4596	4150	446
2002	335	305	195	325	4564	4118	446
2003	335	321	191	326	4566	4118	444
2004	333	321	192	322	4588	4480	108
2005	289	262	156	268	4140	3657	483

【时限频次】

2005年，成都邮政局分为四个种类进行投递：报刊商函投递实行日投三班；普邮投递实行日投两班；特快投递根据邮件进口车（航）次安排投递频次。成都市区日投递三次，必要时组织四频次投递，各区（市）县不少于两频次投递。

包裹、物品投递实行窗投与直投结合。普通包裹和印刷品日投一个频次，快递包裹日投两个频次。

2005 年成都市邮政局报刊商函投递段时限频次表

表 3-146

班次	项目						
第一班	时间	6：40—7：10	6：50—7：10	7：00—7：30	7：30—8：00	8：00—9：30	9：30—9：35
	作业内容	接收早报	开拆、分拣、分发、平衡合拢	进口本报、精品报数报、排报	出班前质检、总复核	外部投递	质检、归班处理
第二班	时间	7：30—8：00	8：00—8：30	8：00—10：00	10：00—10：10	10：10—12：00	12：00—12：10
	作业内容	接收第二次报刊	开拆、分拣、分发、平衡合拢	当班和前天进口本、外报，刊、商函、DM 广告，数、排报和数配刊	出班前质检、总复核	外部投递	质检、归班处理
第三班	时间	14：00—14：30	14：30—15：00	14：30—17：45			
	作业内容	接收第三次报刊	开拆、分拣、分发、平衡合拢	投递当班进口的本报、外报、刊、商函邮件、中邮广告，上门订报刊			

2005 年成都市邮政局普邮投递段时限频次表

表 3-147

时间	8：05—8：15	8：15—10：00	8：30—10：30	10：30—2：00	15：00—15：30	15：30—18：00	18：00—18：10
作业内容	接收第一次邮件	开拆、分拣、分发、登单、平衡合拢	整理投递当天上午进口的特快邮件，开取信箱（筒）	整理前天下午进口及当天上午进口的各类邮件（平信、平刷、普挂、汇款通知单、挂刷）	整理当天下午进口的特快邮件	带前天下午、当天上午进口的邮件及当天下午进口的特快邮件外部投递，开取信箱（筒）	质检、归班处理
时间	14：20—15：00	15：00—16：00					
作业内容	接收第二次邮件	开拆、分拣、分发、登单、平衡合拢					

1990—2005 年成都市邮政局投递建设发展情况

表 3-148　　（单位：个）

年份	信报箱群	信箱筒	用户租赁信箱	信报箱格口	妥投点	其中直投点	其中签妥投协议点	备注
1990	—	1128	—	—	—	—	—	—
1991	—	1159	—	—	—	—	—	—
1992	—	1168	—	—	—	—	—	—
1993	—	1183	—	—	—	—	—	—

续表

年份	信报箱群	信箱筒	用户租赁信箱	信报箱格口	妥投点	其中直投点	其中签妥投协议点	备注
1994	—	1197	—	—	—	—	—	—
1995	—	1200	—	—	—	—	—	—
1996	—	1317	—	—	—	—	—	—
1997	—	1317	—	—	—	—	—	—
1998	—	1454	—	—	—	—	—	邮电分营
1999	36	1454	—	—	192380	185548	6832	—
2000	27	1589	2998	68537	197386	190722	6664	—
2001	43	1494	2062	111318	192184	183833	8351	—
2002	32	1412	2093	85167	200267	190374	9893	—
2003	92	1179	1604	91496	87036	70781	16255	—
2004	92	1234	2996	92084	80662	65040	15622	—
2005	93	1257	2999	92447	81422	65785	15637	—

2005年成都市邮政局投递网点设施分布表

表3-149　　单位：个

单位 \ 数量 \ 项目	投递部门	邮政信报箱群	邮政信箱信筒	邮局用户信箱	信报箱格口数	邮政妥投点	其中直接投递点	签订妥投协议用户
青白江区邮政局	0	1	32	0	2756	1254	1254	0
龙泉驿区邮政局	7	0	132	0	3500	1283	1233	50
金堂县邮政局	1	0	130	0	1058	223	223	0
双流县邮政局	0	1	80	0	5210	4785	4610	175
温江区邮政局	0	2	34	10	2400	3200	2000	1200
郫县邮政局	0	0	35	0	186	2369	2369	0
新都区邮政局	2	0	62	163	2015	4823	4161	662
彭州市邮政局	8	1	39	5	3094	390	225	165
都江堰市邮政局	3	0	54	1405	3000	3120	3108	12
崇州市邮政局	1	0	62	10	1363	2615	1338	1277
大邑县邮政局	1	1	44	0	3055	6224	5898	326
邛崃市邮政局	0	2	34	0	4170	4735	4213	522

续表

单位＼数量＼项目	投递部门	邮政信报箱群	邮政信箱信筒	邮局用户信箱	信报箱格口数	邮政妥投点	其中直接投递点	签订妥投协议用户
蒲江县邮政局	2	4	27	64	5545	4325	4325	0
新津县邮政局	1	0	60	0	5000	1464	1464	0
成都市区	9	81	432	1342	50095	40612	29364	11248
合计	35	93	1257	2999	92447	81422	65785	15637

【全夜航 EMS】

2004 年 6 月 23 日，市邮政局制订并完成实施全夜航（混网）过渡方案，成都与邮政航空公司通达局周边 75 个城市间实现“次日递”。利用民航晚航班带运的特快邮件实现北京、上海、广州、深圳、厦门等城市特快邮件次晨递，加快 EMS 传递速度。

按照邮航的运行时间和次晨递、次日递的要求，所有的生产环节都围绕其进行紧密衔接，打破原有的时限频次，采取倒推的方式，调整区域干线汽车邮路到开时间，压缩优化分拣封发内部处理时间，改革营业收寄、市内转趟作业方式。同时，对投递网络进行改革和优化。当日航空 10：00 前落地及陆运 12：00 前到站的“全夜航”邮件，当日 10：00—12：00 之间航空落地及陆运 12：00—15：00 之间到站的“全夜航”邮件，为确保在 18：00 前投递完毕”。按照国家局“收投分开、快普分投、专网运作”的投递要求，确保“全夜航”邮件的投递时限、频次，对现有的投递作业组织进行调整、再造。速递局对出口邮件的分拣、封发、运输实施独立运作，取代市内各邮政分局出口特快小转趟，以减少特快收寄、传输过程的中间环节，加快出口特快的传递速度。进口特快邮件的航班落地时间为 10：10、10：35、10：50，成都主城区范围内的邮件要保证 18：00 以前投递完毕，高新区 17：00 前投递完毕。

“全夜航”方案共分三个阶段实施：第一阶段从 2004 年 8 月 18 日起，试启动“全夜航”方案，速递局新增邮件开拆处理人员 25 人，解决进出口分拣封发设备人员严重不足的问题。文件类特快邮件由市内分局负责投递，物品型特快邮件由速递局负责投递。第二阶段是新增投递、运输车辆，新增机车投递段 30 个，解决速递局与分局之间的进出口邮件运输，邮政分局到所辖邮政所（点）仍由各分局小转趟负责。第三阶段是 2004 年年底至 2005 年二季度，特快专递完全实行“分网运作、专网投递、按段分拣”。实施“全夜航”市邮政局共投入 354.41 万元，新增生产人员 80 人，运输车 3 辆，投递用汽车 21 辆，自行车 24 辆。

2004 年 8 月底开始启动 EMS 专网投递工作，经过调整、改造和“混网过度”，到 2005 年，基本实现专网投递和实行“快普分投、专网运作”的作业组织方式。

【接转押运】

作为全国八大中心局之一的成都市邮政局，邮件在递运过程中需要接转派押的主要是火车邮路和汽车邮路。1990 年，负责派押省际火车复线 3 条，总长度 4115 千米；省内火车复线 2 条，总长度 720 千米；自办省内汽车邮路 26 条，总长度 4420 千米。到 2005 年年末，省际火车复线 5 条，总长度 1.29 万千米；省际汽车线路七条，总长度5967千米；省内的汽车线路34条，总长度7238千米；成都区内汽车线路168条，总长度1.17万千米。

服务窗口建设

【标准化班组和达标升级】

1990年，市邮政系统开展标准化管理工作。火车北站分局营业班组成全省第一个标准化班组。同年纳入创建标准化班组的单位有：邮政营业班组：衣冠庙、建设路、黄田坝、双桥子分局、德胜街、骡马市、南大街、锦江大桥、九眼桥、新罗路邮电所。电信班组：火车站电信组。储蓄班组：盐市口分局储蓄班组。年底市内的走马街、衣冠庙、建设路、火车站4个邮电分局的营业和投递班组被四川省邮电管理局命名为标准化班组；10月，邮件转运处荣获“全国文明转运站”称号；押运处荣获“成都区文明押运车”称号。邮政枢纽中心的23个分拣封发班组和4个邮运班组，有26个班组达到合格班组标准。同年，市邮政局被四川省授予“省级先进企业”称号。14个区县局有7个达到合格企业管理标准，有1个达到优秀企业管理标准，全年共创“农村标准化示范支局”56个。1991年2月4日，四川省邮电管理局下文授予成都市邮政局下属区县局的郫县、彭县、大邑县、邛崃县、金堂县、青白江区、新都县7个邮电局为“管理达标企业”。1995年，市邮政局开展农村邮政支局和城市班组管理工作标准化工作。

1997年，市邮政系统在服务窗口开展以达标升级为内容的规范化服务标准活动，采取切实有效措施规范服务工作。

1998年5月25日，市邮政系统开展邮车维护质量的升级达标活动，参加升级达标活动的车辆287辆，一级车辆率为89.67%，完好率为97.4%，维护计划完成率100%。完善设备维护保障系统，使设备完好率保持在95%以上。

【全面质量管理】

1990年，市邮政系统发表全面质量管理QC成果6个。4月，获四川省人民政府授予的“四川省质量管理奖”；获国家优秀QC小组1个；荣获四川省优秀QC小组2个；邮电部命名成都市邮政局报刊优化QC小组为“全国邮政系统先进QC小组”。同时获得成都市优秀QC小组2个，先进QC小组1个。

1991年市邮政局申报注册74个QC成果。市邮政局五分局投递QC小组、七分局综合QC小组、三分局优化大批邮件收寄手续QC小组、押运处QC小组、发行处汇单优化QC小组等5个QC小组荣获四川省邮政专业“先进质量管理小组”称号。市邮政局系统优化QC小组为“全国邮政质量管理优秀小组”；走马街邮局营业QC小组为“全国邮政质量管理先进小组”。

1992年10月，市邮政局视检处QC小组被邮电部命名为“1992年全国邮政优秀先进质量管理小组”。12月16日，市邮政局《优化邮政通信作业组织管理》被评为“1991年度四川省企业管理优秀成果”。

1995年，市邮政局全面质量管理荣获国家级优秀QC小组1个，获奖单位为信函分拣处，获奖成果为《引用信函分拣机，加快邮件传递速度》；四川省优秀QC小组2个；成都市优秀QC小组4个。邮袋质量管理获国家邮政总局“1995年度全国邮袋管理优秀单位”称号，获得邮袋质量管理“八年冠”的殊荣。

2000年10月，在南京召开的“全国第22次质量管理小组代表会”上，成都市邮政局荣获“全国质量管理小组活动优秀企业”，成都双桥子邮电局 QC 小组获“全国优秀质量管理小组”称号。

2001 年 10 月 12 日，在中国质量管理协会主办的“全国第 23 次质量管理小组代表会议”上，市邮政局速递局直递业务 QC 小组荣获 2001 年度“全国优秀质量管理小组”称号。

2003 年，市邮政局获全面质量管理国家级优秀 QC 小组 1 个，QC 小组获奖成果为《运用全面质量管理方法制定“绿马甲”投递人员薪酬方案》，该成果成为四川省唯一获得国优称号并在全国发表的创新成果，同时是全国邮政系统唯一发表并列入《全国 QC 小组成果汇编》的创新成果。同年，市邮政局获国家局先进 QC 小组 1 个，四川省优秀 QC 小组 1 个。

2005 年 11 月，在四川省第 27 次质量管理小组代表会上，市邮政局衣冠庙邮政分局陕西街营业班组荣获“全国质量信得过班组”称号；建设路邮政分局储蓄所、衣冠庙邮政分局陕西街营业班组荣获“四川省质量信得过班组”称号；双流县邮政局邮政储蓄质量管理 QC 小组、蒲江县邮政局代理保险业务 QC 小组荣获“四川省优秀质量管理小组”称号。

【邮政通信作业组优化】

1990 年，市邮政局总局在全系统开展优化通信作业组织管理活动。成立“优化通信作业组织管理领导小组”和工作队，制订出一、二、三级“优化”方案 30 个，按“优化”方案对现有通信作业组织和管理工作程序进行“优化”。

1991 年，市邮政局将优化通信作业组织管理成果在企业内部全面推广。在大邑县邮电局进行试点，通过“优化”验收合格，带动区县邮电局的“优化”工作。按照“优化”方案，改革现行生产指挥调度体系。设立总调度室，建立总调度长制的通信作业组织管理体系，建立局一级的生产调度会议制度，建立健全视察检查等制度。1991 年 3 月 29 日，邮电部授予成都市邮政局“邮政通信作业组织优化管理达标单位”称号。

【生产指挥调度】

1991 年，市邮政局改革现行生产指挥体系，强化通信生产指挥调度制度。设立总调度室，建立总调度长制的通信作业组织管理体系，确立生产调度的权威，实行直线指挥，纵横结合，系统控制，动态管理。建立健全视察检查制度，建立具有质量否决权的质量检查系统，解决了通信生产中质量监督检查职能不清、标准不一的问题。

1992 年，市邮政局在全局、生产处（分局）、班组设立三级质量监督检查网络系统，明确了各级检查网的职责、任务及权限。质量监督检查做到了职能到位，责权分明，层层把关，把通信生产过程中的质量、时限规格控制在要求的范围内。具体措施有：在各生产班组设立质量监督岗，对外履行省际省内质量检查点的职责，对内进行出口邮件的把关检查，加强时限、规格质量控制；在市内各局和邮政枢纽生产班组分别设立“质量警示牌”、召开质量执法检查现场会及时通报邮件处理时限、规格质量的完成情况等。

1996 年，市邮政局完善通信生产指挥调度制度，把总包邮件损失率、总包邮件延误率、给据邮件损失率“三大指标”放在首位。在通信生产部重新修订《通信生产及资金考核办法》，从安全、质量等十二个方面提出具体的管理要求和考核标准。

1998 年，市邮政系统加强邮袋管理，争取创邮袋管理工作“十一连冠”；继续开展“分拣明星”“邮运明星”和“质量全红明星”的劳动竞赛。完善航站班务工作，确保航空邮件正常运递。12 月 1 日，成都市邮政通信生产指挥调度系统开始执行国家邮政总局新的普调邮件经转关系的安排。

1999 年，市邮政系统把网络运行指挥调度工作从事务性管理转变为智能型管理，并制定《通信生产部网络指挥调度管理办法》《通信生产部查验单管理办法》等规章制度。同时增加航班与频次，在保证航空邮件发运质量的前提下，利用川航航班发运成都至广州的邮件，使到广州特快邮件时限提前半天，次日递达率达 100%。将原对城区各分局的服务承诺扩大到对 14 个区（市）县局，为经营系统提供支撑服务，进一步完善通信生产“内部服务承诺”。建立和完善多层次、多渠道、多形式的服务信息反馈制度。先后与川航、西航等单位达成协议，在 1998 年基础上分别降低运费 8%、10%，减少航空运费 100 余万元。

2000 年，市邮政局制定《通信生产网络指挥调度管理办法》，加强对内部生产作业的管理。

2001 年，市邮政局通信指挥调度中心加强网路运行管理，提高运行效益。具体措施为：合理调整生产流程和作业流程，重点加强对一级干线设备、绿卡设备、区（市）县局设备的动态管理。进一步提高信函分拣机、转运邮车辆等重要设备的有效利用率。进一步调整派押的区（市）县和市内趟车，满足各类邮件报刊的传递时限需要。

2005 年，市邮政局通信指挥调度中心强化经营管理，合理组织内部通信生产作业，加强网络管理。具体措施有：“驾押合一”模式在速递局专线趟车线路开始试行；“全夜航”工作顺利实施；对普通邮件临时直封及处理办法进行改革，落实封装规格、运输、投递、机要档案管理等各方面规章制度。

【法制建设】

1990 年 2 月，成都市人民政府第 15 次常务会议审议通过《成都市保护和发展邮电通信暂行规定》，从此成都市有了第一个地方性的邮电通信行政规章。

1998 年 11 月 12 日，《成都市邮政通信条例》经成都市第十三届人民代表大会常务委员会第三次会议讨论通过，1999 年 1 月 29 日四川省第九次人民代表大会常务委员会第七次会议批准实施。

2000 年，成都市邮政局制定《成都市集邮管理办法》和《成都市邮政局经济合同管理办法》。

2004 年，建立冻青树集邮市场重大突发事件信息反馈体系。

2005 年 9 月 1 日，市邮政局下发《成都市邮政局企业合同管理办法（修订本）》，加强企业对外签订合同的监督和管理，防范经营风险。

【邮政执法】

1995 年，市邮政局与市工商行政管理局联合发布《关于严禁非法印制发行出售邮票的通知》，核实发放“邮票代售处”标牌 39 个，取缔非法出售邮票摊点 17 个。

1997 年，成都市邮政局、成都市工商行政管理局和成都市国家安全局，联合发文《关于制止非法经营和办理寄递信件业务的通知》，加强成都市邮政通信市场管理，规范速递市场秩序。

2001 年，市邮政局组建行业执法队伍，在全局范围公开招聘 6 名专职邮政执法人员，对其进行了执法人员培训，取得上岗执法证件，参与到邮政执法第一线，邮政与工商、公安等部门配合，加大对无照或超范围经营信函和普通邮票、制售假邮票等违规行为的打击力度。同时制定《加强通信用邮资票品计划财务管理工作及邮品请领办法》《成都市邮政局邮资机管理办法》等制度。

2002 年，市邮政局执法队先后出动执法检查人员 1616 人次，查获非法出售通信用普通邮票 16 起，没收各类邮票 8244 枚、自制仿印邮票图案的明信片 114 枚；查处非法经营信件类寄递业务的社会速递公司 7 家，查获非法揽收的信件 118 件，各类非法揽收信件的收据、凭证 3432 套（张），罚款人民币 1.87 万元；查获并销毁非法印制的非标准信封 7 万枚。配合市公安局破获刘 XX 伪造、倒卖邮资明信片案。

2003 年 12 月 6 日至 2004 年 3 月 5 日，市邮政局加强行业管理力度，开展惩治非法出售邮票行为的专项执法活动，历时 65 个工作日，对部分大专院校和城郊接合部非法出售邮票的商铺、摊点，进行一次较为全面的集中执法检查。共计 1000 余家，查处非法销售邮票的商家、店铺 8 家。

2005 年 1 月 31 日，市邮政局组织行政执法人员，对成都申通快递实业有限公司（以下简称申通公司）进行有针对性的执法检查，在该公司的生产现场，查获信件及其他具有信件性质的物品 315 件。

【优质服务】

1990 年 3 月，市邮政系统在市内 10 个分局和 4 个区县的营业、投递工作广泛开展“优质服务窗口”竞赛活动，全面提高服务水平，创建成都市优质服务示范单位。

1994 年 12 月 1 日起，市邮政局在大专院校邮电所服务时间，一律实行延时服务，全周营业。科分院邮电所、地院邮电所、电子科大邮电所、四川师大邮电所，服务时间调整为 9：00—17：30。川大邮电所服务时间调整为上午 8：30—17：30。

1995 年 5 月 1 日起，在市内 17 个局、所试行“限时服务”。

1996 年 8 月 23 日，市邮政局下发《关于印发成都市邮政局邮电承诺服务内容及标准的通知》，从即日起在邮政营业、报刊投递、小区通邮、电话装机、排障等方面实行“承诺服务”。

1997 年 2 月 19 日，市邮政系统开展“为人民服务、树行业新风”活动。

邮政员工对客户热情周到

1998 年年初，市邮政局向社会公布“1998 年邮政服务年目标”，扩大服务年的影响。同时结合市优质服务窗口竞赛、青年文明号、星级服务和等级标准创建等活动，注重优质服务工作的连续性和长期性。8 月 1 日，市邮政局全面推广早报早投（含 13 种日报），邮政营业二环路内实行全天全程服务，一环路内所有邮电局延长营业时间 1—2 个小时，开办夜间或延时服务点 7 处。

1999 年，成都市报刊早报早投，扩大到 20 余种党报，“延时服务”进一步扩大地域范围。

2000 年 9 月，在成都市人民政府召开的“全市第六届优质服务竞赛活动”表彰大会上，市邮政局 8 个邮电分局和龙泉驿区邮政局被授予“优质服务最佳单位”称号，成都市区内 8 个邮电分局实现“服务最佳”一片红。

2001 年，市邮政局把每年的 3 月定为“优质服务月”。

2005 年 3 月 24 日，市邮政局制定《成都市邮政局“星级服务”管理办法》，将规范、礼貌、优质、文明的窗口服务标准贯穿于营业人员的全部服务过程中。同年，市邮政局在邮政通信服务上相继出台《营业、投递规范服务标准》《营业厅服务规范标准》等制度，完善服务细节，规范服务标准。

【规范化服务】

2001 年，市邮政系统在窗口单位开展“规范化服务”活动。

2002 年 11 月 28 日，市邮政局组织开展对市内 8 个分局、部分专业局以及 14 个区（市）县局的营业、投递的规范化服务工作进行检查评定，促进邮政规范化服务工作的全面开展。

2004 年，在全国邮政服务满意度测评活动中，市邮政局邮政服务工作经国家局测评，全局邮政服务质量满意度，得分 87. 68 分，超额完成 85 分的目标任务。

沙湾邮政局营业大厅

2005 年 4 月 1 日，市邮政系统开展邮政规范化服务的检查整治工作，对检查情况在办公网上进行“服务质量天天报”通报。10 月 12 日，市邮政局制定并施行《成都市邮政局标准化营业厅规范服务标准》。

【“村（社区）邮工程”实施】

2001 年 3 月，市邮政局在成都市“桐梓林小区”建立全市第 1 个“社区邮政服务站”。截至 12 月，全市建立 31 个社区邮政服务站，其中市区 13 个，区（市）县 18 个。

2002 年，市邮政服务以委办方式进驻学府花园、天台大厦、东风大厦、天祥大厦，满足特殊用户用邮的需求。同时，在区（市）县邮政局开展“村邮工程”，村村通邮。截至 12 月已建立村邮服务点 409 个。

2004 年 6 月，“成都市邮政客户服务中心”代行“四川省邮政客户服务中心”的管理职能，通过“一码通”方式，承担成都、自贡、攀枝花、广元、遂宁、宜宾、达州、巴中、广安、眉山、资阳、雅安、阿坝、甘孜 14 个市、州“11185”话务接入服务，并具备将相关信息传递给相关（市）县局和专业部门处理的功能。

2005 年，市邮政系统加快邮政“三进”步伐，依靠街办和社区建立“社区邮政服务站”。

【文明服务窗口创建】

1990年3月，市邮政局选定火车北站邮电分局和走马街分局为“优质服务竞赛活动”示范单位。同时，在其余10个分局和14个区（市）县邮电局的营业、投递窗口工种开展优质服务竞赛活动。12月，走马街邮电分局被成都市政府正式授予“成都市优质服务窗口示范单位”称号。

1991年，在邮电部和全总邮电工会召开的1990年度全国文明站车评比会上，转运处和押运成京7/8次邮车双双获“1990年度全国文明站车”称号。

1993年，市邮政局成都邮件转运站、成京7/8次、成贵81/82次邮政车获得“全国文明站车”的光荣称号。

1995年，市邮政局聘请100名“邮政名誉职工”检查邮政服务质量。5月1日起，在市内17个局所试行“限时服务”，包括函、包、汇、储等工种15个项目，提出办理每一笔业务的最大时限，制定超限赔偿的标准。同年，市邮政局创建全国文明站车工作取得优异成绩，转运处获“全国文明邮车”称号，押运成京7/8次再次夺得“全国文明邮车”称号，成贵81/82次车三获“全国文明邮车”称号，成昆67/68次首次获“西南区文明邮车”称号。

1996年，全年全市共创建明星邮电所2个，明星班组3个，树立服务明星10人；新建明星支局14个，星级营业窗口6个，星级投递窗口8个。市邮政局15个经济独立核算企业全部建成“市级文明单位”，其中龙泉驿区邮政局荣获“省级文明单位”称号。

1997年，市邮政局按照《四川省邮电服务质量邮政等级标准》，制定《优质服务最佳单位考核办法》和《优质服务优秀单位考核办法》。更新信箱（筒）60个，解决内化成、磨子桥、郭家桥、战旗、李家沱、马河湾、光华苑、芳草地8个小区的通邮问题；增设陕西街、沙湾、新罗路3个集邮门市部；推行报刊“收投合一”制度。同年，市邮政局加快邮件传递速度。

1998年，市邮政系统10名窗口职工被成都市政府授予“四职明星”称号，龙泉驿区邮政局、新津县邮政局、草堂寺邮电局和双桥子邮电局被成都市消协评为“1998年度无消费者投诉单位”。

1999年，成都市邮政局在开展“邮电服务年”活动中，全面实施党报党刊早报早投，《人民日报》《四川日报》《参考消息》等20余种邮发报纸，在用户上班前就投到户。缩短邮件、报刊的传递时限，上午交寄的信件下午必须投到用户手中，下午交寄的信件第二天上午必须投到用户手中。市内投递由原来的两班改为三班，对特快邮件实行夜班分拣。邮件在局内处理时限不得超过12小时，当晚7点以前揽回的邮件次日凌晨1点前发运。

2001年后，市邮政局进一步完善在窗口单位开展“首问负责制”活动。

2003年，猛追湾分局营业组被评为全国“五一劳动奖状”先进班组，建设路分局投递组、沙湾分局营业部被授予“全国青年文明号”称号。

2005年，火车北站邮政局营业组荣获“全国青年文明号”称号。

【邮政服务宣传】

1990—2005年，成都市邮政局每年开展庆祝“世界邮政日”活动，在活动主会场设立宣传、咨询服务台，举办业务服务，散发宣传资料，出售邮品，召开用户代表和新闻单位参加的座谈会等，宣传推介邮政新业务。2001年活动中专设邮政法规咨询台，介绍《四川省通信管理条例》《成都市通信管理条例》等相关内容，为邮政经营创造良好的外部环境。在2003年“世界邮政日”活动中重点宣传同城快递、报刊收订、商业信函、电子汇兑、邮政物流等业务。

除上列宣传活动外，其他形式的宣传活动有：1995年6月15日至17日，庆祝成都地区邮政特快专递业务开办10周年，市邮政局以“成都邮政特快，服务社会大众”为主题，开展声势浩大的纪念活动。

1996年3月20日，市邮政局根据四川省邮电管理局《关于开展纪念中国邮政成立一百周年活动的通知》，在市邮政局全局范围隆重开展中国邮政成立一百周年纪念活动。

2000年3月6日，市邮政系统根据市消协的统一部署和经营服务工作的需要，“3·15”前后在市邮政局的服务窗口单位和郊县局，开展一系列邮政服务咨询宣传和介绍邮政业务和相关法律法规的活动。2000年12月31日上午，市邮政局开展“千年跨越，邮政祝福”零点促销活动。

2002年3月15日，市邮政局与《成都商报》城市服务热线“6613333”合作，并派驻两位工作人员为该报设立的“城市服务热线”作邮政专题的现场解答。

邮政科技

【邮政储蓄计算机系统】

1990年12月30日，市邮政局组织开展邮政储蓄计算机联网运行的研究工作，解决单机使用数据不能共享，不能发挥邮政全程全网优势的问题。1995年，成都邮政金融计算机网络工程正式立项，1996年底建成并开始试运行，参与试运行3个月的储蓄网点只有3个，系统主要提供个人储蓄金融业务。系统主机及储蓄数据库建在成都邮政绿卡中心机房。正式运行后，联网网点迅速增加，市区及区县网点共计150多个，1998年3月开通了全国邮政储蓄异地交易。2000年9月，成都邮政储蓄主机及数据库上传到四川省邮政绿卡中心。2004年8月，全国绿卡软件统一版本，完善个人储蓄业务，提高异地交易速度和成功率，同时新增国际金融业务，成都邮政储蓄联网网点增加至200多个。

【电子汇兑系统】

2001年7月1日，市邮政局市区的5个汇兑网点取消手工汇兑业务，采用电子汇兑系统，正式对外营业。2001年9月，成都市区和14个区（市）县建立汇兑中心以及至少一个汇兑联网网点。2001年年底，将电子汇兑业务整合到电子化“一台清”系统中，实现邮政业务在窗口业务上的“一台清”。

2002年1月1日，市邮政系统全面采用电子汇兑系统办理汇兑业务，取代传统的手工汇兑业务，汇款速度从原来的最快三、四天提高到最快的几分钟。该套系统是以基层网点为基础，以邮政综合网为支撑，集汇兑业务处理、资金清算及会计核算为一体的电子化系统。系统建成后，处理手续大大简化，传递时限缩短，竞争实力增强，邮政汇兑业务市场份额得到巩固。

至2004年4月，成都共建成15个区（市）县汇兑中心，其中成都市汇兑中心1个，区（市）县汇兑中心14个，开通电子汇兑业务联网网点186个（市区58个，区（市）县128

个)。

2005年5月，邮政储汇两网互通工程开始建设，同年6月25日正式切换运行。实现邮政储蓄、汇兑两大业务的优势互补。

【报刊订销要数计算机系统】

1990年3月至1992年10月，由四川省邮政局牵头，以成都市报刊发行微机处理系统为蓝本，参考达县邮电局的应用程序，开发“四川省地区级报刊发行微机处理系统”，具有收订、汇总要数、零售业务处理、目录管理、业务统计查询以及与省发行局数据交换等功能。12月正式交付验收，并在全省推广使用。

1993年1月至1994年12月，成都市开发“发报刊生产数据网络系统”，具有汇总要数印数单制作，与全国各省发行局的账款结算，本地报刊社结算，业务统计查询，以及系统管理(包括数据更新、目录更动、统计、查询等)、标签制作（包括正付签)、路单制作、发单制作、报刊印数通知单制作、账款结算（与各发行局和刊社结算）等功能。投入使用后，实现了对市邮政局下属各邮政分局和邮电局独立要数、配数点的综合管理，目录信息的自动更新，要数信息的迅捷传递和汇总，本地和进口报刊的正确分发以及零售特发业务的微机网络化管理，提高劳动生产率。

2000年1—12月，开发“报刊发行流水线的网络数据自动处理系统”，具有“报刊订销网络系统”与“发报刊网络系统”的数据接口和传输功能，对汇总要数、付印单制作、账款结算等功能进行了完善，并对重要数据的安全性进行技术处理。

2001年，成都市邮政局以成都鸿志公司和四川省邮电管理局合作开发在全省应用的报刊系统为基础，并结合自身的具体情况建设第二套“报刊订销网络系统”。这套采用数据大集中模式，全市报刊订单数据全部在线集中处理，减少数据处理的环节，实现整个大成都报刊的通城通订。

2002年7月，市邮政局对网上订极系统功能进行优化，用户可分类查询报刊。

【企业管理计算机系统】

成都市邮政局办公服务系统是四川省邮政办公服务系统的一部分，也是邮政综合信息网中的一个子系统。1997年7月2日，四川省邮电管理局遵照《邮电部智能化办公信息集成系统邮件群件系统实施方案》，根据“统一规范、统一管理、互联互通”的原则，建立现代企业信息网络平台，完成一期工程建设。市邮政局作为第二期建设单位，从1997年9月起，确定四川省电子信息股份有限公司作为网络系统集成商，对系统网络结构进行规划、设计和实施。经过分阶段的工作努力，于2000年3月11日，完成全网络的设备安装和办公服务系统软件的安装，系统投入试运行。4月21日通过电话线与省局连接成功，完成整个系统的基本建设。全网以tcp/ip协议连通，建设全局的内部综合信息网。工程总投资100万元。该系统有效地提高了办公效率和管理水平。

1998年邮电分营后，省邮政局决定建设全省邮政办公信息系统，于2000年3月完成《四川邮政办公服务系统网络工程概要设计》，市邮政局于5月完成硬件及网络的安装调试和八里办公区站点的安装。到6月30日完成市区及区(市）县各个远程拨号站点的安装，于7月20日开始在全局范围内试运行。按照省邮政局与四川电子信息股份有限公司签订的合同，办公服务系统总金额为87.77万元。市邮政局自行购置部分设备，合同总金额为10.25万元。

【营业一台清系统】

1994 年，市邮政系统开发“支局电子化营业窗口系统”，在大邑县邮政局进行试运行，通过验收后相继在全市网点正式投入使用。该系统主要实现前台营业窗口邮件进行微机的收寄、封发和营收报表处理，以及后台封发、投递室的各式清单和路单处理，各种单据单式使用打印机打印等。

1994 年开发的“支局电子化营业窗口系统”，随着网络技术的高速发展和时间的推移逐渐落后。

2001 年，市邮政局以省邮政局和成都神州数码公司合作开发的“支局电子化一台清系统”为基础，结合自身的实际情况进行建设推广。该系统除具备“支局电子化营业窗口系统”的功能外，实现前台窗口一个台席可以办理多种邮政业务的需求，并加入全国统版的电子汇兑模块功能，全市的邮政业务实现集中化管理和查询。2005 年，国家邮政局与福建国通公司合作开发“电子化营业全国统一系统”，同年在全国各地统一上线运行。该系统实现全国的信息共享，实现与全国各邮政系统有效资源的结合，实现全国的联网运行。“电子化营业全国统一系统”与报刊系统、邮区中心局系统和邮政速递系统等实现信息化的沟通，更加合理规范邮政内部生产作业处理流程。

【EMS 跟踪查询系统】

1993 年，全国“EMS 跟踪查询系统”的开发建设取得阶段性成果，包括成都在内的 26 个城市站点，成功实现带业务的全国联网运行。

1995 年，市邮政局建设第一套“EMS 跟踪查询系统”，在全市范围实现 EMS 的可跟踪查询。2000 年 3 月，使用北京和平公司的 EMS 生产系统，实现特快专递邮件信息化处理。

2002 年 4 月，成都市邮政使用国家邮政局统一版本的《速递跟踪查询平台》2. 0 版本，实现全国统一 EMS 网上信息传递。2004 年 3 月 1 日完成了成都速递跟踪查询系统“卡哈拉”业务改造，升级改造成都速递中心处理系统，新建市区 8 个收寄投递信息上网处理站点，信息上网单位达到 23 个。6 月 10 日完成全局电子化网点的改造，159 个电子化网点具备收寄和投递信息上网功能。6 月 25 日，《速递跟踪查询平台》升级为 3. 0 版本，完成 EMS 生产作业系统同中心局生产作业系统接口改造，实现与《邮区中心局生产作业系统》邮袋总包信息的互联互通。

2004 年初，市邮政系统全面启动国际特快邮件（含国际包裹）收寄和投递信息录入上网，标志着成都 EMS 国际特快邮件从此进入国际信息传递时代。成都市以各邮政局（分局）为单位录入收寄信息，速递揽收部门及大客户服务中心单独设台席录入收寄信息，集中汇总后发送上网。EMS 跟踪查询系统信息录入内容包括：收寄信息方面的邮件号码、邮件种类、收寄人邮编、重量、应收资费。收寄国际邮件录入收寄主窗口标准型产品，国际航包录入经济型产品；投递操作内容与原国内、国际反馈信息录入方式相同，妥投信息增加附加信息；未妥投信息增加了下一步处理信息录入项。国际投递信息暂使用老模式录入，新模块只录入国际航空包裹信息。

【代办新业务系统】

代办新业务系统，主要是充分利用邮政网络平台，实现为用户代办各类业务功能，满足社会的用邮需求。市邮政系统从 2000 年 7 月开始使用全省统一开发的“代办新业务的系统软件”。其中“代收费业务系统软件”主要针对同四川联通分公司和四川国信通信公司两家的委托代办协议而统一开发，是一个实时网络系统，依赖综合网的通信平台，下分省中心、地（市）州局、区（市）县局、支局四级子系统。其中支局系统和营业电子化代办系统合为一体。各子系统间通信全部利用综合网通信设备。省、地（市）州邮政局、区（市）县邮政局均设代理服务器和用于通信隔离的前置机。为适应全省联网代办业务需要，全省各子系统间皆可相互访问。

2002 年，代收付平台建设进一步发展，以电话银行和网上银行为重点，同时开办了绿卡网络和综合网络的代收费业务。

2004 年，市邮政开发的代收交通罚款软件首先在双流县邮政局进行试用，后在全市投入使用。

【电子商务与网络营销系统】

1996 年，成都市建设银行牵头，工商银行、中国银行、农业银行、交通银行参加，成立了“成都银行卡同业会”和“成都市共享 POS 网络联席会”，建立成都市区的 POS 终端网络系统，拥有 300 台 POS 终端。

1999 年，中国光大银行成都直属支行和招商银行成都分行先后加入。

2000 年 6 月，成都市邮政局开始建设电子商务网站，域名为 www. e-cdpost. com，用户可以在线查询订单，商家可以在线注册，电子邮局可以在线对商家进行管理，同时开通网上订报和网上汇款，实现绿卡在线支付。2000 年 9 月，本着“统一规划、统一标准、统一品牌、统一组织”的原则，市邮政局统一规划使用互联网域名。

2001 年 7 月，市邮政局与“成都银行卡同业会”和“成都市共享 POS 网络联席会”的七家银行签订协议，在缴纳 250 万元入网费和银行卡联网通用平台的建设费 50 万元后，于 2001 年 10 月 9 日顺利开通邮政绿卡 POS 业务。此业务开通后邮政“绿卡”成为具有多功能的银行卡，突破了单纯邮政储蓄工具范畴，成为电子商务的媒体、社会大众的信用“身份证”。

2001—2002 年年初，根据业务发展需要，新增了邮品专柜模块、旅游专栏模块、票务中心模块。2002 年 3 月，市绿卡支付网关闭后与省绿卡合并。

【绿卡综合业务系统】

2001 年，省邮政局批准在成都市邮政局建设成都综合前置机。2001 年 12 月，成都综合前置机建成投入运行，系统提供 ATM 监控、POS 业务、电话银行业务、网上银行业务和代收固定、移动电话费等业务。系统一上线即在全市投入使用。综合前置机建成和投入运行，在成都邮政通信网络的发展中起到推动作用，为成都市经济建设和金融业务发展做出贡献。

2004 年 8 月，全国邮政绿卡软件统一版本后，成都综合前置机即停止使用。

【邮政编码查询系统】

市邮政局于 1990 年 3 月成立“184”查询台，4 月上旬与北京市邮政局科研所签订订货合同，7 月完成机房设施及配套建设，12 月 26 日系统联调成功，内部投入试用。经过 3 个月的试运行，系统运行稳定、查询准确，具备向社会开放的条件。1991 年 3 月 18 日，通过工程验收，于 5 月开始向社会提供服务。该系统由邮电部统一解决查询系统软件、后备系统软件、微机与报号系统接口和 1 套自动报号系统，总投资 16. 85 万元。

【邮袋微机管理系统】

1990年，市邮政开始用计算机代替人工进行邮袋管理，通过计算机进行分类汇总统计产生相应的报表（5日、月、季、半年和全年），并根据这些有关的数据信息，产生用袋计划和调拨表。实现用户的各项具体要求，彻底改变传统的手工操作方式，系统采用程序化模块设计，按照其系统的功能不同将系统分成数据录入、修改、查询分类汇总、报表打印、总控等六大主要功能；系统采用键盘输入、电报数据采集、电话数据采集等多种录入方式，以适应各种用户的不同工作环境。

【11185客户服务系统】

1995年，成都邮政在原有的“184”基础上，引进北京邮政科研所研制的“EMS185服务系统”，开通“185”EMS查询专线。该系统不仅可以进行人工或自动的EMS状态查询，还设有订单系统，可以进行EMS上门揽收登记。

“11185”客户服务中心内景

1996年，全面开通“184邮政业务客户服务中心”。适应邮政业务市场化和商业化趋势，1997年改为“184用户咨询投诉中心”，1997年4月27日，完成“185综合服务系统”的安装、调试，开通“185邮政特快服务中心”，与“184”实现联合运行，统称“185客户咨询、服务、投诉中心”。

2000年8月，科技发展处下设电子邮局，专门负责“185”和电子邮政业务的运营管理、市场调研和开发，“185客户服务中心”正式成立。

2001年5月，完善“185客户服务中心”进行配套建设。2001年8月，电子邮局从科技处分离出来，成立独立的专业局。2001年8月17日22：00顺利进行新、旧系统的切换，完成系统平台、应用系统、模拟中继向数字中继的切换。新的“185客户服务中心”斥资270万元引进华为CC08排队机，拥有60对电话数字中继、设置20个人工座席，向社会提供邮政业务咨询、投诉受理、邮件的查询、邮件的揽收、电话订报、鲜花礼仪受理、电话销售、文艺演出票订购等一系列服务。采用华为INTESS客户服务平台，拥有交换功能、座席功能、座席管理、呼叫处理与呼叫管理，以及自动业务与业务生成、大容量呼叫处理、质量检测、数据配置管理、监控与报警、统计分析报表、自动呼出管理等功能。B型排队机可提供数字DT、模拟ATO中继接口，可分别接座席用户和用户电话。平台同时提供IVR流程开发工具SCE，可对185主流程进行较为灵活的开发。客户管理、呼出管理、订单处理和电话银行是系统的新功能。客户管理以会员制为基础，设计出合理的客户资料数据结构，在“185”的基础上建立初步的CRM基础客户数据；呼出管理立足主动通知和调查业务；订单处理是“185”办理电话商务业务的关键，采用Web加E-mail的方式，完成订单传送和处理，降低开发和维护的难度。“185”新系统的服务范围扩大至成都市7区12县（市），并于2002年陆续开通机票和火车票订购业务、电话通知业务、电话市场调查业务、电话银行业务、外包业务（系统的外包、座席外包、服务外包）等一系列面向社会的电子邮政业务。

2004年7月3日凌晨，随着成都市电话号码升8位和全国的统一要求，邮政特服号“185”升位为“11185”。按照四川省邮政局的安排，在此次升位中，“成都邮政客户服务中心”代行“四川省邮政客户服务中心”的管理职能，通过“一码通”方式，承担省内成都、自贡、攀枝花、广元、遂宁、宜宾、达州、巴中、广安、眉山、资阳、雅安、阿坝、甘孜等14个地（市）州“11185”话务接入服务，实现全省业务集中受理。

2005年3月，“11185”客户服务中心再次扩容至32个台席，将省内泸州、德阳、绵阳、内江、乐山、南充、西昌等7地（市）“11185”话务接入服务。至此，四川省内21个地（市）州“11185”话务全部接入成都的“11185”客户服务中心，实现全省覆盖和集中受理。2005年年底，“11185”又进行一次扩容，人工台席增至48个。

【枢纽生产和指挥调度系统】

1992年，市邮政系统通过“移植”南昌市邮政局开发的“邮运制单软件”，建立“nove Ⅱ网络的邮运制单微机系统”，作为枢纽业务数据微机处理系统的前期工程。

国家邮政局统一投资开发的“中心局生产作业系统和指挥调度系统”，于2003年在成都邮区中心局正式上线运行。系统主要功能：完成中心局内部的总包转运业务和散件分拣封发业务处理；控制参数、操作员、机构的维护；档案信息存储、查单验单处理、邮件补偿处理、无着邮件处理；系统内的综合信息管理、计划管理、动态调度、数据分析等。成都邮区中心局生产作业和指挥调度系统的上线运行，实现中心局内部作业信息处理网络化，实时采集其生产过程中各类邮件的接收、封发、经转和发运环节的原始数据，并做到信息一次输入，全程使用，实现数据资源共享；实时掌握网络运行动态信息和监控各邮运生产环节，将事后调度逐步转变为实时调度，使邮政全网的运能和运量得到合理配置，确保全网畅通和生产作业系统的正常运转，实现邮运生产的动态管理，推进中心局指挥调度和邮运生产的信息化进程，提高网络运行效率。

【商函广告处理系统】

1992年，市邮政系统投资52万元建成商函处理系统，系统由商业信函信封打印子系统，商业信函内容排版印刷子系统，商业信函自动封装过戳子系统三部分组成。主机386/40微机，内存4MB，硬盘200M；从机386/20微机，内存1MB，硬盘40M；打印机LQ1600K；DLQ-2000K票据打印机；多路打印机控制器为北京邮政科研所生产一体化速印机RC4500。软件由两部分组成：商业信函信息生成采用北京邮政科研所的全套软件；商函内容编排软件，能够满足图文和文字的录入、OCR光学字符识别、编辑和排版。

20世纪90年代末，国内商业信函业务已由狭义向广义发展，即由原来的单一广告性商业信函向邮政广告制作、账单业务、实物广告传递、礼仪业务、邮购等多项业务发展。同时，商业信函的处理已由传统的手工处理向专业化、自动化发展，商函业务的承揽、制作、处理、传递、结算已不能缺少现代科技的技术支撑。1999年，账单业务迅速发展。从21世纪初开始，市邮政系统逐步对数据处理系统、商业信函封装处理系统、邮政商函处理系统、账单处理系统（邮简机3套）、商业信函广告制作系统进行了升级改造。

2004 年，适应商函用户对业务的时限要求，实现账单处理中心产能扩大，完成商函工艺流程的确定和现场设备布局方案制定，同时完成商业信函智能账单制作系统的软件开发和系统建设，并在此基础上完成现场的装修改造，自购主要设备的选型谈判，省邮政局调入设备的前期准备工作等。到年底，进行西岭雪山、都江堰、草堂寺、武侯祠邮资明信片型电子门票的开发工作，完成门票系统建设的技术准备，包括设备选型和软件开发工作。2000—2004 年，先后投资 300 多万元，对商业信函处理系统进行升级改造，形成日处理账单 3.6 万件，封装 5.6 万封的处理能力。

【速递揽收大客户处理系统】

2005 年，按照国家和四川省邮政局的统一安排，结合量收系统的起步建设，实施电子化支局“速递揽收大客户处理系统”工程。成都市的 18 套速递大客户系统揽收终端由四川省邮政局补助 8.14 万元进行升级改造。同时，结合成都市实际情况增加的 5 个站点，全部完成设备的配置。该系统以速递业务处理、经营管理为核心，突出大客户管理这一重点，实现速递业务处理、后台业务管理、业务统计的电子化联网处理。

【邮资票品系统】

1997 年，根据四川省邮电管理局安排，由湖南省苏博泰克公司集成开发，对成都集邮公司集邮业务进行电子化试点。7 月，市邮政局集邮公司使用的第一套“集邮业务系统”投入使用。该系统涵盖集邮业务的所有层面，包括集邮预定、预订用户取票、零售，前、后台仓库管理，以及账务、票、品管理等功能。

1999 年，由四川省邮政局主持，联想公司参与对集邮系统进行全面升级改造，并在四川全省进行推广。

2001 年，与联想公司继续合作，对集邮系统进行第二次升级改造，该工程虽解决之前存在的部分问题，但之后却未能最终完成。2002 年，根据国家邮政局要求，成都邮政开始推行中软公司开发的新“集邮管理系统”，以取代之前的老系统，该系统于 2003 年投入到新邮预定工作。

2004 年，在国家邮政局的统一安排下，进行“集邮业务系统”的整体大升级改造，推广由中邮科技开发的新“集邮业务管理系统”。

【名址库信息系统】

“名址库”是发展信息类业务、商业信函业务的基础。进入 21 世纪后，反映邮政业务信息资源的名址库系统开始建设。

2002 年，市邮政系统在建立用邮个人及单位名址数据仓库的基础上，引进 CRM 管理系统（客户关系管理）并制定相应的规章制度，实现数据及时采集、录入、维护、分析和更新，以保证数据的正确性。“名址库信息系统”既可为邮政通信的业务管理、市场信息分析提供依据，又可为用邮者提供及时、准确、快捷、方便的服务，同时还可充分发挥庞大名址库的优势，开展商业信函、广告及信息检索业务。国家邮政局在 2005 年成立名址信息中心，推出全国统一的“名址查询系统”，使名址库信息数据在全国共享。

2005 年，市邮政局成立“名址信息中心”，专门负责名址信息的收集和管理。

电 信

经营体制

【邮电分营】

1991年，成都市邮电局分设有成都市电信局、成都市邮政局。1991年12月，四川省邮电管理局决定调整成都市龙泉驿、青白江区邮电管理体制，实行邮、电业务分营，农村电话、市内电话合一管理。两个区分设区邮政局、区电信局，分别归属成都市邮政局、成都市电信局领导，分别管理和经营全区（包括分支机构）的邮电业务。青白江区的农村电话纳入市话管理，由区电信局经营。新体制从1992年1月1日起正式运行。1997年，根据邮电部邮部〔1996〕769号“关于调整省会城市郊县邮电管理体制的通知”要求和四川省邮电管理局川邮局字〔1996〕1381号“关于调整成都市郊县（市）邮电管理体制的决定”的具体安排和部署，从1997年1月1日起，原成都市邮政局管理的12个郊县（市）邮电局整建制划归成都市电信局管理。同时，龙泉驿区和青白江区仍维持现行邮电分设体制，两区电信局仍归成都市电信局管理。成都市电信局在行政管理、业务管理方面既要管电信业务，又要管邮政业务；既要管现业各部门，还要管14个郊县（市、区）邮电局和电信局。5月26日，成都电信、邮政两局在温江举行“成都市郊县（市）邮电体制调整财务移交签字仪式”，完成成都郊县（市）邮电体制的调整。

1998年7月，成都市电信局根据信息产业部《邮电分营工作指导意见》和四川省邮电管理局《四川省市、地州、县邮电局分营工作实施方案》，开始进行成都郊县邮电局的邮电分营工作。四川省邮电管理局、成都市电信局、成都市邮政局联合成立郊县邮电分营领导小组和分营办公室，负责成都郊县分营方案的审批和处理分营工作中的问题。各郊县邮电局成立邮电分营领导小组，负责完成各局邮电分营工作具体方案，实施方案主要由机构设置及编制、领导干部配备、附属机构和多种经营机构的划分，人员划分，工资与养老保险基金划分，房屋、土地的划分，调整和管理、资产、负债和所有权益的划分等方面组成。9月30日，成都郊县邮电分营工作全面结束，成都14个郊县电信局正式挂牌成立。

【电信公司化改制】

在经历邮电分家、寻呼剥离、移动分离的重大改革后，1999—2000年，中国电信实施公司化运营的战略性重组。

2000年5月17日，中国电信集团公司在北京正式挂牌成立。7月，四川省电信公司完成组建，正式挂牌成立中国电信集团四川省电信公司，旗下的四川省电信公司成都市分公司随之获批挂牌成立。2000年，成都电信公司化改革完成。成都市电信局正式更名为中国电信集团四川省电信公司成都市分公司（以下简称为电信成都分公司），11月15日举行挂牌仪式。12月30日前，14个郊县电信局正式更名为县（市、区）分公司并相继挂牌。

中国电信集团四川省电信公司成都市分公司的成立，使成都电信从政企合一、垄断经营的"官商"身份转变为面向市场经营的经济实体，并按照市场经济运作模式进行经营并参与通信市场的竞争。经营范围为：基于固定电信网络的话音、数据、图像及多媒体通信与信息服务；按国家规定进行国际电信业务的对外结算、开拓国际通信市场；与通信及信息业务相关的系统集成、技术开发、技术服务、信息咨询、设备生产、销售和设计与施工。

2001年1月11日，四川电信实业集团成都电信实业有限责任公司挂牌成立。

2005年10月，根据四川电信《关于印发〈2005年县实业公司人员划转方案〉的通知》文件精神，成都市电信分公司进行了将各郊县（市、区）实业公司人员划归主业的工作。

【移动体制改革】

1999年6月，成都市电信局所属成都市移动通信局分营工作正式启动。

1999年7月28日，成都市移动通信局从成都市电信局分离出来后，正式筹建四川移动通信公司成都分公司（以下简称：移动成都分公司），并于9月21日在四川省工商行政管理局正式注册。主要经营移动电话业务，移动数据业务以及上述相关的用户服务、信息服务。

2000年9月，撤销移动成都分公司，设立省会营销中心（属省公司直属生产单位），并入省公司管理，负责成都地区市场营销工作（含14个区、市、县）及行政综合相关工作。

2002年6月，四川移动通信有限责任公司作为中国移动通信集团所属的第二批上市公司在中国香港上市，四川移动通信有限责任公司成为中国移动有限公司的全资子公司。2003年7月，四川移动通信有限责任公司在成都设立成都营销中心，并在成都营销中心下附设成都市区及成都各郊县营业网点。2004年4月，四川移动通信有限责任公司成都营销中心在四川省工商行政管理局注册，原省会营销中心更名为：四川移动通信有限责任公司成都营销中心。成都营销中心成为四川移动有限责任公司在成都地区的分支机构。

四川移动通信有限责任公司成都营销中心成立后，在成都地区经营：移动通信业务（包括语音、数据、多媒体等）；IP电话及互联网接入服务；从事移动通信、IP电话和互联网等网络设计、投资和建设；移动通信、IP电话和互联网等设施的安装、工程施工和维修；经营与移动通信、IP电话和互联网业务相关的系统集成、漫游结算清算、技术开发、技术服务、设备销售等；出售、出租移动电话终端设备、IP电话设备、互联网设备及其配件，并提供今后服务。

2005年5月，四川移动通信有限责任公司决定：设立四川移动通信有限责任公司成都分公司，负责成都市区以及成都市所属区（市）县的市场和业务拓展工作。

通信基础设施

【长途通信传输网络】

1990年6月27日，成都—灌县—理县

34Mb/S 光传输系统工程竣工投产，为成都市电信局第一条长途光缆通信系统，总容量达480条话路。同年成都长途自动交换机容量2000线，长途线路1907条。

1991年2月10日，西安至成都1800路模拟微波和成都至重庆1800路模拟微波（简称西成渝1800路）开通使用。11月3日，960路微波载波电路全部割接到新开通的1800路微波载波机上后，960路微波载波机不再使用。

1995年，成都市长途自动交换机容量增加到6万线，长途线路增加到19567条，开通的光纤、微波、卫星等数字电路，可为客户使用国内各个城市和国际180多个国家和地区报话通信提供方便、快捷的服务。长途传输也由传统的明线、载波、电缆、微波等模拟技术发展到先进的数字技术，实现从模拟向数字的飞跃。

1996年9月，福杭贵成PDH140Mb/s传输干线开通。

1997年4月，成都—马尔康SDH622Mb/s光系统以及马尔康至松潘支线SDH622Mb/s光系统开通，至此，成都到省内所有地市州都有了数字电路。

1998年9月，成都—昆明SDH2.5Gb/S光传输干线开通。随着业务的高速增长，网络不断扩容和完善，长途传输网络的电路能力和网络安全可靠性得到大幅度提升，2000年最高只能提供2.5Gb/s速率业务通道，2003年能够提供从64Kb/s至10Gb/s各种速率的业务通道。

2005年，成都电信长途一级干线、二级干线形成以波分复用系统为承载，SDH自愈环为主的骨干传输模式，成都市到全国所有省会城市都有两条以上的光缆相连，省际一级干线可开通成都到全国所有城市的长途业务电路，省内二级干线实现全省21个地市州的长途业务电路均有自愈保护功能。四川与相邻省市均有SDH环网络覆盖，省内SDH环网络覆盖全省21个市州。形成以成都为中心，连接全国和省内地市州的长途光缆干线传输网。

【长途电话交换网络】

1986年，成都市电信局新建TSH1长途自动交换局，次年投产，初装容量600路端。1990年，启用西班牙（利用政府贷款）SESA公司同机型设备扩容3000路端。1993年，启用上海贝尔同机型设备扩容5000路端。

1994年7月23日，新建成都TSH2长途自动交换局，初装容量2万路端，1995年扩容1万路端。

1995年，成都市电信局新建全国一级干线七号信令网四川HSTP。同年，新建全国数字同步网成都同步设备。

1996年启用比利时阿尔卡特公司（利用政府贷款）同机型设备TSHI局扩容19000路端，并进行E+J型机改造，增加智能业务转接点SSP功能，处理能力9CAPS，至此TSH1局/3万路端，达到终局容量。

1997年进行E+J改造，增加智能业务转接点SSP功能，处理能力9CAPS，至此TSH2局/3万路端，达到终局容量。

1998年，扩容DCD－LPR，更新为美国AUS-TRON公司设备。同年，新建全国电话智能网业务控制点SCP（成都SCP）。

1999年，新建成都TSH3长途自动交换局，当年投产，初装容量2万路端，智能业务转接点SSP功能，处理能力40CAPS。

2000年，新建成都TSH4长途自动交换局，2001投产，初装容量2万路端，智能业务转接点SSP功能，处理能力40CAPS，2002年启用上海贝尔同机型设备2.5万扩容路端。

2005年，成都长途通信网络形成以光传输网络为主，微波和卫星为辅的融语音、数据、图像为一体的宽带、高速的公共信息网络，成为基本通信业务和各种宽带多媒体业务的强有力的支撑平台。同时，发展全国骨干智能网，为公众提供包括被叫集中付费800业务、记账卡300业务、虚拟专用网600业务、主叫直拨IP电话17901业务等骨干智能业务及200卡号业务、一码通、预付费等增值业务，为用户提供多样化、个性化的服务。

由于TSH1设备陈旧，功能有限，TSH1于2005年3月退网拆除。

【市话交换网络】

1987年9月以前成都市话交换网络是模拟网，1987年9月第一部1240市话程控交换机在六局开通，至1992年8月30日止成都市话交换网络为数模兼容网。

1992年8月29日，成都市区割接开通市内电话3万门以后，成都市电信局由三级局升为四级局，并全部实现数字程控化。8月30日最后一部机电制式市话交换机拆除，即成为全数字网。至2005年年末，成都电话网络先后经历覆盖面从市内五区扩展到龙泉驿、青白江区及12郊县，传输交换手段从模拟系统过渡到光纤数字程控，传输方式由单一的有线电话网发展到有线、无线、数字等网络并存，业务种类、用户数量剧增的大发展阶段，逐步建成现代化的电信网路体系。交换机机型有S-1240、F-150、EWSD、5ESS、DMS-10、OPT-81C、C&C08。

【市话传输网络】

1990—1995年，成都电信本地网以富士通、西门子、ALCATEL等厂家140Mb/s PDH为主形成本地传输网络。

1995年5月8日，成都市电信局投资1700多万元，从南京富士通通信设备有限公司引进2.5G光同步数字系列（SDH）传输设备，成都市市话网从准同步体制进入同步体制，在技术上迈上了一个新台阶。

1996年，以富士通SDH、西门子SDXC4/1设备为主，覆盖成都本地的自愈传输网搭建完成。

2002年4月，完成本地SDH传输网五期扩容，为SDH传输市区骨干层、市区至郊县、关口局至汇接局、长途和市话网间及PHS业务提供了高速的传输通道。

2005年2月，解决PHS/CSC同步问题，新建40套大唐光电公司时钟同步BITS设备，完成PHS系统城区和郊县县城及重要站点共97个PHS/CSC站点同步接入，形成覆盖成都电信公司全部通信楼的本地同步网。截至2005年年底，成都电信SDH传输网经过先后五期工程建设，已经形成规模，基本能够满足各类业务的传输。

【下一代网络】

2004年，成都电信建设华为NGN实验网（下一代网络），并于2005年10月正式实施商用。

下一代网络是一种业务驱动型网络，通过业务和呼叫完全分离，呼叫控制和承载完全分离，从而实现相对独立的业务体系，使业务独立于网络。NGN以软交换为核心，分组网络为基础，利用多种宽带能力和传送技术支持话音、数据、多媒体业务的开放式融合网。

【无线市话网络】

2001年12月6日，成都市电信局与UT斯达康公司签订“成都PHS一期设备采购合同”。

2002 年初，完成第一期 PHS 网络建设工程，总投资 2 亿元人民币。2 月 7 日，打通成都市第一个小灵通电话。2 月 8 日试运行。3 月 31 日，正式对外放号，整个系统覆盖市区二环路以内，以及周围 14 个郊县城区以及双流机场等重要区域。4 月进行 PHS 二期建设。

2003 年 9 月 12 日，全国最大规模的在网割接工程——成都电信小灵通四期扩容工程割接成功。小灵通覆盖面积比 2002 年增加一倍以上。

到 2004 年 12 月，PHS 网络建设进行六期扩容和基站建设。实现成都市区（三环路以内）、郊县县城全面覆盖，郊县乡镇覆盖率达到 92%，县以上公路（不含高速公路）实现全面覆盖，成都周边所有风景区、主要场镇、人群聚集处进行重点覆盖。市区部分商场、餐饮、娱乐场所、写字楼、宾馆及电梯公寓等进行室内覆盖。

2004 年 12 月，成都电信成功实现小灵通与移动、联通手机的短信互通。

【电信成都分公司基站建设】

1989 年 12 月 6 日，成都市电信局与瑞典爱立信公司签订引进 TACS-900MHz 移动电话系统合同，共安装交换机设备 25 架，基站机架 4 架（32 个信道）。

1990 年 7 月 16 日，900 兆数字蜂窝移动电话正式投放市场。初期容量为 2000 户，话音端口为 360 个移动电话交换机。首期移动电话局和城区中心基站均设在玉石街新建数据通信大楼顶层十楼内，基站天线高度约 80 米，有效覆盖范围在 15 千米内。

1993 年 8 月 18 日，成都市 900 兆蜂窝移动电话彭县基站开通并投入运行，是成都市第一个远郊移动电话基站，结束成都市移动电话单一基站的局面，标志着成都市电信局“大哥大”将逐步形成真正蜂窝状。8 月 26 日，成都市电信局在都江堰市建立的 900 兆移动电话基站开通试运行，初期容量为 16 个信道，为该局建立的第二个郊县基站。9 月 26 日，成都市移动电话号码由六位升为七位，“90”字头改为“900”字头。

1994 年 6 月 19 日零时，成都市电信局 900 兆爱立信无线移动电话第三期扩容 6 万门正式开通运行，成都无线移动电话系统的交换机容量有 1.6 万门增加到近 6 万门，实现成都至重庆、成都至德阳的自动漫游。7 月 16 日零点，成都市电信局 900 兆移动通信系统正式开通运行 B 网，成都市移动通信系统由一个中心站覆盖城区向蜂窝状系统覆盖城区，无线信道数比过去增加一倍以上。9 月 20 日，由四川省邮电管理局统一引进美国摩托罗拉公司的 900 兆 A 网移动通信系统在成都市正式开通，成都局原建移动通信系统改为 B 网。成都市成为继北京、上海、哈尔滨之后的第四个开通 A、B 两网的城市。成都市城区无线移动电话基站开通使用后，全市所属之郫县、温江、新都、大邑、崇州、都江堰和彭州等 7 县（市）的无线移动电话基站也相继开通。

1995 年 1 月 1 日，成都市 900 兆模拟蜂窝移动电话系统全国联网试运行，公众网移动电话用户实现“一机在手，漫游神州”的夙愿。成都市移动电话自 1990 年 7 月 16 日开通后，进行了三次扩容。1995 年，随着四川省 GSM 数字移动电话系统建设的进行，成都移动电话在 A、B 网的基础上增加 G 网。“139”被确定为中国电信公用 GSM 数字移动电话网的统一网号。

1996年5月17日，成都电信开通“139”全球通数字移动电话网

1996年5月17日，成都市电信局“139”全球通移动电话网开通。成都GSM系统首期投资8000万元，建设28个基站，遍布成都市7区，共有信道980个，容量2.2万门。

1998年10月31日，成都市移动局客户服务中心正式投入试运行。服务中心使用全国统一的特服号1860（客户中心自动优先接入号）、1861（话费查询专用自动接入号），可进行移动电话业务咨询和话费查询，本地1860、1861为免费服务热线。1998年成都市电信局投资5.3亿元，进行移动G网五期扩容工程，完成4个交换局的建设，新增容量32万门。同时完成成都移动二级汇接局TMSC2的联网、割接和G网网关局GMSC1的网调、联网、割接等工作，并与29个国家和地区实现自动漫游。

【移动成都分公司基站建设】

1999年，成都地区基站拥有457个，交换容量90万门，成都智能网平台建成投入运行，满足了“神州行”移动手机用户需求。

2000年，成都移动分公司配合市政设施建设及市政府五路一桥工程建设，将地面上的移动光纤、光缆全部移到地下。同年7月成都地区第一个“中国移动电话村”在郫县友爱镇农科村建成。

2001年12月31日，中国移动通信停止使用移动模拟网运行，与此同时成都地区关闭模拟网电话业务，实现移动网络数字化。同年，成都新建短信平台，成立短消息服务中心，正式开通手机短信功能。

2003年，在成都地区出川的高速公路周边和旅游景点建设基站，覆盖盲区、弱区，优化干线，改变出川高速公路上和旅游景点移动电话无信号的历史，确保省级高速公路和旅游景点的通信畅通。

2004年，国务院和信息产业部将解决四川5028个未通电话行政村通信问题的村通工程任务交给中国移动四川公司。村通工程建设序幕由此拉开。2005年4月，成都地区第一个村通基站——邛崃花楸基站建成开通，全年新建村通基站60个，实现成都地区偏远农村移动通信的网络覆盖。

1999年7月—2005年12月移动成都分公司成都地区基站建设统计数据

表3-150

年份	1999	2000	2001	2002	2003	2004	2005
基站数（个）	457	878	970	1572	1865	2050	2303

【移动成都分公司传输建设】

2002年5月，成都移动将GSM系统升级，GPRS网络数据业务正式投入商用，标志移动通信网络进入2.5代。同年，启动成都传输本地网建设，首期建成市区 2 个 10G 环、1 个 2.5G 环骨干环，建成郊县 3 个 10G 骨干环，下挂 622M、155M 等接入环，结束成都移动自建传输为零的历史。

2002—2005 年移动成都分公司传输容量、光缆长度与管道长度统计

表 3-151

年份	2002	2003	2004	2005
成都传输容量（等效 2M）	7200	9806	11802	19167
成都光缆长度（皮长千米）	124	1527	2642	4586
成都管道长度（沟千米）	70	253	378	482

1999 年 7 月至 2005 年 12 月成都地区交换机容量统计数据

表 3-152

年份	1999	2000	2001	2002	2003	2004	2005
容量（万门）	90	162	276	276	475	527	660

【移动成都分公司村通工程建设】

2004 年，成都移动开展村通建设，解决农村地区获取信息渠道少、信息滞后、交流难的问题。2005 年 3 月，成都移动联合四川农村日报社共同推出“农村经济信息网”业务，通过手机短信平台为农民朋友提供各类最新的农业信息。截至 2005 年 12 月底，全市行政村都开通移动电话。

【成都第二长途通信枢纽大楼】

成都第二长途电信枢纽工程是经国家计委和四川省计委 1998 年立项，由中国电信集团公司、四川省电信公司共同投资建设的国家重点通信基础设施建设项目。该枢纽楼位于成都市西二环路外清江路与成温公路交界处，苏坡乡“中国乡镇企业城”内。占地 94 亩，总建筑面积 7.9 万平方米，地下二层地上二十一层，高 94.05 米，构架高度 106 米。包括主楼、辅助用房、武警营房和传达室四部分。主楼建筑面积 69007 平方米，为一级、二级干线和本地网等各类通信生产用房；囊括长途、市话交换和传输、宽带等通信要素。该工程是四川省规模最大的一项电信生产土建工程，也是四川“一号工程”的重要组成部分。

2001 年 2 月 19 日动工，2003 年 6 月竣工，总投资 5 亿元，楼内安装一级干线、二级干线及本地网等各类电信系统，形成包括长途电话 8 万路端、市话 15 万门、本地网独立汇接局 10 万门及传输、数据、网管、服务等各类集中监控中心。该工程的建成，为成都乃至西南地区提供高速率、大容量、安全可靠的骨干信息平台和信息通道，进一步巩固成都在西南地区的通信枢纽地位。

【成都电信大楼（钟楼）】

1969 年，钟楼与成都电信局大楼开始修建。“成都第一钟”成为成都的标志性建筑之一。1978 年，钟楼开始正常运转，塔钟是上海钟表厂生产，每天误差 30 秒，每天人工校正两次。机械钟上安装20对喇叭，每天敲3次钟，早上6点、中午12点和下午6点。钟声一响，整个成都市中心都能听见。

1996年，机械钟因使用多年，维修成本太高，被淘汰。取而代之的是耗资20万元从山东烟台引进的一个全自动电子钟。电子钟由电脑控制，精确度提高。

成都电信大楼一层的人民东路营业厅是成都电信的旗舰厅，每月受理的业务量达到6万件，开业初期，仅提供固定电话安装、电报、公用电话等少量业务。2002年后，增添宽带网络、小灵通、天翼手机等业务，专项业务包括电报、国际传真以及114行业首查。2000年以后，成都市只有该营业厅能发电报。

电信成都分公司服务

【营业网点】

1990年，成都市电信局自办营业网点12个，代办点7个。

1994年3月7日，人民东路营业厅开业，代办网点231个（含郊县各乡镇委代办营业网点）。

1996年9月16日，新华电信营业厅开业，是年，代办点334个。

1998年，先后开办第一个各项业务齐全的电信商城、大用户专用营业厅、五块石营业厅、高新营业厅、青龙场营业厅。是年，成都市电信局开办长途、市话业务的营业窗口有12个。

1999年，先后新开沙湾营业厅、百花营业厅、八里营业厅、沙河铺营业厅、簇桥营业厅。成都市电信局营业窗口已扩大到18个，其中13个自办长话、市话综合营业厅，2个代办综合营业厅，1个自办长途业务营业厅，1个电信商城，1个大用户专用营业厅。

2000年，成都电信营业网点数为404个，其中自办自有局房营业网点为69个，自办租用营业网点36个，电信业务委代办点299个。

2001年，市内综合营业厅达24个，其中代办营业厅7个。

2003年，成都电信在城区通过自办、合办、代办形式设的营业厅已达到25个。

2003年2月18日，成都电信为改善服务、方便市民推出的流动营业厅——“电信服务快车”开业。“电信服务快车”内配备两台电脑、两台小灵通座机、一台打印机及营业工作台席。车上的工作台与公司的营业系统联网，可为用户办理：电话装机、移机、拆机、电话改名、增开来电显示、改普通电话为金蓉通电话、ADSL捆绑销售、小灵通销售等业务，还可收缴话费。“流动营业厅”的服务对象主要是针对离中国电信营业厅较远的城乡接合部地段用户，将根据用户需求情况，由营业部门进行预先布点工作，在每个点停流一天或半天，开展流动电信服务。2004年3月15日，成都电信又增加20台电信服务快车。2005年，成都电信服务快车共38台。

2005年5月17日成都电信，正式开通网上营业厅——成都电信门户网站。9月8日，成立小灵通专业营业厅，为小灵通用户提供专业化服务。2005年自办营业厅17个。

2005 年成都市内电信自办营业厅（较大型）一览表

表 3-153

营业厅名称	营业厅地址	营业厅名称	营业厅地址
人民东路营业厅	人民东路 15 号	青龙场营业厅	昭觉寺横路青龙场派出所侧
新华营业厅	双林北支路 471 号	五块石营业厅	蓉北大道一段 30 号
东郊营业厅	水碾河路口东风路二段 29 号	八里营业厅	新风路 2 号
南郊营业厅	一环路南三段 17 号	高新营业厅	紫丁巷 1 号
西郊营业厅	一环路西三段 25 号	莲花营业厅	莲桂西路 1 号
沙湾营业厅	金沙路 62 号	浣花营业厅	二环路西二段
北郊营业厅	梁家巷路口	金府营业厅	金牛区金府路 1 号
西城营业厅	羊市街西延线口	小灵通专业营业厅	兴隆街街口
太升南路营业厅	太升南路 65 号	—	—

【服务项目】

1990 年起，成都电信长途营业厅陆续推出以下 12 种服务项目：国际、中国港澳台地区、国内电报业务，国际、中国港澳台地区、国内长途直拨电话业务、人工电话业务，公众用户传真业务，公众用户电报业务，人工长话记账业务，电报记账业务，公话代办收费业务，市内电话查询业务，电话费查询业务，公用电话业务，磁卡电话业务，礼仪电报。成都电信市话营业厅陆续推出的服务项目主要有以下 6 种：市内电话业务；电话费收费业务；非话业务；大用户、重点用户业务受理专柜；各类终端设备销售；电子屏幕显示——电信业务宣传、电信资费标准、装机号源信息、装机线路信息、各类动态信息。

至 2005 年，成都电信遍布城区和各区（市）县的电信营业厅、10000 号服务热线、电信服务快车、网上营业厅、114 号码百事通以及服务上门的社区经理等多元化的服务渠道，构成一个完整的服务体系，为客户提供优质、高效的专业化电信服务。公司 10000 号服务热线被团中央、信息产业部联合授予“全国青年文明号”光荣称号。

【特种服务】

查号台服务。20 世纪 90 年代以前，成都电信 114 台查号主要是以电话登记卡、电话号码簿、转盘挡夹、电话号码顺号本为客户进行查号，话务员靠原始工具及人工背记电话号码满足客户的查询需求。同时把普通话服务作为一项硬性的规定（此前话务员使用的是四川话）。114 台有座席 28 个，话务人员 30 多人。

1990 年，市话容量迅速扩容后，“114”人工查号越来越不能满足广大用户的需要。成都市电信局投资 120 万元，进行 HTC—01 型电脑话音查号系统的引进和研制工作。

1991 年 5 月 17 日，“114”市内电话号码计算机自动查号系统正式投入使用，彻底改变原来单靠话务员人工记号、人工报号的工作方式，报号全过程平均不超过 10 秒钟，查号准确性和服务质量明显提高。该系统结束“114”人工查号报号的历史，并实现全国全自动拨号区域对成都市话的自动查号。

1992年7月27日，成都市电信局人工长话自动计时装置投入使用，结束该局长话人工计时的历史。

1997年，114台每天的呼叫量平均达到六七万次。成都电信对计算机查号系统设备进行更新换代和升级，将座席增加到80个，话务员也增加到60多人。

2004年3月，114系统进行升级，建立成都呼叫中心，拥有全国一流的硬件系统配置，系统提供300条数字中继线路供客户拨打，设立239个话务座席。已使用的120个座席，可容120个客户同时拨打呼叫中心，日呼叫量10万余次，高峰时达到12万次。8月23日，在114呼叫中心新增英语查询台席，开展英语咨询服务。

2005年9月21日，全国首家“114号码百事通”热线运行，它具有热线转接服务、餐饮娱乐信息、旅游服务信息、城市指路服务的功能。

信息台服务。1989年5月9日，成都市电信局开设“666888”电话信息服务台，该台拥有20对中继线满足公众播叫，采用进口386微机，为公众提供20大类信息咨询。

1992年，全国统一启用“160”“168”特服号码为电话信息台服务号码，“160”为人工电话信息台，“168”为自动电话信息台。

1993年10月30日，“168”电话自动信息台完成扩容工程正式开通运行，扩容后的“168”台显现出现代通信快、准、灵的特点。成为成都市电话信息咨询业务发展的一个新的里程碑。

10000客户服务。1997年1月8日，由四川省邮电管理局、成都电信局共同建成西南地区第一个“180”信息服务质量监督检查系统开通。

1998年6月30日，成都市电信局“170”电信资费标准查询、话费查询和“189”业务及咨询客户服务系统开台运行。7月1日，成都市本地网180电信客户电信服务质量投诉系统开通。12月9日，成都市电信局客户服务中心开通试运行，用户拨打“170”“189”免费特服号，客户服务中心可向电话用户提供资费、话费查询和电信业务咨询、受理服务。

2001年3月1日，“96180”总经理服务热线正式开通。3月14日，开通1000号客户服务系统。

2003年3月7日，将原有的“112”“170”“180”“189”“96180”、市长公开电话等特服系统整合割接到1000号系统并行，9月1日，1000号升位为10000号，11月1日，除10000号外的其他特服号码正式关闭。中国电信10000号客户服务中心服务项目在办理电信业务方面有：新装金蓉通电话，开闭程控新业务，开闭国内长途，申请电子卡号业务，小灵通挂失、恢复、保号换机业务，预受理ADSL、社区宽带、天翼通业务；在查询费用方面有：普通电话话费查询，金蓉通电话话费查询，小灵通电话话费查询，上网费用查询；在咨询电信业务方面有：固定电话业务咨询，小灵通电话业务咨询，数据业务咨询，卡式业务咨询，公话业务咨询，声讯业务咨询，智能网业务咨询；在修改密码方面有：修改后付费电话查询话费的密码，修改小灵通本机的密码；在申告电话障碍方面有：申告普通电话障碍，申告数据业务障碍，申告小灵通障碍；在投诉建议方面有：电信业务建议，服务态度投诉。

2005年，成都电信10000号MR电话营销正式启动，首期推出“家家乐之温馨家庭”套餐业务。

【优质服务】

20世纪90年代，成都市电信局投入大量资金加强硬件建设。在软件建设上，制定一系列新的服务措施。装机人员实行“三单一卡”制度；112障碍台、114查号台、168信息台等，统一使用规范语言和普通话。

1990年，成都市电信局正式加入“市长公开电话网络”，作为该局对外服务的重要窗口，672121、629539两部“市长公开电话”负责受理和处理成都市本地网电信客户在使用电信业务时遇到的各类问题。

1992年5月15日，电信业务综合计费系统投入运行。

1993年9月2日，成都市电信局首次向社会各界聘请22名义务监督员。10月23日，“112”障碍集中自动受理、分散自动测试处理系统开通运行。

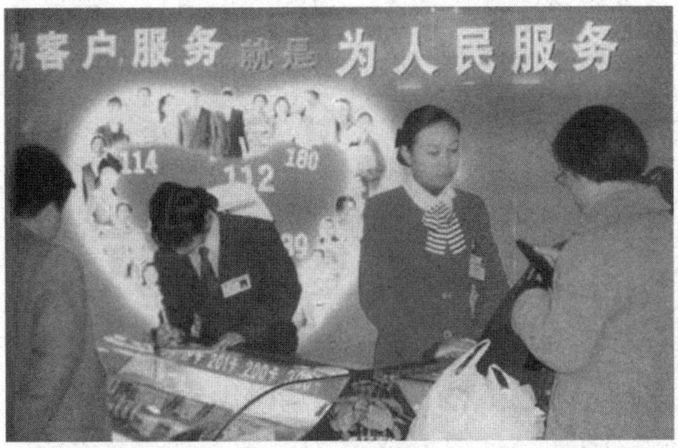

成都电信工作人员向客户讲解201卡的使用方法

1994年6月，各电信营业厅陆续实现计算机综合计费处理系统联网。

1995年7月19日，成都市电信局首批“全数据市话档案微机信息”诞生并开始试用。

1996年，成都市电信局正式推出银行储蓄自动代交电话费业务。同年7月3日，成都市消费者协会成都市电信局消费者投诉咨询服务站正式挂牌成立。

1998年，成都市电信局服务硬件设施与条件大为改善，营业厅井然有序，卫生清洁，美观舒适。免费为用户提供书写笔、老花镜、雨伞等电信业务以外的特需服务。电信业务宣传资料在各营业大厅随手可取。安装在各营业厅内的大屏幕电子显示装置和多功能新业务演示厅，为用户使用电信业务提供方便。

1999年5月18日起，成都电信局提升服务水平，打破业务常规，在全国率先推出用户登记安装电话实行“先装机后付款”制度，并相应调整业务流程、制定服务标准及业务管理办法。

2004年2月27日，市电信分公司在城区所有电信营业厅正式推出办理电信业务“免填单”举措。“免填单”的服务范围包括普通电话改性能、停机保号、续办停机保号、移机停机、恢复通话、电话拆机、电话改号选号7种电信业务。电话装、移机等候时限平均为15天，城镇最长不超过30天；农村最长不超过40天（自受理用户装、移机交费之日起至通话为止），装、移机及时率为98%。固定电话障碍修复时限城镇最长为48小时，农村最长为72小时，修机及时率为98%。移机时限由普通移机的7天缩短为3天。

移动成都分公司服务

【网点及服务】

营业网点。1999年7月，从成都电信分离后至2003年年底，成都地区移动营业厅开厅25个（其中城区营业厅5个，乡镇20个）。2004年，移动成都分公司在原有营业厅的基础上，在成都市区和14个市郊区（市）县建设营业厅77个，其中城区9个，乡镇68个。2004年8

月，中国移动西部地区规模最大、业务功能齐全、占地5000平方米的旗舰营业厅在成都武侯区高升桥路1号开厅营业。2005年，成都移动扩大营业网点，新建营业厅202个（其中城区50个，乡镇152个）。2005年12月底，共建营业厅304个（其中城区64个，乡镇240个）。

客户服务。1998年，成都移动开通1860服务专线，主要接听客户投诉、意见和建议。2000年年底，成都移动成立客户服务中心，移动工作人员主动上门为成都地区用户服务。2003年，成都移动率先推出“话费误差双倍返还”的服务承诺。2004年3月，成都移动为全球通客户高端客户提供差异性、个性化服务，提高移动通信资费的透明度。2005年6月15日，成都市“警务通”应用平台建设完成，为成都市公安系统实战部门和一线民警提供移动、快捷、准确的公安信息服务。2005年10月，与中国农业银行四川省分行、交通银行成都分行、中国银行四川省分行共同启动手机缴话费项目，用户足不出户，就能缴话费。同年设立1860用户投诉电话，及时处理用户投诉，解决用户提出的问题。

【移动基础业务】

移动虚拟网业务（VPMN业务）。2003年3月，成都移动满足各行各业发展需求，推出VPMN业务，为更多的集团客户提供更加优质、高效、安全的服务，集团客户并能享受特惠的通信资费。

集团综合信息发布平台业务。2005年，成都移动分公司按照省公司统一安排，推出集团综合信息发布平台业务，该业务与企业现有的业务系统、办公系统等应用系统紧密结合，以方便快捷的短信为媒介，实现信息收、发双向传递，满足企业信息化、个性化和移动化的需要。

移动信使业务。移动信使是中国移动基于SMS/MMS等网络平台为客户开发的信息发布业务，以互联网的方式向手机用户定时定量定群组发送短信或彩信，具有信息传递、会议通知、节日问候及通讯录管理等功能。

【行业信息化业务】

农村经济信息网。2004年，成都移动开展村通工程建设，满足农民通话需求。

2005年3月，成都移动联合四川农村日报社推出“农村经济信息网”业务。通过手机短信平台，为农民提供最新的农业政策法规、农业生产技术、农产品市场行情以及与农民相关的生活信息。

警务移动查询系统（警务通）。2005年6月15日，成都移动与成都市公安局联合推出“警务移动查询系统”。该查询系统使公安干警可以对常住人员信息、暂住人员信息、重点人口信息、在逃人员信息、车辆信息等进行迅速地查询，随时随地获得公安业务信息的支持。该查询系统对照片和相关图片的传输应用，不但可以解决通缉、协查、堵截、搜查等一线公安工作中对嫌疑人人工照片识别问题，而且可以通过GIS、GPS系统为一线提供区域向导图，民警可以迅速对区域内警情做出判断，减少出警时间，减少因对地形不熟悉而造成的伤害、伤亡及群众的损失。

市　话

【电话拥有量】

1990—2005年，成都市电信部门根据电话装设位置的不同和用户使用电话业务量的大小，普通电话用户种类分为甲乙两种。甲种用户是指电话安装在个人住宅的市话用户。乙种用户是指甲种用户规定范围以外的所有用户。

1990 年，成都市内电话交换机总容量 7.35 万门，有市内电话机 13.13 万部。

1995 年，市内电话交换机总容量 80 万门，有市内电话 47.97 万部。

1998 年，成都市电话用户数超过 100 万户。

2001 年 9 月 29 日，成都本地网固定电话用户突破 200 万户。电话交换机总容量 310.31 万门，市内固定电话用户 168.44 万户，农村电话用户 42.6 万户。

2003 年，交换机容量累计达到 481 万门，成都电话用户达到 340 万户，居全国第二。

2004 年，全市电话交换机总容量 597 万门，固定电话用户 383.8 万户。

2005 年，电话交换机总容量达到 751.8 万门，处于国内同等城市的前列。市内固定电话用户达 428.4 万户。

【交换区域】

1990 年，成都市电信局市话区分片组网的交换区域：

66/67 局：东以府河以西，南以南河以北，西以人民南路一、二段以东，北以蜀都大道（人民东路、东风路一段）以南为界。

62/64 局：北以府河以南，东以府河以西，南以蜀都大道（人民东路、东风路一段）以北，西以人民中路一、二、三段以东为界。

22/24 局：东以人民中路一、二、三段和人民南路一、二段以西，南以府河以北，西以饮马河、西郊河以东，北以府河以南为界。

2004 年 11 月 15 日，成都电信将原 6 个运营部重新划分定位，组成 8 个以运营为主的分公司。至 2005 年年底，成都市电信分公司所属分公司的交换区域：

城西分公司：北以府河为界，东以人民中路、人民南路为界，西以饮马河为界，南以南河为界的范围。

城东分公司：南以南河为界，西以人民南路、人民中路为界，东、北以府河为界的范围。

成华分公司：东以游乐园、猛追湾街以南，建设北路一段以西、电子科大、建设北路二段以西、七一九厂厂区及宿舍、建设北路三段以西、八里庄路以南、青龙场为界，南以府南河以北为界，西以府南河以东为界，北以新都、大丰为界的范围。

锦江分公司：西以府河以东为界，南以沙河以北、琉璃乡为界，东以龙泉（三圣乡、保和乡、龙潭寺接壤）为界，北以建设北路、八里庄路、成渝铁路、龙潭寺、成绵高速为界的范围。

高新分公司：北以一环路南三段雅乐饭店和棕树一环路南一段为界，西以高升桥东路、九兴大道、南杆堰、外环路为界，东以府河、二环路、沙河、三圣乡以东为界，南以双流中和及华阳为界的范围。

武侯分公司：北以府南河与西城分公司交界，西以大石东路、菊乐路与青羊分公司交界，东以高升桥东路与高新分公司交界，南以一环路南三段、南一段与高新分公司为界的范围。

青羊分公司：南以菊乐路、少陵路、武侯大道为界，西以金花、温江为界，北以摸底河、青羊区与金牛区界、清水河为界，东以南河、体育学院为界的范围。

金牛分公司：西南以摸底河、青羊区与金牛区界、清水河为界，东北以府河（原与北郊局界）为界，东南以西郊河（原西城局界）为界的范围。

【业务种类】

1991 年，成都市电信局开办的市话业务种类包括程控电话新功能、中继线、用户交换机、公用电话、租杆挂线、管道出租、普通电话、电话副机及附件、同线电话、分机、专线、临时电话和专线、无绳电话、复用设备和代维设备等十多项。

1992年1月4日，开办磁卡电话业务。

1996年1月1日，邮电部重新修订颁布《市内电话业务规程》，调整业务种类。业务种类共划分为18种：（1）普通电话（正机）；（2）电话副机及附件；（3）无绳电话；（4）用户交换机、集团电话；（5）分机；（6）中继线；（7）专线；（8）临时电话及临时专线；（9）公用电话；（10）用户终端复用设备；（11）租杆挂线；（12）代维设备；（13）程控电话服务项目；（14）电话查号；（15）移机；（16）改名、过户；（17）代办工程；（18）选号。同时规定普通电话用户不得擅自转让，不得擅自将普通电话改为中继线或公用电话，不得在普通电话上擅自装移副机等用户终端设备。电话副机主要对住宅户开放，单位电话一般不办理。用户登记安装的无绳电话机，必须是符合国家有关规定，经邮电部批准具有邮电部颁发的进网标志的设备。用户安装所有无绳电话机，必须注意通信保密，涉密较多的单位不得安装使用。用户交换机只供本单位内部使用，不能给外单位装设分机。临时电话及临时专线是指因用户临时需要而装设的电话或专线，租用时间以6个月为限。“规程”还规定市话局不再办理租用管道业务。对原已租用管道的用户暂时保留。程控电话服务项目取消国内、国际长途自动直拨一项。

1998年1月1日起，成都市电信局对成都市内电话用户，开放自由选择使用各信息台业务；同时对办理开、闭信息台的用户，收取3元手续费；3月25日起，取消收取手续费，并免费打印回执。根据邮电部电信总局的安排，成都市电信局于3月推出住宅同址电话业务，其收费标准为：初装费×50%+工料+手续费。5月17日，成都市电信局开办语音信箱业务。

1999年3月15日起，成都市电信局推出“同址同户住宅电话”业务，全免初装费，仅收取工料手续费。5月18日起，成都市电信局推出“先装机后付款”业务，用户登记装机时不再先预交装机费用，装机完成后再到营业厅补交装机工料等费用。5月26日起，推出农村地区电话业务。

2002年2月1日，推出“金蓉通”预付费电话业务。3月31日，无线市话“小灵通”正式放号运行。5月17日，开办普通电话来电显示业务。6月13日推出“一号通”业务。

2003年5月1日，成都电信推出114企业优先推荐和电话外呼业务。6月6日，对现在网金蓉通甲种电话和普通后付费甲种电话（包括CENTREX个人电话、模块局个人电话）全面开放17909业务（已经主动关闭17909业务的用户除外）。8月8日，对成都城区固定电话商务客户全面开通17909IP主叫业务。至此，成都地区（含郊县）的小灵通和成都市六城区的中国电信固定电话全部开通17909业务。8月21日，推出集固话短信息、信息资讯查询等服务于一体的“固话短信”业务。

2004年11月2日，正式推出电信新产品“智能农话”业务。

2005年推出移机不改号、固定电话七彩铃音、固话集团彩铃、城市e秘书业务。9月21日，全国首家“114号码百事通”热线试运行，日呼叫量达到6000次。

【装、移、拆机】

用户申请安装电话、移拆电话、电话改名

或过户，是电信部门的传统服务项目。营业窗口受理后，要根据机、线设备能力，及时组织安装施工，让装拆移机用户早日通话。申请改名与过户的，营业部门要按规定通知有关部门及时办理。在实施装、拆、移等业务过程中，严格按内部工种之间的分工、职责与流程操作。电话装、移机等候时限：平均为15天，城镇最长不超过30天；农村最长不超过40天（自受理用户装、移机交费之日起至通话为止），装、移机及时率为98%。固定电话障碍修复时限：城镇最长为48小时，农村最长为72小时，修机及时率为98%。对大用户的业务受理和障碍修复时限在相关时限要求上的二分之一时间内完成。

1990年年底，成都开始试行“市话五统一”。“市话五统一”即营业、装移机、号线、话机、号簿统一管理。在试行过程中，理顺装移机关系，成立号线室，用微机统一配号线，各市话分局按号线室指定的线序和号码跳线装机。同时加强装移机管理，按市话营业处受理—市营分局查勘—号线室配号线—市营窗口收费、下派工单—分局装移机的顺序修订装移机程序。话机统一由电信经营服务公司提供。外购话机需经检测中心检测，符合部颁技术性能的方允许入网。升位、改号事前在报刊上公布并通知用户。1991年全年装机达15079号线。1995年全市放号3万门。继上年放号1.6万门之后，又增长近一倍。

2000年，装机平均历时14天，及时率达到98.1%；移机平均历时10天，及时率达到98.6%。“189”新增“先装机后付款”、增装同址电话新功能等服务。

【号码制】

从20世纪90年代开始，成都市市话容量不断扩大，电话用户数迅速增加，六位制编号号源紧张。为此，成都市电信局组建电话号码升位工作机构，经过大量的技术论证和反复修改，《成都七区本地电话网升位改号技术方案》和《编号规划》分别于1993年5月6日、6月4日经邮电部审定批复。成都市电话号码定于1993年12月12日北京时间零时，由六位升为七位，升位方法是重复原电话号码的首位数，升位后可提供新号码资源790万个。接着成都扩大本地电话网，扩大电信网络容量，向少级化方向演变。1995年，成都市电信局制订成都本地网的长远发展规划，先后委托四川省邮电科研规划院和邮电部设计院制订《成都市扩大本地电话目标网规划》和《成都市本地电话网“九五”期间总体建设方案》，并于12月下旬通过评审。国务院制订的西部经济发展战略中确定成都的“三个中心、两个枢纽”地位，其中“两个枢纽”之一就是要将成都建成现代化的通信枢纽。于1996年9月20日和11月1日进行的并网升位演习基本成功，仅投入的工程建设资金就接近原定投资的2倍。12月15日，成都扩大C3本地电话网工程建成开通，成都12郊县（市）电话进入成都电话大网，电话号码由6位升至7位，取消原长途区号，统一使用“028”，结束成都市行政区内还要相互打长途电话的历史，成都市7区的电话号码不变。

1996 年成都市 12 郊县电话升位改号方法一览表

表 3-154

郊县（市）名称	原电话号码	升位后电话号码	说 明	本地网建成后长途区号
都江堰市	2×××××	72×××××	首位加“7”	028
彭州市	8×××××	38×××××	首位加“3”	028
邛崃市	7×××××	87×××××	首位加“8”	028
崇州市	2×××××	22×××××	首位加“2”	028
金堂县	8×××××	49×××××	原 6 位号码首位改“9”后，在首位加“4”	028
双流县	6××××× 7××××× 8×××××	56××××× 57××××× 58×××××	首位加“5”	028
温江县	7×××××	27×××××	首位加“2”	028
郫县	8×××××	78×××××	首位加“7”	028
新都县	37××××× 38×××××	397××××× 398×××××	原号码首位数和第 2 位数之间插入“9”	028
大邑县	2××××× 3×××××	82××××× 83×××××	首位加“8”	028
蒲江县	5××××× 6×××××	85××××× 86×××××	首位加“8”	028
新津县	5×××××	25×××××	首位加“2 “	028

2001 年 8 月 29 日，成都市电话号码升 8 位方案评审会在成都召开。经过中国电信集团公司、信息产业部、设计院的相关专家评审，最后通过的升位方法是采用位间隔法，即原号码前加“8”。成都市电话号码升 8 位总体方案由成都市电信公司委托郑州邮电设计院设计，实施方案由四川省通信科研规划设计院设计。9 月，成都电话号码升 8 位办公室成立，由省、市电信公司牵头，下设技术工作和技术支援组、经营业务组、后勤保障组、宣传组等具体职能机构。

2002 年 3 月 20 日上午，四川省人民政府召开成都本地电话网号码升八位的新闻发布会。4 月 20 日 0：00，成都电话号码升至八位，成都市成为国内第 12 个升八位的城市，也是西部第 1 个升八位的省会城市。成都电话号码升 8 位后，号码资源达到 7000 万个。

【特种服务号码】

为维护用户的合法权益，邮电部在通信生产过程中，无论何种市话通信设备，都明确规定各地市内电话局开办的全国统一的特种服务业务，而且项目不断扩展。

其中，免收市话通话费的特服号码有：

103　国际长途半自动挂号台及国内、国际长途台话务员互拨号

108　国际长途直拨国外话务员受付业务台

110　报警电话号码

111 市内线号员与测量台联系号
112 市话障碍申告台
113 国内人工长途挂号台
115 国际人工长途挂号台
116 国内人工长途查询
119 火警报警台
120 急救中心
122 全国道路交通事故报警台
170 国内长途全自动话费查询台
173 国内立接制长途半自动挂号台
国内长途半自动查询台
国内长途半自动班长台
17908 四川省内IP电话卡业务接入码
用户投诉服务台
电信业务受理特服台
193 中国联通长途电话业务接入码
201 四川省内智能网电话计账卡业务接入码
智能网计账卡呼叫业务接入码
600 智能网内虚拟专用网业务接入码
800 国内被叫集中付费业务
10000 中国电信客户服务中心接入码
其中按市话通话费标准收费的特服号码有：
市内电话查询台
报时台
121 天气预报
123×× 政府公益服务接入码
1251 全国无线寻呼联网漫游登记、查询、申告台接入码
1258 数字移动通信网短消息业务中心人工台接入码
1259 数字移动通信网短消息业务中心自动台接入码
126 联通国信本地无线电人工寻呼接入码
127 联通国信本地无线电自动寻呼接入码
128 联通国信省内联网无线电人工寻呼接入码
129 联通国信省内联网无线电自动寻呼接入码
160 人工信息服务接入码
分组网业务同步拨号方式
分组网业务异步拨号方式
电子信箱业务
电子数据交换业务
传真存储转发业务自动拨号方式
传真存储转发业务语音应答方式
传真存储转发业务ASCVⅡ方式
1646 可视图文业务
语音信箱
168 声讯信息服务接入码
179 IP语音服务接入码（不含17908）
184 邮政编码查询接入台
国家邮政局电话信息服务接入码
191 联通无线电人工寻呼接入码
192 联通无线电自动寻呼接入码
198 联通国信高速无线电人工寻呼接入码
联通国信高速无线电自动寻呼接入码

【资 费】

1991年1月12日，经省人民政府批准，四川省物价局、四川省邮电管理局联合发出《关于改变市内电话资费管理办法和资费标准的通知》，对市话初装费作出新的规定。1.程控电话初装费标准：①第一类用户（企事业、个体工商户）4300元；②第二类用户（党政军机关、中小学校、幼儿园、医院）2600元；③第三类用户（私人住宅）2100元。2.机电式电话初装费标准：①第一类用户3000元；②第二类用户1800元；③第三类用户1400元。3.以上均不包括电话机、工料及界外线路建设费。4.公费住

宅电话初装费按单位用户分类标准收取。5. 机电式电话改程控式电话，按照同类用户机电式电话初装费标准与程控式电话初装费标准的差额，收取改制费。1991 年，成都市的市内电话月租费分包月制和复式计次制两种：实行包月制收费的甲种用户每月合计 26.26 元，乙种用户每月合计 42.10 元；实行复式计次制的甲种用户每月基本月租费合计 20.45 元，乙种用户每月基本月租费合计 30.22 元。甲乙两种用户的通话费按每三分钟 0.10 元计算，凡在一环路以外的要加收 10.56 元的界外月租费。

1992 年 7 月 1 日起，对营业受理安装私人住宅电话的初装费进行适当调整，调整后的私人住宅电话初装费按每门 2600 元收取。1992 年，市内电话复式计次基本月租费进行调整：1. 私费住宅（甲种）电话基本月租费由 20.45 元调改为 23.09 元；2. 单位及个体及工商户（乙种）电话基本月租费由 30.22 元调为 34.18 元；用户出中继线基本月租费由 83.16 元调改为 95.04 元。

1993 年 7 月 1 日起，成都市程控电话初装费和成都市市话基本营业区域外（一环路以外）的用户界外费的收取作了相应调整。调整后的市内程控电话初装费为两种标准：办公程控市内电话初装费每部由原来的 4300 元调整为 5000 元，家庭住宅程控市内电话每部由原来的 2600 元调整为 3600 元。每部电话另收取工料费 300 元，其他业务费用仍按原规定收取。一环路以外、二环路以内申请安装程控市内电话，除按规定收取电话初装费外，一律收取 500 元界外线路材料费。二环路以外的用户除收取 500 元界外线路材料费外，再按实际距离计算 500 元/千米收取界外费。高新分局所属营业范围界外费的收取仍按原规定办法执行。

1994 年 6 月 24 日，接成都市物价局通知，市内电话初装费标准调整。1. 办公程控电话初装费每部 5000 元；住宅程控电话初装费每部 3600 元。2. 其他市话业务收取电话初装费的比例为：电话副机 30%；同线异号电话为 100%；合用电话二户为 70%，三户为 60%，四户为 50%；专线为 100%；超过基本营业区的线路建设费每千米 500 元，不足一千米按一千米计算。3. 市内电话装移机工料费，每部 300 元，新装电话时，工料费与初装费一并向用户收取。电话移机时只收工料费和手续费。4. 小交换机中继线初装费，企、事业单位及个体工商户，每对 12000 元；党、政、军机关和中小学校、幼儿园、医院，每对为 6000 元。

1996 年 1 月 1 日起，成都市内电话基本月租费调整如下：私费住宅（甲种）电话基本月租费调为 28.37 元，单位及个体工商户（乙种）电话基本月租费调为 42.10 元，用户出中继线月租费调为 118.80 元。

1997 年 1 月 7 日，对电话初装费进行调整。一是成都市住宅电话（甲种）每部 2600 元，办公电话（乙种）每部 4000 元。二是电话装移机工料费每部 150 元。新装电话，工料费与初装费一并向用户收取。电话移机时，只收取工料费和手续费。三是营业区外装机用户凡需新架电线杆路，每千米收取线路建设费 500 元，不足一千米按一千米计算。市内电话基本月租费资费标准甲种正机：20.28 元，乙种正机 31.20 元，中继线 109.20 元；界外月租（1～4 千米内）10.40 元/千米，超区月租（4 千米以上）19.50 元/千米。

1998 年 2 月 1 日，成都市电信局将市内电话初装费由原来的甲种电话初装费 2600 元/部调整到 2000 元/部（降幅达 23%），乙种电话初装费由 4000 元/部调整到 3000 元/部（降幅达 25%）。3 月 1 日起，成都本地电话网营业区内市话通话费调整为：由每三分钟0.13元（不足三分钟按三分钟计算）提高到0.14元（其中上浮通话费由原来的0.01元调整到0.02元）。

1999年3月起，成都市电信局固定电话初装费实行甲乙种电话并轨，执行一种资费标准，即成都市6城区电话为800元/部，14个郊县城区电话为600元/部，农村地区电话为300元/部，取消本地网基本月租费20%的上浮；本地网营业区内通话费由0.14元/3分钟调整为0.16元/3分钟；本地网营业区间通话费仍执行0.50元/分钟的标准，14个郊县以内的营业区间基本通话费由0.50元/分钟降低为0.40元/分钟。

从2001年3月21日起，成都市本地网的通话费计费单元及资费标准进行了调整，市内通话计费单元从原来的3分钟一次调整为首次3分钟一次，第四分钟开始1分钟一次；资费标准从原来的0.15元/次，调整为首次0.22元/次，第四分钟开始0.11元/次；取消原“县内区间”计费等级，在同一行政县内的通话均执行本地网营业区内（市话）资费标准。

从2001年5月1日起，成都本地网执行新的月租费标准，取消成都市城区电话基本月租附加费，住宅电话月租费按成都市区、郊县城区、郊县农村分别调整为20元/月、15元/月、10元/月；办公电话按成都市区、郊县分别调整为30元/月、25元/月；同时，龙泉驿区按成都市区市话资费标准执行。2001年7月1日起，全国市话初装费、移动电话入网费、农村电话初装费及附加在电话上征收的其他政府性基金全部取消。

2005年12月31日，成都电信业务收费按以下5个表格所列资费标准执行。

2005年成都市固定电话业务办理资费标准一览表

表3-155

普通电话装机	150元（工料费）+8元（手续费）
同址电话装机	150元（工料费）+8元（手续费）
金蓉通电话装机	150元（工料费）+8元（手续费）； （工料费优惠为120元）
普通电话转金蓉通电话	免费
电话移机	158元（市区优惠标准：58元移机工料、手续费；郊县：“金蓉通”128元移机工料、手续费）
电话改名	免费
电话过户	3元/号
电话改号	50元/号
停机保号	5元/月/号
改号语音拦截	10元/月/号

2005年成都市普通固定电话本地通话资费标准一览表

表3-156

项目	计费单位	资费标准
市话区内通话费	首次三分钟（不足3分钟按3分钟计）为一次，以后每分钟为一次（不足1分钟按1分钟计）	首次3分钟0.22元，以后每分钟0.11元
市话区间通话费	分钟	每分钟0.50元

2005年成都市普通固定电话基本月租费一览表

表3-157

用户类别	区域	每部/月
住宅电话	成都市城区（含龙泉驿区）	20元
	郊县	15元
	农村地区	10元
办公电话	成都市城区（含龙泉驿区）	30元
	郊县	25元
同址电话	成都市城区（含龙泉驿区）	10元
	郊县	7.5元
	农村	5元
市内用户中继线		100元

2005年成都市“金蓉通”智能电话基本月租费一览表

表3-158

A类（城市商务电话）	日租1.00元/天，话费标准同普通电话
B类（城市住宅电话）	日租0.60元/天，话费标准同普通电话
D类（郊县住宅电话）	日租0.50元/天，话费标准同普通电话
E类（农村电话）	日租0.32元/天，话费标准同普通电话
F类（郊县商务电话）	日租0.80元/天，话费标准同普通电话

2005年成都市程控新业务资费标准一览表

表3-159

项目	开户费	月使用费（元）
呼出限制	免收	6元
热线服务	免收	免收
转移呼叫	免收	免收
遇忙记存呼叫	免收	免收

续表

<table>
<tr><th colspan="2">项目</th><th>开户费</th><th>月使用费（元）</th></tr>
<tr><td colspan="2">遇忙回叫</td><td>免收</td><td>免收</td></tr>
<tr><td colspan="2">缩位拨号</td><td>免收</td><td>免收</td></tr>
<tr><td colspan="2">三方通话</td><td>免收</td><td>2.00</td></tr>
<tr><td colspan="2">闹钟服务</td><td>免收</td><td>2.00</td></tr>
<tr><td colspan="2">追查恶意呼叫</td><td>免收</td><td>2.00</td></tr>
<tr><td colspan="2">呼叫等待</td><td>免收</td><td>免收</td></tr>
<tr><td colspan="2">免打扰服务</td><td>免收</td><td>2.00</td></tr>
<tr><td colspan="2">缺席用户服务</td><td>免收</td><td>免收</td></tr>
<tr><td rowspan="3">来电显示</td><td>普通电话（成都市区）</td><td>8元（现暂免收）</td><td>6.00</td></tr>
<tr><td>普通电话（郊县）</td><td>8元（现暂免收）</td><td>4.00</td></tr>
<tr><td>“金蓉通”电话</td><td>8元（现暂免收）</td><td>0.15元/天</td></tr>
</table>

【市内普通公用电话】

公用电话分为邮电机构自办、委托单位和个人代办，以及无人看管的投币式或磁卡式等几种。委托单位和个人代办的公用电话均应由市话局与代办户签订代办协议。由邮电机构自办或委托代办的公用电话均须按照《公用电话管理办法》进行管理。

1991年7月，成都市电信局公用电话分局正式成立，由公话维护班和公话业务发展班构成，全分局共22人，承担成都市的公用电话的网点布局、选址和安装，以及公用电话代办直拨业务的管理和维护，并开始办理公话业务和磁卡电话业务。是年，公用电话网点有329个。

1992年，成都市电信局加强对公话分局的管理，理顺公话内部管理程序，合理调整公话布局，加强对公话代办网的审定，将城区分甲、乙、丙、丁四种类型进行发展选点：甲类为商业繁华密集地；乙类为主要商品聚集地；丙类为一环路以外居民住宅区和居委会；丁类为超区用户。另外采取多种形式进行选点，并相应改变经营方式，其主要方式有：同意单位电话设公话代办，私人电话也可以申请代办，局方发展代办，与政府共同投资建代办，鼓励有条件的私人与局方共同投资建电信代办。共开通公话业务代办网点497处。为提高计费的准确性，成都市电信局从4月份起，陆续在各代办点安装计费器。截至12月31日，成都市公话代办网点共有1443户。

1993年，成都市电信局发展公话代办点2472户，城区主要街道每200米均设一部公用电话。公用电话数量名列全国省会城市第二位。

截至1994年11月底，全市公用电话代办点已达6000户，按市区280万人计算，每千人拥有公用电话2.14部。

1995年邮电部颁发的《市内电话业务规程》中规定：公用电话是经市话局批准同意，装设在城市街道及其他公共场所供公众所有并按规定收取通信费用的电话，按使用方式有以下三种：专供发话人打出使用，不接来话。主要供发话人打出使用，并接受回话，一般有人看管；传呼公用电话，既供发话人打出，又接受来话，还负责传呼受话人。公用电话业务的开办方式有委托单位或个人代办和邮电机构自办两种。公用电话的服务时间规定如下：设置在邮电局、所、商店、宾馆等处的公用电话，服务时间与设置单位的营业或开放时间相同；设置在公共场所、街道和居委会等由单位或个人代办的公用电话，根据当地公众需要和生活习惯适当规定，每天服务时间一般不少于12小时；经市话局指定的夜间应急公用电话从21时至次日8时提供服务。

1995年3月15日，为加强监督，保证全市公用电话健康发展，成都市职工商品市场监督总站批准，成都市电信局成立公用电话分局职工物价监督行业分站，该分站是成都市总工会下属的群众团体，具有对本市公话的物价的监督、检查、处罚等职能。其主要是监督全市公用电话、代办电信营业执行资费标准。

1996年8月《成都市公用电话管理办法》正式发布施行，年底公用电话点1.69万户。1997年全市代办公用电话有3.08万部。2002—2005年，共发展各类公话3万部。

【市内卡式公用电话】

成都电信的卡式公用电话分为磁卡公用电话、IC卡公用电话和201卡公用电话三种。设置在公共场所、道路上的无人看管的投币、卡式公用电话24小时昼夜服务。

磁卡公用电话。1991年12月24日，成都市电信局首批引进瑞士亚斯康磁卡电话落户成都市区。

1992年1月4日，成都市磁卡公用电话开通使用。同年5月1日，16座磁卡公用电话亭在成都市繁华街道落成。截至12月，成都市在机场、车站、宾馆、饭店、商业中心和繁华街道共安装磁卡电话145部。

1993年8月，成都市电信局推出300部日本田村磁卡电话机。9月25日，“蜀文化”系列电话磁卡正式发行。10月20日，成都市电话磁卡集卡协会成立。同年发展磁卡电话501台。

1994年10月20日至25日，成都首届电话磁卡展销会在成都市电信局人东营业厅举行，展销会上展出800多种精美的国内外磁卡，并首次发行成都电话磁卡纪念卡封。截至12月10日，成都市磁卡公用电话达1000台。

1997年，IC公用电话在成都投入使用。随着IC卡公用电话的普及，以及市场的激烈竞争和通信技术、通信手段、通信设备的不断更新，磁卡电话原有的优势逐渐消失，磁卡公用电话逐步向IC卡公用电话过渡。是年，全市磁卡公用电话数下降，到当年底仅有759部。

2002年12月31日24时，成都市电信分公司对仅存的48台磁卡电话全部拆除，更换成IC卡电话。至此，经历12载的磁卡电话“退役”。

IC卡公用电话。IC卡电话是继磁卡电话后发展起来的新一代公用电话，“IC”即智能，IC卡电话使用的IC卡是一种集成电路卡，卡片内封装集成电路芯片，芯片内储存持卡人信息及预付金额，通话时话机自动扣减电话卡金额。中国电信IC电话卡不仅具备磁卡电话的全部功能，而且能防潮湿，不存在消磁现象，数据保存期限更长，防伪性能更强，用户使用起来也更方便。

1997年4月16日，成都市电信局推出新型卡式电话——IC卡公用电话，首批安装在人民东路电信营业厅的四部IC卡公用电话开始运行。至1997年底全市有IC公用电话159部。

2001年12月1日起成都电信分公司为用户将磁卡更换为等值的IC卡。

2002年3月31日，成都市电信分公司完成磁卡更换IC卡的前期工作，保留48台磁卡电话供消费者继续使用至2002年底。

2003年7月30日，成都电信分公司为配合市政建设美化街道，体现“个性化服务”，投资13万余元购买了11座既方便残疾人又适合儿童使用的新型IC卡公用电话亭，安装在成都市红星路步行街。9月22日，成都市区和郊县近2万部中国电信IC卡话机全面开通17909主叫直拨IP电话业务。

201及202卡公用电话。1998年9月10日，成都市电信局推出201（202）电话卡业务。201校园卡业务是中国电信为解决学校学生的通信需求、缓解校园通话困难、服务于校园信息化而推出的一种新业务，在每个学生宿舍安装一部电话，用户使用201电话卡拨打本地、国内及国际长途电话，同时该电话还可以上网，外线也可以直接拨入，方便学校学生与外界的联系。202电话卡业务是成都市电信局对本市各大医院推出的实行密码识别自动收费的电话代称，202卡又被称作“病房卡”电话，这是一种集计算机与通信技术为一体，比较先进的通信方式。

2001年8月，成都市电信分公司向全省客户开放201电话卡业务，实行密码识别、自动收费。拥有201卡后，不仅可以在任何一部双音频话机上打电话，而且还可在IC卡话机上使用。

【公用电话资费】

1991年1月25日，成都市电信局对成都市公用电话收费标准调整如下：公用电话代办点公用电话通话费每次0.15元（三分钟以内）。下列情况均应收费：电话一经接通应答，不论是否达到目的；电话打通后找人不在或对方不代叫人；发话人记错号码或拨错号码；电话打通后，对方又让拨其他号码，应逐次计费。下类情况免收通话费：拨叫119、27733、110、112和接长途电话；因局方机线障碍话音不清，无法通话的；因长途电话拆线，未完成通话的。

1993年，根据省、市物价局的规定，成都市电信局对全市所有公用电话代办点、户有明确的规定和统一的收费标准。调整后的公用电话通话费由现行的三分钟一次收费0.15元（不足三分钟按三分钟计），调整为每三分钟一次收费0.30元（不足三分钟按三分钟计）；利用公用电话BP机回传每三分钟一次收费0.30元（不足三分钟按三分钟计算）。全市公用电话从1993年4月1日起执行新的资费标准。

1996年，四川省物价局、四川省邮电管理局文件通知，公用电话资费标准：市内电话通话费0.30元/三分钟·次，本地网营业区内0.30元/三分钟·次，本地网营业区间0.60元/一分钟·次。国内长途代办费在通话费基础上加收10%（最低收费标准不足1元按1元计收）。国际长途代办费在通话费基础上加收10%（最低收费标准不足1元按1元计收）。

1999年1月13日，四川省邮电管理局《关于在公用电话上使用“200”“300”业务收取代办费标准的通知》规定，凡用户在公用电话上使用该项业务，代办户向用户收取代办费的标准为：每次收取代办费1.00元（不另收通话费，不计时长）。

2000年2月21日，经四川省人民政府、四川省物价局、四川省邮电管理局批准，公用电话资费标准调整为：本地电话网营业区内通话费标准由现行每三分钟0.16元调整为每三分钟0.18元；本地电话网县（区、市）及地级市郊以内的营业区间基本通话费标准由现行每分钟0.40元调为每分钟0.30元。上述通话费调整后，本地电话网营业区内有人值守公用电话仍按0.30元标准执行（其中0.15元为代办点服务费）；本地电话网县（区、市）及地级市郊以内营业区间有人值守公用电话按0.40元标准执行（其中0.10元为代办点服务费）。其他公用电话的收费标准不变。此标准自2000年4月1日起执行。

2000年3月6日，“201”业务收费办法（暂行）如下：区内通话费按现行本地网营业区内的标准计收，区间通话费按每分钟0.30元的标准收取，长话通话费按现行的长途电话收费标准收取，免收附加费。

2001年3月20日，四川省电信公司转发四川省通信管理局、四川省物价局《关于电信资费结构性调整的通知》，IC卡电话和有人值守公用电话执行统一的资费结构、计费方式和资费标准。成都市电信分公司遵照执行，公用电话资费标准调整如下：营业区内按首次3分钟0.40元，以后每分钟0.30元的标准执行。营业区间按每次1分钟0.50的标准执行。国内长途电话每分钟0.80元，国际长途电话每分钟8.20元，中国港澳台地区长途电话每分钟2.20元。国内长途电话优惠时段为每日00：00至7：00（不分工作日和节假日），优惠幅度按资费标准五折优惠。跨越优惠时段的通话分钟，按前时段费率计费。宾馆、饭店、招待所住店旅客使用国内外长途电话、区间电话除按标准收取通信费外，加收10%的服务费（四星级以上宾馆加收15%），不足1元按1元计。

至2005年12月31日，成都市电信分公司所管理的公用电话收费按下列两个表格所列资费标准执行。

2005年成都市IC卡公用电话资费标准

表3-160

项目	计费单位	资费标准
市话区内通话	首次3分钟（不足3分钟按3分钟计为一次，以后每分钟为一次（不足1分钟按一分钟计）	首次0.20元，以后每分钟0.10元
市话区间通话	分钟（不足1分钟按1分钟计）	0.30元/①分钟
中国内地长途电话	分钟（不足1分钟按1分钟计）	0.70元/①分钟
国际长途电话	分钟（不足1分钟按1分钟计）	8.20元/①分钟
中国港澳台地区电话	分钟（不足1分钟按1分钟计）	2.20元/①分钟

说明：IC卡公话每日00：00—07：00（不分工作日和节假日）国内长途电话优惠幅度按资费标准6折优惠

2005 年成都市普通有人值守电话资费标准

表 3-161

项目	计费单位	资费标准
市话区内通话	首次 3 分钟（不足 3 分钟按 3 分钟计）以后每分钟计收（不足 1 分钟按 1 分钟计）	首次 0.40 元，以后每分钟 0.20 元
市话区间通话	每分钟	0.50 元/分钟
来电传呼	次	0.30 元/次
300、201、17908、108、800 等项	次	1.00 元/次
中国国内长途电话	每分钟	0.80 元/分钟
国际长途电话	每分钟	8.20 元/分钟
中国港澳台地区电话	每分钟	2.20 元/分钟

说明：国内长途电话在每日 00：00 至 07：00（不分工作日和节假日）时段内实行 5 折优惠。上述资费标准内已含代办服务费，不再向客户加收其他任何资费

长途电话

【业务量】

1991 年，成都国内长话业务量为 1217.97 万张，比上年增长 62.4%；国际长话为 20.8 万张，增长 74.8%；港澳长话为 27.1 万张，增长 66.3%；长话直拨有权用户达到 1.5 万户，增长 137%；国际直拨用户 1980 户，增长 149%；

1997 年，成都电信长途业务电路净增 1.16 万路，累计达 3.83 万路。

1999 年，成都国内长话去话次数达到 2.53 亿次。长途来话接通率（含移动）和综合来话接通率同时名列全国省会城市第 2 名。全年长途来话接通率（含移动）累计完成 59.44%，本地网接通率累计完成 69.82%。省内去话接通率累计达到 51%。长途线路可用率达到 98.66%。

2000 年，国内长话去话次数 2.7 亿次，总时长 9.6 亿分钟。本地网通话次数 43.13 亿次。长途来话接通率累计完成 61.50%，本地网接通率完成 73.13%。长途去话接通率 57.1%，长途线路可用率 99.09%，电传电路合格率 99.46%。市话修机及时率 99.27%。

2001 年，成都长途电话量为 2.71 亿次。

2002 年，成都长途电话量为 2.74 亿次，长途网络接通率累计完成 97.26%。2003 年，成都长途电话量为 3.17 亿次。2004 年长途电话量为 4.22 亿次。

2005 年成都长途电话量增长到 4.86 亿次。

【国内长途电话】

1984 年 3 月，成都电信 JT801 纵横制长途自动交换机（300 路）竣工投产，开通各地直拨电话 133 条，成都至此开办长途电话直拨业务。

1996 年 7 月 1 日起，邮电部对长途电话业务种类重新进行调整，国内人工长途电话业务种类由 6 种调为 4 种：1. 代号电话；2. 紧急调度电话；3. 政务电话；4. 普通电话、公务业务

电话。接续顺序为：第1类代号电话；第2类紧急调度电话；第3类政务电话；第4类加急普通电话；第5类普通电话、公务业务电话。

公用电话代办户具有长途电话业务条件的，可委托兼办长途电话。1992年，成都市公用电话兼办长途电话直拨代办点的共计501个。1993年，成都市发展有长途直拨功能的公话代办点1281户。

【中国港澳台地区长途电话及其资费】

1966年，成都始开国际长途电话业务，并于1973年在太升路、锦江宾馆设置国际、港澳电话服务处。1979年，设置国际电话业务接续台，与北京、上海开通国际人工长途电话电路，开放至中国台湾的长途电话。

邮电部决定自1992年12月1日起，开放经中国香港自动接转大陆——中国台湾的108、受付和信用卡电话以及来向话务员业务。

1994年9月，邮电部电信总局颁发《国际和港澳台电话价目及路由表》，其收费办法为：用户直拨电话以1分钟为起算单位，经人工和半自动电路接续的电话业务，均以3分钟起算向用户收费，超过3分钟的按实际分钟计算。

1996年12月1日起，成都市拨打中国港澳台地区电话，资费标准在现行标准基础上一律降低30%，并取消每分钟1.00元的邮电附加费。

1998年，中国港澳台地区电话资费标准降至8.1元/分钟，法定假日按标准价的80%收费。

1999年2月，四川省物价局，四川省邮电管理局适当降低中国港澳台地区电话资费水平，将成都至中国港澳台地区电话资费从每分钟8.1元统一调至每分钟5.00元。

2001年，中国港澳台地区电话计费单元由1分钟缩短为6秒钟，不再区分广东省和内地呼叫，资费统一调整为每6秒钟0.2元，长途人工电话仍为每分钟2.00元，不再进行分时段优惠。

【会议电话业务】

1956年7月，成都市电信局自行设计、安装会议电话设备，在成都首次利用会议电话汇接设备开放会议电话。20世纪中后期，传真、直拨电话等业务相继开放，会议电话使用率呈下降趋势。

20世纪90年代初，数字通信技术大发展，“会议电话”业务因势利导，以改为“PCM（数字）”的通信方式来开展业务。到90年代末，成都会议电话业务总计容量达到120路，开通省内各地、市、州、县的会议电话系统，并且开通成都市委、市政府等机关单位固定会场会议电话业务。

1993年，成都市电信局开通全国省会城市之间的会议电视系统。9月，成功召开第一次全国性的电视会议，实现各省会城市之间的会议电视通信，同时也标志着“会议电视”业务在成都电信正式开通。2004年，成都电信安装高清会议电视系统。

交互式电话会议业务“会易通”是国际上流行的一种召开电话会议的新形式，利用它可以随时随地召开电话会议。1999年9月，成都电信向全部电话用户正式开通名为“会易通”的“交互式电话会议系统”。此种业务采用普通电话机的接入方式，方式灵活，可以同时让120名普通用户随时、随地、随意地进行两方以上的电话用户交流。2005年5月，成都电信推出第二期“交互式电话会议系统”，容量增加到360方，并将智能农话系统融入此系统中，让广大农村用户也能使用此业务。

【电话卡智能长话】

200密码记账长途直拨电话卡业务，是向社会开放的记账式电话卡业务，可以在任何一部双音频话机上输入自己的账号、密码、拨打国际、国内长途和本地电话，通话费用自动从卡上扣减。

1994年12月，成都市电信局开通200电话业务。

1997年5月1日，成都市电信局开办中国电话卡300业务，这是在智能网上向社会开放的密码记账式电话卡业务。800被叫集中付费业务是中国电信开办的被叫方集中付费的一种电信服务方式。1998年9月，成都市电信局开通800被叫集中付费业务。

2000年8月，面对IP市场的激烈竞争，顺应市场需求，成都市电信局推出IP新品牌——17908省内IP卡。17908IP电话卡业务是利用IP技术，采取电话卡自动记账方式拨打长途电话业务，可实现四川省内漫游。

2001年2月，成都电信推出17909主叫IP电话，无须购卡，即可在中国电信“金蓉通”预付费电话上直接使用。拨打国内、国际、中国港澳台地区长途电话，无须输入繁杂的卡号和密码。

【国内长途电话资费】

1990年12月，邮电部印发的资费表中，对长途电话资费作如下调整：长途电话的分级基本价目（即通话1分钟的价目）为1～12级的价目，与1987年11月公布的价目相同，不做变动。长途人工和半自动电话通话费的基本收费时间为3分钟，通话不满3分钟的，按3分钟计算；通话超过3分钟的，按实际通话分钟数计算，尾数不满1分钟的，按1分钟计算；长途自动电话费的基本收费时间为1分钟，通话不满1分钟的，按1分钟计算，通话超过1分钟的，按实际通话分钟数计算，尾数不满1分钟的，按1分钟计算；长途直拨有权用户开户费和每月使用费，按照市内电话资费表（六）的规定收费；加急电话按照基本价目加倍计算收费；叫人电话和传呼电话除分别按照原挂的种类和等级计费外，另外加收1分钟基本价目的附加费。各类长途电话的销号手续费，每张收取0.10元。长途电话费（包括通话费、叫人费及传呼费）按照以下规定分段计费：非假日，在每日7：00至21：00内通话的，一律按照基本价目全价计费；21：00至次日7：00内通话的，一律按照基本价目计算后减半计费。例行假日，在星期日和法定假日0：00至24：00通话的，一律按照基本价目计算后减半计费；例行假日如有提前或后移的，应以当地人民政府规定为准。特种电话和紧急调度电话，按照加急电话价目计算收费。预告电话的收费：通话费，在非假日7：00至21：00内通话的，按加急电话价目计算收费，在21：00至次日7：00内通话的，按基本价目全价收费；在星期日和法定节假日0：00至24：00内通话的，按基本价目全价收费；预告费，按照1分钟基本价目计算收费；销号费，按照每张0.10元收费。预约电话的收费：通话费，在非假日7时至21时内通话的，按加急电话价目计算收费，在21：00至次日7：00内通话的，按基本价目全价收费；在星期日和法定节假日0：00至24：00内通话的，按基本价目全价收费；预告费，按照1分钟基本价目计算收费；销号费，按照每张0.10元收费。发话人遗失长话收据，要求补出证明手续费每份0.10元。从农村邮电支局（所）挂拨长途电话，除按长途电话资费标准收取长途电话通话费外，还应按农村区间电话资费标准加收农村电话通话费。

1992年，成都市电信局对长途电话收取的邮电建设附加费进行调整：用户挂发国内长途电话，在每分钟收取邮电建设附加费0.10元的基础上再加收0.10元，共计每分钟0.20元；用户挂发国际及中国港澳台地区电话，每分钟收取邮电建设附加费1.00元。

1994年3月1日起，成都市电信局根据邮电部的规定，取消长途直拨有权用户的开户费和月使用费。

1995年7月1日起，成都市电信局在国家法定的节假日内对长途电话实行半价收费，即：元旦一天，春节三天，五一节一天，国庆节两天，双休日的星期六、星期天实行长话半价收费，实行长途电话半价收费的时间还包括每天的21：00以后至次日7：00之前时段内的长途电话。长途电话半价收费不包括邮电建设附加费以及长途电话代办点的服务费。

自1996年12月1日起，成都市电信局根据四川省物价局、四川省邮电管理局的通知，对国内长途电话计费等级由现行的12级调整为4级：1.省内国内长途电话没有建成本地网的地区，300千米及以内0.50元/分钟·次，300千米以上0.60元/分钟·次；2.已建成本地网的省内网间的长途电话通话费0.60元/分钟·次；3.省际国内长途电话800千米以下0.80元/分钟·次，800千米以上1.00元/分钟·次；4.继续执行国内长途电话每分钟0.20元的邮电附加费。

1998年7月1日起，成都国内长途电话实行午夜（即每日00：00—07：00）时段内通话，话费按现行通话费资费标准的30%收取，因设备所限，磁卡电话和投币电话在此时段内通话收费标准仍按原规定执行，即按现行通话资费标准的50%收取。

自1999年3月1日起，四川省物价局、四川省邮电管理局调整部分电信资费标准，将现行的长途电话附加费每分钟0.20元调低为每分钟0.15元。

自2001年3月21日起，成都市电信分公司根据四川省通信管理局、四川省物价局《关于电信资费结构性调整的通知》文件精神，将国内长途电信资费由现行的每分钟0.50元、0.60元、0.80元、1.00元计费调整为一级计费，将计费单元由1分钟缩短为6秒钟，资费标准为每6秒钟0.07元。国内长途的人工电话、人工叫人电话、传呼电话、加急电话的计费方式不变，资费标准为每分钟0.70元。同年，中国电信集团公司又对国内长话分时段优惠办法作了如下规定：1.优惠时段为0：00—7：00，不分工作日和节假日；2.优惠幅度为6折，具体费率为0.04元/6秒。

2002年5月1日起，成都市电信分公司取消国内长途人工加急电话、紧急调度电话的收费标准，同时取消国内长途半自动电话的收费标准。

【国际长途电话及电话资费】

1989年，成都开通国际直拨业务。1993年，成都市电信局开通国际电话108业务。

成都市国际电话价目按照邮电部电信总局于1994年9月颁发的《国际和港澳台电话价目及路由表》执行，其收费办法为：用户直拨电话以1分钟为起算单位向用户收费外，其余经人工和半自动电路接续的电话业务，均以3分钟起算向用户收费，超过3分钟的按实际分钟计算。

根据四川省物价局、四川省邮电管理局的规定，1996年12月1日起，成都市拨打国际电话，资费标准在现行标准基础上一律降低30%；取消国际长途电话每分钟1.00元的邮电附加费。

1998年1月1日，成都市电信局按国家统一规定，开始执行国际电话分时段计费办法(115人工国际去话除外)。其计费标准为：每周星期一至星期五7：00—21：00，按现行资费标准执行；每周星期一至星期五21：00—24：00、法定节假日、休息日7：00—24：00，按现行标准价的80%收费；每日0：00—7：00，按标准价的60%收费。原规定的国际电话法定节假日20%的优惠标准停止执行。

1999年2月13日，四川省物价局、四川省邮电管理局根据国家计委文件精神，对国际电话资费进行结构性调整，并适当降低国际电话资费水平。国际电话计费级次分为两档，即从中国大陆打往除中东地区以外的亚洲国家和地区的国际电话通话费，凡每分钟高于12元的全部降为12元，低于12元的维持原标准；从中国大陆打往其他国家和地区的国际电话通话费全部调至每分钟15元。

2001年，成都市电信分公司根据上级通知要求，减低国际电话资费，改革计费单元。国际电话计费单元由1分钟缩短为6秒钟，国际电话不再区分被叫地点，统一调整为每6秒钟0.80元，国际长途人工电话计费方式不变，国际长途人工电话每分钟8.00元，国际电话进行分时段优惠，15个受话国家（日本、美国、新加坡、澳大利亚、新西兰、法国、英国、意大利、泰国、马来西亚、德国、加拿大、印度尼西亚、菲律宾、韩国）在每天的0：00—07：00（不分工作日和节假日），在资费标准基础上实行6折优惠，即0.48元/6秒钟。其他国家和地区不再进行分时段优惠。

【会议电话资费】

1990年12月，邮电部印发的《国内公众电信业务资费表》对会议电话的收费作如下规定：通话费：在非假日7时至19时内通话的，按照每一受话地点的基本价目全价计费。在非假日19时至次日7时内和例假日通话的，按照每一受话地点的基本价目计算后减半计费。会议电话的基本收费时间为30分钟，通话不满30分钟的，按30分钟计算；超过30分钟的，按实际通话时间计算。（会议电话汇接县以下用户参加会议，按照农话价目加收农话汇接费。）预告费：分别受话地点，按照预告内容字数，每10个字按1分钟基本价目计算收费。（会议电话只有预定时间没有预告内容的，不收预告费；会议电话更改通话时间和预告内容，按照更改字数加收预告费。）销号手续费：分别受话地点，按照每张0.10元收费。（会议电话销号，如预告内容已通报，收预告费不收销号手续费。）

1999年5月，中国邮电电信总局制定交互式会议电话业务资费标准。交互式会议电话资费包含会议接入费、通话费和特殊功能费等三种资费项目。会议接入费向业务登记用户收取，其基本收费时间为30分钟，不满30分钟按30分钟计算，超过基本收费时间的部分，按每分钟计算收费。会议接入费按参加会议的用户方数以及会议时间长短，分为6个等级收费（见附表）。呼入方式的会议电话通话费向主叫方用户收取，呼出方式的会议电话通话费向业务登记方用户收取。通话费资费标准按现行本地电话、长途电话资费标准收取。特殊功能费可根据实际需要和业务发展情况酌情收取。

1999年中国电信交互式会议电话业务资费标准一览表

表3-162

方数	基本会议接入费（元）	30分钟以上费用（元/分钟）
10方及以下	40	1
11方至30方	80	2
31方至60方	180	5
61方至90方	300	8
91方至120方	400	10
120方以上	500	10

说明：凡是在法定节假日、休息日以及工作日21时至次日7时使用该业务的用户，用户方数在10方及以下的，免收会议接入费；10方以上的，无论使用时间长短，只收取基本会议接入费，超过基本收费时间的部分，免收费用

2001年3月，根据四川省电信公司的规定，会议电话资费标准如下：会议电话——本地会议电话自动汇接的本地会议电话计费方式、资费标准同当地普通电话。由人工汇接的会议电话汇接费计费方式、收费标准不变。通话费按营业区内通话费标准收取。通话时间以10分钟起算，不足10分钟按10分钟计算，超过10分钟按实际通话时间计算；长途会议电话的计费方式维持不变，资费标准0.70元/分钟，优惠时段及优惠幅度维持原规定不变。交互式会议电话——本地交互式会议电话计费方式、资费标准同当地普通电话；长途交互式会议电话通话的计费方式、资费标准同普通电话，即长途交互式会议电话按6秒计费，不足6秒按6秒计，资费标准0.07元/6秒，优惠时段及优惠幅度同普通电话；交互式会议电话的会议接入费维持现行资费标准、收费方式不变。电视会议维持现行计费方式、资费标准不变。

电视会议基本收费时间30分钟，不满30分钟按30分钟计算，尾数不足1分钟按1分钟计算。在基本收费时间内，省际每点收取500元，省内每点收取400元。超过30分钟，超过部分，省际每点每分钟收取10元，省内每点每分钟收取8元。

召开全国所有省、自治区、直辖市电视会议，30分钟收取1万元。超过30分钟，超过部分，每点每分钟收取8元。召开部分省、自治区、直辖市及省、自治区、直辖市内各级电视会议，每点30分钟收取350元。超过30分钟，每点每分钟收取8元。

预告费则根据预告内容字数和受话地点，每10个字按长途电话分级基本价目1分钟计算收费。业务开始前48小时销号免费。业务开始前24小时至48小时内销号的，收取基本通话时间费用的25%。业务开通前24小时内销号的，收取基本通话时间费用的50%。

【智能网业务资费】

200资费。2005年成都市国际及中国港澳台地区、国内长途通话费按普通电话的资费标准执行。取消“200”业务的服务费，凡开通“200”业务的局，用户在使用“200”业务拨叫电话时，各局只收取通话费。

300资费。2005年成都市开户费：A、B类（采用银行无承付托收及预付话费）用户，一次性收取20元；C、D类（现金卡）用户免收开户费。通话费：国内、国际长途电话按现行国内、国际长途电话资费标准收取。以上标准从1998年11月1日起执行。

800资费。2005年成都市开户费一次性收取100元，基本服务费每号每月50元。呼叫阻截功能、密码接入功能、呼叫“800”号次数限制功能，每项功能每月收取20元。长途电话按长途电话资费标准收取。

2005 年成都市 17908IP 电话资费标准一览表

表 3-163

类　型	费率
中国内地长途	0.36 元/分钟
中国港澳台地区	1.56 元/分钟
美国、加拿大（含阿拉斯加和夏威夷，不含其他代码为“1”的国家和地区）	2.46 元/分钟
英国、法国、意大利、德国、新加坡、韩国、日本、澳大利亚、新西兰、马来西亚、印度尼西亚、菲律宾、泰国	3.66 元/分钟
其他国家和地区	4.66 元/分钟

说明：以上资费含基本接入费

2005 年成都市 17909 主叫 IP 电话资费标准一览表

表 3-164

类　型	费率
中国内地长途	0.30 元/分钟
中国港澳台地区	1.50 元/分钟
美国、加拿大（含阿拉斯加和夏威夷，不含其他代码为“1”的国家和地区）	2.40 元/分钟
英国、法国、意大利、德国、新加坡、韩国、日本、澳大利亚、新西兰、马来西亚、印度尼西亚、菲律宾、泰国	3.60 元/分钟
其他国家和地区	4.60 元/分钟

说明：以上资费不含市话、接入费

电　报

【业务种类】

1990 年，国内公众电报按其不同的传递方式和业务性质分为“国内电报、国内船舶无线电报、传真电报、用户电报”4 种。其中，国内电报业务种类分为天气、水情、公益、政务、新闻、普通、汇款和公电 8 大类。此次调整之后，到 2001 年 5 月以前，国内电报业务种类无大的变化。

1992 年 5 月 30 日，成都市电信局新开办鲜花、礼金、礼券、精品礼物等礼品电报业务。

1994 年 11 月，成都市电信局东郊、南郊、西郊、北郊 4 个营业厅开展“立等即发”电报新业务，此项业务具有迅速、准确、及时等特点。

1995 年 12 月 11 日，成都市电信局试开通成都至中国台湾的鲜花礼仪电报业务。

1997 年，根据邮电部决定，自 4 月 1 日起增开慰问礼仪电报业务。

由于国际公众电报业务量逐年下降，很多国家已不再受理加急国际公众电报，成都市电信局自 1999 年 12 月 1 日起不再开放国际及中国港澳台地区公众电报的加急业务。

随着通信技术的迅猛发展，通信需求的日益多样化以及电信业务间的可替代性，使公众电报业务的市场需求量不断下降。2001 年 5 月 21 日中国电信集团公司下发《关于印发国内公众电报业务改革若干意见的通知》，将公众电报业务种类简化为天气、水情、公益、普通和公电5种。根据实际使用情况和机关单位用户通信条件，取消“政务、新闻”电报种类。对原列为“政务电报、新闻电报”范围的县以上各级党政军领导机关（包括人大、政协）和公安、安全、检察、司法机关、新闻机构以及各国驻华使领馆和其他相关机构及个人拍发的电报，一般情况改列为普通电报处理，如党、政、军领导机关用户有特殊要求，可列为“公益电报”处理。取消各类电报（包括汇款电报）的特急和加急业务。加急业务取消后，随之便取消了电报的夜间投递。

2002年1月1日，取消银行系统及邮政汇兑部门使用的“汇款”电报种类，改为普通电报类。从2002年8月1日起，停止受理发往中国台湾地区的公众电报业务；同时，停止受理与新加坡的来、去公众电报业务。从2004年1月1日起，停止受理发往中国香港（含九龙）的公众电报业务。

公众礼仪和鲜花礼仪电报业务是在普通公众电报业务上开办的一项电信增值业务。随着新技术的发展，社会上电信增值业务的多样化，广大消费者有更多的通信选择方式。2000年后，公众礼仪和鲜花礼仪电报业务量大幅度下降，根据信息产业部《关于中国电信开展公众电报业务改革试验的批复》，中国电信集团公司于2005年12月1日起，取消公众礼仪和鲜花礼仪电报业务种类。

【业务量】

20世纪90年代初，成都电报通信业务是一种主要的通信手段，其业务量高峰时占电信业务总量的一半。用户电报辖西南三省一市，有用户140户，月收入万余元。

1993年，电报业务量达到871.22万份，用户电报的用户数达455户。

随着通信技术的迅猛发展，通信手段的可替代性，电报业务量逐年减少，1994年国内公众电报业务量为93.14万份，国际及中国港澳台地区公众电报为1162份；国内传真为2.03万份，国际及中国港澳台地区传真为1.09万份；国内用户电报为5.23万次，国际及中国港澳台地区用户电报为4.02万次，用户电报的用户数达457户。

2001年，国内公众电报业务量降为18.1万份，国际及中国港澳台地区公众电报为151份，国内传真为4.35万份，国际及中国港澳台地区传真为4221份，国内用户电报为8143次，国际及中国港澳台地区用户电报为2524次。

2002年，成都市电信分公司进行薪酬制度改革，调整市场营销体系组织机构，撤销电报分局，将其管理职责划归数据网络管理中心，电报业务逐步萎缩，全年国内公众电报业务量为5.12万份，国际及中国港澳台地区公众电报为66份，国内传真为4.23万份，国际及中国港澳台地区传真为4889份，国内用户电报为6871次，国际及中国港澳台地区用户电报为1470次。

2005年，国内公众电报业务量仅为6526份，国内传真为1.36万份，国际及中国港澳台地区传真为3654份，国内用户电报为138份，国际及中国港澳台地区用户电报为6份。

【投　递】

20世纪90年代前，成都市内各电信营业厅受理电报后，以专用电报设备，通过电传电路发送成都中心转报系统，进入国家电报大网进行传递。

1991年9月3日，成都市电信局在已有中心营投分局太升路、营投一分局东郊水碾河、营投二分局南郊投递点的基础上，又相继增设北郊李家巷、西郊等投递点。

1998年前，建设路和黄田坝两个邮政支局所属范围的来报，由邮政局的上述两个支局负责投送，其余地区则由成都市电信局按电报收报人地域实行分区投送。

1996年，在全成都市范围内配备了一辆汽车进行投送，鲜花礼仪电报。

1998年以后，成都市地区的电报全部由成都市电信局负责分区投送。电报投送工具多采用自行车，投送远郊电报则用摩托车。

在组织传统的人工投送的基础上，还采取下列电报投送方式：对来报较多的机关、单位用户，利用市内电话收发电报业务，按照规定签订协议，来报话传后，如用户不提出要求，报底不再补送。对机关、单位和居民的来报，如掌握电话号码的，可以利用电话先将内容话传给收报单位或收报人，事后邮送报底。对已安装用户电报设备的机关单位，积极发展"118"台来去报业务，这些单位的来报全部经"118"台传送。对已安装传真机设备的机关、单位，积极动员用户利用传真机接收来报。开办来报留存自取业务，与用户签订协议，规定来报留存时间、领取手续及双方应负的责任等。在不影响电报时限的前提下，实行由邮政投递员代投部分普通电报（即邮投方式），但要制定业务交接处理办法，严密交接手续，确保电报及时、安全投递。

【服务网点】

20世纪90年代初，成都市市内营业网点有人民东路电信营业厅、西郊电信营业厅、西城电信营业厅、北郊电信营业厅、南郊电信营业厅、新华电信营业厅、东郊电信营业厅，此外，还有二十余个代办电报代收网点。

90年代中期起，电子邮件兴起，电报业务逐步萎缩，电报专用传输设备的维护困难，电传电路被逐步淘汰。至2000年年底，市内各营业厅受理电报后，均传真至南郊营业厅编辑发送，2005年后转至东郊电信营业厅编辑发送。四川省内各本地网的市、州、县级电路均以传真方式接入本地网，由成都本地网人员集中处理。市、州、县只需在营业厅设传真机由营业员收受电报，传真至成都本地网。

2003年全省电报整合后，全省共有164个受理点。电报专业人员和电报设备维修人员减少。成都市电信分公司负责人工处理全省营业受理的电报，合并成都市内电报营业受理点，将原电报电传电路改为电报传真电路，营业受理后，传真至成都中心报房编辑处理。

【资　费】

1992年12月20日起，经国务院批准，国家物价局和邮电部发出"关于调整国内公众电报资费的通知"，印发《国内公众电信业务资费表》（1987年11月印发的《公众电信业务资费表》同时废止）。该资费表将电报业务分为公众电报、用户电报、传真通信和国际电报四大类，对国内已开展的各种电报和非话业务资费作详细规定。公众电报基础资费由每字七分调整为每字一角三分；公众电报其他主要业务资费随公众电报基础资费的调整作相应调整。此资费标准延续至2000年无变动。

1992年，四川省物价局和四川省邮电管理局对电报等业务现行收取的邮电建设附加费的收取范围、标准和管理作出调整：用户在营业处、代办处拍发和使用的国内公众电报、用户电报、公众用户传真、公众传真电报、相片电报、300波特及其以下的低速数据通信（不分加急、普通、种类和用途、距离），每份、次、张、页在现行收取邮电建设附加费0.40元的基础上再加收0.10元，共计每份、次、张、页收取0.50元。

1993年，根据成都市物价局的通知要求，成都市电信局对礼品电报收费如下：1. 礼品电报费，每份（按50个字计算）收费9元，超过50个字按100个字计算，每份收费16元，并配精美专用卡。2. 礼品电报基本服务费，每份收取标准，一环路以内15元，二环路以内20元。3.担保金。部分高档礼品（或高额礼金）因其易损、易碎、交接手续等原因，为保证其价值，收取礼品（礼金）价值3%～5%的担保金。4.特别礼仪服务费，要求增派礼仪小姐（或先生）的每增派一人加收礼仪服务费20元。

1996年5月21日起，根据邮电部文件要求，国内鲜花礼仪电报资费由鲜花费、电报费、特别处理费和指定时间专送费四部分组成，其中鲜花费收费标准是按当时各地市场价格制定的暂行标准，以后将随市场价格变化情况，随时调整。

2001年，因电报业务的调整，制定新的《中国电信资费手册》。

1992年国内公众电报资费调整表

表3-165

编号	项目		调整后标准	说明
一	公众电报资费：			
	（一）	天气、水情、公益电报，每份电报按实有字数计费。		
	（二）	政务、普通电报和银行系统汇款电报，每份电报以10个计费字数起算，不足10个字按10个字计算。		
	（三）	新闻电报，每份电报以10个计费字数起算，不足10个字按10个字计算。		
	（四）	邮局办理汇兑业务所发的汇款电报，每份电报中的附言部分另外计字计费，每份以20个字为限。		
	（五）	采用特急、加急业务的电报，每字按原电价目加倍计算。		
	（六）	去报译电费按计费字数计算，每字全电译费尾数不满一分的，按一分计算。 说明：（1）已译完的电报尚未发出，用户要求注销，译费不退。 （2）来报译电，不收译费。 （3）用户自译电码并注有汉字的明语电报，对其中个别代译或代改电码，不收译费。 （4）邮局汇款电报的电文及附言部分的汉字，纳费业务公电增删更改的汉字、国际及港澳去报中的汉字，均不收译费。 （5）只要求对电报名址部分的汉字代译电码，按该电名址部分（从特别业务标识起至收报局名止）的计费字数计收译费。 （6）其余各类代译电码的电报，不论代译字数多少，均按全电计费字。		
	（七）	纳费业务公电的收费： 1. 不论是否需要对方局回电，每份公电收取10个字的普通报费。 2. 增删更改电文、名址的，每份公电以增删或更改10个字为限，超过10个字的，每超过1个字，另加收1个字的普通报费。		
	（八）	补送来报报底（按本局所存留底加抄补送的）每份本局无留底，需发公电向上一局索取报底后补送的，每份另加收一份10个字的纳费业务公电费。		
	（九）	注销尚未发出的电报手续费。		

续表

编号	项目		调整后标准	说明
	（十）	抄录去报报底，每份100个字或不足100个字的，收取超过100个字的，不论字数多少，均收取		
	（十一）	查阅去报报底或来报回单，每份		
	（十二）	供给去报报底由用户来局拍照，每份		
	（十三）	发报人因遗失电报收据要求补出证明，每份		
	（十四）	空白发电纸收取成本费		
	（十五）	电报挂号登记使用费 一年 三个月 更改名址手续费 不足三个月的挂号，按三个月计算收费，超过三个月不足一年的，按一年计算收费。挂用二至五年的长期挂号，按一年的收费标准累计计算。说明：（1）电报挂号期满续挂，应自期满的次日衔接计算。（2）电报挂号中。		
一	（十六）	礼仪电报的收费 1. 电报费 （1）每字 每份电报以10个计费字数起算，不足10个字按10个字计算。 （2）采用加急业务的礼仪电报，每字按原电价目加倍计算。 （3）去报译电费按照第六项的规定收费。 2. 特别处理费 3. 去报特制发电纸 每张 说明：特别处理费系指庆贺、吊唁卡费和特殊处理手续费。	0.13元	天气、水情电报仍按普通价目收费。天气、水情、公益电报与其他电报一样，均改按10个字起算
	（十七）	公众船舶电报的收费 1. 陆地发往船舶的电报： （1）陆线费 每字 加急、特急电报加倍收费 （2）岸台费 每字 （3）译电费 每字 2. 船舶发往陆地的电报（个人交发）： （1）陆线费 每字 加急、特急电报加倍收费 （2）岸台费 每字 （3）船舶费 每字 （4）译电费 每字		
二	政务、普通电报和银行系统汇款电报，每份电报以10个计费字数起算，非政务、普通电报和银行系统汇款电报每字 每份电报以10个计费字数起算，不足10个字按10个字计算。		0.13元	
三	新闻电报，每份电报以10个计费字数起算，不足10个字按10个字计算。		0.05元	
四	邮局办理汇兑业务所发的汇款电报，每份 说明：电报中的附言部分另外计字计费，每份以20个字为限。		2.00元	
五	采用特急、加急业务的电报，每字按原电价目加倍计算。		—	按原电价目加倍计算原则不变

续表

编号	项目	调整后标准	说明
六	去报译电费按计费字数计算，每字 说明：（1）已译完的电报尚未发出，用户要求注销，译费不退。 （2）来报译电，不收译费。 （3）用户自译电码并注有汉字的明语电报，对其中个别代译或代改电码，不收译费。 （4）邮局汇款电报的电文及附言部分的汉字，纳费业务公电增删更改的汉字、国际及港澳去报中的汉字，均不收译费。 （5）只要求对电报名址部分的汉字代译电码，按该电名址部分（从特别业务标识起至收报局名止）的计费字数计收译费。 （6）其余各类代译电码的电报，不论代译字数多少，均按全电计费字数计收译费。	0.01 元	—
七	纳费业务公电的收费： 不论是否需要对方局回电，每份公电收取10个字的普通报费。 增删更改电文、名址的，每份公电以增删或更改10个字为限，超过10个字的，每超过1个字，另加收1个字的普通报费。	—	按10个字收费原则不变
八	补送来报报底（按本局所存留底加抄补送的）每份 本局无留底需发公电向上一局索取报底后补送的，每份另加收一份10个字的纳费业务公电费	1.00 元	—
九	电报挂号登记使用费 一年 三个月 更改名址手续费 不足三个月的挂号，按三个月计算收费，超过三个月不足一年的，按一年计算收费。挂用二至五年的长期挂号，按一年的收费标准累计计算。	60.00 元 20.00 元 5.00 元	—
十	礼仪电报的收费 1. 电报费 （1）每字 每份电报以10个计费字数起算，不足10个字按10个字计算。 （2）采用加急业务的礼仪电报每字按原电价目加倍计算。 （3）去报译电费按照第六项的规定收费 2. 特别处理费 3. 去报特制发电纸每张	0.13 元 2.00 元 0.05 元	1. 电报费按比例调整 2. 特别处理费，这次暂不调整，今后随礼仪卡片纸张及印刷成本变动，由邮电部作相应调整。

续表

编号	项目	调整后标准	说明
十一	公众船舶电报的收费 1. 陆地发往船舶的电报 (1) 陆线费　每字 加急、特急电报加倍收费 (2) 岸台费　每字 (3) 译电费　每字 2. 船舶发往陆地的电报（个人交发） (1) 陆线费　每字 加急、特急电报加倍收费 (2) 岸台费　每字 (3) 船舶费　每字 (4) 译电费　每字	0.13 元 0.18 元 0.01 元 0.13 元 0.18 元 0.05 元 0.01 元	1. 陆线费及译电费按新调整的电报费、译电费价目调整。 2. 岸台费、船舶费在交通部未做调整前，暂不变动。
十二	经传真发出的去报，每份收取传真纸成本费	0.50 元	为防止出现收费不一现象，统一规定标准，今后纸张价格变动时，由邮电部作相应调整。
十三	注销尚未发出的非公众电报手续费	0.20 元	—
十四	抄录去报报底，每份 100 个字或不足 100 个字的，收取 超过 100 个字的，不论字数多少，均收取	0.60 元 1.00 元	—
十五	查阅去报报底或来报回单，每份	0.20 元	—
十六	供给去报报底，由用户来局拍照，每份	0.20 元	—
十七	发报人因遗失电报收据要求补出证明，每份	0.20 元	—
十八	一般电报空白发电纸收取成本费	—	—

1996 年国内鲜花礼仪电报业务资费表

表 3-166

鲜花类型	规格	鲜花费（3月21日至9月20日）	鲜花费（9月21日至次年3月20日）	电报费	特别处理	指定时间专送费
单枝（A）	一枝红玫瑰，加星花、包装。	10 元	20 元	按普通电报资费标准及计费办法收取	每份收取 2 元	每份收取 10 元
小束（B）	应配有玫瑰、剑兰、康乃馨等品种；鲜花枝数不少于 6 枝；加星花或配草、加包装。	40 元	50 元			
普通（C）	鲜花品种同小束，鲜花总枝数不少于 10 枝；其中红玫瑰不少于 2 枝；加星花或配草、加包装。	60 元	80 元			
豪华（D）	鲜花品种同小束，鲜花总枝数不少于 16 枝；其中红玫瑰不少于 4 枝；加星花或配草、加包装。	90 元	120 元			
悼念（O）	应由素色菊花、剑兰、康乃馨等组成；总枝数不少于 16 枝；配松柏枝；加素色包装	70 元	90 元			

说明：以上鲜花规格为最低配置标准，各地可根据当地鲜花市场价格，在此基础上搭配些高档品种鲜花，并适当增加花枝数量，且所配的鲜花标准不能低于当地鲜花零售商同等价格下所配鲜花标准

2001 年中国电信电报业务资费

表 3-167

编号	项目	收费标准
一	天气、水情、公益电报，每字 每份电报以 10 个计费字数起算，不足 10 个字按 10 字计算。	0.13 元
二	普通电报和银行系统汇款电报每字 每份电报以 10 个计费字数起算，不足 10 个字按 10 字计算。	0.13 元
三	邮局办理汇兑业务所发的汇款电报，每份 说明：电报中的附言部分另外计字计费，每份以二十个字为限。	2.00 元
四	去报译电费按计费字数计算，每字 说明：(1) 已译完的电报尚未发出，用户要求注销，译费不退。 (2) 来报译电，不收译费。 (3) 用户自译电码并注有汉字的明语电报，对其中个别代译或代改电码，不收译费。 (4) 邮局汇款电报的电文及附言部分的汉字，纳费业务公电增删更改的汉字、国际及港澳去报中的汉字，均不收译费。 (5) 只要求对电报名址部分的汉字代译电码，按该电名址部分（从特别业务标识起至收报局名止）的计费字数计收译费。 (6) 其余各类代译电码的电报，不论代译字数多少，均按全电计费字数计收译费。	0.01 元

续表

编号	项目	收费标准
五	纳费业务公电的收费： 1. 不论是否需要对方局回电，每份公电收取10个字的普通报费。 2. 增删更改电文、名址的，每份公电以增毡或更改10个字为限，超过10个字的，每超过1个字，另加收1个字的普通报费。	
六	补送来报报底（按本局所存留底加抄补送的）每份 本局无留底，需发公电向上一局索取报底后补送的，每份另加收一份10个字的纳费业务公电费。	1.00元
七	注销尚未发出的电报手续费	0.20元
八	抄录去报报底，每份100个字或不足100个字的，收取超过100个字的，不论字数多少，均收取	0.60元 1.00元
九	查阅去报报底或来报回单，每份	0.20元
十	供给去报报底由用户来局拍照，每份	0.20元
十一	发送人因遗失电报收据要求补出证明，每份	0.20元
十二	电报挂号登记使用费： 一年 三个月 更改名址手续费 不满三个月的挂号，按三个月计算收费，超过三个月不满一年的，按一年计算收费。挂用二至五年的长期挂号，按一年的收费标准累计计算。 说明：(1) 电报挂号期满续挂，应自期满的次日衔接计算。 (2) 电报挂号中途停用，登记使用费不退。	 60.00元 20.00元 5.00元
十三	礼仪电报的收费：1、电报费 (1) 每字 每份电报以10个计费字数起算，不满10个字按10个字计算。 (2) 去报译电费按计费字数计算，每字 特别处理费 说明：特别处理费系指庆贺、吊唁卡费和特殊处理手续费。今后礼仪卡纸张及印刷成本变动时，由信息产业部相应调整。	 0.13元 0.01元 2.00元
十四	鲜花礼仪电报业务的收费： 电报费：按普通电报资费标准及计费办法收取 特别处理费：每份收取	 2.00元

【用户电报资费】

专用用户电报的收费有多个项目。其中基本费：50波特专用用户电报每月60.00元（不足半个月的临时用户，按半个月计算收费，超过半个月不足一个月的，按一个月计算收费）。通报费：城市间50波特专用用户电报通报费每分钟1.00元，同城50波特专用用户电报通报费每分钟0.50元。凡统筹安排全系统端机进入用户电报网的大户或签订长期使用合同三年以上的用户，通报费给予优惠收费——各城市间50波特专用用户电报通报费每分钟0.80元，同城50波特专用用户电报通报费每分钟0.40元。专用用户电报：全自动通报费的基本收费时间为1分钟，通报不满1分钟的，按1分钟计费；

通报超过 1 分钟的，按实际通报分钟数计费，尾数不满 1 分钟的，按 1 分钟计算。半自动通报费的基本收费时间为 3 分钟，通报不满 3 分钟的，按 3 分钟计费；通报超过 3 分钟的，按实际通报分钟数计费，尾数不满 1 分钟的，按 1 分钟计算。程控用户电报特种业务功能登记费：选择错误改正免费；日期和时间标志免费；通报时长标志免费；跟随呼叫免费；遇忙等待每年 10.00 元；用户不在每年 10 元；转移呼叫每年 30.00 元；交换机提供的存储转发每年 20.00 元；用户要求的存储转发每年 30.00 元；延迟传递每年 30.00 元；用户线连选每年 30.00 元；闭路用户群每年 30.00 元；广播呼叫每年 30.00 元；会议呼叫每年 30.00 元；多址呼叫每年 30.00 元；缩位拨号每年 30.00 元；公众号码群每年 30.00 元；呼出限制每年 30.00 元；用户更换号码通知每年 30.00 元；信息业务每年 30.00 元；用户账目细分每年 30.00 元。（说明：程控用户电报特种业务功能服务项目由用户每年登记一次，除免费项目外，其余项目每年收取一次登记费，一年内有效。）专用用户电报中继线月租费：市内联络线每月按市内电话的普通专线资费标准计算收费；专用用户电报长途用户进网所需的长途报路每月按长话基本价目 600 分钟计算收费。专用用户电报查询费，收取 1 分钟通报费；专用用户电报错号费（半自动业务），收取 1 分钟通报费；专用用户电报销号费，收取 1 分钟通报费；被叫用户接通后无法找到主叫用户时（半自动业务），收取 1 分钟通报费；更改用户号码手续费每次 10.00 元；更改用户名称手续费每次 10.00 元。

国际、中国港澳地区及海事用户电报业务费，按《国际、港澳用户电报价目及路由表》的规定收费。

公众用户电报的收费有多个项目。其中通报费：城市间 50 波特公众用户电报通报费每分钟 1.00 元，同城 50 波特公众用户电报通报费每分钟 0.50 元。公众用户电报通报费的基本收费时间为 3 分钟，通报不满 3 分钟的，按 3 分钟计费；通报超过 3 分钟的，按实际通报分钟数计费，尾数不满 1 分钟的，按 1 分钟计算。公众用户电报查询费，收取 1 分钟通报费；公众用户电报错号费，收取 1 分钟通报费；公众用户电报销号费，收取 1 分钟通报费；被叫用户接通后无法找到主叫用户时，收取 1 分钟通报费；公众用户电报设备使用费每分钟 0.60 元（公众用户电报设备使用费的计时计费与通报费的计时计费方法相同）；公众用户电报作孔费每分钟 0.50 元（公众用户电报作孔费，按作好孔的纸条所放的实际时间计费，不足 1 分钟的，按 1 分钟计算收费）；中文公众用户电报译电费，全电每分钟加收 0.40 元（中文公众用户电报译电费，不管中文字多少，均按作好孔的纸条发放的实际时间计费，不足 1 分钟的按 1 分钟计算）；代收公众用户电报来报业务登记费三个月 10.00 元，一年 30.00 元（代收公众用户电报来报业务登记费，登记有效期不满三个月的，按三个月计算，超过三个月不满一年的按一年计算）；代收公众用户电报来报留交手续费每份 2.00。

【用户传真资费】

1993 年 1 月 1 日，邮电部电信总局新修订《真迹、传真通信业务管理办法》规定，传真机基本使用费 195 元，装机调测费每部 200 元/次。1994 年 3 月 1 日起，用户传真机月使用费由每部每月 195 元调整为 100 元，传送费则视其占用长途线路的时间，按长途电话通话资费标准和计费的办法计算收费。1996 年，邮电部编印的《邮电资费手册》规定公众用户传真的收费为：去报传送或来报留交的传送处理费，每页6元，用邮电营业处的公用传真机传真，传送费一律按3分钟起算。2001年3月，中国电信集团公司发文取消原“用邮电营业处的公用传真机传真，传送费一律按3分钟起算”的规定，传送费标准同普通电话。2002年4月29日，成都市电信分公司根据省公司文件精神，将公众用户传真的去报传送或来报留交的传送处理费调整为每页2.00元。

1996年1月1日起，国内传真存储转发资费标准为：开户费（一次性）100元；月使用费200元。通信费：市内按被叫端接收时长和现行市话资费标准收市内基本传送费；长途按被叫端接收时长、主叫至被叫的国际、国内长话资费标准80%计算，法定节假日及夜班，按有关规定执行；广播方式（多址）传送，每增加一址，按每址基本传送费计收；加急业务，加收25%的基本传送费。报文存储费：30天内免收，30天后，如果用户要求续存，每天每千字符收0.20元存储费。

【国际及中国港澳台地区电报资费】

国际电报业务，国家开放的主要有7种：有关人命安全电报、气象电报、政务电报、关于战时受1949年8月12日日内瓦公约保护人员的电报、普通电报、公电（分为公务公电和业务公电）、电联免费优待报。国际和中国港澳台地区电报资费，按照邮电部电信总局1993年3月和1994年9月颁布的《国际和港澳台电报价目及路由表》的规定执行，国际电报按字计费，每10个字码按1个计费字数计算，余不足10个字码部分也作一个计费字数计算。除公务公电、业务公电和电联免费优待电报免费外，其余的电报每份至少按7个字计费。加急电报加倍收费。每个字的价目，除BCI电报（即关于战时受1949年8月12日日内瓦公约保护人员的电报）按普通电报价目的1/4收费外，其余的均按普通电报的价目收费。国际电报报费原则上由发报人付费。1992年，根据四川省物价局和四川省邮电管理局的规定，用户在营业处、代办处拍发和使用国际及中国港澳台地区公众电报、用户电报、公众用户传真、相片电报，不分加急、普通，每份、次、张、页收取邮电建设附加费1.00元。1996年11月27日，四川省物价局和省邮电局规定取消国际及中国港澳台地区电报、传真、用户电报每份1.00元的邮电附加费。

电信成都分公司移动通信

【移动电话资费】

成都市移动电话业务资费标准由国家物价总局、邮电部和省物价部门、省邮电管理局核定，移动电话实行双向计费原则，按每分钟计算。移动手持机（大哥大）用户与本地网内用户通话，按现行市内电话收费标准收取通话费；与省（市）内用户以及外省（市）用户通话，按现行长途电话收费标准收取长途通话费；以及国家、省（市）规定的其他附加费标准收费。

1991年10月，邮电部发文规定：一、统一人工漫游通信费：1.登记费每次50元，最长有效期12个月，由归属局在用户申请时一次性收取；2.被访局系统占用费：1个月80元，6个月400元，12个月760元。二、通话费每分钟1.10元，人工漫游用户在被访局主叫或被叫时均按每分钟收取通话费，通话不足1分钟的按1分钟计算，尾数不足1分钟的按1分钟计算，拨叫国内、国际长途电话（含经过移动业务专网传输的长话）按有关规定加收费用。

1993年1月15日，成都市电信局执行四川省物价局和四川省邮电管理局文件精神，调整移动电话初装费为每部6000元。

1994年5月31日，成都市电信局根据四川省邮电管理局“转发邮电部《关于加强移动电话机管理和调整移动电话资费标准的通知》”精神，将移动电话资费标准调整为：1.入网初装费6000元。2.将基本通话费改为基本月租费，收费标准为每月50元。3.本业务区内通话费由每分钟0.50元（主叫或被叫均按每分钟收取通话）调整为每分钟0.40元（主叫或被叫均按每分钟收取通话费）。拨打国内、国际长途电话按规定加收国内、国际长途电话费。4.人工漫游资费：①登记费仍维持每次50元标准。②被访局系统占用费仍维持1个月80元，6个月400元，12个月760元标准。③人工漫游通话费调整为每分钟0.60元（主叫或被叫均按每分钟收取通话费）。拨发国内、国际长途电话按规定加收国内、国际长途电话费。5.自动漫游通话费每分钟0.60元（主叫或被叫均按每分钟收取通话费），拨发国内、国际长途电话按规定加收国内、国际长途电话费。此规定从1994年6月1日起执行。

1990年7月16日，成都电信开通模拟移动电话时使用的电话机

1995年12月6日，成都市电信局根据四川省物价局、四川省邮电管理局《关于调低我省移动电话入网费标准的通知》的要求，对移动电话入网费进行调整：不分模拟移动电话和数字移动电话，其入网费标准由6000元和5000元统一降到3000元，自1996年1月1日起执行。

1996年5月23日，根据四川省邮电管理局转发邮电部《关于数字移动电话新业务资费试行标准的通知》，规定：1.短消息服务业务，服务费每月15元。2.三类传真业务，开户费200元（一次性收取）。通信费按移动电话收费标准、计费办法计算收费。3.960～9600波特数据业务，基本月租费50元。通信费按移动电话收费标准、计费办法计算收费。以上标准自文到之日起试行。

1997年10月29日，四川省邮电管理局转发邮电部《关于数字移动电话国际及港澳台自动漫游业务计费原则及资费标准的通知》，规定如下：1.数字移动电话国际及中国港澳台地区自动漫游业务计费原则：①国际及中国港澳台地区自动漫游来访用户的通话费包括：国际及中国港澳台地区自动漫游通话费和国际及中国港澳台地区长途电话费。②国际及中国港澳台地区自动漫游通话采取双向计费的原则，即主叫和被叫均按每分钟收取漫游通话费，不足1分钟的按1分钟收取。③国际及中国港澳台地区自动漫游通话费在夜间、法定节假日、休息日没有优惠。④国际及中国港澳台地区自动漫游来访用户呼叫紧急电话（110、119、120、122、1390000112）免收通话费。⑤国际及中国港澳台地区自动漫游来访用户使用传真和数据业务时，收费标准和计费方式与电话业务相同。⑥对国际及中国港澳台地区自动漫游来访用户不加收任何电话附加费。⑦国际及中国港澳台地区自动漫游来访用户在国内做主叫进行国内通话时，向其收取国际及中国港澳台地区自动漫游通话费。⑧国际及中国港澳台地区自动漫游来访用户在国内作为主叫进行国际通话时，向其收取国际及中国港澳台地区自动漫游通话费和国际及中国港澳台地区长途电话费。⑨国际及中国港澳台地区自动漫游来访用户在国内作为被叫进行国内或国际通话时，向其收取国际及中国港澳台地区自动漫游通话费。来访漫游用户作为被叫引起的从被叫归属地区至国内的国际长途电话费由来访漫游用户归属公司向其收取。2. 数字移动电话（GSM）国际及中国港澳台地区自动漫游业务资费结算标准：①登记费（免收）；②被访局系统占用费（免收）；③通话费（结算价格）：国际及中国港澳台地区移动电话用户来访自动漫游，当作为主叫进行国内通话或作为被叫时，均按国际及中国港澳台地区自动漫游通话费每分钟 2.5 元×115% 收取；国际及中国港澳台地区移动电话用户来访自动漫游，当作为主叫进行国际通话时，均按（国际及中国港澳台地区自动漫游通话费每分钟 2.5 元+国际及中国港澳台地区每分钟话费）×115% 收取。③中国国际自动漫游出访用户的收费按被访国资费标准上浮 15% 后，向用户收取。3. 以上漫游资费标准自 1997 年 10 月 1 日起执行，原资费标准执行至 1997 年 9 月 30 日。

【无线市话（小灵通）】

2002 年 3 月 31 日，成都市电信分公司无线市话“小灵通”正式放号运行。与固定电话一样实行单向收费，采用与固定电话基本相同的资费标准。是年，成都有“小灵通”用户 45 万户。

2003 年，发展小灵通增值业务，开通了小灵通“96123”语音聊天业务、小灵通“灵通伴侣”业务、96123 天府灵通聊天平台、96124 语言留言、96669 小灵通 QQ、81818181 灵通伴侣、小灵通用户 17909 IP 电话拨打业务、语音短信、语音平台将短消息转换为语音、“灵通秘书台”，灵通“天气预报”、小灵通“QQ 聊天”等业务。

2004 年推出“灵通随身 e” “灵通短信”“灵通邮件”“七彩铃音”“81818181 灵通伴侣”“语音 QQ96123”“灵通 QQ96669”“950901 小灵通秘书台”等系列化小灵通新业务。12 月，成都电信成功实现小灵通与移动、联通手机的短信互通。是年小灵通用户达到 126.6 万户。

2005 年，建设小灵通基站 2 万多个，实现成都市网络全覆盖。推出小灵通“家家乐”“合家欢”优惠大餐，为学生和教师推出“灵通地带”，还推出小灵通积分计划和“金秋买话费多实惠”活动。是年，成都小灵通用户达到 137 万户，年收入达 8 亿元。

【无线寻呼】

1985 年 9 月，成都市电信局在太升南路建立无线寻呼中心，在人民东路钟楼设置四川省第一个寻呼发射台，有 8 个人工寻呼席，开办无线寻呼业务。

1991 年，成都寻呼机用户增加到 1 万余人，126 寻呼台线路负荷开始加重，当年成都市电信局投资 148 万元引进新型无线寻呼系统设备启动扩容工程。扩容后寻呼台用户增加 5 倍，达 6 万门，用户应答时限为三秒钟，话务座席由 12 个增加到 24 个，其代码由英文、数字混编代码全部改为数字代码。

1992 年 1 月 17 日，成都市电信局 126 无线寻呼机站扩容成功，值机机台由 24 个增至 32 个，中继线由 24 对增加到 64 对，平均每天可比原来多处理1.5万个电话。成都市电信局于4月2日零点完成对126系统改造工程，并投入使用，容量由原来的一个频点2万用户扩大到了3万用户。

1993年，国家正式对全社会开放寻呼业。成华、奥星、华冠等一批寻呼台相继成立。4月18日，成都市电信局引进瑞典爱立信通信公司15万门自动寻呼系统投入运行。

1994年5月28日，成都市电信局开通“128”中文寻呼系统。

1996年2月9日，成都市电信局继126（人工）、127（自动）、128（中文）寻呼台后，正式开通129省内联网、人工、自动漫游寻呼台。4月10日零时，127无线自动寻呼系统改造工程割接成功，自动寻呼路由原270条增至360条，配合全国126/127联网，新寻呼系统投入使用的同时，用户传呼机号码也随之升至七位，容量达到25万户。同年7月1日，成都市电信局128中文寻呼台改为四川省内联网人工寻呼台，成为四川省公众寻呼网的重要组成部分。

1997年，成都有50多家寻呼台、5000多家寻呼机销售店，从业者上万。

从1998年开始，手机逐步取代寻呼机，成都寻呼台为求生存家家降低服务费，甚至免费入网、免一年服务费等，但用户流失仍然严重。

2000年，成都中发寻呼台因拖欠成都电信局巨额中继线租用费，600多用户被划给电信126台抵债。

2001年，四川全省寻呼台由百余家合成13家，无线寻呼用户541.99万户。2001年成都无线寻呼台及台号如下：国信通信成都分公司126、128、129、96166；成都经济台6662288；四川国利寻呼台95812、96908；成都市篮盾寻呼台96978；成都华冠寻呼台96918；成都国防寻呼台96956；成都阳光寻呼台4444998；奥星寻呼台96960；金剑寻呼台21802；联合电讯寻呼台2151；岷山寻呼台5581588；四川蜀都寻呼台96998；民航西南管理局民航台96808。

2002年底，全市寻呼用户萎缩到139.06万户，而移动电话则猛增到937.57万户。

到2005年年底，全省无线寻呼用户仅剩1000户左右。在市无线电管理委员会仍保留资料的仅剩金宇和金网两个股票寻呼台。

【无线寻呼资费】

无线寻呼（BP机）用户与本地网内用户通话，按现行市内电话收费标准收取通话费；与省（市）内用户以及外省（市）用户通话，按现行长途电话收费标准收取长途通话费；以及国家、省（市）规定的其他附加费标准收费。从1993年4月1日起，成都市电信局下调人工“126”台无线寻呼业务资费，无线寻呼机月服务费由原每户每月25元，调整为每户每月15元（同年开通的127台自动无线寻呼机月服务费也按此规定执行）。

1994年10月26日，四川省邮电管理局印发“移动通信资费表”规定：无线寻呼的开户费为每号100元，本地服务费数字机每月10～15元。

1995年3月17日，按照邮电部通知精神，成都市电信局无线电寻呼业务服务费按下列标准执行：1.无线电自动寻呼本地服务费每部每月10～15元；汉字寻呼本地服务费每部每月30元。2.省内寻呼漫游业务的月服务费由本地服务费加省联网服务费组成。省内联网服务费每部每月不超过10元。以上标准自收到本文件之日起执行。

1996年2月9日，四川省邮电管理局转发邮电部《关于特服号“1251”“1258”“1259”

计费问题的通知》，通知中规定："1251"作为全国无线电寻呼联网漫游登记、申告、查询台接入码，按市话通话费标准收费。4月24日，四川省邮电管理局根据邮电部《关于无线电寻呼全国联网业务资费标准的通知》精神，规定全国联网月服务费每部每月为20元，省内联网月租费每部每月10元。本资费标准自1996年5月1日起施行。

1998年后，手机逐步取代寻呼机，寻呼机用户流失。数字机每月服务费从25元降至10元，中文机从60元降到15元。不少寻呼相继推出5元钱入网、免费入网、带机入网免一年服务费等营销策略。

移动成都分公司移动通信

【产品开发】

四川移动通信有限责任公司成都分公司在成都地区主要经营移动通信业务；IP电话及互联网接入服务及网络设计等项业务。

1999年7月22日0时，"全球通"数字移动电话号码由10位升至11位。8月推出在智能网上开发的新品牌"神州行"号卡，实现预先付费，实时扣费，可使用基本通话业务及相应增值服务。9月对客户开放"模换数"业务，逐步用数字移动电话取代模拟电话。10月模拟A/B网合并。

2000年4月8日，向成都地区所有移动用户推出接入号码为"17911"IP电话业务，实现成都移动电话"一机多网"；"5·17"电信日向成都地区所有G网用户开通全球通"17951"为接入号码的IP电话业务，为用户提供优质优价的通信服务；4月21日向成都地区G网用户开通"信息点播"业务，同时开通移动秘书（人工接入1258、自动接入1259）业务；5月17日在成都地区推出"手机银行"业务，主要方便用户缴话费；与此同时，推出全球通数据通信业务，满足移动手机用户上网需求；10月1日开通彩信业务。

中国移动通信集团根据不同层次消费群体，开发不同品牌。2003年3月，中国移动专为年轻时尚人群量身定制的品牌产品"动感地带"推出，三大品牌——"全球通、神州行、动感地带"全部亮相，品牌战略已然成型。除此之外，成都分公司于2004年5月为关爱下一代推出"爱贝通"业务，帮助家长及时了解孩子位置信息，并进行沟通，使儿童和家长或监护人有更强的安全感。8月，满足聋哑人的沟通需求，推出"爱心卡"，为满足老年人的需求推出"晚晴卡"、神州行畅通卡及合家欢等业务。12月推出"新锐卡"业务。2005年6月开放动感地带、大众卡和畅通卡之间的呼叫转移业务。同时，全球通、畅通卡资费下调。

【用户发展】

2000年10月突破100万户，2002年10月突破200万户，2003年9月突破300万户，2004年12月，用户数突破400万户。截至2005年12月底，成都地区"全球通、神州行"用户数量为473万户；"动感地带"用户数超过100万户，成为西部首个"动感地带"用户数突破百万的城市。

1999 年 7 月至 2005 年 12 月“全球通、神州行”用户发展统计数据

表 3-168

年份	1999	2000	2001	2002	2003	2004	2005
用户数（万户）	69	111	154	231	328	402	473

数据通信

【公用分组交换网】

作为中国分组交换公用网的组成部分，1988 年 9 月 29 日，成都市电信局安装一台远程集中器，用户可以经二线制或四线制专线进交换网，也可以经公用电话网或经用户电报交换网接入中国分组交换网。

1993 年 9 月，全国第一个公用数据通信网——公用分组交换网建成并正式开通业务，由 31 个省、市、自治区的节点机组成，网络覆盖全国大部分地、市以上城市和部分县级城市，成都市电信局是八个汇接中心之一。

1995 年 12 月至 1996 年 1 月，成都市电信局进行成都公用分组交换骨干网第一期扩容工程，该网是国家分组交换数据网及四川省分组交换数据网的延伸，新配高速数据交换机和调制解调器设备等。

1996 年 1 月，成都市公用分组交换网正式开通投入试运行，为成都市区数据通信用户提供进入国家骨干网和省网的高速数据传递通道与端口，实现全市、全省和全国的数据用户之间数据信息的快速传递。1996 年 11 月至 1997 年 8 月，成都市电信局完成全国公用分组交换数据骨干网二期扩容成都节点工程。

【公用数字数据网（DDN）】

DDN 是数字数据网（Digital Data Network）的简称，利用光纤、数字微波或卫星等数字传输通道和数字交叉复用设备组成，为用户提供高质量的数据传输通道，传送各种数据信息。

成都电信 DDN 网始建于 1993 年。网络建设初期，客户大多为各大银行、证券公司、政府机关和外国领事馆等，客户对信息传输的安全、保密和稳定性要求很高，这正是 DDN 网的特点和优势所在。网络发展初期用户量便迅速增长，为了满足业务开通的需求，网络不断进行扩容。

成都电信 DDN 网提供的业务种类包括：点对点通信，点对多点通信，广播通信（主机同时向多个远程终端发送信息，适用于证券发布行情、信息发布、电子公告牌等），轮询通信（多个远程终端通过争用或轮询方式与主机通信，适用于各种会话式、查询式的远程终端与中心主机互连，如民航售票、银行储蓄网点、IBM 的 SNA 网络的联网），话音传输，会议电视业务。1994 年 12 月 25 日，成都市电信局数据网（DDN 网）开通。DDN 广泛用于金融、海关、财税、工商等系统。

【多媒体网】

1994 年，中国公众多媒体信息网成都 169 网创建。

1996 年 1 月，开通“成都公众信息服务网”，接入电话号码采用 960，主要经营窄带接入业务和互联网专线接入业务。1997 年 3 月，成都市电信局正式向社会推出“天府热线”。1998 年 3 月，“天府热线”被成都市人民政府指定作为成都市对外宣传的唯一信息承载平台。

1999 年，出现以 ADSL 技术为主的宽带接入技术。2000 年，采用异步传输模式下的互联

网协议 IP OVER ATM 技术，提供的 34M-155M 中继资源的互联网模型初步建立。同年实现 163、169 两网合并，提供 2M、10M、100M、1000M 多种方式接入专线，成都城域网出口由百兆端口升级为千兆。

2005 年 5 月，新型、容量达 640G 的设备使老城域网功成身退，同时网络结构发生巨大变化，出口带宽扩充一倍，新的城域网能很好地支持组播、服务质量 QOS、虚拟专网 VPN 等新型网络服务。

【异步传输网络（ATM）】

1998 年，中国电信建设 ATM 国家骨干网成都节点，同时开放客户电路。由于交换机和端口的数量非常有限，只开通成都到北京、广州、重庆、贵阳等几个城市的直达中继，而且多为电接口。尚未形成成都 ATM 本地网。仅有的两台交换机成为成都电信发展 ATM 业务的奠基石。

1999 年建成成都市宽带多媒体通信实验网。

2001 年 4 月，成都市大本地网的宽带多媒体骨干网投入运行。基本业务有：ATM 帧中继/DDN 专线业务、ATM 帧中继和虚拟专网 VPN 业务、公众 IP 业务、电路仿真、远程教育和远程医疗、VOD 点播、内部业务网络、应用系统承载。2002 年，建成由千兆级路由器组成的 IP 核心网络，出口电路带宽 1.2G；建成以 ATM 交换网为核心的基础数据网络，能全方位提供互联网业务和基础数据业务。为西部地区规模最大的西部数据中心、长城宽带等互联网运营商提供接入服务，用户遍及金融、政府、证券等各种行业，成为西部地区乃至全国数据用户发展的先锋。

2005 年，建设 ATM 网国家骨干成都第二节点，并开通新的长途中继，使得出省流量分布更加合理，在高速发展中保证客户的电路质量。成都 ATM 网络已形成了对全市主城区及 14 个郊县的无缝覆盖，综合数据业务的接入点延伸到了市场的每一个角落。在对本地网进行倾心打造的同时，成都电信开通成都到全国各个重要城市的直达中继，为省际和国际的客户提供更为优质的服务。

【光纤物理网】

成都市光纤物理网始建于 1994 年。是年 11 月，成都市电信局与成都市广播电视局签订“联合共建成都有线电视网络系统工程”的协议，随即开始网络规划建设工作。

1995 年 9 月，成都市第一个光纤电视小区——肖家河小区光纤有线电视网络系统建成并正式开通运行。

1999 年 8 月，府河以内骨干网光环全部完成。是年底，完成府河外核心层光环建设，至此，成都光纤物理网初具规模。与此同时，成都电信制定与郊县局光纤物理网的衔接和改造方案并开始实施，最终形成以“028”为中心的网络结构。是年，在双流、金堂、彭州三个郊县建成骨干层光环多个。

2000 年，进行郊县一期、二期骨干层光环建设。

到 2005 年年末，建成的光纤物理网开始显现出它高速网络传输优势，成为成都市重要的信息网络基础。

【帧中继网】

帧中继网主要适用于用户要求实时性高、突发数据量大、对数据误码要求高的数据通信。在成都建有国家帧中继网和本地帧中继网，为用户提供的通信速率为 64K ~ 2M 字节/秒。1997 年，建成国家公用帧中继宽带业务骨干网，负责网内高速中继传输和 ATM 用户接入。各类业务信息汇集转换为 ATM 信息，通过 ATM 交换机实现高速传输。

【智能网】

智能网为承载通信网络基础上的软交换业务系统。

1996年，成都电信的智能网业务开始发展，成为中国最早引入智能网设备的8个通信枢纽之一，并于当年底正式向西南四省一市提供“300”记账卡、“600VPN”虚拟网、“800”被叫付费等三项业务，实现全国漫游。

1999年，流动客户的通信需求开始增长，成都电信开始四川智能网一期工程建设，并于当年秋天开办201校园卡、202病房卡、17908IP卡三项业务。由于市场需求异常旺盛，设备能力严重滞后，成都电信连续在2000年、2001年进行智能网二期、三期、四期的扩容建设，一举成为电信行业中智能业务发展的领先者。

2002年，通信市场竞争加剧和替代产品逐渐增多，卡式业务逐渐走向衰退，客户对通信产品个性化和多样化的需求，推动新一轮智能业务的大发展，成都电信成功推出“96333”金蓉卡和金蓉通预付费电话等两个拳头产品。

2004—2005年，智能业务进一步发展，成都电信陆续承建四川省内智能网五期、六期以及彩铃业务平台等项目，同时网络智能化等多套增值业务软交换平台上线运行。

【窄带业务】

窄带接入业务包括电话拨号（含注册账号业务、主叫计费业务、上网卡业务、ISDN拨号上网业务）及专线上网业务。

电话拨号上网是在普通电话线上，利用调制解调技术，通过话音传输数据信号，拨打专用电话号码，实现接入互联网或专网的业务，属于低速网络接入业务。

1996年1月，成都市电信局正式开放窄带上网业务，在随后的发展过程中，不断创新业务发展模式。

1998年9月18日，成都市电信局推出N-ISDN（窄带综合业务数字网）业务。

2003年6月，窄带拨号接入号码由163、169改为“16300”“16388”。

【宽带业务】

宽带业务采用数字用户线路（DSL）技术和高速局域网技术等实现比电话拨号上网带宽提高数百倍的高速连接。

1999年9月20日，成都电信推出ADSL（非对称数字用户线）业务，该业务由四川省公用信息产业公司代理。自推出ADSL后，成都电信不断降低宽带门槛，调整接入费用，并允许用户自带设备，ADSL业务因此吸引大批网民，用户数不断增长。

2001年，成都电信专门推出“96169”绿色上网通道，给全市青少年提供一个健康、方便的上网环境。此外，成都电信还提供社区宽带LAN业务、社区宽带VDSL业务、天翼通WLAN业务、专线接入互联网等宽带业务。

【分组业务】

分组交换是在存贮转发式电报交换技术的基础上发展而成的一种新型交换方式。

1990年12月4日，成都市电信局分组交换数据通信业务正式向用户开放，中共四川省纪律检查委员会成为全省第一个用户。从而填补成都市电信通信业务的这项空白。

【窄带业务资费】

窄带上网业务资费标准：

16388注册拨号（原169）开户费50元。16388注册拨号（原169）与16300主叫计费（原163）网络使用费每分钟0.05元，通信费每分钟0.02元。

16388网络使用费在法定节假日、休息日00：00至24：00（全天）、非节假日23：00至次日08：00减半计收。上网每次累计使用时间尾数不足1小时部分，以分钟为计费单位，按实际使用时间计算，不足1分钟按1分钟计算，每分钟价格按每小时收费标准除以60计算。客户使用上网卡最后余额不够支付1分钟上网时长的，要为客户补足1分钟上网时长，保证最后余额为零。

ISDN资费标准：

基本月租费：甲种用户26.4元/月，乙种用户39.6元/月。

通信费：营业区内通话费每端按3分钟一次，每次0.16元计算；营业区间通话费每端按0.50元/分钟计算。拨号上网费：每个B通道拨号上网（163/169）的通话费按现行电话资费标准减半收取。

【宽带业务资费】

ADSL资费标准见下表。

2005年成都市执行的宽带业务资费标准

表3-169

—	—	—	带宽	—	使用时长	超时计费	备注
安装调测费180元/户	个人客户	虚拟拨号方式	512K	20元月租　每分钟5分钱	—	0.05元/分钟	—
			512K	22元月租　每分钟2分钱	—	0.02元/分钟	—
			1M	22元月租　每分钟5分钱	—	0.05元/分钟	—
			512K	1.2元/小时	—	0.02元/分钟	限校园201用户
			512K	50元50小时	50小时	3元/小时	限郊县用户
			512K	60元45小时	45小时	3元/小时	—
			512K	88元88小时	88小时	3元/小时	—
			512K	120元包月不限时	不限时	—	—
			1M	1M120元80小时	80小时	—	—
			2M	2M180元100小时	100小时	—	—
	商业客户		768K	150元/200小时	200小时	4元/小时	
			768K	500元包月	不限时	—	—
			1.5M	1000元包月	不限时	—	—
			4M	2000元包月	不限时	—	—
			带宽不限制	4000元包月	不限时	—	—
		专线方式	1M	8000元包月	不限时	—	固定IP地址4个
			带宽不限制	14000元包月	不限时	—	固定IP地址4个

以上资费不含 ADSL 终端设备租赁费。若需超时，在新装 ADSL 业务时，选择可超时计费类型。

中国电信社区宽带资费标准：包月制。住宅用户10兆带宽，一次性连接费400元/户，月租费100元/户，不限时。单位用户100兆带宽，一次性连接费400元/户，月租费500元/户，不限时。

【数字数据业务资费】

1994年11月，成都市电信局根据邮电部文件通知精神，结合成都地区的实际情况，制定数字数据通信业务（DDN）的资费标准，规定如下：

初装费：按每一端的专线端口收取初装费5000元。

联网调测费：不分传输速度，一次性收取联网调测费1000元（含线路调测和调制解调器调测）。

月租费：专线电路月租费（长期租用一个月以上）9600Bps及以下1800元/月，19.2Kbps2600元/月，64Kbps2500元/月，64Kbps以上的按下列公式计算收费：$A/64\times1.4\times0.8\times6000\times0.30$ 元/月（其中A为传输速率，$A>64$）。

帧中继业务：开放一条帧中继虚电路（PVC）的月租费按专线电路月租费的20%收取。

广播功能：不论广播源用户，还是信息接收用户，其月租费均按专线电路月租费的50%收取。

轮询业务：与租用专线电路的月租费相同。临时租用比照长途数字电路临时租用的办法收费，即：临时租用（不足一个月的），以一天为计算单位，不足一天的，按一天计算，每天的租费为长期专线电路月租费的10%。

1996年5月7日，四川省邮电管理局规定：用户可在其租用的点对点数字电路上加装分路设备，每增加一户，按其租用数字电路月租费的10%加收分路费。

1997年1月1日，四川省邮电管理局对数字数据通信资费有关问题规定如下：

将市内DDN电路更名为本地DDN电路，资费标准仍按原市内DDN标准执行；本地DDN电路不允许收初装费；长途DDN电路的月租费指用户端到用户端的费用，不允许再加收市内段的任何费用；凡通过DDN专线接入分组交换网或中国公用计算机互联网等公众数据网的用户，每一端DDN电路月租费按DDN专线月租费的50%收取。DDN专线电路的优惠，以64Kbps的带宽为基数作为一条电路计算（收费的计算公式不变），当用户同时租用电路数为5至10条时，对其租用的电路每条给予15%的优惠；当用户同时租用11至20条时，对其租用的电路每条给予20%的优惠；当用户同时租用21至30条时，对其租用的电路每条给予25%的优惠；当用户同时租用31条及以上时，对其租用的电路每条给予30%的优惠。

2001年3月20日，四川省电信公司印发《关于转发四川省通信管理局、四川省物价局关于电信资费结构性调整文件的通知》，其中对出租数字数据电路的资费进行调整。

2001 年成都市执行的出租数字数据电路资费标准

单位：元/月

表 3-170

种类＼范围		本地网内				长途			
		区内现行	调后	区间现行	调后	省内现行	省际 800 千米以内现行	省际 800 千米以上现行	调后
（话音）音频		200	200	1600	1000	2250	2800	3150	2500
数字数据电路 DDN	9.6Kbps	1200	1000	1800	1300	2250	2800	3150	2500
	19.2Kbps	1330	1200	2000	1500	2700	3360	3780	2700
	64Kbps	1680	1500	2520	2000	3640	4530	5350	3500
	128Kbps	2540	2000	3240	2500	5350	6480	7610	5000
	256Kbps	3290	2500	4940	3200	7630	10710	11860	5500
	384Kbps	4520	3200	6430	4000	9940	13920	16310	6200
	512Kbps	5900	3800	7820	5200	11480	17010	19840	7000
	768Kbps	7900	4300	10060	6200	14920	22560	26190	8000
	1Mbps	9300	5000	12500	7500	17570	26900	34710	9000
	2Mbps	14360	6000	18900	8000	27960	42590	50000	12000

【分组业务资费】

1993 年 7 月 3 日，四川省邮电管理局印发分组交换数据业务资费标准如下：

固定项目收费。开户调测费（一次性收取）：安装调测费为同步 1000 元/户，异步 400 元/户。工料费按照工程实际所需的工费、材料费和交通运输费等项目核实收费。

用户入网专线初装费及月租费。市内入网专线初装费按照市内电话有关规定标准收费。凡用户入网不论占用几段市话用户线、中继线，均按照一个市话初装费的标准收费。月租费每月按市内电话的普通专线资费标准收费。长途用户入网所需的长途专线（不分有线、微波电路），每月按长途电话分级基本价目 1500 分钟收费。

端口基本费。专线入网端口基本费为 1200 ~2400 字节/秒每月 200 元，4800 ~ 9600 字节/秒每月 400 元，14.4K 字节/秒以上每月 800 元。拨号入网端口基本费为 4800 ~ 9600 字节/秒每月 50 元。通信费（一字段为 64 字节）同城通信费计时费为 0.10 元/分钟，信息计量费为 0.003 元/字段。国内通信费计时费为 0.20 元/分钟，信息计量费为 0.025 元/字段。国际通信费计时费为 0.87 元/分钟，信息计量费为

0.08 元/字段。1994 年 10 月，根据四川省邮电管理局“川邮局字（1994）1062 号文”，国内通信费标准调整到同城标准。1996 年 2 月，邮电部“邮部（1996）38 号文”调整专线入网端口基本费为 14.4K 字节/秒～19.2k 字节/秒每月 800 元，64k 字节/秒及其以上每月 1600 元。

用户任选项目收费。调制解调器月租费和代维费：月租费为 300、1200～2400 字节/秒每月 150 元，4800～9600 字节/秒每月 400 元，14400 字节/秒以上每月 600 元（1996 年 2 月调整为 14400 字节/秒～19.2k 字节/秒每月 600 元，64k 字节/秒及其以上每月 800 元）。

代维费按代维实际所需工料费核实收取。永久虚电路（PVC）国内使用费：基本费每路每月按国内分组计时收费标准（0.20 元/分）以 1125 分钟计算收费。系统无计量功能则以 185 个千字段（按 0.025 元/字段）计算收取信息费；系统有计量功能，则按实际传输的信息量计费。用户申请逻辑信道数 16 条以内的免费，从第 17 条开始按每条每月 10 元收取费用。用户可选业务功能的收费为每项每月 10 元。广播功能使用费按登记广播业务功能的端口数收取，每个端口每月 5 元。虚拟专用网端口管理费按虚拟专用网内端口数收取，每个端口每月收取 10 元管理费。

优惠项目。凡欲长期（一年以上，不含一年）使用分组交换的用户（包括长期使用永久虚电路），其国内通信费中“计时费”标准不变，“信息计量费”优惠至 0.01 元/字段。对于使用分组交换网某种特殊业务（如电子信箱等业务）的用户，其国内通信费可按 0.10 元/分钟，0.003 元/字段计算收取。1994 年 9 月，邮电部对大用户和集团用户的通信费（含虚拟专网）实行分段超额累进下浮。

1994 年成都市执行的大用户和集团用户通信费优惠标准一览表

表 3-171

用户通信费每户每月	一般用户每户优惠幅度	集团用户每户优惠幅度	
		30—200 户	200 户以上
500—2500 元	15%	20%	25%
2500—5000 元	25%	30%	35%
5000—10000 元	35%	40%	45%
10000 以上	45%	50%	50%

节假日和夜间使用分组交换数据业务的通信费比照长途电话有关规定，减半收费。

1995 年 10 月，邮电部对国际分组交换数据通信业务的资费标准作了调整：计时费由每分钟 1.30 元调整为每分钟 1.00 元，信息计量费由每字段 0.12 元调整为每字段 0.08 元。该资费标准自 1995 年 10 月 21 日起执行。

1999 年 9 月，信息产业部下调分组交换业务资费：安装调测费为同步每户 300 元，异步每户 100 元。端口基本费：电话拨号方式（不分速率），每户每月 10 元；专线入网方式为 9.6K 及以下为 100 元/端口·月；9.6K～19.2K（含 19.2K）150 元/端口·月，19.2K～64K（含 64K）400 元/端口·月，64K 以上，以 64K 资费为基数叠加。国内通信费：取消计量资费，只按使用时长收取费用，每分钟 0.10 元；通信时间尾数不足一分钟的，按一分钟计。包月制通信费为电话拨号方式（含端口基本费）：每户每月100元，不限使用时间；专线入网方式（不含端口基本费）9.6K及以下为300元/端口·月，9.6K～19.2K（含19.2K）420元/端口·月，19.2K～64K（含64K）480元/端口·月；64K以上，以64K资费为基数叠加。永久虚电路（PVC）资费为将原计时计量方式改为包月制使用费，每路每月200元。

【帧中继资费】

2001年1月1日起，成都市电信分公司根据中国电信集团公司《关于调整帧中继业务（FR）资费标准的通知》要求，执行帧中继资费标准。即一次性费用：工料费300元/每端（不分国际、国内及营业区内、区间，不分速率）；调测费300元/每条PVC电路、每端（不分国际、国内及营业区内、区间，不分速率）。对于在已有端口上增开PVC的，免收本端用户工料费，只收用户本端调测费。月租费：端口月租费不分国际、国内及营业区内、区间，统一按端口速率进行收费（见下表一）。虚电路（PVC）月租费区分国际、国内、营业区内、营业区间及不同速率进行收费。虚电路（PVC）月租费为单向电路（即该条电路只能完成一个方向的数据传输功能）月租费（见下表二）。临时租用（不足1个月的），以1天为计算单位，不足1天的，按1天计算，其每天的端口租费及虚电路（PVC）租费为相应的长期帧中继业务端口月租费及虚电路（PVC）月租费的10%。超过10天（含10天）按长期租费标准收取。有关一次性费用按正常标准收取。国内帧中继业务实行端到端的收费，除一次性费用和端口费、虚电路月租费外，不再向用户加收任何其他按月收取的费用。用户租用的中国港澳台地区及国际帧中继虚电路（PVC），系指从国际帧中继出入口局至中国港澳台地区及国外的半条电路，从国际帧中继出入口局到用户所在地的电路应由用户按相关标准另行租用。

帧中继端口月租费一览表

表3-172　　单位：元/月

端口速率	64Kbps	128Kbps	256Kbps	384Kbps	512Kbps	768Kbps	1Mbps	2Mbps
月租费	260	300	400	450	500	650	750	1000

说明：1.端口速率低于64Kbps的按64Kbps端口月租费收取；2.表中未列明的端口速率，其资费按相邻两端口速率资费的平均值计收

帧中继虚电路（PVC）月租费一览表

表3-173　　单位：元/月

范围 CIR	本地网内		长途	国际		
	区内	区间		中国港澳台地区	亚洲各国	欧、美、澳、非各国
8Kbps	290	440	990	1550	8800	9400
16Kbps	390	540	1190	1800	10000	10500
32Kbps	450	650	1300	2000	11500	11500
48Kbps	500	750	1500	2300	13000	13500

续表

CIR \ 范围	本地网内		长途	国际		
	区内	区间		中国港澳台地区	亚洲各国	欧、美、澳、非各国
64Kbps	550	800	1700	2600	14500	14600
128Kbps	700	1000	2100	3400	18000	18400
256Kbps	800	1150	2200	3500	19000	19600
384Kbps	850	1350	2300	3800	20000	20500
512Kbps	1000	1450	2500	4100	22300	23100
768Kbps	1150	1600	2700	4600	25800	26550
1Mbps	1250	2000	3000	5200	28900	30050
2Mbps	1500	2200	4000	7000	39000	39000

说明：1. 表中所列帧中继虚电路（PVC）的资费为单向电路（即该条电路只能完成一个方向的数据传输功能）资费；2. 表中未列明速率的帧中继虚电路（PVC），其资费按相邻两速率电路资费的平均值计收

【电子邮件资费】

1995 年 4 月起，根据邮电部下发的《关于电子信箱业务资费标准问题的通知》，电子邮件开户费：一次性收取，已是分组网的用户为 140 元，不是分组网的用户为 240 元。电子信箱使用费：40 元/月。存储费：存储时间不足 30 天（含 30 天）的，免收存储费；存储时间超过 30 天的，每千字 0.20 元/日。其他资费计费办法和标准不变。

【传真存储转发资费】

1995 年 12 月 28 日，根据邮电部《关于国内传真存储转发业务资费标准（试行）的通知》，传真存储转发业务资费为：1. 开户费（一次性收取）100 元。2. 月使用费 200 元。3. 通信费：（1）基本传送费，市内按被叫端接收时长和现行市话资费标准计收基本传送费；长途按被叫端接收时长×主叫至被叫的国际、国内长途电话资费标准×80% 计算，法定节假日、休息日及夜间长话的资费标准按现行有关规定执行。（2）广播方式（多址）传送每增加一址，按每址基本传送费计收。（3）加急业务加收 25% 的基本传送费。4. 报文存储费：30 天内免收，30 天后如果用户要求继续存储的，每天每千字符收取 0.20 元存储费。

1996 年 6 月，邮电部制定国际传真存储转发业务的资费标准。基本传送费：不论其投送方式，按被叫端接收时长主叫至被叫的国际长途电话资费标准×80% 计算。广播方式（多址）传送：每增加一址，按每址基本传送费计收。加急业务：加收 25% 的基本传送费。

电信企业

【四川省电信公司成都分公司】

2000 年 11 月 15 日，中国电信集团四川省电信公司成都分公司正式成立，成都电信从政企合一、垄断经营的“官商”身份转变为市场竞争的主体。是年，成都分公司通信收入完成 23.5 亿元，固定资产投资 12.1 亿元，新增交换机容量 46.2 万门，本地网交换机总容量累计达 273.1 万门；长途线路达 22.89 万条；新增电话用户 52.25 万户，公司在全市的电话用户数累计达到 173.7 万户，仅次于北京、天津、上海、

广州、重庆，居全国城市第六位。其中，市区电话108.7万户，郊县电话65万户；全市电话主线普及率为17.4部/百人，市区达44部/百人。新增公用电话用户5693部，累计5.46万部。各种卡式业务发展迅猛，201、202等卡式电话累计达5.15万部，累计售卡金额达2.16亿元；新增数据用户992户，达到5580户。来电显示等新业务共发展11.04万户。国内长话去话次数2.7亿次，总时长9.6亿分钟。本地网通话次数43.13亿次。长途来话接通率累计完成61.50%，本地网接通率完成73.13%。长途去话接通率57.1%，长途线路可用率99.09%，电传电路合格率99.46%。市话修机及时率99.27%。成都分公司加强装移机、资费及计收费和营业窗口管理，装机平均历时14天，及时率达到98.1%；移机平均历时10天，及时率达到98.6%。分公司完善客户服务中心功能、“170”话费查询和催缴功能，“189”新

2001年9月13日，成都市电信分公司面向成都本地网客户推出一种全新的“一卡多能”的特种电信业务——96333“金蓉卡”业务

增“先装机后付款”、增装同址电话、受理语音信箱、关闭信息台、开关国内长途和程控新功能等服务。

2001年，成都分公司成都本地网交换机容量突破300万门；长途网络接通率累计完成95.36%；电话用户数累计达到206万户，在全国省会城市中排名第二，仅次于广州，市区达到50部/百人。成都电信分公司形成市场部、大客户中心和各市话分局、郊县大客户室三级专业营销服务体系，实现对整个市场的“无缝”覆盖。推出96333“金蓉卡”业务。郊县“九七”系统和本地账务处理系统顺利开通，实现电信业务的统一受理和本地用户的集中计费。

2002年，四川省电信公司成都分公司本地网交换机总容量达到393万门，全市电话用户数累计达到273万户，全市电话主线普及率为26.8部/百人，长途网络接通率累计完成97.26%。2002年4月20日零时，成都本地网电话号码成功升至8位。成都成为西部第一个电话号码升八位的省会城市，城市知名度显著提高。同年发展“小灵通”无线市话。

2002年3月31日，成都电信无线市话“小灵通”正式放号试运行时使用的“小灵通”电话机

2003年成都分公司电话用户达到340万户，居全国第二。小灵通用户突破100万户，用户规模和网络规模居全国第一位。交换机容量累计达到481万门。分公司制定个性化的营销策略和多种资费套餐，固定电话、小灵通、社区宽带、ADSL等业务快速发展。小灵通96123语音聊天、灵通伴侣等增值业务为广大用户喜爱。小灵通和城区固定电话住宅用户全面开放17909主叫业务。

2004年，成都电信完成PHS网络优化、交换网扩容改造、宽带数据网络建设、传输网络

优化、增值业务平台完善等重点项目；成功研发全网交换、数据自动工单处理系统，191 种工单实现电子化；实现全网管线和传输资源的动态管理，网络维护效率提高。综合化集中维护达到 AA 级。分别推出固定电话、小灵通、宽带和增值业务等产品套餐和各项促销活动。推出 96333“金蓉卡”“金蓉通”智能电话、17909 主叫 IP 电话、17908IP 电话卡、96301 天骄卡和电话信息服务等固定电话业务；推出“灵通随身 e”等 8 项系列化小灵通新业务。ADSL、LAN 宽带通、天翼通、互联星空等宽带业务深受用户喜爱。12 月，成都电信成功实现小灵通与移动、联通手机的短信互通。成都电信发挥中国电信客户服务热线 10000 号的主动营销功能，具备 10000 号的全业务受理、咨询、回访、服务等功能。成都电信新建的 114 呼叫中心开通中英文双语服务，不仅提供电话号码、区号、邮政编码的查询，还汇聚大量的企业综合信息，为企业商家带来商机。成都电信人民东路电信营业厅被评为“全国十佳营业窗口”。

2005 年，成都分公司引进具有国际先进水平的通信网络设备，实现成都农村地区的信号覆盖，为 15 万农户安装智能农村电话，实现成都市各区（市）县所有行政村“村村通”电话。8 月 30 日，成都电信分公司利用先进的通信技术，开通从金堂县竹篙镇至广东省东莞市厚街镇的“中国电信农民工亲情可视电话”，搭建外出务工人员与家乡父老乡亲和留守儿童面对面沟通的平台。同年成都电信 10000 号“话费自助查询系统”和“小灵通业务自助办理系统”开通。遍布在成都各大广场、宾馆酒店、旅游景点、大专院校、大街小巷的公用电话和 IC 卡电话，满足成都市民的通话需求。遍布城区和各区（市）县的电信营业厅、10000 号服务热线、电信服务快车、网上营业厅、114 号码百事通以及服务上门的社区经理等多元化的服务渠道，构成一个完整的服务体系，为客户提供优质、高效的专业化电信服务。9 月 21 日，全国首家“114 号码百事通”热线运行，日呼叫量达到 6000 次。

【中国移动成都分公司】

1999 年 4 月底，根据国务院批复的《中国电信重组方案》、信息产业部《关于组建中国移动通信集团公司指导意见的通知》和四川省邮电管理局相关文件要求，移动通信分营工作启动。7 月 28 日，成都移动正式从成都电信分离，开始筹建四川移动通信公司成都分公司。1999 年 9 月 21 日，四川移动通信公司成都分公司在四川省工商行政管理局正式注册运营。成都分公司成立初期，在册员工总人数为 973 人（含成都地区 14 郊县营销维护中心人员），移动客户为 69 万户。

2000 年 9 月，根据中国移动通信集团公司《关于印发〈省（区、市）移动通信公司机构调整方案〉的通知》和四川移动通信公司《关于〈四川省移动通信公司机构调整实施方案〉的报告》要求，撤销四川移动通信公司成都分公司，原成都分公司并入省公司管理，属省公司直属生产单位——成都营销中心（原名：省会营销中心），负责成都地区市场营销工作（含 14 个区、市、县）及行政综合相关工作。2000 年 12 月 29 日，成都地区用户数增长至 100 万。

2002 年 5 月 28 日，成都移动用户突破 200 万。6 月，“四川移动”成功在中国香港和纽约注资上市。转制后的四川移动是中国移动（香港）有限公司的全资子公司之一，在全省 21 个市州和 142 个县设有分公司。基站总数超过 6000 个，交换容量达到 1190 万门，移动客户超过 500 万户。GSM 网络的国内自动漫游已通达所有地市以上城市和 98% 的县以上城市，并与

90个国家和地区的152个运营商开办国际自动漫游业务。以全省GPRS网络的建成并投入使用为标志，GSM网络成功升级到2.5代，拥有“全球通”“神州行”“移动梦网”等著名品牌，网号“139、138、137、136、135”已家喻户晓。除提供基本话音业务和传统的互联网拨号上网业务外，四川移动提供大量的具有吸引力的增值服务。

四川移动已在全省建成以GSM900/1800数字移动双频网、移动智能网、GPRS移动分组数据网、CMNET中国移动互联网以及多种增值业务平台为主干的网络体系，建成以BOSS系统、网管系统、OA办公系统等企业管理支撑网。GSM网络覆盖全省21个市州、所有县以上城市和省级重点小城镇，省内高速公路实现98%覆盖，铁路覆盖率达到78%，省级以上风景区覆盖率达到92%，热点地区覆盖率达到99%。

2005年5月，四川移动通信有限责任公司决定，设立四川移动通信有限责任公司成都分公司，负责成都市区以及成都市所属区（市）县的市场和业务拓展工作。四川移动通信有限责任公司成都分公司在成都地区主要经营移动通信业务、IP电话、互联网接入服务及网络设计等项业务。

至2005年末，移动成都分公司已形成“全球通”“动感地带”“神州行”三大品牌和全球通新锐卡、神州行大众卡、神州行畅通卡、动感地带等四大主要产品。移动成都分公司共有员工2016人。拥有客户473万户；其中“动感地带”用户数超过100万，成都市成为西部首个“动感地带”用户数突破百万的城市。

1999年7月至2005年12月移动成都分公司用户发展统计数据一览表

（统计时间每年年底）

表3-174

年份	1999	2000	2001	2002	2003	2004	2005
用户数（万户）	69	111	154	231	328	402	473

1999年8月至2005年12月底运营收入和上缴税收情况一览表

表3-175

年份	1999	2000	2001	2002	2003	2004	2005
运营收入（亿元）	14.8	19.8	24.8	28.1	28.8	30.8	36.6
上缴税收（万元）	4227	5972	7045.2	9273	7872	8930	10486.8

2005年，移动成都分公司分别获中共四川省委、省政府颁发的“最佳文明单位”和成都市数字娱乐发展推进领导小组办公室颁发的“2005年度产业支持特别奖”。

【中国联通成都分公司】

中国联通成都分公司是中国联通四川分公司在成都的一级分支机构，成立于2001年4月3日，下属19个区（市）县分公司（武侯、金牛、青羊、锦江、成华、崇州、大邑、都江堰、金堂、龙泉、彭州、郫县、蒲江、青白江、邛崃、双流、温江、新都、新津）以及成都高新区分公司，负责成都地区GSM、CDMA移动通信、本地固定电话、长途固定电话、数据通信、互联网、增值服务等综合电信业务的经营管理和发展建设。为成都地区用户提供世界风“双网双待”、156吉祥号、掌中宽带、GPRS、掌上股市、宝视通等差异化、个性化、亲情化的通信产品和服务。

2001年，分公司以差异化产品满足客户需求，以GSM130移动通信业务为核心推出“如意通”“商务卡”“大众卡”“飞扬卡”等系列产品和“过关斩将”“如意呼”“如意听”“如意交友”“如意短信”等移动增值服务，并开展193、IP和165捆绑业务促销活动，提高联通长途电话、IP和165互联网业务在成都地区的知名度。联通成都分公司统一自办营业厅、市区和郊县各附属营业厅、专营店VI标志，树立良好的窗口形象。实行直销与代销相结合的营销模式，建立多层次的营销网络，形成以成都为中心覆盖市区、郊县及主要乡镇的营销网络。分公司全年主营业务收入4.8亿元，创收支差额9444万元，劳动生产率141.84万元/人。长途忙时去话接通率为50.59%，超过标准值（45%）5.59%，长、市话来话接通率为61.02%，大于标准值55%。移动业务绝大部分维护指标均超出指标值。

2002年，中国联通成都分公司全年主营业务收入占全省联通收入的31%。成功启动CDMA市场，发展用户8万余户。GSM网用户市场占有率达到30%；互联网拨号用户增长翻番；被评为高新区的纳税大户。同年分公司如期完成两期CDMA133移动通信网络工程建设。CDMA 1X试验网于12月31日建成开通。CDMA133网覆盖成都所有的乡镇、交通干线、主要旅游区，在成都市内实现全面覆盖。GSM130移动通信网络实现无缝隙网络覆盖，可以为GSM130用户提供良好的无缝服务，与100多个国家和地区的运营商开办国际自动漫游业务。完成综合营账一期工程主体建设，基本形成综合电信业务支撑系统。

2003年，成都联通全年GSM、CDMA、数据固定、互联网等主营业务收入比2002年同期增长49%，收支差较之2002年增长119%。GSM移动用户突破100万户，CDMA移动用户超过15万户。并成功策划推广具有市场竞争力的“风行卡”系列业务。同年，成都联通完成GSM七期、CDMA二期移动通信网络建设，交换容量达到百万门以上；在城区、郊县共建成5500余千米传输网络环网；累计完成1325条千米的光缆敷设。成都联通在各大小城市、乡镇、重要交通路线和绝大多数旅游度假景区的网络覆盖率均已超过95%。

2004年，成都联通CDMA网三期、GSM网九期工程完工，解决部分高层建筑、覆盖死角、二环路以内及附近的覆盖问题。成都地区CDMA网络有效面积覆盖率达到90%，乡镇覆盖率达到97%，高速公路覆盖率达到99%，国道覆盖率达到99%，铁路覆盖率达到99%，人口覆盖率达到99.5%。成都联通为数10万户星级客户、集团客户提供一对一服务；与55家单位合作，为用户提供通信外的增值服务。成都联通打造“天府农业信息网”平台，在14个郊县设立农业信息站近百个，为广大乡镇用户提供“最后50米的通信服务”。2004年，成都联通主营业务收入较2003年同期增长25.26%，收支差较去年同期增长29.34%，GSM、CDMA、数据固定、互联网等主营业务迅猛增长，各项经营建设指标增幅迅速，长途、数据和互联网业务日益成为公司新的增长点，增长幅度居市内各运营商之首。

2005年，中国联通成都分公司针对不同用户群，成功推出“包月卡”系列产品、“商务风行卡—漫游王任我行”套餐、“天府如意通团圆卡”等涵盖高、中、低消费层的通信产品。依托先进的CDMA1X技术，以“点对点互通短信、炫铃、UNI”三个业务为重点，通过对“精彩共享、集团炫铃、掌中宽带、数字天府”等一批优势业务和无线上网卡的推广，实现手机多媒体业务支撑、网络高速冲浪、网上营业厅业务受理等新功能，体现CDMA1X高科技的丰富内涵。全年完成CDMA三期、GSM九期、综合关口局、接入网、PSTN、无线WLAN等工程。全面推广联通“多业务统一网络平台”（China Uninet），该技术平台能在一个网络平台上为用户同时提供语音、数据、视频、互联网等全综合、高质量的全方位通信服务，“网络电话”“宝视通视频会议”等业务受到政府、各行业用户的认可，该技术平台在2005年获得国家科技进步一等奖。同年，成都联通加大“天府农业信息网”的建设，在成都14个郊县、95个乡镇建立127个信息工作站。2005年，成都联通较2004年主营业务收入增长14.07%、利润增长33.62%，固定资产规模接近30亿元。

【中国铁通四川分公司】

铁道通信信息有限责任公司四川分公司于2001年3月9日正式成立，由铁道通信信息有限责任公司直接管理，授权负责四川省范围内的公众电信业务和成都铁路局范围内的铁路专用通信业务，同时接受四川省电信行业主管部门的行业管理。2001年，该公司总资产7.46亿元。通信网络覆盖四川省铁路沿线，拥有铁路干线光缆1604.1千米，设11个职能部门，1个运维中心，成都、西昌、江油、峨眉4个通信段，员工1983人。交换机容量达到16.5万线，长途交换机容量达2万余线，覆盖全省20余个城市，完成了与电信、移动、联通在省内9个地市的互联互通。在铁路内部开通了通达国内102个城市、国外60余个城市的长途IP电话。完成与成都信息港、四川移动通信公司等大客户组网项目实施。在各地市陆续面向社会开展固话业务，成功收购海华寻呼台，对管内寻呼台实施联网同播，实现四川省内30多个城市的自动漫游。同年8月15日，铁通四川分公司第一个地市分公司——成都分公司正式成立。

2002年，该公司在电信市场上开通10050、95105、17990、17991、96068等新业务。全年累计装机61250部。先后整合长城、国防波导、中北、蜀都等寻呼台8个。同年8月14日，公司下属四川铁通蜀都通信有限责任公司成立，主导寻呼业务，公司寻呼用户迅速增加。

2003年，公司管理2686.9千米的通信干线光缆，拥有全长1458千米、基于DWDM技术的西南环高速宽带骨干传输网、覆盖160余个城市的IP视讯系统和省内主要城市的城域网。各类业务覆盖四川省除甘孜、阿坝外的19个行政区域，与其他电信运营企业实现互联互通。建成技术先进、功能完善、覆盖省内各大中城市的宽带多业务数据骨干网。开通10050统一客户服务平台，客户服务规范化，服务质量达到信息产业部的部颁标准，是全国第一家可向用户提供市话详单的企业。MPLS-VPN业务、全视通业务、网络电话、无线宽带、中国铁通数字调度系统以及内容丰富的综合娱乐网站“西部在线”等，是中国铁通四川分公司开发和推行的新业务。MPLS-VPN为用户在公共IP网络上构筑企业的虚拟专网，满足企业在广域条件下不同城市分支机构便利、快速、可靠、个性化的上网。全视通业务针对行政会议、企业会商、远程教学、桌面办公、家庭应用等不同的用户群体，充分满足用户个性化的使用需求，为用户提供一种集视频、音频、数据为一体的多媒体通信方式。中国铁通数字调度系统是铁通独具特色的新型数字化、智能化调度系统，在铁路行业普遍运用并取得较好的社会和经济效益。该系统广泛适用于地铁、轻轨、电力、公安、矿山、化工、冶金、高速公路、机场等领域。是年该公司通信业务收入实现2.46亿元，固定电话用户达到19.19万户，ADSL用户达到8908户。

2004年1月20日起，铁道通信信息有限责任公司由铁道部移交国资委管理。铁通原有股权全部划转国资委。8月20日，原铁道通信信息有限责任公司正式更名为中国铁通集团有限责任公司。原铁道通信信息有限责任公司四川分公司更名为中国铁通四川分公司。全年共投资4.02亿元，进行长途传输网、城域网、交换网、数据网与互联网、业务支撑网及铁路专用通信网的建设。新增交换机用户线42万线，交换机总容量达到79.8万线；新增电缆4444皮长千米，光缆1135皮长千米，城域网通信管道529孔千米；新增ADSL3.98万线，ADSL总容量达到5.38万线。是年，新增本地电话用户30.04万户，在网用户达53万户，比上年同期增长134%，约占全省固话用户数量的3.89%，市场占有率上升1.69%。ADSL用户净增2.78万户，累计达到3.78万户。完成铁路清算收入1.41亿元。

2005年，中国铁通四川分公司下辖11个市州分公司以及成都铁道通信中心等直属单位、共有员工2163人。负责经营生产四川省范围内的社会公众电信业务和成都铁路局范围内的部分铁路专用通信业务。主要经营范围为：长途电话、本地电话、公话业务、互联网接入服务、IP电话、传真、电报、公众数据传送等。担负铁路专用通信网络运行管理可视电话会议、电报收发、长途电话转接、应急通信、行车电话等。是年完成《号码策划书》，申请286万个同网号码资源。新增主叫注册、妙趣铃音和特色卡等新业务。全年固话净增13.7万户，在网用户达67.07万户，固定电话市场占有率达到4.25%。ADSL用户累计达到8.76万户。

【中国卫通四川分公司】

2001年12月19日，中国卫星通信集团公司（简称“中国卫通”）正式挂牌。中国卫通是国有独资大型通信企业，由中央管理。中国卫通四川省分公司是在集团公司的总体部署下，于2003年3月成立。中国卫通四川营销中心是四川卫通开展业务的部门，主营产品和服务有：亚星R190移动手机、800兆数字集群业务、宽带无线上网业务、GPS智能导航、GPS定位报警系统。

【成都通发电信股份有限公司】

1998年3月8日，经成都市体制改革委员会批准，成都通发电信股份有限公司正式成立。注册资金5000万元人民币，股本金5000万股。为西南地区首家以股份制形式兴办地方通信业务的经济实体。

建成并投入运营的系统有：980局数字移动电话系统，988局集群移动电话系统，2186、2188大型寻呼台，2189全自动寻呼台，21808证券寻呼台以及2160、2168、2169信息台等。其中988局集群移动电话系统于1998年4月扩容成为集群移动指挥调度通信网，覆盖成都市8个区、12个县，广泛应用于政府指挥部门、能源交通、金融部门及出租车领域，成为成都市规模最大的集群调度商业网。

信息化

网络建设

【互联网】

1996年，中国公众互联网建设全面启动，成都天府热线作为全国首批网站正式开通，国际互联网开始在成都公众普及。经过近十年的建设，中国各大互联网均在成都市建立地区中心节点，成都各个互联网出口总带宽为30Gb/s。天府热线西部数据中心是西部最大的数据中心，出口带宽为20 Gb/s，数据库的总容量达20TB，连接四川网内5千多台主机，网内各端口数据流量达到10Gbps，数据中心提供国际英文域名注册、企业邮箱、虚拟主机、主机租赁、主机托管、机架机房租赁、网络运行管理及维护服务、网络运行安全等IDC服务。

成都互联网数据中心内景

2003年8月，国务院正式批复启动“中国下一代互联网示范工程”（CNGI）。CNGI采用IPV6协议和比第一代互联网高百倍的传输速度，成都市电子科技大学参与下一代互联网示范工程研究。2004年，CNGI正式开通。

2004年年末，成都互联网网民数为209万人，占全市人口的20%，通过宽带或拨号上网的家庭115万户，占全市家庭数近1/3，其中宽带接入户数有29万户，约占上网家庭的1/4。2004年成都市合法网吧总数为2069家，其中拥有100台电脑以上的近70家，60台电脑以上的有958家，连锁网吧406家，终端3.67万台。成都市的网吧从业人员1.5万余人，为广大网民提供互联网信息、数字娱乐和网络游戏等服务。2004年“中国西部农业在线”网上发布信息3万条、网上交易3.2亿元、网上招商引资2亿元、网上培训5000人。

至2005年年末，成都市已建立1.03万个网站，拥有ISP（互联网网络提供商）28家。ICP（信息内容服务商）360多家。四川网站（其中80%以上在成都）的网页总数3700万页，占全国网页总数的4.26%；全部网页的总字节数为829.7GB，占全国总字节数的4.04%，信息内容涵盖宏观经济、国际贸易、财政金融、财经、新闻、农业信息、企业产品信息、招商项目、证券、法律法规、商品供求信息、市场价格、科技信息、文献专利、人才供求、教育信息以及政府办公信息、对领导的专供信息和地理信息、旅游热线、交友等各个方面。信息内容的传播除沿用传统的书籍、报纸、杂志等纸介手段外，已向卫星、广播、移动或有线通信工具、互联网等先进的电子媒介或无纸化传播的方向演进。以数字娱乐为代表的网络服务突出发展。2005 年，成都注册网吧 2300 余家，网络文化市场份额超过 10 亿元，在线网络游戏运营收入约 0.9 亿元，电信收入 1.5 亿元，缴纳税收 6000 万元。“中国西部农业在线”和“天府农业信息网”已链接全市 80% 的乡镇，并向农村企业大户、农产品市场和农户延伸。至 2005 年年末，全市已建立农民网校十余家，在 50 个定点扶贫村建立信息报送点。

2001—2005 年成都市、全国城市居民家庭电脑拥有数

表 3-176

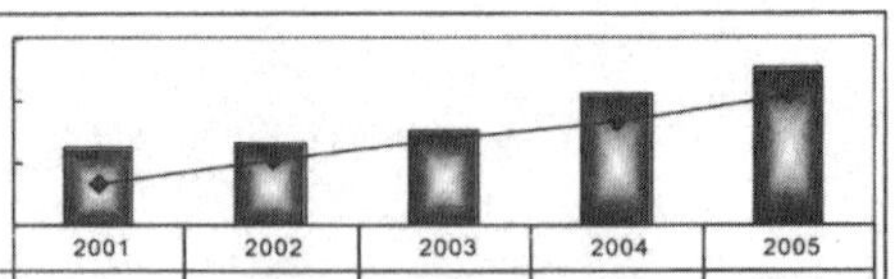

	2001	2002	2003	2004	2005
成都（台/百户）	25	26.4	30.2	42.1	50.5
全国（台/百户）	13.3	20.6	27.8	33.11	41.5

2000—2005 年成都互联网用户数增长情况

表 3-177

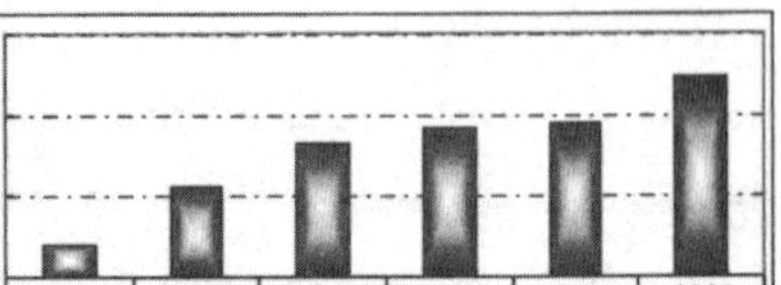

	2000	2001	2002	2003	2004	2005
互联网计算机用户（万户）	20.4	56.35	82.67	91.23	94.3	123.73

【宽带网络】

2001—2005 年期间，成都建成以光缆为主、数字微波和卫星通信为辅的传输网络。城域网发展迅速，基本实现网络的全城覆盖，建成以光纤为主要传输介质，基于 SDH、ATM、千兆以太网的城域网络主干。截至 2005 年年底，全市共有集约化信息管线 560 千米，光缆总长度达 1.2 万皮长千米，在城区、郊县共建成 5500 余千米传输网络环网。2001 年城市居民每百户电脑拥有数为 25 台，2005 年增长到 50.5 台，增长速度快于全国的增长速度。全市互联网用户增长较快，2005 年年底，全市互联网用户 123.73 万户，比上年增长 31.2%，电信宽带接入和拨号上网家庭用户达 115 万户，家庭宽带接入比例达 11.89%。国内各电信运营企业都在成都建立了地区中心节点，各个互联网出口总带宽为 30GB/s，天府热线西部数据中心是西部最大的数据中心，出口带宽 20GB/s。数据库总容量达 20TB。农村宽带网络迅速发展，所有乡镇实现了光纤全覆盖，1440 个行政村通宽带。宽带网络的日益普及成为信息化应用服务快速推进的有力支撑。

【艾普宽带（四川省艾普网络有限公司）】

2000 年 4 月，成都华电科技有限公司、四川省电子工业厅后勤综合服务中心、成都华电电子技术研究所共同发起成立四川省艾普网络有限公司。该公司与电子科技大学计算机学院和信息中心合作，对光纤传输信息、三网合一、高速接入互联网进行研究开发。2000 年 6 月由四川省计委批准立项，7 月由信息产业部向公司核发国际互联网经营许可证，批准公司从事计算机信息网络国际联网业务。主营业务：投资建设并安装四川宽带 IP 网。宽带接入主要以国际 TCP/IP 协议为基础、集数据、语言、数字、图像为一体的宽带高速数据网络，为用户提供最大的数据容量，提供国际互联网的网络接入服务。艾普集团下属四川省艾普网络有限公司是民营企业中唯一获准在四川全省 14 个城市及重庆市等地建设经营宽带网络的企业。在成都地区，艾普是仅次于中国电信的第二大宽带运营商。艾普为用户提供 24 小时全天候服务，包括上门维护、上门收费、免费为用户维修电脑及各种线上免费增值服务。

【华宇宽带（成都华宇信息产业股份有限公司）】

成都华宇信息产业股份有限公司1999年2月组建成立。由四川华视文化开发总公司（青羊光纤）等55个自然人发起成立。该公司以高科技通信、数据传输、多媒体应用及配套工程投资开发为发展目标。

2002年，成都市宽带城域综合信息网建成沿内环、一环路及二环路的光纤主干环网，以及环内部分骨干、分支光缆等。在前端建成全新架构的、高技术起点的网络平台，对集团用户进行10M/100M宽带的高速光纤接入。已接入市级机关160多个部、委、局和五城区、高新区政府党政网与四川大学等14所大学校园网以及保险、银行、证券、社保、医院、药房等100多个集团用户和部分网吧、小区个人用户。

同时，开展图文电视、网上炒股、视频点播、网络游戏、信息查询等增值业务。

【长城宽带（成都长城宽带网络服务有限公司）】

成都长城宽带网络服务有限公司于2000年5月成立，由长城计算机集团公司控股的三家上市公司长城科技、长城电脑和深科技联合投资组建。业务范围涵盖四川、云南、贵州、新疆、宁夏、西藏、陕西、甘肃、青海、重庆等地。以100Mbps以上的宽带为社区提供高速、稳定的网络接入及各项特色信息服务。

2001年和2002年在成都投资建设宽带用户38万户，开通用户25万户，上网用户2万余户。截至2003年6月，全国的收费用户数量达到40万户。

2004年4月，成都长城宽带网络服务有限公司再次进行增资扩股，中信网络有限公司以资金的形式注入长城宽带，成为长城宽带网络服务有限公司的主要股东。长城宽带网络服务有限公司注册资金为6亿元人民币，中信网络有限公司持有50%的股权，长城科技持有35%股权，长城电脑和深科技各持有7.5%股权。长城宽带网络旨在为中国的社区网络用户架设高速、开放的光纤以太网平台。以100Mbps以上的带宽、较佳的性价比为社区用户提供高速、稳定的网络接入以及各项特色信息服务。该公司总部设于北京，在北京、上海、成都、武汉、深圳、广州、青岛、安徽、江苏、天津、惠州、郑州、重庆、宜昌、长沙、厦门、福州17个省市设有分公司，还在其他19个城市设有控股子公司。此外，在全国60多个城市拥有120多家自己的运营代理商，与2000多家房地产开发商和物业管理公司建立合作关系。

【广播电视网】

“十五”期间，成都市建成包括微波、光缆、卫星等多种传输手段的广播电视网，实现了各区（市）县光纤大联网，并正向数字化、多功能化、网络化方向推进。2004年，广播节目制作时间1.25万小时，电视节目制作时间8075小时。截至2005年年底，全市共有广播电视发射台38座，广播综合人口覆盖率100%，电视综合人口覆盖率99.75%。电视普及很快，2001年，农村居民彩色电视普及率为79.9部/百户，2005年提高到107.6部/百户，增长34.7%。有线电视用户持续增长，2001年，成都市有线电视用户106.75万户，2005年，增加到160万户，增长率49.9%。广播电视已经成为人们享受文化生活、获取信息的重要手段。

【成都有线电视网络】

成都有线电视网络从1992年开始建设，主要以同轴电缆传输为主。1995年以后，发展迅速，开始发展以光纤传输为主的有线电视光纤、电缆混合网网络。到2002年，建成以成都市有线电视网络有限责任公司和各区（市）县广播电视局有线电视网络为主、并通过市至19个区（市）县光纤干线和数字MMDS系统相连、覆盖全市的有线电视网络。全市274个乡镇与区（市）县的联网，2060个村开通有线电视，其中1528个村实现光纤联网，基本形成市、县接入网相互连接、结构独立完整、四通八达、技术先进、稳定可靠、保密性强的广播电视专用网。全市有线电视网分配网干线电缆总长1.59万千米，光缆长度6000千米，光纤芯长3.99万千米，收视用户达120万户。

成都市有线电视网络以750MHz系统为主，兼有部分550MHz系统，有线电视用户可通过有线电视网络收看到稳定、清晰的40多套电视节目和收听到2套立体声调频广播。市光干线网是向全市各区（市）县传送广播电视信号的光缆干线工程。截至2002年，光缆线路铺设已全面完成，并向成都市19个区（市）县单向传送28套模拟电视信号和18套数字电视信号。市光干线网为星环结合的拓扑结构，是以大芯数、长距离、环状结构的光缆干线为骨架的完整的光传输网络。到2002年，全市建成3个光纤干线环网，光纤环网总长670千米，总投资2002万元，采用工作波长为1550hm的光收发设备和光功率放大器（EDFA）构建广播电视星型单向模拟、数据、数字传输平台，投入资金近1000万元。

成都有线电视网络利用有线广播电视网的宽带网络优势，开发广播电视网络的增值业务，开展宽带双向数字业务、多媒体数据广播业务，并对数字电视广播系统进行开发和市场推广。1999年，成都市广播电视局开展数字有线电视广播试验。2000年，成都市广播电视局在有线电视网上开通多媒体数据广播业务。同年还建成数字MMDS系统，为区（市）县提供三个频道共18套高质量的广播电视节目信号。从2000年开始，成都市部分区（市）县广播电视局拓展网络增值业务，将网络升级改造为双向HFC网，采用CABL，EMODEM和五类线等多种接入方式实现为用户提供计算机联网和Internet接入服务。2002年，利用有线电视网络的光纤资源，建成当地的党政网、政务网及业务虚拟专用网。

【天府热线】

天府热线是西南地区最大的信息港，创立于1996年3月。立足西南面向全球的中文读者，报道全国各地的新闻动态。“天府热线”是建立在国家公用电信网基础上的国际接入网和中国多媒体通信网信息服务上的四川地区的业务网络，作为四川公用信息产业有限责任公司所有的京广线以西最大、最著名的网站，天府热线定位于网上四川。

“天府热线”开通一年后登录“天府热线”主页的访问量就超过120万人次，月访问量达到30万人次。“天府热线”与“上海热线”一起，成为当年全国的两大最热门站点。

1997年8月和10月，“天府热线”将“97国际熊猫节”和“第五届中国艺术节”搬上互联网后，引起世界各地的关注，灵活的接入方式和丰富的栏目内容受到广大网民的赞誉，登录访问“天府热线”的人数日益增加。1997年8月20日，中国公众多媒体通信网四川站点“天府热线”推出英文版，是全国首家同时提供中文和英文信息的综合站点。这次推出的英文版，荟萃“天府热线”最精彩的栏目，包括Local Business News（本地经济新闻）、Atlas of Sichuan and Map of Chengdu（四川和成都地图)、Tanfo Horizon（天府视线)、Snapshot of Sichuan（四川剪影)、Art Gallery（艺术馆)、Epicurism（美食家)、Tourism（旅游)、Chat Room（聊天室）等。2003、2004 年连续被评为中国最具商业价值 100 强网站之一。

至2005 年末，天府热线拥有新闻、汽车、旅游、房产、川菜、电脑、婚庆、收藏等 12 个资讯类频道和音乐、娱乐、动漫、写真 5 个娱乐类频道，以及天府宽频、天府短信等应用服务频道为主的区域性门户网站，内容涵盖生活、经济、娱乐、教育、旅游、新闻资讯等方面。网站主页访问量已逾 100 亿人次，主页访问量每天可达 25 万人次，站点点击次数逾百万，被信息产业部评为“中国多媒体最热门站点”，被中国互联网信息中心评为“十大最佳门户站点”。访问网站的客户有 60% 来自四川地区，网民以 25 ~45 岁年龄段居多，身份以大中专学生、政府官员、IT 行业、通信行业人士、其他商界人士、白领阶层者居多。另外，“天府热线”其余的 40% 访问客户大多来自海外，以及北京、山东、济南、昆明、云南、广州、上海、江苏、河南、青海、深圳、西安、武汉等全国各地近 80 个城市。

【天府人才网】

天府人才网成立于 1998 年，前身为中国商业百强网站——天府热线人才频道，是四川地区成立最早、规模最大、专业从事企业招聘服务的网站。天府人才网率先推出“报+网+现场招聘会+分众传媒”的模式，多层次、多角度、全方位地为网站用户提供贴心服务。

天府人才网主营业务：网络招聘会、简历库查询、广告发布、企业策划、企业培训、天虎猎头、代招代聘、求职信息发布、校园招聘等。

【成都数字集群移动通信系统】

2004 年，开始建设成都市数字集群移动通信系统。

2005 年，该系统一期工程基本建成，通信范围覆盖至成都市三环路内及机场高速公路，系统扩容后覆盖成都市全市。截至年底，共完成一个交换中心、一个调度中心、八个远端固定基站和一个车载移动基站的建设，并为应急联动中心配备了 20 个本地调度台，为消防中心配备了一个远端调度台。公安 110、消防 119、交通 122、医疗 120 等多个用户开始使用这一系统。

成都市数字集群移动通信系统是由市政府投资建设的无线调度通信系统，是中国西部地区第一套数字集群移动通信系统，是成都应急联动系统的一部分。该系统采用 IP 组网，技术先进，充分考虑不同部门的实际应用需要，在资源利用、通话质量、用户分组、通信安全等方面有较大优势，能够与现有的公安模拟集群、消防、交警模拟常规网实现跨系统的互联互通，可为应急联动系统及政府各部门提供调度通信服务。

成都市数字集群移动通信系统用户端具有组呼、私密呼叫、直接对讲、数据传输、紧急呼叫、通话组扫描、GPS 定位和调度台调度等业务功能以及动态重组、通信安全、用户管理和故障弱化等系统功能。系统还具有通话质量好、覆盖范围宽、系统容量大、频率利用高、组网能力强及一呼百应等特点。

【成都市电子政务网】

成都市电子政务网是电子政务建设的一项重点基础工程．是成都市重要的信息基础设施建设，是一个开放的、基于标准的、统一的电子政务宽带网络平台，承载着全市各级政府部门的业务应用，实现全市上下各级部门之间的信息交换和资源共享，并面向机关和社会公众提供服务，增强各部门工作的透明度，提高办公效率。该网以 MPIS VPN 规划业务承载平台，全面支持数据、语音和视频业务，是我国电子政务网络建设中的首例。

成都市电子政务网络突出政务服务的核心，由成都城南节点、城西节点、城北节点、市政务服务中心等核心节点和 14 个远郊区县骨干节点共同组成，承载多条纵向专网，提供多媒体应用，并构建一个包括防火墙、防病毒、入侵检测、主页防篡改、安全路由器等安全设备和产品在内的安全体系，保证整个网络的安全。

成都电子政务外网在统一的网络平台上实现成都各级机关部门内部的信息交互，利用 MPlS VPN 技术，为各个机关部门内部提供虚拟专用网（VPN）服务，集约有效地构建部门行业纵向专网。同时，充分利用宽带 IP 技术，实现网络对语音和视频等多媒体业务的良好支持。成都统一的电子政务网络平台是覆盖成都市、区（市）县的公共信息平台，实现各级机关部门信息充分共享和广泛使用的目标。

【成都市电子政务短信平台】

2005 年 11 月，成都市开始建设成都市电子政务短信平台。平台连通移动、联通、电信三家运营商，利用统一的端口号码进行政务服务，是全市统一的电子政务短信平台。市级部门的政府服务内容及公开信息能够在的平台上发布。通过短信平台可以查询各种政务信息，及时获得行政审批的结果。平台具有网上信息定制等功能，公众可以自主选择信息，达到充分利用信息资源和政务公开的目的。短信平台实现与市长公开电话（12345）接口，公众可以随时发短信反映情况，缓解市长公开电话的压力。统一的短信平台通过邮件到达通知的方式提醒政府工作人员及时处理到达邮件指示的任务。

成都市电子政务短信平台自开通以后，成都市政务服务中心协同平台接办件系统（行政审批事项结果查询）、市信息办 OA 系统（公文到达提醒、会议通知等）、青羊区政务服务中心接办件系统（行政审批事项结果查询）、温江区 OA 系统（公文到达提醒、会议通知等）、市公开电话办公室（12345 市长公开电话短信座席）、郫县 OA 系统（公文到达提醒、会议通知等）等，已经开始使用成都市电子政务短信平台进行短信发布。

成都市政务服务中心使用统一短信平台，公众可以通过短信查询的方式获得行政审批的结果，方便公众办事，减少窗口人员的查询时间，让窗口工作人员专注于事项的办理而不是频繁接待查询的客户。随着拨打“12345”的电话逐渐增多，出现电话高峰期占线特别严重的情况，通过使用统一的短信平台，有效缓解市长公开电话的压力。市民可以随时发短信反映情况。座席人员在收到短信后进行回复，同样达到“12345”市长公开电话的效果。

【电子政务】

1992 年，成都市启动党政多媒体综合信息网络工程。

1999 年，形成数字传输主干网、数字程控交换网、多媒体计算机局域网、信息安全保密网以及全网基础软件、操作平台、应用软件系统等五大骨干体系，微波网络覆盖全市 19 个区（市）县。全市党政计算机多媒体网络系统已具备网络通信、办公自动化应用、动态信息检索查询、VOD 视频点播、视频会议、图像传输、汉字编辑、文印及多系统连接等功能。同年，配合政府上网工程，正式注册“中国成都”政府网站，作为成都沟通社会、展示风貌、扩大对外开放的窗口。

2001年，成都市出台《关于加快电子政务建设的通知》，明确全市电子政务建设的目标任务、建设原则和保障条件。同年10月，成立电子政务应用推进办公室，由成都市信息化办公室承担日常工作。在成都市党政内网建设方面90%的党政部门实现入网。在政府门户网站——成都公众信息网建设方面，29家试点单位实现与成都公众信息网链接，门户网站于10月1日开通试运行。

2002年，全市构建统一的电子政务专网平台以及由公众信息和政务办公网组成的统一电子政务网络体系，并开始建立面向用户需求、提供交互式政务服务的政务门户。在市房管局、市科技局、市经委、市工商局等部门开展体现服务型政府、面向社会公众的网上办公试点。81%的市级部门和90%的区（市）县实现与公众信息网的链接。视频会议系统和公文交换系统分别在市委办公厅、市政府办公厅投入使用。建成统一的党政机关电子邮局，开通近1000个党政机关个人电子信箱。建立全市信息安全联席会议制度，负责整个电子政务安全制度与规范标准的制定、执行和督查，统一协调各部门的信息安全管理工作。

2003年，实施“网上互动便民”工程，将工商、公安等40个部门、690项服务事项的前置条件、办事流程、填表样式在网上公布。全市所有政府部门及其下属的800多个网站实现与政府门户网站的链接，政府门户网站的功能从信息发布调整为信息发布与服务互动，在中国城市政府门户网站评比中，名列全国第十，西部第一。实施“电子政务外网工程”，顺利完成14个郊县的电子政务光纤骨干网络建设。开通了防汛、统计、地税、卫生以及中小企业融资等专网，启动了工商、经委、环保等专网建设。全市90%的市级部门和全部区（市）县开始了电子公文交换。

2004年，通过电子政务外网、政务服务中心局域网和接办件系统及部门OA办公系统，实现政务服务中心与网上政务大厅、部门前后台以及市县两级之间的业务协同与共享。整合了全市部门网站（页），形成了政务信息公开的统一网上平台，提供服务信息3万多条，日均访问量6万余次，在全国副省级和省会城市政府网站的排名中从17位跃升为第3位，被评价为“领先西部的创新型政府网站”。

2005年，全市搭建统一的市县两级协同平台，实现市政务服务中心43个部门的窗口与后台、市县两级政务服务中心的互联互通。建成了覆盖市、县政务服务中心、部门的“政务协同即时通”信息系统。截至年底，已有70个行政审批事项实现“前后”协同，32个事项实现“上下”协同。应急联动指挥信息系统实现各种报警的统一接入和有效管理。800兆数字集群移动通信系统覆盖三环路以内的主要城区及双流国际机场。

【成都市电子政务数字身份认证系统】

2004年12月，成都市电子政务数字身份认证中心项目验收完成。成都市电子政务数字身份认证中心是面向成都市电子政务外网用户的认证中心，担负整个成都市电子政务网用户认证工作。利用用户数字证书、网络办公系统、业务处理系统、邮件系统等系统，实现身份认证、数字签名、信息加密，实现安全、统一、方便的互联、互通、互操作，并保证数据的真实性、机密性、完整性、可靠性，为电子政务网建立了一个可相互信任的网络环境。

2005年，成都市电子政务数字身份认证系统共接入5个应用系统，用户数量达到586个。

【成都市电子政务存储备份系统】

2005年，成都市开始建设成都市电子政务存储备份系统，并于当年整个系统基本部署完成。已有政务中心接办件系统协同平台二期、成都市企业基础信息交换试点系统、城乡一体化社会救助体系、成都市电子政务外网数字身份认证系统等接入存储备份系统，实现了统一存储、集中备份。成都市电子政务存储备份系统保障了各应用系统数据的安全，确保各应用系统高效运行，使各基础数据和业务系统达到高可靠性、高应用性和能够应急恢复的目的。为电子政务外网承载的应用系统以及政务服务中心信息系统提供数据保护。

【门户网站（成都公众信息网）】

成都公众信息网（中国·成都）是成都市的政府门户网站，于2002年1月28日正式开通。至2005年年末，经过四次较大的调整和改版，从整体策划到具体内容的组织，逐步突破传统模式，从过去单一的信息发布型网站逐步转型成为政务公开、网上办事、互动交流以及宣传成都的政府门户网站。网站访问量日均点击次数由开通初期的几千次增加到6—8万次，最高超过10万次。在计世资讯（CCW Research）全国政府网站评比中，2002年在全国36个城市中列第17位，2003年列第10位，在2004、2005年全国32个省会城市和计划单列市政府网站评比中列第3名。成都公众信息网被有关专业机构点评为“领先西部的创新型政府网站”。2005年，在国务院信息化办公室举行的全国政府网站评比中，成都公众信息网在全国333个地级市政府网站中列第六名。

“中国·成都”第四版由“安居成都”“创业成都”“和谐成都”“魅力成都”四大版块构成，开设“新闻中心”“网上政府”“参政议政”“法律法规”“供求信息”“互动查询”“信息定制”“网上银行”“开放式链接”等多个信息频道。

根据《成都市政府信息公开规定》及《成都市政府信息网上公开工作细则》的有关规定，配合政务公开，成都公众信息网开设政府机构、工作报告、发展规划、政府文件、统计公报、人事任免、成都政报、各类公告、区市县/部门信息等政务公开栏目。初步建立网上信息公开的报送、上载、监督、检查等工作机制，制定《成都公众信息网资源建设管理制度》等相关配套制度，与全市40多家单位建立资源收集渠道，开通网上政府信息公开申请功能，建立政府信息公开网上报送系统，为全市各信息发布单位提供统一的发布平台，实现政府公开信息由相关信息发布单位自行审核、上载、发布。

设立专门的网上办事服务栏目，并将政府采购、企业信用信息系统、招标投标系统等业务系统按服务内容与成都公众信息网进行融合。同时还设立“互动查询”等分类频道，将散布于各政府部门和区（市）县网站上的网上查询、网上咨询、网上办事等功能和系统整合在一起，为市民提供更快捷的服务。互动交流是成都公众信息网建设的一个重点，自网站开通时就建立市长信箱、蓉城论坛等互动栏目。2005年推出“和谐成都”版块，整合公众网备受市民关注的市长信箱、市长公开电话、民意征集、建言献策、代表提案、网上对话、政策解读以及各类专题活动等互动内容。通过成都公众信息网，向公众提供政务大厅、政府采购、招标投标、成都招商、企业信用、旅游黄金周预测预报等在线服务系统，建设了一批如双流公众信息网、房产局公众信息网等方便实用、特色鲜明的子网站。截至2005年年末，成都市政府43个工作部门已全部上网，上网率100%；20个区（市）县已全部建立独立网站。

【专用无线通信网络系统】

微波通信网络、350MHz数字集群、800MHz数字集群、单位专用无线通信网（模拟对讲机）、卫星通信系统、无线电监测网络、航空导航系统等多种专用无线通信网络在成都市政府部门、金融系统、证券行业、物业管理、餐饮娱乐、民航、铁路等行业和部门得到广泛的应用。

卫星通信业务：其带宽和通信质量高，主要应用于金融系统，如中国银行、中国建设银行。此外，部分证券公司也采用卫星通信进行数据备份。

350MHz数字集群业务：主要在公安系统广泛使用，取代了过去的模拟对讲机业务。

800MHz数字集群业务：主要广泛用于城市应急联动系统的建设，在应急通信和抢险救援等突发性事件的处理中发挥作用。此外，公安、武警、医疗急救、消防等也采用该无线通信方式。

单位专用无线通信网：主要指模拟对讲机业务，是渗透最深入、应用最广泛的业务。在物业管理、餐饮娱乐、民航指挥、铁路调度等行业和领域被广泛使用。

微波通信业务：主要应用于电信企业，用于传送通信信号。

截至2005年年末，成都市共有各类无线电发射设备900多万部，其中专用无线电发射设备1.71万部。

【成都市现代多媒体信息亭（“成都通”）】

“成都通”多媒体信息亭是一种新型的电子商务平台和公共信息平台，是全球范围内第一例同时实现实时宽带连接、面向全行业、覆盖整个城市范围的综合性户外电子商务平台系统。该系统以高速发展的城市宽带网和因特网为基础，把遍布于城市主要街道等公共场所的上千个多媒体终端连接成一个动态的公共信息和电子商务综合服务中心。

2004年，“成都通”多媒体信息亭完善便民服务。全市425座“成都通”面向公众提供35个常设栏目和专题内容服务；完善并新增设在线问答、在线投票、在线报名等功能，为市民生活提供方便；当年新增设的158座有人值守亭，帮助解决300多名下岗失业人员再就业问题。

2005年，共有455座“成都通”遍布全城，开辟与公众生活息息相关的栏目35个，子栏目约2000个，共有1万多条信息。自开通以后，约有690万人次点击；并开通在线支付系统，市民可以刷卡进行在线购票、在线缴费、在线贷款等，把电子政务和电子商务结合起来，拓宽了政府政务公开的渠道，方便了公众查询，是“政府办实事，企业有发展，项目可持续，百姓得实惠”的“多赢”项目。

【城市通卡】

成都市城市通卡系统工程是一套以智能IC卡为存储支付手段、以公共网络为连接纽带、以计算机系统为信息处理工具的现代化信息管理系统。该系统按“政府项目、企业管理、市场运作”的原则进行运行管理。

此系统主要功能包括：公共汽车收费、煤气管理收费、园林门票收费、自来水收费、出租车收费、小区物业管理收费、停车场收费、路桥收费、轻轨系统收费。

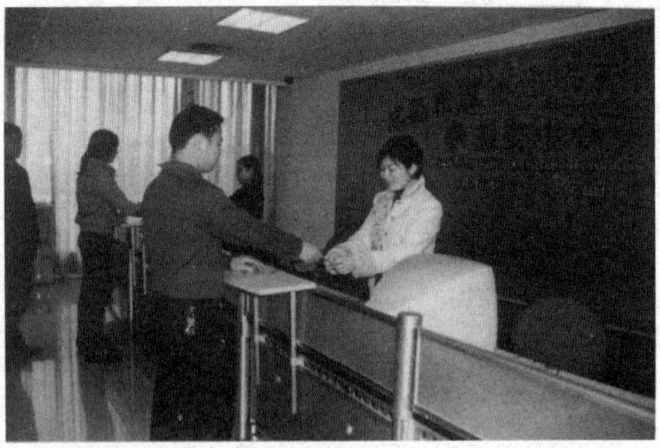

“城市通卡”服务大厅服务员规范为客户服务

系统组成包括：系统由IC卡的售卡/充值系统、IC卡的消费交易系统、IC卡清算管理总中心系统、公交IC卡应用系统、煤气IC卡应用系统、园林门票IC卡收费系统及其他IC卡应用系统等组成。

该系统工程是成都数字化建设的重要项目。成都市城市通卡自2004年1月1日正式运行以来，以城市公交为启动项目，逐步拓展服务于出租车、自来水、煤气、天然气加气站、加油站、环卫、园林（公园、风景名胜区）、停车场、小区物业管理、城市路桥无站智能收费等方面，一卡多用，提升城市形象，方便市民生活。全市推广“城市通卡”、银联卡改变人们生活方式。发放公交卡47万多张，日刷卡消费交易70多万次，开展鼓励持卡消费、有奖刷卡活动。

2004年，成都16家发卡机构（14家商业银行和邮政储蓄、农村信用合作社）在成都市的总发卡量达130多万张，占全省的40%，持卡消费额达100.57多亿元，占全川持卡消费总额的49.8%，持卡消费额占社会商品零售总额的比例达11.5%，比2003年增加5个百分点。

【“众通”数字社区】

成都市“众通”数字社区便民信息服务系统是成都市社区信息化建设的重点项目和2005年市委、市政府为民办实事目标之一。该项目采用政府立项、企业投资、市场化运作的方式，依托已有的电信线路资源，建设覆盖全市社区的便民信息服务网络平台，为广大市民提供电子政务窗口、信息服务（公共信息服务、个人信息服务）、公共事业缴费、电子商务、专业咨询服务等与市民生活密切相关的便民服务，方便市民日常生活。

至2005年年底，数据中心、支付中心、管理中心网络平台相继搭建完成，网络终端分布于社区、居住小区、连锁超市等位置，初步形成社区便民信息服务平台网络，为市民提供政务信息、便民生活信息、社区电子卖场等服务。每日终端访问次数约为3万次。在电子商务应用方面，与交通银行四川分行、成都市城市通卡有限公司展开水电气代收费等方面合作，方便市民缴费。

管理服务机构

【成都市信息化工作和信息产业发展领导小组】

成都市信息化工作和信息产业发展领导小组（以下简称领导小组）是2001年8月在原成都市信息化工作领导小组基础上调整成立的成都市信息化高层议事决策机构。成都市主要领导担任组长、副组长。市委市政府办公厅等22个市级部门和单位为成员单位。

领导小组主要职责是：认真贯彻执行国家和省、市关于信息化工作和信息产业发展的方针、政策，对全市信息化工作和信息产业发展的重大问题提出意见；审议并通过全市信息化工作和信息产业发展中长期规划、年度工作计划及相关措施；审定领导小组办公室提出的信息化工作和信息产业发展的重要事项；指导市级各部门和各区（市）县信息化及信息产业发展的相关工作。对全市信息化建设进行督促检查。领导小组下设办公室，办公室设在成都市信息化办公室，负责日常具体工作，办公室主任由成都市信息化办公室主任兼任。

【成都市信息化办公室】

成都市信息化办公室是2001年7月成都市机构改革中新增设的政府组成部门，负责推动全市软件产业发展，承担国民经济和社会信息化及无线电管理的政府职能，承担成都市信息化工作和信息产业发展领导小组的日常工作。同时，承担原设在成都市政府办公厅的市无线电管理委员会办公室的行政职能、原成都市计划委员会和科学技术委员会的成都市信息化工作领导小组办公室的行政职能、原设在成都市电子工业局承担的有关行政职能、原成都市广播电视局承担的广播传送网（含有线电视网）的统筹规划与行政管理职能和组织制定广播电视传送网络的技术体制与标准的行政职能。

【成都市经济信息中心】

成都市经济信息中心成立于1986年，是国家经济信息系统的重要组成部分，中国信息协会、全国省会和中心城市信息网络的常务理事单位，是为政府部门和企事业单位提供信息、咨询、计算机和网络技术服务的市级专业机构。

中心拥有计算机系统、高速的信息网络、丰富的软件资源。中心有员工60余人，其中博士2人、硕士9人，专科以上员工占90%以上，设有公共服务部、经济信息咨询部、电子政务事业部、网络及设备管理部、应用软件开发部、培训部、后勤服务部和行政办公室等部门。

【成都市软件产业推进小组工作办公室】

成都市软件产业推进小组工作办公室负责提出软件产业发展规划、方针及相关政策，制定软件产业发展年度工作计划和保障措施，并组织实施；负责协调和组织落实软件产业发展扶持政策，会同相关部门做好软件产业的发展布局、项目引进和企业服务工作；研究软件产业发展中的情况和问题，及时提出意见和建议。

【成都市软件行业协会】

成都市软件行业协会是由成都市从事软件研究、开发、生产、销售、维护、教育和管理工作的单位和个人以及产业投资、服务和咨询机构自愿参与并组成的非营利性行业服务机构。

协会主要职能是为政府对产业的引导和推进提供支撑，为区域之间、行业之间、企业之间的合作交流提供平台，为企业之间的资源整合和产业资源共享提供服务，为行业规范、行业监督和行业管理提供服务，引导产业健康有序快速发展。

协会常务工作机构为协会秘书处，下设综合办公室、企业服务部、政务服务部、产业统计部、对外协作部，分别负责秘书处内部管理与服务工作，为会员企业提供各项服务，为产业相关的政府部门提供支撑和服务，为产业提供统计信息支撑和对外联络服务等。协会下设专家委员会，专家委员会在协会的统一协调下开展工作，主要为成都市软件产业相关规划和研究做支撑，为协会开展各项研究和服务工作做支撑，是成都市软件产业发展的智囊团，是产业发展创新的推进服务机构。协会有120多家会员企业，下属10个分会，分别是：软件出口分会、信息安全分会、IC设计分会、嵌入式软件分会、信息技术应用分会、软件人才教育培训分会、动漫分会、网络游戏分会、手机游戏分会、电子竞技分会。

培训服务机构

【成都金海洋教育集团】

成都金海洋教育集团于1997年创立，专门从事高等教育投资及高等教育管理服务、IT国际合作外包服务及TOD/EOD、IT国际认证教育、职业技术教育及实训、教育增值服务（数字动漫及制作、电子出版物、数字传媒、文化发展）。金海洋有员工100多人，教授、副教授、高工20余名，微软MCT/MCSE/MCDBA25人，CISCO CCNA、HUAWEI HCNE等15人。拥有微软中国30%的金牌教师，13个教师团队。

成都金海洋国际教育中心是西南地区首家微软ATEC/CTEC/ATC/MCSP、PROMETRIC APTC，是西南地区与微软合作最久的伙伴之一，是微软全球企业级技术支持服务中心、微软全球认证技术教育中心、微软全球金牌合作伙伴、PROMETRIC国际金牌考场，曾获20多项国际国内大奖。

【四川国信安职业培训学校】

四川国信安职业培训学校（国信安教育基地）成立于2002年，是在国家信息安全成果产业化（四川）基地培训中心的基础上建立起来的国家级信息技术职业技能培训基地。

该学校承接成都软件产业发展计划中软件职业教育培训体系的建设工作，并携手国际知名IT教育机构印度国家信息技术学院（NIIT）共同为软件产业提供实用型技能型高级人才，引进具有ISO 9001质量体系保证的NIIT高级软件人才培训课程，为软件产业提供先进、合理、科学的最新技术管理培训、咨询及相关配套产业化服务。

该学校教学场地超过6000平方米，设有IBM、SUN、HP等专题试验室的。自2002年成立以来，先后培养高级软件人才、信息安全专业人才、网络实用人才超过4000多人。学校获得了国家软件产业基地（成都）指定培训中心、国家IT技术人才培训中心、四川省计算机安全培训中心、印度国家信息技术学院授权培训中心等一系列荣誉资质，是IBM的人员培养指定单位，并成为40多家高校大学生的实训基地，与20多家软件企业签订了软件人才培养输送协议。

【四川华迪信息技术有限公司　成都华迪信息技术学校】

四川华迪信息技术有限公司成立于2003年。公司坐落于成都市高新技术开发区（西区），是国家软件产业基地（成都）的入园骨干企业。公司以信息化业务，以实训及职业技能培训业务为基础，立足四川，辐射西南，面向全国广大用户提供高品质的产品和服务。

信息技术领域产品的研发、销售和技术咨询、技术服务是华迪公司的核心业务。公司技术力量雄厚、行业服务经验丰富，承担过大量国家级、企业级软件开发项目和网络工程项目，技术开发人员中90%以上具有中高级技术职称，并在教育、税务、交通、电子政务、医疗、通信、石油、电力、农业等行业领域的信息化项目中积累了丰富的技术开发和工程实施经验。

华迪公司依托国家软件产业基地入园企业建立的华迪实训基地是中国西部地区创立最早、规模最大、专业化程度最高的大中专学生校外实训基地。公司拥有成都华迪信息技术学校，面向党政机关、企事业单位及社会从业人员开展中、高级职业培训、认证培训、职业技能鉴定等业务。

【成都职业技术学院（国际软件学院）】

成都职业技术学院是2004年由原成都市新华职业高中和原成都旅游职业学校两所职业高中合并组建的全日制普通高职院校。是经四川省人民政府批准、中华人民共和国教育部备案的一所综合性、社区性、专科层次为主同时兼有一定的中职培养功能的高职学院，是四川省高职类IT专业改革试点院校之一。2006年4月成立成都职业技术学院国际软件学院，学院是培养以软件技术（含WEB应用程序设计）、计算机应用技术、计算机网络技术、多媒体技术、动漫设计与制作、应用电子技术等为主的多学科实用型人才的二级学院，是成都市"软件强市"战略的人才基地。

【成都东软信息技术职业学院】

成都东软信息技术职业学院创办于2003年。是四川省人民政府批准的信息类普通高等学校，首批国家示范性软件职业技术学院，国家紧缺型（信息类）人才培养基地，国家火炬计划成都数字娱乐产业人才培训基地，国家数字媒体技术产业化人才培训基地。学院由东软集团联合大连软件园投资创办，教育层次为高中起点的三年制和两年制大专。招生纳入国家普通高等学校招生计划。学院同时开展面向企业、政府和个人的终身教育和在线教育培训服务。

该学院整合东软集团、分布全国的东软软件园和国内外合作伙伴的IT教育资源，采用与国际接轨的IT教学模式。2005年，学院被《南方都市报》等全国12家主流媒体评为"影响中国西部十大高校品牌"，被《华西都市报》评为"影响中国华西传媒高校品牌"。

【成都市信息系统与软件评测中心】

成都市信息系统与软件评测中心成立于2002年，是在成都国信安信息产业基地有限公司综合评测实验室的基础上成立的。

成都国信安信息产业基地有限公司是国家信息安全成果产业化（四川）基地的运营实体。公司下设综合测评实验室，为成都软件企业提供专业、可靠的软件测评服务。

【汉科计算机信息技术有限公司】

成都汉科计算机信息技术有限公司成立于2003年，是年与美国MI（Mercury Interactive）达成合作协议，成为其在中国西部地区唯一的战略合作伙伴。公司聚集一批来自中间件（BEA）、数据库（Oracle）、基础平台供应商（HP、Veritas）等方面的行业专家。2004年，汉科公司成为美国Concord公司在中国大陆地区唯一的战略合作伙伴。

该公司在软件测评方面提供的专业服务主要是面向企业级用户的生产系统性能的保障服务，包括应用软件功能测试、应用软件负载测试、业务系统性能问题分析等。

【成都信息化技术应用发展中心】

成都信息化技术应用发展中心是隶属于成都市信息化办公室的具有独立法人资格的事业单位。于2002年1月31日成立。中心负责全市电子政务网络基础设施的建设、管理和维护，承办与电子政务有关的重大资金项目建设期的方案规划、设计、咨询服务及技术支持与开发工作，承担政府和部门委托的电子政务工程监理，组织本市信息化技术交流与合作，开展信息化技术人才培训。中心拥有一批年轻优秀而且知识层次高的专业技术工程师，本科以上学历占总数的85%以上，均系有丰富的电子政务工程实践经验的专业人才。

【成都市软件产业发展中心】

成都市软件产业发展中心是具有独立法人资格的事业单位。中心拥有门类齐全的专业技术力量，为电子政务、电子商务及社会信息化项目提供高水平的咨询及业主代理服务。中心承担了成都市应急联动系统、成都市疫情和突发公共卫生事件信息系统、“数字成都”等多项大中型信息化项目的研究论证、咨询和项目管理等工作。中心联合相关单位，共同成立成都市信息系统与软件评测中心及 i-Force 解决方案中心，为广大软件开发企业提供开发、测试、培训等全方位的服务。

无线电管理

【无线电监测】

1999 年，成都市无线电管理部门对 505 家单位的 12509 部电台进行年检，设备验证率超过 95% 的目标。由于受寻呼机和移动电话的冲击，当年有 130 家用户单位、1510 部电台申请报停报废。对新增加的 84 家单位、636 部电台按规定指配频率，核发电台执照。全年累计出动执法检查人员 325 人次，查处违章设台事件 105 起，电台 225 部，罚款 2.6 万元。

2001—2005 年，成都市利用无线电设备检测结果，采用“倒推式管理模式”，有针对性地查处经销商、维修商擅自设置频率、恶意占用频率、销售未经国家型号核准产品的行为，维护无线电用户的利益，净化无线电销售市场，减少违法使用、设置无线电台（站）的行为。成都市对仍在继续使用的监测网进行升级、维护，申报监测站计量认证。

2003 年，市无线电管理委员会办公室针对使用手机阻断器严重干扰公众移动通信的情况，协助电信、移动、联通查找干扰，查处因加油（气）站或办公场所使用手机阻断器造成大面积公众移动通信不畅行为。开展民航频率专项整治工作，用户申报干扰受理率达 100%，完成排除率 95%。

【无线电市场管理】

市无线电管理部门加强对小区物业管理使用电台行为的管理，与市房管局物管处联合召开物业公司从业人员无线电台设置使用培训会；加强对无线电销售市场的管理，对无线电发射设备销售市场进行经常性检查，查处违章行为；同时市无线电管理委员会办公室加强对出租车电台使用的管理，查处违规使用电台的行为。

2001 年，市无线电管理部门开展年检工作。参检单位 465 家，年检电台 8380 余部，设台单位年检率和设备验证率都超过了预定 95% 的目标，设备检测率达到 20%。共有 73 家用户单位申请电台报停报废，共报停报废电台 1763 部。收回频率 33 条，大部分指配给新设台单位，新增加 88 家设台单位，计 749 部电台，其中大部分用户单位为第三产业的商业零售业和餐饮娱乐行业。

2002 年，成都市在城区和郊区（市）县建设无绳电话系统。建设基站 2000 多个。到年底，全市小灵通容量达 40 万户。

2002 年，年检参检单位 287 家，年检电台 4341 部。共有 52 家用户单位 1535 部电台申请电台报停报废，其中大部分为出租汽车车载电台。共增加了 23 家新设台单位 182 部电台，其中大部分用户为小区物业管理和餐饮娱乐行业单位。同时，按省无委办的规定，正式启用新的频谱管理系统，223 家 2911 部各类电台换发了新电台执照。对餐饮娱乐等新兴第三产业的无线电台使用情况进行执法检查。加强对校园教育小调频电台的管理，实行专人负责。

2004年，成都市制定《成都市无线电发射设备销售管理实施细则》，实行无线电发射设备销售从业人员培训制度、“无线电发射设备准销证”年检制度、无线电发射设备购买“实名制”、对经销单位采用倒推式监督管理等。

2005年，进一步加强行业自律，按照《中华人民共和国行政许可法》的有关要求，成立成都无线电协会。年检率达95%以上，初步建立较为完备的《成都市无线电台（站）管理信息系统数据库》，并对行政审批台站进行公告；全年共查找干扰36起，开展监测400余小时。

对外开放和交流

【交流合作】

1990—2005年，成都市信息化领域在信息产业、人才交流、技术开发、成果转化、跨国投资等方面与外界进行广泛的交流与合作。在成都举办的“中国成都国际电脑节”“中国国际软件合作洽谈会暨展示会”“中国西部信息化暨信息产业博览会”和“中国西部博览会”等活动，逐步成为推动成都市与国内国外进行信息技术交流与合作、寻找合作商机、促进信息产业蓬勃发展的重要平台。

2002年11月20日，成都高新区与越南高新技术工业区在越南胡志明市举行合作签字仪式。双方约定将在园区规划、形象建设、产业发展、招商引资、技术开发、成果转化、国际贸易等方面进行广泛交流和合作。

2003年2月28日，来自SK中国公司、西门子中国有限公司、爱立信中国有限公司、思科系统（中国）有限公司等20家跨国公司的首脑代表，与省市政府相关部门代表和20家高新区企业代表一道，共同参与了旨在建立一个跨国公司与政府间高效沟通与合作的平台的2003跨国公司论坛成都峰会。论坛围绕“跨国公司眼中的西部与东部区域差异分析”“跨国公司与当地企业的竞合”“成都高新区投资环境评价和建议”“西部产业链构建规划的建议”等主题，通过跨国公司代表的主题演讲、跨国公司与成都市政府、成都高新区企业三方代表共同对话等形式成功进行交流。

从2003年开始成都市连续三年承办中国国际软件合作洽谈会。软洽会已经在软件行业内形成一定影响，成为中国中西部地区软件领域规模最大、规格最高的国际盛会。

2004年7月15日，来自中国台湾地区的90多位业界代表及本地企业参加由成都市政府主办、成都高新区和市台办承办的“2004成都—中国台湾IT产业发展合作研讨会”。研讨会分别围绕成都IT产业发展的投资环境、优惠政策、人力资源优势，以及如何形成IT群聚集效应、IT产业发展模式、IC产品在当地的发展前景、IT产业的机遇与挑战等主题做专题演讲与交流，全方位探讨两地IT产业发展契机和合作前景。

2005年10月16日，市贸促会、市信息办、成都高新区及巅峰软件、国腾信息安全公司和天府软件外包服务公司一行6人组成的成都代表团参加在纽约举办的Outsource World外包年会，宣传成都城市形象和天府软件品牌。并与北美发包商、行业组织和合作伙伴建立联系。

【中国成都国际电脑节】

中国成都国际电脑节从1998年起，每隔2年举办一次，截至2005年共举办四届。电脑节已成为中国西部传统的IT盛会，广大成都市民喜爱参与的节日。

2000 年中国成都国际电脑节 IT 总裁峰会

1998 中国成都国际电脑节。1998 年，成都首次举办国际电脑节。三天的活动中，参观者 20 万余人次，电脑及相关产品销售额超过 6000 万元。在科技一条街展开“万人千机学电脑”活动；在府南河边举行“电脑音乐会”，市民遨游科技的海洋，探索信息世界的神奇，其规模和声势令业界瞩目。

电脑节得到世界著名 IT 企业的大力支持，INTEL 公司总裁贝瑞特博士亲临开幕式并全程参观电脑节活动。

2000 中国成都国际电脑节。由成都市人民政府主办，武侯区人民政府承办，电脑节提出“发展网络经济、推动西部大开发”口号，把举办电脑节作为提升产业层次、城市形象和市民素质的重要举措。有近百位各级政府领导出席开幕式及参加各项活动，并组织各市、区、县企事业单位参观，显示政府对电脑节的关心与支持。

2000 年电脑节是一次筹备周密、组织有序、宣传广泛、影响深远的高科技盛会，引领中国西部高科技潮流。开幕式以网络为线，以高科技为本，既展现成都历史文化，又呈现新世纪、新经济欣欣向荣、朝气蓬勃的景象。整个开幕式科技新颖、气势恢宏。

2000 年电脑节“网络大道”向市民全面展示“网络生活”理念。在成都市科技一条街沿线，安置近千台上网电脑，向市民免费开放，集中展示国内外精彩缤纷的网站，宣传电脑和互联网知识，推广网络经济和电子商务，展现互联网对人们生活的影响。同时，为配合“网络大道”活动，还推出众多商务活动功能区与之呼应如联众在线有奖游戏区、宽带网演示区、网络教学展示区、网上证券交易演示区等，有的活动区还以中国传统文化艺术为主题，结合现代数码技术，演绎了具有数码韵味的“琴、棋、书、画”。

2000 年电脑节举办电子信息产品展览，在展览区聚集了 300 多家知名 IT 企业，展出面积近 1 万平方米，国内外 IT 厂商的最新技术与产品在这里得到了有效展示与宣传，为 IT 企业与传统企业的沟通与交流提供平台。由于展会内容丰富，吸引了数万专业人士参观，4 天活动中有海内外观众近 50 万人次，参与企业 1200 余家，现场销售总额超过 1 亿元，整机销售 1.02 万台，招商引资 6.64 亿元人民币。活动设置的商家经济板块、群众参与板块、专家论坛板块、政府支持与宣传板块互为补充，有机结合，成为适合社会各界参与的节目。

2002 中国成都国际电脑节。2002 年中国成都国际电脑节于 2002 年 11 月 9—13 日，由成都市武侯区与成都市政府、成都市科委、成都市信息化办公室共同举办，为第三届成都国际电脑节。该届电脑节的主题是“科技助推经济发展，网络创造美好生活”。为实现省委、省政府确定的“抓好一号工程，建设西部硅谷”的宏伟目标，及成都制定的走信息化带动工业化发展的道路，以实现成都市追赶型、跨越式发展的目标，通过“武城——数字化生活馆”“@ 世界蓝色大——IT 品牌主题活动”“西部论剑 IT 总裁峰会”“电子政务论坛”及“IT 娃娃和IT形象大使评选”一系列活动，宣传和普及信息技术知识，推动社会信息化发展，为成都科技一条街的进一步繁荣聚集人气，营造环境，扩大商机。电脑节期间，参加各项活动的人数达到55万人次，参会企业近1600家，电脑及其他电子信息产品的成交额超过1.7亿元人民币，充分体现“政府搭台，企业唱戏，群众参与”的特征。

2004中国成都国际电脑节。第四届成都国际电脑节于2004年10月31日至11月3日在成都科技一条街举行。由成都市人民政府主办，成都市科技局、成都市信息化办公室、成都市科协、武侯区政府共同承办，以“时尚人性科技，无限数字生活”为主题。内容包括：高科技开幕仪式、大型文艺演出、无线数字生活体验、IT企业总裁峰会暨西部IT经济年会、IT产业发展专题研讨会和交流会、微软技术峰会与体验、网游实景对决、数字形式产品展映、数码音乐会、IT硬件软件产品展示及热卖、全国最大网络同城约会、缤纷电脑节、时尚科技游等一系列精彩纷呈的主题活动。

【中国国际软件合作洽谈会】

2003年起，四川省人民政府、成都市人民政府与中国国际贸易促进会每年在成都举办一届中国国际软件合作洽谈会（简称软洽会）。软洽会旨在为国内软件企业搭建一个国际软件产业交流、服务平台，希望参会企业能取得丰硕的成果。

第一届中国国际软件研讨会暨软件合作洽谈会（2003年）。第一届中国国际软件研讨会暨软件合作洽谈会于2003年3月26—28日在成都国际会展中心举行，由中国国际贸易促进会和成都市人民政府共同主办，吸引来自美国、印度、日本、韩国、法国、爱尔兰、德国和中国台湾地区以及国内18个省、市、自治区的260多名中外软件行业机构和企业代表参加。大会期间，美国、印度、法国、韩国、中国台湾地区的软件企业与国内企业进行项目洽谈。会议期间举办“软件发展的政府公共政策与成都软件业发展”的专家咨询研讨会。

此次软件高峰会受到业界和媒体的广泛关注和重视，媒体将其称为“2003中国软件风暴”。大会是在中国加快软件产业发展，大力推动软件出口的大背景下召开的。信息产业部、对外贸易经济合作部、中国贸促会总会、中国软件行业协会等国家部委和行业机构的领导出席会议，并对会议成功举办给予了充分肯定。

参加大会的代表中不乏境外软件行业机构和企业的领军人物，如美国软件信息行业协会会长肯沃什先生、美国纽约软件行业协会会长布鲁斯先生等。此次大会在会议形式上区别于传统的研讨会，不仅邀请国内外软件的领军人物对行业热门话题进行深入研讨，而且安排中外企业对口交流洽谈。

第二届中国国际软件合作洽谈会暨展示会（2004年）。2004年4月5—7日，由中国国际贸易促进委员会、四川省人民政府和成都市人民政府共同主办，成都市贸促会承办的第二届中国国际软件合作洽谈会暨展示会在成都国际会议展览中心举行。大会结合中国软件产业现状，前瞻全球软件产业的发展主流，以“国际化背景下的中国软件产业”为主题，以“会议+展示+洽谈”为模式，吸引来自美国、印度、韩国、新加坡、加拿大、英国、荷兰、日本、中国香港地区和中国台湾地区以及国内20多个省、市、区的300余名中外软件行业嘉宾围绕“国际化背景下的中国软件产业”发表主题演讲。会议同期还举办“2004中心城市信息化高层论坛”“信息安全研讨会”“音像制品版权追踪技术研讨会”“新加坡—成都电子政务与成都信息化交流合作研讨会”“SUN 公司解决方案大会”“用友西部制造高峰会”等专题研讨活动。

该届软洽会采取“会议+展示+洽谈”的模式，不仅邀请国内外软件业界的领军人物对行业热门话题进行深入研讨，而且首次增加展示活动，安排中外企业对口交流洽谈。

大会在国内外软件厂商和机构中宣传成都发展软件产业良好的人文和政策环境，促进了成都 IT 产业的招商工作。大会向国内外参会参展企业推出了《成都市鼓励软件产业发展的政策意见》和 57 项以数字娱乐、软件外包为主的全球 IT 招商项目，引起中外代表的广泛兴趣和关注。

大会加深中外软件机构和企业对成都软件业的了解和认识，形成一批合作意向和成果。如微软在中国和政府合作成立的售价技术机构——成都微软技术中心在成都高新区落成；国内首家游戏专业孵化器，成都数字娱乐软件园在高新区落成；国腾信息安全公司与印度最大的软件供应商和外包服务商塔塔服务咨询公司（TCS）签订合作备忘录等。

信息化应用

【政府部门信息化】

2003 年，成都公众信息网政府门户网站在年初完成改版，实现发布型向服务互动型的转变。成都市政府 43 个工作部门、19 个区（市）县和高新区已全部上网，公安、工商、市政公用等部门的网上互动业务试点和房产管理等部门开展的网上预审批，带动政府管理流程优化。从 6 月 1 日起，成都市 90% 的市级部门和全部区（市）县开始公文网上交换。全市已建成统一的党政机关电子邮局，开通党政机关电子信箱，实现跨部门的信息交换与共享。视频机会议系统已经在部分区（市）县开始使用。启动政府采购与招投标系统、法律援助系统、气象服务与防汛指挥系统、旅游信息系统、图书馆信息系统、公务员培训系统等的建设。初步构建了适用、适度的电子政务信息安全体系。

【交通系统信息化】

1999 年年初，成都交通信息化开始进行规划和建设。

2002 年，建成成都交通信息港主要硬件平台和信息传输通道。在交通城域网中，完成 50 个微波站点。区（市）县交通局，金沙、石羊等主枢纽车站，成灌高速公路通过微波或电信网络和成都市交通局实现联网。GPS 中心平台、呼叫中心（特号 962999）建成并投入使用。同时，成都交通 3W 政府网站、成都交通信息港网站、成都交通物流网站、成都交通货运网站、成都交通安全公示网、成都交通行政执法公示网等政府网站和各业务网站全部开通。并且与交通部和成都公众信息网等网站实现双向链接。

2002 年，“城市通卡公交子系统”在 81、97 路公交车上进行内部模拟运行。是年 8 月 2 日，经过严格的步骤，生成一套成都市城市通卡城市密匙。是年 9 月，成都市城市通卡公司在电子科大开始“城市一卡通——校园卡”工程的试点，该校 2500 名学生率先领到贯通校园和成都市区、将学生证、饭卡、月票等多种卡、证的功能整合到一张 IC 卡上的“通票”。

至 2005 年年末，已建成连接市属区（市）县交通局、各大运输公司的交通电子政务网络，内部办公、交通远程运政、路政、港监等电子办证系统逐步完善和全面应用。在运输企业开发和应用二级公用信息系统，通过公用信息系统，实现企业和行业管理部门之间信息的及时传送。在主枢纽和一、二级客运站推广应用集售票、检票、调度、车辆IC卡报班、安检、查询等为一体的计算机管理系统的基础上，研发同城异地公路客运联网售票系统，通过“成都通”代理公路客运车票业务，为主枢纽客运站提供客运车票互售、异地代理的信息接人平台。建立交通局GPS车辆安全调度监控中心平台，为各运输公司进行运输车辆的实时监控、调度和管理。为包括运输车辆线路控制、不同路段不同车速控制，超线路、超时速的监控和管理提供新的信息化手段。以交通信息网站为依托，建成电子商务系统、网上旅游客运车辆查询系统、交通电子地图查询系统、网上投诉系统等。开通交通热线，实现交通咨询、交通信息查询、汽车救援报修、投诉等社会服务功能。

【教育系统信息化】

2001年，成都市开始实施教育信息化建设。2001—2005年，市政府每年有1000万元投入教育信息化建设。

2002年，全市教育系统新建校园网38个、网络教室121个，语音实验室20个，多媒体演播系统40个，闭路电视系统24个，新增学生计算机5385台，完成80所中小学与市教育信息网的链接，培训计算机师资2700人次；广泛开展现代教育技术科研活动，应用现代信息技术提高基础教育和中小学教学质量及水平取得显著成效。是年，全市远程网络教育正式启动。网络教室和多媒体教室的使用频率提高。

2003年，成都市被确认为四川省农村中小学现代远程教育首批试点地区之一，517个学校被列为卫星教育收视点项目学校。该项目中央投入51.47万元，地方投入275.73万元，建设投入资金共计827.2万元。各学校从三年级开始，按照新课程标准对学生进行信息技术能力的培养，培训学生约8000人。

截至2005年12月末，全市学校共有计算机7万台、多媒体电教室1008间、校园网254个、网络教室1723间，建设资金达3.1亿，815所学校达到成都市信息技术教育基础条件标准。90%的乡中心小学以上的学校基本实现“校校通”，实现15个区（市）县信息技术教育的基本普及。

【医疗卫生系统信息化】

2002年，成都医疗信息化试点工作正式启动，市科技局和市卫生局共同在市第二人民医院实施数码医院项目。项目总投资360万元，利用现代信息技术和现代管理思想将医院临床诊断、治疗、护理和服务、质控和医院管理等业务流程整合，为医院决策、管理者和医护人员提供一个全新的管理模式和高效的业务流程。

2003年7月，成都市启动并实施疫情和突发公共卫生事件信息系统建设。该系统根据疫情和突发卫生事件防范和应急处理工作机制，利用现代信息技术建立起覆盖包括农村在内的广大地区的卫生信息传输和处理网络。

2004年，建成成都市疫情及突发公共卫生事件报送系统，通过该系统，实现包括非典、禽流感疫情在内的各种疫情和突发公共卫生事件信息的报送、数据分类、汇总统计和分析处理，成都市疾病控制信息化进入全国先进行列。是年，启动新型农村合作医疗管理系统的建设。新型农村合作医疗管理系统依托电子政务网、疫情上报网络，基于公网的VLAN以及直接通过、Internet接入等多种网络模式建立。支持新型农村合作医疗各项业务的进行，使成都市卫生局和市属区（市）县卫生局之间、各区（市）县卫生局之间和基层医疗卫生机构之间能够根据各自的权限共享资源，分级指挥，合理调配，集中管理。新型农村合作医疗管理系统覆盖成都 19 个区（市）县以及成都高新区 500 余家医院，完成 500 万参保农民的新型农村合作医疗信息化，实现农民医保、账户、赔付、健康、病历以及医疗机构、药品配送等环节的信息化管理。

2005 年，成都市启动突发公共卫生应急指挥系统项目建设。与成都市各医疗卫生单位、疾病预防与控制中心、120 指挥中心和各区（市）县卫生局的信息网络相融合的，与公安、药品、交通等部门以及成都市应急联动系统相连接的，对突发公共卫生事件信息的采集、传输、存储、处理、分析、预案确定及启动处理等过程实现信息化、自动化和网络化处理的网络体系初步形成，可以全面及时掌握突发公共卫生事件和卫生资源等有关信息。

【旅游业信息化】

2000 年，全国首个旅游“黄金周”期间，成都市旅游局配备专门的计算机设备，将来自 250 家企业的接待、收入信息，经过计算汇总，及时在互联网上报全国假日办，正确引导假日消费。

2002 年年底，成都市旅游局有计算机 20 多台，主要应用于公文处理、旅游统计、“黄金周”预测预报、财务管理、导游人员 IC 卡管理。当年制作 IC 导游卡 4000 多张，建立起导游人员数据库。全市旅游企事业单位有 IT 部门的单位 24 个，建立局域网的单位 51 个，接入互联网的单位 70 个，有电子邮箱的单位 59 个，建立网页的单位有 36 个。一些企业建立自己的网站，在网上开展业务。

2003 年国庆节，成都市黄金周旅游信息直报及预测预报系统开通，通过互联网远程采集黄金周期间旅游景点、宾馆、饭店、旅行社、市属区（市）县旅游局等相关信息，由市旅游局实施网上审核、汇总，上报国家旅游总局和假日办。同时经审批、签发后的旅游信息应用 GIS 技术在互联网上以直观的、可视的方式向公众提供便捷的旅游信息查询服务。

2005 年，新版“中国成都旅游门户网”开通运行，提供包括旅游资讯、旅游统计报表、旅游电子政务、旅游咨询服务、旅游品牌推广、展会管理、旅游产品销售、特色旅游、精品线路推荐、各类交通工具预订、宾馆酒店预订、景点门票预订等多种服务。

【工商局信息化】

2002 年，成都市工商局完善内网、外网、业务网（“三网”）的建设，确保“三网”的物理隔离。年底，开通党政网、公众信息网，建立工商网站并接入互联网，连通工商业务网，完成国家工商行政管理网的接入。

成都工商公众网设立政务信息栏目、工作动态及工商快讯栏目，开设办事指南、法规咨询和为你服务栏目。

组织基层工商所对辖区企业（个体户）进行巡查监管，实施制订《工商经济户口巡查记台账》《工商所管辖区域划分表》，完成了工商所综合管理系统软件。

【国土资源局信息化】

1999 年，组建成立成都市国土资源信息中心。

2000 年，成都市国土资源局建立网上地价发布查询系统。将地价相关的数据库资料进行整理，建成《成都市地价信息网》。

2002 年，成都市国土资源局初步实现办公自动化。同时编制完成《成都市国土资源信息系统总体方案》。

2002年，基本完成“成都市国土资源信息系统”第一期工程建设，建成的系统内容包括行政办公自动化系统和国土资源管理业务的地籍管理子系统的办公自动化部分以及应用服务系统中的触摸屏查询系统、成都市地价信息查询与发布系统和国土档案查询子系统部分。

2002年7月1日，成都市国土资源局新建的成都市土地交易市场服务大厅正式对外办公。服务大厅配备有两台100背投电视及18平方米的LED显示屏，通过计算机网络支持，可在大屏幕上显示各类地产信息，为国有土地使用权的招标拍卖和挂牌、交易提供良好的环境。同时另建有170平方米的中心计算机房。

【新闻出版局信息化】

2001年11月，成都市新闻出版局购置第一台采用奔四芯片的计算机。同年12月，接通华宇光纤，成都市新闻出版局登录党政网。

2002年1月，成都市新闻出版局接通成都市人民政府办公资源网。3月7日，成都市新闻出版局通过成都市公众信息网，公布成都市新闻出版局的主要职能、组织机构、领导分工、办事指南等相关资料。

【统计局信息化】

1998年，成都市统计局完成局域网的建设和网络调试工作，建成统计局局域网。

2000年5月，成都市统计局微机连接到局域网；完成统计综合数据库和web服务的网站搭建，建立面向行业内部的成都市统计信息网站；实现市属区（市）县统计局拨号网络统计数据和统计资料传送；实现全网县级以上统计局间的信息双向交换；实现与全国63个网络成员单位各部门间和国家统计局各部门间网络TP电话的互通互联。

同年，建立以局域网为检测单元的安全防范体系，采用当时最先进的网络防护产品及多种网络安全产品，配合网络防火墙设备，对整个网络进行分级检测、跟踪、阻挡非法侵入和攻击，实时提供网络运行安全状况报告。建立以网络为基础，多级、多种平台、自动升级、自动查毒、自动杀毒、自动上报病毒实时状况、自动上报新病毒标本，完全免维护的全网络病毒防护体系；建立健全网络运行管理制度。

2001年1月，广域网二期扩容改造工程完工，扩容后的成都统计信息网，独享2M广域网光纤连接带宽，完全满足统计信息交换和多媒体应用。2002年6月，正式接受房地产企业网上直报统计报表。同年10月，完成基于高速网络连接的网络TP电话改造升级。12月，全省统计系统网络可视电话会议系统成都市站点建成。

【环保局信息化】

2001年年底，成都市环保局同时接入党政网及公众网。

2002年，局域网——内部网——外部网建成。局内网建设信息查询系统和公文处理系统、业务邮件系琉、业务电子流系统、环境数据监控系统、自动投诉系统、数据发布系统，并摆放环保电子屏专用触控系统方便外来人员访问查询。同年，成都市环保局集成办公信息系统开通，通过拨号FTP、拨号NOTES邮件服务等方式建立同省环保局信息中心、直属单位、市属区（市）县环保局的信息沟通渠道。成都市环保局已全面启用NOTES系统，并在此基础上推动全局办公自动化工作。

成都市环境保护信息中心于2002年年底开发的排污申报软件系统，部分企业开始试用，并得到企业认同。

【市建委信息化】

2002年年底，成都市建委所有终端均可连接互联网，浏览外网信息，收发电子邮件，其中11台终端与成都市党政网相连，通过内网向市委、市政府报送信息。成都建设信息网覆盖市城建系统各直属单位及各区（市）县建设局，用于交换各类文件、信息；成都房地产网、成都建筑企业网分别与成都市房地产开发企业、建筑企业联网，发布建设管理信息和提供资质申报资料下载；成都建设信息网定期向社会发布建筑工程招投标信息及建材市场行情。成都市建委在成都市门户网站开设主页，对外发布公众信息。

【文化系统信息化】

1998年，成都市图书馆组建由60台586微机组成的局域网。该网络采用服务器/客户机构架，主要用于电子阅览和计算机培训。同年，市图书馆为互联网申请域名并建立该馆的主页。

2000年，成都杜甫草堂博物馆在网上建立自己的站点。

2001年，市文化局建成单位内部的局域网。

2002年，成都市文化系统实现全系统财务管理微机化。成都市杜甫草堂博物馆安装电子门禁系统。成都市博物馆馆藏文物的管理实现微机管理。成都武侯祠博物馆和成都艺术中心分别在网上建立自己的站点。2002年年底，对局域网进行调整，组建有域的服务器/客户机构架的网络，增强系统的安全性能。

【药品监督局信息化】

2001年9月，市药监局局域网开始建设。到年底，通过党政网光纤和华宇宽带实现局域网与党政网、成都公众信息的链接。制定《成都市药品监督管理局处室计算机管理规定》《成都市药监局党政网运行管理暂行规定》。

2002年，市药监局在局域网上安装全市统一的办公自动化系统软件，通过填平补齐完善成都药品监督管理信息网，分批采购联想电脑24台，建立成都市药品销售企业数据库和成都市药品生产企业数据库，设立成都市药品监督管理局公众网站。

成都市药品监督管理局公众信息网，首页设置药监局概况、政策法规、质量通报、工作动态、网上办公、办事指南、信息库资源、局长信箱等栏目内容。5月8日，成都市药品监督管理局公众信息网站开通试运行，实现网上投诉、政务公开，逐步开展网上办公。

【市政公用局信息化】

1998年，市政公用局建成网站，访问量达13万多人次。

2001年，成都市市政公用局制订《成都市市政公用局电子政务实施建设方案》，投入资金70多万元，实现1、2台单机专门与党政内网相连接，具有与市委市政府网上信息报送功能并纳入市长信箱的信息反馈体系。同年对原有网站功能进行调整和改版，网站共开设10个栏目，内容有局工作职责、工作内容、工作动态和工作程序等。

2002年，公交线路有偿出让招标信息在公用局网上公布后，受到国内外投资者的普遍关注，网站点击率大幅上升。针对群众关心的行业热点、疑点问题，网站专门开设局长信箱，由专人负责信箱的管理工作，及时进行解答。

【质量技术监督局信息化】

2000年，市质监局进行“成都市质量技术监督网络信息系统总体方案”（以下简称“总体方案”）的设计工作。

2001年1月6日，同意通过“总体方案”的论证。11月30日，“成都质量技术监督网”正式开通，并与“成都公众信息网”链接。12月11日，市质监局接入成都市党政网。

2002年7月2日，标准化所开通组织机构代码CA（DMCA），为电子政务、电子商务提供数字证书等服务。9月3日，市质监局开通试运行办公自动化（OA）系统。

【地税系统信息化】

2002年，全市已有20万户纳税人纳入征管系统，有3000余户纳税人使用电话申报，800户纳税人使用防伪税控收款机。全市地税系统形成一支近50人的既懂信息技术又熟悉税收业务的专业队伍。

局计算机系统的整体结构是全集中模式，网络设备选用产品齐全、性价比好的3COM公司全线产品。数据库平台选用支持内存通道技术和有全64位产品的ORACLE8.40数据库。在个体集贸分局的荷花池办税服务大厅配备前端服务器，并运用对称复制技术与中心服务器的数据保持一致，网上各终端以客户端方式与中心服务器进行数据通信。

【国税系统信息化】

2001年下半年，市国税局开始建设办公自动化系统。

2002年，对全市国税系统计算机广域网络进行改造，在6城区内采用省广电的VPN方式，市局端为100M带宽，城区端为10M带宽。

同年6月，全市国税系统全面推广应用CTAIS系统，成功办理税务登记、纳税申报、税票开具、发票发售缴销、税务稽查等业务。7月，市国税局进行CTAIS系统运行数据合并，具有了数据的集中处理、统一支持。全市纳入CTAIS系统征管的纳税户达13.45万户（其中个体户7.35万户），90%以上的税收收入纳入了计算机监控。

市国税局与农行成都市分行及成都市电信局声讯台达成协议，于2002年6月7日正式开通17967电话申报系统。2002年7月23—28日期间全部统一升级到ODPS4.0版本，实现市局与市属区（市）县之间的远程收发文功能。

【地震监测信息化】

成都市数字遥测地震台网（第一期工程）于1999年10月建成并投入试运行。2002年4月通过国家验收，同时获得成都市科技进步奖。第一期工程包括龙泉驿、彭州、大邑、蒲江4个子台和设在成都的数据汇集处理中心。成都市数字遥测地震台网属国内地方地震机构最早建立的数字遥测地震台网之一，主要用于检测成都市及邻区的地震活动，以便为地震预测预报及震后救灾、紧急救援提供科学依据。台站采用短周期速度地震计和24位地震数据采集器，信号通过无线数字传输，台网中心采用计算机网络处理系统。台网以检测成都市及邻区的地震位置，可检测成都市及邻区ML1.5级以上地震，具有地震事件自动触发和测定地震基本参数的功能，可在10分钟内完成地震速报，并能将地震信息通过公众无线网络信息服务系统及时发布。

【气象信息化】

20世纪90年代前期，气象信息的采集传输逐步实现半自动化、自动化。1996年，成都市气象局（包括所属13个区、市、县气象局）始建气象信息微机网络系统。1998—1999年，建成卫星气象接收处理综合信息系统，形成以卫星通信手段为基础、微机运行平台和气象信息综合分析处理系统软件平台为支撑的软硬件平台。至2002年12月，先后建成遥感卫星资料接收监控系统、静止气象卫星接收处理系统、气象专用分组交换通信网、成都市城市环境预报平台和办公自动化处理系统和成都市农村经济信息网络分中心，实现国家气象中心及省、市、县气象台的气象信息资料的共享。

【财政局信息化】

2001年，市财政局国库处开发的一套非税收入和“收支两条线”管理软件正式投入运行。

从2001年起，成都市财政局会计管理处先后开发建账监管软件，注册会计师、会计专业技术资格和会计从业资格报名、考试软件，以及会计电算化验收确认管理软件和会计电算化合格证书管理软件、会计从业资格证书管理软件。建立起建账监管、会计从业资格人员和会计考试信息库。2002年，完成会计从业资格证书年检，核证近10万人。

成都市财政局使用财政部计算中心组织开发的公文处理系统。该系统包括收文管理、发文管理、档案管理、数据报表、内部资料、政策法规、网上论坛、通告栏、个人资料、领导讲话和领导公务安排等功能模块，涵盖了机关办公自动化的全部内容。

至2002年年底，财政局域网建设基本能满足财政业务需要，人手有一个局域网信息接入点，并通过光纤专线与四川省财政网相连接，实现上下级之间信息实时传输。

【公安系统信息化】

1991年，成都市公安局开始在主要业务部门逐步建立计算机管理信息系统。

至2002年，已建成覆盖全局所有业务处（队）和市属区（市）县公安局的光纤数字主干网络，主要公安业务工作基本实现计算机网上办公，以公安信息化为依托的打防管控现代警务运作机制逐步形成。

截至2002年10月，铺设公安专用光缆8800芯千米，建成公安高速数字光纤主干网络。其中，铺设光纤5000芯千米，完成市公安局到所有业务处（队）和市属区（市）县公安局的光纤连接；铺设城市道路监控光纤近3800芯千米，完成所有城区交警队（所）、市区26个主要交通路口、21个治安重点部位的光纤连接。

截至2002年11月，市公安局采用电缆数字接入、综合业务数字网和专线连接等方式共完成133个派出所接入网建设，占全市276个派出所的48.2%。

成都市6个城区公安分局共有84个派出所，已完成81个派出所宽带接入，其中39个派出所采用光纤100M接入，42个派出所采用ADSL（512K）接入。远郊区（市）县公安局的派出所，通过组建公安虚拟专网方式，采用ISDN或者专线连接等方式接入公安主干网络，已完成52个派出所接入。

已经建成人口、刑侦、110报警指挥、旅店业管理、交通管理、出入境管理、消防管理、治安要情、出租车管理、拘留人员、350M移动查询、印章业管理、在押人员、人事档案管理等业务信息系统。已建成数据信息基本完整的常住人口、暂住人口、工作对象管理信息系统，拥有常住人口数据近1020万条，暂住人口数据160万余条，工作对象数据25万余条。建成刑事案件管理信息系统、指纹自动识别系统、人像自动识别/比对系统、被盗抢机动车信息系统等。已建成现代化的多功能指挥中心。该中心主要功能包括110电话接警、固定点报警、运钞车GPS报警、350兆无线指挥调度、城区重点部位（重点场所）图像监控等。建成全市562家宾馆、饭店、招待所与市公安局联网的旅店业住宿登记管理信息系统。建成全市机动车辆管理信息系统、驾驶员管理信息系统、非机动车辆管理信息系统、机动车驾驶员违章记分管理信息系统、机动车辆违章闯红灯自动抓拍系统、“电子警察”系统等。城市道路交通监控系统一期工程铺设光纤长达3800芯千米，建成连接成都市区26个主要交通路口和21个重点部位的道路监控综合系统。同时还建成一套多功能“电子警察”系统，能够自动记录违章车辆情况，每天在成都主要报纸和市公安局公众信息网站上发布。建立中国公民因私出境证照受理、审批管理信息系统，境外来华临时住宿登记信息系统和签证系统等。

【民政系统信息化】

2002年5月，成都市民政局机关局域网和成都市民政信息门户网站建成。局域网及网站于2002年10月正式投入使用。对中心机房内的强电线路和网络线路进行重新铺设和配置，并完成50个信息点的安装、调试。

党政网配置HPLC2000服务器、D-Liuk交换机，以网站方式通过党政网光纤专线网络实现与市委、市政府的联网，实现公文、信息传递信息化。通过10M自主光纤通信专用线路与国际互联网相连，为社会公众提供民政信息服务。

网站信息系统提供网上公文流转、电子邮件、资源共享、网上办公、公众信息互访、民政信息发布、站内信息搜索、后台及远程管理维护等实用功能。

成都市民政信息网站设置栏目有“工作概况”“机构设置”“政策法规”“政务公开”“办事指南”“网上信访”“民政咨询”等共22个。网站建立可为本系统人员提供方便、快捷、免费的电子邮件系统，用于文档共享的上传下载系统，用于展开网上讨论的民政论坛BBS系统。

【审计局信息化】

2001年7月，成都市审计局开始信息化建设。2002年，完成《信息化建设三年规划和信息化建设方案》的制订、机房的改造、成都市审计局公众网站的建设、党政网综合布线工程、党政网系统的集成、审计局党政网站的建设，并对现有的计算机内存、CPU、主板进行升级等。

2001年12月，确定由成都市经济信息中心为审计局建设公众网站，采用虚拟主机托管方式，托普科技有限责任公司具体承建。成都市审计党政网系统集成于2002年4月，由成都长丰数码信息产业有限公司建设。网站已与成都市党政网连接，并可实现网上公文交换，全市19个区（市）县和成都高新区审计局与市审计局机关在网上可以实现文件的上传下达。

【劳动和社会保障系统信息化】

1998年6月，成都劳动力市场信息网络正式开通，网络覆盖五城区和部分区（市）县共计18个网站。

1999年1月，成都社会保险计算机管理系统正式投入运行。

2001年11月，成都市党政网成都市劳动局结点建设、调试工作完成，并投入使用，具备网上信息报送等多项功能。同年12月，建设开通了成都市劳动和社会保障局公众信息网站，具有网上信息刊登、最新政策发布、电子政务、网上办公等功能。

2004年11月11日，成都市劳动保障网开始运行，网站访问量持续攀升。

2005年6月11日网站访问量突破100万人次，网站的“劳动力市场招聘求职信息”栏目全天24小时为大众提供就业信息；“个人社保信息查询”栏目使广大市民可以足不出户地随时了解自己的社保费缴纳情况。同年10月，成都城乡统筹社会救助信息系统开始建设，次年1月上线试运行。此系统涵盖城镇最低生活保障、义务教育“两免一补”、高中贫困学生助学金、城镇廉租房、大学生助学、城镇困难人员医疗救助、残疾人自强助学金、特困残疾人家庭专项救助、农村最低生活保障、农村医疗救助、五保供养、安身工程、资助农村新型合作医疗、自然灾害应急救助、法律援助、城镇低保对象免费职业培训、困难职工再就业援助等30多项救助信息。

【金融部门信息化】

2002年9月16日，成立成都银行卡联网通用平台。年底，已有1310家特约商户、2805台POS机具接入平台。

2003年3月，成都信息办代市政府拟定《关于恳请将成都市列为全国“银税一体化”试点城市的请示》并报国信办。5月30日，国务院信息化工作办公室、财政部、国家税务总局、中国人民银行联合印发《关于同意在北京市、上海市、成都市、长春市开展金融税控收款机共享试点的批复》，成都市正式成为全国首批金融税控收款机共享试点城市。

是年，制定《成都市金融税控收款机共享试点工作实施方案（草案）》，并参与“金融税控收款机”国家标准的起草工作。完成金融税控收款机在餐饮、旅游行业的小范围试点，完成用于“银税一体机”项目的布点；试点资金1000多万元，建设用资金3000万元。2003年12月，成都市开展金融税控收款机标准符合性验证工作。

【企业信息化】

2002年年初，成都市制订《关于推进企业信息化工作的实施意见》，设立市企业信息化专家库。成都市10户工业企业信息化试点工作全面铺开；34个企业信息化建设项目纳入技术创新项目备案，总投资达2亿多元；建有技术中心的企业应用CAD技术覆盖率达90%以上，重点优势企业中有30%以上的企业应用管理信息系统；建立企业信息化专家咨询库，100多名专家为企业提供项目评审、人员培训和咨询服务；企业征信系统建设开始启动。

2003年，成立“企业信息主管俱乐部”。

截至2005年年底，成都市重点优势企业中的机械制造企业80%都引进数控加工中心。成都市建有技术中心的企业应用二维CAD技术覆盖率达到95%以上。全市重点企业中有20%左右已应用或正在实施ERP管理信息系统。部分企业进行网络营销。成都市已有600多家工业企业实现统计数据网上直报。已实施信息化建设的企业平均资金周转率提高30%，库存占用率降低25%，新产品开发周期缩短20%。由于信息化基础设施和应用水平的提高以及行业应用软件的发展，成都市已被列为国家企业信息化试点城市。

成都前锋电子电器集团股份有限公司信息化建设。2002年起，前锋集团先后建设完成制造资源信息系统、供应链管理系统、计算机辅助设计与制造系统以及产品数据管理、客户关系管理系统、市场信息系统和决策管理系统。

前锋集团运用ERP系统，将企业所有资源进行整合，将生产控制（计划、制造）、物流管理（分销、采购、库存管理）、财务管理（会计核算、财务管理）、人力资源管理（规划、工资、差旅等）各功能模块高度集成，实现信息在企业内部高效传输，为决策支持、数据仓库、电子商务等高级信息系统提供重要基础。

2005年4月，使用ERP软件后，完成手工操作到电子化操作的转移。前锋集团成品物流链ERP项目投入使用后，前锋集团产成品的销售业务、库存业务、财务会计业务整合到一个电子作业平台上，成为前锋集团销售部门、物流部门、财务部门开展工作的基本工具，缩短了物流周期，加强债权控制，降低运营成本。

成都飞机工业（集团）有限责任公司信息化。“十五”期间，成飞集团建立超七全机结构数字样机，实现产品数据共享。在超七/TC—1飞机研制中，全面采用3D数字化设计技术，制定完整的数字化设计规范，建立全机结构数字样机，实现全机结构数控零件100%的数字化定义，实现产品唯一数据源在设计内部各专业间以及设计和制造之间的共享和无缝衔接；利用“全计算机化”发图，提高发图工作效率；进行设计流程再造，实施并行工程。

成飞集团采用电子化文档管理，确保数据的一致性。实施计算机辅助生产和质量管理，确保研制进度和质量。建立产品数据管理系统，采用全电子化文档管理。所有供生产用的计算机图样、三维模型、技术文件全部分类发放至中央数据库，并在批准后使技术状态受控，并有严格的备份制度和防泄、防窃密的安全措施。同时，数据库拷贝给制造部门，保证制造部门使用计算机文件与设计部门技术状态的一致性。通过信息技术的应用，减少研制过程中的工程更改并促进研制成本的降低，提高研制质量。变革研制流程和管理模式，提高飞机研制的平行交叉作业水平，缩短研制周期，取得显著的技术经济效益，飞机研制的精度、质量和协调性大大提高。

成都宁江机床集团股份有限公司信息化。2002年，宁江集团与北京艾克斯特公司合作开发NJ-MIS系统，通过对技术系统生成的产品数据进行处理并添加相关信息。生成相关的作业计划用于生产管理。信息管理中心还自行开发工资管理软件、人事管理软件、工装管理软件、车间工票管理系统、宁江机床集团内部邮件系统等，用于企业的信息化管理。宁江集团在公司内部建成传输速度达到100M的公司内部网，并实现集团公司各部门的联网，实现公司信息在网上传输。建成集团公司技术中心子域网、生产系统子域网、财务系统子域网，三个系统可与总网脱开也可随时连接。2002年11月，集团公司的通知、计划等在内部网上发送，开始局部实施办公自动化。宁江集团技术系统购置机械设计软件和电气设计软件，配置二维、三维设计软件和有限元分析软件，全面实现计算机辅助设计。同年开发PDM软件，用于设计流程管理和产品原始数据管理等。2002年底，开始进行“设计流程管理软件”开发，该项目在2003年完成并投入使用。同期，宁江集团还开始与四川大学合作，进行产品大件的计算机辅助分析与优化设计研究，利用现代设计手段和设计理念，提升企业产品的综合性能。

【农村信息化建设】

2002年年底，成都市农村经济信息网络体系初步建成。全市319个乡镇、龙头企业、农副产品市场、重点村实现与“西部农业在线”联网，访问量14万多人次，发布供求信息11350条，实现网上促销金额达1.31亿元，招商引资达1.99亿元。

2003年，市信息办、市委农工办和市教育局制定《关于在全市开展运用信息技术加快农村脱贫致富试点工作的实施方案》，选择2个扶贫村、6个经济发展不同水平的乡镇和9个农业产业化龙头企业，以学校和龙头企业为载体开展试点工作。1月，启动“缩小数字鸿沟·信息化手拉手”活动。同年暑期，500多名大学生志愿者对口联系乡镇开办信息化讲座200余场，培训1000余人次。全年全市新增联网乡镇17个，联网重点农业产业化龙头企业46个，发布本市经济信息1.05万条。农经信息网联网乡镇达333个，占总数335个的99%；农业产业化龙头企业联网达63%。

2004年，联通利用“天府农业网”在乡镇和企业建立95个信息工作站。是年，联网乡镇达318个、联网龙头企业241家、农副产品批发市场15个。是年“中国西部农业在线”网上发布信息3万条，网上交易3.2亿元，网上招商引资2亿元，网上培训5000人。全市所有自然村实现村村通固定电话，移动信号覆盖率达94.5%，为郊县山区农民安装无线座机13万部，发行《绿色电话号码簿》近2万册，方便农民查询信息。

2005年，通过实施“信息服务工作站百千工程”，整合资源，推进全市农村经济信息网络建设，建立100个农村信息服务工作站，开展市场、科技信息服务。全市农村经济信息网网上农产品交易额3.5亿元，网上招商引资2亿元。

是年“中国西部农业在线”和“天府农业信息网”已链接全市80%的乡镇，全市建立农民网校十余家，在50个定点扶贫村建立了信息报送点。

同年，成都市委办公厅、市政府办公厅转发《关于加快推进农村信息服务体系的意见》，市信息化工作和信息产业发展领导小组出台《成都市城乡一体化信息服务体系建设规划》。全市所有自然村实现村村通固定电话，移动信号覆盖率达94.5%，为郊县山区农民安装无线座机13万部，发行《绿色电话号码簿》近2万册。建立30所农民网校，普及推广计算机应用。通过实施“信息化进社区试点工程”，在新津县纯阳小区等农民集中居住区，建设信息服务场所，搭建社区综合信息服务系统。通过实施“信息服务工作站百千工程”，整合资源，推进全市农村经济信息网络，建立100个农村信息服务工作站。全市农村经济信息网网上农产品交易额3.5亿元，网上招商引资2亿元。实施“农业产业化龙头企业信息化应用工程”，推广“企业信息化系统+农经专合组织信息服务+农户”模式，针对企业需求，完成30家龙头企业信息综合服务应用系统建设。同年，还启动城乡一体的“农民热线”综合信息服务平台建设。

信息技术服务

【服务业态】

2005年，成都市电信业务收入达到88.8亿元，电话服务基本普及，宽带接入快速发展。电信增值业务逐步普及，手机（包括小灵通）短信成为广泛使用的移动增值业务，除作为个人之间的短信联络外，还通过短信点播平台开展移动资费、股票行情、天气预报、交通信息、电子邮件、标题新闻等公众信息的增值业务。

成都市政府、企业和事业等单位建立1.03万个网站，拥有互联网网络提供商28家，信息内容服务商360多家。信息内容涵盖宏观经济、国际贸易、财政金融、财经、新闻、农业信息、企业产品信息、招商项目、证券、法律法规、商品供求信息、市场价格、科技信息、文献专利、人才供求、教育信息等，以及政府办公信息、对领导的专供信息和地理信息、旅游热线、交友等各个方面，覆盖面广。信息内容的传播除沿用传统的书籍、报纸、杂志等纸介手段外，已向卫星、广播、移动或有线通信工具、互联网等先进的电子媒介或无纸化传播的方向演进。以数字娱乐为代表的网络服务突出发展，初步形成数字娱乐的消费体验中心。

2005年，成都注册网吧2300余家，为广大网民提供信息、数字娱乐和网络游戏等服务，网络文化市场份额超过10亿元，在线网络游戏运营收入约0.9亿元，电信收入1.5亿元，缴纳税收6000万元。

成都市“科技一条街”及四川大学周边区域已经形成一个IT商圈，分布有百脑汇资讯广场、新世纪电脑商城、新成都电脑城、东华电脑市场、成都数码广场、世纪电脑城、NOVA@世界等规模较大的电脑商城15座，经营场所面积约49万平方米，入驻企业达到3000多家，国内外著名软、硬件企业（公司）都在这里设有分公司、办事处或代理机构，年销售收入200多亿元，从业人员3万余人，已形成包括电脑及相关配套产品、现代办公设备、现代通信产品、光机电产品、生物及现代医药制品在内的科技产品交易和科技咨询大市场，成为中国西部最大的IT产品集散地及西南地区“技、工、贸、咨、娱”齐全的成都现代信息服务中心区。太升路汇集上万个成都通信产品经营商位、500余家专业手机卖场及十余家超过千余平方米的手机大卖场，成为西南及成都最大的通信集散地。“十五”初期，太升路销售的手机曾一度占据整个成都通信市场90%以上的份额。“十五”末期，太升路手机销售仍占成都整个通信市场的60%以上。以电子科技大学及周边区域为中心，形成大发、城隍庙、新鸿路市场等电子信息产品市场。

2005年，在市工商局注册登记的咨询服务企业已经超过600家，加上五城区及高新区科技咨询服务企业，共计2000多户，主要从事信息系统方案设计、市场策划、目标规划、业务咨询、项目监理等业务。

【外包服务】

21世纪初，成都软件外包企业规模小，外包发展缓慢。

2004年，成都从事软件外包的企业不到10家，2005年扩大到30多家，出口外包收入3139.07万美元，同比增长56.95%，软件出口以日本、欧美为主。2004年4月5—9日，第二届中国国际软件合作洽谈会上，数个公司向成都市抛出外包项目订单。

“十五”期间，市信息办、高新技术开发区制定《加快成都软件外包业务发展的实施方案》，推进软件外包业快速发展。市信息办、成都市软件行业协会联合出台相关文件，从政策、环境、资金上大力支持北大青鸟在成都市启动“千人培养工程”，为成都市的软件外包产业注入了新鲜血液。同时成立软件外包企业联盟，成都市软件外包企业联盟由本地20余家软件外包企业组成，用市场化的手段维护软件外包行业的规范化管理，协助企业成员解决外包业务市场的利益冲突与纠纷，通过企业合作和能力互补，增强成都地区的企业对外协作能力。

成都市还制定《国家外包基地（成都）发展规划》，在规划中提出将重点实施软件外包产品开发、企业孵化培育、软件外包人才培养、企业国际认证、基地公共出口平台建设等重点工程。成都软件外包服务从国外企业在成都设立的研发中心和服务中心（如摩托罗拉成都软件中心、成都IBM全球服务执行中心等）开始起步，不断发展，随着国内著名企业相继在成都设立分支机构（如华为技术有限公司成都研究所、中兴通信股份有限公司成都研究所等），成都的外包服务渠道日益健全。

成都聚集众多软件外包服务企业，具备一定的对欧美和日本的软件外包承接能力。成都外包服务基本形成“两大集群、一个平台、一个品牌、两大市场”的良性发展格局。其中两大软件外包企业集群是以音泰思、四川聚龙、启明软件、四川计算机研究所、兆虹等为代表的对日韩外包企业集群；以颠峰集团、国腾集团、杰华科技、迈思信息等为代表的对欧美外包企业集群。成都建立软件外包产业服务体系，搭建首个西部软件外包服务平台“天府软件外包业务平台”，为成都中小型软件企业提供国际国内市场渠道拓展咨询、金融担保、投融资、软件外包业务支持等服务，在美国10大城市，加拿大3个城市，欧洲、日韩等国家，中国香港、中国台湾等地区设立20多个办事处和联络点，为平台入驻企业成功争取到4200万美元的外包订单，催化一批软件外包企业，引进软通动力、台软国际等9家企业落户软件外包业务平台，成都外包服务收入逐年递增，2004年约1000万美元，2005年约1800万美元。

【IC设计】

成都在集成电路设计领域有较好的发展基础。成都有面向国内外从事集成电路设计、软件开发、软件服务的中小企业的专业性孵化器，完善的基础设施和服务环境，优秀的IC人才，吸引着众多知名企业。成都有成都华微、国腾微电子、南山之桥、科胜迅、凌成科技、松翰科技、旺宏科技、威斯达、登巅微电子、成都天锐、四川虹微、凹凸电子等50余家集成电路设计专业公司，绝大部分都集中在以国家集成电路设计成都产业化基地为核心的成都高新西区的电子信息产业带上。

成都IC设计基地有IC设计公共开放实验室、专业认证培训中心、集成电路开发设计平台。拥有EDA“电子设计自动化 Electronic Design Automation”实验室3个、测试实验室1个、专业培训教室1个、多功能学习厅1个，还拥有多套EDA软件。成都IC设计基地服务范围已跨四川、重庆、云南、贵州四省区，省内辐射乐山、绵阳、德阳等城市，服务企业多达30家。

【信息安全成果产业化】

国家信息安全成果产业化（四川）基地于2000年7月由国家科技部正式批准建立，是国家信息安全成果产业化三大基地之一，也是国内最早、最大的国家信息安全成果产业化基地。

2003年10月，由国家信息安全成果产业化（四川）基地发起成立“国家信息安全成果产业化（四川）基地企业联盟”。基地共有60多家信息安全企业，总从业人数9280人。

2003年，基地信息安全产品销售收入近9亿元。2004年，基地入驻企业销售总额为18亿元，信息安全产品销售总额达13亿元，产品年销售额上亿元的企业有4家，上千万元的企业有15家。2005年年底，成都市信息安全产业销售收入达22亿元，其产值已占到全国信息安全行业产值的23%左右。

2001—2005年，逐步形成产学研相结合的技术创新链、产品链和产业链，在信息加密等技术领域处于国内领先地位，成为国家信息安全教育、科研生产、技术和人才资源主要聚集地。基地拥有一批自主知识产权的信息安全产品研发、生产和信息工程涉密系统集成服务的资质企业，共有产品研发、生产销售和安全系统集成服务企业近50家（其中研发生产企业30多家，安全服务企业近20家）。基地涌现出如30所、卫士通、三零盛安、迈普等销售额上亿元的企业，基地企业研制开发和生产的主要安全产品有：通信保密及终端安全设备系列、安全应用系统、身份鉴别授权访问控制类产品、基础安全模块系列、信息安全系统及平台软件、入侵检测、漏洞扫描、隔离和防辐射类产品、安全评估与审计产品7大类、60多种。卫士通的宽带VPN技术、川大能士的能士安全系统、迈普的路由交换机、南山之桥的千兆线带防火墙芯片等为代表的一系列信息安全成果已成功转化为产品，并推向市场。

2004年，微软在成都建立国内首个信息安全技术中心，致力于建设具有国际水平的信息安全暨应用软件平台，从事研究、开发、服务及人才培养，增强成都市信息安全服务能力。

2001—2005年期间，该基地共承担各级政府科技部门支持的信息安全科技项目210多项。在成果产业化方面，国家863计划有15项、国家科技项目40多项、产学研合作项目11项、自主开发成果120多项、企业申请专利50多项。由基地承担的210多项科技项目中，经相关部委和省科技部门鉴定项目共有90项，获各级科技进步奖项共有112项，其中获省、部级一等奖33项，省、部级二等奖48项，在全国性杂志发表论文共155篇。

【数字娱乐】

2001年，成都开始注意到数字娱乐产业的发展潜力，成都市委、市政府决策层多次赴日、韩等地考察。同年，华义国际在成都设立中国研发中心总部，耗资3000万元打造大型网络游戏《天下无双》。成都网络游戏快速发展，国内外游戏巨头先后入驻成都数字娱乐基地。如名列国内前5位数字娱乐企业中的3家——盛大、金山、腾讯入驻成都数字娱乐软件园。成都手机游戏企业无论是规模还是研发水平均排在全国前列。

全球手机游戏巨头Gameloft、联合众志、掌中科技等纷纷入驻成都数字娱乐软件园。依托数字娱乐软件园，逸海情天公司的《海天英雄传》、梦工厂公司的《侠义道》、锦天公司的《传说online》、斯普公司的《三毛欢乐派》等产品完成研发，其中《传说online》由北京游戏运营商晶合时代以2000万元买断运营权，经过一年的运营，在线人数突破五万人。

2002年年底，成都提出建设数字娱乐产业基地的战略构想。

2003年7月，由市政府和四川大学软件学院共同投资搭建“成都市数字娱乐工程技术研究中心”，为数字娱乐业发展提供全方位服务。2005年2月，英特尔与市信息办合作建立“英特尔—成都数字娱乐公共技术平台”。这一具有国际水准的数字娱乐公共技术平台及演示验证中心，是Intel公司在全球唯一的数字娱乐产业展示和公共技术平台。除此之外，成都市建成了软件公共技术平台，组建支持数字娱乐产业发展的五个专业技术平台（引擎库、游戏软件测试平台、运营平台、音效库、美术库），为数字娱乐等软件企业提供研发、测试、演示、验证、教育等全方位服务。数字娱乐软件园已建成数字娱乐3G试验接入平台，为8家公司或工作室提供产品挂网服务。

2005年4月26日，中国首家“国家网络游戏动漫产业发展基地”落户成都，完善四川动漫产业链。自主开发的多款动漫电视片《天上掉下个猪八戒》（共26集）在央视播放得到了广大电视观众的好评。中华轩作品继2004年获得国产动画“最佳团队奖”等三项大奖之后又获得2005华语动漫盛典大奖。全球最大的电子竞技游戏平台全球游戏联盟也正式落户成都。

同年6月，高新区建成全国第一家数字娱乐软件园，该园已成为全国首家“数字娱乐产业化基地”。

2005年，销售收入达4.23亿元。成都市共有数字娱乐相关企业60余家，基地内有60多项产品投入运营或收费，带动相关产业产值约30亿元；网络文化市场份额超过10亿元，在线网络游戏运营收入约0.9亿元，电信收入1.5亿元，缴纳税收6000万元，对信息产业、相关产业拉动15亿元，网络文化市场已经成为民间资本投放的热点。

2001—2005年期间，成都数字娱乐企业从事涵盖网络游戏、手机游戏、视频游戏、动漫动画、3G新业务、数字音乐、新媒体影视、流媒体、游戏引擎、IPTV、人才培训等多个领域的业务，推出大量具有自主知识产权的原创数字娱乐产品。利用中国国际软件合作洽谈会、中国—欧盟投资贸易合作洽谈会、成都国际电脑节、国际性电子竞技赛事等产业合作交流平台，扩大成都数字娱乐产业的影响力，对外发展的步伐不断加速。Gameloft、盛大、金山、腾讯等国内外著名企业纷纷在成都投资或设立机构。《2006年度中国游戏产业报告》显示，成都的数字娱乐市场占全国10%，整体排名居全国第三，成都已成为真正的数字娱乐之都。

软件业及园区（基地）建设

【软件业态发展】

20世纪90年代，成都拥有一批从事软件开发、设计和加工的企业。成都市软件产业在全国位居第二。信息产业部电子30所的信息安全和保密网络产品在国内具有优势，四川托普集团科技发展有限公司、四川迈普数据通信股份有限公司的嵌入式软件开始起步。“西部软件园”成为国家级的软件园区之一，在全国建立10个软件分园。1998年全市软件销售收入达到10亿多元，全市从事电脑及相关技术的企业约1500家。拥有行业应用、办公自动化、网络应用等品牌软件20余种。成都市科技一条街已成为全国西部地区最大的电脑市场，仅次于北京，位居全国第二，有成都“中关村”和未来中国西部“硅谷”之美誉。

2000年以后，全市软件产值持续保持30%左右的增长幅度。

2002—2005年成都软件产业销售额增长情况表

表3-178

年份	销售额（亿元）	同比增长率（%）
2002	51.04	27.59%
2003	66	29.31%
2004	100.25	35.6%
2005	135.43	35.09%

2001年11月26日，成都市被国家批准成为国家软件产业11大基地之一。之后加快软件产业发展，成立成都市软件产业发展中心，为全市软件企业提供规范、有序的中介服务，扶持软件企业的技术创新，促进资金、技术、人才向软件基地聚集。

2002年，全市实现软件产业销售收入51.04亿元，同比增长27.59%，软件出口928万美元，同比增长1.5倍。从事软件开发、研制、销售、维护和服务的软件企业及兼营软件的企业达到3000余家，认证软件企业193家，位居全国第五；认证计算机信息系统集成资质企业57家，位居全国第二位；认证软件产品400余个，位居全国第六。60多家国内知名省外企业在成都建立分公司，20余家国际知名企业在成都设有分公司、研发机构或办事处。成都科技一条街已拥有2600多家企业，资产总额达20亿元以上，2002年营业额达到200亿元。软件外包逐步成为全市软件企业开拓海外软件市场的增长点。

2003年，全市实现软件产业销售收入66亿元，同比增长29.31%。引进可以带动IC企业聚集发展的美国Intel公司。在产业发展过程中，成都市明确全市软件产业发展的四个重点领域：一是应用软件，二是信息安全软件，三是嵌入式软件，四是数字娱乐及教育软件。软件外包和数字娱乐产业得到较快发展。以“成都国际软件产业研讨会暨中外软件企业洽谈会”为契机，推进本地企业与国际知名软件企业的合作。《天下无双》《命运》等数字娱乐软件结束了大型数字娱乐网络产品无“成都造”的历史。

2004年，全市实现软件产业销售收入100.25亿元，同比增长35.6%。成都市软件产业发展环境不断优化和改善，规划建设软件企业孵化园、数字娱乐软件园以及各专业化园区。出台《成都市鼓励软件产业发展暂行办法》和《关于鼓励成都市集成电路设计产业发展的实施细则》等政策，制定《成都市数字娱乐产业发展规划》，加大对信息安全、集成电路设计业、数字娱乐及教育软件等重点发展领域的支持力度。成功联办第二届中国国际软件合作洽谈会暨产品展示会和第四届国际电脑节，发起举办全国十城市数字娱乐竞技职业冠军擂台赛。建立成都微软技术中心，建成SUN公司互联力量中心和软件基地公共技术平台。建成数字娱乐软件园区并已吸引22家企业入驻，国家信息安全成果产业化基地入驻企业达54家。成都市根据《国家软件产业基地（成都）建设发展规划》，以高新区为载体，通过建设软件企业孵化园和各专业化园区，完成基地管理机制改革，并努力引进国内外知名企业，发挥聚集功能，提高基地国际化水平。基地内软件企业达到80余家。

2005年，全市软件销售收入135.43亿元，同比增长35.09%，出口3139.07万美元，同比增长56.95%。IC设计领域产值同比增长45%，信息安全领域产值同比增长55%。全市认证软件企业380家，同比增长26.7%，认证软件产品1018个，同比增长23.2%。从业人员6万余人。全市有11家软件企业产值超过亿元，软件及系统集成销售收入上1000万的企业34家。在成都高新区建成了天府软件园、高新孵化园等专业园区，总面积达45万平方米。在武侯区开始建设8万平方米的成都现代信息服务业基地。在都江堰开始建设10万平方米东软软件园区。国家软件产业基地通过了国家部委验收，其公共技术支撑平台已开始使用。国家（成都）电子元器件产业园申报成功，产业园建设开始启动。

国家集成电路设计基地获得“首届国家集成电路设计产业化基地及中国香港科技园孵化创新产品”竞赛优秀推荐奖。软件外包园开始在高新区启动规划。数字娱乐软件园分别被国家有关部委授予“国家网络游戏动漫产业发展基地”“国家数字媒体技术产业化基地”“国家动漫游戏产业四川振兴基地”“国家数字娱乐产业示范基地”，成都成为国家重要的数字娱乐产业示范基地。全市软件产业在软件外包、IC设计、信息安全、数字娱乐等方面已具有较强的比较优势，产业特色初步形成。全市软件外包企业27家，对日出口外包占主要份额，欧美外包开始起步。引进、吸引Intel、中芯国际等一批国际知名IC企业来成都发展，企业总数发展到40多家，代表性企业如南山之桥微电子公司、成都华微电子系统有限公司。国家信息安全成果产业化基地通过科技部授牌，成为国内最早、最大的国家级基地，产值占全国信息安全行业产值的50%以上，代表性企业如成都三零盛安信息系统有限公司、四川航天金穗高技术有限公司。引进了一批国内外知名公司，培育了成都锦天科技有限发展公司、四川华诚有限科技公司、联合众智（成都）软件公司等一大批数字娱乐企业，《幻想春秋》《三毛欢乐派》《山河》《问道》等一批“成都造”产品入选第二批中国民族网络游戏出版工程，是西部唯一有作品和企业入选的城市。产品从研发走向市场并逐步壮大，手机游戏产品全面打入国际市场，动画动漫逐步崛起，市场运营、竞技体验稳步推进，打造了数字娱乐竞技体验中心。

1990—2005年，成都创造国内一流的软件产业承载环境。由高新孵化园、天府软件园、创新组团和一批软件企业自建园组成的高科技园区，为软件产业集聚发展提供良好的物理载体。

成都建立国家软件产业基地（成都）公共技术支持平台，装备全球主流的和先进的数据库系统、研发工具系统、软件测试评估系统和软件演示验证系统等，为软件开发、IC设计、数字娱乐、信息安全等软件企业提供良好的基于研发、测试、演示、验证、教育和信息共享、工程管理等方面的技术支持，形成软件产业快速发展的技术支撑载体。

随着天府软件教育培训联盟、软件外包平台、风险投资及融资体系等的运行，为成都软件产业发展提供良好的配套环境。

成都拥有各类专业技术人才近50万人，在校学生近20万人，特别是电子科技大学的毕业生有数千人在美国硅谷从事IT产业，优势十分明显。

16年间，成都软件业建成几大特色产业集群：

在信息安全领域，形成以三零集团等30多家信息安全企业集群，在安全平台、信息安全工程、网络安全检测、密码算法等领域形成国内领先优势。

在IC设计领域，聚集南山之桥、华微、科胜讯等企业为代表的50多家IC设计企业，初步形成IC设计、封装测试和晶圆制造相互促进发展的集成电路产业链。

在软件与信息服务外包方面，形成以巅峰软件、杰华科技等为代表的面向欧美市场和以音泰思、四凯等为代表的面向日韩市场的两大企业集群，国际化软件业务的承接能力明显提升。

在数字媒体领域，聚集GGL、法国智乐、金山、盛大等国内外知名游戏企业，成功引进了微软X-BOX平台，成立“成都天府数字娱乐产业集团”和“成都天府软件数字媒体产业集团”，形成“一平台、两集团”的发展格局。微软、IBM、SUN、HP、SAP、Intel、SONY、NEC、赛门铁克、摩托罗拉、爱立信等30余家世界500强及跨国软件企业落户园区；华为技术、中兴通信、九洲、普天、大唐等国内电子百强到地发展；三零集团、国腾集团、迈普集团、巅峰集团、银海软件、杰华科技、音泰思、任我行等本土企业迅速壮大。成都已成为跨国公司、国内外知名软件企业进行全球战略性布局的首选城市之一和国内外软件产业资源汇聚的一个焦点。

【软件产业政策】

2000年，根据中华人民共和国财政部《关于鼓励软件产业和集成电路产业发展有关税收政策问题的通知》，成都市财政局出台相应政策，鼓励软件和集成电路产业发展。

在人才引进和培养上，成都市出台《关于成都市软件人才工作的实施方案》。2003 年，高新区出台《成都高新区高级人才专项奖励管理暂行办法》。

2004 年，成都市政府先后出台《成都市鼓励软件产业发展的政策意见》《关于鼓励成都市集成电路设计产业发展的实施细则》两项政策。《成都市鼓励软件产业发展的政策意见》包括人才与创业政策、扶持与发展政策、税收与出口政策、政府与中介服务政策四大方面。同时规定了集成电路设计业设同软件产业。《关于鼓励成都市集成电路设计产业发展的实施细则》是依据《成都市鼓励软件产业发展的政策意见》制定的实施细则。细则对集成电路设计企业认定机构和程序、行业目标、经费及其税收、技术支持、企业建设等方面提出具体的优惠措施。同年，成都市知识产权局出台《成都市专利保护法》，为高新技术包括电子信息产业等的发展提供政策环境。

高新区和都江堰也分别制定各项政策扶持软件产业的发展。2004 年，高新区促进软件企业在天府软件园聚集，依据《成都市鼓励软件产业发展的政策意见》，其科技局制定《成都高新区鼓励软件企业在天府软件园聚集发展的扶持政策》。对适用该政策的范围和领域，资金及来源，及高新区提供的扶持政策进行规定。其中资金及来源一条规定，成都高新区管委会设立软件产业发展资金，每年不低于 2000 万元，并积极争取市级软件产业发展专项资金的支持。

2005 年，高新区出台《成都高新技术产业开发区鼓励企业技术创新和科技创业的扶持政策》，对电子信息、生物医药、精密机械制造以及国家鼓励发展的其他产业进行扶持。同年，都江堰出台《都江堰市吸引软件高级人才若干规定》和《都江堰市吸引软件高级人才若干规定实施细则》。

在软件产业资金管理上，成都市政府先后出台《成都市软件产业发展专项资金管理暂行办法》和《关于进一步加强软件产业发展专项资金管理的通知》。《成都市软件产业发展专项资金管理暂行办法》规定软件资金的来源（成都市市科技局、市经委、市信息办、市财政共承担每年 3000 万元的资金）、资金的用途、申报条件、申报及批准程序和管理监督办法等。《关于进一步加强软件产业发展专项资金管理的通知》对市财政局每年新增的 2000 万元资金的管理模式、主要用途、管理程序、监督检查做了规定。高新区也出台《成都高新区科技型中小企业技术创新基金管理暂行办法》以及《成都高新区科技型中小企业技术创新基金实施细则》对电子信息、生物医药及其他国家鼓励产业创新基金进行管理。

2003—2005 年成都市出台的部分软件产业政策表

表 3-179

类别	颁布机构	政策名称	颁布日期
综合促进产业发展	成都市人民政府	《推进成都高新技术产业开发区二次创业的意见》	2003-6-20
	成都市人民政府	《成都市鼓励软件产业发展的政策意见》	2004-7-26
	成都市人民政府	《关于鼓励成都市集成电路设计产业发展的实施细则》	2004-7-26
	成都高新区管委会	《成都高新区鼓励软件企业在天府软件园聚集发展的扶持政策》	2005-4-11
	成都高新区管委会	《成都高新技术产业开发区鼓励企业技术创新和科技创业的扶持政策》	2005-8-9
	都江堰市政府	《都江堰市鼓励软件产业发展扶持政策》	2005-8-30
资金	成都市信息化办公室 成都市科技局	《成都市软件产业发展专项资金管理暂行办法》	2005-1-14
	成都高新区管委会	《成都高新区科技型中小企业技术创新基金管理暂行办法》	2005-7-4
	成都高新区管委会	《成都高新区科技型中小企业技术创新基金实施细则》	2005-7-4
财税	成都市财政局	《关于鼓励软件产业和集成电路产业发展有关税收政策问题的通知》	2000-6-24
人才	成都高新区管委会	《成都高新区高级人才专项奖励管理暂行办法》	2003-5-12
其他	都江堰市政府	《都江堰市吸引软件高级人才若干规定》	2005-9-7
	都江堰市政府	《都江堰市吸引软件高级人才若干规定实施细则》	2005-9-7
	成都市知识产权局	《成都市专利保护办法》	2004-5-1

【软件产业布局】

成都市下辖的区（市）县中，高新区（含西区、南区）、武侯区、都江堰市是成都软件产业发展重点区域，集中绝大部分成都软件企业，形成从成都南部到西部的软件产业带。成都软件产业总体上初步形成“一个核心、两个增长极”新型空间结构，各区域错位竞争、优势互补、特色明显、布局合理、健康发展，打造成都软件产业的新优势。

“一个核心”即以高新技术开发区为软件产业发展的核心区，重点发展集成电路设计、软件外包、数字娱乐、信息安全、嵌入式软件、行业应用软件等为核心的软件产业，充分发挥核心区的示范与辐射效应，提高软件产业实力和辐射力，支撑和引领成都软件产业的快速发展。

“两个增长极”即武侯区软件产业增长极、都江堰软件产业增长极。武侯区软件产业增长极，重点发展电子竞技、数字娱乐产品展示、软件外包、系统集成、IT咨询服务等信息服务业为主的软件产业，形成信息服务产业聚集地。都江堰软件产业增长极，以发展软件人才教育与培训、软件外包、软件产品加工、基于互联网和移动通信网的增值信息服务为重点，形成“青城山软件产业基地”。

锦江区重点发展数字传媒创意业，加快发展信息技术服务业，优化提升网络信息服务业，积极拓展金融信息服务业，形成以创意设计及电子信息服务业为主的企业总部。金牛区主要依托汇源科技、三泰电子、金亚科技等电子信息类企业，重点发展集成电路设计、嵌入式软件，打造电子信息服务为主的企业总部。

【成都高新技术产业开发区软件产业园区】

成都高新技术开发区是国务院1991年3月批准建立的首批国家级高新技术产业开发区，规划面积达82.5平方公里，由南区和西区两部分组成。南区规划面积47平方公里，西区规划面积35.5平方公里。两个园区内分别建有一个国家出口加工区。成都高新区是成都乃至整个中西部软件产业发展的重要载体，成都市大部分软件产业园区群聚于此。

高新南部园区位于成都市南部，依托成都市城市副中心，重点建设以科技创新、软件孵化、现代知识服务、国际金融以及市政中心为主体的现代化科技园区，为产业发展提供强大的智力支持和动力支撑。在数字娱乐、外包服务、信息安全、行业应用软件领域具有优势。

高新西部园区位于成灌高速路两侧。围绕加快引进和聚集产业项目，建成空间信息化、生产自动化、园区生活化、环境优美化、社会安全化、科技与人文协调统一的、与国际接轨的一流综合科技企业产业园区。通过多年的发展，高新西部园区已成为吸引中小企业创业的“强磁场”，园区聚集大量重量级的IC设计、嵌入式软件企业。有英特尔、友尼森、日本日立、芬兰南祥、美国芯源、华微电子、哈工大、英达、广成电子等著名企业在此发展。园区孵化中心建筑面积2.5万平方米，入驻企业93家，进驻项目以电子信息产业为主。

【武侯区软件产业】

武侯区位于成都市锦江之南，地处中心城区。拥有信息化程度高、基础设施先进、智力密集、交通网络完善、经济实力雄厚、IT市场繁荣等优势。武侯区软件产业发展增长极，以武侯区科技一条街和武侯科技园为载体，努力推动传统产业与信息技术相结合，带动传统产业升级，重点发展电子竞技、数字娱乐产品展示、软件外包、系统集成、嵌入式软件、IT咨询服务等信息服务软件产业，促进现代服务的发展。武侯区发展成为了具有竞争优势、产业特色的软件产业的重要生产地和交易市场，与高新区错位竞争、优势互补的产业发展格局已经形成。

【都江堰市软件产业】

都江堰市地处成都平原西北部，距成都市中心39千米，拥有生态文化旅游名城和自然生态环境优势，是成都新兴的软件产业聚集区域。

都江堰软件产业发展增长极，主动融入中心城区软件产业链发展格局，以分工协作为内涵，以产业链、产业关联为纽带，主动接受高新技术开发区辐射，加强与高新技术开发区软件产业衔接，成为成都高新技术开发区软件产业的配套区、服务区。都江堰市以东软软件园为载体，重点发展以软件人才教育与培训以及以数据处理和BPO为主的软件外包、游戏及动画为主的数字内容软件、以基于互联网和移动通信网的增值服务等为主的软件产业，逐步构建以青城山为中心，以东软软件园为依托，沿东软大道（聚源—翠月湖—青城山）至都江堰市新城区的软件及信息服务产业带。

【高新孵化园】

成都高新孵化园位于成都高新区天府大道西侧，是在成都高新区管委会指导下，多个主体投资兴建的。占地500亩，总建筑面积22万平方米。是成都高新区建设的全国最大、最具实力的科技成果孵化基地，也是国家软件产业基地（成都）的核心园区。高新孵化园属专业类孵化园，建有基础软件、信息安全、数字娱乐、IC设计等软件孵化中心、软件评测中心、人才交流教育培训中心、软件公共技术服务平台，以及综合服务楼、运动健身场所、专家公寓、各类会议中心等配套设施，是国家软件产业基地重要的支撑和资源服务平台。

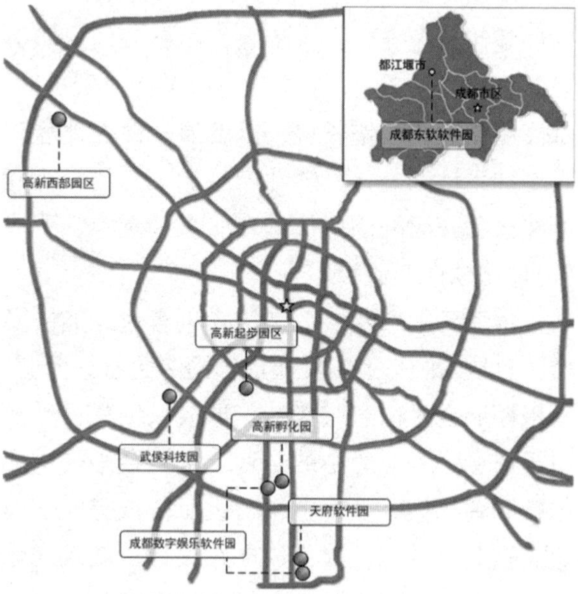

2005年成都市软件产业产业园区分布示意图

2005年高新孵化园代表企业一览表

表3-180

北京金山数字娱乐科技有限公司成都分公司	成都高新区中科前程科技有限公司
新蛋科技（成都）有限公司	四川登巅微电子有限公司
成都启明软件有限公司	成都华立信息技术有限公司
成都微软技术中心	成都华诚电子信息产业有限公司
SUN技术中心	四川鼎天软件有限公司
四川高星科技发展有限公司	成都东方闻道科技发展有限公司
联想（成都）有限公司	国信安基地公司
成都市任我行软件发展有限责任公司	成都锦天科技发展有限责任公司
四川虹微技术有限公司	成都掌中科技有限公司
智乐软件（成都）有限公司	成都迈思信息技术有限公司
上海宝信软件股份有限公司成都分公司	四川省金科成地理信息技术有限公司

【天府软件园】

天府软件园总用地规划100万平方米（约1500亩），位于城南副中心核心地带，天府大道东侧。

天府软件园是集软件外包企业、IC设计企业、数字娱乐及游戏软件研发企业、行业应用及嵌入式软件企业、3G通信软件企业和基于IPTV音视频软件研发企业等的专业化产业聚集区。园内配置完善的通信环境、研发技术支撑、产品展示、会议、商务、金融及生活配套设施。园区已聚集以SAP、诺基亚、西门子、阿尔卡特、科胜讯、华为、九州集团、圣达、新加坡电信、新波电脑等为代表的国内外知名企业。此外，园内还有盛大、腾讯、梦工厂等众多数字娱乐企业和天府外包服务公司等软件外包企业。

2005年天府软件园代表企业一览表

表3-181

上海盛大网络发展有限公司成都研发中心	四川移动通信有限公司
诺基亚集团公司成都研发中心	台塑网软件科技（成都）有限公司
九洲电器集团有限责任公司	新波电脑（成都）有限公司
科胜讯数字电视（成都）有限公司	成都斯普电脑科技有限公司
成都鼎天微电子有限公司	成都阿尔卡特通信系统有限公司
新加坡电信成都办事处	上海贝尔阿尔卡特股份有限公司
成都IBM全球服务执行中心	成都华诚电子信息产业有限公司
盛趣信息技术（上海）有限公司	—

【高新起步园区】

高新起步园区是在成都高新区管委会指导下，联合多家实体在高新区创新中心起步基地范围内建设的软件基地的园区，是软件基地的雏形，为成都软件产业的起步和发展树立管理、运营、孵化、发展、服务等多方面的规范。

高新起步园区位于成都高新区南区，其孵化中心有6个孵化单元，建筑面积4.1万平方米，入驻企业282家，内含中国成都留学人员创业园、中国成都博士创业园。地理位置优越，处于成都中心成熟区域，生活配套设施齐全。

2005年高新起步园区代表企业一览表

表3-182

四川鼎天软件有限公司	成都国腾微电子有限公司
成都倍特科技有限责任公司	四川迈普数据通信股份有限公司
成都航利（集团）实业有限公司	成都四方信息技术有限公司
成都梦工厂软件有限公司	四川慧龙科技有限公司
成都华羿软件有限公司	四川迈普数据通信股份有限公司

【高新西部园区】

高新西部园区位于成都高新西区，是与国际接轨的综合性科技企业产业化园区，以培育创新型企业、促进高科技成果商品化、产业化和国际化为己任。园区孵化中心建筑面积 2.5 万平方米，入驻企业 93 家。进驻项目以电子信息产业为主。

通过多年的发展，高新西部园区的积聚效应较强，已成为吸引中小企业创业的“强磁场”，有英特尔、友尼森、日本日立、芬兰南祥、美国芯源、南山之桥、哈工大、英达、广成电子等多家知名企业在此发展。

2005 年高新西部园区代表企业一览表

表 3-183

四川南山之桥微电子有限公司	成都国腾软件资源有限公司
凌成科技（成都）有限公司	成都广成电子技术有限公司
成都四威电子股份有限公司	成都安彩敬天科技有限公司
成都林海电子有限责任公司	成都西谷曙光数字技术有限公司
成都哈工大科软信息有限责任公司	四川格致科技发展有限公司
成都国腾信息安全技术有限公司	成都硅绮科技有限公司

【数字娱乐软件园】

数字娱乐软件园被科技部授予“国家数字娱乐技术产业化基地”称号，是国家新闻总署授予的“国家网络游戏动漫产业发展基地”，国家文化部授予的“国家动漫游戏产业振兴基地”，是国家计委、信产部授予的国家软件产业基地主要成员单位。

数字娱乐软件园总体规划 5 万平方米，一期依托成都人民南路南延线高新孵化园，面积 1.5 万平方米；依托天府软件园 B5 号楼，面积 1.5 万平方米，并规划出 5000 平方米的场地，实施“创业乐园”计划。数字娱乐软件园以手机游戏为龙头打造由游戏开发中心、测试中心、运营中心、互联网数据中心、手机数据中心等组成的“游戏梦工厂”品牌。

【武侯科技园】

成都武侯科技园是经国家发改委审核批准的省级开发区，成立于 2000 年 8 月，规划面积 6.5 平方公里，紧临成都市三环路西二段，是四川省环保局命名的“四川省工业生态园区”之一。2006 年，园区共引进企业 248 家，重点优势企业 36 家。在所有入园企业中，电子信息类 93 家。

【成都青城山东软软件园】

位于成都都江堰市的青城山软件产业基地以东软软件产业园为产业发展载体。集软件教育、产业、研究和配套信息服务等功能于一体。青城山软件产业基地规划总面积 4 平方公里。其中东软软件产业园占地 600 亩，被确定为“中国服务外包基地城市（示范区）”，是成都发展软件产业的三大区域之一。园区重点发展软件外包、行业解决方案的技术支持与服务、数字内容开发、BPO 业务以及培训业务。

东软软件园于 2006 年 11 月建成并投入使用。园内设有成都东软信息技术学院，并能提供超过 5000 人的就业岗位。

【锦江工业总部经济基地】

锦江工业总部经济基地（2007年由锦江工业开发区更此名）是2000年7月经四川省发展计划委员会批复成立的省级工业开发区。位于锦江以东，三环路以南，新成仁路以西，石胜路以北，紧靠国家级成都技术开发区。2004年12月，“中国成都·西部印务产业基地”在园区正式挂牌，是中国西部现代印务产业集聚发展首选之地。园区定位为“总部经济+都市工业”，主要发展工业总部经济、研发中心、文化创意、工业设计、印务设计，加快发展软件设计、系统集成、服务外包等信息服务业。

【成都金牛高科技产业园】

金牛高科技产业园成立于2000年6月。园区规划面积936平方公里。园区是科技部确定的国家火炬计划成都电子信息产业基地。园区发展定位为成都西部科技商务中心、工业总部基地。通过几年发展，金牛高科技产业园已形成良好的产业载体和投资环境，年均经济指标增幅始终保持在30%以上。园区规模以上工业企业已达54家，实现工业总产值192.91亿元。园区电子信息、生物制药、机械加工、食品四大支柱产业已初具规模；项目聚集效应强、产业化程度高、产出效益大的工业发展新格局已全面形成。

【国家大学科技园】

成都拥有三个国家大学科技园。四川大学国家大学科技园于1999年12月经科技部、教育部批准试点建设。川大国家大学科技园分主园区和分园区。主园区按三区五村规划建设，即科技成果孵化区、企业孵化区、科技产业区。科技产业区按产业群分为五个产业村，即电子信息技术村、生物技术及制品村、新材料及精细化工村、环保技术及工程村和机电一体化村。川大国家大学科技园已聚集超过40家企业。

电子科技大学国家大学科技园于2001年5月31日得到国家正式授牌，为国内首批国家级大学科技园。电子科大国家大学科技园的基本格局为“一校两园”，发展定位为电子信息产业的培育和孵化。已入驻企业近50家，均为电子信息技术领域的成长性企业。

西南交通大学国家大学科技园创建于1994年，2003年西南交通大学科技园经过资源整合注册了科技园管理公司，建立规范的管理体系和市场化的运作机制。西南交通大学科技园已建有孵化园区、研发基地、培训基地、产学研示范基地及产业园，其中孵化园区用房面积1万平方米，研发基地4万平方米，培训基地4000平方米，产业园区153万平方米，初步构建起一个充满生机和活力，融合技术、资金管理和市场，对轨道交通领域和地方经济发展有突出贡献的创业园区。

【国家软件产业基地（成都）】

国家软件产业基地（成都）是国家10个软件产业基地之一。2001年7月12日，由国家计委、信息产业部授牌。总投资1.89亿元。包括软件孵化大楼、软件孵化区、人才培训区、综合服务大楼、软件测评区等。

自成立之日起，成都软件产业就逐渐向“以基地为核心、以技术平台为纽带、紧密联系产业园区、辐射全市所有软件企业”的聚集式发展格局进行转变。

该基地以成为创新基地、产业发展基地、人才培养基地、软件出口基地为宗旨；以大型骨干企业为依托，以培育和发展大型骨干软件企业为重要任务；重点发展一批具有自主知识产权，市场占有率高的软件拳头产品，大力提高创新能力和软件产业化能力，提升我国软件产业的基础和层次。鼓励基地内企业间的合理分工和协作，在局部区域形成软件特色和产业优势，提高中国软件产业的国际竞争力。

国家软件产业基地（成都）建立“一网两翼五平台”的技术功能体系，为企业群提供优质服务。

国家软件产业基地（成都）建立名为天府软件网的门户网站。天府软件网既是成都软件企业对外宣传的窗口，也是企业之间信息和共享资源相互交流的重要平台。

【国家集成电路设计成都产业化基地】

2001年7月，科技部将“国家集成电路设计成都产业化基地”（以下简称成都IC基地）授牌给国腾集团。2005年4月，省科技厅决定成都IC基地依托成都高新区。同年8月，高新区管委会决定成都IC基地由成都高新区技术创新服务中心承担基地的建设和运营管理工作。成都IC基地是全国7个专业性集成电路设计产业化基地之一，由四川省科技厅、成都高新区管委会直接领导。成都IC基地聚集南山之桥、国腾、虹微、登巅、华微、凌成科技、科胜讯、凹凸等50多家IC设计企业，从事90纳米～0.18微米工艺的集成电路设计和多位方案设计，主要产品涵盖通信类、消费类、功率半导体、信息安全、IP等集成电路领域。

成都IC设计基地已初步搭建完成IC设计基地公共技术平台，平台配置世界著名的EDA厂商，如Synopsys、Cadence、Mentor Graphics、Magma等公司的EDA系列专业软件工具，能够完成全定制集成电路设计、数字电路设计、模拟电路设计、数模混合电路设计、FPGA设计等完整设计流程；拥有部分IC测试工具，如芯片电学测试仪器、显微镜、邦定机、探针台、逻辑分析仪、示波器、万用表等测试仪器，以及烘箱、电子负载等一些相关配件。同时，建设高水平的集成电路设计培训中心，结合高等院校和科研院所，依托成都基地进行IC设计人才培养。与上海、北京、深圳等地建立的MPW服务中心、测试中心合作，为基地内的集成电路设计企业服务。为设计企业提供针对不同产品的国内外测试企业、封装企业顾问信息，与国内外相关企业建立联系，建成为基地企业服务的测试中心。

【国家数字媒体技术产业化（四川成都）基地】

2005年5月13日，科技部批准北京、上海、四川成都、湖南长沙组建四个“国家数字媒体技术产业化基地”，其中国家数字媒体技术产业化（四川成都）基地以数字游戏、数字动漫为主要特色。

该基地建设充分把握数字媒体技术与产业发展的有利时机，建立有利于产业发展的环境和机制，加强产、学、研结合以及技术与资本的结合，大力推进地区数字媒体技术产业化。

国家数字媒体技术产业化（四川成都）基地由省、市、高新区三级共同建设。

该基地内聚集Intel、GGL、Gameloft、育碧、盛大、金山、腾讯、斯普、锦天、恒风动漫、风之翼等100余家企业。完成微软X-BOX平台、数字动漫、网络游戏引擎、测试等共性技术平台的建设。

【国家信息安全成果产业化（四川）基地】

国家信息安全成果产业化（四川）基地是2000年7月由科技部批准建立的国家信息安全三大基地之一（简称“西部基地”），位于成都市高新区天府软件园。基地于2001年正式启动建设国家信息安全成果产业化基地专业孵化器；启动建设产业园区；成立国家信息安全成果产业化（四川）基地管理委员会，制定一系列的优惠政策，建立和完善管理与服务体系，鼓励扶持信息安全企业进入基地。为形成公共信息安全综合服务体系，基地构建信息安全综合信息平台，为基地企业提供一个集产品在线演示、检测认证、对外宣传、技术情报交流、信息安全人才培训及人才信息检索功能于一体的综合服务平台。信息安全产品在全国获得“品种最全、技术最高、竞争力最强”的美誉。拥有30所、卫士通、盛安、格瑞特、大东、高星、天融信、新方向等为代表的50多家信息安全企业群体。随着全球第四大软件开发商赛门铁克从事信息安全软件、杀毒软件、存储技术及存储安全等产品的研发中心落户成都高新区，赛门铁克和华为共同投资组建的华赛研发中心入驻高新区，成都高新区已成为中国最大的信息安全产品的研发生产基地之一。

【国家网络游戏动漫产业发展基地、国家动漫游戏产业振兴基地（成都）】

2005年，新闻出版总署、科技部、文化部先后授予成都相关研发机构“国家网络游戏动漫产业发展基地”“国家数字媒体技术产业化基地”“国家动漫游戏产业振兴基地”称号。

该基地以成都高新区为核心载体，由省、市、区三级共建，以政府主导，建立企业化管理的基地公司，按照市场运作的模式，建立面向以数字娱乐为重点的专业技术平台服务体系。基地致力于成为西部发展数字娱乐技术产业的重要载体，成为科技创新及科技成果转化最有影响力的国家基地之一，成为中国数字娱乐产业研发和制作中心。2005年，基地获得成都市软件产业发展专项资金支持约900万元。基地还联合在成都地区高校、游戏研发企业实施人才培训、实施百家重点科技型初创企业培训计划。作为三大基地承载实体的成都数字娱乐软件园，总体规划5万平方米，一、二期建筑面积共3.3万平方米。成都数字娱乐软件园一期位于成都高新区孵化园，于2004年7月投入运营；二期位于天府软件园，于2005年10月投入运营。

【国家863软件专业孵化器四川基地】

2002年4月，科技部将“国家863软件孵化器四川基地”称号授给四川省电子计算机应用研究中心。2005年4月，省科技厅决定国家863软件孵化器四川基地依托成都高新区。2005年8月，高新区管委会决定国家863软件孵化器四川基地由成都高新区技术创新服务中心承担基地的建设和运营管理工作。成都高新区技术创新服务中心依托管理的软件公共技术平台，充分利用技术平台一流的软硬件资源，为863软件孵化器内的企业创造优越的技术创新环境，围绕软件开发、信息安全、数字娱乐及IC设计等企业提供技术咨询、技术服务、技术培训、技术交流、品牌宣传等方面的专业服务。基地采用一区多园的布局，总占地200多亩，建筑面积达2万平方米。基地选择国家“863”计划的各种软件研究成果，同时大力吸纳技术含量高、市场前景广的其他软件成果，根据市场的实际需求及技术优势，择优支持一批项目，孵化一批企业，培养一批人才，并最终实现软件成果的产业化，推进信息化进程。

至2005年年末，国家863软件孵化器四川基地聚集近180家软件企业。初步形成软件外包服务企业集群、IC设计企业集群、信息安全企业集群、数字娱乐软件企业集群、行业应用和嵌入式软件企业集群、通信研发企业集群、软件研发人才实训集等七大集群。软件产业的环境配套、条件平台、技术支撑、政策保障和服务体系等不断完善，使整个产业呈现出快速聚集、迅猛发展的势头。在产业集群构建上，形成“功能性聚集、有机化互动、产业链支撑、生态型发展”的态势。

【软件产业企业选介】

四川银海软件有限责任公司。成立于1992年11月，注册资金3885万元，从业人数322人，是以行业自有知识产权的应用软件及服务带动系统集成为主业的中型高科技企业。在独立产权的软件产品开发，大型、超大型计算机系统（网络）集成，工业自动化及实施，信息电视等高技术项目上取得不错的业绩。目前银海软件已逐步形成以社保行业软件为龙头，通信和电力软件为两翼，外包软件服务为推进器和金融软件服务为加油站的“飞鹰”经营策略。

中国电子科技集团公司第30研究所。创建于1965年，国家一类科研事业单位。现有员工1300余人，从事科研和产品开发的专业人员700余人。重点承担信息安全和保密通信领域基础和应用理论研究、关键技术和重大系统工程项目的研究开发，建有博士后工作站、“国家保密通信重点实验室”和“信息安全工程中心”，是国家信息安全体系建设的主要技术支撑单位和安全网络产品供应商与信息服务商，是三零集团的核心成员。

四川四凯计算机软件有限公司。创建于1989年，是一家以计算机软件开发为中心的集科学研究与综合技术服务于一体的中日合资高新科技企业。主要从事国际、国内软件工程开发与应用、高新技术产品开发、IT教育培训、计算机系统集成、IT产品代理销售等业务，公司具有承担国际标准的计算机软件开发的能力，业务遍及中国和日本。

用友软件四川分公司。成立于1995年，是用友软件股份公司在四川的全资分子公司，全面负责用友软件在四川地区的市场推广、产品销售、技术服务、技术培训、代理支持、市场监督与协调工作。经过十年的发展，四川用友拥有着1000多平方米的办公地点和客户服务中心，员工120余人。由技术顾问、工程师组成的服务团队，为四川省4000家企事业单位提供"用友ERP"使用保障。

成都微软技术中心。成立于2004年4月4日，由成都市政府与微软合作共建，是微软公司在中国支持成立的首家合作技术机构，旨在开展信息技术领域内的合作，面向西部地区提供基于针对微软技术架构的软件研发支持、系统测试、培训教育、信息安全等服务。同时，中心将配合国家信息化工作的进程，推动符合可信赖计算架构的高性能应用软件平台的研发与支持，力求在提升四川成都地区软件企业的研发能力与产品质量的同时，为广大中国计算机用户提供更快、更安全、更可靠的计算体验。

成都互联力量中心。成立于2004年2月10日，是美国Sun公司在中国西部唯一的授权iForce解决方案中心，是成都市政府与美国Sun公司合作共建的网络应用解决方案中心，也是国内西部首家iForce中心。中心采用Sun公司软、硬件系统和理念，为软件企业提供一流的软件开发、测试、验证、培训、应用解决方案展示以及技术咨询服务。

摩托罗拉中国软件研发中心。始建于2001年1月，与北京、南京共同构成摩托罗拉在中国的“三角形”研发基地，其主要任务是与相关部门在无线通信、自动化测试、系统集成等技术领域共同为中国市场提供软件产品和解决方案，同时与本地软件企业建立合作关系，共同开发软件产品以满足日益增长的国内需求。

联想研究院成都分院。于2004年11月30日在成都市高新技术产业孵化园区启动运行，是联想集团在继北京、上海研究分院之后成立的第三个专门的研发机构。联想成都研究分院的研发将致力于“高可靠数字设备”项目的研发工作，包括极端环境（高温、低温、潮湿等）下设备的稳定性和数字设备的安全性（数据信息安全和网络安全等）两大研发方向。

中兴成都研发中心。耗资2亿元人民币（约合2470万美元），总建筑面积约为4.6万平方米。是中兴继在上海和南京建立研发中心后，在中国西部再一次进行大规模投资。负责开发中兴的公共平台软件以及各式内置设备，同时还致力于对3G移动通信系统软件和终端软件的研发。它正成为中兴公共平台软件研发的根据地，是一家集软件产品研发、离岸开发、网络信息管理、手机电信实验以及专业培训和综合服务于一体的综合研发中心。

华为（成都）研究所。位于成都高新区南部园区，建筑面积5000平方米，从业人员约200人，主要从事光网络的技术开发。

爱立信成都市技术研发中心。成立于2004年4月28日，主要是为中国及全球市场开发基于GSM、CDMA及WCDMA等移动标准的无线基站产品。该中心所开发产品的生产由四川省当地的合作伙伴完成。该中心逐步承担起电信领域中更宽泛的研发工作，同时承担爱立信在该地区的采购职能，服务爱立信全球市场。

2005年成都市软件制造企业一览表

表3-184

企业名称	从业人数（人）	注册资金	经营业务
四川航天金穗高技术有限公司	158	500万	专业软件开发
成都金盘电子科大多媒体技术有限公司	38	60万	专业软件开发
成都理邦计算机系统集成有限公司	33	500万	网络软件开发
成都索贝数码科技股份有限公司	591	8000万	专业软件开发
成都向往数码有限公司	—	1200万	嵌入式软件开发
四川川大能士信息安全有限公司	52	1666.7万	专业软件开发
成都四方信息技术开发公司	336	1000万	专业软件开发
四川四凯计算机软件有限公司	130	500万	计算机系统服务
成都曙光光纤网络有限公司	46	1000万	—
四川汇源科技发展股份有限公司	316	20080万	其他
四川银海软件有限责任公司	322	3885万	专业软件开发
四川塞科消防电子实业有限责任公司	78	300万	嵌入式软件开发
成都聚友泰康网络股份有限公司	500	12846万	数据库和网络信息
四川启明星银海科技有限公司	122	1000万	专业软件开发

续表

企业名称	从业人数（人）	注册资金	经营业务
四川卓越科技工程有限责任公司	75	2000 万	其他
四川鼎天软件有限公司	62	1000 万	专业软件开发
成都思库尔软件有限公司	15	100 万	其他
成都卫士通信息产业股份有限公司	325	5009.87 万	专业软件开发
四川川大智胜软件股份有限公司	267	2200 万	专业软件开发
成都弘邦电子技术有限公司	18	800 万	专业软件开发
四川华义软件有限公司	61	175 万美元	通用软件开发
四川省金科成地理信息技术有限公司	42	1200 万	计算机系统服务
迈普（四川）通信技术有限公司	661	1000 万美元	嵌入式软件开发
德加拉（成都）数码科技发展有限公司	70	210 万美元	嵌入式软件开发
托普集团科技发展有限责任公司	—	—	—
四川川大金键信息产业有限责任公司	41	1000 万	计算机系统服务
成都巅峰软件有限公司	168	500 万	网络软件开发
上海宝信软件股份有限公司成都分公司	42	—	计算机系统服务
成都华好网景科技有限公司	100	1200 万	网络软件开发
成都华微电子系统有限公司	117	7000 万	其他
成都倍特科技有限责任公司	—	500 万	嵌入式软件开发
音泰思计算机技术（成都）有限公司	169	15 万美元	专业软件开发
成都四威电子股份有限公司	127	3000 万	专业软件开发
成都三泰电子实业有限公司	220	1000 万	其他
华诚信息产业集团成都公司	128	2700 万	通用软件开发
神州数码成都公司	200	500 万港币	—
成都天奥实业有限公司	15	200 万	专业软件开发
成都天盟网络技术有限公司	11	3000 万	专业软件开发
四川川大力腾软件有限责任公司	—	500 万美元	专业软件开发
成都康特软件科技开发有限公司	73	100 万	嵌入式软件开发
成都市任我行软件发展有限责任公司	334	200 万	专业软件开发
成都市舒培尔软件技术有限公司	10	50 万	计算机辅助设计
成都哈工大科软信息有限责任公司	24	500 万	数据库和网络信息

续表

企业名称	从业人数（人）	注册资金	经营业务
四川联讯科技有限责任公司	19	300 万	通用软件开发
成都美森软件系统有限公司	16	100 万	通用软件开发
成都主导科技有限公司	—	200 万	嵌入式软件开发
成都麦柯系统集成有限公司	31	500 万	专业软件开发
成都华森电子信息产业有限公司	25	596.8	其他
旭展（成都）电子有限公司	—	1000 万	专业软件开发
成都依能科技有限公司	20	100 万	专业软件开发
成都斯达通科技有限公司	7	100 万	通用软件开发
成都莲合发展科技产业有限公司	47	518 万	专业软件开发
成都市鹏业软件有限责任公司	77	400 万	专业软件开发
成都天融信网络安全技术有限公司	—	100 万	网络软件开发
成都交大光芒实业有限公司	43	3000 万	嵌入式软件开发
成都东银信息技术有限公司	145	300 万	—
成都星宇软件开发股份有限公司	110	3600 万	专业软件开发
四川鑫兴自动化及仪表工程有限责任公司	24	200 万	专业软件开发
四川鸿讯数据有限责任公司	—	400 万	专业软件开发
四川中科院信息技术有限公司	214	400 万	专业软件开发
成都市信息安全产业基地有限公司	58	1000 万	其他
四川省天光科技实业有限公司	90	1050 万	专业软件开发
成都科地数字信息有限公司	110	100 万	计算机系统服务
成都超讯科技发展有限公司	—	120 万	专业软件开发
四川华旗数据软件有限责任公司	13	200 万	网络应用软件开发
成都三高计算机有限公司	12	100 万	专业软件开发
四川信都电脑有限责任公司	—	3300 万	专业软件开发
成都普兆信息技术有限公司	9	200 万	嵌入式软件开发
成都新兴中微科技有限公司	—	100 万	专业软件开发
成都九垠高科技有限公司	—	200 万	专业软件开发
成都格里特电子技术有限公司	—	520 万	专业软件开发
成都新方向科技发展有限公司	47	1280 万	嵌入式软件开发

续表

企业名称	从业人数（人）	注册资金	经营业务
成都微软件技术中心有限公司	—	100 万	网络软件开发
四川中信昊园科技有限公司	—	20000 万	其他
四川新鸿高科技发展有限公司	—	200 万	其他
成都天星网络防伪技术有限公司	—	277 万	其他
四川南山之桥微电子有限公司	103	9000 万	其他
成都迪康医用数字设备有限公司	20	1000 万	专业软件开发
四川美生科技有限公司	—	50 万	嵌入式软件开发
四川微迪数字技术有限公司	—	50 万	嵌入式软件开发
成都梦工厂软件有限公司	—	50 万	专业软件开发
成都旋极历通信息技术有限公司	11	100 万	专业软件开发
成都市广联网域技术有限公司	—	250 万	计算机系统服务
四川三维系统工程有限责任公司	—	1000 万	计算机系统服务
成都三零普瑞科技有限公司	—	300 万	其他
成都金泰格电气有限公司	—	1000 万	嵌入式软件开发
四川亿联科技有限公司	—	300 万	通用软件开发
四川川大软件工程研究所	—	220 万	计算机系统服务
成都英创信息技术有限公司	18	90 万	嵌入式软件开发
四川中科力腾软件股份有限公司	—	413 万美元	数据处理服务
成都万创科技有限公司	—	10.8 万美元	嵌入式软件开发
四川东泰电子工程有限公司	218	500 万	其他
成都三零盛安信息系统有限公司	212	3000 万	网络软件开发
四川大科星智能交通有限公司	53	3300 万	嵌入式软件开发
四川奥诚科技有限责任公司	—	24 万美元	专业软件开发
四川洋州信息产业有限公司	60	2000 万	专业软件开发
新波电脑系统（成都）有限公司	72	400 万港币	专业软件开发
四川公用信息产业有限责任公司	310	1.07 亿	—
成都吉锐触摸电脑有限公司	204	750 万	其他
成都东方闸道科技发展有限公司	—	1500 万	网络应用软件开发
四川华控图形科技有限公司	43	100 万	专业软件开发

续表

企业名称	从业人数（人）	注册资金	经营业务
成都华日通信技术有限公司	59	1500 万	专业软件开发
联想	161	1200 万	计算机系统服务
成都东软系统集成有限公司	93	2000 万	通用软件开发
成都捷创科技有限公司	—	400 万	通用软件开发
四川美康医药软件研究开发公司	—	200 万	—
四川长城软件科技有限公司	36	1250 万	计算机系统服务
四川通信科研规划设计有限责任公司	141	2000 万	嵌入式软件开发
用友软件股份有限公司四川分公司	104	—	专业软件开发
成都运达创新科技有限公司	83	1000 万	专业软件开发
成都市网络技术有限公司	85	600 万	—
成都财智软件有限公司	—	—	—
成都贝斯特科技公司	63	50 万	计算机系统服务
成都蓝色沸点软件公司	101	100 万	专业软件开发
成都金电科技有限责任公司	40	350 万	计算机系统服务
四川天奥软件有限公司	—	—	—
成都三夫科技开发有限公司	—	300 万	通用软件开发
锦天科技	50	1500 万	通用软件开发
成都宏程数码科技有限公司	21	200 万	数据库和网络信息
成都斯普电脑科技有限公司	50	117 万	其他
浩特通信	92	2000 万	专业软件开发
摩托罗拉成都软件中心	88	—	—
成都速飞软件有限公司	27	700 万	专业软件开发

软件产品开发

【CCManager IT 系统管理软件】

由成都中科慧创科技有限公司开发的具有完全自主知识产权 CCManager IT 系统管理软件是国内首家采用分布式计算技术自主研发的平台级 IT 系统管理软件，技术处于国际同类产品先进水平。该管理软件终端监控管理规模可以达到6 万多台，适用于电信、金融、电力、政府、保险、航空、高校、大中型企业、涉密单位等 IT 系统的安全管理。该软件在 2005 年开发完成，投入市场后累计销售 22 套，销售收入达到 688.3 万元。此年已在四川网通、西藏电信等十几家单位成功实施，客户认为本软件运行稳定、技术成熟，能对整个系统进行全面、统一、集中管理，提高管理效率，减少系统维护费用。

【风云3D MMORPG网络游戏】

《风云》是成都锦天科技发展有限责任公司开发的一款大型全3D MMORPG网络游戏。富有经验的游戏策划吸纳众多欧美与东亚同类产品的优秀设计要素，除包含角色养成、道具收集、装备升级、社群组织等主流MMO的玩法，基于东方神话而衍生出独创的属性技能，如妖魔豢养、法宝炼化等特色系统。游戏内专门针对玩家喜好的PK，强化战斗方面的相关功能，以强调有谋略的PK和高超的战术操作为制作思路，为玩家提供一款接近格斗游戏战斗感觉的网络游戏。2006年《风云》开发完成，投入市场后累计销售收入达到800多万，游戏推出后平均日在线人数为10万人次。

【侠义道】

《侠义道》为成都梦工厂网络信息有限公司开发。是中国少有的从开始研发就面向道具收费的大型网络游戏。内容上，在继承经脉和中医等中国特有文化的同时添加如随身驿站等系统，方便玩家更好的娱乐。大小周天、经外奇脉、独门武功、奇门武功等系统为玩家提供丰富多样的进攻手段和游戏乐趣。门派会战、每日活动提供花样繁多的PK方式，帮派系统提供多种建设方式，玩家可以借此系统建设一个心目中的家。《侠义道》拥有7万大额付费VIP用户，35万忠诚用户，280万注册用户。2006年销售收入达到1175万。

【社会保险管理信息系统】

由四川银海软件有限责任公司开发的社会保险管理信息系统是四川省本地具有自主知识产权和全国影响的为数不多的大型软件系统。该产品在国内首先提出并实现省、市社保合一，在国内首先提出“社会化社保”概念，并实现社保系统与医院、药店、企业、银行、社区等相关系统相结合，于2004年获得省级科技进步二等奖。该产品系统建设规模大覆盖广，社会效益重大。截至2006年年底，该系统软件已经为全国累计近3.6亿人顺利参保提供管理帮助，对国家“金保工程”及相关劳动保障信息化建设起到推动作用。

【物资管理信息系统】

由四川启明星银海科技有限公司开发的物资管理信息系统，以企业供应链管理平台为基础，针对集团性企业的供应链物资管理开发，即支持集团化供应链管理、统一采购物资、管理物资，具有响应速度快、精度高、存储信息容量大、检索效率高的特点，为集团及各所属企业领导提供了决策支持。投入市场后累计销售一百多套，销售收入达到1860万元，市场占有率较大。

【千兆IPSEC增强安全协议系统】

由四川南山之桥微电子有限公司开发的千兆IPSEC增强安全协议系统在投入市场时的销售量为1600套，销售收入达到1400万，市场占有率25%。该产品对IPSEC协议做了有力的增强，与普遍的工控机VPN产品相比，具有速度快，安全性和稳定性更好的特点。该产品主要实现局域网内隧道技术，加密技术与安全策略管理。可广泛用于电信、金融、邮政、能源、交通、制造、流通、建筑、媒体、卫生等行业，市场前景广阔。

【迈普 MP7200 系列接入中心汇聚路由器】

由迈普（四川）通信技术有限公司开发，迈普 MP7200 系列接入中心汇聚路由器主要面向大型广域网的地市级汇聚和上联、小型广域网的省级汇聚和上联以及用作大型互联网接入平台，包含 MP7204，MP7208 两款型号，分别具有 4 个和 8 个多功能插槽（MIM），最多支持 64 路 E1 接口同时接入，具有 1.5～2.2Mpps 的包转发能力。MP7200 系列路由器在 2004 年开发完成，投入市场以来凭借其先进的技术含量和稳定的工作性能，已经广泛应用于运营商、金融、政府、能源、交通、教育、军队等行业，并得到各行业用户好评。

【鹰眼网络安全审计系统】

由成都三零盛安信息系统有限公司开发。鹰眼网络安全审计系统根据用户的监控范围和规模的需求，为用户提供标准型和分布型两种产品系列。其基本思想是通过系统的探测端口，实时采集用户网络中的数据，并还原和分析各种应用层协议的交互过程，从而有效监控网络中的各种用户行为，以多种报警方式对违规和违法行为进行实时报告，并通过与防火墙或交换机的联动实现对违规主机的封锁。在 2002 年开发完成投入市场使用后得到用户的一致好评。2005 年，该产品获得成都市科技进步二等奖。

【古今诚信故事】

由四川广禾千雅科技有限公司开发。是一部独立策划制作的儿童德育教育系列动画片。全片分为古代篇和现代篇两部分，共 18 集，每集片长 5 分钟。《古今诚信故事》以弘扬“诚信”为主旨，通过动画片这种生动活泼的形式，寓教于乐，让孩子们在幽默、轻松的故事情节中耳濡目染，感悟到“诚信”对于个人成长及对社会发展的重要性。该片在 2006 年 9 月开发完成，分别于 9 月 18 日在成都少儿频道、9 月 30 日在中央电视台少儿频道播出，受到观众的好评。

【集中式检察业务综合应用管理系统】

由成都三零盛安信息系统有限公司开发。集中式检察业务综合应用管理系统，采用 JAVA 技术、B/S 架构，具有检察机关在网上办案的功能，其中包括了检察机关的各类业务流程。本软件能自动引导办案人员严格遵循刑诉法流程进行案件办理，并对办案时限进行预警提示，同时本软件能自动生成各类文书，大大提高办案效率和办案质量。该产品投入市场后累计销售收入达到 328 万元，具有一定的市场占有率。集中式检察业务综合应用管理系统设计以刑诉法等为依据，遵循高检数据格式规范和代码规范，以建设检察系统的“三位一体”为中心，满足了全国各级检察系统的应用需要。

【项目管理系统】

由成都巅峰软件有限公司开发。项目管理系统采用成熟的 B/S 三层（多层）应用模式和灵活的开发策略设计，主要用于公司在商务上对项目进行有效的管理。该产品通过权限的管理对商务过程中立项、开发、暂停、恢复、结束以及客户管理等环节进行控制，实现系统内部、项目组内部的信息共享，便于用户间的信息交流，提高工作效率。此外，该系统还为用户提供一个良好的工作界面，便于用户管理自己的日程和项目。该项目管理系统于 2006 年开发完成，在市场推广过程中得到了多家单位的认可。

【FCQX 房地产市场信息系统管理软件】

由川大软件工程研究所开发。FCQX 房地产市场信息系统管理软件，严格按照建设部的要求设计，依托房地产管理的各业务系统，将分散于房地产开发、转让、租赁、权属等级等管理环节的市场数据有机整合起来，同时纳入与房地产市场发展相关的土地、金融、统计、规划等其他信息，形成全面客观地反映房地产市场运行状况的信息系统。该系统于2004年在成都市房产管理局得到成功运用。2005年，在建设部组织的全国40个重点城市房地产市场信息系统评比验收中获得优秀。

【主导弓网故障综合监控系统系列软件】

由成都主导科技有限责任公司开发。主导弓网故障综合监控系统系列软件分为车载控制软件、地面服务器系统软件及客户端软件三大部分。该系列软件及检测系统广泛用于国内各型电力机车，运行线路覆盖全国电气化铁路里程98%以上，安装车型包括国内运行的各种国产及进口电力机车。于2004年初完成开发后，至2005年底累计销售2444套，销售收入3919万元，市场占有率9达5%。

【电子商务平台软件】

由成都哈工大科软信息有限责任公司开发。电子商务平台软件是基于供应链的电子商务协同产品，采用低成本的模式使产品能够快速的应用于农业。该产品采用“龙头企业+农经专合组织+农户”的管理经营模式，根据龙头企业实际需求量身定制，为企业、农经专合组织、农户、政府提供各种信息服务。该软件已在成都市42家不同类型的农业产业化龙头企业成功应用，涉及种植、养殖和农产品加工三大系列的诸多细小行业。企业使用该软件后效益凸显，产品交易量平均增长20%，企业管理、生产和营销成本明显降低，产业链得到优化，农经专合组织的组织、服务能力明显增强，带动地方经济发展和农民增收致富。

【多媒体采集播放器】

由成都三零凯天通信实业有限公司自主研发。生产的支持视频监控和广告发布的软件产品，将GPS和传媒结合起来，既具有报警、管理、摄像功能，又具有发布通知、新闻、广告等功能，因此该项目产品具有吸引广告商投入的商业元素，创新了市场运作模式，突显出与同类产品的差异性，属国内首创。产品已成功应用到成都、重庆等城市的出租车行业，已签合同数千辆，在局部市场占据绝对优势，并着手向全国其他地区拓展。

【金键金保工程综合管理信息系统软件】

由四川川大金键信息产业有限责任公司开发。金键金保工程综合管理信息系统软件是用于社会劳动保障行业社会保险业务及其相关业务管理的计算机应用系统。该系统在应用“核心平台”的基础上，贯彻以业务需求为主的思想，能满足未来5年内的业务发展需要，采用C/S架构以降低系统建设和维护成本，增强应用的可移植性，改善系统的性能，提高用户的工作效率，保护用户方的投资。该产品主要包括社会保险基金收、支、核算，宏观决策支持，信息交换及服务等功能。紧密配合社会劳动和保障市场的业务发展，应用于国家养老保险、医疗保险、生育保险、工伤保险、失业保险和劳动力市场管理几大业务模块，满足社保市场的业务要求。2006年累计销售收入达到600万元。

【医星医院电子病历系统】

由四川银星软件有限公司开发。医星医院

电子病历系统用于电子病历及电子病历的质量监控管理，是医院信息数字化管理的核心软件。该产品是以病人为中心，全面结构化、数据库化、多媒体化+智能专家系统的电子病历，首创可扩展标识架构（Extensible Markup FrameWork）技术，实现专科病历的通用化描述和采集。采用多维数据库技术进行软件数据处理设计，充分满足电子病历大信息量、大用户量、长期快速运行的需要，并且创新设计电子病历质量监控系统，把病历质量管理由原来的事后控制提高到过程质量控制并进行医疗质量控制。医星电子病历系统在全国处于领先水平。

【彩晶之三剑客】

由成都思盈科技有限公司开发。《彩晶之三剑客》手机游戏，可供使用诺基亚、摩托、索爱系列机型的手机用户在手机上实现游戏娱乐体验。产品采用业界的主流语言 J2ME 作为开发语言。该游戏在 2006 年开发完成，投入市场后累计销售 20980 套，该游戏的下载量在同类射击游戏中一直名列前 3 位。经国内权威游戏评测机构评测获得分 8.2 分，被确认为红钻级精品游戏。

【短消息实时监控系统】

由成都四方信息技术有限公司开发。短消息实时监控系统主要从短消息中心或短消息网关采集数据，对内容及用户的发送行为进行分析和处理，具有集成度高、实施简单、采集方式多样化、高效可靠等特点。系统通过灵活的设置来保障运营商对垃圾短消息的准确识别、及时过滤，净化移动通信市场，保护移动运营商利益，保护信息安全，维护消费者合法权益。2006 年开发完成，投入市场后累计销售 6 套，销售收入达到 200 多万元，哥伦比亚、阿根廷、秘鲁等国家的电信运营商采用该系统后，给予高度评价。

【创立科技通信项目管理系统软件】

由四川创立信息科技有限责任公司开发。创立科技通信项目管理系统软件基于业界成熟的 J2EE 架构，兼顾技术的可靠性及领先性，搭建可信赖的管理支撑平台，具有灵活的流程定制、实时的项目进度管控、方便的权限控制、快捷的查询统计功能、可扩展的基础数据、快速部署和实施等特点。2002 年开发完成，投入市场后累计销售 22 套，销售收入达到 4312 万元，市场覆盖中国电信集团公司下属 13 个省级分公司，2 个中国网通省级分公司，2 个中国移动省级分公司，4 个中国联通省级分公司。

【多媒体数字监控系统】

由成都三泰电子实业股份有限公司开发。多媒体数字监控系统主要用于音视频全实时监控、压缩和录像。该系统运用先进的音视频压缩算法（H.264），在保证高质量、高清晰图像的前提下，最大限度地提高压缩比，提高网络传输性能。该产品于 2005 年开发完成，投入市场后累计销售 1900 套，销售收入达到 10400 万元，在金融行业的市场占有率为 50%。2006 年累计销售 1000 套，销售收入达到 5600 万元，占有率 60%。

【GIS 和分布式并行处理技术在广电网络监管平台中的应用】

由四川汇源科技发展股份有限公司开发。GIS 和分布式并行处理技术在广电网络监管平台中的应用产品，采用分布式并行处理技术、GIS 在有线电视网络中的应用、HFC 网络拓扑图的自动生成、GPS/GIS 网络设备自动定位技术、简单网络管理协议的应用等技术，使产品能实现全面的多层次的业务管理、多厂家设备兼容、网络拓扑图自动生成、网络设备自动定位等功能和用途。2006 年开发完成，投入市场后累计销售 12 套，销售收入达到 351.5 万元，市场占有率较高。

【SJL05 金融数据加密机】

由成都卫士通信息产业股份有限公司开发。SJL05 金融数据加密机主要实现对主机应用层数据加/解密、消息来源正确性验证、密钥管理等，适用于银行卡跨行支付交易的保密的 ATM 联网信息系统，构成金融卡实时消费转账和销售点信息管理的保密 POS 联网信息加密系统、金融 IC 卡消费转账系统、社保卡安全系统、公交卡安全系统等 IC 卡应用系统。1998 年开发完成，投入市场后累计销售 2054 台（套），销售收入达到 1332 万元，市场占有率 40%。SJL05 金融数据加密机成功地取代了国外同类产品（雷卡），应用于我国多个金融卡交换中心、众多商业银行的清算系统、大集中系统、外卡系统和多个城市的公交系统、社保系统，受到客户高度赞誉。

【中小学教育技术装备综合管理系统】

由四川省天光科技实业有限公司开发。中小学教育技术装备综合管理系统基于 .NET 的网络版开发，主要用于各省、市、县大专院校和中小学教学设备的统计、管理、汇总和上报，为四川省同业领域中的唯一产品。系统通过代码进行分类，便于计算机处理。基层代码采集的数据也可以通过代码自由组合，使数据信息量大幅增加。2006 年投入市场后累计销售 627 套，销售收入达到 267.86 万。

【HRV5.0 无线电综合监测测向系统软件】

由成都华日通信技术有限公司开发。HRV5.0 无线电综合监测测向系统软件以无线电监测测向业务流程为中心，是涵盖多用户、多任务的新一代无线电监测、测向、管理、分析工具集，满足各种实时和非实时监测任务的要求。在利用大型数据库 Oracle 的基础上，自主开发“无线电数据压缩模型”和“智能数据提取”功能，使得在不影响事后分析、统计的条件下，最大限度地减少存储空间；开发“信号、语音识别”“场强覆盖预测”“小信号发现”等多种特色功能。2005 年开发完成，投入市场后累计销售 196 套，销售收入达 8 千万元，在历次政府采购中中标率达 60% 以上，市场占有率约 40%。

【鼎天数据交换平台软件】

由四川鼎天软件有限公司开发。鼎天数据交换平台软件针对企业、政府部门中数据传输和交换的需要，实现了端对端、发布/订阅的通信服务，提供事务性信息处理功能，保证实现高效、可靠、安全的数据传输与方便的数据转换。该软件提供多种可视化图形界面的管理和配置工具，进行有效的管理维护，同时提供多种辅助工具来实现对各种数据转换的支持。2004 年开发完成，投入市场后累计销售 135 套，销售收入达到 2430 万元，市场占有率在国内同类产品中居于领先地位，已在国务院有关部门及成都、柳州、西安等得到成功应用。

电子信息产品制造

【电子信息工业发展】

1999 年，全市电子信息产品门类齐全、品种繁多。有通信技术及设备、广播电视设备、电子计算机及软件、家用电子视听产品、电子信息材料与元器件等10多个大类，近千个品种。

成都广播电视设备制造是全国三大基地之一，1999年主要产品有广播电视发射机、民用卫星接收机（站）CATV系统，VCD、SVCD、DVD等视听设备，黑白、彩色电视机，大屏幕彩电，投影电视，家庭多媒体系统，数字功放，卫星接收机等。电视机（彩色、黑白）1999年产量达11.9万台，录像机达306万台。电子信息材料及元器件主要产品有：阻容元件、片式元件、电位器、电感元件、磁性材料（稀土永磁和软磁铁氧体）、电子陶瓷电子材料、变压器开关电源、真空管、电子束管、调谐管、微特电机、抗电磁干扰滤波器等。1999年电子元器件产量达13.92万支。

系统集成与计算机及软件、通信产品主要产品有PC机、多媒体计算机、彩色显示器、键盘、调制解调器、磁光盘、磁盘驱动器等外部设备；以及多种软件系统、会议报到系统、机关信息系统、磁卡查询系统、IC卡收费系统、供电、税务、工商、邮电、交通、金融等。

管理系统及企业信息化系统主要产品有防盗报警、监控报警、消防报警，城市119网络计算机指挥调度系统、GPS定位系统、电视加解扰收费管理系统、会议电视系统等。以及光纤、光缆、市话网电缆，接入网同轴电缆、光端传输设备、网络设备、程控交换机、移动通信设备、可视电话、通信电源及智能通信高频开关电源等。

2001年，成都市电子信息产品制造业销售收入128.43亿元，完成工业增加值43.28亿元。同年，成都市委、市政府作出东郊工业结构调整的重大战略决策。

2002年东郊工业区电子行业企业结构调整进入全面实施阶段。同年，全市规模以上电子通信产品制造业实现增加值136亿元，与上年相比增加91亿元，占全市规模以上工业企业增加值的比重达49%。其中，制造业增加值达80亿元，通信业增加值达46亿元，软件业增加值达10亿元。一批重大产业化项目和高新技术成果转化示范工程项目正在加速实施。

至2005年年底，东郊工业区累计实现兼并电子企业301户，破产电子企业172户。改制电子企业1306户，30余万职工得到转移安置。2005年，全市电子信息产品制造业销售收入上升至207.35亿元，完成工业增加值78.42亿元。由于成都投资环境、人居环境的改善，英特尔、美国MPA、马来西亚友尼森、中芯国际、Tcl、大唐、安彩等国内外知名企业纷纷在成都建设了制造基地，成都市以Intel项目为代表的一批重大项目开工建设，优势骨干企业加快发展。2005年产品销售收入超过1亿元的企业有59家，销售收入合计156.79亿元，占311家规模以上企业总销售收入的71.26%。其中销售收入超过5亿元的企业4家，分别为汇源光通信、国腾集团、川开实业和银河磁体公司。销售收入同比增幅超过100%的企业有29家。实现利税超过5千万元的企业有8家，分别为国腾集团、汇源光通信、宏明电子、汇源电业、银河磁体、川开实业、亚光和锦江电子。

2001—2005年期间，总投资6亿美元的英特尔产品（成都）有限公司落户成都。美国芯源系统股份有限公司（MPS）投资1200万美元，在成都高新区西部园区内设立基地，主要从事集成电路的研发、设计和封装测试。全球最大的功率半导体封装测试企业必盛（E´SI）投资2000万美元在成都设立芯片封装测试厂。马来西亚友尼森公司投资2.1亿美元在成都高新区西部园区建立半导体封装测试工厂。

经过2001—2005年5年的发展，成都市电子信息工业已经拥有包括通信技术设备、广播电视设备、计算机及软件、数字视听、电子元器件与信息材料、军用电子产品、医疗、环保及电子仪器等15个大类、1000余个品种产品。同时也形成一批在全国具有较大影响的特色产品，如路由器、交换机等网络通信设备，光纤、光缆、光终端等光通信器件，磁性材料、陶瓷材料、钨钼丝、微波激光器件、片式阻容元件等元器件产品等。

2005年成都市电子信息产品制造行业规模以上企业销售收入情况表

表3-185

行业	规模以上企业数	销售收入
光电传输产品制造	78家	76.72亿元
其中：光纤光缆制造	7家	22.65亿元
通信设备制造	52家	34.52亿元
电力控制设备制造	19家	19.55亿元
光电显示产品制造	16家	12.06亿元
元器件制造企业（不含光纤光缆）	63家	71.46亿元
电线电缆制造	48家	37.04亿元

2001—2005年成都市电子工业主要产品及产量一览表

表3-186

产品名称	单位	2001年	2002年	2003年	2004年
电话机	万部	8.70	9.64	9.12	11.99
通信电子对抗设备	部	578	—	3312	
广播发射设备	部	726	—	1525	
台式个人电脑	万台	10.70	10.2	10.3	
调谐器	万只	807.00	1006	1121	1710
磁头	万只	449.50	—	1030.2	
稳压电源	万台	15.00	—	16510	
电线及光电线缆	万米	3.23	—	32391	
电真空材料	万千克	72.50	—	36.18	
电子元件	亿只	9.58	9.5	19.34	418.21
彩色显像管玻壳	万只	356.00	416.4	148	934.29

续表

产品名称	单位	2001 年	2002 年	2003 年	2004 年
半导体分立器件	亿只	1.60	2.081	2.149	4.999
集成电路	万块	—	587	747	652.36
电子材料	吨	—	3762	3795	
激光视盘机	万部	—	1.4	0.23	
卫星接收天线	万部	—	98.7		
电子测量仪器	部	—	3237		
电子专用设备	万台	—	1.17	0.0314	2.84
微电机	万只	—	13.14	9	
光缆	皮长千米	—	729467	928409	2041824
通信电缆	千米	—	327641	1346367	421984

2005 年成都电子产品主要生产企业、生产能力及市场份额一览表

表 3-187

产品类型	产品名称	生产企业	年生产能力	国内地位
广播电视产品	陶瓷发射管	旭光电子股份有限公司	5000 只	占国内市场 80%
	广播电视发射设备	成都广播电视设备厂	1800 套	国内领先
	卫星接收机及接收天线	四川通达电器有限公司	接收机 50 万台、天线 80 万付	国内占重要地位
电子元器件	热敏电阻器	宏明电子股份有限公司	5000 万只	国内规模最大、技术水平最高
	片式电容器	宏明电子股份有限公司	2 亿只	国内规模最大、技术水平最高
	电子调谐器	旭光科技股份有限公司	1200 万只	国内领先
	彩色玻壳	安彩成玻有限公司	1110 万只	全球第二家拥有自主知识产权
系统集成通信产品	路由器及交换机	四川迈数据通信有限公司	30 万台	国内占重要地位
	IC 卡电话	成都国腾通信（集团）有限公司	15 万台	国内规模最大

续表

产品类型	产品名称	生产企业	年生产能力	国内地位
光纤光缆产品	光纤	中住光纤有限公司	80 万芯千米	国内占重要地位
	光缆	大唐电信光通信分公司	80 万芯千米	国内占重要地位
		四川汇源科技产业（集团）有限公司	200 万芯千米	国内占重要地位
		成都中康光缆有限公司	130 万芯千米	国内占重要地位
导航电子产品	雷达整机	成都锦江电子系统工程公司	80 部	占国内市场 50%
电子信息材料	乌钼丝	虹波实业股份有限公司	500 吨	国内规模最大
	稀土黏结永磁器件	成都银河磁体股份有限公司	1500 吨	国内规模最大
	高档软磁材料	成都恒力磁性材料有限公司	5000 吨	国内排名第五位
	电子陶瓷粉料	宏明电子股份有限公司	800 吨	国内规模最大

【集成电路】

2001 年 1 月 20 日，总投资 11.95 亿元的成都国腾集团 6 英寸 0.5 微米模拟集成电路芯片生产线在成都高新区西区奠基。

2004 年 4 月 7 日，英特尔产品（成都）有限公司封装测试厂项目奠基仪式在四川成都出口加工区西区举行。项目年出口约 4 亿美元，产品用于移动电话、PDA 和个人计算机等领域。8 月 19 日，投资 1200 万美元的美国芯源系统股份有限公司（MPs）成都项目落户高新区，主要从事集成电路的研发、设计和封装测试。全球最大的功率半导体封装测试企业必盛（PSI）投资 2000 万美元在成都设立芯片封装测试厂，于同年 9 月建成投产，年出口额将超过 1 亿美元。12 月，总投资 1.75 亿美元的中芯国际成都项目在成都出口加工区西区正式破土动工。

2005 年 5 月，马来西亚友尼森公司落户成都高新技术开发区，投资 2.1 亿美元在成都高新区出口加工区西区建立半导体封装测试工厂。同年 10 月，成都高新区与 AERO TECHNOLOGY CORP. 公司签订投资合作框架协议。成功引进首家晶圆生产项目。

同时，成都是科技部批准成立的七个国家集成电路设计产业化基地之一，凭借在成都的 10 所、29 所、30 所、航天 618 所等科研单位技术支撑和国家 863 计划重大专项建立的良好的软件、硬件及相关设施，成都 IC 设计产业已经形成接口器件、功率器件、混合信号器件为主要发展方向的产业集群。成都市从事 IC 设计的公司从 2002 年不足 10 家，到 2005 年增加到 40 多家，形成以华微电子、登巅电子和南山之桥为代表的本地公司，以及科胜讯、凌阳电子、凹凸电子为代表的多家外资和台资设计公司集聚发展的格局。

2005年，华微电子系统公司的产品销售额达到1.1亿元，该公司利用电子科技大学成熟的CPLD和FPGA技术，成为除美国以外全球唯一掌握CPLD和FPGA技术的公司。

登巅电子的混合信号IP销售实现较快的增长，是本土成长最快、最大的混合信号IP提供商。以威斯达和虹微技术为代表的本地IC设计公司已经推出多款数字电视图像处理芯片。

2004年，成都南山之桥微电子有限公司成功研制具有自主知识产权“华夏网芯”。“华夏网芯”集成度高达1400万门，代表当时国内芯片设计的最高水平。这项重大科研成果已通过国家鉴定，改写了中国高性能路由交换机没有“中国芯”的历史。同年9月，南山之桥微电子有限公司继“华夏网芯”后又推出集数据通信与信息安全为一体的芯片，成为全球首家提供全网安全芯片组的公司。

2001—2005年期间，成都市集成电路产业通过积极对外开放，不断招大引强，吸引大批如Intel、中芯国际、友尼森等国内外知名IC企业落户成都。聚集了50多家IC设计企业，初步形成了集成电路设计、制造、封装、测试等配套的集成电路产业链，在高新区形成以集成电路为核心的微电子产业集群，全国IC产业集聚“第三级”已具雏形。2005年，IC领域产值同比增长45%，集成电路产品工艺及集成度在全国首屈一指。

2001—2005年，随着英特尔产品（成都）有限公司为代表的一批外资企业在成都落户投产，成都集成电路进出口发生巨大变化，外资企业发展迅猛，以英特尔产品（成都）有限公司为代表的芯片生产型企业已取代以四川长虹电器股份有限公司为代表的集成电路使用型企业，成为集成电路进、出口领头羊。

【电子元器件】

成都是全国信息产业电子元器件及基础材料的传统制造业基地，2004年，全市电子元器件规模以上企业达47家，实现销售收入45.18亿元（含光纤电缆），增加值为16.28亿元，占成都工业增加值的28.58%。2005年，全市电子元器件规模以上企业增加到69家，实现销售收入79.07亿元（含光纤电缆）。其主要产品有片式电阻和片式电容、电子调谐器、金属陶瓷发射管、大容量高低压真空开关管、彩玻、光接插件、电子陶瓷、钨钼丝等，门类涉及2000多个品种；有全国规模最大、技术水平最高的热敏电阻器生产基地和全国最大的电子调谐器生产厂家。很多产品的技术水平和产品的市场占有率在全国同行业中位居前茅。

成都是全国规模较大、门类齐全、装备精良、科技力量雄厚的国防科研生产基地，具有自主研发能力和配套生产能力，在基础技术、军用电子元器件、军用整机、系统装备等方面取得了一大批高水平的科技成果，科研成果在国内处于领先水平。在元器件、整机的生产上也具有规模基础，在航空航天、通信等领域的器件、整机和系统装备上，在全国占有重要地位。

成都东郊工业区是全国闻名的电子信息产业老工业基地。市委、市政府积极实施结构调整，按产业链的内在需求，将东郊工业区的16家规模电子信息产品制造企业迁入成都经济技术开发区，进行新型元器件、关键元器件与设备的研发与生产，形成电子元器件产业园雏形。2005年，纳入统计的规模以上投产企业有5家，全年完成工业增加值3.3亿元，销售收入8.1亿元。投产企业中规模最大的是旭光科技，全年完成工业增加值1.68亿元，销售收入4.5

亿元。成都经济技术开发区“电子元器件产业园”被信息产业部批准为国家级电子信息产业园，为成都电子元器件产业奠定进一步发展的基础。

2002—2004 年成都电子元器件产业主要经济指标一览表

表 3-188

	2002 年	2003 年	2004 年
销售额（亿元）	32.17	42.05	45.18
工业增加值（亿元）	11.04	15.78	16.28
占当地工业增加值比重（%）	26.44	33.77	28.58
净利润（亿元）	2.73	3.13	2.06
税金（亿元）	4.74	4.75	3.72
出口创汇（亿美元）	0.20	0.63	0.80
完成固定资产投资总额（亿元）	—	8.98	6.63
外商企业数量	4	5	3
投资额超过 1000 万美元的外商企业数量	—	2	3

电子信息产品市场

【成都科技一条街】

成都科技一条街始建于 1992 年，位于成都市市区（武侯区辖区内）一环路南一段、二段、三段，新南路，科华北路，浆洗街三纵一横的街区，全长约 6 千米，以磨子桥、跳伞塔两个十字路口为中心地带，是成都市的智力、技术密集区。

2005 年，成都科技一条街已发展成为包括电脑及相关配套产品、现代办公设备、现代通信产品、光机电产品、生物及现代医药制品在内的科技产品交易和科技咨询大市场，尤以电子信息产品市场和信息服务市场著称于世。科技一条街矗立着百脑汇资讯广场、新世纪电脑商城、新成都电脑城、东华电脑市场、成都数码广场、世纪电脑城及在建的 NOVA@ 世界等十几个大型电脑专业市场和学府花园、天歌科技大厦、新世纪花园、川大科技楼、亚太广场、时代数码大厦、咨询产业大厦等 20 余幢硬件环境好、智能化水平高、物业管理完善的写字楼宇，其间驻扎着 2500 多家科技贸易型、技术服务型和研发型企业，国内外知名的 IT 厂商都在此设立分公司和办事处。其规模仅次于北京中关村，为全国第二大电脑市场。

成都科技一条街不仅与省内城市的电子市场建立直接联系，还与云、贵、渝、藏、陕、甘乃至新疆的电脑商家发展业务联系，成为西部地区最大的 IT 产品集散地。

【成都数码广场】

成都数码广场始建于 2002 年，位于成都一环路科技一条街和人民南路跳伞塔路口交会处，是集购物、休闲、教育、娱乐、餐饮为一体的 4C（电脑、网络、通信、数码家电）大型专业卖场，建筑总面积达八万多平方米，商场经营范围共十层，经营面积4万平方米。其中1～4层为专业电脑卖场，5层、6层为办公写字间，7层为培训及维修中心，负1楼为物流及配送中心，负2、负3楼为大型室内停车场，商场配套设施齐全，智能化管理，为国内先进的专业电脑商城。

2004年，成都数码广场超越成都所有其他IT卖场，以销售额、出租率、商家盈利率等多项行业指标第一的好成绩，树立成都本土企业的优秀风范和良好品质。成都数码广场被国内权威媒体评为“全国十大专业电脑卖场”（位列第二名）、“成都最具人气电脑卖场”“引领成都时尚生活100品牌前十名”等荣誉称号。

【新世纪电脑城】

成都新世纪电脑城是成都信德实业有限公司投资开发的大型精品电脑商城，地处成都市科技一条街的中心磨子桥路口，紧临四川大学和中科院成都分院，成立于2000年。新世纪电脑商城建筑面积为1.2万平方米，其中营业面积（1～4层）8000平方米，地下车库（2层）及其他配套面积约4000平方米。2001年，新世纪电脑商城共纳入商家200余户。经营产品包括各类品牌电脑、外设、板卡配件、数码及网络产品、耗材、软件游戏及音像制品等电子产品，日销售额超过100万元。由于商城卖场软件及配套设计先进，管理理念务实，大力提倡“信誉营销”，极受消费者青睐。2005年，为西南地区影响力较大的电脑城之一。

新世纪电脑商城大楼前

【成都东华电脑城】

地处一环路南二段“成都科技一条街”中心，建立于1996年，总营业面积达1300平方米，商家400余户，主要经营电脑整机及配件、电子出版物和耗材、书刊等，是成都市最早建立的大型电脑专业市场之一。

东华电子电脑城外景

【百脑汇电脑城】

百脑汇电脑城位于新南路磨子桥路口，由台商独资企业百脑汇电子信息（成都）有限公司投资，于1998年建成，大楼营业面积2.8万平方米。主要研制、开发、生产、销售电脑软硬件，经营大楼物业管理，出租房屋开辟电脑卖场。

2001年，电脑城得到飞速发展，市场聚集辐射能力不断增强。2002年内在全国建立25家连销电脑卖场。

成都百脑汇电脑城外

@世界资讯广场大楼

【@世界资讯广场】

成都@世界资讯广场成立于2003年10月，是西南地区较大的IT卖场之一，位于成都市科技一条街核心地带，成都市交通要道人民南路与一环路交汇处。

@世界资讯广场总建筑面积3.6万平方米，共13层。商业营业部分为该建筑的1~6层，建筑面积1.8万平方米。其中1~5层为IT专业卖场，共有商铺400多个；6层为多功能展示间，拥有品牌展示、办公营业房60间。商务写字楼在该建筑的7~13层，建筑面积1.8万平方米。负1、负2层为停车场，拥有机动车泊位143个。作为专业数码电脑卖场，场内汇集世界知名IT厂商的前沿科技数码娱乐产品。该广场由世纪登峰（成都）科技实业有限公司负责经营管理，先后获得“2005年度最佳购物环境奖”“2005诚信维权单位”、《成都晚报》“2005年度成长最快卖场”、《华西都市报》“2005年度新锐卖场”、《成都商报》“2005年度最具影响力IT卖场”、计算机产品与流通“2005年度中国十大城市最具人气卖场”称号。

【成都太升路电信市场】

成都太升路电信市场一角

成都太升路电信市场位于成都市区繁华的商业中心，市场集中于太升南路、提督街到新华大道长约430米的区域内。该市场以四川省电信局的营业厅为龙头，依托市电信公司在该区域创造的良好形象，形成活跃的成都时尚通信专业市场。在沿街两侧及附近，分布着上百家通信设备门市或手机经销商店，成为顾客购买电信产品的首选之地，被誉为“西南第一通信市场”、西南地区最大的通信产品集散地。市场内BP机、手机、办公用品、电讯设备零配件及耗材，应有尽有。

2003年，市场日人流量达到35万人次，市场每月的出货量高达25万~30万台，年销售额60亿元以上。

【成都城隍庙电子电器市场】

成都城隍庙电子电器市场是中国西部最大的电子电器批发集市。市场紧临成都市府河的滨河路，东起解放路北二段，西至人民北路一段，占地200余亩。城隍庙市场由10个交易区组成。每个交易区由不同办公室管理，各办公室除负责一般管理服务外，亦有提供营运、法律、工商登记及税务等咨询服务。市场内的代理商及店铺，多集中经营区域性的批发业务，较少倚重零售。

该市场中各类家用电器繁多，包括本地及进口著名品牌的中、高档产品。此外，经营各类电子零部件，包括一般性零件，如电阻、电容以及二极管、三极管，和各种半导体器件等。

【成都大发电器市场】

成都大发电器市场位于成都市玉龙街冻青树街区，是西南地区规模最大的专业家电交易中心。大发市场分3个小区，一共可容纳面积不等的200个商铺。主要经营各种进口、国产家用电器，如彩电、冰箱、空调、影碟机和摄、录影机、音响、洗衣机等大小家电，有上千个品种之多。除国内品牌长虹、海尔、康佳、春兰等产品外，国外品牌如飞利浦、三星、日立、索尼及东芝，在大发电器市场随处可见。市场内商铺及代理，从事包括所谓“厂家直销”“特许专卖”的批发及零售业务。电器市场管理办公室负责市场的开发、建设，要求零售商提供“三包”的售后服务，免费为买、卖双方提供协调服务。

大发电器市场外景

【成都五块石电子电器市场】

成都五块石电子电器市场坐落在五块石大市场区腹心黄金口岸，市场占地150余亩，建筑面积20万平方米。市场由家用电器经营区、万家灯饰批发城、仓储批发区、五金电动工具专营区、音响批发城和国家二次商品交易市场、锅巴香川菜酒楼、综合商务写字楼以及面积达1.2万平方米的休闲广场组成。市场吸引上千家电子电器厂商进场经营，汇集家用电器、灯饰灯具、电子元器件、影视电器、电动工具、电器杂件筹13大类数万种商品和国家二次商品交易市场大量的库存和二手商品。

五块石电器市场大门外

【道洋电脑超市】

1995 年，道洋公司创立，开始从事电脑销售及服务。公司总部设在成都，总部下设超市事业部、DIY 事业部、SONY 事业部、数码事业部、联想事业部，以及数码及配件产品采购中心。

1996 年，与英特尔公司合作，成为西南地区最大的 TOP GID（英特尔产品专卖店），并与全球最大 IT 产品分销商英迈（INGRAM MICRO）公司合作，成为其在西南地区最重要的合作伙伴。1999 年在西部地区首创大型 IT 卖场——道洋电脑超市，经营产品类别包括品牌电脑、笔记本电脑、数码产品、外设及办公设备、耗材、电脑配件及装机、服务器及网络设备等。电脑超市开创 IT 销售及服务的崭新模式，并建立规范的售后服务体系，拥有成都电脑商家中规模最大的专业技术服务队伍，成为客户放心、方便的“一站式”购买 IT 产品的理想场所，并获得省市政府定点采购协议供货商资质。

2002 年，成为西部首家索尼笔记本电脑和数码产品经销商，道洋的业务范围扩展到消费电子领域。2003 年起成为联想笔记本主要分销商。2004 年起又陆续成为佳能、三星、奥林巴斯、富士等品牌数码产品西南地区主力经销商。2005 年开始成为英特尔核心渠道成员（CO-EM）。

城市建设

概　述

成都是国家首批公布的“国家历史文化名城”之一。从公元前311年张仪、张若筑成都城算起,成都市建城历史长达2300多年,在漫长的历史发展进程中,城址未迁,城名未变,为成都遗留下深厚历史人文内涵。成都,是四川省省会,国务院确定的中国西南经济中心、金融中心、科技中心和交通通信枢纽。

城市建设规划先行。20世纪80年代以来,成都市城市建设总体规划经历三次重大修订不断完善。《成都市城市总体规划(1981—2000)》于1979年启动并年内完成,1984年1月经国务院批准实施;《成都市城市总体规划(1995—2020)》于1994—1996年编制完成,1999年6月国务院正式批准。2002年开始修编《成都市总体规划(2003—2020)》,2004年12月经成都市人大常委会审议通过,经省政府批准并上报国务院。与此同时,16年间,为配套《成都市城市总体规划》的实施,还陆续编制主城区分区规划、专项规划、详细规划。详细规划含控制性详细规划和修建性详细规划,控制性详细规划已实现中心城区满覆盖。

旧城改造、新区建设与名城保护有机结合。1990—2005年,成都市城市建设步伐加快,城市面貌显著改变。在此期间,不断推进旧城改造项目。天府广场几经改造,成为成都市中心的标志建筑;火车北站广场经改造后成为成都市北大门的窗口;红星路广场的建成,为成都市中心商业区增添休闲娱乐区间;东大街、南大街、西大街、北大街四条古街面貌一新;文殊坊、大慈寺、宽窄巷子、水井坊四个片区古韵犹存;春熙路、琴台路两条街道各显特色;低洼棚户、危旧房屋以及周边场镇陆续得到改造。与此同时,按照市委、市政府城市向东向南发展的战略决策,加强新区建设,东部新区建设、南部新区建设、高新区建设取得很大成效,北部新区建设已启动。中心城区已扩展到外环路(即绕城高速公路)以内的范围,面积达598平方公里。名城保护以着眼整体保护为主,“实事求是,加强管理,合理利用”作为保护的原则,加强对历史文化街区保护、历史文化景区建设、历史建筑保护、祠堂会馆保护、近代中式及西式建筑保护、古树名木保护。

因地制宜,突出重点。1990—2005年,在城市交通、城乡供排水、房屋建筑、旧城改造、新区建设等领域,陆续推出一批重大工程建设项目。如城市交通领域的“五路一桥”工程等,环境治理领域的府南河综合整治工程等,城乡供水领域的自来水六厂工程等。为此,市政府成立“成都市重大城市建设项目领导小组办公室”,负责资金筹措、招标投标等工作,全面推进重大工程的实施。

1990—2005年，成都市所属各区(市)县分别完成城市规划并付诸实施，改造旧城，建设新城，因地制宜，突出特色：都江堰市以“建成现代中等工业旅游城市”为目标，凸显“半城水色半城山”的特色；温江区以柳城镇为中心，14个小城镇为依托，40个中心村和聚居点为基础，构建城乡一体的城镇新格局；金堂县将建设三江环抱的“天府花园水城”列为重大建设项目实施的目标；蒲江县把建设生态城市纳入城乡统筹规划实施。各区(市)县城建成区总面积1990年为87.1平方公里，2005年扩大到487.5平方公里，为1990年的5.6倍；道路长度1990年为631千米，2005年增加到3001千米，为1990年的4.8倍；排水管道长度1990年为639千米，2005年增加到3281千米，为1990年的5.1倍。

1994年以后启动小城镇建设带动小城镇经济发展，2002年全市已有179个省级试点镇；2004年缩短战线，确定30个重点建设城镇；2005年又确定其中14个镇为优先发展城镇，这些镇根据各自优势，确定发展方向，加快建设步伐，日渐突出城镇特色。

城市规划

综　述

中华人民共和国成立后，成都市先后完成三轮城市总体规划：首轮城市规划于1954年完成，1955年年底经国家批准实施；第二轮《成都市城市总体规划(1981—2000)》于1979年启动并年内完成，1984年1月经国务院批准实施；第三轮城市总体规划于1994—1996年编制完成，1999年6月国务院正式批准《成都市城市总体规划(1995—2020)》。2002年开始修编《成都市总体规划(2003—2020)》，2004年12月经成都市人大常委会审议通过，经省政府批准并上报国务院。

《成都市城市总体规划(1995—2020)》实施后，陆续编制主城区分区规划、专项规划、详细规划。详细规划含控制性详细规划和修建性详细规划，控制性详细规划已实现中心城区满覆盖。此外，还完成一批城市设计，开展重大课题的规划研究。

1990—2005年期间，全市完成的规划编制代表性成果共114项，含龙泉驿、青白江、新都、温江等分区规划；城市交通、对外交通、城市供水、城市排水、城市防洪等专项规划；都江堰市城市规划、金堂县县城总体规划等县城规划；30个重点城镇规划、邛崃市平乐镇规划等乡镇规划；四川师范大学校园、金沙遗址园区、成都市三洞桥公园等修建性详细规划；温江台商工业区、成都市经济开发区、中华熊猫基地等控制性详细规划；东部副中心、南部副中心、三环路沿线、天府广场等城市设计；城镇体系研究、城市发展战略研究等规划和规划研究。

2005年，成都市委、市政府下发《关于改革城乡规划管理体制的意见》。成都市勘察和测绘工作由成都市勘察测绘研究院负责。1990—2005年，广泛应用测绘计算机技术、测绘遥感技术、全球卫星定位系统技术，推动测绘技术的全面进步。

城市总体规划

【成都市城市总体规划(1995—2020)】

《成都市城市总体规划(1995—2020)》于1994年开始修编，1996年完成，1999年6月国务院批准实施。

规划期限、范围及人口。规划期限为1995—2020年，近期至2000年，中期至2010年，远期至2020年，远景规划至2050年。规划范围为全市行政区共12390平方公里，分为三个规划层次：第一层次为中心城，包括规划的外环路以内所涉及的区、县有关乡镇范围，面积为598平方公里；第二层次由中心城周边的2区、4县构成，包括龙泉驿、青白江、新都、温江、郫县的行政区范围以及双流县北部地区，总面积2662平方公里；第三层次包括市域范围内除一、二层次以外的都江堰、彭州、邛崃、崇州、金堂、新津、大邑、蒲江等市（县）以及双流县南部地区，总面积为9130平方公里。第一、二层次共同构成成都市区，共3260平方公里。至2020年，全市总规划人口为1150万人，中心城非农业人口规模达到278万人，实际居住人口310万人；按节约用地原则，至2020年中心城城市建设用地规模为248平方公里。

都市区总体布局。都市区由7个卫星城与中心城共同构成高度城市化和现代化的城市群，是形成现代化都市的主体。7个卫星城指：青白江区大弯镇、龙泉驿区龙泉镇、温江县柳城镇、新都县桂湖镇、郫县郫筒镇以及双流县东升镇、华阳镇，各卫星城按照各自的职能分工，优势互补，共同发挥都市区的整体功能。

都市区内各城市（镇）之间均保留生态绿化间隔带，严禁城市（镇）连片发展。都市区的重点发展方向是南部的城市下风、下游地区以及东部的丘陵、台地地区。在高新区人民南路南延线与三环路交叉口地带设置城市南部副中心；在洪河片区沿老成渝路侧设置城市东部副中心。

中心城是全市政治、经济和文化中心，重点发展辐射西南地区的金融、商贸、科技文化、信息、综合管理和服务等第三产业。中心城逐步由密集“圈层式”布局转变为疏密结合的“扇叶式”布局；逐步由单中心结构转变为多中心结构，形成由市中心—副中心—大区中心—居住区中心构成的城市结构，保持良好的生态环境。中心城适当降低第二产业比重，提高第三产业比重。重点发展以金融、商贸为主导的第三产业和以高新技术为导向的第二产业。大力发展周边卫星城，疏解中心城工业，实现产业结构的合理调整。

中心城区与卫星城的功能。中心城划分为三个区：一环路以内为市中心区；一环路与规划三环路（南部和东部以铁路为界）之间区域为主城区；主城区以外至规划外环路为环城区。

市中心区建设成为具有历史和地方特征的现代化高效率都市核心，重点建设大型金融、商贸、文化、信息及服务设施；改善道路交通状况，加快基础设施现代化；保护历史文物，体现名城风貌；提高环境质量，区内工业不得在原址改造或扩建，应在2000年以前逐步迁出。

主城区是中心城的主体，重点发展生活居住、科研教育、交通枢纽、物资集散等功能。除发展部分高新技术产业外，不再新增工业区或设置大型工业项目。现有的工业项目以高新技术为导向，走内涵发展的道路，提高生产效益，减少环境污染。限期治理污染企业，难以治理的排污企业转产或逐步搬迁。原则上不得在原址扩大用地规模，新建或扩建项目安排在环城区或卫星城。鼓励区内工业迁往卫星城发展。

环城区是中心城的外围区域，依托现有的小城镇及工业点形成7个相对独立的分区。各分区之间以永久性生态绿地隔离，严禁连片发展。

卫星城需承担第二产业发展的职能，一方面疏解中心城工业，另一方面截流新的大型工业进入中心城。

用地规划。至2020年，居住用地比重保持在30.93%，人均居住用地达24.75平方米，人均居住面积提高至14～15平方米。中心城的工业按照高效益、高技术、低污染、低能耗、少占地的原则发展，工业项目不符合以上原则的应逐步改造或迁出中心城。逐步降低工业用地的比重，至2010年由现在的23.65%下降到16.75%，新增工业用地5.70平方公里；至2020年工业用地比重下降到 14.35%，减少工业用地 2.27 平方公里。在火车西站、东站、天回镇、太平寺和龙潭寺设置集中的社会性仓储用地，中心城内的所有危险品仓库均迁往龙泉驿区洪安乡。

公共设施规划。《成都市城市总体规划(1995—2020)》确定省、市委机关办公区均在原址改造，省政府在现址改造，处于人民南路广场东北侧的省政府办公区迁离该地段。市政府第一、第二办公区配合人民南路广场的改造和建设迁往城市新区；用 5 ~ 10 年集中力量建成一批具有较大规模和较高档次，能代表成都商贸流通形象的标志性工程。使成都成为市场辐射范围大、辐射能力强、极具经济实力和发展潜力的西南地区商贸中心城市；增加科研教育用地，提高设施标准，集中力量高起点建设南区科技教育区和市高新技术产业开发区。成都大学迁往十陵镇；建成一批标志性文化设施，含省图书馆、市图书馆、市科技交流中心、市科技会堂、市音乐厅、市少儿艺术宫、青少年科技活动中心、市博物馆、市文化艺术学校、科技博物馆、成都历史文化博物馆、川剧艺术中心等；按照全运会标准完善市域内现有体育设施，逐步形成能承办全运会和国际性运动会并对公众开放的公园式体育中心。龙泉驿区洪河镇建设综合性体育中心；逐步改造和完善现有省、市、区级医院，建设应急快速的急救网络，配套和完善各类专科医院，在两个副中心及 20 个大区分别新建 16 座综合性医疗中心。

专项规划。《成都市城市总体规划(1995—2020)》的专项规划包括供水、排水、供电、供气、燃气、通信等市政基础设施规划、道路交通规划、城市环境规划、绿地系统规划、历史文化名城保护规划等。

【成都市城市总体规划(2003—2020)】

《成都市城市总体规划(1995—2020)》实施后，2002 年开始修编《成都市城市总体规划(2003—2020)》，2004 年修编完成。

规划目标与城市性质。规划目标是全面建设小康社会，实现工业新跨越，增创服务业新优势，开拓现代农业新局面，加快城市化进程，增强城市综合竞争力，努力建设成中国西部创业环境最优、人居环境最佳、综合实力最强的现代化特大中心城市。规划确定，成都城市性质为四川省省会，西南地区科技、金融、商贸中心和交通、通信枢纽，中国西部重要中心城市、新型工业基地，国家级历史文化名城和旅游中心城市。

规划期限、范围及人口。规划期限为 17 年，其中近期为 2003—2010 年，中期为 2011—2015 年，远期为 2016—2020 年；为保持城市的可持续发展，同时制定 2050 年城市远景发展规划。

规划范围为全市行政区，面积 1.24 万平方公里。分为中心城、主城区、远郊区三个层次。外环路以内的五城区、高新区及其他区域，含道路外侧 500 米绿化带的用地范围为中心城，面积 598 平方公里。主城区包括中心城和双流、温江、郫县、新都、青白江、龙泉驿六个周边区县的行政区划范围，面积 3681 平方公里。以外环路为界，分为中心城和新都—青白江、龙泉驿、双流(华阳)、双流(东升)、温江、郫县 6 个城市组团。远郊区包括都江堰、邛崃、彭州、崇州、金堂、大邑、蒲江、新津四市四县的行政区划范围，面积 8709 平方公里。

2010 年规划总人口 1100 万 ~ 1300 万人，其中户籍总人口 1000 万 ~ 1110 万人，暂住人口 100 万 ~ 190 万人。规划建设用地 810 平方公里。2020 年规划总人口 1300 万 ~ 1500 万人，其中户籍总人口 1100 万 ~ 1200 万人，暂住人口

200万~300万人。规划建设用地1029.6平方公里。以城市人口计，城市化水平2010年约为63%，2020年约为70%。近期（2010年），规划城市建设用地为515平方公里，城镇人口为570万人，人均城市建设用地90平方米；远期（2020年），规划城市建设用地为673平方公里，城镇人口为734万~760万人，人均城市建设用地90平方米。

主城区规划布局。规划确定，主城区将形成“一主多核”的多中心城市空间结构，逐步形成快捷高效的走廊式发展形态；依托中心城形成城市与自然相互交融的扇叶状城市格局；依托放射通道，形成六条快捷高效的走廊式发展格局；主城区内打造六个城市组团，拉开城市架构，重点发展南、东、北三个新城。

城市核心区为辐射西部地区现代化的商务、商业中心；将行政办公、居住、高等教育等功能向外疏解，逐步增强商业、商务、文化等功能；在外围六个组团，形成城市副中心。中心城工业向外迁移，在六个片区形成工业集中发展区，重点强化成都高新区、成都经济技术开发区和新（都）青（白江）工业区。主城区建设以中心城为核心，沿放射道路走廊式轴向发展，重点向南、北、东三个方向，逐步形成南北展开的城市格局，奠定成都平原城市群发展的基础。

各组团建设用地规模及功能：中心城约400平方公里，华阳组团约28.5平方公里，主要功能：公共服务、居住、高新产业；东升组团约41平方公里，主要功能：新型工业、职业教育、公共服务、居住；温江组团约32平方公里，主要功能：居住、教育、高新产业和旅游；郫县组团约49平方公里，主要功能：高新产业、居住、教育和旅游；新都—青白江组团约71平方公里，主要功能：新都发展综合服务、新型工业、居住、旅游产业，青白江发展工业、物流、居住；龙泉组团约52平方公里，主要功能：新型工业、职业教育、公共服务、居住。

公共设施规划。市行政办公设施向南迁移，带动城市向南发展，引导城市南北展开，形成带状发展的城市布局形态；建立与国内外市场接轨的现代商业网络体系，把成都建设成为中西部地区的商贸中心城市。各外围组团重点发展具有对内供应、对外辐射的批发市场和为本地服务的商业网点；建设一批标志性文化设施，包括省图书馆、省科技博物馆，市图书馆，市博物馆，青少年科技活动中心等；以承办国际重大单项赛事和全运会等综合性运动会为方向，以满足人民群众日益增长的体育健身需求为出发点，建立相对完善的体育设施布局系统，把成都建设成为西部体育强市；根据医疗卫生服务供需变化及发展趋势，整合资源，优化结构，合理配置，统筹布局，建立城乡一体的医疗卫生体系，逐步形成西部地区医疗中心。发展社区卫生服务中心，合理布点综合医院，建立以综合医院（专科医院、中医院）为中心，社区卫生服务机构及乡镇卫生院为基础的两级医疗服务体系。

交通、工业及物流规划。主城区综合交通规划确定为加强主城区对外交通与城市交通的联系，提高区域交通运行效率。在成龙公路南侧规划成渝高速铁路，并预留宝成、达成、成昆高速铁路通道，建设沙河堡铁路枢纽站；改善火车北站，改造火车南站；在新都泰兴建设北编组站，将成都东编组站改造为集装箱节点站；完善“环形+放射”区域快速路网系统；搬迁凤凰山机场、太平寺机场，中远期搬迁黄田坝机场，解放城市净空；建设双流机场二跑道，将双流机场建设成为国际枢纽机场，强化航空枢纽的地位。主城区内道路交通规划确定为优先发展公共交通系统，建立以轨道交通和快速地面公交为骨干，普通地面公交为主体的公交体系，大幅度提高公交出行比例。

主城区工业及物流系统规划确定中心城内工业逐步向外迁移；工业向园区集中，将全市117个工业区整合为21个工业集中发展区；重点发展成都高新技术开发区和成都经济技术开发区。随着工业结构和布局的调整，形成北部、南部两大区域物流中心和四个区域配送中心的现代化物流运输配送体系。

专项规划。《成都市城市总体规划（2003—2020）》的专项规划包括供水、排水、供电、燃气等基础设施规划、防灾规划、绿地系统规划、历史文化名城保护规划等。

高新区及部分区（市）县规划

【成都高新区分区规划】

成都高新技术开发区（简称高新区）包括南区和西区，始建于1988年，1991年经国务院批准为国家级高新技术产业开发区。高新区地处中心城西南部，位于城市向南发展轴线上的重要区域。2002年，根据《成都市城市总体规划（1995—2020）》编制高新区分区规划。

高新南区。高新南区是成都市重点发展的现代化综合城市新区，城市建设规模至2020年为47平方公里，人口34.22万人。规划形成具有不同功能定位的四片功能区组团：起步组团，以肖家河、芳草、紫荆三个重要的居住区和一个工业园为主，居住用地占用地的41.9%，可容纳12万人，配置商业、餐饮、文化娱乐等公共服务设施；新园组团和大源组团以工业为主，重点发展高新技术产业；站南组团，沿人民南路两侧集中建设行政管理和大型商业、金融设施，为城市副中心，公共服务设施用地占整个组团用地的24.1%。规划沿道路、河流设置绿化带，新建6个公园，供居民活动、休闲，规划人均公共绿地达12.4平方米。按交通分流、“干、支并重”，优先发展公共交通的原则，规划一条环状加枝状的自行车道路网，并设置6处大型社会机动车停车场，提高整个道路网的交通效率。

高新西区。高新西区地处成都市西北近郊的郫县境内，进出西部的两条交通走廊（成灌公路和羊西线）之间。2001年3月开始编制高新西区规划，同年7月经批准实施。规划区沿羊西线轴向分布，总规划建设面积约13平方公里。区内已形成一批技术含量高，集产、学、研于一体的科技机构、企业和园区，通过外环路与其他几个开发区紧密联系，共同构建成都市郊环状产业开发带。分区规划确定高新西区为成都国家高新技术开发区的一个园区，是四川省电子信息产业发展的重要基地，以电子信息、生物制药及软件开发为主导的现代化高新技术产业区，其主要功能为研究、孵化和生产。羊西线道路贯穿整个西区，通过与其相交的外环路、三环路及二环路等与中心城及省内外路网衔接。高新西区分区规划以建设高标准、高产出、技术人才高度集聚的国内一流现代化高科技产业园区为目标。通过规划实施，带动城市产业结构调整及升级，使之成为新的经济增长点；通过合理的资源配置和功能分区，使之成为环境优美、交通便捷、基础设施现代化的花园式高科技园区。

【锦江区分区规划】

锦江区位于市区东南部，是商贸服务、生活居住、教育等协调发展的综合性城区，土地面积60平方公里。《成都市城市总体规划（1995—2020）》中明确提出成都市中心城将重点向东向南发展，锦江区处于城市向东发展的重要区域。2002年，根据《成都市城市总体规划（1995—

2020)》编制锦江区分区规划，城市规划建设用地规模至2020年为40.34平方公里，总人口59万人。

分区规划确定锦江区是成都市中心商务、商业金融服务区，城市中心区及副中心所在地，商贸服务、生活居住、教育等协调发展的综合性城区。一环路以内为城市中心区，以建设大型金融、商贸、文化、信息及服务设施为主，重点改造建设春熙路、盐市口、人民南路、总府路、青年路、东大街等地段；在锦江区三圣乡及龙泉驿区洪河乡临老成渝路两侧建设城市东部副中心，其功能是引导城市向东发展，分担部分市级或市级以上的公共设施配套功能。集中设置大型综合性商业服务中心、大型金融设施、综合性体育中心以及市或市级以上的文化和博览设施、大型综合医院等。规划六条城市发展轴线，即：老成渝路商贸发展轴、一环路综合发展轴、二环路综合发展轴、三环路综合发展轴、成龙路科教及居住发展轴、成仁路工业及居住发展轴；设置五片功能区，即：中心商贸功能区、东光居住功能区、狮子山科教居住功能区、三圣商贸居住功能区、琉璃工业及居住功能区。

一环路以内为中心商贸功能区，是城市中心区的重要组成部分，以商业、商贸及服务业为主；一环路至沙河之间为东光居住功能区，包括莲新居住区、东湖居住区、东光居住区等，以生活居住及配套公共服务设施为主；沙河至三环路之间为狮子山科教居住功能区，包括四川教育产业园区及沙河铺综合区、金象寺居住区、皇经楼居住区等，以科研、教育及生活居住为主；三环路以东、老成渝路以南为三圣商贸、居住功能区，包括城市副中心、粮丰居住区、高店子居住区、粉房堰居住区、红砂居住区等，以商贸服务及生活居住功能为主；三环路、机场路东延线以南，外环路500米生态保护带以北为琉璃工业及居住综合功能区，包括锦江工业园区、椹子树居住区及成都市第二污水处理厂等，以工业及生活居住功能为主。旧城人口密度高，商贸活动频繁，限制条件多，将逐步进行成片改造。规划居住用地1498.31公顷，人均居住用地25.4平方米。三环路两侧逐步形成一批公共服务设施完善、环境优美的居住小区。

根据《成都市东郊工业企业结构调整规划》对工业等用地进行调整，二环路附近的工业企业逐步改造为高效益、高技术、低污染、低能耗、占地少的高新技术企业或迁至城外。规划在成昆铁路以南、新成仁路以西、府河以东、武侯大道东延线以北的锦江工业园区内布置以高新技术产业为主导的工业企业。根据《成都市沙河整治工程规划》对沙河沿岸用地进行调整，以带动沙河两岸的改造和发展。规划了滨河公园、塔子山公园、河心村水上公园、狮子山凉风顶郊野公园等。根据《成都市三环路绿地规划》对三环路沿线用地进行调整，以商务办公、科研、金融贸易、居住建筑为主，沿道路两侧各规划50米宽绿化带。

锦江区分区路网呈环形加放射的扇叶形结构，规划大型停车场6个，中型停车场13个，在三圣和琉璃各规划一处公交枢纽站，占地面积分别为18亩和50亩，取消城东汽车客运中心。并规划三条轨道交通线路，以减轻交通压力。

【青羊区分区规划】

青羊区位于市区中、西部，北以摸底河与金牛区分界，南以清水河和武侯区相接，东接锦江区，西邻温江区，土地面积66平方公里。是成都市政府所在地，中心商务区，生活居住、教育、旅游等协调发展的综合性区域，是体现成都历史文化名城的重要区域，是成都城西的重要交通门户。2002 年，根据《成都市城市总体规划(1995—2020)》编制青羊区分区规划，城市规划建设用地规模至 2020 年为 51.1 平方公里，总人口 63.9 万人。

青羊区分三大片区，即城市综合建设区、黄田坝地区、非城市建设区。规划形成“二横四纵七片”的功能结构，横向的两条功能轴分别为蜀都大道、光华大道(新、老成温公路)综合发展轴线；纵向的四条功能轴是人民路城市中轴线及一环路、二环路、青羊大道三条城市综合发展轴线。七个功能片区即：旧城片区，浣花溪历史文化风景区，清波、金沙、战旗居住片区，西窑综合片区，火车西站站场区，苏坡综合片区，黄田坝片区(特殊用地区)。一环路以内的市中心区(旧城片区)，以商贸服务为主；浣花溪历史文化风景区以休闲、旅游、居住为主；清江路以南、二环路以西、青羊大道以东、光华大道以北为大专院校区，以文化教育为主；清水河以西、货运大道以东、成温公路以北为火车西站站场区；货运大道以西的黄田坝地区规划为工业区。青羊区内共规划 13 个居住区，即少城居住区、太升居住区、石人坝居住区、草堂居住区、浣花溪居住区、战旗居住区、西窑居住区、清波居住区、龙嘴居住区、金沙居住区、东坡居住区、苏坡居住区和黄田坝居住区。旧城内的居住区以改善环境、完善配套为主；新建居住区成为规划设计合理的现代化精品住宅小区。新建居住区用地指标按人均 24 平方米控制。规划居住用地总面积为 1408 公顷，占青羊区规划建设总用地的 27.6%。规划工业区主要布置在苏坡工业园区及黄田坝地区。

绿地规划形成点、线、面三种形态。新开发居住区强调带状绿地，串联各居住区级及组团级点状绿地，形成小网络，突出绿化系统的整体性、生态性和开发性。面状绿地以浣花风景保护区作为主导，由南河、清水河、摸底河两侧绿地及城市道路两侧防护绿地将杜甫草堂公园、文化公园、百花潭公园、人民公园、天府广场绿地串联起来，构成城市绿化系统。在城市核心区，增加两块集中绿地，形成城市绿心；沿道路形成带状绿地；沿清水河、摸底河及南河形成滨河绿地；规划人均绿地面积 15 平方米。

在原有规划道路网的基础上，控制车道宽度，增加道路绿化面积，保留金沙、百花公交总站，在西窑居住区、清波居住区、红碾小区设置公交首末站。根据成都市轨道交通网规划，青羊区内规划地铁一号线、二号线、三号线及五号线。

【金牛区分区规划】

金牛区位于市区西北部，北与新都区交界，南与青羊区毗邻，东与成华区相连，西与郫县接壤，土地面积 107 平方公里，是城市西北部以发展商务服务、商贸流通为主的综合性城区。金牛区地处城市上风上游地区，府河、清水河、摸底河均穿流整个区域。城市向西向北四条主要公路——成灌高速路、老成灌路、成彭路和川陕大件路均以金牛区为起点，城市一、二、三环路和外环路贯穿全区，另有货运大道、黄忠大道、金府路等区域交通干道与青羊区、成华区相连，作为城市主要对外客流集散地的火车北站也位于该区。2002 年，根据《成都市城市总体规划(1995—2020)》编制金牛区分区规划，确定城市规划建设用地至 2020 年为 64.41 平方公里，总人口 90 万人。

分区规划根据用地性质和干道、河流等天然界线，将金牛区划分为 9 个功能区，即：位于火车北站以南、府河以东，以商贸、居住和对外交通为主的肖家村—解放路功能区；位于二环路以内、府河以西，以会展博览和居住为主的光荣—抚琴功能区；位于成灌路以南、三环路以内，包括羊西线餐饮文化区和大量生活居住用地的外化城—黄忠功能区；位于成灌路以北、府河以南，三环路以内，包括金府生资市场、九里堤、花照居住区和西南交大，以商贸、居住、文教为主的花照—九里堤功能区；位于大件路以南、府河以北，以五块石批零市场为主的五块石功能区；位于三环路以外、老成灌路和羊西线沿线地区，以金牛高科技产业开发区为主，包括配套居住用地的金桥工业功能区；位于三环路外侧和府河上游、宝成铁路以西，以体育为主，包括配套居住用地的洞子口功能区；以凤凰山为主，位于三环路外侧、宝成铁路以东，以旅游、休闲娱乐为主的凤凰山功能区；位于天回镇，包括川陕大件路东侧的部分丘陵用地，以仓储、工业和居住为主的天回功能区。

结合区域用地布局，规划茶店子、沙湾路金牛区政府—会展中心、火车北站和洞子口四处大区中心以及14个居住区中心。金牛区规划的大型公共设施用地，包括沿金府路大件路的生资、机电批发市场，五块石电器批发市场，荷花池批发市场，凤凰山第三产业开发区，市青少年科技会馆，羊西线餐饮文化街区，奥林体育运动中心，以及新规划的市综合体育公园等，共13.50平方公里，占总用地的20.97%。三环路以内已建成较为完整、配套齐全的生活居住区，如白果林、抚琴、内化成、外化成、黄忠等小区。在三环路沿线新规划土桥、洞子口、天回3个大型居住区及配套的公共服务设施。规划居住用地1918公顷，人均居住用地23.68平方米。规划两个工业园区，工业用地6.4平方公里，均分布在三环路外侧。金桥高科技产业园区位于羊西线和老成灌路之间，以发展无污染的高新科技产业为主；天回工业园区位于天回乡，发展一、二类工业为主，新规划少量仓库用地，作为天回工业园区的配套用地。

金牛区仅有一个公园（植物园），人均公共绿地不足1平方米。分区规划沿府河、沙河和摸底河新建四个大型公园；规划以凤凰山为主体、具有浅丘地貌特色的旅游产业开发区。规划人均公共绿地9.23平方米。

在永陵及其周边的历史文化保护区，府河、南河、沙河两岸各100米的城市建设特别控制地带，凤凰山旅游休闲度假区及凤凰山军用机场、金牛宾馆及周边涉及国家安全控制地段作为特别控制地区，严格控制这些区域土地开发。

规划路网格局与城市环形加放射状的基本路网格局一致。一环路以内的城市中心区，不设置大型立交站；在茶店子和八里庄各设置一处公交枢纽站；在茶店子、川陕路及洞子口各规划一处对外客运站，取消西门客运站、荷花池客运站及高笋塘客运站；根据成都市轨道交通线网规划，分别沿人民北路、一环路、羊西线、沙湾路设置4条轨道交通线路，沿府河规划两个港口。

【武侯区分区规划】

武侯区位于成都市市区南部及西南部，是以科教文化、高新科技产业、商贸和居住为主的综合性城区，土地面积76.47平方公里。武侯区区位及交通优势明显，航空港、火车南站及通往西藏的川藏公路等重要对外交通出口都在该区，城市发展的重点区域——高新技术产业园区也夹在区域中部。区内集中了350余所科研院所和10所高等院校，具有强大的科技和人才优势。随着成都平原经济圈的建设和成都市向东向南发展，武侯区的汽配市场、电脑市场、家具市场、皮革市场和小食品批发市场空间将进一步开拓。2002年，根据《成都市总体规划（1995—2020）》编制武侯区分区规划，确定城市规划建设用地规模至2020年为48.96平方公里，总人口65万人。

武侯区总体形态是以浆洗街为界的东西两片。规划形成“一带六轴七片”的结构，“一带”即川藏公路商贸带；“六轴”即人民南路中心轴线、一环路科技文化轴线以及其他四条综合发展轴线；“七片”即一个科技文化片区、三个居住片区、三个综合片区。一环路内为中心科技文化区，是城市中心区的重要组成部分，以科研教学用地为主；沿老川藏路一带为商贸功能区，是城市中心区的重要补充部分；一环路至三环路之间主要为居住功能区，包括玉林、棕南、桐梓林、棕树、高攀、双楠、肖家河、龙爪、中央花园、红运花园、交大花园、红牌楼、果堰、高碑14个居住区以生活居住及配套公共服务设施为主；三环路以外为工业、居住综合功能区，包括武侯科技园区、簇桥工业园区、潮音、顺江、簇桥3个居住区，以工业及生活居住功能为主。规划居住用地总面积为1672.35公顷，人均居住用地25.72平方米。

分区规划调整区内的工业布局，规划建设三个工业区即太平工业区、武侯科技园区和簇桥工业园区。太平工业区，北至高新路，南到三环路，西至老川藏路东规划20米道路，东至区界，面积约1.2平方公里，以一类工业为主，兼部分较小污染的二类工业；武侯科技园区，北至武青四路，南至武侯大道，西至货运大道，东至三环路西规划20米道路，面积约3.1平方公里。以高科技产业、生物制药业为主；簇桥工业园区，北至武侯大道，西至黄堰河，东至聚龙路，南至5701厂，面积约1.4平方公里。主要以机械业及高新技术产业为主。

规划以西郊艺术公园、机投植物园、黄堰河生态公园、太平寺公园、南郊公园、望江公园为主体构成绿地景观区。沿府河、黄堰河、肖家河、栏杆堰等河流布置生态防护绿带；沿三环路、二环路、川藏公路等重要城市干道和居住区主要道路布置道路景观绿地，构成点、线、面结合的绿地系统。规划人均公共绿地9.97平方米。区域内草金路以北为城市“扇叶式”发展的西部最重要的导风口及生态廊道，严格控制城市建设，避免连片发展。重点打造清水河、南河、府河滨河景观轴线，结合河岸整治及滨河地区建设，使其成为现代成都水——城相依环境风貌的展示轴。

规划沿用现状道路格局，完善道路系统，增加道路密度，提高道路可达性。新规划部分互通式立交桥两座、分离式立交桥7座；对部分道路交叉口进行拓宽，对公共停车场的数量、布局进行调节，设大、中型停车场17个。规划3条轨道交通线路，在规划范围内1号线路自内环路，至火车南站；4号线路自红星路磨子桥路口，至金花镇；5号线路自二环路清水河大桥，至高新区。在高攀桥和红牌楼各规划一处公交枢纽站，保留红牌楼长途客运站及新南门旅游客运站，新建火车南站长途客运站。

【成华区分区规划】

成华区地处城区东北部，东与龙泉驿区交界，南与锦江区毗邻，西与金牛、青羊区相连，北与新都区接壤，土地面积109平方公里。是成都市重要的物流基地之一，是集居住生活、物流配送、科技产业、旅游休闲等功能为一体的综合性城区。2002年，根据《成都市城市总体规划（1995—2020）》和成华区发展优势编制成华区分区规划，确定城市规划建设用地规模至2020年为67.59平方公里，人口85万人。

规划确定成华区的七个功能组团，以建设路与二环路交口，作为成华区区域中心，集中规划办公、商业金融、文化娱乐用地；二环路以外，建设南路以南，驷榭路以及机场路东延线以内区域，作为改造后的工业区和部分生活居住区；青龙乡与铁路以外至三环路以内区域，作为新规划的生活居住区和商贸市场区；青龙乡三环路以外区域，东以成绵高速路为界，西以川陕路为界，以中华熊猫世界和北郊风景区为主，为风景旅游区；三环路以外龙潭寺片区以工业为主，包括配套生活居住和部分仓储用地；保和乡三环路以外区域，与十陵、洪河组团紧密相连，为以生活居住为主的组团；对仓储用地进行适当整合，将物流基地及仓储货运用地主要规划在二环路——府青路——驷榭路以外至成昆铁路以内的区域。

在青龙片区、龙潭片区、保和十陵片区设置三个片区公共服务中心，同时结合居住区布局结构，规划13处区级居住中心。重点改造和完善配套二环路以内生活居住用地及八里居住区；二环路以外则通过工业企业的置换和搬迁，规划建设新的生活居住区，并配建相应的公共服务设施，规划居住用地23.87平方公里。

成华区为城市老工业区，工业类型较多、规模不等，多数企业已处于停产和半停产状态，结合东郊工业区结构调整规划，搬迁二环路以内的工业企业；在二环路以外，规划改造和建设部分无污染、低污染、低能耗的工业企业。并将工业用地划分为南部工业组团及龙潭工业组团。

规划沿用现状道路格局，适当增加道路密度，提高道路可达性，并在火车东站东侧规划一条30米的南北向道路连接青龙商贸生活组团和铁路以内中心区。新规划建设4个公交站及20个社会停车场。扩宽部分道路交叉口，增加交通通行能力。

绿地规划结合沙河整治工程，形成滨河绿化走廊，利用现有二环路外的各类管线走廊用地及铁路两侧用地和不宜建设区段，建设带状或集中成片的绿地，形成沙河公园、青龙片区公园、动物园、白莲池公园、新华公园、中心区公园，联合公园、团结公园等9处公园，加快北郊风景区建设和“城市森林”项目的建设。规划人均公共绿地9.4平方米。

【龙泉驿区分区规划】

龙泉驿区地处成都平原东部，土地面积559平方公里。1992年，龙泉驿区编制龙泉工业开发区总体规划，并通过相关审查付诸实施。2000年，龙泉驿区在编制国家级经济技术开发区控制性详细规划的同时，对原总体规划进行局部调整。2004年，根据《成都市城市总体规划（2003—2020）》编制龙泉驿区分区规划，将龙泉驿区确定为成都市主城区的东部分中心、国家级经济技术开发区、现代制造业为主导的工业集中发展区、东部生态屏障、休闲度假为主的城市新区。城区建设用地规模近期为40平方公里，远期为57.55平方公里。人口规模近期为38万人，远期为58万人。

结合现状条件及区域发展要求，大面（外环路以外）、柏合纳入龙泉城区，发挥其各自的交通、商贸、旅游优势，形成“二心、五片、多区”的城市布局形态。即旧城的商业中心和新区的商务办公中心为“二心”；龙泉镇、大面、平安、兴龙、柏合为“五片”；各片区内部细分的功能片区为“多区”。

规划居住用地完整成片，形成规模效应。临龙泉山脚规划部分一类高档居住用地，在大面片区形成4个居住区，以建设中档住宅为主；龙泉片区形成6个居住区，重点发展居住及其配套设施建设，增加绿化面积，提升环境质量；平安片区形成两个居住区；兴龙片区形成1个居住区。居住用地总面积1543公顷，占规划建设用地的26.7%，人均居住用地26.6平方米。旧城中心主要以完善商业配套服务设施为主，新区中心主要依托世纪广场，形成城市新的商务办公中心，并配置教育科研、文化娱乐、体育等设施。在平安片区、兴龙片区和大面片区规划三个次级中心区。在大面、兴龙、柏合新建大型工业园区，为成都经济技术开发区的二期、三期项目，与一期连片发展，规划工业用地面积1860.91公顷，占规划建设用地的32.2%。

规划充分利用周边绿色生态环境和境内的河渠优势，兴建百工堰入口公园、驿马河滨水公园、大面公园、芦溪河滨水公园、工业区休闲公园、东风渠滨水公园等6处公园，沿河流两侧留出不等宽绿地，并局部拓宽，形成小游园。

分区规划提出“四横五纵”的路网格局。成渝高速路、成龙路、老成渝路及新规划的交通性主干道构成“四横”，东一路、东二路、北干道及新规划的一条交通性主干道和一条综合性主干道构成“五纵”。轻轨线路沿老成渝路布设，止于老成渝路与北干道相交处，设置5座轻轨站点。将位于旧城中心的汽车总站迁出城市中心区，在万善桥居住区附近设置城市客运中心，并规划7座公交首末站、21个停车场。

【青白江区分区规划】

青白江区是成都市传统工业区，又是农副产品重要供给地区，土地面积393平方公里。适应四川化工总厂、成都钢铁厂等“一五计划”国家重点建设项目的需要，1960年设立青白江区，辖华严、大同，弥牟3个公社。1981年1月，金堂县的太平、城厢划入青白江区，形成现在的行政辖区格局。2004年，根据《成都市城市总体规划(1995—2020)》编制青白江区分区规划，将青白江区确定为成都市主城区北部的分中心，以化工、冶金、建材、重型设备制造为主导的集中发展区，与新都区共同形成北部物流中心，共同构成北部新城。至2010年，规划用地规模为23.59平方公里，人口21万人，2020年规划用地规模为33.51平方公里，人口32万人。

分区规划延续青白江区传统的带状城市形态，规划“两带两区”的格局。“两带”即居住带和工业带，在青白江区建设用地北部，沿华金大道和老唐巴路，以及在建设用地西部，沿老川陕路布置主要生活区，形成居住带；在青白江区建设用地南侧布置工业用地，沿工业铁路专用线和从大同居住区的城市副中心至新都的城市主干道形成工业带。“两区”即弥牟组团综合功能区和青白江组团综合功能区。规划依托现有政府街、青江中路、青江北路的公共服务设施为基础，向北扩展，形成以青江路、教育街两条道路之间区域为主的区级分中心，在大同组团规划一次级公共中心，集中设置商业金融、文化娱乐、教育科研用地。规划形成8个居住区，以中档住宅为主。沿主要干道和片区中心，集中配置商业金融、文化娱乐、体育设施等用地。规划3个工业园区(弥牟工业新区、传统工业区、大同工业区)和一个仓储物流片区。

区内现有公共绿地人均仅1.54平方米。规划注重工业区和生活区的隔离，完善怡湖公园和广场，沿河流规划滨河绿化带，并进行局部的扩宽，规划一系列的小区绿地，加强主要道路两侧的绿化建设，美化道路景观，使人均公共绿地达到7.14平方米。

青白江主城区为成都北部新城的重要组成部分。依据城区形态特点，规划城市主干道为“七纵五横”格局，“七纵”分别为弥牟大道、川陕公路青白江段、成绵高速路东面规划主干道、青江路延线、大弯路延线、工业大道及城区东面规划主干道；“五横”分别为老唐巴路、华金大道、青华路、铁路北环线南面规划主干道及物流中心规划主干道。城区内共规划三条城市快速路，南北向为成绵高速路青白江段及成青快速路，东西向为一条位于建设用地最北侧的规划快速路。

【新都区分区规划】

新都区位于成都中心城北部，土地面积 481 平方公里。2002 年，国务院批准原新都县撤县设区，成为成都市主城区的重要组成部分。2004 年，根据《成都市城市总体规划（1995—2020）》编制新都区分区规划，将新都区确定为：成都主城区北部分中心，依托铁路枢纽建设的物流中心，以电子、食品、医药为主导的工业集中发展区，是重要的历史文化片区，与青白江区共同构成北部新城。规划城市建设用地规模，2010 年为 30.01 平方公里，2020 年为 43.60 平方公里；规划城区人口规模，2010 年为 30 万人，2020 年为 45.6 万人。

突出新都区双轴线发展定位，构建“一带、两轴、三片”的空间布局体系，“一带”指南北向展开的带状布局形态。依托毗河以及两侧 100 米生态保护带形成蓝带；“两轴”即沿主干三路、电子路作为城市发展的副轴，是新城区实际依托发展的两条轴线；“三片”即大件路以西，以旧城区为核心发展商贸、居住为主要功能的综合片区；大件路以东、成绵高速路以西，发展教育科研、行政办公、公共服务以及居住功能的综合片区；成绵高速路以东发展产业的片区。

新都城区东部，规划一个城市次级中心、5 个大区中心、12 个居住区中心和若干小区中心。居住区中，毗河片区内规划部分低层高档住宅，城守片区和桂林片区考虑部分低密高层住宅，北部新城中心的建设依据综合开发的要求，商业用地将兼容居住用地，人均居住用地 25—28 平方米。在东部组团依托电子路沿线规划新的行政办公区；沿桑园路、桂湖路、湖西路及一些传统小街小巷集中布局商业金融设施，形成旧城商业中心；沿主干三路北延线在新都大道北侧布局大型购物中心、宾馆酒店、金融贸易，与老城区相互呼应，形成具有区域影响的成都北部新城商贸中心。对历史街道、现存的古城墙带、宝光寺、升庵桂湖、王铭章墓等历史文化遗产进行全面保护。工业用地采取集中布局的原则，由于新都区位于成都市上风向，需严格控制有大气污染的工业，确定主导产业为电气机械及器材制造、印刷包装、普通机械制造和专用设备制造等。

规划扩大并改造泥巴沱和白鹤岛风景区，服务于成都北片区；保留桂湖公园；天元片区饮马河河弯处规划天园公园，城守片区主干三路东侧规划新城公园，毗河片区规划海都公园，桂林片区规划市政公园，沿干道河流布置景观绿带，各居住小区配置相应的小区绿地，便于就近居民休憩。

交通规划保留新都火车站现状。完成宝成线成都——青白江段复线建设。将新都区与中心城区的连接通道由原来的两条增加至五条。沿大件路东侧规划轨道线路，设置 4 个站点。结合轨道交通站点布设 2 处公交首末站，形成有轨交通和常规公交的快速转换。搬迁现有长途客运站，在城区北面规划新建长途客运站。

【温江区分区规划】

温江区位于成都平原腹心，土地面积 277 平方公里。境内有金马河、杨柳河、江安河和清水河四条大河自西北向东南呈扇形分布。1983 年温江县隶属成都市;2002 年,国务院批准温江撤县设区;2004 年,根据《成都市城市总体规划(2003—2020)》编制温江区分区规划,将温江确定为成都市主城区西部分中心,是以食品、印刷和高新产业为主导的工业集中发展区,依托大专院校形成的教育科研、休闲旅游为主的城市新区。近期(2010 年)城市建设用地为 24.7 平方公里,人口 24 万人;远期(2020 年)城市建设用地 32.1 平方公里,人口 32 万人。

按照温江区发展形态,规划形成旧城商贸中心和新城行政会展中心;光华大道——柳城大道城市发展主轴线,两条"十"字形城市发展副轴;三个功能片区,即西部工业集中发展区、中部教育科研区和东部居住功能区。在公金路东,以光华大道、江安河为界,规划三个居住新区;在中部教育科研区配套一居住区;光华大道南部居住区引凤溪河水开辟一条人工河;沿河北侧布置居住用地,形成环境优美的居住新区;在旧城商贸中心和新城行政会展中心集中布置商贸金融、文化娱乐、体育设施用地;工业用地集中布局,扩大成都海峡两岸科技产业开发园区。

温江区境内有多条河流呈西北—东南方向平行穿过,尤其是江安河、金马河,成为城区重要的水域风景线。共规划 9 处公园,沿河流形成滨河绿化带,局部地段扩宽,形成小游园。打造文庙广场、温江夜市、建信奥林花园等八个特色景点,将万春花博会景区和金马旅游开发区建设成精品旅游线路。

按照温江城区用地布局特点,逐步形成"五纵三横"的城区路网格局。沿光华大道北侧布设轻轨线路,区内设置 3 处轻轨站点。规划 3 个公交首末站,设置 8 个大、中型停车场。

【双流县分区规划】

双流县位于成都市西南郊,土地面积为 1068 平方公里。1999 年,县人民政府委托中国城市规划设计研究院编制了《双流县城城市总体规划》,将双流确定为以发展高新技术产业为主的园林式卫星城市。《成都市总体规划(1995—2020)》提出成都市向南重点发展东升—华阳组团,确定华阳分区的发展规模:2020 年规划居住人口 50 万人,建设用地面积 46.4 平方公里;东升分区的发展规模:2020 年规划居住人口 45 万人,建设用地面积 53.2 平方公里。

华阳分区规划。华阳组团是成都市副中心的重要组成部分,与中心城南部的行政办公区、会展中心共同形成行政办公、商务服务和高新技术产业等为主的城市次中心。并承担成都市向南的水运、旅游等功能,是疏解成都市中心城人口的主要承载空间之一。华阳分区采用"两江环抱,一轴横贯"的棋盘式方格网布局结构。规划的城市发展用地基本上可分为两个片区,即:大源综合片区,形成以商业服务、行政办公、文化娱乐、体育游憩和配套居住等为一体的多功能综合片区;华阳综合片区,以商业服务、文化娱乐、居住和工业为主的片区。中和镇作为重点小城镇发展建设。通过改造和新建形成 12 个居住区,新建居住区人均用地 35～40 平方米,居住区以多层为主,在府河沿江公园布置高档住宅。华阳中心有府河穿流,西南侧有江安河,形成得天独厚的景观资源,现有华阳森林公园,沿府河形成少量滨河绿地,分区规划中新规划 10 处公园,规划 2020 年人均公共绿地 11.1 平方米。扩建华阳港,形成华阳至黄龙溪,最终到达乐山的水运旅游线路。规划地铁一号线沿天府大道至华阳。

东升分区规划。东升组团包括三个片区。东升片区以现有东升镇为主,是以居住、工业、商业金融、行政办公和文化娱乐为主的多功能城市综合发展区；航空港片区以航空港开发区为主，是以工业、教育科研、仓储及配套居住为主的城市片区；牧马山片区是以休闲度假为主的旅游新城。规划的居住区以多层建筑为主，人均用地指标30～40平方米。规划确定东升片区为单中心城市结构，在广都大道、藏卫路沿线集中建设高档宾馆、写字楼和金融、大型商业、服务设施等；航空港片区结合现状四川大学新校区等教育科研设施布置教育科研用地，强化教育科研功能。在片区东北部布置东升工业新区，将零散的工业集中于工业区内，安排高新工业项目。区域内有棠湖公园及月亮湾体育公园，规划新增10处公园，同时改造白河、杨柳河、江安河、黄堰河，形成生态滨河绿地。规划2020年人均公共绿地8平方米。东升组团内拥有双流国际机场及成雅高速公路、川藏路等对外交通干线，在双流机场南端将建设第二跑道，并在第二跑道东侧预留了第三跑道建设用地。规划两条轨道交通线路，其中沿川大路南侧规划的轨道交通线路将成为通往机场的另一便捷交通。结合客运站和川大文教组团规划两处公交枢纽站。

【郫县分区规划】

郫县位于成都平原中部，成都市西北近郊，土地面积437平方公里，拥有相当数量以生态农业观光为主的自然资源和以古蜀文化为主的人文资源，如望丛祠、杜鹃城遗址等。2004年4月根据《成都市城市总体规划（1995—2020）》编制郫县分区规划，确定郫县城区发展用地规模为51平方公里，人口规模45万人。

郫县分区规划突出双轴线发展定位，构建“一心三片多区”的空间布局体系，逐步形成东西向展开的带状布局形态。“一心”即位于郫筒组团的城市分中心；“三片”即郫筒、红光及高新西区构成郫县城区的三个组团；“多区”即各组团的功能片区。规划突出沿成灌路、围城路西延线等干道以及沿沱江河、摸底河等河道的轴向发展。在郫筒组团形成城市中心，集中设置行政办公、商业金融、文化娱乐和教育科研等设施。分区规划中，规划8个居住区，以逐步疏解老城区人口；分别配套相应规模的中小学等公共服务设施，以改善居住环境。规划郫筒老城区的工业企业全部向工业区集中，与高新西区协调发展，重点发展电子信息及其配套、食品等产业门类。高新西区由成灌高速路分为红光和合作两片，成灌路以北为红光研发产业区，成灌高速路以南为清马工业区。规划在南北大道与IT大道交口处布局仓储用地，并结合工业原材料及产品运输形成货运中心。郫县城区现有望丛祠公园、石牛公园等，绿地面积仅为建成区总面积的6.6%。规划充分利用现有丰富的资源，将望丛祠公园向南扩展，规模约79公顷。新规划5处公园，并沿沱江河、摸底河形成滨河绿地，沿道路设置带状绿地，规划绿地占总用地面积的15.4%。

规划路网以强化南北、贯通东西为原则，整个规划区路网均采用方格网形式。城市道路形成“五横、六纵”结构。搬迁现有长途客运站，在二环路西段西侧、成灌路南侧新设置客运中心。加快停车场建设，并结合道路、绿地设置游憩集会广场。规划沿成灌路、红光路布置，延伸到郫县的地铁2号线支线，并沿成灌路、红光路等预留出远期城市轻轨建设用地，沿线规划4个轻轨站点，改变成灌路穿越城区北部，与城市内部交通混杂的现状。

【都江堰市城市规划】

2000年，都江堰市第四次编制城市总体规划。在继承原规划优点的基础上确定与之相适应的发展方向和布局形态，突出城市风貌和特色，对市域范围内的人口、土地和区域性基础设施等资源进行优化配置。城市性质：著名风景旅游胜地，历史文化名城，川西水利枢纽，成都西北经济重镇。城市人口规模：2005 年，非农业人口 14 万人，实际居住人口 20 万人；2020 年，非农业人口 26 万人，实际居住人口 35 万人。城市用地规模：2005 年 18.9 平方公里，人均 94.6 平方米。2020 年 31.22 平方公里，人均 90.5 平方米。城镇空间布局："一点"（市区）、"四轴"（106 省道、成灌路、灌温路、都江堰—唐昌公路）、"二环"（蒲阳—胥家—聚源—中兴环路与 106 省道组成的封闭性内环；驾虹—天马—崇义—石羊—大观环路与 106 省道组成的封闭性外环）。城市形态：继承原有的扇形格局。沿都江堰大道、迎宾大道、天府大道、灌金路、蒲阳路、大山路 6 条放射轴线发展，沿水系由内向外延伸的楔性绿地和道路两侧的带状绿地将城区划分为具有不同主导功能的 8 个城市组团，形成疏密相间的"手指状"形态。城市总体布局："一心"即城市中心；"四轴"即幸福路—都江堰大道、迎宾大道、蒲阳路、天府大道；"八组团"即观景路以内旧城、火车站、迎宾大道、都江堰大道、灌金路、工业区、玉堂、蒲阳。

2003 年，依据《中华人民共和国城市规划法》，对都江堰市城市总体规划进行第五次修编。同年，完成《都江堰市国家级生态市建设规划》。规划面积 1208 平方公里，涵盖 17 个镇、2 个街道办事处和 1 个工业区。

2005 年，成都市人民政府批准《都江堰市城市总体规划》。规划期限为 2003—2020 年。规划至 2002 年年底，城市人口 22.60 万人，城市建设用地 26.23 平方公里，人均 116 平方米；至 2010 年年底，城市人口 32.5 万人，城市建设用地 36 平方公里，人均 110 平方米；至 2020 年年底，城市人口 43 万人，城市建设用地 43 平方公里，人均 100 平方米。实行强化旧城，重点南移，西优东扩，呈扇形组团式发展的空间发展策略。布局结构形态以"三山"为依衬，岷江为轴心，"七水"为脉络，"田园"为基底，"七射五环"干路为骨架，"一主"（主城区）、"五团"（紫坪铺镇、金凤—蒲阳工业区、玉堂区、聚源新区、青城山镇）呈扇形组团式布局结构。功能分区按 6 个片区进行组织：即主城片区、紫坪铺镇区、玉堂镇区、聚源新区、金凤—蒲阳工业区、青城山镇旅游度假区。

【邛崃县城（市治）总体规划】

《邛崃县城 1980—1990 年总体规划方案》。1982 年编制完成，1985 年经省政府批准实施。规划拟定县城性质为全县政治、经济、文化中心，以酿酒、制茶等食品加工工业为主。城市人口规划 1990 年为 4 万人。城市建设规划范围东西相距约 3.5 千米，南北相距约 4 千米。

《邛崃县城 1990—2010 年总体规划方案》。1989 年编制完成，规划拟定县城性质为历史文化古镇，以发展食品加工、轻型工业和旅游业为主。规划城镇人口，1995 年为 10 万人，2010 年控制在 18 万人以内。规划区控制范围，以临邛镇为中心，其四周包括拱辰、西河、白鹤、孔明、南河、宝林 6 个乡的 49 个村 244 个组，城镇建设用地控制在 16 平方公里以内。

《邛崃市 1995—2010 年城市总体规划》。1994 年 9 月，经国务院批准，邛崃撤县设市（县级市），为成都市域二级中心城市，其发展目标是一个能对周围地区起辐射带动作用的现代化中等城市。1996 年，编制《邛崃市 1995—2010 年城市总体规划》，1998 年 4 月经省政府批准实施。新规划拟定临邛镇性质为全市政治、经济、文化中心，历史文化名城，川藏线上的物资集散地，以食品、化工、轻纺及旅游业为主的现代化中等城市。城市人口规划，近期2000年，城镇人口12.4万人，总人口15.5万人；远期2010年，城镇人口20万人，总人口25万人；远景2050年，总人口控制在40万人以内。用地规模，近期2000年为10平方公里，远期2010年为20平方公里，远景2050年控制在40平方公里以内。市区总体规划区范围为临邛镇行政范围，总面积112.8平方公里。

《邛崃市2003—2020年城市总体规划》。2004年编制，规划城市性质为成都市域西南边缘的门户，片区中心城市，省级历史文化名镇，以发展食品饮料、医药包装为主导的山水旅游城市。城市规划区范围：以临邛镇为主，将前进镇、南君平乡和宝林乡塔子村、孔明乡黄鹤村纳入城市规划区，规划面积202平方公里。规划期限，近期2010年，远期2020年，远景2050年。城市人口规模近期为20万人，远期为32万人，达到中等城市规模。

【金堂县城总体规划】

1990—2005年，金堂县共进行两次县城总体规划。

1994年金堂县城总体规划。1994年，《金堂县城总体规划》由成都市规划设计研究院编制完成。规划期限：近期2000年，远期2010年，远景2050年；全县形成以县城赵镇为中心、淮口为副中心的沿成南高速公路和赵镇至土桥公路为网络骨架的城镇体系；城市性质为工业、旅游综合开发的花园水城，成都市域北部次中心；城市人口4.6万人，近期12万人，远期20～25万人，远景30～35万人；城市用地现状为4平方公里，规划近期10.8平方公里，远期20～25平方公里，远景30平方公里；规划区还包括三星镇、龙威镇，面积115平方公里。

2004年金堂县城总体规划。2004年《金堂县城总体规划》由四川省城乡建设规划设计研究院编制完成，2005年6月经成都市人民政府批准实施。规划期限：近期2010年，远期2020年，远景2050年；城市性质：西部花园水城、成都游乐中心；城市人口现为9.02万人，规划近期15万人，远期25万人，远景35万人；城市用地现为11平方公里，规划近期13.70平方公里，远期24.90平方公里，远景38.50平方公里；规划区范围：含清江镇、官仓镇和赵镇全部，栖贤乡的平水村、岳公村、向前村和磙子村，三星镇的兰家店村、来宝沱村和森林村，云绣乡的民主村和爱国村以及青白江区玉虹乡的十五里村和联心村，面积约247平方公里。

【蒲江县城总体规划】

《蒲江县城总体规划》于1982年编制，1983年经四川省人民政府批准；1987年，编制《蒲江县鹤山镇总体规划调整方案（1987—2000年）》；至1991年，相继完成《县城详细规划》《鹤山公园初设方案》《河滨游览园建设方案》《谭河小区详细规划》等详细规划。

1997年3月，编制《蒲江县城总体规划（1996—2010年）》。规划2000年，县城人口规模为4.03万人，用地3.58平方公里，人均用地82平方米；2010年，县城人口规模为7.43万人，用地6.95平方公里，人均用地85平方米。县城结构分三部分：旧城为行政办公区与居住区，是全县政治、文化中心；蒲江河以东为工业区与居住区，是商贸、金融、工业经济中心；蒲江河以西新开发区为居住区，置大型体育设施、中心公园和文娱等项目，是文化娱乐中心。依托已建成的干道,向北发展工业区,向东发展居住区。按远期人口规模,由城区四周向外发展郊区。

2004 年,四川省城乡规划设计研究院开始《蒲江县城总体规划(2004—2020 年)》修编工作。2005 年 2 月完成,同年 6 月经成都市政府批准实施。蒲江县城定位是以发展旅游度假、天然生物提取工业为主的休闲度假基地和生态型城市。规划 2010 年,县城人口 8 万人,用地约 8 平方公里,人均用地 100 平方米;2020 年,县城人口 12 万人,用地约 11 平方公里,人均用地 95 平方米。县城总体布局和空间发展战略为:东拓(拓展成雅高速路出入口以东天华片区,以建设基础设施为先导,大力加快城市第二产业发展,建设绿色产业园区);西优(优先发展蒲江河以西地区,该区紧靠朝阳湖、石象湖两大风景区,适宜居住,便于旅游,具有新的城市功能发展空间);合理利用台地和沿山地区,创造特色显著的居住和休闲区域。规划县城结构为:旧城片区为传统商贸、居住区,面积 1.5 平方公里;蒲江河以东和成雅高速路以西片区为行政、会议、娱乐和居住为主的综合功能区,面积 3 平方公里;蒲江河以西城中片区为商贸、金融及居住综合功能区,面积 2.5 平方公里;清江大道以东片区为城市产业园和物流园区,面积 4 平方公里。对县城交通、电力、燃气、邮电通信、仓储、行政、园林、文体、居住等基础设施做出详尽规划。

专项规划

【城市交通规划】

道路网规划。1995 年城市总体规划修编时,对城市交通道路网进行专项规划。规划在二环路与外环路之间新增三环路,并在两侧设置辅道作为城市快速路;中心城道路系统规划为快速路、主干道、次干道和支路四个级别;中心城快速路由三环路和八条对外高速公路(成绵、成渝、成雅、成温、机场、成灌、成南和成彭高速公路)的城市连接段组成;规划人民南路向南延伸至华阳,红星路向南延伸至府河,元华公路改为城市主干道,形成向南发展的三条城市主干道;东大街延伸至沙河堡接老成渝路,龙舟路向东延伸至龙泉,成都至洛带的公路改造为城市道路,从而形成三条向东发展的主要通道。

畅通工程规划。2001 年,针对中心城区交通拥堵问题,提出畅通工程规划方案。对中心城区道路重新进行功能划分,明确新华路、红星路、东城根街—浆洗街、滨江路为中心城区"井"字形交通疏解系统;一环路、二环路为环形交通转换系统,其中一环路重点作为入城方向的转换路,二环路重点作为出城方向的转换路;城市中轴线"十字结构"中的蜀都大道、人民路重新定位为生活性主干道。新华路、红星路、东城根街、滨江路之间的交叉采用上跨或下穿的立体交通。"井"字加"环形"的系统构成交通性主干路网。畅通工程规划中,提出对已建的一环路、二环路进行改造,并先后改造和新建多条城市主干道。

城市进出口多通道规划。2002 年 3 月,市委、市政府提出"村村通水泥沥青路、县县通高速路、建设中心城与外围组团间多通道路网的交通发展战略"。据此,市规划院、西南交通大学、市交通局、市规划局联合完成《成都市中心城与外围组团多通道路网规划》的编制工作。按照中心城至每个外围组团至少保证双快速通道的原则,在原有的"一环八放射"的高速公路网结构中,增加城市道路功能,共规划 32 条城市进出口通道,其中高速路 8 条,快速路 7 条,主干道 17 条。

综合交通规划。2002 年 8 月,中国城市规划设计研究院城市交通研究所编制的《成都市城市交通规划》重点对近、远期城市道路网络、城市公共交通和城市停车等主要交通基础设施做出相应规划。

公交规划。20 世纪 90 年代初期，公共交通场站设施严重不足，1995 年城市总体规划修编，重新调整公交场站的布局。共规划公交枢纽站 8 个、公交首末站 17 个、公交保养场 5 个。2004 年，为落实"公交优先发展"，由江苏省城乡规划设计研究院编制《成都市主城区公交场站规划（2005—2020）》，中心城共增加枢纽站 37 个、首末站 86 个，规划停车场 37 个。新建停车场、保养场主要分布于三环路沿线及三环路以外。

中心城停车规划。1987 年，市政府颁发《成都市停车场（库）建设管理暂行规定》，按各类建筑性质规定配建停车场（库）的指标。至 2003 年，三环路以内各类停车场（可停放 10 辆及以上规模）共计 3460 个，共有停车点（同一停车场可能有多个停车点）4019 个，共有停车泊位数 23.49 万个。2004 年，《成都市中心城机动车公共停车场规划》提出在三环路以内现有路外社会公共停车泊位数共 1.25 万个的基础上，规划新增泊位数 4.37 万个，共设 221 个停车点，其中地下停车库 34 个，平面停车场 119 个，停车楼 68 个。三环路至外环路区域，在轨道交通、快速公交的换乘枢纽附近，规划 14 座公共停车场。

中心城轨道交通规划。20 世纪 90 年代初，依据城市主要客流方向，提出以人民路、蜀都大道和一环路为框架的"十字加环"轨道交通线路方案。1995 年城市总体规划修编时，提出 4 条市区线、3 条郊区线及 1 条机场线的线网方案。1997 年以后，多次对轨道交通线网进行优化。2005 年制订成都市轨道交通线网新方案，共规划 7 条线路，其中骨干线 3 条，辅助线 4 条；主城区内轨道交通线路全长 274 千米（中心城内全长 186 千米），中心城内线网密度每平方公里 0.34 千米。核心区内线网密度每平方公里 1.13 千米。2005 年，《成都城市快速轨道交通近期建设规划》通过国务院审批。

【对外交通规划】

航空。双流机场是西南地区最大的航空中心，全国六大航空港之一。进入 20 世纪 90 年代，成都航空运输快速发展，至 1994 年，双流机场有国内航线 197 条，总里程 22.26 万千米，机场飞行区等级标准为 4D 级，1994 年旅客吞吐量达 348.6 万人次，名列全国第四。在对外交通中其旅客周转量分担率达 40.5%，在分流出川旅客中起到突出作用。

双流机场 50 千米半径内有凤凰山、太平寺、新津、邛崃等专业机场，因机场密集造成空域重叠，飞行空间受到制约。《成都市城市总体规划（1995—2020 年）》规划双流机场近期将机场跑道由 2800 米加长至 3600 米，以起降大型飞机来增加吞吐量。若要增加机场起降次数，必须搬迁部分其他机场，减少空域内的相互交叉重叠，规划建议选址修建第二民用机场。远期要求搬迁成都凤凰山机场。《成都市城市总体规划（2003—2020 年）》提出调整主城区范围内的机场布局，规划搬迁凤凰山机场、太平寺机场；扩建双流国际机场，在原跑道南侧建设第二跑道，将双流国际机场建设成国际枢纽机场。

铁路。1990 年，成都地区有宝成线、成昆线、成渝线三条国家铁路干线，均为单线铁路。在"九五"期间先后有宝成复线、达成新线开工建设，并在新都区泰兴镇建设成都枢纽北环线第二编组站。"九五"期间完成成昆铁路电气化改造工程。在中心城内修建西环线，西环线从成都南站起利用 132 厂专用线在清江仪表厂分岔，经土桥至成都建机厂以北，平行宝成线进入成都客运站。

规划在西环线设铁路西货站；泰兴编组站建成后，成都东站的编组作业迁至泰兴站，成都东站仅保留货运功能，规模不再扩大，逐步建成集装箱中心站；成都北站受城市建设用地制约，已无扩展余地，规划保留现有规模并予以完善；成都南站为第二客运站，主要担负成昆线方向旅客列车到发作业，结合城市地铁建设、城际高速铁路建设规划将成都南站建设成城市快速交通枢纽；规划将沙河堡车站改建为第三客运站，作为成都最大客运枢纽。

公路。1990 年，成都市对外干线公路有：川陕、成渝高速、老成渝、成仁、成新、成灌、成温邛、成乐、老川藏、成彭、机场、唐巴路和成环线。除唐巴路、成环线外，都以成都市区为起止点。公路枢纽在市区有客运站 8 个。集装箱转运站和零担货运站 1 处。

1989 年，开始外环路规划工作，规划外环路为高速公路，又称绕城高速公路，全长约 84 千米，分别经过新都、龙泉、双流、郫县和金牛等区县，路线围合土地面积 523 平方公里。1992 年 4 月，外环路规划详细勘查工作开始，1993 年 6 月确定路线具体走向。1994 年，四川省交通厅公路设计院完成《成都市外环路工程可行性研究报告》。

1994 年城市总体规划中结合国家及四川省公路网布局规划，确定以中心城为核心，由 18 条放射路和三条环路构成成都市公路主骨架。即：放射路中，国道 8 条，新增国道有成都至南充、成都至雅安、成都至绵阳；省道 5 条，新增省道有新川藏路；市级道路 5 条，即成郫、草邛、元华、成赵和成洛路；3 条环路分别是国道外环路、省道川西环线以及成环路。1994 年编制的二环路至外环路之间城市进出口道路规划，明确各条放射道路的走向、道路红线宽度、道路形式。

1998 年完成成都公路主枢纽布局规划，基本构架为“一个中心，两个系统”，即枢纽指挥中心和客运枢纽系统、货运系统。其中客运枢纽系统由 5 个一级站、4 个二级站和 1 个旅游站组成。规划新建成雅、成南高速公路客运站和城南客运中心，迁建成绵、成温邛、成灌、站北客运站，保留城北客运中心和成渝高速公路客运站。新南门长途客运站改为旅游客运中心。货运系统有火车东站、成绵高速公路、成渝高速公路、火车西站货运中心和成雅高速公路货运站。青龙零担货运站改建成集装箱专业货运站。危险品货运站建在龙泉驿区文安乡境内。2003 年客运站调整为 13 个客运主枢纽。新增站北、桂溪、龙泉驿、华阳客运站和机场客运中心。货运站场调整为 12 个货运主枢纽站场：西南成都、成都公路国际、高新西区、高新南区、火车东站、火车西站、城北、五块石、城南、青白江、龙泉驿货运中心和特种货运中心。

水运。成都地区航道分为岷江航道和沱江航道。沱江航道位于金堂县内，岷江航道主要指内江柏条河—府河河道，1970 年代断航。1994 年府河南河整治工程结束后，再次提出府河通航。1994 年城市总体规划中规划从九眼桥至黄龙溪的河段逐步复航。规划在三瓦窑附近建设的成都港，后调整至双流县华阳镇。但因府河水量不足，航道淤积，至 2005 年年底府河通航未能实现。

【城市供水规划】

1994 年前，共有水一厂、二厂、五厂和六厂 4 座自来水厂向成都市区供水，总生产能力为 85.3 万立方米/日，共有输水管道 12 条，供水范围约110平方公里。市区有746口自备水源井，有42家工厂取用地下水及沙河水，取水能力91.8万立方米/日。城市供水普及率96%。

水六厂最初规划供水规模为60万立方米/日，分三期建设。1998年第四期工程开工，2000年建成投产，供水规模达到100万立方米/日，供水服务范围由中心城扩大到郫县郫筒镇、高新西区和龙泉驿区龙泉镇。

《成都市城市总体规划(1995—2020年)》关于城市供水系统水源工程规划提出关闭水一厂，水二厂和水五厂不再扩大规模，将水六厂作为成都的骨干水厂，再扩建五期、六期工程，水六厂总供水规模达到180万立方米/日。在保证中心城及附近城镇供水的同时，逐步扩大供水区域，向卫星城及其他城镇供水，形成成都市区域集中供水系统。

规划沿三环路、外环路敷设大口径供水干管，并与二环路干管连通，其中：沿老成温路连通，在苏坡桥设控流站；沿长顺街南延线连通，在机投设控流站；沿川藏路连通，在金花桥设控流站；沿电讯路南延线连通，在石羊设控流站：沿成仁路连通，在包江堰设控流站。水六厂一、二、三期输水干线在郎家桥、瓦子村、清江分别设控流站。

《成都市城市总体规划(2003—2020年)》将城市规划范围进一步扩大，集中供水系统覆盖面随之扩大，原规划的水六厂难以承担供水任务，水六厂的出水位高程为560米，限制了其重力流供水范围。根据成都平原的地势条件，规划水七厂。地面高程在640～650米附近，以满足供水服务区域重力输水的要求。

规划中心城及其附近部分区县近期由水六厂和各非重力水厂供水，中远期水六厂、水七厂以及部分非重力水厂并网运行，非重力水厂仅作调峰用，对市区范围内实施区域集中供水。随着集中供水系统的完善，逐步淘汰位于中心城内的水二厂、水五厂。考虑地下水资源有限，且地下水含铁锰超标，规划逐步取消市区内地下水厂。规划兴建多处大型调节水池及加压站。含磨盘山高位水池、塔子山水池加压站、高新西区(东片区)加压站、龙泉麻石桥加压站、洪河加压站、牧马山高位水池。

2008年1月，中国市政西南设计研究院、成都市规划研究院、成都市供水工程设计院共同编制《成都市供水体系规划》，范围覆盖全市9个区、4个市、6个县，规划面积1.24万平方公里，规划期限2006—2020年，按照“一圈层集中供水、二圈层水量补差、三圈层自成体系”的指导思想，统筹城乡供水，对各区(市)县供水体系、供水水源、供水水量、工程项目进行统筹安排。

【城市排水规划】

由于历史原因，成都市旧城区内存在大量雨污合流沟管。1984年，国务院批准《成都市城市总体规划(1981—2000)》，确定城市实施雨污分流排水体系，以干道建设带动雨污分流管道建设。

《成都市城市总体规划(1995—2020年)》排水专项规划对原排水分区进行调整，将中心城划分为五大排水区域，每个区域设置一或两条主干管，通向污水处理厂。每个排水区域原则设置一个污水处理厂。第一、二排水区向北、向东排入沱江水系，第三、四、五排水区向南排入岷江水系。中心城区共规划六个污水处理厂，即三瓦窑污水处理厂、乌龟碑污水处理厂、狮子山污水处理厂、航空港污水处理厂、三河场污水处理厂、龙潭寺污水处理厂。规划中心城污水处理能力2000年达108万立方米/日，2010年达157万立方米/日,2020年达231万立方米/日。

《成都市城市总体规划(2003—2020年)》排水专项规划对污水处理厂的布局进行局部调整:取消狮子山污水处理厂;在沙河中游沙板桥附近增设沙河污水处理厂;将航空港开发区的污水处理厂一分为三,保留航空港污水处理厂,增设江安河污水处理厂和高新西区污水处理厂。调整后中心城区共规划8座污水处理厂,即三瓦窑污水处理厂、乌龟碑污水处理厂、沙河污水处理厂、高新区(西区)污水处理厂、江安河污水处理厂、航空港污水处理厂、三河场污水处理厂、龙潭寺污水处理厂。规划服务区面积540平方公里,2020年污处理能力达212万立方米/日。中心城规划区仍划分为五大排水区域,每个区域设置一或两条主干管通向污水处理厂,尽量利用地形的自然坡度设置污水干管,重力排放,必要时加设污水泵站。

【供电规划】

在编制《成都市城市总体规划(1995—2020年)》时,城市供电规划同时展开。经过对城市生产、生活用电负荷的核算和增长预测后进行网架和设施规划,新增500千伏电网和设施规划,用以接收来自大渡河、雅砻江梯级电站的水电以及川南、川北、陕西的火电,并将其分配到220千伏电网上。岷江上游和宝兴河的水电可通过220千伏输电线直接送入成都220千伏电网。

规划在龙王、彭州、崇州、华阳建四座500千伏变电站,以东北部的龙王站和西部的彭州、崇州站为支撑点,建设贯穿市域东西部的500千伏超高压电力线路,南部以华阳站为终端,建设伸入城市中心的500千伏超高压电力线路,形成成都地区500千伏电网,通过500千伏电网向市郊220千伏双环网供电。

在中心城则利用近郊220千伏双环网上的大面、石羊、机投、太和和新都五个220千伏枢纽变电站作为规划电源点,采用220千伏电压双回路伸入市区。规划在中心城内新增10座220千伏变电站,以这些变电站为电源建成三环路外层和府河南河内层的110千伏环形电网,分片向规划建设的56座110千伏变电站供电。110千伏变电站的供电半径:内环路以内为1千米左右;内环路到三环路之间为2~3千米;三环路以外各片区为2~5千米。中心区新建变电站均按户内站建设以节约用地。同时在市区逐步取消35千伏电压等级,市区已有的5座35千伏站进行升压改造。

1998年编制中心城供电专项规划,重点解决城市供电设施用地。规划提出在500千伏电网尚未形成时,采取在220千伏双环网上继续嵌入220千伏变电站,以直接支撑中心城二、三环路之间的110千伏变电站,并明确三环路以内变电站采用户内站建设。

1998年,中心城已有110千伏变电站14座,在建110千伏变电站6座,近期新增110千伏变电站38座,可满足2007年中心城供电负荷。按2010年的供电负荷、变电站容载比,中心城2010年前新增110千伏变电站15座,即2010年前中心城的110千伏变电站达到73座。中心城内的35千伏变电站逐步改造为110千伏变电站,三环路外原35千伏高压线走廊在有条件的情况下改为110千伏高压线走廊。三环路内仍然按35千伏高压线走廊控制,改为110千伏线时考虑纳入地下。规划考虑了12个方向的220千伏电力主通道,主通道宽度一般不小于30~40米。

《成都市城市总体规划(2003—2020年)》规划2020年前建设龙王、龙泉、华阳、崇州、彭州和新都等6座500千伏变电站,形成德阳、龙王、龙泉、华阳、双流（或新都）、崇州、彭州和德阳的双环网结构，覆盖范围为成都、德阳两市。至 2020 年成都电网预测需要 61 座 220 千伏变电站，其中外环路以内预计 23 座。220 千伏电源除 500 千伏变电站外，还有一些直接输入成都 220 千伏电网的发电厂。110 千伏变电站的电源来自就近的 220 千伏变电站，每个 110 千伏变电站应有 2 个来自不同 220 千伏变电站的 110 千伏线路。外环路以内预计 40 座 110 千伏变电站。

【燃气规划】

《成都市城市总体规划（1995—2020 年）》燃气工程专项规划提出沿三环路敷设一条高压环形管道，作为城市外围管网体系的基础，既有输气功能又有一定的储气能力。通过规划的调压站，三环路高压环网既可满足三环路附近及外围地区的供气需求，也可对中心城的供气进行补充，使市区原有供气管网体系进一步完善。规划 2010 年左右在北郊建设 1 座高压储配站，包括 1 万立方米高压球罐 2 个，有效储气 12 万立方米。远期在南郊建设 1 座高压储配站，储气量 12 万立方米。规划在“九五”期间建设 CNG（压缩天然气）站 20 座，每座平均设计规模 1 万立方米/日。

成都液化石油气全靠外省调进，1994 年市区有液化石油气储罐站 7 座，储气能力 1930 吨，供应用户约 8 万户。至 2002 年，市区有液化石油气储罐站 15 座，其中中心城 7 座，实际日供气量 274 吨，用户主要是商业餐饮、居民和少量的工业。

规划拟在市区新建 6 座燃气高压储配站，北部和南部片区各新建两个，东部和西部片区各新建一个。城市门站规划为现状门站整合与新建相结合，逐步取消位于三环路以内的原市一站和市二站；迁建现有的青白江、唐家寺站，将大丰和三河场站合并，迁建至大丰镇外环路外，将十陵和赖家坡站（市一站）合并，迁建至外环路外，在公兴镇新建天然气城市门站，规划的 5 座大型城市门站总供气能力达到 1240 ~ 1790 万立方米/日，可满足 2020 年市区 1200 万立方米/日的用气需求量。

规划建设外环高压输气干线，并通过部分放射状道路敷设高压燃气管，将外环路与三环路高压燃气管相连，并深入主要供气负荷区形成涵盖市区的输气大动脉。

2003 年，市政府决定将 20 世纪 60—70 年代埋设的威青、威成输气管线城东段改线至外环路外侧 500 米生态保护带内，以配合东部城市副中心发展的要求。

规划外环路内不宜设置铁路液化石油气储配站，已建的铁路液化石油气储配站应迁出外环路。规划金牛区洞子口乡铁路液化石油气储配站迁出外环路，保留龙泉驿区洪安乡铁路液化石油气储配站，并在东北部新都区石板滩和南部双流公兴各设置 1 座 1000 立方米铁路液化石油气储配站。

【通信规划】

成都是全国电信八大通信枢纽之一。全国“八纵八横”和省内“三纵三横”的光纤干线网都将成都作为枢纽节点。

《成都市城市总体规划（1995—2020 年）》，将通信发展划分为近期（2000 年）、中期（2010 年）、远期（2020 年）和远景四个阶段。规划至 2010 年成都电信业要满足社会信息化需求，通信总体水平迅速接近世界先进行列，大力发展用户光缆网，基本实现城市光缆到路边、大厦，城市家庭用户 70% 以上实现光缆宽带接入，农村地区实现光缆到乡镇。

规划成都市2010年电信发展目标与水平如下：电话机总数356万部，电话机普及率32.4部/百人，主线数305万线，主线普及率27.7线/百人，数据网终端用户4万户，移动电话用户200万户，电话交换机总容量440万门，城市住宅电话普及率100部/百户。规划将中心城划分为3个汇接区，双汇接局制。东汇接区的汇接局局址为新华、杨柳店；北汇接区的汇接局局址为李家沱、太平街；西南汇接区的汇接局局址为峨影、高新。共建汇接局6座和端局39座。

1997年，城区电话普及率达32.9部/百人。“九五”期间，成都第二长途电信枢纽投入运行。至2003年，成都长途电信枢纽有长途线路5.32万条，长话交换机12万路端。本地网建成以新华、李家沱、峨影、高新为汇接局的双路由光缆到150多个市话交换局、模块局的局间光纤传输网络。市区固定电话用户235.7万户，主线普及率47.5线/百人，市话交换机总容量337万门。

《成都市城市总体规划(2003—2020)》通信工程规划中，按照“大容量、少局所，广覆盖”的组网原则，加大单局容量，大量采用远端模块局接入。明确中远期本地网不新增端局，并将1995年规划的“260个端局、49个模块局”调整为63个端局、440个模块局。同时重新划分汇接区，将1995年规划的城区三个汇接区、14个郊区(市)县各为一汇接区调整为东北和西南两个汇接片区。东城、西城、东郊、北郊、龙泉、青白江、新都、彭州和金堂归东北片区；南郊、西郊、郫县、都江堰、温江、崇州、大邑、邛崃、双流、新津和蒲江归西南片区。每个汇接区有两个汇接局，新华、李家沱为东北片区局，峨影、高新为西南片区局。

规划在近期的基础上新增20—30个模块局，以配合城市向东、向南发展和城市规模的扩大；为保证交换网络的安全，近期新建温江区、龙泉驿区第二交换局。

在长途通信方面完善卫星地面站、微波站及各长途电信枢纽之间以光缆为主体的成都长途传输系统。至2015年，长途业务电路数达9万路，交换机总容量达18万路端，起用第二枢纽楼进行长途交换设备的安装。通过成都卫星地面站逐步与国际电信业务较大的国家和地区开通直达电路。

成都于1990年开始建设蜂窝移动通信。1990年代初，市区有两个模拟网、两个交换局、30个基站和1031个信道，容量6.9万用户，实际用户3.7万户，无线寻呼业务在市区较普及，有40余万用户。1997年，中国联通公司进入成都市场开展移动通信业务。至2003年，成都市域拥有移动用户276.3万户，普及率达60.1%，公众移动通信设施有3个网络，基站总数达2500多座，网络容量接近340万户，交换容量450万户，实现了成都地区的有效覆盖。

《成都市城市总体规划(2003—2020年)》通信工程规划要求近、中期进一步完善移动通信网、光纤物理网、光传输网、智能网、管线网及营运支撑系统。规划远期市区二环路到三环路之间的地区将新建基站160个，三环路到外环路之间的地区新建基站400个。积极跟踪移动通信技术的发展趋势，及时调整建设重点，为社会提供技术领先的新业务。

【城市防洪规划】

1991年，由成都市防汛指挥部办公室牵头编制《成都市城市防洪规划》，以1984年国务院批准的《成都市城市总体规划》为依据，确定的保护范围以二环路为界，总面积约120平方公里。1999 年，府河九眼桥橡胶坝至成昆铁路桥下游总长为 4850 米的市区排洪总出口一期工程竣工。2000 年，基本完成西郊河、饮马河南、北干流共 3.58 千米河段的整治。中心城区约 70 平方公里防洪能力达到或接近 200 年一遇标准，其余 528 平方公里的防洪能力只有 5—10 年一遇的标准。

2000 年，开始《成都市城市防洪规划报告（2001—2020）》的修编工作，由成都市人民政府防汛指挥部、成都市市政工程设计院负责编制。《成都市城市防洪规划（1995—2020 年）》以《成都市城市总体规划报告（2001—2020 年）》为依据，确定外环路以内 598 平方公里中心城为防洪规划基本保护范围。结合向东、向南发展战略，将外环路以外已纳入成都高新区规划范围的 14 平方公里一并考虑，总规划面积为 612 平方公里。

城市总体防洪方针。规划根据成都城市自然地理和水情水文特点，提出城市防洪的总体方针是：上蓄、中分、下排。“上蓄”指依靠紫坪铺水库拦蓄岷江上游洪水；“中分”指通过柏条河、金走马河、徐堰河、江安河分流区间洪水；“下排”指疏导整治外环路以内 70 条河道，使暴雨产生的洪水顺畅排向下游。

城市防洪标准。规划建设用地按 200 年一遇设防；规划生态绿地按百年一遇设防；流经城市中心的府河（南、北段）、清水河（南河）、沙河按 200 年一遇设防；江安河、摸底河按百年一遇标准设防；其余河渠服务人口均在 20 万以下，受地形限制，洪灾损失难以扩大至相邻区域，按 50 年一遇设防。

防洪工程规划。规划报告制定中心城区 12 条主要河道，即府河北段、府河南段、清水河（南河）、沙河、江安河、磨底河、金牛支渠、肖家河、凤凰河、栏杆堰、三吏堰（黄堰河）、苏坡排洪渠的整治方案，提出河道的清障规划。

城市排涝规划。防洪规划根据雨污分流、排灌分离、雨水分散就近排放的治理原则，拟定将中心城区的雨水分别就近排入府河、清水河（南河）、沙河。规划要求排水设施建设先于或与城市、城镇建设同步；排水干管大小及出口标高应与区域用地发展趋势、河道整治规划配套；城市排水与城市防洪规划同步实施；在郫县、高新西区、肖家河、方家河等内涝比较严重区域设置排水泵站。

非工程措施规划。防洪规划还制定相应的非工程措施，内容包括防洪指挥系统、预警系统、决策支持系统、防洪预案、洪水调度方案、抢险救灾组织、防洪基金、洪水保险等多项措施。

《成都市城市防洪规划报告（2001—2020）》编制后，于 2001 年 5 月报送四川省水利厅，9 月经省水利厅初步审查后，11 月省水利厅转报水利部；2002 年 2 月，水利部委托水利水电规划设计总院召开会议进一步审查；7 月，水利部下达审查意见；12 月，四川省政府正式批复。2003 年市政府办公厅发出通知，要求各区（市）县政府、市级各有关部门认真组织实施。

【城市消防规划】

1994 年，成都市建成区面积 111.6 平方公里，城区人口 176.6 万人，市区有公安消防站 8 个，其中特级消防站 1 个，其余为一级消防站。平均每个消防站责任区面积约 14 平方公里，消防站用地面积普遍较小。市区高层建筑、地下工程的大量兴建，城市燃气设施分布范围越来越大，易燃易爆设施越来越多，而消防站点少，责任区面积过大，难以保证在规定时间内迅速到达责任区边缘的要求。

针对成都消防现状，1994—1996年市规划院和市公安消防支队共同编制《成都市消防总体规划》。规划要求位于中心城区二环路以内的生产、使用、储存易燃易爆危险品的工厂和仓库全部迁出中心城，或就地改变其生产、使用性质；位于二环路至外环路范围内严重影响城市消防安全的工厂企业近期控制其生产规模和易燃易爆物品储存量，中、远期迁往龙泉驿工业区边缘的独立安全地带，或就地改变生产、使用性质。在消防站布局规划中，一环路以内市中心区为重点保护区，消防站布局较密；一环路至三环路主城区按国家标准均衡布局；三环路至外环路环城区根据组团发展，有重点地布局消防站。规划中心城区范围内共设38个消防站，其中保留现状8个，新建30个。38个消防站中，航空站1个、特级站4个、一级站14个、二级站15个、三级站4个。规划在十陵片区建设市消防训练中心，该中心与航空站合建，同时还兼具消防器材装备仓库功能。

1996年，消防总体规划将市消防指挥中心设置在位于华兴街的消防支队内，后因用地不能满足消防站建站要求，消防指挥中心迁至城南三瓦窑武侯大道建设。随后编制《成都市中心城消防站点控制性详细规划》，确定消防站点的用地。1997—2002年按规划在站华路建设城南特级站和成都消防指挥中心。

《成都市城市总体规划（2003—2020年）》保留市消防指挥中心和消防训练中心（含航空特勤站）。中心城区规划设特勤消防站4个和标准型普通消防站36个；在新都、青白江、温江、郫县、东升、华阳和龙泉驿片区各设消防特勤站1个；规划将易燃易爆危险物品仓库区设在龙泉洪安乡境内，设消防特警站1个。

位于金牛区天回乡和成华区龙潭乡境内的大型石油、化工及其他易燃易爆危险品仓库，近期不再扩大规模，逐步减少其储存的易燃易爆危险品数量，远期尽量创造条件搬迁至龙泉洪安乡境内。位于二环路至外环路范围内严重影响消防安全的工厂，近期内控制其生产规模和易燃易爆物品储存量，中远期迁往龙泉驿工业区边缘的独立安全地带或就地改变生产、使用性质。

规划天然气储配站设置在三环路与外环路之间，三环路以内不再新增天然气储配站。天然气的输送管网、储气设施、调压站、天然气CNG站的规划建设须纳入城市规划管理和防火审核，选择合理的管线走廊和设施点位，保证足够的安全距离。

规划要求位于三环路以内的液化石油气供应基地，于规划中期迁往新都区石板滩镇；取消各单位分散储油，提高供油社会化服务水平，加强城市储油供油单位的消防管理；新增城市加油站应纳入消防监督管理，严格按照消防技术规范进行布点和建设。

城市规划区（中心城区以外）的各片区组团的易燃易爆危险物品的生产、储存单位，布置在远离城镇和人口聚居地的独立安全区。规模较大的生产、储存单位，应控制其规模并逐步搬迁至龙泉洪安乡境内。市域远郊市县范围内的易燃易爆危险品生产、储存单位应布置在远离城镇和人口聚居地的独立安全地区。对现有影响城镇消防安全的大型易燃易爆危险品仓库，限期迁出城镇或就地改变生产和使用性质。

【中心城区水生态环境保护与修复规划】

2005年4月，四川省政府提出“还三江清水，建生态四川”的战略目标，“三江”指岷江、沱江、嘉陵江。成都市地处岷江、沱江流域，按照省委、省政府的部署，成都市委、市政府决定对中心城区水生态环境进行更有效的保护与修复。成都市市政工程设计院、成都市规划设计研究院、成都市水利电力勘测设计院于年内联合完成《成都市中心城区水生态环境保护与修复规划》。

该规划总目标是对中心城区的河湖水系进行科学合理改造，还河湖以健康生命，创造中心城区一流水环境。规划范围为中心城区，总面积598平方公里。经现场踏勘、实地走访、工程测量、水文分析全面掌握中心城区82条河道水生态环境现状与问题，将中心城区的河道按其功能划分为生态河道、景观河道、排洪河道、区间排洪河道四种类型，并分类进行规划。中心城区共规划清水河、江安河、上府河、三圣乡、十陵景区、东郊、北郊、新世纪公园8处生态湿地，总面积1.28万亩；共规划河道蓝线320千米，提出河道蓝线管理办法；对节约用水进行规划，提出再生水利用方案；对中心城区主要河道的纳污能力和生态环境需水量进行分析计算，提出中心城区水量分配方案。

【街道环境综合整治规划】

2002年，成都创建“国家环保模范城市”，实施大规模城市环境综合整治工程，编制《成都市街道环境综合整治规划》，规划以实现“净化、绿化、亮化、美化、畅通”为总目标，分为城市主要干道、广场、交通出入口和中小街道两个层次，整治重点含建筑、街道、围墙、设施和绿化5个公共空间界面。

建筑整治。包括建筑屋顶形式、立面、色彩、建筑外立面的附属构件、广告、店招、光彩工程等。整治措施包括拆除违法搭建的房屋与构筑物；定期清洗建筑外墙；规划要求滨水带、历史文化保护区内多层与低层建筑应将平屋顶改造为坡屋顶，坡屋顶须出檐，屋面应铺设青瓦，不得直接采用彩色钢板作为屋面维护结构，其余建筑应结合设计设置屋顶绿化；建筑外墙广告按《成都市中心城户外广告及招牌总体规划》执行；临街建筑的外立面不得设置外置式防盗栏；建筑的空调室外机应采用格栅遮蔽，统一收集排水；临街商铺不得采用封闭式卷帘门，应采用漏花式卷帘门和落地玻璃橱窗。

街道整治。规划要求改造老化的人行道、车行道路面。人行道、广场铺装材质应有历史厚重感，建议采用天然材料；主要街道的人行道均应有无障碍设计；路段人行道宽度加建筑退让红线距离大于8米且车行道两侧无非机动车专用道时，宜在人行道考虑设置自行车专用道。

围墙整治。规划要求各公共场所、机关单位和居住区应拆墙透绿，不能拆除透绿的应加以美化；围墙的样式、用材应有地方特色；除特殊要求的场所外，围墙高度不应超过2米，大门应同围墙整体改造。

设施整治。规划要求天桥、地下出入口、公交站点、护栏、信息亭、电话亭、座椅、公共饮水机、路牌、各类指示牌等市政和环境设施应特色化、标志化、人性化；各天桥、地下出入口及设施应定期维护整治，并完善各级道路的路灯照明；各主要路口应设盲人过路指示系统；人流密集区的主次干道路口应设红绿灯；各路口增设公厕指示牌；公交站内应设果皮箱，有条件的可设座椅；人行道加建筑退让红线距离大于8米的道路应加设座椅、电话亭、饮水机、洗手池和信息亭等人性化设施。

绿化整治。规划要求城市中未建设地块可作为临时绿化用地，并尽快形成规划确定的永久绿地；主干道形成“花、灌、乔”组合的绿化形式，构筑花园式林荫道；人行道加建筑退让红线距离大于8米的道路应考虑种植双排行道树，行道树下应加树篦；疏于管理的公共绿地内应补种植物。

【城市环境卫生规划】

1994年，成都中心城区日产生活垃圾2140余吨，城市生活垃圾为混合收集，以容器为主，采用垃圾桶、垃圾台(池)收集，容器化收集率为90%，有10%的生活垃圾采用人力架车和三轮车收集后运往垃圾中转站。

《成都市城市总体规划(1995—2020年)》预测日生产生活垃圾为：2000年2590吨，2010年3010吨，2020年3390吨。按照建设部颁发的标准，2000年生活垃圾容器化收集率达95%，五城区在2000年已达到规定标准。规划要求垃圾中转站修建结合资源化综合进行，便于生活垃圾分类、分流和资源回收；至2000年生活垃圾袋装化收集运输率及生活垃圾资源化综合利用率占生活垃圾总量的20%；80%的生活垃圾直接进入垃圾填埋场卫生填埋，20%的生活垃圾经资源化综合利用基地处置后，余下不可利用部分进入填埋场卫生填埋；医疗单位产生的医疗垃圾采用密封集装桶收集后由压缩密封式垃圾车运至特种垃圾场，采用承燃式热反射技术焚烧。二环路以内中转站逐步迁出二环路外由新建大型垃圾中转站取代，2020年以后保持总数14座，共占地5.6公顷；在十陵和三圣乡各新增1处生活垃圾资源化综合利用基地；扩建长安垃圾卫生填埋场。

至2002年，中心城主要环卫设施有：公共厕所625座，袋装生活垃圾中转房200座，生活垃圾中转站9座，生活垃圾压缩中转站5座，长安生活垃圾卫生填埋处置场、洪河特种垃圾焚烧场、青白江危险物品处置场和洞子口建筑垃圾处置场各1座。

《成都市城市总体规划(2003—2020年)》提出城市生活垃圾收集以容器为主，减少中转环节，取消街区垃圾收集房，生活垃圾自收集点直接到大型压缩式转运站或直接到处理场(厂)，减少垃圾收集环节和在城内停留时间，提高收集工作效率，避免垃圾的二次污染。规划要求二环路以内中转站迁至二环路外，由新建大型垃圾压缩中转站取代；取消了原规划设在三圣乡的生活垃圾资源化综合利用基地；中心城大型垃圾中转站2010年为5座，2015年为7座、2020年后保持总数9座；将粗分类垃圾运至城郊垃圾资源化综合利用基地，资源回收后再将分拣后的垃圾运往填埋场做卫生填埋。

规划提出生活垃圾仍采用焚烧及卫生填埋两种方式，焚烧垃圾运往洛带生活垃圾焚烧厂，灰渣垃圾运往长安和籍田垃圾卫生填埋场。医疗垃圾单独收集单独运输，进入长安医疗垃圾焚烧厂单独焚烧处理，有毒有害垃圾主要在成都危险物品处置场处理。规划保留现有长安垃圾卫生填埋场，并扩建三期工程，合计容量达2000万吨，规划使用年限20年。在双流籍田规划新建一座垃圾卫生填埋场，规划容量1000万吨，使用年限20年。在洛带和双流九江分别规划建设垃圾焚烧发电厂，处理能力各为1200吨/日。废除原洪河特种垃圾焚烧场，在长安垃圾填埋场建设长安医疗垃圾焚烧场。

【城市绿地系统规划】

1989年，成都城市园林绿地面积1516.34公顷，其中城市公园23个，公共绿地256.34公顷。城区新建植物园、游乐园、新华公园、塔子山公园及一批小绿地、小游园，郊县新建棠湖公园、怡湖公园、新桂湖公园、柳城公园、石牛公园。1989年编制的《城市园林绿地系统规划》提出建设府河、南河环城公园，建设沙河带状公园的设想。

1996年，配合《成都市城市总体规划（1995—2020）》的修编，编制《成都市绿地系统规划（1995—2020）》，提出城市绿地系统由过去的点、线、面结合发展为网、楔、圈结合，组成“三圈、七楔、十六园”的绿地系统基本结构。提出2010年城市园林绿化的目标为：城市绿化覆盖率35%，绿地率30%，人均公共绿地7平方米。

2004年，配合《成都市城市总体规划（2003—2020）》的修编，再次启动《成都市绿地系统规划（2003—2020）》修编工作，由成都市规划设计研究院、成都市风景园林规划设计院联合编制，该规划于2004年9月经四川省建设厅组织专家评审后，报请成都市人民政府批准实施。

《成都市绿地系统规划（2003—2020）》的规划原则是：坚持生态优先的原则，坚持以人为本的原则，坚持城乡一体化的原则，坚持地方特色的原则，坚持绿地系统性的原则。规划期限，近期为2010年，中期为2015年，远期为2020年。规划主要指标见下表。

成都市城市绿地规划指标一览表

表3-189

年期 / 项目	2005年	2010年	2015年	2020年
人均公共绿地（平方米）	8	11	13	15
人均绿地（平方米）	20	22	25	30
绿地率（%）	30	35	37	40
绿化覆盖率（%）	35	40	42	45

规划将市域绿地系统分为7个子系统，即：山地绿地系统、丘陵绿地系统、平原绿地系统、城镇绿地系统、河网绿地系统、道路绿地系统、风景区和自然保护区绿地系统。

规划提出的绿地系统空间结构为两核、两圈、两带、两网、多廊。两核是指成都市中心城区和都江堰市城区两个核心；两圈是指绕城高速公路（外环路）两侧各500米、城郊环线两侧各50米的绿地；两带指龙门山、龙泉山生态带；两网指沿河流水系及道路路网分别形成水系绿网和道路绿网；多廊指建立龙门山生态廊道、龙泉山生态廊道，岷江（金马河）生态廊道，北河—沱江生态廊道、锦江生态廊道等。

规划提出成都市园林绿化的植物规划，应按照适地适树的原则，以乡土树种为主，注重植物多样性和生物安全性。以乔木为主，乔灌草结合；以常绿为主，常绿与落叶相结合，速生树与慢生树相结合，见效期早，持效期长，效果稳定的原则；要从保护生境及野生动物栖息地的长远目标着眼，保持城市、乡村、湿地、水体、风景名胜区、自然保护区的生态环境，从而达到增加生物多样性生存空间的目的。

按规划2010年全面达到国家园林城市标准，各项规划指标已提前实现，2006年9月26日，国家建设部正式命名成都市为“国家园林城市”。

【风景名胜体系规划】

《成都市风景名胜体系规划》由中国风景园林规划设计研究中心承担编制任务。1999 年 10 月,规划大纲通过四川省建委主持的评审。2002 年 3 月,规划成果通过四川省建委组织的专家评审。2002 年 8 月 5 日,四川省人民政府批复,同意按本规划组织实施。

规划期限与目标。规划期限为 1999—2020 年,其中近期至 2005 年,中期至 2010 年,远期至 2020 年。

近期目标做好世界文化遗产青城山—都江堰风景名胜区和现有自然保护区、风景名胜区、田园风光的保护和基础设施建设工作;注重成都中心(口岸)城市的完善和建设,搞好大熊猫生态园;规范历史文化名城(镇)和特色城镇的建设;规划、保护风景河段和风景路段景观环境,满足社会发展对环境的需求,形成生态良好的区域环境。

中期目标在实现近期规划的基础上,保护和净化青城山—都江堰风景名胜区的景观环境,完善成都北郊大熊猫生态园,整理安仁镇及庄园群、周边田园风光的景观环境;以 32 个风景名胜区为重点,发展风景河段、路段两旁的景观建设,初步形成良好的市域景观系统。

远期目标在实现中期规划的基础上,进一步丰富成都古城风貌,建成一批有地方特色的文化博物馆;以风景河段、风景路段串联展示以青城山—都江堰为代表的风景名胜区;以温江陈家桅杆—鱼凫王墓为代表的田园风光景区;以金沙遗址为代表的古蜀文明区;以武侯祠、杜甫草堂为代表的历史文化区。

风景名胜体系分类。成都市风景名胜规划由五个结构要素构成风景名胜体系:类型结构、空间结构、等级结构、规模结构和职能结构。

规划将市域内所有风景名胜分为 11 种类型,即:风景名胜区、历史文化名城(镇)及其古代园林、田园风光景区、自然保护区、风景河段、风景路段、郊区公园、风景名胜点、休闲度假区、风景保护区和风景培育区。规划提出市域内重点开发以下 4 类景观区,即:野生大熊猫种群交流走廊、成都平原水景风光、山岳自然景观、川西田园景观。

风景名胜区现状与发展规划。成都市风景名胜区现状共 12 处,其中特级 1 处,为青城山—都江堰;一级 1 处为西岭雪山;二级 7 处,为龙门山、临邛—天台山、鸡冠山—九龙沟、云顶石城、花果山、朝阳湖、黄龙溪;三级 3 处为五津、白塔湖、烟霞湖。按规划,近期共 29 处,其中:特级 1 处、一级 4 处、二级 6 处、三级 9 处、四级 9 处;中期共 32 处,其中:特级 1 处、一级 8 处、二级 7 处、三级 10 处、四级 6 处;远期共 32 处,其中:特级 1 处、一级 8 处、二级 10 处、三级 10 处、四级 3 处。

风景名胜体系保护措施。成都风景名胜采取自然风景资源保护培育措施,提高森林覆盖率,建设成都两翼(西部山岳地带和东部龙泉山脉)绿色屏障。对各地现存的天然林实施保护,最大限度地保护和发挥森林的生态效益。大力植树造林,蓄水保土,退耕还林。以自然景观为主的风景名胜区,森林覆盖率达到 80% 以上;以人文景观为主的风景名胜区,森林覆盖率达到 60% 以上。

全面加强风景名胜区的管理,分类实施保护。加强野生生物资源开发的管理,保护生物多样性;加强河流的全流域监管,保持河流的自净能力,加强风景河段的保护培育,范围为河流两岸 100—500 米的生态风景带;加强风景路段的保护培育,范围为道路两旁 50—300 米的生态风景带，以绿化减少汽车尾气、噪声的污染；预留并切实保护好城镇周边的生态用地，使城镇人民生活在绿色包围的优美环境中；加强农田的生态保护与建设，保证林地面积，保护特色竹林盘，保护川西田园景观。

分级保护规划。在分类保护的基础上，将景观资源分成四级保护区。特级保护区包括世界遗产资源、国家级资源及省市级资源的核心景区；一级保护区包括世界遗产资源、国家级资源及省市级资源的重要景观范围；二级保护区（风景保护区）是市域所有景观资源划出一定范围作为风景保护区，包括所有河流、道路、度假地、川西田园风光景区等；三级保护区（外围保护区）是在以上区域的外围，再划出一定范围为外围保护区。规划提出了各级保护区的相应保护措施。

【户外广告规划】

2002 年，编制《成都市中心城户外广告及招牌总体规划》，规划期限分为近期（2005 年）、远期（2010 年）两个阶段。近期规划重点是对现有广告及招牌进行清理整顿。清理整顿工作与街道综合整治工作同步进行；远期规划的重点是全面提升全市户外广告的整体档次，从创意、材料和技术上达到国内先进水平，力争与国际接轨。

规划将外环路（含机场高速公路外环路以外段）以内城市道路分为禁止设置区和允许设置区两类。

被定为户外广告的禁设路段为：可能妨碍生产或影响人民生活的路段，如平福巷、张家巷街和马鞍路等；省、市、区党政办公区范围的路段，如督院街、羊市街、沙湾路和书院南街等；涉及历史文化保护单位的路段，如大慈寺路、宽巷子、窄巷子和文殊院街等；涉及各大公园绿地和滨河绿地等环境保护区的路段，如锦里路、滨江路、望江路和芳邻路等；涉及影响军事、外事等区域路段，如通惠门路、领事馆路、北较场西路和新南路等；重要交通路段如人民北路、人民南路、一环路和二环路的部分路段等。

允许设置户外广告的路段，依据户外广告设置的密度、类型和档次分为两类区域，即Ⅰ类设置区和Ⅱ类设置区。

Ⅰ类设置区即涉及市、区级商贸活动中心区域路段，包括锦江区的春熙路地区、盐市口地区和玉双路；青羊区的太升南路地区和大红土地庙街；武侯区的新南路、科华北路、佳灵路和川藏公路；金牛区的金府路和蓉北商贸大道；成华区的玉双路和建设路；高新区的肖家河沿街。主要体现为户外广告设置的密度大、类型多、档次高。

Ⅱ类设置区指允许设置户外广告区，但户外广告的密度须严格控制。居住建筑、建筑屋顶和建筑裙楼不得设置户外广告，不得设置伸出式户外广告；三环路以内（机场高速公路除外）不得设置柱式广告塔；三环路以外出入城通道只能设置柱式广告塔，涉及范围主要包括成温邛公路、成绵高速公路、成雅高速公路和机场高速公路（火车南站—新候机大楼广场入口处）等路段。

规划要求市政公共设施、交通安全设施及交通标志不得用来设置户外广告；要求公益性户外广告主要设置点位分布在城市门户地区：双流国际机场、太平寺机场、火车北站、火车南站、天府广场、春熙路步行街、国道和高速公路、城市广场空间。

规划对商店招牌设置作出具体规定。规定一个店铺只能设置一块招牌，招牌发布内容须经有关行政部门审查。

【中小学布局规划】

1995 年，成都市启动成都市中心城区中小学布局规划编制工作。规划预测中心城区中、小学学生人数2000年为42万人，2005年为44.8万人，2010年为46.5万人，2020年为51.2万人。规划提出的中、小学结构为重点普通中学、重点职业中学；一般普通中学、一般职业中学；小学等三个级别；规划用地指标是重点普通中学、重点职业中学不低于25平方米/生；一般普通中学、一般职业中学不低于13平方米/生；小学不低于11平方米/生。规划要求重点职业中学在校生人数大于1200人，占地面积不小于50亩；重点普通中学在校生人数大于2400人，设40个班，占地面积不小于90亩；一般职业学校在校生人数大于1200人，占地面积不小于25亩；一般普通中学在校生人数大于1500人，设30个班，占地面积不小于29亩；小学在校生人数大于900人，设18个班，占地面积不小于15亩。

中心城区中、小学布局规划编制过程中广泛征求社会各界意见，于1999年8月编制完成。共规划重点职业中学6所，容纳学生7200人；一般职业中学5所，容纳学生6000人；重点普通中学15所，容纳学生3.1万人；一般普通中学116所以上，容纳学生17.3万人；小学260所以上，容纳学生24.8万人。中、小学总计为402所以上，容纳中、小学生46.52万人，可满足2010年前普及基础教育的需求。

【历史文化名城保护规划】

《成都市历史文化名城保护规划》是《成都市城市总体规划(1995—2020年)》的重要组成部分，于1999年6月经国务院审批通过。

名城保护规划着眼整体保护为主，实事求是，加强管理，合理利用。成都中心城区历史文化遗产的保护，既是规划的重点，也是实施的难点。针对不同的历史文化遗产，规划提出相应的保护措施。

文物保护单位。20世纪90年代，成都中心城区规划区范围以内有市级以上文物保护单位38处，其中国家级7处、省级11处、市级20处。国家级文物保护单位有武侯祠、杜甫草堂、永陵(王建墓)、辛亥秋保路死事纪念碑等。省级文物保护单位有十二桥烈士墓、文殊院、僖王陵和崇丽阁等。市级文物保护单位有孙中山铜像、青羊宫、南郊公园、武担山和古城墙遗址等。

规划要求各级文物保护单位严格执行《中华人民共和国文物保护法》和《成都市文物保护管理条例》。对中心城的7处国家级文物保护单位的有关空间范围实行三级保护，即划定重点保护区、建设控制地带和环境协调区。对其余31处文物保护单位实行重点保护区和建设控制地带两级保护，划定的范围必须以图面和文字的形式在控制性详细规划中加以明确。在重点保护区内一般禁止新建设项目，在建筑控制地带的新建建筑物、构筑物，其设计方案应根据文物保护单位的级别，经文物行政主管部门同意后，报城乡规划行政主管部门批准。

城市历史文化保护区。宽巷子、窄巷子是成都传统民居环境的典型代表，保护区及协调区面积约5公顷；大慈寺是具有寺院、市场、传统民居等多功能的混合区，也是成都历史上有名的商业和夜市繁华地带，保护区及协调区面积约17公顷；文殊院是成都旧城区现存最大的佛教寺院，街区是以文殊院为中心的含寺庙、园林、传统商业街和居民住宅的混合区，保护区及协调区面积约15公顷；华西医科大学(即四川大学华西校区)是具有显著的中国近代中西合璧的建筑风貌特色的建筑群，保护区面积约6公顷。对以上历史文化保护区实行"重点保护区"和"环境协调区"两级保护，并在此基础上编制各保护区的保护详细规划。

水井街酒坊遗址是迄今为止全国以至全世界最古老、最全面、保存最完整、极具民族独创性的古酿酒作坊，已有700余年历史，为全国重点文物保护单位。水井坊历史文化保护区采取重点保护区、建设控制区和环境协调区三级保护的方式。规划保护范围：重点保护区约10.2公顷；建设控制区约5.6公顷；环境协调区约14.2公顷。

大城、少城传统格局保护区。成都“大城”“少城”传统格局保护区规划的目的，是在旧城改造快速进行、土地开发强度极限急剧上升、道路格局变化显著的情况下，保护传统的“少城”“大城”城市道路格局特色。大城道路系统基本上是唐代罗城的道路格局，为适应城市中心区的发展和现代化建设结合旧城改造的现状，规划只选择具有一定代表性和大城东部四个街坊作为大城传统格局保护区，面积约90公顷。现存少城道路系统即清代修建的“满城”道路格局，形如一副“鱼的骨架”，规划选择羊市街西延线以南的满城部分为少城传统格局保护区，面积约81公顷，这两个传统格局保护区的保护等级视同为“环境协调区”，在规划管理中应严加控制保护。

历史文化风景区。包括浣花溪、十陵历史文化风景区和北郊风景区。

浣花溪历史文化风景区即以杜甫草堂为中心的一、二环路之间的西郊地区，面积为2.1平方公里。由于西郊是成都市区的水源上游，加之杜甫草堂的大片古树名木，干河、浣花溪水网密布，地上地下文物亦相对较为集中，又有琴台路等仿古文化街，是市区最精华的风景名胜区。规划要求控制建设开发强度，清理违章建设，保护自然和田园风光，杜绝大体量建筑和高层建筑。除保留蜀锦厂、蜀绣厂、金银制品厂等传统工艺品工厂外，迁出其他工厂，停止再引入房地产开发项目。

十陵历史文化风景区即位于城市东部环城区的十陵镇，因有较为集中的明代蜀藩王家族的10座陵墓而得名，总面积约10平方公里。规划要求重点保护好10座明陵及周围广大地域的自然风光，恢复部分原有地貌、水面、作为中心城的东部生态绿地。大型旅游服务设施规划布置于现十陵镇，风景区内应开辟必要的道路和布置必要的配套仿古建筑，将其建成“博物馆式”历史文化风景区。

北郊风景区及位于中心城东北环城区。以植物园和大熊猫繁殖基地等为主，包括文物古迹如孟知祥墓、二一六烈士墓和金华寺等。在风景区外围附近有动物园、昭觉寺、朱悦廉墓葬、凤凰山等游览景点。总面积约20平方公里。规划要求保护和强化山体等自然地貌特征，加强绿化建设，作为城市主导风向的进风口，建设成科技性较强的自然—历史文化风景区。

地下文物保护区。五城区范围内已划定旧城、西郊、凤凰山、天回山-磨盘山等重点保护区为10片地下文物重点保护区，区内建设项目的选址定点要慎重进行，在工程前期必须进行文物调查或勘探工作，并以此为依据对工程设计和建设方式进行必要的修改，制定必要的发掘遗址保护措施如原地保护、异地搬迁、制作模型、收集资料和建立标志等。

其他方面的保护。《成都市历史文化名城保护规划》还对成都的传统建筑和构筑物、古树名木、传统特色文化、成都古城的保护进行详尽的规划。其中成都的传统特色文化主要体现为蜀锦、蜀绣等工艺美术，川剧、谐剧等文学艺术，川菜、小吃等风味饮食和节日、夜市等传统民俗。

详细规划

【控制性详细规划】

控制性详细规划主要包括土地使用性质及兼容性控制、土地使用强度控制、主要公共服务设施控制、道路交通控制、工程管线控制等内容。

成都市于1992年开始控制性详细规划试点工作。是年4月，成都市规划局、市规划院受蓉台国际有限公司委托，与中国台湾中兴咨询社合作完成温江“台商工业区规划”。该规划对各个地块的拆迁与开发容积率、绿地率等进行控制，是控制性规划编制的初步探索阶段。

1993年，为适应成都旧城改造和房地产开发需要，成都市先后完成青石桥、安居巷、万福桥地段等37个控制性规划以及九里实验居住区、百花2、4组、战旗1至10组等居住区控制性详细规划48项。编制了(龙泉)成都经济技术开发区和中华熊猫基地控制性详细规划。

1995年，编制府河、南河整治综合性详细规划。1997年，完成天府广场规划的编制工作。2000年，完成新区控制性详规编制，并对1992年以来的控制性规划版本进行清理。2001年，完成“沙河整治规划”“府河上游整治规划”“人民南路街景整治规划”“春熙路商务区规划”“火车北站站点修建性详规”等，完成控制性规划面积7400公顷。2002年，完成控制性规划面积1.37公顷。2003年，制定《成都市控制性详规编制技术规定》和《成都市控制性详规内容要求》等标准，同年完成控制性详细规划面积8733公顷。2004年、2005年完成控制性详细规划面积均为10097公顷。

【修建性详细规划】

修建性详细规划直接对建设项目和周边环境进行具体安排和规划设计，主要确定各类建筑、各项基础设施、公共服务设施的具体配置，并根据建筑和绿化的空间布局，为各项建筑和绿化的空间布局进行环境景观设计，为各项建筑工程的初步设计和施工图设计提供依据。

1990—2005年完成的代表性修建性详细规划项目共25项。其中肖家河居住区一小区规划总平面图、石人坝商品住宅规划总平面图、抚琴住宅规划平面图、中国酒城规划总平面图、五块石详细规划总平面布置图、铁路新村住宅规划平面图、化成小区住宅规划总平面图、四川音乐学院校园规划总平面图、玉林小区二区调整规划、九里居住区详细规划、省教育学院总体规划与工程规划、成都市委机关大院规划、双楠居住区详细规划、四川省师范大学校园规划、中国成都SOS儿童村规划、武侯苑小康住宅详细规划、四川大学历史文化保护规划、成都市红星路广场环境工程设计、成都市中西医结合医院总平面图规划、凤凰山公交场站总平面图等20项由成都市规划设计研究院编制；成都市大慈寺片区修建性详细规划由四川省建筑设计院编制；成都国际商城及染房街改造工程由中国建筑西南设计研究院编制；成都市文殊院历史文化保护区保护实施规划由四川省古典建筑园林设计院编制；成都市三洞桥公园规划由美国XWHO设计公司的中国机构编制；金沙遗址园区规划设计由北京华特建筑设计顾问有限责任公司编制。

【人民公园修建性详细规划】

2005年，成都市人民公园进行修建性详细规划的修编工作，修编任务由市规划院承担。人民公园地处城区核心地段，是繁华市区规模最大的园林。公园有全国重点文物保护单位1处、市级文物保护单位4处。休闲及游览景点有：鹤鸣、枕流、少城等3个茶社,兰草园、盆景园、海棠林、紫薇林、樱花林、金水溪、人工湖、少城苑及儿童乐园等。

规划提出:梳理公园游道,整理公园内部景点;开辟相对独立的革命纪念区,使之与市民休闲区形成有效的动静分区;修整东山绿化,新建爬山廊,供游人休憩;增加公园花卉及灌木绿化种植面积,调整公园的植物配置;规划建设精品菊园。

市政管线工程规划设计。公园供水从君平街和祠堂街两条市政给水管线上引入,采用环状加支状的管网形式;排水工程采用雨、污分流制,重力排放;电源从东城根街引入,经配电房配送,公园内部配电线路采用环状布局;电信线路采用支状管网布局;燃气从少城路市政燃气干管引入,管网采用支状管网布局。

照明体系布置。公园室外照明体系分为道路、绿地广场、建筑和滨水区照明四种形式。根据不同区域性质采用不同的灯光基调:主要活动区的照明以高雅、美观、大方为原则;生态休闲区及文化体验区衬托宁静、安详、温馨的气氛;入口服务区、滨水区等人流集中区域则绚丽多彩。

引导与标识系统布置。引导与标识系统针对其导向作用,采用简洁、轻松、明快的颜色,又兼具文化内涵与艺术性;分类别设计公园的服务设施标识系统、交通标识系统、景点标识系统,给园内行人以明确的方位感;标识牌的高度主要考虑普通人和残疾人的差异,残疾人的标识牌离地面高度约0.6米,普通人标识牌安装在墙上或其他构筑物上,以减少人行道上的障碍,并设置盲文标识牌;公园内结合绿化栽培,设置标识牌介绍植物种类、习性,以增长游人的生态知识。

休息设施。在游道、广场设置座椅或长凳,座椅的设计与周围环境协调,造型简洁,可结合环境小品、花坛、室外台阶、树池等进行设计;座椅或长凳设置的方位、疏密、形式应与环境及游人的活动相配合,营造步行氛围;座椅或长凳的设置应避免对视,尽量形成相对的视角空间。

服务设施。在入口广场等人流密集的公共空间设置公共电话亭,电话亭造型简洁,选用富有古典造型特色的电话亭。

卫生设施。按人流休息、滞留时间不同配备相应数量的垃圾桶,垃圾桶周围场地平整密实;园内公厕符合方便的原则,造型色彩不突出,立面运用自然材料,体现地域特色,尽可能结合公共建筑安排。

环境艺术品。在广场、绿地、游道等空间,设置雕塑、小品等环境艺术品,其造型为中式或富有趣味形态,设计主题鲜明,突出成都地方文化特征,具有艺术性和时代感;环境艺术品在尺度、色彩、材质等方面满足视觉感受和审美需求。

无障碍设施。公园至少有一个主入口有可供人力推动的轮椅坡道;公厕内按规定设置残疾人如厕间;服务亭点的开窗高度在1.1米以下,亭前地面平整;公用电话亭(间)的平面尺寸和电话机位置为轮椅进入、转向、使用留有活动余地,电话听筒、拨号盘、投币口的最大高度不超过1.2米。

村镇规划

【30个重点镇规划】

2004年2月,成都市委、市政府选定30个重点镇,并从中选定14个优先发展重点镇。30个重点镇的规划编修与调整工作全面展开。参加规划编制的单位有:上海同济城市规划设计研究院、成都市规划设计研究院、四川省城乡规划设计研究院、成都市城镇规划设计研究院等。2004

年11月底,30个重点镇规划修编完成。2005年1月,通过市规划委员会主任会议审定。

30个市级重点镇的目标:建成规划科学、功能齐全、经济繁荣、社会事业发达、环境优美、风格独特、具有较强辐射带动能力的区域中心城镇,有条件的部分重点镇发展为5万人以上的小城市,实现城镇建设与经济效益、社会效益、环境效益协调和可持续发展。规划标准:每个重点镇建成一个示范性宣传文化中心,每个社区(村)建设文化活动室、图书室;幼儿入园率和初中升学率均达到95%以上,普及高中阶段教育;办好一所乡(镇)中心卫生院;实施"111工程"(即一个田径场、一个标准体育设施、一条健身路径);完善供水设施,居民自来水普及率达到80%以上;清洁能源普及率达到60%以上;人均拥有道路面积达到8平方米以上;大气环境质量、水环境质量、噪声环境质量达到功能区标准,镇域内工业污染源排放达标率达100%,生活污水处理率达到60%以上,生活垃圾无害化处理率达90%;城市化率年均增幅高于全市平均水平。

该规划对30个重点镇的城镇性质进行科学定位(见3-190、表3-191);打破行政区划,加强区域分析和论证;加强产业支撑与产业用地布局研究;强化主干交通网络,特别是对外交通;重点考虑主要市政基础设施、市政公用设施的规划与布局;加强绿线(各类绿地界线)、蓝线(各类水系、湖泊等规划岸线)、紫线(历史文化街区控制线)等色线的规划与控制;坚持节约用地、集约发展原则;重视城镇特色塑造,避免城镇个性丧失,防止"千镇一面"。

2005年市级优先发展重点镇汇总表

表3-190

序号	名　称	城镇性质
1	温江区万春镇	以花木生产及休闲旅游为主导产业的温江区北部区域中心镇
2	青白江区城厢镇	四川省历史文化名镇,发展居住、旅游商贸为主的游贸型区域中心镇
3	新都区新繁镇	省级历史文化名镇,以轻加工工业、休闲文化旅游为主的片区中心镇
4	龙泉驿区西河镇	区北部新城、农业科技示范与商贸为主导的综合型重点镇
5	郫县安德镇	以机械加工、农业产业化项目为主导的郫县西部片区中心镇
6	彭州市濛阳镇	机械加工、农业产业化项目为主的彭州市东部工贸型片区中心镇
7	都江堰市青城山镇	以旅游服务、休闲度假为特色的旅游型城镇
8	崇州市街子镇	崇州市西北部以发展观光、休闲为主的旅游服务型历史文化名镇
9	邛崃市羊安镇	化工工业和农业产业化项目为主的邛崃市东部区域中心镇
10	金堂县淮口镇	金堂县副中心,成都市纺织印染和能源工业基地,宜居型山水城镇
11	大邑县安仁镇	国家级历史文化名镇、四川省重要旅游城镇,大邑县东部重要中心城镇
12	新津县花源镇	发展机械加工和商贸为主的新津北部工贸型片区中心镇
13	蒲江县寿安镇	农业产业化项目为支撑的蒲江县东部的片区中心镇
14	双流县正兴镇	双流南部以休闲、旅游业为主的山水小城镇

2005 年成都市一般重点镇汇总表

表 3-191

序号	名　称	城镇性质
1	新都区石板滩镇	新都区二级小城镇，位于新都、青白江、龙泉驿三区交汇处的工贸型城镇
2	温江区永宁镇	温江区东部的片区中心镇，以旅游、休闲、商贸为主导产业的旅游型小城镇
3	龙泉驿区洛带镇	四川省历史文化名镇，川西重要的客家古镇、旅游重镇
4	双流县中和镇	成都市主城区华阳组团中以三产为主导的城市综合功能片区
5	青白江区清泉镇	青白江区东南部的区域中心镇，以商贸集散业为主的综合商贸型小城镇
6	邛崃市平乐镇	邛崃市西部以发展旅游、商贸为主导的旅游服务型片区中心镇
7	都江堰市石羊镇	都江堰市河西片区以农副产品加工贸易为主的工贸型区域中心镇
8	新津县普兴镇	新津县的二级镇，以物流集散为主的商贸型城镇
9	金堂县五凤镇	金堂县南部以发展观光、休闲、度假为主的旅游型历史文化名镇
10	大邑县王泗镇	大邑县南部以发展食品加工、物资为主的工贸型城镇
11	彭州市丹景山镇	彭州市西北部、与丹景山风景区配套的旅游服务型城镇
12	崇州市元通镇	省级历史文化名镇，崇州市中北部工贸、旅游型片区中心镇
13	崇州市羊马镇	以湿地保护和生态居住为主，发展轻工业的崇州市城市副中心
14	蒲江县大塘镇	以发展农副产品加工和集散为主的蒲江县西北部工贸型片区中心镇
15	郫县友爱镇	郫县县城功能区，以食品加工、农家休闲和花卉交易为主的工贸型小城镇
16	双流县黄龙溪镇	四川省省级历史文化名镇，双流县南部重要的中心城镇

【邛崃市平乐镇规划】

平乐镇古称“平落”，位于邛崃市西部，西汉时期即成为南方丝绸之路的重镇，号称“茶马古道第一镇”，为国家级历史文化名镇。

1987 年 3 月，经成都市城乡建设管理委员会批准实施《1984—2000 年平乐镇总体规划》，规划城镇性质为以竹编品加工为主的农副产品加工和贸易集散地的中心城镇。规划控制区范围涉及周围付安村、五龙村、合林村、禹王村、东安村、协议村、七村、宝镜村、翔乐村、安乐村、关帝村、东山村等区域。规划 2000 年城镇人口为 1 万人，城镇用地约 0.5 平方公里。

1994 年 11 月，《1994—2010 年平乐镇总体规划》经成都市建设管理委员会批准实施，规划城镇性质为以能源开采、农林产品加工、商贸及旅游业为主的旅游型区域中心城镇。规划人口，近期 2000 年为 2 万人，远期 2010 年为 3 万人；用地规模，近期 2000 年为 2 平方公里，远期 2010 年为 3 平方公里。规划控制区范围：北至倒灌堰，南达骑龙山，西至金华山，东抵富安林，沿白沫江两岸的地带，包括城镇周边禹王、金沙、协义、东乐及安安五个村。

2005 年 11 月，完成平乐镇总体规划修编，分为镇域总体规划和镇区建设规划两部分。镇域行政区面积为 69.94 平方公里，镇区规划面积为 3 平方公里。规划年限近期为 2010 年，远期为 2020 年。镇域划分为一级中心城镇，即平乐坝；二级一般集镇，即下坝场；三级农村新型社区，共

12 个。规划城镇性质为邛崃西部片区中心镇，以发展旅游、商贸为主的旅游服务型城镇。城镇规模近期2010 年人口 1.8 万人、用地 1.17 平方公里；远期 2020 年人口 2.5 万人、用地 2.45 平方公里。

【龙泉驿区洛带镇城镇规划】

洛带镇位于龙泉驿区北部，为国家级历史文化名镇，又是客家古镇，1994 年，成都市建设管理委员会批准洛带镇城镇规划，主要内容如下：

城镇性质及规模。城镇性质为镇人民政府所在地，历史文化名镇，区域性农副产品集散中心，以发展历史文化旅游和农副产品深加工为主的商贸、旅游型小城镇。近期2000 年人口规模 1 万人，用地规模 1.2 平方公里；远期 2010 年人口规模 2 万人，用地规模 2.3 平方公里；远景 2050 年人口规模 3 万人，用地规模 3 平方公里。控制区范围：北到柏杨村界，南到镇界，西到岐山村界，东到镇界。

城镇发展模式和城镇功能分区。近期以旧场镇为依托，完善周边用地，形成紧凑的组团结构；远期向两翼发展，形成两个片区；远景规划在成赵公路南侧成片发展。洛带镇分为四个功能区：旧城区以文物古迹为主体；西区和北区为生活区，以行政、商贸为主体职能；东区为风景旅游区；南区为工业区。

城镇建设用地规划。居住用地近期主要依托旧场镇完善两侧用地，远期主要分布在近期用地北侧形成两个完整的组团，远景以集中成片的组团式分布在城镇西北部；城镇公共设施建设用地主要分布在发展轴线两侧和交叉路口，镇中心广场安排以金融、商贸为主的大型公共建筑，并在干道交叉口设置体育中心；在柏洛公路和北干道交叉口设置一大型综合性农贸市场，远景再增设一个农贸市场；生产和仓库用地集中布置在城镇下风方向，并设置防护绿带与居住区隔离；绿化用地结合城镇的旅游规划在北端山地，规划一处以旅游观光为主的风景区。

基础设施规划。道路：对外交通原有成都赵镇公路、洛带黄土公路、石板滩洛带公路、成环路及成洛大道；对内交通进行适当调整，规划两座对外交通站点。供水：近期供水由洛带自来水厂提供，远期及远景由成都市自来水公司及洛带自来水厂提供；排水：排水系统采用雨污分流制，近期在城镇西南建污水处理厂，污水处理规模为 1.5 万吨/日；供电：规划远期将现有的 35 千伏变电站扩大为 110 千伏变电站，其主要电源来自龙泉 110 千伏变电站；供气：规划气源来自两条途径，北线经洪安火车站沿柏洛公路敷设输气干管至洛带镇，南线经阳光城沿柏洛公路敷设输气干管至洛带镇；电讯：规划 2000 年镇域电话容量 0.29 万门、城镇电话容量 0.17 万门，2010 年镇域电话容量 0.84 万门、城镇电话容量 0.59 万门，2050 年，镇域电话容量 1.80 万门、城镇电话容量 1.44 万门。

【蒲江县乡镇规划】

寿安镇。寿安镇是蒲江县东大门，是周边物资交换集散地，先后被列为四川省百镇试点镇和省级试点小城镇。1986 年，编制寿安镇总体规划，其后进行调整和修编。规划期限：近期 2002—2005 年，中期 2005—2010 年，远期 2010—2020 年。集镇规模：近期人口 1.6 万人，用地 1.3 平方公里；中期人口 2.5 万人，用地 2 平方公里；远期人口 3.6 万人，用地 3 平方公里。规划控制范围：东至白岩寺村大石桥，南至新蒲快速通道，西至隆盛村水井沟，北至寿卧路老鹰窝。

大塘镇。大塘镇地处蒲江县西北川藏公路

线上，是川藏线上重要物资集散地和商贸工综合性城镇，20世纪80年代被列为第一批省级试点小城镇。1986年编制大塘镇总体规划，1994年进行修编。规划期限：近期1994—2000年，远期2000—2010年，远景2010—2050年。集镇规模：近期人口1.5万人，用地1.6平方公里；远期人口2.5万人，用地2.5平方公里；远景人口5万人，用地5平方公里。规划控制范围：南至临溪河，北至徐沟土扁，东达五里墩，西抵鸡公洞，面积约6平方公里。

朝阳湖镇。朝阳湖镇位于“三湖一阁”省级风景名胜区内，以发展旅游服务为主。1987年改镇前的霖雨乡总体规划已编制完成，1995年对朝阳湖镇总体规划进行修编，2004年再次进行修编。规划期限：近期2000年，远期2010年，远景2050年。集镇规模：近期人口0.8万人，用地0.86平方公里；远期人口1.6万人，用地1.75平方公里；远景人口3万人，用地3.5平方公里。规划控制范围：西起朝阳湖风景区山门，东至白鹤寺，北至江山坡，南至青枫山，面积约4平方公里。

西来镇。西来镇是蒲江县重要的旅游古镇和商贸大镇。1986年西来镇总体规划编制完成，1999年进行修编。规划期限：近期2010年，远期2020年。城镇规模：近期人口0.55万人，用地0.5平方公里；远期人口0.85万人，用地0.68平方公里。

甘溪镇。甘溪镇是川藏线上工贸小城镇。1987年改镇前的甘溪乡总体规划已编制完成，1999年进行修编。规划期限：近期2005年，远期2020年。集镇规模：近期人口0.4万人，用地0.45平方公里；远期人口0.85万人，用地0.49平方公里。

大兴镇。大兴镇是农业和贸易业为主的小城镇。1987年改镇前的大兴乡总体规划已编制完成，1999年进行修编。规划期限：近期2005年，远期2020年。集镇规模：近期人口0.48万人，用地0.5平方公里；远期人口1万人，用地0.9平方公里。

成佳镇。成佳镇是蒲江县西部茶叶生产加工中心，以旅游观光为主。1987年改镇前的成佳乡总体规划已编制完成，2002年进行修编。规划期限：近期2005年，远期2020年。集镇规模：近期人口0.38万人，用地0.34平方公里；远期人口0.75万人，用地0.6平方公里。

复兴乡。复兴乡位于县境北部川藏线上，与邛崃市邻界。1987年编制复兴乡总体规划，1999年进行修编。规划期限：近期2005年，远期2020年。集镇规模：近期人口0.4万人，用地0.35平方公里；远期人口0.7万人，用地0.835平方公里。

勘察与测绘

【成都市综合地质勘察】

1983年10月，地质矿产部将成都市列为“七五”（1986—1990年）期间开展水文地质、工程地质和环境地质综合勘察评价的重点城市之一。由成都水文地质工程地质队承担，共分两阶段进行。

第一阶段（1984—1988年）。勘察范围西起太和场—文家场一线，东到东部台地西边界，北界毗河，南至簇桥—石羊场一带，面积418平方公里。包括成都市区、金牛区和新都、郫县、温江、双流四县的部分地域。1989年4月29日，省地矿局主持评审，认为报告各项测试数据齐全可靠，论据充分，论点明确，结论可信，建议可行，作适当修改后予以批准并交付使用。

第二阶段（1988 年 10 月—1990 年 6 月）。勘察范围以市区为核心，东自龙泉山分水岭，西达金马河和温江、郫县、三道堰一线；北起青白江，南抵市域边界，面积 3422 平方公里（含第一阶段已完成的勘察面积）。包括市区和金牛、双流、龙泉驿、青白江、新都、郫县、温江、广汉、金堂、新津等区县的部分地域。1991 年 5 月 21 日，省地矿局邀请专家进行评审，认为报告资料丰富、内容齐全，结论明确，符合规范和设计要求。

2003 年，市勘察测绘研究院通过对区域地质、水文与工程地质和卫星遥感资料的综合研究与整理，编写《成都市工程地质概况》，对 422 平方公里规划区范围内的潜在地质灾害、抗震设防要求、土地工程能力做出评价，并绘制成相应图件。

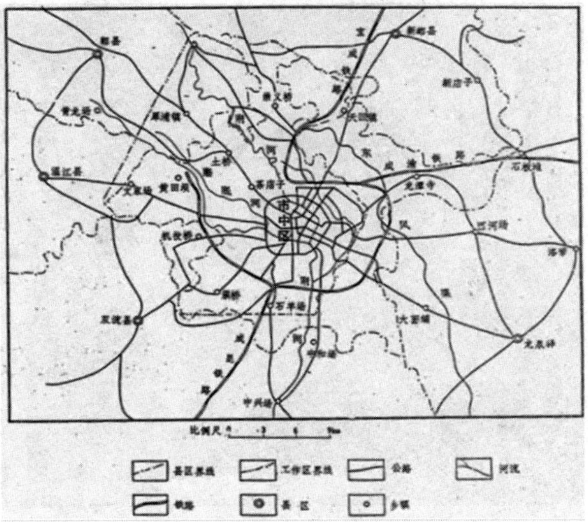

第一阶段勘察区范围图

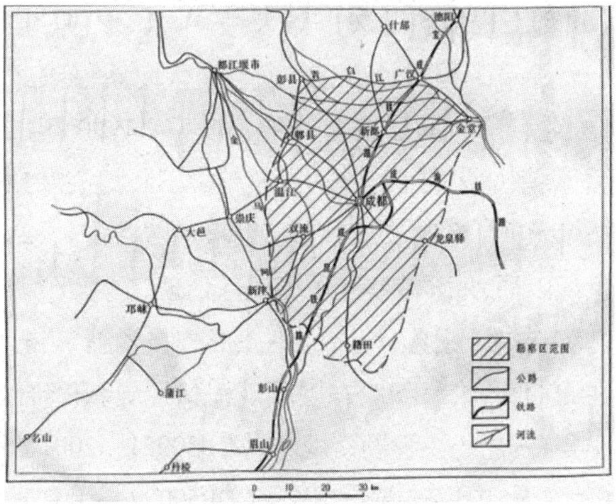

第二阶段勘察区范围图

【《成都市工程地质图系》编制】

1994 年 6 月，成都市启动《成都市工程地质图系》编制工作，为城市总体规划、抗震设防区划及国土整治提供科学依据。《成都市工程地质图系》，覆盖面积 1120 平方公里，比例尺为 1 ∶2.5 万，由地质环境专题图、抗震设防区划、城市地质环境与土地工程利用研究三部分组成。

成都市地质环境专题图包括说明书和六个专业图件，即《成都市实际材料图》《成都市地貌第四纪地质图》《成都市上部土层厚度及地基土 fk 值分布图》《成都市特殊土及滑坡危险性分布图》《成都市地面坡度及洪水淹没图》《成都市水文地质图》；成都市抗震设防区划由文字报告和两个图件组成，即《成都市建筑场地类别分区图》《成都市抗震设防区划图》。城市地质环境与土地工程利用研究，于 1995 年完成，由《成都市城市地质环境与土地工程利用定量分析及土地工程利用控制》研究报告、《成都市土地利用控制条例（草案）》等组成。1995 年 11 月 3 日，建设部城市规划司和抗震办公室主持《成都市工程地质图系》评审，认为：项目成果依据充分，内容丰富，方法先进，指标合理，评价实际，对策可行，操作性强，达到国内领先水平。

【建筑工程地质勘察】

建筑工程设计之前，普遍进行地质勘察工作，重点是对高层建筑的地基勘察。1990年以后，成都地区的工程地质勘察单位不断提高勘察技术水平，为地基基础设计提供可靠资料。21世纪以后，地质勘察已承担地基处理、抗浮工程、基坑支护等业务，与设计施工形成技术业务链。在此期间，国家和地方规范规程相继更新颁布，主要有《岩土工程勘察规范》（GB50021—2001）、《建筑地基基础设计规范》（GB50007—2002）、《高层建筑岩土工程勘察规程》（JGJ72—2004）（J366—2004）、《建筑抗震设计规范》（GB50011—2001）、《建筑桩基础技术规范》（JGJ94—94）、《高层建筑箱形与筏形基础技术规范》（JGJ6—99）、《建筑基坑支护技术规程》（JGJ120—99）、《成都地区建筑地基基础设计规范》（DB51/T5026—2001）等。编入《成都地区建筑地基基础设计规范》中的卵石土极限承载能力标准值，使成都平原卵石层地质资源得到合理利用。

【岩土工程勘察信息系统】

1997年11月开始对岩土工程勘察信息系统进行研究；1998年9月完成方案设计，10月通过方案评审；2000年10月完成软件编制将成都市中心城区4000余项工程、6万多个钻孔资料整理录入，信息系统初步建成。系统按输入、检索、分析、输出等功能，设计有文件、查询、数据分析、工程、图形处理和成果六大功能模块，利用系统数据能自动形成各种图表和选定区域的岩土工程状况。2000年11月，成都市科学技术委员会对成果进行鉴定，认为该项研究成果达到国内领先水平，有很高的实用价值和科学意义，具有广阔应用前景，可供规划、建设、管理部门和勘察、设计、施工等专业部门使用。该项目2001年12月获市科技进步三等奖，2002年12月获省优秀计算机软件二等奖。

【控制测量】

中心城区控制测量。控制测量是测量的基础工作，其任务是建立测量控制网。控制网分平面控制网和高程控制网，平面控制网又分三角网、导线网和GPS网。平面坐标系统和高程系统是测量工作的起算依据。成都市平面首级控制网和二等水准高程首级控制网由成都市勘察测绘研究院始建于1956年，坐标原点位于原“成都旅馆”楼顶。

成都坐标原点照片

1991年，“成都旅馆”拆迁，坐标原点丢失。1993年，市政府下达成都水准网改造工程，于1994年6月完成，经检验成果可靠，获1996年成都市勘察优秀工程二等奖。1994年，采用GPS测量技术对平面控制网进行重建，于同年6月13—26日进行观测，8月提交技术报告，成果精度符合要求。2005年9月，成都市勘察测绘研究院采用GPS技术，在锣锅巷与文武路交叉口处的人行道上精确复位并重建，使之成为一道标志性人文景观。

1990—2005年期间，成都市勘察测绘研究院完成的控制测量项目还有：1998年4—8月完成龙泉驿区大面二级GPS加密网和四等水准网；2002年10月至2003年4月完成三环路沿线加密测量控制网；2003年4—5月完成高新西区测量控制网及地形图测绘；2004年完成为中心城区地籍测量工程布设基础测量控制网。

市域控制网改扩建。2003年1月，成都决定实施“成都市市域测量控制网改扩建工程”，分两期实施。一期工程于2003年6月底至2004年3月进行；覆盖市区面积3681平方公里。2004年5月15日，市规划管理局组织成果鉴定，认为工程外业观测数据质量优良，内业处理方法正确，成果可靠，达到国内先进水平。一期工程获中国城市规划协会2005年度优秀勘测工程二等奖。二期工作于2005年4月正式启动，控制面积约1.2万平方公里，覆盖除西部局部山区之外的全部市域范围，于2005年7月至2006年3月进行。2006年9月12日，举行成都市市域测量控制网改扩建工程（第二期）成果验收会，认为该工程技术设计严谨、科学，组织严密，作业认真细致，观测数据质量优良，数据处理方法正确，成果可靠，同意通过验收。

【地形测量】

基本地形图测量。1993年2月，启动原金牛区“内八乡”即永丰、苏坡、桂溪、圣灯、保和、营门口、洞子口、青龙场的1∶500基本图测绘工作，成都市勘察测绘研究院负责工程的组织管理、监理和成果验收。参加单位共13家，同年11月底完成。共测绘1∶500地形图1829幅，面积114.3平方公里，1996年获成都市优秀勘察二等奖。1996年12月，启动原金牛区“外八乡”即龙潭寺、土桥、琉璃场、三圣、石羊、簇桥、文家、天回的无图地区1∶500地形图测绘工作，仍由成都市勘察测绘研究院组织实施。中标单位共15家，测图工作于1997年6月上旬开始，12月10日结束。共测绘1∶500地形图1744幅，面积109.3平方公里。1990—2005年，中心城区新测、修测1∶500地形图累计达1.38万幅、控制面积863.5平方公里。

航测地形图测量。1979年成都首次拍摄城市航片。1992年6月15日至7月9日进行第二次航空摄影，10月补漏飞行，完成航线59条，覆盖锦江、青羊、金牛、武侯、成华五城区，面积约500平方公里。1993年6月利用第二次航片，完成一套东起龙潭寺，西到苏坡桥，南自三瓦窑，北抵建筑机械厂的蔬菜基地自由比例尺相片镶嵌图。1995年4月至1996年1月，又利用第二次航片，采用机助成图作业，完成1∶1000比例尺图93幅，为外环路的规划设计提供保障。1993年5月至1998年6月，由市勘察测绘研究院和铁道部第二勘测设计研究院从1992年航测资料中选取部分可用航片进行航测成图。外业调绘与实测相结合，内业解析法与全能测图仪相结合，共完成航测图497幅、面积48.5平方公里。

【工程测量】

红线拨地测量。红线拨地测量在1966—1976年“文化大革命”期间中断，1979年逐渐恢复，工程项目逐年递增。特别是1991年以后，递增幅度加大。1979—2005年27年间共进行红线拨地测量1.42万项。其中1979—1989年1117项，1990—2005年1.31万项。

1979—1992 年成都市红线拨地测量工程统计表

表 3-192

年份	项目数	年份	项目数
1979	2	1993	1201
1980	16	1994	594
1981	15	1995	831
1982	27	1996	824
1983	51	1997	865
1984	132	1998	894
1985	196	1999	742
1986	167	2000	701
1987	181	2001	810
1988	155	2002	838
1989	175	2003	898
1990	192	2004	1175
1991	523	2005	1245
1992	744	合计	14194

建(构)筑物坐标放线与竣工测量。成都市规划管理局决定自 1998 年 5 月 1 日起实施建筑物坐标放线及竣工验收测量管理，要求对宽 30 米以上道路和 10 层以上的建筑物实施坐标放线和竣工验收测量，后因故延至 2002 年开始执行。坐标放线测量。坐标放线即使用测量仪器按规划批准方案将建筑物角点坐标测放于实地。2002 年 2 月 21—24 日，成都市勘察测绘研究院首次完成人民南路四段“成都鑫达房地产有限公司坐标放线”，此后，建筑物坐标放线全面开展，以《坐标放线交接单》形式提交成果。2002—2005 年共完成坐标放线测量 2339 项。

±00 检测。±00 检测即当建筑物施工至±00 层面时，实测其角点坐标、长宽尺寸、建筑物间的相互间距、与周边控制性线的距离，以检查其与规划批准的总平面图的吻合性。2002 年 5 月 21—24 日，成都市勘察测绘研究院首次实施“新兴仪器厂±00 检测”工程。此后，±00 检测工作全面展开。2002—2005 年共完成±00 检测 1333 项。

房屋竣工测量。1998 年市规划管理局发文将建(构)筑物竣工测量纳入规划行政管理程序，竣工测量的行政管理和技术管理逐步规范。1997—2005 年，共完成竣工测量 4258 项。

道路建设测量。道路建设测量分设计、施工、竣工三个阶段进行。1996 年 11 月对三环路沿线铁塔、铁路、立交桥桥墩等控制性地物和重要地段进行测量，完成 1∶500 地形图 28 幅；1998 年对“五路一桥”工程(即三环路、人民南路南延线、成龙路、老成渝路、成洛路及火车南站立交桥)进行测量，共完成道路测量 1440 余项。1997—2005 年期间，完成中心城区道路网测量

1345 项、进出城干道网建设测量 1118 项及天府广场、红星路、滨江路、一环路、东城根街等下穿隧道的测量。

机场、铁路测量。双流机场测量:2003 年 9—11 月,完成双流机场测量控制网转换;第二跑道地形图测量、起飞区、降落区净空测量;滑行道格网测量;以及新、老测绘资料坐标转换。西环线测量:1992 年 8 月对铁路西环线定点后,由铁道部第二勘测设计院设计,1993 年 12 月成都市勘察测绘研究院完成沿线征地测量,1999 年 4 月至 2005 年 9 月完成沿线相关新建市政工程测量。地铁工程测量:1999 年 8—9 月,完成地铁 1 号线的规划研究测绘带状地形图 175 幅;2001 年 11—12 月,完成 GPS 平面控制网、精密导线网、二等水准网三项工程;2004 年 12 月至 2005 年 11 月,进行一号线控制网复测;2004 年 9 月至 2005 年 2 月,完成地铁 1 号线后子门—南外环路、2 号线东城根街—青年路的带状图测绘;2005 年 2—3 月,完成后子门—红照壁段地下构筑物调查及首次定线。

河道治理与水环境整治测量。1989—1997 年,开展府南河(锦江)综合整治工程的测量工作,主要内容含河道断面测量、河堤护岸测量、两侧道路测量、各类管线测量,包括施工放线及竣工测量。2001—2004 年,开展沙河整治工程测量工作,主要包括沿沙河干流布设三级导线和图根导线,修测带状图,进行河堤、水闸、桥梁、涵洞、常年水位、1981 年洪水位、河底深泓线纵断面的调查测量和拆迁定线;河堤、道路、管线、桥梁、水闸的放线和施工水准点的布设;竣工测量和沿河绿地测量;沙河 10 条支流的测量。2002 年 9—10 月,开展中水回用工程控制加密和放线工作,完成输水管线全长 12.76 千米的测绘任务。2003—2004 年,开展中心城区水环境整治东北片区和南片区测绘工作。

供水、排水工程测量。1993 年 3 月,市自来水六厂三期工程进行输水管线定线测量,1995 年 5 月至 1996 年 7 月进行管线竣工测量。1999 年 11 月,水六厂 B 厂区经沙西线进三环路的输入管线定线测量,2002 年 11 月完成竣工测量。1996 年 11 月进行乌龟碑污水处理厂相关测量工作。2002 年 11 月至 2004 年 1 月完成沙河污水处理厂、江安河污水处理厂及三瓦窑污水处理厂三期工程的相关测量工作。2003 年 12 月,乌龟碑污水处理厂的多项建筑物进行沉降观测,监测其在施工期间和蓄水过程中的沉降变形。

【地下管线普查】

1990—2005 年,中心城区坚持地下管线的施工放线和竣工测量,共完成各类管线工程测量项目 1.27 万项。

1990—2005 年管线工程测量项目统计表

表 3-193

年份	上水	污水	雨水	电力	煤气	通信	合计
1990	68			55	44	17	184
1991	72			46	49	34	201
1992	64			72	53	37	226
1993	111			73	46	45	275

续表

年份	上水	污水	雨水	电力	煤气	通信	合计
1994	103			68	76	23	270
1995	144			85	79	42	350
1996	147			141	77	3	368
1997	123			68	66	53	310
1998	150	21	8	95	119	193	586
1999	279	38	9	258	183	108	875
2000	309	20	12	146	252	147	886
2001	523	22	15	209	400	292	1461
2002	488	36	8	290	432	282	1536
2003	462	25	12	283	460	215	1457
2004	672	47	9	379	608	351	2066
2005	587	11	1	419	462	168	1648
合计	4302	220	74	2687	3406	2010	12699

2001 年 2 月，成都市成立管线普查办公室，决定进行成都市管网普查试验，以便按建库要求进行管网普查、管线施工放线和竣工测量。当年 8 月 30 日市政府以一级目标任务下达给成都市勘察测绘研究院，试验区范围从火车北站沿人民北路、人民中路、人民南路到火车南站道路沿线，南北长约 10 千米，东西宽一般为 500 米，局部为 250 米，天府广场附近为 1000 米，火车南站为 750 米，总面积 5.5 平方公里。工作内容包括平面、高程控制网布设、地形图修测、地下管线探测及数据入库等工作。外业工作于 10 月—12 月 14 日完成，12 月 31 日提交全部成果资料。共探测各类地下管线点 20801 个、管线总长约 328 千米；施测图根导线 522 点，导线总长 53.5 千米；修测 1∶500 地形图 85 幅；绘制 1∶500 综合地下管线图 85 幅；制作“地下管线普查成果表”85 本。2002 年 1 月 15 日，完成《成都市地下管线普查技术标准》初稿的编写，此后管线探测工作在全市普遍开展。

【测绘新技术应用】

测绘计算机技术。1990 年初，仍采用经纬仪测角和光电测距。1993 年年初，市勘察测绘研究院引进两台全站仪，实现测角、测距的同步进行和观测数据的液晶显示。1993 年年末，传统的经纬仪和测距仪被全站仪全面取代。1994 年年初，采用 PC-1500 袖珍计算机进行观测数据记录，传统的手工记录被取代。同年 9 月，PC-1500 换代为 PC-E500 袖珍计算机，外业计算更加便捷。1995 年 6 月，在 PC-E500 计算机上开发出观测记录及打印输出程序，实现观测成果的打印输出。1996 年 5 月，采用 RS232C 传输线将全站仪与 PC-E500 相连接，实现测绘外业从观测到记录的全自动化。2002 年前，成都地区仍主要采用传统的平板仪、经纬仪测图，随着计算机技术的快速发展，计算机测图技术也相应发展，内外业一体化数字测图软件大量涌现，2003年引进近百套测图软件并全面采用，结束平板测图的历史，实现由传统模拟测图到数字化测图的变革。2005—2006年，开发出一套针对城市测量特点的数字测绘系统，实现数据采集、成图与输出的自动化和智能化。1990—2005年期间，不断开发测绘计算机技术，先后完成《拨地测量自动绘图》《成都市测量控制点成果管理系统》《城市测量数据处理系统》《纵、横断面测量计算机自动成图软件》《测绘项目管理系统》等软件的研制，并陆续投入使用。

测绘遥感（RS）技术。1991年12月，采用航测成图方法进行地形图测绘，引进北京市测绘设计研究院《大比例尺工程图机助成图系统》。1992年6月，委托国家测绘科技发展中心进行锦江、青羊、金牛、武侯、成华五区的航空摄影。1993—1998年，选择质量较好的影像，进行局部地区1∶500和1∶1000地形图的测绘。2000年3—6月，省测绘局完成外环路内1∶4000彩色航空摄影；2001年底，与天津市遥感信息中心合作，利用本次航片，采用全数字摄影测量技术、遥感应用技术和地理信息系统技术，建成成都市0.2米分辨率1∶2000真彩色数字正射影像图库和真彩色正射影像数据库。该技术具有查询和面积、长度量算等功能，极大地方便了现场办公决策，广为政府部门采用。真彩色数字正射影像图为沙河整治工程的规划和决策提供直观化依据。2002年6月，引进全数字摄影测量软件及硬件设备，至2003年6月，利用2000年市1∶4000真彩色航空摄影数据，完成约30平方公里试验区1∶2000数字线划图生产。

全球卫星定位系统（GPS）测绘技术。1990—2005年，成都市勘察测绘研究院积极推广应用全球卫星定位技术。1994—2004年底，全院已拥有5套共20台RTK双频接收机，广泛用于定线、竣工图、地形图、平面控制等各类测量工程。2002年10月至2004年9月建成成都虚拟参考站卫星定位服务系统（CDVRS），以适应防震减灾的需要。该系统由12个地面卫星跟踪基准站、系统控制中心、数据通信网络和用户服务中心等组成。覆盖面积4.5万平方公里。2005年4月至2006年1月，利用CDVRS提供的RTK差分服务，先后完成龙潭寺、双流、金牛、温江等地区136平方公里地形图测绘及地籍测量中近7000个图根点的测量，在高新区及温江区的工程测量也大量采用。

重大工程

综　述

1990年，成都市人民政府确定“城市建设以城市道路交通、增加供水、改善城市环境为重点”的方针。1990—2005年，在城市交通、环境治理、基础设施、房屋建筑等领域，陆续推出一批重大工程建设项目。

城市交通领域。1990—2005年，坚持交通先行，以城市道路建设带动其他城市基础设施建设，使之与城市社会经济发展相适应。在此期间，完成的重大工程项目有：1992年3月开工、1993年6月完成的顺城街扩建工程，1994年完成的过境二环路拓建工程以及随后进行的改造工程，1998—2003年实施的“五路一桥”工程，2000—2004年实施的“畅通工程”。

城乡供水、排水建设。1990—2005年，成都市加快供水、排水、污水处理等领域的基础设施建设，陆续完成一批重大工程项目。供水工程有扩建自来水六厂，总供水规模为100万吨/日，分四期建成；污水处理工程有规划新建成都市第一污水处理厂（原名三瓦窑污水处理厂）、第二污水处理厂（原名乌龟碑污水处理厂）、第三污水处理厂（原名三瓦窑污水处理厂三期工程）、第四污水处理厂（原名沙河污水处理厂）、高新西区污水处理厂，污水处理总规模94万吨/日。

房屋建筑工程。1990—2005年，成都市累计建成各类房屋5.24亿平方米，公共建筑出现一批代表性建筑，如金沙遗址博物馆、成都国际会展中心、成都新国际会展中心、喜来登大酒店、香格里拉大酒店、成都图书馆、成都市艺术中心、成都市川戏艺术中心、成都大学新校园等。居住建筑建成一批优秀的居住小区，如棕北小区、锦绣花园、芙蓉古城、中海名城、河滨印象、蜀风花园城等。

为推进重大城建项目的实施，成都市加强机构建设，先后建立“五路一桥”建设领导小组、成都市畅通工程建设领导小组等7个非常设机构。

2003年9月，成都市人民政府《关于我市近期实施重大城建项目的意见》提出“未来5年城市建设以旧城改造和新区建设为重点”。成都市陆续完成城市广场改造、特色街道改造、居住区改造、周边场镇改造；加快推进高新区建设、东部新区建设、南部新区建设，并启动北部新区建设。

2004年6月,市重大办下发《关于进一步加强重大城建项目建设招投标工作规范管理的通知》,对招投标工作管理作出具体规定并制定政府投资项目实施工作程序流程。

交通

【顺城街扩改建工程】

顺城街北接新华大道,南连蜀都大道,是中心城区南北主干道,含原玉带桥街、上西顺城街、中西顺城街、下西顺城街,全长1411米。为迎接第七届全运会,1993成都国际熊猫节以及世界杯亚洲外围赛(成都赛区)在成都市举办,市委、市政府决定对顺城街进行扩改建,包括道路工程、人防工程、管网工程、绿化工程。

道路工程自新华东路经人民东路延伸至盐市口,全长1700米,道路宽40~48米。建于顺城街与西玉龙街交叉口的玉带立交桥,南北长260米,东西长237米,桥面宽12.5米;管线工程与道路工程同步进行,共埋设各类地下管线9条,总长26千米;绿化工程以市树银杏和珍稀矮小树种为基调,空地以草坪为主,彰显成都城市特色。

市委、市政府成立"顺城街改扩建工程领导小组"。1992年6月开始拆迁,总拆迁面积10.23万平方米,同年9月25日破土动工,1993年6月30日竣工,总投资3.28亿元,创造象征成都人创业与改革风采的"成都速度"和"顺城精神",提升城市形象。

顺城街立交桥工程

【过境二环路通车】

二环路是绕行城区的第二条闭合环道,是川陕、川藏、成渝、成灌、成彭、成温、成双、成仁等8条放射状道路进入成都的枢纽,也是连接各路过境成都的干道,故又称过境二环路。早在20世纪50年代初期,二环路东三段、东四段已局部形成;50—80年代,二环路东段、北段经多次改造和拓展,火车北站至东三环大致形成。

1990年,市政府决定全线拓建二环路,二环路全长28.3千米,分东、南、西、北共16段,路面宽40米,以三块板型断面为主。全线修建交叉口45个、互通式立交桥5座、跨河桥梁45座、涵洞120座、人行天桥和地道15座。全路铺混凝土和沥青路面84万平方米,铺人行道方砖22万平方米,同步铺设供水、排水、供气、电力、通信等各类管线358千米,设路灯1732盏,新增绿地面积17.3万平方米,工程总投资约10亿元。

二环路拓建工程于1991年全线动工,1993年底全路段形成通车能力,1994年9月29日全线通过验收,10月1日全线正式通车。

【“五路一桥”工程】

“五路一桥”工程是指1998—2003年同期建设的三环路、人民南路南延线、老成渝路、成龙路、成洛路及人民南路南延线立交桥的合称。是按照国务院批准的《成都市城市总体规划（1995—2020）》实施城市向东向南发展的重要举措，是城市建设的重要基础设施。

三环路立交工程

三环路。三环路起于成绵高速公路的交叉口，沿顺时针方向呈闭合状围绕成都城区一周，止于成绵高速路交叉口，全长51.08千米，途经成华区、龙泉驿区、锦江区、高新区、武侯区、青羊区、金牛区所辖镇（街道）、62个村。三环路工程包括道路工程、桥梁工程、排水工程、绿化工程、管线工程、文化工程，总投资66亿元。三环路的业主单位是成都市干道建设指挥部，负责招投标和工程实施。该工程分6个批次面向社会公开招投标，确定由9家设计单位负责设计，83家单位参加施工。于1998年10月1日正式开工，2002年10月28日举行通车典礼，2003年移交成都市路桥经营有限公司筹建组负责管理。

人民南路南延线。人民南路南延线是成都市向南发展的主轴线，北起人民南路与机场路交点，南至双流县华阳镇东，全长13.33千米，道路红线宽80米，面积107.7万平方米，占地2064.5亩。人民南路南延线为城市Ⅰ级综合性交通主干道，路宽80米，四块板断面型，与其他道路相交共21处，与火车南站相交建有火车南站立交桥群，与三环路相交处建有天府立交桥，与绕城高速公路相交处建有人南立交桥，跨锦江（府河）处建有华阳会龙桥。人民南路南延线于1998年10月开工，2002年2月竣工，工程总投资14亿元，竣工后命名为天府大道。

天府大道绿化工程

老成渝路成都至龙泉驿段。老成渝路成都至龙泉驿段起于龙舟路口止于龙泉镇，原有公路全长18千米，为四级公路。改扩建工程是城市向东发展的基础性建设项目，设计线路总长15.9千米，为城市综合性Ⅰ级主干道，道路横断面按4种类型设计，全路段与道路河渠相交46次，设立交桥2座、跨河桥3座、平交41处。老成渝路成都段扩改建工程于1998年10月动工，2003年10月竣工，总投资8.2亿元，竣工后命名为驿都大道。

成龙路。成龙路是城市向东发展的重要基础设施,起于沙河西侧约100米处,接老成渝路东南行,经国家级成都经济技术开发区,止于龙泉驿区龙环路,全长16.4千米。成龙路为Ⅰ级交通主干线,断面为三块板型,道路红线宽40米,全路段与道路河渠相交31处,设立交桥2座、跨河桥6座、平交23处。于1998年12月动工,2003年3月竣工,总投资8.4亿元,竣工后命名为成龙大道。

成洛路。成洛路是城市向东发展的重要基础设施。原成洛路路面窄、弯道多、坡度大,不能满足交通性主干道各种功能。规划的新线基本与旧线一致,西起新华大道东延线双庆路,止于洛带镇龙环路,全长20.5千米,为Ⅰ级城市主干道,断面为三块板型,红线宽40米,全路段与道路河渠相交30处,设立交桥2座、下穿工程1处、跨河桥梁5座、平交工程22处。成洛路于1998年11月动工,2003年3月竣工,总投资7.2亿元,竣工后命名为成洛大道。

火车南站立交桥群。火车南站立交桥群是“五路一桥”工程项目中特指的一桥,包括火车南站站北立交桥及跨线斜拉桥,是城市南大门的重要交通枢纽,桥梁南北长1470米,东西长1024米,总面积5.93万平方米,工程占地207.5亩。火车南站立交桥群为半定向式三层立交,由一条主线、八条匝道组成。上层跨越火车南站站前路(盛丽大道)和火车南站,直通三环路天府立交,是南北干道主线桥;中层为部分互通式火炬立交桥,机场高速路通过立交桥连接人民南路及机场路东延线直通科华路;底层为人民南路南延线、机场路、机场路东延线混合交通的平面交叉。火车南站立交桥群的站北立交桥于1998年9月动工,1999年6月30日竣工;跨铁路斜拉桥于1998年8月动工,2002年1月1日竣工。火车南站立交桥群工程获2003年度中国建筑工程鲁班奖(国家优质工程奖)。

【城市“畅通工程”】

2000年2月,国务院转发公安部、建设部下发《关于实施全国城市道路交通管理“畅通工程”的意见》,要求各省会城市及计划单列市等大城市实施以提高道路管理水平为中心的“畅通工程”。2001年,成都市成立畅通工程领导小组。2003年,成都市重大城建项目建设领导小组成立,负责“畅通工程”,成都市畅通工程领导小组撤销。

成都市畅通工程的主要内容:构建“井+环”路网体系,实施主要道路平交口的拓宽改造、上跨立交、下穿隧道、道路改扩建工程以及内环路以内相应交通道路集散工程。由成都市市政工程设计研究院承担“井+环”路网的设计任务。“井”字型路网以红星路、东城根街—浆洗街为东西二纵,以滨江路、新华大道为南北二横,共四条交通性主干道组成交通疏散系统;以一环路、二环路为主,构成环形交通转换系统。“井+环”路网在主城区路网结构中的作用是作为成都市“环放射状”形对外交通体系的重要补充,并在主城区路网层次中起主导交通的重要作用。

按规划,2002年起,对“井”字形的四条主干道进行拓宽改造;对“井”字形止四个结点以及“井”字型路网与其他主干道相交结点进行处理;对环状路网部分路口进行拓宽改造;道路平交结点上的一批高跨立交和下穿隧道也陆续完成;并结合中心城区水环境综合整治工程,对230条中小街道进行拓宽改造。

构建“井+环”路网体系是成都市畅通工程的主要内容,上图为滨江路下穿隧道

2001—2005年,实施畅通工程的五年中,共投入资金222亿元,完成41条主要道路、284条中小街道的综合整治,35座高跨桥梁、11座下穿隧道的建设。至2004年年底,成都市道路覆盖情况达到国家一级水平,路网密度提高至8.8千米/平方公里,人均道路面积提高到15平方米,道路面积率达20.3%,支路利用率达99.7%,均达到或超过国家标准,城市交通状况得到明显改善。

2005年5月16日,公安部、建设部在大连主持召开全国畅通工程表彰会。经过全国畅通工程专家组考察论证,成都市达到A类城市一等管理水平,与南京、长春、沈阳、武汉、大连、青岛、宁波、厦门等8个城市一同获得“实施畅通工程模范管理城市”称号,成为西部地区唯一获得此项特荣的城市。

供水

【自来水一厂】

水一厂原名成都市自来水厂,因厂址位于青羊宫附近,又称青羊宫水厂。水一厂以磨底河与清水河为水源,占地50亩。民国33年(1944)8月11日动工修建,民国35年(1946)6月1日正式投产,设计供水规模为0.5万立方米/日。1959年开始建设西郊深井,1960年、1964年、1968年在营门口、草堂、光华、金沙一带三次凿井25口,抽取地下水补充水一厂水源,核定地下水供水能力为2.5万立方米/日。1969年新建日产1.2万立方米的悬浮澄清池,1972年扩建,1976年新建隔板回流絮凝池。20世纪70年代后期,磨底河与清水河水源枯竭,1977年动工兴建全长6.8千米的引水管道,自洞子口引府河水至水一厂,1978年10月完工,府河成为水一厂地表水水源。1978年核定地表水供水能力为4.8万立方米/日,水一厂总供水能力为7.3万立方米/日。

1996年10月,西郊井群全部停运。1998年因修建水质监测楼,撤除悬浮沉清池,2000年水一厂供水能力调整为3.5万立方米/日。2001年整治磨底河,水一厂部分净水构筑物须撤除。鉴于水一厂建设时间早,引水管道占压严重,各类构筑物已趋落后,设备故障多,生产成本高,已无搬迁价值,2001年9月1日水一厂全部停产。

【自来水二厂】

水二厂位于成都市北郊羊子山,以沙河为水源,水二厂始建于1956年,厂区占地面积约90.5亩。分四期建成。第一期工程于1957年投产,供水规模2万立方米/日;第二期工程于1960年投产,供水规模3万立方米/日;第三期工程于1977年7月投产,供水规模5万立方米/日;一、二、三期工程设计供水规模总计为10万立方米/日,后经多次技术改造,挖掘潜力,核定供水能力为15万立方米/日；四期工程于1987年5月投产，供水规模8万立方米/日。至此，水二厂总供水规模达23万立方米/日。1994年对滤池、清水池进行改造，新建V型滤池800平方米，清水池1.2万立方米，1995年3月对老平流沉淀池进行技改，两次技改使水二厂清水池调节能力由1.6万立方米提高到2.8万立方米，出厂水浊度由1.5—2.0度降低到0.5度。

【自来水五厂】

水五厂位于成都市北郊双水碾，东邻沙河，西接成彭路，占地54.2亩，以沙河为水源。水五厂始建于1975年，一期工程（老系统）于1978年建成投产，设计供水规模5万立方米/日；二期工程（新系统）于1982年建成投产，设计供水规模10万立方米/日，二期工程完成后水五厂供水规模达15万立方米/日。水五厂取水采用岸边式取水方式，集水井前有粗格栅和固液分离机拦截大的漂浮物。主要生产构筑物有：取水泵房、沉砂池、斜管沉淀池（旋流反应池和高效格网反应池各两组）、机械搅拌澄清池、双阀滤池、移动罩滤池、清水池（3座，容量15000立方米）、出水泵房。通过直径1000毫米和1200毫米两根管道向城市管网送水。

【自来水六厂】

水六厂是成都市骨干供水设施，位于郫县三道堰镇，距成都市中心城区27千米。具有以下特点：其净水厂较城区约高60米，向城区自压供水，每年可节电3300万千瓦时以上，成为当时国内规模最大的重力流节能型水厂；因位于都江堰内江水系上游，虽然增加输水管线的长度，但减少了明渠输水的渗漏损失及沿途水质污染，每年可节水1100万立方米，因此又是节水型、环保型的水厂；该厂分别在徐堰河与柏条河设置取水口，保证河渠岁修期不间断供水，提高城市供水保证率。

1987—1996年期间，共完成三期工程，占地250亩，总供水规模60万立方米/日。1982年10月，成都市自来水公司上报成都市自来水六厂项目设计任务书。1984年2月成都市计委将设计任务书上报省计经委，同年5月省计经委将设计任务书上报国家计委和城乡建设环境保护部，1985年5月城乡建设环境保护部批准设计任务书。同年11月完成初步设计，建设规模为40万立方米/日，分两期实施。1986年列入国家预备项目，并于同年完成征地、拆迁及前期准备工作。1987年6月，国家计委批准列入1987年开工项目，四川省建委批准开工报告。1987 年 6 月 12 日一期工程动工，1990 年 6 月投产，随即二期工程于 1990 年 7 月动工，1992 年 12 月 12 日投产。在二期工程即将建成时，1992 年成都市计委批复三期工程可行性研究报告。1993 年国家计委确定成都市自来水六厂建设总规模为 60 万立方米/日。三期工程于 1994 年 4 月开工，1996 年 6 月投产。水六厂 1～3 期工程实际总投资为 7.02 亿元。

主要工程建筑包括双水源拦河取水枢纽，配水室和配水井；工艺系统包括沉砂池、网格絮凝池、机械絮凝池、斜管沉淀池、移动罩滤池、气水反冲滤池、清水池；一个设计供水能力为 10 万立方米/日的泵房专供郫县县城用水；两条 10 千伏高压输电线路（太清线和郫水线）及附属变电、配电系统和设施。

水处理工艺流程为二级沉淀加过滤，其中三期工程采用机械絮凝池和气水反冲滤池。当洪水季节上游来水较长时间受到污染时，原水浊度超过 10000 度，出厂水浊度仍能够小于 0.5 度。输水管道工程也分三期进行：一期工程 1987 年 10 月开工，1990 年 6 月通水，起于三道堰止于羊犀线二环路交口处，管径 1600 毫米，长 20.4 千米；二期工程 1990 年 10 月开工，1992 年 12 月通水，从水六厂至沙湾交大路二环路口，管径 1600 毫米，长 20.3 千米；三期工程 1994 年 12 月开工，1996 年 6 月 30 日通水，起于三道堰，止于水六厂至新成温路二环路交口处，管径 1600 毫米，长 21.8 千米。三条输水管道总长 62.5 千米。管材主要采用预应力钢筋混凝土管，部分地段采用钢管。

水六厂厂区部分由中国市政西南设计院设计，取水枢纽由都江堰管理局设计院设计，输水管线由成都市自来水总公司供水工程设计院设计，成都市第一建筑施工工程公司承担除取水枢纽外的全部土建工程。

【自来水六厂 B 厂】

水六厂四期工程，位于郫县三道堰镇南 0.5 千米，占地 132 亩，供水规模 40 万立方米/日。因采用 BOT 模式运作，故简称 BOT 厂，又称水六厂 B 厂。B 厂是中国第一个城市供水基础设施 BOT 试点项目，BOT 英文全称为：Build-Operate-Transfer，即建设—运营—移交。

水六厂一、二、三期工程投产后，极大缓解成都市严重缺水的局面。1993 年以后，成都市经济进入较快的发展时期，用水量急速增长，自来水供需矛盾重新突出。水六厂 B 厂工程提上议程。1996 年，建设部《关于成都市采用 BOT 投资方式建设水六厂四期工程预可行性研究报告审查意见的函》同意建设水六厂四期工程。1997 年 1 月 6 日，《国家计委关于采用 BOT 方式建设成都市自来水六厂四期工程的批复》同意以外商投资 BOT 方式建设成都市自来水六厂四期工程，建设规模为 40 万立方米/日，项目总投资为 9600 万美元，主要建设内容包括取水工程、净水厂和27千米输水管道工程，特许期不超过18年，同意自来水公司投资3亿元人民币进行配套建设，并由国家计委组织评标委员会负责投资者资格预审及评标等事宜。经过1年多的国际公开招标，中标方为法国通用水务集团—日本丸红株式会社的投标联合体。1999年8月11日，成都市政府与法国通用水务—丸红供水有限公司(项目公司)正式签署《特许权协议》。B厂工程于2000年2月开工，2002年2月完工，投入商业运营。

B厂共包括4个子项目：取水工程、净水厂、排水总渠、输水管道。其中引水暗渠的一半、排水总渠、输水管道为BT(建设、移交)项目，于2003年5月26日正式移交给成都市政府，由成都市自来水总公司接管；其余部分为BOT项目，项目公司运营管理15年零6个月后移交给成都市政府。工程总投资1.065亿美元。B厂运营管理期间，每天向城市管网输送40万立方米自来水，成都市自来水总公司按月供水量向B厂以人民币支付运营水费。运营水价包括固定价格和浮动价格两部分，浮动价格按汇率系数变化调整。在《购水协议》上，对运营水价做了明确规定，第一年为0.96元/立方米，最后一年为1.56元/立方米，在运营期间将向项目公司累计支付水费31.27亿元人民币。

水六厂B厂是成都市改革开放以后引进外资的重点工程，B厂投产后，成都市城市供水规模达到138万立方米/日，为成都市经济建设和人民生活提供可靠水源。

【供水管网建设】

1946年，成都市使用自来水初期，供水规模仅0.5万立方米/日，供水管道仅5.7千米。1950年以后，扩建水一厂，新建水二厂、水五厂，至1989年年底，供水规模达45.3万立方米/日，直径75厘米以上的供水管道长度达548千米。

1990—2005年，成都市共投入资金15.3亿元，安装管道1589千米。在城市交通建设、开发区建设、小区建设、河道整治及水环境整治等工程施工时，同步完成供水管道安装工程，并建成向龙泉驿区、新都区、双流县东升镇、双流县华阳镇、郫县郫筒镇的枝状供水管道，主要工程项目有：

二环路输水管道。1991年开工，1994年8月全线通水。管径300～1600毫米，总长56千米。通水之后，提高了管网配水能力，解决了城东部分地区水压长期偏低的问题。

府南河工程输水管道。输水管道工程是府南河综合整治工程内容之一，于1994年开工，1998年完工，安装管径200～1000毫米的输水管道18.8千米，并敷设配水管道45千米。府南河工程输配水管道是继一、二环路之后又一条城区环状供水管网，使成都市的城市供水格局更为合理。

"五路一桥"输水管道。"五路一桥"是指三环路、成龙路、老成渝路、成洛路、人民南路南延线、火车南站立交桥。"五路一桥"工程1998年8月开工，2003年12月完工。输水管道工程同步进行，安装管径300～2400毫米的输水管道231.34千米。三环路输配水管道全线通水后与二环路管网联通。

中小街道供水管道。1999—2003年在中小街道整治中完成72条街道的供水管道安装，管径300毫米，总长65.55千米。2002—2005年在成都市中心城区水环境整治中，完成156条中小街道供水管道安装，管径300～600毫米，总长

159.64 千米。

小区公建配套供水管道。1999—2005 年在成都市小区公建配套中，完成 194 条道路供水管道安装。管径 300 毫米，总长 69.4 千米。

重点道路供水管道。1997—2005 年在对川藏路、科华路、川陕路等 28 条重点道路整治中，安装直径 300～1600 毫米的供水管道 228 千米。

“主干道”供水管道。1998—2005 年，在顺城街、东大街、西大街、北大街、南大街等 38 条街道扩改建工程中，安装直径 300—1000 毫米的供水管道 206 千米。

高新区供水管道。1999—2004 年完成高新南区 120 条道路的供水管道安装，管径 200～600 毫米，总长 91 千米；2004—2005 年完成高新区兴南片区道路的供水管道安装，管径 300～1000 毫米，总长 10 千米；1999—2004 年完成高新西区 44 条道路的供水管道配套，管径 200～1000 毫米，总长 53.98 千米。

沙河工程供水管道。2002—2005 年在沙河综合整治工程中完成 23 条道路的供水管道安装，管径 300～600 毫米，总长 13 千米。

龙泉开发区供水管道。龙泉驿国家级经济技术开发区输水管道工程于 1994 年 2 月开工，1999 年 3 月竣工，管径 1000～1400 毫米，总长 25.8 千米。

周边场镇供水管道。1994—1997 年安装水六厂至郫县郫筒镇供水管道，直径 1000 毫米，总长 10 千米；2002—2003 年安装成都至双流县东升镇供水管道，直径 1000 毫米，总长 8 千米；2001—2004 年安装成都至双流县华阳镇供水管道，直径 1200 毫米，总长 7 千米；2005 年安装成都至新都区供水管道，直径 1200 毫米、800 毫米，总长 5.4 千米。

截至 2005 年年末，成都市主城区内自来水管网形成环状加枝状的格局，总长度达 2137 千米，为 1989 年总长度 548 千米的 3.9 倍，供水范围达 158 平方公里，为 1989 年供水范围 60 平方公里的 2.63 倍。

【供水管网管理与维护】

1990 年以后，成都市制定一系列有关管网维护管理的章程和办法，改革管网维护管理体制，成立股份制的专业探漏公司，提高供水安全可靠性。

1996 年，成都市改革自来水管网维护管理模式，将管网所对成都市供水管网的巡管检漏工作、维修抢爆工作实行分区管理，缩小服务半径，提高修漏抢爆及时率，降低管网修漏抢爆费用及赔偿费用。1997 年 9 月 1 日，成立成都市自来水总公司管网处，专门负责管网运行管理，包括管网抢修管理组织、管道施工组织协调、新安装竣工管道验收、管网及附属设备损坏后索赔或赔偿等组织管理工作。随着城市供水管网的不断延伸，原成都市只有一个自来水管网所的状况，已不适应城市的发展需要。1998 年，撤销管网所，成立城东、城西管网所，2004 年，成立城北管网所。城东、城西管网所以人民北路、人民中路至人民南路的道路中心线为界进行服务区域划分，各负其责，分别对本区域内的自来水管网设施进行日常巡查维修、输水管道的巡检探漏，并对突发性爆管进行及时抢修。城北管网所负责水六厂输水管道，以及郎家、清波、青杠、土桥四个控流站，实现对大口径输水管线专业的维护管理，提高输水管线的安全可靠性。

1998 年，成立股份制的专业探漏公司，实现对管网周期性的暗漏主动探查，有效降低管网漏损率,2005 年度全年产销差 14.76%,比 1998 年降低约 5 个百分点。

2000 年,成都市自来水公司制定《关于爆管抢修管理办法》,明确爆管抢修全过程中爆管分类、爆管抢修程序、爆管抢修周期时限、爆管抢修工作内容、爆管抢修单位及考核办法。制定《实施管道冲洗消毒工作程序》,明确规定施工单位、自来水企业在管道冲洗消毒工作中的职责,确保管网水质。制定《管道明漏、暗漏维修管理办法》,明确明漏暗漏判断、维修工作程序、维修单位及考核办法,确保管网中出现的明漏暗漏能得到及时维修,减少潜在爆管隐患,以保证管道运行安全可靠。制定《新建管线冲洗消毒时间的规定(试行)》,加强供水管道工程的施工过程管理及新建管道冲洗消毒质量管理,对不同口径管道规定不同的冲洗时间。公司购置 4 辆送水车免费为客户送水,减少因爆管或抢修进临时停水给用户带来的不便。

2002 年 12 月,制定《不停水接水的管理规定》,规定地面和地下均满足不停水接水现场要求的接水碰管施工必须采用不停水接水工艺。从而最大限度地减少管道接水对用户正常供水的影响。

2004 年,制定《用户工程管理办法》,理顺用户报装设计和施工作业关系,提高用户报装及增减容、改迁表工作效率和服务质量。制定《管网重大计划停水管理办法》,规定对重大计划停水实行评审制度,对重要用户进行清单式管理。在原有的计划停水审批程序中,增加项目评审环节,并成立执行小组负责工期的指挥协调。

【区(市)县供水工程】

区(市)县城区供水工程。20 世纪 70 年代以后,各区(市)县自来水厂陆续建成,截至 1989 年年底,14 个区(市)县城区供水规模总计为 11.9 万立方米/日。1990—2005 年期间,区(市)县供水事业发展步伐加快,新建一批水厂,改建一批水厂,使区(市)县城区供水规模有很大提高,2005 年 14 个区(市)县城区总供水规模达 65.9 万立方米/日,为 1989 年总供水规模的 5.54 倍。16 年净增加供水规模 54 万立方米/日。2005 年总供水规模中,地表水 42.7 万立方米/日,占 65%,地下水 23.2 万立方米/日,占 35%。随着供水规模的增加,供水范围相应扩展,不仅能满足区(市)县城区的需水,还向周边乡镇和农村供水。供水设备逐步更新,供水工艺更加先进,供水质量普遍提高。14 个区(市)县中,尤以双流县供水事业发展最快,1989 年,县水厂供水规模仅 0.3 万立方米/日,2005 年为 10 万立方米/日,为 1989 年的 33.33 倍。2007 年底达 20 万立方米/日,为 1989 年的 66.66 倍。供水范围已基本覆盖全县。都江堰市和彭州市供水事业发展也很快,1989 年城区供水规模分别为 0.8、0.65 万立方米/日,2005 年分别达 9.2、9 万立方米/日,分别为 1989 年的 11.5、13.8 倍。14 个区(市)县中,唯有郫县城区例外,因全部使用水六厂的水。故县城自来水厂停运。

区(市)县城区自来水供水发展情况表

表 3-194

单位:万立方米/日

区(市)县	1989 年供水规模	2005 年供水规模	16 年净增长
龙泉驿区	0.4	3.0	2.6
青白江区	3.0	5.0	2.0
新都区	0.9	4.0	3.1
温江区	1.0	4.8	3.8
都江堰市	0.8	9.2	8.4
彭州市	0.65	9.0	8.35
邛崃市	1.0	6.5	5.5
崇州市	0.7	4.2	3.5
金堂县	0.7	4.0	3.3
双流县	0.3	10.0	9.7
郫　县	1.2	0	-1.2
大邑县	0.2	2.5	2.3
蒲江县	0.5	2.2	1.7
新津县	0.55	1.5	0.95
合　计	11.9	65.9	54.0

说明:1989 年区(市)县自来水供水规模资料摘自《成都市志·公用事业志》;2005 年资料摘自《成都市供水体系规划》(2008 年 1 月)

区(市)县乡镇供水工程。20 世纪 80 年代,乡镇供水事业陆续起步,截至 2005 年年末,14 个区(市)县共建成乡镇水厂 177 座。其中,1990 年争取到世界银行贷款,在金牛区和崇庆县实施“农村供水项目”。是年,崇庆县有 80 个改水项目通水运行,25.52 万人受益;金牛区建成 72 座小型水厂,20 万农村群众用上自来水。这批水厂规模较小、设备简陋、水质较差,各区(市)县发展也不均衡,1990—2005 年,区(市)县乡镇供水事业,呈现出多种发展模式。

第一种模式。中心城区供水范围逐渐向周边乡镇扩展,这些乡镇原有水厂停运。如郫县的郫筒镇、红光镇、犀浦镇、安德镇已由水六厂供水。

第二种模式。区(市)县实行集中供水制,建设供水规模较大的骨干水厂,供水范围逐步覆盖周边乡镇,原有乡镇水厂随之停运或作为备用水源。以双流县最典型,岷江水厂一期工程建成后,供水能力为 10 万立方米/日,2005 年已向 10 个镇、1 个街道办供水,二期工程建成后,供水能力达 20 万立方米/日,2007 年供水范围基本覆盖全部乡镇。青白江区水厂,1997 年扩建后,供水规模为 5 万立方米/日,供水范围覆盖 9 个镇,山丘区的 3 个镇建设加压站,对供水管网进行二次加压,将自来水送上龙泉山,成功解决山区农民长期存在的缺水问题。龙泉驿区水二厂,经扩建后供水规模达 5 万立方米/日,供水范围已覆盖龙泉山西翼丘陵台地区的 7 个乡镇,相对集中供水,而龙泉山东翼低山深丘区的乡镇仍由乡镇水厂分散供水。

第三种模式。区(市)县实行分散供水制,这些区(市)县地域辽阔,地貌复杂,输水管线工程浩大,城区水厂难以覆盖全域,1990—2005 年间城区供水事业与乡镇供水事业同步发展。如都江堰市,1990—2005 年期间建成水二厂,新增供水规模 2 万立方米/日。基本满足城区的用水需求。与此同时,为满足都江堰市工业及旅游业的用水需求,1991 年建成供水规模为 1.5 万立方米/日的青城山镇自来水厂,1993 年建成供水规模为 0.2 万立方米/日的胥家镇高桥工业区自来水厂,1995 年建成供水规模为 0.5 万立方米/日的青城外山自来水厂。彭州市 1993 年兴建供水规模为 9 万立方米/日的彭州市自来水厂,与此同时,也兴建了一批乡镇供水工程。邛崃市在此期间建成羊安、桑园等 14 座乡镇水厂。

1990—2005 年期间,各区(市)县因地制宜,推进乡镇供水事业全面发展。靠近中心城区的乡镇用上水六厂的优质水;实行集中供水制的县(区)骨干水厂替代分散的小水厂,供水质量及供水保证率进一步提高;远郊县(市)实行投资多元化,兴建的水厂既有国营水厂、集体水厂,又有私营水厂。至 2005 年年底,自来水供水范围已覆盖全市所有乡镇。

【农村饮水工程】

成都市山丘区部分农村受自然条件所限,水源匮乏,人畜饮水困难。成都市政府对农村饮水问题历来极为重视,农村饮水解困工作分两个阶段:第一阶段(1985— 2000 年)称为人畜饮水工程(后改称农村饮水工程);第二阶段(2001—2004 年)称为农村饮水解困。

1984 年,国家颁布的人畜饮水困难标准是:居民点到取水点的水平距离大于 1 千米或垂直高差超过 100 米、正常年份连续缺水 70 ~ 100 天、饮用水含氟量超过 1.1 毫克/升。按此标准,经 1985 年、1991 年、1994 年三次核查,全市常年缺水人数为 24.65 万人、牲畜为 22.13 万头,分布在龙泉驿、青白江、金堂、双流、大邑、邛崃、蒲江、彭州、崇州、都江堰 10 个区(市)县。1985 年开始,成都市就着手解决人畜缺水问题,1991 年起,成都市委、市政府将人畜饮水工作列入为农村办实事的首项任务,加大投入,加强领导,并列入目标考核。1985—1997 年 13 年间,共投入资金 5018 万元,建成各类人畜饮水工程 524 处,共解决 24.74 万人、25.14 万头牲畜的饮用水困难。1998 年 6 月通过省级检查验收,受到省政府的表彰。1998—2000 年又投入资金 1106 万元,进一步改善了 3.32 万人、3.27 万头牲畜的用水条件。

成都市按规划完成人畜饮水工程后,由于气候变迁、水源变化、人口增长等因素,全市又新增一批农村饮水困难户。2000 年,全市还有 10.12 万人生活用水困难。市水利局编制《成都市解决人饮困难"十五"规划》,计划在"十五"期间解决龙泉山、长丘山、邛崃山相对贫困地区 8 万人饮水困难问题。2000 年全国启动农村饮水解困工程建设,成都市的农村饮水解困工作得到中央和省的大力支持,2001—2004 年,成都市共投入资金 2683 万元(其中国债资金 1502 万元),建成各类农村饮水工程 345 处,解决邛崃、蒲江、大邑、金堂、青白江、龙泉驿 6 个区(市)县、69 个乡(镇)、191 个村、23722 户、8 万人的饮水困难问题。

排水

【中心城区排水体系】

成都市中心城区历来实行雨污合流排水制，多顺应地势，依托河渠池塘，修建合流制沟道，以消导雨水为主，兼具排泄污水功能。

1955年，成都市总体规划经国家建设委员会批准，首次提出城市排水采用雨污分流制。分为旧城和东、南、西、北郊区共5个污水分区，均汇集至华阳县德胜乡，于包江桥修建污水处理厂。1984年，新一轮成都市城市总体规划经国务院批准实施。排水规划纳入总体规划中，排水面积90平方公里，后扩为110平方公里。分7个污水排水区，设7条污水干管、1条总干管。第Ⅰ排水区以处理东北郊工业污水为主，拟将狮子山污水处理厂改造为二级生化处理厂。第Ⅱ－Ⅶ排水区以处理生活污水为主，拟建设三瓦窑污水处理厂。雨水排放则分别对待，旧城区继续改造合流制旧排水沟，东北郊工业区按分流制规划建设，其余郊区则就近直排入河。

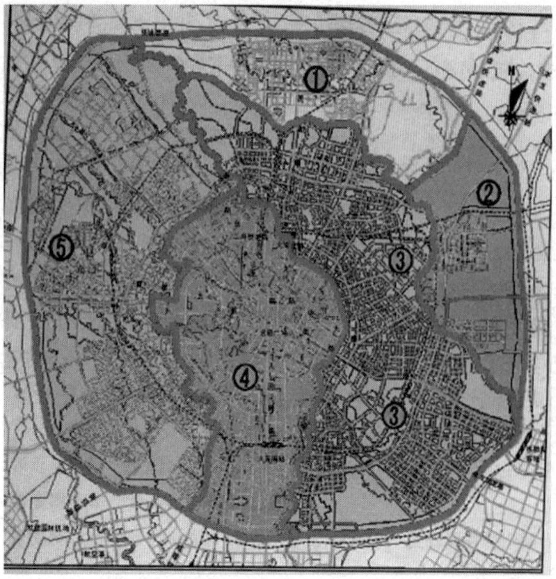

污水服务分区示意图

1996年，《成都市城市总体规划（1995—2020）》的排水专项规划完成。规划范围为绕城高速公路以内的区域，分为5个污水排水区。第Ⅰ、Ⅱ排水区向北、向东排入沱江水系，Ⅲ、Ⅳ、Ⅴ排水区向南排入岷江水系。共规划6个污水处理厂，即三瓦窑污水处理厂、乌龟碑污水处理厂、狮子山污水处理厂、航空港污水处理厂、龙潭寺污水处理厂、天回污水处理厂。

2003年8月，修编《成都市城市总体规划（2003—2020）》，其中排水专项规划部分调整中心城部分污水处理厂，取消狮子山污水处理厂，增设沙河污水处理厂，在Ⅴ区内增设高新西区污水处理厂、江安河污水处理厂，中心城区共设8座污水处理厂。

2006年9月，成都市水务局、成都市规划管理局、成都市市政工程设计研究院完成《成都市市域排水体系规划》，将规划范围由中心城区扩展至全部区（市）县。同年12月完成《成都市中心城排水工程近期建设规划》，对《成都市域排水工程体系规划》进一步补充和完善，中心城区共设10座污水处理厂，即：第Ⅰ污水服务区的天回污水处理厂，第Ⅱ污水服务区的龙潭寺污水处理厂、西河污水处理厂，第Ⅲ污水服务区的成都市第四污水处理厂（沙河污水处理厂）、成都市第二污水处理厂（乌龟碑污水处理厂），第Ⅳ污水服务区的成都市第一污水处理厂（三瓦窑污水处理厂一、二期）、成都市第三污水处理厂（三瓦窑污水处理厂三期），第Ⅴ污水服务区的武侯污水处理厂、江安河污水处理厂，高新西区污水处理厂。雨水排水分为8个大区、27个小区域，排水分区主要受河流的分割影响，考虑地形的自然坡度，以最短距离排入河道。

成都市中心城区雨水排水分区主要排入河道表

表 3-195

雨水分区	主要排入河道
市中心城区（内环路以内）	锦江（府河、南河）
一环路地区	锦江（府河、南河）、排洪河、火烧堰、肖家河、磨底河
二环路地区	锦江（府河、南河）、沙河、排洪河、肖家河、磨底河、清水河
三环路地区	锦江（府河、南河）、凤凰河、大头河、肖家河、磨底河、清水河、江安河
东部地区	排洪河
西部地区	锦江（府河）、磨底河、清水河、江安河
北部地区	锦江（府河）、凤凰河
外环路地区	锦江（府河）、西江河、毗河、排洪河、磨底河、清水河、江安河

【中心城区排水管网建设】

1989 年，成都市中心城区排水沟管为 601 千米，沟管的直径、流量、结构、功能也有很大提高。

1990—2005 年，城市排水管网建设进度加快。在此期间实施的许多重大工程项目都包括排水管网建设或改造，如府南河综合整治时，沿河建成 26 千米长的污水截流管；沙河综合整治时，沿河埋设污水排水管及雨水排水管各 117.7 千米；修建三环路时，配套铺设污水干管 98.6 千米，污水支管 14.3 千米，将汇集的污水送至附近的污水处理厂。并埋设雨水管，将汇集的雨水就近排入河渠；在人民南路南延线、老成渝路、成龙路、成洛路及其他市政交通干道建设中，雨水及污水排水管道同期埋设。中心城区水环境综合整治排水管网建设与改造是主要内容。

截至 2005 年年底，中心城区排水管网长度达 2215 千米，为 1989 年年底排水沟管长的 3.7 倍。1990—2005 年 16 年间，共铺设排水管道 1614 千米，有雨污水检查井 6416 座、雨水进水井 5.44 万座、下穿隧道排涝泵站 16 座。

【区（市）县城区排水体系与排水管网】

2000 年前，市郊各区（市）县城区的排水体系基本上为雨污合流制，排水管网系统不完善，有的还保留排水暗沟。2000 年以后，部分区（市）县逐步将排水体系由合流制改为分流制。

龙泉驿区。龙泉驿城区包含旧城区及龙泉经济技术开发区。旧城区排水管网系统较混乱，已建成大面污水处理厂，规模 2 万立方米/日。主要服务区域为龙泉经济开发区及其以东部分居住区，污水总干管沿成龙路进入污水处理厂。

青白江区。青白江区城区排水体系以华金大道为分界线，大道以北的新城区为分流制排水系统，大道以南的旧城区为合流制系统。已建成青白江污水处理厂，规模 10 万立方米/日，新旧城区均铺设有排水干管，将污水或雨污混流水输入污水处理厂。

新都区。新都区旧城区采用合流制排水体系，局部新建道路下铺设有单独的污水管道，现状排水管网尚不成系统。已建成新都金海污水处理厂，规模 5 万立方米/日。

温江区。温江区城区现有排水管道 81 千米，管网服务区 17.1 平方公里，其中合流制管网服务区 5.8 平方公里，主要在柳城区及金马旅游区；分流制管网服务区 11.3 平方公里，主要在台商工业区、城南工业区、温江新区。所有排水直接排入江安河、杨柳河、金马河。新城区光华大道采用分流制，污水收集后进入污水处理厂，规模3万立方米/日。

金堂县。城区排水体系依然为雨污合流，污水经合流管渠进入排洪渠，再直排入毗河、中河、北河及沱江。

双流县。双流县城东升镇已建成1座污水处理厂，规模2.5万立方米/日；建成3条污水干管，从东往西依次为沿老川藏路的1号干管，沿一杆旗南、北道路的2号干管，沿新川藏路的3号干管，因支管建设滞后，造成大量雨污混流，并直排入河。华阳镇距成都市中心城区仅13千米，人民南路南延线排水主干管的建成，为华阳镇打通了污水排放通道，已建设部分雨污分流管道，但大部分区域仍然是合流制管道，雨污合流，直排府河。

郫县。高新西区已将郫县和成都市中心城区连成一体。高新西区30平方公里范围完全按雨污分流体系规划，排水系统已形成网络，并已建成高新西区污水处理厂，规模4万立方米/日，主要服务高新西区外环高速路以内片区及犀浦镇。郫县县城其余区域，基本为合流制管道，雨污水未经处理直排入河。

大邑县。大邑县城排水体系基本上为合流制，各街区把收集的雨水污水，未经处理，直排入斜江河。

蒲江县。蒲江县城排水体系为合流制，排水管原为浆砌条石暗沟加盖，近几年改建为钢筋砼管道。合流的雨水污水，未经处理，直接排入蒲江河。

新津县。新津县城依然为合流制排水体系，老城区有较成形的合流沟渠，排水管道多为钢筋砼管道，其他地区排水体系尚不完善，城市雨水污水，未经处理直排入西河、南河及岷江。

都江堰市。城区排水体系基本为合流制，老城区有一座污水处理厂，规模4万立方米/日，合流管道将雨水污水输入污水处理厂，经处理后排入金马河。其他地区，汇集后的雨水污水未经处理就直接排入附近的河渠。

彭州市。老城区基本采用分流制排水体系，原有1座水质净化站，2004年已停止使用。现有1座污水处理厂，规模3万立方米/日，污水干管已接入污水处理厂，以接纳工业废水为主。

邛崃市。城区仅文南路、五彩广场、天庆街等道路为雨污分流，其余地区大部分延用旧排水沟渠，雨污合流排放。城区已于2005年12月建成1座污水处理厂，规模2万立方米/日。但管网建设滞后，污水处理厂尚不能有效发挥作用。

崇州市。排水体系基本为合流制，多利用自然沟渠排放，排水设施质量差、不配套、缺乏污水处理设施，合流的雨水污水未经处理直排入西河。

【成都市第一污水处理厂】

成都市第一污水处理厂原名三瓦窑污水处理厂，位于市区东南三瓦窑场镇西侧，属高新区桂溪街道办事处石墙村，地处府河西岸。服务区域为第Ⅳ排水区，服务面积115平方公里，服务人口约119万人。是成都市最先建成的采用二级生化处理工艺的污水处理厂，规模40万立方米/日，全部工程分二期建成，由中国市政西南设计研究院设计。

一期工程于1988年动工，1991年建成，投资1亿元，污水处理规模10万立方米/日。采用传统活污泥法二级生化处理工艺。流程图如下：

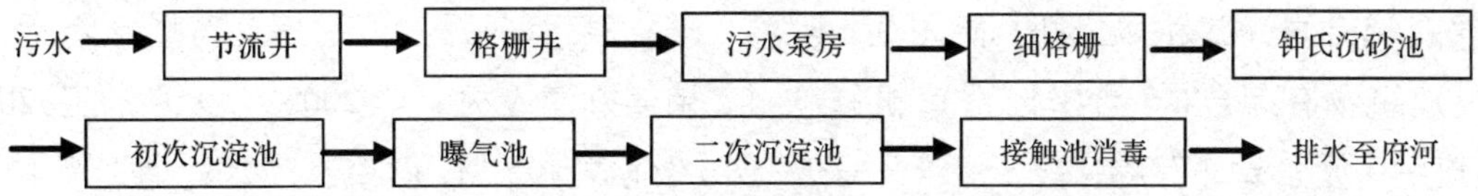

第一污水处理厂一期工程污水处理工艺流程示意图

处理后出水按重力式排放入府河。污泥则采用重力、气浮浓缩、中温厌氧消化、机械脱水工艺进行处理后卫生填埋。污泥消化中产生的沼气,用于厂内生产及生活能源。系当时西部地区规模较大、工艺较先进的污水处理厂。

二期工程于1997年动工,2000年建成,投资4.6亿元。污水处理规模30万立方米/日,采用AOE除磷脱氮工艺,流程图如下:

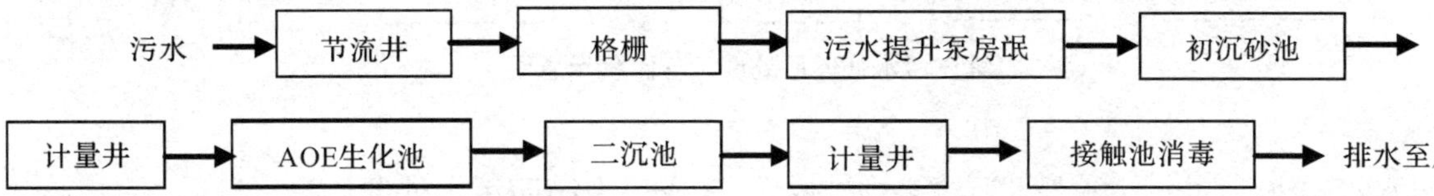

第一污水处理厂二期工程污水处理工艺流程示意图

出水水质执行《城镇污水处理厂污染物排放标准》(GB18918-2002)的二级标准,污泥经处理后运往垃圾处置场卫生填埋。

2000—2002年实施再生水利用工程,将第一污水处理厂处理后的污水通过输水管道加压后送至南河上游,补充南河枯水期的环境用水,该工程总投资1.9亿元,加压泵站扬程40米,输水管道直径1.8米、长12.7千米。后因出水水质达不到景观用水标准,停止使用,出水仍排入府河。

【成都市第二污水处理厂】

成都市第二污水处理厂原名乌龟碑污水处理厂,位于锦江区琉璃街道办事处包江桥村,地处成都市城区东南郊、府河东岸、三环路南侧。服务区域为第Ⅲ排水区的南分区,服务面积约130平方公里。第二污水处理厂于2000年立项,于2003年7月动工,2004年9月建成,投资5.13亿元,占地215.6亩。第二污水处理厂污水处理规模30万立方米/日,污水处理工艺采用改良型A/A/O工艺,工艺流程示意图如下:

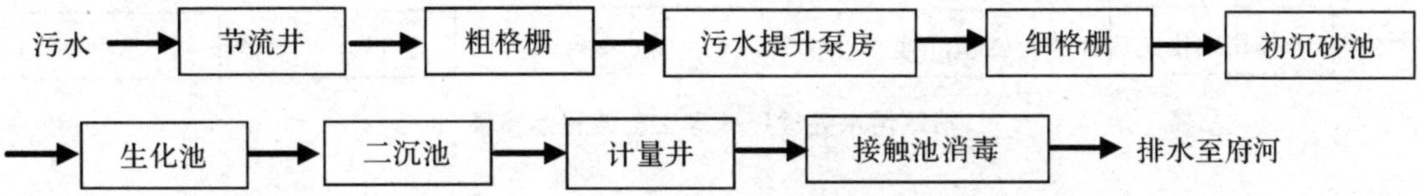

第二污水处理厂处理工艺流程示意图

出水水质执行《城镇污水处理厂污染物排放标准》(GB18918-2002)的二级标准。处理后的污水按重力排放入锦江。厂区主要生产构筑物有:节流井、粗格栅间、污水提升泵房、细格栅间、曝气沉砂池、计量间、初沉池、生化池、二沉池集配水井、二沉池、污泥浓缩脱水机房、接触池、鼓风机房及变配电间、初级污泥泵房、储泥池。附属设施及建筑物有综合楼（含中控室）、机修仓库、运转班宿舍及食堂、门卫室等。

【成都市第三污水处理厂】

成都市第三污水处理厂原称三瓦窑污水处理厂第三期工程，位于三瓦窑场镇附近，属桂溪街道办建设村。于2003年9月动工，2004年9月建成，投资1.4亿元，污水处理规模10万立方米/日，采用改良型A^2/O活性污泥法处理工艺，流程如下图：

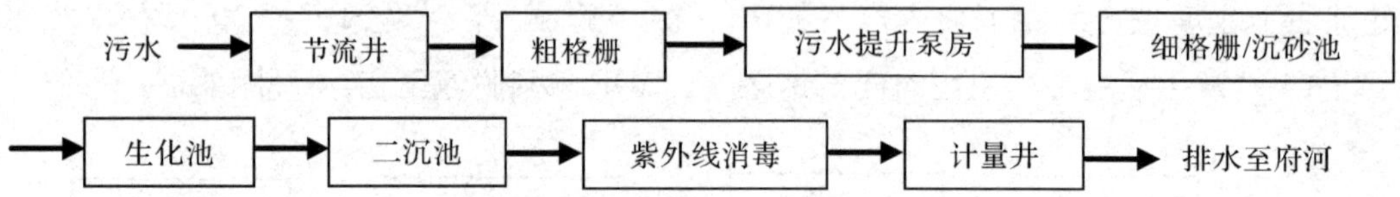

第三污水处理厂处理工艺流程示意图

出水水质执行《城镇污水处理厂污染物排放标准（GB18918-2002）》的一级B标准，处理后出水按重力式排放，受纳水体为府河。第三污水处理厂的主要建筑物有：节流井、粗格栅间、污水提升泵房、细格栅间、曝气沉砂池、生化池、二沉池集配水井、二沉池、回流污泥泵房、污泥浓缩脱水机房、鼓风机房及变配电间、储泥池、紫外线消毒渠。附属建筑物及设施有综合楼、车库、仓库、门卫室等。

【成都市第四污水处理厂】

成都市第四污水处理厂原名沙河污水处理厂，位于成华区跳蹬河北路侧，服务区域为第Ⅲ排水区的北分区，服务面积50.1平方公里，沙河污水处理厂由兴蓉公司作为项目业主，于2002年11月立项，2003年9月动工，2004年9月建成。投资1.5亿元，占地66.2亩。

第四污水处理厂污水处理规模为10万立方米/日，采用一体化生化池加D型滤池的三级处理工艺，工艺流程如下图：

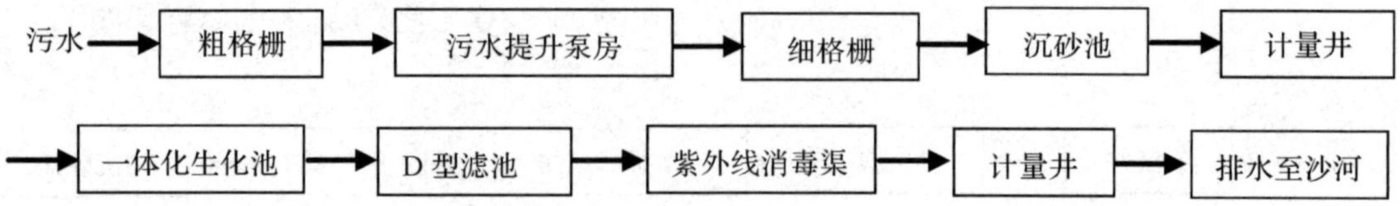

第四污水处理厂处理工艺流程示意图

第四污水处理厂执行《城镇污水处理厂污染物排放标准》（GB18918-2002）一级A标准。处理后出水按重力排放，受纳水体为沙河。

厂区的生产构筑建筑物有：预处理间（含粗格栅、提升泵房、细格栅、曝气沉沙池）、一体化生化池、D型滤池、紫外线消毒渠、鼓风机房及变配电间、滤池反冲洗房及变电间、污泥浓缩脱水机房、除臭滤池。附属设施及建筑物有综合楼、仓库、车库、门卫室等。

【高新西区污水处理厂】

高新西区污水处理厂位于高新区西渠大道，远期规模为 8 万立方米/日，一期规模为 4 万立方米/日，2001 年 12 月 25 日动工，2003 年 6 月建成，投资 4000 万元，占地 24 亩。污水处理工艺采用一体化生化池加 D 型滤池的三级处理，即 UNITANK 工艺，工艺流程图如下：

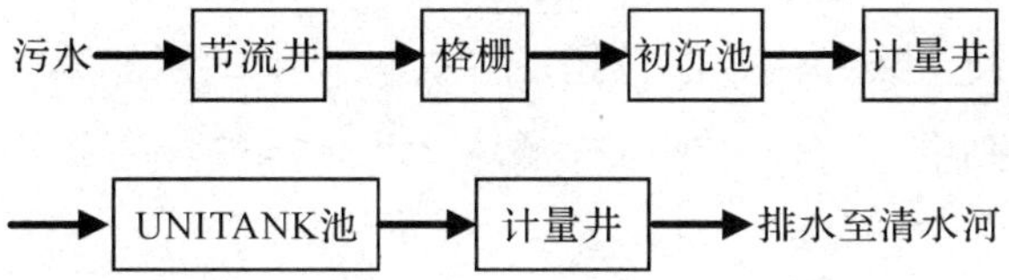

高新西区污水处理厂处理工艺流程示意图

高新西区污水处理厂执行《城镇污水处理厂污染物排放标准》(GB18918-2002)一级 A 标准。处理后出水按重力排放入清水河。

【区(市)县城区污水处理厂】

区(市)县城区污水处理厂建设起步较晚，发展较慢。

20 世纪 80 年代末，彭州市率先在天彭镇建成一座污水处理厂，污水处理规模 0.3 万立方米/日，采用 orbal 氧化沟处理工艺，出水水质达到二级排放标准。该厂投产日期为 1991 年，是成都市第一座采用生化处理工艺的污水处理厂，是郊县第一座污水处理厂，也是截至 1999 年底以前郊县唯一的一座污水处理厂，该厂于 2004 年停止运行。

2000 年以后，郊县加快污水处理厂建设步伐，2000—2005 年，共建成污水处理厂 8 座，其中：青白江污水处理厂规模最大，为 10 万立方米/日，其余各污水处理厂规模均不超过 5 万立方米/日。邛崃污水处理厂采用 BOT 模式建成。截至 2005 年年底，郊县共拥有污水处理厂 8 座，污水处理规模 31.5 万立方米/日。

2000—2005 年成都市郊县新建污水处理厂名录表

表 3-196

污水处理厂名	位置	处理规模（万立方米/日）	排放标准	建成时间（年·月）
新都金海污水处理厂	新都镇万和村	5.0	一级 B	2003.11
青白江区污水处理厂	大同镇一心村	10.0	一级 B	2002.5
大面镇污水处理厂	大面镇龙安村	2.0	一级 B	2005
东升镇污水处理厂	黄水镇	2.5	一级 B	2005.7
温江区污水处理厂	涌泉街办前锋社区	3.0	一级 B	2004.11
都江堰市水质净化中心	青城桥工业区	4.0	一级 B	2003.11
彭州污水处理厂	致和镇斑竹村	3.0	一级 B	2005.1
邛崃污水处理厂	临邛镇马坝村	2.0	一级 B	2005.2
合　计		31.5		

建筑

【公共建筑】

展览（博物）馆建筑。1990—2005 年，成都市有一批不同风格主题的展览（博物）馆问世。2004 年动工将四川省展览馆改建为四川科技馆。2001 年初，发现金沙遗址，2004 年 11 月动工兴建金沙遗址博物馆。2005 年 9 月 28 日至 10 月 7 日，第六届中国花卉博览会暨第四届中国花卉交易会在成都市温江区举行，之前成都市完成花卉博览会主场馆及其他配套工程建设。

工业建筑。1990—2005 年，成都市新建一批工业建筑。如全兴酒厂、成都卷烟厂、四川省汽车集团有限公司、高新产业技术开发区、成都经济技术开发区以及各区（市）县工业集中发展区的各项工业建筑，不仅重视满足生产要求，而且力求环境美丽。

公务建筑。1990—2005 年适应行政区划的调整，成都市新建一批办公区，如武侯区政府办公区、成华区政府办公楼、金牛区政府办公楼、高新技术产业开发区办公楼。此外，还修建一批服务管理中心和科研大楼，以及市中级人民法院审判庭。

商务建筑。商务建筑包括商场、宾馆、银行、商务综合大厦等，1990—2005 年，成都市商务建筑发展很快。商场有人民商场、外贸大厦、农贸大厦、太平洋百货、王府井百货、成都市房地产交易中心等；宾馆有银河王朝大酒店、皇冠假日酒店、花园城大酒店、喜来登大酒店、凯宾斯基大酒店、香格里拉大酒店等；银行建设更多，中国银行、中国人民银行、中国建设银行、中国农业银行、中国交通银行都纷纷建设高楼大厦；商务综合大厦有云龙大厦、国嘉大厦、金郦总府大厦、四川国际大厦、娇子大厦、南国大厦、威斯顿联邦大厦、熊猫万国商城等。

文化建筑。1990—2005 年，成都市文化建筑发展迅速，修建锦城艺术馆、成都市艺术中心、成都川剧艺术中心、西南影都等剧场与影院；修建成都图书馆和成都市档案馆，凸显巴蜀传统文化特色。四川广播电视塔位于新华路府河东岸，塔高 339 米，由塔下建筑、发电机房、塔身、塔楼及天线梯杆五部分组成。被誉为中国西部第一高塔。游人可乘电梯抵达 218 米高的上塔楼观赏市景。

教育建筑。2004 年，成都大学由中心城区荷花池迁至龙泉驿区十陵镇，为此在十陵镇修建新校区。此外，还修建四川师范大学视觉艺术学院、西南财经大学科研综合楼、四川广播电视大学教学综合楼等。1990—2005 年，中小学普遍得到改造，如石室中学、树德中学、草堂小学等。其中草堂小学东接杜甫草堂，西连浣花溪景区，独具深厚的文化内涵，其翠微校区设计荣获第五届中国建筑学会创作最高奖。

四川广播电视塔

【居住建筑】

经济房。1990—2005 年成都市配合府南河综合整治、过境二环路建设、顺城街扩建等重点工程以及低洼棚户区改造和危旧房改造的拆迁安置,解决职工及居民住房难的问题,相继建成一批经济住宅小区。如棕南小区、玉林小区、战旗小区、黄忠小区等。这些小区既经济又实用,老百姓买得起、住得起。

商品房。成都市最早建设的商品房是“五大花园”居住小区,即中央花园、红运花园、名流花园、交大花园、皇家花园。由于缺乏经验,遗留问题较多,已于 2004 年进行整治改造。1990 年 7 月 9 日,建设部批准成都市为第二批国家级城市建设试点小区,确定棕北小区为试点工程,1991 年 8 月开工,1993 年 8 月竣工,获建设部多项奖励。此后,随着改革开放的进程,省外建筑企业纷纷入川开发商品房,相继建成锦绣花园、成都花园、芙蓉古城、蜀风花园·南苑、凯莱帝景花园、金林半岛别墅、博端都市花园等一批经典住宅小区。

农村新居。1990—2005 年,中心城区城郊结合部,锦江、青羊、金牛、武侯、成华区相继完成皇经楼小区、培风小区、盐井小区、泉水人家王贾社区、龙井小区、桂林小区建设;温江区启动川西民居的示范工程;其余区(市)县农民集中住房也陆续启动。

棕北小区

新津县普兴镇袁山村农民新居

旧城改造与新区建设

综　述

1990—2005年，成都市开展持续不断且卓有成效的旧城改造。重点和优先在广场，包括成都城区中心的天府广场，成都市铁路运输的重要门户和窗口的火车北站广场，地处成都市中心城区红星路的步行街道与广场等。还有特色街区改造，旧城低洼棚户区、危旧居住区改造和成都周边特色镇改造。

其中，天府广场为成都旧城改造最具代表性的改造工程。天府广场旧称人民南路广场，为城区东西南北轴心、几何中心。中华人民共和国成立后曾经几次局部改建。广场北端的展览馆先后由中华人民共和国成立之初的毛泽东思想胜利万岁展览馆、20世纪80年代的四川省展览馆，到2005年改建为“四川科技馆”。展览馆前的广场也先后在1983年配合蜀都大道扩建和1997年拆迁扩建进行改建，2003年11月通过天府广场扩建规划设计方案。按照重新确定的基本定位和交通功能，2006年6月启动广场改建工程，当年10月基本完成。建成广场面积5.8公顷，整个景观设计融入古蜀金沙文化与四川自然风光元素，通过灯光、小品、流水、小憩等诸多手法，形成“动静结合、商艺结合、赏购结合、休娱结合”的格局，成为成都市中心的标志性广场。

成都传统特色商业街春熙路改造工程于2001年5月8日开工，2002年2月竣工开街，总投资1.8亿元。改建后街区既体现历史文化内涵，又满足购物中心功能，成为成都一道风景线，10万游人蜂拥而至，重现当年民众“熙来攘往，如登春台”景象。2005年年末，有“时代前沿观察家”之称的《新周刊》推出“中国商业街排行榜”，春熙路仅次于中国香港铜锣湾和上海南京路，排名第三。

1993年，成都市成立“成都市危破房屋改造领导小组”，启动低洼棚户区危破房屋改造工作，同时开展二环路内建于1980年以前的各类危旧房屋改造工作。2002年5月，市政府决定用3年时间完成二环路以内410万平方米的危旧房改造。2002—2005年，成都市采用“化整为零，组合成群，成片改造，市场运作”的方式，投资183.8亿元，实施危旧房拆迁改造项目497个，近835万平方米（含无证房、企业自拆面积）；累计拆除各类危房586.5万平方米（其中住宅324.3万平方米）；共安置住宅、非住宅12.16万户。户均面积从改造前的29平方米提高到76.5平方米，住房成套率从拆迁前的35.65%提高到100%。人居环境明显改善，城市整体形象得到提升。

2005年，成都市启动周边旧场镇改造工程。

确定首批拆迁改造的场镇有锦江区琉璃场镇、青羊区文家场镇、成华区龙潭寺镇和青龙场镇。

1990—2005年，成都新区建设也取得突出成就。

首个新区为成都高新区，筹建于1988年3月，选址于市南郊神仙树地区。1991年3月，经国务院批准为首批国家高新技术产业开发区（简称高新区），规划面积21.5平方公里，先期开发面积2.5平方公里（即起步区）。至2005年年末，成都高新区总面积为82.5平方公里。

东部新区建设于2000年正式启动。由市政府组建国有独资公司—成都市兴东投资有限公司（简称“兴东公司”）负责开发建设。截至2005年12月，累计投资19.81亿元，完成土地整理1.11万亩；建设农迁房27.37万平方米；配套中小学、幼儿园建设3.16万平方米；建成十洪大道、东洪路等15条道路、长16.7千米；全长71.2千米的干道交通网络基本形成；横跨4区1县11乡镇的威青、威成高压输气干管迁改工程投入使用；十陵风景区青龙湖工程开工建设。

南部新区建设于2003年正式启动。南部新区起步区域划为15.6平方公里。截至2005年11月底，共完成建设投资22.38亿元。先后完成起步区土地清理、土地报征和拆迁安置工作；建成红星路南延线、元华路、站华路3条主干道，以及起步区内6条次干道；完成新益州城市公园人工湖土方开挖工程、湖底防渗处理及驳岸施工工程，完成湖区周边绿化30%；启动科创中心工程、红星路孵化园北干道立交桥、红星路南延线下穿成昆铁路隧道以及高压走廊管线下地工程；“新南小区”农迁房竣工15万平方米，交付使用，皇经花园主体工程竣工验收；整治府河延伸段9千米。

广场改造

【天府广场】

天府广场位于成都城区几何中心，其前身为开凿于隋代、扩展于唐代、完善于五代的摩诃池。五代时期为前蜀、后蜀政权的皇家园林宣华苑。明洪武十八年（1385）蜀王朱椿填平大半个摩诃池建造蜀王府，民间俗称“皇城”，并于蜀王府周边开凿御河作为“皇城”的护城河。明末清初，张献忠建立大西国失败后将蜀王府（“皇城”）焚毁。清康熙四年（1665），四川巡抚张德地在原蜀王府遗址上修建贡院，西北隅仍残留少许水面；清宣统三年（1911）辛亥革命中，尹昌衡用作四川军政府所在地，民国3年（1914）将残存的摩诃池填平作为演武武场。1953年后，成都市人民政府将此地改建为人民南路广场。20世纪60年代起，曾几度实施局部改建。1967年5月，“文化大革命”中，省革命委员会筹备小组和各群众组织决定拆毁老皇城，修建“敬祝毛主席万寿无疆展览馆”（又称“毛泽东思想胜利万岁展览馆”），1968年开工，1969年建成。“文化大革命”结束后，1979年更名为“四川省展览馆”。2005—2006年改建成“四川科技馆”。展览馆前的广场称作人民南路中心广场。1983年，配合蜀都大道扩建，将广场改建为与彩色喷泉相配的小园林绿岛，长144米、宽23米，两侧混凝土路各宽15米。

1997年，市政府相关部门制定人民南路中心广场规划方案，同年5月11日市政府下达《关于同意实施人民南路中心广场规划方案的批复》，成立“成都市人民南路东西广场改造建设指挥部”。广场东西向宽度以四川省展览馆等建筑群为依据，约340米；南北向宽度自毛泽东塑像至东西御街，约260米。1997年3月，广场西部拆迁，拆迁范围包括人民西路、人民南路一段、永靖街、西御街、小河街、西顺河街等，计1396户、旧房5.35万平方米，按居住面积“拆一还一”原则安置。广场东部拆迁亦随之启动，至1998年11月完成拆迁移建、土地平整、绿化等工作内容，东西广场拓展面积达9公顷。

人民南路（1987年）

人民南路（1993年）

人民南路广场（1998年）

经市政府组织专家论证，决定对皇城清真寺实施移建。1997年4月，完成新寺设计方案，当年9月开工，1998年6月新寺竣工。

1999年10月，市政府将人民南路中心广场定名为“天府广场”，重新成立“成都市天府广场建设指挥部”，具体组织协调建设工作。2000年11月，贝氏建筑师事务所提出天府广场规划构思和设计模型，确定天府广场总体规划面积为6.9公顷。由于多种原因，贝氏方案未能实施，仅将广场建成东西草坪，种植雪松、苏铁、海桐球、银杏、金叶女贞、美人蕉等植物；东西人行道将法国梧桐换为雪松，使广场绿地面积达到4.42公顷，其中草坪4.07公顷。

2003年11月，市规划管理局委托市规划设计研究院对天府广场进行方案研究，重新确定天府广场的基本定位和交通功能，随即进行天府广场总平面规划及景观规划，并组织天府广场工程设计的国际招标，法国AREP设计公司中标。2004年决定拆除原有草坪，重新扩建广场。当年年底，天府广场下穿隧道工程开工，天府广场基础工程施工也随之启动。

新建的皇城清真寺

由西南建筑设计院和法国AREP设计公司合作完成天府广场一期工程设计，于2006年6月开工，当年10月基本完成。建成的天府广场面积5.8公顷，主题为中心太阳神鸟和两个鱼眼处喷泉所构成的椭圆形太极云图，包括黄龙水瀑、12根图腾柱、12座意境雕塑、2处音乐喷泉，以及下沉广场艺术装饰，共7大部分。整个景观设计融入古蜀金沙文化与四川自然风光元素，通过灯光、小品、流水、小憩等诸多手法，形成“动静结合、商艺结合、赏购结合、休娱结合”的格局。地面景观设计中，以方格网布局为主，辅以自由穿行其间的水面，表现传统文化精神，地面绿化工程采用西方园林几何布局的处理手法。下沉式步行广场的地面，采用木质铺装，地下绿化工程采用自然布局，形成与地面景观完全不同的风貌。这一富有地方特色的广场，是国内面积最大的下沉式广场，共设有8处地下过街通道，与广场周边的四川省科技馆及其他建筑相连，方便市民出入。新种草坪1.8公顷，栽种银杏、桢楠等乔木226株，以及白玉兰、香樟、桂花、合欢、琴师竹、刚竹等花木。

天府广场-成都市中心的标志工程

2007年2月12日，天府广场正式启用，成为成都市中心的标志性广场。

【火车北站广场】

火车北站广场位于成都市区北面，始建于20世纪50年代，面积约42300平方米，是成都市铁路运输的重要门户和窗口。

2002—2004年，成都市政府、成都铁路局以及火车北站周边企业共投入资金1.53亿元，实施站前广场及周边环境综合整治工程。2002年制定北站地区近期城市环境综合整治方案和远期规划。完善站前中心广场功能区划，规范交通秩序，提高路网通行能力，调整站前地区8个人行地道口，改造北站中心广场治安报警指挥亭。

2003年，配合光彩工程实施，完成北站广场亮化工程。公交车专用场站顺利启用，重新规划和调整途经中心广场的18条公交线路，600辆公交车不再进入中心广场上下乘客，改变过去广场人车混行局面，为旅客提供进站出站的安全环境。

2004年，市委、市政府加大将站前广场及周边环境综合整治工程投入和综合整治力度。共投资3000余万元，铺装花岗石地面2.8万平方米、人行道彩砖3500平方米、沥青路面8000平方米；新建绿地2800平方米、新建树池94个、移动树池46个；完成5个单位的雨污分流工程。把广场周边地区立面整治作为一项重要工作，确定广场周边39处建筑物立面整治方案。万通广场、人民商场北站分场、邮政大楼、成铁分局客运大楼等五幢建筑物立面整治共投入资金1232万元。整治期间，通过候车大楼扩能工程、车站综合停车楼工程、售票大楼二期工程和站台改造工程等项目建设，形成与站前广场改造、广场周边建筑物立面整治相匹配的环境格局。

与此同时，1990—2005年火车北站广场持续开展市容环境治理，共拆除违章建筑2万余平方米，拆除有碍市容和广场周边环境的广告牌98块、8000余平方米。并对广场布局重新调整，影响站前交通的广场以南、二环路交叉路口转盘被拆除；公交总站东边分流场站建成；重新设置和增添交通标志、标牌；在广场西侧设置出租车上下客点，进一步规范广场交通秩序。

整治一新的火车北站站前广场

【红星路广场】

红星路步行街道与广场地处成都市中心城区，位于春熙路以东，蜀都大道以南，东大街以北，紧邻佛教古刹大慈寺，坐落在红星路下穿隧道的顶面上。

红星路步行街道与广场，南北长约570米，东西长约260米，规划范围5.2公顷，具备商业贸易、游览观光、人流集散、景观塑造、文化延续五大功能。地面资源配置以步行为主导，交通功能体现人车分流，公交优先的原则，利用红星路下穿隧道将南北向通过性交通分离出去，有利于地面步行空间形成；将公交车列入步行区，方便到达交通；同时结合远期地铁出入口人流的换乘、集散，实现公交系统的疏解作用。

红星路步行街道与广场景观众多，各具特色，“草亭小憩”景点占地360平方米，以木亭为主体配以抽象的川西民居窗棂；“水潆川西”景点占地286平方米，用抽象写意手法，设计叠水、瀑布、小桥、流水、雾泉、川西民居小品等景点；“银杏广场”景点占地463平方米，采用下沉式处理，空间开阔，流水环绕着以银杏树阵为中心的休闲广场；“锦江帆影”景点占地391平方米，以成都水东门历史故事为题材，以帆船造型反映古老的航运及老成都商贸文化的悠久历史；“阳光与水”景点占地370平方米，由不锈钢和玻璃组合成休闲亭，体现出现代时尚感。

红星路步行街道与广场工程，于2003年5月动工，同年8月1日投入使用，红星路广场将春熙路与大慈寺片区连成一片，成为成都市商务中心标志性街区，为广大市民提供一个环境优美的休闲场所。

特色街道改造

【春熙路】

春熙路始建于民国13年（1924），是为拓建东大街，连接东大街与劝业场修建的一条南北向道路，命名春熙路，取意于古文“熙来攘往，如登春台”，寓意此处为商贸繁荣之区。据《春熙路创建纪念碑》记，该路“路宽四十英尺（合12.2米），行人道宽八英尺（合2.4米）”。

春熙路

20世纪60年代，曾将宽12米的旧式路面改为沥青路面，人行道加铺混凝土方块砖；80年代初又将路面加宽，人行道铺砌赭色混凝土方块砖，严禁车辆进入，成为城区第一条商业步行街。

但因道路标准低,市政公用管线不完善,道路两侧电杆林立,商业建筑陈旧,车辆停放困难,影响城市形象。

2001 年初,市政府决定将春熙路改建成精品街区,并列入 2001 年为民办实事的一级目标工程。工程内容含道路改造工程、地下管线工程、中山广场工程。

道路改造工程南起东大街,北达总府路,全长 554.82 米,于 2001 年 5 月开工。断面形式为单幅路,路面为混凝土加铺花岗石表面复合结构,规划红线宽 20 米,花岗石总面积 1.41 万平方米。在步行街东、西、南、北通道的地面上镶嵌 16 块正方形青铜浮雕,浮雕周边都刻有“春熙路老字号”掠影,包括春熙路古籍书店、春熙路眼镜店、西南第一茶园、三益公剧院、华生鞋店、《新新新闻》报社等图形及文字简介。沿街设置灯具、座椅。

地下管线工程含雨水管、污水管、供水管、煤气管、通信电缆通道等,道路两侧分别设置污水和雨水收集管,将原有水篦改成收水缝,以保持路面美观。

中山广场工程。将原有的孙中山先生坐式铜像移至广场中心,该铜像系雕塑家刘开渠的作品,现为成都市重点保护文物。铜像的台基和基座用棕红色抛光砖制作,高 3.5 米;铜像两侧对称设置 6 个长方形花坛,内植苏铁、棕竹及时令花卉;铜像后方设一梯形喷水池,两侧设 18 根圆柱,以 13 株高大银杏树作为广场背景。

春熙路改造工程由“成都市浣花溪风景区建设办公室”组织实施,成都市市政工程设计院设计,成都市政工程公司三分公司施工,成都恒基建设工程监理部监理。2001 年 5 月 8 日开工,路面及地下管线工程于同年 9 月 30 日竣工,中山广场工程于同年 11 月 30 日竣工,总投资 1.8 亿元。改建后街区焕然一新,既体现历史文化内涵,又满足购物中心功能,2002 年 2 月竣工开街,10 万游人蜂拥而至,重现当年民众“熙来攘往,如登春台”景象。春熙路建成后,成为成都城区最繁华的商业街区,包括东大街以北,南新街、中新街、北新街以东,总府路以南,红星路以西,面积约 20 公顷,内有商铺 700 余家,总面积约 22 万平方米,从业人员约 1.2 万人。核心街道春熙路,南达东大街,北连总府路,东接正科甲巷,西通南新街。

2005 年末,《新周刊》推出“中国商业街排行榜”,春熙路排名第三,仅次于中国香港铜锣湾和上海南京路。

【琴台路】

琴台路位于青羊区,是表现西汉时期司马相如与卓文君爱情传奇的特色街道,富于文化气息。1990 年,琴台路东侧修建不同造型的仿古建筑 8700 平方米。

琴台路

2002 年,市政府投资 3000 万元实施琴台路改造工程,对沿街仿古建筑进行改造,使檐廊屋角变化多样,房屋建筑错落有致。改造后的琴台路路长 580 米,宽 24 米,设定为准步行街,仅限小型汽车通过。全街以明清仿古建筑群为依托,以司相如和卓文君爱情故事为主线，展示古代礼仪、舞乐、宴饮等风土特色。

琴台路北口建牌坊式闾门，题“琴台故径”四字，楹柱悬挂赵蕴玉、温少峰所撰楹联。北端路口正中设汉代铜马车雕塑；中段改建成仿古琴台，占地60平方米，由4组汉阙构成，两阙之间以影壁连接，用3幅大理石浮雕镶嵌，表现“文君听琴”“文君当垆”“荣归驷马”等司马相如、卓文君轶事；南端设“凤求凰”主题雕塑，配以近5米长的石刻、近50米长的诗碑墙，镌刻杜甫等名家诗作；西郊河出口处建醉梅轩小游园，种植梅花。路面采用仿古砂石混凝土，人行道以形状各异的花台、仿古路灯和各种花木相点缀。路面设两条地埋导向灯，共320盏。中段石桥下干雾喷泉池内，可放射红、黄、蓝、绿、白5种交替灯光。路中纵贯全街的汉画像砖带，长920余米，用天然青石铺筑而成。

居住区改造

【低洼棚户区改造】

成都市旧城区如较场坝街、互助路、红花巷等处，房屋多属20世纪30—40年代修建，50—60年代又经迁建、组合，超期使用，破败不堪，安全已无保证。不少住户穿裙搭偏，盖油毛毡房、石棉瓦房，形成棚户区。有的片区如新二村、南巷子、北巷子、西安路等，房屋破损，住房拥挤，通风、采光条件差，且地势低洼，排水不畅，地面潮湿，雨季常淹，存在诸多安全隐患。成都市因此加快旧城危破房改造步伐，1993年成立“成都市危破房屋改造领导小组”，下设办公室，挂靠在市房地产管理局，启动低洼棚户区危破房屋改造工作。1994年，更名为“成都市住房解困解危工程领导小组”，负责制定工程规划及实施方案，组织和监督工程实施，协调解决工程中有关问题。1993—1999年期间（个别项目延至2001年），五城区范围内共实施低洼棚户区危破房改造138项，其中：锦江区30项、青羊区20项、金牛区47项、武侯区27项、成华区14项。

对金牛区金鱼村泰安里、互利正街、互利横街一带低洼棚户改造。这一带住房多建于20世纪20—40年代，基本为单层木穿逗结构，木构件多被白蚁蛀蚀腐朽，部分房屋承重结构老化，屋顶小青瓦风化，屋面变形漏雨。20世纪60年代后，不少住户自搭棚房，使房屋间距缩到2~3米，窄处只有0.8米，屋顶几乎连成一片，无法满足消防安全基本要求。因街区临近犀角河，街面低洼，雨季常被水淹等。1992年4月至1993年2月，金牛区房地产管理局投资900万元，对此处低洼棚户区进行改造，修建2.8万平方米的住宅楼，改善399户居民的居住条件。其后历年改造，1995—1999年共拆迁1.24万户，修建住宅楼117.12万平方米。

对成华区万年场片区低洼棚户改造。该片区3.3万平方米房屋均建于20世纪30年代至50年代初期，多属木结构和砖木结构，房屋老化，年久失修，木构件被腐蚀遭虫蛀，墙体风化酥解，严重者则用木条绑扎或以水泥预制件支撑，或自搭建一批油毡房、石棉瓦屋和低标准过渡房，危房面积逐年扩大。又因地势低洼，排水不畅，小雨房漏泥泞，大雨平地积水，年年防涝抢险，经成都市房屋安全鉴定办公室鉴定，确认其中约有1.3万平方米房屋为危房片区。1993年8月，成都市住房解困解危工程领导小组同意将万年场下街列为低洼棚户危破房屋改造片区，责成成都市民用建筑统一建设办公室组织实施。改造工程总建筑面积7万平方米，其中住宅面积6.5万平方米，自行车棚、收发室、公厕面积0.29

万平方米，配套商业网点面积 0.21 万平方米。分两步实施：第一步拆迁安置，第二步开发建设。拆迁安置于 1994 年 7 月开始，1995 年 3 月结束。拆迁住户 475 户、人口 1621 人，拆迁面积 1.44 万平方米。开发建设分期实施。一期工程包括住宅 13 幢、收发室 3 间和自行车棚 1 条；二期工程含住宅 3 幢、综合楼 2 幢。成都市第三建筑工程公司等 8 家建筑工程公司负责施工。1994 年 12 月 30 日陆续开工，1999 年 1 月全部竣工。工程总投资 1.27 亿元。安置住户 606 户、1390 人，加上异地安置的 475 户、1621 人，共有住户 1081 户、3011 人乔迁新居。新建万年场横街长 500 米、宽 16 米，万年场下街长 150 米、宽 12 米，小区绿化面积 6799 平方米，绿化率达 25.7%。万年场横街建棚式大型农贸市场，惠及周边 3 个住宅小区、1 个工厂、约 3 万人。改造后的万年场小区，居住条件和生活环境得到根本改善。

【城区危旧房改造】

2002 年初，成都市住房保障中心、市房屋产权监理处及五城区房产管理局共同组成“摸底小组”，对二环路以内建于 1980 年以前的各类危旧房屋进行调查。城区各类危旧房共 529.2 万平方米，涉及五城区的 79 个片区、285 个地块。其中危旧住宅 394.8 万平方米，占整个城区住宅总量的 7.4%。危旧房占地总面积 7031.26 亩，户数 9.95 万，多为 20 世纪 30—40 年代修建的木结构平房、70 年代初修建的“干打垒”楼房和 80 年代前未按建设标准修建的不成套楼房。危旧房不仅房屋破败，而且所处地域多无地下排污管道，道路狭窄或临街占道，存在各种安全隐患。

2002 年 5 月，市政府决定用 3 年时间完成二环路以内的危旧房改造工作。成立危旧房改造指挥部，启动危旧房改造工程，涉及单位和居民 11.4 万余户、30 余万人，占地 2.28 万亩。采用“化整为零，组合成群，成片改造，市场运作”的方式，将二环路以内 410 万平方米的危旧房划片包装为 45 个片区（锦江区 11 个、青羊区 10 个、金牛区 9 个、武侯区 7 个、成华区 8 个），通过银行融资，开展大规模的拆迁改造工作。

2002—2005 年，成都市投资 183.8 亿元，实施危旧房拆迁改造项目 497 个，近 835 万平方米（含无证房、企业自拆面积）；累计拆除各类危房 586.5 万平方米（其中住宅 324.3 万平方米）；共安置住宅、非住宅 12.16 万户。户均面积从改造前的 29 平方米提高到 76.5 平方米，住房成套率从拆迁前的 35.65% 提高到 100%。

自 2002 年起，以成都市住房储备中心为主要载体，通过自建、联建、市场订货、收购空置房和二手房等多种方式，始终保持储备恒量，达到动态平衡，以提供改造项目中业主的房源需求。2002 年度采取市场收购、定购方式安置用房面积约 49.2 万平方米，2003 年度为 67.36 万平方米。

2005 年 8 月 21 日，“全国旧城改造经验研讨交流会”在成都召开，成都旧城改造的特色运营模式受到肯定，为其他城市提供可资借鉴的经验。

城区周边场镇改造

【概况】

2005 年，成都市确定首批拆迁改造的场镇有锦江区琉璃场镇、青羊区文家场镇、成华区龙潭寺镇和青龙场镇。

场镇改造的重点是新居工程。规划城区新居工程点共 22 处，可安置农民 11.69 万人，分别为：锦江区的槐子树、柳江、花果 3 处；青羊区的盐井、乐平、清波、盐井（3 期）4 处；金牛区的侯家、兴盛、王贾（泉水）3 处；武侯区的铁佛、龙井、江安河、机投、新苗、南桥 6 处；成华区的桂林、新山、西林、东林、一里塘、鹤林 6 处。

场镇改造建设中，坚持科学利用资源，村落宜聚则聚，宜散则散，相对集中，合理布局原则；采取政府主导、市区联动、公司运作方式，统一规划、统一供地、统一标准、统一配套、统一建设、统一管理。4 个场镇改造和 22 处新居工程总投资计划 110.5 亿元。2005 年动工的新居工程有 8 处、开始拆迁改造的场镇有琉璃场、青龙场。

【琉璃场改造】

琉璃场镇位于成都市东南，距市中心 5 千米，属锦江区。原为琉璃出产地，兴于唐，盛于宋，衰于明末，历时 700 余年。民国 33 年（1944）建场，1982 年成立街道办事处，属城郊结合区域。琉璃场老场镇内多为 20 世纪 70 年代前的旧房，低矮破旧，成套率和容积率低，约 70% 居民住在低洼棚户区内。水、电、气等市政配套设施十分简陋，道路狭窄弯曲，沿路电网交织、电线老化，环境卫生状态甚差。这一区域因流动人口多，居住用地严重不足。

2005 年 1 月，成都市实施琉璃场镇改造工程，估算拆迁改造投资 14.63 亿元。区域用地由机场路东延线、新成仁路、三环路、府河围合而成，总面积 2238 亩。共拆迁旧房 61.7 万平方米，其中城镇居民住宅面积 15.42 万平方米，部分营业用房面积 2.44 万平方米，乡镇企业用房面积 13.25 万平方米，国有企业用房面积 24.26 万平方米，拆迁农户住宅共 898 户、6.33 万平方米。在琉璃场内新建柳江新居，面积 32 万平方米，净用地 260 亩，安置原居住人口 9143 人。新建配套设施：办事处和派出所综合楼面积 8200 平方米、幼儿园面积 5027 平方米、农贸市场面积 4791 平方米。新建道路共 5 条，分别宽 7 ~ 25 米，总长 9360 米，安装路灯 374 组。

各种管线均分布在道路两侧，并与城市管线系统并网。污水排入乌龟碑污水处理厂，污水管线总长 9360 米；雨水排入府河、洗瓦堰，雨水管线总长 9360 米；自来水管线总长 9020 米；煤气管线总长 9020 米；电力管线总长 7060 米；通信管线总长 7060 米。主要道路节点及重要位置绿化面积 18.72 万平方米。

3 月，琉璃场开始拆迁。计划于 2007 年底完成全部工程。

【青龙场改造】

青龙场镇位于成都市东北，距市中心 5.5 千米，属成华区。场内房屋低矮破旧，基础设施不足，垃圾经常在河边堆积，场镇改造势在必行。2004 年 12 月，成都市开始实施青龙场镇拆迁改造项目，估算拆迁改造投资 5.9 亿元。拆迁范围东至方家堰，南至宝成铁路，西邻川陕路及昭觉寺横街，北抵成绵高速公路以北，总面积 1828 亩，拆迁户数 1284 户。成华区危房改造开发办公室负责拆迁安置工作。

拆迁安置房龙瑞家园位于青龙场中心，建筑面积 14.8 万平方米，有各类套型住宅 1529 套，其中套一型 308 套，套二型 759 套，套三型 462 套，共安置住户 4064 人。在场镇入口处新建 5 万平方米绿地广场、与北郊风景区遥相呼应。中心处商业街区，设有机动车辆停车位 602 个；新修道路 15 条、长 6.7 千米。水、电、气、通信、光纤等配套管线完备；排水实行雨污分流，垃圾实行袋装化处理。2005 年 11 月开工，计划于 2007 年底竣工。

新区建设

【高新区建设】

成都高新区筹建于 1988 年 3 月，选址于成都市南郊神仙树地区。1991 年 3 月，经国务院批准为首批国家高新技术产业开发区（简称高新区），规划面积 21.5 平方公里，先期开发面积 2.5 平方公里（即起步区）。1996 年 3 月规划面积调整为 40 平方公里，包括起步区、新加坡工业园区等。1999 年 11 月，市政府决定建立面积为 46.3 平方公里的“西部硅谷”，将郫县合作镇、德源镇划入。2000 年 2 月，因建立“西部硅谷”条件尚未成熟，成都市人民政府决定将合作、德源两镇划回郫县。同年 4 月，国务院批准成立四川成都出口加工区；12 月，被批准为中国亚太经济合作组织（APEC，Asian – Pacific Economic Cooperation）科技工业园区；次年成为中国西部第一个通过 ISO14001 中国认证和英国皇家 UKAS（United Kingdom Accreditation Service，即英国皇家认可委员会）国际认证的区域。2000 年，国家科技部批准将郫县成都现代工业港面积 7 平方公里划归高新区，成立成都高新技术产业西区（简称西部园区）；至 2003 年，西部园区面积扩至 35.5 平方公里，原成都高新区 47 平方公里改称南部园区。2005 年年末，成都高新区总面积为 82.5 平方公里，分南部园区和西部园区。

成都国家高新技术产业开发区

1990 年 8 月，成立成都高新区管理委员会，作为市政府派出机构。1992 年 10 月，对所属成都科力发展总公司和建设开发公司进行改组，通过定向募集，与中国科学院成都生物研究所制药厂、成都钢铁厂和西藏自治区石油公司共同组成成都倍特发展集团股份有限公司。通过创建国际化的一流软、硬件发展环境，聚集人才、成果、资本等资源，为高新技术产业发展提供强大的智力支持和动力支撑。经多年建设，南部园区拥有全国一流的科技创新孵化基地、百万平方米的天府科技园、国家软件基地、国际会展中心；以现代服务业为主体的科技商务区已初具规模；国际化的金融中心、市政中心建设加快；组团式产业空间布局模式凸现。

成都高新区由南部园区和西部园区两部分组成，两园区分别建有一个国家级出口加工区，使成都成为西部地区唯一一个同时拥有两个出口加工区的城市。

南部园区位于成都市南部，依托成都市城南副中心，重点建设以科技创新、成果孵化、现代知识服务、国际金融以及市政中心为主体的现代化科技园区，为产业发展提供智力支持和动力支撑。南部园区是成都高新区电子信息和生物制药高新技术产业的发源地，拥有成都地奥制药集团有限公司、四川迈普数据通信股份有限公司、成都倍特药业有限公司、成都恩威制药有限公司、成都卫士通信息产业股份有限公司等一批技术起点高、市场竞争力强、具有自主知识产权的企业群体。

西部园区位于成都市西部，成灌高速路两侧，以产业聚集为目的，是以电子信息、生物医药和精密机械制造产业为主体，空间信息化、生产自动化、园区生活化、环境优美化、社会安全化、科技与人文协调统一的综合产业园区；具备引进大型国际化项目和企业的承载能力，形成完善服务产业的社会配套设施。西部园区是以电子信息、集成电路、中药产业和现代化制造业为主的国际化制造基地；在园区发展的国内外知名企业有英特尔公司、中芯国际集成电路制造有限公司、友尼森集团公司、PPC 国际有限公司、TCL 集团有限公司、成都国腾实业集团有限公司、四川迪康科技药业股份有限公司、四川奇力制药有限公司等。

出口加工区是成都高新区吸纳国际资本的重要载体，于 2000 年 4 月由国务院批准设立。2001 年 6 月，四川成都出口加工区（南区）通过国家验收，成为中国西部地区首家封关运作的出口加工区。2003 年 1 月，海关总署同意在西部园区设立四川成都出口加工区西区，同年 11 月，四川成都出口加工区（西区）通过国家验收。

四川成都出口加工区

【东部新区建设】

东部新区城市设计。东部新区城市设计分为三个层次，即向东发展控制规划、中心城东部新区规划和近期建设规划。

第一层次：向东发展控制规划。规划范围西至沙河、成仁公路，南至三环路、成龙路南侧用地，东至龙泉驿区东侧成环路，北至成南高速路，控制面积 226 平方公里（外环路以内 76 平方公里，以外 150 平方公里）。规划城市建设用地 105 平方公里（外环路以内 62 平方公里，以外 43 平方公里）。规划人口 136 万人。向东发展控制规划的目标是形成以龙泉机械工业、公路交通口岸等产业为主导，以东部副中心带动居住生活配套设施建设，并结合旅游休闲、教育科研等产业协调发展的综合城市发展区域。共分 9 个功能区，其中外环路以外 3 个，外环路以内 6 个。规划的地铁二号线将穿越中心城东部新区到龙泉驿，出外环路后为轻轨线路。

第二层次：中心城东部新区规划（2002—2017 年）。规划范围为外环路以内（即以西）部分，规划建设规模为 62 平方公里，人口规模 70—90 万人。东部新区的定位为以生活居住、旅游休闲、教育科研等功能为主，具有历史人文特色的生态型城市新区。分区总体结构包括一个副中心、6 个片区、五纵五横的干道系统。东部副中心为东部新区的核心区，位于老成渝路与东洪路、十洪大道交叉口之间的两侧地块内。用地规划面积 1.38 平方公里，是集办公、大型综合性商业服务中心、大型金融设施、文化娱乐博览、综合性体育中心、大型综合医院等公共设施为一体的综合性服务区。东部新区分 6 个功能片区，即：保和片区，为都市型工业及居住配套完善的综合片区；沙河堡片区，为以教育科研为主的综合发展区；十陵片区，为发展旅游配套设施及居住建筑的生态片区；十陵风景区，为旅游休闲景区；洪河片区，功能定位为文化、居住、公共设施齐全的居住片区；三圣片区，功能定位为东部新区的中心片区。

第三层次：近期建设规划（2002—2007 年）。近期规划范围 18.08 平方公里，分为 4 部分：第一部分为三圣中心片区的中西部（锦江区三圣乡粮丰、新华、粉房堰等地），面积 5.4 平方公里；第二部分为城市东部副中心,面积1.38平方公里;第三部分为十陵历史文化风景区,面积10.0平方公里;第四部分为十陵历史文化风景区西侧十陵旅游配套区,面积1.3平方公里。

2000年,市政府组建国有独资公司—成都市兴东投资有限公司(简称“兴东公司”),作为新区起步区城市基础设施建设项目的投资主体,负责多渠道筹集建设资金进行新区开发建设。2004年,通过国际招标方式,完成东部新区起步区的总体规划设计。

截至2005年12月,累计投资19.81亿元,完成土地整理1.11万亩;建设农迁房27.37万平方米;配套中小学、幼儿园建设3.16万平方米;建成十洪大道、东洪路等15条道路、长16.7千米;全长71.2千米的干道交通网络基本形成;横跨4区1县11乡镇的威青、威成高压输气干管迁改工程投入使用;十陵风景区青龙湖工程开工建设。主要建设项目如下:

道路建设。十洪大道三圣段,建设地址为老成渝路向南至成龙路,道路全长2200米,红线宽50米,2004年3月开工,2005年12月竣工。十洪大道十陵段,建设地址为十陵镇青龙村和双林村,道路全长2120米,红线宽50米,2005年3月开工。东洪路,建设地址为老成渝路向南至成龙路,道路全长2130米,红线宽40米,2003年7月开工,2004年2月竣工。新华Ⅰ、Ⅱ线:建设地址为锦江区三圣乡新华片区,Ⅰ线全长1112米,Ⅱ线全长497米,红线宽30米,2004年2月开工。新华A、B线,建设地址为锦江区三圣乡新华片区,全长1663米,红线宽20米,2004年1月开工。

十陵风景区青龙湖工程:建设地址为十陵镇,建设内容为湖区土石方工程、湖底防渗加固工程、挡水堤坝工程、引水闸和出水闸工程、截污管网工程及拆迁安置工程等。湖区建设用地1950亩。2005年10月开工。

威青、威成高压输气干管改迁。建设地址为城市东部相关区(县),建设内容含输气干管改迁71.2千米,新建平桥分输站1座和分输调压阀室3座,改造成都输气站、洪河配气站和石灵配气站。由中国石油集团工程设计有限责任公司设计,四川石油天然气建设工程有限责任公司施工,2004年3月开工,2004年12月竣工。

房屋建设。三圣中小学建设地址为三圣乡粉房堰村,建设内容为拆除旧建筑,新建中学教学楼14000平方米,新建小学总建筑面积2.2万平方米,2004年2月开工,2004年9月竣工。拆迁农房建大观苑建设地址为锦江区三圣乡大观村11组,一期工程建设内容为农迁房,建筑面积约3.5万平方米,可安置1000人,2004年12月开工,2005年12月竣工。二期工程建设内容为农迁房,建筑面积约14.0万平方米,可安置4000人,2005年9月开工。东升小区建设地址为成华区保和乡东升村2、3组,建设内容为农迁房、营业用房、幼儿园,建筑面积9.5万平方米,可安置2500人。2004年10月开工,一期工程于2005年11月竣工。

【南部新区建设】

南部新区城市设计。南部新区城市设计分三个层次,即:向南发展控制规划,中心城南部新区规划和近期建设规划。

第一层次:向南发展控制规划。规划范围北起火车南站,南至华阳,西至牧马山,东至成仁路,规划控制范围205平方公里,其中城市建设区约89平方公里,外环路生态保护带约7平方公里。规划人口89万人。

向南发展的规划目标是将南部新区建设成

为综合居住、高新技术产业、旅游度假为一体的城市综合发展区域。向南发展规划采用“组团轴向”的发展模式，共分为七个城市综合组团，即琉璃、站南、新园、大源、华阳、航空港和牧马山组团。

第二层次：中心城南部新区规划（2002—2017 年）。规划范围北至火车南站成昆线，南至大源组团，西至太平寺机场，东至成仁路，规划控制范围约 52 平方公里。用地规模 42 平方公里，规划人口 35 万人。目标定位为以城南城市副中心为核心，集行政办公、科技商务、商贸金融、生活居住、高新技术产业于一体的信息化、生态型、综合性新城区。中心城南部新区采用“组团轴向”的发展模式，由琉璃、站南、新园、大源四个城市综合组团组成，沿府河形成城市向南生态居住发展轴线，沿天府大道形成城市向南中心发展轴线，沿成新大件路形成城市向南现代产业发展轴线。

第三层次：南部新区近期建设规划（2002—2007 年）。规划范围为站南组团，面积为 15.6 平方公里，规划人口 17 万人。站南组团作为城市向南发展的核心组团，包括城市南部副中心（面积 3.59 平方公里）和南站商贸区等 7 个片区，是城市向南发展的近期建设重点。2003 年，编制南部副中心规划，规划面积 3.59 平方公里，居住、就业人口不超过 9 万人。南部副中心以天府大道作为中轴线，北起火车南站，跨越三环路，南至外环路。用地按功能分为五大块：站前交通集散商业服务区、中心商务办公区、行政中心区、文化科技博览区及科技产业园区。

2003 年，市政府组建成都市兴南投资有限责任公司（简称兴南公司），推进南部新区建设，主要负责南部新区 15.6 平方公里起步区的投资融资及建设任务，开展南部新区起步区内的基础设施和行政办公区规划设计、土地清理工作。同年 9 月 30 日，南部新区建设正式启动，2004 年，进行 3000 亩集体土地和 200 亩国有土地的拆迁，基本完成起步区土地清理、土地报征和拆迁安置工作；建成红星路南延线、元华路、站华路 3 条主干道，以及起步区内 6 条次干道；完成新益州城市公园人工湖土方开挖工程、湖底防渗处理及驳岸施工工程，完成湖区周边绿化 30%；启动科创中心工程、红星路孵化园北干道立交桥、红星路南延线下穿成昆铁路隧道以及高压走廊管线下地工程；“新南小区”农迁房竣工 15 万平方米，交付使用，皇经花园主体工程竣工验收；整治府河延伸段 9 千米。截至 2005 年 11 月底，共完成建设投资 22.38 亿元。

城镇建设

综　述

1990—2005年,成都市所属各区(市)县分别完成城市规划并付诸实施,各区(市)县城乡建设加快步伐。

成都市大力推进小城镇建设,促进小城镇经济不断发展,农村居民的生活水平不断提高。1994年,中共成都市委、成都市人民政府下发《关于做好小城镇建设试点工作的通知》,确定省级小城镇建设试点镇20个、后备试点镇22个,此后试点规模几经扩大,至2001年,全市小城镇建设试点镇达179个。2003年起,城镇化建设进入到突出"文态、生态、业态"同步建设,社会效益、经济效益、生态效益并重的质量品质跃升新阶段。

成都市开展重点镇建设,以点带面,推进全市城镇化进程。2004年4月,市政府确定30个镇为重点镇,2005年,又确定其中龙泉驿区洛带镇、青白江区城厢镇、新都区新繁镇、温江区万春镇、都江堰市青城山镇、彭州市濛阳镇、邛崃市羊安镇、崇州市街子镇、金堂县淮口镇、双流县黄龙溪镇、郫县安德镇、大邑县安仁镇、蒲江县寿安镇、新津县花源镇等14个镇为优先发展城镇,按照城市居住小区标准统一规划建设农民集中居住区,探索特色产业发展道路,使生态环境建设与居住方式改革相结合。截至2005年年底,30个重点建设城镇共投入城镇建设资金23.9亿元,招商引资到位资金32.9亿元;建成区面积34.27平方公里,涉及人口26.92万人;建成城镇道路254千米;公共绿地面积265公顷,绿地率35%;自来水普及率为90%,日供水规模11.3万立方米;生活垃圾无害化处理率70%;平均城市化水平35%。

成都市积极开展农村新居示范点建设。1998年,全市选择8个农村新居示范点,开始试点建设。1999年,成都市确定试点住宅建设以农民个人为投资主体;村庄基础设施和公共服务设施建设,以村集体经济组织为投资主体,并逐步扩展试点建设范围。至2005年年底,全市试点农民新村建设点113个,共投资39.85亿元,形成一批有一定聚居规模,基础设施、公共服务配套完善,建筑风格各具特色的农村新居。

区(市)县政府所在地建设

【概况】

1990—2005年,成都市所属各区(市)县分别围绕改造旧城，建设新城，因地制宜，突出特色总体思路，加快城乡建设。都江堰市以“建成现代中等工业、旅游城市”为目标，凸显“半城水色半城山”的特色。温江区以柳城镇为中心，14个小城镇为依托，40个中心村和聚居点为基础，构建城乡一体的城镇新格局。金堂县以建设三江环抱的“天府花园水城”为目标。蒲江县以建设生态城市为宗旨。在此期间，各区（市）县城建成区总面积1990年为87.1平方公里，2005年扩大到487.5平方公里，为1990年的5.6倍；道路长度1990年为631千米，2005年增加到3001千米，为1990年的4.8倍；排水管道长度1990年为639千米，2005年增加到3281千米，为1990年的5.1倍。

【龙泉驿区龙泉镇建设】

龙泉驿区龙泉镇，距成都市中心18千米；有成渝高速公路、老成渝路（驿都大道）、成龙路（成龙大道）直通成都，交通十分便利。1989年末，城区面积仅0.9平方公里；从1990年起，将老街拓宽改造，后又借助成都经济技术开发区建设的机遇，大规模建设新楼盘。至2005年城区面积已达16.8平方公里，建成区总面积达41平方公里，有街道294条。“净化、绿化、美化、亮化”工程不断完善，1994年获省级“卫生城区”称号。城镇居民住房1990年人均7.48平方米，2005年增加到25.59平方米；农民住房条件亦不断改善，基本实现砖混和砖瓦结构，人均面积1990年23.5平方米，2005年增加到42.94平方米。

城区供水规模，1990年仅为3万立方米/日，1994年5月开始铺设引水管道，引成都市自来水供水网的水源，由成都塔子山加压站经成华区、龙泉驿区洪河镇、大面镇输水入成都经济技术开发区，管径为1000～1400毫米，供水规模10万立方米/日，1999年2月建成，当年11月投入使用。2005年的城区供水总规模达13万立方米/日。

区内驿马河（又名董家河）是流经区境的重要河流。自20世纪80年代开始，沿河民居、企业不断增加，大量污水和工业废水直接排入，河水浑浊不堪。1992年开始第一期整治工程，治理河道1037米；1997年10月进行第二期整治工程，治理河道3320米；计划于2006年3月开展第三期整治工程。

【青白江区大弯镇建设】

青白江区大弯镇是新兴的工业城镇，为区政府驻地。建区之初，市政设施主要围绕四川化工厂、成都钢铁厂宿舍周边布设，厂前道路路面差、车辆多、污染大。20世纪80年代陆续修建青江路、青江南路和青江北路，全长4.52千米，平均宽30米，成为城区主干道；并新建街巷12条、改造街道21条。

1990年以后，相继新建怡湖东路、政府中路、大弯西路、红阳路、通站路、学苑路；改建华金大道、团结东路、团结中路、青江南路等，并实施排水、人行道、绿化带、路灯等配套建设，主城区初具规模。进入21世纪后，又建成政府北路、石家碾路、红阳西路、青华东路、杨柳路、新广场道路、青江北路北延线等。

至2005年年底，城区面积扩大到15.97平方公里；建成街道116条、长80.08千米；排水管道60.2千米；路灯1714柱、4715盏；公共绿化面积80.85公顷。公交营运汽车304辆、出租汽车223辆。全区程控电话与成都市并网，装机容量达6.7万门；电话装机4.2万部、无线移动电话用户达1.3万户。主城区安装的中国电信宽带网已正常投运，并覆盖区内主要乡镇。自来水厂于1997年扩建后，供水规模5万立方米/日，2002年建成的污水处理厂处理能力10万立方米/日。

【新都区新都镇建设】

新都镇是新都区政府所在地，距成都市区19千米。1992年10月，列为四川省历史文化名镇。新都镇始建于公元前490年，曾经是古蜀国三大名都之一。镇内有始建于东汉的宝光寺以及明正德年间状元杨慎的旧居桂湖公园。从1990年起，城市总体规划和详细规划经过12次调整，特别是2001年以“布局合理，适度超前”为原则，实现城镇基础设施完善布局。

新都区湖滨路佰龙门

1990—2005年，城市基础设施建设全面推进。1990—1998年投资2351万元，完成城镇供水体系建设，区内共有自来水厂21座，供水能力达30万立方米/日，城区自来水普及率100%；1993—1998年，完成川陕路1370米建设及部分街道工程；2002年投资243万元，完成市政工程设施5674平方米；2003年投资200万元，建成4500平方米的黄桷广场；新建的干道有新都大道、蜀龙大道、北新大道。区内设有配气站25座，输供气能力达到120万立方米/日；2002年4月，区政府与四川金海环保股份有限责任公司签订城区污水处理项目建设合作协议，成为省内首家采用BOT特许经营兴建方式，由公司全额投资建设金海污水处理厂，污水处理能力为2.5万立方米/日，2006年9月投入调试运行；2005年投资750万元，修建区县第一座生活垃圾焚烧场，日处理生活垃圾能力40吨。

位于新都镇的升庵桂湖及宝光寺为国家级重点文物保护单位。1990年，对升庵桂湖内桂香阁、桂香园、八角亭、四方亭、曲廊、水榭等进行整修；1991年，维修石舫、石拱桥，增加绿化工程；2000年，完成湖水净化改造。宝光寺门前道路狭窄，空间拓展受到制约。1999年8月，投资5000万元拆迁民居，新建宝光广场；2002年12月，宝光广场全面竣工。

至2005年末，城区面积由1981年的1.6平方公里扩展到32平方公里；城区居住人口由不足1万人增加到20万人。

【温江区柳城镇建设】

柳城镇是温江区政府所在地，距成都城区16千米，定位为成都市区卫星城。1994—1996年，按照生态型中等城市要求，加速卫星城建设。2000—2002年，根据《温江新区控制性详细规划》，确定新区用地面积17.92平方公里；柳城镇和新城建设面积共32.12平方公里；在柳城镇实施“透绿露水”“拓路靓桥”“透气露美”三大美化工程。加宽长安路、太平街、和宁街、东大街、内北街、大南街、柳城大道、鱼凫路、万春路、万春东路、西大街等主要道路，使之亮化、绿化、美化；临街楼宇进行立面综合治理；新建行署路、温泉路、黄金大道、西大街、饮食一条街、百花路、光华大道温江段、杨柳河示范段，新增道路8.3千米。至2005年，建成新城区面积4平方公里，共修建16.4千米道路、4.3千米河堤、7座桥梁、64千米水、电、气、信配套管网；以及100多万平方米绿化带、5万平方米建筑、18万平方米硬质铺装、4.8万平方米水景。

柳城镇实施“透绿露水、拓路靓桥、透气露美”三大美化工程，建成江安河生态休闲区

2005年，全年工业废水达标排放量951.5万吨；工业固体废物综合利用率达95.5%；园林绿化面积达965.6公顷；开放置信·温江城市公园。全区有出租汽车260辆、公共汽车172辆；天然气供气年总量3576万立方米，用气人口13.2万人；自来水日供水规模为10.5万立方米。1993年，建成温江广播电台、微波电视台和有线电视台，2005年，实现数字电视传输。固定电话用户8.03万户，移动电话用户14万户，国际互联网注册用户9581户。2005年，成功举办“第六届中国花卉博览会”，高标准完成主展馆、中国花博园、交易区场馆、世界风情园等重点工程及配套设施建设。至2005年年底，城区建成区面积达20平方公里。

【都江堰市灌口镇建设】

灌口镇是都江堰市政府驻地，又是“世界自然文化遗产”都江堰的所在地。20世纪末，围绕将都江堰市建成现代中等工业、旅游城市的目标，确定旧城改造与新区建设相结合、市政建设与环境保护相结合的原则，实施保护旧城，重点向新区发展的战略，建设中体现山、水、城、林、堰、桥相互交融，突出“半城水色半城山”的特色。

都江堰市都江堰大道

1985—1994年，都江堰市先后完成两条环城路（都江堰大道、蒲阳干道）及青城大桥建设，同时建成财经大厦、客运中心、体育中心等标志性工程。1998年，建成都江堰广场、李冰广场、银杏广场。改造建设路、幸福路、北街、新马路等主要街道，实施公园路、观凤楼街综合整治及城区4条河流亮化工程。

2003—2005年，推进城市北区、西区骨干道路及各类管网配套建设；完成成青旅游快速通道、岷江1号和3号大桥、成灌高速公路出口和青城山骨干道路建设；建成杨柳河历史文化休闲一条街；在一环路、二环路、杨柳河街、幸福路、三泊洞、都江堰大道、南桥等光彩工程中，安装路灯2.6万盏。2004年，进行内江两岸滨河路风貌整治改造，以及一环路、迎宾路、幸福路、新马路、蒲阳路、都江堰大道上段扩建；并扩展青城桥景点绿化面积约3.5万平方米；蒲阳路浇筑混凝土路面1250平方米，铺设人行道彩砖7900平方米；对红庙巷、胡家巷、通景路、三观桥上街、玉带桥街、康复路上街等36条中小街道进行综合整治。

至2005年年末，人均居住面积增至16.32

平方米。建成都江堰广场、迎宾广场等独具特色的城市休闲园地,新增园林绿地面积 35 万平方米,绿化覆盖率达 42.78%,人均公共绿地达到 10.39 平方米。全面改造城区 20 多条主要街道,浇筑混凝土路面 25 万平方米,铺设彩砖 20 万平方米,埋设雨污管道 35 千米;拆除城区内 5 条主干渠沿岸 10 余万平方米有碍景观的建筑物,新增滨河绿化面积 8 万平方米。内江水系河渠上,建成 20 多座跨河桥梁,构成都江堰市独有的魅力。

【彭州市天彭镇建设】

天彭镇是彭州市政府驻地,南距成都城区 38 千米。自 1989 年起推广使用天然气,逐步建成以天彭镇为中心,覆盖周围 10 多个镇的输供气管网骨架,日供气能力 120 万立方米;1990 年成为四川省首批全国初级电气化县(市),基本满足生产、生活方面对能源的需要。1991 年建成全省县城第一座水质净化站,日处理污水能力 8000 立方米,使城区环境得到改善。1995 年 6 月,城区开通 1、2 路公共汽车客运,至 2003 年 1 月,公交线路增至 3 条,公交车辆增至 50 辆,并设置公交站点 96 个;1996—2003 年,先后 3 次、4 批投放 320 辆节能环保双燃料客运出租汽车营运;2004 年 11 月,成彭高速公路建成通车,彭州实现高速公路的零突破。

1990—2005 年期间,清洁能源设施发展较快。截至 2005 年年末,市域内有水电站 58 座,火电站 3 座,总装机容量 21.93 万千瓦,年发电 10 亿千瓦时;电网建设配套,7 个供区年供电量 8.15 亿千瓦时。2005 年,有 20 余万人用上天然气,城区天然气普及率达 75%;压缩天然气(CNG)加气站日售气能力 5000 立方米。1990 年旧城改造前城市建成区面积不足 3 平方公里,2005 年扩展到 12.5 平方公里;绿地面积达到 229.4 公顷,人均公共绿地 5.59 平方米;城区照明遍及各街巷,安装路灯 2852 柱、4800 余盏;彭州市自来水厂分两期实施,一期工程于 1995 年竣工,供水规模为 4.5 万立方米/日,二期工程于 1999 年竣工,供水规模达 9.0 万立方米/日,供水管网基本形成,以环状为主,枝状为辅,总长 300 千米,覆盖彭州市城市规划区、工业开发区及四川石化基地;排水设施基本实现雨污分流,2005 年建成彭州污水处理厂,污水处理能力 3 万立方米/日,受纳污水面积 9 平方公里;有垃圾清扫车、清运车、洒水车等环卫车辆 15 台,先后建成 3 处垃圾处理场。以天彭镇为中心,成彭、彭白、温彭、汉彭、彭什等骨干公路已形成网络。

【邛崃市临邛镇建设】

临邛镇是邛崃市政府驻地,为省级历史文化名镇,位于成都平原西南部,西依邛崃山麓。临邛古城始建于秦惠文王更元十四年(公元前 311 年),是巴蜀四大古城之一,为古南方丝绸之路西出第一镇。镇内有“文君故居”、民俗老街“大北街”、全国第三高砖塔“回澜塔”,以及全国重点文物保护单位十方堂邛窑等。

进入 21 世纪后,按照邛崃市总体规划,进行街道规模化整治。2001—2004 年,修建文南路自北向南贯穿城市东区,全长 1865 米,路宽 21 米;凤凰大道全长 2932 米,路宽 50 米;玉带街全长 420 米,路宽 30 米;改造文君街(全长 380 米)、幸福路(全长 254 米)、当垆街(全长 217 米)等。按古街区控制和保护范围,保护性改造大北街、兴贤街,恢复北城门楼和邛崃民俗馆、临邛戏苑、民俗广场、古城遗址、幸福巷、文君故居,以及古街深处明清风格的古巷道、古院落等。建成具备环状供水体系的自来水厂两座,供水规模为10万立方米/日；程控电话达10万门，移动通信基站覆盖全市，实现通信、广播电视、互联网三网互联。

【崇州市崇阳镇建设】

崇阳镇是崇州市市政府驻地，1992年10月，列为四川省历史文化名镇，距成都市区28千米。建成区面积12.8平方公里，有大小街巷119条，人均住房面积26.5平方米。骨架干道四纵四横，成温邛高速公路和成都市快速通道怀华路交叉而过。城区有始建于晚唐的罨画池、纪念南宋大诗人的陆游祠、始建于明朝的州文庙、清代一等昭勇侯杨遇春宫保府等国家和省级重点文物保护单位。

崇州市沿西河建成滨河大道

1990—2005年，崇阳镇以交通建设先行，先后建成杨祠街、永康路、蜀州北路、蜀州南路和唐安西路。1997年，集资10多亿元，实施100余项基础设施建设。拆迁旧城建筑20多万平方米，先后建成崇庆路、蜀州北路延伸段、旱觉街、爱民渠街、西前街，拓宽改造南街。1999年10月，长4.2千米、宽80米、总投资6000万元的世纪大道破土动工。1998—2000年，修建主干道27条、28.78千米。建成沿西河10千米长的滨河大道。在此期间，陆续完成崇州大酒店、西藏基地大厦、农行大厦、济供大厦、体育中心、艺术中心、客运中心、广播电视大厦、法院大楼、建委大厦、国土局大楼等百余座新建筑；建成蜀州广场、常璩广场、琴鹤广场、晚渡广场、世纪广场、崇庆广场、西江广场、香如故广场、天涯广场、西游广场、露萍广场、八仙广场等14个主题广场，总面积13.21万平方米。2000年9月，占地面积为11平方公里的崇州市高新技术工业园区建设正式启动。

截至2005年年末，市内出租车达160辆；全市电话总容量达11万户，移动用户达16万户；城镇人均住房面积增至38.9平方米。镇内生活垃圾全部实行无害化处理。

【金堂县赵镇建设】

赵镇是金堂县政府驻地，距成都城区38.56千米，为全县政治、经济、文化中心。

1990—2005年，赵镇城镇建设成效显著。整治北河大桥西片区，拆除旧房1.26万平方米，改造河坝街低洼棚户区1.05万平方米。新建迎宾大道1100米；整治北三横道、二横道、一横道；拆迁木材市场及两个停车场，新建房屋6.14万平方米、绿化广场及公共设施2.4万平方米。至2005年完成工业集中发展区道路和基础设施建设；改造金龙路龙威段；整治下横街市政园林、三中园区。

截至2005年年末，城区面积从1992年的1.5平方公里，扩展到18.75平方公里。城镇人均住房面积28平方米，农村人均住房26.55平方米。建有80座中国移动和35座中国联通通信塔，通信信号覆盖全境，移动用户达10余万户；有公共汽车69辆、出租汽车170辆。市容环卫实行定人、定路段、定标准清扫管理制度，主街道实行一日两洒一冲洗，全天候保洁率达95%，日清垃圾达80吨。

1996年被评为省级卫生县城，1998年被评为省级园林城市，被建设部评为“全国城市环境综合整治优秀县城”。2004 年 12 月,赵镇防洪综合整治工程被国家建设部授予“中国人居环境范例奖”。2005 年 1 月,赵镇被评为“成都市十大魅力城镇”之一。

【双流县东升镇建设】

东升镇是双流县政府驻地,是全县政治、经济、文化、金融、商贸和信息中心,距成都市城区 12 千米。成都双流国际机场坐落境内,距东升镇仅 2 千米。镇内有川西古典园林风格的棠湖公园。1986 年,东升镇开展旧城拆迁改造工作,至 1989 年,淳化街、双彭路、食品公司、棠湖干道等处共拆迁 365 户、面积 2.9 万平方米。1993—1998 年,旧城改造继续分 3 期进行:1993 年 7 月至 1994 年 12 月,实施第一期工程,改造南昌路以贯通二号路,改造陕西街、东升街以连接双中路,改造草鞋市巷。1995—1996 年,实施第二期工程,改造顺城街、东明街、紫东阁街,实现东西相连;1997—1998 年,实施第三期工程,改造北坛路,实现道路东西相连、南北交汇的格局。旧城改造后,城区面积从 1985 年的 0.94 平方公里,扩大到 2005 年的 9.4 平方公里,增长 9 倍。2005 年 6 月,东升镇荣获“全国小康建设明星乡镇标兵”称号。

【郫县郫筒镇建设】

郫筒镇是郫县政府驻地,为全县政治、经济、文化中心,境内有四川水产学院、信息产业化学院、成都电子机械高专 3 所高校,有县博物馆、文化馆、体育场、影剧院、电影院、望丛祠、石牛公园等文体场所 8 处。1994 年 8 月,定为成都市卫星城后,加快建设步伐。1998 年,创建省级卫生县城一次达标。至 2005 年年末,先后拆除危旧房屋 30 万平方米;建成鹃城苑、石牛小区、文星小区、清江家园、红瓦区等安置房 68 万平方米。完成郫彭路郫筒段、新城区南北大道、一二环路改造,以及县城五大花园建设。1997—2005 年,郫筒镇全面完成城区东南西北 4 条大街的风貌改造工程,凸现古蜀文化特色;新增园林绿地面积 114.54 万平方米,城区绿化覆盖率 1997 年为 26.28%,2005 年增加到 54.9%。

郫筒镇东西大道夜景

【大邑县晋原镇建设】

晋原镇是大邑县政府驻地,从 1993 年起,进行旧城改造。1993—1998 年,改造晋原镇大南街,路面加宽到 40 米;新征土地面积 33.81 亩,拆迁 461 户、门市 117 间、面积 2.7 万平方米;安置住户 451 户、店铺 26 间、面积 3.7 万平方米;改造富民路慢车道及人行道 1.5 万平方米,安装排水管道 300 米;改造滨江路中段西门桥至斜江桥 683 米、宽 18 米;拓宽改造县政府至北街小学段道路 170 米;铺设子龙街路面 9400 平方米,铺设人行道 532 平方米;拓宽小北街,拆除 203 户、1.63 万平方米。1999—2004 年,新建长春路、金巷子、果园路、西濠沟、体育场道路、围城路南段、东濠沟南延段、糠市街东延段、黄金街、雷祖庙街、横东街、箭道街等城市街道;改造东街、西街、北街、富民路、温泉大道、晋西街、斜江路路面,拓宽滨河路;新建连接成温邛高速公路的大邑大道；建成县体育活动中心、新世纪广场、新时代广场、新世界商业广场、天邑广场、交通广场、电力广场、雪山广场、迎春广场等公共建筑。

【蒲江县鹤山镇建设】

鹤山镇是蒲江县政府驻地。清江大桥、蒲江大桥、驭虹桥、驭龙桥、仙鹤桥横跨蒲江河，将新老城区连成一体。国道108线、省道106线及县道蒲新路（蒲江至新津）、蒲塘路（蒲江至大塘）、蒲名路（蒲江至名山）、蒲尚路（蒲江至眉山尚义）在此交汇。县内有蒲石路、蒲寿路、战备路等干道3条，总长21.9千米。

蒲江县鹤山镇新貌

1986年，编制鹤山镇总体规划，将县城发展重点从蒲江河西岸的旧城，转移到蒲江河东岸的新区。1990—1992年，先后建成驭龙桥至职业中学、县车站至新东门桥、县车站至桫椤湾宾馆、驭虹桥至纸板厂等4条主干道和一批中小街道；汽车站、农贸市场、银行、医院、机关等亦在新区布点建设。至1992年年底，完成新区房屋建筑13.5万平方米。旧城改造也同步进行，陆续完成县医院门诊大楼、工商银行办公楼、邮电大楼、鹤山中学、北街小学等公共建筑的改造；完成古城墙东城门至公安局总长423米墙段的修复。2000年3—5月，建成占地50亩的世纪广场及其延伸段，占地314亩的全兴足球俱乐部训练基地。2005年，建成面积5900平方米、高56米的县广播电视中心，以及总长度16.16千米的县城顺城路、十里长街、朝阳大道、清江大道。

自2000年6月列入“国家级生态示范县”后，共投资9.5亿元，实施农林生态、水土保持、城市环境综合整治等25个重点项目建设，城市绿化覆盖率达36.9%，人均公共绿地8.3平方米，连续5年保持空气质量优于国家二级标准，地表水质达到Ⅲ类水标准。2005年10月，蒲江县被国家环境保护总局命名为“国家级生态示范区”。城区面积由1997年的2.27平方公里扩展到5.3平方公里，其中绿地面积1.17平方公里；有街道93条，路灯4500余盏。拥有变电站3座、自来水厂1座（供水规模2.2万立方米/日）、天然气公司1家，有占地1000多平方米、藏书5万余册的县图书馆。

【新津县五津镇建设】

五津镇是新津县政府驻地，2003年被评为“四川省先进文化乡镇”。1990年以后，通过旧城改造和新城建设，完成主要街道的立体化改造，基础设施和公用设施逐步完善，城区实现美化、绿化、亮化。休闲广场、文化广场、商业广场、城市雕塑分布于城内社区，建成长3.5千米的南河河滨生态走廊，绿树成荫，山水相映，成为市民理想的休憩之地。两岸建成“南河新城”“丽景花园”“水岸花园”“近水楼台”等新居，居民住房条件进一步改善。

1990年9月，改建东西干道2274米。1992

年4月,改建南北干道1340米。1993—1995年,整治中小街道5200平方米,修复损坏路面5700平方米,绿化黄石桥与大件路交叉口转盘台。1998—1999年,新建希望大道,长1070米、宽59米,铺混凝土路面3万平方米,绿化2万平方米。1998—2001年,改造正北街文化小区、仓库后街、新民街、西仓街,以及武阳西路商住城、体育场、电影院等地段,拆迁房屋3.97万平方米,搬迁安置460余户;拆迁外西街、正东街、正西街、正北街,复兴街,以及南河南岸等地段房屋12.38万平方米,搬迁安置854户。2002—2005年,改造武阳西路1300米;拆迁外西街、正东街、复兴街、正西街旧房约3152平方米;综合整治南河南岸环境,开发建设老南桥至步行桥1.67万平方米。城区环境污染得到有效治理,环境质量不断提高,工业废水全部达标排放,饮用水源水质达标率98.5%;工业烟尘排放达标率94.4%;城区环境噪声年平均值53.6分贝,交通干线噪声67.3分贝。

村镇建设

【概况】

1993年以前,成都市村镇建设由乡镇人民政府和县级建设主管部门负责管理农民住宅和村庄建设;农民住宅由乡镇政府审批,侧重用地审批,而建设管理则以引导、指导为主。

1993年,四川省《村镇规划建设管理条例》颁布,将农民住宅和村庄规划建设纳入依法管理范围,成都市开始实行村镇建设助理员和监察员制度。全市村镇建设由市建委指导和监督,村镇规划由规划管理部门统一管理。

2003年,村镇建设注重“文态、生态、业态”同步建设,社会效益、经济效益、生态效益并重。2004年,开展重点镇建设、中心城区周边场镇改造和“新居工程”建设。

【小城镇建设】

20世纪80年代初期,成都市曾掀起小城镇建设热潮,1994年,成都市委、市政府下发《关于做好小城镇建设试点工作的通知》,并成立成都市城镇建设领导小组,确定省级小城镇建设试点镇20个、后备试点镇22个。2001年,全市小城镇建设试点镇达179个。在小城镇建设试点期间,市政府制定一系列优惠政策:每镇给予300亩(2000年后启动的小城镇为200亩)建设用地指标和2000个农转非指标。小城镇建设资金每年由市财政补助200万~600万元,同时鼓励多渠道投入。

小城镇建设带动小城镇经济发展,提高农村居民的生活水平。2000年,全市有116个省级试点镇,镇均国内生产总值为2.96亿元,镇均财政收入855万元,农村居民人均纯收入3361元;到2005年,全市有179个省级试点镇,镇均国内生产总值达3.4亿元,镇均财政收入1059万元,农村居民人均纯收入3566元。

【重点城镇建设】

2004年4月,成都市政府确定30个重点建设城镇,分别为:彭州市丹景山镇、濛阳镇,温江区永宁镇、万春镇,新都区新繁镇、石板滩镇,新津县花源镇、普兴镇,大邑县安仁镇、王泗镇,蒲江县寿安镇、大塘镇,龙泉驿区同安镇、洛带镇,郫县安德镇、友爱镇,青白江区城厢镇、清泉镇,双流县黄龙溪镇、中和镇、正兴镇,崇州市街子镇、元通镇、三江镇,邛崃市平乐镇、羊安镇,金堂县淮口镇、五凤镇,都江堰市石羊镇、青城山镇。

成都市优先发展重点镇—濛阳镇

2005年，又确定其中14个镇为优先发展城镇即：龙泉驿区洛带镇、青白江区城厢镇、新都区新繁镇、温江区万春镇、都江堰市青城山镇、彭州市濛阳镇、邛崃市羊安镇、崇州市街子镇、金堂县淮口镇、双流县黄龙溪镇、郫县安德镇、大邑县安仁镇、蒲江县寿安镇、新津县花源镇。“优先发展城镇”在城镇建设用地范围内，按照城市居住小区标准统一规划建设农民集中居住区；范围以外则探索走特色产业发展道路，使生态环境建设与居住方式改革相结合，逐步引导农民自愿聚居；并根据城镇各自资源特色，确定发展方向。都江堰市青城山以打造中国道教文化第一镇为目标；龙泉驿区洛带镇突出客家文化特色；温江区万春镇重点发展居住业和花卉业；大邑县安仁镇目标为建百年庄园文博古镇。

截至2005年年底，30个重点建设城镇共投入城镇建设资金23.9亿元，招商引资到位资金32.9亿元；建成区面积34.27平方公里，涉及人口26.92万人；建成城镇道路254千米；公共绿地面积265公顷，绿地率35%；自来水普及率为90%，日供水规模11.3万立方米；生活垃圾无害化处理率70%；平均城市化水平35%。

面貌一新的安仁古镇

【农村居民新区建设】

成都市郊农村，历史上多以家庭或家族组团，选择有水、近田、靠路的地方，以院落形态分散建房，单家独户从事农业生产；多数村庄规模小，现代化条件差。20世纪80年代后期，本着有利生产、方便生活的原则，各级政府开始建设有一定社区服务功能的农民新村。

温江县天府镇永宁村示范建设

温江永宁新村示范建设。1989年在温江县天府镇进行试点，建成“永宁新村”，占地84亩，人口391人（134户），人均用地140平方米。建成80吨水塔、自来水管道、排污沟渠、供电设施等；铺设水泥路500米。农房以农家小院、小楼房为主要布局，农居环境有一定改善。

农村新居住宅图编制。1997年，成都市建设委员会组织设计部门拟定26个村庄建设方案施工图，时称《农村小康住宅通用图》，1998年加以推广。2004年又开展新一轮农村住宅设计，完成11套具有川西民居风格的设计方案。2005年，按新农村住宅风格多样化、农村新型社区特色化的思路，增添客家、徽派、藏羌和现代民居风格的30个设计方案、90个户型。共印制说明1万多册、挂图9000多张，免费提供农村社区选用。由22名专家组成重点镇建设顾问组，对重点镇的规划建设提供咨询服务和现场指导。

农村新居示范点建设。1998年，全市选择8个农村新居示范点开始试点建设。1999年，将试点工作纳入政府目标管理。确定住宅建设以农民个人为投资主体；村庄基础设施和公共服务设施建设，以村集体经济组织为投资主体，并逐步扩展试点建设范围。至2005年年底，已形成一批有一定聚居规模，基础设施、公共服务配套完善，建筑风格各具特色的农村新居，如温江区公平镇惠民新区、都江堰市青城山镇和乐新村等。全市共有农民新村建设点113个，共投资39.85亿元；新增村庄道路181.52千米；新建自来水供水设施153处，覆盖2743个村庄，新增农房3.78万户，面积486.04万平方米。

中心城区农村新居建设。中心城区按照“政府主导，公司运作”的原则，由市、区两级按60%和40%的比例注入资金，成立5个公司承担新居工程建设，市政府配置1.6万亩土地，以土地预期收益向国家开发银行融资，解决建设资金问题。通过宅基地整理与拆院并院，使用集体土地进行新居与配套工程建设，按现行安置标准一次性补偿到位，提前实现农民集中居住。房屋产权由市房产管理局统一登记，土地未征收前，注明土地性质为“集体”，转征后办理国有土地使用权证。2004年，统一规划建设22个新居工程，并逐步实施。

武侯区农村新居

区（市）县农村新居建设。1998—2005年，各区（市）县陆续进行农村新居建设。1999年，都江堰市新建农房（包括建制镇、集镇、村庄）24461户，建筑面积1578.31万平方米，其中建制镇楼房面积73.28万平方米。2003年大邑县安仁镇确定金井社区、新华社区等村庄建设项目，建设用地6.9万平方米，建筑面积3.38万平方米，共安置290户。2004年彭州市新建农民安置小区3个，安置农民510户，在20个中心村和农村居民点共建房450户，建筑面积6.15万平方米。2005年，都江堰市新建农房（包括建制镇、集镇、村庄）14313户，建筑面积1738.49万平方米。金堂县在广兴、云合、高板、土桥、福兴、竹篙、隆盛、平桥、赵镇等乡镇建中心村和农村住宅5.33万平方米，入住人口1036人；蒲江县白云乡改建农房365户，面积4.99万平方米。

都江堰市“一镇十村”村庄整治。都江堰市确定“一镇十村”为首批村庄整治试点。一镇为青城山镇，十村为幸福镇永寿村、胥家镇新胜村、虹口乡高原村、天马镇绿凤村、安龙镇卉景村、中兴镇上元村、玉堂镇白马村、青城山镇石桥村、石羊镇清水村、蒲阳镇双柏村。试点镇村根据各自区域优势和产业特点，制定分期实施的整治方案和行动计划。村庄整治以支持和引导农民集中居住为主要方式，同时结合产业发展程度、基础条件、农民意愿，采取农村新型社区建设、旧村落（场镇）改造、新社区建设与旧村落改造相结合、村庄风貌改造等方式，改善农村生产生活条件和人居环境，实现“六化一配套”（道路硬化、公共场所绿化、路灯亮化、河道净化、社区洁化、环境美化，公共设施配套）、“三清”（清沟渠、清垃圾、清路障）、“三改一建”（改水、改厕、改厨、建沼气池）、“四通”（路通、水通、电通、信息通），并使农村房屋安全、经济、实用、美观。

彭州市丽春镇黄鹤村居民小区

名城保护

综　述

自20世纪80年代中期起，成都市委、市政府即提出在城市化进程中做好成都市历史文化名城保护。

1994年，在制定的《成都市城市总体规划（1995—2020）》中纳入成都历史文化片区保护规划：文化片区保护以宽窄巷子片区、文殊院片区、大慈寺片区为主，同时水井坊街区和武侯祠、青羊宫、永陵、草堂寺等街区也列入保护范围。以保护性建设为主，不采取改造式建设。对原有街道简陋残破，在不改变旧有规模的前提下加以整治。对道路两侧房屋建筑外墙老化，内部构筑物凌乱，采取的保护措施有：拆除违章搭建的构筑物，清洗加固建筑外墙，整治建筑屋顶形式，保护区内多层与低层建筑改建为出檐的坡屋顶，屋面铺设青瓦。有关路段禁设户外广告，路段内设置的商业招牌，与周边传统古朴氛围相协调。

文化景区建设以浣花溪风景区、十陵风景区和金沙遗址景区为重点，根据不同景区的区位、人文内涵及特色，量身制定建设方案。如浣花溪公园景区建设，提出“保护文化遗产、改善生态环境、突出蜀文化特色、再现唐宋盛景、体现人性化服务”的新理念。至2005年年底，新建成的景区拥有湖泊、岛屿、溪流、山坡、空谷、湿地等40个景点，以万树山、沧浪湖、白鹭洲为主题，又建成“诗歌大道”，成为成都市文化教育基地。十陵景区建设以明蜀王陵群为核心，总体定位为以湖泊森林为主景，建造城市“绿肺”。至2005年年底，核心景区基础设施建设项目全面推进。金沙遗址原址景区以金沙遗址博物馆为核心，博物馆于2004年11月开工建设，2005年12月建成，占地约30万平方米，由遗迹馆、陈列馆、文物保护中心、园林区、游客接待中心5个部分组成。在此基础上，2005年完成金沙遗址博物馆周边控制性保护规划。

历史建筑保护含名人故居、祠堂会馆及近代中式、西式、中西结合式公共建筑。所有建筑或就地修缮复原，或异地恢复重建，均挂牌标识并做防腐防虫（白蚁）处理，重要历史建筑按《中华人民共和国文物保护法》纳入列为文物保护单位。

古树名木保护以实地调查、全域普查为基础，并一一建档，于每棵古树名木挂牌标识，同时采取修建树池围栏、定期水肥补给、病虫害防治等举措。1989年成都市进行古树名木普查，城区共有古树名木1351株，品种为38种。2004年8—9月，成都市建立古树名木现代信息管理系统，组织开展全市域内实地资源调查，调查结果显示城区古树名木总株数达1583株。并将调查结果建立数据库，包括区域位置、树种、树龄、胸径、树高、冠幅、生长状况、特殊性状描述、相关历史或神话传说、保护现状等，每株古树名木都有配套数码照片和正式卡片，并将资料录入成都市绿地管理信息系统；制作《成都市名木古树分布图》，通过GPS坐标在成都市基本图上显示古树名木点位。2005年，锦江、青羊、武侯、成华、高新、龙泉驿、青白江、新都、温江等10区再次对古树名木进行调查统计，现存古树名木共46种、2042株。

除了成都名城整体岁月特色保护，还有都江堰、新都，世界文化遗产青城山及成都周边各历史文化名镇，都因地制宜，加强历史文化街区、景区景点，及寺庙宫观、碑塔、陵墓等历史建筑的保护工作，并取得显著成效。

历史文化街区保护

【概况】

成都市历史文化街区主要是指各类历史文化遗迹的所在地。这些遗迹具有文化辐射力，扩展到一定空间，故将遗迹为中心的扩展范围，划为“片区”。在历史文化片区内，道路和建筑物需要保持同类型的文化风貌和特色，尽量避免景观上的不协调。《成都市城市总体规划（1995—2020）》确定三大保护街区为：宽窄巷子片区、文殊院片区、大慈寺片区；此外水井坊街区和武侯祠、青羊宫、永陵、草堂寺等街区也列入保护范围。

宽窄巷子等三大片区保护措施以保护性建设为主，不采取改造式建设。原有街道简陋残破，在不改变旧有规模的前提下加以整治。对道路两侧房屋建筑外墙老化，内部构筑物凌乱的问题，采取的保护措施有：拆除违章搭建的构筑物，清洗加固建筑外墙，整治建筑屋顶形式，保护区内多层与低层建筑改建为出檐的坡屋顶，屋面铺设青瓦。宽巷子、窄巷子、文殊院街、大慈寺路等路段，定为户外广告禁设路段。路段内设置的商业招牌，与周边传统古朴氛围相协调；招牌的尺度小，色彩较单纯，以冷灰色调为主；内透光作为夜景光源，而不采用霓虹灯；较好的实物造型，能在整个路段上形成独特风貌者，通过专家评审加以决定。这些举措，适用于大慈寺街、和尚街、玉成街、东顺城中街、北沙帽街、长顺上街、青华路、青羊上街、青羊正街、琴台路、草堂村路、草堂路、武侯祠大街、体院路、永陵路、福善街、文殊院巷、西马道街、北较场西路等路段。保护区内各单位、各公共场所、居住区的围墙同时加以美化。围墙的样式、用材丰富，并有地方特色，围墙高度一般不超过2米，大门与围墙整体进行美化。

【宽窄巷子历史文化街区】

宽窄巷子历史文化街区是具有清代满城传统的历史性居住区，也是成都本土特色民居环境的典型代表。宽窄巷子于20世纪80年代列入《成都历史文化名城保护规划》。2003年，宽窄巷子历史文化街区主体改造工程确立。核心保护区位于同仁路和长顺街之间，包括宽巷子以北约40米，窄巷子以南约25米的范围，面积约5公顷；周边的环境协调区面积约6.8公顷。片区内道路主要有宽巷子、窄巷子、井巷子三条，均为东南至西北走向。规划道路定性为城市支路，均为一块板断面形式，弱化其机动车通行功能；同时利用地势进行排水管道设计，以减小埋深，节约投资。

在保护性建设设计中，确定街道功能以步行街为主，兼顾业已弱化的交通要求，使之具有旅游观光的功能。宽巷子走向不变，设计车行道宽度4～4.5米，人行道宽度7～9米，全长395米。排水体制为分流制，废除原有管道，按雨污分流重设管道，雨污水分别排入已建的下同仁路及长顺上街雨水管及污水管内；取消雨水进水口及连接支管，节约地下空间，以利于地下各种管线的布置。雨水边沟盖板采用雕花镂空青石板，与周边历史文化保护区风格一致，以体现清代民居风貌；同时将原有电力架空线下地敷设。

宽窄巷子街道区

同期建设的窄巷子通道宽3米，人行道宽1.5～7.5米，东西向全长384.5米，人行道为向内单向坡。窄巷子原有排水体制为合流制，道路雨水篦子及合流污水检查井破损严重，原有管道设计标准低，且平面布置与道路中线不平行，不利于其他管线布置，因此废除原有管道，按雨污分流重设排水管道，盖板仍采用雕花镂空青石板。井巷子路宽与走向与原路一致，长386.22米，道路两边每隔一定距离设置雨水篦子，从北向南在道路下依次设置电力、通信、污水、雨水、给水、煤气管线。

宽窄巷子保护区的保护性建设工程于2008年10月完成。

【文殊院历史文化街区】

文殊院历史文化街区是以佛教古刹文殊院为中心，含寺庙、园林、传统商业街、居民住宅的融合区。核心保护区位于新华西路以北，内环路以南，北大街以西，人民中路以东的范围内，面积约8.3公顷(未含文殊院)；周边的环境协调区面积约3公顷。

文殊院和平塔

文殊院是旧城区知名的佛教寺院，东侧为游览服务、传统小商品生产交易的历史地段，重点进行保护。片区保护性建设方案基调以原状道路为依据，基本保持文殊院路走向和宽度不变；将原宽仅有5～7米、居次要地位的福善巷、文殊院巷、金马街、珠宝街、白云寺街等作为步行街，使其风格与保护区基调一致，兼顾消防功能及其他管线修建的需要。其中文殊院路控制宽度为12米；其余步行街控制宽度为5～7米不等，步行街采用青条石铺砌。保护区内主通道有白云寺街、头福街、白家塘街、红石柱街、椤枷庵街、通顺桥街，组成区内交通骨架，分别与内环路、新华西路、人民中路、北大街等城市交通主干道相接，以实现区域交通的转换。次通道有西珠市街、西马道街等，车道结构采用沥青混凝土。

2005年，片区保护性建设一期工程启动，位于南北向的文殊院巷、头福街、白云寺街、北大街与东西向的珠宝街、西珠市街、五岳宫街之间的区域内，定名为“文殊坊”，重新布置古建筑街区；将卓氏酱园、马家公馆等几处名人旧居移建于此，恢复五岳宫旧有规模，备作商务会所；按“修旧如旧”原则，修建文化性商品及特色饮食行业店铺；在路口建立牌坊，悬挂楹联、匾额，重现传统街区风貌。2007 年分片建成，陆续开街。

【大慈寺历史文化街区】

大慈寺历史文化街区是成都历史上著名夜市繁华地带，具有宗教、商贸、居住、休闲多种功能。核心保护区范围界定为北起大慈寺路，南抵糠市街，西至纱帽街以西 35 米，东达章华里以东 30 米，面积约 10 公顷。周边的环境协调区面积约 18 公顷。

古大圣慈寺山门

大慈寺片区集寺院、市场、民居为一体，结合自身特点，对保护区与协调区进行重点保护，并加以更新、修复，形成古城传统商业集中展现中心。2003 年完成保护区建设规划。总体布局为一轴、二带、七片区。“一轴”是南北向主轴，以北糠市街为中心，南交下东大街，北穿大慈寺至蜀都大道；“二带”是解玉溪景带由西北至东南蜿蜒而过，形成一直一曲、一刚一柔的对比；“七片”是主街划分成的 7 片主要街坊，形成由景点群控制的空间体系。保留修复马家巷居士院、章华里 7 号和 8 号民居、笔帖式 15 号府邸，并以居士禅院构建艺文区，以章华里民居构建古风商居区；重现章华里、字库巷、和尚街、马家巷等古老街巷；同时大量采用明清风格的休憩小设施，如旗杆、幌子、拴马桩、上马石、挡箭石、灯杆、景桥、浣洗台、影壁、古井、石凳等古风小品，显示寺市合一、相得益彰的特色。

保护区内纱帽街南起东大街，北至蜀都大道，因原路较窄，路面状况差，整治设计按城市次干道路标准，全长 535 米，规划路宽 20 米，其中：车行道 14 米，人行道 2×3 米。车行道采用沥青混凝土路面，人行道为彩色混凝土方块砖。设雨、污管道各一条，污水管位于道路中线东 2 米，长 495 米，管径 400 毫米；雨水管位于道路中线西 2 米，长 498 米，管径 600～1000 毫米。

北糠市街、和尚街为城市支路，全长 259 米，一块版断面，路面为沥青混凝土。大慈寺保护区一期建设工程于 2008 年建成。

【水井坊历史文化街区】

水井坊历史文化保护区东起化工研究所、孙家巷，南临香格里拉环形道路，西邻黄伞巷，北至金泉街、双槐树街。住有居民 637 户，院落 40 个，房屋面积约 3.8 万平方米（其中搭建约 1.6 万平方米）；传统院落较为集中，蕴含“水、井、院、巷、酒”等文化基因。1999 年发现街区内有 700 年历史的“水井坊”烧坊遗址，为迄今为止保存最完整、具有独创性的古代酿酒作坊，已列入全国重点文物保护单位。保护区面积约 10.2 公顷，建设控制区面积约 5.6 公顷，环境协调区面积约 14.2 公顷。

由于区内房屋年久失修，有 80% 以上的房屋成为 D 级危房；加之人均住房面积约 10 平方米，85% 以上住户在四周搭建房屋，私搭乱建现象突出，历史风貌丧失殆尽。因市政配套设施严重缺失，生活、经营不便，已成为中心城区的低洼棚户区，改造片区迫在眉睫。2005 年按“街巷肌理不变,院落风貌不变,古树名木不伐”的原则,完成改造规划。

水井坊遗址

历史文化景区建设

【浣花溪历史文化景区】

浣花溪是清水河流经成都西郊的河段,唐宋时期,浣花溪泛舟游江活动盛行,周边形成多处园林景观,杜甫草堂与浣花溪相邻。由于水源干涸,河床淤塞,夹岸茂林修竹的水道逐渐失去昔日丰采,影响历史文化氛围。1983 年发动机关干部义务疏淘,1985 年决定建设浣花溪风景区。1988 年 3 月至 1989 年 6 月河道全线疏通淘深,两岸砌建卵石河堤,使河宽普遍恢复到 15 ~ 16 米,上、中游新建白色护栏游船码头 3 座,3 座跨河桥均改造成仿古桥梁。为保护文化遗产,重现历史风采,2002 年完成《浣花溪历史文化风景区总体规划》,当年 9 月开展设计招标,经 5 家设计单位竞标,中标单位为中国建筑西南设计院,按“保护文化遗产、改善生态环境、突出蜀文化特色、再现唐宋盛景、体现人性化服务”的理念作出设计方案,以浣花溪公园为重点的浣花溪风景区于 2002 年 10 月开工修建。

浣花溪公园内的白鹭洲

景区范围东起琴台路和百花潭公园,西至三环路附近的艺术公园,以浣花溪为纽带,连缀杜甫草堂、青羊宫等诸多名胜。景区总面积 60 公顷,景区内树木葱茏,溪流环抱,绿野平畴,再现川西田园景色,体现杜甫、陆游诗境。景区建设注意控制开发强度,杜绝大体量建筑和高层建筑。除蜀锦厂、蜀绣厂和金银制品厂等传统工艺品生产厂家外,迁出其他工厂,并停止引入房地产开发项目。

浣花溪公园是历史文化风景区的核心,占地 36.88 公顷,从西南角浣花溪源头起,围绕杜甫草堂沿逆时针方向延至送仙桥西侧,北抵青华路,东接浣花南路,南至干河,西邻二环路,是迄今为止城区最大的开放性城市森林公园。建设中拆迁了新华书店仓库、草堂苗圃等单位,建成观鹭轩、浣花居两幢景观建筑,总面积 3995 平方米;建成不同功能的川西民俗广场、草堂入口广场、菁华广场、万竹广场,总面积 1.84 万平方米。建成道路 3800 米,桥梁 4 座;人工挖湖 35 万立方米,土石堆山 46 万立方米。植物配置以银杏、桂花、红枫、紫薇等中小乔木营造古朴、典雅、高贵的气质;以垂柳、碧桃、樱花等强调明朗的湖面,达到花红柳绿的景观效果;道路单侧种植银杏、广玉兰;围合空间以银杏、雪松、桂花为主,配搭罗汉松、刺南洋杉、蜡梅和杜鹃、六月雪等地被植物突出景观层次、季相变化；大面积绿化配置雪松、银杏、楠竹、红叶李等植物，突出观赏性。共植各种乔木1.24万株、灌木5.29万平方米、地被植物10.81万平方米、水生植物3200平方米。工程总投资9000万元，于2003年5月建成开放。

公园拥有湖泊、岛屿、溪流、山坡、空谷、湿地等40个景点，以万树山、沧浪湖、白鹭洲为主题。2005年12月又建成"诗歌大道"。由南大门至廊桥总长200米、宽3米，用黑色和淡红色大理石相间铺成。其上用篆、隶、楷、草各类书法刊刻出从先秦屈原至清代龚自珍等诗人代表作100余首。左右有10余尊历代重要诗人的塑像。大道终点塑有"诗魂"屈原（铜质）、"诗圣"杜甫（汉白玉）、"诗仙"李白（汉白玉）组成的群体雕塑；楠木林中用灰色花岗石选刻《鹿鸣》《蒹葭》《天问》等诗经、楚辞中的诗句，以及"三苏""三曹"父子的汉白玉雕像，刊刻的诗作时空跨越3000年，充分显示中华诗歌文化的源远流长，成为成都市文化教育基地。

【十陵历史文化景区】

十陵历史文化景区位于龙泉驿区十陵镇，紧靠外环路内侧，景区内有国家重点文物保护单位"十陵明蜀王陵群墓"，包括省级重点文物保护单位"明蜀僖王陵"等10余座明蜀藩王及王妃陵墓。计划利用地形，恢复大型水面，广植果树花木，设置历史文化博物馆，并适当建设旅游、园林设施，形成融历史文化和水上娱乐为一体的大型城郊景区。其中十座明陵是重点保护对象。

2003年11月，十陵景区植绿工程开工。工程涉及龙泉驿区十陵镇、洪河镇9村、36组，2004年1月完成。2004年5月，选定西南交通大学建筑勘察设计研究院与西南交通大学建筑学院完成的十陵景区设计方案，以"道法自然"和可持续发展思想为指导，强调自然生态基调，创造动静相宜的大地景观。总体定位为建造城市"绿肺"，以湖泊森林为主景。2004年在完成总体规划的基础上，先后完成核心景区的区域规划、文物勘探和文物保护规划，以及青龙湖地质勘探和青龙湖工程设计。

十陵景区

2004—2005年，核心景区完成建设项目有：环形道及步行道长42.1千米，宽6～16米；跨东风渠和青龙湖小型桥梁18座；青龙湖土石坝及挡土墙3座，引水闸1座，净水设施1座，泄水闸3座，游船码头4处；以及雨水管网、污水管网、供电系统、邮电通信、天然气主管、接待中心服务用房等。

【金沙遗址历史文化景区】

金沙遗址位于青羊区苏坡乡金沙村，2001年经考古发掘为殷商晚期至西周文化遗址，面积约5平方公里，为21世纪中国第一项重大考古新发现。根据遗址保护的安全性、完整性，以及管理操作的可行性，中国建筑设计研究院历史建筑研究所编制《四川成都金沙遗址保护规划》，确定重点保护区面积11公顷，一般保护区12公顷，建设控制地带35公顷，景观协调区384

公顷。

根据规划，在金沙遗址原址之上建金沙遗址博物馆，作为历史文化景区的核心。博物馆占地约30万平方米，由遗迹馆、陈列馆、文物保护中心、园林区、游客接待中心5部分组成。2004年11月开工建设，2005年12月建成。博物馆内再现金沙时期古蜀人生活场景、宗教祭祀方式，有利于了解古蜀文明的发生、发展、演变历程，来自世界各地的参观者置身此地，可以穿越3000年的时空距离，感受到古老王国博大的气势；造型奇绝、工艺精湛的文物更让人对远古民族伟大的创造力感到震惊和叹服。特别是"太阳神鸟"金饰融合"天人合一"哲理与丰富的想象力，集中表达蜀人追求光明、和谐包容的精神寓意。博物馆周边区域为大面积绿地，环境优美，园区内有"玉石之路"和"乌木区"等文化景观，有功能齐全的休闲设施，游客可以享受到人性化的服务。

金沙遗址博物馆

2005年，完成金沙遗址博物馆周边控制性保护规划，确定金沙·战旗片区用地结构为"一心一脉四片区"。"一心"指以金沙遗址为中心；"一脉"指从西到东的磨底河是体现区域生态活动的动脉；"四片区"指战旗居住区、金沙居住区、龙嘴居住区、清江商贸区。

历史建筑保护

【名人旧居保护】

巴金故居异地重建。巴金是中国当代文学大师，原居成都正通顺街130号，是一座五进三重堂砖木平房建筑的深宅大院，1904年巴金出生于此，并在此度过他的少年和青年时代。后大院拆除，只余巴金故居后花园的一口双眼井。

成都市为此在成都百花潭公园异地重建纪念馆，参照《家》《春》《秋》里的描述重修一座川西民宅，1987年主体建筑初步竣工，命名为慧园。整座建筑的庭院坐西南朝东北，占地3000平方米，两进，前庭为牡丹厅，后庭为紫薇堂，两院由回廊连接，牡丹厅及两廊内置花卉盆景，悬名人书画。紫薇堂系砖木结构，颇具川西民宅特征，现已辟作陈列室，陈列有关巴金生平的历史照片及实物数百件，巴金多次向慧园赠送的作品手稿、样书及纪念性礼品，均在此展出。慧园遍植花草树木，小丘假山、池塘沟渠景色宜人。园侧的晚香楼可凭栏观景，诸景点皆具《家》中高家花园气韵，为成都一胜景。

塑立在慧园外的巴金铜像"回家"

慧　园

李劼人故居“菱窠”。位于锦江区沙河堡。李劼人（1891—1962）是现代著名作家、翻译家，20世纪50年代曾任成都市副市长，省文联、作协副主席。“菱窠”初建于民国28年（1939），因地处菱角堰侧而命名。初建时土墙草顶，偏僻简陋，抗战胜利后改建为两层楼房，木柱回廊，屋面仍为草顶。李劼人于宅中译出7部法国小说，创作和修改《死水微澜》《暴风雨前》等著作；并利用地势偏僻，掩护过不少中共地下党人和进步人士。1959年用稿费将草屋顶改为小青瓦屋顶，土墙换为砖墙；后又将外围篱笆改为红砖围墙。李劼人去世后，故居作为纪念建筑，于1982年重新修缮主楼，改造大门和围墙。为四川省重点文物保护单位。

李劼人故居“菱窠”

清人陈宗典宅第。位于温江区寿安镇和平村，为清代翰林陈宗典住宅。始建于清同治三年（1863），占地面积6670平方米。因门前立双斗旗杆，俗称“陈家桅杆”。属宗祠、园林综合性建筑群，为三重宅院，由前厅硬山式、二厅悬山式、正房歇山式组成。门前设照壁，八字形粉墙，墙上石刻镂空福、寿二字及蝙蝠图案。四周溪水环绕，竹树掩映。为四川省重点文物保护单位。

杨遇春宫保府。位于崇州市崇阳镇上南街，为清代陕甘总督昭勇侯杨遇春府第，始建于清道光十三年（1833）。府内有院落两组，沿中轴线布设门厅、接旨厅、迎客厅、戏台、饮筵厅、房堂、过厅、正厅、仓库等，占地面积4000平方米。府门前原有雕刻石狮一对，大门高悬竖式火焰匾，现已重制。为四川省重点文物保护单位。

清人宁湘宅第。位于邛崃市临邛镇兴贤街，为清末教习宁湘私宅。始建于光绪二十九年（1903），占地1354平方米，内设堂、廊、楼、学馆、仓、厨等，有四合院5个。正厅为架结构，七架四穿五柱。大门吊檐垂柱饰有雕花绣球及花鸟图案，窗格图案有直菱形、卷草花卉等。粉墙青瓦，外观素雅。为成都市重点文物保护单位。

彭家珍故居

彭家珍故居。位于金堂县杨柳乡（现属赵镇）同合村。彭家珍（1888—1912）是反清革命烈士，因刺杀清廷政要良弼而英勇献身，被孙中山举为彭大将军。故居建于光绪二十二年

(1896)。门前有民国初年建立的“彭大将军家珍故里”碑，碑高1.64米，宽0.85米。故居占地11亩，为传统民宅，带有院落。土坯垒墙，青瓦屋面，墙外绕水渠，墙内植翠竹，院左系书房，院右为客房，后院为起居用小四合院。

【祠堂会馆保护】

历史上，成都是一座典型的移民城市，清初大规模移民被称为“湖广填四川”。来自各地的移民大都以同籍组团，建有风格各异的多种会馆（内含祠堂），发挥联谊、交流、调解、祭祀、商贸等多种作用。会馆建筑，屋宇宏伟，建造坚实，亭台楼榭，蔚为大观。在近半个世纪内，许多祠堂会馆往往移作他用，改建为学校或工场，建筑物也遭到不同程度的破坏。20世纪80年代以后，保存较完好者逐渐恢复原貌，并按相关规定予以保护。

陕西会馆

陕西会馆。位于城区陕西街蓉城饭店内，始建于清康熙二年（1663），后毁于战火。光绪十一年（1885）由33家陕籍商号集资重建，现仅存会馆大殿。大殿为木结构，建筑面积805.2平方米，面阔7间（33.6米），进深3架（22米），通高18.49米。重檐歇山式屋顶，覆黛色筒瓦，两层翘檐；正脊两端各有1.5米高螭吻，底楼四角石柱到顶。木质窗棂雕镂精细，装饰华丽，体现出北方建筑的浑厚风格。为成都市重点文物保护单位。

广东会馆（南华宫）。位于龙泉驿区洛带镇，始建于清乾隆十一年（1746），为广东移民集资建造。存三殿两院及厢房等处，总建筑面积3310平方米。前殿为卷棚式，绿色琉璃筒瓦盖顶；在后门通道及前殿两侧，筑有三道曲线花草图案风火墙；中殿为硬山式，顶为青瓦房盖，抬梁屋架；后殿一楼一底，名为玉皇楼，上层歇山式黄色琉璃瓦屋面；走廊栏杆雕花；顶层屋面沟头滴水瓦呈桃形，出檐微翘。屋脊塑以龙凤花鸟图形，两端龙尾，中堆高插。各殿撑弓，雕有坐狮、戏剧人物和花鸟图案。

广东会馆（南华宫）

湖广会馆（禹王宫）。位于龙泉驿区洛带镇，始建于清乾隆十一年（1746），后毁；民国2年（1913）重建。会馆总建筑面积2771平方米，原有三殿四院，现存中殿、后殿及前院厢房。中殿为卷棚式，筒瓦屋盖，木屋架为抬梁式；后殿为硬山式，青瓦滴水房盖；后院厢房与中殿、后殿连成走廊。过厅前檐设石板栏杆，正中大门为方形石柱，石雕精细。

湖广会馆（禹王宫）

位于洛带镇的广东会馆、湖广会馆、江西会馆、川北会馆组成的“洛带会馆建筑群”为四川省重点文物保护单位。

【近代中式建筑保护】

成都旧有中式建筑具有典型的川西民居风格。街道巷里的民居多为穿逗式结构，墙壁多为竹编泥壁、白灰粉面，屋面多为小青瓦或灰筒瓦，设瓦当沟滴。富家宅院多为传统砖木结构，平面布局以四合院为主，墙体多灰白色，柱涂黑褐色，院落设阶沿天井，开敞通透。寺庙平面布局多采用封闭型多重院落组合形式，立意古朴、宁静。现存传统民居城区以宽巷子、窄巷子民居为代表，郊县以黄龙溪民居保存最完善，均已进行保护。

成都市人民政府公布的文物建筑牌

近代公馆建筑，逐渐由古典走向现代，多按轴线设前庭、中庭、后庭，细部装饰带有西洋风格，此类公馆以布后街熊克武公馆为代表。园林式公馆以市内刘存厚公馆及过街楼张隆阁宅较为著名。花园洋房式公馆盛行于20世纪20—30年代，以鼓楼南街石肇武公馆为代表，建筑立面装饰豪华。混合式公馆则以传统院落与花园洋楼相组合，以文庙后街37号公馆较为典型，大门为传统式样，二门为西洋式样，门上塑大朵牡丹；内有单层四坡顶平房，门窗作拱形过梁，中西合璧；内庭为独立二层洋楼。上述公馆建筑20世纪70年代以后多已拆除，现存较完整的有青羊区方池街李家钰公馆，大邑县刘文彩庄园、刘文辉新公馆，龙泉驿区田颂尧唯仁山庄等，均已按相关规定进行管理。

【近代西式建筑保护】

四川大学医学院文物建筑群。位于四川大学医学院（原华西大学）内，又称华西坝建筑群，含办公楼、钟楼等，显著带有中西合璧的建筑特色。华西钟楼，已成为华西坝近代西式建筑群的标志性建筑。该建筑群为四川省重点文物保护单位，保护区面积为6公顷。

华西坝钟楼

柿子巷砖楼。位于青羊区柿子巷，始建于民国2年（1913），落成于民国4年（1915），占地10余亩，建筑面积2100余平方米，主体为砖木结构，主楼东侧的花园里，有水池、假山、花坛、小桥。现为成都市重点文物保护单位。

平安桥天主教堂

平安桥天主教堂。位于青羊区西华门街平安桥段，始建于清光绪二十一年（1895），由川西教区法籍神父骆书雅设计、监造，耗银20万两、历时10年建成，建筑面积3378平方米，是成都市内规模最大的教堂建筑。总平面呈中文“悚”字形，显示教会的“自警自律”，左半边为主教座堂，右半边为主教公署，周边以外廊相连接，全以单层展开，使外观与传统建筑风貌相似。整座建筑为拜占廷式建筑，室内由4排漆成赭红的楠木柱将空间分成3部分。中厅高9米，设拱形天棚，由18根立柱支撑3个马蹄型穹窿。

福音堂。位于锦江区四圣祠街，民国9年（1920）由加拿大基督教“海外布道会”集资兴建，迎面为砖木结构两楼一底，后为礼堂，钟楼耸立，平面布局为巴西利卡式，可容千人，时称“第一堂”。以木骨架作券拱承重，陡坡屋面向四周展开，呈十字形，原为铁皮顶盖，培修后改用石棉瓦。

西川邮政管理局大楼。现成都市邮政大楼，位于锦江区兴隆街，为砖木结构，始建于民国21年（1932），5年后建成，由加拿大建筑师叶音清监造。主楼立面中心为塔楼形式，高21.35米；两侧为2层楼房，高9.46米，建筑面积2616平方米。楼上办公用房内设壁炉；楼下营业大厅外设钢窗，平面布置紧凑。院内公共厕所内设抽水马桶，为20世纪初成都罕见之物。此楼主体为清水墙，磨砖对缝，做工精细，成为旧时样板工程。建楼木材均作防腐处理，未见虫蛀腐蚀。

励志社大楼。位于青羊区商业街，现为中共四川省委办公楼之一，始建于民国26年（1937）。由基泰工程公司成都办事处中国建筑师杨廷宝设计，余鸿记营造厂施工。主体建筑为两楼一底的混合结构，砖墙、钢筋混凝土梁柱，木楼地面、木屋架、素色筒瓦屋面，建筑面积2170平方米。屋面仿清宫式歇山顶，2层与3层之间飞檐翘角，外墙面洗石装修。楼上客房内设楠木墙裙，嵌花地板；卫生间以马赛克、瓷砖饰面，装有抽水马桶。抗日战争时期常有美国空军飞行员住宿于此。

古树名木保护

【概况】

1989年，成都市进行古树名木普查，城区共有古树名木1351株，品种为38种。1996年，四川省进行古树名木普查，成都市园林管理局入档的古树名木为1576株。

2004年8—9月，建立古树名木现代信息管理系统，成都市园林管理局委托四川省林业厅勘察设计研究院调查城区内的古树名木，调查结果新增古树名木7株，总株数达1583株。并将调查结果建立数据库，包括区域位置、树种、树龄、胸径、树高、冠幅、生长状况、特殊性状描述、相关历史或神话传说、保护现状等，每株古树名木都有配套的数码照片和正式卡片，并将资料录入成都市绿地管理信息系统；制作《成都市名木古树分布图》，通过GPS坐标在成都市基本图上显示古树名木点位。

2005年3月，锦江、青羊、金牛、武侯、成华、高新、龙泉驿、青白江、新都、温江等10区再次对古树名木进行调查统计，现存古树名木共46种、2042株，主要分布在公园、大专院校、医院、居民院落、路旁、驻蓉单位及驻蓉部队等地。其中：锦江区221株、青羊区773株、金牛区137株、武侯区404株、成华区48株、高新区10株、龙泉驿区241株、青白江区14株、新都区89株、温江区105株。46种古树名木中，以银杏株数最多，共961株，其次为香樟（228株）、楠木（195株）、皂荚（144株）、柏木（135株）红豆木（122株），上述6种树林合计为1785株，占古树名木总株数的87.4%；其余40种古树名木257株，占古树名木总株数的12.6%。

【保护举措与实施】

成都市政府于1989年12月23日颁布《成都市古树名木保护管理规定》，并由全国绿化委员会及成都市园林管理局对古树名木两次挂牌。散生于城市街道上的74株设置保护树池和围栏；每年定期进行水肥补给和病虫害防治。开展古树名木复壮和病虫害防治研究，引进先进管理办法和保护技术，2000—2004年安排古树名木养护队雨季排险150次，修剪枯枝、断枝172株。

南河边绮霞园有株100多年树龄的皂角树，修建河堤时特意调整河岸线，成为"古树作证"景点；锦江大桥下游南岸、太升桥上游北岸分别有两株大银杏树，修建地下管线时，也专门调整管线。

桢楠是杜甫草堂的特色树种，自20世纪70年代以后，因大气污染、地下水位降低、水质恶化、酸雨、病虫危害等影响，长势逐渐衰弱，有些已告死亡。草堂博物馆古树名木科研组制定救治方案，排除林木周围有害因素，加强病虫害防治，定期观察，及时预报，促其复壮，共抢救树木237株，其中古树46株，形成不同树龄的树木共存共荣格局。经抢救的桢楠均发芽展叶，长势健旺。

百花潭公园内一株唐代银杏，树龄约1000年，为1980年12月从汶川县漩口百花公社胜利大队胜因寺遗址移入。移入时，树直径3.2米，树高5.3米，自重约8.5吨；移入后，经公园职工精心养护，叶色翠绿，枝嫩叶茂，形色优美，焕发青春。

都江堰市历史文化名城保护

【概况】

都江堰市位于成都平原西北边缘岷江出山口处，古为蜀国领地，东汉末年置都安县，后多次更名。明清时称灌县，县名沿用至中华人民共和国时期。1988年撤县建市，以境内著名水利工程都江堰命名，称都江堰市。

青城山

都江堰为战国末期秦昭王五十一年（前256年），蜀守李冰所建，是世界上历史最久而尚在运用的水利工程，历两千多年，仍长盛不衰。都江堰是自然造化与人工斧凿浑然天成的不朽建筑，充分体现了人与自然和谐相处的理念。1983年2月23日，国务院将都江堰列为全国重点文物保护单位。

都江堰市区西南的青城山以“天下幽”著称于世，青城山是邛崃山脉南段东支，背靠岷邛山系的皑皑雪岭，俯临沃野千里的成都平原，以大面山为主峰，山势如城，层峦叠嶂，有36峰、72洞、108景。青城山植被茂盛，四季苍翠，林地总面积2350公顷，生物资源十分丰富。自汉代张陵在此传道以来，青城山就成为道教的发祥地。山中道教宫观林立，建筑特色鲜明，文化内涵深厚。1982年国务院公布青城山—都江堰为国家重点风景名胜区。

都江堰市林木葱茏，傍水依山，内江水系的蒲阳河、柏条河、走马河、江安河穿城而过，南桥、蒲柏桥、走马桥、江安桥、玉带桥沟通被水系分割的城区，形成山林、古堰、津梁、关隘、城垣、建筑相映成趣、风光优美的城市。“江流分内外，城市半山原”，“多少人家环水次，高低雉堞依山头”，“半城水色半城山”，这些诗句充分显示古城特色。

都江堰

省政府于1990年命名都江堰市为省级历史文化名城；国务院于1994年批准都江堰市为第三批国家历史文化名城；都江堰市还先后荣获中国最佳旅游城市、中国最佳魅力城市的称号及“中国人居环境范例奖”“迪拜国际发展居住环境良好范例奖”等殊荣。

都江堰市重视历史文化名城的保护，1999年8月至2000年2月，青城山—都江堰申报世界遗产期间，对都江堰、青城山、龙池周边环境进行全面整治，取得显著成效。青城山—都江堰列入世界遗产名录后，2003年设都江堰市世界遗产管理委员会办公室，进一步加强都江堰市名城保护各项工作。

【青城山—都江堰世界文化遗产申报】

青城山—都江堰风景名胜区，既有优美的自然风光，又有深厚的文化内涵。1996年，中华人民共和国政府将青城山—都江堰列入世界遗产预备清单向联合国推荐。

1998年2月16日，中共都江堰市第十届代表大会决定：向联合国申报将青城山—都江堰列入《世界自然文化遗产名录》；1998年6月10日，中共都江堰市委第十届委员会第六次常委会议决定成立申报世界自然文化遗产工作领导小组及办公室，申报工作全面启动。

1998年11月申报文本初稿完成；经8次修改，1999年5月形成约5万字、图片115幅的申报文本；1999年5月19日，国家建设部在北京召开“青城山—都江堰申报世界遗产审议会”，对申报文本予以较高评价；1999年7月2日，国务院领导在教育部、建设部、文化部、外交部上报的《关于推荐青城山—都江堰等遗产列入〈世界遗产名录〉的请示》文件上签署意见，同意向联合国教科文组织推荐；1999年7月4日，应联合国教科文组织邀请，都江堰市委领导率队赴巴黎介绍申报情况；7月5日文本送达设在巴黎的联合国教科文组织世界遗产中心秘书处；随后，世界遗产委员会确定2005年2月底组织专家验收；1999年9月至2000年2月中旬，都江堰市全面进行环境整治。

2000年2月27日，联合国教科文组织委派专家莱斯·莫洛伊博士赴都江堰市，对申报世界遗产工作进行考察验收。2000年11月27日晚，在澳大利亚昆士兰州凯恩斯召开的第24届世界遗产委员会决定：青城山—都江堰列入世界文化遗产名录；青城山—都江堰的世界自然遗产受到充分肯定，但是还有一些问题需要进一步澄清和论证，决定延期列入世界自然遗产名录。2006年7月，作为世界自然遗产被列入世界遗产名录。

【青城山—都江堰周边环境整治】

1998年8月，成立“都江堰市环境整治领导小组”，24日下发《青城山—都江堰申报世界遗产环境整治管理暂行办法》。9月1日，召开都江堰市环境整治誓师动员大会，下发《青城山—都江堰申报世界遗产第一批环境整治任务的命令》。同年10月13日，市政府发出《关于古堰景区申遗环境整治工程拆迁安置工作的通知》，10月18日召开拆迁安置工作动员大会。同年12月16日，市政府下达《青城山—都江堰申报世界遗产第二批环境整治任务的命令》。

1999年8月至2000年2月中旬，对都江堰、青城山、龙池等3个景区周边环境进行全面整治。其中青城山景区周边环境整治共投入资金2.06亿元，搬迁核心景区内民居1097户，拆迁和关闭区内工厂、矿山61家，拆迁变电站1座，新建变电站2座，搬迁学校1所；按国际标准改造景区公厕13座；铺设青石板、红石板路面2万余平方米；新增绿化面积24万平方米，增设公用电话亭200余处。都江堰景区周边环境整治共投入资金1.2亿元，拆除不协调建筑物14.2万平方米，搬迁厂矿单位及居民828户，新增绿化面积12.6万平方米，维修古建筑5000多平方米，兴建生态停车场4处、面积1.21万平方米。

【青城山—都江堰世界遗产保护】

青城山—都江堰世界遗产总体保护。2002年，青城山—都江堰列入世界遗产名录，2003年7月，设立都江堰市世界遗产管理委员会办公室，负责遗产区保护的协调工作。在核心区、缓冲区按有关规定设置标志、标牌和界桩等。禁止在核心区、缓冲区建设宾馆、招待所、疗养院及各类培训中心等建设项目；禁止设立各类开发区、度假区；禁止建设污染环境、破坏生态和造成水土流失的设施。缓冲区内重大基础设施建设项目的选址、定点和设计方案由地方人民政府审查，报四川省世界遗产管理委员会办公室会同相关行政主管部门审查同意后，按有关程序报批。其他建设项目经都江堰市世界遗产管理委员会办公室审查同意后，按有关程序报批。建设项目与周边环境相协调。施工过程中，采取有效措施保护周围的林木、植被、水体、地貌等人文景观和自然景观。对旅游人数和游客容量进行监控，旅游高峰时段采取调整游线、分散客流、限制人数等措施控制游客容量。建立特许经营制度，保护区范围内的经营活动在征得都江堰市世界遗产管理委员会办公室同意后，办理相关经营手续。加强安全防患工作，两个景区管理局均制定有保护世界遗产的应急预案。

青城山遗产区保护。青城山遗产地保护范围内，禁止建设任何工矿企业、各种形式的宾馆、培训中心、招待所、疗养院、度假区等。禁止开山取石、采矿、狩猎、采伐等活动。控制区内的各项活动，切实保护好青城山的自然景观。青城山遗产地核心区除必要的基础设施外，按规划建设游览必需的服务接待设施。青城山遗产地缓冲区内规划出允许一定强度的资源开发利用和一定数量的接待服务、休闲健身、文化娱乐等设施建设，相关建设与该地区控制性详细规划的要求相符合。

都江堰遗产区保护。都江堰遗产区保护的重点是都江堰水利工程以及与都江堰有关的古建筑、古遗址等人文景观；都江堰水利工程的岁修是历史惯例，岁修时采用优质建筑材料和先进建筑工艺；都江堰遗产地保护范围内除岁修工程所需外，禁止任何单位和个人砍伐树木、挖沙取石；都江堰遗产地保护范围内的城市建设项目与保护规划相协调、相衔接，并完善相关配套设施；都江堰遗产地保护范围涉及的南街、西街、复兴街等街区按照历史文化名城和遗产保护的相关要求进行环境整治。

新都区历史文化名城保护

【概况】

新都历史悠久，为古蜀王开明所辟都邑。公元前 7 世纪左右，蜀王开明氏营建开明王朝都邑时，为有别于杜宇氏的旧都，新建的都邑遂名为“新都”。新都与广都、成都同为蜀中名城，合称“古蜀三都”。两千多年来，历经朝代更迭，隶属变化，地域消长，新都之名沿用至今。古老的新都留下许多名胜古迹，悠久的历史积淀丰厚的文化，优美的环境催生富庶的经济，新都被冠以“蜀中宝玉”“天府明珠”“文献名都”“状元故里”“香城宝地”等诸多美称。

新都人杰地灵，古迹众多，古寺名园，驰名遐迩。遗址、墓群有：新繁镇水观音商周时代遗址、马家镇普东村战国时期的开明王木椁墓和双石镜的王妃墓、新民镇金牛村的战国墓葬群、东汉以来的繁阳山岩墓群等。其出土文物众多，不少文物为国家一、二级文物。至今犹存的地上文物和人文景观为数更多，如西汉的章明、侯刚墓，东汉王稚子阙，三国马超墓，唐代名相李德裕兴建的东湖等。建于初唐的明代文学家杨升庵旧居桂湖，为皇家园林结构“一池三岛”的典型模式。明代以前的 1000 余年，一直作为县衙的驿馆园林，得以长期完整保存至今，是中国园林界的奇迹，在海内外享有盛名。始建于唐代的宝光寺，是中国著名的佛教禅宗丛林之一，居长江流域四大丛林之首，在海内外具有很高的知名度。其罗汉堂的罗汉造型生动，形态逼真，为国内少见。寺内还有唐僖宗驻跸时遗留的雕刻精美的柱础和迁至寺内保护的梁代千佛碑。龙藏寺的明代壁画和碑林（部分石碑已移至升庵桂湖内）是川西文物瑰宝。碑林保存唐、宋、明、清以来的名家手迹和多种流派的书法艺术。

新都现有国家级重点文物保护单位杨升庵祠及桂湖、宝光寺；省级重点文物保护单位新繁东湖；市级重点文物保护单位龙藏寺；区级重点文物保护单位王铭章墓园、华林寺大殿；区级文物保护点王稚子阙遗址、明代状元坟遗址等 113 处。

【杨升庵祠及桂湖保护】

杨升庵祠及桂湖合称为升庵桂湖，又名南亭，始建于初唐，至今已 1300 余年，是明代状元杨升庵的旧居。升庵桂湖占地 5 万多平方米，其中桂湖红莲观赏池占地 1.6 万平方米，沿湖遍植金桂、银桂、丹桂、紫桂、雪桂等各种观赏桂树 2000 多株。其园林结构为皇家“一池三岛”的典型隋唐园林模式，其园林建筑以雄峙湖心的升庵祠为主体，是中国著名川派官家园林。升庵桂湖有楼台亭阁、桥榭廊庑等 20 余座，以及连理古藤、交加伊人、天然图画、荷塘月色、古城问津、翠屏亭亭、丛桂留人、杨柳楼台八大景观。升庵桂湖布局谨严，古朴典雅，玲珑剔透，造型精美，色调柔和，主次分明，远近照应，动静结合，形成独特的园林风格，有“天府第一湖”之称，被誉为“西蜀名园”，是全国著名的十大赏荷胜地和五大桂花观赏地之一。1996 年，国务院公布杨升庵祠及桂湖为全国重点文物保护单位。

1990—2005 年，共投入资金 2209 万元，对升庵桂湖进行全面保护，资金来源包括中央、四川省、成都市三级文物主管部门下拨款、当地政府财政拨款、社会捐款和文物管理所自筹资金。主要维修项目有：

维修升庵祠及升庵书房。升庵祠始建于清道光十九年（1839），单檐歇山式抬梁木结构，通高 10.7 米，面阔 5 间 24 米，进深 3 间 15 米，建筑面积 350 平方米。主要陈列纪念明代状元杨升庵有关文物。1962年5月,朱德亲笔题写“杨升庵纪念馆”。1995年,进行全部落架维修,并更换部分木柱门窗。1996年,新都县文物管理所维修升庵祠屋顶,更换部分梁柱、门窗,并恢复藏舟山馆。1999年,加固升庵祠梁架,翻修屋顶,解决房屋长期漏雨潮湿问题,并对所有木质构件进行油漆和防虫防潮处理。重塑杨升庵青铜坐像,增添杨升庵祖父杨春、父亲杨廷和、叔父杨廷仪工笔画像。升庵书屋原为仓颉殿,现为陈列展出杨升庵文学成就等有关文物之处。抬梁架式卷棚顶,面阔3间15米、进深1间7.8米、建筑面积117平方米。

维修古城墙。古城墙始建于隋代,明代杨升庵家族捐资重建,清代进行维修。古城墙现保存长800米、高6.8米、宽5~7米,城墙上建筑现有挹锦门、观稼台、问津楼、坠月楼。1995年,进行第一次大规模维修,重点对城墙墙体断裂部分进行加固,更换部分墙砖。1999年,进行第二次重点维修,根据历史文献和古代状元县风俗,采用红砂石,恢复新都原来明代墙垛双层条石景观,疏通排水系统。2001年,进行第三次重点维修,根据有关历史资料,恢复古代城墙西门城楼的“挹锦门”,单檐歇山式穿斗木结构,仿清代木雕门窗,城楼高7.2米,城墙高6.8米,通高14米,城门宽4米,面阔3间11.4米,进深1间8.5米,建筑面积96.9平方米。

升庵桂湖

重建榴阁。榴阁为杨升庵与夫人黄峨种植石榴之处。1991年,根据历史资料进行恢复重建,为仿清代风格四合院布局。现为文物陈列展览、文艺演出和休闲场所。

建设桂湖森林广场。桂湖森林广场位于升庵桂湖古城墙外,占地180亩,总投资2107万元。在1991年建成的新桂湖公园景区内改造和新建思源桥、田家英广场、王明章墓、览胜台、芙蓉岛、学门广场等景点。种植高大乔木,配植灌木,修建音乐喷泉、造型灯光和3座仿古石桥。

兴建新都博物馆。2002年,在升庵桂湖临街面修建奎星楼、主题陈列馆,作为新都馆藏文物展厅。2005年建成后,定名为新都博物馆。该馆为三层带一亭阁式建筑,总面积3545平方米,共分四部分:“古蜀名都”展出新都出土的古蜀国开明王墓葬青铜兵器、工具和印章等文物;“汉风唐韵”展出新都出土的汉代说唱俑、陶三轮马车、画像砖,唐代金杯、珍稀钱币文物等;“人文明清”展出明代状元杨升庵家族文物和清代著名学者费密学术著述等文物;“翰墨丹青”展出历代名人书画、题词,杨升庵书法墨迹原件等。

【宝光寺保护】

宝光寺是中国著名的佛教禅宗丛林之一,宝光寺的传法世系起自晚唐,至2005年已近1300年。是中国历史悠久、规模宏大、结构完整、环境清幽的佛教禅宗寺院,故又称宝光禅院。此寺保存中国早期佛寺“寺塔一体、塔踞中心”的典型布局。“文化大革命”时期,因中国人民解放军奉命进驻而未受破坏,其建筑、佛像及珍藏文物一直保护完好。1983年被国务院定为全国汉族地区重点开放寺院;2001年被国务院列为全国重点文物保护单位。

宝光寺

1990—2005 年期间，宝光寺自筹资金 1624 万元，对寺内主要建筑、设施和道路进行维修或新建，主要项目有：

维修罗汉堂。罗汉堂始建于清咸丰年间，面阔 5 间，进深 5 间，建筑面积 1600 平方米。有佛、菩萨、罗汉塑像 577 尊，数量为全国之最。1990—1992 年，经国家、省市有关部门批准，购买黄金金箔 3.5 千克，组织专家学者精心制定维修方案，采用古代传统工艺，精心施工，对罗汉堂全部塑像进行维修，主要对佛像粘贴黄金金箔，并修补部分损坏塑像彩绘。历时 3 年完工，验收合格，为优良文物维修工程。

维修宝光舍利塔。舍利塔始建于唐广明年间，砖石结构，高 30 米。1993 年，对宝光舍利塔全面维修，主要进行塔身保护、塔基加固、塔上佛像修复等工作。2001—2005 年，聘请专业监测部门对宝光舍利塔进行监测，监测记录完整，供保护维修使用。

恢复素餐厅。佛教素食是宝光寺别具特色的食品文化，流传数百年，誉满海内外。1997 年，恢复素餐厅，修建餐厅大楼、廊房雅间和厨房后院。素餐厅建成后，受到各方面好评，提升宝光寺文化品牌。

修建宝光精舍。宝光精舍是供僧人居住的建筑，2003 年修建供年轻僧人居住的普通精舍，2004 年修建供老年僧人居住的老年精舍。

整治宝光园林。宝光园林为宝光寺佛教文化主要组成部分，有古楠木、松柏、银杏等，以及大量珍贵花草。2003—2004 年，植大型银杏树 30 株并进行风貌整治。

改造道路地面及修建木工房。2000—2005 年，对寺内道路、殿前地面、庭院地面等全部铺设青石板，全寺面貌焕然一新。2005 年，新建木工房综合楼，为后勤服务和常年维修提供基础用房。

坚持常年维护。常年维护的主要内容为殿堂油漆，白蚁防治；每年夏季，定期对珍藏古代佛教经书《大藏经》进行防虫、防潮、消毒处理；对所藏佛教书画文物进行常年修复和装裱。

新建精品馆。宝光寺历史悠久，文物众多。2004 年动工新建精品馆，2005 年 9 月建成开放。该馆为仿清代四合院布局，与全寺建筑风格协调，展厅宽阔，设施齐备，主要陈列展出镇寺三宝（佛舍利、贝叶经、优昙花）等珍贵文物，并长期轮流展出历代名人书画：宋徽宗《鹦鹉图》、元代赵孟頫《五马图》、明代陈洪绶《荷花图》、清代郑板桥《竹石图》以及南北朝梁代千佛碑、唐代施衣功德碑等。

为保护全国重点文物保护单位宝光寺，1999 年新都县委、县政府立项建设宝光广场，2002 年 12 月竣工，历时 40 个月，总投资 5000 万元，总占地 50 亩。广场内设置有小桥溪流、镜面浮雕、曼陀罗亭、多姿喷泉、硬化光带、乔木林荫和各种造型灯光等。广场中培植黄桷树、银杏、桂花、香樟等树木。

【东湖保护】

新繁东湖（又称“卫公东湖”）位于新繁镇西街，为中晚唐著名宰相李德裕所开凿，距今已有 1100 多年历史。是中国有遗迹可考的两处（另一处为山西省新绛县的绛守居)唐代古典人文园林之一，是中国现存唐代园林格式最完整的官家园林。新繁东湖占地1.8万平方米，水面约6000平方米，经历代培修保护，仍具古朴、庄重、典雅的汉唐风格。园中有楼、台、亭、阁、廊、轩等20余处，园内湖山秀美、古木参天，建筑精巧、玲珑别致，布局巧妙、山水绝佳。历代均为川西名人学士雅集之处，并给后世留下大量匾联、碑刻和酬唱之作，自古被誉为“川西碧玉”。1996年列为四川省重点文物保护单位。1990—2005年期间，东湖维修的主要项目有：

瑞莲阁维修。瑞莲阁濒临东湖湖面，因北宋天圣年间莲开并蒂，呈现瑞象而得名，建筑面积20平方米，为木结构四方形亭。1999年8月落架大修。

清白江楼维修。该楼系纪念宋代治蜀有功的成都知府赵抃而建的城楼式古建筑，面积90平方米。2005年10月落架大修。

光霁堂维修。光霁堂为清代古建筑，面积83平方米。1991年4月落架大修。

古城墙维修。古城墙始建于唐代，清代重建。因年代久远，墙体开裂垮塌。1991年3月至1992年8月修补墙体、加固墙基。

草亭翻盖。东湖有草亭4座，体现川西乡村风格。分别于1990年、1994年、1999年、2003年对4座草亭进行翻盖。

重点维修。东湖因年久失修，1998年8月，更换全园古建筑损坏的木结构、梁柱门窗、屋顶小青瓦，东湖面貌焕然一新。

路面改造及石桥维修。2004年3月—2005年12月，改造园内路面，铺设石板和圆石；2005年9月维修园内5座石桥。

建设东湖森林广场。东湖森林广场南倚新繁东湖古城墙，是新繁镇人民政府完善城市基础设施，保护东湖历史风貌，展示东湖历史文化的重点建设项目。广场占地100亩，总投资1000万元，于2002年10月建成。广场设计采用中式造园手法，突出地域特色和文化氛围，力求与东湖园林风格协调。广场集人文与自然景观，重生态与环境保护，融商业、人居、休闲、集会于一体，成为展示新繁生态园林城镇的窗口。

新繁东湖

【龙藏寺保护】

川西古刹龙藏寺距新都区新繁镇3千米，始建于唐代，初名“慈惠庵”，元代毁于兵火，明代重建，清代重修，为四川西部文风鼎盛的人文寺庙。龙藏寺占地约3万平方米，有明代壁画和书法碑林，收藏有历代名人书法墨迹碑200多通。书体有篆、隶、楷、行、草等；字体或大如巨扇，或小如珠玉；书法风格千姿百态，各领风骚，有的雄浑遒劲、凝重端庄；有的飘逸有致、舒卷自如；有的古朴苍劲、风骨清寒。1985年，龙藏寺被列为成都市重点文物保护单位。

1981年，新都县文物管理所把宋代苏东坡、黄庭坚，元代王庭筠，明代文徵明、董其昌，清代郑板桥、石涛、刘石庵、梁同书、王文治、何绍基等书法碑刻66通，迁到升庵桂湖进行保护，建立“龙藏寺碑宫”。

龙藏寺

1991年，修建仿清代四合院“桂湖碑林”，进一步保护龙藏寺碑林，“桂湖碑林”坐北向南，面阔9间38.4米，进深11间35.4米，占地面积1400平方米，由三部分组成：一是龙藏寺碑林部分（古代名人书法碑）；二是桂湖古碑部分（明代状元杨升庵撰书《新都县八阵图记》碑、《桂湖全图》碑等）；三是新都历史碑（三国蜀汉马超碑、新都文庙碑等）。龙藏寺的碑刻成为“桂湖碑林”碑刻的重要组部分。2005年，新都区对“桂湖碑林”进行大型维修。

历史文化名镇建设与保护

【概况】

成都市是全国历史文化名城，市域内城镇林立，古镇名镇星罗棋布。至2005年年底，全市有国家历史文化名镇2个，即安仁镇、平乐镇；省级历史文化名镇13个，即：西来镇、五凤镇、黄龙溪镇、洛带镇、怀远镇、元通镇、街子镇、崇阳镇、邛崃镇、茶园镇、新都镇、新繁镇、城厢镇。

2006年7月，成都市人民政府命名彭州市小鱼洞镇、白鹿镇、郫县唐昌镇、新津县永商镇、邛崃市火井镇、平乐镇花楸村、温江区寿安镇、金堂县土桥镇、大邑县新场镇等9个镇（村）为成都市历史文化名镇（村）。

2007年11月，黄龙溪镇为国家级历史文化名镇；2008年12月，洛带镇为国家级文化名镇；2009年9月，大邑县新场镇为国家级历史文化名镇；2014年3月，五凤镇为国家级历史文化名镇。

成都市按照“文化强市”“旅游强市”思路，“规划先行，政府引导，政策扶持，市场运作”，加强古镇的基础设施建设，整治古镇周边环境，发掘古镇的人文内涵，展现古镇的历史风貌，开发古镇的文化产业和旅游产业。

【安仁镇保护】

安仁镇位于成都平原西部，距大邑县城8千米，距成都市区45千米，始建于唐武德三年（620），迄今已有千余年历史。安仁镇是国家AAAA级旅游景区，全国青少年教育基地。安仁镇以1个小镇、27座公馆而闻名，1992年10月，列为中国历史文化名镇。

安仁镇是川军将领刘湘、刘文辉及大地主刘文彩的故里，刘氏庄园是一个多重院落组成的四合院，主要有前院、逍遥宫、书房、花园、后罩院等，建筑既有豪门府邸遗迹，又融入西方建筑特色。园内收藏文物2700余件，其中8件太平天国天王府遗物紫檀木百宝玉石如意太师椅，为国家一级文物。

刘文彩公馆

安仁镇按"规划先行，突出庄园特色"原则，注重古街古景保护。2004年投资400万元，安装天福街、中心街等排水管道干线2千米，铺设青石板路面2万平方米；投资2000万元，将架空电力、电信、光纤线路，埋入地下；投资30万元，增加绿化面积2万平方米；投资75万元安装路灯，新建标志性建筑安仁宏塔。

落户安仁镇的建川博物馆于2005年8月15日抗日战争胜利60周年之际首次向世人开放，为安仁镇增添文化内涵。公馆加文博成为安仁镇的独有特色，2007年，安仁镇又建成融休闲、娱乐、观光为一体的安惠里古街。

【平乐镇保护】

平乐镇古称"平落"，位于成都市西南83千米，距邛崃市区18千米，为中国历史文化名镇。平乐镇历史悠久，西汉时期即形成南方丝绸之路上的重镇，号称"茶马古道第一镇"，古道遗址位于平乐骑龙山中。白沫江穿镇而过，将古镇一分为二；上游的乐善桥、下游的兴乐桥又将两岸连在一起；兴乐桥头的"秦埠汉衢"古牌坊显示着古镇两千多年前的繁荣景象。镇中保存明清时期建筑23.5万平方米；古迹有花楸村李家大院、金华山唐代摩崖石刻、芦沟造纸作坊遗址；景区有金华山、芦沟、骑龙山、花楸、齐口；民间传统集会有"平台会""清明河灯会"、农历二月十九"观音会"、三月十一"城隍庙会"、六月六"朝山会"；民俗活动有"宗族祭祖""邛人祭天"等。其特色为"九古"（古街、古寺、古桥、古树、古堰、古民居、古作坊、古驿道、古风俗）。当地瓷胎竹编历史悠久，农夫手工茶、花楸贡茶、根雕、木刻享有盛名。

2002年初，平乐镇开展"保护母亲河—白沫江"活动，江岸进行绿化，使全镇林木覆盖率达50%以上；并建立千亩无公害西瓜基地、生态茉莉花基地、无公害蔬菜基地、万头生态猪养殖基地、万亩竹源基地等生态观光项目。同时保护古镇风貌，确立"统筹保护、修旧如旧、集镇范围内不拆迁、古镇不扩大、建设过程中尽量不用现代装饰材料"等原则。对银家大院、老茶铺、古打铁铺、老照相馆、古钟表修理铺、古修配铺等，进行挂牌保护。

2004年，先后编制城镇总体规划、古镇历史街区保护详规、历史文化名镇保护规划等，按"整体控制，重点保护，统一协调"的原则，将全镇划分为古镇核心区、建设控制区、风貌协调区3级保护区，有效保护古镇的历史文化特色。

2005年，古镇核心区的13条明清古街道、23.5万平方米的古建筑，进行风貌整治。搬迁部分居民和商业店铺，按"修旧如旧"原则对古戏台、字库、来乐塔、离正庙，以及银家大院、索家大院、徐家大院等古民居进行修复；对主要街道和旅游沿线的民房，按"红基石，粉白墙、木本色、小青瓦"的要求进行整修；修葺白沫江古堰，修复沿河街道、院落、码头、驳岸，修缮乐善古桥、石狮雕刻，保护沿河13棵千年古榕树。至2005年末，已累计投资1.4亿元，完成基础设施、环境整治、风貌改造等建设工程60多项，含天台山旅游环线、自来水厂、污水处理厂、客运站、停车场等。

平乐古镇

【主要省级历史文化名镇保护】

黄龙溪镇保护。黄龙溪镇位于双流县南端，

距成都市城区42千米、双流县城区36千米。黄龙溪镇古名永兴场，自东汉建安年间建场，至今已有1800多年历史，历史上古镇地处华阳（现已并入双流县）、仁寿、彭山三县交界处，北靠牧马山，东临锦江（府河），形势险要，依山傍水，成为蜀汉的江防要地，诸葛亮于此屯兵牧马。古镇集巴蜀古文化及川西田园风光于一体，镇中现存明清时代街区7条，清代民居76座，有十大古景，远近闻名。

黄龙溪镇坚持“原真性、整体性、发展性”的原则，对古镇采取分区保护措施。保护区面积9.62万平方米，包括具有传统特色的黄龙正街、复兴街、上下河街等。对传统特征鲜明者只允许内部改造，外部必须保存原貌。原则上不再新建任何建筑物，以保证传统风貌不受破坏。协调区以新建筑为主，采用小青瓦为基调的坡屋面形式，沿街面以檐廊联系，形成过渡空间，屋檐高度控制在10米以下。集中行政管理、服务、金融、邮电、通信、医疗、住宿等主要公共服务单位。发展区是以居住为主的功能区，建筑形式可以有一定变化，但临街面建筑应以檐廊联系各个单体。利用院落空间组织建筑群，高度控制在12米以下，建筑层数以2~4层为主。

黄龙溪镇

1990年，着手黄龙溪和府河旅游开发规划工作。1992—1999年共投资3000余万元建成自来水厂、天然气配气站、改造电力网，建索桥两座，开通双流至黄龙溪快速通道，整治景区道路，修建府河保坎，新增绿化面积4000平方米。2000年，经成都市计委批准，修建大（林）黄（龙溪）公路、籍（田）黄（龙溪）公路、景区道路及府河两岸游道共5条公路，长42.42千米。黄龙溪开发区自筹资金1.9亿元，修建府河大桥及42.2千米长的绿化带，完善自来水厂及污水处理厂配套管网，整治府河，保护古建筑等工程。2002年3月开展创建环境优美乡镇活动。2004年，实施府河、鹿溪河两岸有机竹笋基地绿化工程、河道保坎工程、地埋式生活污水处理工程、生活垃圾处理工程，并进行古镇风貌整治；2005年，投资4000余万元，完成上下河街绿化、古码头改造工程，以及皇经路、正街、复兴街等风貌整治；当年绿化面积79.07公顷，绿地覆盖率达53%。

洛带镇保护。洛带镇位于龙泉驿区北部，距区中心10千米，距成都市城区15千米，为国家级历史文化名镇，又是成都市保存完整的客家古镇。有广东会馆、湖广会馆、江西会馆、川北会馆等客家胜迹多处，有燃灯寺、桃花寺、金龙寺和金龙长城，构成客家风貌古镇，尤以客家方言和客家习俗最具特色。1993年，修复广东会馆、湖广会馆；1996年，完成江西会馆内部及牌坊、戏台的修复，并迁建川北会馆；2000年，迁建药王庙，重建上街牌坊，修复老街石板路面；2003年，完成供水及供电管网改造，供水供电纳入成都管网系统；2005年2月，古刹燃灯寺修复开放。同年为迎接世界客家第20届恳亲大会，投入资金4000余万元对古镇进行保护性整治。老街1200米及七巷子1500米管线埋入地下；整治老街房屋立面造型，拆迁原龙亭、五凤楼、水井3个广场；恢复五凤楼、四方塔、牌坊、字库塔、龙亭、龙吐水瀑布、下场、七巷子栅子门及会馆照壁等景观；建成南干道680米并进行绿化，完成老街店招、店牌的规范化。

洛带镇原名甄子场，相传蜀后主刘禅的玉带曾落入井内，故名“落带”，后演变为“洛带”

街子镇保护。街子镇位于崇州市北部味江河畔，系鸡冠山·九龙沟风景区的门户，具有1000多年的历史，五代时期名横渠镇，因横于味江河畔而得名。

街子镇具有清代成都农村小镇的独特风貌，镇辖区面积41.18平方公里，辖10个行政村、一个居民委员会，环山渠（古称长同堰）贯穿全境，大小街巷沟渠纵横。现存清代建筑群落7.3万平方米。分布在以江城街为中心的五条街巷。街子镇系唐代著名诗人唐求故里，唐求（850—925），曾任青城县令，后隐居山中，有“一瓢诗人”之称，清道光年间后人缅怀唐求，于古镇北面御龙桥头建祠立碑。光严禅院又名古寺，位于街子镇凤栖山景区。

街子镇

1986年列为市、县村镇建设试点以后，坚持开拓新街与保护老街并举原则，加强基础设施建设，先后建成自来水厂一座、农贸市场一处，迁建小学一所，植行道树800多株，修排水沟1700米，铺混凝土路面250米。整修唐公祠，新建“御龙桥”，开辟曲径通幽、古亭环绕、小桥相接的游山道，连通光严禅院、翠微山庄。江城街是街子镇的主街，长300余米，两侧90%以上的建筑是外廊木结构的传统民居，具有浓郁的山乡古朴风貌，为突出江城街的特色，制定了旧街保护方案。2000—2002年，恢复街道滴檐瓦和江城街青石板路，修缮下水道，安装路灯，关闭味江上游纸厂，垃圾处理场迁至镇外，周边封山育林区禁止放牧捕猎及开山放炮。

怀远镇保护。怀远镇位于崇州市中部，文井江出山口后绕怀远镇而过。镇辖区总面积85.25平方公里，集镇面积2.5平方公里，辖8个社区、17个行政村。怀远镇历史悠久，据清康熙《崇庆州市》，“崇地地接吐蕃，唐时出没无常，设一关以御之，则怀远镇所由名也”。古镇老区面积0.9平方公里，有清代中晚期建筑特色街道26条。怀远镇素有“三编之乡”的美称，藤、竹、棕编织传统手工工艺已有200多年历史。境内回澜塔为成都市级重点文物保护单位。20世纪80年代，新区建设与古镇保护改造同步进行，制定“怀远镇总体规划”。1990—2005年，先后改造李家坎、文庙街、小北街、北新街、临江街、清明街等老街；新建文井横街、怀西中路、新南街等新街；对回澜塔进行修缮及保护。

西来镇保护。西来古镇位于蒲江县北，临溪河畔，距蒲江县城13千米、距成都市城区90千米，始于南北朝西魏，至今已有1700多年历史。镇辖区面积45.78平方公里，辖10个行政村、3个居民委员会，川西旅游环线及寿（安）卧（龙）

公路交叉而过。古镇多明清建筑群，具有代表意义的有黄家古楼、小姐楼、过桥楼子和社戏台等。沿街民居多为木结构、青瓦房，具有典型的川西民居特色。临溪河岸畔有12棵古榕树，树干粗大，枝叶繁茂，遮天蔽日，树形奇特，树龄都在千年以上，具有很大的观赏价值。惜字宫位于古镇入口处，高10米，为三层六角塔式建筑；杨泗庙位于河坝街，杨泗将军是守护江河的水神。2004年，着手古镇的保护与开发，共投资420万元完成3条主要街道建设；投资500万元建设西来书院；投资200万元建设西来客运服务中心。

西来镇

五凤镇保护。五凤镇位于金堂县西南隅，濒临沱江，背靠龙泉山，距金堂县城区45千米，距成都市城区55千米。因境内有金凤、青凤、玉凤、白凤、小凤五座山峰，故名五凤镇。镇辖区总面积62.7平方公里。城镇供水能力600立方米/日，污水处理能力600立方米/日，人均公共绿地面积6平方米。境内交通便利，有淮口至五凤公路、五凤至洛带公路，成渝铁路穿越镇境设五凤站。古建筑及历史文物有关圣宫、南华宫、王爷庙、大神庙、观音堂、燃灯寺、白马庙、回龙寺和已有百年历史的刘氏宅等。其中关圣宫、南华宫保存完好。2001年，列为四川省小城镇试点镇，2002年，完成规划编制。2003年，投入350万元维修历史文物及古建筑、古民居等。2005年，投入50多万元修建街道石板路1.5千米。

五凤镇

环境保护

综　述

1990年后，成都市开始全面加强环境保护工作。建立由环境保护委员会、环境保护局、环境保护宣传教育中心、环境监察支队、环境保护科学研究院、环境监测中心构成的环境保护工作体系。健全全市空气环境监测、水环境监测、噪声监测系统；完善监测设施，提高监测水平；查清空气环境、水环境、声环境的质量现状及污染源；开展空气环境治理、水环境治理及噪声治理；推进自然保护区和生态示范区建设。

空气环境治理。在中心城区实施烟尘控制区建设，推广清洁能源，禁用燃煤设施。为治理工业废气污染，对城区和近郊的热电厂实施关停外迁或停产整治，对其他重点大气污染源进行严格监管。规定运渣车密封运行，建筑工地打围施工，车辆出入用水清洗，禁止在城区建筑工地搅拌混凝土等。明确机动车尾气必须达标排，环保和公安部门联合执行路检；焚烧秸秆造成空气污染并影响民航班机正常起降，采取“疏堵结合，标本兼治”的办法，在加大焚烧秸秆执法的同时，引导、支持村民合理利用秸秆，改变焚烧秸秆的习惯，有效控制露天焚烧秸秆现象的发生。

水环境治理。成都市从1993年开始，陆续实施府南河综合整治工程、沙河综合整治工程、中心城区水环境综合整治工程、中心城区42条河道小流域治理工程。截至2005年年底，全市共有污水处理厂13座，污水处理能力125.5万吨/日；采取关、停、并、转、治等方法，实施工业废水污染的专项治理。在城市实施“雨（水）污（水）分流”，2002—2005年共完成1万排水户的雨污分流改造工程，约占应进行雨污分流户的93%；共完成230条街道的排水管网改造。规定医疗污水达标排放，经治理后，达标排放的医院共163个，医疗污水达标排放率为95.9%。

噪声治理。成都市从1991年起，开始进行环境噪声达标区建设。重点通过实施畅通工程，有效减少道路交通噪声污染；对群众反映突出的噪声扰民投诉开展专项整治，收到良好效果；对各类建筑工程作出减少施工噪声的专项规定；在中、高考期间，中心城区和各区（市）县实行严格的禁噪规定。

全面加强环境保护管理。深化环境法治建设，加强环境执法力度，开展环境保护科研，积极应对环境安全事故。1990年，市政府决定推进环境保护目标责任制和实行城市环境综合整治定量考核制。对全市各区（市）县实行环境综合整治定量考核。

按照国务院环境保护委员会的要求，于1989年开始全面推行全国城市环境综合整治定量考核，并将考核指标纳入各级政府责任制管理，当年成都市在参加全国城市环境综合整治定量考核中名列第18名，1990年升至第13名，此后排名不断上升，曾先后10次进入前10名，其中5次进入前6名，2000年取得全国第3名的最好成绩。

2001年，国家环境保护总局在全国开展创建“国家环境保护模范城市”活动。2002年初，成都市启动“创模”活动，采取有效措施，推进“创模”工作。组织以治水、治尘、治脏、植绿为重点的“三治一绿”四大绿色环保攻坚战，经三年努力，较好解决突出的环境问题。2005年1月11日通过国家正式验收，2月18日获“国家环境保护模范城市”称号。

环境监测

【空气环境监测】

1990年，成都市环境空气地面自动监测系统进入试运行，1994年开始为《环境质量报告书》提供空气自动监测数据，1998年起，向社会公布成都市城区空气质量周报，1996年6月1日起公布空气质量日报，2000年6月5日起，空气质量日报在中央电视台公布，同时刊于成都晚报，2001年起，空气质量日报上升为预报，环境空气自动监测系统直接为公众服务。

成都市空气环境监测以中心城区为主。监测点分布：1990—1993年，城区按功能区布局6个空气监测点；1994—2003年，地面自动监测系统建立，城区建立5个自动监测子站；2004—2005年，城区不断扩大，自动监测子站由5个增至8个，分别是市体育场、草堂寺、梁家巷、沙河堡、金牛坝、三瓦窑、十里店、三道堰（清洁对照点）。

成都市空气环境监测项目。1990—1993年，监测项目为二氧化硫（SO_2）、氨氮化物（NO_X）、总悬浮颗粒物（TSP）、自然降尘、硫酸盐化速率、大气降水（pH）等6项。1994—2000年，监测项目同前，其中SO_2、NO_X、TSP改进为地面自动监测、连续监测。2001—2005年，自动监测项目，由可吸入颗粒物（PM_{10}）取代TSP，二氧化氮（NO_2）取代NO_X。

成都市空气环境评价项目。1990—1995年评价项目有SO_2、NO_X、TSP。1996—2000年，评价项目增加自然降尘、硫酸盐化速率。2001—2005年，评价项目NO_2取代NO_X，PM_{10}取代TSP，其他项目不变。

成都市空气环境空气环境监测系统自1994年正式运行后，为环境保部门管理城市空气环境质量提供大量的监测数据作技术支撑，也为市民了解空气质量提供准确信息。

【城区水环境监测】

地表水监测。监测范围：为岷江锦江水系，以市区府河、南河、沙河为重点，进水口都江堰鱼嘴，出水口双流黄龙溪。

断面设置。1990—1991年，岷江锦江水系共设置10个断面，含1个对照断面、9个控制断面。对照断面为都江堰鱼嘴，控制断面有：府河高桥、府河大安街渡口、南河百花大桥、南河安顺桥、沙河杆塔厂、沙河成仁桥、府河永安大桥、府河黄龙溪（出境终检断面）、沙河洞子口（水五厂饮用水源断面）。1992—2000年，在原有10个断面基础上，新增三道堰水六厂断面（新建饮用水源断面）。2001—2005 年，撤销南河安顺桥和沙河成仁桥两个断面，将都江堰鱼嘴和双流黄龙溪两个断面并入成都市地表水进出口断面，地表水监测断面总数为 7 个。

监测项目。1990—2000 年，城区地表水监测项目为 pH 值、悬浮物、总硬度、溶解氧（D0）、高锰酸盐指数（CODMn）、生化需氧量（BOD_5）、非离子氨、亚硝酸盐氮（$N0_2^-$）、硝酸盐氮（$N0_3^-$）、挥发酚、氰化物（CN^-）、氟化物（F^-）、总砷（As）、总汞（Hg）、六价铬（Cr^{6+}）、总铅（Pb）、总镉（Cd）、石油类、电导率、浑浊度、细菌总数、大肠菌群、铁（Fe）、锰（Mn）、铜（Cu）、锌（Zn）、色度、水温等 28 项。地表水环境质量评价，选择其中的 14 项。

监测频次。1990—2002 年，每年按枯、丰、平水期进行监测，每月两次。2003 年 3 月至 2005 年 12 月，国控、省控断面，每月一次，市控断面监测月份为 1、3、5、7、8、9、11 月，每月一次，全年共 7 次。饮用水源每月监测一次。

评价标准。1990—2000 年，评价标准采用国家《地面水环境质量标准》（GB3838—88），饮用水源采用国家《生活饮用水卫生标准》（GB5749—85），未列入的项目参照地面水Ⅲ类水域标准执行。2002 年国家颁布新的《地表水环境质量标准》（GB3838—2002）后，统一采用新标准。饮用水采用《地表水环境质量标准》中Ⅲ类水质标准，并参考卫生部《生活饮用水水质卫生规范》执行。

评价项目。1990—2000 年，地表水评价项目为溶解氧、高锰酸盐指数、生化需氧量、非离子氨、亚硝酸盐氮、硝酸盐氮、挥发酚、氰化物、石油类、汞、镉、铅、砷、六价铬等 14 项。饮用水评价项目为 14 项，有 10 项同地表水，增加氟化物、大肠菌群等。2001—2005 年，地表水评价项目选择 9 项，分别是：pH 值、溶解氧、高锰酸盐指数、生化需氧量、氨氮、挥发酚、汞、铅、石油类等。饮用水增至 28 项。

评价方法。1990—1995 年，各断面采用单项污染指数计算出综合污染指数，再由各年的综合污染指数计算五年均值，确定污染程度和评价结果。饮用水源采用达标法。1996—2002 年，在综合污染指数法的基础上，增补水域类别评价法和秩相关系数法。2003—2005 年，在水质超标率、超标倍数、断面超标率和综合污染指数计算时，统一采用《地表水环境质量标准》中Ⅲ类水域标准，确定断面、河流、水系水质类别。水质类别分五级：Ⅰ—Ⅱ类水质为优，Ⅲ类水质为良好，Ⅳ类水质为轻污染，Ⅴ类水质为中污染，劣Ⅴ类水质为重污染。

地下水监测。监测网点布局：1990 年按地下水顺流方向设上、中、下三个垂直横断面（上为对照断面、中为控制断面、下为消减断面），以此为骨架，设众多辅助监测点构成网络。城区共设 80 多个井（孔），控制面积 174 平方公里，按季节和丰、枯水期进行监测。监测项目 11 个。2000—2005 年，环境水文地质部门在城区布局监测点 13 个，每个点控制面积 23 平方公里，总控面积约 300 平方公里。监测项目 28 项，每年丰、枯水期采样分析。

水质评价。水质评价采用国家《地下水质量标准》（GB/T14848—93）中Ⅲ类指标，评价项目 24 项。城区 300 平方公里范围内，地下水埋藏浅、水位稳定、贮量丰富、易于开采、回升较快。属无色、无味、无嗅、透明、低矿化度中性淡水，总硬度稍偏硬。城北及中心城区水质良好，九眼桥、原东郊工业区、黄田坝及簇桥一带水质较差。

【区(市)县水环境监测】

1990—2000 年,区(市)县陆续开展水环境监测,只监测地表水,监测重点为沱江成都段和岷江成都段。沱江成都段监测断面有:青白江区农水局、古城桥、贯子山、工农大桥、三皇庙等。岷江成都监测断面有:都江堰水文站、广滩、岳店子等。监测项目、监测频次、评价标准、评价项目、评价方法等与城区同期监测相同。

2001—2005 年,成都市共设置地表水监控断面 74 个,其中岷江水系 51 个(含城区 7 个断面),沱江水系 23 个。具体分布断面名称如下:

岷江水系监测断面。岷江干流:界牌、金刚堤、都江堰水文站、岷江渡、岷江水厂、擦耳、广滩、岳店子。西河:元通、石头堰、龙王渡口。南河:白鹤、宝林、桂山。斜江河:盐店、唐场大桥、黄塔。出江河:出江铁索桥、桑园。蒲江河:朝阳湖、王山坡、彭水碾、马槽滩、五星、武阳镇、南江渡口。杨柳河:夹水沱桥、城南过境路桥、金马桥、应天寺、桃荚堰、徐家渡口。江安河:江安桥、土桥、万春桥、夏家果园、文星桥。走马河:崇义、回龙村。柏条河:金马、石堤堰。府河:正兴渡口、黄龙溪。

沱江水系监测断面。湔江:海汇桥、关口铁桥、西河水库、罗万场、清江大桥。蒲阳河:驾虹。人民渠:水质净化站。青白江:致和电站、三邑大桥、古城桥。毗河:新氮厂上游、张家庵大桥、贯子山、工农大桥、毗河大桥。北河:201 医院。龙泉驿区:西平太平、长松宝狮、山泉柏场。沱江干流:三皇庙、五凤桥。

【城区噪声监测】

环境噪声监测分为功能区噪声监测、区域环境噪声监测、道路交通噪声监测。成都市环境噪声监测以城区为主,各区(市)县驻地城镇环境噪声监测,自 1995 年后开始陆续展开。

功能区噪声监测。功能区划分:1990—1995 年城区划分为居民文教区(Ⅰ)、一类混合区(Ⅱ)、二类混合区(Ⅲ)、商业中心区(Ⅳ)、工业集中区(Ⅴ)、交通干道两侧(Ⅵ)等 6 类功能区进行监测。1996—2005 年,根据国家《城市区域环境噪声标准》(GB3096—93)和《成都市〈城市区域环境噪声标准〉适用区域划分规定》,将城区划分为 4 类标准适用区:1 类标准适用区(居民、文教机关区)、2 类标准适用区(居住、商业、工业混杂区)、3 类标准适用区(工业集中区)、4 类标准适用区(交通干道两侧区),共设 5 个定位监测点。监测方法:每季度最末 1 个月进行一次连续 24 小时监测,每小时取一段时间,在此时间内隔 5 秒钟读一瞬时声级,连续读取 100 个数据代表该小时的噪声分布。读数时应判断主要噪声来源(如交通噪声、工业噪声、施工噪声、生活噪声等),设在交通干道旁的监测点,应同时记录车流量。

区域环境噪声监测。网点设置:将测区范围划分为等距离的方格网,网点数不少于 100 个,测点位于网格中心,先在城区图上设计网格,确定测点的位置。1990—2002 年,网格设置为 500 米×500 米。其中,1990—1994 年,网点数为 240~260个;1995—2002 年,网点数为 380 个。2003—2005 年,网格设置为 900 米×900 米,网点数 215 个,覆盖面积约 175 平方公里,覆盖人口约 200 万人。监测方法:区域环境噪声监测每年一次,选择适宜时间进行。24 小时连续监测,测量方法与功能区噪声监测相同。

道路交通噪声监测。测点设置:在交通干道

两个路口之间设置监测点。1990—1994 年，监测交通干道 14～15 条，道路总长度 110～140 千米，测点数 115～133 个。1995—2002 年，监测交通干道 17～18 条，道路总长度 167～177 千米，测点数 180 个左右。2003—2005 年，监测交通干道 20～24 条，道路总长度 314～323 千米，测点数 248～258 个。监测方法：道路交通噪声监测仅限于白天正常工作时间内监测，每年监测一次，选择适当时期进行。监测方法和功能区噪声监测基本相同，要求读取 200 个数据，同时记录车流量。

【区（市）县噪声监测】

功能区噪声监测。1995 年有 12 个区（市）县开展监测，仅都江堰市设特殊居住区，其他进行功能区监测的区（市）县，共设居民文教区 6 个，一类混合区 4 个，二类混合区 10 个，工业集中区 9 个。2000—2005 年 14 个区（市）县均开展监测，0 类标准适用区仅都江堰市设有，1 类标准适用区 6 个，2 类标准适用区 14 个，3 类标准适用区 12 个。监测仪器和监测方法与城区相同。

区域环境噪声监测。1995 年、2000 年、2001—2005 年有监测资料。网格设置有 200 米×200 米、250 米×250 米等 7 种规格，由于各区（市）县驻地城镇建城区面积较小，网点数均不足 100 个，不符合“技术规范”的要求，监测数据只作参考。监测仪器和监测方法和城区相同。

道路交通噪声监测。1995 年、2000 年、2001—2005 年有监测资料。受城镇建设规模的影响，交通干道数量、监测道路总长度和监测点数均受到限制。各区（市）县监测道路总长度 1995 年为 73.9 千米，2000 年为 130.7 千米，2001 为 171.1 千米，2005 年为 196.9 千米，监测仪器和监测方法与城区相同。

环境质量状况

【空气质量状况】

环境气象条件。成都市属亚热带湿润季风气候，其气候特征是：季风气候明显，冬无严寒，夏无酷暑，四季分明，秋短夏长；全年风速小，冬天霜雪少，阴天多，日照少，气压低，湿度大。春季气温回升快，但不够稳定；夏季雨水集中，常有局部洪涝；秋季降温快，阴雨天气偏多；冬季霜冻较少，干冬现象普遍。具体情况如下：

风向和风速：成都市的主导风向为北东风，次主导风向为北风，风频分别为 12% 和 11%，年平均风速 1.2 米/秒，属典型的小风区，全年静风频率达 42%。

逆温天气：成都地区的逆温天气主要由贴地逆温和近地逆温构成，贴地逆温出现频率较高。贴地逆温，07 时逆温平均厚度为 300 米，平均强度为 0.76℃/100 米；19 时逆温平均厚度为 187 米，平均强度为 0.75℃/100 米。出现频率分别为 22% 和 4.6%。近地逆温，07 时逆温平均底高为 880 米，平均厚度 240 米，强度 0.68℃/100 米；19 时逆温平均底高 1000 米，平均厚度 180 米，强度 0.85℃/100 米。出现频率 2%～3%。

成都地区的大气稳定度，中性频度最大，占 46% 左右，稳定天气占 35% 左右，不稳定天气占 19% 左右。

成都地区的环境气象条件对大气污染物在空气中水平扩散和垂直扩散十分不利。与其他城市相比，在同样的大气污染物排放条件下，成都市主城区空气污染的可能性更大。

城区空气质量状况。二氧化硫质量变化：1990—1995 年，全市平均值为 0.074 毫克/立方米，达到国家二级标准。1996—2000 年，地面自动监测全面启动，1996 年超标，1997—2000 年连续 4 年达到国家二级标准；2001—2005 年，前 3 年达到国家二级标准，2004 年、2005 年超标。氮氧化物（二氧化氮）质量变化：1990—1995 年，达到国家二级标准。1996—2000 年，有 4 年达到国家二级标准，1996 年超标。2001—2005 年，全部达到国家二级标准。总悬浮颗粒物（可吸入颗粒物）质量变化：1990—1995 年，仅 1993 年达标，其他年份均超过国家二级标准。1996—2005 年，仅 2000 年达标，其他年均超过国家二级标准。

区（市）县空气质量状况。二氧化硫质量变化：1991—1995 年，达到国家二级标准。1996—2005 年，青白江区有 5 年超标，新都县有 2 年超标。其余 12 个区（市）县达到国家二级标准。氮氧化物（二氧化氮）质量变化：1991—1995 年，达到国家二级标准。1996—2000 年，青白江 1996—1998 年三年超标，新都县 1997 年超标，其他 12 个区（市）县达到国家二级标准。2001—2005 年，双流（2005 年）、温江（2005 年）、青白江（2002 年）、新都（2001 年）四区（县）超标，其余各区（市）县达到国家二级标准。总悬浮颗粒物（可吸入颗粒物）质量变化：1991—1995 年，超标的有温江、郫县、崇州，其余各区（市）县达到国家二级标准。1996—2000 年，都江堰市全部达标，其余 13 个区（市）县均有不同程度超标，青白江、新都、温江 5 年全部超标。2001—2005 年，新都、青白江全部超标，郫县、双流、金堂、蒲江部分年超标，其余区（市）县全部达标。

【城区水质状况】

城区地表水水质。城区地表水主要指岷江内江水系的锦江（府河、南河）及沙河，府河的上游为柏条河，南河的上游为清水河，沙河系府河的分支。三河相汇后，过永安大桥，出绕城高速路，经华阳镇，至黄龙溪镇后流出成都市境，进入眉山市彭山县境。1990—1995 年水质：从鱼嘴到高桥断面，按Ⅱ类水域评价属中度污染。“三河”市区各断面到永安大桥断面，按Ⅳ类水域评价属中度污染。永安大桥到黄龙溪，按Ⅲ类水域评价属重度污染。1996—2005 年水质：1996—2005 年，锦江成都段的水质有所改善；鱼嘴到高桥段属轻度污染；“三河”市区各断面到永安大桥属中度污染；永安大桥至黄龙溪镇属重度污染。

饮用水源水质。水五厂水质：成都市自来水五厂日供水能力 15 万立方米，水源为沙河。1990 年，有 7 项指标超标，达标率为 78.9%。1991—1995 年，有 3 项指标超标，水质良好。1996—2000 年，仅大肠菌群超标，水质良好。2001—2005 年，有 5 项指标超标，水质较好。水六厂水质：成都市自来水六厂（含 A 厂及 B 厂）日供水能力 100 万立方米，水源为徐堰河、柏条河。1992—1995 年，有大肠菌群等 3 项指标超标，水质较好。1996—2005 年，监测项目全部达标，水质良好。

城区地下水水质。1990 年地下水水质：1990 年按地下水顺流方向设上、中、下三个垂直横断面（上为对照断面、中为控制断面、下为消减断面），以此为骨架，设众多辅助监测点构成网络，共设 80 多个井（孔），控制面积 174 平方公里，按季和丰、枯水期进行监测。11 个监测项目中，有 6 个项目全部达标，5 个项目有不同程度超标。清洁区和轻污染区面积占95.8%，中污染和重污染区面积占4.2%。2000—2005年地下水水质：省水文地质部门在城区布局监测点13个，每个点控制面积23平方公里，总控制面积约300平方公里。监测项目28项，每年丰、枯水期采样分析。

水质评价采用国家《地下水质量标准》（GB/T14848—93）中Ⅲ类指标，评价项目24项。城区300平方公里范围内，地下水埋藏浅、水位稳定、贮量丰富、易开采、回升快。属无色、无味、无嗅、透明、低矿化度中性淡水，总硬度稍偏硬。城北及中心城区水质良好，九眼桥、原东郊工业区、黄田坝及簇桥一带水质较差。

【岷江成都段水质】

岷江流至都江堰后，被鱼嘴分为内江及外江，外江即岷江正流或岷江干流，其中都江堰市青城大桥至新津县岷江大桥河段俗称金马河。岷江至新津县岳店子后，流出成都市境，进入眉山市彭山县境。1990—1995年水质：岷江成都段进口断面，即都江堰水文站断面，所有指标全部达标，水质良好；其他各断面，属轻污染。1996—2000年水质：岷江成都段设置监测断面40个左右，整体上属轻度污染；都江堰水文站有4项指标略有超标，水质较好；岳店子断面有5项指标超标，属轻度污染。2001—2005年水质：岷江成都段设置监测断面29个，整体水平为轻度污染；都江堰水文站有5项指标超标，属轻度污染；岳店子有6项指标超标，属轻度—中度污染。

【沱江成都段水质】

沱江进出口断面水质。沱江上游有三源，即绵远河、石亭江、湔江，通常以绵远河为正源。三源于广汉市三水镇附近汇合后进入金堂县境称北河，入境口201医院处设监测断面。北河于赵镇与中河（青白江）、毗河相汇合后称沱江。北河由广汉市流入金堂县境，入境口201医院设监测断面；中河由广汉市流入金堂县境，入境口清江大桥设监测断面；毗河由青白江区流入金堂县境，在青白江区农水局、古城桥、贯子山、工农大桥设监测断面。毗河上游有川化等大型工业企业，是沱江的主要污染河段。沱江于五凤镇流出金堂县（成都市）境，进入简阳市境。1996—2000年水质：中河进口清江大桥断面有6项指标超标，北河进口201医院断面有4项指标超标，沱江出口五凤镇断面，有4项超标，均属轻度污染。2001—2005年水质：清江大桥和201医院断面水质逐年好转；五凤镇断面水质明显好转。

沱江支流毗河水质。1991—1995年水质：青白江区农水局断面有7项指标超标，属中度污染；古城桥断面有13项指标超标，其中非离子氨超标1000多倍，属重度污染。贯子山断面有9项指标超标，其中非离子氨超标68倍，属重度污染；工农大桥断面有11项指标超标，属重度污染。1996—2000年水质：青白江区农水局断面有3项指标超标，属轻度污染；古城桥断面有10项指标超标，其中非离子氨超标1060倍，属重度污染；贯子山断面有8项指标超标，其中非离子氨超标92倍，属重度污染；工农大桥断面有8项指标超标，其中非离子氨超标34倍，属重度污染。2001—2005年水质：沱江的主要污染河段毗河水质，较1991—2000年有所好转。

【城区声环境质量】

功能区环境噪声。按照国家《城市区域环境噪声标准》（GB3096—82），1990年成都市功能区噪声除居民文教区超标外，其他功能区全部达标。1991—1995年，功能区噪声采用定点定期监测，每季度最末1个月进行1次连续24小时昼夜监测。各功能区监测结果见下表。

1991—1995年成都市各功能区噪声监测结果一览表

表3-197

功能区	时段	等效声级年均值范围[LeqdB(A)]	质量评价
居民文教区(I)	昼间	50.3—55.3	中污染
	夜间	40.6—46.0	中污染
一类混合区(Ⅱ)	昼间	53.8—61.6	轻污染
	夜间	44.8—53.8	轻污染
二类混合区(Ⅲ)	昼间	59.4—60.5	较好
	夜间	46.7—53.0	较好
商业中心区(IV)	昼间	67.1—71.2	重污染
	夜间	50.4—55.8	轻污染
工业集中区(V)	昼间	56.0—58.2	良好
	夜间	45.7—52.7	良好
交通干道两侧(VI)	昼间	67.5—69.4	良好
	夜间	61.4—65.0	中污染

1996—2000年，根据国家《城市区域环境噪声标准》城区划分出4类标准区域，布设5个监测点，监测月份和时段与1990—1995年相同。成都市4类标准区域噪声监测结果为：一类标准适用区（居民、文教、机关区），等效声级5年均值昼间54.6dB(A)，夜间46.0dB(A)，中污染。二类标准适用区（居住、商业、工业混杂区），等效声级5年均值昼间61.7dB(A)，夜间52.4dB(A)，中污染。三类标准适用区（工业集中区），等效声级5年均值昼间57.4dB(A)，夜间50.9dB(A)，良好。四类标准适用区（交通干道两侧），等效声级5年均值昼间67.4dB(A)，夜间63.7dB(A)，轻污染。

2001—2005年，成都市功能区噪声监测结果为：一类标准适用区（居民、文教、机关区），昼间51.3～60.2dB(A)，轻污染。夜间45.9～54.3dB(A)，中污染。二类标准适用区（居住、商业、工业混杂区），昼间57.9～66.2dB(A)轻污染。夜间49.4～57.2dB(A)，中污染。三类标准适用区（工业集中区），昼间51.4～59.9dB(A)，夜间43.6～54.3dB(A)，昼夜时段全部良好。四类标准适用区（交通干道两侧），昼间57.2～70.1dB(A)，良好。夜间48.2～65.7dB(A)，中污染。

区域环境噪声。1990—1994年城区范围内按500米×500米的网格布点，共设网点240～260个，等效声级年均值53.6～55.4dB(A)，处于较好水平。1995—2002年网格仍按500米×

500米布点,网点数量增至380个,等效声级年均值范围53.9~54.9dB(A),处于较好水平。2003—2005年网格按900米×900米布点,网点数215个,等效声级年均值范围53.3~54.8dB(A),处于较好水平。

道路交通噪声。1990—1994年监测交通干线14~15条,道路总长度110~140千米,测点数115~133个,平均车流量779~1523辆/小时,逐年上升,机动车总量13.6~20.9万辆,逐年增加,等效声级年均值73.4~71.1dB(A),逐年下降,属轻污染。1995—2002年,监测交通干线17~18条,道路总长度167~177千米,测点数180点左右,平均车流量1556~2857辆/小时,逐年上升,机动车总量26.7~109.9万辆,逐年增加。等效声级年均值70.1~67.7B(A),逐年下降,处于良好水平。2003—2005年,监测交通干线20~24条,道路总长度314~323千米,测点数248~258个,平均车流量2706~3185辆/小时,逐年上升,机动车总量127.9~153.0万辆,逐年增加。等效声级年均值68.0~68.7dB(A),处于良好水平。

【区(市)县声环境质量】

功能区噪声。1990年以后逐步开展区(市)县噪声监测。

1995年12个区(市)县进行监测。特殊居住区仅都江堰有,昼间和夜间均超标。居民文教区6个县(市)进行监测,昼间全部超标,夜间5个县(市)超标。一类混合区4个县(市)进行监测,昼间全部达标,夜间3个县(市)达标。二类混合区10区(市)县进行监测,昼间5个县(市)达标,5个县(市)超标;夜间7个县(市)达标,3个县(市)超标。工业集中区9区(市)县进行监测,昼间全部达标;夜间8县(市)达标;2000年14个区(市)县进行监测。0类标准适用区仅都江堰市有,昼间和夜间均超标。一类标准适用区有6个县(市)进行监测,昼间全部达标,夜间5个县(市)达标。二类标准适用区14个区(市)县进行监测,昼间12个县(市)达标,2个区(县)超标,夜间10个区(市)县达标,4区县超标。三类标准适用区有12个区(市)县进行监则,昼间和夜间11个区(市)县达标。2005年14个区(市)县进行监测,0类标准适用区仅都江堰市有,昼间和夜间均超标。一类标准适用区6个区(市)县进行监测,昼间4个县(市)达标,夜间5个区(市)县达标;二类标准适用区14个区(市)县进行监测,昼间11个区(市)县达标,3个区(县)超标,夜间13个区(市)县达标;三类标准适用区有11个区(市)县进行监测,昼间全部达标,夜间10个区(市)县达标。

区域环境噪声。1995年,全市有12个区(市)县进行监测,网格设置有250米×250米、200米×200米等7种规格,网格数135个,等效声级值48.4~63.5dB(A),大邑、邛崃超标,其他区(市)县达标。2000年,全市14个区(市)县全部进行监测,网格设置有280米×280米、250米×250米等6种规格,网格数132个,等效声级54.8dB(A),处于良好水平。2001—2005年,14个区(市)县进行五年连续监测,网格设置有350米×350米、300米×300米等7种规格,网格数105~150个。等效声级值53.8~55.6dB(A),均处于良好水平。

道路交通噪声。1995年,全市有13个区(市)县进行监测,道路总长度73.9千米,平均车流量394辆/小时,等效声级年均值68.1dB(A),温江、新都、青白江超标,其他10个区(市)县达标。2000 年,全市 14 个区(市)县进行监测,道路总长度 130.7 千米,平均车流量 623 辆/小时。等效声级范围值 60.4 ~ 75.5dB(A),仅温江超标,其他 13 个区(市)县达标。2001—2005 年 14 个区(市)县连续 5 年进行监测,道路总长度 171.1 ~ 196.9 千米,等效声级年均值 67.9 ~ 66.0dB(A),全部达标,处于良好水平。

环境污染源

【工业污染源】

成都市于 1990 年、1998 年、2005 年三次开展工业污染源调查,调查的企业数每次在 1000 家左右,其中 10% 左右为国控、省控或市控重点企业,即重点工业污染源企业,受国家、省、市环保部门的重点监控。前十名排污大户还受到全社会的监督。

工业废气。工业废气主要产生在黑色金属冶炼及压延加工业、电力热力生产和供应业、非金属矿物制品业、化学原料及化学制品制造业、造纸及纸制品业、农副产品加工业等行业中。工业废气中所含的二氧化硫、烟尘、氮氧化合物等进入大气中影响人体健康,破坏生态环境。

1990—2005 年成都市工业废气排放量表

表 3-198

年 份	工业废气排放量(万标立方米)	其中:工艺废气排放量(万标立方米)	二氧化硫排放量(万吨)	烟尘排放量(万吨)
1990	7627918	2250238	18. 67	21. 53
1991	5665313	2247165	4. 87	4. 23
1992	5572148	2406785	4. 34	4. 02
1993	5483463	2521946	6. 92	4. 34
1994	5328768	2440011	7. 81	4. 75
1995	5756732	3064084	6. 72	4. 91
1996	6160520	3336508	3. 68	3. 91
1997	6519628	3009383	11. 00	10. 43
1998	7117461	3760392	9. 56	8. 61
1999	5834724	3241254	4. 75	6. 66
2000	7185855	4074643	14. 90	21. 27
2001	8728684	4038842	20. 95	20. 95
2002	9572325	4076118	20. 18	20. 18
2003	10522175	5153118	20. 08	20. 08

续表

年份	工业废气排放量（万标立方米）	其中：工艺废气排放量（万标立方米）	二氧化硫排放量（万吨）	烟尘排放量（万吨）
2004	11535264	5918451	20.31	20.31
2005	12885925	7368561	15.68	15.68

工业废水。工业废水主要产生于化工及化学制品业、电力煤气产业、黑色金属冶炼业、食品及饮料加工业、医药加工业、造纸及纸制品业、机械电子制造业等行业中。工业废水中所含的化学需氧量（COD）、悬浮物（SS）、石油类、挥发酚、氨氮及各种有害重金属污染地表水和地下水，破坏生态环境，通过食物链进入人体后危害人群健康。

1990—2005年成都市工业废水排放量表

表3-199

年份	排放总量（万吨）	化学需氧量（吨）	六价铬（吨）	氨氮（吨）	石油类（吨）
1990	26348	60943	1.09	—	1037
1991	28866	38458	—	8856	589
1992	22875	29837	—	6416	443
1993	22703	34109	—	5647	484
1994	23059	33260	—	6210	426
1995	26849	45716	0.59	6543	492
1996	21868	90809	1.13	6068	910
1997	27460	92177	68.78	5347	643
1998	25933	78574	24.56	9614	552
1999	27492	47008	10.38	8074	427
2000	34154	182049	0.84	—	839
2001	34365	178408	0.88	15000	376
2002	33452	173538	0.86	14819	401
2003	32598	168339	0.84	14247	390
2004	32965	145961	0.28	11558	297
2005	32517	92013	0.41	10804	258

工业固体废弃物。工业固体废弃物主要来自冶炼废渣、粉煤灰、炉渣、煤矸石、尾矿等。固废堆放占用大量土地,所含有害物质随着雨水的淋洗进入土壤、水体,对生态环境造成很大的危害。工业固废中的化工废料、过期药品等,数量虽不大,危害却极大。

1990—2005 年成都市工业固废年产生量表

表 3-200

年 份	产生量(万吨)	年度	产生量(万吨)
1990	226	1998	284
1991	219	1999	263
1992	289	2000	289
1993	241	2001	346
1994	238	2002	353
1995	228	2003	358
1996	232	2004	412
1997	251	2005	424

【农业污染源】

种植业污染。传统农业多使用厩肥、圈肥、绿肥、饼肥等农家肥,20 世纪 80 年代以后过度依赖化肥。化肥对农作物的增产效应明显,如施用过量或施用不科学,则大量化肥残留田中造成土壤板结,如流失到河渠则造成水环境污染。成都市农村,曾使用过的高残留农药六六六、滴滴涕等已全面停用,低毒低残留农药正逐步推广使用。

2002—2004 年成都市农村化肥及农药使用量统计表

表 3-201

年 份	2002	2003	2004
化肥总用量(折纯·万吨)	20.71	19.59	20.03
其中:氮肥(折纯·万吨)	9.24	8.45	8.43
磷肥(折纯·万吨)	4.58	4.30	4.31
钾肥(折纯·万吨)	1.80	1.72	1.92
复合肥(折纯·万吨)	5.09	5.12	5.37
单位耕地化肥用量(千克/公顷)	544	540	560
农药使用量(吨)	6659	6024	6427

农用塑料薄膜用作地膜覆盖或搭建温室大棚，有利于作物增产。使用之后如不及时回收处理，残留在农田中或沟渠内，长期不能分解，破坏土壤结构，堵塞河渠水流，造成“白色污染”。

2004—2005年成都市农膜使用情况表

表3-202

年　份	2002	2003	2004
农膜用量（吨）	7006	7540	9067
其中地膜（吨）	4819	5299	6076
地膜覆盖面积（万公顷）	4.53	4.63	5.25
农膜回收率（%）	90.00	86.00	87.30

说明：农膜回收率系“温郫都生态示范区”数字，其他各区（市）县尚达不到这个指标

养殖业污染。成都市传统畜禽养殖业以家庭饲养家禽家畜为主，规模都不大。改革开放后，成都地区不同规模的集约化养殖场及专业养殖户应运而生。养殖场周边环境难以接纳大量的畜禽粪便、栏舍冲洗废物，有的经简单的化粪池、沼气池处理，甚至未经任何处理即排入河道沟渠，养殖业对环境的污染日益突出。

2003—2005年成都市养殖业污染物产生量统计表

表3-203

年　份	2003	2004	2005
畜禽总头数（以猪计·万头）	790	839	898
粪便产生量（万吨）	1559	1654	1771

说明：一头牛折算成5头猪，60只鸡折算成1头猪；每头猪每天排尿粪5.4千克

秸秆焚烧污染。成都市种植业的农作物以水稻、小麦、油菜等作物为主。收获后产生的秸秆多达400余万吨。从前，秸秆被广大农民用作为柴灶的燃料、耕牛的饲料、盖房的建筑材料，就地储存使用，是宝贵的资源，不构成环境危害。改革开放后，成都市农村居民逐步用上蜂窝煤或天然气，不再需要秸秆做燃料；拖拉机等农业机械逐渐普及，耕牛基本被淘汰，不再需要饲料；农村住房基本改为瓦房或水泥预制板房，不需用麦秸作房顶。特别是在进入20世纪90年代以后，每年春秋两季大量的秸秆被农民烧掉，造成严重的大气污染。春季“双抢”期间，集中焚烧大量小麦、油菜秸秆，造成大面积烟雾弥漫，有碍交通正常运行，影响民航班机正常起降，影响民众身体健康。

【生活污染源】

生活废气。成都市城镇居民的生活燃料经历柴草、散煤、蜂窝煤、天然气(含液化石油气)等几个阶段。成都市区居民现在已基本用上清洁的天然气,生活燃料废气污染问题已初步解决。在城市近郊及城乡接合部,临时居住的外来人口很多,蜂窝煤大量使用,燃煤产生的二氧化硫污染加重。此外,城区有相当数量的餐馆、茶楼的炉灶依然大量使用燃煤,这些小型污染源量大面广,生活废气污染比较严重。

生活污水。城市居民生活污水由粪便、厨房泔水、洗涤用水等构成。1990 年后,随着城市建设和旧城改造的快速发展,成都市城市居民大多住进楼房,居民生活污水经化粪池处理后进入下水管道,直排入河,不能降解生活污水中的污染物质。因大量使用洗涤剂,生活污水中含有大量阳离子表面活性剂和磷等物质,排入河道时,如有一定落差,就产生大量泡沫,同时还引起水体富营养化,影响水质,破坏景观。2000 年,成都市区生活污水的排放量已超过工业废水的排放量,占全部污水排放量的 52%,生活污水中主要污染物化学需氧量亦达到总排放量的 32%。2003 年,成都市启动中心城区水环境综合整治工程,改雨污合流为雨污分流,生活污水纳入污水管道,进入污水处理厂处理,达标后再排入河道,使河道水质得到改善。

1995—2005 年成都市区生活污水排放量统计表

表 3-204

年 份	生活污水排放量(万吨)	生活污水中 COD 排放量(吨)
1995	21944	65900
1996	22640	67921
1997	22932	69164
1998	23506	70518
1999	23506	66296
2000	36792	84307
2001	37553	85225
2002	38442	83435
2003	39473	82593
2004	40906	65560
2005	42089	67394

社会生活噪声。1990—2005 年,成都城市居民休闲、文化娱乐等生活方式日趋多样化、时尚化,社会生活噪声也随之增多。包括文化娱乐场所卡拉 OK 厅、迪斯科舞厅的低频音响噪声、部分居民在院落内聚集打麻将发出的噪声,以及广场歌舞噪声等。

城市生活垃圾。1990—2005 年,成都市居民家庭、商店、宾馆、机关和企事业单位的固体废弃物，即城市生活垃圾的产生量不断上升。主要有厨余物、废纸、废塑料、废织物、废金属、废旧电池、废旧家电等。

1991—2005年成都市生活垃圾排放量表

表3-205

年 份	垃圾量（万吨）	年 份	垃圾量（万吨）
1991	65	1999	92
1992	67	2000	92
1993	85	2001	91
1994	79	2002	97
1995	81	2003	104
1996	92	2004	136
1997	95	2005	144
1998	93		

【其他污染源】

其他污染源包括交通污染源形成的交通噪声、交通扬尘、汽车尾气排放等；建筑施工污染源产生的建筑噪声、施工扬尘、建筑（含装修）垃圾等。

交通污染源。城市快速发展，道路建设跟不上机动车增加的速度，城区车流集中，交通拥堵。尤其是上下班交通高峰期，机动车、自行车、行人同时拥上街道，车辆行驶噪声、鸣笛声以及慢速行驶大量排放的含CO、HC等有害成分的尾气，形成严重的交通污染源。

1990—2005年成都市道路及机动车情况表

表3-206

年 份	1990	1995	2000	2005
城区面积（平方公里）	87.10	129.00	207.81	386.02
城市道路长度（千米）	423	698	1058	2493
机动车保有量（万辆）	8.70	21	72	148

建筑施工污染源。城市区域内，旧房拆迁，新楼建设，中小街道改造，新路桥修建，使整个城市如一个大工地。2005年，全市三环路内的各类项目施工工地达1600余处。建筑施工工地成为重要污染源，夜间施工噪声扰民比较严重，开挖地面造成泥土裸露，大量尘土进入大气，造成

大气中悬浮颗粒物浓度增高，尤其是粒径小于10微米的可吸入颗粒物污染比较严重。

交通扬尘与建筑扬尘占城区可吸入尘来源的58%，为主要来源。

环境治理

【空气环境治理】

成都市空气环境的主要污染源来自煤烟尘、工业废气、汽车尾气以及扬尘。成都市中心城区地处四川盆地，静风率高，不利于大气污染物扩散。1990年以来，成都市大力推进烟尘控区建设，并配合多种治理措施，综合治理空气环境污染。

烟尘控制区建设。1990年，城区以推广型煤为突破口，开展烟尘控制。该年底建成烟尘控制街道377条，覆盖率达65.5%。1991年，新建烟尘控制街道154条，覆盖率达81.5%。1996年覆盖率达95%，1999年覆盖率达100%。2001—2003年共新建烟尘控制区29.46平方公里。2004年，再新建“烟尘控制区”68.1平方公里，在建成区面积扩大较快的情况下，始终保持烟尘控制区覆盖率为100%。

1996年开始，逐步在城区推广使用清洁能源，严格限制直至明确规定城区内禁用燃煤设施。当年，全市对生活锅炉和餐饮炉灶开展全面检查，对二环路以内燃煤压力锅炉进行改造，要求餐饮炉灶使用清洁能源。1999年6月，成都市人民政府制定《成都市酸雨控制区二氧化硫污染综合防治规划》，划定高污染燃料禁烧区，将城区划分为一环路以内、一环路与二环路之间、二环路以外的建成区三个区域，逐步进行燃煤设施的清洁能源改造。城区气化率2001年为97.81%，2003年为98.03%，2004年底城区共有燃煤锅炉和茶炉512台、餐饮生活大灶1.35万口改用清洁能源，清洁能源使用率达83.68%。2005年，市政府规定：无燃煤区内的工业企业、餐饮娱乐服务企业及其他工商经营户、学校、科研院所、医院、机关、部队、社团组织等仍在使用燃煤的单位，在规定时限内进行改造，使用清洁能源。要求无燃煤区内的制、配煤企业（含蜂窝煤厂）和销售点于2006年11月30日前拆迁、关闭。

治理工业废气污染。2004年，成都市将绕城高速路以内的黏土砖厂全部取缔。2005年3月关停三瓦窑热电厂，并着手对成都热电厂、华能热电厂实施关停，对嘉陵热电厂进行停产整治，对其他重点大气污染源进行严格监管。对东郊工业区的工业企业进行搬迁，从根本上解决烟尘污染问题，减少城区大气污染物排放总量，使中心城区大气环境质量得到改善。

汽车尾气控制。1990年以后，成都市的机动车数量不断增长，汽车尾气逐渐成为重要的空气污染源。1995年，市政府发布《成都市机动车污染防治管理办法》，明确机动车尾气必须达标排放，环保和公安部门联合执行路检，2000年全市机动车尾气达标率达78.27%。2003年，重点查处柴油公交车、运渣车、混凝土搅拌车尾气排放，当年，全市运营的3026辆公交车，有2333辆改烧天然气，机动车尾气排放达标率达到90%以上。

治理扬尘污染。扬尘主要来源为机动车在行驶中所产生的道路扬尘、建筑工地施工扬尘、裸露地面或自然尘土在机械或风力作用下所产生的扬尘等。2002年，市政府成立扬尘污染治理工程办公室，制定《成都市城市扬尘污染治理暂行规定》。成都市建委、市容局和市公安局分别制定配套文件，采取针对措施，治理扬尘污染。对建筑工地加强监管，规定运渣车密封运行，建筑工地打围施工，车辆出入用水清洗，禁止在城区建筑工地搅拌混凝土等，控制建筑工地施工扬尘源的扩散。对街道清扫实行洒水作业，进行湿式清扫，减少道路扬尘污染。2002年1—11月，城区降尘浓度平均为8.83吨/平方公里·月，与2001年同期相比，降低0.85吨/平方公里·月，降幅为8.8%。

【水环境治理】

1990年以后，流经中心城区的府河、南河、沙河三条主要河道，水体污染严重并呈现明显的有机污染特征，主要超标污染物为生化需氧量、氨氮和石油类。城区河道水质以V类为主，部分河道水质为劣V类。城区三环路以内，共有大、中、小河道50余条，全长178千米。河道两岸共有排污口2529个，绝大多数为生活污水排放口。2002年中心城区日排放污水总量83万立方米，其中生活污水占55.4%，超过工业废水排放量，成为第一污染源。1990—2005年，成都市深入治理水环境。

1993—1997年实施府南河综合整治工程，2001—2004年实施沙河综合整治工程，均包含治污工程。2003—2005年，成都市实施“中心城区水环境综合整治工程”。并大力兴建污水处理厂。截至2005年年底，全市共有污水处理厂13座，污水处理能力125.5万立方米/日，全年污水处理量3.32亿立方米，污水处理率55.9%；削减生活污水中化学需氧量8.55万吨，去除率为55.9%；削减生活污水中氨氮量6669.0吨，去除率为48%。其中，中心城区共有污水处理厂5座，污水处理能力94万立方米/日，污水处理率超过80%。

实施雨污分流。2002—2005年共完成1.01万排水户的雨污分流改造工程，约占应进行雨污分流户的93%；共完成230条街道的排水管网改造。

实施医疗污水达标排放。20世纪90年代，全市有一定规模的医院共278个，污水日排放量达2万余立方米，经治理后，2005年达标排放的医院共163个，医疗污水达标排放率为95.9%。

专项治理工业废水污染。1995年起，成都市根据国务院、省政府关于加强环境保护工作的决定，采取关、停、并、转、治的综合措施，开展工业废水污染的专项整治。至2000年年底，依法关停企业463家，经治理后工业废水达标排放的企业1417家。2001—2005年，继续巩固专项整治成果，工业废水污染得到有效遏制。全市工业废水达标排放率2001年为95.3%，2005年为96.2%；工业废水排放量2001年为34364.8万吨，2005年为32517.0万吨，减排1847.8万吨；化学需氧量（COD）排放量，2001年为17.84万吨，2005年为9.2万吨，减排8.64万吨；氨氮排放量2001年为1.5万吨，2005年为1.08万吨，减排4195.7吨。

【环境噪声治理】

城区环境噪声污染源主要来自道路交通噪声、生活噪声、施工噪声。1990年以后，随着经济社会发展，城市人口和机动车迅速增加，城区环境噪声污染日益严重。成都市采取环境达标区建设的综合整治,道路交通噪声、生活噪声、施工噪声专项治理,以及中考、高考期间严格的禁噪措施。

环境噪声达标区建设。成都市自1991年起开始环境噪声达标区建设。按照噪声达标区建设的标准,以人口密集的文教、居住、商业区为控制重点,每年有计划地新建一批环境噪声达标区,对已建噪声达标区加强管理、巩固成果。1995年共建成噪声达标小区13个。其中居民文教区达标小区3个,二类混合区达标小区8个,工业集中区达标小区2个。达标小区总面积为40.35平方公里,占城区面积的38.07%。2002年制定《成都市建设环境噪声达标区管理规范》,使全市噪声达标区管理工作步入法制化轨道。至2003年,累计建设噪声达标区118.24平方公里,环境噪声达标区覆盖率60.25%。

道路交通噪声治理。2001年成都市实施畅通工程。对中心城区道路的硬件设施进行改扩建,使全市道路通行能力有很大提高,从而缓解车流量压力,城市交通状况明显改善。同时,强化对机动车、非机动车的管理,有效减少道路交通噪声污染。

生活噪声治理。2002年以后,全市加餐饮、酒吧、歌厅、学校、沿街店铺等公共场所的管理,开展禁噪专项执法检查,开通环保"12369"、公安"110"、执法局"962000"等举报热线共同受理噪声污染投诉。行政主管部门认真处理每件环境投诉,并配合媒体监督,严格查处噪声污染单位,对噪声污染单位的限期治理情况进行跟踪检查。2002—2003年,有关部门共查处噪声扰民案件6736件,城市噪声污染得到有效控制。

施工噪声治理。2002年,成都市制定《关于在创建国家环境保护模范城市活动中全面开展创建"绿色环保工地"活动的实施意见》《成都市创建"绿色环保工地"工作标准》《成都市建筑工程夜间施工管理暂行办法》以及《成都市市政基础设施工程现场管理暂行标准》等一系列管理办法。在全市施工工地开展创建"绿色环保工地"活动,规定凡在城市规划区三环路外侧500米内的各类建筑工程(含市政基础设施建设工程的拆迁工程),必须科学合理安排施工进度计划,对建设工地采取控制措施,控制施工噪声,减轻噪声污染。逐级签订目标管理责任书,并纳入年度工作目标考核。管理部门严格审批发放成都市建筑工程夜间施工许可证,对无夜间施工许可证,擅自进行夜间施工作业造成噪声污染的建筑工地严格查处。

中高考禁噪。1990年以后,中、高考期间,各区(市)县和市环境污染监理所做了大量的禁噪工作。考前,对各考点、食宿点及周边环境进行踩点调查,对周围可能产生噪声污染的单位提要求、打招呼,规定高考期间停止噪声污染。考试期间,环保部门设立24小时值班举报电话,执法队伍昼夜巡查,对违反规定的,发现一起,查处一起,有效遏制噪声扰民,保证考生拥有安静的复习和应试环境。

【焚烧秸秆治理】

成都市农业生产以水稻、小麦、油菜为主,收获后产生的秸秆约400万吨。从前,秸秆是宝贵的资源,用作柴灶的燃料、耕牛的饲料、房屋的建筑材料,并不污染环境。随着社会的发展,燃料的改进,耕牛的淘汰,以及农村住房的变化,1990年以后,春秋两季大量秸秆被烧,造成空气污染并影响民航班机正常起降。

综合利用秸秆气化示范工程

1999年，国家环境保护总局、农业部、财政部、铁道部、交通部、民航总局等六部、局联合颁布《秸秆禁烧和综合利用管理办法》以后，成都市强化管理，开展秸秆禁烧工作，加强田间巡逻检查，采取宣传、劝阻、经济处罚等手段禁止焚烧秸秆。2000年秋季，全市各级政府组织2.3万多名干部进行现场检查，出动宣传车2万多台次，查处违法焚烧行为400多件，有效控制露天焚烧秸秆现象的发生。

在加大禁烧秸秆执法的同时，“疏堵结合，标本兼治”，引导农民合理利用秸秆，如还田作肥料、作培养蘑菇基料和工业原料等。2004年，引进年产10万立方米深加工秸秆中密度人造板生产线，2005年，引进年产30万立方米的秸秆木质中高密度纤维板生产线，每年消耗秸秆20多万吨，使秸秆焚烧污染空气问题得到缓解，并起到节约原木、促使农民增收的良好效果。

环境安全应急处理

【概况】

2004年4月，成都市环保局成立环境安全应急领导小组，各区（市）县环保局成立相应的应急领导小组。在应急领导小组之下设立应急现场指挥组、应急处置小组、应急监测小组等机构，并明确负责人及职责任务。同时成立突发污染事件应急处置专家组，聘请省、市知名环保专家作为决策的参谋和顾问。同年7月，市环保局制定《成都市处置突发环境安全事件应急预案》，该预案的重要内容已纳入《成都市人民政府突发公共事件总体应急预案》之中。“预案”根据突发环境事故的严重性和紧急程度发布一般（Ⅳ级蓝色）、较重（Ⅲ级黄色）、严重（Ⅱ级橙色）和特别严重（Ⅰ级红色）等四级预警预报。明确规定，市和区（市）县两级设应急领导小组，各相关直属单位设应急小组，对各自组织机构的职责任务作出明确细致的规定。“预案”对污染事故处置中环保部门的主要任务和处置基本原则作了明确规定。将处置事故的程序确定为：迅速报告、快速出击、现场控制、现场调查、情况上报、污染处置、污染警戒区域划定和消息发布、污染跟踪、调查取证、结案归档等十个步骤。“预案”对经费保障、装备器材保障、通信保障、专家保障、医疗保障、协调保障也作出明确规定。

《成都市处置突发环境安全事件应急预案》出台后，各相关处室、支队、中心站及各区（市）县环保局、大队、监测站都制定各自的应急预案，并明确要求做到机构、人员、资金、物资、装备、通信、值班“七落实、七到位”。至2005年年底，初步形成成都市突发环境安全事故处置体系。

【2004年沱江特大污染事故】

2004年2月底至3月初，地处青白江区域内的川化集团有限责任公司第二化肥厂在设备技术改造与年度大修实施对接后，未按环保“三同时”（指建设项目的防治污染设施与主体工程同时设计、同时施工、同时投产使用）要求报经环保部门批准，在环保设施不能正常运转的情况下，擅自违规进行投料试产，由于尿素装置的环保设施出现堵塞故障时未能及时停车，造成氨氮排放严重超标，导致沱江发生特大水污染事故。此次污染事故造成下游资阳、内江两市直接经济损失2.19亿元。省委、省政府在调查核实的基础上对川化股份公司和相关责任人分别作出严肃处理。

环境保护活动

【21世纪环境保护与城市发展国家学术研讨会】

1997年9月24—28日，林业部、建设部、文化部、国务院新闻办公室、国家环保局、国家旅游局、四川省人民政府、成都市人民政府共同主办的“1997中国四川成都国际熊猫节”在成都举行。国际熊猫节以“生命—环境—发展”为主题，唤醒人类的环境保护和生态意识。熊猫节期间，在西南交通大学镜湖宾馆召开“1997成都21世纪环境保护与城市发展国际学术研讨会”，内容涉及大熊猫等珍稀濒危野生动物的保护、水资源保护与城市发展等，来自中国、美国、英国、法国、德国、日本等11个国家的专家和国际学术组织的代表200余人出席这一学术盛会。

【21世纪城市建设与环境成都国际大会】

2000年10月16—18日，由联合国人居中心、中华人民共和国建设部、成都市人民政府共同主办的“21世纪城市建设与环境成都国际大会”在成都召开，来自世界5大洲、29个国家、37个城市、4个国际组织的89名代表以及中国35个城市的151名代表参加会议。联合国人居中心执行主任安娜、地方政府国际联盟主席麦克斯·甘维先生等莅临。为期三天的会议里，与会代表围绕城市可持续发展战略、改进城市管理、住房和住房资金的获得等主题进行广泛深入的交流，并在此基础上形成和通过《成都宣言》，成为这次大会标志性成果。

【首次国内“无车日”活动】

2000年10月14日，成都市在国内率先组织开展“无车日”活动，迎接“21世纪城市建设与环境成都国际大会”的召开，在“无车日”活动当天，禁车区域内除公交车和特种车外，禁止机动车辆通行。成都市领导与联合国人居中心官员游建华骑自行车视察市区环境，无车区空气质量及噪声情况明显好转。中央、省、市近100家新闻媒体进行大量报道，产生很好社会反响。

市容卫生

综　述

1990年后，随着城市的快速发展势和城市居民对市容环境要求的不断提高，成都市全面推进市容环境工作。1992年5月，市环卫管理处升格为市环境卫生管理局，为副局级单位，归口市城市管理委员会管理。1993年12月，市环境卫生管理局改建为市容环境卫生管理局，为正局级单位，归口市建设管理委员会管理，负责城市市容及环境卫生管理，指导区（市）县市容及环境卫生管理工作。与此同时，各区（市）县也相继成立健全市容环境卫生管理机构，为市容环境卫生工作奠定组织基础。

1990—2005年，成都市围绕创建和巩固国家卫生城市，多次开展市容环境的综合整治及专项整治，包括市容环境综合整治、街道环境综合整治、校园周边环境整治、社区环境整治、城乡接合部环境整治、城市户外广告专项整治。加大环卫执法力度，取缔户外广告，查处脏乱差违法行为。大力改善环境卫生的各种设备，全面加强环境卫生的设施建设，建设一批生活垃圾填埋场、建筑垃圾处置场、特种垃圾焚烧场，实现生活垃圾袋装化运输和无害化处理。建成大批洗车场，实现城区公厕的全面升级改造。

在此期间，全面加强城市保洁工作，街道保洁、河道保洁、公厕保洁、街面冲洗、河道疏淘实现常态化、制度化、规范化进行，并形成长效管理机制。全面推进城市绿化工程、城市鲜花工程、城市光彩工程、城市雕塑工程，努力实现城市环境“净化、绿化、亮化、美化”的目标。

市容整治

【市容综合整治】

成都市市容综合整治重点为中心城区干道沿线、出入城路口、河道沿线、中小街道、居民社区、校园周边、公共场所（车站、机场、集市和餐饮娱乐场所）、城郊接合部、公园名胜区、垃圾场站所在地等。整治内容各个时期有不同要求，20世纪90年代初期以创建卫生城市为重点；90代中后期以清理交通占道、强化建筑工地渣土管理为重点；2000年后则以“净化、绿化、亮化、美化、畅通”为目标，以创建最佳旅游城市、环保模范城市为重点。

1990年，市政府各部门相互配合，在主干道及窗口繁华地段，组织数万人上街整治市容，城管部门与临街近5万单位、店铺签约，落实“门前三包”（绿化、卫生、秩序）责任制，查拆违章建筑万余平方米，纠正夜间无证施工、任意排放污水等混乱现象，并督促饮食店铺进行卫生改造；改造400余座街道公厕及储粪站，消灭蝇蛆滋生。1991年，以垃圾场站和城区街面卫生为整改重点，主要干道实施两班制洒水冲洗。1992年，双流机场、成都火车站和西门、新南门、北门、青羊宫汽车客运中心进行卫生基础设施建设。1994年，对城区违章占道摊点、亭棚、构筑物进行大规模清理，取缔各类摊点23万个（次），在主干道拆占道亭棚、建筑物1700多个。1995年3—4月，党政机关、部队、大专院校等286个单位、2.1万余人参加义务劳动，疏淘河道、沟渠21.95千米，清除淤泥、杂物1500余立方米。

1996—1998年，重点整治天府广场周边及府河、南河沿线环卫秩序，仅1997年，市容管理部门就出动车辆3200余台次、执法人员2.3万余人次，纠察各类违章6.6万余件（次），处理群众举报353件（次）；并落实灭蝇、灭蚊、灭鼠工作。2001年，市容环境管理局成立，围绕“净化、绿化、亮化、美化、畅通”的市容与环境管理的总体目标，对市容形象示范街道、重点整治街道、主要出入城道路、府河南河沿线涉及的道路进行综合整治，整治内容含临街立面、道路路面、户外广告、环卫设施、市容秩序、园林绿化、光彩工程、河道沟渠、建筑工地、临街店铺、畅通工程等。综合整治自3月中旬开始，12月底结束，历时9个月，投资13.4亿元。

2002—2005年，成都市结合开展创建国家环境保护模范城市活动，实施大规模环境整治，重点为净化临街构筑物立面，规范临街商橱陈设，规范破墙开店行为，拆除各类违规广告和搭建物。2002年，五城区、高新区、市级有关部门及社会单位共投资5亿多元，完成38项综合整治任务。2003年，完成104个社区、213条街道整治任务。整治内容含重点街道铺设彩砖人行道，改造公厕面貌，加强“扬尘”污染治理，禁止脏车入城等。2004年，五城区及高新区对124个社区、272条街道、19条出入城通道沿线进行综合整治，拆除违章建筑163.1万平方米。2005年，对132条街道临街立面、商招店招、户外广告等3大类20余项内容进行规范。出动城管执法人员29.9万人次、执法车辆3.7万台次，查处各类出摊占道、游动贩货事件12万余件，依法没收各类广告印刷品23.4万余张。

【市容专项整治】

校园周边环境整治。20世纪90年代后期开始净化校园周边环境，拆除各类违章建筑，清理取缔占道亭棚、洗车点、停车场、修车点、废品收购点，严禁各类车辆乱停乱放，对学校周边路面、边沟进行维修和清掏，周边公厕实施达标改造，并加强周边饮食店铺、娱乐场所、网吧的监管。

社区环境整治。2003年，部分街道办事处进行社区环境整治，整治面占建成社区的30%。共拆除违规建筑37.6万平方米、实体围墙1.7万米、工地违章搭建物2.6万平方米、防护栏和花架6万余个、雨篷4.9万个，违章广告牌（栏）1392块，拆除占道摊区、市场、亭棚192个。新建农贸市场9处，设置工地降尘设施7949处，新建和改造路灯1171盏，净化建筑物立面2047幢，建立管理制度104项。2004年，社区整治以绿化、美化和亮化建设为重点。各街道办事处对居民临街阳台、窗台等设置继续进行规范，清除阳台、楼道各种杂物，严禁临街吊挂有碍观瞻的物品。规定临街商店、小游园、农贸市场、影剧院、饭店等每日收运垃圾不得少于2次，并防止噪音、油烟、垃圾污染。共整治社区 124 个、街道 272 条,整治面达建成社区的 71.3%。

城乡接合部环境整治。1998 年,城郊接合部各街(乡)共清除积存垃圾 13 万吨,拆除大量违法违章构筑物,解决许多脏乱差问题。2002—2003 年,城郊接合部的主要出入城道路、河道沿线,共拆除违章建筑物、搭建物 50 余万平方米,清除积存垃圾 6 万余立方米及建筑废渣 5.6 万立方米,取缔占道摊区、市场、亭棚 500 余个,取缔废品收购站(点)、修(洗)车站点 500 余处,取缔各类养殖场、屠宰场、沙石灰浆场、废旧建材经销点 130 余个,拆除直排式厕所 245 个,新设垃圾收运设施 1600 余处,疏淘排水沟 13.6 万米。

【街道环境综合整治】

2002—2005 年,按照《成都市街道环境综合整治规划》,实施大规模城区街道环境综合整治。全市共投资近 50 亿元(含社会资金),重点对市容示范街、城市干道、主要出入城道路路段的临街立面、道路路面、户外广告、环卫设施、市容秩序、园林绿化、光彩工程、农贸市场、建筑工地和河道沟渠等进行综合整治。按"总体布局、确立重点、突出风格"的原则,分别对城市广场、景观街(路)、景观区域、标志建筑、交通桥梁进行亮化、美化。完成道路路灯亮化改造 370 条,亮化、美化建筑楼宇 760 幢、桥梁 28 座、广场、绿地及小游园 43 处。

至 2005 年年底,城区 457 条城市道路(总长 278 千米)、全部中小街道(总长约 400 千米)、104 个社区的环境综合整治全面完成。通过整治,城市街道面貌焕然一新,初步形成一街一景、一楼一色、一河一貌的城市新风貌。城市生活环境、商贸旅游环境得到进一步优化。

【户外广告清理整治】

2000 年以后,成都市逐步加大对城区户外广告的管理力度。2000 年拆除各类商业布幅广告 5030 幅,拆除陈旧、破损商业招牌 1900 块,拆除活动式占道售点广告 3954 座,拆除闲置广告空架 75 座,清洗乱张贴、乱书写广告标语 20 余万份。2001 年,制订《成都市城区户外广告设置临时规划方案》,大力开展广告的清理、规范和整治工作,共拆除户外广告 1918 块。2002 年,编制《成都市城区户外广告设置总体规划》,并按规划要求拆除不规范户外广告 2233 块、各类招牌 2772 块。2003 年,市政府关于《成都市城市户外广告和招牌设置管理暂行规定》于 4 月 28 日发布,6 月 1 日起施行,进一步加强城市户外广告的清理整顿,重点组织对中心城区经批准的户外广告登记确认,对三环路、机场路沿线塔式广告及各类广告牌的清理核查,对 213 条街道、104 个社区非法设置的 656 块户外广告予以拆除。2004 年,成都市市容环境管理局组织开展户外广告专项整治,共拆除不规范的户外广告 5428 块。2005 年,成都市市容环境管理局重新启动城区户外广告规范设置工作,办理成都市户外广告设置登记证 187 个,批准允许规范设置户外广告 384 块。同年 12 月 6 日,成都市第十四届人民代表大会常务委员会第二十一次会议通过《成都市城市户外设置登记证》187 个,批准允许规范设置户外广告 384 块。

环境卫生

【环境卫生设备】

1996 年,成都市中心城区环卫设备的配备指标是:清扫用垃圾桶每 7500 平方米 1 个,果屑箱单边每100米1个,三轮保洁车每15个保洁员工1个,工具棚每30保洁员工1个。2002年,增加二、三环路之间的环卫设备配备:果屑箱单边每150米1个,三轮车每2.5万平方米1辆,工具房每10保洁员工1个。果屑箱、垃圾桶(台、池)每年维护、更新不少于2次。

自1992年道路清扫试用第一台机械清扫车开始,至2004年,已购置道路清扫车25辆、后装式垃圾压缩车111辆、洒水车10辆,并研制成功强力冲扫车和护栏清洗车。1993年垃圾填埋场只有推土机4台、压实机械1台、东风牌运输车1台,至2005年已有推土机9台、装载机3台、压实机1台、吊车1台、东风牌运输车20台。2002年购置400台大型密闭式渣土运输车,同时对139台渣土运输车进行"密闭盖"改装。垃圾车、粪便车、冲洗车、清扫车、翻斗车等环卫专用车辆总量从1990年的315台,增加到2005年的1035台。

【环境卫生监测】

1990—2005年,环境卫生主要监测设备从7台增加到29台。监测项目1990—2002年为11项,即COD(化学需氧量)、BOD5(5日生化需氧量)、氨氮、细菌总数、大肠菌值、SS(固体悬浮物)、溶解性固体、生活垃圾物理成分分析、含水率、pH、色度。2003年增加8项,即:垃圾热值、可燃物、氯化物、硫酸盐、氨(气体)、二氧化碳(气体)、二氧化硫(气体),SS(气体中的固体悬浮物)。2004—2005再增加5项,即硝酸盐、亚硝酸盐、氮、磷、甲烷(填埋气体)。市区生活垃圾、公厕粪便的排放标准,长安垃圾卫生处置场、洪河垃圾场的地下水质监测,成都市特种垃圾焚烧场日常监测,均由成都市环卫科研所承担。

【生活垃圾处理设施】

生活垃圾袋装化。20世纪90年代前半期,生活垃圾收集主要靠沿街设置的垃圾桶(台、池),按属地化原则进行环境卫生日常管理。1996年,成都市成华区双林小区开始进行生活垃圾袋装化试点。1997年,锦江区、金牛区、青羊区和高新区陆续开展垃圾袋装化。1998年8月,城区一环路以内44个街道办事处、749条街道、66个占道市场,均实施垃圾袋装化收运;118条主干道及次干道上取消垃圾桶点2341处、垃圾桶9514个、垃圾台(池)157座(处)。建成袋装垃圾中转房162座,购置后装式压缩车80辆、人力三轮车900辆。同年,城郊接合部31个街(乡)逐步实施生活垃圾袋装化收运等作业方式,截至2005年,城区垃圾袋装化收运范围已达到三环路以内全部区域及三环路以外部分区域,生活垃圾密闭清运率达90%以上。

袋装生活垃圾中转房

生活垃圾中转站。1990年7月,成都市环境卫生管理部门在居住密集区修建生活垃圾中转站5座,其中密封中转站4座、露天中转站1座。五城区实行垃圾集装桶归位、锁桶、清洗制度,基本解决垃圾暴露街面时间长、桶点卫生差的问题。1992年,将原有垃圾台(池)改造为垃圾中转站(房)。1993年,将5座露天中转站改造成集装箱密封式机械化中转站。1999年,修建垃圾中转房300座。2000年,在金牛区红花堰建成成都市第一座日处理生活垃圾100吨的压缩中转站。2004年,于武侯区南桥村6组建成日处理垃圾400吨的压缩中转站,成为当时国内自动化操作程度最高、日处理垃圾量最大的竖式压缩中转站。至2005年年底,共建成8座垃圾压缩中转站,将挤占城区人行道和机动车道的垃圾中转房全部拆除。

生活垃圾填埋场。20世纪80年代末,成都市城区的生活垃圾主要运至位于青龙乡的洪河垃圾场和将军碑垃圾场自然堆放。1990年,垃圾日产量达1342吨,每年约有3万吨垃圾无处堆放。1992年,在成华区龙潭寺建设垃圾处理场,作为过渡性堆放场,当年建成投入使用。1993年3月,动工修建位于龙泉驿区长安乡狮子村的长安垃圾填埋场一期工程,占地836亩,容积1135万立方米,投资1.45亿元,计划使用13年。其主体工程于当年9月建成并投入使用,1999年全面建成。2000年,完成二期工程建设,占地723亩,容积2074万立方米,投资1.27亿元,计划使用17年。并相继建成长安垃圾填埋场环形道路及垃圾车倾倒平台等配套设施。

生活垃圾无害化处理。1998—2002年,垃圾进场称量后进行微机化管理,按分片形成台阶式,用压路机推碾压实,并撒草籽,形成绿化覆盖面。处置场污水站一期工程建成后,对垃圾渗沥液进行处理,通过蒸发,再次过滤。2003—2005年,生活垃圾车运至处置场,经过地磅秤准确称量,再有序进入填埋库区的移动式平台倾倒,采取分区、分单元作业方式,推土机将垃圾朝指定单元方向按1∶3坡度推移、摊铺,然后消杀灭蝇,压实机逐层碾压、覆土。这种素土覆盖和药物消杀相结合的方法,大大提高无害化处理能力。截至2005年末,市区垃圾无害化处理能力达3400吨/日,实际年处理垃圾117万吨,无害化处理率97.97%。并每年分期、分单元实施沼气导排工程,通过深度25～30米的竖向导气井中多孔钢管,以抽气机将沼气强制抽出,集中引到火炬塔燃烧释放。

【建筑垃圾处置场】

20世纪80年代末,成都市首设渣土管理办公室,负责全市渣土(建筑垃圾、工程余泥渣土、煤渣炉渣等)清运和管理。1997年,在金牛区建成2座建筑垃圾处置场。2002年,将建筑垃圾处置场经营权以30万元承包费,包给金牛区洞子口乡踏水村五组。以市场运作方式,购置400台密闭式渣土运输车;同时对原139台运输车进行密闭盖改装,组建18家专业化渣土运输企业,实行专业化、企业化、规范化经营。2005年6月,城区建筑垃圾实行属地管理。

【特种垃圾焚烧场】

20世纪80年代末,成都市区106所医院产生的特种垃圾,仅有17所医院经过简易焚烧炉焚烧处理。1989年,开始筹建特种垃圾焚烧场。1992年,在龙泉驿区洪河镇柳树村12组,建成特种垃圾焚烧场,日处理能力3.45吨。焚烧设备采用市环境卫生科学研究所研发的LTF—03连续式垃圾焚烧系统,垃圾收运采用液压式生活垃圾收运车。1995—1996年,完成特种垃圾焚烧炉及烟道系统的技改和维修。2003年,新购医疗废物专用密封转运车14台,并建设DW—1—8型垃圾应急处理焚烧炉一座。

【洗车场】

1990年，成都市机动车入城处设有成灌、成温、川陕、成新、老成渝、川藏、成彭、成仁等8条入城路口的8座大型洗车场。成灌洗车场位于西郊土桥，是成都市第一个机械化洗车站，最大洗车能力450辆/小时，每天可清洗入城车辆1700～2100辆，每月可清洗泥沙300多立方米，使土桥至西门车站路段大气颗粒物浓度降低20%，扬尘减少40%，公路面貌有很大改观。但此类洗车场建设投资大、运行费用高，于1995年前后纷纷停产。此后，在城区内分散修建机动车洗车场。

至1999年年底，成都市有正式或临时机动车清洗站333家，分布较为均匀。平均日洗车量1.2万台(次)，日耗水量2000吨，日营业额近10万元。其中硬件设施、投资规模、建设标准上档次的中、高档洗车场有20余家；集汽车清洗、美容护理为一体的有150余家；安装废水循环处理机，节水率在60%以上的有40余家。2001年，对新建洗车场实行“限量发展，确保质量”原则，要求位置应在入城路口或三环路以外的入城方向，场地使用期限至少3年以上，面积应在300平方米以上，能容纳各种车型的车辆清洗，环保方面应符合污水沉淀处理要求，水循环使用率达70%以上。2004年，规定新建机动车清洗站不得擅自占用机动车道、人行道、消防通道、园林绿地、河道保护区道路、高压走廊保护区。

【公共厕所】

20世纪90年代初，城区共有公共厕所576座，其中旱式厕所516座，占总数的89.6%，相当一部分为旧式建筑，面积小、结构差。1990—1991年，对城区旧式旱厕151座进行改造。1993年9月，投资4000多万元，将城区公厕全部改造成三格化粪池或沼气处理粪便的水冲式公厕。在繁华地带新建一类公厕6座、二类公厕95座、三类公厕475座，并与周围环境相协调，修建一批双层式、古典式、庭园式不同风格的公厕，使城区公厕水冲率达到100%。1999年，城区内有公厕605座。2000年，85座社会单位的自有公厕，按照创卫迎检标准进行维修后，对外服务。2004年，在市中心建成第一座设有无性别、无障碍残疾人通道的公厕。2005年年底，城区公厕达1249座，其中80%达到二类以上标准，有141座设置残疾人专用通道。

1992年滨江路二段建成的一类甲级公厕

城市保洁

【街道保洁】

20世纪90年代，城区街道日常清扫保洁工作主要由各区环卫局(市容环卫局)和街道办事处组织的民办清扫队负责。1990年，临街商家实行“门前三包”制度，负责清扫人行道，清扫面积占30.6%。1991年，市环卫系统推行目标责任制，定人、定岗、定段，将保洁作业落实到人，日作业面积626万平方米，此后皆沿袭这一管理方式。2001年，将街道民办清洁队归并到区市容环卫局街道清扫保洁队伍中，实行统一作业、统一考核。2002年，清扫作业由事业单位包干改为企业化运作，成都美商金莱特电子有限公司、成都普鑫基础工程有限责任公司、成都绿洲市容环境（集团）有限公司、成都市尧舜绿色环保公司承包总面积584.68万平方米的三环路环卫作业。主要街道由环卫部门成立清洁服务公司承担环卫作业；次要街道由其他社会单位组建清洁公司承担环卫作业。清扫面积达4225万平方米。

20世纪90年代前期，成都市街道保洁延用80年代手工清扫方式。1992年，成都市引进第一台机械化清扫车。1993年全市清扫车增加到5台，主干道均取消人工清扫；此后逐年提高机械化清扫水平。2001年开始推行洒水降尘、冲洗除尘，作业面逐渐覆盖至二环路以内主次干道及三环路以内出入城道路。至2005年年底，城区主干道机械化湿式作业率达到50%。

【路面冲洗】

1989年，成都城区每天傍晚人流高峰过后，冲洗车既将快车道上的污染物冲到道路边缘，再由人工清扫，保持街面无污物。当时城区有13台洒水车，每日洒水冲洗16条街道、132.5千米。1990年，冲洗次数由每天1次增为2次，冲洗里程增为141千米。1994年，采用“定人、定车、定段、定时、定质量”的道路冲洗责任制，洒水车驾驶员必须在规定的加水点加水，以时速20千米冲洗道路的宽度不得少于4米，洒水降尘宽度不得少于10米。路面冲洗每日不少于1次，气温30℃以上时，每天洒水平均不少于3次。1995年，冲洗线路增为一环路以内31条街道，冬季236.6千米、夏季226.6千米。1996年，冲洗范围由一环路以内扩大到二环路以内主干道，冲洗线路增为46条、304.8千米，并洒水降尘35.6千米。2002年，冲洗线路扩大到190条、380千米。实行先机械化清扫，将污染物吸扫后，再使用水车冲洗。2004年，新增小型和中型扫地车38台，多功能洒水车8台，普通洒水车25台。将三环路以内洒水车能进出的街道，全部纳入冲洗降尘范围，每日作业线路增为461条、920千米。每作业班组配备5～6台水车，分班定点加水，每台车每日冲洗6车次、洒水7车次，实行目标管理。2005年，冲洗降尘覆盖三环路以内所有洒水车辆能进出的街道，日冲洗作业里程达1173.5千米。

作业加水桩1990年仅有5个，位于后子门、大慈寺、建设路、人民公园、西北桥。随着路面冲洗范围的扩大，1996年，新增加水桩7个。2004年，新建7个加水桩。至2005年年底，成都市城区内共建有体育场西大门、人民公园、中医学院、百花潭、西门车站、西北桥、大慈寺、水碾河公厕、建设路、府青路二环立交桥、二环东二段、双桥子、老成仁路、人南立交桥、永丰路立交桥、红牌楼加油站、营门口立交桥、雅乐立交桥、成温立交桥、西区医院、交大门口、府河市场、二环路高升桥路口、二环路建设北路口、二环路东五街路口等25个水桩。

【河道保洁】

1990年，成都市河道管理实行河道专管与协管相结合的方式，由沿河各街道办事处设2～4名半义务河道协管员，协助管理沿河环境卫生及绿化设施，并负责下河淘捞、清运垃圾。

1997年，府南河（城区段）综合整治工程竣工后，保持河道环境整洁卫生成为河道管理维护的一项重要工作。由于府河、南河上游经常有大量垃圾杂物冲泻而下,致使整治段水面环境与两岸风景极不协调,严重影响综合整治的环境效益。1997 年成都市河道管理部门制定《划分城市河道等级管理要求暂行规定》,各管理站按不同等级河道的维护要求,除每日清扫步行道外,还定期清洗河边防护栏、花台等。当年开始实施河道水面保洁,采用船只对水面进行巡查,打捞漂浮垃圾,并在一些重要河段设置栏漂点 20 余处,年清运漂浮垃圾 3000 余立方米。

1999—2005 年,成都市河道管理部门先后制定《成都市河道管理处中小河道示范段划分及管理标准》《水闸、河段日常维护管理责任承包暂行方案》《实行常年维护项目管理(暂行)办法》,并付诸实施,使河道保洁工作更加规范化。2005 年全年投入打漂人员 96 人、船只 14 艘,拦漂打渣 1. 94 万立方米,日清扫面积 37. 1 万平方米,日清理维护绿地面积 12. 9 万平方米。

【河道疏淘】

1990 年以后,成都市城区的河道疏淘实行党、政、军、警、民义务疏淘与专业疏淘相结合。

全民参与整治河道

1994—1996 年,配合成都市创建全国卫生城市,成都市连续三年组织省、市、区各级机关、街道、驻蓉武警官兵对府河、南河进行较为全面的机械与人工疏淘。1996—1997 年,组织专业疏淘队、采用机械化作业疏淘府河西北桥至望江楼段、南河干河出口至合江亭段,全长近 18 千米,清运淤泥、堆积物 95 万立方米。

沙河水系主要由市河道管理单位组织专业疏淘。1990—1996 年,投资 15 万元,清淤 7000 立方米。

1997—2005 年,成都市每年都利用都江堰岁修的枯水期,对府、南河和其余市管中小河道进行疏淘,既有利于河道行洪,又有益于环境卫生。以 2002 年规模最大,共清除河道淤泥 3. 86 万立方米、两岸积存垃圾 6224 立方米。2005 年,市河道管理单位对府河、南河、沙河、沙河排洪河、洗瓦堰、凤凰河、磨底河利用雨洪资源进行冲淤。共疏淘淤泥 2. 75 万立方米。

1990—2005 年,城市河道共疏淘淤泥 28. 7 万立方米。

【公厕保洁】

1990 年,成都城区粪便日产量约 1300 吨,分别由东、西城区环卫部门 45 台粪车转运到天祥寺储粪站,或直接运到近郊农户储粪坑内,日转运量 628 吨,其余粪便经化粪池排入下水道。城区共设 5 个中型、62 个小型粪便收集中转点,以便将各中小街巷的厕所粪便由汽车抽运。1990—1991 年,先后建成布把子、桂溪两座粪站,同时封闭天祥寺粪站。1995 年,市区管道排放粪便 2235 吨/日,机械化清运 325 吨/日,粪便人力转运率为 10%。1999 年以后,城区公厕全部实现水冲式和沼气式,城区粪便大量减少,粪便日产量仅为 110 余吨,并全部运往桂溪粪站进行无害化处理。至 2005 年末,城区粪便全部进入污水管网，经污水处理厂处理后达标排放，处理率达90%以上。

1991年，实行专人负责公厕清扫保洁。1995年后，成都市实施“公厕卫生许可证”制度，对公厕保洁实行标准化管理。1996年采取承包方式，定人员、定经费、定职责、定标准、超支不补、节约留用。规定公厕每年至少粉刷、维修一次。

【扬尘治理】

1999年起，成都市城区街道保洁实行喷水作业，以减少道路扬尘污染。进入21世纪，逐步推行湿式清扫，洒水降尘，冲洗除尘作业面覆盖至二环路以内主次干道及三环路以内主要出入城道路。2001年，成都市开展扬尘专项治理活动，凌晨7时完成普扫，以机动车对树草和临街楼宇冲洗除尘，并加强对尘源的控制，使城区空气质量有所提高。2004—2005年，城区街道全面推行湿式清扫保洁，各主要出入口通道定时冲洗，达到路面无灰带、无积尘。车辆严格实行密闭运输，沿途不撒漏垃圾、不滴漏污水。城区主要道路绿化带、行道树冲洗覆盖面达90%以上。新增各种洒水车33辆，保证二环路以内主街干道夜间冲洗除尘，白天洒水降尘，尘源治理率达95%以上。

1997年，成都市明令严禁焚烧垃圾、树枝、树叶，严控二次扬尘污染。至1999年，城区范围内焚烧垃圾现象杜绝。

2002年，成立建设工地扬尘整治领导小组，同时派出10个检查组，对1623个（次）建设工地进行监督检查，对制尘严重的73个责任单位分别进行警告、停工整顿和罚款；68个市场主体给予通报批评、公示，市场禁入6个月至1年；并特聘27名市民监督员，参与整治工作。2003年，组织专项大检查5次，共检查工地2900个（次）。2004年继续对制尘严重的158个工地进行行政处罚和社会公示。至2005年年末，共监督建设工程722个，重点监控施工工地174个，土石方开挖项目84个。扬尘产生的可吸入颗粒物比2004年同期下降了50%。

三环路建成后，沿线扬尘污染问题较为突出。2005年，市城管办公室组织有关部门开展为期一月的集中整治活动。市、区、街三级城管执法队伍，加强查处渣土运输车辆，出动执法车辆1017台（次）、查处工地573个、沿途撒漏运输车286台（次），使三环路扬尘污染得到有效遏制。

生态建设

概述

早在秦汉时，随着蜀郡守李冰创建都江堰，成都平原成为"沃野千里、水旱从人"名播海内的"天府"。"草树云山如锦绣"、"水绿天青不起尘"(李白《上皇西巡南京歌》),即是成都生态优美,环境质量优良的真实写照。中华人民共和国成立后,随着城市规模扩大、人口增加,特别是长期注重经济发展,生态建设出现欠账,环境质量下降,成都母亲河锦江(原府南河)受工业、生活废水污染严重;废气、扬尘污染空气,出现酸雨;山丘地带森林资源结构失衡、天然林成熟林面积和蓄积量锐减;水土流失问题日渐突出。

综合治理水环境。成都"因水而生,因水而兴",生态治理历代以治水为要、为先。1990年起，市委市政府在创建国家卫生城市过程中,动员组织广大干部群众、驻地部队开展大规模的城区河道疏淘。1993年1月,府南河综合整治工程正式开工。至2005年年底,成都市先后完成府南河综合整治、沙河综合整治、中心城区水环境综合整治、岷江及沱江成都段治理、紫坪铺水利枢纽等5项重大水利工程建设。其中,府南河综合整治工程再现"二江抱城"独特历史景观,三次赢得联合国及国际机构奖励;沙河综合整治工程于2005年获建设部最佳人居奖,2006年获国际河流舍斯奖;中心城区水环境综合整治工程完成城区雨污分流、新建污水处理厂并33条中小河道治理，将成都市城市水环境治理从线扩展到面，从局部扩展到流域。紫坪铺水库的建成,提升岷江上游天然径流调节功能,使都江堰综合效益得到进一步发挥。

综合治理水土流失。1990—2005年期间,成都市通过全面实施封山育林、绿化造林,综合治理水土流失。特别是在1998年长江特大洪水后,成都市加大对水土流失治理的投资力度，彭州、金堂、崇州、蒲江、新津、龙泉驿、都江堰先后被列为国家重点水土保持治理项目区(市)县,大邑、崇州列为国家生态建设县(市),金堂县的重点水保治理项目被作为样板在全省推广。治理区内的森林植被得到恢复,坡面水系得到改善,水土流失得到控制,成都作为长江上游生态屏障功能得到明显提升。

城市园林绿化蓬勃发展。1989年,成都城市绿地面积为1516.34万平方米，其中公共绿地256.34万平方米,人均公共绿地1.78平方米,绿化覆盖率27.8%。1990—2005年16年间,成都市不仅对原有公园进行改建、扩建,提升人文内涵,增加游乐景点,完善服务设施;并在环城地区城乡结合部位,充分利用地域优势,打造森林湖泊景观,新建一批公园。截至2005年年末,全市公园已达113座,总面积1813.3万平方米。同期成都市城市绿化全方位开展。2004年建成的三环路成为道路绿化典范。2005年实施完成“中心城区林荫大道”工程，并结合旧城改造对1600多条中小街道实施“一街一树、一街一景”绿化工程。“绿护水、水护城”，水系绿化全面开展，立体绿化成效显著，绿化广场及小游园遍布全市。2005年，经遥感技术鉴定，成都市建成区面积386.02平方千米，人口376.3万人，人均公共绿地面积9.15平方米，绿地率33.03%，绿化覆盖率36.08%，2006年9月26日，成都成功荣获“国家园林城市”称号。

实施天保工程配套退耕还林(草)。20世纪90年代初开始，成都市天然林保护工程及与之配套的退耕还林(草)工程从试点到市辖14个区(市)县全面实施，通过采取管护天然林、封山育林、营造公益林等措施，使全市森林覆盖率逐渐上升。1994年，根据国务院颁布的《中华人民共和国自然保护条例》，成都市开展自然保护区建设工作。至2005年年底，全市有林地面积650万亩，公益林350万亩，人工商品林300万亩，林木蓄积总量2480万立方米，森林覆盖率达35%。先后建立的崇州鞍子河省级自然保护区、大邑黑水河省级自然保护区、都江堰龙溪—虹口国家级自然保护区、彭州白水河国家级自然保护区等4个自然保护区总面积1044.9平方千米，呈带状布局，成为成都平原重要生态屏障，使野生动植物资源得到有效保护。

建设生态示范区。1996年3月，国家环保总局批准“成都市温郫都生态示范区”作为全国首批生态示范建设的试点地区之一，为全国第一个连片建设的生态示范区。按照“以林涵水、以水养土、以土兴农、以农促工、强化农贸”的发展模式。“温郫都”于1999年年底达到全国生态示范区验收标准，2002年3月7日，被正式命名为国家级生态示范区。蒲江县于2004年12月30日被正式命名为“国家级生态示范县”，平乐镇、黄龙溪镇亦同期被正式命名为“全国环境优美乡镇”。此外，至2005年年底，成都市在建的国家级生态示范区还有龙泉驿、大邑、金堂、邛崃、彭州、崇州、新津等7个；在创建中的省级生态小区10个、省级工业生态园区2个、人居活动生态园区2个；全市第一个生态示范村亦在锦江上游郫县安德镇安龙村启动建设。

水环境治理

综述

成都是一座“因水而生,因水而兴”的城市,有悠久的治水历史和优良的治水传统。公元前256年,蜀郡守李冰创建的都江堰,历2260年而长盛不衰。都江堰在西蜀大地创造辉煌的农业文明,使成都平原沃野千里、水旱从人,号称天府;都江堰在古蜀之都创造同样辉煌的城市文明,使成都市经济地位不断提升,成为“扬一益二”的大都会。中华人民共和国成立后,经40年不懈努力,建成以都江堰为骨干的系统水利工程,为人民生活及工农业生产提供用水保障,成为国计民生的命脉。1990—2005年期间,水利建设全面推进,水利事业全面发展,水利管理全面加强,为成都市社会经济持续发展提供供水安全、粮食安全、防洪安全、生态安全的保障。

1990—2005年期间,成都市掀起新一轮治水高潮,完成五项重大水利工程建设,即:紫坪铺水利枢纽工程、岷江及沱江成都段治理工程、府南河综合整治工程、沙河综合整治工程、中心城区水环境综合整治工程。紫坪铺水利枢纽位于岷江上游出山口处,是一座兼具灌溉、供水、发电、防洪、环境等多种效益的大型水利枢纽,水库总库容11.12亿立方米,电站总装机76万千瓦,2001年2月开工,2002年11月截流,2005年5月建成;岷江干流沱江干流穿越成都市境,是成都市防洪重点,1998年长江中下游遭遇特大洪水后,中央加大江河治理力度,1998—2005年新建及加固岷江干流堤防72.29千米、疏浚河道22.71千米,2002—2004年完成沱江干流金堂峡拓宽工程,显著提高岷江、沱江防洪能力;府河、南河是环绕成都市中心城区的两条河流,形成“二江抱城”的独特景观,1993—1997年实施的府南河综合整治工程,揭开城市水环境治理的序幕,取得极大成功,三次赢得联合国及国际机构奖励;沙河是流经东郊以工业用水为主的专用河道,2001—2004年实施的沙河综合整治工程,是成都市水环境治理的继续,2005年获建设部最佳人居奖,2006年获国际河流舍斯奖,为成都市治河工程谱写出与时俱进的新篇章,2003—2005年实施的中心城区水环境综合整治工程,完成城区雨污分流工程、新建污水处理厂工程、33条中小河道治理工程,将成都市城市水环境治理从线扩展到面,从局部扩展到流域。

1990—2005年期间,成都市农村水利与城市水利齐头并进,全面发展。农田水利领域、引水工程以节水改造为主,蓄水工程以除险加固为主,提水工程以技术改造为主,丘陵山区实施“微水治旱”,充分发挥现有工程的效益。都江堰灌区实施续建配套与节水改造,灌溉面积突破1000万亩,紫坪铺水库的建成,能调节岷江上游天然径流,使都江堰的综合效益得到进一步发挥;水土保持领域,开展综合治理,实行封山育林,加强预防监督;城乡供水领域,建成自来水六厂1—4期工程,2005年自来水供水规模达138万立方米/日，为 1989 年的 3.05 倍，极大缓解城区供需矛盾，在农村完成农村饮水解困工程，启动农村饮水安全工程；城市排水领域，中心城区全面推进雨污分流排水体制，16 年间建成排水管道 1614 千米，建成第一、第二、第三、第四及高新西区污水处理厂，2005 年污水处理能力达到 94 万立方米/日，为 1989 年底污水处理能力 8.6 万立方米/日的 11 倍；节约用水领域成效显著，1990—2005 年 16 年间，城市累计节约用水 3.1 亿立方米，农业用水由 1993 年的 55.22 亿立方米降低到 2005 年的 31.46 亿立方米，截至 2005 年年底，累计建成节水灌溉面积 159.42 万亩，占全市有效灌溉面积的 31.3%。2005 年 2 月，建设部、国家发展改革委员会命名成都市为“全国节水型城市”。

1990—2005 年，虽未发生全流域性特大洪水，但是局部范围的洪涝灾害年年发生，城市化进程使内涝灾害加重。16 年间范围较大、损失较重的洪涝灾害共 4 次，分别发生在 1990 年、1995 年、1998 年、2001 年，洪涝灾害造成的直接经济损失为 38.65 亿元，其中超过 1 亿元的有 10 年，以 1995 年损失最大，为 8.21 亿元。成都市高度重视洪涝灾害防灾减灾及抗灾工作，从而把洪灾造成的损失降低到最小。

1990—2005 年，成都市水务管理体制发生重大变化，逐步由城乡分割、多龙管水向城乡统筹、一龙管水转变，2005 年撤销成都市水利局，组成成都市水务局。16 年间水务系统的各项管理全面加强，水行政立法及水行政执法工作不断完善，为依法治水、依法管水提供坚实的保障。

府南河（锦江）综合整治

【概况】

府南河是府河、南河的简称，2015 年 5 月后已统称锦江。府河上游为柏条河，南河上游为走马河，均属都江堰内江水系。20 世纪 50 年代以来，由于城市人口迅速增长，工业经济高速发展，

综合整治后的府南河面貌一新

都江堰灌区急剧扩张，岷江水源大量外调，致使府南二河水量锐减，水质变坏，优美的水环境荡然无存，多功能河道沦为排洪纳污的臭水沟。

1980年后，社会各界不断呼吁治理府河南河，经多年调研与筹划，1992年3月，市委、市政府做出综合整治府南河的决策。立即着手进行准备，编制综合整治规划，拟定项目建议书及工程实施方案。1993年1月27日，成都市人民政府发出《批转市建委关于府南河综合整治工程实施方案的通知》，标志着府南河综合整治一期工程正式开工。1997年12月27日（成都市解放48周年纪念日）在音乐广场举行府南河中心城区段整治工程完工庆典，标志着府南河综合整治一期工程圆满完成。

府南河综合整治一期工程历时五载，耗资27亿元，共完成治河、治污、道路管网、绿化、安居、文化等六项工程任务。治理后的锦江防洪标准达到200年一遇；沿河关闭整顿小型污染企业900余家，迁出40家污染企业，25千米长的排污干管将雨污分流后的污水送至三瓦窑污水处理厂集中处理；形成15千米长的内环路，为城市交通分流车辆；25公顷绿地，植树2万多株，为两河注入盎然生机；3万低洼棚户有序拆除，10万贫困民众迁入新居，沿河景观，尽显独特风采，增添文化内涵；活水公园，演示污水变清，诠释科普知识；合江古亭与音乐广场隔河相望，辉映成趣；府南河整治不仅解决防洪、治污、交通、绿化、美化、人居等问题，还为人们提供休闲娱乐、陶冶情操的场所。

府南河综合整治一期工程完成后，随即转入二期工程，即延伸整治。二期工程经成都市计委立项，省计委批准并纳入四川省重点工程项目，含府河南河上游延伸整治工程、府河下游排洪总出口工程、污水处理厂中水回用工程、道路管网工程、绿化工程、新建安顺廊桥及异地重建九眼桥工程等。二期工程自1998年动工，2002年基本结束，历时5年，耗资15.5亿元。

府南河综合整治工程以河流治理为纽带，将防洪工程、治污工程、交通工程、市政工程、绿化工程、文化工程、新居工程融为一体，统一规划、统一实施，工程实施期间，300多万人为工程捐款捐物，义务劳动；3万多户沿河人家积极配合，主动搬迁。

府南河综合治理工程于1998年10月获联合国“世界人居奖”，2000年6月、7月又先后在德国和阿联酋获得由联合国相应机构参与创设的“优秀淡水管理地方政府首创奖”和“改善居住环境最佳范例奖”。府南河工程展览馆自1996年

1998年联合国人居奖

2000年地方首创奖

2000 年联合国最佳范例奖

建馆至 2005 年年底，先后接待 50 多个国家、地区和国际组织的各种参观团，总计接待中外参观者 140 余万人次。

【工程决策】

20 世纪 80 年代，面对府南二河的满目疮痍，有识之士不断在学术领域发出治理两河的呼吁，社会各界也纷纷表达治理两河的愿望。1985 年 7 月 7 日，《成都晚报》登载龙江路小学蒲波等 10 名少先队员写给市长胡懋洲的信，倡议保护和治理府河南河。胡懋洲在批示中写道："小朋友的倡议应该支持"，副市长朱永明给小朋友复信表示感谢。1987 年 6 月 2 日，新华社记者熊小立在《内参》上发表《成都市锦江严重污染沿江数百万人受害》，称"历史上素以河水清澈而闻名"的锦江，"如今成了成都市的总排污沟""每天排放工业污水和生活污水 60 万吨，含 15 种有害物质""沿江二十多公里臭气熏人，数百万人受害"。省、市领导皆做出批示，责成有关部门组织力量，研究标本兼治的对策。经多年筹划，1992 年 3 月，成都市委、市政府一致认为综合整治府南河的时机已经成熟。

龙江路小学少先队员考察南河污染

1992 年 7 月 3 日，舒鎏逸副市长主持审查会议，原则同意市规划院编制的《府南河综合整治规划方案》。此后，市建委深入调查研究，拟定《成都市府南河综合整治工程项目建议书》，对规划方案进一步完善，12 月 10 日，市建委向市政府正式呈报《关于府南河综合整治工程的实施方案》。1993 年 1 月 27 日，市政府发出《批转市建委关于府南河综合整治工程实施方案的通知》，标志着府南河综合整治一期工程正式开工。市委、市政府将府南河综合整治定为成都市一号工程。

【指挥机构】

1992 年 8 月 10 日，市政府发出《关于成立成都市府南河综合开发工程指挥部的通知》，由市长黄寅逵任指挥长，副市长舒鎏逸、市建委主任白心和、市政府副秘书长黄厚安、市计委主任孙家搌任副指挥长，市政府有关部门负责人及五城区区长共 24 人为指挥部成员，指挥部办公室设在市建委，分7个专业组，市建委副主任罗百灵任办公室主任。

1993年1月27日，市政府发出的《成都市人民政府批转市建委关于府南河综合整治工程实施方案的通知》中还明确市政府已批准成立的府南河综合开发工程指挥部更名为府南河综合整治领导小组，由市长兼任领导小组组长，领导小组下设指挥部。

1994年3月20日，成都市府南河综合整治工程领导小组发出《关于成立成都市府南河综合整治工程指挥部及其成员职责分工的通知》由副市长狄廷国任指挥长，市建管委主任吴国生、市建管委副主任刘玉成任副指挥长，指挥部成员共11人。1994年9月23日，增补市长助理张继海为府南河综合整治工程指挥部副指挥长。并决定将领导小组办公室与指挥部办公室合并，张继海兼任办公室主任。

【资金筹措】

政府筹资。府南河综合整治工程预计投资为18亿元，其中拆迁安置11.7亿元、市政工程6.3亿元。后因实施过程中工程项目增加以及材料价格变动，总投资调整为27亿元。由于市政府财力有限，工程资金筹措主要靠“出让、置换城市土地”和“银行信贷”。市政府先后出台《关于成都市府南河综合整治工程市政建设资金筹集管理办法的通知》《成都市府南河开发项目招商优惠政策的通知》和《关于成都市府南河开发项目招商优惠政策的实施办法》，将资金筹措和管理规范化。两河沿岸规划出106个开发地块（占地105公顷）供招商引资，开发单位除承担土地出让金外，还要承担相应的拆迁赔偿。

市民捐资。府南河综合整治工程实施期间，上至党政机关，下至街道民众，老至银发皓首的长者，幼至刚进校门的孩童，有钱出钱，有力出力，捐款捐物，认养树木，义务劳动。全市共产党员开展为母亲河献爱心的捐建活动，府河东风大桥旁的“翠风苑”即是14.04万名共产党员、5378名入党积极分子捐款196.89万元建成。

【治河工程】

防洪标准。府河南河城区河段断面狭窄、河床淤积、过洪能力不足、洪水灾害频繁。1947年、1981年曾经发生两场大洪水，望江楼水文站洪峰流量分别为1120立方米/秒、1050立方米/秒，重现期分别为100年、70年。按国家关于防洪标准的规定，成都市为特大城市，府河南河的防洪标准定为200年一遇。

府南河治河工程

河道断面。府河南河城区河段地处中心城区，沿河建筑鳞次栉比，土地资源十分珍贵，河道断面一般设计为矩形断面，两岸采用直立式堤岸。府河河道宽度一般为40米，个别河段为45米；南河河道宽度一般为50米，琴台路南口至长顺街南延线为45米，

锦江大桥至新南门大桥采用梯形断面，青条石护坡，底宽60米，上口宽70米；二江汇合处至九眼桥河道宽度为80~120米。

河道疏淘。鉴于河道淤积严重，既影响行洪，又妨碍航运，1997年春（枯水季节），对城区14.5千米长的河道进行全线疏淘，平均挖深1.2米，按设计的河底线一次挖到位。疏淘作业以专业队伍为主，经招标由16家单位出动挖掘机40余台，进行机械化施工，部分河段组织群众义务疏淘。2月21日，召开疏淘工程动员大会，历时约40天，于3月底全面完成疏淘任务，共疏淘淤泥73万立方米。载重汽车共运输淤泥20余万辆次，多在夜间运输，以避免影响市内交通。

河堤工程。1993—1997年，府河、南河新建河堤18千米，加固河堤7千米。新建河堤一般高度约5米，基础为混凝土，堤身为浆砌条石。加固河堤位于老南门大桥—锦江大桥—安顺桥—九眼桥河段的北岸。加固方法是在基础的迎水面设齿墙，以防止冲刷，在旧堤背后的土体内压混凝土浆，以加固堤身。

府南河综合整治前的河道状况

府南河综合整治后的河道状况

橡胶坝与码头。为维持府河、南河必要的水域面积，以开展水上游乐及恢复航运，分别于府河上的万福桥下游、新华桥上游、九眼桥下游，南河上的老南门桥下游、百花潭公园廊桥下游共修建5座橡胶坝。坝高约为4米，坝长依河宽而定。5座橡胶坝使府河南河常年保持水域74万平方米。橡胶坝系利用复合材料建成，平水时节，坝袋充水，形成低坝，以拦蓄径流；洪水时节，放水塌坝，形同无坝，以排泄洪水。坝前作铺盖，坝后设消力池和海漫，坝端设通航船闸，闸宽6米，闸长94米，上下游设闸门。与此同时，沿河修建码头12座，分别位于府河上的北门桥下游、万福桥上游、红星桥（一号桥）上游、东风桥下游、新东门桥上游、合江桥（即府河口桥）上游，南河上的宝云庵、锦官桥（长顺街南延线南河桥）上游、南门桥上游、锦江桥上游、安顺桥上游、九眼桥上游。

【治污工程】

河道污染状况。20世纪50年代后，成都市城市人口不断增长，工业迅速发展，排污量急剧上升。据市建委1992年11月30日《府南河综合整治工程项目建议书》称："每日约有50万吨污水排入府南河"，而"府南河上游来水不断减少"，"现在枯水期基本断流，这就导致府南河自净能力大大削弱，河水污染日趋严重"。府南河水质属Ⅴ类甚至劣Ⅴ类，达不到水功能区划定的Ⅲ类标准。人民群众迫切盼望治理水污染，治污工程是府南河综合整治工程的重要项目。

整顿沿河污染企业。府河、南河沿岸共有污染型企业计1006家，在府南河综合整治期间，关闭不合要求的488家，进行技术改造的478家，迁移到城外工业园区的40家，从而大大减少府河南河的工业污染源。

拆迁沿河民居。拆除河岸16米宽度以内的破旧民居及各种建筑，迁徙沿河居民3万户至新建居住小区，形成7米宽的护河通道和滨河绿带，消除沿岸生活污水、小作坊污水、餐饮污水对河道的直接污染。

实施污水截流。按雨污分流制实施污水截流，1997年底以前，对沿河的众多排污口实现截流599个，截流污水量约占排污总量的70%；在沿河两岸敷设26千米的污水干管，管径为1200毫米，管材为钢筋混凝土。截流的污水经污水干管送至三瓦窑污水处理厂集中处理，达标后再排入府河。对雨水则按重力式排放，就近分段入河。

扩建污水处理厂。三瓦窑污水处理厂(成都市第一污水处理厂)位于南郊高新区桂溪街道办所辖石墙村的府河西岸，厂区占地面积463亩。一期工程污水处理规模为10万立方米/日，于1991年建成。二期工程污水处理规模为30万立方米/日，于1997年动工，2000年建成。污水处理后各项出水指标按国家《污水综合排放标准》的二级标准执行。

义务疏掏淤泥。1995—1997年的枯水期，连续三年组织义务疏掏活动。1995年3月，省级及中央驻蓉单位、市级44个单位共2730人参加义务疏掏活动。1996年3月的义务疏掏活动规模更大，1997年的群众义务疏掏与专业队伍疏浚河道同时进行，加大行洪能力，减轻底泥污染。

义务疏淘府南河

【道路管网工程】

道路工程。府南河综合整治工程完成后，两岸形成的道路分为内环路、外侧道路、防洪通道、人行步道四种。内环路位于河流内侧，全长14.79千米，包括西郊河、饮马河东侧的琴台路、西侧的西安路、南巷子、北巷子。路面宽度一般为25米，其中：车道14米，两侧人行道各5.5米，琴台路因考虑风景区的特殊需要，路面宽24米，其中：中央分隔带3米，车道2×4.5米，人行道2×6米。内环路虽为次干道，但因地处中心城区，对分散车辆流量、改善交通状况仍效益显著。外侧道路，并不连贯，形成长度8.6千米，路面宽20米。防洪通道紧靠河流两岸，长10.9千米，路面宽16米，其中车道7米，人行道3米，绿化带6米，为防洪抢险专用车道，具有分流车辆的功能。

滨江路

桥梁工程。府河、南河城区河段桥梁密布，部分桥梁建于民国时期或清代，工程老化，兼之桥基较高、桥孔较小，行洪断面不足，壅高上游水位，导致洪水上岸，淹没两岸街道。如老南门桥上游的柳荫街一带，经常遭遇水淹，居民苦不堪言。

此次整治，将老桥全部拆除，按200年一遇洪水标准重新修建。改建桥梁3座，即：府河上的万福桥、红星桥、新华桥共3座；拆除旧桥重建新桥的共11座，即：府河上的五丁桥、星辉桥（又称北彩虹桥）、北门桥、猛追湾游泳场东门的猛追湾桥、武城门桥（即新东门桥）、东门桥，南河上异地重建的万里桥、虹桥（即611所人行桥）、东城根街南延线南河桥（习称彩虹桥）、老南门桥、新南门桥（即复兴桥）。桥梁设计精致，构思独特，造型新颖，结构多样。五丁桥为钢构桥，新南门桥为板拱架，老南门桥为钢架拱桥，611所人行桥为双曲拱桥。

府南河桥梁工程

管网工程。地下管网与道路桥梁工程同步进行，供水、供气、电力、通信等管线建设，总需资金约2亿元。分别由自来水公司、煤气公司、电业局、电信局自行筹资。1996年年底，成都市煤气公司率先完成府南河工程目标任务，新建、改建直径为159~237毫米的煤气管道20.88千米、阀门54座。1997年10月，其余管线建设全部按期完成，含市自来水公司敷设直径为200~1000毫米的5种规格管道18.8千米；市电业局敷设从安顺桥至王爷庙的电力隧道，断面内空尺寸2.2×2米，全长5.62千米，途经7个变电站；市电信局完成原有管线的迁改，并新建管线40.15千米。

【绿化工程】

成都市风景园林规划设计院于1995年2月

府南河治河工程

府南河绿化工程

完成《成都市府南河滨河绿带规划》，提出“城市绿地不只是草地、树木和道路构成的绿化地块，也应是若干优美景点构成的风景地域”的理念。内环绿地系统由“中型公园—小公园（花园）—小游园—滨河绿带—行道树”共5个层次构成，既是一个多层次的独立绿地系统，又是成都市大绿地系统中的一个层次。

环城水系滨河绿带规划新建绿地23.53公顷（不含早期已经建成的南河北岸滨江公园、散花楼、合江亭绿地共6.98公顷），新建景点、景园共17个，用地12.89万平方米，带状绿地用地4.66万平方米。绿地系统以绿为本，以绿建园，以绿造景，树种选择和植物配置突出高大乔木和开阔草坪，注重常绿树的应用，景点部分群植、片植主题花木。主要树种有：海棠、木芙蓉、罗汉松、桂花、紫薇、银杏、栾树、泡桐、女贞、山玉兰、大叶樟等。

1995年8月22日，市建委发出《关于府南河滨河绿带初设方案的批复》，原则同意园林规划设计院所做的初设方案，设计概算控制在3760万元以内。

1995年11月13日，府南河综合整治绿化领导小组成立，领导小组下设绿化工程办公室。1996年2月5日，落实市长王荣轩对府南河绿化工程的批示，决定对绿化设计作局部调整，力求建成“上有林木葱葱，下有绿草茵茵，间有花卉组成”的美好环境。

绿化工程由园林局绿化工程处承担。市政工程局于1996年冬至1997年春先期进行府南河两侧绿化带换填耕作土作业，共换填耕作土约5.8万立方米。至1997年7月22日，滨河绿化工程基本完成。共种植乔木1.5万株、灌木4000株(丛)、草坪15万平方米。滨河绿地率达85%，绿化覆盖率达95%。

沿河两岸实际新建成15个景园：反映历史文化的有“思蜀园”(1.1万平方米，治水主题)、“雅园”(6000平方米，内有汉、唐、宋三代文化名人雕塑)、“醉梅园”(2000平方米，内种梅花，有陆游塑像)；反映市树市花的有“银杏园”(4600平方米，草坪上参差种植市树银杏、“拒霜园”(3600平方米，遍种市花木芙蓉，木芙蓉亦名拒霜花)；表现四季景色的，春有“木兰花坞”(1.2万平方米，广植玉兰)、“映艳园”(1.53万平方米，植海棠400余株)，夏有“翠风苑”(8600平方米)、“紫薇园”(6000平方米，主题植物紫薇)，秋有“绮霞园”(6300平方米，红枫为主)，冬有“岁寒园”(1.66万平方米，有松、竹、梅数百株丛)、“香雪园”(8000平方米，有松95株、梅120株)；以环保和水为主题的“活水公园”(2.8万平方米)；以中日友谊为主题的“甲府园”(2300平方米，内有日本茶肆和17株樱花，该园由日本甲府市捐建300万日元，约占建园工程费一半)；另外还有与“思蜀园”隔河相望的“清晖园”(1.5万平方米，疏林草地)。滨河绿地与宽阔的水面融合成“绿护水、水护城”的生态境界，再现成都“翡翠项链”的独特风采。

【安居工程】

府南河沿岸的3万低洼棚户中居住着10万居民，分布于5城区、24个街道办事处、188条街道。房屋破旧，超期使用，安全无保障，还存在严重的水灾隐患。3万棚户的拆迁，是府南河整治工程的重要制约因素。市政府高度重视拆迁安置工作。

府南河综合整治前的沿岸棚户

府南河综合整治期间，成都市房地产管理局根据成都市人民政府1993年1月22日发布施行的《成都市城市房屋拆迁管理条例实施细则》，制定一系列有关拆迁安置的具体政策。规定拆迁赔偿的基本原则是“拆一还一，以旧换新”，每户还可按每平方米700元的综合价，多购25平方米的住房，再超过的面积按商品房价格购买(商品房价格标准一环路以内每平方米1200元，一、二环路之间及火车北站地区下浮5~15%，二环路以外地区下浮15~30%)。此外还规定被拆迁人如自行解决过渡房，按每人每月30~60元补助，被拆迁人搬家费按每户200元补助，被拆迁人按期搬迁给予奖励，长期使用、结构正规的临时建筑物给予工料补助等。这些优惠宽松的政策，为拆迁安置的顺利进展奠定政策基础。

府南河综合整治工程指挥部办公室专门设置有拆迁安置组，工作人员吃住在工地，周密细致、任劳任怨地开展拆迁工作，配合工程进展做到“整治哪一段就先拆迁哪一段”，保证工程“拆迁一段、施工一段、投入使用一段”。通过多种形式广泛宣传，抓好典型事例，推进拆迁安置。1994年6月，成都烟厂主动无偿拆迁厂房2000多平方米，并承担18户居民的搬迁义务，指挥部于6月14日在成都烟厂召开拆迁工作现场会，号召府河、南河沿线单位和居民积极行动，大力支持拆迁工作。由于拆迁工作周密细致，拆迁户积极配合，没有出现一例司法强制拆迁。

妥善安置10万居民，统筹规划石人坝、肖家河、光荣、化成、战旗、东光、联合等24个住宅小区。住宅小区规划起点高，设计有特色，施工高质量，住房布局合理，配套设施完善。每套住房都有客厅、阳台、厨房、卫生间。水通、电通、气通、路通同时到位。小区附近还配套建设有幼儿园、中小学及农贸市场。小区建设到哪里，政府基层机构服务就延伸到哪里，政府的职能作用就发挥到哪里。住宅小区建设自1993年启动，至1996年3月共建成400多万平方米。

1993年8月14日，府南河工程首批拆迁安置房在石人坝小区交付使用，共计126套住房作为柳荫街拆迁居民的房源，长期遭受水患的柳荫街居民改善居住条件。至1995年年底，3万低洼棚户、10万贫困居民的拆迁安置工作基本结束。

【文化工程】

府河南河是成都的文化摇篮，为让综合整治后的府河、南河凸显成都的文化特色，1995年，府南河综合整治工程指挥部委托成都市城市科学研究会进行《府南河综合整治与建设环古城垣文化风景线》课题研究，同年11月完成研究报告并通过专家评审。

按照环古城垣文化风景线的总体构思，在环城水系的西北、东南、西南、东北四个节点，以园林和桥梁为载体，分别展示成都的史文化、水文化、雅文化、俗文化。蜀文化有浓烈的崇石习俗，文化工程充分考虑这一因素，以大石书刻和浮雕为表现手段。自岷江上游汶川县采集大石百余块，总重千余吨。大石造型精而不工，拙而不巧，尽显自然，返璞归真。邀国内书法名家68人，刻诗词歌赋109篇。充分展示了“大石文化”。

史文化。西北角，府河自石堤堰而来，穿流于五丁桥下。这里既是府河源头，也是成都文化源头，故着力展示“史文化”。自五丁桥至北门桥沿线布置古人题咏成都的众多大石，有一组带有青、赤、黄、白、黑五种色调的大石，形状呈蠕、走、泳、翔、爬五种形态，象征古蜀的蚕丛、柏濩(獾)、鱼凫、杜宇、鳖灵五位蜀王，显示上古社会从采集、狩猎、捕鱼、畜牧发展到农耕的全过程。尽头处，北门大桥的桥栏上刻有《成都文化史迹掇英》10幅浮雕，内容为：三星堆古蜀神祭、跪拜杜宇之蜀俗，石牛遗金开蜀道、万里之行脚下始、蜀中饮茶冠六清、龙池坊书肆之最、大慈寺桐叶题诗、浣花遨床大游江、合江亭名士饯别、辛亥秋保路死事。

水文化。东南隅，府、南二河在此相汇，以“水文化”为主题。原来已有合江亭，此亭系唐代节度使韦皋始建于贞元（785年1月至805年8月）年间，后又于亭旁建合江园，成为游览胜地。南宋末年，亭园皆毁于战乱。1989年重建仿古合江亭。府南河整治期间，于合江亭路北兴建思蜀园，占地17亩。该园绿色草坪中，有一个大水池，池

府南河综合整治文化工程之一：思蜀园

边环立五根高大的花岗石柱，内中四柱上镌有古人治水的浮雕，分别刻有“鳖灵治水”“李冰穿二江”“文翁穿湔口”“高骈改府河” 的醒目篆字，昭示成都治水的四个重要里程；另一根石柱刻有“流芳”两个篆字，颂扬今人继往开来流芳万古的治水壮举。思蜀园与合江亭隔街相望浑然一体。因取其“百年好合”之吉祥寓意，此处成为新婚情侣摄像留影佳地，尤以节日假日为甚。

雅文化。西南方是杜甫居住过的地方，以表现“雅文化”为主。在百花潭以东建雅园，设汉、唐、宋三代出生成都或流寓成都的文学巨匠雕塑：汉代的司马相如、杨雄、王褒，唐代的陈子昂、李白、杜甫，宋代的苏轼、黄庭坚、陆游。园内石碑石墙上刻有九人的生平介绍及其代表作（或片段）。此园由雕塑家邓乐设计。与合江亭相望的府河南岸，建有音乐广场，演出台的屋盖结构为网架，造型似飞鸟。台前露天广场沿弧线设 8 根汉白玉浮雕音乐柱，间插其间的 4 根矮柱上有铸铁雕塑，依次为演奏竖琴、琵琶、笛、箫的局部特写造型，命名“春韵”“夏咏”“秋声”“冬吟”。

府南河综合整治文化工程之二：雅园

俗文化。东北角是成都水陆出行通衢，码头接踵，店铺林立，人烟密集，商贸繁荣，以表现“俗文化”（民俗、世俗）为主。横跨府河的东门桥，宋名濯锦桥，清名长春桥，清光绪十二年（1886）重修为三洞石拱桥，后经多次加固补修。府南河综合整治期间重建新桥，桥栏上有“盛唐锦城十二市”浮雕，以展示唐代成都“月月有市”的盛况。“十二市”指：正月灯市、二月花市、三月蚕市、四月锦市、五月扇市、六月香市、七月宝市、八月桂市、九月药市、十月酒市、冬月梅市、腊月桃符市。生动展现了以“民俗”“市俗”为主的俗文化。

1997 年 10 月，府南河综合整治一期工程完工之际，于光远等 21 位全国知名学者会聚成都，称赞该工程 “把几千年成都历史文化之精华，镌刻在两河工程沿线上，形成一条环抱文明古都的独特风景线”。

【活水公园】

活水公园位于府河南岸一号桥（现称红星桥）与猛追湾游泳池之间，与游乐园隔河相望。这是世界上第一座以水为主题的城市生态公园，旨在向人们演示污水变清、“死” 水变活的主题，故名 “活水”，其创意来自美国环境艺术家伊丽莎白·达蒙（Elizabeth Damon）。工程设计由成都市风景园林设计院承担，园林绿化设计由四川省自然资源研究所承担。1996 年 12 月 24 日，府南河综合整治工程指挥部正式批复“活水公园”初步设计方案，1997 年 4 月 24 日，成立实施活水公园领导小组，1997 年 5 月动工，1998 年 2 月竣工。

活水公园

活水公园平面呈“鱼”形，寓意鱼水难分、人水和谐。“鱼”的头部在大门高坡地带，高坡像五片大花瓣，花蕊是公园中心，建有圆形沉淀池及大花坛，形如鱼“眼”。“鱼”的腹部是人工湿地污水处理系统，其工艺流程是：污水—厌氧沉淀池—水流雕塑—兼氧池—植物床（植物塘）—水流雕塑—养鱼塘—渗滤池—自然水沟—儿童戏水池—府河。

府河污水（水质为Ⅴ类以下地面水）由木轮提取泵入“厌氧池”，经沉淀分解，除去部分悬浮物和有机物，从一暗渠流入一串形似花朵的“水流雕塑”。流水在此回旋振荡，曝气充氧，增强活力。继而流入“兼氧池”，水在兼氧池经微生物、植物降解，通过倒虹吸管分两路注入12个“植物床”、6个“植物塘”组成的人工湿地污水处理系统的核心部分。床、塘中栽植芦苇、浮萍、水蜡竹、荷花、茭白、菖蒲、凤眼莲、水竹等几十种水生植物，水在此降解为可供植物吸收的营养成分，又促使水生植物茂盛生长。水从床、塘流出，再经“水流雕塑”曝气充氧，流入“养鱼塘”。养鱼塘拥有680平方米水面，包括三个观鱼场、三个卵石渗滤池、两套回流曝气系统。水在这里经过曝气、沉淀、生物降解，逐级过滤及观赏鱼的直观生物监测，确保达到Ⅲ类地面水质标准。之后从塘口流出，又进入一连串贝壳状“水流雕塑”形成的水渠，汇入一瓠瓜形“大氧化塔”，经灭菌消毒后进入清水池。清水池流出的清水一部分流入戏水池、喷泉等，成为可供游人接触的水体，一部分从鱼尾处的音乐广场、休息亭廊开阔地的自然溪沟中重归府河。

公园绿化以模拟自然生态重建为主题，以自然园林景观植物多样化为特色，以四川西部典型低海拔亚热带常绿阔叶林为主体，同时辅以环保净化设施选用多种水（湿）生植物。公园引进栽植峨眉山、青城山、缙云山等地的高等植物30余科、100余属、140余种，其中包括许多国家保护植物，模拟重建的自然森林群落面积约3500平方米。

环保教育中心，位于公园湿地系统之下方，

1998年优秀水岸奖最高奖

1998年环境地域设计奖

总面积500平方米,分为展示区、互动区和多媒体电子课件三部分。

活水公园因其构思新颖，造园手法不凡,取得极好效果,1998年分别获国际优秀水岸设计最高奖、国际环境地域设计奖。2004年1—4月,该园相继被命名为“四川省环境教育基地”“全国保护母亲河生态监护站”“全国保护母亲河生态环保教育基地”和“成都市环保教育基地”。

【异地重建万里桥】

万里桥古为李冰所建七桥之一,因位于成都南门之外，俗称南门大桥，为有别于民国28年(1939)建成的新南门大桥,又称老南门大桥。万里桥桥名始见于晋人常璩《华阳国志》。《元和郡县志》:“蜀使费祎聘吴,诸葛亮祖之,叹曰:‘万里之行,始于此桥。’因之为名。”因有万里桥联系城内外交通,唐代成都南市十分繁荣,万里桥一带为商贸云集、水陆辐辏之地。清光绪三十三年(1907)拓宽通藏大道,同时改建万里桥为七孔石拱桥,桥长20余丈,宽3丈余,建石板护栏,宣统元年(1909)竣工。桥上有集市,中部通车马行人。20世纪50—80年代,多次对万里桥维修改造。

府南河综合整治期间,拆除旧桥改建为单孔钢筋混凝土钢架拱桥。鉴于原万里桥具有深远的

南河尽头万里桥

历史意义和厚重的文化内涵,决定异地重建万里桥，并选定桥址为浣花溪与磨底河交汇口下游100米处,横跨南河上游源头,于1997年建成并命名望仙桥。

异地重建的万里桥,由中国市政工程西南设计研究院设计,防洪标准为200年一遇。桥型为5孔拱桥,桥长85.5米,桥宽22.85米,中部可通车,两侧供人行。

望仙桥虽为混凝土结构,经加工处理,形同砌石拱桥。桥下鱼嘴上游为龙头造型,下游为龙尾造型。桥上青石栏板,内侧有“三国”历史故事浮雕44幅,外侧有川西风景浮雕29幅。

【异地重建九眼桥】

九眼桥又名洪济桥,始建于明万历二十一年(1593),因工程浩大,资金拮据,历经艰难,直至万历二十五年(1597)大桥始成。《四川通志·津梁》:“桥成为洞者九,纵四十丈,横四十尺。远而望之,虹舒电驰,霞结云构。”桥南岸配建有回澜塔,与虹济桥遥相呼应,浑然一体,形成“桥似弯弓塔似箭”的成都东南形胜。明天启年间,虹济桥改名锁江桥。清乾隆五十三年(1788),四川总督李世杰主持补修后,取名九眼桥。20世纪50年代以来,数次维修改造九眼桥。因九眼桥正当一环路大道，始终不能满足日益增长的交通需求。1987年在古桥上游44米处另建一座3孔钢筋混凝土肋拱桥，仍名九眼桥。旧桥依然保留至1992年才被拆除。

1999年，成都市人民政府决定异地重建仿古九眼桥。随即,府南河综合整治工程指挥部委托成都市市政工程设计研究院进行设计。

异地重建的仿古九眼桥桥址在望江公园东南头,横跨府河。根据桥位地形环境及仿古要求,采用钢筋混凝土实腹式板拱桥,仍为9孔,桥孔

仿古九眼桥

跨径分别为 4.9、5.9、6.9、7.9、9.9、7.9、6.9、5.9、4.9 米。桥梁墩台均为混凝土重力式结构，基础为混凝土扩大基。桥墩及桥梁外露部分镶嵌天然石料，达到逼真效果。桥全长 72 米，桥面宽 20 米，中部车行道宽 14 米，两侧人行道宽 2×3 米，桥梁面积 1440 平方米，防洪标准 200 年一遇，地震烈度按 7 度设防。

仿古九眼桥拱圈轴线采用尖拱形，拱圈截面为等截面，中间主孔拱圈厚度为 40 厘米，其余均为 30 厘米，与原九眼桥造型风格相似，又有别旧桥，有所创新。每个桥墩两端分水尖构造顶脊上配有青石圆雕水兽，在 3、5、7 桥孔拱圈两侧卷脸正中的龙门石上雕琢形态凶猛、俯首向下的吸水兽。全桥栏杆为明代风格的柱板式结构，全用天然石料雕琢而成，全桥两端及中部栏板为龙及云纹浮雕，柱头圆雕刻有神态各异的石狮，其余大部分为光面栏板，相应栏杆柱头为大小金瓜形圆雕。

异地重建九眼桥工程于 2000 年 10 月 30 日开工，2001 年 11 月建成。古色古香的九眼桥毗邻茂林修竹的望江楼，古桥、园林、环境三者自然和谐，融为一体，成为市区东南一道新的风景线。

【府南河综合整治管理】

随着府南河综合整治工作的全面推进，府南河管理与维护工作的重要性日益突显。1995 年 12 月 28 日，市政府发出《关于成立成都市府南河综合整治管理委员会的通知》，明确成都市府南河综合整治管理委员会是市政府对成都市规划行政区域内府南河进行统一规划、综合管理、组织协调的议事协调机构，委员会下设办公室，由张继海兼任办公室主任。同年 12 月 29 日，市机构编制委员会办公室下达《关于成立成都市府南河综合整治管理委员会办公室的通知》，明确该办公室既是府南河综合整治管理委员会的办事机构，又是市政府的直属事业单位，1996 年 6 月，成都市府南河综合整治管理委员会办公室挂牌成立。

1996 年 4 月 17 日，中共四川省委、四川省人民政府发出《关于搞好成都市府南河综合整治和管理的通知》，要求“全省各部门、各方面都要支持成都市政府对府南河实行统一整治、统一开发、统一管理”。

1996 年 8 月 21 日，市政府 51 次常务会议决定府南河综合整治必须纳入法制轨道，责成府南河综合整治管理委员会办公室、市政府法制局等有关部门协同起草有关府南河整治开发管理的行政规章。是年 12 月 12 日，市政府发布《成都市府南河综合整治开发管理规定》，明确成都市府南河综合整治管理委员会(以下简称府南河管委会)负责对府南河区域进行统一规划和管理，组织制定有关府南河区域整治、开发和管理的计划、方案、标准及相关制度，并负责对府南河区域管理工作的组织协调。成都市府南河综合整治管理委员会办公室(以下简称府南河办公室)是府南河管委会的办事机构，行使具体管理职能，并负责本规定的组织实施和督促检查。

2005 年 9 月，新组建的成都市水务局成立，撤销原府南河综合整治管理委员会办公室，府南河归口市水务局管理。

【二期工程】

1996 年 4 月 17 日，中共四川省委、四川省人民政府发出《关于搞好成都市府南河综合整治和管理的通知》，要求在一次性巨额投入后，以此为基础加强管理和开发利用，使其潜在效益得到发挥并形成滚动发展，实行延伸整治以带动整个流域的整治和开发利用，进入良性循环，最终实现府南河的完整整治。1996 年 12 月公布实施的《成都市府南河综合整治开发管理规定》中明确提出：府南河区域的整治，应当以已整治工程为基础，有计划、分阶段实施延伸整治，进而实现对府南河区域的完整整治。

1998 年 3 月 18 日，市建委召开会议审查并原则通过市规划设计研究院所做的府南河延伸综合整治规划方案。1998 年 6 月，市规划设计研究院完成延伸整治的两个详细规划，即：《南河上

整治后的锦江防洪总出口工程

游磨底河段控制性详细规划》《南河上游浣花溪段控制性详细规划》。1998 年 5 月 15 日，府南河综合整治管理委员会向市计委报送府南河延伸整治立项申请，同年 6 月 25 日，市计委正式批复立项，7 月省计委将府南河二期工程（即延伸整治）纳入四川省重点工程项目管理。

府南河二期工程规划总投资 15 亿元，占地 4800 亩，工期 5 年（1998—2002 年）。至 2002 年年底，二期工程基本结束，实际完成投资 15.5 亿元，主要工程项目如下：

河道延伸整治工程。共整治府河上游五丁桥至二环路北二段河道 2 千米；南河上游的干河百花桥至二环路西一段河道 2 千米，磨底河望仙桥（即重建的万里桥）至二环路西三段河道 3 千米，浣花溪干河至磨底河河道 1.5 千米。工程内容包括新建改建河堤、疏浚河道、新建水闸，并在府河下游河心村、干河浣花南路及龙爪堰干河入口新建 3 座橡胶坝。

府河排洪总出口工程。1999 年 2 月 13 日，省水利电力厅会同省计委审查工程初步设计，3 月 8 日下达批文，同意排洪总出口一期工程整治范围自九眼桥橡胶坝至府河成昆铁路桥下游 300 米，整治长度 4.85 千米，防洪标准 200 年一遇，府河沙河汇合口断面设计洪峰流量 1780 立方米/秒。一期工程于 1999 年全部完成后，2001 年 1 月 3 日，水利部长江水利委员会批复《成都市排洪总出口延伸整治工程可行性研究报告（修订本）》，2004 年 3 月 5 日，四川省水利厅批复《成都市排洪总出口延伸整治工程实施方案》，排洪总出口二期工程随即动工，整治河段自成昆铁路桥下游 300 米至绕城高速路下游 350 米，新建堤防 11.67 千米，由成都市防汛指挥部办公室为业主，兴南公司负责施工，于 2005 年底基本完成。

治理污染工程。延伸整治期间的治污工程包含府南河综合整治一期工程期间未完成的 51 个雨污混流排水口的继续整治。在府河南河上游的重点治污中，仅 1999 年三环路内的污染源整治就清除积存垃圾 7206 吨，拆除各种违法违章建筑 1.95 万平方米，截堵整治排污口 207 个、直排厕所 45 间，拆除养猪场 5 个、磨底河上游奶牛场 1 个，截断 3 个奶牛场粪便排污口。

沙河综合整治

【概况】

沙河，古名升仙水、升迁水、凤凰水，南北朝任豫《益州记》已有记载。沙河系府河分支，自洞子口引府河水，曲折南流，至成昆铁路桥流归府河，全长 22.22 千米。1949 年以前，成都市城区以府河南河“二江环抱”的城墙为界，历史上沙河是流经成都东郊的一条灌排兼用的天然河道。

1953 年，第一个五年计划开始，成都市以东郊为工业区，一批大中型现代化工厂落户东郊。为满足其用水要求，1955—1957 年对沙河进行改造，设计流量 15 立方米/秒，防洪标准 50~100 年一遇，沿河建有各类河渠建筑物 20 余座。1957 年投产的成都市自来水二厂，1978 年投产的成都市自来水五厂，均自沙河取水。沙河承担新的使命，成为以城市生活供水及东郊工业供水为主的专用河道，并担负 4 万余亩农田的灌溉任务，兼具排泄区间雨洪的功能。成都人民亲切称之为“生命河”。

沙河沿岸 450 多家中央、省市及乡镇企业高度密集，涉及冶金、化工、医药、电子、机械、纺织、火电等门类，使东郊空气及水体遭到严重污染，城市可持续发展受到严重制约。为此，市委、市政府在 20 世纪末期实施“东郊工业区结构调整”（简称“东调”）。随着“东调”的实施以及城市化进程的加快，沙河的功能也随之转变，工业供水功能显著削弱，农田灌溉功能基本消失，生态环境功能亟待加强。与此同时，已运转45年的沙河，河堤垮塌，工程老化，河道淤塞，流水不畅，亟待综合治理。

2001年初，成都市委、市政府做出综合治理沙河的决策；5月，省计委批复沙河治理工程可行性研究报告；11月26日，成都市干道建设指挥部、锦江区、成华区、金牛区共同组建“成都市沙河整治工程项目管理有限公司”，作为项目业主；11月28日，沙河综合整治一期工程正式启动，于锦江区琉璃乡沙河河堤举行开工典礼。2002—2004年连续三年列为四川省、成都市重点建设项目，2004年12月30日，一期工程竣工，历时3年零1个月，耗资32.48亿元，整治河道长度22.22千米，整治区域范围10.39平方千米。2005年启动二期工程，含拆迁工程、绿化工程、河岸道路工程及其他工程，原计划投资5.82亿元，拟于2007年年底完成。2007年将投资调减为3.76亿元，拟于2009年年底完成。

沙河综合整治是继20世纪90年代府南河综合整治后，成都市实施的又一项水环境治理重大工程。按照全新的治河理念，突出河流的自然性、生态性、休闲性。尽可能保持河流的自然特征，平面上顺应河势，蜿蜒曲折，立面上采用板桩式复合生态河岸，用泥土覆盖圬工结构，两岸绿化带宽达50~200米，345公顷的绿地上植物种类多达140多种，乔木、灌木、草坪合理搭配，构成一条“城市森林”的绿色长廊。常水位以下种植有水生植物，并为水生动物营造了栖息与繁衍场所，鱼类鸟类回归，生物呈现多样，河流生态系统得到修复，一湾清水，两行绿荫，为成都营造出一条生态长廊。沿河两岸精心打造的沙河8个景、10个文化节点、20处休闲广场，把成都的水文化、桥文化、茶文化、诗词文化、园林文化、客家文化串在一起，构筑成一条多彩多姿的文态长廊。沿河的9座闸坝，壅高水位，扩大水域，拉近人与水的距离，湖泊、湿地、码头、便道为游人搭建起亲水平台，体现出以人为本、人水和谐的治河宗旨。

沙河治理以治河、治污为核心，内容涵盖治河工程、治污工程、绿化工程、景观工程、道路桥梁工程、管线迁改工程、拆迁安置工程、光彩工程及其他工程。沙河综合治理后，沿河一带房地产业及第三产业迅速兴起，高中档住宅区鳞次栉比，商贸物业纷纷云集，老东郊变成了集生活居住、物流配送、科技产业、教育基地于一体的功能齐全、环境优美的新城区。

2004年，沙河综合整治工程获建设部“中国人居环境范例奖”。2005年，获成都市委、市政府“建设成都杰出贡献奖”。2006年，获“国际河流舍斯奖”，成为中国获此项国际大奖的首条河流。

国际河流舍斯奖

【运作模式】

2001年年初，成都市人民政府成立“沙河综合整治工程领导小组”作为该项目的领导决策机构，下设办公室负责协调、处理日常事务。2001年11月26日，由成都市干道建设指挥部、锦江区、成华区、金牛区共同出资，组建“成都市沙河整治工程项目管理有限公司”(以下简称“沙河公司”)。注册资本金1亿元人民币，其中成都市干道建设指挥部出资7700万元，占77%；锦江区出资1000万元，占10%；成华区出资1000万元，占10%；金牛区出资300万元，占3%。

沙河综合整治是成都市首次采用公司化运作方式实施的重大工程。“沙河公司”按照法人治理机构规范运作，负责对工程的资金筹措、资金管理、工程施工、工程监理等各项工作；勘测设计、大专院校、民间机构也参与工程的规划、建设和课题研究。

沙河综合整治工程项目的勘察、设计、施工、监理、重要设备及建筑材料的采购全部纳入招投标。2004年12月，招标采用公开方式进行，并在成都市新闻媒体上发布招标公告。参加投标单位共503个，中标单位85个，中标设计单位有：KEC(日本)、上海市园林建筑设计院、清华同方等设计机构。中标施工及监理单位有：中国第五冶金建设公司、成都铁路工程(集团)有限责任公司、天津市路桥工程总公司、武汉铁路建设集团有限公司等。

在沙河综合整治工程招标中，对工程景观概念设计实行国际国内招标，有50多家设计机构竞标。并通过景观概念设计展示会吸引3万多社会各界人士观摩，收到各类意见3000多份，其中有许多建设性意见，为“沙河公司”采纳。

【治河工程】

治河是沙河综合整治的核心工程。沙河的治河工程按照全新的治河理念，以人为本，人水和谐，突出沙河的自然性、生态性、亲水性。

防洪标准。沙河防洪标准按照《成都市城市防洪总体规划》的要求，应达到200年一遇，随流程增加和集雨面积加大，设计洪峰流量相应加大，最上游河段为29立方米/秒，最下游河段为405立方米/秒。

河道设计。河道平面设计道法自然，顺应流势，保持河道蜿蜒曲折的自然特征；河道纵坡原为1‰，坡度较缓，流速较低，淤积严重，为保证沙河沿线引水功能需要，河道上原有跌水3处，杨家碾跌水高3.4米，庞家碾跌水高4.1米，跳蹬河跌水高2.7米，沙河综合整治时，将3处跌水取消，以加大河道纵坡，加快河水流速，增强行洪能力，减少河道淤积；河道横断面设计分三种不同形式，以直立复合式为主、长20.5千米，斜坡式长10.1千米、桩承式长6.7千米，总长42.3千米，河道宽度由原来的16~40米扩宽至36~56米。河堤护岸以复合式生态堤防为主，自然河堤、梯形河堤、直立河堤为辅，不同形式河堤的合理使用，巧妙地维护了沙河两岸600多株古树名木的原生态风貌。复合式生态河堤，以泥土覆盖圬工结构，常水位以下种植水生态植物，为水生动物提供栖息场所，常水位以上的河岸种植深根性喜水植物，达到植物固堤与美化环境的双重功效。

河道清淤。沙河地处城郊接合部，外来暂住人口多，成都热电厂又在沙河岸边，每年有上千吨生活垃圾，上万吨粉煤灰倾倒入河。加之工程老化，河堤垮塌，河道内淤积物达30多万立方米，淤积厚度1米以上，减少过水断面，降低行洪能力，导致生态环境恶化，洪涝灾害频繁。沙河综合整治期间,对河道进行全面疏掏。

闸坝工程。沙河上共有9处闸坝工程,自上游而下依次为沙河进水闸、刘家碾、双水碾、羊子山、中三洞、麻石桥、跳蹬河、洗瓦堰节制闸、沙河口橡胶坝。其中:中三洞节制闸及沙河口橡胶坝系沙河综合整治时新建,其余各闸系原有工程设施,沙河综合整治时拆后重建。节制闸与橡胶坝的功能为抬高水位、扩大水域,满足引水及景观需要。沙河上原有两座灌溉进水闸,砖头堰进水闸位于双水碾节制闸旁,因灌溉功能消失已取消,洗瓦堰进水闸位于洗瓦堰节制闸旁仍保留。双水碾节制闸旁设有排洪冲沙闸,跳蹬河节制闸旁设有冲沙闸,洗瓦堰节制闸兼具排洪冲沙功能。沙河口橡胶坝位于沙河出口上游150米处,坝高4.3米,坝长40米,建于2003年5月。

【治污工程】

沙河沿岸共有排污口250个,两岸工业废水、生活污水与雨水混流,未经处理直排入河,日均污水排放量约13万吨,加之生活垃圾与粉煤灰大量倾倒于河内,致使河水受到严重污染。据监测资料,沙河入口断面为Ⅲ类水,出口断面为Ⅴ类水,治污成为沙河综合整治的又一核心工程。沙河综合整治时,先截断沿河250个排污口,按雨污分流体制,在新建道路下分设雨水污水专用管道,将雨水污水分别排放。

雨水管采用钢筋混凝土圆管,管径为Φ400~1500,总长3.19万米,其中:Φ400~500长1.48万米,Φ600~700长9172米,Φ800~1000长6107米,Φ1200长809米,Φ1400长217米,Φ1500长721米。地面上设置进水井1318座、圆形检查井(Φ1000~2500)342座、矩形检查井

综合整治后的沙河

1170座。地面降雨通过进水井进入雨水管道，按重力流就近入河。

污水管也采用钢筋混凝土圆管，管径为Φ400~1200，总长为2.42万米，其中：Φ400~500长1.01万米，Φ600~700长7601米，Φ800~900长571米，Φ1000长4728米，Φ1200长1173米。地面上设置圆形检查井（Φ1000）273座、矩形检查井793座。污水通过沙河两岸截污管和污水管网，进入二环路、新成彭路等沿河主干道下敷设的城市污水干管，进入污水处理厂集中处理，达标排放。

在沙河综合整治期间，共清除河道内淤积物30多万立方米，加大河道过水能力。通过上述治污措施，沙河水质得到一定程度的改善。

【绿化工程】

绿化工程是沙河综合整治工程的重要工程项目，按照“将森林引入城市”的理念，对沙河上游两侧各200米宽、中下游两侧各50米宽的范围进行带状绿化，使沙河沿岸形成水绿一体、环境优美、特色鲜明、效果显著的风景林带，成为沿河生态性、开放式滨河带状公园的主体。

绿化工程实施过程中，充分利用原有的绿化基础和水域，做到绿化与水体有机结合，一般绿化与重点园景建设相结合，规划区内的单位环境绿化和造林绿化相结合，对原有的与周围环境相适应的大树和古树进行遗留和保护。坚持生物多样性原则，适地适树，以本地花木品种为主，以乔木为主，适当补栽一些大树，乔灌草合理搭配、有机结合。常水位以下种植水生植物，为水生动物提供栖息场所；常水位以上的河岸种植深根性喜水植物，达到植物固堤、美化环境、修复生态的三重效果。

在沙河绿化景观工程中，建成44.44千米绿

沙河综合整治绿化工程

化风景线，选用植物种类 140 余种，栽植各类树木 12.2 万株，栽植各类花草 310 多万株，种植草坪 21 万多平方米。并修建 3 处人工湖泊，形成总容量 80 万立方米的“城市水库”，绿化水域面积 88 公顷，绿地面积共 345 公顷，形成沙河带状林荫公园。

【景观工程】

景观工程是沙河综合整治工程中的重点工程之一。沿河建成具有厚重历史感、鲜明民风民俗特色的八大景点，即北湖凝翠、新绿水碾、三洞古桥、科技秀苑、麻石烟云、沙河客家、塔山春晓、东篱翠湖。

北湖凝翠。起于沙河上游洞子口，止于宝成铁路，占地面积 15.95 万平方米，其中景点建筑面积 2500 平方米。该景点是沙河入口的景观节点，以林木自然植被群落营造生物多样性景观。在景区内大面积种植黄葛树、银杏、竹类等乔木，种植桂花、樱花、杜鹃、蕨类等小乔木及地被植物，用成都平原原生植物形成大面积的互生、互补、生长稳定、良性发展的植物群落。

新绿水碾。起于宝成铁路，止于成渝铁路，占地面积 86.04 万平方米，其中公园建筑面积 1.6 万平方米。该景点是以水文化为主题的亲水公园，将沙河双沙路河段裁弯取直，原河道改造为面积约 150 亩的人工湖，形成成都市西北部的大型水体，与北湖凝翠景区的城市森林相呼应。景区其他部位散置多处小型湖泊，给水生动植物提供栖息场所。这些水体，既有景观功能，又具有一定的滞洪作用。四季岛景区设置有古蜀五祖雕塑，反映古蜀悠久的历史文化。此景点还设有多处景观小品供游人驻足观看。

三洞古桥。位于沙河中游三友路沙河桥侧，占地面积 25.83 万平方米，其中公园建筑面积 2000 平方米。通过打造水源广场、水渠、假山水池、方格水池、卵石驳岸等景观地物，反映成都平原水利格局，体现蜀人治水成就。景区上游的三洞古桥、下游的新建三洞桥以及景区内的三洞景观桥体现成都平原的桥文化。景区中心广场建造文化景墙并镌刻古蜀治水的历史画卷。景区内设置形式各异的喷泉，通过不同的水型营造水文化氛围。景区东侧建立茶文化展示馆，室外广场设置古今人物对话造型的茶文化雕塑，体现川西悠久的茶文化和休闲文化。

三洞古桥

科技秀苑。位于成都市电子科技大学以东沙河右岸，占地面积 15.27 万平方米，其中公园建筑面积 500 平方米。景区主题是以环境衬托科技，以科技提升环境。景区布局简洁、明快，体现 IT 时代风格，设置有现代建筑风格的演讲广场、钢架长廊等。景区中心广场设有大型水幕投影数码喷泉及多彩涌泉，还设有可与游人互动、参与感强的灯光小品及显示屏。

麻石烟云。位于二环路东二段以东，南至沙板桥路，北至建设南路，东至建设南支路，占地面积 13.34 万平方米，公园建筑面积 1000 平方米。景区按照手工业时代、钢铁纺织时代及电子信息时代特点布置，设置有钢架长廊、旱喷广场、音乐喷泉广场等。景区中心是由原宏明厂车间改造成的成都东郊工业文明博物馆，陈列有反映成都工业发展历程的展品和艺术品。

沙河客家。位于成洛路以北、牛龙路以南沙河两岸地段，占地面积21.64万平方米，其中公园建筑面积3000平方米。按照客家建筑形式特点进行景区构图，设置有反映客家迁徙历史的艺术墙。其东侧是客家文化展示馆，陈列有反映川西客家文化的展品和艺术品。景区的灯光小品，具有鲜明的客家和川西民俗特色，使客家风情更为突出。

塔山春晓。位于塔子山公园附近，占地面积7.5万平方米，其中公园建筑面积1000平方米。该景区主题是展示传统园林景观，是城市东部的入口标志形象，形成城市纵深的视线通道。以塔子山九天楼、九天门为景观主轴线，彰显李白诗句“九天开出一成都，万户千门入画图”的气势。沙河两岸按照塔子山公园总体布局形成景观。

东篱翠湖。位于锦江区沙河与府河汇合处，东至琉璃路（老成仁路），南至成昆铁路，占地面积23.34万平方米，其中公园建筑面积1000平方米。景区主题是展示优美宁静的河岸风光。景区以沙河为界分为左右两部分，左侧以小沙河为景观轴线设置亲水平台、栈道、人工湖泊等，为学生提供接触、了解水生动植物的场所。右侧设置观景台，为游人提供观赏两河汇流的最佳视点，台上镌刻成都城市发展历程，配置有丰富多彩的喷泉，体现成都魅力。景区设置钢结构人行桥，造型新颖，河口设有拱形喷泉生命之门，寓意沙河是成都生命之河。

东篱翠湖

【道桥工程】

沙河综合整治前，两岸30米范围内，原有间断道路，总长27.25千米，其中：通车道路6.34千米、机耕道9.61千米、人行道11.30千米，路面质量低劣，道路也不连贯。堤岸后面尚无通道的河堤总长17.19千米，占河道总长的38.68%。从而使沙河成为一条“半封闭式”河道，丧失河道的景观功能与亲和能力，也不利于河道维护管理。沙河综合整治规划时，按中型交通容量把沙河两岸42条次干道和支路改造成43千米长的城市防洪通道及32千米长的街坊性生活道路，路面宽7~20米，形成沙河两岸绿带道路网。既方便游人休闲观光，又利于河道维护管理。

沙河五福桥

沙河建设南路桥

沙河上原有桥梁 33 座,其中:铁路桥 5 座、公路桥 25 座、人行便桥 3 座。在沙河综合整治期间,保留 11 座,改建 11 座,改造 7 座,新建 6 座,拆除 4 座。保留的 11 座桥包括 5 座铁路桥和 6 座建成不久的公路桥,即宝成铁路桥、成渝铁路桥、火电厂铁路桥、玻璃厂铁路桥、钢管厂铁路桥、三友路桥(1997 年建成)、成洛路桥(2001 年建成)、府青路桥(2002 年建成)、五福桥(2002 年建成)、老成渝公路桥 (2002 年建成)、双吉桥(2002 年建成);改建的 11 座桥,即:王贾路桥、八里路桥、驷马桥、双水村桥、踏水桥、建设路桥、建设南路桥、杉板桥、跳蹬河桥、老成仁路桥和东院轻型桥,均在原桥址处拆除旧桥改建新桥;改造 7 座桥中,6 座为重新装饰,即商留大道沙河桥、跃进桥(北二环路桥)、上三洞桥、麻石桥、五桂桥、新成仁路桥,另 1 座为加宽,即双沙桥;新建 6 座桥分别位于砖头堰、化工厂、农贸市场、中三洞桥、观音桥及沙河出口;拆除的 4 座桥是国光大厦人行桥、中三洞桥、35 号信箱人行便桥、多宝寺人行便桥。

沙河综合整治完成后,新沙河周边的路网与相交的商贸大道、川陕路、府青路、二环路、牛龙路、成洛路、成龙路、成仁路等主干道以及两岸住宅小区的道路连通,将防洪通道与城市道路有机结合,使沙河两岸交通便捷,形成东部地区畅通的交通路网和旅游景观大道。

【管线工程】

沙河综合整治工程涉及沿河两岸部分企业、事业、城乡居民的供水、供电、供气、供热、通信、光纤等管线以及公用管线的迁移和改建共 66 处,迁移和改建各类管线总长 4.8 万米,其中:拆迁管线 1.17 万米,改建管线 3.63 万米。

供电线路迁改。共 33 处,主要为 10 千伏配电线路及 380 伏低压线路的拆迁和改建,另有老成仁路、沙河观音桥变压器迁改,府青路电缆迁改,总计迁改长度 36482 米,其中:改建长度 26287 米,拆迁长度 10195 米。

供水管道迁改。共 16 处,供水管径分别为 50 毫米、100 毫米、150 毫米、300 毫米、500 毫米、600 毫米、800 毫米,总计迁改长度 2680 米,其中:改建长度 2421 米,拆迁长度 259 米。

供气管道迁改。共 12 处,总计改建长度 1159 米。

供热管道迁改。仅 1 处,为电子科技大学供热管道迁改工程,迁改长度 596 米,其中:改建长度 306 米,拆迁长度 290 米。

通信线路迁改。共 5 处,分别位于沙河沿线的踏水桥、羊子山、建设路、东光小区,迁改总长度 6671 米,其中:改建 5760 米,拆迁 911 米。

光纤线路迁移。仅 1 处,即成华区青龙乡广播电视站光迁线路迁移工程,改建长度 400 米。

【光彩工程】

光彩工程是沙河综合整治的重要内容,其目的是通过沿岸建筑物上装饰灯具照明以及河岸景观照明、道路照明、桥梁照明、艺术灯饰,形成沙河美丽夜景。沙河沿线共安装各类照明灯具 2.3 万盏,使沙河成为城市东部一条明珠串成的彩带。

沙河综合整治工程的光彩工程分 4 个标段进行招投标,按 4 个标段进行光彩工程施工。沙河公司牵头组织光彩工程设计工作,使沙河光彩工程具有系统性、经济性、节能性、安全性、环保性,并选用节能型灯具为主流贯穿全段。4 个标段的灯光设置层次合理,体现出 4 段的不同功能定位和景观特色。

JG1 标段(洞子口—驷马桥),由清华同方股份有限公司设计，成都市工业设备安装公司、四川通达铁路工程有限公司施工。该段是水源涵养区，有北湖凝翠、新绿水碾两个景点。光彩照明突出生态性与自然性，以体现景观特色。道路入口处的主要大型标志物上安装灯具，体现出道路功能照明效果。在四季岛上采用4个灯柱造型，使光彩区显示不同季节的特色。

JG2标段（羊子山水闸—建设北路沙河桥），由北京清华工艺环境艺术设计所设计，成都市工业设备安装公司、四川通达铁路工程有限公司施工。该段是城市滨水绿化景观区，有三洞古桥和科技秀苑两个景点。根据此段亲水性、休闲性的特点，采用高效节能、长寿命、维护系数高的灯具照明，道路照明采用功能性、实用性较强的灯具，水面照明安装蓝色光灯具。

JG3标段（建设北路沙河桥—五桂桥），由深圳市市政工程设计院设计、四川通达铁路工程有限公司施工。该段是城市滨水绿化景观区，有麻石烟云、沙河客家两个景点，为体现休闲性、亲水性的特点，采用强弱结合、隐现相宜的灯光照明，突出景观效果。利用灯光雕塑、小品等形式突出成都客家文化和东郊工业文明变迁的地域文化特色。

JG4标段（五桂桥—沙河出口），由成都市伯明照明有限公司、上海市灯具研究所设计，四川华西安装工程有限公司施工。该段是城市滨水绿化景观区，有塔山春晓、东篱翠湖两个景点，灯具采用农夫斗笠、出水芙蓉型灯光照明，体现出滨水绿化景区自然生态、传统文化的特点。河堤照明注重明暗适度，并采用小草、荷叶、雁形灯造型，使其更加亲切宜人。

【拆迁安置工程】

沙河综合整治工程的拆迁范围为沙河两岸整治范围（绿线区）4.63平方千米内的企事业（含乡镇企业）单位、城镇居民住房和农户住房。

沙河拆迁安置小区

沙河沿线共有中央、省、市及乡镇企业450多家，其中直接搬迁的规模以上企业28家。企业搬迁按照东郊工业结构调整的思路分3种模式：符合条件的企业就地发展，污染扰民的企业整体搬迁，不符合产业政策、无发展后劲的企业就地淘汰。

居民住房拆迁执行《成都市城镇房屋拆迁管理条例实施细则》的有关规定，对房屋所有人实行货币补偿，兼顾对房屋使用人进行安置。由金牛、成华、锦江3区负责各自行政区的住房拆迁。农房拆迁分别按《成都市国家建设征用土地补偿和人员安置办法》和《成都市征地补偿安置办法》的规定执行，对征用的4525亩土地以及土地上的附着物、青苗等，依法支付土地补偿费、安置补偿费以及土地上附着物和青苗补偿费，对规划范围内的农房拆迁安置实行货币化安置或现房安置。对规划范围内的违章搭建，只拆除不补偿。沙河综合整治中，共有1.4万余户告别昔日破旧茅屋，搬进宽敞明亮、功能齐全、环境优美的新家，居住面积普遍增加，居住条件显著改善。

【配套工程】

沙河监控中心。沙河监控中心位于成都市金

府路以南，刘家碾水闸以北，王家大道以东，凤凰河二沟以西，总占地面积6.78万平方米，建筑面积1.13万平方米，地上2层，局部3层，观光塔为地上5层，2004年6月开工，2004年12月底竣工。沙河监控系统，由视频图像、地理信息、水工闸坝、光彩照明、喷泉喷灌、语音广播等六大系统集合而成。监控范围涉及沙河综合整治区域内的9个水闸及46个监控点位，利用全流域矢量化电子地图，对各中心广场的广播、喷泉、光彩系统进行远程控制。监控中心对沙河沿线景点及周边环境可以适时监视，也能对沿河相关设备进行全面控制。

沙河监控中心

成都东郊工业文明博物馆。博物馆位于成都东郊建设南路“麻石烟云”景区，占地120亩，面积约1万平方米，馆舍由原成都宏明厂机修车间改造而成。2005年年初动工修建，同年底竣工开馆。成都东郊工业文明博物馆是集工业文明历史展示和文化产业为一体的公园式遗址场景型主题博物馆，以场景、图片、文字、实物等手段重点重现20世纪后半个世纪成都东郊工业企业发展历程和生产、生活场面。

环卫设施。沙河整治前，市政设施配套不全，脏乱差严重问题，影响城市生态环境。在沙河综合整治工程中，将环卫设施建设列为整治内容。沙河综合整治范围规划区10.39平方千米内，实施生活垃圾袋收运管理。共建造垃圾中转房20座，总建筑面积500平方米；建筑环卫管理用房10处，总建筑面积400平方米；建筑造型各异的公厕30座，总建筑面积1500平方米；建造园林、环卫、消防取水码头多处。

中心城区水环境综合整治

【概况】

2002年10月，四川省委、省政府召开岷江、沱江污染治理工作会，提出要深刻认识岷江、沱江水污染治理的紧迫性和重要性，打好两江治污总体战。成都市地处岷江、沱江流域，中心城区内的河道均属岷江都江堰内江水系，2002年以前，除锦江（府河、南河）的城区段以及沙河的全河段经综合整治外，其余中小河道大多未经治理，河道水质以V类和劣V类为主，影响成都市的水体质量、市容环境及河流下游水质和岷江生态环境。2002年10月10日，成都市政府第87次常务会议，议定实施中心城区水环境综合整治工程。中心城区水环境综合整治工程包括以下4个子项目：

中小街道雨、污水管网改造工程。对二环路以内230条街道的雨、污水管网进行改造，并按规划同步开展道路整治，包括道路改扩建、道路绿化、路灯安装、交通标志标线以及供水、电力、天然气、通信等专业管线铺设。

中小河道综合整治工程。对三环路以内的

29条中小河道进行综合整治（三环路以内中小河道共50条，其中，2002年以前已整治15条，6条纳入场镇改造等工程一并整治），主要工程内容包括河道拆迁（拆违）工程、河道清淤工程、河堤整治工程、河道截污工程、河岸通道工程、明排改暗排工程、环卫设施及绿化工程等。

新建污水处理厂工程。新建日处理规模为30万立方米的成都市第二污水处理厂和日处理规模均为10万立方米的第三、第四污水处理厂。

合流排水单元户改造工程。对1.08万户合流排水单元户进行雨、污分流改造，以排水单元户排水管网整治为平台，对小区道路、绿化、停车场点、居民健身场地进行综合治理。

中心城区水环境综合整治工程于2003年2月正式开工，2005年年底全面完成。该工程的实施受到各级领导、各界人士的高度关注。中共中央政治局委员、国务院副总理曾培炎，全国人大常委会、全国政协、建设部、国家环保总局、国家旅游总局等有关领导先后到工地视察；四川省委、省政府，成都市委、市政府领导在3座污水处理厂紧张建设时期，深入施工现场进行指导；驻蓉全国人大代表、全国政协委员，省人大代表、省政协委员，以及成都市人大代表、政协委员，纷纷提出建议和提案，众多市民也为该工程的实施出谋划策。

整个工程投资60亿元，前3项工程投资45亿元，由兴蓉公司负责实施；第4项工程投资15亿元，由成都市市政公用局牵头，各区负责实施；与此同时，三环路以外104条中小河道的综合整治也于2003年全面展开，由市水利局具体实施。

【运作模式】

成都市中心城区水环境综合整治工程投资大、点位多、战线长、涉及面广。市委、市政府按照投融资体制改革思路，以“投资、建设、管理”三分离模式运作。

2002年10月10日，成都市人民政府办公厅发出《关于成立成都市兴蓉投资有限公司的通知》明确兴蓉公司是根据《中华人民共和国公司法》规定，按照现代企业制度要求成立的国有独资投资公司，实行自主经营、独立核算。2002年12月9日，成都市兴蓉投资公司正式注册成立，注册资本10亿元人民币。在中心城区水环境治理中，打造出体现政府投融资体制改革思路的运行模式，具有以下特色：

以融资创新吸引社会资金。兴蓉公司以政府注入的10亿元资本金启动，一方面向银行贷款，一方面撬动社会资本投入。先后向世界银行贷款4亿元（人民币），向中国建设银行四川分行贷款27亿元，并与该行合作于2003年年初、年底两次面向社会发行“水环境整治项目”集合委托贷款，共计5亿元，把民间资金变为工程资本，在成都市首创吸引民间资金参与市政建设的新模式。

以特许经营权及收费权保证还贷。为保证还贷能力，市政府将30年成都市中心城区污水处理项目特许经营权以及污水处理费收费权授予兴蓉公司，时间从2003年1月1日起算。

以“厂网捆绑”模式解决产能闲置和融资问题。中心城区水环境综合整治工程，采用“厂网捆绑”模式运作，将污水处理厂建设与污水收集系统管网建设捆绑在一起进行融资，同步建设。解决了长期存在的污水收集系统融资难，管网建设滞后的问题，使污水处理厂自投产之日起，就能比较充分地发挥效益。新建的3座污水处理厂2005年处理污水1.26亿立方米，日均处理污水35万立方米，建厂的第一年就达到设计能力50万立方米/日的70%，远远超过四川省关于污水处理建成第一年达到设计能力50%的规定。其中第三、第四污水处理厂接近满负荷运行。

以多种集资途径解决排水单元户整治资金。排水单元户整治工程按照排水单元户自行整治与政府重点支持相结合的原则，根据不同情况分类处理。开发商修建的住宅小区、拆迁安置房屋，由开发商出资改造其开发项目的排水管网；党政机关、企事业单位负责其内部办公区及职工住宅区的整治；对特困破产企业以及无开发单位的住宅区、居民院落，由市、区政府出资进行整治，2003—2005年，市、区两级政府共补贴投资2亿元。

水环境综合整治工程招标现场

以管理创新推动项目建设。兴蓉公司以管理创新推动项目建设。推行业主代理制，采取公开招标确定项目代理业主，实现投资、建设、管理三分离；以合同管理为纽带，充分利用市场资源，实现政府投资项目对市场的拉动作用；采取单价合同制，全面推行无标底招标，实现合理低价中标。

以公司内部管理改革为动力组建建设团队。兴蓉公司实行全员聘任制，公司与职工签订劳动合同，人员能进能出，干部能上能下，待遇能升能降，建立以业绩为标准的激励机制。

【中小街道雨污水管网改造工程】

2003年以前，成都市中心城区一直保持着雨污合流的排水体制，用同一管渠收集和输送城市污水和雨水。这种排水体系导致排水管网系统处于超负荷运行状态，造成大量污水从管道溢出，排入河道，污染水体。虽然城市排水的主干管建设较快，但支管建设严重滞后，尤其是中小街道排水系统欠账较多，很多街道雨污混流，部分街道的排水管实际为盲管，污水无出路，有些街道甚至缺少排水管道。

中小街道雨污水管网工程

雨污合流问题如果得不到解决，进入污水处理厂的水将有很大一部分是可以直接排入河道的雨水，造成污水处理厂产能的浪费，降低污水处理效率；排水系统如果得不到完善，成都市污水收集能力将得不到提高，又将造成污水处理厂产能闲置，同样会降低污水处理效率。

因此，迫切需要对大量中小街道的排水系统进行雨污分流改造，即用不同管道分别收集和输送城市污水和雨水，雨水直接排入河道，污水则经过污水处理厂集中处理后再排入河道。与此同时，对缺少支管和管网不配套的街道，新建和完善排水管网系统。2002年年底，作为中心城水环境综合整治工作的重要子项目，中小街道雨、污水管网改造工程正式启动。

管网改造工程以230条中小街道雨污分流改造为主，同时对中小街道进行改建扩建，并同步建设其他专业管线和市政设施。主要工程内容

中小街道整治前后对比

包括：雨、污管网分流改造、建设，污水截流，完善雨、污水排放系统；配套完善供水、电力、天然气、通信等专业管线，提高市政设施水平和增强城市服务功能；中小街道改造，按规划宽度12~30米一次形成，工程内容包括道路红线范围内部分建筑物拆迁，路灯安装，道路绿化，交通标志、标识设置。

管网改造工程涉及范围广，工程内容多，为便于建设管理，将成都市排水管网分为3个片区：西北片区东以人民北路、人民中路、人民南路为界，南以南河为界，西、北以一环路为界；东北片区东、北以二环路为界，南至南河岸，西至人民北路、人民中路、人民南路；南片区东、南至二环路，北至南河岸。根据工程实施要求，结合地表水系及排水干管的分布情况，又将东北片区、西北片区分别分为A、B、C、D、E 5个实施片区，并据此以公开招标方式确定建设管理单位、施工单位和监理单位，实施管网改造工程。

2003年2月，第一批道路管网改造工程在白马寺街、金鱼街、泡桐树街首先启动，其余中小街道陆续开工。施工高峰期，有近百条街道同时施工，每条街道参建单位至少有五六家，雨污水管网与自来水、煤气、通信管网的铺设交叉作业，工程建设的协调管理难度较大。参加工程施工的各部门、各单位加强协作，密切配合，科学管理，文明施工，快速推进管网改造工程。

中小街道雨、污水管网改造工程进展顺利，2003年年底完成40条街道，2004年年底累计完成165条街道，2005年年底全部完成230条街道。共铺设污水管线79千米、雨水管线97千米，并同步实施水、电、气、通信等专业管线铺设工程及道路拓宽、路面整治工程。近200条街道路面宽度在16米以上(包括16米)，绿化景观、路灯照明、交通标志、街名标识也同时完成。经过整治后的中小街道一改过去路面狭窄、房屋破旧、水患频频的旧面貌。

【中小河道综合整治工程】

中小河道整治工程是“中心城水环境综合整治”的子项目。按市上统一分工，三环路以内的

中小河道综合整治施工现场

29条中小河道由兴蓉公司作为业主，三环路以外的104条中小河道由市水利局负责整治。

三环路以内的29条中小河道指磨底河、二道河、蒋家堰、高攀河、红庙子排洪河、秀水河、大头河、石粫渠、十陵河、簸门堰、下涧槽、桂花园支流、沙河排洪渠、凤凰河二沟、杨泗堰、南堰河、金牛五斗渠、金牛四斗渠、绳溪河、砖头堰低沟、龙爪一斗渠、瓦子堰、栏杆堰、金牛二斗渠、金牛六斗渠、长椿沟、府河、凤凰河、杨柳堰，河道总长61千米。

上述河道均属都江堰渠系，灌排两用。城市化进程使其灌溉功能丧失，成为泄洪排污的沟渠，河堤垮塌，河水污染，两岸脏乱差，违章建筑比比皆是，影响城市环境。综合整治内容包括：两岸河堤整修、河道清淤、河道截污、桥梁改造、两岸违章建筑拆违、绿化工程以及环卫设施。由于工程项目多，涉及范围广，为便于建设管理，业主通过招标方式确定多家单位作为代理业主。2003年4月30日，红庙子排洪河整治工程开工，其余28条河道也陆续开工，该年底，29条河道整治工程全部完成，共整治河道长度61千米，整治面积84.2万平方米。

三环路以外104条河道综合整治，涉及锦江、青羊、金牛、武侯、成华、高新、龙泉驿、青白江、新都、温江、双流、郫县等12个区(县)。2003年3月，市政府成立三环路外河道水环境综合治理工作领导小组，及时制订《成都市三环路外河道水环境治理综合意见》，有关区(县)按分解的任务制定实施方案并纳入目标管理。随后，市水利局、市规划局、市国土资源局、市城管执法局联合下发《关于限期拆除三环路以外104条河道两岸违法建(构)筑物和其他工程设施的通告》，规范行政行为，保障拆违工作的顺利开展。市国土资源局、市水利局联合发出《关于开展三环路以外水环境综合治理中104条河道(渠道)“确权划界”工作的意见》，促进河道长效管理机制的建立。

三环路外河道水环境整治共拆除河道管护范围内违法建(构)筑物838处、18.3万平方米；取缔关闭各类养殖场310处，搬迁奶牛2484头、猪1.28万头、禽12.96万只；取缔屠宰场14处；拆除直排式厕所298处；清除固体垃圾1.69万立方米；疏掏河底淤泥114.3万立方米；封闭、清理排污口2093处；新增绿化面积139.7万平方米。

【新建污水处理厂工程】

截至1999年年底，成都市中心城区污水处理规模仅为40万立方米，污水处理率约为30%，

第二污水处理厂曝气池

第三污水处理厂进厂大门

第四污水处理厂一体化生化池

为适应中心城区雨污分流工程，在城市中心城区水环境综合整治期间，规划兴建3座污水处理厂，即第二污水处理厂（乌龟碑污水处理厂），污水处理规模力30万立方米/日；第三污水处理厂（三瓦窑污水处理厂三期工程），污水处理规模10万立方米/日；第四污水处理厂（沙河污水处理厂）污水处理规模10万立方米/日。于2003年7—9月先后动工，原定工期为2~3年，因2004年是成都市创建国家环境保护模范城市验收之年，要求2004年9月底建成。经一年奋战，于2004年9月圆满完成建设任务，10月13日举行通水仪式。

【合流排水单元户改造工程】

排水单元户是城市污水收集的基本单位，如果排水户的收集系统不能彻底治理，不仅水污染治理难见成效，而且居民居住环境、城市内涝也得不到妥善解决，城市的公共排水管网、污水处理设施都不能有效发挥作用，城市水环境难以得到根本改善。

2002年，成都市中心城区有1.14万户排水户，日均排放污水总量82.91万立方米。其中，雨污合流排水户为8950户，占总排户的79%，其排放量占总排放量的72%。排水管网混乱，乱排现象严重，小区内雨水污水横溢，雨季内涝严重，道路泥泞，杂草丛生，居住环境恶劣。

作为成都市中心城区水环境综合整治子项目之一的排水单元户雨污分流整治工程，于2002年8月正式启动，由成都市市政公用局负责牵头实施，下设排水户雨污水分流整治工程办公室负责具体工作。具体任务是对三环路以内的1.08万户合流排水单元户进行雨、污分流改造，并以排水单元户排水管网整治为平台，对小区道路、绿化、停车场点、居民健身场地进行综合治理。

由于排水户雨污水分流整治工程涉及千家万户，遍布城市的每个角落，情况复杂，矛盾众多，难度较大，且牵连许多相关部门。作为业主单位的成都市市政公用局在行政审批上简化手续，建立“一站式”办公程序，协同规划、公安交管、园林、交通等部门简化办事流程，排水户只提供雨污水分流整治的方案及施工图，由雨污水分流整治工程办公室工作人员集中办理规划、市政等行政审批手续，办完后交由排水户实施。

2002—2005 年间，共完成 1.01 万户排水户雨污分流整治，其中，2002 年完成 2765 户，2003 年完成 3867 户，2004 年完成 3275 户，2005 年完成 189 户。

经过整治后的小区，排水畅通，道路平整，绿化面积大大增加，健身设施普遍设置，停车场点规范有序，水污染得到有效治理，内涝问题较好解决，居住环境显著改善。

岷江沱江整治

【概况】

岷江系长江上游右岸一级支流，岷江干流成都段长 96 千米，上起都江堰市与汶川县分界处，下止新津县与彭山县分界处。其中都江堰市青城桥至新津县南河汇入口之间的河段俗称金马河，金马河长 81 千米。岷江干流经都江堰后进入成都平原，是成都平的主要排洪河道，洪水灾害频繁。中华人民共和国成立后，虽然不断整治，灾害有所减轻。但现有堤防工程防洪标准偏低，每遇汛期，洪水威胁沿江农田、城镇和人民生命财产的安全，为省、市重点防洪河道。

1994 年 6 月，四川省水利水电勘测设计院编制完成《岷江干流成都河段（金马河）河道防洪整治规划报告》。1995 年 1 月 23—24 日，四川省水利电力厅在温江县召开《岷江干流成都河段（金马河）防洪整治规划报告》评审会议，与会专家一致通过该规划报告。1998 年，四川省水利电力厅向省政府呈报《关于请审批〈岷江干流成都河段（金马河）河道防洪整治规划报告〉的请示》，1999 年 3 月，四川省人民政府批复同意该规划报告和省水利电力厅的审查意见。

1999 年 6 月、1999 年 10 月，成都市水利水电勘测设计院先后编制完成《岷江干流成都河段（金马河）河道防洪整治工程项目建议书》和《岷江干流成都河段（金马河）河道防洪整治工程可行性研究报告》。长江水利委员会受水利部委托，分别于 1999 年 6 月 28—29 日，2000 年 3 月 19—20 日在武汉和成都召开审查会，并向水利部报送审查意见。根据审查意见，岷江干流成都河段（金马河）河道防洪整治工程规模为：新建堤防 82.34 千米，加固堤防 34.60 千米，疏浚河道 53.03 千米，其中包括岷江支流西河新建堤防 2.2 千米，加固堤防 26.64 千米，疏浚河道 4.9 千米。工程总工期为 5 年，估算静态总投资 8.06 亿元。

【岷江干流河道整治】

1990—1997 年，由于投资有限，岷江干流成都河段沿岸的都江堰市、温江县、崇州市、双流县、新津县共完成中湃缺、鲁家滩、魏家坎、棉花沱等堤防工程建设 22 处，长度 24.54 千米。

1998 年长江中下游发生特大洪水后，中央加大江河治理力度，岷江干流成都段（金马河）防洪整治工程列入国家基本建设项目，实行分年治理。1998 年下达投资 1.3 亿元，安排整治任务 26.61 千米，超过 1990—1997 年 8 年间整治长度 24.54 千米，是成都市历史上投资最多、规模最大的河道防洪整治工程。

1998 年 11 月 9 日，在温江县彭家湾堤防建设工地举行开工典礼。该项工程在 1998—2005 年期间，总投入资金 3.5 亿元，其中中央资金 2.6

岷江干流成都段河道防洪整治工程开工典礼

表 3-207　　1990—2005 年岷江干流成都段河道防洪整治堤防工程完成情况表　　单位：千米

年份	都江堰市	温江区	崇州市	双流县	新津县	合 计
1990-1997	9.22	6.07	—	3.29	5.96	24.54
1998-2005	13.65	14.13	21.15	9.09	14.27	72.29
1990—2005	22.87	20.20	21.15	12.38	20.23	96.83

亿元，地方自筹资金 0.9 亿元，共完成新建及加固堤防 72.29 千米，疏浚河道 22.71 千米。

岷江堤防工程采用水泥浆砌卵石或混凝土浆砌卵石结构，充分利用沿河丰富的砂和卵石资源。堤防工程效益显著，使岷江干流成都段的防洪标准基本达到 20 年一遇（相当于紫坪铺水库建成后百年一遇以上的防洪标准）。并兼具综合效益，2005 年新津县岷江董河坝堤防工程建成后，使董河坝河段防洪标准提高到 50 年一遇，保护沿河居民、沿岸土地的安全，并整治复耕河滩地 1000 亩，使董河坝村耕地由 250 亩增加到 1250 亩，为成都市城市建设及工业发展提供 1000 亩土地调控指标。

【岷江支流河道整治】

成都市域内，岷江右岸支流有西河、南河、邮江河、斜江河、蒲江河、临溪河。西河于 1986 年基本完成治理任务，1990 年以后继续进行治理，1998 年又纳入岷江干流成都段（金马河）河道防洪整治工程项目。1990—2005 年期间，岷江支流共完成河道防洪整治工程 75 处，堤防工程总长度 36.51 千米。

锦江是岷江左岸支流，锦江水系含府河、南河、沙河。1993-1997 年，完成府南河综合整治工

1990—2005 年岷江支流治理情况统计表

表 3-208

河 流	工程处数(个)	堤防长度(千米)	备 注
西 河	9	2.61	西河统计至 1998 年，1998 年以后的治理纳入岷江干流治理统计
南 河	14	2.14	
郫江河	15	10.40	
斜江河	18	11.09	
蒲江河	8	2.50	
临溪河	11	7.77	
合 计	75	36.51	

程,2001—2004 年，完成沙河综合整治工程,使府河、南河城区河段及沙河全河段防洪标准提高到 200 年一遇。1999 年、2004 年又分两期进行府河排洪总出口工程,设计标准为 200 年一遇。上述各项工程的完成,使中心城区的防洪标准基本上达到 200 年一遇。华阳镇位于府河岸畔,安公堤是华阳镇的防洪屏障，兴建于清代乾隆年间,因工程简陋,年久失修,过去只有 5 年一遇的防洪标准。1990 年双流县完成安公堤整修，新建 3225 米的浆砌条石护岸，使华阳镇的防洪标准达到百年一遇。

【沱江干流河道整治】

沱江系长江上游左岸一级支流,正源为绵远河,在广汉三水镇与石亭江、湔江相汇后流入金堂县境称北河，于金堂县城赵镇与青白江（中河)、毗河相汇后始称沱江。沱江流经赵镇后穿龙泉山进入丘陵区，于五凤镇出成都市境入简阳县,沱江在成都市境内河段长 61.5 千米,其中穿越龙泉山的金堂峡长 13 千米。沱江是成都平原三大出水通道之一，赵镇以上流域面积 6475 平方千米,上游处于鹿头山暴雨区,汛期洪水频繁,加之受金堂峡阻水的影响，使赵镇经常受淹,其防洪标准只有 5 年一遇。

1990—1997 年，金堂县共完成北河及沱江堤防工程建设 6 处，长 4.89 千米。分别是 1990 年完成的兰家店堤防,长 860 米;1991 年完成的史家堤、朱家林堤防各长 1000 米;1992 年完成的向前堤，长 450 米;1996 年完成的漫天堤,长 580 米;1997 年完成的刘家营堤防,长 1000 米。

2001 年 6 月 22—23 日,水利部长江水利委员会在武汉召开会议,对成都市水利电力勘设计院编制的《沱江干流成都河段防洪整治工程可行性研究报告》进行审查后,将审查意见上报水利部,同意防洪整治工程总规模如下:在毗河、青白江(中河)、北河上新建防洪堤防 8 段共 18.30 千米,新建二阶防洪墙 14.33 千米,加固堤防 3 段共 2.16 千米,拓宽金堂峡峡谷河段 1.2 千米。总投资 1.54 亿元。

【金堂峡拓宽工程】

金堂峡指沱江干流在金堂县境内穿越龙泉山形成的峡谷,金堂峡平面呈 S 形,峡长约 13 千米,河底平均宽约 50 米,因断面狭窄,阻碍行洪,常导致上游赵镇洪灾频繁，经常受淹。金堂峡峡口拓宽工程是沱江干流成都河段防洪整治的关键工程。2001年，省计委下达拓峡工程项目投资计划。2002年，四川省水利厅批准《沱江干流成都河段防洪整治工程金堂峡拓宽工程实施方案初步设计》。拓峡工程分两期建设，由成都市防汛指挥部办公室任建设业主，于2002年11月25日开工，2004年3月20日竣工。

拓峡工程共开挖土石方117万立方米，浇筑砼1.7万立方米，喷锚支护4.2万平方米，条石安砌0.12万立方米，建成排水明渠、暗涵长2303米。工程概算投资6774.66万元，工程决算实际投入资金4500万元。工程完工后，拓峡段河底宽比拓峡前河底宽平均加宽40米，达到90米，从而提高了拓峡段的行洪能力，使峡口水位降低，赵镇洪水位也相应降低。2003年8月9日，沱江洪水，三皇庙水文站实测洪峰流量4210立方米/秒，此时拓峡工程一期工程已完工，经实测，赵镇水位为443.8米，正好是警戒水位。拓峡之前，当赵镇水位达到警戒水位时，相应的洪峰流量为3800立方米/秒，说明拓峡一期工程完工后，已增加金堂峡的行洪能力410立方米/秒。拓峡工程全部完工后，当赵镇水位达到警戒水位时，相应的洪峰流量可达5250立方米/秒，比拓峡前增加行洪能力1450立方米/秒。拓峡工程防洪效益显著，赵镇防洪标准从5年一遇提高到20年一遇。

【沱江支流河道整治】

成都市域内，沱江的支流主要有湔江，湔江为沱江上游三源之一。蒲阳河（青白江）及毗河源于岷江，汇入沱江，系沟通岷江沱江水系的两条河流，亦为沱江支流。

湔江河道整治。湔江发源于彭州市西北部山区，流域上游地处鹿头山暴雨区，暴雨洪水频繁出现。由于湔江河床比降大，汇流时间短，常在出山口处形成大洪水，对湔江下游平原河道两岸造成很大危害。湔江下游平原河道，历史上具有宽、浅、乱的特点，每遇较大洪水，主流左右摆动，洪水漫溢堤岸，冲毁两岸农田，频繁形成灾害。20世纪70年代以来，湔江河道整治采取“束水归槽，借水冲沙”的措施，沿江两岸修建堤防工程，较为有效地防止了洪水漫溢，减轻了两岸的洪涝灾害，但由于资金有限，堤防工程标准较低。成都市水利水电勘测设计院于1999年12月编制完成《沱江支流湔江（关口—罗万）河段防洪规划报告》。四川省水利厅于2000年5月12日在成都市召开审查会议。2001年，省水利厅批复该防洪规划报告。湔江（关口—罗万）河道总长22.20千米，需整治河岸总长27.42千米，其中新建堤防17.46千米，加固河堤9.96千米，疏浚河道4.43千米。估算工程总投资1.28亿元。1990—2005年期间，湔江共建设或加固堤防20.31千米。

蒲阳河（青白江）、毗河河道整治。青白江、毗河系沱江支流，兼具灌溉及排洪功能，属都江堰灌区人民渠管理处和东风渠管理处管理，涉及彭州、金牛、新都、青白江、郫县和金堂6个区（市）县，为确保河道防汛安全以及灌溉用水，地方政府积极筹措资金，1990—2005年期间完成火烧堰、英龙堰、赵镇城防堤一阶堤防工程72处，长32.50千米。其中，蒲阳河6处，长1.99千米；青白江51处，长14.5千米；毗河15处，长16.01千米。

农田水利与水土保持

【概况】

成都市农田水利工程建设历史久远。公元前256年蜀郡守李冰创建的都江堰,历2260余年,效益恢宏,长盛不衰。中华人民共和国成立后,成都市农田水利建设经40年快速发展,截至1989年年底,全市拥有各类农田水利工程2.73万处。含引水渠堰172处,其中:大型1处(即都江堰,玉溪河、通济堰两处大型引水工程计入其他市,成都市有部分灌溉面积)、中型13处、小型158处;水库197座,其中:中型3座、小(1)型34座、小(2)型160座;山平塘2.23万口,石河堰779道,提灌站3097处,水轮泵站43处,机电井695眼,其他30处,总引蓄提水能力36.14亿立方米。形成以都江堰为骨干,大型中型小型并举,引水蓄水提水相结合的灌溉工程体系。农田有效灌溉面积594.31万亩,占总耕地699.8万亩的84.9%。1990—2005年,成都市农田水利工程新建项目不多,以原有工程配套、防渗、整治、改造为主,充分发挥原有工程的效益。在此期间,由于城市化进程加快,一部分邻近城镇的农田以及农田水利设施被占用,一部分效益太差的水利设施被淘汰,农田水利工程处数及农田有效灌溉面积总体上呈减少趋势。截至2005年年底,全市拥有各类水利工程2.71万处,含引水渠堰153处,其中大型1处、中型10处、小型142处;水库198座,其中:中型4座、小(1)型36座、小(2)型158座;山平塘2.18万口,石河堰794道,提灌站3535处,水轮泵站8处,机电井578眼。总引蓄提水能力38.52亿立方米,农田有效灌溉面积508.66万亩。与1989年相比,各类农田水利工程减少244处,降低0.9%;农田有效灌溉面积减少85.65万亩,降低14.4%。

1990—2005年,每年冬春,成都市都要集中进行农田水利基本建设。建设内容包括水利工程岁修、水毁工程修复、渠系整治防渗、江河堤防建设、病险水库除险加固、水土流失治理、农村供水工程、电灌站技术改造等。秋季是水利年度(每年9月1日至次年8月底)的起始季节,每年9月初,市水行政主管部门都要下达今冬明春全市农田水利基本建设的总体安排计划。

四川省政府自1996年开始进行“李冰杯”评比,成都市农田水利基本建设成绩突出,水利建设连年获奖。其中2001、2002年度2次获一等奖,1996、1997、1998、1999、2000、2003年度6次获二等奖,2004、2005年度2次获三等奖。1989年双流县获水利部授予的全国水利建设先进县称号。1991年,彭县获水利部授予的全国水利建设先进县称号。2006年,温江区获水利部、财政部授予的2004—2005年度全国水利建设先进县称号。

1990—2005年期间,在加强农田水利建设的同时,成都市持续推进水土保持工作,认真贯彻《中华人民共和国水土保持法》确定的方针,全面加强水土流失的“预防”与“监管”工作,在重点治理区继续进行水土流失综合治理。

【引水工程】

成都市农田水利工程以引水工程为主,1989年年底,共有大型引水工程3处(全省统计报表都江堰记入成都市,通济堰记入眉山市,玉溪河引水工程记入雅安市);中型引水渠堰13处,分别是湔江上的湔江堰,南河上的楠杆堰、三和堰,邮江上的邮江堰、八和堰,斜江上的联合堰、永济堰、三轮堰、黄沙堰、汤堰,临溪河上的纸房堰、团结堰,蒲江河上的蒲江河堰。其中纸房堰、团结

双流县渠道岁修

农田水利基本建设现场

堰、蒲江河堰3处，中型渠堰自1999年起，划归玉溪河大型引水灌区，不再单列，故2005年中型引水渠堰处数为10处，减少3处；小型引水渠堰1989年为158处，2005年为142处，减少16处。截至2005年年底，引水工程灌溉面积为434.98万亩，占全市总灌溉面积的85.5%。引水工程中大型引水工程灌溉面积386.73万亩，中型引水

蒲江县高标准农田水利建设

工程灌溉面积40.5万亩，小型引水工程灌溉面积7.75万亩，分别占引水工程灌溉面积的88.9%、9.3%、1.8%。大型引水工程中都江堰灌溉范围覆盖全市除蒲江县以外的18个区(市)县，灌溉面积357.65万亩；玉溪河引水工程灌溉范围为邛崃市、蒲江县，灌溉面积28.23万亩；通济堰灌溉范围仅新津县，灌溉面积0.85万亩。分别占大型引水工程灌溉面积的92.5%、7.3%、0.2%。

1990—2005年，市域内引水渠堰工程主要进行渠系配套与节水改造建设，对干渠、支渠进行重点整治，对斗渠、农渠推广预制砼U形渠衬砌，并对一些引水渠堰的枢纽工程进行改造。

都江堰渠首整治工程。都江堰渠首枢纽位于二王庙至离堆一带，含鱼嘴、飞沙堰、宝瓶口三大主体工程。1990—2005年，都江堰渠首枢纽及六大干渠首段的新建、扩建、改建及维护工程主要有以下三项：

新建工业引水拦水闸。1992年5月20日建成工业引水拦水闸，即飞沙堰闸。工业引水闸平时关闸拦水，以增大宝瓶口引水量，洪水时则开闸泄洪。内江断流岁修时，拦水闸引水至工业引水暗渠，以保证成都工业及城市生活用水。工业引水拦水闸修建后，宝瓶口的进水量由330立方米/秒提高到530立方米/秒，内江年引水量增加3亿立方米。

都江堰渠首续建配套和扩改建工程。1993—

李冰杯

1995 年投资 196 万元，完成都江堰渠首河堤工程；1996 年投资 109 万元，完成都江堰渠首外江镇底工程；1998 年投资 418 万元，完成江安河首段扩改建工程；1999 年投资 272 万元，完成人字堤溢洪道扩改建工程；1999—2000 年投资 703 万元，完成柏条河、走马河首段整治；2001—2002 年投资 1851 万元，完成渠首外江闸群(外江闸、沙黑河总闸、小罗堰枢纽闸、漏砂堰枢纽闸)改造工程。

都江堰渠首内江总干渠截流岁修。鉴于都江堰渠首内江段淤积严重，部分工程冲刷水毁，2002 年 11—12 月对都江堰渠首内江段进行截流岁修。12 月 25 日，都江堰渠首内江段岁修工程圆满竣工，都江堰管理局举行盛大的开水仪式。

都江堰渠系整治工程。东风渠渠首及干渠整治工程。东风渠原称东山灌溉工程，是成都市东部丘陵台地区的骨干水利设施。1989 年，东风渠渠首枢纽进行改造，1996—2004 年，先后对东风渠北干渠、东干渠、老南干、牧马山干渠的重点渠段进行整治。1996 年投资 314 万元，对北干渠首段进行整治。1997 年投资 600 余万元，对东干渠首段 9.4 千米进行改造，输水能力由 10.5 立方米/秒提高到 16.5 立方米/秒；老南干渠于团结闸自总干渠分水，灌溉龙泉驿、锦江、双流等区(县)农田 18.92 万亩，干渠长 59.15 千米。1999—2004 年投资 2797 万元，对老南干渠分段整治；牧马山干渠进水口位于双流县金花镇，自江安河引水，干渠长 62.8 千米，灌溉双流、新津、彭山三县农田 13.78 万亩。1998 年冬，投资 665 万元，对牧马山干渠首段 18.8 千米进行配套整治和衬砌防渗，1999、2003、2004 年投资 1029 万元，对牧马山干渠中段重点渠段进行整治。

人民渠渠系整治工程。人民渠原名官渠堰，是彭州市、金堂县、新都区、青白江区的重要水利设施。2001—2004 年，渠系整治工程主要有：2001 年投资 1230 万元，完成人民渠六号支渠 13.42 千米续建配套工程。2001—2002 年投资 800 万元，完成马棚堰分干渠 8.75 千米整治。2003 年完成马棚堰上支渠 5.47 千米整治。2002—2003 年投资 642 万元，完成杨柳分干渠 2 号支渠 25.6 千米整治。2004 年投资 375 万元，完成杨柳分干渠中段 5.61 千米整治。

外江灌区枢纽及渠系整治工程。1993—2004 年，外江灌区整治项目有：三合堰干渠及进水口枢纽整治、环山渠取水枢纽扩建。三合堰原称西河灌溉工程，进水口位于沙沟河汇入西河的崇州市公议乡泉水村马家磨，干渠全长 37.6 千米，灌溉崇州、大邑、邛崃三市(县)农田 27.5 万亩。1999—2003 年投资 1464 万元，完成三合堰干渠整治；2004 年投资 300 万元，完成进水口枢纽整治。环山渠是沙沟河干渠的右岸支渠，渠长29.19千米，灌溉都江堰及崇州两市农田8.98万亩。1993—1995年，投资500万元完成环山渠取水枢纽扩建工程。

都江堰渠首新建工业引水闸

通济堰枢纽改造及干渠整治工程。20世纪50年代对渠道工程分5期延伸与扩建，70年代进行渠系改造；1985年有效灌溉面积为52万亩，灌区范围含新津、彭山、眉山、青神四县。通济堰引水枢纽拦河坝位于新津县城东南邓公场余波桥，堰口位于南河右岸，以南河为主水源，枯水季节都江堰通过西河补水。通济堰干渠在新津县境内长度为13.5千米，2000—2002年投资875万元，对渠道进行扩改建和衬砌防渗；2004—2005年投资3500万元，扩改建引水枢纽。

玉溪河引水工程干渠整治工程。玉溪河引水工程是20世纪70年代建成的一项大型跨流域引水工程，灌溉芦山、名山、蒲江、邛崃三县一市农田，有效灌溉面积50.36万亩，其中邛崃市18.4万亩，蒲江县15.85万亩，是邛崃市、蒲江县的骨干水利设施。

1998—2005年，先后对玉溪河灌区团结堰干渠、天油分干渠、官堰分干渠、五绵山分干渠进行整治。1998—2000年投资530.58万元，整治团结堰干渠8.34千米；天油分干渠渠首位于邛崃市天车坡二级电站尾水下段，渠道全长20.82千米。1998—2000年投资1041.44万元，整治天油分干渠，官堰分干渠渠首位于蒲江县大兴镇，干渠全长14.85千米。2000—2001年投资409.58万元，整治官堰分干渠，五绵山分干渠渠首在邛崃市夹关镇花滩子，干渠全长35.8千米，是邛崃市五绵山丘陵区重要水利设施。2002—2005年投资418万元，整治五绵山干渠6.56千米。

都江堰渠首内江总干渠截流岁修

湔江堰整治工程。湔江堰是成都市历史最久、灌面最大的中型引水渠堰。渠首位于彭州市隆丰镇，引水流量64立方米/秒，分东河、西河两大灌区，是以引水为主，引蓄提相结合的灌区，有效灌溉面积17.77万亩。1990—2005年，湔江堰整治工程主要有渠首修复和渠系整治。2003年投资252.81万元，对湔江堰灌区蒙白支渠和20条斗渠进行节水改造，整治长度20.03千米。2004年投资252.57万元，对湔江堰西河灌区环山沟及和尚埝支渠进行节水改造，整治长度15.6千米。

【蓄水工程】

蓄水工程包括水库、山平塘、石河堰,数量多、分布广,是山丘区重要水利设施,成都市的蓄水工程以小型为主,只有4座中型水库。

成都市蓄水工程统计表

表3-209

年份	水库(座)				山平塘(口)	石河堰(座)
	中型	小(1)型	小(2)型	小计		
1989	3	34	160	197	22298	779
2005	4	36	158	198	21801	794
增减	+1	+2	–2	+1	–497	+15

说明:水库按总库容分类,10亿立方米以上为大(1)型,1亿—10亿立方米为大(2)型,1000万—1亿立方米为中型,100万—1000万立方米为小(1)型,10万—100万立方米为小(2)型,10万立方米以下称山平塘

冬水田、山平塘、石河堰是传统的蓄水工程。早在唐宋时期,水稻大量种植,“秋冬蓄水,来春插秧”的冬水田,逐渐兴起,广泛采用。中华人民共和国成立后,随着水利事业的发展,冬水田被改造为两季田,至1989年年底,全市尚存冬水田13.56万亩,至2005年年底,仅存冬水田6.7亩。历代官员多提倡“就地开塘,沿河筑堰,储水溉田”,1990—2005年,全市山平塘和石河堰数量基本保持不变。

成都市域内水库建设始于20世纪50年代初。成都市的水库以农田灌溉为主要开发目标,部分水库兼具防洪、供水、发电、养鱼、旅游功能。截至1989年年底全市共有水库197座。其中:中型水库3座、小(1)型水库34座、小(2)型水库160座。1990—2005年期间,建成中型水库1座,即金堂县红旗水库;建成小(1)型水库2座,即龙泉驿区李家沟水库、都江堰市龙池水库;建成小(2)型水库3座,即龙泉驿区金龙水库、双流县实新水库、红豆树水库。1997年水库注册时,有5座小(2)型水库未再注册。其中成华区3座小(2)型水库降级为山平塘;金堂县长沟水库因失去效益而复耕;新津县伍沟水库,已在彭山县注册,不再计为成都市水库。故2005年与1989年相比,中型水库增加1座,小(1)型水库增加2座,小(2)型水库减少2座。

截至2005年年底,成都市共有注册水库197座,其中:中型水库3座、小(1)型水库36座、小(2)型水库158座。成都市各类水库的坝型,以土坝(包括均质土坝,黏土心墙土石坝)为主,共175座,占总数的88.83%,其余有土石混合坝4座、浆砌条石重力坝8座、浆砌条石单拱坝8座、支墩坝1座、浆砌卵石重力坝1座。此外,金堂县红旗水库(中型),1998年动工复建,2000年建成受益,但因尚未注册,故未列入注册水库名录。

2005年成都市中型注册水库一览表

表3-210

水库名称	所在位置	总库容(万立方米)	集雨面积(平方千米)	最大坝高(米)	主坝坝型
向阳水库	崇州市·道明镇	1310	2.0	38.5	均质土坝
长滩水库	蒲江县·朝阳湖镇	2500	123.0	42.5	浆砌条石单拱坝
莲花洞水库	彭州市·磁丰镇	1670	92.6	92.6	土石混合坝

2005年成都市小(1)型水库一览表

表3-211

水库名称	所在位置县	总库容(万立方米)	集雨面积(平方千米)	最大坝高(米)	主坝坝型
山门寺水库	龙泉驿区·同安镇	270.60	5.50	24.70	均质土坝
宝狮口水库	龙泉驿区·长松乡	280.00	16.57	26.95	均质土坝
百工堰水库	龙泉驿区·山泉乡	258.00	4.90	25.00	均质土坝
毛家口水库	龙泉驿区·龙泉乡	100.50	2.58	20.64	均质土坝
高洞子水库	龙泉驿区·天鹅乡	168.00	52.00	24.00	浆砌条石重力坝
大田水库	龙泉驿区·茶店镇	166.00	4.360	37.50	土石混合坝
李家沟水库	龙泉驿区·双溪乡	120.00	3.790	24.50	浆砌条石重力坝
东风水库	金堂县·福兴镇	527.00	16.80	31.83	均质土坝
幸福水库	金堂县·赵家镇	616.00	11.10	33.00	均质土坝
团结水库	金堂县·九龙镇	920.00	24.00	36.60	均质土坝
友谊水库	金堂县·五凤镇	115.00	4.18	21.88	均质土坝
丰收水库	金堂县·隆盛乡	272.00	0.68	31.00	土石混合坝
金龙水库	金堂县·竹篙镇	126.00	0.34	31.00	浆砌条石重力坝
天保寨水库	金堂县·竹篙镇	116.00	0.32	27.70	黏土心墙土石坝
红花水库	金堂县·广兴镇	133.00	0.35	20.30	均质土坝
高光水库	金堂县·转龙乡	125.00	0.77	25.00	均质土坝
油坊堰水库	金堂县·又新乡	104.00	3.90	12.60	浆砌条石单拱坝
大安水库	金堂县·土桥镇	275.00	54.30	13.50	浆砌条石单拱坝
黄鹤水库	金堂县·云合镇	107.00	4.86	10.00	均质土坝
土门子水库	双流县·合江乡	284.72	13.34	26.00	黏土心墙土石坝
鲢鱼水库	双流县·大林镇	188.49	4.78	12.50	黏土心墙土石坝
永安水库	双流县·永安镇	250.50	3.97	16.00	黏土心墙土石坝

续表

水库名称	所在位置县	总库容（万立方米）	集雨面积（平方千米）	最大坝高（米）	主坝坝型
塔寺沟水库	双流县·太平镇	103.70	2.53	36.00	均质土坝
金阳水库	大邑县·金星乡	282.00	4.70	34.00	均质土坝
毛家沟水库	大邑县·青霞乡	218.00	1.60	22.00	均质土坝
金洞子水库	大邑县·敦义乡	246.00	53.15	17.40	支墩坝
三一水库	邛崃市·宝林乡	314.00	10.00	9.80	均质土坝
红旗水库	邛崃市·西桥乡	232.70	6.25	28.00	均质土坝
小柏树水库	邛崃市·白合乡	347.20	12.55	24.80	浆砌条石单拱坝
朝阳水库	蒲江县·朝阳湖镇	760.00	20.00	38.40	浆砌条石单拱坝
妙音水库	蒲江县·大兴镇	335.00	8.44	17.70	均质土坝
石象水库	蒲江县·朝阳湖镇	162.00	4.00	25.00	浆砌条石单拱坝
龙池水库	都江堰市·龙池镇	113.00	15.40	8.50	浆砌条石重力坝
牌坊沟水库	彭州市·九陇镇	380.00	1.80	29.50	均质土坝
西河水库	彭州市·隆丰镇	262.00	1.12	20.00	均质土坝
东河水库	彭州市·九陇镇	219.00	2.87	21.20	土石混合坝

2005 年成都市小(2)型水库一览表

表 3-212

水库名称	所在位置	总库容（万立方米）	集雨面积（平方千米）	最大坝高（米）	主坝坝型
罗家湾水库	龙泉驿区·同安镇	36.80	1.27	17.64	浆砌条石单拱坝
猫猫沟水库	龙泉驿区·同安镇	49.50	1.46	21.00	均质土坝
大林水库	龙泉驿区·清水乡	21.70	2.99	16.50	均质土坝
大坝水库	龙泉驿区·双溪乡	13.20	0.63	15.40	均质土坝
工农水库	龙泉驿区·龙泉乡	18.32	0.37	21.70	黏土心墙土石坝
幸福水库	龙泉驿区·天鹅乡	15.40	3.20	16.20	均质土坝
都都桥水库	龙泉驿区·柏合镇	12.20	2.07	17.60	黏土心墙土石坝
三元水库	龙泉驿区·茶店镇	53.80	2.66	15.40	浆砌条石单拱坝
红旗水库	龙泉驿区·天鹅乡	29.10	1.56	15.50	均质土坝
小大田水库	龙泉驿区·茶店镇	12.00	4.89	15.00	浆砌条石重力坝
鲤鱼水库	龙泉驿区·万兴乡	21.80	0.98	16.00	均质土坝
金龙水库	龙泉驿区·金龙镇	40.00	0.98	21.70	浆砌条石重力坝

续表

水库名称	所在位置	总库容（万立方米）	集雨面积（平方千米）	最大坝高（米）	主坝坝型
柳塘水库	金堂县·赵镇	10.00	0.07	7.00	均质土坝
天乐水库	金堂县·赵镇	20.00	0.32	13.10	均质土坝
同乐水库	金堂县·赵镇	12.00	0.08	8.80	均质土坝
花龙水库	金堂县·云绣乡	10.00	0.10	5.90	均质土坝
红旗水库	金堂县·云绣乡	10.00	0.06	9.20	均质土坝
九道沟水库	金堂县·三星镇	16.00	1.70	20.20	均质土坝
滚子坝水库	金堂县·栖贤乡	88.00	1.66	9.00	均质土坝
长梁水库	金堂县·栖贤乡	17.00	0.17	10.80	均质土坝
光辉水库	金堂县·白果镇	16.00	4.59	6.10	均质土坝
马巴兰水库	金堂县·白果镇	27.00	0.41	6.20	均质土坝
跃进水库	金堂县·五凤镇	28.70	1.33	18.00	均质土坝
上游水库	金堂县·五凤镇	15.00	0.66	7.00	均质土坝
高峰水库	金堂县·五凤镇	26.00	0.96	12.00	均质土坝
龚家水库	金堂县·淮口镇	16.00	0.94	16.80	均质土坝
和平水库	金堂县·淮口镇	10.00	0.44	10.50	均质土坝
建设水库	金堂县·淮口镇	10.00	0.09	7.40	均质土坝
夏家沟水库	金堂县·三溪乡	14.00	0.12	7.80	均质土坝
马鞍山水库	金堂县·平桥乡	19.00	0.59	6.20	均质土坝
清水堰水库	金堂县·平桥乡	24.00	0.09	12.00	均质土坝
太平水库	金堂县·平桥乡	11.00	0.18	6.00	均质土坝
五仙庙水库	金堂县·平桥乡	18.00	0.11	10.00	均质土坝
白鹤塘水库	金堂县·高板镇	10.00	0.18	5.70	均质土坝
双巴堰水库	金堂县·福兴镇	10.00	0.16	5.00	均质土坝
翻山堰水库	金堂县·赵家镇	14.00	0.23	8.60	均质土坝
新民水库	金堂县·赵家镇	24.00	0.24	9.50	均质土坝
八一水库	金堂县·金龙镇	13.00	0.72	5.60	均质土坝
獐子湾水库	金堂县·金龙镇	16.00	0.47	7.30	均质土坝
胜利水库	金堂县·金龙镇	13.00	0.05	9.50	均质土坝

续表

水库名称	所在位置	总库容（万立方米）	集雨面积（平方千米）	最大坝高（米）	主坝坝型
三洞桥水库	金堂县·金龙镇	49.00	11.25	7.80	浆砌条石单拱坝
联合水库	金堂县·金龙镇	17.00	0.15	8.00	均质土坝
金星水库	金堂县·金龙镇	12.00	0.13	8.40	均质土坝
新华水库	金堂县·竹篙镇	12.00	0.50	7.10	均质土坝
团结水库	金堂县·竹篙镇	10.00	0.27	8.00	均质土坝
联盟水库	金堂县·竹篙镇	16.00	0.29	8.00	均质土坝
白鹤水库	金堂县·竹篙镇	16.00	0.15	8.70	均质土坝
大明水库	金堂县·竹篙镇	11.00	0.31	7.60	均质土坝
凤凰水库	金堂县·竹篙镇	10.00	0.38	6.00	均质土坝
永胜水库	金堂县·竹篙镇	12.00	0.13	12.35	均质土坝
七星水库	金堂县·广兴镇	12.00	0.30	6.00	均质土坝
同兴水库	金堂县·广兴镇	21.00	0.87	7.60	均质土坝
和平水库	金堂县·广兴镇	17.00	0.28	7.30	均质土坝
玉虹水库	金堂县·广兴镇	29.00	0.87	5.30	均质土坝
王家沟水库	金堂县·广兴镇	10.00	0.22	5.20	均质土坝
八一(二)水库	金堂县·广兴镇	21.00	0.43	7.30	均质土坝
优秀(一)水库	金堂县·广兴镇	13.00	0.30	6.10	均质土坝
雄安水库	金堂县·广兴镇	20.00	0.30	11.50	均质土坝
洋祥水库	金堂县·转龙乡	26.00	0.24	12.00	均质土坝
柏胜水库	金堂县·转龙乡	12.00	0.19	10.00	均质土坝
正华水库	金堂县·转龙乡	14.00	0.24	15.10	均质土坝
背篼水库	金堂县·转龙乡	10.00	0.15	6.80	均质土坝
同兴水库	金堂县·转龙乡	11.00	0.21	9.60	均质土坝
田家水库	金堂县·转龙乡	14.00	0.19	8.10	均质土坝
母子水库	金堂县·又新乡	33.00	0.46	8.20	均质土坝
余家水库	金堂县·又新乡	11.00	0.24	7.00	均质土坝

续表

水库名称	所在位置	总库容（万立方米）	集雨面积（平方千米）	最大坝高（米）	主坝坝型
团结水库	金堂县·又新乡	34.00	0.15	11.00	均质土坝
北窑水库	金堂县·又新乡	15.00	0.32	6.50	均质土坝
马鞍水库	金堂县·又新乡	28.00	0.29	9.80	均质土坝
中寨水库	金堂县·又新乡	13.00	0.18	8.00	均质土坝
联盟水库	金堂县·又新乡	14.00	0.24	11.00	均质土坝
枇杷水库	金堂县·土桥镇	12.00	0.24	9.70	均质土坝
金壶井水库	金堂县·土桥镇	12.00	0.32	6.20	均质土坝
五里水库	金堂县·土桥镇	10.00	0.24	5.80	均质土坝
三合水库	金堂县·土桥镇	13.00	1.12	5.00	均质土坝
五星水库	金堂县·土桥镇	19.00	0.44	5.00	均质土坝
联合水库	金堂县·土桥镇	30.00	1.50	5.00	均质土坝
上良水库	金堂县·土桥镇	25.00	0.54	6.00	均质土坝
建设水库	金堂县·云合镇	37.00	4.00	6.00	均质土坝
通海水库	金堂县·云合镇	26.00	0.56	5.50	均质土坝
爱国水库	金堂县·云合镇	23.00	5.14	5.80	均质土坝
红星水库	金堂县·云合镇	25.00	3.45	10.00	均质土坝
红光水库	双流县·永安镇	9.05	1.09	8.00	黏土心墙土石坝
红岩水库	双流县·永安镇	21.36	0.08	13.00	黏土心墙土石坝
兴隆水库	双流县·永安镇	14.26	0.83	10.00	均质土坝
和平水库	双流县·公兴乡	13.06	0.24	6.37	均质土坝
红旗水库	双流县·公兴乡	14.29	0.21	12.10	均质土坝
东风水库	双流县·公兴乡	8.65	0.19	7.30	均质土坝
檬子塘水库	双流县·黄甲乡	10.39	0.13	7.40	均质土坝
朝阳水库	双流县·黄甲乡	36.80	0.26	8.40	黏土心墙土石坝
金花水库	双流县·永安镇	39.10	3.17	16.00	均质土坝
大堵水水库	双流县·兴隆乡	27.78	2.20	7.20	均质土坝

续表

水库名称	所在位置	总库容（万立方米）	集雨面积（平方千米）	最大坝高（米）	主坝坝型
两河口水库	简阳县·贾家乡	27.98	0.77	21.90	均质土坝
高丰水库	双流县·太平镇	49.44	0.46	21.90	均质土坝
小堵水水库	双流县·兴隆乡	12.17	0.09	7.20	均质土坝
五台山水库	双流县·大林镇	10.35	1.33	9.20	均质土坝
东升二水库	双流县·大林镇	8.01	0.54	8.50	均质土坝
回龙水库	双流县·煎茶镇	24.85	1.60	7.50	均质土坝
白果水库	双流县·大林镇	24.17	1.13	6.40	均质土坝
龙岩寺水库	双流县·籍田镇	17.22	0.62	5.70	均质土坝
二水库	双流县·籍田镇	34.31	1.04	7.00	均质土坝
五水库	双流县·籍田镇	22.20	0.40	7.60	均质土坝
光荣水库	双流县·籍田镇	17.40	0.10	6.00	均质土坝
南阳寺水库	双流县·黄龙溪镇	8.76	0.14	10.00	均质土坝
六岔水库	双流县·煎茶镇	16.23	0.14	8.90	均质土坝
前进水库	双流县·煎茶镇	8.56	0.07	7.39	均质土坝
实新水库	双流县·黄龙溪镇	15.55	0.02	10.00	均质土坝
红豆村水库	双流县·万安乡	12.60	0.02	7.39	均质土坝
丰收水库	大邑县·悦来镇	87.40	19.80	22.00	均质土坝
七一水库	大邑县·鹤鸣乡	60.90	3.28	17.00	均质土坝
宁江水库	大邑县·悦来镇	17.30	0.50	8.60	均质土坝
红旗水库	大邑县·悦来镇	35.80	0.20	15.00	均质土坝
陈祠堂水库	邛崃市·石坡乡	78.80	5.00	15.00	均质土坝
光华水库	邛崃市·西桥乡	35.36	1.58	12.70	均质土坝
石门坎水库	邛崃市·回龙镇	57.90	1.64	13.65	均质土坝
曹沟水库	邛崃市·回龙镇	53.10	1.43	12.00	均质土坝
天台水库	邛崃市·天台乡	58.60	2.15	13.20	均质土坝
花碑水库	邛崃市·夹关镇	47.70	1.05	7.80	均质土坝

续表

水库名称	所在位置	总库容（万立方米）	集雨面积（平方千米）	最大坝高（米）	主坝坝型
荷花塘水库	邛崃市·夹关镇	15.84	0.22	8.50	均质土坝
曾山水库	邛崃市·回龙镇	12.10	0.47	14.00	均质土坝
石门子水库	邛崃市·西桥镇	14.44	0.50	12.00	均质土坝
东方红水库	邛崃市·石头乡	40.10	1.50	8.50	均质土坝
桅杆岭水库	邛崃市·回龙镇	28.44	0.33	10.52	均质土坝
宋石桥水库	邛崃市·卧龙乡	82.00	4.00	8.45	均质土坝
方沟水库	蒲江县·寿安镇	95.60	1.88	15.00	均质土坝
罗缺口水库	蒲江县·白云乡	17.60	0.60	18.00	均质土坝
观音崖水库	蒲江县·光明乡	11.00	1.23	15.00	均质土坝
雷打石水库	蒲江县·光明乡	31.40	1.95	18.00	均质土坝
五四水库	蒲江县·鹤山镇	19.10	0.45	25.00	均质土坝
静音寺水库	蒲江县·天华乡	37.00	2.15	8.00	均质土坝
凉风岭水库	蒲江县·天华乡	11.10	0.20	15.00	均质土坝
青龙水库	蒲江县·鹤山镇	52.70	0.70	19.70	均质土坝
长秋水库	蒲江县·长秋乡	45.30	1.74	13.00	均质土坝
石牯牛水库	蒲江县·五星乡	21.00	0.50	10.00	均质土坝
宋大堰水库	蒲江县·五星乡	13.50	0.89	13.00	均质土坝
土地埂水库	蒲江县·大兴镇	17.30	1.16	4.00	均质土坝
团结水库	蒲江县·高桥乡	24.90	0.65	6.50	均质土坝
狮子水库	蒲江县·高桥乡	36.60	2.48	9.50	均质土坝
左大塘水库	蒲江县·寿安镇	30.40	0.43	9.00	均质土坝
庙峰水库	蒲江县·复兴乡	37.10	0.52	12.00	均质土坝
龙潭子水库	蒲江县·甘溪乡	38.50	3.40	5.60	均质土坝
团结水库	都江堰市·金凤乡	12.08	2.50	17.40	均质土坝
月城湖水库	都江堰市·青城山镇	15.70	1.20	11.00	均质土坝
幸福水库	彭州市·红岩乡	33.00	6.80	22.00	均质土坝

续表

水库名称	所在位置	总库容（万立方米）	集雨面积（平方千米）	最大坝高（米）	主坝坝型
石河堰水库	彭州市·九陇镇	51.00	6.00	21.60	浆砌条石重力坝
罗汉洞水库	彭州市·桂花镇	44.00	4.90	15.00	均质土坝
柏贤平塘水库	彭州市·九陇镇	24.00	—	10.00	浆砌卵石重力坝
战备水库	青白江区·姚渡乡	13.30	0.03	9.00	均质土坝
胜利水库	青白江区·姚渡乡	20.50	0.04	10.50	均质土坝
五七八水库	青白江区·龙王乡	10.30	0.03	6.20	均质土坝
狮子水库	新都县·木兰乡	66.00	0.07	10.00	均质土坝
集体水库	新都县·石板滩镇	61.90	0.06	12.00	均质土坝
团结水库	新都县·泰兴镇	33.00	0.06	9.00	均质土坝
五星水库	新都县·泰兴镇	18.50	0.03	4.50	均质土坝
翻身水库	新都县·石板滩镇	10.00	0.02	7.30	均质土坝
光辉水库	新都县·石板滩镇	10.00	0.01	10.00	均质土坝
喻槽水库	新津县·邓双镇	102.00	1.21	14.00	均质土坝
冷水堰水库	新津县·永商镇	19.90	1.70	6.00	均质土坝

【提水工程】

提水工程是山丘区重要水利设施，成都市域内第一座电力提灌站位于金堂县城厢镇（现属青白江区）玉虹桥，建于民国 24 年（1935），灌溉包家梁子农田 2000 余亩。20 世纪 60 年代初，四川省委提出以机电提灌为主的水利方针后，成都市电灌站建设迅速发展，市域内的大、中型电灌站都在这个时期建成。截至 1989 年年底，全市电灌站总数为 3097 座，其中灌溉面积在 30 万亩以上的大型电灌站 1 处，即金堂县九龙滩提灌站。灌溉面积 1 万~30 万亩的中型电灌站 7 处，即双流县牧马山区的文星、刘家碾、毛家湾、燕子窝、雷加坡五大电灌站，龙泉驿区刘稀饭电灌站，金堂县资水河电灌站。其余均为灌溉面积 1 万亩以下的小型电灌站。

至 20 世纪 90 年代初，市域内原有电灌站已运行 30 年左右，工程老化，设备陈旧，效益衰减，

青白江区小型提水工程

使提水成本升高，农民负担加重。1990—2005年，对原有骨干提灌站陆续进行技术改造。全市共新建电灌站438座，至2005年年底，全市电灌站总数达3535座，电灌站新建的时间主要集中在20世纪90年代初期，主要分布在金堂、龙泉驿、邛崃、崇州、新津、新都、蒲江等区（市）县的丘陵易旱地区。1993年开始，在易受干旱的区（市）县及乡（镇）共组建7个县级抗旱服务队、22个乡级抗旱服务队，拥有流动提水设备460台套，形成提水能力4.09万立方米/小时，浇灌能力6000亩/日，在抗御干旱中，抗旱服务队机动灵活，发挥作用显著。

金堂县九龙滩提水灌区改造。金堂县九龙滩电灌站是金堂县沱江东部丘陵区的骨干水利设施。1966年动工，1967年5月1日建成第一期工程，以后陆续配套完成第二期、第三期工程。有效灌溉面积达17.96万亩，成为西南地区最大的提水工程。灌区涉及14个乡镇，面积446.7平方千米，占全县面积的38.6%。至20世纪90年代，九龙滩灌区存在渠系配套差、工程病害多、机组效率低、提水成本高、供水能力差、渗漏严重等问题，已不能满足灌区用水要求。2000年5月，《四川省金堂县沱江九龙滩提水灌区续建配套与节水改造规划报告》经水利部审查批准，列入“国家大型灌区续建配套与节水改造项目”。2001—2005年连续实施四期续建配套和节水改造工程，总投资5850万元。

牧马山五大电灌站技术改造。双流县文星、刘家碾、毛家湾、燕子窝、雷家坡五大电灌站是牧马山丘陵台地区的重要水利设施。总装机28台，总容量3110千瓦，可灌溉牧马山地区农田9.61万亩。五大电灌站均建于20世纪60年代，运行30多年，机电设备老化，水泵磨损，气蚀严重，厂房破旧，机组效率低，提水成本高，严重影响农业生产并制约农村经济发展。1989年7月，双流县牧马山五大电灌站技术改造正式动工。整个工程历时4年，投工18.33万工日，投资293.31万元，完成五大电灌站的10处泵站的改建任务。五大电灌站经改造后，提水量由4.9立方米/秒增加到6.0立方米/秒。

刘稀饭提灌站技术改造。龙泉驿区国营电灌站所属刘稀饭电灌站位于龙泉驿区龙泉镇书房村，于1961年兴建。受益乡镇为原龙泉、平安、洪河3个乡、12个村，灌溉面积1.4万亩。2000年投资90万元对刘稀饭电灌站进行技术改造。改造后总装机4台、容量220千瓦。受益面积为现龙泉街办的转龙村、大面街办的土桥村，灌溉面积约8000亩。

小型骨干电灌站技术改造。1990—2003年，进行技术改造的小型骨干电灌站有新津县的猪拱桥一二级、鱼翅孔、麻柳山、娃娃坟一二级、蛮子坡电灌站，龙泉驿区的雷打山、长梁子、牛二泵、清平电灌站，蒲江县的张山沟电灌站以及青白江区的丰收电灌站等。截至2003年年底，全市已改造的电灌站有效灌溉面积达24.2万亩，占全市电灌有效灌溉面积的72%。2005年，成都市在龙泉驿区、青白江区、双流县和蒲江县4个区县进行成都市农村电灌站改造试点项目建设，当年共改造农村电提灌站22座。

【微型水利工程】

成都市有大片旱地分布于山丘地区，水源奇缺或水利工程很少，农业生产用水和群众生活用水十分困难。为此成都市在这些地区实施集雨节灌工程，又称微型水利工程，2001—2005年期间又称微水治旱工程。通过兴修微型引水、蓄水设施以集蓄利用天然雨水的水利工程，解决山丘区干旱片生产及生活用水难题。

1993年，成都市在龙泉驿区清水、万兴等乡镇进行微型水利建设试点，1994年又增加金堂县云绣、新津县邓双为试点乡镇。通过成片规划，重点建设蓄水池、井、窖等微型水利工程，以解决这些村、社旱地浇灌的生产用水问题。龙泉驿区修建隧洞式水窖和隐蔽式水池，解决居住散的缺水山区的人畜饮水和旱地浇灌问题。1998年，水利部将四川列入全国第二批集雨节灌示范项目省，龙泉驿区、金堂县、新津县列为示范县。次年2月，三县(区)即完成蓄水池2264口、沉井3眼、移动式喷灌18套、固定微喷39套，总投资1000万元，新增蓄水能力59.1万立方米，新增浇灌面积1.23万亩。1999年，部、省又将蒲江、新都增列为集雨节灌示范县。此后，彭州、双流、邛崃、大邑、都江堰、青白江、金牛等区(市)县也因地制宜地进行集雨节灌工程建设。截至2000年年底，全市累计建成集雨节灌工程1.67万处，其中蓄水池1.45万口，人工井1826眼、水窖414口，累计投入资金4295万元，新增蓄水能力137万立方米，新增浇灌面积1.89万亩，改善灌溉面积1.76万亩，解决农村人口3100人的饮水困难。

2001年，成都市丘陵地区降雨普遍偏少，出现春、夏、伏连旱。8月29日，市委、市政府下发《关于实施丘陵山区“微水治旱”工程建设的通知》，决定在全市丘陵山区缺水旱片地区全面实施“微水治旱”工程，力争用3~5年解决丘陵山区45万亩农田的生产用水问题。成都市“微水治旱”工程从2001年8月全面启动，工程建设采用新的投资机制，按“民办公助”的方针，大力推行“政府引导，受益农民投劳及投资为主”的模式，每形成1立方米蓄水容积，政府补助10元(个别极困难地区补助15元)，其余资金由受益农户自筹。对微型水利工程实行“谁投资、谁建设、谁所有，谁使用、谁管理、谁受益”的政策，并发放工程“产权证书”，允许继承和转让。成都市“微水治旱”工程共分4期实施：第一期工程于2001年8月开工，2002年5月完成，共投入资金1.17亿元，建成微型水利工程9948处，新增蓄水容积278.75万立方米，解决8.81万亩旱地用水问题；第二期工程于2002年9月开工，2003年6月完成，共投入资金1.81亿元，建成微型水利工程1.16万处，新增蓄水容积459.3万立方米，解决14.28万亩旱地用水问题；第三期工程于2003年11月开工，2004年9月完工，共投入资金1.41亿元，建成微型水利工程5429处，新增蓄水容积330.55万立方米，解决10万亩旱地用水问题；第四期工程于2005年实施，鉴于截至2004年年底，全市丘陵山区12个项目区(市)县，仅有金堂县尚遗留部分建设任务，其余11个区(市)县均已完成“微水治旱”工程计划，故2005年成都市的微水治旱工程由全面建设阶段转入重点解决阶段，继续在金堂县投入资金533万元，建成微型水利工程276处，新增蓄水容积57.2万立方米，解决1.91万亩旱地用水问题。“微水治旱”工程自2001年启动，2005年结束，历时5年，投入资金4.45亿元，其中国家引导性资金1.14亿元，受益农户自投资金3.31亿元（含投劳斥资)，兴建微型水利工程2.72万处，新增蓄水能力1125.8万立方米，共解决35万旱地浇灌问题，使山丘区农业生产条件得到较大改善。

【水土保持工程】

成都市的水土流失治理大致经历1950—1958年的初期治理阶段、1982—1998年的综合治理阶段、1999年以后的加快治理阶段三个阶段。

1958年开始的“大跃进”和1996年开始的“文化大革命”使全市水土保持工作基本处于停顿状态，但群众性的挑沙面土，改造坡耕地等水土保持措施仍然继续进行。1950—1980年的30年间，全市完成坡改梯地49.09万亩，占坡耕地面积的16.11%。

1982年，国务院颁布《水土保持工作条例》，1982年开始成都市相继在金堂、蒲江、都江堰、彭州、双流、龙泉驿、崇州、邛崃等8个区(市)县开展水土流失综合治理，并取得初步成效。1982—1998年的综合治理阶段，共完成国家下达的1100平方千米国土面积水土流失治理任务，累计完成育苗3803亩，植树造林24万亩，封山育林40万亩，种草1.04万亩，建谷坊414处，蓄水池6670处，沉沙凼6.82万个，排水沟及沿山沟1.35万条、1095千米，坡改梯及地变田1.33万亩，累计完成各类土石方工程量215.18万立方米。并在治理区种植经济林木约7万亩、800余万株，为农民脱贫致富开拓一条新路。但由于重治理、轻管理，致使边治理、边破坏问题突出，新的水土流失不断发生。

1991年6月29日，《中华人民共和国水土保持法》公布施行，明确各级水行政主管部门负责本辖区的水土保持工作。1990—2005年期间，成都市水土保持工作，认真贯彻《中华人民共和国水土保持法》确定的方针，全面加强水土流失的“预防”与“监管”工作，在重点治理区继续进行水土流失综合治理。1999年8—11月，成都市人民政府及有水土保持任务的12个区(市)县人民政府相继发布划分水土流失重点防治区的公告。

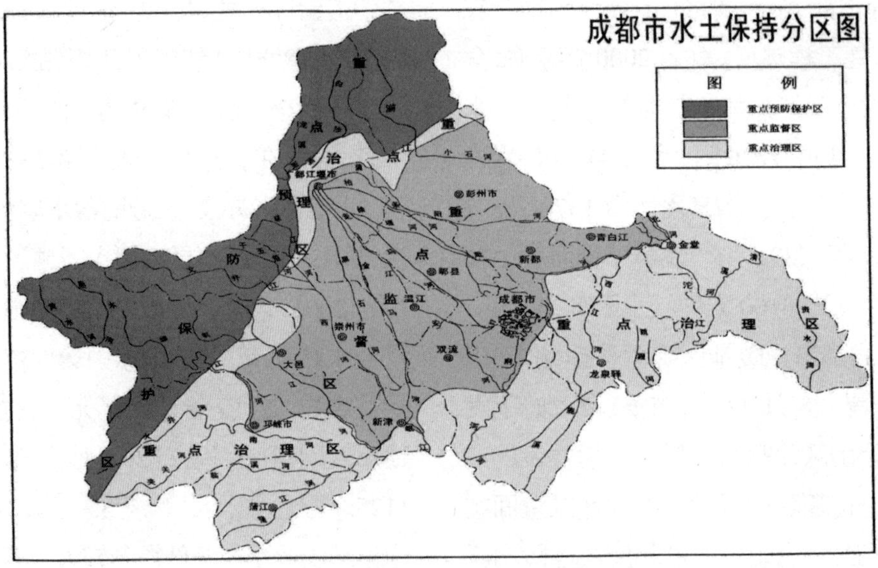

重点防治区划分图

1998年长江特大洪水后，中央加大对水土流失治理的投资力度，成都市水土保持工作进入加快治理阶段，1998—1999年国家先后将彭州、金堂、崇州、蒲江、新津、龙泉驿、都江堰列为重点水土保持治理项目区(市)县，大邑、崇州列为国家生态建设县(市)，金堂县的重点水保治理项目被作为样板在全省推广。1999—2005年的7年里，累计治理水土流失面积737.1平方千米，其中1999年95平方公里，2000年134.2平方千米，2001年121.6平方千米，2002年106.5平方千米，2003年90.3平方千米，2004年90平方千米，2005年99.5平方千米。

在此期间，继续坚持水土流失的综合治理，工程措施、林草措施、农耕措施并重，还利用集雨

小流域治理后面貌一新(双流县牧马山)

平原区水土保持以渠旁、路旁、屋旁绿化为主(郫县)

治理水土流失后呈现出优美的生态环境(金堂县栖贤乡)

水土流失治理效果

节灌、微水治旱、塘堰整治等工程项目,发挥其水土保持作用。2000年后,按照人与自然和谐共处的理念,调整水土保持工作思路,探索利用大自然的自我修复功能治理水土流失。蒲江县列为全省10个水土保持生态修复试点县之一,2002—2005年完成封禁2.5平方千米,补植水保林及种草1.44万亩,修复治理面积70平方千米。

通过多年的连续治理,治理区内的森林植被得到恢复,坡面水系得到改善,水土流失得到控制,初步显示出水土保持的生态效益、社会效益和经济效益。

【农业节水工程】

成都市域内农业是用水大户,推广节水灌溉

是缓解全市水资源紧缺的重要措施。20世纪90年代初，成都市共有各级农田灌溉渠道4.63万千米(不包括省管干渠)，渠系利用系数约为0.5，一半的水在输水途中因渗漏而损失，渠道防渗工程是农业灌溉节水的重点。1990年以前的渠道防渗工程投入较少，规模较小，效益较差。1990年以前，部分区(市)县即开始进行以渠道防渗为主要内容的节水工程建设，但是规模不大，成效较差。1990—2005年，全市从实际出发，节水灌溉发展加快，以渠道防渗为主，科学推广喷灌、微灌 、管道灌溉、小管出流灌溉等先进节水灌溉技术，持续推进农业节水工程。

1990年，国家启动农业综合开发项目，主要内容为水利等农业基础设施配套建设，邛崃、大邑、崇州、彭州、金堂、双流、温江、郫县等8县(市)被列为项目县。以此为契机，结合粮食生产专项资金等其他水利投入，开展以渠系防渗为主要内容的节水示范小区建设。1990年全市共完成渠道防渗120千米。1993年农业综合开发项目一期工程(1990年、1991年、1992年)通过国家正式验收，双流县红石小区、邛崃市万担坝小区、崇州市泉水河小区、彭州市丽春小区被评为模范小区。国家对成都市农发业综合开发项目的资金投入也逐年增加，1990年为1200万元，1998年达4730万元。截至2005年年底，全市渠道防渗累计长度达7284千米，占渠道总长的15.7%。渠道防渗节水灌溉面积156.81万亩，占全市节水灌溉面积的98.4%。

20世纪70年代后期，四川省委提出“小型水利加喷灌”的水利方针，喷灌在丘陵山区曾一度较快发展。后因水源问题、技术问题、成本问题未能妥善解决，导致效益衰减，逐渐萎缩。至1990年，全市仅存喷灌机组284台、1785千瓦，控制灌溉面积2.6万亩，实际灌溉面积只有3700亩。1999年，水利部将节水灌溉作为解决水资源短缺的一项重要措施予以高度重视，全市的微喷、滴灌、管道灌溉、小管出流等节水灌溉技术又重新发展。截至2005年年底，全市微喷及滴灌灌溉面积为2.13万亩，管道灌溉面积为0.48万亩。

农业是用水大户，尤以水稻育秧、栽秧及生长期用水量最大，成都市稻田比重大，品种较单一，用水高度集中，争水十分突出。1990—2005年期间，重点推广宽窄行、半旱式水稻栽培技术、旱育秧技术、抛秧、旱作秸秆覆盖技术，大大减少农业灌溉用水量。

截至2005年年底，全市节水灌溉面积累计达159.42万亩，占全市农田有效灌溉面积的31.3%。2005年全市总用水量为59.39亿立方米，其中农业用水量31.64亿立方米，占总用水量的53.3%。农业用水量以及所占总用水量的比例，与1990年相比均有较大幅度的下降，充分显示出农业节水工程的成效。

附：

防汛与防洪

【概况】

1990—2005年，岷江流域洪水处于不活跃期，沱江流域洪水处于比较活跃期。期间岷江紫坪铺水文站、锦江望江楼水文站、沱江三皇庙水文站实测最高水位与最大流量见表3-213。

成都水文局主要水文站1990—2005年实测最高水位与最大流量表

表3-213　　单位:米、立方米/秒

年份	站名								
	岷江紫坪铺水文站			锦江望江楼水文站			沱江三皇庙水文站		
	最高水位	最大流量	出现日期	最高水位	最大流量	出现日期	最高水位	最大流量	出现日期
1990	—	2700	9.08	489.03	565	8.13	445.25	5490	8.28
1991	—	1240	6.15	487.46	187	6.29	440.87	1380	6.29
1992	—	3250	7.26	487.21	188	6.30	442.53	3360	7.27
1993	—	1930	7.15	487.34	214	7.15	445.24	5280	7.15
1994	—	1600	6.30	487.35	216	6.19	441.12	1690	9.09
1995	—	1780	5.20	488.32	521	8.12	447.67	7350	8.11
1996	—	1600	6.04	488.29	257	7.28	443.95	4660	8.26
1997	—	1930	6.09	488.92	216	8.15	444.90	4880	8.15
1998	—	2080	7.11	488.93	187	9.17	443.50	3640	9.17
1999	—	2330	7.14	488.81	159	9.05	444.28	4710	8.15
2000	—	1500	6.28	488.72	130	8.08	441.09	1460	7.17
2001	—	1910	9.24	488.45	348	7.27	447.12	7230	9.20
2002	—	1870	7.31	488.77	498	7.31	443.08	3560	7.31
2003	—	1900	6.26	488.71	204	8.21	443.90	3940	8.09
2004	743.98	1740	9.07	488.00	489	6.24	442.43	2800	7.26
2005	743.96	1700	7.03	487.06	271	7.02	443.53	4010	7.03
平均值	—	1941	—	—	290	—	—	4090	—

1900—2005年16年间，成都市洪涝灾害有以下特征：

灾害频繁。16年内虽未发生类似1947年、1981年的全流域特大洪水，但是局部范围的洪涝灾害年年发生，其中范围较大的洪涝灾害发生4次，即1990年、1995年、1998年和2001年洪水，平均每4年发生一次。

洪旱交替。干旱与洪涝交替出现，先旱后洪，洪后又旱现象时有发生，例如1990年、1998年都是先干旱后洪涝，1998年全市农作物受旱面积达59.5万亩。

涝灾加重。城市化进程使下垫面硬化面积加大，降水入渗减弱，产流加快、汇流加速、径流加大；城市河道被侵占，湖塘被填埋，削弱排洪与滞洪功能；城市排水设施防涝标准较低，原有排水体系被打乱，甚至被填埋，致使涝灾加重，并由中心城区向外围城镇扩展。

损失加大。16年间，全市洪涝灾害造成的直接经济损失总计为38.65亿元，损失超过亿元的有1990年、1993年、1995年、1996年、1997年、1998年、2001年、2002年、2004年和2005年共10年。以1995年损失最大，为8.21亿元；1998年次之，为7.04亿元。

1990—2005年成都市洪涝灾害损失统计表

表3-214

年份	洪涝灾害面积(千公顷)		受灾人口(万人)	死亡人口(人)	倒塌房屋(万间)	直接经济总损失(亿元)
	受灾	成灾				
1990	70.23	—	—	—	1.86	2.99
1991	—	0.33	2.00	3	—	0.15
1992	4.52	3.05	8.62	14	0.44	0.74
1993	132.42	13.26	47.85	25	0.78	1.82
1994	16.08	11.10	24.69	2	0.05	0.47
1995	111.97	71.61	178.71	21	2.65	8.21
1996	22.73	14.23	62.36	16	0.08	2.36
1997	14.69	9.93	35.64	10	0.05	1.47
1998	72.81	33.96	119.58	7	0.48	7.04
1999	12.18	3.25	20.10	—	0.05	0.70
2000	3.31	0.89	6.73	—	0.01	0.20
2001	80.42	59.40	125.00	4	0.80	5.63
2002	42.90	23.92	63.02	—	0.09	1.96
2003	10.06	5.10	18.85	5	0.13	0.76
2004	32.93	12.49	57.13	7	0.16	2.54
2005	17.37	11.01	27.90	4	0.39	1.61

1990—2005年，成都市全面贯彻中央制定的防汛方针和防洪原则，进一步健全防汛指挥机构及办事机构，将分属于水利、城建两个部门的防汛指挥部办公室合并，实现城乡防洪的统一管理。实行防汛工作各级人民政府首长负责制及有关部门岗位责任制，抓好汛前、汛期、汛后的各项防汛工作。全面推进防御洪水的工程措施与非工程措施；工程措施领域，完成金马河防洪治理工作、沱江金堂峡拓宽工程、府河南河沙河综合整治工程、水库除险加固工程，提高江河及水库防洪标准；非工程措施领域，编制中心城区、重要城镇、重要江河的防洪规划，开展成都市防洪总体预案以及各类型水库防洪预案的编制工作，加强雨情、水情的预测、预报、传递及发布工作，逐步实现工程标准化、管理规范化、洪水资源化、技术现代化、保障社会化。

1990—2005年，成都市新建的紫坪铺水利枢纽，具有蓄洪滞洪功能，可将岷江洪水由十年一遇削减至百年一遇，有利于金马河防洪；改建的石堤堰枢纽，具有分洪功能，有利于中心城区防洪。治河工程是主要的防洪工程措施，包括堤防建设、峡谷拓宽、河道疏浚。1990—2005年，全市共投入资金8.41亿元，(其中国家补助4.55亿元)用于江河治理，相继完成岷江干流成都段(金马河)防洪整治工程、沱江干流成都河段防洪整治工程(金堂峡拓宽工程)、岷江出口新津董河坝堤防工程等重点工程。成都市中心城区先后完成府河南河城区河段的综合整治工程、沙河全河段的综合整治工程以及市区排洪总出口工程，使府河、南河中心城区河段及沙河全河段的防洪能力达到200年一遇。为解决中心城区的内涝问题，先后整体改造金鱼村、通锦桥、莲花村和锦官驿等近百处低洼易淹区。并结合城市道路建设和城市水环境治理，新建和完善三环路、东城根街、武侯大道、双星大道等城市排水干管和中小街道排水体系。使全市防洪安全度普遍提高。

【组织指挥】

1990—1991年，成都市防汛指挥机构的名称沿用以前的名称，为成都市防汛抗旱江河管理指挥部。1992年1月17日，更名为成都市人民政府防汛指挥部。指挥部的成员单位包括成都警备区、市政府有关部门、省级驻蓉有关单位。防汛指挥机构的各成员单位，按照分工，各司其职、各

双流县民兵抗洪抢险冲锋舟分队

防汛抢险竹笼储备

尽其责，其具体职责由防汛指挥机构做出详细规定。

成都市防汛抢险队伍主要由防汛专业队、常备队、群众抢险队、机动抢险队以及武警、消防部队组成。专业抢险队共两支，一支为成都市防汛机动抢险队，1997年成立；另一支为双流县防汛机动抢险队，1998年成立。成都警备区（原为成都军分区）组织各区（市）县人民武装部成立以民兵为骨干的防汛常备队伍，并负责其训练工作。市公安局组织约50名警力的抗洪抢险突击队，并在武警成都支队、消防支队各组建一支防汛机动抢险队，由市防汛指挥部统一指挥调动。各区（市）县公安分局组建抗洪抢险突击队，由所在区（市）县防汛指挥部指挥调动。各乡镇、街道办事处及重要厂矿企业成立群众抢险队伍。全市组建的各类抢险队伍约1000支，抢险人员约8万人。

防汛抢险物资主要有麻（草、编织）袋、铅（竹）笼、汽油、柴油、防洪砂石料、铅丝、抢险船只、照明设备、救生器具、车辆等共20余种。市交通部门负责组织有50辆货车的防洪抢险运输车队和由50人组成的抢险物资装卸队并接受市防汛指挥部统一指挥，保证在接到指令半小时内投入足够的车辆和人员参加抗洪抢险工作。

防汛工作分汛前工作、汛期工作、汛后工作。成都市汛期为5月1日至9月30日，其中7月1日至8月31日为主汛期。

汛前工作。成都市人民政府防汛指挥部每年汛前召开专门的防汛工作会议，部署全市防汛工作。市政府（或市防汛指挥部）在汛前对防汛指挥部指挥长、副指挥长及成员进行调整，完善防汛组织机构。各区（市）县政府按照市政府要求对防汛组织机构进行充实完善。汛前检查包括对各区（市）县、市级有关部门、重要厂矿、企业、事业单位的检查。防洪工程主要检查江河堤防和水库工程。

被洪水冲毁的农田

汛期工作。汛期工作包括防汛值班、防汛会商、防汛调度、指挥决策等内容。成都市防汛指挥部在汛期内实行24小时昼夜值班制度。

汛后工作。汛后工作包括汛情灾情调查、减灾效益评估和防汛抗洪总结等。1990—2005年期间，每年汛后都认真开展汛情灾情的调查，进行全面的抗洪总结，分析暴雨洪水分布情况及成灾原因，总结经验教训，为防洪工作和水利建设积累基础资料、提出科学对策。

【1990年抗洪纪实】

1990年先旱后洪，5月夏旱严重，气温高、蒸发大、降雨少。6—9月共发生“6·17”“8·13”“8·

28”“9·2”“9·8” 共5次暴雨洪水过程。8月13日，锦江望江楼洪峰流量562立方米/秒，为1981年后的首大洪峰流量；8月28日，沱江三皇庙水文站洪峰流量5490立方米/秒，超保证水位，湔江关口站洪峰流量1710立方米/秒，超警戒水位1.1米；9月8日，岷江紫坪铺站洪峰流量2700立方米/秒，超警戒水位，岷江支流南河、蒲江河、临溪河也出现超警戒水位洪水。1990年，全市受灾范围含17个区(市)县、271个乡(镇)。是年，洪涝灾害造成的直接经济损失2.99亿元。在1990—2005年历年洪涝灾害直接损失中排名第四。洪水发生后，省、市党、政、军等领导以及各级各部门的领导迅速深入重灾地区指挥抗洪抢险。在岷江“9.8”抗洪抢险中，都江堰市中心乡水利干部乐绍明等3人突遇堤防垮塌，3人落入洪水中，在生命危急关头时，乐绍明倾尽全力将另外2人推往岸边，自己却光荣牺牲。

成都军区、四川省军区、成都军分区、武警成都市支队和各区(市)县人民武装部积极调动部队和动员民兵参加抢险救灾。驻蓉部队几次派直升机和舟桥部队营救被洪水围困的群众。全市党政军民齐心协力，一方有难、八方支援，顺利完成抗洪抢险任务。是年，新都县水利局局长李家全在抗洪救灾工作中表现突出，1991年获国家防汛抗旱总指挥部授予的“全国抗洪抢险模范”称号。

【1995年抗洪纪实】

1995年先后发生“5·20”“8·11”“8·24”三场暴雨洪水过程，尤以“8·11”洪水为巨。全市19个区(市)县246个乡(镇)受灾。是年，洪涝灾害造成的直接经济损失8.21亿元。在1990—2005年历年洪涝灾害直接损失中排名第一。

8月10—11日，沱江流域普降大暴雨，过程降雨量以彭州市最大，为346.9毫米，都江堰市次之，为331.2毫米，致使湔江及沱江水位猛涨，流量激增。湔江关口站最大流量达3500立方米/秒，超保证水位1.22米，为1959年建站以来第四大洪峰流量；沱江流域山区洪水与平原区洪水相遇，形成金堂县特大洪水。沱江三皇庙站洪峰流量达7350立方米/秒，超保证水位4.14米，为1939年建站以来实测第二大洪水，仅次于1981年实测最大洪峰流量8110立方米/秒。

8月9日夜，市防汛指挥部及时发布重要天气消息，要求各地高度重视，加强对防洪工作的组织领导。8月10日凌晨，市防汛指挥部召开指挥部紧急会议，发布对金堂抗洪抢险的命令。市防汛指挥部以最快的速度调集通信、交通等设施，在金堂县十里坝设立现场抗洪抢险指挥中心，成都军分区、驻川、驻蓉部队、武警及公安部门组织大量人力物力投入抗洪抢险救灾。参加抗洪抢险的解放军约1200人、武警约340人、公安干警约2500人，共转移受灾群众8.68万人，挽回经济损失1.4亿元。8月12日，市委、市政府召开全市抗洪救灾紧急会议，号召全市人民做好抗洪救灾工作，恢复生产，重建家园。是年，成都市防洪指挥部办公室主任、成都市水利电力局副局长邹廷发在防洪抗洪工作中表现突出，获国家防汛抗旱总指挥部授予的“全国抗洪抗旱模范”称号。

【1998年抗洪纪实】

1998年先是冬干，继之春旱，全市农作物受旱面积59.5万亩。入汛后共发生“7·5”“8·26”“9·17”三场区域性暴雨洪涝灾害，造成17个区(市)县、119.57万人受灾，被洪水围困4.1万人，积水城镇51个，倒塌房屋4802间、面积6.29万平方米，死亡7人。是年，洪涝灾害造成的直接经济损失7.04亿元。在1990—2005年历年洪涝灾害直接损失中排名第二。

1998年尤以"7·5"洪涝灾害为巨，7月5日，温江、双流、郫县等6个区（县）遭遇大暴雨或特大暴雨，过程降雨量温江为444.2毫米，双流为372.9毫米，均超过历史最高亿录，郫县为193.5毫米。致使成都市中部、南部平原地区积涝成灾，一片汪洋。温江县柳城镇受淹，双流县14个镇被淹，东升镇90%以上的面积被淹60小时，全城停水停电。

"7·5"洪涝灾害发生后，市委副书记王少雄、市政府副市长李登菊以及市防汛指挥部其他领导及时到位，掌握汛情，分析险势，研究对策，落实措施，并赶赴灾区一线温江、双流察看灾情，指挥抗洪抢险，慰问灾区群众；市委书记陶武先、市长王荣轩及时对双流防汛工作做出指示，要求各级领导全力投入抗洪抢险救灾，确保人民群众的

1998年8月双流县东升镇被淹60小时

生命财产安全，安排好受灾群众的生活问题，并深入灾区指挥救灾工作。省委、省政府十分关心成都市的抗洪救灾工作，省委书记谢世杰、省长宋宝瑞闻讯后迅速做出指示，省委副书记、常务副省长张中伟，副省长敬正书以及省防汛指挥部副指挥长、省水利电力厅厅长陈德静等领导分赴成都市各灾区，察看水情、灾情，指导抗洪抢险。在防汛抢险救灾工作中，全市各部门通力合作，军警民团结奋战，抢救受灾群众，及时排除险情，减少灾害损失。该年，双流县防汛指挥部办公室主任刘志清在防汛、抗洪、救灾工作中成绩突出，荣获人事部、水利部表彰的1998年全国水利系统先进工作者称号。

【2004年抗洪纪实】

2004年6月29—30日，市域内出现一次大范围、强降雨天气过程，大部分区（市）县雨量达大雨或暴雨等级，各江河水位普遍上涨，府河南河水位也急剧上升。17个区（市）县出现不同程度洪涝灾害，五城区及高新区、崇州市、金堂县、双流县、郫县发生内涝，尤以城乡接合部灾情严重，部分住户及单位被水淹，造成民房倒塌，几处下穿隧道积水，致使交通中断，清水河、江安河等河流部分河段的河堤翻水，沿河低洼地区农田受淹。是年，洪涝灾害造成的直接经济损失2.54亿元，在1900—2005年历年洪涝灾害直接经济损失中排名第五。

汛情出现后，市委、市政府主要领导亲临防汛指挥中心，了解水情灾情，指挥抗洪抢险。抗洪抢险中，首次实践城乡一体防洪指挥方式，首次召开汛情与灾情新闻发布会，首次使用计算机信息系统指挥抢险。

2004年6月中心城区内涝成灾

林业与园林建设

综述

成都市是全国首批历史文化名城之一，城市园林历史悠久独具一格，城市绿化葱茏，繁花似锦，园林活动丰富多彩民众喜爱。中华人民共和国成立后，成都市园林绿化经历曲折发展的历程，大致分为4个阶段：1950—1957年的恢复和初步发展阶段，1958—1965年的起伏发展阶段，1966—1976年严重破坏阶段，1977—1989年的全面振兴阶段。截至1989年年底，城市绿地面积达1516.34公顷，其中公共绿地256.34公顷。主要指标：人均公共绿地1.78平方米，绿地率21.9%，绿化覆盖率27.8%。

1990-2005年，成都市园林绿化进入蓬勃发展的新阶段。1996年、2004年两度修编《成都市城市绿地系统规划》，在规划的引领下，公园建设成效显著，城市绿化全面推进，园林活动更加丰富，园林管理全面加强，创建国家园林城市取得成功。

绿地系统规划。1996年编制的《成都市城市绿地系统规划(1995—2020)》提出成都市绿地系统由过去的点、线、面结合发展为网、楔、圈结合，提出成都市绿地系统空间结构为三圈、七楔、十六园；2004年编制的《成都市城市绿地系统规划(2003—2020)》提出的市域绿地系统空间格局为“两核、两圈、两带、两网、多廊”，主城区绿地系统空间格局是“组团隔离，绿轴导风，五圈八片，蓝脉绿网”，中心城区绿地系统空间格局是“四圈七片，九廊八河，多园布局”。并进行园林绿地的分类规划，包括公园绿地规划、生产绿地规划、防护绿地规划、附属绿地规划、道路绿地规划、水系绿地规划、其他绿地规划。规划对园林绿化植物提出适地适树，以乡土树种为主的原则，注重植物多样性与生物安全性；以乔木为主，乔冠草相结合；以常绿树为主，常绿树与落叶树相结合，速生树与慢生树相结合；规划提出发展市树、市花的建议、保护古树名木的措施以及生物多样性保护与建设的主要举措。

城市公园。成都园林历史悠久，隋唐以来就建有多处宫苑园林和私家园林，清宣统三年(1911)建成的少城公园(今人民公园)是为成都市第一座公园。在漫长的历史变革中，成都园林虽然时有兴衰，却有一批具有鲜明地方特色的古典园林保存至今。截至1989年年末，全市共有公园45座，其中纪念园林19座、寺庙园林7座、综合性公园15座、专类公园4座。1990—2005年期间，成都市公园建设成效显著。对原有公园进行改建、扩建，并新建一批公园。公园布局渐趋合理，功能更加完善，特色各有侧重，不仅为市民提供休闲空间，而且改善城市的生态环境。新建公园主要分布在环城地区城乡结合部位，充分利用地域优势，打造森林湖泊景观，体现人与自然和谐共处，浣溪花公园、北湖公园、幸福梅林均成为市民休闲的优选，易园成为私家园林的典范。改建、扩建公园，不仅注重增加游乐景点，完善服务设施，而且注重发挥教化功能，提升人文内涵。城区的文化公园对“十二桥烈士墓”进行全面整修，并将位于琴台路的“十二桥烈士纪念碑”移迁园内，成为四川省爱国主义教育基地。活水公园成为环境保护教育基地，成都动物园、成都植物园成为科学普及教育基地。望江楼公园扩建“薛涛纪念馆”，修缮“崇丽阁”“吟诗楼”“濯锦楼”，新建薛涛亭、薛涛文化广场、薛涛文化碑墙，提升文化内涵。崇州市罨画池公园，整合景区的文化资源，集园林、祠、庙于一体，2011 年由四川省重点文物保护单位升级为全国重点文物保护单位。都江堰市离堆公园，经过精心整治，面貌焕然一新，新建堰功道，两侧塑立 12 座铜像，彰显历代 12 位治水先贤的丰功伟绩，为都江堰景区增添了光彩。截至 2005 年末，全市公园已达 113 座，总面积 1813.3 公顷。

城市绿化。成都历来以树木葱茏、繁花似锦著称，是富有诗情画意的花木之城。中华人民共和国成立后，成都市的城市绿化经历曲折发展的历程。至 1989 年年底，全市基本形成以公园、游园绿地为重点，以道路、水系绿化为骨干，以社会单位为基础的点、线、面结合的城市绿地系统。1990—2005 年期间，在《成都市城市绿化系统规划》的指引下，成都市城市绿化全方位开展。道路绿化整体推进，以乔木为主干，乔、灌、地被植物相结合，强调植物多样化、多层次，注重大色块鲜花和植物的组团造型。2004 年建成的三环路成为道路绿化的典范。2005 年实施的“中心城区林荫大道”工程，共完成 52 条主要街道大规格乔木上街；结合旧城改造对 1600 多条中小街道按“一街一树、一街一景”的原则进行绿化。水系绿化全面开展，截至 2005 年年底，全市江河总长度 1938 千米，两岸宜绿化长度 2662 千米，已绿化长度 2394 千米，绿化率 89.9%；渠道总长度 4.63 万千米，两旁宜绿化长度 1.17 万千米，已绿化长度 1.06 万千米，绿化率 90.5%；水库、塘堰宜绿化面积 290.4 公顷，已绿化面积 226.3 公顷，绿化率 77.9%。全市江河、渠道、水库、塘堰总绿化面积达 6858.3 公顷。1993—1997 年实施的府南河综合整治工程，在沿岸种植乔木 1.5 万株，灌木 4000 株(丛)、草坪 15 万平方米，建成 15 个绿化广场及小游园，形成“绿护水、水护城”的生态境界；2001—2004 年实施的沙河综合整治工程，在沿河两岸营造出两条绿化带，种植各类树木 12.2 万株、草坪 21 万多平方米，打造八大景区，形成沙河带状公园和景观廊道。单位绿化有序实施，全市共评出 813 个园林式单位；9 城区及高新区已实施物管的住宅项目 1305 个，共评出园林式小区 793 个。立体绿化成效显著，截至 2005 年年底，中心城区屋顶绿化面积达 95.25 万平方米，墙体绿化面积达 61.03 万平方米，将城市绿化由地面扩展到空间。绿化广场及小游园遍布全市，截至 2005 年末，中心城区建成临街小游园 436 处、滨河小游园 35 处，为市民提供就近休憩场所。

创建国家园林城市。2000 年年底，成都市就提出创建国家园林城市的目标，并启动相应的各项工作，新建城市公园，增加绿化用地，加大资金投入，加强行政管理，实现成都市园林绿化工作的跨越式发展。2004 年，成都市荣获“省级园林城市”称号。2005 年经遥感技术鉴定，成都市建成区面积 386.02 平方千米，人口 376.3 万人，人均公共绿地面积 9.15 平方米，绿化率 33.03%，绿化覆盖率 36.08%，达到国家园林城市规定的标准。2006 年 12 月 26 日，建设部正式授予成都市“国家园林城市”牌匾。

林业。成都市地形复杂，气候类型多样，适宜多种植物生长，树种资源十分丰富。全市共有森林树木 111 科（其中裸子植物 10 科，被子植物 101 科），1433 种(其中裸子植物 116 种，被子植物 1317 种)。既有用材、经济、特用树种，也有庭园观赏花木。成都市林业区划将全市分为 7 个林区：西北部高山水源涵养林区，西部中低山用材林、经济林区，西北部丘陵水土保持经济林区，中部平原农田林网、“四旁”绿化林区，城市园林绿化区，东山丘陵经济、水土保持林区，龙泉山以东浅丘经济林区。成都市林业用地主要分布在西部、北部山区及东南部丘陵区。山区以用材、防护、特用林为主；丘陵区以水土保持经济林为主；中部平原地区树木、竹类相伴纵横交织于路网、渠系和星罗棋布的农家宅院，形成颇具特色的点线面结合的防护林体系。20 世纪 70 年代末，成都市森林资源结构失衡，生态环境脆弱，林地地力下降，水土流失严重，天然林成熟林面积和蓄积量锐减，全市森林覆盖率由 1950 年的 21%下降到 10.2%左右。1989 年，成都市森林覆盖率由 70 年代末的 10.2%提高到 20.29%，居全省 21 个市地州第 11 位。90 年代开始，成都市天然林保护工程及与之配套的退耕还林(草)工程从试点到市辖 14 个区(市)县全面实施，采取管护天然林、封山育林、营造公益林等措施，全市森林覆盖率上升。至 2005 年年末，全市有林地面积 650 万亩，公益林 350 万亩，人工商品林 300 万亩，林木蓄积总量 2480 万立方米，森林覆盖率达 35%。

绿地系统规划

【概况】

1996 年，配合《成都市城市总体规划(1995—2020 年)》的修编，编制完成《成都市城市绿地系统规划(1995—2020 年)》，提出城市绿地系统由过去的点、线、面相结合发展为网、楔、圈相结合，组成“三圈、七楔、十六园”的绿地系统基本结构。提出 2010 年城市园林绿化的目标为：城市绿化覆盖率 35%，绿地率 30%，人均公共绿地 7 平方米。

2004 年，配合《成都市城市总体规划(2003—2020 年)》修编，再次启动《成都市城市绿地系统规划(2003—2020 年)》编制工作。该规划由成都市规划设计研究院、成都市风景园林规划设计院联合编制，2004 年 9 月经四川省建设厅组织专家评审后，已由成都市人民政府批准实施。

【规划原则、目标与指标】

《成都市城市绿地系统规划》以人与自然和谐共处协调发展、提高人民群众生活质量为目标，充分利用成都市的自然优势，加强成都市生态环境建设，建立系统、高效、安全、宜人的城市绿地系统，把成都市建设成经济高效、文化浓郁、环境优美的生态园林城市。

规划原则。坚持生态优先、以人为本的原则；坚持城乡一体化的原则；坚持地方特色的原则；坚持绿地系统性的原则。

规划期限及范围。规划分近期、中期及远期。近期为 2003—2010 年，中期为 2011—2015 年，远期为 2016—2020 年。规划范围为成都市市域范围，面积 12390 平方千米。

规划总体目标。适应把成都市建设成“创业

环境最优，人居环境最佳，综合实力最强”的中国西部特大中心城市的要求，坚持城乡统筹发展，建立布局合理、绿量适宜、生物多样、景观优美、特色鲜明、功能完善的城市绿地系统，把成都市建设成为国家园林城市。近期(2003—2010 年)目标是初步形成城市园林体系框架，全面达到国家园林城市标准；中期(2011—2015 年)目标是进一步提高城市绿地率，继续完善水系生态控制区的绿化建设，营造重要水系、道路、公共设施走廊的防护绿带；加强城市近郊公园和风景区建设；远期(2016—2020 年)目标是完善各种绿地系统、提高已建绿地的质量，初步建成绿化体系完善、富有地方特色、生态环境良好的城市。把成都市建设成具有“田园风格、水网绿楔、组团发展”的“国际人居环境典范城市”和生态城市。

成都市城市绿地规划主要指标见表 3-215。

成都市城市绿地规主要划指标表

表 3-215

项目 \ 年份	2005	2010	2015	2020
人均公园绿地(平方米)	8	11	13	15
人均绿地(平方米)	20	22	25	30
绿地率(%)	30	35	37	40
绿化覆盖率(%)	35	40	42	45

【绿地系统空间格局规划】

《成都市城市绿地系统规划(2003—2020年)》(以下简称《规划》)将市域绿地系统划分为 7 个子系统，即：山地绿地系统、丘陵绿地系统、平原绿地系统、城市绿地系统、河网绿地系统、道路绿地系统、景观区和自然保护区绿地系统。

《规划》提出的市域绿地系统空间格局是“两核、两圈、两带、两网、多廊”。“两核”指成都市中心城区和都江堰市城区两个核心；“两圈”指绕城高速公路(外环路)两侧各 500 米、城郊环线两侧各 50 米的绿地；“两带” 指龙门山、龙泉山生态带；“两网”指沿河流水系及道路路网分别形成的水系绿网和道路绿网；“多廊”指建设龙门山生态廊道、龙泉山生态廊道、岷江(金马河)生态廊道、北河—沱江生态廊道等。

《规划》提出的主城区(指中心城区和 6 个周边区县的行政区划范围) 绿地系统空间格局是“组团隔离，绿轴导风，五圈八片，蓝脉绿网”。“组团隔离”指主城区各组团之间的组团隔离带；“绿轴导风”指正北方及西北方组团之间设置气流通道，形成城市绿系轴心地带和城市氧源基地，宽度不少于 10 米，长度不少于 30 千米；“五圈八片”的“五圈”指主城区规划的五道绿圈，第一圈是府河、南河环城公园，第二圈是二环路绿地，第三圈是三环路和铁路环线绿地，第四圈是绕城高速公路绿地，第五圈是城郊公路圈绿地；“八片”指在三环路与绕城高速公路之间规划建设北郊风景区、上府河生态保护区、清水河生态保护区、浣花溪风景区、西南航空港生态开敞空间、三圣乡花卉基地、十陵风景区、东郊生态开敞区；“蓝

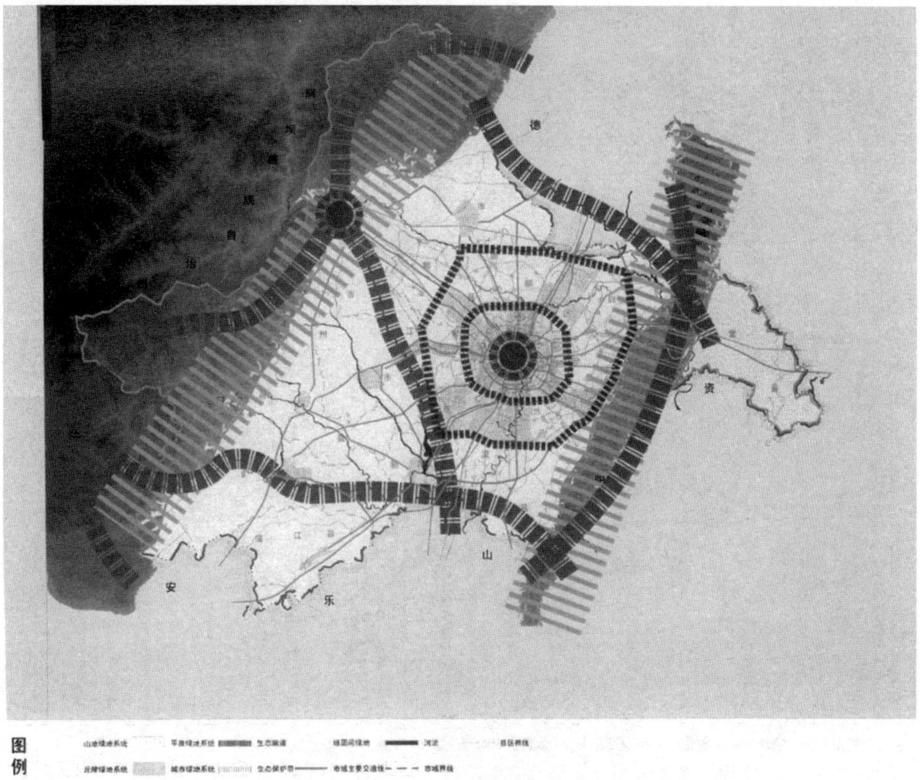

成都市市域绿地空间结构示意图

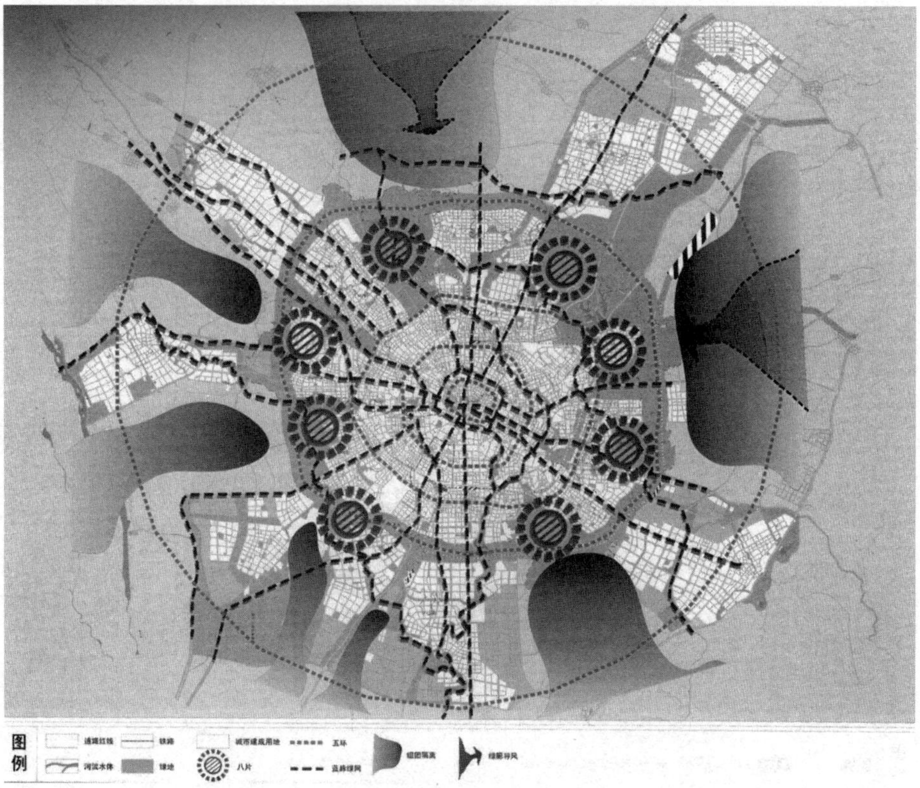

成都市中心城绿地分类规划示意图

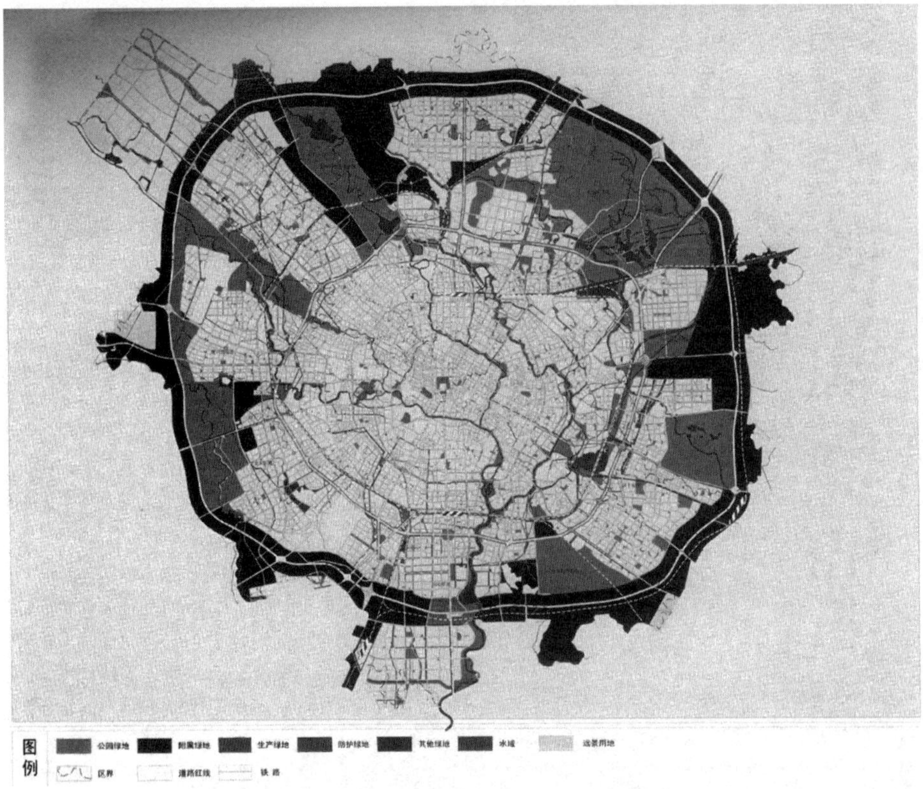

成都市中心城公园绿道规划示意图

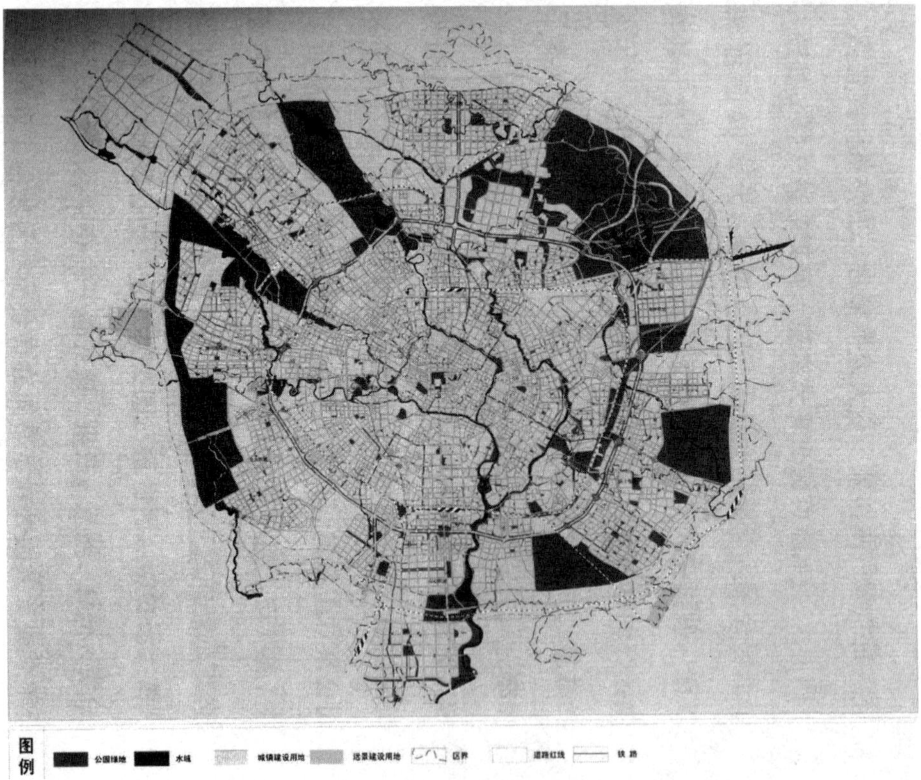

成都市中心城公园绿地规划示意图

脉绿网”指以城市重点景观河道府河、南河、沙河、磨底河、浣花溪等为主体，形成城市水网蓝脉，沿河流和城市主要道路构建绿网。

《规划》提出的中心城区(即绕城高速公路范围内)的绿地系统空间格局是四圈七片、九廊七河、多园棋布。“四圈”指沿中心城四条环形道路的带状绿带，第一圈是沿府河、南河的环城公园，第二圈是沿铁路环线的防护绿带，第三圈是三环路绿地，第四圈是绕城高速公路绿地；“七片”指中心城区三环路与绕城高速公路之间七个片区的楔状绿地，即北郊风景区、上府河生态保护区、清水河生态保护区、浣花溪生态保护区、三圣乡花卉基地、十陵风景区和东郊生态开敞区；“九廊”指沿中心城区向外放射的九条主要干道规划的九条放射性绿色廊道；“七河”指绕城高速公路以内的七条主要河渠，即府河、南河、沙河、西郊河、磨底河、浣花溪、东风渠两侧各50米的生态控制区；“多园棋布”指规划建设的市级、区级、居住区三级公园体系。

【绿地系统分类规划】

公园绿地系统规划。公园绿地系统规划原则：充分利用成都市的自然条件，结合历史文化遗产保护，因地制宜，建设完善的公园绿地，布局以方便市民、就近使用为原则，使市级、区级、居住区级和街道绿地小游园尽量均匀分布，并尽可能做到公园绿地多样性。规划指标为2005年，公园绿地达到3040公顷，人均8平方米；2010年，公园绿地达到5100公顷，人均11平方米；2020年，公园绿地达到1.14万公顷，人均15平方米。规划建设全市性公园7个、区域性公园20个，居住小区绿地率不低于30%。至2000年建成小游园400个，总面积达40公顷。

生产绿地规划。生产绿地主要分布在温江区、郫县、龙泉驿区，生产绿地面积不低于建成区面积的2%。至2010年，生产绿地面积达到1960公顷，占建成区面积的3.5%；2020年，生产绿地面积达到1980公顷，占建成区面积的3.0%。

防护绿地规划。在市区不同地段规划有不同类型的防护绿地，以充分发挥绿地的防护功能，减轻有害因子对城市环境的破坏。在城市干道、高速公路、城区铁路、高压输电线走廊下设置安全隔离绿化带，在城市主要河渠两岸设置防护绿化带，在城市水源地设置水源涵养林，在主要工厂、仓库与城市其他区域之间设置防护绿地。

附属绿地规划。市区内所有建设项目，均按规划要求的指标配套建设附属绿地。附属绿地建设以植物造景为主，绿化种植面积不低于其绿地总面积的75%。其他建设项目，在新城区内绿地率不低于30%，在旧城区内绿地率不低于25%。居住区绿地除满足规划绿地率的指标外，还应达到国家技术规范规定的居住区绿地建设标准。

道路绿地规划。《规划》规定：道路绿化带面积占道路总面积的比例，主干道不低于25%，次干道不低于15%。城市快速路和城市立交桥控制范围内，绿化应兼顾防护功能和景观效果。

水系绿地规划。在市域内对水库、湖泊周边的绿地、林地进行保护，建设水源涵养林；尤其是对市域东北部的湖泊、池塘作为广义的湿地资源，加以重点保护；严格执行《成都市饮用水水源保护条例》，在饮用水水源保护区内种植水源涵养林。

其他绿规划。在绕城高速公路两侧规划并建设各宽500米的林带；在城市外围，特别是城市西北上水方向，城东及东北上风方向，东北丘陵地带建设以经济林为主，包括农田、菜地及观光农业在内的绿色空间，形成环绕市区的环城生态绿地，其总面积应超过城市建设用地，约为1400

平方千米。

【绿化系统植物规划】

《成都市城市绿地系统规划》提出的园林绿化植物规划是：按照适地适树原则，根据当地风土条件，选用不同的园林绿化植物。以乡土树种为主，选用乡土树种为骨干树种，注重植物多样性和生物安全性。以乔木为主，乔灌草相结合，乔木覆盖面积占70%以上为宜；常绿为主，常绿与落叶相结合，常绿与落叶的比例为6:4；速生树与慢生树相结合；见效期早，特效期长，效果稳定，以利巩固绿化效果为原则。规划共确定骨干树种13种、重点观赏树种22种、行道树6种、抗污绿化树27种、滨水及水生植物13种、庭院绿化树37种、绿篱树种13种、垂直绿化攀缘植物14种、地被草坪植物6种。

《规划》提出发展市树市花的建设，以银杏作为绿化骨干树种，应广泛栽植；市花木芙蓉应加强新品种的培育和推广，要在主要公园，特别是滨河公园栽植木芙蓉，重现“十里如锦绣”的佳景。

《规划》还对古树名木提出保护原则和措施，在古树名木生长地就地保护，并充分发掘其历史和文化内涵，突出古树名木在城市开敞空间及城市景观等方面的作用。

【绿地系统生物多样性规划】

成都市城市绿地系统规划重视生物多样性的保护与建设，通过保护和扩大城市绿地，增加绿地内植物的种类和数量，扩大城市组团间的生态绿地，达到增加生物多样性生存空间的目的，最终使成都市的生物物种数量趋于平衡。城市绿化常用的植物种类已由1000种增加到1200种，促进了鸟类等野生动物入城，初步实现成都城市人与自然和谐共处的生态环境建设目标。

利用成都市动物园、成都大熊猫繁育基地的科技优势，在大熊猫等珍稀动物保护方面，2010年达到以下目标：大熊猫种群数量达到60只，小熊猫及其他珍稀动物数量达到157只，标准化保存大熊猫等珍稀动物基因库23种、600份；2010年，成都动物园将展出动物近400种、约4000只，其中特色鲜明的人工种群动物约20种，达到国内一流动物园水平。

利用成都市植物园、苗圃和城市大块绿地的优势，以珍稀濒危植物的移地保护及优良植物的驯化为主，建立和完善绿地系统，成为植物多样性的载体，成为成都地区植物保护的重要基地和物种基因库。

利用主城区8大片楔形绿地、主要出城通道、河流两侧的生态林地，建立生物多样性保护廊道。在绕城高速公路设置11个陆生动物多样性通道，分别为府河沙西线东侧通道、成彭路西侧通道、成绵高速公路西侧通道、成渝铁路北侧通道、成南高速公路北侧通道、成渝高速公路北侧通道、成龙路西南侧通道、府河与天府大道间通道、黄堰河东侧通道、东安河北侧通道、清水河北侧通道。

加强对传统花卉植物的保护和应用，避免因对传统花卉植物的冷漠导致古老花卉植物品种的丧失。重点保护杜甫草堂的桢楠、梅花和兰花，人民公园的兰花，南郊公园的山茶花、杜鹃花，文化公园的海棠花，塔子山公园的蜡梅，望江楼公园的竹类品种等，既保存传统品种，又彰显各自公园的特色。

城区公园

【概况】

20 世纪 90 年代初,成都市原有公园布局不尽合理,设施不够完善,园内甚至还有住户栖身。1990—2005 年,对老公园逐步改造,拆除人民公园、百花潭公园、动物园、植物园、塔子山公园内住户 382 户,增加绿地 4.39 公顷;人民公园、百花潭公园、文化公园等并拆除临街建筑 5275 平方米,实施拆墙透绿、还绿于民,新建铁花通透围墙 3180 米,园景与街景融为一体。

1990—2005 年,各公园都重视维修古建筑,营造新园景。望江楼公园相继维修崇丽阁、吟诗楼、濯锦楼,修旧如旧,恢复历史原貌。各公园还形成一批新景观,如塔子山公园的九天楼、荷花池亭、樱花苑、鸟语林;望江楼公园的薛涛亭、薛涛文化广场、薛涛文化碑墙;南郊公园的刘湘墓台、茗华苑楹联匾额;文化公园的山体艺术墙,湖面景区、迁建十二桥烈士碑;百花潭公园的撷英苑、银杏广场、慧园广场巴金铜像、芙蓉园;大熊猫繁育研究基地的脊椎动物馆、天鹅湖、蝴蝶馆;成都市动物园的犀牛馆、鹦鹉馆、两栖爬行动物馆、环尾狐猴馆、科普教育馆;成都市植物园的西大门、中心广场、青蔓园、大窝槽景区、环行大道花境;成都市游乐园的激流探险、高空环园列车、神舟冲浪等。各景点均按其功能、特点、环境配置了相匹配的乔木、花灌木、地被植物和草坪。

通过改建、扩建工程,各公园纷纷发挥各自优势,凸显不同特色,如百花潭公园凸显“巴金文化,盆景艺术”;望江楼公园强调“薛涛文化、竹文化”;此外,人民公园的“辛亥历史风云”;文化公园的“烈士纪念”;塔子山公园的“九天览胜、野炊鸟语”;动物园的“珍禽异兽”;大熊猫繁育研究基地的“熊猫风采”;植物园的“植物多样性”;游乐园的“惊险游乐”,都各具风貌,给游人留下深刻印象。

成都市原有公园皆为收费参观,自 2001 年 5 月新华公园免费开放后,百花潭公园、人民公园、文化公园、望江楼公园、塔子山公园相继免费,入园游人骤增。如文化公园日常游人稳定在 4000~5000 人次,双休日、节假日均在万人次以上,较以前提高约 10 倍。按照园林绿化管理重心下移原则,2005 年 3 月,成都游乐园由成都市园林管理局移交成华区政府管理;2006 年 4 月,塔子山公园由成都市园林管理局移交锦江区政府管理。

【人民公园】

人民公园位于青羊区祠堂街,始建于清宣统三年(1911),时称少城公园,1950 年改为人民公园,此后曾多次进行整治。

1990—2005 年,累计投资 1348.4 万元,进行少城苑、金水溪、中心广场、游乐场、东区扩建、西山改造、展览大楼、西区休息长廊、美术协会遗址碑亭 9 项改建扩建工程。

人民公园拆墙透绿

人民公园金水溪

少城苑。位于公园中部偏南，是以传统菊展、兰展及盆景展为主的“园中园”，面积1.25公顷。参照宋时蜀都名园“东园”的造园手法，将自然山水与传统古韵相结合。主要景点有：“时花园”中，假山错落，草坪青绿，树态古朴；“双泉楼”按川西传统风格，修建花格门窗、吊柱、翘角、屋脊筒瓦等；“朝爽堂”为民居厅堂，青砖筒瓦，与假山一脉相连，仿峨眉山牛心亭神韵；苑内廊榭楼亭，溪流曲径，在银杏、香樟、芙蓉、玉兰、黑壳楠、芙蓉、海棠、茶花、罗汉松等植物簇拥中，蕴含着门前楹联“名园依绿水，归雁远青天”所描绘的意境。少城苑工程于1991年12月开工，1993年10月建成，投资238万元。

金水溪。源起公园西山脚下的荷花池，经正大门流向东大门，长355米，宽6米，由原金河流经公园的一段改建而成。溪底铺小卵石，溪边镶嵌大小各异的大卵石，兼砌卵石驳岸。沿溪配植桃、柳、黄葛、蜡梅、垂丝海棠、小叶女贞、金叶女贞、红叶小檗等乔灌木。使春季桃红柳绿，夏季芙蕖照水，秋季菊花呈彩，冬季梅香浮动，造成风景轮回。金水溪工程于1999年动工，2000年8月竣工，投资186万元。

【文化公园】

文化公园位于青羊区琴台路。1958年为青羊宫花园，1966年始定名为文化公园。1984年，文化公园与青羊宫道观分开，公园面积8.42公顷。园内楼亭交错，水榭并立，佳树遍布，好花常开；每年农历正月的成都灯会，二月的成都花会都在这里举行。1990—2005年期间，文化公园改扩建主要项目有：山体浮雕艺术墙、十二桥烈士墓改造及十二桥烈士纪念碑迁建；其他工程有：新建盆景园、杜鹃园、道路、长廊、交角亭、前后湖改造、草花地改造、前后广场改造、拆墙透绿等。总投资1858.25万元。

山体浮雕艺术墙。山体南高北低，东、北两面临湖，维修后的支机石亭迁立于上。艺术墙紧贴山体，选用青石石材构成，高12米，长80余米。其浮雕“花灯溯源图”，紧扣公园灯会、花会文化主题，浮雕上数百古人造型、千姿百态，栩栩如生，从西汉延续至今，形成不同朝代人物的历史连线，表现了千百年来成都人民观灯赏花的民俗，具有深厚的历史文化内涵。于2000年新建，投资432.65万元。

十二桥烈士墓及十二桥烈士纪念碑。十二桥烈士墓于1961年定为四川省重点文物保护单位，1997年定为省、市爱国主义教育基地。因年久失修，2001—2003年进行全面改造。采用四川省建筑设计院设计方案改建，扩建后墓园面积5125平方米，为原面积的4倍。墓园内新建108

十二桥烈士墓

平方米的陈列室、130平方米的廊亭；原琴台路口的"十二桥死难烈士纪念碑"亦迁至墓园东侧，此碑用红色花岗石石材，高约10米，造型为巨手高举，镣铐破碎。改建后的烈士墓坐北朝南，面对广场；入口处为"十二桥烈士永垂不朽"金字石刻；台基上排列刻有36位烈士简历的墓碑；后有长24米、高5米的烈士身形浮雕墙；金字石刻背后有向烈士献花的《母与子》雕像；广场南端两侧对称修建具有川西建筑风格的烈士事迹陈列室和亭廊。周围遍植高大乔木，配置花坛及低矮铁花围栏，氛围庄严肃穆。十二桥烈士墓改造工程及纪念碑迁建工程共投资419万元。

【南郊公园】

南郊公园位于武侯区武侯祠大街，原为一片农田，民国27年(1938)抗战时期第七战区司令长官陆军一级上将刘湘逝世后，在此修建刘湘墓园，由著名建筑家杨廷宝设计，民国29年(1940)建成。1953年9月，整修建筑，疏浚水道，广植花木，命名南郊公园。1976年，扩建人工湖。1985年，建杜鹃园、茶花园。1989年，维修东、西厢房，修建曲桥、板桥，改建茶社。2000年，将园内东北区住户迁出，改建成面积2.77公顷的绛雪苑(山茶园)、映红园(杜鹃园)、盆景园三个植物专类园及茗华轩。

刘湘墓台

绛雪苑。绛雪苑即山茶园，面积0.77公顷，遍栽川茶、滇茶、浙茶、美国山茶及茶梅等70余个品种、1万余株。人造山形起伏，呈现赤霞彩云景象。

映红园。映红园即杜鹃园，面积1.18公顷，栽植西洋鹃、春鹃、夏鹃、春夏鹃四大类、30余品种、1万余株(丛)，并配置芙蓉、蜡梅、紫薇、杏梅等花灌木。

盆景园。盆景园位居绛雪苑、映红园之间，面积0.69公顷，以古银杏树桩和罗汉松桩头为主景，周边置银杏、金弹子、紫薇、罗汉松、贴梗海棠等树桩600余株，颇有莽苍、萧疏之概。

茗华轩。茗华轩是盆景园的主建筑和主入口，一进二层，采用北方园林风格，浑厚、沉稳；透过回廊中木格花窗，可远望山茶花色，近赏盆景虬枝。

1998—2003年期间，改扩建项目还有三洞门至刘湘墓中轴线地面、牌坊门地面、儿童乐园地面、湖区道路、中门两侧的改造，刘湘墓台的整修及绿化等，累计投资931.4万元。

2003年11月27日，南郊公园与武侯祠博物馆合并，成为体现三国文化的园林区。

【百花潭公园】

百花潭公园位于青羊区，濒临南河滨，北与琴台路毗连。民国时期为邓锡侯私人别墅及果园，名"康庄"，人称邓家花园。1952年年底，在此建动物园。1976年，动物园搬迁至昭觉寺后，公园改建为以兰花和盆景为主的公园。1982年，建鸟鱼廊和西大门。1984年扩建，面积达9.73公顷。经20多年改造，形成构筑新颖、布局典雅的特色公园，园内茂林修竹，曲径通幽，亭台楼阁，各呈其妙，可谓百步异景，体现"古、文、静、雅"的

百花潭公园川派盆景基地

格调。1989年，按照巴金小说《家》中对其故居的描写，在园内建造巴金故居，名为慧园。

1990—2005年期间，百花潭公园改扩建的主要项目为慧园改建和银杏广场，其他项目有东大门、南大门、西大门的改造及拆墙透绿，游乐场及公园景区改造，廊桥光彩工程等，累计投资978.43万元。

慧园改建。2003年，公园投资300万元改建慧园；以紫薇堂、牡丹厅、东西厢房为主体，以“世纪巴金展览”为主题，介绍巴金生平及主要著作；慧园广场新铸总高3.2米、重达1吨的巴金青铜像，题名“回家”；侧立冰心题写的“名园觉慧”石碑。同年12月，成都市政府命名为“成都市爱国主义教育基地”。

银杏广场。2004年初，公园新建扇形的银杏广场，位于“西苑”门前、廊桥南头；广场以1980年从汶川县漩口镇移来的唐代银杏树桩为主景，号称“白果大仙”，胸径约2米；四周遍植高大银杏树。广场南侧矗立4座形态各异的景石，石上分别镌刻唐代诗人杜甫、张籍和清代王士禛咏叹百花潭的诗句，以及现代书法家启功题书的“又向江干成家住，眼前好景百花潭”，一展大石文化的风采。

【望江楼公园】

望江楼公园位于锦江区锦江南岸。园内有崇丽阁、吟诗楼、濯锦楼、薛涛井等古建筑群。中华民国17年（1928）辟为“成都郊外公园”，面积1.38公顷。1953年，公园面积扩大至5.2公顷。1953年以后，对古建筑数次修葺，园区也几度扩大，至1989年年底，公园总面积达11.78公顷，成为以薛涛为历史背景，以古建筑为标志，以竹文化为特色的纪念园林。公园内的清代古建筑崇丽阁为四川省重点文物保护单位，成为成都市标志性建筑。望江楼公园建园时，根据薛涛爱竹的史载，确定采用竹类植物造园，经40多年的培植，至2000年，有竹类150多种、1万多竿。

1990—2005年，望江楼公园改扩建工程共投资1128.8万元。文物区的主要工程是扩建和充实“薛涛纪念馆”，按照“修旧如旧”“原真保护”的原则整修崇丽阁、吟诗楼和濯锦楼；开放区的主要工程有薛涛亭、薛涛文化广场、薛涛文化碑墙、碧鸡园、盆景园以及完善游园服务设施等。

望江楼公园

薛涛纪念馆。薛涛纪念馆的前身是1981年始建的“薛涛资源陈列室”，曾展出薛涛诗、笺、手书等60余种。2005年，投资300万元进行充实，更名为“薛涛纪念馆”，面积700平方米。2006年

1月开馆。纪念馆建筑仿唐朝宫廷风格，周边种植紫竹、崖洲竹等珍贵竹种。大厅正中有手握书卷的薛涛汉白玉坐雕。主厅陈列张大千《薛涛制笺图》及薛涛文集、唐代服饰、陶俑、有关薛涛的诗词等；主体部分是长达百米的大型壁画，再现女诗人跌宕起伏的人生经历。壁画正中的漆画《芳菲世界》，采用传统技法，使用金箔、银粉、贝壳、漆料等制成。

薛涛塑像

【塔子山公园】

塔子山公园位于成华区蜀都大道东端五桂桥南侧，1956年，在此建成苗圃。1986年，改苗圃为公园，袭塔子山为名。1987年春节对外开放。公园中部的野炊区建于1986年，占地8000平方米；钓鱼池建于1987年，东南有竹海，西部有蜡梅园。于1989年，配备儿童游乐设施。

1990—2005年间，塔子山公园改扩建项目主要有九天楼、鸟语林，其他工程有：海棠园、樱花苑、荷花池亭、钓鱼池景观桥、三蜀文化艺术墙等，共投资2712万元。

九天楼。九天楼得名于李白“九天开出一成都，万户千门入画图”诗句，位于园中最高点，1995年12月始建，1998年3月建成，总投资1600余万元。楼高约70米，共13层，面积4000平方米。其1、2层为四方形楼厅，3~10层为正八方形塔身，11和12层由4个小亭组成正方形，烘托顶层。全楼用琉璃屋面，飞檐翘角挂铃，使楼、台、亭、塔巧妙地融为一体，远看似塔，近看似楼，造型新颖独特，为游人登临佳处。

鸟语林。鸟语林位于公园东部，占地面积2公顷，由福州龙川集团投资800万元，1998年12月开工，1999年3月建成。汇集世界各地走禽、涉禽、水禽、鸣禽、猛禽、攀禽、飞禽、游禽8大类、13科、150多种、5000多只禽鸟。经常进行鸟艺专场表演，人鸟同乐，佳趣天成。

塔子山公园九天楼

【大熊猫生态公园】

大熊猫生态公园又称成都大熊猫繁育研究基地，位于成华区北郊斧头山。1987 年 7 月，动工修建，规划面积 254 公顷，分两期建设，第一期工程占地 5.5 公顷，主要项目含兽舍、兽医院、饲料室、实验室、运动场等，于 1990 年完成；第二期工程占地 35.5 公顷，含科研大楼、圈养场、博物馆、天鹅湖等。

竹基地。食用竹基地面积 300 余亩，种有观音竹、绵竹、琴丝竹、凤尾竹、罗汉竹、斑竹、慈竹、硬头黄、金丝慈竹等 16 种竹类。其中大部分为景观竹，大熊猫食用竹栽培数量较少，主要在都江堰市、彭州市购买。苦竹和箬竹现已引种栽培成功，从 2004 年起为大熊猫提供饲料，方竹已大量发笋。园区内共有种子植物 300 余种，其中木本植物近 100 种，形成较为平衡的生态系统，为鸟类及其他动物提供了丰富多样的栖息环境。特色植物有樱花、复羽叶栾树、大叶樟、南洋杉、蓝花楹及地被植物断肠草、蛇莓、婆婆纳、蒲公英、毛茛、酢浆草等。

圈养场。常年饲养在基地的 30 多只大熊猫，分别圈养在幼体(1 岁以下)活动场，亚成体(1~5 岁以上)活动场、成体(5 岁以上)活动场。圈养场外观如山岩洞穴，造型各异的原木栖架、秋千、滑梯，可供熊猫攀爬，并设有饮水槽、戏水池等。

大熊猫兽舍

博物馆。大熊猫博物馆建于 1992 年，总面积 4000 多平方米。由大熊猫馆、蝴蝶馆、脊椎动物馆和熊猫魅力剧场组成。魅力剧场拥有近百部科普教育片，其中《繁育大熊猫》备受中外游客的欢迎。蝴蝶馆拥有 7 个展厅，附设两座蝴蝶生态养殖观赏园，展示标本上万号、近千种，包括许多珍稀蝶种；脊椎动物馆陈列有鱼类、两栖类、爬行类、鸟类和兽类生态剥制标本、化石标本 800 多种、1000 多件，并配以 350 多幅各类动物照片。

天鹅湖。天鹅湖面积 2 万余平方米，碧绿的湖水中，放养多种鱼类；粼粼的湖面上，游弋着 10 余种水禽。春夏之交，数千只白鹭、夜鹭、苍鹭汇集湖畔，追逐鸣叫，翩跹起舞；秋去冬临，迁徙的候鸟，或歇脚暂憩，或留下过冬，成为飞禽与水禽的共同乐园。

【成都市动物园】

成都市动物园是集动物易地保护、展出、繁育、研究、科普宣传于一体的专类公园，原在青羊宫百花潭，名"百花潭动物园"。1975 年 12 月，迁至北郊川陕路东侧，更名"成都市动物园"，面积 17.72 公顷。

1995—2005 年，累计投入资金 1245.16 万元，新修犀牛馆、鹦鹉馆、小动物馆；改造大象房、熊猫馆、长颈鹿馆；新建两栖爬行动物馆、环尾狐猴馆；改建儿童动物园、狮虎房、豹房、山魈馆、品种猴馆等。在兽舍改造中，改大熊猫、狮、虎等馆舍原有双层栏杆为落地大玻璃窗。2005 年又将小范围囚禁式圈养的羚羊馆，改建为半散式放养的馆舍。

动物园绿化。2005 年，以冷季型耐践踏草种更新草坪 1.5 公顷，并在熊山、大小鹿园四周新栽乔木 480 株，花灌木 1.8 万株，品种竹 500 丛；

在大象、长颈鹿、河马等热带大型食草动物展示区栽植蒲葵林。全园绿化覆盖率达到88.41%。

两栖爬行动物展览馆。2001年新建，建筑面积1600平方米。两栖爬行动物馆平面类似巨龟，正面墙壁用文化石镶嵌，并以各色大理石材拼贴出龟、蛇、鳄鱼等图形，与山石、水池、生态背景浑然一体，馆内展出40余种、300余条蛇类，以及各类蜥蜴、鳄鱼、龟、大鲵等。

环尾狐猴馆。2003年新建，面积170多平方米，主要饲养产于非洲马达加斯加群岛的环尾狐猴，馆舍建筑大方美观，动物场模拟栖息地的自然环境，集山、水、林草于一体，有利动物生存，狐猴常嬉戏其间。

环尾狐猴

羚羊馆。1974年建成，2003年鉴定为危房，2005年改建为下沉式、半散式放养馆舍，面积4882平方米。动物活动场中部架设游人观赏桥，桥下设操作人员通道，桥两侧种植槽栽植花灌木；场中设有为动物遮阴避雨的伞形仿木树皮亭，仿断木式草料槽和饮水槽；场上铺红沙石小径，散植黄桷树、天竺桂、法桐等高大乔木；周边配置南天竹、红叶李、杜鹃、金叶黄杨等花灌木。

科普馆。2005年，投资70余万元将水禽湖边的餐厅改建成面积545平方米的科普馆，2006

改建后之羚羊馆

年1月免费开放。馆内陈列大熊猫、金丝猴等39种动物标本，设置计算机查询系统，数码影院循环放映有关野生动物保护的知识、趣闻等。2003年，该馆被定为“成都市青少年科普教育基地”。

由于成都市动物园在野生动物易地保护、繁殖、科研、科普等方面的成效，1989年，联合国环境规划署授予“全球500佳动物园”称号。1996年，国家建设部评为“全国十佳动物园”。

【成都市植物园】

成都市植物园是集植物科研、科普、旅游于一体的专类公园，于1983年在原天回山林场基础上改建而成，面积42.18公顷。1985年7月开放时，尚未全面建成，至1998年，仅建成植物专

植物园环行大道

类园、办公区、餐厅、茶馆、西大门、科研引种苗圃、藤本园等，共引进保存植物713种，分属137科，344属。1999年起加大投入，至2000年植物园面积达32.89公顷，新植乔灌木7937株、移植9380株，扩建“大草坪”，新建“青蔓园”“中心广场”“大草坪”“大窝槽”“中心湖区”等新景点，以花灌木、地被植物形成彩色绿篱花境，竹园、梨园、桂花园等专类园铺设游步道。至2003年末，共引进保存植物1800余种，分属164科、633属，已定名载入名录的1500种。植物园以12个专类园所繁育、保存的植物为基础，指导游人参观、考察、实习，向社会发布植物病虫害预测预报。2004年投资3000余万元，修建“成都市青少年植物科普教育馆”，面积3200平方米。

青蔓园。位于前山环行大道北侧，以藤本植物组景，园内小品由长238米的长廊式和圆顶式藤架组成，使油麻藤、紫藤、七里香等缠绕攀附，形成绿色回廊。

中心广场。是集娱乐、集会、休闲于一体的活动区，地处植物园中心。广场北面圆形大花坛，植杜鹃、鸭趾草及时令花卉。广场周边配植紫薇、小叶榕、蚊母树、鹅掌柴、火棘球等。中心广场东高西低，以梯步连接3层弧形平台，周边配置银杏、芙蓉、红继木、广东含笑、石楠、红枫、绣线菊等常规树种，并种植鹅掌罗伞、鹅掌柴、荚蒾等新优树种，形成植物多样性的小展区。

大草坪。大草坪位于后山风景林区，与马尾松林接壤，面积1公顷。草种以狗芽根为主，间有野生酢浆草、铁线草，四周配置香樟、天竺桂、朴树、法国冬青、柳杉、池杉、黑荆、桢楠、红豆树等组成疏林，具有欧式疏林草坪特色。

大窝槽。大窝槽位于前山，槽深7~8米，长约50余米，东高西低，上宽下窄，略呈S状。石板游步道半浸水中，布满苔痕，颇为奇险。两壁遍植鸢尾，其上乔灌植物枝叶交错，一派青苍。

1998年10月，四川省委宣传部、省科技厅、省科协命名成都市植物园为“四川省科普教育基地”。

【成都市游乐园】

成都市游乐园位于城东府河北岸，面积10.51公顷，1986年儿童节正式开放。至1989年年底，建成的游乐项目有高空翻滚列车、勇敢者转盘、超级秋千、降落伞、激光射击、波的炮、高空脚踏车、水上世界、迷你火车、旋转天鹅等26项。全园栽植乔木3771株，花灌木5839株，铺设草坪4925平方米，形成动中有静的绿化景点。

由于部分设施使用时间过长，存在安全隐患，1999年，淘汰日产“高空翻滚列车”，更换为上海游艺机工程公司生产的“高空翻滚列车”；2000年，淘汰“快乐椅”，换上从广东中山购置的“旋转滚筒”；2002年年底，淘汰“降落伞队”，更换为温州南方游乐设备总厂的“天旋地转”。至2005年，游乐项目总数达到29项，游人达114万人次，收入2176万元。游乐园于2005年3月由成都市园林局移交成华区旅游局管理。园中主要项目有：

激流探险。是大型水上娱乐设施，于1994年建成，为广东中山游乐设备公司生产，由变化有致的水道、两级提升和12只独木舟式快艇组成，水道总长30米，每次运行约3分钟，运行时，快艇顺水道飘游，犹如泛舟河中；钻“山洞”，怪石嶙峋，幽深神秘；越“飞瀑”，飞流直下，精彩刺激。

高空环园列车。又名空中列车，1995年建成，车体是广东省中山市游乐设备公司引进美国迪士尼技术生产的定型产品。列车有两个机头、5节车厢，呈流线型，每次可载46人。列车轨道长700多米，其支撑立柱平均标高4米，凌空架设，

高空环园列车

高空翻滚列车

蜿蜒穿越激流险峰、中心大草坪、水上世界、越野赛车等景区，速度每小时12~15千米，行车平稳，车移景换，老少共游，家人同乐，深受游客欢迎。

高空观览车。为圆轮形，高62米，1997年建成。为沈阳飞机公司设计，沈阳松陵游乐设备制造厂生产，是国内最高大的新型观览车，数里之外便能看到身影。观览车的转轮和支柱属桁架结构，用方型钢管和圆形钢管组焊而成。支柱上安装4台动力装置，有8个胶轮驱动摩擦环带动吊舱旋转，旋转一周15分钟。沿轮缘装有48个吊舱，间距为3.9米，每舱乘坐4人，可载192人。

海盗船。又称"荡龙船"，2000年6月投入营运。龙船挂在双支柱支撑水平轴上，围绕水平轴做往复摆动，设备总高9米，可乘坐24人。每次运行3分钟。

神舟冲浪。2003年4月建成，由大连星海游艺机厂生产。有4条冲浪航道，各设冲浪飞艇一台，每台可乘6人。轨道端头高7米，弧线运行长度32米，最快运行速度8.8米/秒。

【新华公园】

成都城东历来缺乏休闲游憩的公共场所，1987年，成都市政府征用保和乡新鸿大队10队、9队和万年大队土地约10公顷(其中水体面积约1公顷)，修建"万年公园"，1988年10月更名为"新华公园"，由成都市风景园林规划院总体设计，运用中西结合的造园手法进行布局；由市园林建设处、市三利园艺公司、成都钢管厂建筑安装工程公司等5个单位承建。1993年建成，同年4月正式开放。公园分"闹区"和"静区"；闹区位于中部、中西部，主要供儿童、青年游乐；静区位于东部、北部，主要供中老年人活动、观赏；南北边缘则为绿化隔离区。植物配置以景区主题植物为主，辅以乡土植物和引进植物；水体为自然湖池。2001年，拆除围墙460余米，商铺420余平方米，筑通透式铁花围墙。同年5月免费向市民开放，成为城区第一家免费公园；年游人量从120~150万人次骤增至250~300万人次，社会反响强烈。2004年11月，移交成华区政府管理。

新华公园拆墙透绿

夜花园。为绿地、喷泉、水池组成的欧式园林。装有7组对称式小喷泉，底部安装彩灯，形成七彩夜景。方台两侧为溪流和步道，上有铁花栏杆装饰的小桥；步道两侧有4片对称绿地，均以小叶女贞绿篱环绕，绿地配置红继木、小叶女贞、九重葛等灌木组成"S"形绿带以及球形、塔形等植物造型，丛植红色美人蕉点缀其间。

东方游乐城。为欧式尖顶古城堡。1993年由坤达公司投资经营，1996年由公园直管。包括电玩宫、碰碰车、海盗船、太空飞船、转马、娃娃跳、自控飞机，旱冰场等。

文化广场。为东方游乐城南侧的欧式景点，塑有"科林斯拉"人物雕像群，形成文化氛围浓郁的神话世界。

白果山。山顶栽植一棵高约10米的银杏古桩；山下有水池、假山、喷泉；东侧为120多株树龄近百年的苏铁林，高低错落，形成热带风光。

双林湖。为中式景点，位于公园中部，按功能划分为荷花池、钓鱼池、碰碰船池、划船区。湖面鳞波荡漾，湖岸垂柳依依，亭廊沿湖而建。

新华公园的景点还有海棠廊、海洋馆、樱花山、红枫山、静竹轩、石榴园等。

活水公园全景

活水公园景色

【活水公园】

活水公园位于城东府河南岸一号桥(现称红星桥)与猛追湾游泳池之间，与成都市游乐园隔河相望。是世界上第一座以水为主题的城市生态公园，旨在向人们演示污水变清、"死"水变活的主题，故名"活水"，其创意来自美国环境艺术家伊丽莎白·达蒙女士(Elizabeth Damon)。

"活水公园"的具体工程设计由成都市风景园林设计院承担，主设人员骆华北（高级工程师）；人工湿地系统设计由四川省环境保护科学研究院承担，主设人员黄时达(教授级高级工程师)；园林绿化设计由四川省自然资源研究所承担，主设人员杨一川（教授）。1996年12月24日，府南河综合整治工程指挥部批复"活水公园"初步设计方案。1997年4月24日，成立活水公园建设领导小组，1997年5月动工，1998年2月竣工，土建工程及安装工程主要由省建三公司承担。

活水公园平面呈"鱼"形，寓意鱼水难分、人水和谐。

鱼的头部在大门高坡地带，高坡像五片大花瓣，花蕊是公园中心，建有圆形沉淀池及大花坛，形如鱼"眼"。两侧布满茶座，四周遍植树木。"听涛阁"茶厅是正对河边的仿古建筑，茶厅背面临河，设大小两架筒车，茶厅两侧有生态河堤护岸，河堤为卵石铺面，石缝芳草丛生，一派盎然生机。

“鱼”的腹部是人工湿地污水处理系统，其工艺流程是：污水—厌氧沉淀池—水流雕塑—兼氧池—植物床（植物塘）—水流雕塑—养鱼塘—渗滤池—自然水沟—儿童戏水池–府河。

府河污水（水质为Ⅴ类以下地表水）进入“厌氧池”，经沉淀分解，除去部分悬浮物和有机物，经一暗渠流入一串形似花朵的“水流雕塑”。流水在此回旋振荡，曝气充氧，增强活力。继而流入“兼氧池”后，水在兼氧池经微生物、植物降解，通过倒虹吸管分两路注入12个“植物床”、6个“植物塘”组成的人工湿地污水处理系统的核心部分。床、塘中栽植芦苇、浮萍、水蜡竹、荷花、茭白、菖蒲、凤眼莲、水竹等几十种水生植物，水在此降解为可供植物吸收的营养成分，又促使水生植物茂盛生长。水从床、塘流出，再经“水流雕塑”曝气充氧，流入“养鱼塘”。养鱼塘拥有680平方米水面，包括三个观鱼场、三个卵石渗滤池、两套回流曝气系统。水在这里经过曝气、沉淀、生物降解，逐级过滤及观赏鱼的直观生物监测，确保达到Ⅲ类地表水质标准。之后从塘口流出，又进入一连串贝壳状“水流雕塑”形成的水渠，汇入一瓠瓜形大氧化塔，经灭菌消毒后进入清水池。清水池流出的清水一部分流入戏水池、喷泉等，成为可供游人接触的水景，一部分从“鱼”尾处的音乐广场、休息亭廊开阔地的自然溪沟中流出后重归府河。

公园绿化以模拟自然生态重建为主题，以自然园林景观植物多样化为特色，以四川西部典型低海拔亚热带常绿阔叶林为主体，同时辅以环保净化设施选用多种水（湿）生植物。公园栽植峨眉山、青城山、缙云山等地的高等植物30余科、100余属、140余种，其中包括许多国家保护植物，模拟重建的自然森林群落面积约3500平方米。

环保教育中心，位于公园湿地系统之下方，总面积500平方米，分为展示区、互动区和多媒体电子课件3部分。

活水公园因其构思新颖，造园手法不凡，取得极好效果，1998年分别获国际优秀水岸设计最高奖、国际环境地域设计奖。

公园建成之后，观众络绎不绝，给予很高评价。2004年1—4月，该园相继被命名为“四川省环境教育基地”“全国保护母亲河生态监护站”“全国保护母亲河生态环保教育基地”和“成都市环保教育基地”。

【浣花溪公园】

浣花溪自清水河西来，流经成都西郊，是锦江（南河）的上游河段。唐代大诗人杜甫寓居成都时，居住于此，留下“清江一曲抱村流”“舍南舍北皆春水”的诗句，描绘了这里优美的水环境。唐代女诗人薛涛寓居此间时，以清澈的河水所制薛涛笺，誉满全国。唐宋时期浣花溪盛行“游江”，成为成都人民开展水上游乐活动的胜地。20世纪60年代以后，浣花溪水源干涸，水体污染，水生态环境恶化的问题日益严重。

1982年，成都市列为首批历史文化名城，浣

浣花溪公园湿地

花溪的现状引起社会各界的广泛关注。1985年，成都市决定重建浣花溪风景区。1988年3月，疏淘河道，修筑河堤，新建游船码头，改造跨河桥梁，改善浣花溪环境。2002年，召开专家论证会，完成《浣花溪历史文化风景区总体规划》修编，市政府批准浣花溪历史文化风景区环境整治方案——浣花公园建设方案。

浣花公园位居浣花溪历史文化风景区的核心区，占地36.88公顷，从西南角浣花溪源头起，围绕杜甫草堂沿逆时针方向延伸至送仙桥西侧，北抵青华路，东接浣花南路，南至干河，西邻二环路，成为城区最大的开放性城市森林公园。修建“观鹭轩”“浣花居”两幢景观建筑，总面积3995平方米，修建川西民俗广场、草堂入口广场、菁华广场、万竹广场等具有不同功能的4个广场，总面积1.84万平方米，人工挖湖35万立方米，疏淘河道9.8万立方米，土石方堆山46万立方米，采用3000余套灯具，400台背景音箱等建成光彩工程。

浣花公园的绿化布局，以银杏、桂花、红枫、紫薇等中小乔木营造典雅气质；以垂柳、碧桃、樱花等衬托明净湖面；道路单侧种植银杏、广玉兰等围合空间；主要区域以银杏、雪松、桂花为主，配搭罗汉松、刺南洋杉、蜡梅及杜鹃、六月雪等地被植物，突出景观层次和季相变化；大面积绿化则配置雪松、银杏，结合楠竹、红叶李等植物，突出观赏性。共栽植各种乔木1.24万株、灌木5.29万平方米、地被植物10.81万平方米、水生植物3200平方米。

浣花公园于2002年10月2日开工修建，2003年5月1日建成开放，总投资9000万元。2005年12月另投资1680万元，建成“诗歌大道”。公园的主要景点有：万树山、沧浪湖、白鹭州、诗歌大道。

万树山。位于公园西南端，以人造山为主，溪水绕流其间，配以“万竹广场”“川西民俗广场”。植物以银杏、楠木等高大乔木为主，绿化分春夏秋冬四景，以阳光草坪和花卉相映衬。山体北部封闭，南部开敞，漫步其间，给人以回归自然的感受。

沧浪湖。得名于杜甫诗句“百花潭水即沧浪”。该湖地处公园中心区，占地4300平方米，湖面辽阔，湖水如镜，湖内沙州处处、岛屿点点，浣花溪倒映湖心。整个园区分花滩区、沧浪区、活动区三个区域。

白鹭州。位于公园北侧、杜甫草堂与四川博物馆之间，得名于杜甫诗句“一行白鹭上青天”。以“日落看归鸟，澄潭美跃鱼”为造园意境。以湿地为主，湿地内溪流交错，沙州遍布，绿萍漾波，芦苇丛生，其间巧布小桥栈道，营造出适宜白鹭等鸟类栖息的生态环境。

诗歌大道。诗歌大道总长200米、宽3米，用黑色和淡红色大理石相间铺设；用篆、隶、楷、草各类书体刊刻从清代龚自珍至先秦屈原等古诗人代表作100余首；终点廊桥处塑有“诗魂”屈原（铜质）、“诗圣”杜甫（汉白玉）、“诗仙”李白（汉白玉）组成的群体雕塑；其后连接杜甫草堂楠木林，

浣花溪公园诗歌大道

林中左右两侧分别以灰色花岗石选刻《天问》《鹿鸣》《蒹葭》等《诗经》《楚辞》中的诗句以及“三苏”“三曹”汉白玉塑像；诗歌大道两旁银杏蔽天，翠竹夹道，左侧有韩愈、白居易、初唐四杰、文天祥、李清照、林则徐雕像；右侧是庾信、鲍照、陈子昂、黄庭坚、王安石、杨慎、龚自珍雕像。

【易园】

易园为私家园林，紧邻金牛宾馆，占地 11.32 公顷。1990 年由园主易文清经营的易园园林有限公司投资 3 亿元兴建，1997 年建成后对外开放。

易园园景分三层空间：入园狭长地带为第一层，有青龙溪曲折蜿蜒，小桥、水车、山石巧布溪上；第二层开阔地带为过渡空间，草坪宽阔，片石嵌窗，卵石镶地；第三层为鲲化园和易隐园，属园中之园，乃易园主景。园中植物配置以罗汉松、黄桷树、桂花树、竹类为骨干，以玉兰、海棠、山茶花、蜡梅、杜鹃等花木点缀其间，以垂柳、石榴、红枫等栽于湖岸，以荷花、睡莲、鸢尾、菖蒲等植于湖中。园内共栽植乔木 1500 余株、灌木 5 万余株，铺设草坪 3 万余平方米。有古树名木 150 余株，巨石、奇石、桩头盆景以数百计，主要景区有鲲化园、易隐园。

易园风光

鲲化园。为易园的第一园中园，园门前后两巨石顾盼而立，一尊似鱼跃，曰“鲲化”，一尊如凤翔，曰“鹏游”。故名鲲化园，寓意胸怀鲲鹏之志。园中小桥流水，曲径通幽，花鸟虫鱼，树木葱茏。水景有潭、瀑、溪、湖，湖水莲花朵朵、游鱼尾尾；山是或立或卧或散或聚的奇石；“大易楼”“养正轩”环湖而建，是园内主景。“大易楼”为三层，面积 1200 平方米，是园林艺术博物馆；“养正轩”为画厅，得名于孙中山先生“养天地正气，法古今完人”。

易隐园。为易园的第二园中园，掩于绿荫苍翠之中，以藏为露，以隐为显。有“岁寒三友”“昆岗叠瀑”“丰水塔”等景点。“岁寒三友”以松、竹、梅组景；“昆岗叠瀑”流水潺潺，红枫毗邻；“丰水塔”傍临“昆岗叠瀑”，寓五谷丰登之意。

古树名木。易园内有三棵十分珍贵的古树：“达摩西来”古罗汉松，树龄 600 余年，1997 年从马祖寺移植易园，配以“达摩西来”石，组成讲述达摩西来祖师在少林参禅打坐的松石景点；“马祖魂归”银杏古桩，是唐代马祖寺一银杏树的顶枝，清嘉庆十五年(1810)遭雷击，折断 10 余米后，植于禅房土坡上，次年成活，铁骨嶙峋，根深叶茂，1997 年移植于园中；“送子观音” 古黄桷树，原为金堂县高板镇高关村唐家祠堂前的风水树，清顺治十三年(1656)为唐氏祖先所栽植，据传此树后来显灵，凡心诚行善求子者，均能怀孕得子，故名“送子观音”，1999 年移植于园中。

易园的立意造景、花木配置、宅院屋宇、楼台亭阁、诗文书画、题咏匾额无不饱含深邃哲理，具有高雅品位。先后被授予“生态园区”“锦绣成都优秀园林”“优秀园林工程一等奖”“环境科技双金奖”等奖项，成为私家园林的典范。

【两河森林公园】

该公园地处金牛区金泉街道办事处淳风桥村和清水河村境内，因境内有清水河和磨底河流经其间而得名。南以清水河，西北以金牛支渠，东以铁路西环线至清水河村为界，总面积437.3公顷。两河森林公园借助三面环水的优势，通过挖湖堆山，开渠引水，构建水网体系，沿路、沿河、沿渠、沿湖构建林网体系，形成陆地生态廊道系统与水体生态廊道系统相互交融的生态格局。公园建筑以川西民居风格为主，严格控制建筑体量和高度，构建绿树掩映的建筑景观，营造“天人合一”的人居环境。

园内分成三大功能区：两河社区为农民集中居住区；商业街风情小镇主要为游客服务；城市森林区是生态产业和景点载体，树木以乔木为主，乔、灌、草、藤、花相结合；乔木成林时高度不低于25米，郁闭度不低于70%。

城市森林区内又分为7个功能景区，即生态园艺区，位于公园的西北部，由若干专类森林生态园组成，形成不同的近自然森林群落；湖泊景区，位于公园的中部，利用原有的大片低洼地，挖湖堆山，建成13.3公顷的金牛湖，湖中筑岛，岛上架桥，沿湖设置游船码头、水榭建筑、观景长廊和表演广场，整个湖区水面开阔，群林环抱；田园风光区，沿磨底河岸，撷取平原水乡风貌营造；湿地走廊，位于公园西北靠近清水河区域，建设森林湿地走廊，将两河森林公园建设与清水河治理有机结合，保留清水河的自然河岸和原生生态，辅以木质栈道和平台；四季画廊区，沿公园环路分别种植代表春、夏、秋、冬不同季的树木；森林疗养区，位于公园东南，广植香樟、楠木、圆柏、湿地松、火炬松等形成大片林带，设置森林浴场、森林氧吧、森林小木屋、野营地等休闲度假旅游设施；森林彩画区，位于公园东南角，遍植彩叶树种，如银杏、枫香、槭树、水杉、红枫、红叶李等乔木，以及各种色彩地被和花卉植物，从大环境上形成彩画景观，彩林中设置各类健身活动项目。

两河森林公园于2005年9月建成开放。

两河森林公园

永康森林公园

【永康森林公园】

永康森林公园位于武侯区金花桥街道办事处所辖永康村、川西营村。永康村因永康寺得名，该寺毁于道光年间。川西营村因川西营遗址得名，是明末清初张献忠在成都建立大西国政权屯兵场所。景区内的马家寺、三吏堰都具有深厚的人文内涵。

该公园规划面积144.4公顷，一期工程面积89公顷，于2005年建成，主要工程含新建道路3040米，整治排水渠2090米，敷设污水管道1163米，造林4.67公顷，完成公园大门及湖水景观。共投资1351万元，由永康村组建的成都兴鑫永康投资管理有限公司出资兴建。公园主要景点有：

御翠草堂。占地120亩，建有亭、台、廊、桥、榭等仿古建筑，集餐饮游乐于一体。“云锦楼”茶肆中设书画室，并有“水花池”“藕华鱼舍”“凝翠湖”等引江安河水形成的水面，可供垂钓。景区内植有银杏、榕树、罗汉松、桢楠及各种果树。

竹林品茗。利用自然坡地大片竹林，形成品茗休闲之地。

田园风光。地处公园中心地带，占地11亩，以不同的植物组成多个园中园，与四周农舍相呼应。

城缘秀色。位于公园西南角，占地4.2亩，是利用预制场废地建设的1处以林、廊、径组成的园林景观。

森林湖泊。位于公园腹心地带，利用废弃鱼塘改建。在70亩森林中，营造出一个水面约3亩的小湖泊，形成森林湖泊的独特景观。

青羊绿舟公园

【青羊绿舟公园】

青羊绿舟公园地处青羊区西北部土龙路以南、导航路以西、江安河以北，面积约3.21平方千米。成温路和光华大道东西向穿越园区，有森林文化展示、民俗文化演绎、历史文化传承3个区域。于2005年9月建成开放。其中：

森林文化展示区。面积0.91平方千米，有运动之家、生态保健林，为公共体育活动场地，形成健康活力地带。

民俗文化演绎区。为公园核心，面积1.6平方千米，利用树阵、景墙，构成丰富的视线层次，强调生态与时代特征并行。入口广场主雕塑“三羊开泰”，高12米，采用不锈钢喷金属漆材质，以羊、树叶为造型题材，水景喷泉为背景。广场内有大小不一的牛蹄形石刻，名为“青牛遗痕”，纪念老子在成都青羊肆现身，作为文化小品。“广场水景”由雕塑喷泉、太极两仪喷泉、双十段音乐喷泉、旱式喷泉组成，组合面积1663平方米，集水景观之大成。主水池中部设计水幕电影，水幕厚度60毫米，投影亮度达1万流明，显影效果好，图像清晰。双十段4座音乐喷泉坐落在广场右边，大型灯柱与水面交相辉映。“阳光草坪”采用堆坡造型方式处理，间植棕榈树老人葵，并以白色碎石形成小溪，蜿蜒流过草坪。“枯泉拾梦”的小溪景色，与道教文化相生相合。“演绎台”位于广场北部，呈弧形，高6米，长114米，以浮雕手法展现“道德经”三个大字，并石刻《道德经》全文。“翠云峰”是以堆坡方式建成的山峰，面积3000余平方米，山上遍植树木。“图谱园”由8面大小不一的墙体组成，用丰富的画面和文字展示青羊文化和道教养生文化。

历史文化传承区。面积0.7平方千米，以乔木、灌木与地被植物有机组合，形成立体层次。“疏林晚照”景点，集众诗家之精华语句，刻于树下石雕上；“浣笺拾遗”景点以纪念唐代诗人薛涛为主题。书院、画苑则是纪念文翁等历史名人的场所。

【江安河公园】

江安河公园位于武侯区南缘与双流县交界的江安河左岸，呈带状布局，长13.2千米，面积3.2平方千米。此处江安河宽20~40米，水面由拦河坝分为上下两段。公园以蜀汉文化为主题，营造乔、灌、草合理布局的绿化主体，适当点缀人文景观。政府投资1100万元，引入企业7家、社会资金4000余万元，建成会议、餐饮、娱乐、休闲中心及主入口广场，以及水景、小桥、雕塑园、标志景点、音乐广场、中心广场等，绿化率达75%以上。为美化周边环境，2004年完成示范段生态河堤及道路绿化建设，形成650米长的集生态、观光、防洪为一体的生态河堤绿化走廊。2005年9月，江安河公园向社会开放，主要景点有：

主入口广场。体现三国文化，浓缩整个园区意境。建立古式牌坊，浮雕蜀汉五虎上将。

雕塑园。建有主题为“御驾亲征”的刘备雕像，两侧刻诸葛亮《前出师表》。

中心广场。是凉水井段步行街人流集中之处，建立宝鼎取“三国鼎立”之意。

标志景点。位于公园的最高处，采用传统民

江安河公园

居景墙，以穿斗式装饰条与玻璃结合，运用现代建筑手法，浓缩川西民居风情。形成整个园区的亮点。

【清水河公园】

清水河公园位于武侯区机投桥街道办事处万寿村，面积33.3公顷，总投资约2860万元。规划设计方案由成都市风景园林规划设计院完成，保持现有农户不外迁，对农房进行景观化改造，保留现有大部分植被，并充分利用栏杆堰、清水河的水源，建造面积50亩的人工湖，维持植物生境和水循环。武侯区市容局负责公园总体设计、大门水景及景观建设；区交通局负责园内车行道、步行道和2座小桥建设；机投桥街道办事处负责农房景观化改造；全部工程于2005年10月竣工。主要景点有：

大门景区。由13株胸径40厘米以上的银杏组成树阵，并配有90个大红灯笼组灯，体现欣欣向荣景象。

银杏广场。由圆形平台和乔、灌、草、花等多层次的植物景观构成，植物以市树银杏为主，并配置适量的芙蓉、樱花、象牙红等观赏植物。

儿童乐园。由小河、木栈道、娱乐设施和健身器材组成。散漫的小石点缀在清澈的小河里，别致的木栈道横卧在小河上。

湖岸景区。有“花林坊”“人工湖”“故蜀别苑”“万寿山”“景观亭”等，以仿古建筑为主。花林坊周边栽芙蓉，人工湖内植芦苇，有白鹭等鸟类在此栖身。湖周有亭、廊、景观桥和背景万寿山，山顶长寿亭高15米，共3层。

故蜀别苑。位于公园西南角，为仿古花园式建筑，由前蜀独立政权王建游乐的皇家花园而得名。园内小桥流水、亭台楼阁分布其间，极为雅致。

郊野森林氧吧。占地270亩，由红叶李、栾树、加拿大红枫、天竺桂、桂花等30余种名贵花木组成，种类繁多，植被茂盛。

【北湖公园】

北湖公园位于成华区青龙、龙潭街道办事处，包括11个社区，面积286平方千米，其中水面36公顷，绿化面积200公顷。是集水文化、鸟文化、竹文化、客家文化于一体的生态湖区。2004年11月动工，2005年4月开始蓄水，对外开放。

北湖总容积50万立方米，除少量栏蓄天然径流外，主要引东风渠水源充蓄。北湖景区以老龙青路为中轴线，分为南、北两部分。按功能定位划分为休闲娱乐区、苗圃区、文化科普活动区、滨水活动区、生态浏览区、公园管辖区、体育活动区、生态保护区8个功能区，主要有“锦鲤戏水”

清水河公园

北湖公园锦鲤

“快目台”“莲香坞”“倚碧亭”“回鹭洲”“百鳞轩”6个景点。不仅为游人营造休闲的乐园，而且为鸟类营造栖息的岛屿，为鱼类营造畅游的港湾，充分体现人与自然和谐共处的理念。

锦鲤戏水。位于南区大坝北端的放养池，投放锦鲤3万多尾，锦鲤以其缤纷艳丽的色彩，有“观赏鱼之王”的美名。游客投食时，锦鲤成群结队浮出水面、甚为壮观。

莲香坞。又名荷花栈道，位于北区湖岸，筑有360米长的曲折栈道，拐折处建木亭6个，供游人休憩，观赏湖光山色。

回鹭洲。又名北湖观鸟岛，3座鸟岛已有50多种野生鸟类在此繁衍，岛周种植芦苇。

百鳞轩。又名渔人码头，位于南区。渔人自此出发，可航至湖中捕鱼。杜甫诗云：“渔人漾舟沉大网，截江一拥数百鳞。”故名百鳞轩。

观亭大坝。又名依碧亭、快目台。位于南区，为北湖拦河大坝，坝长417米，坝头建有双亭，故名双亭大坝。亭下为北湖进水闸，由此引东风渠水入湖。

北湖的植物布局由绿景圈、花林圈、绿林圈组成，体现四季有绿、四季有花、四季有景，保留原有麻竹、杨树、银杏，栽植海棠、樱花、楠木、黄槐、紫薇、石榴、芙蓉、桂花、梅花、蜡梅等花木。

【东湖公园】

东湖公园位于府河与石牛堰汇口处，北临二环路，南临沙河，西临府河，东临老成仁路，总面积12.3公顷。公园构思以自然为主笔，体现以人为本的理念，使人“不出城郭而获山林之怡，身居闹市而有林泉之乐”，具有亲水、健康、休闲、娱乐、文化传播、生态教育等功能。

该公园分为入口区、滨水活动区、休闲区、湿地区、管理中心、背景林带等，各区相对独立，相互衬映。入口广场位于公园北面，运用树木、花草、喷泉、流水等自然元素隔绝噪音。滨水活动区位于西面条形川地，以浓密树荫草坪和林间小径为主。东入口广场是绿荫相伴的平缓坡道；广场北面是听觉庭院，运用石头、植物等自然元素，产生自然音律；广场西面有一段回音壁，让人重温昔日乐趣；一条栈道伸入湖中，可以近距离观赏东湖风光。

东湖公园景色

东湖公园总投资约1亿元,设计单位为新加坡AWP公司,建设单位为华润置地(成都)有限公司,是成都市首座以BOT模式建设的大型市政公园。2003年7月始建,2006年1月建成开放。

附:【锦江区"五朵金花"】

锦江区"五朵金花"是成都市人民对锦江区三圣乡街道办事处辖区内打造的5处乡村旅游景点的称誉。五处景点即"花乡农居""幸福梅林""东篱菊园""荷塘月色""江家菜地",各具不同特色。"花乡农居"以多种鲜花装扮春季景色;"幸福梅林"以冬日赏梅为主题;"东篱菊园"适宜金秋观菊;"荷塘月色" 为盛夏荷花装点;"江家菜地"以绿色蔬菜种植、观赏、品尝为特色。该项工程被省环保局评为全省首批"生态示范区"。

幸福梅林的修建,按照"政府引导、市场运作、反哺农业"的原则,由区政府、街道办事处投资1400万元,建成7条长3419米的二级公路、长3680米的观光道路以及8.26万平方米的人工湖。按"农户出资,政府补贴"原则,改造农房515户、6.6万余平方米为前有庭院、后有花园的青瓦粉墙川西民居。并建成乡村广场1处、村民活动中心2处、村民健身路径3条,新增315千伏变压器2台,绿化4.7万平方米。环微水湖栽植品字梅、红梅、宫粉、玉蝶、朱砂、绿萼、垂枝梅、樱桃梅、李梅、铁骨梅、残雪、淡丰后等200余品种、22万余株,面积达99.9公顷。2005年区政府再次投入1800万元,修建精品梅园、岁寒三友、梅花三弄等4座主题梅园,以及梅花博物馆、咏梅诗廊、知识长廊等;并成立梅花研究所,开发系列梅花观赏、旅游产品;吸引社会资金建设"风雨长廊""风景独好""薰衣草"等项目。其主要景点有:

名花园,占地约660平方米,以中国"十大名花"为主体造景,形成以梅花为首,包括牡丹、荷花、兰花、杜鹃、桂花、菊花、山茶、水仙、月季的博览园,使游人赏花增知于一举之中。精品梅桩盆景园,占地约6600余平方米,园内展出古桩蜡梅花盆景500余盆。均是选用大巴山野生蜡梅古桩,采用嫁接和蟠扎技术加工,成为色、香、姿、韵俱全的盆景佳品。咏梅诗廊,长约110米,仿古建筑,古朴典雅,收集有毛泽东、陆游、苏轼、王冕、柳宗元等诗人咏梅诗词26首。以草、楷书法刻于黑色大理石上。微水湖,微水湖的前身为一口小堰塘和一片低洼农田,扩建成人工湖泊后,水面面积达8万余平方米,改善景区的生态环境,湖泊西岸浅丘坡地上,川西民居依势修建,错落有致,与湖水、林木交相辉映,成为幸福梅林的标志性景观。

幸福梅林红梅盛开

幸福梅林农家乐

区(市)县公园

【新都桂湖公园】

桂湖公园位于新都旧城区西南隅，与杨升庵祠及桂湖(简称升庵桂湖，系国家级重点文物保护单位)以古城墙相隔，是一座建于20世纪90年代初期的仿古园林。1988年，成都园林局批准新都县新建桂湖公园。1991年，完成主体工程建设，总投资1200万元。1992年1月15日正式开园，面积219亩，其中湖面约占40%，陆地约占60%。2000年，完成湖水改造。于2006年结合整治饮马河城区段，投资约5000万元，对桂湖公园进行全面改造。桂湖公园修建后，为有别于原来的桂湖公园，在冠名上将新建的公园称为桂湖公园，将原来的桂湖公园称为升庵桂湖，人们习惯叫新公园、老公园，新老公园有门户相通。1992年，实行门票制度，每票5元，2001年12月免费向社会开放。

该公园内地面高差2米，将低洼地挖掘成人工湖，引饮马河水充蓄，凿湖之土累成小丘，形成错落有致的岛屿和优美流畅的湖岸线，道路曲折迂回，山石形态各异。园内整体设计吸取闽南等地园林建筑艺术的精华，楼、阁、亭、榭的屋顶铺以绿色琉璃瓦，平桥、拱桥、曲桥采用汉白玉或花岗石。2004年在湖中植荷花20余亩。

新都桂湖公司

一对石狮雄踞公园正大门前左右，门匾为原国防部部长张爱萍所书；5副门联由楚图南、杨超、周虚白、黄稚荃、赵蕴玉等名人题撰。大型舫居，仿古代游船，上下两层，名曰“逍遥游”，为新都宝光寺老方丈遍能所书。园内中心建筑群天香园、云外楼最具特色，天香园其名取自唐代诗人宋之问“桂子月中落，天香云外飘”。“云外楼”高30余米，南北朝向，正面临湖，高五层，内有螺旋状木梯登顶，凭栏远望，新老桂湖水色天光和香城新都远山近景尽收眼底。楼顶外匾额为中国书法家协会会长启功先生书。云外楼建在6米高的石台基上，台基装以汉白玉雕花勾栏，勾栏全长180米，铺设108块栏板，千姿百态，竞相争妍；台基前32级台阶的红砂石御路中间雕刻有九龙戏珠图案。云外楼临水处建有二水榭，东曰“迎晖”，西曰“步月”。楼的左右及前面均有回廊环护，结构奇巧，木雕精美；楼西有一座重檐攒尖顶八角凉亭，名曰“南亭”；楼东不远处有“浮光阁”，取自宋代范仲淹《岳阳楼记》中“浮光耀金”之意，匾额为中国佛教协会会长赵朴初题写。

1993年12月建新都籍著名作家艾芜墓于园内。2000年迁入抗日名将王铭章墓并建青铜塑像。2005年由大丰迁入田家英青铜雕像，建田家英广场。桂湖公园内还有思源桥、览胜台、芙蓉岛、香樟岛等景点。园内植有各类品种桂花树1000余株以及榕树、榆树、铁树、银杏等名木古树200余株，绿化面积占公园总面积的70%。

【双流棠湖公园】

棠湖公园位于双流县东升镇棠湖南路一段，距成都市区17千米。民国17年(1928)，双流县知事余铁夫曾在此修建双江公园，因设备简陋，

双流棠湖公园

游人甚少,公园荒废。1985年,重新在此筹建公园,历时二年建成。公园占地250余亩,水面70余亩。是一座以水为主,以花为名,既有古典园林传统,又富成都平原特色的公园。因突出双流特产贴梗海棠,故以棠名湖,以湖名园。1996年扩建后,公园布局采取集锦式,环湖罗列20余组古典楼、台、亭、阁、廊、榭、桥、庭院建筑,全园共分"绿柳风荷""葛柏桑荫""瞿上撷秀""海棠春坞""隔湖烟雨"等八大景区,"葛柏"是诸葛亮在双流的庄园名,"瞿上"是蜀王杜宇的别都,址在今双流县境。设"玉流听涛""棠林春色""文津观鱼""绡霞夕照""凤凰絮语""金花夜月""古渡竞舸""竹岛凉风""古塔览胜"等数十个景点。园内楹联有"烟环雾裹棠千树;云影波光活一楼",成为胜景的真实写照。棠湖公园突出公益性、社会性和文化内涵,多次举办灯会和一年一度的海棠花会,年均游客均在50万人次以上。

【青白江怡湖公园】

怡湖公园位于青白江区大弯镇青江路,总面积16.76公顷,其中水面3.86公顷。1986年开始筹建,1988年10月20日竣工开放。怡湖公园既有中国园林自然山水景观,又具西式园林整齐简洁的风貌。公园由主景区、大门景区和盆景花卉区组成。

主景区由水面、峡谷、人造山、露天音乐厅、划船码头、临水长廊、音乐茶室和草坪组成。水面以中湖为中心,串联其他湖渠,湖心修筑两个浮岛,设彩球雕塑。中湖与东湖之间用柳堤隔断。中湖北岸为人造山,东西长230米,南北宽50米,高16.1米,人造峡谷将其分为东西两山,山顶设纵向林间小道,又经峡谷索桥连接两山。山北面悬崖峭壁立于中湖与后湖之间,南面壁画为《水族世界》,颇具特色。湖中岛上建露天音乐台,音乐台为仿古希腊圆形露天建筑,高低错落,临水处似在水中,情趣别致。台的西侧为船篷式划船码头,游船从码头经临水长廊可至音乐茶室,音乐茶室为圆形和矩形组合平台,底层设音乐茶座,配置观赏水池,二楼为茶座和观景平台,茶室东北侧临湖边设露天茶座。

大门景区由大门、内外广场组成。大门宽64米,立面最高处10.5米。大门图案为地球剖面抽象图案,正中为"怡湖园"三个金字。大门区设内外广场,外广场横向展开,东西长98米,南北宽64米,配以低位花池草坪。内广场纵向延伸至湖边,配置高位花坛、草坪和弧形花廊。

盆景花卉区位于公园东侧,由展览室、制作室、花架、曲廊、水池,草坪等组成,为精美秀丽的园中园。

青白江怡湖公园

园内道路总长2912.7米，与各景点相连。园内建有青年活动中心，儿童游乐园等活动场所和多种游乐设施。园内以芭蕉林、垂柳林为主体，配置雪松、罗汉松、广玉兰、银杏、黑松、马尾松、棕树、蒲葵、桃花、象牙红等观赏植物，四季常青。

【温江城市公园】

温江城市公园位于温江区柳城东南隅江安河畔，是一座综合性开放式景观公园。该公园始称温江公园，占地150亩，1976年由柳城镇筹建。20世纪80年代划归温江县建委管辖后，曾多次进行改扩建。2001年9月，由新加坡三鼎建筑师事务所设计，经成都置信实业有限公司改扩建后，更名为温江·置信城市公园，面积扩至300余亩，水陆各半，共有亭、台、楼、阁等34处景点。园内道路面积近4万平方米；花岗石、青石铺装面积约3万平方米；草坪、绿化面积14万平方米；停车场面积700平方米；新建河堤及栏杆3500米；安装20多种2000余盏灯饰。

该公园以江安河为界，分为动、静两大区，以柏灌桥、七曲桥、迎晖桥、衔江桥、柳宾大桥相连。

动区主要由迎宾广场、光祈音乐广场、餐饮娱乐区和儿童乐园组成。音乐广场位于动区中部，占地8000多平方米，中心为音乐喷泉舞台，向南扩展呈扇形布局。舞台上14根青铜铸成的七音柱与广场南面临水平台上的中国古乐五音柱遥相呼应，通过大小不一、圆心在同一条直线上的3个圆，经过蜿蜒小溪串联在一起，体现音乐学家王光祈将中西方音乐文化完美融合的心愿。王光祈（1891—1936），温江人，现代音乐家，早年留学德国，1934年在德国获博士学位。

南岸静区突出幽静、典雅风格，植被以银杏、香樟、柳树、楠木、花卉、草坪为主，南溪河横贯其中。东边的柏灌山为公园制高点，山顶处览胜亭视野开阔，山下柏灌亭临河而建，中间更有怡然亭、凝香亭加以点缀。

【都江堰离堆公园】

离堆是天然山嘴因开凿宝瓶口形成的小丘，位于都江堰内江右岸，离堆之名，自秦汉以来，沿用至今。其岸下地，宋代名“花州”，清代称“桑园”，民国时期改建为公园。中华人民共和国成立后，经一段曲折的历程，1976年年底，恢复花园、假山、喷泉、盆景台、荷花池等景点。

1998年2月向联合国申报将青城山—都江堰列入“世界自然文化遗产名录”启动后，离堆公园经过精心整治，面貌焕然一新，新建堰功大道，传承水利文明。

该公园大门为圆形拱门，两侧镂刻楹联：“完神禹斧锥功，陆海无双，河渠大书秦守惠；揽全蜀山水秀，导江第一，名园生色华阳篇”、步入公园，两行高约5米的千头柏整齐排列两旁，前行有一圆池，池中存放复制的都江堰内江河床岁修深淘标志“卧铁”。再前行即2000年建成的堰功道，主道宽14米、长150米，东端立记事碑，西端立功德碑，两旁由东向西依次排列丁宝桢、强望泰、阿尔泰、施千祥、卢翊、吉当普、赵不忧、刘熙古、章仇兼琼、高俭、诸葛亮、文翁12尊铜像。彰显12位古贤对都江堰做出的杰出贡献。

园门至伏龙观轴线南侧的景观有：古椿园、荷花池、清溪园、天府源茶馆、神龟池、涸河滩、青城山—都江堰自然文化陈列馆；轴线北侧属典型的川西园林布局，从东到西依次分布着垂丝海棠林、梅林、杜鹃花林、石榴花林，中有蜿蜒小道，方便游人赏花。

【崇州罨画池公园】

罨画池公园位于崇州市城区中心上南街，由

崇州罨画池公园

罨画池、陆游祠、文庙三部分组成。罨画池历史悠久，始建于唐代，成景于宋代，唐宋时是地方官待客的花园，其景色以梅花、烟柳为胜，历史上曾称“东亭”或“东湖”。唐朝诗人裴迪任蜀州(今崇州)刺史时曾邀杜甫登临，杜甫写下《和裴迪登临蜀州东亭送客逢早梅相忆见寄》一诗，称“东阁观梅动诗兴”。北宋嘉祐二年(1057)江原县令赵抃留下诗句“占胜芳菲地，标名罨画池”。南宋诗人陆游任蜀州通判后，留下100多首寄怀蜀州的诗篇，其中有10多首描绘罨画池的梅花和荷花。元、明、清官府对罨画池均不断进行增修。明正德年间(1506—1521)，为纪念赵抃和陆游，于池南侧建“赵陆公祠”，额曰“翠鹤梅花”。清代康熙、乾隆、咸丰、光绪年间亦曾修葺。民国5年(1916)辟为公园。中华人民共和国成立后多次维修，1955年废东门，在北面繁华的大东街新开大门，改称“人民公园”。1974年，再次增修亭、榭、廊、轩。1981年更名为“罨画池公园”，占地约38亩。罨画池水面呈椭圆形，面积约10亩。1994年由罨画池、陆游祠、文庙三部分组成的公园面积4.33公顷，集祠、庙、园林为一体，列为省级重点文物保护单位。

由于罨画池建筑群体自清初修复以后，未曾进行过系统维修，部分建筑老化。2001年6月，罨画池公园由省级重点文物保护单位升为国家级重点文物保护单位后，崇州市文管部门即进行全面勘查，提出维修方案。鉴于公园原有面积太小，接待游人能力有限，拟恢复东南边原学署所在地的部分古建筑及园林设施，同时恢复文庙前“万世师表”坊、文庙左右“德配天地”“道冠古今”坊，以及月牙池等古建筑。在公园大门入口处修建新景，对园内通路及连接拱桥的紫石围栏进行翻新，以重现花、树、亭、桥、船交相辉映的碧潭胜景。

2005年扩建、修缮告成后，罨画池既有川西园林疏朗雅洁风格，又有江南园林小品的精致，文庙布局严谨，气势宏伟，其中棂星门为四川地区仅存的五叠檐楼阁式木结构，陆游祠采用川西民居格局，建筑小巧朴素。从罨画池正门而入，环池由西向东有迎宾亭、尊经阁、望月楼、三曲桥等景点。琴鹤堂前，东有假山区，曲径通幽，移步移景；西有盆景园，造型各异、百态千姿。公园内陆游祠，正殿放翁堂塑陆游坐像，正殿之北有同心亭。祠内由正门、甬道、过厅、序馆、厢房、主厅、花园、后院等组成。序馆为“香如故堂”，陈列陆游生平诗作辑录和诗意画等，以古楠、古槐、冬青、苦竹、海棠、梅花，点缀成“梅馨千代”庭院。从梅馨千代绕到公园后门，其间有云墙环护相接。公园后门外连接州文庙，是省内保存最完好的四大文庙之一，有大成殿、棂星门牌坊。塑有孔子立像，背面是“宫墙万仞”照壁。

【郫县望丛祠公园】

郫县望丛祠公园位于郫县城西南2千米，距成都市区23千米。据文献记载，南北朝齐明帝(494—498)益州刺史刘季连始将位于灌口(今都江堰市)的望帝祠迁往郫县。北宋康定二年(1041)，县令赵可度将望帝与丛帝合祀，从此有

郫县望丛祠公园

望丛祠之名。北宋皇佑四年(1052),县令郭侯整修杜宇、鳖灵二坟,望丛祠陵便初具规模。自清道光以来,望丛祠每年有春秋两祭:春祭为旧历三月三,意在清明节动员春耕;秋祭则为九月九,主庆丰收。此外每年都江堰放水时,地方官员也要到望丛祠祭祀。特别是五月端阳,农事稍闲,男女老幼皆不约而同地聚于望丛祠"吼山歌",参与者唱和互答,此起彼落,演唱内容多为歌颂二帝功业,祈求风调雨顺,表达男女爱慕之情,如今这一风俗已发展成为赛歌会。明清时祠陵历经兴废,民国8年(1919),四川督军熊克武曾出资修葺,陵前石碑"古望帝之陵""古丛帝之陵"题字,由但懋辛手书。望帝陵周长205米,高15米;丛帝陵周长100多米,高12米;巍然而立,宛若山丘。此后川中军阀混战,祠陵疏于管理,祠宇全部败毁,望丛祠只剩两座陵墓,占地面积仅有1.5公顷。

1985年,郫县园林部门扩建望丛祠公园,占地5.5公顷。祠堂因仿会稽禹陵规制,建筑风格有别于蜀中其他祠庙,其祠门偏东偏西,双向对称而开。额题"功在田畴""德垂揖让",以歌颂二帝的历史功德。祠门为二道圆黑门,顶上红瓦、坡面、翘檐,门左右各立一石狮。入门正面为红照壁,壁上有但懋辛楷书"望丛祠"三字,字径二尺许。祠殿为大屋顶、重檐、翘角,坐落在十余级崇阶之上。祠内大殿上重塑望帝、丛帝并列坐像。

园内楼阁亭榭,典雅别致,鳖灵湖畔,垂柳依依,荷风亭前,莲叶泛碧。墓地及周围有207株古柏,高大挺拔,间有珍楠老桂,丛丛修竹。临水就势建有稻荪楼、听鹃楼等楼台建筑。每年农历端午节,附近民众都聚集在这里举行赛歌会,举办物资交流,名食展销,以及鹃城灯会、花会等,使这一民间活动更加丰富多彩。

【大邑静惠山公园】

大邑静惠山公园位于大邑县滨河路中段,距成都市区56千米,占地300余亩。静惠山亦名东山,据史料记载,为蜀汉将军赵云屯兵防羌的主要据点,山上有军事瞭望所——望羌台,山下有屯兵扎营寨——土城,山的四周多有屯兵、练兵的遗迹。静惠山脚下有子龙庙、子龙碑等遗迹。子龙庙于清嘉庆年间曾进行三次大修,道光、咸丰年间又进行维修和扩建,成为拥有三重大殿的祠宇。静惠山历来为纳凉避暑胜地。

1983—1985年,扩建静惠山公园,增设荷花、天香、百花、翠谷、飞虹等园林景点。步入园中即见车耀先烈士塑像,系1986年新立,正面题有"车耀先烈士墓"六个大字,系张爱萍将军题写。1990—2005年期间,对公园全面维修。

静惠公园依山而建,由层层叠叠的之字盘山小路直通子龙祠。园内亭台楼阁,小桥流水,树林荫翳。过去上山的林荫小道已修筑成水泥石阶;路旁的石狮、石虎经历多年风雨洗礼,苔痕斑驳,但依然生动威猛。半山腰有一石桥架于南北两壁,在桥上可见峰奇岩险,谷深涧幽,水秀林碧,云缭雾绕。静惠山上有著名的"五亭",均具有深厚的人文内涵。一为"子龙亭",乃木结构仿古建筑,中塑银须白发的赵云坐像,栩栩如生,令人景仰,二为“平云亭”,建于北宋,已逾千年,乃北宋著名文学家范镇致仕还蜀所建,南宋爱国诗人陆游题词于亭;三为“高秋亭”,乃陆游登静惠山时留下诗句“长看天西万叠青”,高度概括了高秋亭的特色,于今重建新亭;四为“与可亭”,是纪念北宋文学家文同(字与可)兴建,亭高丈余,上矗宝顶,周嵌瓦当,后植翠竹;五为“乐春亭”,为纪念川剧表演艺术大师乐春所建,乐春是大邑人,专攻川剧丑角,死后葬于静惠山,门生故旧为乐春修墓建亭。

【新津宝资山公园】

宝资山公园位于新津县南河南岸,距成都39千米。宝资山属长丘山尾部浅丘,其东端崖峭坡陡,紧逼河岸。山顶峭岩上,有始建于唐代的纪胜亭,供游人憩息远眺,纪胜亭西有始建于唐开元年间的修觉寺。

宝资山公园筹建于1986年,以植物造景为主,逐年植各种花木逾10万株,林木覆盖率达97%。公园依地势山貌,分为前园、后山。前园以季节花木为主,锦翠秀丽;后山与喻槽水库、天社山千亩松柏林区融为一体,增植女贞、青杠、翠竹、山玉兰等林木。景区的主要景点有:

观景阁。位于公园南端,为全园最高点,由二亭组成,登临此阁,俯视五津镇,古镇风貌,历历在目,尽收眼底;仰观天社山,老君庙屹立孤峰,群峰拱卫,雾聚云合,成为新津十二景之一“稠梗出云”。

新津宝资山公园

万春园。位于公园前园,面积3公顷,种植有桂花、海棠、樱花、蜡梅、梅花、玉兰等林木,花开四季,花香四溢。

露凝香。位于公园前园,为二层仿古建筑茶社,凭栏可观赏万春园花木,楼后为盆景园,园中培育各式树桩盆景200余盆。出盆景园,有路径通往后山。1990—1992年,新建小型儿童乐园1座,观景亭阁3座,修整后山游览大道750平方米。宝资山公园依山取势的建筑特色更显风姿,餐饮、游乐、观赏、休憩等配套服务设施逐步完善。1993—1997年,共投资200余万元,绿化面积24万平方米,增设“竹径景点”100余米,对“盆景园”进行大幅度调整,新建温室苗圃一座、储水池一个、露花台一个,修建通往后山游览道一条,长2500余米,在后山营建40亩樱花园,植樱花树2000株,拓宽公园活动范围。1998年5月,宝资山公园租赁给成都和邦酒店管理有限责任公司经营,1999年将5000余平方米的坡地推平,建为草坪,对原来的植物进行调整,对茶楼餐厅进行装修。2000年修建2000余平方米的住宿部、800平方米的接待厅和会议厅,提高接待能力和档次。

【郫县石牛公园】

石牛公园位于郫县县城北大街滨河路126号,沱江河北岸石牛坝,占地面积7.1公顷。1988年4月动工修建,1990年4月建成开放,2001年正式对公众免费开放。

该公园分为闹区、静区、专类园区三大部分:公园东部大门入口处为儿童游乐闹区,设有转马、碰碰车、小火车、海盗船、淘气王等游乐设施,

郫县石牛公园

以及小卖部、茶园等服务设施。中部为静区，设置有湖泊和山丘。湖呈自然形，于西侧狭窄处被卵石汀步划分为大、小两区域。湖岸垂柳依依，间植枫杨、桂花、紫叶李等，配以矮草灌木，形成错落有致的驳岸景观。湖面波光粼粼，游人可泛舟其上，也可于岸边浓阴下垂钓、品茗。湖北侧为挖湖之土堆筑而成的山丘，丘上主植玉兰、桂花，春秋二季可赏“玉树迎春”和“金桂飘香”两幅佳景。正是“虽由人作，宛自天成”。西部为专类园区，即杜鹃园。杜鹃花是郫县的县花，园内有近百个品种、上万株杜鹃花绕假山，拥花径，接曲廊。阳春三月，鹃花怒放，满园满坡，红阵火树，光焰袭人。曲折仿古的“映月廊”占据了园中水池整个西侧边缘。北侧为圆形“听鹃亭”，亭东为“竹榭”，连接临水平台。土山位于竹榭东侧，拾级而上，可至六角攒尖的“啼血亭”，取意于唐代雍陶诗句“高处已应闻滴血，山榴一夜几枝红”。此处为全园最高点，可俯览全园景色。园内花木繁多，除杜鹃花外，还有广玉兰、桢楠、南天竹、观音竹、栀子、铁梗海棠、蜡梅等数十种本地传统花木。

【邛崃瓮亭公园】

邛崃瓮亭公园位于邛崃市市中区，相传西汉时即为临邛巨富卓王孙私家园林。据县志所载，唐代为临邛饯别筵宴之地。宋代建有“鸿都客堂”。因明代疏浚荷池，掘得贮满五铢钱的大瓮二只，于是建亭保藏，始名瓮亭，公园亦由此得名。此后历代均有培修。瓮亭通高8.5米，每边长3.2米，亭心直径4.6米，上盖灰色筒瓦，为八角攒尖式建筑，占地面积2792平方米。民国25年(1936年)辟为“新公园”(文君井称“老公园”)，又名临邛公园。中华人民共和国成立后，公园得以完善。2000年公园扩建，占地3.33公顷。园中有红荷湖，为卓王孙旧宅古池所扩建。分东湖和西湖，以一拱桥相衔。湖的南面建有船坊，船上为亭榭式建筑。瓮亭建在西湖西侧半岛上，为八角攒尖式建筑，亭之天穹为木板装成的八瓣花形藻井，其间有8个莲花垂柱，穹中央的柱头，饰以花卉。园内尚有飞仙亭、鸿都客堂、水榭等景点。湖岸用红色砂岩条石砌筑，湖畔有假山、森林、花园和游乐设施。

【金堂梅林公园】

梅林公园位于金堂县城赵镇北河、中河、毗河三江汇合处的古渡口。北宋熙宁年间，疏浚金堂峡，改名韩滩渡，乃水陆交通之要冲，云集三江上千船只，竞渡于碧波烟柳之中，形成金堂八景之一的“韩滩春涨”。民国15年(1926)，由湖广会馆会首廖润之等集资修建，原名横渚公园，占地41亩。园内顶端有草亭一座，紧领梅坪，种植红、黄梅花；楠木、香樟、柏树、梧桐，散置园内，河边荆竹成林，曲径迂回；园内建有广益图书馆一座，木质结构，一楼一底，楼上楼下均设环廊，馆前植桂花四株；左有佛学社，社前植银杏两株，另有木质结构一楼一底楼房一幢，可供餐馆茶座营业；公园入口处有灵湘剧院一所。

中华人民共和国成立后，赵镇成为金堂县城所在地，横渚公园改名人民公园。1956年朱德委员长来川视察四川化肥厂(今四川化工厂)建厂时,曾来此小憩。至"文化大革命"时期,红桂黄桂、红梅黄梅相继被毁,园内荒草丛生,一片寂寥。1976年始将公园重新规划,兴修园门,砌筑保坎,修造花台,建立苗圃,布置花木,设立儿童乐园。1987年建水池、假山。1988年建古典长廊,池中岛上建六角亭,增设电瓶车场、迪斯卡场,更名为梅林公园。1989年由青温铁路金堂工程指挥部捐资35万元,在公园与河心岛之间架设浮香桥,端头修建芳渚亭。1992年由建设局投资96万元,扩建梅林公园1060平方米,园内设两座四合院,两院之间为一楼一底的转角楼,其余为单层平房,均为仿古琉璃瓦园林建筑。1999年由建设局投资90万元,在公园与河心岛之间兴建橡胶坝。梅林公园,寒冬腊月,梅花飘香,沁人心脾,独具魅力。

城市绿化

【道路绿化】

蜀都大道绿化。蜀都大道是横贯城区东西向主轴的交通干道,东起五桂桥,西至中医药大学,全长8584米,宽42~50米。原有绿带以银杏、银木、女贞为骨干树种,银杏间距16米,女贞株距4米,间以夹竹桃,地被植物用狗牙根或鸢尾,外

蜀都大道绿化

侧用大叶黄杨作绿篱。分车带以整形常绿灌木海桐和大叶黄杨为主,紫薇、塔柏、龙爪槐等间植其间,各灌木之间种美人蕉及月季等花卉,周边栽大叶黄杨、六月雪、二栀子、小叶女贞作绿篱。墙边绿带以银木、女贞、泡桐、光叶粗糠等乔木为基调,间以夹竹桃、海桐、小腊等,栽鸢尾为地被植物。1990年以后,部分树木进行更换,新栽黄桷树、天竺桂、红千层、红叶李、黄花槐等。2004年8—11月,蜀都大道中心城区路段分车绿带改造为四板五带式,分东,西两段安排:东段从双桥子立交桥至沟头巷,绿化面积6594平方米,绿篱墙长度3738米,栽植天竺桂、红千层、金边吊兰及小叶女贞造型柱,配以大量花卉和平板植物图案,形成热闹喜庆景观;西段从东城根街至中医药大学(一环路西二段与西三段交汇口),绿化面积5396平方米,绿篱墙长度3718米,分组间隔栽植天竺桂和红叶李、黄花槐。东、西两段4个端头各设一个草花景点,以提升景观效果。全线计栽天竺桂、红叶李等乔木377株,红千层、黄花槐179株,女贞柱35个,建绿篱墙7456米,绿化面积8163平方米。2005年6月,在总府路、人民东路、人民西路人行道新增胸径20~35厘米的天竺桂、胸径16~25厘米的青桐共340余株,分车带种植胸径20厘米的红豆木117株、千层金7000株(丛)。增大了中心城区路段树木浓密度和绿荫面。蜀都大道在道路绿化改造中,强调植物多样化、多层次,注重大色块、大条带组团造型,成为中心城区具有浓郁特色的景观大道。

人民南路及天府大道绿化。人民南路北起天府广场,南至火车南站,全长5494米。1986年,植物配置风格基本雷同,分车带以雪松为主体,间以海桐球、月季、美人蕉,以大叶黄杨绿篱围绕;人行道绿带宽3米,以T字形种植两排银木,外侧以大叶黄杨为绿篱,人行道和墙边种植鸢尾

人民南路绿化

天府大道绿化

作地被植物。2004年，人民南路一段绿带改为三板四带，二至三段改为三板六带，四段改为四板六带。分车带仍以雪松为主体，人行道树种以银木、女贞、银桦为主。2005年于雪松树下栽植低矮的十大功劳、杜鹃、金叶女贞、红继木、紫叶小檗等彩叶地被植物，街口、桥头摆放形状各异的花钵，四季鲜花盛开。分车带端头为大色块花卉，花色鲜艳夺目。人民南路整条街道乔、灌、花、草合理搭配，成为市中心纵贯南北的景观大道。

天府大道即人民南路南延线，北起火车南站，南至华阳府河桥，全长13.3千米，全道路绿地面积31.3公顷，绿化率达35%。种植乔木有香樟、银杏、雪松、天竺桂、三叶木、广玉兰、杜英、白玉兰等，灌木有红枫、红叶李、罗汉松、龙柏、海桐、四季桂、决明、南天竹等，地被植物为混播草坪、马蹄筋、三叶草、杜鹃、红叶小檗、小叶女贞、金叶女贞等。

新华大道绿化。新华大道为横贯城区北部的主干道，包括双庆路、双林路、三槐树路、玉沙路、德盛路、文武路、江汉路、通锦桥路、马家花园路、沙湾路等，全长9.51千米，绿地面积2.27公顷。1993年，绿化双庆路与双林路，为三板四带式，分车带种植女贞670余株，间种海桐球179株；人行道种植法桐、女贞940余株；地被植物为狗牙根和混播草坪。2005年上半年，完成三槐树路至通锦桥路绿化，为两板三带式，中央分车带种植天竺桂、红叶李和紫薇、垂丝海棠等花木；人行道种植小叶榕、天竺桂、三叶木等，配置金叶女贞、红花继木、红叶小檗、美人蕉、小叶女贞等色叶地被。2005年，在玉沙路（红星路口）至通锦桥路人行道增种高度5~6米、胸径12厘米的银杏及胸径10厘米的天竺桂。沙湾路两侧原有人行道斜面花台，花台内种法国梧桐作行道树，地被植物为金叶女贞、红继木、杜鹃、二栀子等色叶灌木组成图案。2005年8月，斜面花台开始拆除，加宽人行道的面积，仅保留原有200余株梧桐作行道树。

光华大道绿化。光华大道是连接青羊区与温江区的主干道，是举办第六届中国花卉博览会主要通道，全长16.6千米，分城区段、青羊段、温江段。城区段长2.0千米，人行道主要种植小叶榕，2005年，在小叶榕之间补栽胸径10~20厘米的银杏、栾树、小叶榕630余株。青羊段长8.8千米，绿化面积约37.8公顷，占总用地面积的49.5%，种植黄桷树、银杏、桂花等形态各异的植物，分为“延伸的文化”“城市湖泊森林”“水的依恋”3大景观区，形成清水河码头、诗书画廊、含芳印雪、拥翠楠香、曲韵和流、林荫漫道、水木光

光华大道绿化

华园、花溪戏蝶、水文化广场9个景观段落，几个较大的路口还修建了小游园。温江段长5.8千米，绿化面积43.3公顷，其中草坪近12.4公顷，主要植物有广玉兰、银杏、桢楠、天竺桂、香樟、桂花等，共5870余株，地被植物为金叶女贞、红花继木、金边六月雪、南天竹、杜鹃、小叶女贞等，配置上采用高低搭配，乔灌融合，常绿与落叶相结合的方式，突出层次和季相、色相变化。

长顺街及小南街绿化。长顺街及小南街为纵贯城区西部的主干道。长顺街南起蜀都大道，北止西大街，长1859米。20世纪80年代，人行道主要种植女贞、槐树、梧桐。2001年改建后，中央分车绿带种植金叶女贞、红花继木球、美人蕉等色叶植物，间植龙爪槐，两边人行道种植小叶榕、天竺桂等乔木。2005年，又在中央分车带种植胸径10厘米以上的皂角树、红豆木、鱼木250株。人行道小叶榕胸径约15厘米，树冠已成浓荫。长顺下街西边人行道上，有胸径约1米的小叶榕，苍劲古朴。长顺街绿地总面积1860平方米。

小南街即长顺街南延线，南起锦里路，北止蜀都大道，长1424米，绿地面积1284平方米，人行道宽3~4米，种植小叶榕；中央分车带宽1.5米，种植金叶女贞、美人蕉、红继木，中间种龙爪槐、红豆木。形成乔、灌、地被结合、层次分明的景观效果。东面人行道旁有一绿地，种植天竺桂、栾树、黄桷树等乔木及南天竹、杜鹃、海桐等花灌木，草坪为麦冬。2002年，邻近的人民公园破墙透绿，使公园景观与道路景观融为一体，在公园西大门外两侧绿地上密植银杏、小叶榕及色叶植物红叶李、红枫、红继木、金叶女贞和时令鲜花。街旁绿地为小南街增添诱人的景色。

迎宾大道绿化。迎宾大道起于羊西线，止于金牛大道(老成灌路)，全长1620米，于2001年9月底建成，2002年3月绿化。道路中央分车带种植低矮的金叶女贞、红叶小檗、黄金叶、红继木等色叶植物和时令花卉；大道的两侧绿带长1600米、宽8米，呈缓坡状，由人行道向路边逐渐升高，高处密植雪松、天竺桂、银杏等作背景树，低坡面在绿茵草坪中种植小叶女贞、三角梅、

迎宾大道绿化

迎宾大道绿化广场小游园

洒金柏等。迎宾大道共种植乔木4282株，灌木32.4万株，绿地率达33%。2003年在迎宾大道与金牛大道交叉口修建金牛迎宾广场，面积10200平方米，种植乔、灌、花、草，与道路绿化融为一体。

熊猫大道绿化。熊猫大道从川陕路将军碑至大熊猫繁育研究基地，长4370米，绿化为一板两带式，主要栽植银杏、女贞、琴丝竹、四季常青草坪等。1996年，将熊猫大道两侧绿化带由3米扩宽至15米，面积达13.4万平方米，配置大叶榕、水杉、银木、女贞、柳树、天竺桂等乔木，两侧墙边种植翠竹。2004年，新建波浪形小叶女贞绿篱11.59千米，增植金叶女贞、美人蕉等彩叶植物。至2005年末，共计种植乔木大叶榕、柳树、银木、水杉、女贞、雪松等1.49万株，灌木夹竹桃、琴丝竹等3950余丛，地被植物美人蕉、草坪10.32公顷，绿地面积13.42公顷。

20世纪80年代，城区共有中小街道958条，总长度285千米，宽度一般在14米以下，一些街道常以树木花草命名，如桂花街、梨花街、竹林巷、槐树街、枣子巷、柳荫街等。1989年，分期分批整治636条，栽植乔、灌木共4.57万株（丛），其中绿化历史较长的街道有30余条。1990—1992年，配合中小街道整治，栽植各类苗木16.38万株。2005年旧城改造中，又对1600条中小街道进行绿化。其中重点有：

中小街道绿化

交大路绿化。交大路起于二环路北一段、北二段交汇处，止于金府路，长2000米，道路宽21.27米。绿地始建于2002年，改建于2005年，人行道绿带宽2~2.5米，为金叶女贞和红叶继木间植形成的斜坡面，周围以铁质花栏护围，中间植胸径15厘米的小叶榕；在两个节点处以灌木组团，适量配以小乔木；在河道两边以种植小叶女贞球、麦冬、迎春为主，间植小叶榕、红叶李；中段人行道西面宽阔墙边，以三排或四排密植的小叶榕、红叶李形成小游园。

督院街绿化。督院街北起红星路四段，南止学道街，长230米，街道宽18米。2002年街道拓宽后，人行道宽4.5米，栽植小叶榕50余株，树冠冠幅5~6米，犹如一把把翠绿色大伞。在省政府大门外左侧有一狭长绿地，长60米、宽1米，内植杜鹃；对面的街旁绿地，面积4600平方米，草坪中种植胸径30厘米以上黄桷树10株、胸径15厘米银杏20余株、胸径70~80厘米的小叶榕3株，这些高大乔木的四周是小叶女贞、金叶女贞平板绿篱。2004年，督院街成为环保示范街道。

【屋顶绿化】

20世纪70年代初，成都出现过屋顶造田公司，开展屋顶种植工作，市城建局园林处开始提倡屋顶绿化。1990年以后，成都市屋顶绿化继续发展，新的类型相继出现，建植水平持续提高，配

屋顶绿化

套设施更加完善,绿地洒水自动喷灌。常选用中、高档植物,并选用轻型、性能好的栽培基质,如泥炭土、腐质土、锯末、珍珠岩、蛭石等。其中成都电线分厂1800多平方米的花园型屋顶、成都商业大厦2000多平方米的五层叠层式屋顶花园、成都量具刃具厂2000多平方米的苗圃型厂房屋顶、市工商银行与省人事厅棚架型绿化屋顶、成都商业场3000多平方米的屋顶花园最为突出。至1998年年底,屋顶绿化累计发展到近1000处,总面积约30公顷。至2005年年末,城区屋顶绿化面积共达95.25公顷,其中中心城区83.37公顷。

【垂直绿化】

垂直绿化是利用攀缘植物、缠绕植物来装饰立体空间的一种绿化形式。20世纪80年代,曾在成都铁路局、宁夏街监狱、华西医药大学等单位进行墙垣垂直绿化,至1989年年末,城区绿墙面积达10.36万平方米。1989—1992年,成都市园林科研所等单位在一环路北二段、宁夏街、学道街、方池街作垂直绿化试点,街道总长480米,覆盖面积1660平方米,绿视率90%,效果良好。成都市植物园、无缝钢管厂、红光电子管厂等应用爬山虎、凌霄、常春藤、七里香、紫藤、云南黄馨等植物作垂直绿化试点,墙面绿化面积达3000多平方米,绿视率90%以上。此后,在部分居民小区、社会单位及各区(市)县进行推广。

成都市有攀缘植物40种,常用攀援植物有藤三七、扁担藤、西番莲、威灵仙、小木通、五叶地锦、爬山虎、川鄂爬山虎、常春油麻藤、络石、金银花、腺萼南蛇藤、常春藤、薜荔、海金沙、鸡血藤、茑萝、爬行卫茅、合果芋、九重葛、紫藤、使君子、

园林局机关栅栏绿化

中国建筑西南设计研究院墙体绿化

藤本月季等品种。用于墙面绿化的有爬山虎(无缝钢管厂、植物园等处)、川鄂爬山虎(高笋塘建材市场)、常春藤(植物园)等;用于棚架亭廊的有紫藤(人民公园)、常春油麻藤(市干疗院)、使君子(市文化宫)、木香(双桥子立交桥)、叶子花等;用于绿篱和阳台绿化的有牵牛、藤三七、藤本月季(机场路两侧隔离带)、常春藤等。

1998—2000年，人南立交桥、府青路立交桥、双桥子立交桥、营门口立交桥、衣冠庙立交桥、永丰立交桥等处,普遍采用阴生植物作底层绿化材料,藤蔓植物作桥柱绿化材料,悬垂植物作花槽植物材料。2000年,实施“爬山虎行动”,市区沿街墙体和有条件的建筑普遍种植。2001年,完成城区墙体绿化93幢,改墙透绿10.26千米，其中城区5大公园改墙透绿1872米。2002年年底三环路建成后,对25座立交桥进行绿化,总面积约135万平方米。主要是引桥匝道绿化、块状空地绿化及桥柱绿化，桥柱绿化用爬山虎、常青藤。2002年4月,由武侯区园林绿化工程队在南河桥边建成一堵绿墙,五彩地锦覆盖整个弧形墙面,形成绿色瀑布。2003年迁入新都区的西南石油学院,校内绿树成荫,一堵堵苍翠的墙形成一道道绿色屏障。位于金华街的中国建筑西南设计研究院于20世纪80年代在五层办公楼旁栽植爬山虎,至2005年末,藤蔓已布满除窗户外的整个墙体,形成绿色建筑物,十分美观。

市园林局于2005年1月24日发布《成都市屋顶绿化及垂直绿化技术导则(试行)》。至2005年年末，成都市墙体绿化面积达61.03万平方米。其中中心城区52.27万平方米。

【单位绿化】

1990—2005年期间，成都市单位绿化全面推进,成效显著。1992年制定《创建园林式单位标准及考核记分办法》,当年即评选出48个园林式单位，截至2005年，全市共评出园林式单位813个,其中:省级2个、市级262个、区级549个。

在此期间,机关及事业单位办公区绿化普遍加强，成都市人民政府第一办公区的拆墙透绿、中国建筑西南设计研究院的墙体绿化、市园林局的栅栏绿化都取得显著成效。2001—2002年建

市人民政府第一办公区拆墙透绿

成的成都大学十陵新校园，充分利用丘陵区起伏不平的地形条件，在不规则用地上合理组合各个功能区，将用地中心最低处辟建为“偃月湖”，是师生共享的休憩景点，兼具蓄水滞洪功能，校园绿化、乔、灌、花、草合理搭配，点、线、面完美结合。树德中学苏坡乡新校区的中心广场，大面积种植高大乔木，形成树阵，美化校园，彰显出“十年树木，百年树人”的理念。2002 年 12 月建成的成都图书馆门厅前的草坪林木间，布置有四川雕塑艺术院设计制作的历史文化名人铜像和雕塑小品，美化了环境，丰富了其历史人文内涵。在此期间建成的一批工厂也高度重视厂区绿化和环境美化，尤以 1992—1994 年改扩建的全兴酒厂和 2003—2004 建成的成都卷烟厂厂区绿化更为出色，建成花园式厂区。

成都花园小区绿化

置信丽都小区绿化

【社区及小区绿化】

1990-2005 年期间，社区及居住小区绿化工程和生态环境建设日益受到重视，绿地率平均达到 37.33%，有的高达 45%。其中最具特色的有置信丽都花园、锦官新城、春天花园等，其绿化覆盖率达到 60%以上。

棕北小区是 1990 年建设部批准的全国第二批城市住宅建设试点小区，于 1991 年 8 月开工，1993 年 10 月验收，其绿化工程由成都市绿化管理处承建，1993 年 10 月与主体工程同时竣工。小区中心游园面积 7700 平方米，由组合花坛、草坪与林木搭配，庭廊、水池、雕塑小品构成层次丰富的景观，4 个组团花园分别命名为“锦苑”“秀苑”“棕苑”“竹苑”，面积 4194 平方米，小区道路两旁以棕榈、银杏为行道树，此外，有楼间绿地 2.29 万平方米，公用设施专用绿地 1800 平方米。棕北小区绿化总面积 4.24 万平方米，占小区总面积的 36.7%，在全国标准住宅试点小区验收时，中心游园被评为全优工程。

蜀风花园城·兰苑承袭川西民居建筑风格，沿中部东西走向的绿轴分别布置 5 个大小不同的院落，每个院落又划分为 2~3 个互相渗透的空间。院落中配设游廊、亭榭、小桥、流水、石灯、石椅。小区内植物配置选用不同树种，高低搭配错落有致，突出季相和色相变化，展现乔木、灌木、地被植物的层次。并根据地形起伏、溪流弯曲的自然特性，以密林景观、疏林景观、水边草地及水生植物突出其生态特色。

2004 年，市园林局制定《成都市创建园林式社区标准》，创建苏坡桥场镇社区、双园社区、经华社区、青岛社区、光荣北路社区、大石东路社区、沙子堰西巷社区等 30 个园林社区，为近 10 万居民创造优美的居住环境，体现“家中有景，景有有家”的文化意境。2005 年，9 城区及高新区已实施物管住宅项目 1305 个，共评出园林小区

793 个，占 60.8%，绿化面积占用地面积的 26.5%。

【拆墙透绿工程】

2001 年起，成都市陆续推进拆墙透绿工程。市园林局首先在人民公园、文化公园、新华公园、百花潭公园等市级公园中实施拆墙透绿工程，将公园周边的餐馆、店铺拆除，将公园四周的实体墙改为通透式铁花栅栏，使公园景观与城市景观融为一体。随后，各区级公园也相继实施拆墙透绿，截至 2005 年年底，全市公园共拆墙透绿 4535 米，这一举措得到社会各界认同和赞赏。成都市公园拆墙透绿工程带动社会单位透绿，许多机关、事业单位、宾馆、学校纷纷实施拆墙透绿工程。截至 2005 年年底，城市主干道沿街 90%以上的单位实施拆墙透绿工程。

拆墙透绿工程

【城市鲜花工程】

成都市每年各季均有鲜花摆放于城区主要干道、广场、小游园、桥头、河岸等处，摆放数量从数十万盆(株)至数百万盆(株)，品种达 20 余种。1990—2005 年 16 年间，成都市摆放鲜花和栽植花卉累计达 2912.8 万盆(株)。摆放鲜花的主题，多配合各类创建活动、重大会议、重大节日等。

20 世纪 80 年代起，每逢重大节日，市园林部门均在各公园及城区繁华街道摆放时令鲜花，烘托节日气氛。鲜花由草堂花圃、白莲池苗圃及各公园附属苗圃提供。1990 年创建卫生城市活动中，摆放鲜花 13 万盆(株)。1991、1992、1994、1995 年，分别摆放鲜花 11 万、13.5 万、30 万、17 万盆(株)。

1996 年，园林系统建成永宁苗圃，周边花木生产地如锦江区三圣乡、温江县、郫县，花卉生产亦迅速发展，各种庆祝活动摆放鲜花的范围，逐渐扩大到人民北路、人民南路、顺城街、蜀都大道等主干道，以及广场、桥头、小游园等处。共摆放鲜花 18 万盆（株）。1997 年摆放鲜花 150 余万盆。1998 年摆放鲜花 45.3 万盆(株)。1999 年，庆祝中华人民共和国成立 50 周年，天府广场及城区主要街道摆放鲜花 120 万盆，摆放方式突破平面模式，共设 8 个主体花卉造型景点、58 个大型花坛，以及数十万盆鲜花组成的彩面和彩带。2000 年，成都市启动创建“园林城市”活动，全市设置 28 个主体花卉造型景点，摆放鲜花逾百万盆。2002 年，在城区主干道、广场、游园和河岸摆花换花达 520 余万盆。2003 年，强调多样化、多层次、多形式，美人蕉、四季海棠等 20 余种特色花卉上街数量达 800 余万盆。2004 年，鲜花上街数量达 850 余万盆，成为数量最多的一年。2005

东风大桥小游园鲜花造型

鲜花工程-植物雕塑鲜花造型

年，市区主干道分车带内及人行道栽植各种花卉。一环路全线新植蔷薇1万余株、蜂花月季8000余株、美人蕉2万余株，补植了黄花槐、杜鹃、栀子花、西府海棠、紫薇等时令花卉，形成一条环形彩色花带。2005年共摆放各种花卉260余万盆。

至2005年末，10区花卉苗木生产绿地共1716公顷，温江、郫县等地已形成支柱产业。位于城区的郎家、三圣、前锋花卉产地，占地均在100亩以上，花卉种类有一品红、一串红、杜鹃、三色堇、独本菊、玻璃海棠、四季海棠、美人蕉、金盏花、蜂花月季、栀子花等20余种。

【特色临街小游园】

后子门广场游园。后子门广场游园位于四川科技馆北部，广场面积3.8公顷。游园面积3240平方米，1981—1982年建成，平面上呈等腰三角形，中心有一直径14米的圆形喷水池，池中有高约7米的芙蓉花仙雕塑，池中种植睡莲；东西建对称花坛，配置雪松、广玉兰、罗汉松、湿地松、铁梗海棠、红叶李、苏铁、红千层、花石榴、龙爪槐、海桐球、桂花球、月季花、迎春花、丝兰、小叶女贞、吊兰、美人蕉及混播草坪、天鹅绒草坪等。为提高游园整体形象，1997年进行全面改造，新增不锈钢护栏，以金叶女贞、红继木、洒金珊瑚、杜鹃、鸭跖草组成彩色绿篱板块，替代原有单色绿篱；另在四周新设6个大型花钵，栽植时令花卉。2000年又配设67盏射灯，入夜时灯光照射在雕塑、水池、草坪上，夜色更加美丽。2005年11月起，改建后子门广场，地面以花岗石铺装，中心改建为面积2238平方米的梯形水池；广场东西两边各有菱形树池43个，栽植银杏；广场周边除保留原有银桦、雪松、香樟外，新植银杏161株、桢楠64株、以及白玉兰、合欢、兰花楹、朴树、琴丝竹、香樟、刚竹等，新铺草坪1.8公顷。

双秀园。双秀园位于二环路东三段东侧与四二〇厂厂房之间，距双桥立交桥100米。组景以多层次的人工植物群落配置，充分展现市树、市花主题，故名“双秀园”。于2001年4月建成，占地面积4850平方米。园南以银杏、黄桷、桂花等

双秀园

高大乔木造景；北侧以芙蓉为主景，四周遍植花期不同的新品种芙蓉，在7—11月芙蓉花次第开放；周边密植黄桷、香樟、天竺桂等高大乔木，其下满植南天竺、十大功劳、红继木等灌木，外层设置草坪，形成生态群落屏障，以隔离长街噪音，形成绿色的休闲空间。

东风三角地游园。东风三角地游园地处蜀都大道和总府路之间，面积1925平方米；其中绿地面积810平方米，水面面积150平方米，1983年建成，利用大道间三角形地块形成绿地。初建时将总府路9棵高大梧桐树囊括其间，成为一道风景线，植物品种有柏树、海桐、六月雪、小叶女贞、英国小月季等。1993年塑成“母爱”为主题的熊猫雕塑，新建一直径10米的彩灯喷泉水池，外围以3个花瓣形花台陪衬。1998年，将花坛上小磨石换成大理石，游步道增设4个大花钵，摆放时令花卉。园内绿地重做布局，设计成3组花团，花心植三棵针，四周按季节配置时令花卉。2000年安装射灯24盏。

二环路南三段小游园。二环路南三段小游园北临二环路，南近华西普济医院，占地面积11800平方米，其中绿地面积8775平方米，2003年9—12月利用原有防护林带建成。由于医院通道将游园分为东西两部，高压走廊和地缆贯穿东西，基于这种特定的环境，设计定位以绿地为主，突出自然，力求质朴。在原植物基础上选用女贞、法桐、皂角树、天竺桂、梨树、柚子、枇杷等乡土树种，以常绿与落叶树种相结合，配以芙蓉、梅花、玉兰、垂丝海棠、紫薇、杜鹃等花木，以及冬青、金叶女贞、红继木、三棵针等传统花灌木，草坪植三叶草、麦冬，形成高中低层次。园中以草坪为中

东风三角地游园

心，东西对称组景，广场小叶榕下配置树池形座椅；以水杉、女贞等组成的林荫道贯穿南北，游步道上交错置放28个木制大花钵，随季节变化配换时令花卉。

【特色滨河小游园】

合江亭与听涛舫。合江亭与听涛舫位于府河与南河汇合处。合江亭为两座六角连在一起的双亭，造型新颖，结构奇特。合江亭西边的听涛舫为两层仿古建筑，亭台楼阁相融一体，构成古色古香的合江园新景。合江亭有两幅楹联，书画家赵蕴玉撰书的楹联为："从唐宋以来，东流阅尽江山老；视锦华而后，此处登临天地宽。"学者李奇峰所撰，书法家何继筹所书的楹联为："唐季建名园，万里征帆从此去；今时恢胜迹，两江明月傍潮生。"

合江亭夜景

思蜀园与清晖园。思蜀园位于合江亭的路北，景区建立在略呈坡度的台基上，面积1.1万平方米。在靠近滨河东路的园角，有一立石，刻有沈鹏所书"思蜀园"三字。迎面的绿色草坪中，有一个很大的水池，水池北面，有一条蜿蜒曲折的水渠与水池相连。水渠两侧是成片的草坪，其间种植许多佳木异卉，有银杏、黄桷、水杉、桂树、苦竹等。水池四周立有五根高大的天然石柱，其中四根石柱的中段，有古人治水的浮雕，并分别刻有"鳖灵治水患""李冰穿二江""文翁穿湔江""高骈改府河"几个篆字，昭示古蜀治水的四个重要里程碑，并由史学家谭继和撰写碑记，书法家蒲宏等书写，镌刻于碑，永著千秋，昭励后世。另有一根石柱，仅刻"流芳"二字，显示今人继往开来、治水兴蜀、万古流芳的壮志宏图。因思蜀园位于合江亭侧，府河与南河在此相汇，长流永继，奔向未来。象征着相爱男女永结同心、百年好合、吉祥如意，成为新婚夫妇摄像留影的佳地。清晖园位于府河东岸，与位于府河西岸的思蜀园隔河相望。

雅园与绮霞园。雅园位于南河的锦官桥头，绿化面积6000平方米。塑3座花岗石雕塑的高大艺术建筑群，镌刻汉、唐、宋三个文学创作高峰期9位文豪的肖像以及其代表作，9位文豪分别是汉代的司马相如、王褒、杨雄；唐代的陈子昂、李白、杜甫；宋代的苏轼、黄庭坚、陆游。雅园内有一座造型特异的诗碑，顶端刻陆游头像，中部刻何继笃草书陆游名篇《梅花绝句》："当年走马锦城西，曾为梅花醉似泥。二十里中香不断，青羊宫到浣花溪。"迈过锦官桥，沿府河北岸东行，有一大片宽阔的绿地，中间挺立着许多珍贵树木，环绕着一圈杜鹃花，春夏之交，红花吐艳，宛如天上彩霞，故名"绮霞园"。绮霞园小巧玲珑，与雅园一样，草坪中参差错落地布置有许多色调不同、形状各异的大石，上面刻有书法家所写历代诗人吟咏成都的诗词，集中展现成都的"雅文化"。

银杏园与拒霜园。银杏园位于南河桥（彩虹桥）西侧的南河左岸，面积4600平方米。园内如茵的草坪上有许多名贵花木，一排整齐的银杏沿着河岸参差种植，独具特色，故名银杏园。拒霜园同在南河左岸，位于南河桥（彩虹桥）东侧，面积3600平方米。园中草坪广阔，四周遍植以木芙蓉为主的花树，木芙蓉又名拒霜花，故该园称拒霜园。银杏树为成都市树，木芙蓉为成都市花，两园分置南河桥东西，隔桥相望，形成市树市花两园辉映的独特景观。

岁寒园与香雪园。岁寒园位于五丁桥东头府河南岸。为平行于府河的带状滨河游园，东西向延伸，长700多米，面积16600平方米。在狭长的草坪上，突出松、竹、梅“岁寒三友”的林木主体，以点明“岁寒园”的主题。葱绿的草坪中，一路上有形状各异、色调不同的天然奇石与游人相伴，每块石头上都镌刻有唐宋明清的古诗词。最引人注目的是一块呈马鞍形深色调的大石，大石的一侧刻有洪厚甜书写的李白《蜀道难》长诗。提醒游人文明游园的警语也刻在大石上，体现出古蜀文化中大石文化的特色。香雪园位于五丁桥东头府河北岸，与岁寒园隔河相望，也是平行于府河的带状滨河游园，面积8000平方米。香雪园的西北头，也是巨石如林，镌刻着许多书法家撰写的咏诵成都诗词。香雪园的中心部位为三层三段、错落有致的花坛，坛中培土种花，香飘四季，体现“香雪园”的韵味与主题。

紫微园与翠风苑。紫薇园位于武成门桥（新东门桥）北头府河西北岸，面积6000平方米，中心部位一丛丛紫薇树，在如茵的草坪中，开出细小雅致的繁花；南北两端各有一座亭榭，供游人环坐休息。翠风苑位于武成门桥南头府河西岸，面积8600平方米，与紫薇苑隔桥相望。翠风苑北头有四座四角亭，围着一个方形树坛，排列在如茵的草坪中。中部有一个隆起的土堆，上覆绿草，把北头的四亭与南头的流泉景观分隔开来。翠风苑系府、南河综合整治期间，全市共产党员及入党积极分子捐款所建，在翠风苑紧靠东安南路处有一天然巨石，石上刻有《翠风苑捐建记》，记录1996年7月，全市14.04万名共产党员和5378名申请入党的积极分子捐款修建翠风苑的事迹。

【城市公共雕塑】

运用城市雕塑是塑造城市形象、提升城市品牌、延伸城市人文精神的重要手段。成都市拥有深厚的历史文脉，保存着中国现存最早的城市雕塑，有20世纪前期的孙中山铜像（春熙路中山广场）和无名英雄像（最早建于东门城门洞，后于万年场重建，再后迁至人民公园），有20世纪中期的毛泽东塑像（天府广场），为国内现存最大的毛泽东石雕像。

成都城市雕塑在1983年开始起步，此后陆续改建或塑造了《建设者》《芙蓉花仙》《无名英雄》《十二桥死难烈士纪念碑》《金牛》《薛涛像》等雕塑，至1989年，共建成52座。

孙中山铜像

无名英雄

李冰父子

百年巴金

1990—2005 年是城市雕塑发展较快时期。在此期间建成锦江、三环路、诗歌中心 3 个较大城市雕塑群。锦江雕塑群从 1996 年始建，1997 年 11 月完工，共建有 25 座雕塑，较有代表性的是《流水的形式》（作者贝西·达蒙、邓乐、沈允庆）、《音乐广场》（作者谭云、郑晓东、赵丽）、《水的丰碑》（作者朱成、步健）、《文字高峰》（作者邓乐）等。三环路雕塑群主要展示蜀文化精髓，有代表性的是《蜀风》（作者许宝忠、段誉龙）、《“川剧长廊”公共艺术景观》（作者许宝忠、段誉龙）、《云帆》（作者王全文）等。诗歌中心雕塑群在浣花溪公园内建造，以雕塑（圆雕、浮雕）、地景、园林的三维造型，将诗与景完美结合，包括屈原、李白、杜甫、陆游、“三苏”“三曹”等历代诗人的雕塑。其中《诗歌大道》作者为叶毓山，《浣花流韵》作者为朱成，皆于 2005 年建成。

老成都民俗公园位于成都市人民南路立交桥下，雕塑由成都市郎世宁环境设计有限公司承建，2001 年 8 月开工，2002 年元月建成。主要分 6 个区域，其中成都老桥老街文化艺术区，通过青石小桥，再现万里桥、青石桥、卧龙桥等老桥形象，引桥墩柱上重现老成都街道风貌。民俗文化雕塑休闲区以浮雕墙和实体雕塑来表现，有《掏耳朵》《推鸡公车》《看西洋镜》等老成都人生活场景。

2001 年，春熙路改建成商业步行街，建成一批雕塑作品。中山广场的《孙中山坐式铜像》系雕塑大师刘开渠的作品；《“老字号”掠影铺地浮雕》作者为许宝忠，再现抗日战争时期银楼、茶肆、影院等老字号共 16 幅。通过人流踩磨，使铸铜浮雕画面透射出“历史之光”；《擦肩而过》作者为谭云，运用时空交错手法，将老者与时尚女郎组合，体现百年一瞬的感触。

沙河综合整治于 2001 年开工，2004 年竣工，在沙河沿线的雕塑作品有许宝忠的作品《沙河记》《东别为沱》《魅力成都》，以及《古蜀五祖》《茶之源》《洛带客家》等雕塑。

在文化馆所、大专院校、体育场馆、公园景区等公共建筑内有一批优秀的雕塑作品问世。成都巴金文学院内的《百年巴金》铸铜像系谭云于 2003 年完成，作品是故乡人为祝贺巴金百年华诞而建，被巴金的女儿和亲人评价为最好的巴金塑像。建于成都图书馆的铸铜像《读书时节》，（作者钱斯华），系 2003 年建成的景观雕塑。此外尚有四川省委党校的《马克思像》（作者王全文）、西南交大的不锈钢雕《百年交大》（作者邓乐）、西南财大的不锈钢雕《聚与散》（作者谭云、蒲果）、省体育馆内的《体育组雕》、成都奥林体育中心的不锈钢雕《少年棒球手》（作者谭云）、文化公园的红花岗石雕塑《十二桥烈士》及大型浮雕墙《花灯溯源图》、活水公园的《流水形式》等雕塑作品。

《万户千门》建筑外墙装饰浮雕，采用铸铁、汉砖、青砖为原料，高 20 米，系朱成完成于 1999 年的作品，建于二环路皇城老妈总店，别具一格，将地域文化与建筑功能融为一体。

各区（市）县也建造一批雕塑作品。《李冰父子》铸铁雕像高 10 米，系任义伯完成于 1992 年的作品，建于都江堰入城广场，作品展示了李冰率领西蜀民众建造都江古堰的雄伟气势，为都江堰市城标。《春风化雨》不锈钢像高 10 米，系谭云完成于 1993 年的作品，建于青白江区主广场，作品表现了邓小平南方谈话以来中国改革开放的新意象。

园林植物

【绿化树种】

绿化树种概况。成都市园林绿化常用树种以乡土树种为主，适当引用外来优良树种；以乔木为骨干，花、灌木合理搭配；以常绿为主，结合落叶；并考虑园林树木花、果、叶的特征，形成绿树成荫、富于季相色彩变化的景观。1984—1998 年，成都市建成区主次干道绿化，所用乔木树种 31 种，其中常绿树 15 种、占 48.45%，落叶树 16 种、占 51.6%；共植树 16.12 万株，其中常绿树 11.8万株、占 73.2%，落叶树 4.32万株、占 26.8%。31 种乔木中，乡土树种 23 种，种类数占 74.2%，用量占 72.9%。

骨干树种：女贞、悬铃木、银杏、香樟、水杉、广玉兰。

重点观赏树种：芙蓉、玉兰、紫薇、桂花、垂丝海棠、川茶、梅花、石榴、栀子、樱花、鸡爪槭、雪松、棕竹、苏铁、海桐、大叶黄杨、蜡梅、西府海棠、杜鹃海棠、金弹子。

抗污染绿化树种：苏铁、罗汉松、女贞、枇杷、

人民公园的银杏

棕榈、柑橘、大叶黄杨、夹竹桃、珊瑚树、胡颓子、枳壳、海桐、臭椿、桑树、泡桐、苦楝、银杏、栾树、喜树、花椒、枫杨、木槿、紫穗槐。

滨水湿生树种：水杉、柳树、枫杨、喜树、桤木、芙蓉、栀子。

庭园绿化树种：国槐、合欢、象牙红、梧桐、苹果、桃、红叶李、樱桃、朴树、核桃、皂角、梨、柿、柑橘、琴师竹、慈竹、苦木、桧柏、千枝柏、侧柏、蜡梅、木绣球、罗汉松、凤尾丝兰、迎春、金丝桃、月季、杜鹃。

原有树种应用。成都市原有树种含女贞、悬铃木、银杏、香樟、水杉、广玉兰等，在 1990—2005 年期间广为应用。女贞，常绿乔木，花期初夏，略有香味，产四川成都及川西南。喜光，耐瘠薄土壤，适应性强，多作为行道树；悬铃木（法桐），落叶乔木，树冠扩展，叶大荫浓，适应性强，耐修剪整形，多作为行道树及庭园绿化树；银杏，成都市市树，落叶乔木，树干高大，树形雄伟，姿态优美，叶形独特，秋后金黄，常用于庭荫树、行道树或孤植树，亦常作树桩盆景。木材质优，种子可食，又可入药，为国家一级保护植物，至 2004 年城区内有上百年古银杏千余株；香樟，常绿乔木，树冠卵球形，全株具有樟脑香气，喜温暖湿润气候，不耐寒；水杉，落叶乔木，主干通直，树皮灰

褐色，树冠圆锥形，喜气候温和的酸性土，适应性强，为成都郊区及风景区的重要树种，常用于园林配置，庭园绿化，路旁溪边绿化，亦可制作桩头盆景；广玉兰（荷花玉兰）、常绿乔木，叶厚革质，花白色，芳香，适生于湿润肥沃土壤，抗性较强，又耐烟尘，常作为庭园观赏树及行道树。

绿化树种引种和育种。1990年后，成都市陆续引进小叶蓉、秋枫（三叶木）、天竺桂、阴香、刺桐、杂交马褂木、墨西哥落羽杉、杜英、枫香等树种。秋枫（三叶木），常绿或半常绿乔木，高40米，树皮褐红色，光滑，产于中国秦岭及淮河以南各省区，20世纪90年代自内江、自贡引入，作行道树，长势旺盛，适应本地气候，病虫害少；天竺桂，常绿乔木，高可达17米，喜酸性土壤，耐阴，1997年从广东、广西、贵州引入苗木和种子，2000年在三环路栽种，长势良好，不受冻害；榕树（细叶榕、小叶榕），常绿大乔木，具气生根，20世纪90年代初期引入树桩盆景，90年代中期引入苗木作行道树；刺桐，落叶乔木，分枝粗壮开展，树皮灰色，1997年自重庆引入苗木千株，在二环路栽植，长势旺盛，易成活，抗污染；杜英，常绿乔木，1999—2000年开始进入成都，主要来自湖南省株洲、浏阳、醴陵等市（县），在锦江广场、三环路西四段栽植，生长正常。

【古树名木】

1989年，成都市进行古树名木普查，城区共有古树名木1351株，品种为38种。1996年四川省进行古树名木普查，成都市园林管理局入档的古树名木为1576株。

2004年8—9月，成都市园林管理局委托四川省林业厅勘察设计研究院调查五城区内的古树名木，调查结果新增古树名木7株，总株数达1583株。其中：锦江区221株、青羊区773株、金牛区137株、武侯区401株、成华区48株。1583株古树名木分属40个树种，其中：银杏923株，占58.2%，次为香樟（181株）、皂荚（127株）、红豆树（117株），其余36种均不足100株。按树龄段统计，树龄在300年以下的1404株，300以上的179株，其中：500年以上的42株，800年以上的19株。并将调查结果建立数据库，包括区域位置、树种、树龄、胸径、树高、冠幅、生长状况、特殊性状描述、相关历史或神话传说、保护现状等，每株古树名木都有配套的数码照片和正式卡片，并将资料溶入成都市绿地管理信息系统，制作《成都市名木古树分布图》，通过GPS坐标在成都市基本图上显示古树名木点位。

2005年3月，锦江、青羊、金牛、武侯、成华、龙泉驿、青白江、新都、温江等9区及高新技术产业开发区（以下简称高新区）再次对古树名木进行调查统计，现存古树名木共46种、2042株，主要分布在公园、大专院校、医院、居民院落、路旁、驻蓉单位及驻蓉部队等地。其中：锦江区221株、

葛仙山千年银杏

青羊区773株、金牛区137株、武侯区404株、成华区48株、高新区10株、龙泉驿区241株、青白江区14株、新都区89株、温江区105株。46种古树名木中，以银杏株数最多，共961株，其次为香樟(228株)、楠木(195株)、皂荚(144株)、柏木(135株)红豆木(122株)，上述6种树林合计为1785株，占古树名木总株数的87.4%；其余40种古树名木257株，占古树名木总株数的12.6%。

凤凰鲸柏。生长于大邑县斜源乡大鹏寺废庙前，据清《大邑县志》记载："凤凰山旧有紫柏十围，根盘巨石，号骑鲸柏"，今树高约18米，胸径142厘米，枝干完整，苍劲挺立。据测树龄当在千年以上，是迄今所知最粗大的罗汉松，为大邑县八景之一。

香果树。生长于大邑县西岭雪山景区大飞水，高30余米，胸径1.3米，围径8米，树干空洞深达4.5米，在3米高处分叉为两树，胸围分别为4.2米、3.52米。2—3月开花，但不结果。当地称为仙女树、风水树。

原始桂花林。分布于大邑县西岭雪山海拔2200米的城墙崖，绵延近千亩，共有10万余株，有的单株悬于河谷中心，与奇石为伴，有的生于杜鹃、槭树、云杉林中，其中一株称为"西岭花王"，胸径为三人合抱，生有4个径粗约25厘米的主枝，生长繁茂。经南京林业大学向其柏教授鉴定，此桂花称"宝兴桂花"，为中国特有树种，花期4—6月，是桂花属中春季开花的少数种类之一，花冠直径1~1.5厘米，白色、芳香。

山桂花。生长于大邑县烟霞湖畔，高5米，胸径15厘米，叶薄革质，圆锥花序，3月下旬开花，远观似瑞雪满树，清香扑鼻。

狮头枫香。生长于蒲江县高桥乡七村，离地0.8~4米处有膨大隆起的树瘤，貌似狮头，额、眼、鼻、口等形态逼真。树高约32米，地面以上直径180厘米，树瘤处直径达218厘米，向南基部一段出现孔洞。现仍苍劲挺立，枝叶繁茂。

红豆杉。生长于邛崃市天台山寺废庙前，树高30余米，胸径146厘米，树冠开展，状貌雄伟，据传为明代所植，当地称为紫杉。

红色馨口蜡梅。生长于都江堰市蒲阳镇般若寺大雄宝殿前，有2株，高9米，十分珍贵。

古榕树。双流县黄龙溪镇有古榕树6株，树龄均在250年以上，其中2株树冠覆盖面积均达300平方米以上，盘根错节，浓荫蔽日。

峨眉白兰花。又名威氏黄心树，分布于都江堰市向峨、两河、泰安、大观、青城等地。生长于青城山灵岩寺海拔1300米处的一株峨眉白兰花，树高23米，胸径55厘米。叶薄革质，叶面光亮，

接王寺红豆杉

常3片一轮覆瓦状排列,花期4月中旬至5月上旬,盛开时花径5.5~7.5厘米,花香浓郁宜人。

芙蓉树王。位于邛崃市临邛镇渔箭村一组王建华家中,树形奇特,主干上分三枝,其中两个主枝横向生长,一个主枝直立生长。全树冠幅长14米、宽12米,遮阴面积100多平方米。品种为醉芙蓉,8—12月开花不断,花期长达4个月,花朵最多达2万余朵,花朵大9~15厘米,树龄达60多年。2005年7月,在成都市园林管理局、华西都市报、泸州老窖股份有限公司联合举办的“遍栽芙蓉花,香飘锦官城”公益活动中,被评为“芙蓉树王”。

1989年12月23日,成都市颁布《成都市古树名木保护管理规定》,并由全国绿化委员会及成都市园林管理局对古树名木两次挂牌。散生于城市街道上的74株设置保护树池和围栏;每年定期进行水肥补给和病虫害防治。开展古树名木复壮和病虫害防治研究,引进先进管理办法和保护技术,2000—2004年安排古树名木养护队,雨季排险150次,修剪枯枝、断枝172株。

南河边绮霞园有株100多年树龄的皂角树,为保护古树名木,修建河堤时调整河岸线,成为“古树作证”景点。锦江大桥下游南岸、太升桥上游北岸分别有两株大银杏树,修建地下管线时,也特意调整管线。

桢楠是杜甫草堂的特色树种,自1970年代以后,因大气污染、地下水位降低、水质恶化、酸雨、病虫危害等影响,长势逐渐衰弱,有些已告死亡。草堂博物馆古树名木科研组制定了救治方案,排除林木周围有害因素,加强病虫害防治,定期观察,及时预报,促其复壮,共抢救树木237株,其中古树46株,形成不同树龄的树木共存共荣格局。经抢救的桢楠均发芽展叶,长势健旺。

百花潭公园内一株唐代银杏,树龄约1000年,为1980年12月从汶川县漩口百花公社胜利大队胜因寺遗址移入。移入时,树直径3.2米,树高5.3米,自重约8吨半。移入后,经公园职工精心养护,叶色翠绿,枝嫩叶茂,型色优美,焕发青春。这株古桩的直径已达3.8米,树高10米,冠幅11米。

【主要花卉】

成都市花卉栽培历史悠久,城区的梅花、海棠、菊花、芙蓉,新都区的桂花,彭州市的牡丹,龙泉山的桃花,崇州市的梅花都闻名遐迩。成都市的传统花卉品种极为丰富,花开四季不绝,迄至1989年年底,成都园林花木种类已达1432种,传统名花有梅花、兰花、川茶花、菊花、海棠、紫薇、牡丹、芙蓉。1990—2005年期间,大力发展传统名花,科学培育新品种,适度引进外国名花。

梅花。梅花是成都市传统名花之一,自唐、宋以来,即盛行栽植。南宋陆游《梅花绝句》:“当年走马锦城西,曾为梅花醉似泥。二十里中香不断,青羊宫到浣花溪。”民国时期华西坝、九眼桥、望江楼、四川大学至东山一带所种梅花大为可观。20世纪80年代成都植物园建梅园,植梅花17个品种、650余株。1997年位于五丁桥府河南岸的岁寒园植梅花123株,北岸的香雪园植梅花120株。2003年锦江区幸福梅林植梅花200余个品种、约20万株,成为中国四大梅园之一。

兰花。成都及郊县历来有种兰花习惯。20世纪90年代初期养兰业崛起,温江县、郫县、彭县、崇庆县、新津县、都江堰市先后成立兰花协会。1991年3月,成都市兰花协会成立。台商港商在金牛区天回乡、武侯区桂溪乡、温江县公平乡投资建兰园30余亩,同年在郫县、彭县建兰花繁殖基地。1994年3月上旬,中国兰花协会在成都举办兰会展览，全国12个省(市)的68个代表团展出兰花精品千余盆。

川茶花。成都栽培川茶花历史由来已久，早在隋唐时期，山茶花就由野生进入栽培，彭州市磁峰镇八座坟花塔村五组赵家大院房后两株山茶花相传系明成化四年(1468)所植，树龄达500余年。清代及民国时期，成都的官府、富户和花农搜集和培育川茶花84个品种。成都南郊公园于1987年建茶花园，2007年扩建为降雪苑，面积扩大1倍多，1991年3—4月举办首届山茶花展览会，展出山茶花品种90多个，此后连续举办10届展览，备爱群众欢迎。

菊花。成都种菊历史悠久，东汉时在蜀郡守文翁所建石室书院内发掘出菊花浮雕。清末《成都通览》上，已记载127个菊花品种。1952年，人民公园建立专类菊花园。1953—2005年，一年一度的菊花展览(1983年更名为菊花会)共举办43届。1990—2005年间，举办第的第29届至43届菊花会，展出菊花品种800~1800个，展出菊花7万~20余万盆。2002年锦江区三圣乡打造的5处乡村旅游景点被誉为“五朵金花”，包含以金秋观菊为主的“东篱菊园”。

海棠。海棠种类繁多，树型多样，叶茂花繁，丰盈娇艳，是园林中主要的观赏花木，常作为门庭两旁、亭台周围、丛林边缘，水岸池畔等装点园景的花木。成都栽培海棠历史悠久，唐大和四年(830)，李德裕主蜀任西川节度使，将浙江平泉山庄得来的海棠相赠薛涛，薛涛植于碧鸡坊，二人并有诗歌唱和。南宋时，范成大、陆游均在蜀地留下咏诵海棠的诗词。成都杜甫草堂梅园池畔，成片植垂丝海棠，每至春日，繁花似锦，绰约多姿，妩媚动人，尤为称绝。1990—2005年期间，海棠依然作为成都市园林中主要观赏花木，广泛栽培并制作成盆景。

紫薇。成都栽培紫薇历史久远，可上溯至唐代。根据花色可分为紫薇、红薇、翠薇、银薇等4种。历来把紫薇作为兴旺发达的象征，常配置于堂前或中庭。紫薇又是抗污染树种，常用于城市干道分车带及街道绿地，为街景增添丰富的色彩。位于府河西岸新华大桥与武城门大桥之间的紫薇园，于亭榭之间广植紫薇树，在绿草如茵的草坪中，绽放出紫色、红色的繁花，成为府河沿岸的新景点。

紫 薇

牡丹。牡丹为中国传统名花，栽培历史远在1500年以上。成都为国内牡丹栽培中心之一，彭州市九陇镇丹景山景区素以园林著称，尤以牡丹名噪一时，汉代建金华宫于此，唐代高僧金头陀重修时，遍植牡丹。号称丹景，故名丹景山。宋代天彭牡丹与洛阳牡丹齐名于天下，尤以黑、白牡丹为奇，视为镇山之宝，南宋陆游曾编修《天彭牡丹谱》，记录天彭牡丹67个品种，截至2005年丹景山已种植牡丹200多个品种、逾百万株。1985年以后，连续举办“牡丹花会”，每临春季，牡丹遍野，游人如潮，可谓“不让中州独得艳，倾城千古自流芳”。

芙蓉。芙蓉为成都市市花，后蜀孟昶曾广植芙蓉，故成都又称蓉城。清康熙初年，重建成都城，乾隆四十八年(1783)，四川总督又大修成都城垣，遍植芙蓉，清杨燮《锦城竹枝词》："一扬二益古名都，禁的车尘半点无，四十里城花作郭，芙蓉围绕几千株。"府南河综合整治期间建于南河桥东侧的拒霜园，植各种芙蓉72株。2005年百花潭公园内新建芙蓉园，由市民自动前往栽植。20世纪90年代初期，成都市园林科研所培育一批芙蓉新品种。1990—2005年，在人民南路、南郊公园、成都植物园多次举办"芙蓉花(市花)展"。

芙 蓉

草本花卉。草本花卉主要有早小菊、唐昌蒲、一串红、西香莲、麦杆菊、百日草、鸡冠草、鸭跖草、孔雀草、金鱼草、彩叶草、矮牵牛、北京小菊、非洲凤仙、多头菊、三色苋、报春花、金盏菊、大丽菊、石竹、玻璃海棠、半支莲、花甘蓝、五色草、瓜叶菊、雏菊、风信子等。草本花卉中较名贵的郁金香、鸢尾、百合花由蒲江县石象湖从荷兰、德国引进，在景区种植，供游人观赏，大受欢迎，效果良好。2002—2005年从荷兰引进郁金香优质种球，展出面积5600~13000平方米。2005年从德国引进鸢尾100多万株，从荷兰引进百合花400多万株。

【盆景】

成都盆景是川派盆景代表之一，始于蜀汉，唐宋初具规模，明清是其盛期。民国时期成都涌现出黄希成等有成就的盆景十大玩家，推动盆景技术的发展。中华人民共和国成立后，成都盆景迅速发展，"文化大革命"期间遭到挫折，改革开放后重获新生。

1990—2005年期间，杜甫草堂、武侯祠、百花潭公园、望江楼公园、离堆公园等名园内的盆景不断充实发展。杜甫草堂盆景园，始建于1963年，面积2000余平方米。2005年全面改造，园内设展台140个，可容纳盆景150余件，该园内的梅桩盆景独具特色。武侯祠盆景园分听鹂馆和听鹂苑两部分，听鹂馆为室内展厅，面积620平方米；听鹂苑为露天盆景园，设190余座盆景台，可容纳千余件展品。百花潭公园盆景园，位于公园银杏广场旁，面积2583平方米，由展厅、回廊、亭台、平房组成，1999年进行改造，形成展览馆、观赏区、精品园三部分，2005年再次将盆景园改造为集培训、研究、制作、销售于一体的川派盆景基地。望江楼公园盆景园，位于公园西大门以南，面积2203平方米，天然岩石堆砌的盆景座上，数百件盆景高低错落，排列有序，各式竹石盆景，展现公园"竹"的特色。离堆公园清溪园是川西最大的盆景园，园中有各种盆景2000余盆，其中名贵古桩盆景55盆，如"紫薇花瓶""张松银杏"等。此外，民间兴建一批盆景园，如城区的易园盆景园及胜东园艺盆景园、温江邑园及陈氏盆景园等，从而形成成都盆景产业的多元化和市场化。

1990—2005年，成都盆景的新老代表人物有李忠玉、陈思甫、邹秋华等。2001年5月，建设部、中国风景园林学会授予邹秋华"中国盆景艺术大师"称号，成为成都继李忠玉、陈思甫之后的第三位中国盆景艺术大师。其间代表作品有：壮心不已(陈开钦)、金秋古韵(邹秋华)、高处不胜寒(杨永木)、迎客图(范正礼)、亭亭玉立(陈思甫)、相依(张重民)、老树千秋(胡世勋)、扶摇直上(何子元)、金枝绕云(雷慧中)、硕果累累(张远信)、渔舟晚唱(陈古清)、乌龙出岫(杨茂盛)、出巫峡(李忠玉、刘德宽)。1997 年成立成都市盆景艺术家协会。

【花木生产】

远在秦汉时期，成都已形成花卉集市雏形，当时合于蚕市之中。唐代，青羊宫出现花市。宋代，青羊宫花市更加繁荣。明清时期，除花市外，还有出售花木的私家花园。民国初期，成都市近郊区的农户，即开始生产切花和香花。民国 24 年(1935)，成都市花果苗圃商业同业公会成立，会员 300 余户。中华人民共和国成立后，成都市花卉生产经历曲折发展的历程，1954 年成都西门成立花果农业合作社，1958 年成立花果生产队、人民公社花果队。"文化大革命"期间，花卉业遭到严重挫折。"文化大革命"结束后，花卉业逐渐恢复，逐步发展。截至 1989 年年底，全市花卉种植面积达 330 余公顷，年产值约 1100 万元。

1990—2005 年，鲜花生产迅速发展，花卉市场日趋繁荣。1991 年，成都新华公园自筹资金，创办"成都三利园艺专业公司"，从事花卉生产、经营和科研开发。1996 年位于羊市街西延线的"西部花卉市场"开业，形成国营、集体、个人、外资、合资共同投资花卉业的新局面。进入 21 世纪后，花卉生产地区由城市郊区扩展至温江区、双流县、郫县、都江堰市、彭州市，并逐步形成规模生产。截至 2005 年末，全市花卉种植面积达 3068 公顷，为 1989 年的 9.3 倍；年产值约 30 亿元，为 1989 年的 273 倍。全市生产绿地面积达 1563 公顷，成为向全省、全国供应苗木的生产基地。锦江区三圣乡种植花卉历史悠久，2005 年，三圣乡花卉种植面积达 6500 亩，年产鲜切花 3 亿多枝，花卉种植业产值达 115 亿元，拥有 28 家花卉企业，成为成都市有名的花乡。

三圣花乡

红砂村花卉基地

绿化造林

【概况】

成都市地形复杂,气候类型多样,适宜多种植物生长,树种资源十分丰富。全市共有森林树木 111 科(其中裸子植物 10 科,被子植物 101 科),1433 种(其中裸子植物 116 种,被子植物 1317 种)。既有用材、经济、特用树种,也有庭园观赏花木。其中有不少珍贵、稀有树种。属国家一级保护的有银杏、珙桐、银鹊树、光叶珙桐、黄菠萝、香果树、南方红豆杉、银杏桂(川桂皮);属国家二级保护的有楠木(桢楠)、连香树、岷江柏木、四川红松、麦吊云杉(垂枝云杉)、鹅掌楸(马褂木)、刺楸、红豆树、厚朴、水青树;省列一级保护的桫椤树等。全市已发现 33 种列为国家级、省级重点保护的珍稀树种。

成都市林业区划将全市分为以下 7 个林区:

西北部高山水源涵养林区。本区位于成都市西北部,海拔 1800~5364 米,地势由西北向东南陡降,山高坡陡,多沟壑。该区都江堰市境内被阿坝州行政区划界锲形突出部分及岷江河谷截为南北两部分:南部包括大邑县、崇州市的全部后山及都江堰市岷江以南的后山;北部包括彭州市的全部后山及都江堰市岷江以北的后山。总面积约 11.78 万公顷,占全市幅员面积 123.9 万公顷的 9.5%。

西部中低山用材林、经济林区。本区西北与高山水源涵养林区紧连,东南与丘陵水土保持经济林区相接,地貌以中、低山为主,海拔 800~2200 米,地跨彭州、都江堰、崇州、大邑、邛崃等五市县。总面积 20.91 万公顷,占全市总面积的 16.9%。

西北部丘陵水土保持经济林区。本区地貌以丘陵为主,海拔 600~1200 米,地跨彭州、都江堰、崇州、大邑、邛崃、蒲江六市县。总面积 21.46 万公顷,占全市幅员面积的 17.3%。

中部平原农田林网、“四旁”绿化林区。本区为成都平原主体部分,包括温江、郫县、新都、金牛、新津等五区县的全部,彭州、都江堰、崇州、大邑、邛崃、蒲江、双流、龙泉驿、青白江九区(市)县的一部分。总面积834.17万亩,占全市幅员面积的44.79%。

城市园林绿化区。本区为平原,海拔550米左右,为成都中心城市部分,范围包括锦江区、青羊区、金牛区、武侯区、成华区、高新区。总面积4020公顷,占全市幅员面积的0.32%。

东山丘陵经济、水土保持林区。本区地处龙泉山和向西延伸的牧马山,是川西平原与川中丘陵的分界地带,地跨金堂、青白江、龙泉驿、双流四(区)县。总面积7.51万公顷,占全市幅员面积的6.1%。

龙泉山以东浅丘经济林区。本区位于龙泉山东侧,海拔387~600米,地跨金堂县大部分乡(镇)。总面积6.22万公顷,占全市幅员面积的5%。

成都市林业用地主要分布在西部、北部山区及东南部丘陵区。山区以用材、防护、特用林为主;丘陵区以水土保持经济林为主;中部平原地区树木、竹类相伴纵横交织于路网、渠系和星罗棋布的农家宅院,形成颇具特色的点线面结合的防护林体系。

20世纪70年代末,成都市森林资源结构失衡,生态环境脆弱,林地地力下降,水土流失严重,天然林成熟林面积和蓄积量锐减,全市森林覆盖率由1950年的21%下降到10.2%左右。

1989年,成都市森林覆盖率由1970年代末的10.2%提高到20.29%,居全省21个市地州第11位。全市林业用地37.46万公顷,占全市幅员面积的30.2%,低于全省平均水平(36.55%),高于全国平均水平(27%)。全市林业用地中有林地24.93万公顷,占林业用地的66.53%。

1999年,全市林业用地41.3万公顷,占全市幅员面积的33.38%;其中有林地31.50万公顷,占林业用地的76.16%。全市森林覆盖率32.2%。

1999—2001年,成都市天然林保护工程及与之配套的退耕还林(草)工程从试点到市辖14个区(市)县全面实施,采取管护天然林、封山育林、营造公益林等措施,全市森林覆盖率上升。

2002年,四川省实现森林蓄积消耗量低于用材林生长量的目标。成都市活立木总蓄积2480.8万立方米中,用材林蓄积758.9万立方米;用材林蓄积中幼龄林蓄积162.0万立方米,中龄林蓄积369.5万立方米,近熟林蓄积107.8万立方米,成熟林蓄积119.6万立方米,用材林以中幼林为主。全市林业用地41.35万公顷,占全市幅员面积的33.38 %;有林地31.5万公顷,占林业用地面积的76.16%;林业用地中,有疏林地1.02万公顷,灌木林地5.22万公顷,未成林造林地2341.2公顷,苗圃地36.5公顷。在非林业用地中,“四旁”竹木占地3.2万公顷。

2005年,全市有林地面积650万亩,公益林350万亩,人工商品林300万亩,林木蓄积总量2480万立方米,森林覆盖率达35%。

1989—2004 年成都市森林覆盖率统计表　　单位：%

表 3-216

区(市)县	1989 年	2004 年
大邑县	50.34	55.46
都江堰市	43.89	59.59
蒲江县	29.74	45.50
邛崃市	31.69	34.78
龙泉驿区	22.38	35.50
彭州市	32.72	48.20
金堂县	22.03	30.20
崇州市	39.95	40.41
新津县	15.08	24.51
双流县	19.15	26.45
郫县	17.18	10.90
温江区	10.25	16.33
新都区	21.29	17.72
青白江区	10.57	28.71
五城区	7.04	7.75
全市平均	29.90	34.00

2004 年成都市森林资源分布

表 3-217　　单位:公顷

	用材林			防护林	经济林	竹林	特种用材林	合计
	小计	天然林	人工林					
都江堰	1631.1		1631.1	23835.8	6381.4	1547.2	26631.1	60476.6
邛崃市	17836.5	5054.1	12782.4	9528.3	3642.2	13527.5	2166.3	46700.8
大邑县	16965.4	3253.5	13711.9	8995.0	4582.4	4902.3	24289.2	59734.3
彭州市	16236.8		16236.8	3236.7	1160.9	1321.5	9032.2	30988.1
崇州市	4750.6	2357.7	2212.9	6185.1	784.0	9227.2	2414.1	23361.0
蒲江县	7393.9	7286.7	107.2	1830.4	13000.8	576.0	405.5	23206.6
金堂县	1270.3		1270.3	16566.4	9476.2	2753.4	10.8	30077.1
龙泉驿区	1194.9	600.4	594.5	5208.2	10443.2	1138.0	83.3	18067.6
双流县	2453.8		2453.8	4200.9	4724.1	5787.1		17165.9
其他县区	2380.2		2380.2	3555.7	5241.3	10900.3	146.4	22223.9
合计	72113.5	18732.4	53381.1	83142.5	59886.5	51680.5	65178.9	332001.9

1989-2004 年成都市林地面积与林地构成表

表 3-218　　单位:公顷

林业用地与林地构成		1989 年		2004 年	
		面积	比例%	面积	比例%
成都市总面积		1228597	占总面积 100	1238970	100
其中	林业用地	372828	占总面积 30.30	421306.30	34.00
	非林业用地	855769	占总面积 69.70	817663.70	66.00
林业用地中	有林地	246913	占林地 66.20	332001.90	78.80
	疏林地	19224	占林地 5.20	4691.90	1.10
	灌木林地	81591	占林地 21.90	65581.60	15.60
	未成林地	13346	占林地 3.60	12436.50	3.00
	苗圃地	86	占林地 0.02	590.40	0.14
	无林地	11668	占林地 3.08	6004.00	1.36

【全民义务植树】

1981 年，全国人大《关于开展全民义务植树运动的决议》颁布实施。成都市绿化委员会（简称市绿委）制定年度工作计划，把全民义务植树任务纳入目标管理。公民义务植树具有鲜明的全民性、公益性和法定性。成都市各级绿委，按照义务植树属地管理的要求，坚持义务植树登记卡制度。义务植树形式多样，有直接参加义务植树劳动，认种、认建绿地，交纳绿化费，以资代劳参加相应劳动量的绿地、林地抚育管护等。

1990—2005 年间的每个植树季节，成都各地绿委都与共青团、妇联等相关单位密切配合，动员社会力量，开展营造青年林、“三八”林、生日林、结婚林、“我为小平故里植棵树”“建设四川生态保护林”“保护母亲河”等主题鲜明的义务植树活动，形成人人动手、年年植树的良好社会风尚。

2001 年，金堂县各县、乡党政机关分别建立 20~50 亩的机关世纪林基地共 1500 亩。邛崃市在天台山旅游沿线开展“营建千亩世纪林、再造祖国山川秀美”活动，该市各党政机关及 60 余家主要企事业单位筹集资金 39.24 万元，营造 1000 余亩生态风景林。2002 年 3 月，成都市妇联组织社会各界妇女代表 200 余人，在大邑开展“三八”绿色工程——“母亲林” 植树护树活动，植红梅 1000 余株。这是市妇联继上年建立“母亲林”基地后，又一次大规模群众性植树护树活动。成都市委办公厅、市人大办公厅、市政府办公厅、市政协办公厅及市级有关单位领导和干部、温江县主要领导及县林业局、涌泉镇政府等单位干部职工 300 余人在温江涌泉镇共植树 2000 余株，完成标准化路渠绿化3千米。邛崃市在高何镇红军长征纪念馆及11个革命老区镇乡，开展“绿化老区、造福老区”万人义务植树活动，共栽植元宝枫、银杏、四季杨、水杉等树6万多株。武侯区领导及区绿委成员单位、金花镇全体机关干部475人，参加金花镇陆坝村金兴北路植树活动，共植天竺桂400余株，香樟100余株。2003年，成都市市级机关100多个单位、驻温江部队、部分高校共1000多人，在温江区柳林乡战备三支渠开展义务植树，种植樱花、天竺桂2000余株，绿化渠岸2400米。2005年，成都市市级机关干部在绕城高速成彭立交桥下，开展“建芙蓉景观，造生态屏障”“创建国家园林城市”、申报“中国人居环境奖”义务植树活动，栽植芙蓉树1700余株。

1981—2005年，全市履行义务植树的适龄公民累计1.25亿人次，累计植树4.4亿株。成都市分别于1986年实现全市宜林荒山荒地绿化栽植达标，1991年实现基本绿化和平原绿化双达标，1997年实现全面绿化达标，成都境内无荒山。

【残次林改造规划】

1998年11月，成都市对全市低产残次林进行调查，提出改造规划。当年，全市有低产残次林地6.75万公顷，其中可供改造的低产残次林地4.73万公顷。

位于邛崃山脉的邛崃市、大邑县、都江堰市、崇州市和彭州市的低产残次林地以中、低山为主，海拔800~2200米，多为山地土壤，pH5.4~6.5，适宜栽植速生丰产林的树种有：杉木、柳杉、水杉、桤木、桉树、光皮桦；适宜栽植杜仲、黄柏、厚朴(简称“三木药材”)等药材。位于长丘山的蒲江县低产残次林地以丘陵为主，海拔600~1200米，土壤为老冲积黄壤和紫色土，呈酸性或微酸性，除柳杉外，其它适宜邛崃山脉的速生丰产用材树种均可栽植，尤其适宜栽植巨桉(一年生即可长至3~5米，是优良的工业原料)。位于龙泉山脉的金堂县和龙泉驿区低产残次林地属丘陵地貌，海拔415~1051米，土壤多为微酸性紫色土，坡度20度左右，仅适宜栽植桤木、露丝柏混交林。

【经济林生产】

成都市人工栽培的经济林资源丰富，品种繁多，有木本油料、干鲜果品、饮料调料、木本药材等，种类多达30种以上；主要经济林木有果树、竹类、花木和“三木药材”等四大类。

1989年年底，全市有经济林木39万余亩，其中经济林成片造林1.45万亩(其中名、特、优经济林6452亩)。其中，龙泉驿区水蜜桃商品基地1.1万亩，双流县洞庭枇杷基地6000亩，大邑县玫瑰李(金蜜李)基地定植10万株，都江堰市白果(银杏果)商品基地7650亩；青白江、蒲江、金堂三区县新建脐橙、小水果为主的小果园3个，定植650亩；全市木本药材2700余万株。

20世纪90年代，由于环境污染，成都慈竹生长逐年退化，经济价值降低，经营管理粗放，部分竹园病虫害严重，川西民居竹林景色衰败。2000年，全市农户庭院竹林用地约50万亩，多为慈竹，其中衰败退化和病虫害较严重的残次慈竹园林面积10万亩。1993年开始，成都市陆续从广西、云南等地引种麻竹、吊丝球竹等优质笋用竹。1994年，麻竹、吊丝球竹等品种推广范围扩大到本市16个区(市)县，发展到5000亩。优质笋用竹在成都绝大多数山区、丘陵地带生长良好，经济价值较高，受农民欢迎。2002年后，全市每年提供优质笋用竹种苗50~75万株，可供种植1万~1.5万亩用苗。

2001年起，各类经济林步入农业产业化经营。2001年建立各类经济林基地19.24万亩，其中都江堰、崇州、大邑、彭州等县(市)发展板栗、核桃、枣、银杏、红梅等干果基地8.1万亩；邛崃、蒲江、大邑、都江堰、彭州等县(市)发展“三木”药材基地10.34万亩；全市发展优质笋用竹基地0.8万亩。

2001年，成都市分别在郫县、新都、新津、蒲江、双流、邛崃、崇州、青白江、成华、金牛等10个区(市)县，选择交通方便、群众积极性高的一个村，相对集中改造残次竹园100~300亩，全市共计2000亩，建立笋用竹推广示范点(片)。2001—2005年，全市推广优质笋用竹取代退化慈竹，逐步改造平原地区残次竹园10万亩。

成都市种植花木历史悠久。20世纪90年代后，随着经济社会发展，西部大开发实施，天然林资源保护及退耕还林工程启动，花木需求大幅增长，花木种植面积成倍增加。2001年年底，全市有1.9万户从事花木种植，种植面积17.87万亩(不含花卉、鲜切花和五城区花木面积)，花木总资产385235万元。全市花木种植主要集中在温江县(7.8万亩)、郫县(6.7万亩)、都江堰(1.12万亩)、崇州(4500亩)、双流(4500亩)，其余区(市)县面积较小。全市种植花木50亩以上的专业户有173户(其中100亩以上的有77户)，种植面积达2.3万亩。四川托普生态科技产业有限公司种植面积最大(1500亩)。温江、郫县形成集中连片上万亩的花木生产基地。主栽花木品种有雪松、柏树、梅花、柳树、樱花、海棠、紫薇、银杏、罗汉松、桂花、苏铁、玉兰、含笑、竹柏、天竺桂、金叶女贞等1000多个。当年温江县、郫县注册的法人园林绿化企业近3000家，有城市园林绿化资质的卉森、托普、南岳等30多家大中型花木骨干企业成为带动花木专业化发展的龙头。当年外销花木4000多车，年销售额4.6亿元。成都成为闻名全国的花木集散地。2003年，全市共有花木面积17万余亩，50亩以上的专业户170多户。温江区、郫县、锦江区建成花木生产产业化基地20万亩(未包括花卉、鲜切花)。温江区有3万多人从事花木种植业，有2万多户农户经营花木，年销售额3.4亿元，年产值超过500万元的花木生产企业有20多家。

2000年后，都江堰、彭州、崇州、大邑、邛崃、蒲江等市县在实施“天保工程”和“退耕还林工程”中，采用林药间种、林下套作药材、药用树种造林等模式大力发展中药材种植，形成中药材生产基地。2005年，全市“三木药材”基地23万亩，黄连基地1.6万亩，乌梅基地1.4万亩，栀子、金银花基地2000亩。

2001—2005年成都市推广笋用竹实施情况表

表3-219 单位:亩

项目县	总任务	2001年	2002年	2003年	2004年	2005年
彭州	6000	600	1200	1200	1500	1500
都江堰	4000	400	800	800	1000	1000
崇州	5000	500	1000	1000	1250	1250
大邑	3000	300	600	600	750	750

续表

项目县	总任务	2001 年	2002 年	2003 年	2004 年	2005 年
邛 崃	8000	800	1600	1600	2000	2000
蒲 江	12000	1200	2400	2400	3000	3000
双 流	10000	1000	2000	2000	2500	2500
新 津	12000	1200	2400	2400	3000	3000
新 都	8000	800	1600	1600	2000	2000
温 江	5000	500	1000	1000	1250	1250
郫 县	6000	600	1200	1200	1500	1500
龙泉驿	2000	200	400	400	500	500
青白江	6000	600	1200	1200	1500	1500
金 牛	3000	300	600	600	750	750
青 羊	3000	300	600	600	750	750
武 侯	2000	200	400	400	500	500
锦 江	2000	200	400	400	500	500
成 华	3000	300	600	600	750	750
合 计	100000	10000	20000	20000	25000	25000

【造林绿化】

1987 年，成都市郊区农村森林覆盖率由 1983 年的 11.2% 提高到12.6%，初步形成布局比较合理，系统比较完整，绿化类型比较齐全的绿化体系。至 1989 年年底，成都市两次被评为全国绿化先进城市，有 12 个单位获得全国绿化先进单位称号，35 个单位获得省绿化先进单位称号。成都市区总绿化面积达到 1753.83 公顷，其中公共绿地 401.24 公顷，街道绿化覆盖面积 183.67 公顷，绿地率 21.9%，绿化覆盖率 28.3%。

20 世纪 90 年代，成都市把造林绿化纳入各级政府目标责任制进行考核。

1993 年，成都市速生丰产用材林（简称速丰林）基地建设向标准化、规范化、制度化、集约化经营发展，全市营造速丰林 2.82 万亩，完成年计划任务的 187.9%；以长江速生丰产优质用材林和经济林树种为主的防护林体系林成活率 90% 以上；标准化、规范化的农田林网绿化示范路、示范渠共计 37 条，总长 223.17 千米；庭院绿化、美化与经济效益结合，逐步改造部分生长差、效益低的竹园，为改造农村庭院林盘走出一条新路。

20 世纪 90 年代末，成都市新增各类绿地面积 139 万平方米。其中城区 60.78 万平方米，高压走廊绿化 28 万平方米。各区（市）县相继建成一批水平高、质量好、上档次的园林景观大道、滨河绿带和特色各异的公共绿地，实现县县有公园。

1999年，全国绿化委员会第十九次全体会议，授予成都市双流县、金堂县“全国造林绿化百佳县”称号；授予金堂县栖贤乡“百佳乡”称号；授予温江县玉石乡金马村、崇州三郎镇茶园村“千佳村”称号；授予省委党校和成都大熊猫繁育研究基地“全国部门绿化400佳单位”称号。同年，成都市命名市级园林式单位328个，绿化之乡（镇）150个。

至2001年末，全市成片造林14.38万亩，“四旁”植树980.8万株，天然林管护面积557.39万亩，新封山育林11万亩；全市共新增绿地面积293万平方米，其中成都城区新增绿地面积125.1万平方米，城区园林绿地总面积达到3769.66万平方米；各区（市）县相继建成一批高水平的街道、游园、滨河绿地和居住小区绿地，城镇小广场、小绿地从2000年底的38个增加到79个。

2003年起，成都市按照近郊林业、远郊林业的城乡林业一体化发展规划，结合农业综合开发，实施城区生态林建设，推动城区由单纯绿化向生态绿化转变。2003—2004年，成都城区绿化以创建“国家环保模范城市”“中国人居环境奖”“国家园林城市”为契机，结合旧城改造、水环境综合整治、道路改造和社会开发，完成府南河、沙河、三环路绿化带、城市公益林等大型绿化工程，建成一大批各具特色的绿地、广场、游园、路网水网绿带、城市森林，城市新增绿化面积2000公顷，其中五城区和高新区新增绿地1200公顷以上（城区绿地总面积达到5993.66公顷，绿地率30.39%）。同期，全市完成天然林保护工程572.39万亩，2004年，全市绿化覆盖率32.9%，人均公共绿地7.32平方米，森林覆盖率34%。

2005年，以造林绿化为宗旨的建绿工程在成都市实施。当年，全市新增（改建）绿地1235公顷；建设公益林11.07万亩，其中封山育林10.67万亩，人工造林4000亩；实施森林管护572.39万亩；建设速生丰产工业原料林基地4万多亩，改造低产、低效人工商品残次林1万亩，更新采伐迹地及无林地2000亩；绿化公路154.6千米，绿化水系1600千米。

2001—2005年，成都市把郊野公园建设作为城区绿化工作重点，建成青羊绿舟森林公园、两河森林公园、幸福梅林二期、江安河森林公园、北湖森林公园、十陵风景区、西郊艺术公园、永康森林公园、熊猫生态公园、清水河公园等十大郊野公园。

【林木种子基地建设】

1987—1989年，成都市新建林木种子基地800亩，其中灌县杉木500亩，邛崃县杉木300亩；蒲江、邛崃、双流三县新建优良林分采种基地1800亩。

1990年，全市有良种基地42公顷，年产种量95千克，其中：杉木种子园6公顷，年产树种25千克；母树林29公顷，年产树种70千克。银杏采穗圃1公顷，无性繁殖圃6公顷，产苗量130万株；实验林41公顷；示范林383公顷，优选母树289株。当年在建采种基地2.22万公顷，预计丰年产种量可达6.7万千克。其中：林业部和本市合建马尾松采种基地2.2万公顷，预计年产种量3.74万千克；重点杉木、柳杉、旱莲、大叶香樟等采种基地233公顷，预计年产种量2.96万千克。

成都市中心苗圃于1999年批准建设，

1999—2001 年间共计生产各类优质苗木 350 万株,其中 2001 年生产 150 万株。邛崃、都江堰、彭州、蒲江、金堂、崇州等县级骨干苗圃于 2000 年批准建设。到 2001 年年底共扩建面积 1128.8 亩,新育苗面积 850 亩,为天保工程、退耕还林及生态环境建设工程提供合格苗木 225 万株。

1999—2001 年,全市林业所需种子苗木一般由成都市中心苗圃和邛崃、都江堰、彭州、蒲江、金堂、崇州等县级骨干苗圃提供。同期,都江堰、邛崃、彭州、崇州 4 个市、县被列为成都市采种基地母树林建设基地。

2000 年 10 月,国家计委批准"成都兴绿林业发展有限公司林木良种繁育(四川基地)高技术产业化示范工程项目"列入 2000 年国家高技术产业发展项目计划。项目建设主要内容包括:高技术引进开发;优良树种及花卉的组织培养和容器育苗营养基质的生产;种质资源收集保存和开发;建立林木种子基因库和苗木繁育采穗圃;林木良种示范;林木苗木生产;名贵花卉苗木生产;名优疏菜生产。项目总投资 5650 万元。

2000 年,全市新育苗 4805 亩,其中:都江堰市由市长基金提供 10 万元,由财政解决苗圃用地租金,建立专业苗圃 300 余亩;龙泉驿采取国家、集体、个人共同筹资建立苗圃基地 200 余亩,培育各类优质苗木 300 多万株。

2005 年,全市有运用高新技术无性系快速繁殖优质苗木种苗的现代化苗木生产基地 260 亩;新建速生丰产工业原料林基地 50 万亩,实现年生产商品木材 75 万立方米的能力,基本满足本市人造板企业的原料需求。

1999—2005 年,成都市经四川省林业厅批准建设的国家种苗工程项目共有 18 个,累计共下达投资 1426 万元(其中国家投资 1118 万元,地方投资308 万元)。

【林木品种改良与造林技术推广】

1990 年,成都市实施科技兴林项目。双流、邛崃、都江堰等县市推广营养袋育苗 90 万袋。全市 11 个区县的国营苗圃和乡村林场推广 ABT 生根粉育苗,成活率比常规方法提高 30% 以上;造速丰林 1 万亩,引进意大利杨树、露丝柏、桉树等造林 5000 亩。

1987 年,成都市林业科研所承担沱江流域江岸防护林营造技术研究课题(国家"七五"期间重点科技攻关项目之一)。1990 年,市林业科研所与金堂县林业局合作,根据沱江流域江岸具体情况,按照因害设防,综合治理的原则,进行江岸防护林类型划分,提出和论证沱江流域江岸防护林的总体布局,并选择适宜树种、草种营造江岸防护试验林 1000 亩。通过观测江岸防护林在防浪、护岸游沙等方面的效益,提出江岸防护林的合理结构模式和营造技术措施。1990 年 9 月,该课题通过专家鉴定,被评为具有国内先进水平。同年 11 月,成都平原竹林综合利用开发、利用途径的可行性论证通过专家鉴定。

2000 年以后,成都市进行优良苗木的生产繁育(包括容器育苗、无性系繁殖、大田育苗、温室育苗、组织培养育苗等),为天然林资源保护工程、退耕还林工程、国家生态环境建设重点工程提供林木种苗。

2001—2002 年,全市实施"林木良种繁育高新技术产业化",推广"营养袋育苗"、"林草间作"等实用技术。林种、树种改单一用材型防护林为多功能防护林,优质竹种代替退化的本地慈竹;大力发展桦木、香椿、刺楸等乡土阔叶树种;引进麻竹、雷竹、巨桉、三倍体毛白杨、天演速生杨等新品种。彭州、双流、新津等市县引进的麻竹、吊丝球竹、巨桉、尤曼桉、三倍体毛白杨、南抗杨等均获成功。推广 GPS 卫星定位仪林业重点工程，提高森林资源管理和保护的工作效率和质量。

自然保护区建设

【概况】

1963 年，全国建立首批以保护大熊猫为主的 5 个自然保护区，其中 4 个在四川，即：汶川县卧龙自然保护区、南坪县白河自然保护区、平武县王朗自然保护区、天全县喇叭河自然保护区。

1994 年，国务院颁布《中华人民共和国自然保护条例》，成都市人民政府遵照《条例》的要求，由林业、环保、国土、农业等相关部门共同研究，在市域内开展自然保护区建设工作，至 1999 年底，相继建立崇州鞍子河省级自然保护区、大邑黑水河省级自然保护区、都江堰龙溪—虹口国家级自然保护区、彭州白水河国家级自然保护区，4 个自然保护区总面积 1044.9 平方千米，呈带状布局，成为成都平原的重要生态屏障。2001—2002 年，全市还建立不同类型的 47 个自然保护小区，总面积约 9 万亩。

各自然保护区分别聘请国家林业局调查规划设计院、四川省林业勘察设计院、四川省野生动物资源调查保护管理站、中科院成都生物所、四川省自然资源研究所等相关单位，对保护区以及周边自然和社会经济状况进行综合考察，并按国家和四川省有关法律、法规和规章，对自然保护区的建设和管理进行总体规划。各自然保护区按总体规划进行基础设施建设和建立健全管理体系，使野生动植物资源得到有效保护。

2005 年 4 月，省林业厅下达自然保护区勘界任务。历时半年，完成成都市 4 个自然保护区边界的勘界确界工作。各自然保护区按总体规划进行基础设施建设，建立健全管理体系，使野生动植物资源得到有效保护。

【天然林保护工程】

1998 年，国务院批准在四川等 12 个省(区)实施“重点地区天然林保护工程”(简称“天保工程”)试点。“天保工程”的主要任务是：木材生产停伐、减产，加大森林管护力度；加快长江上游、黄河上中游地区宜林荒山荒地造林绿化；妥善分流安置国有林业企业富余职工。同年 2 月，成都市开始“天保工程”实地调查和设计工作。同年 10 月 1 日起，成都市全面停止天然林商品性采伐，开始实施天然林资源保护工程建设，与之配套的“退耕还林工程”和“自然保护区工程”同时启动。

2000 年，成都市天然林保护工程在 14 个“天保工程”工程区(市)县(邛崃市、都江堰市、彭州市、崇州市、大邑县、蒲江县、双流县、金堂县、新津县、郫县、新都县、温江县、龙泉驿区、青白江区)全面启动。全市“天保工程”森林管护面积 572.39 万亩，人工造林(公益林)0.42 万亩、飞机点播造林 0.5 万亩、封山育林 11 万亩。经抽查验收，部分区(市)县公益林建设面积核实率 100%，苗木成活率平均 85%以上。

经过几年的推广发展，至 2005 年末，成都市的“天保工程”公益林建设 11.07 万亩，为目标任务的 138%。

【退耕还林工程】

1999 年 9 月，成都市退耕还林试点工程在金堂、彭州、都江堰、邛崃、蒲江等 5 个市县实施。

同年底，蒲江、都江堰、金堂、邛崃、彭州首批列为四川省5个试点县（市），按要求编制完成退耕还林工程实施方案。各试点县（市）按照市委、市政府要求，建立示范片，提高造林质量。蒲江县在五星镇建立500亩退耕还林示范片，都江堰市在虹口乡建立示范片，金堂县在栖贤乡建立示范片，邛崃市、彭州市分别建立县、乡两级示范片。示范片规划合理，苗木质量好，栽植规范。

2000年，成都市天然林资源保护工程在全市5城区外的14个区（市）县全面启动，完成退耕还林试点任务6666.7公顷，涉及农户3.47万户。国家兑现落实补助政策，投入种苗补助500万元，补助资金200万元，补助原粮2250万千克。邛崃市大部分退耕还林地实行承包经营，统一规划、统一栽植、统一管理，与农户收益分成。金堂县栖贤乡对全乡耕地重新调整，在保证每户都有口粮地和蔬菜地的前提下，集中退出坡上瘠薄耕地，实行承包经营，收益与农户分成。彭州市原国有苗圃工人承包楠杨镇33.3公顷退耕还林地，栽种巨桉、板栗、风水梨等。

2001年，成都市下达“退耕还林”计划任务3333.3公顷，其中邛崃市1333.3公顷，都江堰市、彭州市各1000公顷。当年3个市完成分户建卡和合同签订2.15万户，完成退耕栽植3333.3公顷。

2002年，成都市5城区外的14个区（市）县纳入国家退耕还林工程及配套的荒山造林工程范围，全面实施退耕还林工程。当年，成都市10个区（市）县完成退耕还林任务8000公顷，14个区（市）县完成荒山造林任务9333.3公顷。各区（市）县将退耕还林任务优先安排到公路沿线、江河两岸、风景旅游区等生态治理重点区域。退耕还林和荒山造林相对集中成片，经济林比例控制在20%以内，增大混交林比例，增加刺楸、桦木等乡土树种和巨桉、杨树、笋用竹等引进树种、竹种。当年，全市共投入种苗补助4050万元，给农户粮食补助7.8万吨，资金补助1900万元。

至2005年末，成都市退耕还林工程任务2460公顷，其中退耕还林460公顷，荒山造林33.3公顷，封山育林1666.7公顷。当年，成都市退耕还林工程共投入资金1.39亿元，为目标值1亿元的139.44%。双流县、金堂县、青白江区利用退耕还林地林下1066.7公顷空间种草养畜，培育林业后续替代产业，开辟农户增收途径。

1999—2005年，成都市退耕还林共3.03万公顷，分布于全市5城区外的14个区（市）县、152个乡（镇）、1321个村，涉及18.7万农户、近70万农民。

2000—2005年成都市退耕还林工程和天然林资源保护工程统计表

表3-220 面积：公顷

项目 / 年份	退耕还林工程和天然林资源保护工程实施面积			
	总面积	其中退耕还林面积	其中荒山造林面积	封山育林面积
总计	56259.9	30326.7	24266.5	1666.7
2000	6666.7	6666.7		
2001	3333.3	3333.3		
2002	17333.3	8000	9333.3	

续表

项目 年份	退耕还林工程和天然林资源保护工程实施面积			
	总面积	其中退耕还林面积	其中荒山造林面积	封山育林面积
2003	21333.3	10666.7	10666.6	
2004	5133.3	1200	3933.3	
2005	2460	460	333.3	1666.7

【龙溪—虹口国家级自然保护区】

龙溪—虹口国家级自然保护区位于都江堰市北部，地理坐标为：东经103°32′~103°43′，北纬31°04′~31°22′。西北与阿坝藏族羌族自治州汶川县相接，东与彭州市为邻。保护区面积310平方千米。

保护区于1997年12月经国务院批准建立，是全国35个大熊猫保护区之一。该区位于大熊猫现代自然分布区狭长条状弧形带的中段，直接联系岷山山系和邛崃山系两个世界最大的大熊猫野生种群，成为大熊猫生存、繁衍的栖息地和“天然走廊”。

保护区位于龙门山脉中段茶坪山，群峰高耸，层峦叠嶂。茶坪山北端最高峰光光山海拔4582米，南端最低处龙洞子海拔820米，相对高差3762米。保护区内主要河流有白沙河和龙溪河，均系岷江一级支流。白沙河发源于主峰光光山南麓，北向南流，纵贯保护区东部，至紫坪铺镇注入岷江，全长49千米。龙溪河发源于茶坪山龙池岗南麓，流经保护区西南部，经龙池镇至楠木堰汇入岷江，全长20千米。龙溪河上游谷地海拔1800米处的“龙池”为天然镜泊。面积4.22平方千米，四周群山拥抱，湖岸茂林环绕，山光水色相映，生态环境良好。

保护区属中亚热带湿润季风气候区的寒湿亚区，气温偏低，降水丰沛，云雾多，日照少，湿度大。年平均气温10℃，年降水量约1600~1900毫米，年日照数仅800~1000小时，年平均相对湿度在80%以上。

保护区属著名的生物多样性富集区。其典型

龙溪–虹口国家级自然保护区

的高山峡谷地貌,保存着高山峡谷自然生态系统的植被垂直带谱。生物物种丰富,植被类型多样,具有极高的保护价值和科学研究价值,被中国科学院列为全国生物多样性"五大基地"之一。

保护区内有高等植物 257 科,1163 属,2925 种。其中,被子植物 161 科,965 属,2269 种;裸子植物 10 科,31 属,86 种; 厥类 36 科,67 属,180 种;苔藓 50 科,100 属,390 种。有珙桐、水青树、连香树等 29 种国家级保护植物。保护区内中山到高山地带分布有面积大、种类多的杜鹃,形成完整多样的杜鹃群落垂直带谱,世界罕见,最具特色。

保护区内动物种类繁多,其中脊椎动物 586 种,包括哺乳纲 99 种、鸟纲 367 种、爬行纲 22 种、两栖纲 23 种、鱼纲 75 种,区内昆虫种数在 1 万种以上。

都江堰市人民政府 1999 年批准成立龙溪—虹口国家级自然保护区管理处,2004 年 3 月保护区管理处更名为保护区管理局。管理局内设办公室、科研所、计财科、资源保护科、下设龙池保护站。

【白水河国家级自然保护区】

白水河国家级自然保护区位于彭州市西北部,地理坐标为:东经 103°41′-103°57′,北纬 31°10′-31°29′,总面积 301.5 平方千米。保护区范围包括彭州市龙门山镇的中北部和小渔洞镇的西部。东起莹华山,西至光光山,南起安子坪则家沟源,北达太子城、南天门。是距离成都市中心城区最近的自然保护区。

保护区于 1996 年经彭州市人民政府批准建立。1999 年经四川省人民政府批准为省级自然保护区。2002 年 7 月经国务院办公厅国办批准为国家级自然保护区。

保护区地处川西北高原向成都平原过渡地带,地势西北高、东南低。西北部海拔在 3400 米以上,东南部海拔为 2200 米左右。由于地形剧烈切割,山谷呈"V"型和"U"型发育,相对高差悬殊,形成山高坡陡谷窄的地貌特征。保护区内河流属沱江水系湔江上游,有银厂沟、龙漕沟、牛圈沟等 50 余条岔沟。气温垂直差异明显,形成山地垂直气候带。气温较低,降水丰沛,雨日多,日照少, 湿度大。年平均气温 12.3℃, 年日照时数 1300~1400 小时,年降水量约 1600 毫米,无霜期

白水河国家级自然保护区

约278天。

保护区森林植被保存完整,生物多样。有高等植物164科、695属、1770种。其中,种子植物139科、638属、1619种,以菊科、蔷薇科、禾本科、百合科植物最多,属国家级重点保护植物有珙桐、连香树、银杏等近20种。有野生动物25目、75科、222属、331种。其中,兽类97种、鸟类166种、爬行类23种、两栖类21种、鱼类24种,属国家重点保护动物有大熊猫、金丝猴、豹、云豹、牛羚、金雕、小熊猫、绿尾虹雉、林麝、马麝等32种。

【鞍子河自然保护区】

四川鞍子河自然保护区位于崇州市西北部,距成都市104千米,保护区总面积101.4平方千米。地理坐标为:东经103°7′-103°17′,北纬30°43′-30°51′。四界范围:北至西北与汶川县相邻,西南至南与大邑县接壤,向东分别延伸到肖家沟至老棚子东侧山脊。以天然林与人工林及苟家乡岩峰村老棚子组集体林为界。

鞍子河自然保护区于1992年6月29日经国家计委批准立项,于1993年6月28日,经四川省政府批准建立。作为卧龙、蜂桶寨两个国家级自然保护区和黑水河自然保护区之间的连接走廊，将邛崃山系南北总面积3554.5平方千米的大熊猫栖息地连成一个整体。

鞍子河省级自然保护区

保护区地处中亚热带润湿季风气候区,山地气候类型。气温较低,雨量充沛,积雪期长,云雾较多,日照较少。年平均气温10.2℃,年降水量约1350毫米,年日照时数642小时,积雪期可达4~5个月,平均相对湿度86%。保护区河流属岷江支流西河的源头,西河自河源至鹞子岩河段称文井江,其中苟家乡以上河段又称鞍子河。

保护区是以保护大熊猫等珍稀野生生物及其生态系统为主的森林和野生生物类型的自然保护区。保护区属常绿阔叶林地带,偏湿性常绿阔叶林亚带,盆地西部中山植被地区,大相岭东北站植物小区。区内植被垂直分布为6个垂直带谱,分别是常绿阔叶林、常绿落叶阔叶混交林、落叶阔叶林、针叶阔叶混交林、针叶林、灌丛和灌草丛。海拔1700米以下,人为活动频繁,原始常绿阔叶林损失殆尽,代之以人工柳杉、杉木林和次生桤木、栎类混交林;海拔1700~2400米为云杉、铁杉、桦树、石栎、青冈、樟树等组成的针叶阔叶混交林;海拔2400~3200米为冷杉、云杉、铁杉等组成的针叶林及冷杉、云杉、桦木混交林,林下多冷箭竹;海拔3200米以上为高山草甸、灌丛,多杜鹃、高山柳及莎草科、禾本科植物。

保护区内有植物56科、79属、103种，其中包括珙桐、水青树、连香树等珍稀野生植物。华西竹和冷箭竹为优势竹种,分布面积8859公顷。保护区内野生动物有脊椎动物23目,66科,232种，其中兽类7目,20科,47种，鸟类12目,32科,156种，爬行类1目,6科,14种，两栖类1目,5科,12种,鱼类2目,3科,3种。属国家重点保护的野生动物有大熊猫、牛羚、金丝猴、雉鹑、绿尾虹雉、小熊猫、黑熊、红腹角雉等32种。

1995年12月8日,崇州市编制委员会正式批准组建鞍子河自然保护区管理处(副局级),管理处下辖长河坝保护站、老棚子保护站和巴粟坪保护站。

【黑水河自然保护区】

黑水河自然保护区在大邑县西北部，北面及西北面为崇州市和汶川县，与汶川县境内的卧龙国家级自然保护区、崇州市境内的四川鞍子河自然保护区为邻；西南为芦山县，与芦山县境内的黑水河自然保护区连成一片；南面及东南以大邑县国营林场权属界为界，与西岭、斜源、雾山三个镇(乡)的集体林相连。地理坐标为：东经 102°54′–103°22′、北纬 30°31′–30°49′，南北长 19.5 千米，东西宽 38.5 千米，总面积 398.05 平方千米。

黑水河自然保护区于 1992 年 6 月 29 日经国家计委批准立项，于 1993 年 6 月 28 日，经四川省政府批准建立。

黑水河省级自然保护区

黑水河自然保护区地处川西北高原向成都平原的过渡地带，最高峰为苗基岭，海拔 5364 米，为成都市最高处。地质构造属龙门山褶皱带，地层出露多为三迭系、侏罗系、白垩系砂岩、页岩、砾岩，岩层褶皱剧烈，山势峻拔。保护区可分为前山和后山，前山的河流为邮江，系岷江二级支流；后山的河流为黑水河，系玉溪河二源之一。

保护区有高等植物 97 科、296 属、600 余种。前山原始植被已被破坏，以常绿阔叶林为主的次生林植被代之，主要树种有杉木、水杉、柳杉、桤木、灯台、樟树、楠木、栎；灌木主要有马桑、冷箭竹等；草本植物及地被物主要有茅草、苔藓、蕨类、地衣等。后山原始植被垂直分布明显：海拔 2500 米以下为常绿与落叶阔叶混交林，主要树种有樟、楠、青冈、桦木、栎，林下植物主要有拐棍竹、冷箭竹等；海拔 2500~3500 米为针叶阔叶混交林和亚高山常绿针叶林带，主要树种有红桦、铁杉、冷杉、云杉；海拔 3500~3800 米为亚高山灌丛草甸，杜鹃居多；海拔 3800~4500 米为高山草甸，主要有苔草、早熟禾、白莲筋骨草、鹅冠草等；海拔 4000~4500 米以上，寒冻风化强烈，坡陡土瘠，主要为流石滩植被，常见有水母雪莲花、鼠鼬风毛菊、槲叶风毛菊、点地梅、四裂红景天、梭沙贝母等。

保护区内有脊椎动物 220 余种，猴科有猕猴、金丝猴等，熊科有熊、马熊等，大猫熊科有大熊猫，浣熊科有小熊猫，灵猫科有大灵猫、果子狸等，猫科有云豹、雪豹、豹等，犬科有豺等，鹿科有林麝等，猪科有野猪，洞角科有羚牛、斑羚、岩羊等，兔科有灰尾兔等，鼬科有黄鼬等。

保护区内有鸟类约 156 种。其中，松鸡科有斑尾榛鸡，雉科有红腹角雉、绿尾虹雉等，鸠鸽科有珠颈斑鸠，杜鹃科有杜鹃、噪鹃等，啄木鸟科有灰头啄木鸟，鹎鸟科有黑短脚鹎，莺亚科有黄胸柳莺，鹟亚科有白眉姬鹟等。

【都江堰国家森林公园】

都江堰国家森林公园位于都江堰市西北部龙池镇境内，距都江堰市区 30 千米，距成都市中心城区 80 千米，与龙池景区融为一体。1992 年 10 月，林业部批准以都江堰市国营林场为依托建立国家级森林公园，面积 295.48 平方千米。

都江堰国家森林公园

1995 年 3 月成立龙池风景区管理局，负责森林公园的规划、投资、建设、经营、管理。

都江堰国家森林公园地处群山环抱的龙池盆地之中，盆地呈马蹄形，盆周山地海拔在 3500 米以上，盆中龙池水面海拔仅 1800 米。属亚热带湿润气候区山地气候类型，夏季均温 20℃，每年 11 月下旬至次年 4 月上旬为长达 4 个多月的积雪期，积雪厚度 50~70 厘米，是冬季赏雪观景的好去处。

森林公园内古木参天，森林覆盖率达 90%，以高山湖泊龙池为中心，周围是一望无际的茫茫林海，植物随地形高低呈垂直变化。由于自然环境独特，野生动植物资源丰富，各类植物达 3000 余种。有称为植物“活化石”的珙桐及珍稀濒危树种水青树、莲香树、银鹊、圆叶玉兰等 40 余种；有三大片各为 60 公顷的杜鹃花观赏区和红叶观赏区。森林里有松鼠、猴子、野鸡等野生动物 250 余种。其中包括大熊猫、小熊猫、金丝猴、扭角羚、獐、天鹅、鸳鸯等 10 多种国家重点保护动物。中国科学院建立的华西亚高山植物园内的许多珍稀濒危植物异彩纷呈，栽培杜鹃花 140 余种。龙池，被中外专家称为“珍稀植物基因库”“自然博物馆”“天然动物乐园”。

【西岭国家森林公园】

西岭国家森林公园位于大邑县西部，距大邑城 55 千米，距成都市中心城区 100 千米。1993 年 5 月 8 日林业部批准建立。地理坐标为：东经 102°54′~103°22′、北纬 30°25′~30°49′之间，南北长 19.5 千米，东西宽 38.5 千米，面积 486.50 平方千米，与黑水河自然保护区、西岭雪山国家级风景名胜区融为一体。

西岭国家森林公园地处川西北高原向成都平原的过渡地带，地势西北高、东南低。最高处为苗基岭，海拔 5364 米，最低处为神仙桥，海拔 930 米，相对高差 4434 米。

西岭国家森林公园森林覆盖率达 90%以上，有亚热带、温带植物 200 余科、1200 多属、6000 余种。亚高山灌丛草甸分布在海拔 3200 米以上，亚高山常绿针叶林、针阔叶混交林分布在海拔 2400~3500 米之间的中山环山地带；低中山常绿阔叶林、落叶阔叶混交林分布在海拔 1500~2700

西岭国家森林公园

米范围内。主要树种：针叶林有紫果云杉、冷杉、红杉、铁杉、高山松等；阔叶林有红桦、川杨等；珍稀树种有银杏、香果树、珙桐；灌木杜鹃有16种，竹类有9种。桂花岭有两片原始桂花林，面积近100亩，树高3~10米，围径10~80厘米。原始森林地被层覆盖着多种蕨类、苔藓和草本植物，形成厚10~50厘米的地被。林中还附生垂挂着多种藤本、缠绕、攀缘植物和寄生植物。丰富而富有层次结构的植物资源，构成绚丽多彩的原始森林风光。春夏之交，满山遍野各色杜鹃争奇斗艳，相映生辉；夏秋季节，千亩古桂，金蕊银花，十里飘香；冬春之间，茫茫雪原，松杉挺拔，傲霜斗雪。

广袤的原始森林为各种野生动物提供繁衍、栖息的场所。莽林中有兽类59种、鸟类95种、爬行类12种、两栖类47种。其中属国家保护动物有大熊猫、牛羚、金丝猴、小熊猫、毛冠鹿、红腹角雉、绿尾虹雉等。

【天台山国家森林公园】

天台山国家森林公园位于邛崃市西南边缘，距邛崃市区42千米，距成都市中心城区119千米。1995年11月，林业部批准建立，面积13.28平方千米。

天台山国家森林公园森林覆盖率达94%，林海茫茫，遮天蔽日，绿树成荫，繁花似锦。春季竹

天台山国家森林公园

林吐翠，杜鹃满山；夏日莽莽苍山，郁郁葱葱；秋季万山丛中，绿里透红；冬日银装素裹，林海雪原。景区内天然林和人工林，为川西典型的常绿阔叶林植被，植物种类繁多，共83科、460多种，集平原、丘陵、高山的植物于一山。其中，有珙桐、银鹊、红杉等珍稀植物。森林中栖息52种野生脊椎动物，含兽类18种、鸟类27种、爬行类3种、鱼类2种、两栖类2种。其中有毛冠鹿、苏门羚、金丝猴、黑熊、獐子、井鹿、红腹角雉，绿尾虹雉、大鲵等珍稀动物。

【白水河国家森林公园】

白水河国家森林公园位于彭州市西北部白水河国家级自然保护区，距彭州市区35千米，距成都市中心城区72千米，2001年11月，国家林业局批准建立，面积22.72平方千米。白水河系湔江右岸支流，发源于彭州市、都江堰市、汶川县三交界处海拔4832米的光光山，由西北向东南流，至龙门山镇汇入湔江。

白水河国家森林公园

白水河森林公园属亚热带常绿阔叶林区，主要乔木树种有柳杉、杉木、桦木、槭树、灯台、山核桃、栎类、化香等；灌木主要有悬钩子、乌泡、八仙花、荚迷、猕猴桃、盐肤木、马桑、白夹竹等，还有多种野生菌类及山野菜。森林公园内野生动物有

岩羊、大灵猫、麂子、黑熊、白腹锦鸡、红腹锦鸡、猫头鹰、猕猴、黄猴、野猪、野兔、松鼠、啄木鸟、杜鹃、麻雀、鹦鹉、乌梢蛇、菜花蛇等。

【鸡冠山森林公园】

鸡冠山森林公园位于崇州市西北部苟家乡境内，距崇州市区46千米，距成都市中心城区83千米。系1992年林业部批准建立的省级森林公园，面积82平方千米。森林集中在中佛寺、清水池、梁家山、板厂沟、鸡屎坪、长河坝、肖家河、簸箕山、陈家崖、小坪沟、老棚子等处。公园内奇峰异岭，流水潺潺，林木苍苍。珍贵植物有香樟、桢楠、紫檀、岩桑、山桂花等。珍稀动物有大熊猫、金丝猴、扭角羚、小熊猫、贝母鸡等。公园内的景致以小海子、鱼泉洞最为神奇。小海子为一盆状凹地形成的镜泊，湖水清澈，深不可测，特产杉木鱼，体长数寸，状如晰蜴，色呈麻黑，有鳞有脚。鱼泉洞位于中佛寺山麓，春秋两季洞内鱼群随文井江悠然而来，欣然而去，颇为状观。园内的水景还有九龙池、鸳鸯池、牛池。

崇州鸡冠山省级森林公园

【白鹿森林公园】

白鹿森林公园位于彭州市白鹿镇，距彭州市区39千米，距成都市中心城区76千米。为1993年6月四川省林业厅批准建立的省级森林公园，

白鹿省级森林公园

面积34平方千米。白鹿河是湔江左岸支流，发源于彭州市与什邡市交界处海拔2259米的尖峰顶，北向南流经白鹿镇，转东南流，于新兴镇海窝子汇入湔江。白鹿森林公园内，林海苍莽，绿野仙踪，不仅拥有秀丽的自然风景、罕见的地质奇观，而且具有深远的宗教文化，白鹿镇的白鹿上书院即领报修院，始建于清光绪三十四年(1908)，是当时天主教全川神职人员的主要培训场所，占地面积4434平方米，建筑面积1.04万平方米，教堂建筑为典型的欧州风格。

【斑竹林森林公园】

斑竹林森林公园位于新津县兴义镇，距新津县城7千米，为成都市平原腹心地带仅有的森林公园，1992年12月，成都市林业局批准为市级森林公园，面积0.34平方千米。斑竹林森林公园

斑竹林市级森林公园

背靠羊马河,四周清流环绕,恰似一座堆翠叠绿的宝岛。园中有国家重点保护的名木桢楠数百株,国家重点保护动物白鹤和灰鹤常来林中栖息,最多时聚集上万只。公园由斑竹林复层林组成,老竹苍劲,新竹粉嫩,万竿翠筠,遮天蔽日,茂密幽深,情趣无穷。

生态示范区建设

【温郫都国家级生态示范区】

1996年3月,国家环保总局批准"成都市温郫都生态示范区"作为全国首批生态示范建设的试点地区之一,为全国第一个连片建设的生态示范区。示范区含盖温江县、郫县、都江堰市三县(市)范围,面积1921.95平方千米,1995年人口为130.7万人,实现地区生产总值87.3亿元。示范区区位优势明显,境内平原区面积占58.4%,山区及丘陵区占41.6%,最高海拔4582米,最低海拔511米,形成西北高东南低的地形梯度,高山、中山、低山、丘陵、平原多种地貌兼具,为生物多样性创造了有利条件。示范区内有野生动物340多种,高等植物3000多种,其中包括国家一级保护动物及珍稀植物46种。示范区内气候温和,土地肥沃,水旱从人,能排能灌,物产丰富,是"天府之国"的核心地带,是四川省粮、油、肉、禽、蛋、蔬菜农产品的生产基地。有国家级自然保护区和国家级森林公园,自然生态条件优越。

示范区生产基地生产的无公害作物

温郫都国家级生态示范区自1996年列为试点建设项目后,遵循可持续发展思路,按照"以林涵水、以水养土、以土兴农、以农促工、强化农贸"的发展模式,投资114亿元,完成58个重点项目建设。经过3年多的努力,1999年年底,示范区20项指标均达到全国生态示范区验收标准:农民人均年纯收入2876元,城镇单位GDP能耗1.01吨/万元,人口自然增长率3.05‰,村镇饮用水卫生合格率96.89%,平原森林覆盖率17.47%,山区森林覆盖75.17%,旱地灌溉定额48立方米/亩,水田灌溉定额379立方米/亩,退化土地治理率79.5%,秸杆综合利用率80.17%,合理施用化肥农田比例90.1%,畜禽粪便资源化处理率94.4%,农业病虫害综合防治率71.59%,工业污染源排放达标率93.29%,城镇固体废弃物处理率100%,城镇人均公共绿地面积9.6平方米,受保护基本农田面积88.56%,矿山土地复垦率45.2%,受保护陆地(湿地)面积35.94%,城镇大气环境质量、水环境质量、声环境质量全部达到功能区标准。1999年12月通过国家验收。2002年3月7日,国家环保总局正式命名为国家级生态示范区。

【其他国家级生态示范区】

2000年6月，国家环保总局批准蒲江县为全国第五批生态示范建设试点县之一。蒲江县位于成都市西南边缘，面积582.86平方千米，地貌多样，气候温和，雨量充沛，植被茂密，生态良好，森林植被以马尾松为主。经三年努力，蒲江县经济稳定增长，2003年全县地区生产总值27.07亿元，人均生产总值1.05万元。森林覆盖率44.7%，城市绿地率31%，人均公共绿地面积8.3平方米。空气环境质量达国家二级标准，地表水环境质量达国家Ⅲ类标准，城市空气净化率达89%，城镇固体废物处理率达99.66%，烟尘控制区覆盖率达95.24%，城镇声环境达标区100%。2004年12月30日，通过国家验收，国家环保总局正式命名蒲江县为国家级生态示范区。

蒲江县石象湖

2005年，成都市在建的国家级生态示范区还有龙泉驿、大邑、金堂、邛崃、彭州、崇州、新津共7个国家级生态示范区。

【省级生态小区】

四川省自2003年11月开展创建生态小区的试点工作，至2005年年底，成都市共创建10个省级生态小区、2个省级工业生态园区、2个省级人居活动生态园区。

10个省级生态小区分别是：敦煌高科技生态园区、三圣乡生态园区、广地金洞子生态园区、易园生态园区、芙蓉古城生态园区、安仁中学生态园区、白鸽岛生态园区、丽都花园生态园区、棠湖实验外语学校生态园区、郫县一中生态园区。

2个省级工业生态园区是：海峡两岸科技产业开发园工业生态园区、高新产业开发区武侯科技园工业生态园区。

2个省级人居活动生态园区是：北郊风景区人居活动生态园区、成都花园人居活动生态园区。

【环境优美乡镇】

2002年7月，国家环境保护总局在全国开展环境优美乡镇创建活动。成都市共申报6个全国环境优美乡镇，分别是：邛崃市平乐镇、双流县黄龙溪镇、温江区万春镇、永宁镇、青白江区城厢镇、蒲江县西来镇。平乐镇、黄龙溪镇已于2004年12月30日，经国家环保总局命名为全国环境优美乡镇。

平乐镇。位于邛崃市西南部，距邛崃市区18千米，距成都市城区83千米，面积70平方千米，人口3.2万人，其中镇区面积0.83平方千米，镇区人口0.93万人。发源于天台山玉宵峰的白沫

平乐镇

江自西南流来，让平乐镇碧水萦绕。相传，平乐为南方丝绸之路的起点，早在公元前150多年的西汉时期已形成集镇，至今已有2000多年历史，保留至今的明清建筑，显示出深厚的历史人文内涵。2003年命名为全国历史文化名镇。2002年，平乐镇申报全国环境优美乡镇后，编制了《平乐镇总体规划修编》《平乐古镇保护规划》《平乐镇环境优美乡镇环境规划》，并付诸实施。2002—2004年，进行保护母亲河——白沫江的活动，白沫江两岸焕然一新，开展植树种草活动，全镇森林覆盖率达50%以上；建立千亩无公害西瓜基地、千亩无公害蔬菜基地、千亩生态茉莉花基地、万亩竹源基地、万头生态猪养殖基地，凸显田园风光和生态特色；完善基础设施建设，完成8条街道改造，新建1座日供水量5000吨的自来水厂，建成一批环卫设施；自来水普及率达99%，农村生活用水合格率达92%，白沫江流域地表水达国家Ⅲ类水质标准，建成区空气质量达国家二级标准，声环境质量达相关功能区标准。

黄龙溪镇。位于双流县南部，距成都市城区约42千米，面积50.4平方千米，人口2.74万人，其中：镇区面积2.1平方千米，镇区人口0.45万人。黄龙溪镇北倚牧马山，东临锦江(府河)，位于鹿溪河与府河的汇合口，地处彭山、仁寿、双流(古属华阳)三县交界处，为水陆交通之要冲。古镇已有2000多年历史，蜀汉丞相诸葛亮曾在此屯兵牧马,作为镇守蜀国的江防要地。1992年列为四川省首批历史文化名镇，2004年升格为中国历史文化名镇。黄龙溪镇申报全国环境优美乡镇后，编制了《四川省双流县黄龙溪镇建设全国环境优美乡镇环境规划》。按照该规划，完成污水处理工程，实行雨污分流，铺设污水截流管1200米，新建地埋式生化污水净化装置，使场镇污水集中处理率达75%以上；完成场镇垃圾填埋场建

黄龙溪镇

设，使场镇生活垃圾无害化处理率达90%以上；建成沿河有机竹笋基地750亩；完善星月湖公园游乐设施；人均绿地面积由不足10平方米增长到19.3平方米；完成街区的风貌整治与保护。经两年努力，2003年底镇区内自来水全面普及，农村生活饮水合格率达92%。区域内地表水、空气、声环境质量全面达标，黄龙溪镇成为文化内涵丰富、生态环境良好的旅游胜地。

【生态示范村】

成都市府南河综合整治、沙河综合整治、中心城水环境综合整治三项工程相继完成后。城市工业污染及生活污染得到较为有效的控制，而农村面源污染量大面广，治理难度很大，成为实现“还两江清水”的难点问题。

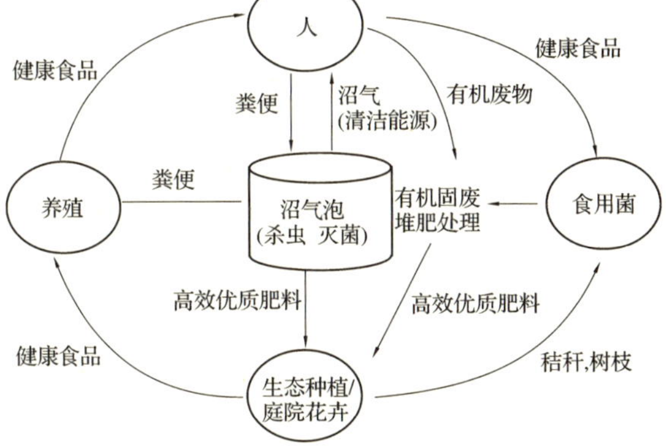

安龙可持续发展示范村循环农业模式